中国口岸年鉴

（2021 年版）

国家口岸管理办公室指导
中 国 口 岸 协 会 主 编

中国海关出版社有限公司
中国 · 北京

图书在版编目（CIP）数据

中国口岸年鉴：2021年版／中国口岸协会主编．—北京：中国海关出版社有限公司，2022.4
ISBN 978-7-5175-0576-1

Ⅰ.①中… Ⅱ.①中… Ⅲ.①通商口岸—中国—2021—年鉴 Ⅳ.①F752.5-54

中国版本图书馆CIP数据核字（2022）第057299号

中国口岸年鉴(2021年版)

ZHONGGUO KOU'AN NIANJIAN（2021 NIAN BAN）

作　　者：中国口岸协会
责任编辑：熊　芬　叶　芳　李　多　刘立梅
助理编辑：张诗琳
出版发行：中国海关出版社有限公司
社　　址：北京市朝阳区东四环南路甲1号　　邮政编码：100023
网　　址：www.hgcbs.com.cn
编 辑 部：01065194242-7528（电话）
发 行 部：01065194238/4246/5616（电话）
社办书店：01065195616（电话）
https://weidian.com/?userid=319526934
印　　刷：北京新华印刷有限公司　　经销：新华书店
开　　本：889mm×1194mm　1/16
印　　张：53.25　　字数：1680千字
版　　次：2022年4月第1版
印　　次：2022年4月第1次印刷
书　　号：ISBN 978-7-5175-0576-1
地图审图号：GS（2022）349号　　地图编制：中国地图出版社
定　　价：300.00元

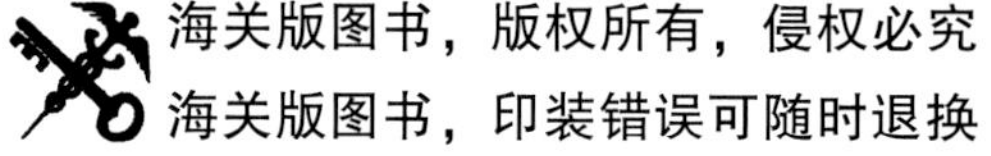

《中国口岸年鉴》（2021年版）编辑委员会

编 辑 说 明

一、《中国口岸年鉴》（2021 年版）是由国家口岸管理办公室指导，中国口岸协会主编的一部融政策性、指导性、实用性和史料性于一体的大型资料工具书。本书收录了 2020 年度国家口岸管理工作概要、查验管理工作概要、全国口岸运行情况；全国 30 个省级行政区（除青海省、港澳台地区）及 5 个计划单列市对外开放口岸建设发展情况和主要数据；全国 30 个省级行政区（除青海省、港澳台地区）口岸分布示意图（不含港区信息）；同时，还收录了全国口岸重要贸易统计数据等内容。

二、本版年鉴资料内容主要由国家口岸管理办公室、国家移民管理局边防检查管理司、交通运输部海事局、海关总署办公厅和统计分析司等相关部门以及各省、自治区、直辖市、计划单列市口岸办公室提供。由国务院原副总理吴仪于 2002 年为《中国口岸年鉴》作序。

三、本版年鉴共分 7 个篇章，即口岸综合、口岸查验监管、全国口岸运行情况、各地口岸运行管理、口岸相关法规、全国口岸运行主要数据及附录。本版年鉴按类目、分目、条目 3 个层次进行阶梯设置，内容尽可能条目化。本版年鉴收录史实内容的上限自 2020 年 1 月 1 日，下限至 2020 年 12 月 31 日。

四、本版年鉴在编辑过程中，力求精选材料，宏观与微观相结合，做到用事实和数据说话，对各部门、各单位提供的稿件只做技术上的修改，不做史实上的修改。由于各部门、单位的统计口径、范围、方法不同和数据四舍五入原因，所以本书中有些同类数据不尽一致，敬请谅解。

五、本版年鉴在编辑过程中得到了各相关部门、查验单位、专家及广大读者的大力支持，使年鉴编辑出版工作得以顺利进行，在此表示衷心的感谢。恳请各界人士和读者对于年鉴的不足之处批评指正，以便进一步改进和完善，提高年鉴的编辑水平。

《中国口岸年鉴》（2021 年版）编辑委员会

2021 年 9 月

序

口岸是国家的门户。党中央、国务院历来十分重视口岸工作。改革开放以来，为满足日益增长的对外经贸、人员往来的需要，国家投入了大量人力物力进行口岸建设，已经形成沿海沿江水运、航空和内陆边境立体化的开放口岸体系。口岸开放与全方位、宽领域、多层次的对外开放格局基本相适应，为促进对外经济贸易和国际交往的发展起到了重要的保障作用。

当前，进一步提高口岸工作效率的要求更为紧迫。经济全球化对口岸工作必然会提出更多更高的新要求，为适应参与国际竞争的需要，我国口岸工作要全面贯彻“三个代表”重要思想，落实十六大提出的“发展要有新思路，改革要有新突破，开放要有新局面，各项工作要有新举措”的要求，结合我国口岸工作的实际，紧紧围绕提高口岸工作效率，加快通关速度，处理好把关与服务的关系，为促进对外经济贸易和国际交往发展做出新贡献。为提高口岸工作效率，国务院曾在深圳进行口岸管理体制改革试点。1998年政府机构改革，对口岸管理体制作了重大调整。2001年，国务院办公厅为推广口岸电子执法系统和提高口岸工作效率相继发出了两个文件。2002年5月，国务院批准海关总署等八部门在上海召开了提高口岸工作效率现场会。我国口岸要通过建立“大通关”机制，提高工作效率，改变传统管理模式，整顿和规范进出口秩序，促进口岸管理各部门转变职能、改进服务、提高管理水平，形成适应我国社会主义市场经济发展需要的新的口岸管理和运行机制，提供与发达国家相类似的口岸通关服务。

中国口岸协会从新世纪开始组织编撰《中国口岸年鉴》，是一件很有意义的工作。它不仅直接记录口岸管理运行的资料和数据，而且是在我国加入“WTO”以后，书写中国口岸深化体制改革、努力提高工作效率、为“大通关”服务的历史。

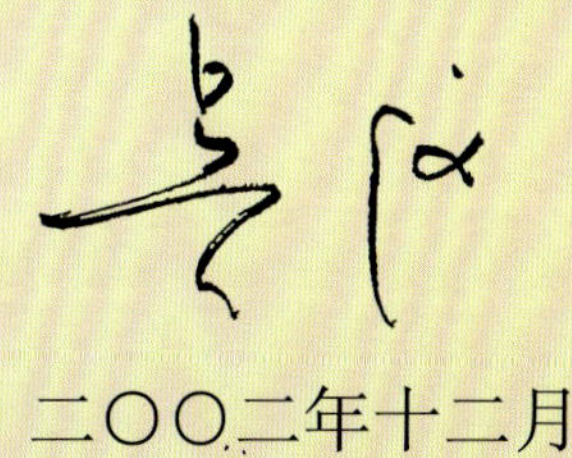

二〇〇二年十二月

航线覆盖全球**160**个国家和地区的**1 500**多个港口

在全球投资经营码头**59**个，集装箱码头**52**个

"一带一路"沿线境外投资码头20个

集装箱码头年吞吐能力**1.34**亿标箱

经营船队综合运力

11 301 万载重吨 1 360艘船

油轮船队运力

2 543 万载重吨/225艘

杂货特种船队运力

475 万载重吨/152艘

集装箱船队规模

308 万标箱/518艘

干散货船队运力

4 411 万载重吨/430艘

客运

开展我国沿海各港口及
中日、中韩等近洋客运业务

邮轮

投资运营中国首艘豪华邮轮"鼓浪屿"号

中远海运集团完善的全球化服务铸就了其网络服务优势与品牌优势。航运、码头、物流、航运金融、修造船等上、下游产业链形成了较为完整的产业结构体系。船员管理数量和全球船舶燃料销量均位居世界前列，集装箱制造、集装箱租赁均居世界第二，海洋工程装备制造和船舶代理业务均稳居世界前列。

※ 数据统计截至2021年9月30日

全力保障全球供应链稳定 “六稳”“六保”

面对新冠肺炎疫情冲击，中远海运集团积极践行“六稳”“六保”要求，服务构建以国内大循环为主体、国内国际双循环相互促进的新发展格局，助力畅通“双循环”海陆节点。从2020年第三季度开始，中远海运集团已将全部集装箱运力投入市场，并通过增加运力供给、开辟专班航线、拓展海铁联运、释放造箱产能等举措主动服务广大外贸企业及中小客户群体，全力以赴保运输、稳外贸。

数字化赋能创新变革

中远海运集团顺应航运领域数字化、智能化的趋势，加大数字化航运探索研究，推动**智慧航运**、**智慧港口**、**智慧物流**、**智能制造**不断取得新突破。

牵头成立航运区块链联盟

全球航运商业网络（GSBN）

打造“航运提单+贸易单证区块链平台”，与海关协同，率先推出“无纸化放货”服务，将进口单证办理时间从几天缩短到几小时，利用数字技术促进了供应链和运输方式的绿色发展。

建成全国5G全场景智慧港口

中远海运港口厦门远海码头

以厦门远海码头为载体，在率先建设国内无人自动化绿色码头的基础上，加快5G物联网体系应用，着力构建环保高效的港口集疏体系。

绿色航运永续发展

作为全球较大的综合航运企业，中远海运集团始终践行节能降碳、绿色发展，将“创新、协调、绿色、开放、共享”及可持续发展理念融入集团的运营管理之中，坚持环境友好，努力实现经济增长与生态环境的和谐共存。

创新

协调

绿色

开放

共享

中远海运集团响应国内外利益相关方应对气候变化号召，研究制订“碳达峰、碳中和”行动方案，围绕履行航运企业社会责任，积极探索船舶用能结构变革，研究明确引领行业绿色发展的关键举措。

盐田港集团 Yantian Port Group

深圳市盐田港集团有限公司（简称“盐田港集团”）成立于1985年，由深圳市国资委持有公司100%股权。盐田港集团依托优良的自然、区位条件和政策优势，实施高度市场化的发展模式和开放共赢的发展理念，经过起步建设、合资建港、“走出去”、战略转型等阶段，形成了涵盖港航、临港和产城融合三大产业体系的海洋综合服务平台。截至2021年第三季度末，盐田港集团资产总额422亿元，利润总额20亿元。

盐田港集团的港航板块拥有14个国内外各类大型港口，年均集装箱吞吐量1 400万标箱，货物吞吐量超1亿吨，分为深圳港口集群、长江港口集群、粤东港口集群、国际陆港集群及“一带一路”港口集群。其中，作为华南地区集装箱主枢纽港，盐田港是全球20万吨级超大型船舶首选港之一，是华南地区以国际航线为主的枢纽型港区，每周航线近百条，承担了深圳50%以上的集装箱吞吐量、全省1/3的外贸进出口量及我国对美贸易1/4的货物量，是中国对外开放的重要窗口，单体吞吐量和效益均领先全球，多次被评为“亚洲最佳码头”“最佳绿色集装箱码头”。临港产业板块主要运营保税区、物流园等，大力发展综合物流、冷链仓库及保税业务。产城融合板块主要发展海洋新兴产业、能源产业、城市地产及交通设施等。

盐田港集团抢抓“双区”驱动和深圳综合改革试点等重大历史机遇，勇当深圳建设全球海洋中心城市的主力军、生力军。下一步，盐田港集团将秉承“敢为天下先”的深圳精神，实施“港、产、城”融合发展战略，坚持“产业资本双轮驱动”的发展思路，做强港口主业，做优物流业，做大港口配套业，推进港航、临港、产城融合三大业务向上下游产业链延伸，向新业态融合辐射，积极推进海洋产业发展，着力培育数字经济发展新动能，提升发展能级，促进业务结构优化和协同发展，全面提升企业核心竞争力，打造具有全球影响力的海洋经济综合服务商。

人体检查

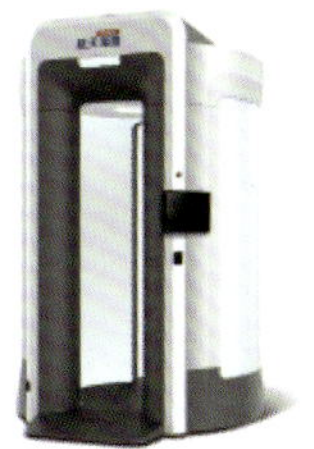
毫米波人体安检仪

车辆检查

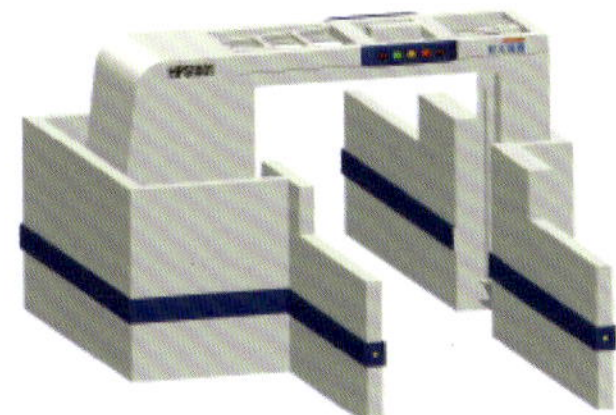
速通式集装箱车辆检测系统

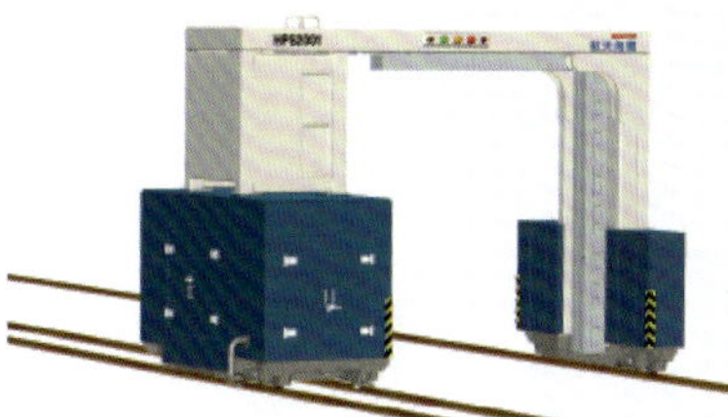
组合移动式集装箱车辆检测系统

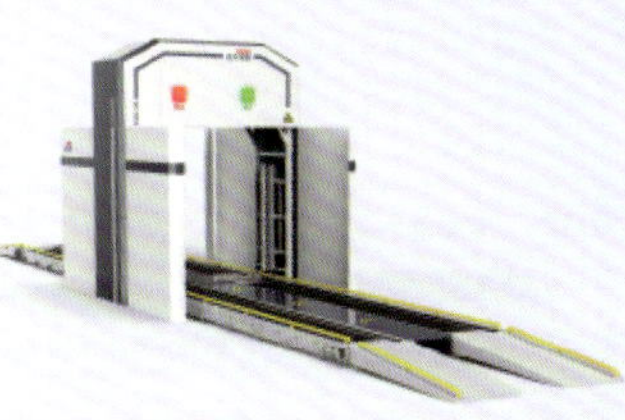
X 射线小型车辆检查系统

核生化爆毒探测

手持式痕量
爆炸物违禁品探测仪

便携式痕量
爆炸物违禁品探测仪

手持式
拉曼光谱仪

台式痕量
爆炸物毒品探测器

行业整体解决方案

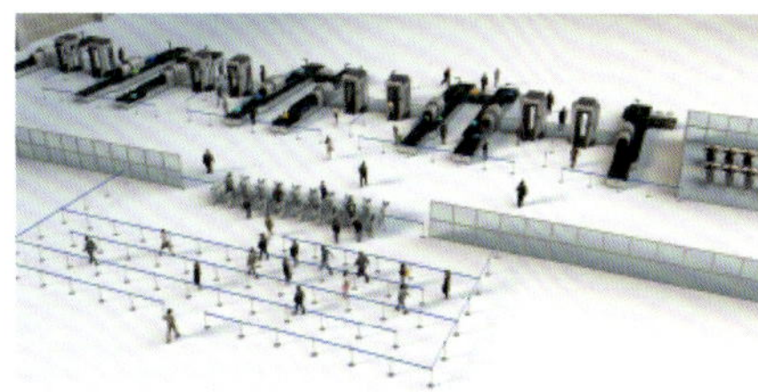

地址：北京市东城区和平里东街 11 号
邮编：100013
电话：400-077-0239
传真：010-88109239
邮箱：liunian@bjhangxing.com

北京航星机器制造
有限公司产品介绍

航天海鹰安检装备
微信公众号

中国免税品(集团)有限责任公司
CHINA DUTY FREE GROUP

三亚国际免税城

中国免税品（集团）有限责任公司（简称“中免集团”）成立于1984年，是获得授权在全国范围内开展免税业务的国有企业。经过30多年的快速发展，中免集团先后与全球逾1000个世界知名品牌建立了长期稳定的合作关系，在全国30多个省、直辖市、自治区、特别行政区，以及柬埔寨等地设立了涵盖机场、机上、边境、客运站、火车站、外轮供应、外交人员、邮轮和市内9大类型240余家免税店。中免集团的主要销售渠道覆盖北京、上海、广州、杭州等地的大型枢纽机场，香港、澳门等地的亚太国际机场，国内主要边境口岸以及海南地区三亚国际免税城等，中免集团每年为近2亿人次的国内外游客提供免税商品服务，已发展成为世界上免税店类型全、单一国家零售网点多的免税运营商。

未来，依托母公司中国旅游集团强大的旅游产业链资源，中免集团将继续全力落实重点项目，加大并购整合力度，稳步推进国际化发展战略，将自身建设成为更具全球竞争力的世界一流旅游零售运营商。

中国建设银行股份有限公司简介

中国建设银行股份有限公司（简称“建设银行”）是一家中国领先的大型商业银行，总部设在北京，其前身中国人民建设银行成立于1954年10月。建设银行于2005年10月在香港联合交易所挂牌上市（股票代码00939），2007年9月在上海证券交易所挂牌上市（股票代码601939）。建设银行2020年年末市值约为1 918.89亿美元，居全球上市银行第四位。按一级资本排序，建设银行在全球银行中位列第二。

建设银行为客户提供个人银行业务、公司银行业务、投资理财等全面的金融服务，截至2020年年末，设有14 741个分支机构，拥有349 671位员工，服务上亿个人和公司客户。建设银行在基金、租赁、信托、保险、期货、养老金、投行等多个行业拥有子公司，境外机构覆盖30个国家和地区，拥有各级境外机构200余家。

建设银行积极践行“新金融”，全力推动实施住房租赁、普惠金融、金融科技“三大战略”，按照“建生态、搭场景、扩用户”的数字化经营策略，强化C端（消费者）突围，根植普通民众，做百姓身边有温度的银行；着力B端（企业）赋能，营造共生共荣生态，做企业全生命周期伙伴；推进G端（政府）连接，助力社会治理，成为国家信赖的金融重器。

建设银行秉承“以市场为导向、以客户为中心”的经营理念，致力于成为较具价值创造力的国际一流银行集团，实现短期效益与长期效益的统一、经营目标与社会责任目标的统一，最终实现客户、股东、员工和社会等利益相关方的价值最大化。

国际业务概况

建设银行以国家“十四五”发展规划为纲领，以增强参与国际竞争能力为总体目标，深入践行新金融理念，助力外贸稳增长。2021年，建设银行扎实推进国际业务发展，加速推进平台获客与生态建设，持续夯实国际业务高质量发展的基础。

一、国际业务规模稳步发展

2021年，建设银行克服新冠肺炎疫情对全球贸易带来的不利影响，提出包括加大信贷投入、实施差别化管理等7大方面29条措施稳住外贸外资基本盘，实现国际业务规模稳步发展。截至2021年6月，国际结算量超7 000亿美元，跨境人民币结算量超1.2万亿元。

二、客户线上化覆盖度与日俱增

2021年，建设银行的国际业务客户基础维持稳定，国际收支客户数量和跨境人民币客户数量均保持增长，平台批量获客效应加快显现，客户结构发生转变，客户线上化覆盖度与日俱增。通过“跨境e+”综合金融服务平台等电子渠道，为进出口贸易客户提供外汇汇款、结售汇、关税缴纳、国际贸易融资、开立信用证及境外保函等贸易金融服务，在新冠肺炎疫情期间为外贸企业提供金融服务便利。

三、践行大行责任，金融服务实体经济成效显著

新冠肺炎疫情期间，建设银行境内外联动助力全球抗疫，推动构建人类命运共同体。境内外机构合作开展公益捐赠和跨境撮合支持全球抗疫。境外机构累计支援各类抗疫物资1 822万件；跨境撮合平台新注册客户突破4万户，为28个国家和地区成功撮合各类医疗防疫物资出口1.6亿件，交易金额逾10亿元。

海外业务在严峻环境中实现平稳运行。疫情期间，建设银行及时调整境外机构经营导向，确保海外业务运行的稳定性和连续性。目前已在全球6大洲31个国家和地区设有各级境外机构200余家，覆盖9个“一带一路”沿线国家和地区。

四、拓展境外金融机构客户，优化境外同业合作网络

2021年，建设银行拓展与覆盖全球140多个国家和地区的境外合作银行的业务联系，提供30个币种的国际清算、结算服务。充分利用境外金融机构的海外网络和当地化团队，实现优势互补，填补境外覆盖的空白点，进一步提升建设银行服务国家政策的能力，为我国进出口企业和个人提供更加高效便捷的外汇普惠金融服务。

五、加快绿色金融产品创新与国际合作

一是跨境撮合聚焦绿色主题，助力国际产业合作。积极探索围绕低碳环保、清洁能源、新能源、新材料等主题组织开展跨境对接活动和常态化撮合，利用“全球撮合家”跨境撮合平台举办“倡导ESG，拥抱绿色金融”中英新能源云洽会、聚焦新能源等行业的“中国（重庆）—美国投资贸易云洽会”、与澳大利亚贸易投资委员会联合举办的“绿色建筑”线上论坛等多场跨境对接活动，支持绿色主题国际产业合作，助力新发展格局下的全球产业链供应链重塑重构。

二是积极推动绿色对外合作与国际交流。建设银行作为中英金融服务峰会中方主席单位积极与英方对接，在中英金融服务峰会政策建议报告中纳入绿色金融相关内容，与英方主席单位捷豹路虎共同起草《中英企业家委员会关于促进绿色发展的倡议》，倡议双方在碳减排、绿色产业、绿色金融、绿色研究领域开展合作，作为后续中英企业家委员会的重要指导原则，推动双方在可持续发展领域深化合作。

国际业务数字化转型

建设银行积极贯彻数字化经营理念，发挥金融科技专业优势，将技术与业务深度结合，通过“建生态、搭场景、扩用户”，大力推进国际业务数字化转型。

一、跨境撮合推动对外经贸投资合作

“全球撮合家”跨境撮合平台上线“一带一路”、粤港澳大湾区、中欧班列等特色专区，成功举办53场线上跨境撮合对接活动，连接28个国家和地区，为首届网上广交会、服贸会、兰洽会、东博会等国际性展会搭建3D数字银行展厅，荣获服贸会“全球服务示范案例”奖；积极发挥中英金融服务峰会、中英企业家委员会机制的中方牵头单位作用，在国际保理行业权威组织传播中国声音，助力提升中国银行业话语权和影响力。

二、“G端连接”强化“B端赋能”

建设银行首批与国际贸易“单一窗口”实现直联，与国家有关部门在财关库银、“单一窗口”金融服务合作、大数据等方面保持密切合作关系，充分发挥双方合作优势，通过在金融科技、普惠金融等领域加强合作，优化口岸营商环境，提高通关便利化水平。始终保持“签约早、上线早、功能全、业务量大”的同业领先优势，金融服务功能种类和业务量均领先同业。

同业首家合作“关银一KEY通”项目，发挥建设银行网点布局优势，便利进出口企业申领、维护中国电子口岸入网介质。“关银一KEY通”业务实现“单一窗口共享盾”同时作为国际贸易“单一窗口”、中国电子口岸和建设银行企业网上银行、企业手机银行等电子渠道的安全介质，进一步优化客户体验。

同业首创服务小微外贸企业的全线上、无抵押、纯信用“跨境快贷”系列产品，目前已推出退税贷、出口贷、进口贷、信保贷、电商贷、融税贷、跟单贷与平台贷8项产品，同时积极探索外贸新业态平台企业合作，将融资服务嵌入电商经营场景。同时，创新区块链跨境支付产品，提升跨境B2B支付操作效率与客户体验；全球首家实施人工智能审单项目，开创业界跟单业务审单智能化先河。

同业率先推出BCTrade区块链贸易金融平台，实现交易量超7 000亿元，加盟同业75家，成为业内功能丰富、参与方多、交易额大、商业化运作较成功的平台，并入围“福布斯区块链全球50强”。

三、高质量开展产品与服务创新

建设银行以跨境支付新模式支持贸易新业态发展，凭电子交易信息为企业提供优质便捷的跨境支付服务，开展市场采购联网平台收汇业务；创新背对背信用证、融资租赁信用证、跨行再保理、IFC担保福费廷等产品，高质量开展产品与服务创新。

展望未来

未来，建设银行将深入贯彻服务实体经济和“稳外贸稳外资”决策部署，以新金融理念加速数字化转型，推动贸易投融资便利化和人民币国际化，持续加大包括绿色信贷在内的外贸信贷投放，扎实提升建设银行参与国际竞争的能力和服务实体经济的能力。

威视
NUCTECH
让世界更安全
CREATING A SAFER WORLD
地址：北京市海淀区双清路同方大厦A座4层
邮编：100084
电话：010-50837159
传真：010-62788896
网址：www.nuctech.com
Address: 4/F Block A, Tongfang Building, Shuangqinglu,
Haidian District, Beijing 100084, P.R.China
Tel: 8610-50837159
Fax: 8610-62788896
Http://www.nuctech.com

企业简介

科园信海（北京）医疗用品贸易有限公司（简称“科园贸易”）成立于2009年，是第一家入驻北京顺义空港保税物流中心的专业医药企业，并于同年入驻北京天竺综合保税区，是一家集进口保税、医药流通、疫苗服务、跨境电商、供应链延伸服务、市场准入等多元化的大型综合服务型医药企业，业务区域覆盖全国。

科园贸易始终坚持将高品质的服务和质量管理作为第一生命线，建立了ISO 9001:2015与GSP相结合的质量管理体系，并先后通过多家跨国企业的冷链管理国际质量认证。2014年，公司被授予AEO高级认证企业，2017年、2020年，两次通过AEO高级认证重认，享有海关高信誉评级和多项通关便利政策。

随着跨境电商的兴起，科园贸易作为医药产品进口企业，依托北京区域及政策优势，结合优良的客户及产品资源，积极尝试开展大健康产品的跨境电商业务。公司在2019年取得医疗器械经营许可证；2021年，公司更专注于进口及全国业务，拓展进口产品线，为跨国医药企业提供更有价值的进口供应链一体化解决方案。

未来，公司将牢记“健康中国”的使命，主动把握改革机遇，保持高端药品、疫苗、医疗器械等领域全国领先地位，提升专业化、差异化增值供应链解决方案核心竞争力，致力于成为医药流通领域产品经销、供应商合作及客户服务优秀的商业企业，行业效率佳和引领创新的先行者。

同时，将以卓越优势及丰富的资源为全球客户提供专业服务，愿与全球客户一起，为成就中国医药健康产业、出色的国际保税物流平台而共同努力。

兴业银行是国内较早开展国际业务的股份制商业银行之一。经过多年持续发展，兴业银行国际业务在市场上形成了较强的竞争优势，市场份额及交易规模始终在同类型股份制银行中名列前茅。兴业银行与全球97个国家和地区的1 189家银行建立了代理行合作关系，形成了覆盖全球主要经济区域的服务网络体系。近年来，兴业银行充分发挥多牌照综合化经营优势，不断加大跨境金融产品和服务创新力度，依托境内分行、境外分行和自贸试验区分行，不断完善跨境结算、跨境融资、跨境投资、资金交易等在内的国际业务产品体系，围绕“本币+外币”“商行+投行”的金融服务理念，为客户提供一站式、全方位的跨境金融服务。

在线银行服务
ON-LINE BANKING SERVICE

在线国际业务服务

兴业单证通系统（EasyTrade）是兴业银行秉承“真诚服务，相伴成长”的经营理念，为客户精心打造的在线国际业务服务平台，面向所有有跨境业务需求的企业，方便企业随时随地享受安全、方便、快捷、全方位的国际业务服务，包括跨境结算、资金交易、贸易融资、全球资金管理、增值服务等。

跨境贸易及供应链金融服务
GLOBAL TRADE AND SUPPLY CHAIN FINANCING SERVICE

贸易金融服务

兴业银行拥有完善的跨境贸易金融产品体系，在专业能力、资金价格、在线服务等方面独具竞争优势，致力于为进出口企业提供快捷、高效的全流程跨境贸易金融服务，在提高业务办理效率的同时降低企业交易成本。近年来，兴业银行国际业务稳步发展，支持、服务了一批进出口企业，涉及能源、通信、粮油、装备制造、高新科技等行业。

贸易融资服务
TRADE FINANCING SERVICE

国际贸易融资
INTERNATIONAL TRADE FINANCE

国内供应链融资
DOMESTIC SUPPLY CHAIN FINANCE

兴业银行依托良好的产品创新能力、丰富的贸易融资经验，为企业全球化经营及成本控制提供专业解决方案。

BY VIRTUE OF CAPABILITY IN INNOVATION AND RICH EXPERIENCES IN TRADE FINANCING, CIB IS CAPABLE OF PROVIDING MULTINATIONALS WITH PROFESSIONAL SOLUTIONS IN GLOBAL OPERATION AND COST CONTROL.

基础结算服务
BASIC SETTLEMENT SERVICE

国际结算
INTERNATIONAL SETTLEMENT

国内结算
DOMESTIC SETTLEMENT

票据业务
BILL BUSINESS

兴业银行依托交易银行高度融合的流程再造、一体化的全流程服务理念，为企业提供境内外、本外币基础结算综合服务。

BASED ON HIGHLY INTEGRATED PROCESSING PROCEDURE AND SERVICE CONCEPT OF TRANSACTION BANKING, CIB IS TO PROVIDE ENTERPRISES WITH SETTLEMENT SERVICES COVERING CROSS-BORDER AND DOMESTIC SETTLEMENT.

出口跨境电商收结汇服务
FOREIGN EXCHANGE COLLECTION AND SETTLEMENT SERVICES OF EXPORT CROSS-BORDER E-COMMERCE

为出口跨境电商经营者提供在线境外收款、清算、结汇、国际收支申报等一系列更安全、更便利、更优惠的一站式服务。

PROVIDING A SERIES OF SAFER, MORE CONVENIENT, MORE PREFERENTIAL ONE-STOP SERVICES FOR EXPORT CROSS-BORDER E-COMMERCE OPERATOR, INCLUDING OVERSEAS COLLECTION, CAPITAL CLEARING, DOMESTIC SETTLEMENT OF FOREIGN EXCHANGE AND BALANCE OF PAYMENTS DELARATION, ETC.

跨境融资服务
CROSS-BORDER FINANCING SERVICE

跨境融资服务

近年来，随着全口径跨境融资宏观审慎管理体系的逐步完善，境内企业跨境融资需求快速增长。为支持境内企业“走出去”到海外开疆拓土，并为境内企业跨境获取低成本资金，兴业银行充分发挥海外分行、自贸试验区分行、境内外代理行等方面的平台优势，以内保外贷、内保F贷、内保直贷、国际银团等各类产品支持企业跨境融资。同时，为企业提供包括在线融资、账户管理、避险增值等在内的融资配套服务。

跨境融资服务
CROSS-BORDER FINANCING SERVICE

走出去
OUTFLOW

内保外贷
FINANCING FROM OVERSEAS PLATFORMS BASED ON LETTER OF GUARANTEE

内存区贷
FINANCING FROM FREE TRADE ZONE BASED ON DEPOSIT

引进来
INFLOW

外保内贷
FINANCING FROM DOMESTIC BRANCHES BASED ON LETTER OF GUARANTEE

内保直贷
FINANCING FROM OVERSEAS PLATFORMS BASED ON LETTER OF GUARANTEE

全球资金管理服务
GLOBAL TREASURY MANAGEMENT SERVICE

兴业银行共享直连全球资金管理服务

兴业银行共享直连全球资金管理服务平台，支持跨国企业集团一点接入兴业银行，联通全球账户银行，为企业提供包括全球账户可视、本外币支付结算、财务视图分析、全球资金归集等功能在内的全球资金一体化服务。该平台支持多币种、多语言、跨时区业务处理，助力跨国企业集团实现全球资金可视、可控、可用管理，以及共享财务中心和海外财资中心低成本、数字化建设运营。

兴业银行银企直通全球资金管理服务

兴业银行银企直通全球资金管理服务平台，支持境外跨国企业集团中国境内分（子）公司在兴业银行开户后，兴业银行可定期定时为境外跨国企业集团总部提供境内分（子）公司的账户对账单告知账户交易明细、账户余额等信息，可接收并执行境外跨国企业集团总部的支付指令以及反馈支付信息等，助力境外跨国企业集团总部对中国境内分（子）公司账户资金的全球一体化管理。

代客资金业务
VALET FUNDS BUSINESS

代客资金业务

兴业银行充分发挥银行间外汇市场做市商优势，并通过香港分行、自贸试验区分行连接境外汇率、利率市场，提供境外汇率、利率产品，利用境内外差异化的汇率、利率环境，将代客资金业务由境内外单边业务向境内外综合化、跨境联动化发展，为跨国企业集团提供涵盖境内、境外的综合代客资金业务服务，包括但不限于汇率远期、汇率掉期、期权及利率掉期、货币掉期等代客资金业务。近几年来，兴业银行在该领域多次荣获“银行间外汇市场优秀做市商”等称号。

货币兑换服务
FOREIGN EXCHANGE TRADING SERVICE

兴业银行为客户提供高效的兑换体验，满足客户多币种经营的需求。

CIB PROVIDES EFFICIENT FOREIGN EXCHANGE EXPERIENCE, IN ORDER TO SATISFY DEMANDS OF MULTIPLE CURRENCIES EXCHANGE.

汇率避险服务
FOREIGN EXCHANGE RATE HEDGING SERVICE

兴业银行作为外汇市场的主要做市商，全面参与全球主要交易市场，为企业定制个性化的汇率避险方案。

AS THE MAIN MARKET-MAKERS OF FOREIGN EXCHANGE MARKET, CIB IS CAPABLE OF PARTICIPATING IN THE TRADING OF MAJOR FINANCIAL MARKETS, SO WE CAN CUSTOMIZE FOREIGN EXCHANGE RATE SOLUTIONS FOR ENTERPRISES.

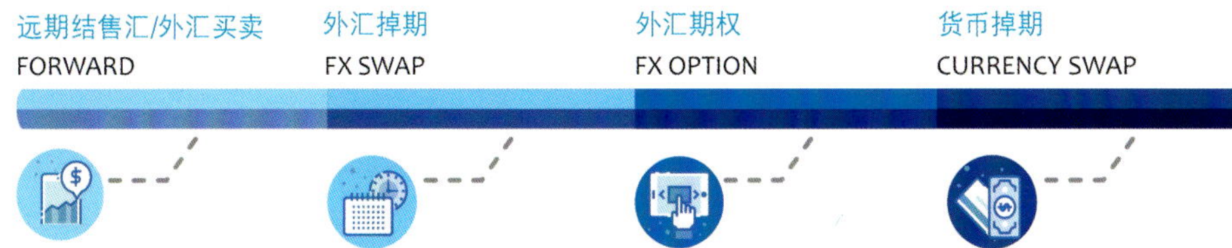

利率避险服务
INTEREST RATE HEDGING SERVICE

作为利率市场的主要参与者，为客户定制本外币利率避险方案。

AS THE MAIN PARTICIPANT OF INTEREST RATE MARKET, CIB PROVIDES DIFFERENTIATED FINANCIAL SOLUTIONS FOR THE ENTERPRISES TO MANAGE INTEREST RATE RISK.

支持“一带一路”建设
“THE BELT AND ROAD INITIATIVES”

支持“一带一路”建设

自2013年“一带一路”倡议被提出以来，兴业银行紧紧把握总行所在地福建省“海上丝绸之路”核心区域优势，结合自身集团化经营优势、业务特色及创新服务模式，以差异化金融服务，促进“一带一路”建设资金融通。兴业银行积极参与“一带一路”沿线项目建设，延伸在绿色金融、投资银行等业务领域的服务触角，为沿线项目建设提供综合化融资方案，为“一带一路”建设提供长效资金支持。

兴业银行具备完善的国际业务服务体系，拥有丰富的跨境金融服务经验，未来在中国对外开放及国际经贸合作中，将一如既往地为企业提供优质、便捷的金融服务。

开云·中国

开云集团成立于1963年，总部位于法国巴黎。作为全球高端精品集团，开云汇聚了一系列知名的时装、皮具、珠宝以及制表品牌。旗下品牌包括：古驰（Gucci）、葆蝶家（Bottega Veneta）、圣罗兰（Saint Laurent）、巴黎世家（Balenciaga）、亚历山大·麦昆（Alexander McQueen）、布里奥尼（Brioni）、宝诗龙（Boucheron）、宝曼兰朵（Pomellato）、都都（Dodo）、麒麟（Qeelin）、雅典表（Ulysse Nardin）、GP芝柏表（Girard-Perregaux）、开云眼镜。

古驰（Gucci），1921年成立于意大利的佛罗伦萨，近年来在创作总监亚力山卓·米开理全新视角的引领下，不断追求革新与卓越，以独有的现代视野重新演绎与影响时尚演进，重新阐述21世纪精品，巩固其全球精品品牌的地位。古驰的创作同时代表了意大利手工艺对细节、品质的重视，呈现浪漫、现代与令人激动的美学理念。

葆蝶家（Bottega Veneta），是意大利奢侈品牌，其产品均采用传统意大利皮革工艺制造。目前，其经营范围由最初的皮包扩展至服装、高级珠宝、眼镜、香水、家具及家居用品等不同领域。

圣罗兰（Saint Laurent，简称YSL），为法国著名奢侈品牌，由1936年8月1日出生于法属北非阿尔及利亚的伊夫·圣·罗兰创立，主要产品有时装、箱包、眼镜、配饰等。

巴黎世家（Balenciaga），是时尚界有影响力的品牌之一，1917年由克里斯托巴尔·巴伦西亚加（Cristóbal Balenciaga）创立，1936年落户巴黎，引领了1930年到1968年之间很多重要的时尚运动。巴黎世家有代表性的成衣系列体现了品牌的身份，皮具、鞋和饰品也取得了全球性的成绩。

https://www.kering.com

主要品牌备案商标

古驰主要注册商标

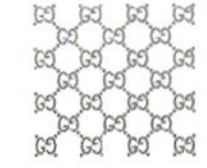

葆蝶家主要注册商标

BOTTEGA VENETA

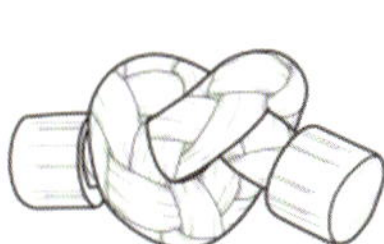

圣罗兰主要注册商标

YVESSAINTLAURENT

SAINT LAURENT

SAINT LAURENT
PARIS

巴黎世家主要注册商标

BALENCIAGA

FLORABOTANICA
BALENCIAGA

ROSABOTANICA

柯尼卡美能达
办公系统（中国）有限公司

柯尼卡美能达 全球领先的数字化整合增值服务商

柯尼卡美能达办公系统（中国）有限公司（以下简称“柯尼卡美能达”）成立于2005年，是日本柯尼卡美能达株式会社在中国的全资子公司，总部设在上海，目前在北京、广州、深圳、成都、无锡等地共设有10家直属分支机构，渠道服务网络覆盖全国。

秉持“一切以客户为中心”的企业理念，柯尼卡美能达积极践行“创意改变世界”的企业口号，坚持以创新驱动革新，凭借独具匠心的创新产品、个性化的数字化解决方案以及优质的售后服务为各行业用户带来了全新的价值体验，成就了数字化办公时代的商务新典范。凭借领先的创新理念与强大的解决方案实力，柯尼卡美能达现已为制造、医疗、金融保险、物流、教育等多个行业用户提供了专业、高效的数字化整合增值服务。2020年，柯尼卡美能达实现了积极的成长态势，连续15年领跑A3幅面彩色数码复合机市场，彩色生产型数字印刷设备稳居中国市场占有率前列。

在产品品质、服务质量、管理体系以及环保等诸方面，柯尼卡美能达均达到了国际标准，通过了ISO 9001质量管理体系认证、ISO 14001环境管理体系认证以及ISO 27001信息安全管理体系认证等多项国际权威认证。此外，凭借完善的售后服务体系、高效优质的售后服务支持，自2009年起，柯尼卡美能达连续六届荣膺“全国售后服务行业十佳单位”和“全国售后服务特殊贡献单位”的称号。同时，柯尼卡美能达始终将企业社会责任视作经营本身，积极履行“企业公民”的义务与职责，在教育和环保等诸多社会公益领域做出了积极的表率，源源不断地向社会传递正能量，为创建可持续发展的社会做出了卓越的贡献。

作为全球领先的数字化整合增值服务商，柯尼卡美能达将顺应当下物联网、大数据、云计算等新兴技术给互联网时代带来的新一轮裂变式变革，以“客户的数字工作流”为中心，通过融合产品、技术与服务，集结集团资源，全面将企业打造成解决客户所有需求的“整体价值运营商”，倾力为用户、合作伙伴及社会创造更多新价值！

Giving Shape to Ideas

创意改变世界

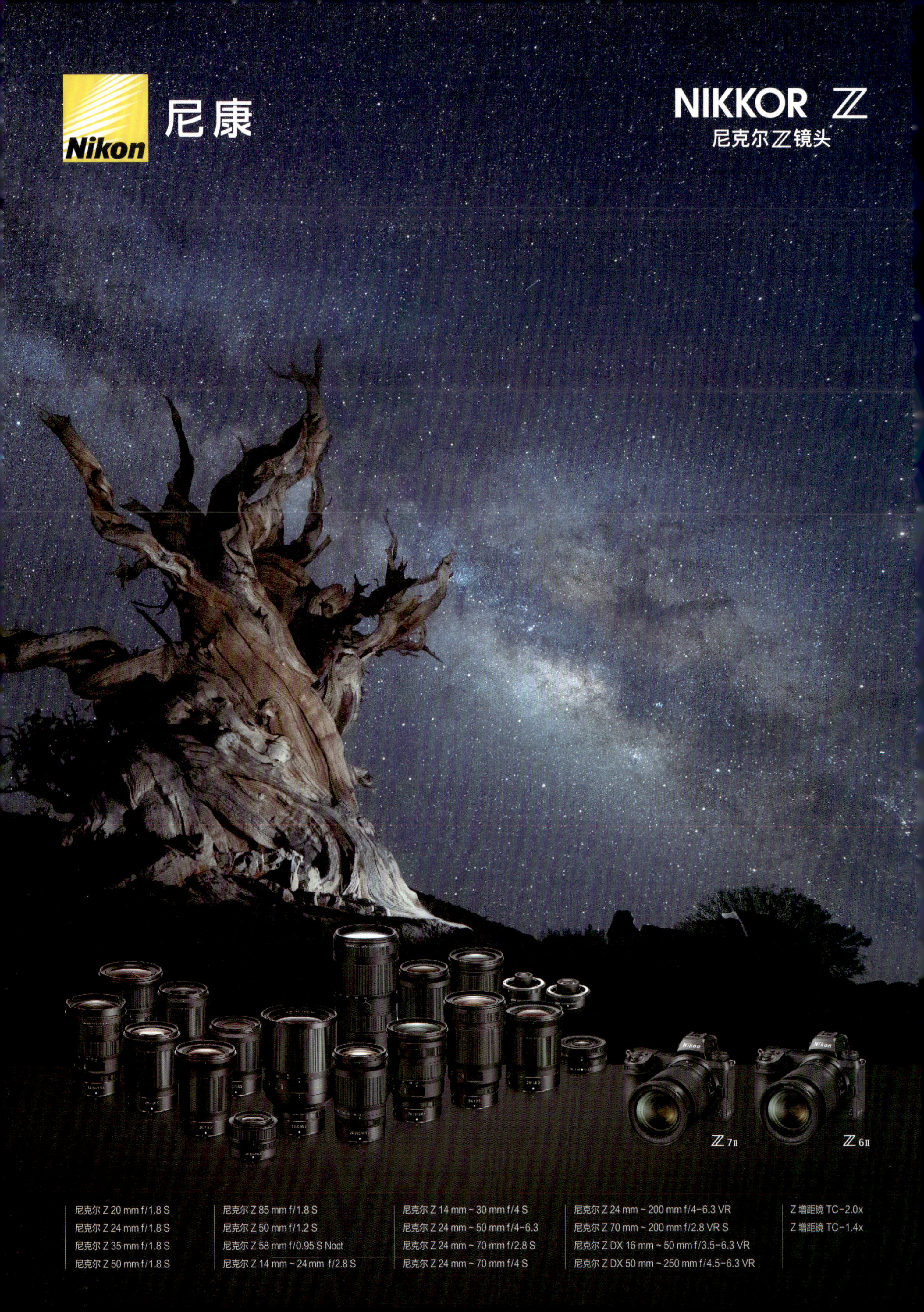
Nikon
尼康
NIKKOR Z
尼克尔Z镜头
Z 7II
Z 6II
尼克尔 Z 20 mm f/1.8 S
尼克尔 Z 24 mm f/1.8 S
尼克尔 Z 35 mm f/1.8 S
尼克尔 Z 50 mm f/1.8 S
尼克尔 Z 85 mm f/1.8 S
尼克尔 Z 50 mm f/1.2 S
尼克尔 Z 58 mm f/0.95 S Noct
尼克尔 Z 14 mm ~ 24 mm f/2.8 S
尼克尔 Z 14 mm ~ 30 mm f/4 S
尼克尔 Z 24 mm ~ 50 mm f/4-6.3
尼克尔 Z 24 mm ~ 70 mm f/2.8 S
尼克尔 Z 24 mm ~ 70 mm f/4 S
尼克尔 Z 24 mm ~ 200 mm f/4-6.3 VR
尼克尔 Z 70 mm ~ 200 mm f/2.8 VR S
尼克尔 Z DX 16 mm ~ 50 mm f/3.5-6.3 VR
尼克尔 Z DX 50 mm ~ 250 mm f/4.5-6.3 VR
Z 增距镜 TC-2.0x
Z 增距镜 TC-1.4x

Nikon 尼康

尼康简介

尼康株式会社自1917年创建以来，以光学和精密技术为基础，通过FPD曝光装置、半导体曝光装置、显微镜、测距仪等产品，为社会及科技的发展做出了应有的贡献。此外，通过影响产业，记录人们的情感，为人类的发展贡献自己的力量。该公司创造了“Nikon”这个国际品牌。“信赖与创造”这一企业理念，实现起来并不容易。该公司将这一理念作为持之以恒的主题永远传承下去。

现在，尼康已把中国作为全球重要市场之一。在不断发展的中国市场上，完善从市场运作到销售、服务的整套经营机制。在“信赖和创造”的企业方针下，尼康还通过自身的先进技术，积极推动中国的影像事业发展，为中国市场带来更多有魅力的产品和优质服务。

事业内容、产品介绍

尼康以光利用技术和精密技术为基础，致力于发展应用广泛的先进技术、产品和服务。通过这样的方式，尼康在全球范围内为社会提供支持，推动孕育未来的前沿事业发展，实现各地人们的梦想。

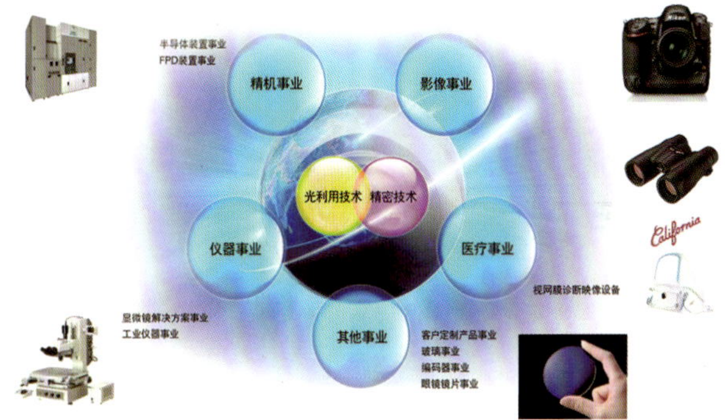

备案商标（商标权利人：尼康株式会社）

尼康		
第09类 T2016-44972 第21类 T2011-21668	第09类 T2015-38964 第21类 T2015-38965	第09类 T2014-35132 第21类 T2014-35133

重点监控的侵权产品类别

电池、充电器类

从危险性的角度看，假冒品对消费者的危害大

镜头形状水杯

人体接触类产品，有危害健康的可能性

HDMI®的背景

HDMI® (High-Definition Multimedia Interface) 是指高清多媒体接口，是当下电子业界先进的高清（HD）设备连接技术及标准，各种消费类电子产品如高清电视、个人电脑、相机、摄像机、平板电脑、蓝光播放器、游戏机、智能手机等，都能够发送或接收高清信号。

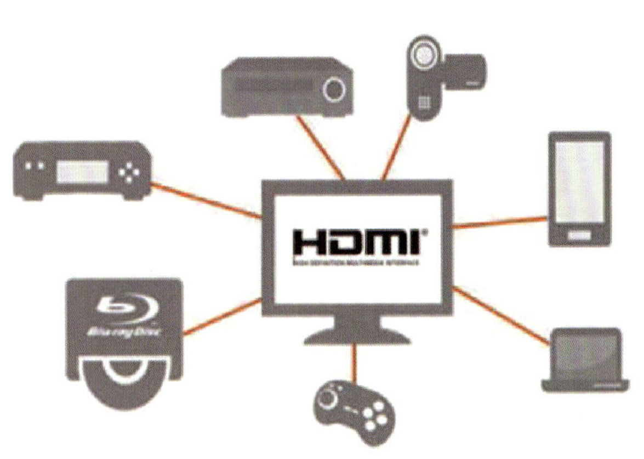

在2002年，7家消费类电子产品制造商莱迪思半导体（Lattice Semiconductor）、麦克赛尔（Maxell）、松下电器（Panasonic）、飞利浦（Philips）、索尼（Sony）、特艺（Technicolor）和东芝（Toshiba）开发并推出一个新的多媒体介面——HDMI® 高清多媒体介面。

HDMI® 协会同年成立，该协会代表以上7家投资公司提供相关授权给有意采用该商标的企业及组织，以及授权HDMI® 技术规格，促进及宣传HDMI® 技术，提供教育及培训，支持HDMI® 采纳，保护HDMI® 技术及版权。

此外，HDMI® 还支持主要电影制片商和系统运营商，主要电影制片商包括福克斯（FOX）、环球（Universal）、华纳兄弟（Warner Bros.）和迪士尼（Disney），系统运营商包括DirecTV公司、EchoStar的Dish网络和CableLabs。

HDMI®的注册商标

商标	标志	USPTO 注册编号	USPTO 国际分类号	国家市场监督管理总局商标注册编号
HDMI®图像商标（® 或™）		3445135 2898044	09 35	10251088
HDMI®文字商标（® 或™）	HDMI®	3268924 2900587	09 35	10251085

采用 HDMI®界面的产品

- 传输线
- 电子配件
- 转接盒、分配器、加强器
- 高画质电视
- 桌面电脑、平板电脑、笔记型电脑
- DVD 及蓝光播放器
- 机顶盒
- 游戏机
- 影音接收器、放大器
- 照相机及摄影机
- 行动影音装置
- 卫星信号接收器
- 投影机
- 显示器

确定未授权HDMI®产品的步骤

第一步：中国海关备案系统

第二步：HDMI®网上授权名单（https://www.hdmi.org/adopter/enforcement）

第三步：提供查扣货品资料给REACT CHINA及HDMI®协会（customs@HDMI.org）以进行确认

在2021年，中国海关致力于保护HDMI®协会的权利，多次查获未经授权的HDMI®产品，在此衷心感谢中国海关的支持及努力。

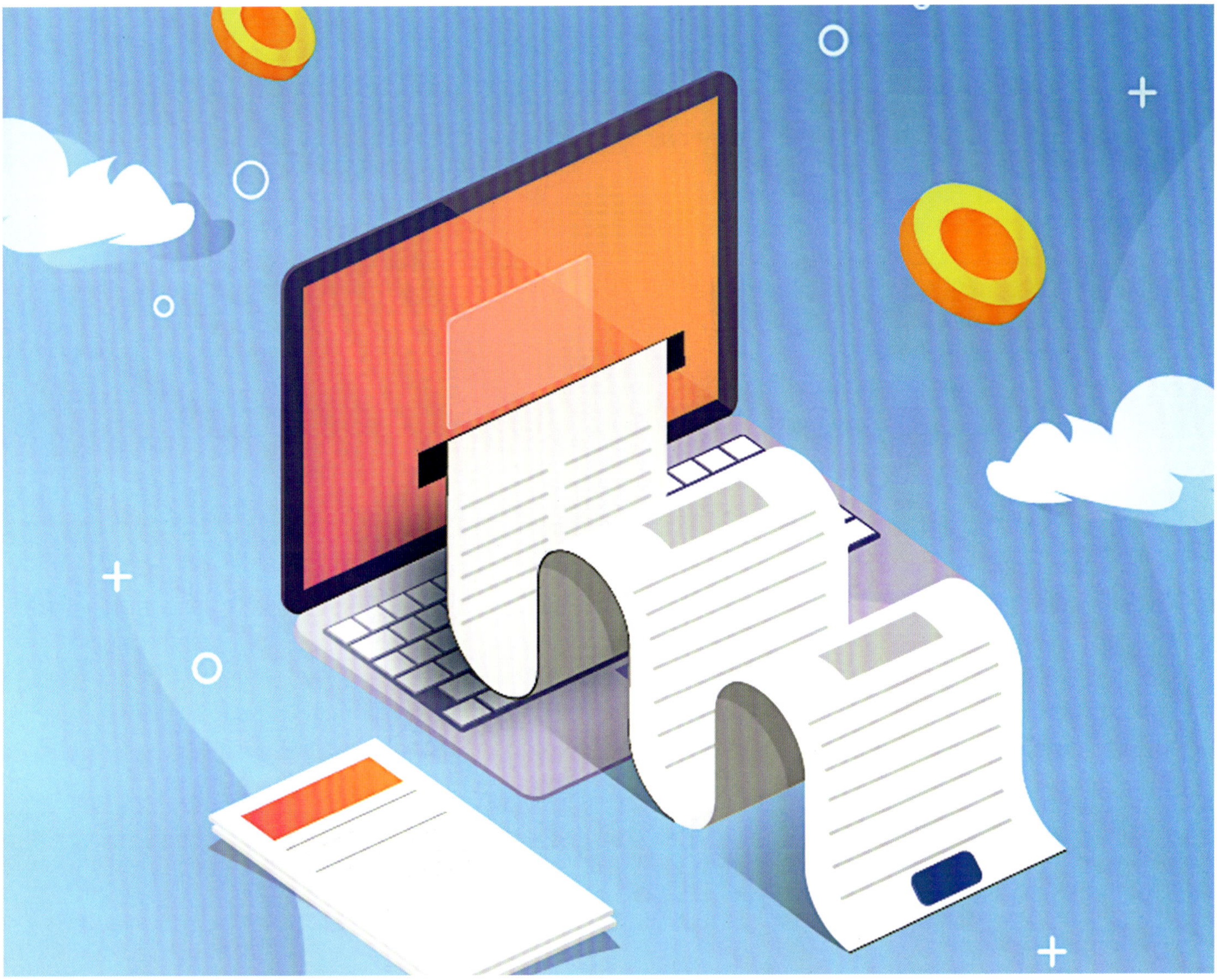

欧华国际物流集团
AWOT GLOBAL CORPORATION

AWOT集团经理人会议在深圳顺利举办

公司概况 Company Profile

欧华国际物流集团（简称“欧华集团”）自2008年在珠江三角洲的广州成立以来，从一个以中国市场为主的公司转变为一个有一定规模并以亚洲市场为导向的公司，现已成为同行业主要的市场竞争者之一。

欧华集团现已在亚洲地区（包括中国）拥有44家子公司，且在北美地区也有着重要战略布局。同时，欧华集团与超过300家海外代理紧密合作，服务可覆盖全球。

专业的市场营销和销售服务团队使欧华集团不断超越客户的期待，伴随着公司的不断壮大，设立专门团队深耕于半导体、汽车制造、电子商务等行业，已与全球有名的跨国企业开展多年的紧密合作。

这些年来，欧华集团的进出口货运吨量呈现强劲增长态势，于2020年在美国 Armstrong & Associates全球空运货量排名中获得第22名。欧华集团的目标是成为世界级的物流服务供货商，成为客户首选的合作伙伴。

核心竞争力 Core Competence

欧华集团各大口岸分公司与全球大部分货运航空公司已签署年度合作协议，能够根据客户和市场需求调配舱位。欧华集团已连年获得多家航空公司颁发的代理奖项，与航空公司的无缝配合，在行业内也获得同行一致的赞誉。

欧华集团强大的包机能力可随时应对客户和市场的需求，灵活性和快速反应是客户优选欧华的重要因素。

在国际空运货运领域开花的同时，欧华集团也不忘同步发展国际海运业务。欧华集团与各大船东签署固定舱位协议，使得欧华集团即使在新冠肺炎疫情笼罩的境遇下，海运业务也迎来了春天。

欧华集团的操作团队拥有十余年的丰富行业经验，无论是常规普货，还是大型的超尺寸货、危险品，均有专业的人员为客户设计优质、省心的物流方案。

秉持“追求卓越，不断创新”的企业文化精神，“欧华信息技术研发中心”肩负起欧华集团物流信息技术的自主创新责任，自行开发集团内部物流作业系统，为客户提供信息集成化管理平台。

人才是企业的核心，欧华集团秉承“以人为本，诚实守信”的企业文化，坚信“满意的同事会带来满意的客户”，一直将员工视为欧华集团的重要资产，使其与企业携手并进。

表彰与行业认可 Awards and Recognition

欧华集团于“中国国际货代物流企业百强评比活动”中荣获以下殊荣:

★ 2020年度中国国际货代空运企业50强榜 **第8名**

The 8th place China's top 50 air freight forwarders in Y2020.

★ 2020年度中国国际货代企业100强综合榜 **第26名**

The 26th place China's top 100 logistics companies in Y2020.

★ 2020年度中国国际货代民营企业50强榜 **第12名**

The 12th place China's top 50 private-owned logistics companies in Y2020.

同心逐梦 再创辉煌

——2021森麒麟

森麒麟深交所A股上市

2020年9月11日，青岛森麒麟轮胎股份有限公司（简称“森麒麟”）在深交所A股正式挂牌上市，股票简称为森麒麟，股票代码为002984，本次公开发行股票数6 900万股，募集资金净额约12.09亿元，成为中国第10家轮胎上市企业。此次发行上市，公司将迎来新一轮的跨越式发展，将继续秉承“创轮胎品牌、做世界一流轮胎企业”的战略目标，持续做优做强，成为具有长期投资价值的上市公司。

轮胎智能制造的开拓者

森麒麟迎挑战、抓机遇，集成互联网、物联网、大数据、云端、智能化等先进技术，率先实现轮胎行业转型升级，打造了全球领先的轮胎智能工厂；连续入选工业和信息化部“2016年智能制造综合标准化与新模式应用”“2017年智能制造试点示范项目”“2018年制造业与互联网融合发展试点示范项目”“2019年绿色工厂与绿色产品示范”；2020年，入选“山东省现代优势产业集群+人工智能试点示范企业”，被中国数字化企业网评为“2020中国标杆智能工厂”。森麒麟开启了技术模式创新、管理模式创新、组织模式创新三位一体的轮胎智能制造新模式，进一步夯实轮胎智能制造开拓者地位。

助力中国航空工业的先行者

森麒麟历经十余年，取得航空轮胎关键技术突破，取得中国民用航空局颁发的适航认证证书(CTSOA证书)和重要改装设计批准证书(MDA证书)，具备了航空轮胎设计、生产、销售资质，成为国际少数航空轮胎制造企业之一。2020年，公司研制的ARJ21-700型飞机航空轮胎成功通过装机试飞，并入选山东省“十大科技成果”。2020年，公司获批山东省航空轮胎技术创新中心，同时被认定为山东省航空轮胎工程研究中心和山东省半钢子午线轮胎及航空轮胎工业设计中心。森麒麟将坚持技术创新战略，持续规划打造高端研发创新平台，通过产学研协同推动航空轮胎科技成果转移转化，提高我国航空工业的国产自主化水平，为国产大飞机提供自主可靠的航空轮胎，保障国民经济建设和国家战略安全。

中国轮胎世界品牌的塑造者

森麒麟坚持“自主研发 持续创新 着眼未来”的研发理念，陆续推出具有自主知识产权的超低滚阻轮胎、航空轮胎、舒适型防爆轮胎、自修复轮胎、石墨烯轮胎、吸音棉轮胎（超静音），以及国际各大赛事专用赛车轮胎等高精尖产品，多项研发成果处于世界较高水平。公司旗下拥有森麒麟(SENTURY)、路航(LANDSAIL)、德林特(DELINTE)、吉翔速（GROUNDSPEED）4大轮胎品牌，客户遍布全球150多个国家和地区，助力中国轮胎产品跻身世界高端产品之列，积极打造中国轮胎世界品牌塑造者形象。

东方物通科技（北京）有限公司

公司介绍

东方物通科技（北京）有限公司于2011年成立，是中国电子口岸数据中心的全资子公司。

公司秉承科技创新的宗旨，以口岸信息化服务为基础，以跨境电子商务服务为核心，致力于为政府部门、管委会园区、外贸进出口企业、跨境电子商务有关企业提供咨询、规划、设计和信息化解决方案。公司承建国际贸易“单一窗口”平台、海关特殊监管区域（场所）系统、数据安全与交换系统、移动应用系统，在口岸大通关信息化有关电子政务和电子商务方面，具备丰富的系统规划、建设实施、运营维护等经验。

公司以中国电子口岸物流商务基地为依托，与全国各地42个中国电子口岸数据分中心形成战略联盟，共同服务企业。

资质证书

● **软件产品登记证书**

① 东方物通集成通数据交换软件V2.0
② 东方物通智能视频安全分析系统应用软件V1.0
③ 东方物通智能视频监控管理应用软件V1.0
④ 东方物通智能指挥中心指挥管理应用软件V1.0
⑤ 东方物通区港联动国际物流信息系统应用软件V2.0
⑥ 东方物通智能单兵管理应用软件V1.0
⑦ 东方物通智能移动视频管理应用软件V1.0
⑧ 东方物通智能指挥中心职能管理应用软件V1.0
⑨ 东方物通指挥中心基础管理平台应用软件V1.0
⑩ 东方物通安速通传输软件V1.0
⑪ 东方物通跨境贸易电子商务服务平台V1.0

● **计算机软件著作权登记证书**

① 集成通数据交换软件V2.0
② 区港联动国际物流信息系统应用软件V2.0
③ 智能指挥中心职能管理应用软件V1.0
④ 智能视频安全分析系统应用软件V1.0
⑤ 智能移动视频管理应用软件V1.0
⑥ 智能指挥中心指挥管理应用软件V1.0
⑦ 智能单兵管理应用软件V1.0
⑧ 指挥中心基础管理平台应用软件V1.0
⑨ 智能视频监控管理应用软件V1.0
⑩ 海关特殊监管区域信息化辅助管理系统V2.0
⑪ 安速通传输软件V1.0
⑫ 跨境贸易电子商务服务平台V1.0
⑬ 跨境电子商务安全管理系统V1.0
⑭ 跨境电子商务物流监控辅助系统V1.0
⑮ 跨境电子商务海关监管系统V1.0
⑯ 跨境电子商务综合服务平台V1.0
⑰ 跨境电子商务通关服务系统V1.0
⑱ 跨境电子商务保税展示展销平台V1.0
⑲ 跨境电子商务数据交换平台V1.0
⑳ 中国国际贸易“单一窗口”系统V1.0

发展大事记

2011年7月 承担“跨境电子商务推进策略和政策研究”项目课题，获得相关部门专家一致好评。
2012年5月 相关部门联合授予“国家跨境贸易电子商务服务试点指定咨询单位”。
2013年8月 协助为郑州、杭州、上海、重庆、宁波5个试点城市编写试点申报方案，并获得相关部门正式批复。
2013年9月 完成作为试点城市中标杆性跨境电子商务试点平台的郑州跨境电子商务服务试点平台（E贸易项目）建设并上线试运行。
2014年7月 承建金关工程二期重点应用软件项目，即全国海关跨境电子商务通关服务平台（一期）系统，率先在广东东莞地区上线。
2014年11月 承建平潭跨境电子商务服务平台项目。
2014年12月 承建吉林电子口岸项目，该项目已上线运行并完成验收。
2015年11月 承建福州跨境电子商务公共服务平台项目。

2016年 承建太原跨境贸易电子商务海关监管系统和公共服务平台。
2017年 承建珠海电子口岸跨境电子商务通关服务平台。
2018年 承建兰州新区作业区海关监管场所跨境电子商务监管中心项目；承建平潭跨境电子商务线上线下融合项目。

4 产品介绍

一、跨境电子商务通关辅助管理平台

跨境电子商务通关辅助管理平台满足跨境贸易电子商务业务中的保税进口、保税出口、一般出口、直购进口4种模式需求，为4种模式通关提供保障，提供灵活的参数设置，实现相关部门的有效监管。

二、跨境电子商务公共服务平台

跨境电子商务公共服务平台与跨境电子商务参与企业的联网对接，将企业交易、支付、物流等数据向管理部门传输，实现信息流、资金流、物流三流信息合一，保障交易的真实性。提供企业及商品备案、4种业务模式通关申报及管理、账册管理等业务功能。为地方政府部门提供资讯门户、业务统计等管理功能。

三、国际贸易“单一窗口”平台

基于国际贸易“单一窗口”标准版实现口岸政务服务基本功能，并结合本地口岸通关业务特色需求，建设和集成本地口岸政务服务项目。提供口岸物流服务功能，促进各方物流信息共享和业务协同。整合通关物流状态和物流作业信息，形成通关物流状态综合信息库，为企业提供数据服务。以信息和用户集聚优势，在金融、保险、信息技术等方面为国际贸易供应链各参与方提供特色服务，有效支持地方口岸新型贸易业态发展。

四、数据安全与交换系统

数据安全与交换系统遵循相关部门业务技术规范和数据标准格式。实现企业之间、企业与管理部门的数据安全交换、业务对接协同，实现系统互联互通、安全认证、数据共享整合等服务功能。

五、海关特殊监管区域（场所）系统

按照相关部门发布的金关工程二期特殊区域系统等相关的业务和技术规范，实现保税加工、保税物流、服务贸易、新兴业务（检测、维修、研发等生产性服务业务）的辅助管理，实现与金关工程二期特殊区域全国统一版系统无缝对接，为企业及相关单位提供全方位、智能化服务的辅助管理系统。

5 主要客户

☆ 福建省国际电子商务中心	☆ 深圳市南方电子口岸有限公司
☆ 平潭综合试验区岚台物流有限公司	☆ 西安国际陆港保税物流投资建设有限公司
☆ 兰州新区众聚电子商务有限公司	☆ 河南省进口物资公共保税中心集团有限公司
☆ 河南电子口岸有限公司	☆ 厦门自贸试验区电子口岸有限公司
☆ 河北省电子口岸发展股份有限公司	☆ 珠海快通达电子商务服务有限公司
☆ 平潭综合实验区港务发展有限公司	☆ 博大世通国际物流（北京）有限公司
☆ 长春兴隆综合保税区投资建设集团有限公司	☆ 重庆龙工场跨境电子商务投资有限公司
☆ 太原武宿综合保税区投资开发有限公司	☆ 中远渔业推广示范中心

北京中海通科技有限公司
CHINA CUSLINK CO.,LTD

公司概况 INTRODUCTION

北京中海通科技有限公司（简称“中海通”）成立于1998年，是一家从事通关信息化、跨境贸易服务等信息化建设，服务国际贸易参与方及监管者的高新技术企业。

作为信息化建设实践专家和跨境贸易信息化服务领域引领者，中海通参与了“金关工程”“金宏工程”“H2010、H2018工程”，承建了海南自贸港、RCEP、关检融合等信息化项目，是中国海关核心业务系统和大数据平台以及应用项目的重要承建方，在特殊区域及物流、数字指挥、信息交换共享平台、数字化转型等领域有深厚的技术积淀，形成了涵盖物流、贸易、制造等多行业的信息化应用解决方案。

未来，中海通将继续响应国家发展政策，激活国际贸易数据价值，构建全球贸易大数据生态，持续探索“互联网+”、物联网、人工智能等技术的应用，打造具有国际竞争力的跨境贸易服务解决方案和产品，为客户提供智能、高效的信息化建设服务。

公司资质 QUALIFICATION

- ★ 高新技术企业认证
- ★ CS3级信息系统建设和服务能力评估体系等级证书
- ★ CMMI（软件能力成熟度模型）三级认证
- ★ ISO 9001:2015质量管理体系认证
- ★ ISO 27001:2013信息安全管理体系认证
- ★ 软件企业评估
- ★ 软件产品评估
- ★ 软件著作权
- ★ 注册商标
- ★ ITSS全权成员单位
- ★ ITSS研制和应用单位

产品体系 PRODUCTS

WWW.CUSLINK.CN
400-885-5623

服务及解决方案 SERVICES & SOLUTIONS

■ 通关信息化服务

作为信息化建设实践专家，中海通在通关业务及其信息化建设方面积淀了丰富经验。近年来，中海通落实“一带一路”倡议，对接中国海关“互联网+”战略，准确把握政府治理体系和治理能力现代化、区域产业转型升级、企业创新变革所形成的数字化转型刚需，聚焦通关信息化领域，在政治经济发展新格局下致力于打造全新的通关服务平台，把握数字经济先机，为中国海关提供丰富的产品、服务及整体解决方案。

典型案例 新一代海关信息系统工程、全景业务监测与展示系统、海关业务运行监控平台

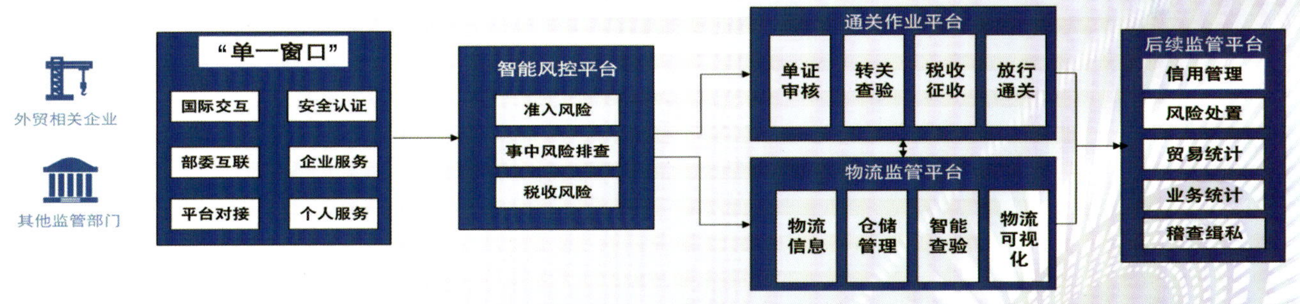

■ 跨境贸易服务

作为中国海关核心系统和大数据平台的重要承建方，中海通在特殊区域及物流、数字指挥、信息交换共享平台、数字化转型等领域积淀了丰富经验，成为跨境贸易服务领域引领者。中海通响应国家发展政策，激活国际贸易数据价值，促进数据生产要素的汇聚与融通，致力于构建全球贸易大数据生态，着力整合国际贸易全链条资源，积极打造数字经济新引擎，形成信息化产业链合作生态圈，吸引人工智能、区块链、物联网、大数据、协会商会等领域合作伙伴，共同建设跨境贸易服务大平台。

典型案例 福建平潭综合实验区信息化建设、南宁国际铁路港二期工程海关监管作业场所信息智能化系统、柳州市柳东新区保税物流中心（B型）海关智能化工程项目

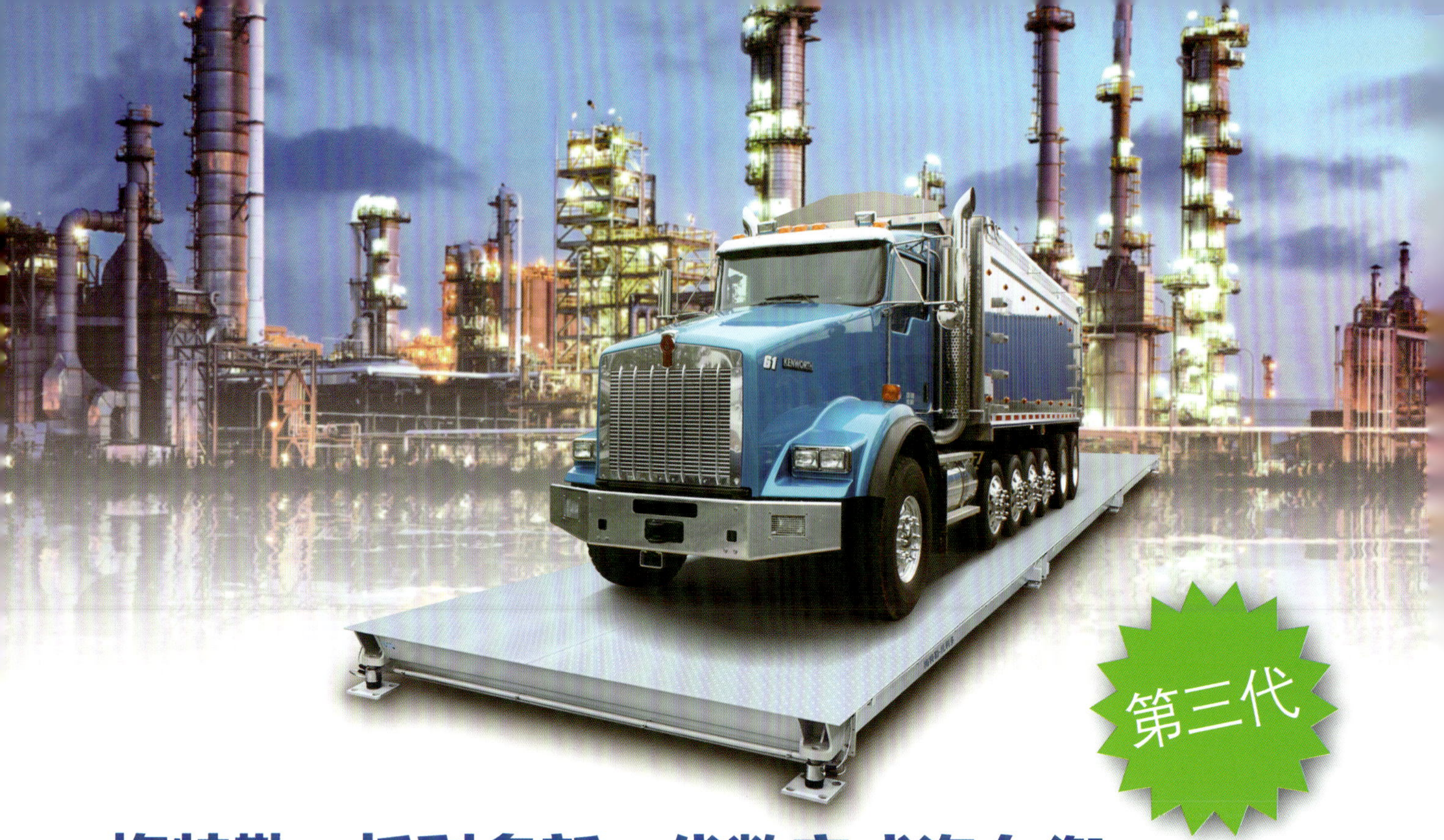

梅特勒－托利多新一代数字式汽车衡

高准确度、高可靠性为物流提供可靠的称重解决方案

VTS/VTC系列电子汽车衡是梅特勒－托利多在多年生产正交各向异性闭口肋U型钢汽车衡的基础上，全新开发的第三代多个系列产品，可以广泛应用于港口、物流等各类称重场合。

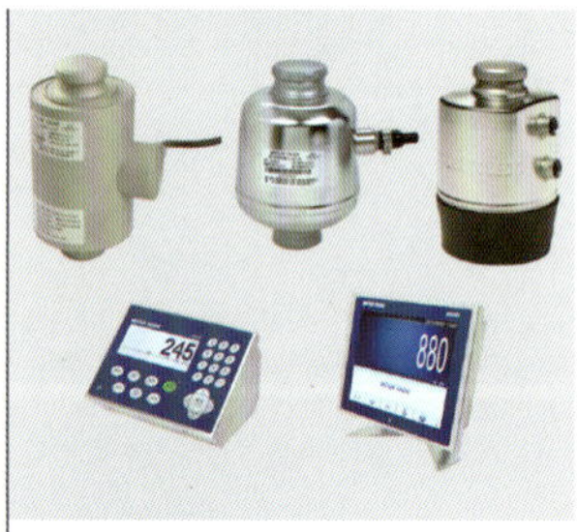

灵活的产品组合，选型丰富

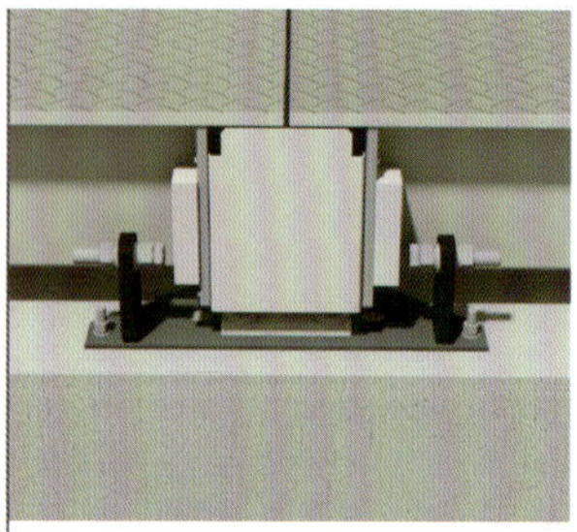

创新的限位方式，维护方便

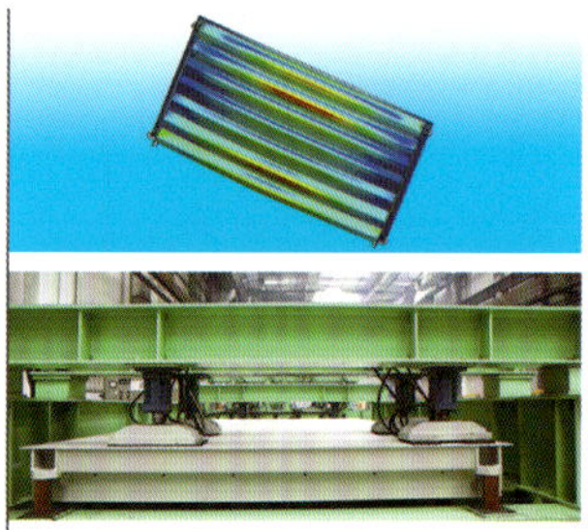

优化的秤台设计，坚固耐用

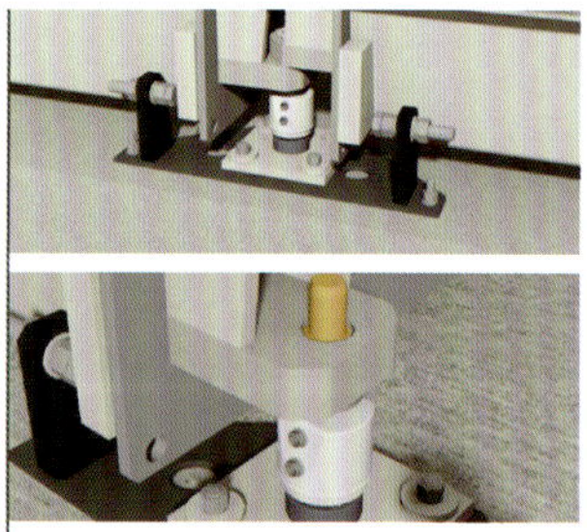

可靠的连接结构，安装快速

扫描二维码
免费设备体验

车辆衡业主需要较大限度地缩短停机时间，以确保业务正常运营。这就是梅特勒－托利多为所有结构和型号的车辆衡提供新的健康检查服务的初衷。

简单填写杂志广告问卷调查，前100名反馈者即有机会获得精美礼品一份！

扫码赢大礼

访问网站或拨打服务热线，了解更多信息。
www.mt.com/cn-Magazine
4008-878-788

MT-IND

METTLER TOLEDO

杭州综合保税区

HANGZHOU COMPREHENSIVE BONDED ZONE

杭州出口加工区于2000年4月经批准设立，规划面积2.92平方千米，2001年5月封关验收，一期封关面积2.007平方千米。2018年2月13日，杭州出口加工区获批升级为杭州综合保税区。2019年2月，增值税一般纳税人试点政策获批。2019年6月，杭州综合保税区正式封关运行，规划面积2.007平方千米；10月，杭州进口肉类指定查验场获得验收通过。

2020年，杭州综合保税区实现规模以上工业总产值95.08亿元，规模以上工业企业累计实现利润总额2.30亿元，实现税收总额20.68亿元，实现货物进出口总值268.11亿元。全年跨境零售进口额102亿元，交易单量列全市第一位。在2020年发布的全国综合保税区发展绩效评估结果中，杭州综合保税区在全国127个海关特殊监管区中获得全国第六和浙江省第一的成绩。

2020年1月15日，杭州机场（下沙）综合保税区"城市货站"正式挂牌成立；4月17日，联合天猫国际、考拉海购设立全国首个保税仓直播总部基地；7月15日，杭州互联网法院与钱塘新区合作的跨境贸易法庭在杭州综合保税区挂牌成立，这标志着全国第一家跨境贸易法庭正式成立。

在跨境电商创新方面。2020年1月，杭州综合保税区完成保税B2C出口货物退换货测试，开创全国出口商品退换货模式；1月18日，率先完成海外仓零售出口业务探索，实现先在综合保税区内备货，再根据海外销售情况用海运和空运的方式随时补货到海外仓；7月1日，成功验放海关监管方式代码为"9710"及海关监管方式代码为"9810"的出口报关单和出口申报清单，在全国范围内率先实现了跨境电商B2B出口4种模式全覆盖；7月21日，开创全国"保税进口+零售加工"的进口新模式；11月24日，联合天猫国际在国内开创了"保税展示+新零售"模式，首家"跨境新零售店"在下沙银泰商场的盒马鲜生内正式开业。

目　　录

第一篇　口岸综合

第二篇　口岸查验监管

第三篇　全国口岸运行情况

第四篇　各地口岸运行管理

内蒙古自治区

辽宁省

吉林省

黑龙江省

上海市

江苏省

浙江省

安徽省

福建省

江西省

山东省

河南省

湖北省

湖南省

广东省

广西壮族自治区

海南省

重庆市

四川省

贵州省

云南省

西藏自治区

陕西省

甘肃省

宁夏回族自治区

新疆维吾尔自治区

第五篇　口岸相关法规

第六篇　全国口岸运行主要数据

第七篇　附　录

各地区开放口岸索引

北京市开放口岸

天津市开放口岸

河北省开放口岸

山西省开放口岸

内蒙古自治区开放口岸

辽宁省开放口岸

吉林省开放口岸

黑龙江省开放口岸

上海市开放口岸

江苏省开放口岸

浙江省开放口岸

安徽省开放口岸

福建省开放口岸

江西省开放口岸

山东省开放口岸

河南省开放口岸

湖北省开放口岸

湖南省开放口岸

广东省开放口岸

广西壮族自治区开放口岸

海南省开放口岸

重庆市开放口岸

四川省开放口岸

贵州省开放口岸

云南省开放口岸

西藏自治区开放口岸

陕西省开放口岸

甘肃省开放口岸

宁夏回族自治区开放口岸

新疆维吾尔自治区开放口岸

第一篇

口岸综合

2020年国家口岸管理工作概要

国家口岸管理办公室

2020年，国家口岸管理办公室认真学习贯彻党的十九大和十九届二中、三中、四中、五中全会精神，在海关总署党委的坚强领导下，切实落实党中央、国务院的决策部署，不断强化政治机关建设，巩固“不忘初心、牢记使命”主题教育活动成果，在口岸疫情防控、口岸开放管理、优化营商环境、国际贸易“单一窗口”建设、口岸国际合作等方面取得积极成效。

一、提高政治站位，推动党建工作走深走实

一是坚持以习近平新时代中国特色社会主义思想武装头脑，坚决贯彻落实习近平总书记重要指示批示精神和党中央、国务院有关部署要求。

二是全面落实从严治党主体责任，强化班子建设和党建工作，班子成员切实履行“一岗双责”，认真落实“三重一大”制度，严格执行民主集中制，推动全面从严治党。

三是全面推进党支部标准化规范化建设。采取远距离视频连线方式，与中国出口信用保险公司小微客户部党支部、黑龙江省口岸办、绥芬河海关办公室党支部、北京市口岸办党支部、天津市口岸办党支部等多次组织联学联建主题党日活动。

四是以防控风险隐患为着力点，坚持底线思维廉洁从政，认真贯彻中央八项规定精神，力戒形式主义、官僚主义，制定开展“灯下黑”具体问题整改落实台账并立行立改，举办“以案为鉴，警钟长鸣”教育活动，推进党风廉政和准军事化纪律部队建设，打造忠诚、干净、担当的干部队伍。

二、担当作为，圆满完成全年主要业务工作

（一）坚决打赢国门疫情阻击战

1. 持续密切监测全国口岸运行状态。组织全国口岸系统坚持每日报送全国边境口岸运行数据，密切监测周边国家新冠肺炎疫情防控和口岸运行状态，其成为制定“外防输入”有关政策措施的重要参考数据。依托“单一窗口”，紧急开发“全国口岸运行展示与分析系统”，在全国口岸系统全面启用，实现口岸运行数据采集上报、数据统计、可视化展示、态势感知与预警等功能。

2. 及时加强政策指导，有效应对疫情输入风险。在绥芬河新冠肺炎疫情最严峻、中俄边境口岸新冠肺炎疫情尚不明朗的紧要关头，按照国务院联防联控机制会议决定，深入一线调研中俄边境口岸“外防输入”政策措施，指导做好口岸疫情防控工作。落实中央决策，紧急牵头研究提出加强陆地边境口岸管理、严防境外疫情输入措施。坚持依法行政，紧急研究提出因重大疫情原因临时关闭口岸（客、货运通道）的具体程序，并报请国务院同意后实施，弥补法律程序空缺。

3. 严格落实边境口岸“客停货通”政策并实施动态调整。根据新冠肺炎疫情发展情况，先后按程序临时关闭阿拉山口、霍尔果斯公路口岸等旅检通道，全国其他边境口岸也按照要求与邻国采取措施临时停止旅检通道通行。先后恢复中吉、中尼、中蒙、中塔、中哈、中越和中俄等边境口岸货检功能。多次临时开放中巴和中尼边境口岸，解决邻国急需防疫和生活物资等迫切需求。

4. 加强沟通协调，提升边境口岸货运能力。

主动服务国家外交大局，在新冠肺炎疫情初期及时指导各地口岸管理部门加强通关协调，通过外交渠道积极做毗邻国家工作，确保境外援赠防疫物资及时通关送抵抗疫一线；指导边境地区加强与毗邻国家地方政府的协调工作，强化联防联控，保障缅北替代种植农产品及时回运国内，增加中蒙口岸煤炭进口数量，协调推动解决中吉、中哈、中俄、中尼等有关边境口岸过货量下降问题；指导广东逐步恢复内地与港澳人员正常往来工作，适时办理港珠澳大桥和珠澳跨境工业区专用口岸临时开放。

（二）科学谋划“十四五”口岸发展

依托国务院口岸工作部际联席会议机制，成立国家口岸发展“十四五”规划编制工作领导小组及其办公室，并成立规划编制工作专班。贯彻习近平总书记关于编制国民经济和社会发展第十四个五年规划和 2035 年远景目标纲要重要指示精神，确定以“口岸综合绩效评估”为抓手，推进平安、效能、智慧、法治、绿色“五型”口岸建设的“1+5”规划编制总体思路。依托第三方就航空口岸布局等口岸工作重点难点热点问题开展 7 个重点专题研究。广泛征求相关部委、署内司局、地方政府和企业意见，并认真研究和充分吸收，确保规划与国家发展战略、地方发展实际和企业切实需要相衔接。完成口岸发展“十四五”规划草案。

（三）创新和规范口岸管理方式

推进海南自由贸易港建设，牵头深入实地调研，召集相关方共同研讨与海南自由贸易港相匹配的口岸布局方案，重点就设置“二线口岸”的考虑以及“二线口岸”与口岸布局方案的审批程序等问题进行反复研究论证，将确定后的口岸布局方案反馈海南省政府报请国务院审批。

（四）以口岸开放促开放型经济发展

研究制订 2020 年度口岸开放审理计划，按程序报国务院备案后有序组织实施；加快口岸开放审理进度，年内先后报请国务院批准山西运城机场等 5 个项目对外开放和江苏盐城港口岸等 4 个项目扩大开放；组织完成云南打洛公路口岸等 8 个项目对外（扩大）开放验收；启动广东佛山铁路口岸等 6 个项目退出程序。

（五）持续优化口岸营商环境

1. 认真做好世界银行跨境贸易迎评工作。协调署内外相关部门研究制订改革措施方案，在北京等 8 个城市组织开展为期 4 个月的 2019—2020 年度跨境贸易便利化专项行动。积极参与世界银行问卷应答和改革措施验核磋商视频会议，专题研究世界银行发布的《中国优化营商环境的成功经验：改革驱动力与未来改革机遇》报告，及时跟踪世界银行评估反馈意见。总结近年来京沪推进优化口岸营商环境、促进跨境贸易便利化的经验做法，向全国口岸复制推广。落实国务院推进政府职能转变和“放管服”改革协调小组专题会议精神，协调重庆等 4 个城市开展跨境贸易指标评估。

2. 持续抓好优化口岸营商环境常态化工作。深入推动精简进出口环节监管证件和随附单证，进出口环节监管证件合并 2 种、取消 1 种，自 2021 年 1 月 1 日起，进出口环节监管证件精简至 41 种。不断优化通关流程，推动沿海主要港口等水运口岸开展进口货物“船边直提”和出口货物“抵港直装”试点，并逐步扩大应用范围。持续巩固整体通关时间压缩成效，定期监控通报标准品进出口边境合规时间，按季度通报整体通关时间。2020 年 12 月，全国进口、出口整体通关时间分别为 34. 91 小时、1. 78 小时，较 2019 年分别减少了 1. 82 小时和 0. 95 小时，较 2017 年分别压缩 64. 2% 和 85. 5%。推动降低进出口环节合规成本，适时向全国口岸复制推广“一站式阳光价格”收费模式，推进落实《清理规范海运口岸收费行动方案》，指导各地落实好阶段性降低港口建设费等政策措施。做好优化口岸营商环境政策解读，参加国务院政策例行吹风会，对《国务院办公厅关于进一步优化营商环境更好服务市场主体的实施意见》有关任务进行政策解读，中央广播电视总台以及《中国海关》《国门时报》《中国口岸》等多个媒体宣传报道了口岸营商环境优化成效。

3. 推动优化口岸营商环境措施向不同类型口岸延伸。结合新冠肺炎疫情常态化防控工作需要，修改完善并重新上报国务院审批航空口岸通关便利化的措施。牵头开展“陆路边境口岸通关便利化研究”署级课题研究，研究起草陆路口岸通关便利化的措施。

（六）深化国际贸易“单一窗口”建设

2020年，“单一窗口”基本功能扩大到18类729项功能，累计注册用户增加到396万余家，日申报业务量增加到1 200余万票，服务功能覆盖全国所有口岸和各类特殊区域，主要业务应用率保持100%。

1. 进一步完善口岸执法功能，基本实现口岸执法服务全覆盖。开发上线邮轮旅客信息申报、入境货物检验检疫证明、跨境电商B2B直接出口和出口海外仓、海关查验通知信息推送、有毒化学品进出口环境管理放行通知单自主打印等功能。针对新冠肺炎疫情防控及时推出防疫物资申报通关服务功能，发挥全流程线上办理优势，实现企业办事“零接触”、货物通关“零延时”、系统运行“零故障”，助力企业复工复产。

2. 进一步加强口岸各部门信息共享和业务协同。积极推进进出口环节监管证件通过“单一窗口”一口受理，除保密需要等特殊情况外，协调证件主管部门同意将其余38种证件全部纳入“单一窗口”受理，其中19种证件已实现一口受理。开发上线船舶转港数据复用、报关单信息及舱单运抵报告状态订阅推送等创新功能，船舶进港数据申报由1小时压缩到最短5分钟，录入数据项减少三分之二以上。会同国家税务总局上线推广出口退税功能，实现出口退税“一站式”快捷办理，累计服务企业4 400多家，退税额104亿元人民币。

3. 积极拓展贸易服务功能，打造“一站式”贸易服务平台。进一步拓展金融服务功能，增加服务供应主体。截至2020年12月底，共有12家金融服务机构参与试点合作，累计服务进出口企业18.2万家，办理国际结算159.6亿美元、国际融资261.5亿元人民币；办理货运险保险金额21.88亿元人民币、关税险保险金额58.75亿元人民币。在天津等8个地区深入开展查验通知信息推送试点，快速衔接通关物流各环节，提高查验准备工作效率。上线推广全国口岸收费及服务信息发布系统，促进口岸收费公开透明、有序竞争。会同中国民用航空局依托“单一窗口”建设航空物流公共信息平台。积极探索区域“单一窗口”建设，支持长江经济带、西部陆海新通道等区域经济发展。

4. 强化“单一窗口”安全运行，持续提升服务质量。组织“单一窗口”标准版全面技术排查和各地方安全自查，按照业务数据安全分类分级标准开展“单一窗口”数据分类分级实践。落实《国际贸易“单一窗口”运行管理办法》，制发“单一窗口”运维和服务请求两项管理规程，进一步规范运维服务管理工作。配套开发上线全国一体化运维服务管理平台，提高问题流转、跟踪和解决效率。2020年，“单一窗口”系统整体可用性达99.99%，95198热线电话接通率达96%以上。

（七）加强日常沟通，深化口岸国际合作

充分利用中俄、中蒙、中哈、中越等常态化口岸国际合作机制，加强与毗邻国家的日常信函往来和工作交流沟通。召开中俄口岸工作组第23次会议，就共同做好口岸常态化防疫合作等达成共识并签署会议纪要。指导有关地方口岸办与俄方签订2019—2020年合作计划。加强与澳门特别行政区政府有关部门面对面沟通，推动建立内地与澳门常态化口岸合作机制。

（八）推动口岸安全联合防控制度建设

着眼于国家口岸管理办公室“三定”职责新任务，在以往协调推动有关业务领域建立口岸安全联合防控工作机制的基础上，探索建立健全国家和地方层面口岸安全联合防控工作制度，开展口岸安全联防联控制度建设专项课题研究，积极推动课题成果转化，着力完善口岸安全联合防控运行机制，保障进出境人员、货物、运输工具安全顺畅通行。

2020 年国际贸易“单一窗口”建设工作概要

国家口岸管理办公室

2020 年，国家口岸管理办公室会同国际贸易“单一窗口”建设工作组成员、中国电子口岸数据中心及各地方口岸办，认真贯彻落实党中央、国务院有关决策部署，积极拓展“单一窗口”应用功能，持续推出更多便企利企服务，助力“六稳”“六保”，取得了新进展。

一、“单一窗口”基本功能建设得到深化，标准版应用水平全面提升

（一）标准版基本功能进一步完善

开发上线邮轮旅客信息申报、入境货物检验检疫证明、跨境电商 B2B 直接出口和出口海外仓、有毒化学品进出口环境管理放行通知单自主打印等一批功能，新增金伯利进程、TIR 运输、出入境特殊物品卫生检疫、进境粮食/种苗检验检疫、出口食品生产备案、进口食品化妆品进出口商备案等 11 项便企服务，基本实现了口岸执法服务全覆盖，“单一窗口”普惠程度不断提高。

（二）及时推出疫情防控相关服务功能

新冠肺炎疫情暴发以来，“单一窗口”及时推出防疫物资申报通关相关服务功能，新增口罩、防护服、呼吸机等防控物资细化申报提示，优化旅客舱单申报系统，开展免于到场查验申请、防疫物资申报提示等功能，发挥“全流程、一站式、全天候、零接触”等业务办理优势，全力保障企业便利通关。配合口岸疫情防控，上线推广口岸运行展示与分析系统，实现口岸运行数据采集上报、统计分析及可视化展示等功能，为疫情防控提供决策参考。

2020 年，“单一窗口”基本功能由 16 大类 598 项扩大到 18 大类 729 项，累计注册用户由 298 万家增加到 396 万余家，日申报业务量由 800 万票增加到 1 200 余万票，服务覆盖全国所有口岸和各类特殊区域，基本满足企业“一站式”业务办理需求，主要业务应用率保持 100%，其他业务应用率全面提升。

二、口岸信息共享和业务协同增强，进一步促进贸易便利化和营商环境优化

（一）跨部门业务协同进一步加强

一是推进进出口环节监管证件通过“单一窗口”一口受理和自主打印，除保密需要等特殊情况外，进出口环节监管证件全部依托“单一窗口”实现联网核查，其中 19 种监管证件通过“单一窗口”实现了一口受理。二是配合国家税务总局金税三期系统建设，同步开展“单一窗口”出口退税功能与金税三期系统对接改造及试点工作。三是会同交通运输部推进“单一窗口”船舶联合登临检查、危险货物申报等相关申报功能建设，推动国际航行船舶“无纸化”通关。四是会同中国国家铁路集团有限公司依托“单一窗口”向铁路部门推送铁路运输货物海关查验信息，加强国联运单、中欧班列识别标识、铁路作业状态和物流等信息共享与合作。五是会同中国民用航空局依托“单一窗口”建设航空物流公共信息平台，在厦门、深圳、广州等地开展标准和平台验证，推动不同主体之间标准融合、数据联通。

（二）多项通关便利化创新功能上线推广

“单一窗口”船舶转港申报数据复用、海关查验通知信息推送、报关单信息订阅推送、舱单

运抵报告状态订阅推送等一批创新实用功能上线推广，船舶转港申报数据复用使船舶申报时间由原来的1小时减少到最短5分钟，录入数据项减少三分之二以上，报关单信息订阅推送由原来逐票查询核对变为批量自动订阅，有效减轻企业操作负担，开展查验通知、状态信息推送试点，快速衔接通关物流各环节，大大提高通关效率。此外，“单一窗口”通关物流全流程评估、全国口岸收费及服务信息发布等系统建成上线，加大与港口、机场、场站、码头等物流节点的对接力度和信息双向交互力度，促进相关物流单证电子化流转和线上办理、口岸收费信息线上公开，为企业提供通关物流全流程服务，营造公开透明、有序竞争的口岸营商环境。

三、“单一窗口”贸易服务功能持续拓展，“一站式”综合服务初现成效

（一）金融服务试点成效显著

依托“单一窗口”创新“外贸+金融”服务模式，推出跨境结算、融资贷款（跨境贷、出口贷、信保贷、退税贷、关税贷）、出口信用保险等多种创新服务，有效缓解了外贸中小企业融资难融资贵问题，提升企业国际化经营能力，支持企业抗击新冠肺炎疫情、渡过难关。截至2020年12月底，共有12家金融机构参与试点，服务进出口企业共计18.2万家，办理国际结算159.6亿美元、国际融资261.5亿元人民币；办理货运险保险金额21.88亿元人民币、关税险保险金额58.75亿元人民币；办理出口信用险保单9.4万张，推送出口风险信息1 402条。

（二）综合服务水平进一步提升

推进跨境贸易大数据平台建设，开发上线企业跨境贸易档案子系统，启动跨境电商综合服务、口岸智能物流服务等功能建设；完善“单一窗口”市场采购贸易服务功能，支持贸易新业态发展；推出“掌上单一窗口”移动应用App，升级“单一窗口”门户网站；参与海南自由贸易港国际贸易“单一窗口”需求制定，支持国家重大发展战略；积极探索“单一窗口”支持长三角、粤港澳大湾区、西部陆海新通道、长江经济带等区域经济发展；深入开展“十四五”口岸信息化发展专项课题研究；加强“单一窗口”国际合作，完成中新（加坡）“单一窗口”互联互通合作试点项目测试验证，推动与澳门特别行政区业务交流合作，参与世界海关组织（WCO）《经修订的京都公约》“单一窗口”提案工作。

四、安全运行保障能力进一步强化，服务质量持续提升

（一）安全运行相关制度更加健全

落实《国际贸易“单一窗口”运行管理办法》，制发“单一窗口”运维和服务请求两项管理规程，配套开发上线全国一体化运维服务管理平台，提高问题的流转、跟踪和解决效率，提升“单一窗口”一体化运维服务保障能力。落实数据安全管理办法，推进年度安全检查制度常态化，通过检查及时发现问题并要求整改落实。推进“单一窗口”周、月、季报制度实施，及时通报“单一窗口”运行服务情况。

（二）客户服务质量稳步提升

新冠肺炎疫情期间，通过95198热线电话、即时通信工具等多种形式，向用户提供7×24小时不间断咨询服务，及时解答企业涉及各类防疫物资进出口问题。持续开展企业使用在线调查，及时搜集、掌握企业使用“单一窗口”情况、需求与建议，不断提升“单一窗口”客户服务质量。2020年，“单一窗口”系统整体可用性达99.99%，95198热线电话接通率达96%以上。

2020 年国家口岸工作大事记

国家口岸管理办公室

1 月 4 日

武汉、深圳、拱北口岸启动出境旅客发热病例排查“日报告，零报告”制度。

云南打洛公路口岸对外开放通过海关总署会同外交部、国家移民管理局等单位组成的验收组验收。

1 月 19 日

海关总署副署长、政治部主任胡伟在署主持召开促进跨境贸易便利化工作推进会，要求各相关单位协同采取有力措施，注重衔接、精准对标、形成合力，扎实推进口岸营商环境工作取得新进展。北京、上海、天津、重庆、广州、深圳口岸相关单位负责同志参加会议。

1 月 26 日

海关总署党委书记、署长倪岳峰主持召开会议，传达学习贯彻习近平总书记在中共中央政治局常务委员会会议上关于新冠肺炎疫情防控工作的重要讲话精神，进一步研究部署、深化落实全国口岸疫情防控工作。倪岳峰要求，要自觉把思想和行动统一到习近平总书记重要指示精神和党中央决策部署上来，把疫情防控作为增强“四个意识”、坚定“四个自信”、做到“两个维护”的实际行动，坚持全国海关“一盘棋”，全面压紧压实责任，加强口岸管控，发挥联防联控机制作用，采取果断措施，强化督察督办，坚决遏制新冠肺炎疫情通过口岸蔓延，坚决打赢新冠肺炎疫情防控阻击战。

2 月 1 日

国际贸易“单一窗口”上线防疫物资申报通关相关服务功能，新增口罩、防护服、呼吸机等防控物资细化申报提示，优化旅客舱单申报系统，开展免于到场查验申请、防疫物资申报提示等功能，发挥“全流程、一站式、全天候、零接触”等业务办理优势，全力保障企业便利通关。

2 月 25 日

国家口岸管理办公室学习贯彻统筹推进新冠肺炎疫情防控和促进外贸稳增长电视电话会议精神，强调要深入开展跨境贸易便利化专项行动，深化国际贸易“单一窗口”应用，加大样本城市经验复制推广力度，全力做好提升跨境贸易便利化水平和迎接世界银行评估工作，力争跨境贸易指标排名稳中有进；同时统筹做好口岸各项工作，为促进外贸稳增长做出努力。

3 月 6 日

国际贸易“单一窗口”农药进出口登记管理放行通知单申请系统无纸化功能上线。

3 月 25 日

“单一窗口”小微信保功能上线，精准提供政策提示信息，境外行业、商品和风险预警信息，便利小微企业快速获得地方财政信保补贴，切实发挥出口信保政策保障作用；支持中信保在“单一窗口”开辟理赔服务绿色通道，优先处理受疫情影响出口企业的出险理赔，整个过程无须提交任何纸质单证，避免企业往返跑腿，减少人员接触聚集，降低投保操作成本，有效抵御疫情期间出口企业面临的国际贸易风险；“单一窗口”贸易融资在线申请延期还款功能上线，通过“单一窗口”申请融资贷款，金融机构给予降低贷款利率、减免手续费等优惠，支持企业抗击疫情、渡过难关。

3 月 31 日

制定《国际贸易“单一窗口”金融服务扩大试点对接管理规范》，推进“单一窗口”金融服务功能扩大试点。

4月6日

按照国务院应对新冠肺炎疫情联防联控机制会议要求，海关总署副署长、政治部主任胡伟带队赴黑龙江绥芬河口岸专题调研，国家口岸管理办公室负责人陪同调研。

4月13日

落实海关总署关于统筹做好口岸新冠肺炎疫情防控和通关便利化工作任务要求，开发上线“单一窗口”船舶转港数据复用、海关查验通知信息推送、报关单信息订阅推送、舱单运抵报告状态订阅推送等功能，支持企业统筹疫情防控和复工复产，进一步便利企业申报通关。

4月14日

国际贸易“单一窗口”检验检疫电子证书项目上线。

4月20日

国家口岸管理办公室组织召开编制国家“十四五”口岸发展规划电视电话会议，通报前期规划编制工作进展和下一步工作安排，对全国口岸系统做好规划编制工作提出要求。规划编制工作领导小组办公室成员，各省、自治区、直辖市口岸办负责同志，以及规划编制专家参加会议。

5月9日

国家口岸管理办公室组织召开国家“十四五”口岸发展规划编制工作会议，通报前期工作进展情况和下一步工作安排，对口岸相关部门和单位做好规划编制工作提出要求。规划编制工作领导小组办公室成员，12个相关部委单位有关司局负责同志，以及参与编制规划的专家参加会议。

5月22日

2020年度国际贸易“单一窗口”安全检查工作在全国范围开展。

5月27日

广东莲塘公路口岸对外开放通过海关总署会同国家移民管理局等单位组成的验收组验收。

6月11日

山东青岛董家口港口岸对外开放通过海关总署会同交通运输部、国家移民管理局等单位组成的验收组验收。

6月12日

山东日照港口岸扩大开放通过海关总署会同交通运输部、国家移民管理局等单位组成的验收组验收。

6月17日

广西东兴公路口岸扩大开放通过海关总署会同外交部、国家移民管理局等单位组成的验收组验收。

6月22日

国际贸易“单一窗口”跨境电商B2B直接出口和出口海外仓等功能上线启用，增列跨境电商B2B出口专门通关方式，助力跨境电商企业有效应对新冠肺炎疫情影响，积极扩大出口。

6月23日

中国农业银行、交通银行、中国邮政储蓄银行、中国进出口银行、太平洋保险5家机构加入“单一窗口”金融保险服务扩大试点。

6月30日

配合口岸新冠肺炎疫情防控，上线推广“单一窗口”口岸运行展示与分析系统，实现口岸运行数据上报采集、统计分析及可视化展示等功能，为疫情防控提供决策参考。

7月30日

海关总署署长倪岳峰和中国民用航空局局长冯正霖签署《海关总署 中国民用航空局推进航空口岸通关便利化战略合作备忘录》，海关总署副署长张际文，海关总署党委委员、办公厅（国家口岸管理办公室）主任黄冠胜，中国民用航空局副局长吕尔学等有关领导出席签署仪式。

8月18日

海关总署党委委员、广东分署主任张广志，海关总署党委委员、办公厅（国家口岸管理办公室）主任黄冠胜在珠海出席横琴口岸新旅检区域开通仪式。

8月26日

海关总署党委委员、广东分署主任张广志，海关总署党委委员、办公厅（国家口岸管理办公室）主任黄冠胜在深圳出席莲塘口岸开通仪式，并赴深圳海关所属莲塘海关调研。

8月28日

国际贸易“单一窗口”有毒化学品进出口环境管理放行通知单自主打印功能上线。

9月2日

国际贸易“单一窗口”邮轮旅客信息申报系统上线。

9月3日

江苏盐城港口岸滨海港区对外开放通过海关总署会同交通运输部、国家移民管理局等单位组成的验收组验收。

9月22日

国家口岸管理办公室出席第十三届中国边境口岸城市市长云上论坛，介绍“十四五”期间口岸建设与发展方向，强调建立口岸综合绩效评估体系，推进平安、效能、智慧、法治、绿色“五型”口岸建设，并与绥芬河、满洲里、珲春、瑞丽、东兴等7个边境口岸城市共商常态化疫情防控形势下边境口岸城市发展之路。

10月15日

国家口岸管理办公室会同中国民用航空局部署建设“单一窗口”全国航空物流公共信息平台。

10月22日

山东滨州港口岸对外开放通过海关总署会同国家移民管理局、交通运输部等单位组成的验收组验收。

11月2日

国际贸易“单一窗口”运维服务管理平台在全国范围上线试运行，进一步提高国际贸易“单一窗口”一体化运维服务保障能力，提高客户反映问题的流转、跟踪和解决效率。

11月11日

中俄政府总理定期会晤委员会运输合作分委会口岸工作组第二十三次会议通过远程会议形式召开，海关总署副署长、政治部主任胡伟与俄罗斯交通运输部副部长谢苗诺夫签署会议纪要。

11月12日

国际贸易“单一窗口”全国海运口岸收费及服务信息发布平台上线运行，实现港口、船代、理货等收费标准线上公开、在线查询等功能。

11月17日

西部陆海新通道“13+1”省（自治区、直辖市）共同签署《国际贸易“单一窗口”西部陆海新通道平台建设合作协议》。

12月15日

受海关总署委托，山东威海港口岸扩大开放通过山东省口岸办会同驻鲁口岸查验单位等组成的验收组验收。

国际贸易“单一窗口”新增金伯利进程、TIR运输、出入境特殊物品卫生检疫、进境粮食/种苗检验检疫、出口食品生产备案、进口食品化妆品进出口商备案等11项便企服务。

12月21日

国家口岸管理办公室召开会议深入学习贯彻中央经济工作会议精神，要求全体党员增强政治意识，提高政治站位，坚决贯彻落实党中央对2021年经济工作的各项决策部署；坚守安全底线，牢记监管使命，大力推进监管能力水平提升工程；把推动外贸高质量发展摆在更突出的位置，优化口岸营商环境，精简进出口环节监管证件，压缩整体通关时间，清理规范涉企收费，促进贸易便利，为建设更高水平开放型经济新体制贡献力量。

第二篇

口岸查验监管

2020 年出入境边防检查工作概要

国家移民管理局边防检查管理司

2020 年是中华人民共和国历史上极不平凡的一年，也是移民管理工作经受重大考验、取得显著成绩的一年。在以习近平同志为核心的党中央坚强领导下，在公安部党委的具体指挥下，面对国际国内形势的深刻复杂变化特别是新冠肺炎疫情的严重冲击，全国移民管理系统旗帜鲜明讲政治、强组织、严纪律，确保了移民管理事业发展坚定正确的政治方向；全力以赴防风险、保安全、护稳定，有力维护了国家政治安全、口岸边境稳定和移民管理秩序；众志成城战疫情、克时艰、筑防线，在伟大抗疫斗争中发挥了重要方面军作用；积极主动抓改革、谋创新、促发展，全力服务促进了经济社会发展。

一、坚持为国担当、严管严控，全力筑牢境外疫情输入防线

一是全面加强组织领导。组建工作专班，动态分析研判，加强工作部署，与海关总署联合下发通知强化口岸新冠肺炎疫情防控，会同六部委联合下发意见压实陆地边境新冠肺炎疫情防控责任，制订新冠肺炎疫情防控方案，赴西南、东北边境开展专项调研，确保防控措施及时落地。

二是严格落实防疫抗疫措施。落实“三提前、三共享”要求，向海关预警高风险入境人员 100 万余人次，从中发现确诊病例 1 200 余人，占入境发现确诊病例总数的 27.5%，配合实现了入境人员“从国门到家门”的闭环管理。会同国家有关部门关停 44 个陆地口岸、68 条边民通道的客运功能，有效降低了新冠肺炎疫情经口岸输入风险。

三是积极回应社会关切。9 次参加国务院联防联控机制新闻发布会，2 次接受央视专访，全方位解读宣传口岸边境外防输入政策，回应群众关切，加强舆论引导。举办 3 期疫情防护技能视频培训、1 期查验境外回国人员临时航班勤务组织培训，累计培训 8 万余人次，强化了一线执勤人员防疫技能。

二、坚持服务大局、改革创新，助推经济社会发展

一是主动服务国家开放战略。服务长三角一体化发展战略，出台服务促进长三角航运枢纽建设 10 项新举措，降低航运企业和相关作业单位的时间成本。助力粤港澳大湾区建设，支持横琴口岸新旅检区域实施“合作查验、一次放行”查验方式，支持莲塘口岸对外开放和深圳湾口岸 24 小时通关，推动福田保税区一号通道作为深港科创合作区跨境专用口岸对外开放，增添了企业竞争新优势。

二是优化口岸营商环境。深化边检“放管服”改革，部署全面启用港口边检综合管理信息系统、边检行政许可网上窗口，贯通边检行政许可互联网申请、公安网审批、微信小程序与短信反馈等网内网外、线上线下业务环节，实现全流程网上办理。简化边防检查手续，完善空港口岸 24 小时直接过境旅客免办边检手续验收标准，取消国际航班纸质申报单据，推广出入境国际航班网上申报载运人员信息。

三是助力企业复工复产。主动服务“六稳”“六保”，推出贯彻落实统筹推进疫情防控和经济社会发展工作部署 10 项措施，部署全国边检机关为运输抗疫物资、进出口商品、鲜活农产品的

跨境货运交通工具开设绿色通道，提供“零等待”通关便利，全力确保跨境货物运输畅通。会同四部委联合印发相关指导意见，为3 000余名滞留我国港口的外籍船员办理登陆和换班手续，保障了国际航运正常运行。

三、坚持主业主抓、标本兼治，持续推进口岸边境治理体系建设

一是切实提高口岸管控水平。制定出台检查员专业能力等级评定办法，为提升检查员队伍专业能力提供制度保证。牵头制订北京冬奥会移民管理安保框架性方案，圆满完成全国“两会”、党的十九届五中全会、进博会等一系列重大安保维稳工作。

二是严厉打击跨境违法犯罪。为防范惩治跨境违法犯罪，牵头组织开展集中打击妨害国（边）境管理犯罪专项斗争，提升非法移民治理能力。持续打击治理跨境赌博，强化边境禁毒工作，深度研判藏毒手法、运毒方式、贩运路线，加强跨区域、跨警种缉毒合作，取得明显战果。

三是着力提升应急处突能力。制订“情指行”一体实战型指挥中心基础环境改造和信息化软件系统需求方案，推动设计招标、咨询论证等工作，大力推进实战指挥能力建设。制订防范化解群体性事件、应对处置突发事件等预案，指导开展经常性应急演练，进一步提高发现处置能力。

四是持续深化国际执法合作。指导沿边总站通过三级代表联系机制与邻国边境主管部门开展会谈会晤、互致信函、互通热线电话，110余个站级单位与邻国边境主管部门建立信息通报机制，协同严密口岸边境管控，合力打击跨境违法犯罪。

2020 年海事工作概要

中华人民共和国交通运输部海事局

2020 年，全国海事系统在交通运输部党组的正确领导下，以“三化”建设为统领，在变局中显担当，主动把战疫情、防台风、抗洪水、助脱贫作为初心使命，在决胜全面建成小康社会进程中彰显新作为；在发展中谋创新，勾勒“十四五”发展蓝图，为加快建设交通强国增添新活力；在攻坚中强本领，破解海事发展瓶颈和安全监管难题，保障国际物流链、供应链安全畅通，海事管理水平迈上新台阶。

全年，安全保障国内航行船舶进出港 2 256.8 万艘次、国际航行船舶进出口岸 41.3 万艘次、水上货物运输 187.3 亿吨、水上客运 3.3 亿人次。

一、疫情防控取得阶段性胜利

一是闻令而动，凝聚疫情防控强大合力。在党中央统一指挥、交通运输部党组直接领导下，第一时间启动应急响应，成立领导小组，迅速形成覆盖全系统的四级联动指挥体系和四级联防联控机制，压实群防群控责任，凝聚海事系统共同战疫的坚强意志和必胜决心。

二是逆行出征，筑牢疫情防控水路防线。落实“一断三不断”要求，保障向武汉运输防疫和生产生活物资船舶 2 403 艘次。做好船舶进出口岸申报信息查验和动态监管，严防新冠肺炎疫情通过水路传播。在新冠肺炎疫情暴发初期，迅速果断协调组织“歌诗达赛琳娜”号、“歌诗达威尼斯”号等邮轮靠港，疏散转运隔离在船游客近 9 000 人，避免类似“钻石公主”号集聚式感染事件的发生。先后发布四版船舶船员疫情防控操作指南，制定患病船员紧急救助处置指南，妥善处置“古杰多马士基”轮船员感染新冠肺炎、“海洋量子”号船员离船入境等事件，保障船员换班超 14 万人次，救助伤病船员 800 余人，实现中国籍船员国内港口换班“应换尽换”，国际航行船舶船员有序换班。中国海事防抗疫情经验做法被国际海事组织（IMO）采纳并向全球航运界推荐共享。

三是创新举措，精准帮扶企业复工复产。做好“六稳”工作，落实“六保”任务，探索推行包容审慎监管和非接触式政务服务、远程执法等举措，制定航运公司防抗疫情措施指引，出台相关证书证明延期等便利政策。落实国家减税降费政策，减免港建费超 150 亿元、油污基金近 8 000 万元。2020 年下半年，船舶进出港艘次、载运货物量环比显著回升，有力保障出口货物出得去、进口货物进得来，在“两保一实现”方面发挥了主力军作用。

四是上下齐心，严密细致抓好内部防控。强化干部职工动态管理，保障一线防疫物资和装备配备，有效应对个别地区新冠肺炎疫情零星反弹。海事系统涌现出全国抗击疫情先进个人孙玉国等一批典型，多名个人和多个集体获评交通运输系统和省（自治区、直辖市）抗击疫情先进个人和集体。

二、坚持标本兼治，本质安全水平有效提升

一是安全生产专项整治成效突出。部署开展水上交通安全专项整治三年行动，集中组织内河船涉海运输、长期逃避海事监管船舶、水上无线电秩序、船载危化品等重点领域专项治理。

二是安全监管源头管理持续深化。发布船舶技术法规体系框架，制修订 17 部船舶技术法规。出台国内航运公司安全管理体系文件编写指南，推进第四批船舶实施 NSM 规则。印发推进船舶检验高质量发展指导意见，推进船舶检验高质量发展。建立健全辖区管理和船籍港管理并重格局。

三是重要时段、重大活动、重点区域保障有力。圆满完成“春运”、“两会”、“十一”、第三届进博会等水上和网络安保任务。扎实做好深中通道、长江口南漕航道、大连湾海底隧道等重点工程的安全保障。

四是水上应急处置能力不断提升。落实国务院关于加强水上搜救工作的要求，多地水上搜救立法工作取得积极进展。加大一线执法力量值守力度，加快水上搜救志愿者队伍建设，提升基层应急指挥协调能力。组织开展搜救行动 1 662 起，救助遇险船舶 1 065 艘、遇险人员 10 350 人。

三、示范先行，服务国家战略凸显作为

一是支持区域高质量发展。深化京津冀、长三角、粤港澳海事协同合作、融合发展。

二是服务自贸区（港）建设。助力自贸区航运要素聚集和营商环境优化，构建更加自由开放的航运制度。支持海南自由贸易港航运高质量发展，21 艘“中国洋浦港”籍国际船舶完成注册登记，实现我国国际航线运力增量 344 万载重吨。协同推进海南邮轮港口海上游航线试点，协调开发海南环岛海洋灯塔旅游资源。创新实施自贸区国际登记船舶入级检验开放，推进国际登记船舶法定检验开放。

三是打好“蓝天碧水”保卫战。深化船舶大气污染物排放控制区政策，强化环渤海、长江经济带、粤港澳大湾区船舶污染防治区域联动，推动船舶靠港使用岸电，推广应用船舶污染排放检测监测新技术新装备。联合海警开展“碧海2020”专项执法行动。联合开展长江“十年禁渔”工作，打好长江禁捕退捕攻坚战。

四是助力脱贫攻坚。联合退役军人事务部实施“浪花计划”。深化“东西协作蓝海扶贫计划”，帮扶甘肃省六盘山片区等地人员通过船员培训。各级海事管理机构融入地方脱贫攻坚成效显著。

四、推进统筹发展，海事管理水平有效提升

一是法治基础持续巩固。《中华人民共和国海上交通安全法》修订草案取得突破性进展。修订实施海船船员考试和发证规则等部颁规章，梳理交通运输部和海事局规范性文件等。

二是海事监管和航海保障一体化融合发展提速见效。贯彻“一体两翼、融合发展”理念，航海保障机构有序纳入地方水上搜救体系。

三是“放管服”改革成效喜人。完成垂管系统与地方“一网通办”平台试点对接，26 项便民服务、53 项业务办理“上网通办”，并对接交通运输部政务服务系统。推进船舶“多证合一”试点改革，启用船员办证信息远程采集系统，推动内河船舶船员电子证照应用。

四是国际交流纵深发展。实现船舶电子证书数据在中国—新加坡国家级“单一窗口”对接交换，成为全球首个跨国船舶电子证书应用案例。建成澜沧江—湄公河海事安全监管设施，打造“平安澜湄”水上交通安全走廊。完成国际海事研究委员会改革，构建“政产学研用”全面参与的国际海事研究机制。克服新冠肺炎疫情影响，组织召开或参加 69 场国际会议和活动，提交 87 份书面提案，分享中国经验。

五、强化基础建设，事业发展根基更加牢固

一是基础装备建设稳步推进。全面评估“十三五”规划实施情况，编制“十四五”发展和建设规划，9 个海事项目纳入交通运输部第三批交

通强国试点方案，“陆海空天”一体化水上交通运输安全保障体系纳入国务院加快建设交通强国拟推进的重大改革发展任务。出台公务船舶技术法规，首艘万吨级大型海事巡逻船顺利下水，首艘深远海测量船和2个船员评估中心开工建设，海事公务车、船、艇和航标遥测遥控北斗终端安装全部完成。完善海事信息化一体化发展长效机制，初步建成海事一体化数据平台。

二是人力资源配置持续优化。在中国（上海）自由贸易试验区、海南自由贸易港等地成立16个海巡执法大队，设立三沙航标处、港珠澳大桥航标处。动态调整三级海事管理机构人员编制，增加基层一线编制254名。

三是行政管理运行不断完善。梳理海事权责事项，制定海事权责清单。

四是航海保障能力不断提升。开展黑龙江水域系统性测绘，出版粤港澳大湾区港航图集。管理维护航标1.7万余座、差分全球卫星导航定位系统台站22座、沿海和内河AIS基站603座。印发智能航保实施计划，推动极地海岸电台建设前期工作，深化“E航海”示范工程建设。

2020年海关工作概要

中华人民共和国海关总署办公厅

2020年，是中华人民共和国历史上极不平凡的一年，也是海关发展历程中极不平凡的一年。全国海关坚决贯彻习近平总书记重要指示批示精神，认真落实党中央、国务院决策部署，全面深化政治建关、改革强关、依法把关、科技兴关、从严治关，坚持“两手抓、两手硬”，统筹推进口岸疫情防控和促进外贸稳增长，经过艰苦努力，经受住了严峻考验，各项工作取得了新的成绩，交出了一份合格的答卷。

一、增强“四个意识”、坚定“四个自信”、做到“两个维护”更加坚定坚决

（一）学习贯彻习近平新时代中国特色社会主义思想不断深入

各级党委、领导干部加强政治理论学习，在学懂弄通做实上下功夫，以党的创新理论武装头脑、指导实践、推动工作。全年举办总署党委中心组学习7次，组织干部轮训178期，实现处以上干部全覆盖。各基层党组织通过“三会一课”等多种形式，组织广大党员持续深入学理论、用理论，努力做到学思用贯通、知信行合一。

（二）贯彻落实习近平总书记重要指示批示精神取得新成效

坚持将学习贯彻习近平总书记重要指示批示精神作为每月例会第一议题，完善抓落实机制，反复学习领会，逐项研究落实，持续跟进督办，及时报告进展，举一反三，标本兼治，确保不折不扣落实到位。在服务元首外交方面，积极贡献务实成果，落实习近平主席重大外事活动成果17项。在统筹口岸新冠肺炎疫情防控和促进外贸稳增长方面，总署党委闻令而动、遵令而行，提高思想认识、加强组织领导、强化统筹协调，举全国海关之力，坚决打赢口岸新冠肺炎疫情防控阻击战；各级党委和领导干部牢固树立“一盘棋”意识，坚守岗位、靠前指挥、敢打硬仗，守土有责、守土担责、守土尽责；广大干部职工牢记职责使命，弘扬伟大抗疫精神，不怕牺牲，勇于奉献，用绝对忠诚和专业执法，坚决筑牢国门第一道防线；全国海关全力以赴支持复工复产，努力消除新冠肺炎疫情带来的不利影响，多措并举促进外贸稳增长。在决战决胜脱贫攻坚方面，因地制宜、精准帮扶，定点帮扶对象全部脱贫摘帽，圆满完成脱贫攻坚任务。

（三）政治机关建设扎实推进

发挥政治建设统领作用，深入开展“坚持政治建关、强化政治机关意识教育”取得明显成效。严格落实党内各项法规制度，重大事项及时向党中央请示报告。压紧压实意识形态工作责任，制定并严格落实意识形态工作责任清单。前后衔接、一体推进中央巡视整改、“不忘初心、牢记使命”主题教育整改、“灯下黑”问题专项整治，健全长效机制，不断巩固整改成效。

二、口岸疫情防控取得阶段性胜利

（一）加强口岸卫生检疫

迅速启动口岸重大公共卫生突发事件应急处置机制，重启健康申报制度，构建“三查三排一转运”检疫体系，严格实施100%流行病学调查和核酸检测等“7个100%”措施，对高风险入境人员增加抗体检测，分类施策，精准防控，全力打造“水陆空”立体防控网，完成入境人员核

酸检测266.5万人份，检出阳性或移交确诊1.11万例。密切跟踪、科学评估全球新冠肺炎疫情形势，同步严防埃博拉、拉沙热、黄热病等重大传染病传入，防止疫情叠加。

（二）加强高风险货物检疫

坚持“人”“物”同防，加强进口冷链食品境外源头管控，加大视频抽查力度，推动109个国家落实防控主体责任；强化风险监测，严格规范实施抽样核酸检测，共检测121.5万份，对检出阳性的境外食品生产经营单位采取紧急预防性措施。牵头制订进口高风险非冷链集装箱货物检测和预防性消毒工作方案，严格监督实施口岸环节预防性消毒，降低疫情输入风险。

（三）完善口岸卫生体系

牵头起草《中华人民共和国国境卫生检疫法》修订草案，深度参与《中华人民共和国生物安全法》《中华人民共和国传染病防治法》修订工作，会同最高人民法院等部门出台依法惩治妨害国境卫生检疫违法行为的意见。优化疫情监测预警机制，修订下发7版口岸防控技术方案和4版操作指南。加强经费和物资保障，建立采购、审批、支付绿色通道，强化口岸卫生检疫设施建设，实验室日检测能力大幅提升，口岸公共卫生核心能力显著增强。

（四）积极参与联防联控

认真落实国务院联防联控机制部署，密切与有关部门和地方的协作配合，加强口岸安全联合防控、运行状态监测、信息共享，建立健全人员移交、病例追溯等机制，落实“快捷通道”安排，形成防控闭环。准确甄别、快速验放进境防疫物资，出台税收优惠政策，助力打赢武汉保卫战、湖北保卫战。

（五）加强抗疫国际合作

与有关国家（地区）海关分享口岸疫情防控方面的经验做法。加强出口防疫物资质量安全监管，对生产企业实施正面清单管理，对主要出口医疗物资实施法定检验，积极参加世界海关组织（WCO）“阻止”联合行动。加强新冠疫苗出境监管，打击防疫物资和疫苗非法出口，有力维护我国出口产品信誉和负责任大国形象，为全球抗疫做出贡献。

（六）充实口岸疫情防控力量

加强全系统人力资源调配，组建近3万人的疫情防控梯队，强化技能培训和实战演练，成立31个专家指导组赴有关海关进行现场指导，选派精兵强将支援重点口岸，实现了防疫力量的动态平衡、防控水平的整体提升。

（七）强化党建引领

发挥“支部建在科上”优势，全国海关设立177个临时党支部，成立465个党员突击队，支援新冠肺炎疫情防控一线，基层党组织战斗堡垒和党员先锋模范作用充分发挥。1 133名同志在新冠肺炎疫情防控一线递交入党申请书，155名同志火线入党，党组织的号召力、凝聚力、战斗力进一步增强。

（八）加强激励关爱

出台进一步激励关爱干部担当作为的11条措施，开展疫情防控专项考核，一线考察识别干部，提拔83名在疫情防控中表现突出的正处级以上干部，为11个集体和个人记一、二等功和大功，13个集体和个人获得国家级表彰，590个集体和个人获得总署表彰。毫不松懈做好内部防护，建立健全“三位一体”安全防护体系，加强指导监督，研制配发新型防护服及配套装备，坚决实现“打胜仗、零感染”。

三、国门安全屏障更加牢固

（一）实际监管不断强化

推广应用新一代风险作业系统、查验管理系统和移动查验单兵设备，提升人工分析布控水平，加强物流监控，提高查验能力，布控精准度和查获率稳步提高。落实贸易管制措施，强化口岸监管环节反恐维稳，对重点商品管控更加有效。牵头修订边民互市贸易管理办法，不断强化行邮物品监管，旅检“无感通关”模式被推广到23个航空口岸。整合优化各类监管作业场所，深入开展安全风险隐患排查治理。知识产权保护

"龙腾行动 2020" 成效明显。加工贸易集中审核作业全面推进，保税维修监管进一步加强。建立"1+N" 认证企业标准制度，深化"多查合一"，"互联网+稽核查"、分类核查和电子审核试点稳步推进。

（二）国门生物安全防控持续加强

充分发挥全球动植物疫情疫病风险监测、预警和快速反应机制作用，进出境动植物检疫能力明显提升，有效阻截非洲猪瘟、高致病性禽流感、沙漠蝗等重大动植物疫情疫病传入传出和外来物种入侵。严格做好供我国港澳地区活猪、水果等农产品和蒙古国捐赠活羊检疫工作。

（三）进出口商品食品检验监管更加有效

加强装运前检验，严格口岸把关，强化准入管理和后续监管，全面加强进出口危险货物和重点敏感商品监管，进出口商品质量安全风险预警和快速反应监管体系进一步完善。进口大宗商品"先放后检" 和数重量鉴定模式改革取得新成效。深入推进进出口食品安全体系建设，稳步实施进口食品安全放心工程"国门守护" 行动，准入管理、风险监测、问题产品处置进一步加强，切实维护进出口食品化妆品安全。

（四）税收征管质量进一步提升

深化综合治税，加强验估、稽核查补税，全年税收入库 17 099. 1 亿元，完成调整后的税收预算目标。坚持依法科学征管，建立非贸税收征管工作制度，深入推进关税保证保险、自报自缴、汇总征税和电子支付改革。发挥税收政策调节作用，执行减税、自贸协定关税减让及进口税收优惠等政策减（退）税 2 687. 7 亿元。扎实开展税政调研，82 项税则调整建议被采用。

（五）打击走私取得积极战果

出台加强打击走私工作"1+6" 项制度，强化缉私业务领导和综合保障，深入推进"智慧缉私"，"国门利剑 2020" "蓝天 2020" 等专项行动成效明显，立案侦办走私犯罪案件 4 061 起、走私行为案件 1. 86 万起，重点领域、重点地区、重点商品走私势头得到有效遏制。加强反走私综合治理，完善部际联席会议制度，地方政府主体责任和各有关部门职能作用有效发挥。

四、服务扩大开放成效明显

（一）促进外贸实现增长

落实中央"六稳" "六保" 部署，制定实施应对新冠肺炎疫情影响促进外贸稳增长 10 条措施、统筹做好口岸疫情防控和通关便利化 50 条措施。研究设立关键零部件和设备进出口绿色通道，推动出台受新冠肺炎疫情影响退运货物不征税政策，制定延期缴纳税款和减免滞报金、滞纳金等措施。圆满完成第三届进博会通关保障工作。加强市场准入谈判磋商，准许 28 种食品农产品输入。加大 WTO/TBT-SPS 措施的预警和通报评议力度，实施特优农产品扩大出口工程。推广内销选择性征收关税试点，支持加工贸易企业出口转内销。扩大市场采购贸易试点，优化跨境电商退货监管模式，支持设立海外仓。建立常态化分析研究工作机制，发挥全球贸易监测分析中心作用，强化进出口监测预警，统计分析的速度、广度、深度进一步提高，77 份研究报告获得中央领导同志批示。2020 年，我国进出口总值达 32. 16 万亿元，创历史新高，同比增长 1. 9%，我国是全球唯一实现增长的主要经济体。

（二）口岸营商环境更加优化

深化"放管服" 改革，进一步取消两项行政许可项目，完善海关行政审批网上办理平台，全面推行"双随机、一公开" 监管，推广"不见面审批、无陪同查验"，企业办理通关手续更加方便快捷。推动压减进出口环节监管证件 3 个；进口、出口整体通关时间分别为 34. 91 小时、1. 78 小时，比 2017 年分别压缩 64. 2% 和 85. 5%；进出口环节经营服务性收费明显降低。"单一窗口" 基本服务功能拓展至 18 类，覆盖跨境贸易全链条全流程，与港口、机场、铁路等对接稳步推进，跨部门信息共享平台建设取得阶段性成果。

（三）开放合作稳步推进

围绕"一带一路" 加强国际合作，建成"一带一路" 海关信息交换共享平台，完善跨境动植物检疫合作机制，扩大“关铁通”合作范围，出台支持中欧班列发展10条措施。完成与13个国家（地区）的AEO互认磋商、签署工作，互认国家（地区）数量继续保持世界第一。推广“智慧海关、智能边境、智享联通”合作理念，深度参与WTO、WCO有关规则制定和RCEP（区域全面经济伙伴关系）等自贸协定磋商，牵头开展海关程序、原产地规则、《技术性贸易壁垒协定》（TBT协定）、《实施卫生与植物卫生措施协定》（SPS协定）谈判，中国海关国际影响力进一步提升。积极推进海关特殊监管区域整合提升，出台支持综合保税区发展6条措施，推动新设综合保税区13个、转型升级26个。落实京津冀协同发展、长江经济带、粤港澳大湾区、长三角一体化等战略，优化口岸和海关机构布局，新开口岸5个、隶属海关21个。

五、改革创新不断深化

（一）法治建设不断加强

持续完善海关法律制度体系，《中华人民共和国海关法》修改有序推进，积极参与《中华人民共和国关税法》《中华人民共和国出口管制法》等重大立法项目，制修订海关规章9部。扎实推进权责清单编制，落实落细“三项制度”，执法更加规范统一。实行重大行政诉讼案件挂牌督办，提升复议应诉水平。

（二）自由贸易港和自贸试验区海关监管制度创新加快推进

制订海南自由贸易港口岸布局方案和海关监管框架，在洋浦保税港区先行先试“一线”放开、“二线”管住监管制度，研究制定加工增值货物内销税收征管办法，积极参与制定和组织实施原辅料等“零关税”商品清单和离岛免税新政。完善洋山特殊综合保税区海关监管制度，积极支持中国（上海）自由贸易试验区临港新片区发展，9项自由贸易试验区海关监管创新制度被国务院作为第六批改革试点经验在全国复制推广。

（三）“改革2020”各项任务落地见效

以“两步申报”改革为牵引、“两轮驱动”为枢纽，各类改革举措进一步关联耦合。“两步申报”全面推广，通关效能大幅提升；“两轮驱动”落地实施，查验布控更加科学精准；“两段准入”更加优化，信息化监管实现全覆盖；“两类通关”全力推进，邮件电子化申报比例进一步提升；“两区优化”稳步推进，特殊监管区域、自由贸易试验区海关监管更加严密高效。

（四）科技创新应用水平大幅提升

金关工程二期顺利通过国家验收。整合H2010、e-CIQ系统，建成H2018通关管理系统3.0版，信息系统运行安全稳定。新技术创新应用成效明显，大数据池和模型建设取得突破，智能审图识别商品种类不断扩大、准确率进一步提高。强化科研攻关，完成国家级科研项目1项，新立项2项。科技管理制度体系建设、科技人才队伍建设全面加强，实验室规划布局、设备配备、安全管理水平全面提升，海关科学技术研究中心获批设立。

六、全面从严治党纵深推进

（一）基层党建工作持续加强

深化“强基提质工程”、“四强”支部建设和模范机关创建，深入挖掘基层党建热源，新增党建品牌182个。积极开展精神文明建设，66个单位获评全国文明单位。加强内务规范，强化教育培训，开展岗位练兵和技能比武，培育海关特色文化，准军事化纪律部队建设扎实推进。

（二）领导班子和干部队伍建设全面加强

坚持“好干部”标准，突出业绩导向，选优配强各级领导班子，大力培养选拔优秀年轻干部。实施专业技术类公务员制度，明确职级公务员评授关衔政策。扎实做好机构改革“后半篇”文章，优化机构职责设置，科学规范事业单位管理，高级专业技术岗位比重提升3个百分点。严格领导干部日常监督，选人用人监督检查更加精准，干部个人有关事项如实报告率进一步提升，规范领导干部配偶、子女及其配偶经商办企业行为试点工作成效明显。持续加强执法一线科长队伍建设，启动规范海关系统职级序列津补贴工作。离退休干部工作进一步加强。

（三）清廉海关建设扎实推进

完善全面从严治党制度，制定三级党委全面从严治党主体责任清单，强化监督检查和通报，开展直属海关单位党委书记党建述职评议，党建主体责任进一步压紧压实。总署党委大力支持驻署纪检监察组开展工作，定期会商研究海关全面从严治党情况，推动“两个责任”同向发力。严格落实中央八项规定及其实施细则精神，着力整治群众身边腐败和作风问题。深入运用监督执纪“四种形态”，强化“制度+科技”反腐，深化标本兼治、源头治理，加强警示教育，形成强烈震慑。开展重大决策部署专项督察，提高执法评估效能，推动政策落地落实；强化内部审计监督，加大整改督促检查力度；深化内控机制建设，强化新海廉平台应用，“三道防线”作用有效发挥；认真负责配合完成国家审计工作。开展两轮政治巡视，完成对 23 个海关单位巡视和“回头看”，建立巡视监督与其他各项监督的协作配合机制，巡视巡察监督成效不断扩大。加大惩治腐败力度，深化打私反腐“一案双查”，2020 年全国海关纪检监察机构共立案审查调查违纪违法案件 185 件，给予党纪政纪处分 185 人。

第三篇

全国口岸运行情况[①]

① 各统计表中：

进出口货运量指经该口岸直接出入国（关、边）境并引起国内实际物质存量变化且凭进出口货物报关单办结海关手续的货物运输总量。

出入境人员指经该口岸直接出入国（关、边）境人员总量。

运输工具指经该口岸直接出入国（关、边）境的运输工具总量。

申报货运量指在该口岸申报的货物运输总量。

2020 年全国空运口岸运行情况统计表

序号	省级行政区	区域	口岸名称	进出口货运量（吨）	排名	出入境人员（人次）	排名	运输工具（架次）	排名	申报货运量（吨）	备注
1	上海	沿海	上海空运口岸	3 786 505	1	5 673 680	1	107 606	1	2 855 603	
2	广东	沿海	广州空运口岸	1 337 692	2	2 696 948	3	44 371	2	1 387 055	
3	北京	沿海	北京空运口岸	799 848	3	2 998 119	2	41 687	3	110 979 628	
4	河南	内陆	郑州空运口岸	436 478	4	270 438	16	10 450	6	258 597	
5	广东	沿海	深圳空运口岸	351 782	5	865 538	5	21 385	4	398 046	
6	福建	沿海	厦门空运口岸	166 605	6	722 864	6	9 567	7	190 333	
7	重庆	内陆	重庆空运口岸	145 422	7	331 229	13	5 656	11	58 160	
8	四川	内陆	成都空运口岸	140 530	8	919 381	4	11 000	5	87 250	
9	浙江	沿海	杭州空运口岸	124 086	9	613 601	7	7 971	8	103 930	
10	江苏	沿海	南京空运口岸	108 922	10	513 304	10	5 118	12	115 196	
11	天津	沿海	天津空运口岸	98 395	11	412 137	12	4 472	14	140 553	
12	湖南	内陆	长沙空运口岸	81 345	12	265 839	17	4 441	15	74 969	
13	湖北	内陆	武汉空运口岸	64 101	13	257 027	19	3 531	18	58 510	
14	山东	沿海	青岛空运口岸	61 440	14	554 573	9	6 831	10	168 177	
15	江西	内陆	南昌空运口岸	58 075	15	106 968	30	1 823	26	26 690	
16	陕西	内陆	西安空运口岸	49 182	16	423 797	11	5 004	13	125 424	
17	山东	沿海	济南空运口岸	34 932	17	145 099	22	2 417	22	19 595	
18	辽宁	沿海	大连空运口岸	28 320	18	265 224	18	3 478	19	37 761	
19	云南	沿边	昆明空运口岸	27 827	19	568 439	8	7 167	9	26 587	
20	安徽	内陆	合肥空运口岸	23 204	20	100 716	31	1 519	27	15 785	
21	浙江	沿海	宁波空运口岸	21 673	21	175 269	20	2 908	21	28 552	
22	山东	沿海	烟台空运口岸	20 728	22	122 330	26	3 811	17	16 967	
23	河北	沿海	石家庄空运口岸	19 949	23	57 630	39	1 905	25	577	
24	福建	沿海	福州空运口岸	19 753	24	313 527	15	4 289	16	10 225	
25	江苏	沿海	无锡空运口岸	17 747	25	116 154	28	1 491	28	5 141	
26	海南	沿海	三亚空运口岸	14 732	26	138 107	24	959	35	21 815	
27	新疆	沿边	乌鲁木齐空运口岸	12 233	27	66 946	36	1 308	30	11 529	
28	辽宁	沿海	沈阳空运口岸	8 719	28	314 796	14	1 949	24	16 790	
29	广西	沿边	南宁空运口岸	8 672	29	139 850	23	2 415	23	5 392	
30	江苏	沿海	南通空运口岸	5 746	30	35 912	43	827	36	8 601	
31	江苏	沿海	盐城空运口岸	5 134	31	14 163	51	807	37	100	

续表1

序号	省级行政区	区域	口岸名称	进出口货运量（吨）	排名	出入境人员（人次）	排名	运输工具（架次）	排名	申报货运量（吨）	备注
32	海南	沿海	海口空运口岸	4 866	32	151 441	21	1 156	33	8 882	
33	山东	沿海	威海空运口岸	4 187	33	85 036	33	1 324	29	4 897	
34	西藏	沿边	拉萨空运口岸	2 739	34	3 083	64	23	68	2 767	
35	贵州	内陆	贵阳空运口岸	719	35	62 207	38	560	43	412	
36	甘肃	沿边	兰州空运口岸	682	36	38 475	41	255	45	784	
37	黑龙江	沿边	哈尔滨空运口岸	567	37	125 753	25	1 299	31	1 301	
38	江苏	沿海	徐州空运口岸	503	38	20 241	46	205	49	416 993	
39	广东	沿海	揭阳空运口岸	319	39	70 542	35	732	38	11 172	
40	吉林	沿边	长春空运口岸	254	40	100 469	32	694	39	1 418	
41	山西	内陆	太原空运口岸	190	41	43 282	40	403	44	411	
42	浙江	沿海	温州空运口岸	125	42	65 744	37	642	40	957	
43	江苏	沿海	常州空运口岸	75	43	76 160	34	620	42	9 319	
44	吉林	沿边	延吉空运口岸	73	44	120 423	27	965	34		
45	湖南	内陆	张家界空运口岸	68	45	18 907	47	238	47	58	
46	广西	沿边	桂林空运口岸	60	46	22 880	45	209	48	3 570	
47	内蒙古	沿边	满洲里空运口岸	45	47	2 855	67	64	58	1	
48	山东	沿海	临沂空运口岸	38	48					13 858 894	人员、运输工具数据暂计入日照海运口岸
49	内蒙古	沿边	呼和浩特空运口岸	32	49	29 109	44	181	51	161	
50	宁夏	内陆	银川空运口岸	23	50	9 769	54	62	59	120	
51	新疆	沿边	喀什空运口岸	18	51	4 263	62	85	56	91 619	
52	江苏	沿海	扬泰空运口岸	4	52	36 043	42	243	46	1 429	
53	青海	内陆	西宁空运口岸	2	53	2 139	68	25	67		
54	江苏	沿海	淮安空运口岸			6 542	56	3 132	20	369 107	
55	福建	沿海	泉州空运口岸			108 866	29	1 190	32		申报、实际进出口货运量数据计入泉州海运口岸
56	浙江	沿海	义乌空运口岸			14 548	50	634	41	566	
57	云南	沿边	西双版纳空运口岸			16 060	48	202	50		申报、实际进出口货运量数据计入景洪水运口岸
58	广东	沿海	湛江空运口岸			9 145	55	145	52	8	

续表2

序号	省级行政区	区域	口岸名称	进出口货运量（吨）	排名	出入境人员（人次）	排名	运输工具（架次）	排名	申报货运量（吨）	备注
59	云南	沿边	芒市空运口岸			11 263	53	140	53	78 806	
60	黑龙江	沿边	牡丹江空运口岸			14 973	49	136	54	103 631	
61	江苏	沿海	连云港空运口岸			12 999	52	107	55	882	
62	内蒙古	沿边	海拉尔空运口岸			3 396	63	83	57		
63	安徽	内陆	黄山空运口岸			4 306	61	59	60	56 771	
64	云南	沿边	丽江空运口岸			5 846	57	58	61		
65	河南	内陆	洛阳空运口岸			4 746	59	54	62	149 614	
66	福建	沿海	武夷山空运口岸			4 623	60	42	63	359 734	
67	广东	沿海	梅州空运口岸			1 776	69	38	64	351 276	
68	湖北	内陆	宜昌空运口岸			5 472	58	36	65	1 920 378	
69	内蒙古	沿边	鄂尔多斯空运口岸			2 986	65	27	66	72 033	
70	广西	沿边	北海空运口岸			2 956	66	21	69		申报、实际进出口货运量数据计入北海海运口岸
71	贵州	内陆	遵义空运口岸			1 159	70	8	70	2 081	
72	甘肃	沿边	敦煌空运口岸			524	71	8	71		
73	浙江	沿海	舟山空运口岸								数据计入舟山海运口岸
74	山西	内陆	运城空运口岸							1 066 626	人员、运输工具数据计入太原空运口岸
75	新疆	沿边	伊宁空运口岸							8	
76	黑龙江	沿边	齐齐哈尔空运口岸							232	
77	黑龙江	沿边	佳木斯空运口岸								数据计入佳木斯水运口岸
78	山西	内陆	大同空运口岸							4 077	人员、运输工具数量计入太原空运口岸
79	海南	沿海	博鳌空运口岸								人员、运输工具数量暂计入海口空运口岸
80	内蒙古	沿边	包头空运口岸								

2020 年全国海运口岸运行情况统计表

序号	省级行政区	区域	口岸名称	进出口货运量（吨）	排名	出入境人员（人次）	排名	运输工具（艘次）	排名	申报货运量（吨）	备注
1	山东	沿海	青岛海运口岸	362 893 643	1	255 887	6	12 100	7	246 056 792	
2	河北	沿海	唐山海运口岸	302 793 419	2	92 997	14	4 407	16	238 725 368	
3	山东	沿海	日照海运口岸	283 979 928	3	151 690	11	6 163	13	211 729 649	
4	上海	沿海	上海海运口岸	221 282 693	4	592 936	2	21 314	4	95 898 944	
5	浙江	沿海	宁波海运口岸	217 735 927	5	216 551	7	10 749	8	53 658 519	
6	浙江	沿海	舟山海运口岸	176 881 102	6	212 343	8	9 724	9	174 603 974	
7	天津	沿海	天津海运口岸	137 042 147	7	181 148	9	6 828	12	219 469 078	0224 关区代码进出口货运量数据计入渤中海运口岸
8	天津	沿海	渤中海运口岸	120 235 908	8	43 601	30	1 999	29		
9	江苏	沿海	连云港海运口岸	118 452 817	9	125 342	13	5 538	14	84 621 491	
10	广东	沿海	湾仔海运口岸	116 443 625	10	390 287	3	28 804	2	121 282 586	
11	辽宁	沿海	大连海运口岸	110 393 698	11	142 776	12	7 612	11	104 305 751	
12	广东	沿海	广州海运口岸	98 633 434	12	301 719	4	28 340	3	78 391 488	
13	广东	沿海	湛江海运口岸	96 068 531	13	50 935	26	2 750	23	83 637 283	
14	辽宁	沿海	营口海运口岸	88 999 082	14	54 220	23	2 684	24	88 547 450	
15	广西	沿边	防城港海运口岸	88 810 167	15	45 918	28	2 267	25	72 102 304	
16	山东	沿海	烟台海运口岸	84 959 444	16	79 542	17	3 170	21	42 878 485	
17	河北	沿海	黄骅海运口岸	67 797 067	17	24 950	37	1 159	36	42 276 077	
18	福建	沿海	厦门海运口岸	61 400 917	18	287 807	5	9 629	10	54 988 370	
19	广东	沿海	蛇口海运口岸	47 848 925	19	898 960	1	41 404	1	40 646 828	
20	福建	沿海	福州海运口岸	47 552 815	20	83 242	16	4 834	15	38 673 654	
21	广东	沿海	盐田海运口岸	45 115 316	21	178 560	10	13 077	5	35 330 011	
22	福建	沿海	泉州海运口岸	42 838 531	22	53 638	24	3 532	19	44 058 575	
23	广东	沿海	惠州海运口岸	42 205 189	23	45 433	29	3 241	20	42 012 204	
24	广西	沿边	钦州海运口岸	41 639 232	24	61 846	21	2 087	27	39 060 255	
25	山东	沿海	龙口海运口岸	41 446 343	25	26 651	36	1 382	34	25 442 409	
26	广东	沿海	珠海海运口岸	30 571 987	26	49 078	27	3 114	22	25 410 110	
27	海南	沿海	洋浦海运口岸	29 063 811	27	59 925	22	3 840	18	28 852 513	
28	辽宁	沿海	长兴岛海运口岸	28 103 889	28	16 192	44	809	45	27 976 033	

续表1

序号	省级行政区	区域	口岸名称	进出口货运量（吨）	排名	出入境人员（人次）	排名	运输工具（艘次）	排名	申报货运量（吨）	备注
29	福建	沿海	莆田海运口岸	25 825 070	29	16 272	43	800	47	38 420 976	
30	辽宁	沿海	丹东海运口岸	22 125 256	30	75 716	18	12 672	6	17 089 890	
31	辽宁	沿海	锦州海运口岸	20 936 900	31	12 739	49	627	50	16 317 999	
32	福建	沿海	宁德海运口岸	14 735 647	32	18 916	40	1 144	37	15 302 595	
33	广西	沿边	北海海运口岸	14 472 957	33	18 480	41	1 043	40	14 402 935	
34	广东	沿海	茂名海运口岸	13 686 433	34	13 327	46	766	48	13 688 376	
35	广东	沿海	南沙海运口岸	13 279 417	35	87 713	15	2 094	26	15 729 718	
36	山东	沿海	莱州海运口岸	13 258 094	36	8 731	55	452	55	10 110 577	
37	辽宁	沿海	盘锦海运口岸	12 222 013	37	8 798	54	428	56	10 933 593	
38	广东	沿海	阳江海运口岸	12 159 254	38	11 064	51	558	52	13 027 328	
39	浙江	沿海	嘉兴海运口岸	10 011 147	39	26 924	35	1 423	33	13 655 634	
40	福建	沿海	漳州海运口岸	9 178 834	40	13 255	47	1 003	41	9 231 737	
41	江苏	沿海	大丰海运口岸	9 166 649	41	12 186	50	625	51	9 562 605	
42	广东	沿海	潮州海运口岸	7 816 409	42	7 003	60	394	57	7 793 164	
43	山东	沿海	东营海运口岸	6 435 303	43	14 491	45	809	46	28 721 924	
44	江苏	沿海	如东海运口岸	6 420 290	44	5 022	61	199	63	6 632 628	
45	广东	沿海	潮阳海运口岸	6 283 378	45					6 755 571	人员、运输工具数据暂计入汕头海运口岸
46	山东	沿海	潍坊海运口岸	6 031 649	46	16 946	42	1 000	42	26 475 697	
47	广东	沿海	汕尾海运口岸	5 532 958	47	3 053	64	263	60	5 830 972	
48	浙江	沿海	台州海运口岸	5 449 289	48	9 457	52	373	59	5 717 591	
49	河北	沿海	秦皇岛海运口岸	5 308 289	49	19 768	39	882	44	7 438 679	
50	广东	沿海	汕头海运口岸	4 736 751	50	30 531	32	2 065	28	5 892 603	
51	海南	沿海	八所海运口岸	4 494 116	51	3 818	63	196	64	4 495 474	
52	山东	沿海	威海海运口岸	4 409 788	52	52 297	25	1 463	32	4 515 210	
53	江苏	沿海	启东海运口岸	4 278 993	53	4 935	62	208	61	3 372 366	
54	山东	沿海	蓬莱海运口岸	3 759 361	54	8 990	53	453	54	3 277 038	
55	海南	沿海	海口海运口岸	3 269 763	55	8 116	57	516	53	3 448 130	
56	江苏	沿海	盐城海运口岸	2 838 816	56					2 835 833	人员、运输工具数据暂计入大丰海运口岸

续表2

序号	省级行政区	区域	口岸名称	进出口货运量（吨）	排名	出入境人员（人次）	排名	运输工具（艘次）	排名	申报货运量（吨）	备注
57	辽宁	沿海	葫芦岛海运口岸	2 183 552	57	1 846	65	90	65	3 698 325	
58	浙江	沿海	温州海运口岸	1 727 979	58	7 750	58	389	58	4 510 419	
59	山东	沿海	石岛海运口岸	1 264 912	59	69 499	20	1 857	30	2 084 035	
60	辽宁	沿海	旅顺新港海运口岸	1 224 592	60					1 226 382	人员、运输工具数据计入大连海运口岸
61	广东	沿海	揭阳海运口岸	1 160 149	61	1 078	66	36	66	1 503 920	
62	广东	沿海	深圳大铲海运口岸	716 524	62	13 161	48	1 100	38	386 418	
63	山东	沿海	龙眼海运口岸	660 162	63	30 149	33	912	43	11	
64	广东	沿海	广海海运口岸	586 893	64	8 730	56	1 082	39	861 147	
65	海南	沿海	三亚海运口岸	367 738	65	26 979	34	206	62	171 287	
66	海南	沿海	清澜海运口岸	307 446	66					367 024	人员和运输工具数量暂计入海口海运口岸
67	广东	沿海	万山海运口岸	170 331	67	7 667	59	1 488	31	177 521	
68	福建	沿海	平潭海运口岸	149 723	68	22 559	38	627	49	399 325	
69	山东	沿海	滨州海运口岸	30 000	69					58 653 228	
70	广东	沿海	莲花山海运口岸	12	70	41 757	31	4 335	17	229	
71	广东	沿海	九洲海运口岸			71 185	19	1 279	35		
72	辽宁	沿海	庄河海运口岸			10	67	2	67	30 871	
73	山东	沿海	董家口海运口岸								
74	广东	沿海	妈湾海运口岸								数据计入蛇口海运口岸
75	广东	沿海	大亚湾海运口岸								数据计入盐田海运口岸
76	广东	沿海	赤湾海运口岸								数据计入蛇口海运口岸

2020 年全国河运口岸运行情况统计表

序号	省级行政区	区域	口岸名称	进出口货运量（吨）	排名	出入境人员（人次）	排名	运输工具（艘次）	排名	申报货运量（吨）	备注
1	江苏	沿海	江阴河运口岸	63 194 325	1	57 932	7	3 050	10	55 188 199	
2	江苏	沿海	张家港河运口岸	58 351 942	2	76 737	3	4 156	7	71 670 774	
3	江苏	沿海	太仓河运口岸	55 373 385	3	75 278	4	3 979	8	38 992 192	
4	江苏	沿海	镇江河运口岸	45 841 008	4	45 425	10	2 432	12	35 158 137	
5	广东	沿海	虎门河运口岸	33 937 190	5	209 723	1	16 052	1	32 019 321	5212 关区代码进出口货运、申报数据计入广州海运口岸
6	黑龙江	沿边	漠河河运口岸	30 062 940	6					5	
7	广东	沿海	南海河运口岸	29 068 600	7	40 174	12	6 072	4	33 389 293	
8	江苏	沿海	南通河运口岸	29 062 854	8	45 641	9	2 448	11	33 380 683	
9	江苏	沿海	南京河运口岸	22 109 215	9	43 155	11	2 232	13	30 604 797	
10	江苏	沿海	泰州河运口岸	14 624 949	10	25 976	14	1 458	18	15 438 478	
11	江苏	沿海	靖江河运口岸	13 251 903	11	14 142	16	712	26	12 239 213	
12	江苏	沿海	常熟河运口岸	13 141 034	12	30 666	13	1 812	15	12 987 016	
13	江苏	沿海	如皋河运口岸	13 082 592	13	13 151	17	672	27	9 155 727	
14	江苏	沿海	常州河运口岸	12 370 311	14	8 857	22	450	29	15 629 816	
15	江苏	沿海	扬州河运口岸	10 558 709	15					11 071 208	人员、运输工具数据暂计入南京海运口岸
16	广东	沿海	肇庆河运口岸	7 577 285	16	49 011	8	5 348	6	8 403 049	
17	黑龙江	沿边	黑河河运口岸	3 592 817	17	66 586	5	13 657	2	1 783 670	
18	广东	沿海	中山河运口岸	2 539 111	18	137 226	2	8 170	3	4 188 618	
19	广东	沿海	新会河运口岸	1 814 464	19	13 035	18	1 623	16	2 336 942	
20	广东	沿海	斗门河运口岸	1 565 043	20	11 655	21	1 303	21	1 647 154	
21	广西	沿边	梧州河运口岸	570 755	21	4 595	26	654	28	620 394	
22	广东	沿海	鹤山河运口岸	483 893	22	12 104	19	1 314	20	534 372	
23	广东	沿海	三埠河运口岸	407 225	23	5 241	24	733	24	425 267	
24	黑龙江	沿边	同江河运口岸	253 188	24	4 605	25	1 383	19	256 388	
25	广西	沿边	贵港河运口岸	104 874	25	1 077	34	169	31	1 919 454	

续表

序号	省级行政区	区域	口岸名称	进出口货运量（吨）	排名	出入境人员（人次）	排名	运输工具（艘次）	排名	申报货运量（吨）	备注
26	黑龙江	沿边	抚远河运口岸	83 231	26	2 040	31	99	32	83 231	
27	云南	沿边	景洪河运口岸	68 408	27	8 402	23	723	25	831 822	
28	安徽	内陆	马鞍山河运口岸	67 742	28	236	37	16	37	10 013 517	
29	广东	沿海	高明河运口岸	60 800	29	12 012	20	1 549	17	60 840	
30	广东	沿海	新塘河运口岸	53 976	30	1 225	33	193	30	1 289 601	
31	黑龙江	沿边	逊克河运口岸	47 966	31	2 873	30	1 991	14	47 966	
32	安徽	内陆	芜湖河运口岸	36 531	32	315	36	19	36	3 745 857	
33	湖北	内陆	武汉河运口岸	21 275	33	678	35	38	34	7 54 1300	
34	黑龙江	沿边	萝北河运口岸	18 256	34	1 356	32	735	23	127 841	
35	安徽	内陆	铜陵河运口岸	11 630	35	46	38	3	39	4 366 146	
36	黑龙江	沿边	饶河河运口岸	7 452	36	2 995	28	928	22	7 452	
37	广西	沿边	柳州河运口岸	285	37	46	39	11	38	4 284 084	
38	江西	内陆	九江河运口岸	32	38	2 898	29	30	35	2 066 628	
39	广东	沿海	容奇河运口岸	8	39	59 668	6	6 035	5	38	
40	广东	沿海	江门河运口岸			24 923	15	3 217	9		
41	黑龙江	沿边	佳木斯河运口岸			4 063	27	40	33	1 570	
42	湖南	内陆	城陵矶河运口岸							1 762 962	
43	重庆	内陆	重庆河运口岸							4 109 902	
44	黑龙江	沿边	孙吴河运口岸								
45	云南	沿边	思茅河运口岸								
46	黑龙江	沿边	嘉荫河运口岸							48	
47	湖北	内陆	黄石河运口岸							1 899 113	
48	黑龙江	沿边	呼玛河运口岸								
49	黑龙江	沿边	哈尔滨河运口岸							18 019	
50	云南	沿边	关累河运口岸								数据计入景洪河运口岸
51	黑龙江	沿边	富锦河运口岸							3 285	
52	安徽	内陆	池州河运口岸							939 509	
53	安徽	内陆	安庆河运口岸							276 453	

2020 年全国公路口岸运行情况统计表

序号	省级行政区	区域	口岸名称	进出口货运量（吨）	排名	出入境人员（人次）	排名	运输工具（辆次）	排名	申报货运量（吨）	备注
1	内蒙古	沿边	甘其毛都公路口岸	15 649 437	1	353 519	17	337 613	10	15 649 214	
2	云南	沿边	瑞丽公路口岸	14 578 242	2	2 990 924	7	786 102	6	15 597 911	
3	内蒙古	沿边	策克公路口岸	10 684 269	3	220 105	22	213 317	13	10 684 120	
4	广东	沿海	皇岗公路口岸	8 725 917	4	4 888 107	4	3 293 414	1	4 383 046	
5	广东	沿海	横琴公路口岸	5 145 710	5	3 640 102	6	645 877	7	655 677	
6	广东	沿海	深圳湾公路口岸	4 389 489	6	5 351 695	3	1 687 563	2	2 540 333	
7	广东	沿海	文锦渡公路口岸	4 284 776	7	1 367 184	9	1 130 778	3	4 223 117	
8	云南	沿边	猴桥公路口岸	3 402 752	8	149 121	23	73 716	20	3 374 785	
9	广西	沿边	友谊关公路口岸	3 310 545	9	903 315	12	359 376	8	3 173 240	
10	云南	沿边	磨憨公路口岸	3 257 683	10	468 629	16	238 646	12	3 219 954	
11	云南	沿边	河口公路口岸	2 832 701	11	883 439	13	338 423	9	2 824 791	
12	内蒙古	沿边	二连浩特公路口岸	1 748 832	12	262 551	21	14 046	18	1 735 464	
13	云南	沿边	孟定清水河公路口岸	1 353 643	13	474 127	15	210 273	14	1 326 440	
14	广西	沿边	东兴公路口岸	1 203 333	14	980 048	11	128 689	17	1 233 688	
15	广东	沿海	港珠澳大桥公路口岸	868 495	15	2 424 938	8	914 004	5	703 804	
16	新疆	沿边	塔克什肯公路口岸	837 291	16	9 262	43	9 413	36		
17	内蒙古	沿边	满都拉公路口岸	718 067	17	19 613	37	16 658	32	717 504	
18	广东	沿海	沙头角公路口岸	529 002	18	782 943	14	324 878	11	225 309	
19	云南	沿边	畹町公路口岸	392 002	19	334 232	19	97 332	19	389 911	
20	云南	沿边	打洛公路口岸	385 018	20	323 924	20	180 332	16	383 979	
21	黑龙江	沿边	绥芬河公路口岸	369 164	21					360 904	人员、运输工具数据计入绥芬河铁路口岸
22	内蒙古	沿边	满洲里公路口岸	317 634	22	136 618	25	36 141	25	304 410	
23	黑龙江	沿边	东宁公路口岸	308 175	23	39 265	31	24 301	28	305 830	
24	云南	沿边	天保公路口岸	288 098	24	140 292	24	56 320	22	288 098	
25	内蒙古	沿边	珠恩嘎达布其公路口岸	283 387	25	19 890	36	15 736	33	283 387	
26	内蒙古	沿边	额布都格公路口岸	266 255	26	19 016	38	17 374	30	266 269	
27	新疆	沿边	伊尔克什坦公路口岸	199 047	27	2 604	53	2 860	40	167 031	
28	新疆	沿边	吉木乃公路口岸	192 202	28	1 870	57	256	52	192 202	
29	广东	沿海	拱北公路口岸	177 002	29	59 536 712	1	981 381	4	177 818	

续表1

序号	省级行政区	区域	口岸名称	进出口货运量（吨）	排名	出入境人员（人次）	排名	运输工具（辆次）	排名	申报货运量（吨）	备注
30	广西	沿边	水口公路口岸	114 893	30	80 551	26	13 507	35	113 360	
31	广西	沿边	峒中公路口岸	105 860	31	353 428	18	196 911	15	66 012	
32	新疆	沿边	老爷庙公路口岸	97 547	32	2 308	56	2 308	42	97 547	
33	广东	沿海	莲塘公路口岸	83 239	33	54 173	28	54 099	23	21 180	
34	新疆	沿边	卡拉苏公路口岸	75 370	34	1 038	59	952	48	5 197	
35	广西	沿边	爱店公路口岸	75 306	35	48 468	29	29 561	27	71 100	
36	云南	沿边	勐康公路口岸	70 302	36	32 116	35	16 952	31	67 641	
37	吉林	沿边	珲春公路口岸	68 272	37	32 301	34	13 928	34		
38	新疆	沿边	吐尔尕特公路口岸	49 851	38	2 870	52	3 098	39	45 944	
39	黑龙江	沿边	密山公路口岸	43 280	39	13 955	40	3 907	37	43 183	
40	广东	沿海	珠澳跨境工业区专用口岸	37 820	40	1 218 174	10	39 389	24	43 373	
41	新疆	沿边	巴克图公路口岸	23 768	41	3 556	51	2 407	41	34 124	
42	新疆	沿边	都拉塔公路口岸	22 298	42	2 471	55	1 824	43	6 895	
43	西藏	沿边	吉隆公路口岸	17 780	43	7 987	45	1 642	44	17 908	
44	西藏	沿边	樟木公路口岸	16 830	44	3 993	50	1 034	47	16 832	
45	内蒙古	沿边	黑山头公路口岸	11 988	45	1 660	58	1 185	46	11 988	
46	云南	沿边	金水河公路口岸	10 487	46	64 598	27	30 723	26	10 487	
47	吉林	沿边	圈河公路口岸	7 288	47	42 661	30	3 249	38		
48	吉林	沿边	三合公路口岸	4 914	48	4 960	47	454	50		
49	吉林	沿边	长白公路口岸	2 804	49	4 847	48	216	53	4 351	
50	内蒙古	沿边	阿日哈沙特公路口岸	2 511	50	9 332	42	1 395	45	2 514	
51	新疆	沿边	红其拉甫公路口岸	2 098	51	190	63	142	54		
52	吉林	沿边	开山屯公路口岸	762	52	2 586	54	106	55		
53	吉林	沿边	南坪公路口岸	454	53	5 058	46	34	58		
54	吉林	沿边	临江公路口岸	400	54	603	60	301	51	1 941 006	
55	西藏	沿边	普兰公路口岸	360	55	11	65			360	
56	吉林	沿边	古城里公路口岸	352	56	94	64	26	59		
57	吉林	沿边	集安公路口岸	172	57	568	61	44	57		
58	吉林	沿边	沙坨子公路口岸	153	58	8 360	44	94	56		
59	黑龙江	沿边	虎林公路口岸	23	59					940	
60	广东	沿海	罗湖公路口岸	7	60	5 451 675	2			7	
61	广西	沿边	龙邦公路口岸	1	61	33 867	32	22 769	29	138	

续表2

序号	省级行政区	区域	口岸名称	进出口货运量（吨）	排名	出入境人员（人次）	排名	运输工具（辆次）	排名	申报货运量（吨）	备注
62	新疆	沿边	霍尔果斯公路口岸			32 759	33	56 817	21		进出口、申报货运量数据计入霍尔果斯铁路口岸
63	广西	沿边	平孟公路口岸			18 870	39	872	49		
64	新疆	沿边	乌拉斯台公路口岸			355	62	3	60		
65	广东	沿海	福田公路口岸			3 678 877	5				
66	云南	沿边	都龙公路口岸			10 226	41				
67	云南	沿边	田蓬公路口岸			4 142	49				
68	内蒙古	沿边	室韦公路口岸								
69	内蒙古	沿边	乌力吉公路口岸								
70	广西	沿边	硕龙公路口岸								
71	吉林	沿边	双目峰公路口岸								
72	广东	沿海	青茂公路口岸								数据计入珠澳跨境工业区专用口岸
73	新疆	沿边	木扎尔特公路口岸								
74	甘肃	沿边	马鬃山公路口岸								
75	西藏	沿边	里孜公路口岸								
76	新疆	沿边	红山嘴公路口岸								
77	黑龙江	沿边	黑瞎子岛公路口岸								数据计入抚远水运口岸
78	黑龙江	沿边	黑河公路口岸								数据计入黑河水运口岸
79	黑龙江	沿边	黑河（索道）								
80	辽宁	沿海	丹东公路口岸								
81	新疆	沿边	阿黑土别克公路口岸								
82	内蒙古	沿边	阿尔山公路口岸							241	

2020 年全国铁路口岸运行情况统计表

序号	省级行政区	区域	口岸名称	进出口货运量（吨）	排名	出入境人员（人次）	排名	运输工具（列次）	排名	申报货运量（吨）	备注
1	新疆	沿边	霍尔果斯铁路口岸	34 416 187	1	26 476	7	12 650	6	31 254 860	
2	新疆	沿边	阿拉山口铁路口岸	24 283 225	2	46 701	4	36 043	3	20 019 592	
3	内蒙古	沿边	满洲里铁路口岸	17 348 143	3	26 816	6	12 661	5	14 092 003	
4	内蒙古	沿边	二连浩特铁路口岸	15 384 877	4	34 188	5	124 986	1	13 262 853	
5	黑龙江	沿边	绥芬河铁路口岸	9 360 907	5	128 217	2	36 501	2	9 467 889	
6	吉林	沿边	珲春铁路口岸	2 709 611	6	5 358	13	1 812	7		
7	云南	沿边	河口铁路口岸	587 762	7	7 230	12	1 579	8	587 762	
8	广西	沿边	凭祥铁路口岸	284 144	8	15 691	9	1 338	10	206 560	
9	上海	沿海	上海铁路口岸	4 170	9	4 492	14	29	15	1 676	
10	吉林	沿边	集安铁路口岸	579	10	505	16	32	14		
11	广东	沿海	广州铁路口岸	11	11	82 240	3	519	12	54 390	
12	河南	内陆	郑州铁路口岸					26 099	4	861 309	
13	广东	沿海	佛山铁路口岸			9 413	10	1 353	9		
14	广东	沿海	广深港高铁西九龙站口岸			1 066 868	1	957	11		
15	吉林	沿边	图们铁路口岸			7 514	11	475	13		
16	北京	沿海	北京西站铁路口岸			2 082	15	29	16	5	
17	广东	沿海	东莞铁路口岸			25 851	8			185 813	
18	广东	沿海	肇庆铁路口岸							101	
19	黑龙江	沿边	同江铁路口岸								数据计入同江水运口岸
20	广东	沿海	深圳铁路口岸							11 956	
21	黑龙江	沿边	哈尔滨铁路口岸							87 080	
22	辽宁	沿海	丹东铁路口岸								数据计入丹东海运口岸

第四篇

各地口岸运行管理

第四章

北 京 市

北京市口岸分布示意图

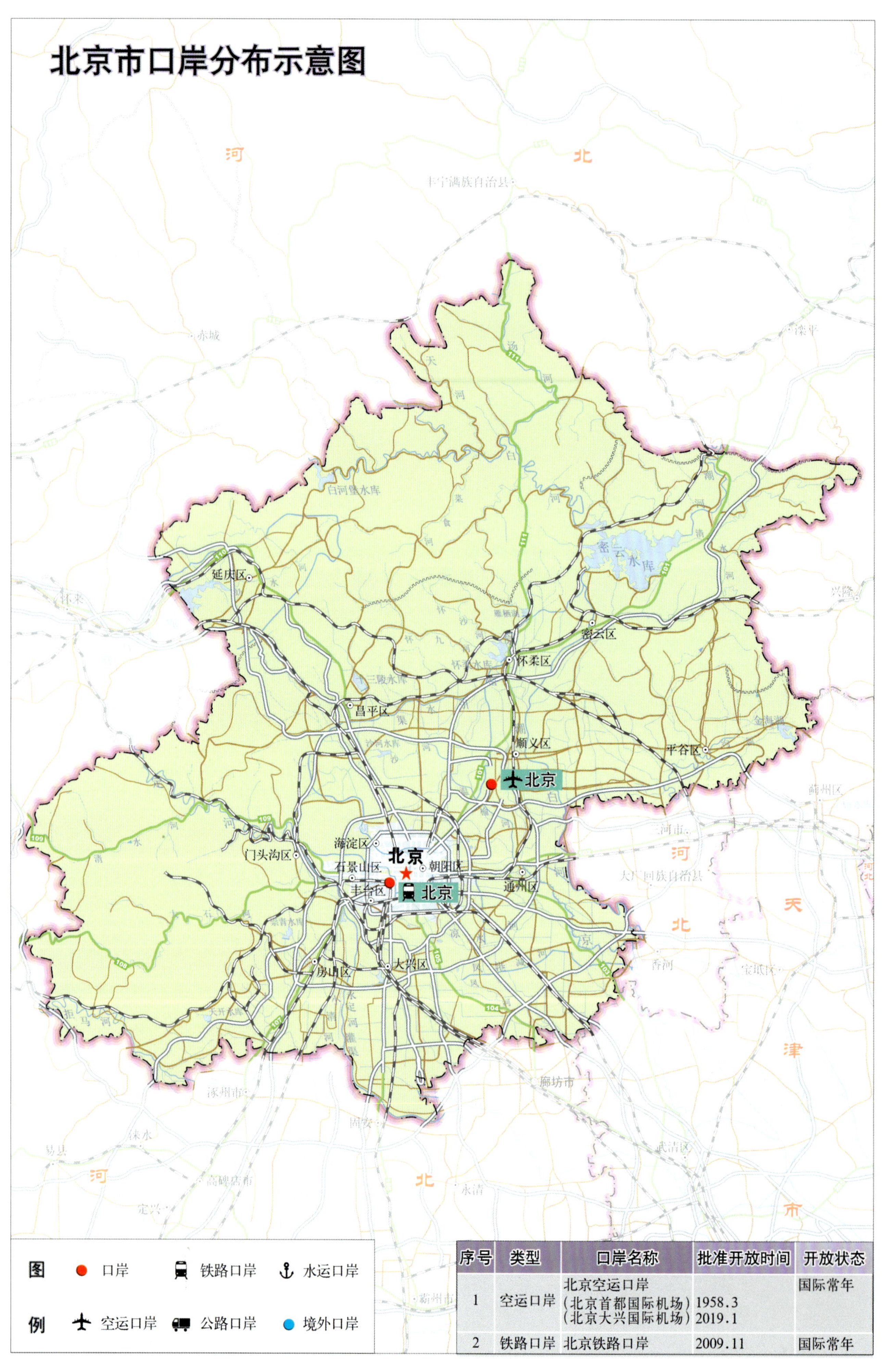

序号	类型	口岸名称	批准开放时间	开放状态
1	空运口岸	北京空运口岸 （北京首都国际机场） （北京大兴国际机场）	1958.3 2019.1	国际常年
2	铁路口岸	北京铁路口岸	2009.11	国际常年

口岸数量及分布

截至2020年年底，北京市有经国务院批准的对外开放口岸2个，分别为北京空运口岸（北京首都国际机场、北京大兴国际机场）和北京陆路（铁路）口岸（北京西站铁路口岸）。

口岸运行数据

2020年，北京口岸边检统计出入境人员301.1万人次，同比下降88.7%。其中，入境146.2万人次，同比下降89.1%；出境154.9万人次，同比下降88.3%。北京口岸运输工具出入境总数41 722（架、列）次，同比减少71.5%。其中，飞机41 693架次，同比减少71.4%；火车29列次，同比减少91.4%。

2020年，北京口岸海关监管进出口货物11 190.1万吨，同比增长7.5%，进出口贸易总值825.6亿美元，与2019年基本持平。其中，进口货物10 961.2万吨，同比增长6.8%，进口贸易总值596.3亿美元，同比下降1.8%，主要运输方式为航空运输、江海运输和邮件运输，占比分别为61.8%、36.0%和1.5%，同比分别下降3.7%、增长2.5%和下降25.1%；出口货物228.9万吨，同比增长55.4%，出口贸易总值229.3亿美元，同比增长3.6%，主要运输方式为航空运输、邮件运输和江海运输，占比分别为95.5%、8.3%和3.4%，同比分别增长4.1%、下降46.6%和增长12.5%。海关实征税款596.4亿元人民币，同比减少12.0%。

2020年北京口岸客运量和货运量均受到疫情影响。据北京首都国际机场提供的数据，北京首都国际机场年旅客吞吐量达3 451.4万人次，同比下降65.5%；完成货邮吞吐量121万吨，同比下降38.1%；保障飞机起降29.1万架次，同比下降50.9%；自2020年3月13日起，北京大兴国际机场的国际客运航班已全部转到首都机场运行，上半年业务量远低于预期，而下半年略有好转，最终全年生产运行总量接近预期水平。据北京大兴国际机场提供的数据，2020年全年旅客吞吐量1 609.1万人次（完成计划量的96.4%）、航班起降13.3万架次（完成计划量的100.8%），货邮吞吐量7.7万吨（完成计划量的143.1%），单日最高旅客吞吐量达11.0万人次。据北京市商务局（口岸办）提供的数据，2020年北京西站铁路口岸出入境人员2 082人次，同比减少93.2%；北京朝阳口岸完成海关监管货物72.6万吨，同比减少11.9%；北京平谷国际陆港完成海关监管货物5.2万吨，同比减少26.7%；北京丰台货运口岸完成海关监管货物1万吨，同比增长15.7%。

口岸综合管理

【北京口岸入境管理联防联控前方指挥部在北京首都国际机场设立日常工作点】 3月2日，北京口岸入境管理联防联控前方指挥部在北京首都国际机场设立日常工作点。该指挥部由北京市政法委、卫健委、疾控中心、交通委、外事办，北京海关、北京出入境边检总站，首都机场集团公司、首都机场公安局和首都机场股份有限公司等单位组成。9月3日，北京市联防联控机制启动机场前方指挥部联席工作机制。该工作机制由北京市政法委牵头，办公地点设在北京首都国际机场。

【北京首都国际机场坚守疫情防控“第一国门”】 1月22日，首都机场股份有限公司召开新冠肺炎疫情防控工作部署会。1月25日，据民航局专题电视电话会议精神，北京首都国际机场对所有进港旅客实施体温检测。1月28日，北京首都国际机场发布应对新冠肺炎疫情的防控方案，成立北京首都国际机场疫情防控工作领导小组及工作组，统筹组织北京首都国际机场疫情防控工作。2月26日~3月23日，北京首都国际机场通过GIS地图和CCTV平台的有效联动，实现对3座航站楼21个出入口通道的测温人数实时自动统计、远程监控，以及对重点人员在航站楼内特定区域的轨迹追踪。3 月 10 日零时起，根据北京市联防联控机制第 8 次会议精神，北京首都国际机场按照“最快速度、最短路径、最小影响、闭环管理”原则，历时 72 小时正式启用 3 号航站楼 D 区（T3-D）作为集中接受疫情严重国家和地区进港航班的处置专区，分区分类、精准实施旅客和行李的集中转运。3 月 13 日起，北京大兴国际机场的国际进港航班全部转至北京首都国际机场运行。3 月 15 日零时起，北京首都国际机场全部国际及我国港澳台地区进港航班调整至 T3-D 处置专区运行。3 月 18 日，北京首都国际机场成立新冠肺炎疫情防控期间“96158”旅客意见应对专项小组，进一步提升疫情防控期间旅客问讯响应效率。6 月 15 日，北京首都国际机场正式恢复湖北进京客运正班。

据北京首都国际机场提供的数据，2020 年，北京首都国际机场共参加北京市政府及民航局举办的新闻发布会 7 场，及时发布北京首都国际机场疫情防控举措，主动回应社会关切；共完成旅客测温 2 776.6 万人次；转运医院排查人员 4 660 人次；T3-D 处置专区保障进港客运航班 908 架次、进港旅客 9.69 万人次；保障指定第一入境点航班 810 架次、旅客 4 453 人次，运送防疫物资航班 9 371 架次、人员 2 424 人次、物资 3.26 万吨；合规处置新冠肺炎疫情相关垃圾约 588.2 吨；保障海外援助物资包机 6 架次、援鄂医疗包机 16 架次；常态化开展 16 次 1 571 项环境检测；累计对 5 000 余航班执行“一航班一消毒”。以最严措施、最高标准、最大力度坚守疫情防控“第一国门”，获得国家卫健委、北京市政府以及北京冬奥组委的高度评价。

【目的地为北京的国际始发客运航班指定第一入境点入境的措施】 3 月 23 日零时，根据民航局等五部门联合发布的《关于目的地为北京的国际航班从指定第一入境点入境的公告（第 2 号）》要求，北京首都国际机场正式实施所有目的地为北京的国际始发客运航班须从 12 个指定第一入境点入境的措施。

6 月 8 日零时，民航局等五部门印发通知，明确上海暂停作为目的地为北京的国际客运航班第一入境点，增加成都、长沙、合肥、兰州为第一入境点，增加武汉为备用第一入境点。至此，目的地为北京的国际客运航班指定第一入境点增至 16 个。

9 月 3 日起，北京首都国际机场恢复部分国际客运航班直航计划。

【北京大兴国际机场与北京出入境边检总站共同推进 I-I 边检、安检“一次过检”合作方案】 6 月 22 日，为减少 I-I 旅客查验环节和通关时间，北京大兴国际机场与北京出入境边检总站深入探讨，形成旅客信息采集和安全检查两检合一的流程优化合作方案，从旅客视角减少一道关口，提升旅客通关感受和北京大兴国际机场服务水平。未来双方也将继续推动 I-I 边检、安检合作项目落地。

【中国（北京）国际贸易单一窗口应对疫情，新功能助力防疫物资快速通关】 新冠肺炎疫情期间，为保障海外捐赠疫情防控物资便捷、高效通关，中国（北京）国际贸易单一窗口（以下简称北京“单一窗口”）发挥外贸服务整合作用，于 2020 年 2 月正式上线海外物资捐赠平台，协助宋庆龄基金会等 7 家社会团体完成北京“单一窗口”注册登记，保障捐赠物资快速通关，捐赠物资使用单位覆盖北京、湖北等 7 个省市。成立专项工作小组，联合博越锦程等 14 家物流与报关企业，组织各方针对捐赠物资免费清关、物流与仓储。开通防疫物资通关专项服务，就一般贸易通关、捐赠免税通关、个人携带物资通关共计 3 种模式提供通关指引；对防护口罩、防护服共计 16 种物资通关归类、通关文件以及系统操作、通关跟踪、现场放行 5 类问题进行专项服务。2020 年 4 月鉴于疫情形势好转，北京“单一窗口”正式下线该功能。

【北京“单一窗口”上线区块链平台，扎实推进京津冀协同发展】 依托北京“单一窗口”，积极协调北京海关、天津海关、北京市税务局、北京首都国际机场、北京大兴国际机场、天津港集团等单位，于 3 月初完成空港区块链和京津冀海运区块链的建设，作为首批上线运行的区块链应用在全市示范推介，入选《北京市政务服务领域区块链应用创新蓝皮书》，为区块链技术在跨境贸易方面示范应用打下坚实的基础。截至2020年年底，北京“单一窗口”区块链平台已建成北京商务局（口岸办）节点、北京海关节点、天津港节点，在建唐山港节点，完成北京海关通关数据、天津海关通关数据、北京首都国际机场物流数据、北京大兴国际机场物流数据、天津港物流数据等数据上链，实现了货物全流程追溯和时效统计，实现了外贸业务跟踪与查询“一链全通”，助力提升国际贸易物流通关效率，优化京津冀跨境贸易营商环境。

【北京“单一窗口”出口退税业务量仍居全国首位】 截至2020年年底，北京“单一窗口”出口退税累计38 495笔，退税总金额1 709 532.23万元，涉及报关单275 860张，退税企业数共计3 720家。其中，外贸版32 304笔、1 003 440.50万元，涉及报关单152 406张、外贸退税企业数2 748家；生产版6 191笔、706 091.73万元，涉及报关单123 454张、生产型退税企业972家。

【北京市商务局（口岸办）完成北京电子口岸发展规划】 按照《国家口岸发展“十四五”规划》总体部署，对标国际口岸信息化发展趋势，北京市商务局（口岸办）与上海德勤税务师事务所有限公司北京分所共同编写了北京电子口岸发展规划。拟在“十四五”期间，围绕标准制定、系统建设、运营支持等三个方面推动口岸智慧化建设，实现口岸操作全过程数字化、交互化、场景化，为“大型国际航空枢纽”和“两区”的高质量建设与发展提供有力支撑。

【北京“单一窗口”升级上线微信小程序，扩大移动服务覆盖面】 2020年，开发上线了北京“单一窗口”微信小程序，及时推送资讯信息，帮助企业快捷完成北京“单一窗口”相关业务。微信小程序功能包括资讯服务、物流服务、区块链查询服务3个栏目。资讯服务主要包括新闻动态、通知公告、政策法规、疫情通报、办事指南、收费公示等，实现资讯服务主动推送。物流服务让企业可以随时随地使用北京“单一窗口”大兴国际机场车辆备案、提交货预约、交货确认、查验预约等相关服务功能。区块链查询功能实现了北京“单一窗口”区块链平台的移动端的服务功能。

【“抗疫”有为，北京“单一窗口”开通线上学堂】 疫情防控期间，为了帮助企业攻难克艰、复工复产，快速掌握北京“单一窗口”及国际贸易实务，北京市商务局（口岸办）主动出击、创新驱动，多种形式打造北京“单一窗口”网上学堂。一是小窗微视频，录制实用型培训小视频，帮助企业快速上手；二是小窗知识库，通过门户、公众号发布各类政策公告、操作指引、热点资讯共计63条，第一时间传递最新信息；三是小窗直播，采用直播的新形式，联合高校、协会及业界专家，就企业关心的防疫物资通关、海关政策解读、税务政策与操作实务等疫情影响下的热点专题进行深度剖析，直达企业的重要关切点与痛点，众志成城抗击疫情。

【北京跨境电商B2B出口全国首批监管试点正式施行】 在北京市商务局（口岸办）和北京海关等部门的共同推动下，7月1日0时10分50秒，北京宏远到家贸易有限公司发往日本的首票跨境电商B2B出口货物，由北京首都国际机场海关验放离境，标志着北京口岸实现跨境电商直邮监管全模式通关。截至7月1日12时，北京海关共验放跨境电商B2B出口报关单、申报清单21票，货值27.7万元，主要商品为纤维布、拉力带、服装、智能手表、蓝牙耳机、滑板车等。

6月12日，海关总署发布公告，明确自7月1日起在北京等10个直属海关开展跨境电商B2B出口监管试点。该试点政策的实施，为线上B2B出口贸易提供了专门的监管方式代码（“9710”跨境电商B2B直接出口与“9810”海外仓出口）和通关路径。企业可以通过“一次登记”“一点对接和申报”，享受海关“优先查验”“全国一体、无纸化通关”“自动比对”“便利退货”等优惠措施，且申报清单更加精简便捷，缩减了企业通关和运营成本。

试点业务顺应了跨境电商企业批量出口的需求，开启了规模化“卖全球”的跨境电商贸易新篇章，对于支持北京市出口企业尤其是中小企业抗击疫情、线上转型具有重要促进作用，有利于推动出口产业进阶升级，同时能够为相关部门出台针对性支持政策提供数据支持。

2020 年北京跨境电商新模式加速发展。全国唯一跨境电商进口医药产品试点工作加快推进，网购保税进口业务快速增长，加上启动的跨境电商 B2B 出口监管试点业务，北京跨境电商综试区协调发展步伐进一步加快。

【北京大兴国际机场口岸非现场设施——海关业务保障设施项目主体结构全部封顶】 北京大兴国际机场口岸非现场设施是北京大兴国际机场口岸的重要组成部分，分 4 个子项目，即边检、海关国检综合办公楼、口岸疾控中心和海关业务保障设施。其中保通航的边检、海关国际综合办公楼、口岸疾控中心 3 个项目已于 2019 年 9 月竣工验收，圆满完成了“6・30 保验收、9・30 保通航”的政治任务。

海关业务保障设施项目是北京大兴国际机场口岸非现场设施中的最后一个项目，该项目总投资 2.97 亿元，建筑面积为 3.67 万平方米，主要包括缉私库、工作犬驯养中心，以及动物、植物隔离，植物检疫鉴定，药品、环境分析，毒品检测等功能，于 2019 年 5 月 28 日动工建设。

北京市商务局（口岸办）大兴国际机场专班严格按照“外防输入、内防扩散”的工作目标，采取多项举措积极全力推进施工现场疫情防控、复工复产。积极协调大兴区住建委、首都机场集团有限公司，完成了海关业务保障设施项目复工联合检查验收。复工建设以来，严格按照相关规定，认真抓好新冠肺炎疫情防控和加快推进项目建设，做到两手抓、两不误。

海关业务保障设施项目克服了疫情影响、停工再论证、施工图再调整等诸多困难，于 6 月 28 日顺利完成主体结构全部封顶，也标志着海关业务保障设施项目进入新的建设阶段。

【圆满完成世界银行跨境贸易评价工作】 一是京津合作抓落实。2020 年，京津两地加强互联互通，共同研究细化专项行动任务措施，制发了 2020 年促进京津跨境贸易便利化联合行动方案，开展周调度不下 30 余次，共同推进各项任务落实。二是深化改革出政策。巩固完善京津联合联动工作机制，开展为期 4 个月的专项行动，对标世界银行，深化改革，研究发布第 6 号、第 7 号京津联合公告，推出 42 条创新改革措施。三是政企互动促培训。搜集一年来国家和地方出台的政策，整理典型案例，制作专题视频，对 4 类千余家重点企业开展网上培训共计 10 余次，实现了普及性培训全覆盖。四是扩展渠道抓宣传。在首都之窗发布跨境贸易便企办事措施，宣传跨境贸易最新改革举措及成效典型案例中英文版；编制跨境贸易政策学习手册，组织全市商务系统窗口工作人员 35 人参加全市营商环境“千人千题”竞赛。五是充分准备迎评价。吸收第三方机构、专业教授组成专家团队，集体会商，反复研究、论证在线填报表、磋商汇报稿等；针对世界银行关切，精心制作视频，多方搜集支撑指标改善的证据，磋商工作得到国家部门的高度肯定。

【顺利完成中国营商环境（跨境贸易）评价工作】 一是高度重视，周密部署。制订迎评工作总体方案，建立领导小组，明确职责分工、工作任务、工作要求，统筹推进迎评各项工作；联合北京海关成立跨境贸易指标专项工作组和局内跨境贸易工作专班。二是实施“一规二减三提升四公开”。规范空港口岸操作流程，精简报关单证数量和压减空港收费标准，提升一体化通关便利度、提前申报率、免担保放行企业数量与范围，大力推进“两步申报”通关模式改革，公开报关企业通关时效、口岸收费目录、口岸阳光服务清单和服务企业操作时限标准。三是全面梳理，充分准备。汇总形成跨境贸易指标填报材料库，涵盖政策文件、落实措施、工作情况、大事记、取得成效和典型案例等16大专题2 826个资料，覆盖了80%的指标题目。三是科学调配，保障有力。建立现场填报指挥机制，科学制定应考策略，强化应急处置，合理组织调配业务骨干在线填报，全力做好现场备答支撑和外围保障。

【开展优化营商环境创新政策研究】 一是按照全市统一部署，落实国家《优化营商环境条例》，围绕精简单证、优化流程、公布整体通关时间、规范口岸收费、赋能北京“单一窗口”推进无纸化申报等方面提出两条跨境贸易便利化条款纳入《北京市优化营商环境条例》，以法的形式推进口岸营商环境改革优化。二是在前三年相继出台促进跨境贸易便利化政策1.0、2.0、3.0版共7个京津联合公告123条创新改革举措基础上，立足营商环境普惠性，以解决问题和增强企业获得感为宗旨，研究提出新一轮优化跨境贸易环境改革4.0版政策。三是以纳入国家营商环境创新试点城市为契机，积极研究提出需要国家层面法律法规、政策突破和国家部门支持的先行先试事项，提出跨境贸易10项改革任务并作必要性详细说明。

【持续推进跨境贸易便利化成效显著】 2020年，以《北京市优化营商环境条例》出台为契机，深入开展促进跨境贸易便利化专项行动，加强京津联合联动，推行“三阳服务”（阳光价格+阳光服务+阳光效率）模式，促进口岸企业规范化操作。世界银行评价跨境贸易全球排名连续两年提升至56位，预计2020年排名能够实现稳中有升。口岸压时降费提前超额完成国家任务目标，北京跨境贸易指标在中国营商环境评价中连续两年稳居全国第二位。多项先行先试经验在全国推广，其中北京海关推出提前申报容错、案件移交审核、免担保放行、“京关归类”等多项突破性先行先试措施得到了海关总署的认可和推广。2020年国务院第七次全国大督查中发文将北京市出口退税模式向全国推广。

【持续开展清理口岸收费联合检查】 为贯彻落实北京市清理口岸收费工作小组关于进一步强化口岸收费清单制度方案的相关要求，北京市商务局（口岸办）、北京市市场监管局、市财政局、北京海关分别于2020年2月18日~27日、3月24日、5月19日~26日、12月10日~11日联合进行了对北京各口岸收费情况专项检查。

检查主要围绕清理口岸收费项目、规范收费行为、严禁违规收费等内容展开。重点检查了北京首都国际机场口岸、平谷国际陆港、朝阳口岸和丰台口岸的经营服务企业收费公示情况，提取了部分收费票据，发放了价格政策宣传材料。从检查情况看，各经营主体基本做到依法经营、合规收费、主动公示，未发现违法违规收费行为，对上次检查中发现的问题均已得到有效整改。

下一步将继续做好清理口岸收费工作，加大有关口岸减税降费优惠政策的宣传力度，引导经营服务企业进一步完善规范收费目录清单内容，做到清单之外无收费，收费公示规范合理。

【“北京大兴国际机场综合保税区”获国务院批复】 “北京大兴国际机场综合保税区”于11月5日获国务院批复，这标志着全国唯一一个跨省市综合保税区正式设立。“北京大兴国际机场综合保税区”规划面积4.35平方千米，分为两个区域，机场红线范围内口岸功能区0.83平方千米，机场红线范围外3.52平方千米。

【自贸区大兴机场片区（北京大兴）第一批制度创新清单发布】 2020年1月16日，北京市政府新闻办、北京市商务局（口岸办）及中国（河北）自由贸易试验区大兴机场片区（北京大兴）管理委员会联合召开新闻发布会，集中发布了《中国（河北）自由贸易试验区大兴机场片区（北京大兴）第一批制度创新清单》。

这次发布的第一批制度创新清单，涵盖赋予大兴机场片区更多改革自主权、推动高端高新产业集聚发展、完善财税金融支持政策、打造具有吸引力的人才发展环境、推动京津冀协同发展 5 大类共 81 条制度创新措施。发布会上，北京市商务局（口岸办）副局长刘梅英还表示，北京大兴国际机场自由贸易片区的设立对于推进北京服务业进一步扩大开放具有很强的示范、引领作用，必将进一步推动北京服务业在更高水平扩大开放，促进京津冀协同开放，为全国服务业扩大开放探索更多、更好的可复制、可推广的经验。

【平谷—天津港海铁联运班列试运行】 2020 年 12 月 28 日上午 10：30，从中铁天津集装箱中心站集货完毕，满载机械配件、日用品、苜蓿草等进口货品的班列抵达平谷马坊铁路站。同步设立的还有“天津港·北京平谷服务中心”和“天津港·平谷多式联运中心”。

班列的顺利抵达，标志着平谷马坊物流基地（国际陆港）与天津港间的海铁联运通道开通，马坊物流基地将成为天津港在北京的区域物流枢纽，实现天津港口功能向北京地区扩大和延伸，有效辐射河北省、内蒙古自治区等华北、西北区域，促进区域经济协调发展。

近年来，平谷区和天津港集团始终保持着密切的伙伴关系，双方共同出资成立了北京平谷国际陆港的运营主体——北京京津港国际物流有限公司，天津港（集团）有限公司选派业务骨干参与指导平谷国际陆港建设和运营，同时，平谷国际陆港积极推广天津港进口“船边直提”和出口“抵港直装”的通关模式以及“阳光价格+阳光服务+阳光效率”的口岸服务，不断提升两地口岸营商环境。

下一步，北京市商务局（口岸办）将继续支持平谷区与天津港开展深度合作，用好天津港口资源，充分发挥马坊物流基地口岸、保税和城市保障功能，不断完善海铁联运新模式，探索港口服务内陆、内陆与港口融合发展的新途径。

【参加京津冀商贸物流协同发展交流会】 12 月 9 日，2020 年京津冀商贸物流协同发展交流会在固安县召开，商务部驻天津特派办特派员乌海宇、北京市商务局（口岸办）副局长吴向阳、天津市商务局局长张爱国、河北省商务厅厅长张锋、廊坊市政府副市长张春燕参加会议。会后，三地商务部门实地调研了京津冀（固安）国际商贸城、维信诺科技股份有限公司。

口岸监管与服务

【北京出入境边检总站筑牢疫情“外防输入”国门防线】 面对突如其来的疫情考验，北京出入境边检总站在首都严格进京管理联防联控协调机制、北京市委市政府、国家移民管理局的坚强领导下，通过强化勤务组织、数据研判、边防检查、协作配合、内部防护，为首都“外防输入”筑牢了国门防线。特别是有效发挥边检“大数据”预警作用，建立 35 种涉疫预警模型，研发入境人员进京出京信息预报系统，有效为全国旅检口岸和北京市有关部门提供准确、及时的数据信息支持。累计为上级机关提供有价值的趋势性、预警性情报研判报告 29 份，向首都联防联控办公室等部门推送涉疫人员信息 17 万条。2020 年，北京出入境边检总站通过数据研判和检查发现的境外输入确诊病例占北京市境外输入病例总数的 48%，同时，协助全国其他口岸发现确诊病例 34 人次，有效助力打赢疫情防控整体战、阻击战。

【北京出入境边检总站全力维护国家政治安全和口岸稳定】 北京出入境边检总站紧紧围绕防范化解口岸安全风险，健全完善立体化防控体系，坚决履行好维护国家政治安全和口岸稳定的职责使命，2020 年无失管漏控、无重大差错、无执勤事故。特别是针对北京重大会议和主场外交活动多、敏感节点维稳任务重的形势，坚持“万无一失、一失万无”标准，严格落实安保勤务等级响应机制，全年启动一级安保勤务响应 123

天，严密组织、细化措施、压实责任，圆满完成了全国“两会”、中共十九届五中全会、中国（北京）国际服务贸易交易会等10项重大安保任务，确保了重大活动、重要安保期间“大事不出，小事也不出”，以北京口岸的安全稳定维护了首都大局稳定。

【北京出入境边检总站严厉打击跨境违法犯罪】 北京出入境边检总站积极落实公安部、国家移民管理局关于打击“三非”（非法入境、非法居留、非法就业）和治理跨境赌博、电信网络诈骗部署要求，创新“大数据+人力情报”工作模式，突出数据预警、口岸查验、重点核查、警务协作“四个关键”，年内累计查获“三非”人员600余人次，累计梳理排查130余个航班、近4 000名符合跨境赌博特征人员，发现3条重大团伙犯罪线索上报公安部；配合北京市公安局开展落地核查，阻止近200名涉赌人员出境。为云南出入境边检总站提供线索，成功摧毁一个跨境偷渡赌博犯罪团伙，抓获组织运送者6人，查获偷渡参赌内地居民73人。

【北京出入境边检总站创新边检管理 全力服务首都经济社会发展】 北京出入境边检总站主动融入首都经济社会发展大局，对接落实国家移民管理局与北京市政府签署合作备忘录，支持北京打造国家服务业扩大开放综合示范区和北京自由贸易试验区、无关化商务区，全力服务北京“四个中心”建设。全面落实“放管服”改革措施，对运输防疫物资、国际进出口商品航班提供24小时“零等待”绿色通道，高标准保障4批94人次冬奥组委外籍专家考察团入出境，优化直接往返航班机组申报查验和第一入境点航班手续办理，累计为403架次客机、4 028架次货机缩短8 000小时停留空耗时间，为相关航空公司节约运营成本6 000余万元。

【北京海关从严从细做好口岸疫情防控工作】 一是精准研判，细化落实口岸疫情防控各项措施。全面开展疫情研判和风险分析，严格落实海关总署防控技术方案和操作指南，结合首都口岸实际制定具体措施并指导落实。加强对重点交通工具及出入境人员的风险分析，严格落实“三查三排一转运”，持续优化完善口岸卫生检疫流程，实现口岸检疫网格“全覆盖、无死角”。二是科学规划，高效建成T3-D疫情防控专区。3月初，为有效应对境外疫情输入风险骤增的严峻局面，根据北京市委市政府将北京首都国际机场T3-D航站楼设置为国际航班专区的工作部署，北京海关在最短时间内建成T3-D海关监管专区。通过合理设置作业区域、优化卫生检疫流程，对所有重点国家入境人员实施严格的闭环管理，实现了入境人员专区检疫、分级监管、闭环处置，筑起严防疫情输入的坚强屏障。三是手段升级，强化技术装备支撑。根据T3-D监管专区的实际情况联合生产企业研发模块式负压隔离室。自主开发“智慧旅检”集成化应用平台。开发适用于现场健康申报自助机，填补部分进境旅客无法使用微信小程序或互联网进行电子申报的空白，极大地提高了电子申报率。持续提升采样能力和实验室检测能力。在北京首都国际机场T2航站楼建成全国首家设立在口岸隔离区的P2实验室，成功获批新冠病毒核酸检测资质，实现入境人员的采样送样检测全部在北京首都国际机场内部完成，有效缩短送样时间2小时。四是协调联动，打造立体化防控体系。加强与卫健、公安、边检、民航等部门的合作，与各相关单位建立高效协作的工作机制，构建起多层次、全链条、立体化的防控体系，优化完善信息共享、排查转运、处置追溯等工作机制，细化入境人员移交与核对流程，形成监管闭环。

【北京海关严格监管进口食品冷链】 坚持“人”“物”同防，强化风险监测，北京海关采取“100%加严检疫、100%核酸检测、100%消杀灭毒”防控措施，严格规范实施抽样核酸检测。严格监督落实口岸环节高风险非冷链集装箱货物预防性消毒措施，严防新冠病毒通过货物传入风险。积极对接北京市联防联控机制，形成监管合力。根据北京市市场防疫组工作部署，组织开展进口冷链食品疫情防控措施专项大检查。加强与北京市有关部门的沟通协作，对进口冷链食品疫情防控形成闭环管理。

【北京海关全力做好防疫物资通关保障工作】 北京海关全力做好进出口防疫物资监管和通关保障工作，在口岸一线设立防疫物资专用窗口，简化通关流程，实现接单审核、登记放行、后续处置“零等待”。严厉打击非法出口医疗物资，坚决防止不合格产品流入国际市场。参加北京市科技防疫物资出口专班工作，支持北京市医药行业企业出口新冠病毒检测试剂、疫苗、中药和其他防疫物资，并向北京市各单位、各部门、各类企业和社会组织提供通关政策咨询。

开放口岸

【北京空运口岸（北京首都国际机场、北京大兴国际机场）】 北京首都国际机场作为“中国第一国门”，地处东经 116°35′04″，北纬 40°04′48″，位于北京市区东北方向顺义区境内，距离天安门广场 25.35 千米，是中国首都北京的空中门户和对外交往的窗口，也是中国民航重要的航空枢纽之一。

北京首都国际机场于 1958 年 3 月 1 日投入使用，是中华人民共和国成立后我国自行设计、自行施工的第一座大型民用运输机场，现共有 3 座航站楼：1 号航站楼于 1980 年 1 月 1 日启用，经扩容改造于 2004 年 9 月 20 日恢复使用，建筑面积 7.8 万平方米，年设计旅客吞吐量为 900 万人次；2 号航站楼于 1999 年 11 月 1 日投入使用，2015 年完成升级改造，改造后总面积达到 35.9 万平方米，年设计旅客吞吐量 3 624 万人次；3 号航站楼于 2008 年 2 月 29 日投入使用，建筑面积 100.1 万平方米，年设计旅客吞吐量 4 700 万人次。北京首都国际机场拥有远近机位 397 个，1 条 4E 级跑道和 2 条 4F 级跑道。北京首都国际机场是中国第一个拥有 3 座航站楼、双塔台、3 条跑道同时运行的机场。此外，还有位于 3 号航站楼西侧的北京首都国际机场专机候机楼，以及位于专机候机楼东南侧的北京首都国际机场公务机候机楼。

一直以来，北京首都国际机场紧密围绕建设世界一流大型国际枢纽机场的愿景，不断丰富完善航线网络，国内（含地区）及国际航线网络覆盖度在国内处于领先水平。截至 2020 年 12 月，北京首都国际机场共有 88 家驻场航空公司。其中，国内（含港澳台地区）航空公司 28 家，国外航空公司 60 家；通航 26 个国家和地区，通达客运航点共计 147 个，其中国内（含港澳台地区）航点 121 个、国际航点 26 个。同时，北京首都国际机场积极助力北京双枢纽建设，全力支持北京大兴国际机场投用运营，2020 年共稳妥保障南航、厦航等 6 家航空公司转场至北京大兴国际机场运营。

2020 年，北京首都国际机场的国际机场协会（ACI）旅客总体满意度达到 5.0，并在 ACI 组织的 2020 年度机场服务质量（ASQ）旅客满意度项目评选中，荣获“亚太区 4 000 万以上吞吐量最佳机场”称号。

北京大兴国际机场地处京津冀三地交界处，是“交通先行、民航率先突破”的重点工程，是以组织机制为保障，集中力量办大事的体现。定位为大型国际航空枢纽、国家发展新的动力源、支撑雄安新区建设的京津冀区域综合交通枢纽的北京大兴国际机场，将世界一流的先进建设技术与传统的工匠精神相结合，不仅外形华丽惊艳，而且代表了国际领先水平，打造了多个世界一流的全新建设标杆，再次向世界展示了“中国制造”的精湛，被誉为“世界新七大奇迹”之首。

从位置上看，北京大兴国际机场地处京津冀三地的核心地带，距离北京城市副中心 54 千米、距离雄安新区 55 千米，距离北京首都国际机场 67 千米、距离天津机场 85 千米，这对于促进京津冀的临空产业发展具有很大的优势。随着北京大兴国际机场转场运营的逐步开展，将逐渐促进和深化京津冀城市群的联动合作和外向发展，在京津冀综合交通网络和产业升级转移两个率先发展的重点领域发挥作用。

环绕北京大兴国际机场打造的“五纵两横”骨干交通网络进一步完善了京津冀都市圈交通系统，使北京大兴国际机场与北京城市副中心便捷连通，高效服务于雄安新区的建设发展，加速推动了京津冀协同发展和非首都功能疏解。进一步延伸了京津冀城市群的可通达性，极大提升了城市群的综合竞争力。

依托北京大兴国际机场航空枢纽的建设，国家规划了约 150 平方千米的临空经济区核心区，以机场发展带动和引领京津冀协同发展，以民航助推城市群发展，全面提升综合国际竞争力，实现民航强国战略。北京大兴国际机场的建成和投运，为北京南部地区、京津冀乃至环渤海经济圈的产业升级及产业融合发展提供了难得的历史机遇。

截至 2020 年 12 月，累计入场航空公司 27 家，开通航线 205 条，连通航点 161 个；17 家国外及地区航司获得局方时刻批复。

2020 年，北京大兴国际机场的国际机场协会（ACI）旅客总体满意度达到 5.0，荣获 2020 年度“亚太地区 2 500 万至 4 000 万吞吐量最佳机场奖”及“亚太地区最佳卫生措施奖”，并且民航在线满意度在全国千万级及以上机场中位列第二名。

【北京陆路（铁路）口岸】 北京西站铁路口岸位于北京市丰台区，是北京唯一的铁路客运口岸。2003 年 10 月 1 日，为落实《内地与香港关于建立更紧密经贸关系的安排》（CEPA），经国务院批准，北京西站临时开放铁路口岸。2009 年 11 月 24 日，国务院批复北京西站铁路口岸正式对外开放。北京西站铁路口岸运行北京西往返九龙的 T97/98 次京港直通车次，隔日到发各一对，全程运行近 24 小时。乘 T97/98 次列车旅客出入境手续，均在北京西站出入境联检大厅办理，中途无须换车或下车接受口岸检查。2014 年，北京西站铁路口岸通过原国家质检总局口岸核心能力建设验收，可以满足口岸卫生应急准备和应急处置能力的要求。目前，北京西站铁路口岸出入境联检大厅 2 600 平方米，其中公共区域 1 160 平方米。设置海关出境测温通道 1 条，入境测温通道 4 条，进出境安检通道 2 条；边检进出境人工通道 10 条，自助通道 8 条（出境 3 条，入境 5 条）。口岸驻有北京车站海关和北京铁路西客站出入境边检站。

2020年，北京西站铁路口岸进出境旅客2 082人次（按疫情防控要求，从2月开始口岸临时关闭）。

原二类口岸

【北京朝阳口岸】 朝阳口岸位于北京市朝阳区东南四环，与北京亦庄经济技术开发区相邻，是1994年由北京市政府批准建立的具有办理海运进出口货物监管、查验、通关等口岸功能的海关后续监管场所。朝阳口岸占地78.2万平方米，其中进出口监管仓库1.7万平方米，冷藏库960平方米，监管装卸平台3 600平方米，集装箱堆场3.2万平方米；设有海关H986集装箱检测系统、检验检疫隔离区及熏蒸处理系统、海关电子闸口等设施。多年来，朝阳口岸与天津港密切合作，在快速转关运输模式上不断探索创新，进出口集装箱量高峰时曾经突破12万箱，成为北京重要的“出海通道”。口岸驻有朝阳海关。“十三五”之初，为缓解口岸给周边区域交通带来的巨大压力，落实疏解非首都功能要求，更好地发挥口岸集疏运功能，市政府决定将朝阳口岸外移至通州马驹桥并建设通州口岸。

2020年，朝阳口岸海关监管进出口货物72.6万吨。

【北京通州口岸】 通州口岸位于通州马驹桥物流基地。项目总占地面积56.4万平方米，总建筑规模约63万平方米，预计投资60亿元。共由5块用地组成，其中物流用地4块、多功能用地1块。截至目前，项目一期（F15物流地块）已经完成并投入使用；项目二期（F19物流地块、海关监管区）已经完成工程验收；项目三期（F14多功能地块、口岸监管综合办公设施）主体工程封顶。

【北京丰台货运口岸】 丰台货运口岸位于北京市丰台区，是1994年由北京市政府批准开放的铁路货运口岸，东距广安门9千米，西离卢沟桥2千米，南依京广铁路线，北临京港澳高速公路，是北京铁路运输进出口货物的重要集散地。丰台货运口岸总占地面积36.6公顷，建有4.5千米铁路专用线，铁路站台2座、站台货位60个，接驳北京石景山南站联入全国铁路网。丰台货运口岸查验基础设施完备，建有2 700平方米海关监管库，1万平方米海关监管集装箱堆场，19台集装箱操作等大型设备。口岸驻有北京车站海关部分人员。

2020年，北京丰台货运口岸完成海关监管货物1万吨。

【北京平谷国际陆港】 北京平谷国际陆港位于平谷马坊物流基地内，地处京津冀交界处，距天津港135千米，距北京首都国际机场35千米，于2010年3月12日正式启动运行，以陆海联运方式与天津港联通，畅通了海运货物入京通道。2014年11月17日，国家口岸管理办公室正式批复北京平谷国际陆港为临时对外开放口岸，2014年11月获批国家进口肉类指定监管场地，2015年4月获批国家进口冷冻水产品指定监管场地。近年来，平谷国际陆港不断加强查验基础设施建设，建有近2万平方米的联检业务楼，2 000

平方米现场查验楼，1.8 万平方米监管仓库和查验平台，5.1 万平方米监管堆场和 1.8 万吨全自动冷库；建有检疫无害化处理中心与 X 光大型集装箱检测系统等现代化查验设施。口岸驻有平谷海关。

2020 年，平谷国际陆港海关监管货物 5.2 万吨。

2020 年北京市口岸大事记

1 月 14 日

北京出入境边检总站会同北京首都国际机场建设的北京首都国际机场 T3 出境联检分现场正式启用。

1 月 24 日

海关总署副署长张际文赴首都机场海关调研慰问。张际文副署长到首都机场海关 T3 航站楼卫生检疫现场就新冠肺炎疫情防控工作进行现场督导调研，并向奋战在口岸一线的关员致以新春问候。

1 月 28 日

海关总署署长倪岳峰到首都机场海关检查新冠肺炎疫情防控工作。

2 月 6 日

中央纪委国家监委驻海关总署纪检监察组组长、海关总署党委委员陶治国到北京海关检查指导疫情防控工作。

3 月 4 日

中央纪委国家监委驻海关总署纪检监察组组长、海关总署党委委员陶治国赴首都机场海关监管现场检查新冠肺炎疫情防控工作。

3 月 5 日

中央政治局委员、北京市委书记蔡奇到北京首都国际机场检查北京口岸入境防疫管理工作，并在北京首都国际机场运行控制中心主持召开首都严格进京管理联防联控协调机制专题会。

海关总署副署长李国赴首都机场海关调研疫情防控工作。李国检查了海关登临检疫、两道测温、查验健康申明卡等措施落实情况。调研结束后，李国组织召开专题会议，共同研究进一步加强口岸检疫、严防疫情输入工作。

3 月 6 日

中共中央政治局常委、国务院总理、中央应对新冠肺炎疫情工作领导小组组长李克强到北京首都国际机场慰问一线防疫工作人员，对疫情防控工作作出重要指示。中共中央政治局委员、国务院副总理刘鹤等有关领导陪同。

3 月 10 日

根据首都严格进京管理联防联控协调机制第八次会议精神，北京首都国际机场正式设置 3 号航站楼 D 区为集中接受疫情重点地区和国家进港航班的处置专区。

3 月 18 日

北京首都国际机场荣获国际航空运输协会（IATA）颁发的“2019 年场外值机最佳支持机场”奖项。

3 月 19 日

国务院国家机关事务管理局和北京市联合成立专项工作组进驻 T3-D 处置专区现场指挥部，收集中转旅客信息并开展相应工作，确保 T3-D 当日中转旅客实现闭环管理。

3 月 20 日

国际航空运输协会向北京大兴国际机场发送表彰信，授予北京大兴国际机场“2019 年度场外值机最佳支持机场”奖项。

3 月 31 日~4 月 15 日

北京首都国际机场以最高礼遇“过水门”先后迎回四批援鄂医疗队返京包机。

4 月 30 日

北京市副市长杨晋柏赴北京大兴国际机场及海关监管现场调研。杨晋柏副市长察看了航站楼及货运区海关监管现场，慰问 D 岛海关咨询台及卫生检疫一线在岗关员，感谢大兴机场海关干部职工在疫情防控工作中做出的贡献。

5 月 6 日

北京市副市长杨晋柏至北京海关检查指导并慰问关警员，对北京海关工作给予肯定。

5 月 13 日

北京市副市长杨晋柏调研天竺综合保税区。杨晋柏实地调研国航跨境电商监管现场、国家对外文化基地及北京迈迪顶峰医疗科技有限公司，听取相关情况汇报并召开座谈会。

5 月 15 日

民航行李全流程跟踪系统试点航线服务发布会在北京首都国际机场举行，民航局副局长吕尔学出席发布会。

6 月 10 日

北京市人民代表大会常务委员会主任李伟一行赴北京海关私货仓库开展执法检查。

6 月 15 日

首都国际机场正式恢复湖北进京客运正班。

6 月 26 日

北京市副市长杨晋柏赴首都机场海关货运监管现场调研。

7 月 3 日

国家卫健委专家组到北京首都国际机场 3 号航站楼调研严格出京旅客管理的落实情况。

8 月 13 日

在 2019 年度中国交通运输协会科学技术奖表彰大会上，首都机场股份公司“首都机场重要信息系统安全监测平台项目”荣获“2019 年度中国交通运输协会科学技术一等奖”。

8 月 14 日

海关总署副署长王令浚赴北京大兴国际机场海关调研。

9 月 3 日

根据国务院联防联控机制工作部署，经第一入境点分流的北京国际客运航班恢复。

9 月 8 日

北京出入境边检总站民警王晶荣获“全国抗击新冠肺炎疫情先进个人”。

在全国抗击新冠肺炎疫情表彰大会上，首都机场股份有限公司航站楼管理部荣获“全国抗击新冠肺炎疫情先进集体”称号。

9 月 27 日

北京出入境边检总站 T3-D 专区边检执勤三大队荣获全国公安系统抗击新冠肺炎疫情集体一等功。

10 月 14 日

北京首都国际机场顺利通过国际机场协会（ACI）健康认证，成为内地首家获此认证的机场。

10 月 15 日

北京大兴国际机场顺利通过国际机场协会（ACI）健康认证评估，成为内地首批荣获 ACI 健康认证的机场。

10月16日

国务院督查组到北京首都国际机场T3-D处置专区实地踏勘检查北京市疫情防控工作。

10月23日

首都机场股份公司运行控制中心党委获得“全国交通运输系统抗击新冠肺炎疫情先进集体”荣誉称号。

10月27日

北京市副市长杨晋柏赴通州、朝阳专题调研北京自贸试验区国际商务服务片区规划和工作进展情况。市政府副秘书长李志杰、北京市商务局（口岸办）副局长刘梅英等陪同调研。

11月19日

河北省党政代表团赴北京大兴国际机场考察调研，进一步推进京冀交流合作和协同发展。中共中央政治局委员、北京市委书记蔡奇，河北省委书记王东峰，河北省委副书记许勤，中国民航局局长冯正霖参加活动。

11月24日

北京大兴国际机场综合保税区举行新闻发布会上，宣布北京大兴国际机场综合保税区（简称“大兴机场综保区”）于近日获国务院批复，这标志着目前全国唯一的跨省市综合保税区正式设立。同日，大兴国际机场综合保税区举行了揭牌仪式。

12月2日

北京大兴国际机场建设表彰座谈会召开，北京市副市长杨晋柏出席并讲话，会议由李志杰副秘书长主持。北京市商务局（口岸办）副局长张钢及北京市商务局（口岸办）先进集体和先进个人参加本次会议。北京市商务局（口岸办）口岸综合业务处被授予“北京大兴国际机场建设工作先进集体”称号、北京大兴国际机场口岸建设专班工作人员李亚平、谭峰、于少鹏三人被授予“北京大兴国际机场建设工作先进个人”称号。

12月3日

北京市委副书记、市长陈吉宁召开专题会议听取北京海关工作汇报。

（撰稿人：方蕾、管彤、金品旭、王娉珊、王海红、张莉、吴迪、高建强）

2020 年北京市口岸流量统计表

口岸类型	口岸名称	货运量（万吨）				集装箱量（万标箱）				人员（万人次）				交通工具（辆、艘、架、列次）			
		出口	进口	合计	同比（%）	出口	进口	合计	同比（%）	出境	入境	合计	同比（%）	出境	入境	合计	同比（%）
空运口岸	北京首都机场口岸	219.45	10 877.53	11 096.98	7.68					150.46	142.11	292.57	-88.98			42 684	-71.44
空运口岸	大兴国际机场口岸	0.07	0.91	0.98	547.70					4.36	4.00	8.36	-8.93			662	-20.43
空运口岸	分计	219.52	10 878.45	11 097.97	7.69					154.82	146.10	300.93	-88.70			43 346	-71.17
陆路口岸 公路口岸	北京朝阳口岸	6.69	65.95	72.64	-11.95												
陆路口岸 公路口岸	北京平谷口岸	0.12	5.08	5.19	-26.69												
陆路口岸 公路口岸	分计	6.81	71.02	77.83	-13.22												
陆路口岸 铁路口岸	北京丰台货运口岸	0.07	0.93	1.00	15.74												
陆路口岸 铁路口岸	北京西站铁路口岸									0.08	0.12	0.21	-93.20				
陆路口岸 铁路口岸	分计	0.07	0.93	1.00	15.74					0.08	0.12	0.21	-93.20				
合计		226.40	10 950.40	11 176.80	7.51					154.91	146.23	301.14				43 346	
同比（%）		56.14	6.83							-88.31	-89.11	-88.71				-71.17	

（北京市口岸办提供）

2020 年北京市口岸出入境主要数据表

<table>
<tr><th colspan="3">项　目</th><th>2020 年</th><th>2019 年</th><th>同比（%）</th></tr>
<tr><td rowspan="14">出入境人员
（人次）</td><td colspan="2">出入境人员总数</td><td>3 011 343</td><td>26 666 448</td><td>-88.71</td></tr>
<tr><td colspan="2">入境人员</td><td>1 462 261</td><td>13 418 008</td><td>-89.10</td></tr>
<tr><td colspan="2">出境人员</td><td>1 549 082</td><td>13 248 440</td><td>-88.31</td></tr>
<tr><td colspan="2">出入境旅客</td><td>2 743 211</td><td>25 075 822</td><td>-89.06</td></tr>
<tr><td colspan="2">出入境员工</td><td>268 132</td><td>1 590 626</td><td>-83.14</td></tr>
<tr><td rowspan="5">中国公民</td><td>小计</td><td>2 442 158</td><td>19 685 426</td><td>-87.59</td></tr>
<tr><td>内地居民（因公）</td><td>254 844</td><td>1 775 307</td><td>-85.65</td></tr>
<tr><td>内地居民（因私）</td><td>2 078 964</td><td>16 632 395</td><td>-87.50</td></tr>
<tr><td>港澳居民</td><td>62 424</td><td>745 151</td><td>-91.62</td></tr>
<tr><td>台湾同胞</td><td>45 926</td><td>532 573</td><td>-91.38</td></tr>
<tr><td colspan="2">外籍人员</td><td>569 185</td><td>6 981 022</td><td>-91.85</td></tr>
<tr><td colspan="2">从海港出入境人数</td><td></td><td></td><td></td></tr>
<tr><td colspan="2">从陆港出入境人数</td><td>2 082</td><td>30 620</td><td>-93.20</td></tr>
<tr><td colspan="2">从空港出入境人数</td><td>3 009 261</td><td>26 635 828</td><td>-88.70</td></tr>
<tr><td rowspan="5">交通运输工具
（辆、艘、架、列次）</td><td colspan="2">总计</td><td>41 722</td><td>146 292</td><td>-71.48</td></tr>
<tr><td colspan="2">船舶</td><td></td><td></td><td></td></tr>
<tr><td colspan="2">飞机</td><td>41 693</td><td>145 956</td><td>-71.43</td></tr>
<tr><td colspan="2">火车</td><td>29</td><td>336</td><td>-91.37</td></tr>
<tr><td colspan="2">机动车辆</td><td></td><td></td><td></td></tr>
</table>

（北京出入境边检总站提供）

2020年北京海关主要数据统计表

项　目		2020年	2019年	同比（%）
进出口货运量（万吨）	合计	11 190.10	10 412.20	7.47
	进口	10 961.20	10 264.90	6.78
	出口	228.90	147.30	55.40
进出口贸易总值（万美元）	合计	8 255 854.93	8 284 424.31	-0.34
	进口	5 962 832.78	6 071 588.61	-1.79
	其中：江、海运输	2 147 669.74	2 094 676.69	2.53
	铁路运输	31 466.77	19 074.77	64.97
	汽车运输	2 556.73	4 295.65	-40.48
	航空运输	3 686 587.11	3 826 973.17	-3.67
	邮件运输	92 350.81	123 357.34	-25.14
	其他运输	2 201.62	3 210.99	-31.43
	出口	2 293 022.15	2 212 835.70	3.62
	其中：江、海运输	78 651.29	69 913.61	12.50
	铁路运输	379.68	977.69	-61.17
	汽车运输	3 261.29	1 361.10	139.61
	航空运输	2 189 935.93	2 104 427.11	4.06
	邮件运输	18 944.49	35 477.78	-46.60
	其他运输	1 849.47	678.41	172.62
税收（万元）	两税合计	5 964 240.53	6 778 562	-12.01
	关税入库	935 538.92	1 327 184	-29.51
	进口环节税入库	5 028 701.61	5 451 378	-7.75

（北京海关提供）

天 津 市

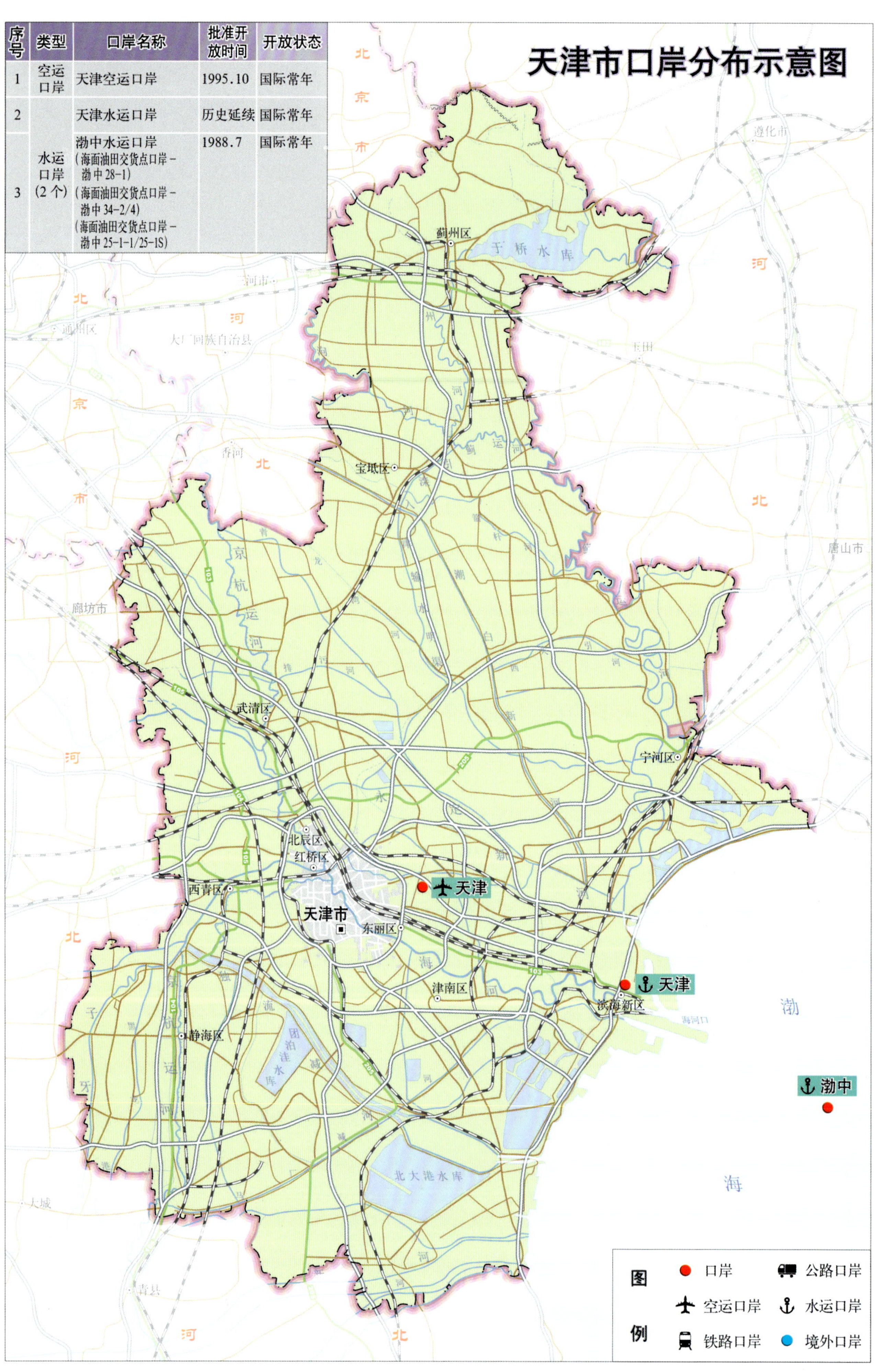

序号	类型	口岸名称	批准开放时间	开放状态
1	空运口岸	天津空运口岸	1995.10	国际常年
2	水运口岸（2个）	天津水运口岸	历史延续	国际常年
3		渤中水运口岸（海面油田交货点口岸－渤中28-1）（海面油田交货点口岸－渤中34-2/4）（海面油田交货点口岸－渤中25-1-1/25-1S）	1988.7	国际常年

口岸数量及分布

截至2020年年底，天津市有经国务院批准的对外开放口岸3个，分别是天津空运口岸（天津滨海国际机场）、天津水运（海港）口岸、渤中水运（海上石油交货点）口岸。

口岸运行数据

2020年，天津口岸共完成进出口贸易值13 214.53亿元，同比减少4.6%。其中，进口7 106.87亿元，同比减少5.5%；出口6 107.66亿元，同比减少3.5%。

天津港货物吞吐量完成5.03亿吨，同比增长2.2%；集装箱吞吐量完成1 835.31万标箱，同比增长6.1%。天津港口岸外贸货物吞吐量为2.85亿吨，同比增长2.2%。其中，外贸进口20 705.36万吨，同比增长5.5%；外贸出口7 762.28万吨，同比减少5.6%。口岸外贸集装箱完成844.02万标箱，同比减少3.4%。

天津机场货邮吞吐量完成18.50万吨，同比减少18.2%。进出境货邮吞吐量7.78万吨，同比减少17.5%。其中，进境3.16万吨，同比减少42.2%；出境4.62万吨，同比增长16.7%。

天津口岸出入境人员共63.83万人次，同比减少86.5%。其中，出境27.79万人次，同比减少88.3%；入境36.04万人次，同比减少84.8%。出入境旅客方面，空港口岸出入境旅客37.68万人次，同比减少88.7%；海港口岸出入境旅客3.60万人次，同比减少95.6%。

空港口岸出入境飞机共4 455架次，同比减少81.4%。海港口岸进出境船舶共15 175艘次，同比减少0.5%。天津国际邮轮母港累计接待国际邮轮6艘次，同比减少115艘次。

口岸综合管理

【扩大口岸对外开放】 天津市人民政府批准同意天津港口岸大港港区南港7~8号通用泊位口岸正式对外开放。天津港口岸大沽口港区临港造修船基地2号修船码头1~3号泊位具备口岸正式对外开放条件。完善口岸开放管理制度，修订《天津港口岸已开放口岸开放范围内新建改建码头泊位对外开放验收实施细则（试行）》。

【增强口岸服务辐射能力】 做好雄安新区通关服务保障，修订《服务雄安新区出海口建设口岸服务工作机制》，协调推动津雄两地海关加强天津港与雄安新区通关协作，推进相关跨境贸易便利化措施实施。完善天津港雄安新区服务中心功能，发挥保定、胜芳、白沟3个无水港作用，“一中心三节点”服务雄安新区及周边企业能力持续增强。

【提升跨境贸易便利化水平】 开展提升京津跨境贸易便利化水平专项行动，联合发布《关于深入优化京津口岸营商环境进一步促进跨境贸易便利化若干措施的公告》，推广42项便利化措施。深化天津港口降费提效治乱出清优化环境专项行动，制订《2020年巩固提升天津港口降费提效治乱出清优化环境专项行动工作方案》，推行进口货物“船边直提”、出口货物“抵港直装”，简化边检环节办理手续，推动实现船舶抵港“零等待”作业、在港“零接触”查验、离港“零延时”放行等创新举措。推动免除查验没有问题外贸企业吊装移位仓储费用试点。健全天津口岸通关联席会制度和口岸重点企业联席会制度。推动跨境贸易便利化措施向空港口岸延伸，完成空港口岸收费目录清单公示。出台通关便利化措施，助力新冠肺炎疫情防控和经济社会发展“双战双赢”，支持企业复工复产渡过难关。

据国家口岸管理办公室统计，2020年12月，天津口岸进口整体通关时间47.67小时，比2017年当月压缩70.98%；出口整体通关时间1.12小时，比2017年当月压缩95.22%。完成了比2017年压缩一半通关时间的工作目标任务，天津口岸进出口整体通关时间少于全国平均水平。2020年9月，国家发展改革委发布《中国营商环境报告2020》，天津市跨境贸易指标排名位居全国41个城市第 3 位。

【完善口岸信息化服务平台功能】 完善国际贸易“单一窗口”功能，提升原产地证和监管证件应用覆盖率，完成“邮轮旅客信息申报功能”试点，增加边检行政许可申报功能。实现“单一窗口”平台与金融机构平台联通，上线关税保证保险功能。保障跨境电商平台“6·18”“双 11”等电商大促期间大单量运行。优化港口统一收费管理服务平台功能。平台通过天津市委网信办组织的竣工验收，为全面实现“一次缴费”“全港通行”提供保障。进一步提升平台易用性、平稳性、安全性，完善 26 项具体功能，健全平台应急处理联动机制，通过国家信息安全等级保护三级认证。2020 年平台累计为遍及全国 736 家企业拨付港建费退付资金 1.38 亿元。

【组织做好相关进口货物冷链消杀工作】 全方位做好进口冷链食品预防性全面消毒工作，既保证“外防输入”工作，又保证天津港冷链不压箱，稳居冷链进口大港地位。实施货物车辆信息流程全封闭运行管理，及时启动港口冷柜严重压港应急预案，最大限度疏解港口压力，确保物流链、供应链稳定，天津港滞港冷柜数量恢复正常水平。截至 2020 年 12 月 31 日，一级冷库累计进场冷柜数量 6 898 个，累计消毒冷柜数量 5 778 个。

口岸监管与服务

【天津出入境边检总站多举措创新边检管理服务】 天津出入境边检总站深入贯彻落实统筹推进新冠肺炎疫情防控和经济社会发展工作部署，推出船舶到港“零等待”作业、在港“零接触”查验、离港“零延时”放行的“三零举措”工作模式，大幅缩短船舶在港停留时间，有效降低港航企业运行成本，有力推动复工复产、纾困企业和稳外贸工作，助力天津港成为全国口岸营商环境新高地，并大幅减少办证窗口人员聚集和查验过程中的人员接触，降低口岸疫情传播风险。

一是推动建立天津口岸境外疫情经水路输入防控工作领导机制。积极推动天津市在全国率先建立并运转船员紧急登陆及换班入境全封闭管道式闭环管理工作流程，助力天津港成为中国籍船员换班入境最顺畅的口岸。加强对登陆换班船员入境后跟踪管控，及时将入境船员相关信息推送途经地或流入地联防联控机制跟踪管理。对所有待进港国际航行船舶实施分析研判，及时发现确认有疫情严重国家停留记录的高风险入境人员，第一时间通报海关进行检疫排查并推送相关部门。从严审核签发上下外国船舶许可，严控登轮人员数量，劝阻非船舶作业必需人员登轮，降低港口疫情传播风险。

二是建立联合打击海上非法出入境活动协作机制。牵头与天津市海警局、天津市公安局沿海安全保卫总队建立了加强天津沿海管控联合打击非法出入境活动的协作机制，与协作单位开展联合巡航 18 次，开展无预警海上联合巡逻执法行动 6 次，开展多部门联合处突演练 7 次，累计发现可疑小型船舶 15 艘，处置违规搭靠船舶 2 艘，查处“三无船舶”5 艘，多警种协同作战的整体功能效应得到充分发挥。

三是推行复工复产人员通关便利化措施。为复工复产人员实施“三前移、三简化”便利措施。窗口前移，对携行幼童、行动不便、有较严重基础疾病等需帮扶人员，将需要在窗口查验的环节前移，同时增加台外移动式查验终端，实现手续快速办理和需帮扶人员的通关“零等待”。服务前移，主动联络走访复工复产企业管理方，了解其口岸通关需求，制订有针对性的出入境查验方案，最大限度满足企业的现实需求。管控前移，对拟入境人员涉疫数据进行核查研判和推送共享，实现疫情防控和复工复产“双保险”；简化备案审批流程，优先保障外资在华项目人员包机入出境，简化备案审批程序，做到即到即办；简化旅客信息申报，与企业建立人员背景信息、人员流向动态掌控等方面互信机制，简化人员入境时个人信息申报环节；简化入境查验手续，除必需的查验程序和要求外，对可提前查验的内容全部提前实施，实现复工复产人员的“快通关”。

【天津海事局多措并举服务天津港建设发展】 一是积极服务天津港涉水工程复工复产，发布了涉水工程施工通航安全保障方案远程技术评审工作流程，以及新冠肺炎疫情防控特殊时期涉水工程安全监管和服务保障工作方案。

二是服务天津港建设世界一流港口，进一步贯彻习近平总书记考察天津港时重要指示精神，落实相关任务要求，助力智慧港口、绿色港口建设，进一步强化口岸监管和优化营商环境，结合《交通强国建设纲要》和《关于建设世界一流港口的指导意见》，在2020年度服务天津港建设世界一流港口工作计划及项目清单的基础上，印发天津海事局2020年度服务天津港建设世界一流港口工作方案。

三是落实交通强国建设有关要求，进一步服务天津港发展，牵头5家部属驻津单位共同签署《交通运输部驻津单位服务天津港世界一流港口建设协同联动工作机制》。

四是服务中国（天津）自由贸易试验区（简称自贸试验区）建设，支持天津东疆金融改革创新发展，扶持航运服务、融资租赁等支柱产业，促进“六稳”“六保”任务落实，助力营商环境不断优化，针对东疆综合保税港区特色，印发了服务东疆综合保税区助力营商环境优化服务相关工作方案，共27项具体服务举措，为进一步“服务东疆、简政放权”创造有利条件。成功处置了“歌诗达·赛琳娜”号邮轮群体性发热事件。

【天津海关持续推进业务改革，加强国门安全监管】 一是天津海关作为全国首批试点海关，大力推动了“两段准入”“两步申报”改革模式在天津口岸的落地。签发了全国首票电子化“入境货物检验检疫证明”，电子化使用率达到60.6%，进一步便利了口岸通关。结合天津口岸保税维修产业和企业实际需求，出台支持保税维修产业发展的9条措施，全市维修货值达72.8亿元，同比增长64.8%。大力推进仓储货物按状态分类监管，创新推出“跨境租赁”“加工贸易海工平台出口租赁”等措施，在为全国海关探索新路的同时，也为天津口岸的产业创新发展提供了解决方案。

二是先后出台、细化145项措施，分别针对困难型、龙头型企业开展“护链行动”和前瞻性帮扶调研，举办2期“海关—企业家沙龙”，服务质效大幅提升。加强信用培育和认证，天津地区高级认证企业达到159家，同比增长29%，创历史新高。在全国率先实施高级认证企业免担保措施，共批准高级认证免担保企业9家，备案免担保额度1.89亿元，为企业减少资金占压8 700余万元。支持天津高水平开放方面，全力服务“智慧港口、绿色港口”建设，“集疏港智慧平台”2.0版进入实景应用阶段，“船边直提”和“抵港直装”改革向全国推广。

三是加强自贸试验区制度创新，先后推出创新措施17项，3项向全国复制推广，占海关系统的三分之一，占天津市的30%。创新实施“港场直通”改革，服务“一带一路”建设，共监管跨境班列396列、4.27万标箱。服务综保区高质量发展，东疆综保区和泰达综保区正式验收。在全国率先建立跨境电商B2B服务平台，实现了天津口岸的跨境电商全模式覆盖。

四是保持打私高压态势，严厉打击“洋垃圾”走私，查扣固体废物50余万吨，查获近年来全国最大一起禁止进口废矿渣案。严厉打击象牙等濒危物种及其制品走私，查获濒危物种及其制品387件。查获全国最大黄金走私案，案值约21.6亿元。破获毒品走私刑事案件62起，在快件渠道首次查获冰毒走私案件。深入开展“龙腾行动2020”，查扣侵权货物数量同比增长35.6%。

五是严守口岸检疫防线，以坚决的态度、迅速的行动、有力的举措落实落细上级决策部署，对入境航班、进境船舶实施“一机一策”“一船一案”，共检疫出入境交通工具1.1万余架（艘）次，检疫出入境人员35.7万人次。首战即妥善处置了“歌诗达·赛琳娜”号邮轮群体性发热事件。承担北京分流航班入境检疫任务并完成分流航班入境检疫155架次，约占全国分流航班的四分之一，切实筑牢了首都“护城河”。累计自天津口岸入境人员中检出传染病416例。完成进境大中动物隔离检疫5.9万头，约占全国的四分之一。检出未准入境食品263批次，检出量居全国第二位。

开放口岸

【天津空运口岸（天津滨海国际机场）】
天津滨海国际机场定位为中国国际航空物流中心、区域枢纽机场。天津滨海国际机场现有跑道2条，第一跑道3 600米，第二跑道3 200米，飞行区等级4E级，可满足各类大型飞机全载起降。航站楼面积36.4万平方米，货库5.66万平方米。旅客通过能力2 500万人次，货邮通过能力72万吨。2020年，天津滨海国际机场执行国际及地区航线情况：客机航线27条，全货机航线6条，客货机兼营航线2条。2020年，天津滨海国际机场通航国家及地区城市情况：开通客运航班的城市22个（澳门、台北、香港、冲绳、大阪、吉隆坡、济州、伦敦、曼德勒、曼谷、名古屋、普吉、沙巴、美娜多、西哈努克、悉尼、华沙、马尼拉、暹粒、新加坡、芽庄、札幌）；开通货运航班的城市6个（阿姆斯特丹、巴库、阿拉木图、萨拉戈萨、塔什干、河内）；同时开通客、货运航班的城市2个（东京、首尔）。

【天津水运（海港）口岸】 天津港地处渤海湾西端，辐射东北、华北、西北等内陆腹地，连接东北亚与中西亚，是北方国际航运枢纽，是雄安新区的主要出海口，是京津冀的海上门户，是中蒙俄经济走廊东部起点、新亚欧大陆桥重要节点、21世纪海上丝绸之路战略支点。天津港是中国重要的现代化综合性港口，是世界人工深水大港，主要由北疆、东疆、南疆、大沽口、高沙岭、大港、北塘港区组成，航道、码头等级达30万吨级，拥有集装箱、矿石、煤炭、焦炭、原油及制品、钢材、大型设备、滚装汽车、液化天然气、散粮、国际邮轮等各类泊位，同世界上200多个国家和地区的800多个港口有贸易往来，每月开行550余班，联通世界各主要港口。天津口岸集装箱运输集中在北疆和东疆港区；煤炭运输、原油运输、矿石运输集中在南疆港区；商品汽车运输以北疆港区为主、东疆港区为辅；粮食以及其他杂货运输主要集中在北疆港区；邮轮旅客运输集中在东疆港区。大沽口、大港和高沙岭港区主要为临港装备制造、粮油、化工等产业服务；北塘港区（中心渔港）主要服务于冷链物流和水产品加工集散。天津港口岸现已形成以北疆港区、南疆港区、东疆港区为主体，大沽口港区、大港港区初具规模，高沙岭港区、北塘港区（中心渔港）起步发展的对外开放格局。

2020年天津市口岸大事记

1月9日

天津港建设世界一流港口领导小组召开2020年第一次会议，深入贯彻落实习近平总书记视察天津港时重要指示精神，总结一年来港口建设工作情况，安排部署下一步重点任务。天津市委副书记、市长张国清出席并讲话，副市长孙文魁主持会议，天津市商务局党组书记、局长张爱国出席。

1月14日

天津市委书记李鸿忠在参加天津市第十七届人民代表大会第三次会议滨海新区代表团审议时强调，要提升港口能级，打造世界一流的智慧港口、绿色港口，让天津港更加蓬勃兴盛。

1月15日

天津市委书记李鸿忠在参加天津市政协十四届三次会议委员联组讨论时指出，要充分发挥港口战略资源优势，提升港口能级，提升天津对外开放水平，让天津成为“天下之津”。

天津市商务局党组成员、副局长、一级巡视员周路会见新加坡国家发展部生态城办公室司长王云杰一行，就落实双方领导人会谈中涉及的经贸合作交流事项进行会谈。

2月22日

天津市委副书记、市长张国清赴天津港集团检查疫情防控和安全生产工作。

2月24日

天津市商务局党组副书记、副局长，市口岸办主任朱振宇会见天津农商银行负责人一行，研究口岸信息化建设合作事宜。

2月

天津滨海国际机场边检站执勤三队、东疆边检站站执勤一队被评为天津市政法系统人民满意的政法集体。

3月3日

天津市商务局党组书记、局长张爱国，党组副书记、副局长，市口岸办主任朱振宇会见天津港（集团）有限公司党委书记、董事长褚斌，总裁焦广军一行，研究推动天津港新冠肺炎疫情防控、京津提升跨境贸易便利化专项行动、口岸信息化建设等工作。

3月4日

天津被确定为“单一窗口”海关查验通知信息推送扩大试点省（市）。

3月10日

天津市委副书记、市长张国清主持召开天津港建设世界一流港口领导小组2020年第二次会议，天津市商务局党组书记、局长张爱国出席。

4月27日

海关总署批复同意天津港国际物流发展有限公司冷链基地设立进境肉类指定监管场地。

5月8日

天津市商务局党组副书记、副局长，市口岸办主任朱振宇会见中新天津生态城管委会负责同志，研究推动北塘港区（中心渔港）口岸效能提升工作。

5月18日

天津市委副书记、市长张国清主持召开天津港建设世界一流港口领导小组2020年第三次会议，天津市商务局党组书记、局长张爱国出席。

5月26日

海关总署批复同意华锐全日物流股份有限公司在天津东疆保税港区建设进境肉类指定监管场地。

天津跨境电子商务综合服务平台“B2C”保税出口首票申报成功，实现了进出口保税模式和进出口直邮模式全覆盖。

5月28日、6月2日

天津市商务局党组成员、副局长、一级巡视员周路带领市商务局、天津海关、天津港集团等单位联合工作专班成员，赴北京参加世界银行磋商预演和正式视频磋商。向北京市政府副市长王红、财政部国际财金合作司和国家口岸管理办公室有关领导、世界银行营商环境评价团队介绍一年来京津跨境贸易便利化改革措施及成效，并回答世界银行专家提问。

6月5日

天津市委书记李鸿忠主持召开天津市委常委会扩大会议暨市“十四五”规划工作领导小组会议。会议指出，提升天津港港口能级，打造世界一流的智慧港口、绿色港口。

7月1日

天津跨境电子商务综合服务平台B2B出口首单申报成功。

7月28日

天津港集团集装箱业务受理中心揭牌。

8月12日

天津市京津冀协同发展领导小组会议暨全市安全生产工作和天津港建设世界一流港口领导小组会议召开，天津市委书记李鸿忠，市委副书记、市长张国清出席并讲话。

8月14日

天津港优化营商环境提升服务能力推介会召开，天津市15家重点进出口企业及货代企业参加会议。天津市商务局宣讲天津市优化口岸营商环境、促进跨境贸易便利化相关政策，介绍落实《天津市优化营商环境条例》及天津市出台的推进减税降费21条惠企措施相关工作情况。

9月8日

天津滨海机场海关李毅同志荣获全国抗疫先进个人。

9月10日

天津市商务局党组副书记、副局长，市口岸办主任朱振宇会见四川省泸州市口岸物流办公室调研组一行，推动两地口岸合作交流。

9 月 11 日

天津海关保健中心党委被评为天津市先进基层党组织；天津机场海关赵增强同志被评为天津市优秀共产党员。

9 月 20 日

天津市委副书记、市长廖国勋赴天津港调研。

9 月 22 日

天津市商务局组织天津海关、天津港集团与天津市滨海新区商务和投资促进局进行 2020 年国家营商环境跨境贸易指标填报工作。

9 月 30 日

天津机场边检站边防检查处被评为全国移民管理系统抗击新冠肺炎疫情成绩突出集体。

9 月

国家发展改革委发布《中国营商环境报告2020》，天津市跨境贸易指标排名位居全国 41 个城市第 3 位，被列为跨境贸易标杆城市。

10 月 11 日

天津新港海关重点商品风险监测工作专班、机场海关旅客检疫流调组、南疆海关船舶检疫防控工作组、东疆海关查验一科荣获全国海关系统抗疫先进集体。天津海关卫生处孟东平、食品处迟文鹤、行邮处任维、科技处牟华，新港海关金明威、孟思远、周宏亮，机场海关张庆庆、袁广瀚、张炜，南疆海关张凌康、李辉，东疆海关聂亮、郁宝龙，动植食中心胡佳续，保健中心李智慧荣获全国海关系统抗疫先进个人。

10 月 20 日

北京市商务局副局长吴向阳、北京海关副关长高瑞峰一行来津调研。

10 月 22 日

天津市举行抗击新冠肺炎疫情表彰大会，对抗疫先进个人和先进集体进行隆重表彰。天津机场出入境边检站党委、天津市商务局市场运行处党支部被授予“天津市先进基层党组织”称号；天津海关人事处李鸣，新港海关赵鹏，机场海关秦丰五、姜跃男，南开海关王娜宁，保健中心左锋，卫技公司高法国被授予“天津市抗击新冠肺炎疫情劳动模范”荣誉称号；天津滨海机场海关被授予“天津市抗击新冠肺炎疫情模范集体”荣誉称号。

10 月 29 日

北海市人民政府副秘书长张英毅一行 14 人赴津调研，考察危险品堆场建设工作。

11 月 8 日

天津市委书记李鸿忠，市委副书记、市长廖国勋召开专题会议研究部署天津中新生态城海联冷冻食品有限责任公司有关新冠肺炎疫情防控工作并赴封控现场指挥调度，要求加大口岸检测和消杀力度，进一步扩大货物检测范围，提高监管场所的防护要求、作业标准、检测质量，确保入关货物信息互联互通。

11 月 9 日

天津市委副书记、市长廖国勋主持召开天津港建设世界一流港口领导小组 2020 年第五次会议，审议了天津港集疏运专用货运通道建设方案的讨论稿，天津市商务局党组书记、局长张爱国出席。

11 月 11 日

中国（天津）国际贸易单一窗口地方特色功能版块正式上线运行关税保证保险功能。

11 月 20 日

天津市商务局、国家口岸管理办公室、北京市商务局相关党支部开展“深入学习贯彻党的十九届五中全会精神，优化口岸营商环境，推动外贸高质量发展”联学联建主题党日活动。

天津塘沽海关党群同志的家庭荣获全国文明家庭称号，天津边检总站（机关）荣获第六届全国文明单位称号。

11 月 22 日

天津市委副书记、市长廖国勋主持召开专题会议，研究新冠肺炎疫情防控工作，要求加强进口冷链产品运输和入库监管，凡从天津口岸进入本市流通环节产品均实行百分之百消杀。

11 月 24 日

天津海关动植食中心廖芳同志荣获全国先进

工作者称号。

11月26日

中国共产党天津市第十一届委员会第九次全体会议召开。天津市委书记李鸿忠讲话指出，大开天津之门，向对外开放要新空间，加快北方国际航运核心区建设，加快天津港世界一流智慧港口、绿色港口建设，更好发挥自贸试验区作用，积极融入“一带一路”建设。

11月29日

天津市人民政府批复同意天津港口岸大港港区南港港务公司7~8号通用泊位正式对外开放。

11月30日

天津市被确定为“单一窗口”出口退税功能更新升级扩大试点省（市）。

12月5日

天津出入境边检总站青年志愿服务总队荣获第五届中国青年志愿服务大赛银奖；被评为天津市优秀志愿服务团队、天津市优秀志愿服务项目。

12月11日

《天津港口岸进出口环节收费目录》（2020版）公布。

同日，天津东疆海关王晓康荣获天津市劳动模范称号；天津新港海关综合业务二处荣获天津市模范集体称号；天津边检站执勤一队被授予天津市劳动模范集体称号。

12月21日

天津港（集团）有限公司获天津市设备管理优秀单位称号。

12月23日

天津市港口统一收费管理服务平台项目通过中共天津市委网络安全和信息化委员会办公室组织的竣工验收，这标志着平台建设任务圆满完成。

12月25日

提单电子化总结会和推广会召开，确定自2021年1月1日推广实施提单电子化。

（撰稿人：王洋）

2020 年天津市口岸流量统计表

口岸类型		口岸名称	货运量（万吨）				集装箱量（万标箱）				人员（万人次）				交通工具（辆、艘、架、列次）			
			出口	进口	合计	同比（%）	出口	进口	合计	同比（%）	出境	入境	合计	同比（%）	出境	入境	合计	同比（%）
空运口岸		天津滨海国际机场	4. 62	3. 16	7. 78	−17. 5					17. 48	23. 73	41. 21	−88. 3	2 105	2 361	4 466	−79. 3
		分计	4. 62	3. 16	7. 78	−17. 5					17. 48	23. 73	41. 21	−88. 3	2 105	2 361	4 466	
水运口岸	海港口岸	天津港	7 762. 28	20 705. 36	28 467. 63	2. 2	432. 96	411. 06	844. 02	−3. 4	10. 34	12. 13	22. 47	−81. 6	4 131	4 695	8 826	−0. 2
		分计	7 762. 28	20 705. 36	28 467. 63	2. 2	432. 96	411. 06	844. 02	−3. 4	10. 34	12. 13	22. 47	−81. 6	4 131	4 695	8 826	
合计			7 766. 90	20 708. 52	28 475. 41	2. 2	432. 96	411. 06	844. 02	−3. 4	27. 83	35. 86	63. 68	−86. 6	6 236	7 056	13 292	−56. 4
同比（%）			−5. 5	5. 5	2. 2		1. 2	−7. 8	−3. 4		−88. 2	−84. 9	−86. 6		−57. 5	−55. 8	−56. 4	

表注：表中空港口岸货运量为天津滨海国际机场国际及地区货邮吞吐量。

（天津市商务局提供）

2020年天津市口岸出入境主要数据表

项目			2020年	2019年	同比（%）
出入境人员（人次）	出入境人员总数		636 872	4 738 824	-86.56
	入境人员		358 596	2 371 680	-84.88
	出境人员		278 276	2 367 144	-88.24
	出入境旅客		411 440	4 132 805	-90.04
	出入境员工		225 432	606 019	-62.8
	中国公民	小计	439 100	3 918 861	-88.8
		内地居民（因公）	67 409	167 754	-59.82
		内地居民（因私）	361 803	3 636 712	-90.05
		港澳居民	3 570	40 425	-91.17
		台湾同胞	6 318	73 970	-91.46
	外籍人员		197 772	819 963	-75.88
	从海港出入境人数		224 735	1 224 618	-81.65
	从陆港出入境人数				
	从空港出入境人数		412 137	3 514 206	-88.27
交通运输工具（辆、艘、架、列次）	总计		13 292	30 459	-56.36
	船舶		8 826	8 845	-0.21
	飞机		4 466	21 614	-79.34
	火车				
	机动车辆				

（天津出入境边检总站提供）

2020 年天津海关主要数据统计表

项　目		2020 年	2019 年	同比（%）
进出口货运量（万吨）	合计	—	—	—
	进口	—	—	—
	出口	—	—	—
进出口贸易总值（万美元）	合计	19 088 495.48	20 101 101.71	-5.04
	进口	10 268 000.80	10 914 194.61	-5.92
	其中：江、海运输	8 702 220.46	8 943 545.67	-2.70
	铁路运输	7 828.07	11 842.29	-33.90
	汽车运输	99 945.91	2 331.63	4186.53
	航空运输	1 385 998.65	1 942 306.77	-28.64
	邮件运输	2 955.56	3 521.53	-16.07
	其他运输	69 052.15	10 646.71	548.58
	出口	8 820 494.68	9 186 907.11	-3.99
	其中：江、海运输	8 059 555.96	8 408 906.91	-4.15
	铁路运输	13 445.64	18 570.60	-27.60
	汽车运输	18 417.71	9 931.59	85.45
	航空运输	601 135.66	680 041.58	-11.60
	邮件运输	1 767.37	1 808.61	-2.28
	其他运输	126 172.34	67 647.82	86.51
税收（万元）	两税合计	—	—	—
	关税入库	—	—	—
	进口环节税入库	—	—	—

（天津海关提供）

2020 年天津海事局进出港船舶统计汇总表

船舶类别	进港船舶							出港船舶						
	艘数（艘）	总吨（吨位）	总载重量（吨）	载客量（客位）	船员人数（人次）	货物到达量（吨）	旅客到达量（人）	艘数（艘）	总吨（吨位）	总载重量（吨）	载客量（客位）	船员人数（人次）	货物发送量（吨）	旅客发送量（人）
总　计	111 602	492 216 820	659 913 745	44 362	1 440 893	290 551 294	49 679	110 216	490 362 523	657 936 569	44 872	1 425 261	221 284 855	51 587
中国籍船舶	104 205	168 029 005	219 322 843	13 058	1 283 956	56 166 606	49 679	102 815	165 214 233	215 727 595	13 568	1 268 332	131 138 956	51 587
其中外贸船	201	4 017 851	6 057 695	0	3 921	2 944 786	0	132	2 286 299	3 669 340	0	2 528	1 495 066	0

（天津海事局提供）

河　北　省

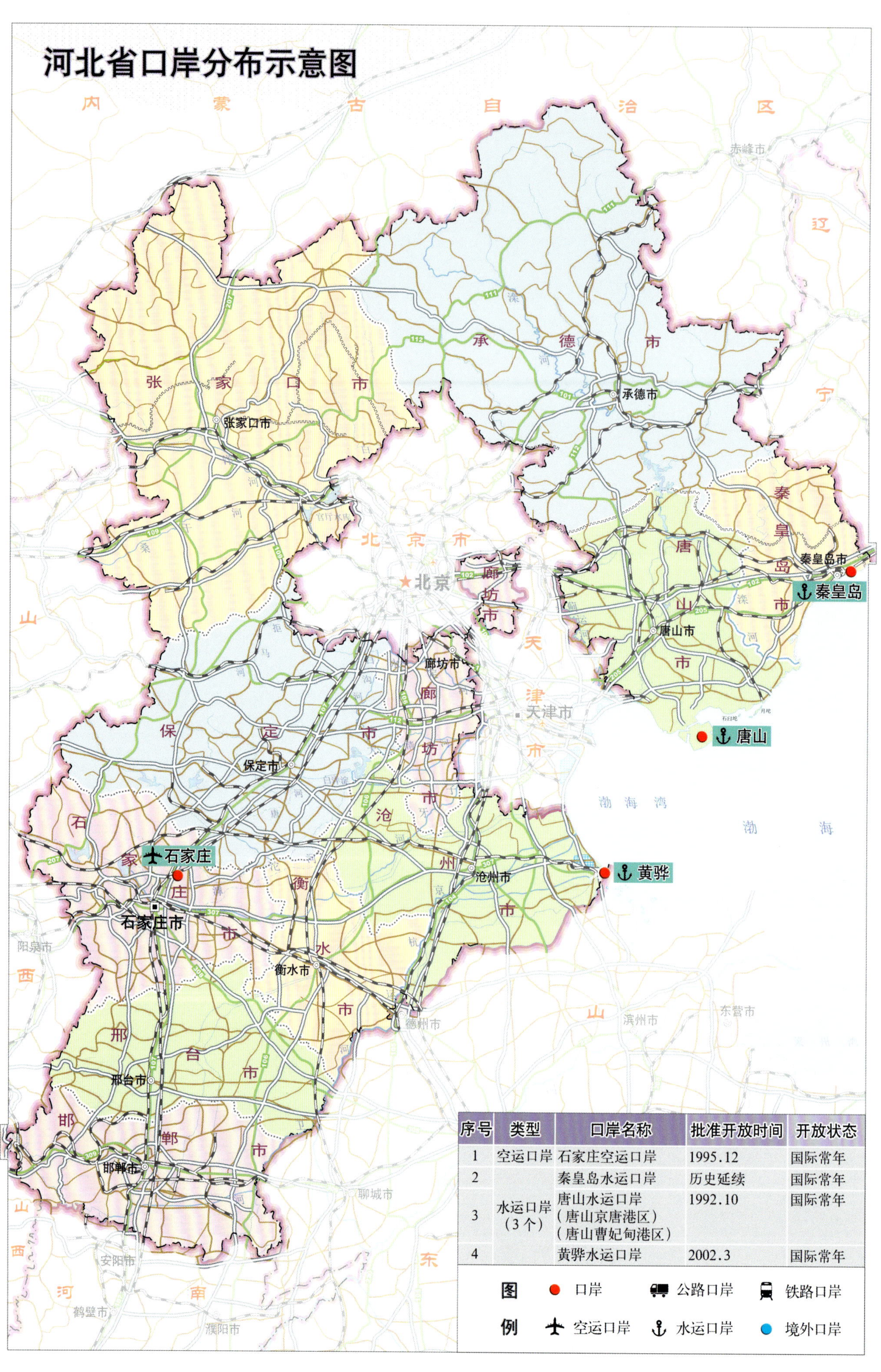

序号	类型	口岸名称	批准开放时间	开放状态
1	空运口岸	石家庄空运口岸	1995.12	国际常年
2	水运口岸（3个）	秦皇岛水运口岸	历史延续	国际常年
3		唐山水运口岸（唐山京唐港区）（唐山曹妃甸港区）	1992.10	国际常年
4		黄骅水运口岸	2002.3	国际常年

口岸数量及分布

截至2020年年底，河北省共有经国务院批准的对外开放口岸4个。其中，空运口岸1个，即石家庄空运口岸（石家庄正定国际机场）；水运（海港）口岸3个，分别是秦皇岛水运（海港）口岸、唐山水运（海港）口岸（包括京唐港区、曹妃甸港区）和黄骅水运（海港）口岸。

口岸运行数据

2020年，河北省水运口岸货物吞吐量完成12.04亿吨，同比增长3.6%（秦皇岛港完成2.01亿吨，同比下降8.3%；唐山港完成7.03亿吨，同比增长7%；黄骅港完成3.01亿吨，同比增长4.7%），其中外贸吞吐量完成3.69亿吨，同比增长10%（秦皇岛港完成0.06亿吨，同比增长6.2%；唐山港完成2.96亿吨，同比增长6.7%；黄骅港完成0.67亿吨，同比增长28.3%）。

2020年，河北省水运口岸集装箱吞吐量完成446.8万标箱，同比增长8.3%（秦皇岛港完成62.2万标箱，同比增长0.7%；唐山港完成311.6万标箱，同比增长5.8%；黄骅港完成73.1万标箱，同比增长29.1%）。其中，外贸集装箱完成15.5万标箱，同比增长29.3%（秦皇岛港完成6.5万标箱，同比增长13.6%；唐山港完成9万标箱，同比增长43.5%；黄骅港无外贸箱）。

2020年，石家庄空运口岸运营国际（地区）客运航线10条，受疫情影响，2月5日~12月31日，国际（地区）客运航班全部停飞。1月1日~2月4日，出入境航班109班，出入境旅客2.9万人次。全年运营国际（地区）货运航线11条，共执行828班，完成货邮吞吐量2.11万吨，同比增长近百倍。

口岸综合管理

【口岸疫情防控】 2020年，面对国内外突发新冠肺炎疫情，河北口岸坚持标准不松、措施不减、力度不降的防控理念采取有关措施。一是构筑防控体系。下发了关于做好口岸疫情防控促进通关便利化和做好口岸出入境疫情防控工作的通知，与石家庄海关联合制订了河北省口岸安全风险联合防控相关工作方案，在全力以赴做好口岸疫情防控工作的同时，有力有序支持外贸企业复工复产。石家庄海关成立了新冠肺炎疫情防控工作指挥部及应对首都机场国际航班分流石家庄正定机场专项工作组，牵头6部门建立了省出入境疫情防控机制；河北出入境边检总站成立由主要领导任组长的疫情防控领导小组，与石家庄海关签订《共同抵御海外新冠肺炎疫情输入协作备忘录》，与河北省公安厅、省卫健委分层分级建立了点对点的24小时联系机制；河北海事局严控船员离船带来的疫情扩散风险，与辖区所有码头和修造船厂联防联控，有效利用港区卡口实现管控目标。二是强化防控机制。指导河北省各市口岸办会同驻地查验部门成立了疫情防控专班，在属地疫情防控机制领导下，制订了疫情防控技术方案，进一步健全信息共享机制和联合处置机制，形成防控闭环。三是创新服务举措。全面推进“互联网+口岸”的服务模式，充分利用国际贸易“单一窗口”及相关信息化系统实施非接触式办理及其他便利举措，石家庄海关出台了稳外资稳外贸的26条措施，河北出入境边检总站在全省推广新型边检勤务管理体系，河北海事局通过“单一窗口”推广船舶出口岸联系单全程线上办理。四是加强防控监测。建立口岸疫情数据统计报送制度，对全省口岸相关数据进行日统日报、实时监测。

【中国（河北）国际贸易单一窗口建设】 2020年，中国（河北）国际贸易单一窗口（以下简称河北“单一窗口”）基本实现了口岸执法服务功能全覆盖，拥有企业资质、许可证件、原产地证、运输工具、舱单申报、货物申报、加工贸易、税费办理等16大基本服务功能。2020年累计注册用户2.09万家，比2019年增加1 900家；货物申报21.56万票；舱单申报26.09万票

（其中水运20.86万票、空运5.23万票）；运输工具申报10.14万票（其中船舶7.78万票、航空器2.36万票、公路22票）；原产地证申领9.75万票；许可证件申领5 382票；企业资质办理9 674票；税费支付3.90万票。跨境电商综合服务平台累计入驻企业105家，保税进口出区687单，保税进口出区货值62.22万元。

本地特色应用。一是关税保证保险。精准聚焦河北“单一窗口”金融服务体系建设，完成河北“单一窗口”关税保证保险金融产品的建设、上线，通过先通关后缴税的业务模式，有效解决中小企业在进口业务环节的融资难问题。2020年已有近10家企业通过系统平台完成线上核保，总额度超1 000万元。二是中国（河北）跨境电子商务公共服务平台。积极响应外贸企业需求，优化升级中国（河北）跨境电子商务公共服务平台系统功能，成功对接秦皇岛综合保税区和廊坊综合保税区两家特殊监管场所，协助京东集团完成跨境电商业务落地河北。2020年，已对接完成河北省所有跨境监管场所，为进一步打造省级跨境电商平台奠定了基础。三是数据接入公开平台。自主研发数据接入公开平台，通过河北“单一窗口”导入客户端一点接入、一次性提交，满足相关监管部门标准化单证和电子信息要求，降低外贸企业申报的成本和出错率。

宣传推广方面。一是实地走访。为完善平台功能，拓展业务范围，以企业需求为出发点，坚持推行“门到门、户到户”精准服务。2020年实地走访企业52家，收集平台问题及建议87条。二是宣传培训。创新联合培训方式，不断丰富培训内容，针对外贸企业反映强烈的痛点难点问题，组织开展18场培训会，涉及1 200家外贸企业，覆盖石家庄、唐山曹妃甸、保定白沟等重点地市。同时，开设培训中心版块，涵盖“单一窗口”80%功能应用，累计下载观看量达2.5万余次，以线上培训与线下自学相结合的模式，推进河北“单一窗口”系统功能的全面应用。三是资讯发布。围绕河北省最新外贸信息，丰富资讯内容，更新办事指南。共发布贸易商情、投资要闻等资讯1 500余条、微资讯168条，平台累计点击量达259.17万次，切实帮助外贸企业开阔眼界，助力发展。

【口岸新建泊位开放】 9月28日，河北省发展改革委会同驻冀查验机构、河北省交通运输厅对唐山港京唐港区三港池通用泊位改造一期工程（1个10万吨级和1个3万吨级集装箱泊位）对外开放进行省级验收，在验收通过的基础上报经省政府批准对外开放。12月30日，河北省发展改革委会同驻冀查验机构、省交通运输厅对山海关船舶重工有限责任公司0#等13个修船泊位和修造船坞对外开放进行省级验收。

【口岸服务功能拓展】 2月16日，海关总署批复同意在辛集设立进境肉类指定监管场地，这也是河北省首家将口岸功能延伸至内陆的指定监管场地，海关总署于12月底组织开展了现场验收。9月17日，海关总署批复同意石家庄海关开展金伯利进程证书制度业务，金伯利钻石指定口岸落户正定，为内陆口岸经济发展注入新的活力。11月，唐山市获批二手车出口业务城市，口岸功能进一步优化完善。

【港口腹地开拓】 唐山港积极融入国家“一带一路”建设，不断推进腹地内陆港建设，2020年分别在山西（忻州原平、朔州应县、临汾）、陕西（西安）、内蒙古（锡林郭勒、金泉）开发建设内陆港6个，为唐山港与腹地开展集装箱海铁联运业务开辟了新通道。唐山新开通曹妃甸港—西安—欧洲的国际货运班列，首列45车集装箱货物到达西安内陆港集结中转后，搭乘长安号中欧班列分别发往莫斯科、塔什干，构建起唐山至西安无缝衔接直达欧亚的国际物流大通道。

【通关流程优化】 加快推进进口铁矿石等大宗资源性商品“先验放、后检测”；将进口铁矿石品质检测由逐批实验室检测调整为由企业申请实施；推行进出口货物“两步申报”改革；积极开展关税保证保险改革；进一步完善容错机制，推行进出口货物“提前申报”；简化进出口环节监管证件和随附单据，全面推广电子报关委托；推进单证无纸化，海关报关单无纸化率达到99%以上，集装箱设备交接单、装箱单等单证实现无纸化传递，出口集装箱仅凭电子装箱单信息就可完成进港业务。

【通关效率提升】 通过持续推进各项服务举措落实落地，最大限度地降低了疫情防控对通关效率的影响。2020年12月进口整体通关时间26.07小时，较2017年压缩83.72%；出口整体通关时间2.22小时，较2017年压缩86.28%，全年进出口通关时间压缩成效优于全国平均水平。

口岸监管与服务

【河北出入境边检总站严防境外疫情输入】 一是精心谋划部署，全警响应积极投入疫情防控。先后14次召开专题会议，研究制定强化口岸疫情防控10项措施，细化完善方案预案。特别是自3月24日石家庄正定国际机场确定为首都机场分流国际航班入境点后，研究制订专项勤务方案，组织精干力量成立前进指挥部进驻石家庄正定国际机场。先后完成了64架首都机场分流航班、16架临时商业航班等共计1.7万余人次的入境边防检查勤务。二是严密精准施策，构筑外防输入国门防线。成立“战疫数据核查专班”，累计推送从全国其他口岸入境拟前往河北人员信息5.2万余条，编报预警性核查信息88期。三是深化联防联动，确保全链条闭环管理。认真履行轮值单位职责，应对首都机场国际航班分流勤务，圆满完成指挥调度入境航班人员转运查验工作任务。深化部门间协作配合，与石家庄海关签订协作备忘录，与河北省外事办、河北省公安厅、河北省卫健委分层级建立点对点的24小时联系机制，做到“三提前”“三共享”，实现从“国门”到“家门”全链条闭环式管控。

【河北出入境边检总站全力筑牢国门安全防线】 坚持把防范化解政治安全风险摆在首位，严厉打击跨境违法犯罪活动，全面强化边检安全管控职能。全年共查获网上在逃人员8人次，查获在控人员10人次，查处违法违规交通运输工具17艘（架）次，查处违法违规人员28人次。一是专项行动成效显著。充分发挥边检大数据辅助研判效能，秦皇岛、石家庄边检站协助地方公安机关成功破获案值超106亿的跨境赌博专案，国家移民管理局专门刊发简报。针对海上非法入境、非法搭靠等违法犯罪活动，部署开展为期40天的“净海行动2020”专项行动，先后2次组织开展集中清查，共查处违法违规案件6起，有力打击震慑了违法犯罪行为，净化了口岸通关环境。二是联勤联控衔接高效。与河北海警局等单位签订协作机制，进一步加强与公安政保、反恐、出入境以及新疆派驻口岸工作组的沟通联系，实现了常态化合作的新格局。疫情期间，先后协助湖北、广东等省份警方做好6名潜逃境外犯罪嫌疑人的入境查验工作。

【河北出入境边检总站创新管理模式，助力经济社会发展】 积极研究出台服务复工复产的出入境查验新方式，深化边检管理改革创新，为人员、物资、飞机、船舶进出提供便利通关服务，为做好“六稳”工作、完成“六保”任务贡献边检力量。一是强化京津冀三地边检机关协作。11月3日，联合北京、天津总站在秦皇岛举办“拱卫京畿·协同发展”京津冀边检机关业务论坛。三地边检机关在维护国门安全、持续深化“放管服”改革、创新管理模式等方面达成进一步协作共识，将共同为助力京津冀协同发展贡献边检智慧。二是推进港口边检管理改革。按照“船方自管、企业协管、边检监管”的主体思路，以唐山边检站为试点，探索建立了“基本理念适应发展、指挥体系顺畅高效、组织模式科学合理、体制机制健全规范”的新型边检勤务管理体系。唐山边检站试点现场会后，各海港边检站结合口岸实际，全面推广试行新型勤务管理模式，船舶通关效率、口岸管控水平、警企协同能力得到进一步提升，口岸管理治理体系实现新突破。三是积极助力复产复工。石家庄边检站打出改革勤务模式、优化警力调配、创新查验方式、落实便利政策的“组合拳”，高效服务保障了3架北京现代集团“快捷通道”入境航班和伊拉克中石油包机，有效纾解企业困难。在货包机查验量由平均每周5架次增至160架次的同时，进一步压缩了三分之一的边检手续办理时间，彰显了河北边检效率。各海港边检站积极对接驻地疫情联防联控机制，有力推动滞留外籍船员登陆换班政策在河北省海港口岸落地见效。先后开通边检绿色通道，为12名外籍船员办理登陆手续，为39名外籍船员办理换班入境手续，实现了海港口岸疫情防控和企业复工复产“双推进”“两不误”。

【河北海事局多措并举持续优化口岸营商环境】 一是支持帮扶辖区港航企业复工复产。推出建立口岸“绿色通道”、主动服务加强政策指导、减免船舶规费减轻企业负担、推进业务办理不见面等18项支持企业复工复产举措，助力全省吞吐量保持平稳，其中外贸货物比2019年同期增长10%以上；自2020年3月1日零时起至12月31日24时止，免征进出口货物港口建设费，减半征收船舶油污损害赔偿基金。二是口岸通航环境的智慧化，不断优化辖区锚地使用与航道使用方式，提升船舶进出港效率，努力探索开辟曹妃甸辖区40万吨级船舶直靠新途径。三是海事政务工作集约化，选取硬件条件优良的曹妃甸海事局政务服务大厅为试点进行集约化办理，实现“一个中心对外”，打破原有区域、功能、模式限制，精简人力资源近60%，节省办事成本近50%，申请材料由原来的25项减免为14项，办结时间节约70%以上，业务一次办结率提高了30%。

【河北海事局做好疫情常态化口岸防控，防止疫情通过口岸输入】 新冠肺炎疫情暴发以来，河北海事局按照依法防控、精准防控工作要求，不断创新工作举措、适时调整工作重心，全面做好防范境外船员疫情输入工作。一是严格管控，加强船舶交通管控系统（VTS）监管，减少船员离船带来的疫情扩散风险。与辖区所有码头和修造船厂联防联控，有效利用港区卡口实现管控目标。二是防范入境船员疫情输入。积极参与河北省口岸新冠肺炎疫情联防联控，参与方案编制，主动承接防控任务；加强协作，做好信息共享和疫情船舶管控，严格执行暂停国际航运客货航线载客业务相关部署，多渠道获取到港国际航行船舶船员健康信息，开展无接触式检查，与海关、边检等口岸查验单位做好信息共享，加强水上交通组织和管理，为卫生检疫部门上船登临检疫提供便捷保障，配合做好船员登陆管控和健康异常船员处置工作。三是认真落实交通运输部海事局关于做好疫情期间海船船员证书办理工作的要求，对海船船员任职解职信息登记模式进行了调整，取消了现场办理任解职信息登记，船员任解职实施远程办理，安全保障国际航行船舶船员换班5 235人次，国内航行船舶换班54 000余人。

【河北海事局推进口岸信息共享，促进口岸工作协调推进】 为进一步加快智慧口岸建设，全面推进“减证便民”工作，2020年河北海事局继续积极推进“单一窗口”国家标准版推广使用工作，国际航行船舶进出口岸审批通过网上办理，已完全实现了无纸化，行政相对人一趟不用跑，提高了国际航行船舶的通关效率。同时河北海事局与海关、边检围绕“信息互换、监管互认、执法互助”，共同构建职责明确、依法行政的治理体系，在海上安全管理、口岸建设、打击违法行为、突发事件应急等方面开展合作，发挥各自专长，互相协助、互相通报，推行国际航行船舶联合登临检查制度，可以有效减少口岸查验部门单船登轮检查频次，对于降低船员劳动强度、缩短船舶在港驻留时间、提高港库周转效率具有重要意义。

【河北海事局提升航运服务水平，优化海事服务】 为进一步深化放管服改革，全面推进“减证便民”工作，河北海事局结合辖区实际和群众切实需求，通过优化业务流程，完善服务设施，推出了一系列创新服务举措。一是实现船舶国籍、配员、燃油保险等船舶证书并联办理。推进船舶燃油保险证书网上申办平台，进一步减少企业船舶证书办理等待时间，真正做到了让群众少跑腿、让数据多跑路。二是实施海事政务办理告知承诺制。在公民、法人和其他组织申请办理海事政务事项时，可以通过提交“告知承诺书”

替代部分申请材料。截至2020年年底，海事政务办理证明事项告知承诺服务涵盖通航管理、船舶管理、船员管理等领域，共25项政务事项、44项申请材料可以通过告知承诺制办理相关业务，在“最多跑一次”清单基础上升级推出“一次不用跑”清单，实现30项业务一次办好，缩短船舶办证时间60%以上。三是开展海事、船检协同办证新模式。通过协同办证，实现海事与船检跨部门的信息互联互通，船舶所有权登记证书、船舶检验证书等5大类共7本证书实现同时办理，大量减免了申请材料，大幅提高办结效率，办结时间缩短超过50%。

【河北海事局主动参与口岸开放管理工作，充分发挥海事作用】 为进一步促进河北口岸开放，为河北口岸创造良好的通航环境和作业条件，河北海事局积极参与口岸开放工作，持续关注河北辖区码头和泊位的开放推进情况，在按照有关规定履行职责的基础上提供良好的服务；实现开放口岸的规范化管理，梳理开放码头口岸基础材料，开展资格再审查工作，建立专项档案；支持相关码头业主单位口岸开放申报工作，向政府口岸管理部门提出合理化建议。2020年河北海事局配合河北省口岸办及相关口岸部门推动了唐山港口岸京唐港区三港池集装箱泊位和山海关船舶重工有限公司13个泊位船坞的对外开放验收；持续关注京唐港曹妃甸港区中物码头4个泊位、黄骅钢铁物流有限公司2个5万吨级散杂货泊位、泰地2个液化泊位及神华2个散杂货泊位对外开放推进情况；召开专门会议研讨，积极服务保障秦皇岛港304号泊位临时靠泊国际航行船舶安全。

【河北海事局积极投身自由贸易试验区建设，不断完善服务举措】 2020年河北海事局结合海事监管服务实际，围绕自由贸易试验区（简称自贸试验区）经济建设、优化营商环境、促进航运发展，推出了15项服务举措。其中，“大数据+”和“两集两同”两项制度创新，对于自贸试验区发展起到良好的推动作用，特别是“大数据+”船舶交通智能服务系统，经交通运输部相关部门评估认定，拥有完全知识产权，国务院自贸试验区工作部际联席会议办公室给予了肯定。2020年，国务院自贸试验区工作部际联席会议简报（第三期）专版刊发了河北自贸试验区曹妃甸片区打造船舶交通智能服务系统提升海事服务保障能力的经验做法。同时这两项制度创新举措也纳入了河北自贸试验区首批“制度创新案例”。目前河北海事局提出的15项举措已经在下属各分支机构全面推广实施；为应对疫情影响，以曹妃甸海事局港口国监督检查（PSC）工作室为平台，探索实施国际航行船舶“模块化”检查新机制，也正在积极申报国务院第七批改革试点经验。

【石家庄海关扎实做好疫情防控工作】 石家庄海关严格落实海关总署以及河北省委省政府有关疫情联防联控工作要求，融入属地疫情防控“一盘棋”，坚持“人物同防”，举全关之力，坚定筑牢口岸检疫防线。2020年关区各口岸共检疫查验出入境人员191 558人次、航空器1 903架次、船舶6 317艘次，检出新冠病毒核酸阳性105人次。在海关总署防范境外疫情输入专项考核中排全国第17位。此外，同步严防埃博拉、拉沙热、黄热病等重大传染病传入，防止疫情叠加。

【石家庄海关多举措加强口岸监管，服务口岸开放】 一是规范口岸开放审理程序。严格按照口岸新建泊位开放有关程序和海关监管场地设置规范要求，配合河北省口岸办做好口岸开放审理工作。推动唐山港京唐港区集装箱泊位和秦皇岛山船重工13个泊位船坞对外开放。二是加强口岸安全管理。强化食品安全职能管理，严格落实出口动物源性食品风险监测计划、供港蔬菜专项检查计划。严格落实非洲猪瘟、高致病性禽流感和口蹄疫等重大动物传染病疫情防控工作，密切关注国外重大动物疫情动态，落实全链条管控，严格进境动物及动物产品检疫审批以及口岸查验和疫情处置。强化进出口危化品安全检验监管。组织开展安全生产集中整治和监管领域安全风险隐患排查整改，与省安委会等部门建立安全生产联系配合机制，推动河北省口岸安全风险联合防控工作进入科学化、规范化运行阶段。三是支持企业申建指定监管场地。引导并督促关区指定监管场地经营企业逐项对照新《海关指定监管场地设置规范》完成达标建设工作。组织京唐港集装箱进境粮食指定监管场地顺利通过验收，推进辛集进境肉类指定监管场地的建设和验收工作。截至 2020 年年底，关区共有海关监管作业场所 52 个，指定监管场地 10 个，包括粮食、水果、肉类、原木等指定监管场地。

【石家庄海关深化“放管服”改革，助推外贸发展】 一是跨境贸易便利化进一步提升。深化“放管服”改革，大力推进汇总征税、关税保证保险、财务公司担保等多元化担保方式，为企业减少资金占压 12.79 亿元。深入推进两步申报、提前申报等便利化改革措施，持续压缩进出口整体通关时间。2020 年 12 月，关区进口整体通关时间为 26.07 小时，较 2017 年压缩 83.72%；出口整体通关时间为 2.22 小时，较 2017 年压缩 86.28%，进出口压缩成效均优于全国平均水平。进出口环节需要验核的监管证件从 2018 年的 86 种精简至 41 种，38 种全部实现网上申请办理，其中 19 种证件已通过国际贸易“单一窗口”一口受理。二是对外开放迈上新台阶。配合北京海关推动大兴国际机场综保区批准设立。推动秦皇岛综保区验收，实现关区海关特殊监管区域全部整合优化。支持唐山、石家庄等依托综保区开展跨境电商网购保税进口业务。鼓励综保区内加工制造企业利用剩余产能承接境内区外企业委托加工，曹妃甸综保区成功办理省内首票委内加工业务。4 个综保区进出口值 318.6 亿元，同比增长 117%，占河北省进出口值的 7.2%，为近年来最高。

开放口岸

【石家庄空运口岸（石家庄正定国际机场）】 1995 年 12 月石家庄正定国际机场经国务院批准成为对外开放口岸，航站楼总面积 21 万平方米，客运保障能力满足 2 000 万人次；货运区总面积 22 万平方米，共有 7 个货机专用停机位，年货邮吞吐量保障能力 25 万吨。

国际（地区）客运航班情况。2020 年，石家庄空运口岸运营国际（地区）客运航线 10 条，受疫情影响，2 月 5 日～12 月 31 日，国际（地区）客运航班全部停飞。1 月 1 日~2 月 4 日，出入境航班 109 班，出入境旅客 2.9 万人次。全年共保障经停分流国际航班和入境包机 86 架次，保障入境人员 1.76 万人次，其中旅客 1.54 万人次、机组 0.22 万人次。其中，经停分流国际航班共 64 架次，保障入境人员 1.29 万人次；国际入境包机 22 架次，保障入境人员 0.48 万人次。

国际（地区）货运航班情况。2020 年，石家庄正定国际机场抢抓国家及地方加快推动航空物流发展的有利契机，积极引进货运航空公司，深化与货运代理人合作，大力开发货运航线，航空货运实现了快速增长。全年运营国际（地区）货运航线 11 条，执行 828 班，完成货邮吞吐量 2.11 万吨，同比增长近百倍。其中，出港货物 2.1 万吨，占比达到 99.4%，货物种类主要为防疫物资、机电设备、服装、百货等；进港货物占比仅为 0.6%，主要为机械设备和皮革，进港货物分别来自比什凯克（吉尔吉斯斯坦）、基希讷乌（摩尔多瓦）、马尼拉（菲律宾）。

航线开辟情况。目前，石家庄正定国际机场具有国际（地区）正班客运航线航权及时刻的航线包括至首尔、釜山、暹粒、芽庄、岘港、大叻、莫斯科、圣彼得堡航线；具有国际（地区）正班货运航线航权及时刻的航线包括澳门—马尼拉、比什凯克、俄斯特拉发、列日，其他航线为每月申请。

【秦皇岛水运（海港）口岸】 秦皇岛水运口岸占用自然岸线长 15.9 千米，码头岸线 15.6 千米，水域面积 222 平方千米，陆域面积 13.7 平方千米。经过多年的发展和调整完善，划分为西港区（含新开河港）、东港区（含秦山化工港）、山海关港区（含山海关修造船厂）和秦西大蒲河港点的总体格局。其中，西港区以集装箱、杂货运输为主，拟结合城市发展需要逐步调整为邮轮、游艇、帆船等旅游客运功能；东港区以煤炭、油品运输为主；山海关港区主要满足液化天然气（LNG）运输和服务临港产业发展；秦西大蒲河港点主要服务旅游客运。秦皇岛口岸现有生产泊位83个，其中开放泊位72个。

秦皇岛港现有库场面积130多万平方米，拥有专业化的港口设施、高效的装卸机械、先进的生产工艺，可承运各类件散杂货。集装箱码头拥有5万吨级专用泊位3个，可接卸第六代集装箱船，码头堆场宽敞，年设计通过能力达65万标箱。2条总长2 000米的铁路装卸线，可直达码头和场站，货运成本低廉，具备危险品货物作业资质。国际海上直达航线2条，分别是日本关东集装箱航线、韩国仁川客货混装班轮航线；国内海上航线6条，有外贸公共内支线中转到达世界主要港口，内贸航线覆盖全国主要沿海港口。口岸集疏港条件优越，各港区均可与京沈高速路，102、205国道及秦承公路相接。秦山、京山、京秦、京沈、大秦铁路集疏港货物可直达港内堆场、仓库、码头泊位船前，最大限度地减少物流环节，降低物流成本。经济腹地包括东北、华北和西北各省、自治区。秦皇岛港拥有全国第一家煤炭现货交易市场，形成了集煤炭现货交易服务、信息服务、物流服务及金融服务于一体的市场体系，交易市场发布的环渤海动力煤价格指数已成为全国唯一的、涵盖国内外的煤炭价格指数，煤炭枢纽港的地位得到了巩固。

2020年，秦皇岛口岸货物吞吐量累计完成2.03亿吨，同比下降7.9%。其中，煤炭完成1.75亿吨，同比下降9.7%；原油完成199.52万吨，同比下降3.3%；杂货完成2 679.77万吨，同比增长5.2%。外贸进出口完成561.14万吨，同比增长6.9%。集装箱完成62.2万标箱，同比增长0.7%，其中外贸集装箱完成6.47万标箱，同比增长13.6%。实现出入境人员1.97万人次，同比下降60.2%；实现出入境交通工具882艘次，同比下降13%。秦仁航线完成集装箱2.94万标箱，同比减少4.9%，受疫情影响，客运停航。

【唐山水运（海港）口岸】 唐山港是我国沿海地区性重要港口，是我国能源、原材料等大宗物资专业化运输体系的重要组成部分，是华北及京津冀地区重要综合运输枢纽，下辖京唐港区、曹妃甸港区。唐山港口岸是国家对外开放口岸，京唐港区、曹妃甸港区分别于1992年和2009年批准对外开放。目前，唐山港已建成矿石、煤炭、杂货、LNG、原油等各类生产性泊位143个，其中对外开放泊位73个。目前，唐山市有唐山海关、京唐港海关、曹妃甸海关、唐山出入境边检站、曹妃甸出入境边检站、唐山海事局、曹妃甸海事局7家正处级驻唐口岸查验单位，共同担负唐山口岸的监管监护任务。唐山港与70余个国家和地区的190余个港口有直接经贸往来，开通集装箱班轮航线41条，在保持京唐—釜山、曹妃甸—日本等6条外贸集装箱航线稳定运行基础上，新开通京唐—如皋、钦州、上海内贸集装箱航线3条，覆盖国内及日韩各港口，通达欧美等主要港口。开拓腹地空间，在新疆、内蒙古、山西等地建成唐山港内陆港40个，基本形成覆盖“三北”地区东西互动、海陆统筹的运输网络。

2020年全力克服疫情影响，唐山港吞吐量实现强劲发展、逆势上扬，货物吞吐量全年完成7.02亿吨，同比增长7%，跃居世界沿海港口第2位；集装箱吞吐量全年完成312万标箱，稳居全省首位，同比增长5.8%。全年水路运输完成货运量2 621万吨，同比增长4.67%；水路运输货运周转量384.2亿吨千米，同比增长10.08%。2020年11月，唐山市获批二手车出口业务，口岸功能进一步优化完善。全年全港进口车辆200辆、粮食94万吨、木材70万方、活畜2.5万头、肉类5 000余吨、水果1 000余吨。

【黄骅水运（海港）口岸】 黄骅港口岸是国家对外开放海运口岸，位于沧州市以东约90千米处，东经117°48′、北纬38°17′，是河北省沿海地区性重要港口、我国北方主要的煤炭装船港、“三西”煤炭外运第二通道的重要出海口、津冀沿海港口群的重要组成部分和能源枢纽港。

2018 年《河北雄安新区规划纲要》正式将黄骅港列为雄安新区重要出海口。《黄骅港总体规划（2016—2035）》明确将黄骅港建设为现代化综合服务港、国际贸易港和“一带一路”倡议重要枢纽。

黄骅港由煤炭港区、综合港区、散货港区和河口港区 4 个港区组成，已建成万吨级以上生产性泊位 35 个，最大靠泊能力 20 万吨。截至 2020 年年底，黄骅港口岸共实现开放泊位 16 个，其中煤炭港区 3 个，为专业化煤炭泊位；综合港区 13 个，为多用途、散杂货及矿石泊位。

黄骅港口岸全年无休，主要进出口货物为矿石、煤炭、化肥、大豆等。黄骅港口岸为进境粮食指定口岸，并拥有进境屠宰牛资质。2020 年黄骅港口岸完成进口大豆 181 万吨，金额 7.7 亿美元；完成进境种牛 6 批次，共计 35 243 头，黄骅港口岸已成为全国最大进境种牛口岸。

黄骅港散货方面没有固定航线，班轮随货而走，散货内贸可到达全国各港口，外贸可到达全球各个国家和地区。集装箱内贸航线覆盖全国各沿线港口，尚未有外贸直航航线，至天津班轮航线具有外贸内支线功能，并开通了“天天班海上快线”业务。

2020 年，黄骅港口岸完成外贸货物吞吐量 6 705.1 万吨，同比增长 28.28%。按进出境分，进境 6 681.84 万吨，出境货物 23.26 万吨。按货类分：煤炭 253.35 万吨，同比增长 70.91%；矿石 6 133.27 万吨，同比增长 26.07%；其他货类（粮食、钢材、矿建材料等）318.48 万吨，同比增长 49.06%。

2020 年河北省口岸大事记

1 月 16 日

河北海事局与河北海警局签订双方工作协作配合办法，进一步强化双方搜救应急、海上执法等合作，充分发挥海事、海警各自优势，共享资源，形成合力，打击海上违法违章行为，协调处置海上突发事件。

1 月 23 日

河北海事局新冠肺炎疫情防控第一次部署会议召开，成立了新冠肺炎疫情防控工作应急处置领导小组，统一指挥全局防控工作，对海事局各单位防控工作情况进行监督检查。

1 月 30 日

河北省政府副省长夏延军到石家庄机场海关调研，检查石家庄机场海关物资快速通关和疫情防控工作。

2 月 8 日

秦皇岛海事局成立河北辖区首支机关与基层上下联动疫情防控党员联合突击队——“安航卫士”党员联合突击队。

2 月 16 日

海关总署批准设立辛集进境肉类指定监管场地，这是《海关指定监管场地管理规范》（海关总署公告 2019 年第 212 号）发布后总署批准设立的首个指定监管场地。

2 月 25 日

石家庄海关为两批疫情防控物资办理快速通关，该批疫情防控物资分别是德国捐赠给河北省红十字会的 2 240 件防护服，价值 15.27 万元；某企业捐赠给邯郸市慈善总会的 1 000 件防护服，价值 20.85 万元。海关主动服务，开启绿色通道，快速为其办理通关手续，实现疫情防控物资“零延时”通关。

3 月 3 日

河北省委副书记、省长许勤到石家庄机场调研检查口岸疫情防控工作。

3 月 6 日

唐山海事局协调京唐港海关、唐山出入境边检站和唐山港集团，共同签订河北省首个口岸新冠肺炎疫情联防联控协作机制。

3 月 18 日

河北省委副书记赵一德，副省长徐建培、夏延军到石家庄机场海关调研，石家庄海关关长闫伟东参加。

3 月 20 日

河北省副省长、省公安厅厅长刘凯率工作组

到石家庄出入境边检站调研检查疫情防控工作，并看望一线执勤民警。

3 月 24 日

河北省委副书记赵一德到石家庄机场海关旅检通道调研，详细了解疫情期间首都机场首班分流石家庄正定国际机场国际航班旅检现场情况。

3 月 31 日

河北省委副书记赵一德在石家庄出入境边检站调研指导分流国际航班边防检查勤务工作。

石家庄海关联合北京海关、天津海关签署《支持河北雄安新区全面深化改革和扩大开放合作备忘录》并入选雄安新区设立三周年大事件。

4 月 8 日

河北港口集团与天津港集团签署《世界一流津冀港口全面战略合作框架协议》。

5 月 7 日

利用远程预审、视频认证、容缺办理等服务举措，河北海事局首次完成国际航线变更国内航线的船舶变更登记业务。

6 月 3 日

河北海事局辖区首次对外国籍非军用船舶（“安图尔”轮）未经中国海事管理机构批准进入中国内水和港口的违法行为进行处罚。

6 月 9 日

“穿越中国海”航行目的地迎接仪式在西港开埠地帆船游艇港举行。“凯瑟琳公主”号帆船 5 月 22 日从三亚出发，历时 19 天，穿越 2 000 多海里中国海，途经深圳、汕头、厦门、舟山、青岛，最终在秦皇岛西港帆船游艇港登岸。

7 月 7 日

交通运输部副部长刘小明、河北省副省长刘凯、交通运输部海事局局长曹德胜一行到秦皇岛调研 2020 年旅游旺季交通运输保障工作。

7 月 30 日

河北海事局主导起草的《河北省人民代表大会常务委员会关于加强船舶大气污染防治的若干规定》由河北省人民代表大会常务委员会表决通过。该规定于 2020 年 10 月 1 日起正式实施，是我国首部船舶大气污染防治的省级地方法规。

7 月 31 日

曹妃甸海事局获全国交通运输系统先进集体称号。

8 月 4 日

曹妃甸海事局推出的“大数据+”船舶交通智能服务系统及海事静态业务“两集两同”办理新模式列入河北自贸试验区首批“贸易便利化”领域创新案例。

8 月 13 日

石家庄海关筑牢口岸防线检疫北京分流国际航班入境人员破万。截至 8 月 13 日，共保障分流航班和临时航班 52 架，检疫入境人员 10 523 人，经检疫排查发现有症状者 609 人，采样 10 421 人次。

8 月 21 日

河北省口岸办批准在唐山港开展河北“单一窗口”与港航企业互联互通试点。

9 月 9 日

神华“811 轮”在秦港 706#泊位成功接受岸基供电近 20 小时，成为秦皇岛港实现高压岸电全程连船送电的首艘船舶，也标志着秦皇岛港绿色港口建设实现再升级。

9 月 14 日

国家口岸管理办公室副主任党英杰出席第七届中国国际物流发展大会，并在开幕式峰会进行主题演讲。会议期间，党英杰副主任对唐山港水运口岸进行调研，实地走访调研了口岸一线，与相关单位、企业进行座谈交流，对唐山市口岸工作给予了充分肯定。

9 月 25 日

河北海域首次船载危险化学品污染事故应急演习在沧州黄骅港举行。同日，“河北省海上船舶污染事故应急管理工作”新闻发布会在沧州黄骅港召开。

9 月 28 日

唐山港京唐港区两个集装箱泊位对外开放顺利通过省级验收。

10 月 16 日

秦皇岛海事局、沧州海事局指挥中心获河北

省抗击新冠肺炎疫情先进集体称号，沧州海事局指挥中心获河北省先进基层党组织称号。

秦皇岛海事局获河北省抗击新冠肺炎疫情先进集体荣誉称号。

10 月 20 日

海关总署署长倪岳峰在石家庄海关调研，考察曹妃甸规划展厅，到首钢京唐钢铁联合有限公司调研企业转型升级和“走出去”情况。

10 月 27 日

河北省海上搜救中心和海上船舶污染事故应急指挥部联合召开 2020 年度河北省海上应急处置成员单位联络员会议。

10 月 27 日~29 日

海关总署总工程师韩森在石家庄海关、黄骅港海关、沧州海关调研。

10 月

沧州海事局指挥中心荣获河北省抗击新冠肺炎疫情先进集体和先进基层党组织称号。

11 月 1 日

中国（黄骅港）—印度（冈加哈帕纳姆港）化肥外贸航线开通仪式在沧州矿石公司举行，首批 5.25 万吨化肥由沧州矿石公司码头运往印度冈加哈帕纳姆港，开创了中国尿素由沧州黄骅港出口的先河。

11 月 20 日

秦皇岛海关荣获第六届全国文明单位荣誉称号。秦皇岛海关被河北省委、省政府评为河北省抗击新冠肺炎疫情先进集体。

11 月 24 日

秦港股份二分公司李伏玉被授予“全国劳动模范”称号。

11 月

河北海事局检验检测中心建成海事系统首家船舶生活污水检测实验室。

12 月 1 日

唐山海事局自主研发的海事系统首个“船舶进出港报告自动核查系统”正式上线运行。

12 月 4 日

河北省首个由地方政府发布的规范船舶污染物管理的规定《沧州船舶污染物监督管理规定》印发，于 2021 年 1 月 1 日起施行。

12 月 8 日

2020 年河北省海上搜救中心暨河北省海上船舶污染事故应急指挥部工作会议在石家庄召开，省政府党组成员丁绣峰出席会议并讲话。

12 月 16 日

河北海事局牵头制订的《关于加强水上搜救工作的实施方案》经河北省人民政府同意印发实施，有力推动河北省水上搜救工作高质量发展。

12 月 17 日

2020 年度河北省口岸工作会议在石家庄召开，各市口岸管理部门总结了 2020 年度口岸工作，研究讨论了 2021 年工作要点，各驻冀查验单位围绕共建“平安口岸、效能口岸、集约口岸、智慧口岸、法治口岸”建言献策。

12 月 30 日

山船重工 0#等 13 个泊位、船坞正式对外开放，顺利通过省级验收。

（撰稿人：吴迪、段龙飞、冯志博、陈鹤、邢志刚、张培）

2020 年河北省口岸流量统计表

口岸类型		口岸名称	货运量（万吨）				集装箱量（万标箱）				人员（万人次）				交通工具（辆、艘、架、列次）			
			出口	进口	合计	同比（%）	出口	进口	合计	同比（%）	出境	入境	合计	同比（%）	出境	入境	合计	同比（%）
空运口岸		石家庄	2. 10	0. 01	2. 11	10 658. 70					1. 47	3. 00	4. 47	-88. 80	958	955	1 913	-46. 10
空运口岸		分计	2. 10	0. 01	2. 11	10 658. 70					1. 47	3. 00	4. 47	-88. 80	958	955	1 913	-46. 10
水运口岸	海港口岸	秦皇岛港	111. 23	449. 91	561. 14	6. 90	3. 05	3. 42	6. 47	13. 60	1. 06	0. 91	1. 97	-60. 20	470	412	882	-13. 00
水运口岸	海港口岸	唐山港	29 161. 00	427. 00	29 588. 00	6. 68	3. 61	5. 39	9. 00	43. 50	4. 18	5. 11	9. 29	4. 76	2 780	2 781	5 561	1. 40
水运口岸	海港口岸	黄骅港	23. 26	6 681. 84	6 705. 10	28. 28	0. 00	0. 00	0. 00	0. 00	1. 06	1. 44	2. 50	39. 80	709	735	1 444	47. 00
水运口岸	海港口岸	分计	29 295. 49	7 558. 75	36 854. 24	10. 00	6. 66	8. 81	15. 47	29. 30	6. 30	7. 46	-1. 78	-15. 64	3 959	3 928	7 887	28. 43
水运口岸	河港口岸																	
水运口岸	河港口岸	分计																
合计			29 297. 59	7 558. 76	36 856. 35	10. 06	6. 66	8. 81	15. 47	29. 30	7. 77	10. 46	18. 23	-63. 04	4917	4 883	9 800	21. 74
同比（%）																		

（河北省口岸办提供）

2020 年河北省口岸出入境主要数据表

<table>
<tr><th colspan="3">项　目</th><th>2020 年</th><th>2019 年</th><th>同比（%）</th></tr>
<tr><td rowspan="14">出入境人员
（人次）</td><td colspan="2">出入境人员总数</td><td>195 345</td><td>494 200</td><td>-60.47</td></tr>
<tr><td colspan="2">入境人员</td><td>112 264</td><td>249 980</td><td>-55.09</td></tr>
<tr><td colspan="2">出境人员</td><td>83 081</td><td>244 220</td><td>-65.98</td></tr>
<tr><td colspan="2">出入境旅客</td><td>39 237</td><td>352 895</td><td>-88.88</td></tr>
<tr><td colspan="2">出入境员工</td><td>156 108</td><td>141 305</td><td>10.48</td></tr>
<tr><td rowspan="5">中国公民</td><td>小计</td><td>93 632</td><td>363 715</td><td>-74.26</td></tr>
<tr><td>内地居民（因公）</td><td>55 472</td><td>46 609</td><td>19.02</td></tr>
<tr><td>内地居民（因私）</td><td>37 534</td><td>305 956</td><td>-87.73</td></tr>
<tr><td>港澳居民</td><td>61</td><td>182</td><td>-66.48</td></tr>
<tr><td>台湾同胞</td><td>565</td><td>10 968</td><td>-94.85</td></tr>
<tr><td colspan="2">外籍人员</td><td>101 713</td><td>130 485</td><td>-22.05</td></tr>
<tr><td colspan="2">从海港出入境人数</td><td>136 319</td><td>137 170</td><td>-0.62</td></tr>
<tr><td colspan="2">从陆港出入境人数</td><td>0</td><td>0</td><td>0.00</td></tr>
<tr><td colspan="2">从空港出入境人数</td><td>59 026</td><td>357 030</td><td>-83.47</td></tr>
<tr><td rowspan="5">交通运输工具
（辆、艘、架、列次）</td><td colspan="2">总计</td><td>8 353</td><td>7 866</td><td>6.19</td></tr>
<tr><td colspan="2">船舶</td><td>6 436</td><td>5 788</td><td>11.20</td></tr>
<tr><td colspan="2">飞机</td><td>1 917</td><td>2 078</td><td>-7.75</td></tr>
<tr><td colspan="2">火车</td><td>0</td><td>0</td><td>0.00</td></tr>
<tr><td colspan="2">机动车辆</td><td>0</td><td>0</td><td>0.00</td></tr>
</table>

（河北出入境边检总站提供）

2020 年石家庄海关主要数据统计表

项　目		2020 年	2019 年	同比（%）
进出口货运量（万吨）	合计	35 305.00	32 404.64	8.95
	进口	34 546.34	31 587.94	9.37
	出口	758.66	816.70	-7.11
进出口贸易总值（万美元）	合计	6 437 624.23	5 804 328.22	10.91
	进口	2 792 903.55	2 366 234.53	18.03
	其中：江、海运输	2 606 655.93	2 156 784.95	20.86
	铁路运输	7 302.37	8 027.21	-9.03
	汽车运输	28 998.35	19 305.17	50.21
	航空运输	149 762.84	182 077.46	-17.75
	邮件运输	37.62	31.02	21.29
	其他运输	146.44	8.36	1 651.71
	出口	3 644 720.68	3 438 093.68	6.01
	其中：江、海运输	3 088 415.97	2 888 354.39	6.93
	铁路运输	84 347.59	66 516.84	26.81
	汽车运输	133 024.17	178 702.20	-25.56
	航空运输	313 237.90	299 817.69	4.48
	邮件运输	1 470.24	2 326.34	-36.80
	其他运输	24 224.81	2 376.22	919.47
税收（亿元）	两税合计	361.24	371.37	-2.73
	关税入库	12.64	13.13	-3.73
	进口环节税入库	348.60	358.24	-2.69

表注：2019 年相关数据为修订后数据。

（石家庄海关提供）

2020 年河北海事局进出港船舶统计汇总表

船舶类别	进港船舶							出港船舶						
	艘数（艘）	总吨（吨位）	总载重量（吨）	载客量（客位）	船员人数（人次）	货物到达量（吨）	旅客到达量（人）	艘数（艘）	总吨（吨位）	总载重量（吨）	载客量（客位）	船员人数（人次）	货物发送量（吨）	旅客发送量（人）
总　计	116 865	837 463 711	1 372 598 558	461 178	1 795 080	406 601 967. 98	146 897	116 358	828 156 266	1 358 675 101	459 261	1 789 011	783 851 314. 86	150 514
中国籍船舶	112 922	594 317 804	927 715 643	441 250	1 712 356	55 220 846. 19	146 897	112 393	583 369 316	909 942 686	438 581	1 705 741	763 803 386. 35	150 514
其中外贸船	268	8 872 567	15 320 380	7 520	5 926	10 365 372. 17	0	139	4 081 069	6 847 207	7 520	3 111	597 607. 05	0

（河北海事局提供）

山 西 省

序号	类型	口岸名称	批准开放时间	开放状态
1	空运口岸（3个）	太原空运口岸	1993	国际常年
2		大同空运口岸	2019.11	国际常年
3		运城空运口岸	2020.1	国际常年

口岸数量及分布

截至2020年年底，山西省共有经国务院批准的对外开放口岸3个，分别为太原空运口岸（太原武宿国际机场）、大同空运口岸（大同云冈机场）和运城空运口岸（运城张孝机场）。

口岸运行数据

2020年，山西空运口岸出入境人员43 280人次，出入境飞机401架次。其中，太原空运口岸出入境人员37 597人次，出入境飞机361架次；运城空运口岸进出境人员2 887人次，进出境飞机18架次。忻州空运口岸进出境人员2 796人次，进出境飞机22架次。

2020年，太原海关共监管进出境邮递物品2 575 384件（包裹类1 618 521件、印刷品21 393件、信函类935 160件、音像制品类310件）。查获进出境违禁印刷品、内存卡510件。查获含肉及其制品邮包23件，种子2件，植物制品4件，动物制品4件。查获涉及出口侵权物品600批。

2020年，太原海关共受理申报进出口中欧班列182列，同比增长80.2%；10 157箱次，同比增长74.8%；进出口货值约46.4亿元，同比增长142.7%。

口岸综合管理

【国务院批复同意运城机场对外开放】 2020年1月，国务院批复同意运城机场对外开放，这是山西省继太原、大同航空口岸正式对外开放后又一新开口岸。目前，山西省共有3个对外开放口岸，初步形成了“南北一线”的航空口岸开放格局，对外开放再上新台阶。

【全力阻止疫情在口岸传播】 山西省口岸办发挥牵头抓总作用，出台了进一步加强航空口岸应对新冠肺炎疫情有关工作的通知，果断采取开辟防疫物资绿色通道、协调增配发热排查工作间等一系列措施，防止疫情在进出境通道蔓延，取得显著成效。

【充分保障口岸防疫物资】 山西省口岸办先后协调为驻太原机场的东航山西分公司和山西边检总站发放口罩共计5 000个，消毒水400公斤，解决了太原航空口岸防疫物资缺乏问题。多次协调东航公司调用客机，紧急从深圳、上海运回3.5万件医疗物资，有效缓解防疫物资缺乏的问题。

【加强口岸安全联防联控制度建设】 山西省口岸办会同太原海关，共同开展太原航空口岸应对突发公共卫生事件应急处置演练。承担首都机场分流国际航班42架次（公务包机6架次），保障8 642名驻外人员顺利入境，91名新冠肺炎患者得到有效救治。指导各市制订应急预案，确保大同、运城、五台山航空口岸同步做好航班备降准备工作，为筑牢“外防输入”第一道防线，稳步推进复工复产发挥了重要作用。

【高起点谋划“十四五”口岸发展规划】 根据山西省领导重要批示精神，山西省口岸办在认真研究并充分吸纳有关单位意见的基础上，将五台山、长治、吕梁、临汾机场和太原铁路口岸作为“十四五”山西省重点支持的口岸开放项目，写入报送国家口岸发展“十四五”规划项目有关情况内，得到省领导的认可和省口岸工作领导组成员一致认同，并报送国家口岸管理办公室。

【多举措优化口岸营商环境，促进跨境贸易便利化】 根据《山西省优化营商环境条例》和国家口岸管理办公室关于复制推广借鉴优化口岸营商环境促进跨境贸易便利化改革举措的通知要求，提出“推进提前申报，优化两步申报”“实施通关无纸化作业”等8条举措，进一步提升服务企业水平，增强企业获得感。

【大幅降低进出口环节合规成本】 坚决落实口岸减税降费措施，继续推行口岸“阳光价格”改革，将太原空运口岸进出口收费目录清单在“单一窗口”平台公示。太原空运口岸国际货物仓储费下调 60%，货物保管费下降 75%。

【创新推广国际贸易“单一窗口”工作】 中国（山西）国际贸易单一窗口金融保险、出口退税、出口退（免）税备案等新上线业务运行情况良好。通过“单一窗口”申报各类单证累计 36 万余票，主要业务覆盖率（货物申报、空运舱单、运输工具）持续保持 100%，其他业务应用率持续提升。积极对接国家口岸管理办公室数据中心和太原海关，解决企业在“单一窗口”办理业务的各类问题，受到企业好评。

【组织召开太原航空口岸高水平开放和大同运城航空口岸正式开放验收工作推进会】 5 月 9 日，山西省商务厅组织召开太原航空口岸高水平开放和大同运城航空口岸正式开放验收工作推进会。会上，各参会部门就如何实现山西航空口岸高质量发展进行了认真研讨，并结合业务工作对《太原航空口岸高水平开放推进工作方案》《大同运城航空口岸正式开放工作方案》和申报国家口岸发展“十四五”规划项目提出了意见建议。

【山西省副省长卢东亮主持召开山西省口岸工作领导组会议】 6 月 5 日，山西省口岸工作领导组工作会议在太原召开，会议由山西省政府办公厅副主任张红良主持，副省长、领导组组长卢东亮出席会议并讲话。会议肯定了近年来全省口岸工作取得的新成绩，同时分析了存在的问题和差距。

【山西省委书记楼阳生调研太原国际机场三期改扩建工程】 7 月 16 日，山西省委书记楼阳生在山西航产集团主持召开座谈会，研究太原武宿国际机场三期改扩建工程航站区规划及航站楼入围设计方案。太原武宿国际机场三期改扩建工程，是山西省加快构建现代综合交通运输体系、全面提升太原国家区域中心城市地位的重点工程。建设内容主要包括新增 1 条平行跑道、新建 40 万平方米第三航站楼及相应配套设施。山西省委书记楼阳生先后 3 次到山西航产集团就工程推进专题调研、现场办公。太原武宿国际机场三期改扩建工程完成后，将满足 2035 年旅客吞吐量 4 000 万人次、货邮吞吐量 20 万吨的需求，大大提升太原航空口岸承载能力和服务保障能力。

【山西省口岸办公室参加内陆地区“十四五”口岸发展专题座谈会】 8 月 6 日，国家口岸管理办公室在成都举办内陆地区“十四五”口岸发展专题座谈会，国家口岸管理办公室副主任王可主持会议并讲话。中央编办、海关总署、国家移民管理局等部委及山西、陕西、四川等口岸部门负责人参会。

会上，山西省汇报了“十三五”以来口岸工作取得的新成绩，特别是在促进口岸开放、国际贸易“单一窗口”推广应用、提升通关便利化、优化口岸营商环境等方面所做的具体工作，以及下一步工作计划和努力方向，并再次将山西“十四五”口岸开放诉求进行了汇报，努力争取国家支持，将更多口岸列入“十四五”口岸发展规划。国家口岸管理办公室和国家相关部委与会人员，对编制国家“十四五”口岸发展规划相关问题进行了说明，就各省口岸部门提出的意见建议进行了梳理解答，特别是聚焦“口岸综合绩效管理体系”，建设“平安”“效能”“智慧”“法治”口岸征求了意见，对下一步做好口岸工作作出安排部署。

【忻州海关正式开关】 10 月 16 日，忻州海关正式开关运行。至此，山西共有太原机场海关、晋阳海关、武宿海关、大同海关、临汾海关、运城海关、晋城海关、长治海关、阳泉海关、朔州海关、忻州海关 11 个开关运行的隶属海关，是山西省进一步提高对外开放水平的重要引擎。

口岸监管与服务

【山西出入境边检总站慎终如始战疫情】 根据国家移民管理局党组和省委省政府系列部署要求，构建“1+4”扁平化战疫指挥体系，加强数据研判应用、轮勤模式创新，与山西省联防联控部门建立完善闭环管控链条，动态调整疫情防控策略，累计推送涉疫数据 3.5 万余条，查验分流临时航班40余架次、8 000余人次，排查疑似和发热旅客600余人，确诊病例86人，守住了“零输入、零传播、零感染”目标。其间，研究制订了分流国际航班入境检查工作方案、应对旅客大量涌入执勤现场工作预案和关于进一步强化疫情防控措施做好秋冬季外防输入工作的通知等，不断调整优化勤务办理流程，勤务时间由最初的10小时缩短至3小时左右，现场投入警力由20余名降至13名；先后参加省市联防联控联席会议10余场、山西省政府专项演练及桌面推演5次、运城和五台山机场临时开放口岸演练3次，与太原海关、太原机场海关建立了两级防控工作机制，与山西省外事办、卫健委和省航产集团等部门建立了紧密的沟通联络渠道，合力构建了分工负责、通力配合、步调一致的工作闭环，确保了外防输入措施无缝衔接。

【山西出入境边检总站协调联动强管控】 坚持总体国家安全观，动态掌握国际局势、口岸形势变化，积极探索勤务管理机制创新，与相关单位签订处置可疑人员协作机制，加入工作部门间协调小组，深化“三非”外国人专项治理、可疑人员处置、打击跨境违法犯罪执法合作，加强数据分析研判、成果转化，构建信息化预警、大联动管防和全要素查缉“三个体系”。其间，先后出台了进一步规范勤务工作系列办法，逐步建立了系统规范的勤务组织体系，研究制订了做好敏感节点口岸安保维稳工作系列方案，及时开展动员部署、细化工作流程、落实管控要求，完成了各项安保维稳任务；同时，坚持多措并举狠抓勤务保障机制建设，全面提升查布控工作水平，明确规范指挥中心职责，理顺现场勤务事件处置流程，提升了指挥流转效率；修订完善应急出入预案，经常性组织应急处突演练，不断提升执勤民警的反应力和处置力，做好万全准备，确保及时快速稳妥处置口岸突发事件。

【山西出入境边检总站着眼大局促发展】 坚持山西口岸开放到哪里，边检服务保障就跟进到哪里，主动融入“四为四高两同步”发展战略，积极围绕“一干八支”航空产业转型建言献策，以边检一域全力支持山西转型全局；深度推进标兵单位、标兵岗位、标兵个人“三个标兵”创建，树牢巾帼建功岗、青年文明岗、党员先锋岗“三面旗帜”，打造“立体化、零等待、有温度”通关新体验，出入境旅客获得感、幸福感、满意度不断增强。其间，按照国家移民管理局部署要求，在太原、运城、五台山机场口岸组织开展了“温暖国门 迎您回家”主题活动，在口岸现场开展宣讲《中华人民共和国国家安全法》《中华人民共和国反恐怖主义法》的全民安全教育日普法宣传活动，在《中华人民共和国出入境管理法》施行7年之际组织开展了“知法守法畅行国门”系列普法宣传活动，相关情况被山西科教频道、山西法制报专题报道，相关信息被学习强国、今日头条等27家媒体采用。

【太原海关提升服务水平，助力山西蹚出高质量发展新路】 一是服务扩大开放平台建设。积极对接山西申建自贸区工作，支持太原、大同两市开展跨境电商业务，指导大同、运城机场按照正式开放标准开展整改，指导大同国际陆港保税物流中心、中鼎物流公用型保税仓库顺利通过验收。服务“南果中粮北肉”出口平台和“东药材西干果”商贸平台建设，打造“晋”字品牌，多种特色食品、农产品实现了出口“零”的突破。支持国际邮件互换局（交换站）扩容升级项目。加强宏观政策和外贸政策研究，向山西省委省政府报送统计分析报告，提供决策参考。在山西省目标责任年度考核中被评为2019年“促进山西经济社会发展突出贡献单位”。二是助力进出口企业复工复产。积极应对疫情影响，加大政策帮扶力度，全力支持企业恢复生产经营、走出困境。出台应对疫情影响促进外贸稳增长20条措施，积极协助省市政府应对外贸发展下行压力，山西省进出口形势自11月起实现正增长，全年达到1 505.8亿元，同比增长4%，创历史新高。出台支持综合保税区发展12条措施，助力武宿综保区二期整改验收获批，区内全年进出口总值92.89亿元，同比增长152倍。出台支持中欧班列发展16条措施，支持中鼎物流园申建整车进口口岸。三是提升贸易便利化水平。开展了重点国家和地区、重点领域以及出口优势行业的专项技贸研究。与忻州市政府建立合作协调机制，共同推进中国 WTO/TBT-SPS 国家通报咨询中心山西法兰锻造研究评议基地发挥作用，建设综合信息平台，发布各类信息 160 余条。选取山西省 94 家出口样本企业开展技贸措施影响调查。落实防疫物资免税进口政策，办理免退税 40 笔，共 160 万元。为企业减免税款 1.26 亿元，减免滞纳金 32.02 万元。推广多元化担保降低企业成本，关区备案关税保证保险担保额度达到 6 亿元。

【太原海关坚持创新驱动，推进各项改革事业】 一是做好机构改革“后半篇”文章。健全完善太原海关和各隶属海关党委工作制度，进一步明确职责和管理权限。隶属忻州海关于 10 月 16 日正式开关，至此，太原海关所属 11 个隶属海关全部挂牌运行。推进事业单位优化整合等重点工作，制订了事业单位优化整合工作方案。二是深入推进海关业务改革。用改革思维谋划和推动工作，持续推进全国海关通关一体化改革。落实《海关全面深化业务改革 2020 框架方案》，“两步申报”适用范围已覆盖全省进出口企业，平均整体通关时长仅为普通模式的四分之一；以“两轮驱动”为核心的风险统一防控机制初步建立；“两段准入”改革目前运行顺畅；“两类通关”模式逐步形成；“两区优化”改革取得新成效。扎实推进进出境邮递物品监管改革，指导完成自动分拣线的改造和进口平小包的上线工作。国际贸易“单一窗口”主要业务应用率继续保持 100%，通关无纸化、汇总征税、验估模式等改革覆盖面逐步扩大。三是深化“放管服”改革。持续用力巩固压缩整体通关时间成效，2020 年关区进出口货物整体通关时间分别为 37.46 小时、2.3 小时，已实现“2021 年年底，进口整体通关时间相比 2017 年压缩一半，减至 48 小时；出口整体通关时间压缩一半，减至 6.15 小时”的目标。推进行政审批制度改革，落实海关行政审批事项“一网通办”，2020 年共办结行政审批 437 批，网上办理率 99.3%。

【太原海关维护国门安全，履行依法把关职责】 一是实际监管严密有效。面对疫情影响，能够始终坚持严密监管、审慎监管，确保实际监管到位。坚持依法征管，确保应收尽收，坚决不征“过头税”。2020 年征收税款 27.35 亿元，同比下降 2.88%。足额追缴了山西某公司 2016 年欠缴的 5 021 万元滞纳金。监管进出口货运量 985.23 万吨，同比下降 28.1%，货值 34.8 亿美元，同比增长 2.4%。二是强化科技支撑能力。制定实施了《全面推进科技兴关的实施意见》，充分发挥科学技术委员会和网信工作领导小组作用，不断加强科技人才队伍能力建设，统筹科技资源，有效提高科技创新能力和供给能力。牵头制定了 2 项新冠肺炎相关地方标准。积极开展实验室扩项评审，取得了防疫物资领域中国合格评定国家认可委员会（CNAS）能力验证合格证书，2020 年认可范围达 6 762 个检测项目。增配了核酸提取仪、螺旋 CT 机等仪器设备，保健中心日核酸检测能力已由 90 人份提升到 400 人份。三是筑牢口岸检疫防线。持续巩固卫生检疫“境外、口岸、境内”三道防线。组织开展了进口食品“国门守护”行动，出口食品生产企业备案核准实施“审批改为备案”。开展口岸应急处置、传染病防控应急演练，规范临开及新增航空口岸卫生监督工作，加强对入境监测体检、预防接种工作的监督管理。保障国门生物安全，落实口岸检疫查验措施，不断提升动植物检疫工作水平。2020 年截获禁止进境物 227 批，检出不合格货物 39 批。优化商品质量安全监管，推进大宗资源性商品检验监管模式改革，严格落实危化品 100% 检验要求，加强进出口消费品检验监管。四是保持打击走私高压态势。2020 年，太原海关缉私部门坚决贯彻落实习近平总书记重要指示批示精神和党中央关于新冠肺炎疫情防控、海关缉私部门管理体制调整、打击走私工作各项决策部署，紧紧围绕全年打击走私工作安排，深入开展“国门利剑 2020”“蓝天 2020”专项行动，全年立案侦办走私犯罪案件 11 起，案值 1 714.86 万元，涉嫌偷逃税款661.16万元，结案16起；立案调查行政违规案件89起，案值3 214.73万元，涉嫌偷逃税款61.9万元，结案116起。

开放口岸

【太原空运口岸（太原武宿国际机场）】 太原武宿国际机场位于太原市真方位156度，距市区13.2千米。太原空运口岸于2004年经国务院批复同意扩大对外国籍飞机开放，并于2005年1月通过国家正式验收。2007年11月太原武宿机场更名为太原武宿国际机场，为国内省会级干线机场，是北京首都国际机场的备降机场。太原武宿国际机场场区占地面积为588.7万平方米，飞行区等级指标为4E级，跑道长3 600米，宽度75米，站坪34万平方米，机位43个，可起降B747机型，同时满足F类A380备降需要。T2航站楼于2008年7月投入使用，面积为5.5万平方米，其中国际厅面积1.8万平方米。T1航站楼面积为2.6万平方米，并于2014年1月1日启用。

【大同空运口岸（大同云冈机场）】 大同云冈机场位于山西省大同市东，距离市中心约17千米，总占地面积约190.07万平方米。机场2006年1月通航，2013年1月完成二期改扩建工程，2013年9月实现大同航空口岸临时开放。机场飞行区等级为民用4C，跑道长3 000米，宽60米，可起降空客A321（含）、波音737－800（含）以下机型，仪表着陆系统为Ⅰ类精密进近，并建有单向盲降系统。现有T1国际（6 328.2平方米）和T2国内（10 854平方米）两座航站楼，总面积17 182.2平方米；停机坪面积40 550平方米，可同时停放7架（6C、1B）飞机；停车场面积为10 400平方米；可满足年旅客吞吐量90万人次、高峰小时518人次、货邮吞吐量4 700吨的航空需求。

作为大同市的空中门户，大同云冈机场不断完善航线网络结构，国内航线基本覆盖了东北、华北、华东、中南、西南、西北等国内大区主要枢纽城市，实现了直飞国内主要枢纽城市，并通过枢纽城市中转国内外的航线网络布局。此外，机场每年还根据市场需求不定期开通多条国际航线，通达性和辐射效应持续提升。合作航空公司达13家，通航城市30多个，已成为大同市乃至周边地区经济社会发展及对外开放的重要平台。

2019年11月8日，国务院批复大同云冈机场航空口岸正式开放。

【运城空运口岸（运城张孝机场）】 运城张孝机场2005年2月建成通航，位于山西省运城经济技术开发区舜帝街1号，距运城市中心城区11.5千米，为4D级国内支线机场。现有跑道长3 000米、宽60米，可起降B767－300以下系列机型，机坪面积6万多平方米，可同时停放10架飞机。

2018年，为满足航空口岸正式开放的需要和迅猛增长的吞吐量发展需求，运城市围绕打造“区域性中心国际机场”战略目标，开始实施机场改扩建工程，工程总投资32.84亿元，其中，航站区扩建工程投资6.94亿元，2020年年底竣工；飞行区扩建投资25.90亿元，新建一条长3 200米、宽60米的跑道，现有跑道改为平滑，已完成立项、初步设计手续批复，计划2021年4月开工建设，2022年年底建设完成。扩建完成后，航站楼面积达到5.5万平方米（国际部分1.5万平方米），可满足年旅客吞吐量600万人次需求；飞行区等级将由4D升级为4E级，登机廊桥13个，机坪9万多平方米，可同时停放30架飞机。机场运营以来，始终秉持“安全第一、优质服务”的企业宗旨，大力引进国航、东航、南航、深航、厦航等8家航空公司，开通30余条国内（国际、地区）航线，业务量保持年均增长20%以上，通达泰国、越南，以及中国香港、北京、上海、广州、深圳、成都等38个国际（国内、地区）城市。

2017年4月12日，运城航空口岸临时开放，相继开通了香港、曼谷、芭提雅、芽庄等城市航班。2020年1月14日，国务院批准运城张孝机场对外开放，同时增设运城出入境边检站，为运城乃至晋陕豫“黄河金三角”地区1 700余万人口走出国门打开了空中通道。2019年旅客吞吐量248.46万人次，在全国238个民用运输机场排名第65位，已发展成为山西及中原经济区第二大航空港。

【忻州空运口岸（临时开放）】 忻州五台山机场位于忻州市定襄县宏道镇无畏庄村，距离五台山景区71千米，距离忻州市区38千米。机场飞行等级为4C，跑道长2 600米、宽45米，建设有5个停机位，航站楼面积13 340平方米，可保障B737-800（含）、空客A320（含）以下机型。2015年12月25日五台山机场实现正式通航，成为山西省内通航的第六个民用运输机场。

2018年10月31日，五台山机场获批首次临时开放，2019年7月2日实现五台山—曼谷国际航线首飞。至2020年年底，五台山机场已获3次临时开放。

海关特殊监管区域

【太原武宿综合保税区】 2013年12月正式封关运营的山西综改示范区武宿综合保税区（简称武宿综保区）是山西省首个、也是目前唯一一个综合保税区。园区总规划面积2.45平方千米，注册企业334家。

2020年，武宿综保区全年实现进出口总值92.9亿元，同比增长152倍，同比增速在全国海关特殊监管区及综保区居于前三。进出口总值在全国97个综保区中排名第43位，在全国145个海关特殊监管区中排名第71位，跻身全国中上游行列，在山西省的占比由2019年的0.04%提升至6%。

武宿综保区二期于2020年9月通过验收，武宿海关出台《支持武宿综合保税区发展的细化措施》，从搭建开放平台、提升发展质量、加快复制推广、优化监管服务等方面推出一系列稳企惠企措施。为充分发挥跨境电子商务综合试验区的核心功能作用，武宿综保区加快推进进境水果和进境冰鲜水产品指定监管场地基础设施建设，于2020年11月2日通过太原海关组织的预验收，进一步提升示范区乃至全省的对外开放水平。围绕培育发展外贸新业态，武宿综保区从深圳引进高能级外贸综合服务平台和跨境电商平台，开通9610模式出口业务，加大与中鼎物流园合作，融通航空和铁路口岸、中欧班列、国际陆港等平台优势，提升要素集聚能力。

2020年，武宿综保区新增企业100余家，省属大型国有企业华远国际陆港集团、国际科创股份有限公司等企业先后入驻武宿综保区开展业务。

【山西方略保税物流中心】 山西方略保税物流中心于2008年12月经国务院授权，海关总署、财政部、国家税务总局、外汇管理局“四部委”联合批准设立，于2009年6月通过国家正式验收并封关运营。2020年，山西方略保税物流中心进出口贸易总值14 422万元，其中进口14 400万元、出口22万元。

【山西兰花保税物流中心】 山西兰花保税物流中心（B型）于2014年10月13日经海关总署、财政部、国家税务总局和国家外汇管理局四部委联合批准设立，2017年3月1日通过了国家四部委的正式验收，并于2017年9月22日正式封关运营开展业务。成立以来，依托保税物流中心的政策优势和口岸功能，紧紧抓住富士康（晋城园区）这个全市进出口的龙头和晋城大力发展煤层气燃气发电的有利时机，积极为晋城及周边的进出口企业提供优质高效的进出口保税物流仓储服务。2020年，山西兰花保税物流中心进出口贸易总值18 235万元，同比增长144.3%。

【大同国际陆港保税物流中心】 大同国际陆港位于大同市经济技术开发区，规划占地约447.13万平方米，总投资56亿元。项目依托大同经济技术开发区的产业集聚优势规划建设了十大功能区域。目前一期项目已建成4个功能区，分别是：进口肉类指定查验场、国家级杂粮检疫检测中心、电子口岸“单一窗口”、B型保税物流中心。B型保税物流中心于2019年5月20日正式获得批复。2020年9月25日，大同国际陆港保税物流中心（B型）顺利通过太原海关、财政部山西监管局、国家税务总局山西省税务局、国家外汇管理局山西省分局四部门组成的联合验收组验收。大同国际陆港保税物流中心（B 型）是山西省继方略保税物流中心、兰花保税物流中心之后第三个获批的保税物流中心。

2020 年山西省口岸大事记

1 月 14 日

国务院批复同意运城机场正式对外开放。

山西省口岸工作领导组办公室出台了进一步加强航空口岸应对新冠肺炎疫情有关工作的通知。

2 月 29 日

山西中鼎物流组织开行了中鼎物流园到波兰马拉舍维奇的中欧班列，这是中国铁路太原局集团公司、中鼎物流集团有限公司立足山西省进出口实际开辟的中欧班列新路线，进一步提升了山西中欧班列对外辐射能力及外贸服务水平。

3 月 11 日

由中国牧工商集团从法国引进的 2 000 头种猪，通过货运包机从太原航空口岸通关入境并顺利进入指定隔离检疫场，待隔离期满检疫合格后运往四川、河南等省投入生产。

5 月 9 日

山西省商务厅组织召开太原航空口岸高水平开放和大同运城航空口岸正式开放验收工作推进会。

6 月 5 日

山西省副省长卢东亮主持召开山西省口岸工作领导组会议。

7 月 16 日

山西省委书记楼阳生调研太原国际机场三期改扩建工程。

8 月 6 日

山西省口岸办参加国家口岸管理办公室内陆地区“十四五”口岸发展专题座谈会。

9 月 24 日

太原武宿国际机场首次引进顺丰航空执飞“杭州—太原”货运航线。

9 月 25 日

太原航空口岸恢复澳门航班。

10 月 16 日

忻州海关正式开关运行。

10 月 28 日

山西省口岸办参加首届湖南（岳阳）口岸经贸博览会。

11 月 19 日

山西生物制品实现首次商业化出口。

12 月 31 日

山西跨境电商零售出口首单落地。

（撰稿人：宋晓徽、宋阳、郭星妘）

2020 年山西省口岸流量统计表

口岸类型	口岸名称	货运量（万吨）				集装箱量（万标箱）				人员（万人次）				交通工具（辆、艘、架、列次）			
		出口	进口	合计	同比（%）	出口	进口	合计	同比（%）	出境	入境	合计	同比（%）	出境	入境	合计	同比（%）
空运口岸	太原									1.410 7	2.349 0	3.759 7	-89.79	161	200	361	-85.66
	大同									0.000 0	0.000 0	0.000 0	-100.00	0	0	0	-100
	运城									0.127 2	0.161 5	0.288 7	95.86	9	9	18	80
	忻州									0.140 5	0.139 1	0.279 6	-81.28	11	11	22	-78
	分计									1.678 4	2.649 6	4.328 0	-89.49	181	220	401	-85.68
合计																	
同比（%）																	

（山西省口岸办提供）

病例181人，确保了无一例境外疫情输入首都。三是不断筑牢陆地口岸外防输入管控防线。第一时间向俄蒙方致信通报国家口岸通关政策调整情况，主导建立双边联合管控机制，强化限定区域管控，落实人车“三定”措施。对俄方面，内蒙古自治区出入境边检总站党委成员3次赶赴一线指导勤务部署，前方工作组前往满洲里蹲点指挥连续驻守30余天，总站长刘同香先后致函俄方6次，边检总站与俄边检机关举行会谈会晤、互致信函16次，敦促俄方严格执行两国政府协定，坚决防止擅自将人员验放至双方口岸边境线。制订了应对处置疫情期间境外人员从中俄边境大规模涌入工作预案。对蒙方面，边检总站党委成员随内蒙古自治区工作组先后5次前往对蒙口岸一线调研督导，了解疫情发展态势和防疫措施落实情况。参与制定了中蒙边境口岸“绿色通道”人员出入境工作流程，累计完成“绿色通道”旅客通关专项勤务100次2 500余人次。全年与俄蒙方边检机关密集开展边境会谈会晤、互致信函传真500余次，促成中、俄、蒙边检机关防疫政策、疫情态势、防控手段等互通机制高效运行。四是针对性强化“秋冬季”疫情防控举措。组织召开加强口岸管控和疫情防控调度会、推进会4次，研究谋划全区口岸管控手段提升措施。前瞻性谋划陆地口岸疫情暴发情形下全区警力支援和接管口岸勤务方案，指导各站根据疫情形势调整勤务模式，实行封闭管理。部署各站开展“四个一遍”专项活动，做到问题隐患心中有数，实施挂账销号。2020年，边检总站、站级单位党委成员200余次深入口岸边境前沿检查踏查，发现整改隐患问题120余个，确保各项措施落实到“最后一厘米”。

【内蒙古出入境边检总站全力打造特殊时期更加安全顺畅的口岸通关环境】 一是打造常态疫情防控通关新模式。参加内蒙古自治区与蒙古国口岸通关工作视频协调会，在强化疫情防控和保障通关中寻求最佳契合点。推动满洲里公路货运车辆在口岸限定区域实现“甩挂”作业，二连铁路货运口岸对列车机车贴封条达到“互不登临、互认封条、全程封闭管理”的非接触查验，珠恩嘎达布其、额布都格公路口岸实施原油运输车辆“换车”交接模式，并将防疫管控措施延伸到境外蒙方油田基地，全程闭环管理。顺利完成经满洲里口岸出境俄罗斯撤侨包机、蒙古国向中国捐赠3万只羊边检任务。二是全力保障口岸通关安全顺畅。积极推动额布都格、珠恩嘎达布其口岸在疫情期间恢复货运通关，联合海关打造重点能源口岸疫情期间快速通关新模式，保持“中欧班列”常态高效运行。与对应俄、蒙边检部门就铁路货运通关工作保持紧密沟通，简化通关手续，确保“中欧班列”常态高效运行。紧跟俄蒙疫情变化，主动应变调整勤务模式，结合不同陆路口岸特点推出货运车辆“甩挂”交接、货运列车“互不登临、封条互认”、石油运输司机自助换乘等“无接触”查验模式创新，确保查验效率和防疫安全。把好口岸边境管控关，强化出入境人员实质性审查，狠抓前台查验询问，针对性开展信息比对、身份核查和重点审查，紧盯跨境赌博犯罪、枪爆毒品和疫苗走私等重大案件。三是积极服务沿边地区开发开放。积极支持自治区口岸对外开放、扩能改造、国际航线开通加密等长远建设项目，积极跟进重点跨境经济合作区、开发开放试验区、边境旅游试验区、边民互市贸易区等重点建设项目，超前谋划边检工作需求及配套措施。跟进指导乌力吉公路口岸、包头机场开放，甘其毛都、策克、珠恩嘎达布其铁路口岸选址等基础设施建设，支持二连机场临时开放，助力自治区立体化口岸开放新格局。

【呼和浩特海关稳步推进改革强关】 一是持续业务改革深化。“两步申报”通关模式申报率超16%；落实企业信用管理差别化措施，全面实施科学随机布控，“两轮驱动”实现业务现场全覆盖；以进口矿产品为切入点，推动“两段准入”改革落实落地。优化行政审批和监管服务，推动实现“一窗受理”“一网通办”，国际贸易“单一窗口”主要业务应用率保持100%。“门到门”运输直通车——TIR业务快速发展，二连浩特公路口岸全年办理TIR运输进境业务位居全国第一。二是不断优化营商环境。8 个进出口环节监管证件实现网上申报、网上办理，全程无纸化申报比例超 99.5%。水运、空运、公路、铁路舱单作业和运输工具备案、监管作业全部实现无纸化。“证照分离”改革全面推开，取消监管作业场所注册登记证书有效期并于年内完成换证；出口食品生产企业由审批改为备案，企业申请由 20 个工作日压缩到当日办结；关区报关单位注册量达到 8 348 家。关区进出口整体通关时间较 2017 年分别压缩 80%、86%。原产地证书智能审核全面推广，实现全天候不间断审核；高效批复业务现场关于进口俄罗斯木材原产地审核事宜。与 13 家属地纳税企业签订备忘录并配备关税联络员。对 76 家企业开展技术性贸易措施影响调查，制定个性化帮扶措施。三是开放平台快速发展。研究提出做好综保区当前和中长期两个阶段 14 项工作建议。推动呼和浩特市政府出台支持综保区高质量发展的工作机制和实施细则。推动建立中国（呼和浩特）跨境电子商务综合试验区联席会议制度。呼和浩特关区跨境电商保税和直购业务的软硬件系统全部开通，全年 1210 清单共 332 票，9610 清单共 31 329 票。阿拉善海关正式挂牌，乌力吉口岸获准临时开放。支持呼和浩特航空口岸、鄂尔多斯航空口岸申报水果、冰鲜水产品等进口指定监管场地。支持二连边民互市贸易区开展进口商品落地加工业务。

【呼和浩特海关监管和服务齐抓并举】 一是疫情防控坚决有力。全力筑牢口岸疫情防线，坚决确保陆路口岸“零输入”，航空口岸“零漏检”“零扩散”。首都机场分流国际航班采取“一航班一方案”工作模式。全年保障分流进境国际航班 90 架次，入境人员 1.89 万人次，检出新冠肺炎确诊病例 184 例；支持开通中蒙“绿色通道”，分类管理陆路口岸跨境货车司机、包车入境旅客、铁路货运列车司乘人员等，严格实施“手递手”闭环管理，全年检疫陆路口岸出入境人员 92.18 万人次。严格按照海关总署最新操作规范做好进口冷链食品风险监测，共计监测 2 295 个样品，消毒 1 725.15 吨货物，检测结果均为阴性。严格做好内部防控，严格执行一线防控人员全封闭管理模式，设立内部防控台账，强化办公场所和业务现场出入管理和防护、应急措施；全面强化联防联控，与内蒙古自治区指挥部及地方各联防联控成员单位建立“信息共享、联合指挥、协同研判”的现场指挥机制。与蒙古国海关和检疫部门建立 24 小时信息交流与沟通联络机制。严防鼠疫疫情叠加风险，与蒙古国联合开展中蒙口岸病媒监测，加快 4 个鼠疫疫源地口岸生物安全二级实验室建设。应对境内外突发的 6 起人感染鼠疫疫情；动植物疫病疫情、有害生物检出率和监测实现新突破，从进口种羊中检出赤羽病等 3 种二类传染病，检出近两万种次有害生物，创历史新高。二是监管效能全面提升。针对海关总署下发的 8 大项征管考核指标提出 18 项具体落实措施。完善综合治税工作机制，定期开展税收风险联合研判、处置。2020 年，关区关税和进口环节税净入库 62.67 亿元，年末税收吻合度达 99.63%。深入推进进口食品“国门守护”行动，全面做好进出口食品年度监督抽检和风险监测，共抽检 964 个样品，检测 10 290 项次，检出不合格项目 3 项次；切实加强安全管理。建立“一企一品一案”制度，精准检验监管进出口危险化学品，全年未发生安全生产事故。严格落实安全生产主体责任，运用实地巡查、联网核查和视频监控检查等多种方式加强运输工具、海关监管作业场所场地的安全管理；加强稽查、风险、统计工作，稽查作业有效率 59.6%，追补税额 2 769.94 万元，同比增长 95.6%。“多查合一”属地化改革成效显著，核查有效率 44.68%。风险防控全面嵌入旅检、快邮、跨境电商等非贸领域。牵头与内蒙古自治区 27 个相关单位建立口岸安全风险联合防控工作机制。全年查发安全准入（准出）情事 745 起，货运渠道人工分析布控查获率为 18.12%。加强统计数据质量管控，建立进出口疫情防控物资报关数据质量控制闭环。建立关企快速反应机制，全年外贸先导指数填报率有效率达到双 100%。强化进出口防疫物资风险防控。三是精准高效服务外贸。提升公路口岸货运量，出台了稳外贸促增长提升公路口岸货运量的工作措施，部分口岸现场工作时间延长至24：00。助力“中通道”中欧班列保持高速增长，细化落实海关总署党委支持中欧班列发展措施，制定呼和浩特海关支持中欧班列发展22条举措。助力做大做强优势产业，畅通保鲜果蔬出口“绿色通道”，2020年监管出口果蔬9.7万吨，货值1.2亿元，同比分别增长5.7%、10.4%。积极助力内蒙古绿色农畜产品生产加工输出基地巴彦淖尔市打造“天赋河套”品牌。大力扶持外贸主体发展，减免滞纳金38.18万元，减免进口捐赠防疫物资税款228.09万元，办理对美加征关税商品排除清单退税207.49万元。出台支持经认证的经营者（AEO）企业发展16项措施，新增1家AEO认证企业和1家在欧盟官方注册的出口食品企业。全年办理5 000万元以上内资鼓励项目适用产业政策审核确认11份。

【呼和浩特海关强化技术支撑保障】 一是“三智”建设全面推进。首创疫情防控“远程流调”作业模式，自主开发“疫情防控全程信息化系统”。打造“智能边境”样板工程，关区5个公路口岸35条货运通道上线智能卡口系统。积极推进公路口岸货运通道前置拦截区卫生检疫智能化改造。深化“智享联通”互助合作，探索建设中蒙边境鼠疫智能监测预警系统。深入落实与蒙方海关、技术监督部门的跨境陆路口岸联合防控、风险评估、结果互认、证书联网核查、信息共享、风险预警等合作机制，深入开展中蒙边境地区非洲猪瘟等重大动植物疫病疫情联合监测，联动开展动植物产品检测共享平台研究。优化与蒙方海关贸易统计数据交换机制，线上交换、共享5个边境地口岸数据。二是技术支撑能力明显加强。加强实验室能力建设，高等级病原微生物实验室通过科技部建设审查并投入试运行，积极申建国家级进出口食品质量安全风险验证评价实验室（乳及乳制品）。新冠病毒实验室日检测能力从年初的不足百人份提升到1 000多人份。署级科研项目“火车通道式智能放射性监测系统研制”和“稀土金属及其氧化物中钡量的检测方法研究”完成成果登记。分别向海关总署、内蒙古自治区推荐8个科研项目和2个关键技术攻关计划项目，推荐1项科技成果参评自治区科学技术进步奖。开展“快、广、深”调查研究，高效完成重点商品矿车用变速箱专项调研任务。

【满洲里海关有力有效做好新冠肺炎疫情防控工作】 一是组织领导坚强有力。第一时间成立疫情应对工作领导小组、设立指挥部、组建工作专班，专题研究疫情防控工作90次，实时研判关区疫情防控形势，不断完善工作方案和应急处置预案，实行防控任务“清单化”管理，逐项细化落实措施689个。二是坚决做到口岸履职到位。密切关注俄蒙疫情形势变化，实时分析研判输入风险，动态调整应对策略。严格落实“三查三排一转运”等措施及要求，科学精准做好重点人群疫情防控工作。坚持“人”“物”同防，严格做好进口冷链食品和进口高风险非冷链集装箱货物口岸环节风险监测、预防性消毒工作，严防境外疫情输入。三是坚决做到联防联控到位。建立完善与地方政府和有关部门联防联控工作机制，做到信息互通、处置联动。严格落实转运移交措施，形成管理闭环。主动发挥成员单位作用，提示满洲里市防指及相关单位加强管理、加严措施、严肃纪律。全力支援地方疫情防控工作，加强检测资源合作，协助地方开展全员核酸检测和社区值守工作。四是坚决做到关员防护到位。建立安全防护制度体系，对一线关员实行顶格防护，规范实施单证消毒和废弃物处理。强化一线队伍管理，优化倒班作业模式，工作期间实行集中管理，工作结束后进行隔离观察并按规定开展核酸检测。加强非一线人员管控，严格落实“非必要不出行”“非紧急不出差”，严格执行健康监测“日报告、零报告”制度。满洲里市本土疫情发生后，立即启动应急响应，加严内部防控措施，地方通报的所有新冠肺炎病例均与海关工作无关联，全关工作人员做到了“零感染”。五是坚决做到防疫物资管理到位。健全物资储备保障机制，强化动态管理，定期清点库存物资。严格使用管理，按岗位风险等级合理使用防护物资，优先保障高风险岗位人员和一线关员，建立出入库台账，实行专人专库管理，加强监督检查，确保账账相符、账实相符。六是坚决做到关心激励到位。及时出台 39 项政治保障、激励关爱措施，5 名表现突出的干部在抗疫一线得到提拔，2 个集体和 10 名个人获得海关总署表彰，6 个集体和 15 名个人获得关区表彰。强化党建引领，成立党员先锋队 7 个、青年突击队 6 个，6 名同志火线入党，大力宣传抗疫先进事迹，党旗在抗疫一线高高飘扬。

【满洲里海关全力筑牢国门安全屏障】 一是实际监管严密高效。完善风险管理体系，加强重点领域和非贸渠道风险防控，人工分析布控查获率不断提升。推动监管作业场所、场地规范化建设，清理合并监管作业场所、场地 25 个。深入推进关区安全生产专项整治三年行动。发挥二级监控指挥中心作用，加强各类监控检查。持续强化后续监管，有效提升稽查作业效率。加强知识产权海关保护。二是检验检疫成效显著。稳步推进口岸核心能力建设。加强疫情疫病监测，严防霍乱、黄热病等重大传染病及沙漠蝗、高致病性禽流感等动植物疫情疫病输入。截获检疫性有害生物 7 种 39 批次，全国首次截获一般性有害生物长荚罂粟。开展进口食品“国门守护”行动。三是综合治税更加有力。制定税收征管考核评估办法。完善分层次、多角度税收风险协同防控体系，加强涉税要素监控和税收形势分析，报送税收风险参数建议 124 条，移交风险线索 4 条，审价补税 2 577.2 万元。四是打击走私力度不减。稳步推进缉私部门管理体制调整，强化缉私业务领导和综合保障。全力推进“国门利剑 2020”行动。全力打好野生动物走私攻坚战。严厉打击医疗物资违法活动。积极推进国际执法合作。

【满洲里海关积极服务高水平开放高质量发展】 一是出台支持外贸发展措施。全面落实“六稳”“六保”任务，制定“59+41”项措施并持续推动落实。坚持问需于政于企，主动与辖区盟市对接，深入外贸企业调研，组建“专家服务团”，开展送政策上门活动。加强进出口监测预警和宏观形势分析，编发《统计专报》19 期，监测报告 112 期。二是服务中欧班列高质量发展。完善中俄海关、铁路双边“四方会谈”常态化机制，与俄罗斯远东海关管理局开展视频会谈，持续推动落实班列便利化通关措施。健全与属地海关沟通协调机制，与 24 个直属海关签署合作备忘录。推动满洲里中欧班列枢纽站点建设。率先实现铁路口岸物流监管无纸化和出口提前申报，创新铁路进出境快速通关业务模式并在全国推广。全年监管进出境中欧班列 3 079 列，同比增长 42.1%。三是助力辖区特色产业发展。开展谷氨酸钠税政调研，为企业增加直接收益 7 000 万元。检疫出口供港澳活牛 3 527 头，同比增长 15.9%。推动呼伦贝尔食用菌、兴安盟大米实现首次出口。助力辖区乳源基地、生物制药等重点项目建设，减免税款 2 054.9 万元。签发原产地证书 1.2 万份，帮助企业享受进口国关税优惠 1 789.2 万美元。加强 AEO 企业培育和认证，6 家企业通过高级认证。四是支持开发开放平台建设。阿日哈沙特口岸、额布都格口岸实现常年开放，额布都格海关正式开关。支持满洲里综保区健康发展，进出口值达 10.5 亿元，同比增长 1 倍。推动满洲里市获批内蒙古自治区首个市场采购贸易试点。服务赤峰和满洲里跨境电商综试区建设，加快国际快件邮件监管场所审批速度，支持网购保税出口业务开展。

【满洲里海关不断加快改革创新步伐】 一是业务改革稳步推进。牵头完成海关总署公路、铁路运输模式“两段准入”及铁路运输模式“两步申报”信息化任务书编写。有序推动“两轮驱动”改革。实施进口铁矿、铅精矿、锌精矿、原油“先放后检”模式改革，平均验放时长由 10.8 天压缩至 0.7 天。推进邮递物品监管改革，出口邮件实现信息化监管。落实关税保证保险改革措施，惠及 33 家企业。深化主动披露制度应用，办结主动披露情事 17 起，同比增长近 8 倍。二是“放管服”改革持续深化。采取不见面审批、容迟受理、随到随审等措施，行政许可网上办理率达99%。持续压缩整体通关时间，12月关区进、出口整体通关时间较2017年同期分别压缩57.55%和87.99%。深化国际贸易“单一窗口”应用，实现报关报检资质网上一次注册。严格规范涉企收费，强化监督检查，所有涉企收费项目均建立目录并对外公示。三是科技保障不断增强。开发运行国内首个火车车载木材材积测量系统。保障21个署级项目上线平稳运行。扎实开展海关业务数据安全专项行动，网络攻防演习顺利完成。加大科研攻关力度，新立项署级项目1项。加强实验室设备配备，推进P2实验室建设，实验室检测能力、安全管理水平不断提升。

开放口岸

【呼和浩特空运口岸（呼和浩特白塔国际机场）】 呼和浩特白塔国际机场位于内蒙古自治区首府呼和浩特，距市中心14千米。1958年10月1日建成通航。1991年12月，国务院批准对外开放。1992年3月开通至蒙古国首都乌兰巴托的航线，成为我国起降国际定期航班的机场之一。2004年呼和浩特白塔国际机场进行扩建，新建机场建筑面积37.4万平方米，可供35架飞机同时停放；航站区新建航站楼5.45万平方米，设计年吞吐量为300万人次，新站坪机位达32个，机场飞行区等级为4E级。2020年，呼和浩特空运口岸新建一座国际航站楼，面积约8 500平方米，缓解了白塔机场日常客流量带来的保障压力，满足了国际分流航班所需的独立场地要求。

2020年，受疫情影响，呼和浩特空运口岸进出境客运量40 570人次，同比减少84.5%；进出境航班373架次，同比减少81.3%。国际快件的清关量为56.7万件1 464.7吨。根据疫情防控总体安排和部署，呼和浩特空运口岸共保障首都机场分流国际航班83架次，出入境人员18 806人次。

【满洲里空运口岸（满洲里西郊国际机场）】 满洲里西郊国际机场距满洲里市区9千米，与中俄国界线最近距离约7千米。2004年11月28日启用。2005年2月正式通航，8月29日实现临时开放，开通了满洲里至俄罗斯伊尔库茨克、赤塔的临时包机业务。机场候机楼面积2万平方米，跑道长2 800米，机场飞行区等级为4D级，有3条廊桥，可满足国内国际进出港旅客200万人次，高峰小时1 400人次的需求。2009年2月4日，国务院批复同意满洲里西郊机场对外开放，该机场2月24日通过自治区验收组预验收，5月22日通过国家验收组正式验收对外开放。2010年9月被中俄双方正式纳入国际航线直飞点。2020年，保障了俄罗斯伊尔航空公司临时增加的满洲里—伊尔库茨克包机，从满洲里接载出境旅客返回伊尔库茨克的任务。

2020年，受疫情影响，满洲里空运口岸进出境客运量0.3万人次，同比下降91.2%；进出境航班64架次，同比下降89.2%。

【海拉尔空运口岸（海拉尔东山国际机场）】 海拉尔东山国际机场距市区5千米。1953年3月，中苏间正式开通并成立了中苏航空股份公司海拉尔航空站，航线为苏联赤塔—海拉尔—朝鲜平壤。1955年苏方将股份移交中方，由中方单独经营。1959年该航线取消，口岸随之关闭。1988年，呼伦贝尔盟开展经济体制改革试验区建设，恢复海拉尔空运口岸。1992年和1993年，内蒙古自治区政府2次向国务院申请重新开放该口岸。1993年7月6日，国务院批复同意海拉尔航空口岸对外开放。1995年9月15日，国家口岸管理办公室同意海拉尔航空口岸正式对外开放。1996年5月3日，正式开通海拉尔至俄罗斯赤塔国际航线。经过多年的建设，机场口岸基础设施已日趋完善。海拉尔机场已经成为内蒙古自治区东部地区规模最大、功能最完善、业务最繁忙的机场，飞行区达到4D级标准，跑道达2 800延长米，可起降波音767-300以下机型的飞机。2020年，受疫情影响，自2月以后口岸处于关闭状态。全年进出境航班36架次，同比下降91.9%；进出境人数3 016人次，同比下降91.3%。

【鄂尔多斯空运口岸（鄂尔多斯伊金霍洛国际机场）】 鄂尔多斯伊金霍洛国际机场坐落于

鄂尔多斯市康巴什新区东南方16千米处，机场占地面积约353.33万平方米，飞行区等级为4E级，跑道长度3 200米，宽60米，可满足波音747等大型客货机的起降。2005年3月25日，国务院等通过批准内蒙古自治区人民政府筹建鄂尔多斯民用机场的申请，2007年7月26日正式通航。鄂尔多斯伊金霍洛国际机场是内蒙古自治区唯一由地方全资建设、自主管理的机场。新航站楼工程于2013年1月30日投入使用，航站楼建筑面积10.03万平方米，可满足年1 200万人次旅客吞吐量需求。2008年开始，鄂尔多斯伊金霍洛国际机场申请设立空运口岸。2012年国务院同意将鄂尔多斯伊金霍洛国际机场补列入国家“十二五”口岸发展规划。2013年4月获批临时开放，7月19日开通直飞香港的航班。2016年1月18日，国务院批复同意鄂尔多斯伊金霍洛国际机场作为航空口岸对外开放，11月8日通过国家验收组对外开放验收。

2020年，受疫情影响口岸于2月1日起停飞国际航班，全年国际旅客吞吐量3 057人次，同比下降95.5%。

鄂尔多斯综保区于2017年2月14日经国务院批复同意设立，2018年12月28日通过国家验收，2019年3月28日正式封关运营。综合保税区位于鄂尔多斯空港物流园区内，规划面积1.21平方千米，其中一期规划建设0.79平方公里，二期建设0.42平方千米。2019年11月20日，海关总署批复设立进境水果、食用水生动物和进口冰鲜水产品指定监管场地。2020年实现进出口值4.14亿元人民币。

【包头空运口岸（包头东河国际机场）】 包头东河国际机场位于包头市东河区，距包头主城区23千米，距包头东站8千米，为4D级国际支线机场。机场始建于1934年，由当时国民政府交通部与德国汉莎航空公司合作成立的欧亚航空邮运股份有限公司筹建。1956年正式建立中国民用航空包头站。2006年飞行区由4C级升为4D级，跑道长2 800米，可满足B737（200座）以下机型起降及B767（260座）以下机型备降要求。2014年12月，包头东河国际机场新航站楼启用，其中T1航站楼（国际）面积1.1万平方米，T2航站楼（国内）3万平方米，设计年旅客吞吐量300万人次。2016年6月，国家口岸管理办公室批复同意中外籍临时客运包机从包头二里半机场出入境，时间为2016年7月1日至2016年12月31日。8月3日，包头二里半机场开通首条国际航线，由蒙古国匈奴航空使用福克50型飞机执飞乌兰巴托航线。2018年3月，包头二里半机场更名事宜正式获得民航局批复，更名为“包头东河机场”。2019年11月，国务院批复同意包头机场对外开放。2020年，实现国际旅客吞吐量202人次，进出境航班4架次。

【满洲里陆路（铁路）口岸】 满洲里铁路口岸位于中俄38~41号界标处，与俄罗斯后贝加尔边疆区后贝加尔斯克铁路口岸相对应，是我国规模最大的铁路口岸，换装能力8 000万吨，是中俄贸易最大的通商口岸，承担了中俄贸易60%的货运量。满洲里铁路口岸于1901年开通，距今已有百年的历史。2002年，被国务院确定为重点建设和优先发展的两个铁路口岸之一。满洲里铁路口岸联检大楼集中了铁路交接所、海关、检疫、代理公司等国际联运部门。现有宽准轨到发编组线74条，口岸站换装线、专用线等线路100余条，宽轨列车会让站1个，换装场地20余个。满洲里铁路口岸查验手段先进，通关作业信息化程度高。配有钴60火车自动检查系统，列车电子监控系统，放射性检测仪等现代化设备设施。建立了覆盖各监管场区的网络系统，实现了进出口货物远程监控和查验信息的同步传输。各货代报关企业与海关、铁路车站实现了微机联网。海关与铁路车站实现了舱单的网络传输。满洲里铁路车站与俄后贝加尔车站间实现了电子数据交换。配备了多种性能先进的现代化换装设备，能够满足各种进出口货物的换装仓储需求。

满洲里铁路口岸进口货物主要有木材、原油、化工、纸类、化肥、铁矿砂、合成橡胶等。货物流向全国29个省（直辖市、自治区）。出口货物以轻工产品、机电产品、矿产品、石油焦、食品、建材等为主。利用口岸优势，满洲里口岸扩大口岸跨区域合作，形成了以“苏满欧”为代表的57条中欧班列线路，年接发中欧班列能力2 500列。2020年，进出境中欧班列3 054列，同比增长40.9%；265 156标箱，同比增长43.6%；货值约338.3亿元，同比增长29.6%。2020年，满洲里铁路口岸进出口货运量1 932.8万吨，同比下降37.7%；进出境客运量2.7万人次，同比下降27.1%；进出境列车达1.27万列次，同比增长3.1%。

【二连浩特陆路（铁路）口岸】 二连浩特铁路口岸位于内蒙古自治区正北部集二线终端，中蒙815号界标附近，与蒙古国扎门乌德市相距9千米，是我国与蒙古国接壤的唯一铁路口岸，对应蒙古国东戈壁省扎门乌德铁路口岸，自古就是我国内陆通往北亚、东欧最近最便捷的通道。1956年，随着中、蒙、苏（北京—乌兰巴托—莫斯科）三国国际联运通车，口岸正式对外开放。通过京包线与天津港相连，是日本、东南亚及其他邻国开展对蒙古国、俄罗斯及东欧各国转口贸易的理想通道，是目前蒙古国走向出海口的最便捷通道，也是我国向北开放的前沿阵地和重要的进出口商品集散地。该口岸主要进出口货物有铁矿石、木材、铜矿粉、原油、水泥等，蒙古国70%的果蔬和日用品经由该口岸运入。

二连浩特铁路口岸功能齐全，查验设备先进，现有宽准轨线路169条，建有世界上最大的散堆装货场、列车换轮库，拥有世界一流的H986货运列车检验系统。2006年起口岸实行24小时通关，年吞吐能力1 200万吨。建有4条旅客自助通道、2套自助通道信息采集点，方便旅客通关。经二连浩特口岸运行中欧班列线路43条，2020年进出境中欧班列2 384列，同比增长60%。进出境货运量1 615.9万吨，同比增长9.8%；进出境客运量3.4万人次，同比下降71.9%；进出境列车1.4万列次，同比增长3.5%。

【满洲里陆路（公路）口岸】 满洲里公路口岸位于中俄42号界标附近，与俄罗斯后贝加尔边疆区后贝加尔斯克公路口岸相邻，是我国唯一实行24小时通关的国际公路口岸。满洲里公路口岸原为中苏两国铁路员工通勤通道，于1989年经国务院原口岸领导小组批准开通，1990年改建为有1条客货混用通道的口岸。1992年中俄两国政府换文确认其国际口岸地位。1993年开始移址新建，1998年6月30日投入使用。口岸分为旅检区和货检区，旅检通关大楼共分为三层，一层为出入境人员的候检大厅、二层为出境大厅、三层为入境大厅，楼内共开设十进十出人员通道；货检通道北卡口规划6进6出12条通道，南卡口规划3进3出6条通道。2017年，公路口岸新货检通道正式启用，口岸年通关能力达到人员1 000万人次、车辆100万辆次、货物1 000万吨。货检区出口主要是以蔬菜水果为主，占出口总量的85%，进口主要是以废钢和木材为主，占进口总量的90%，目前我国有29个省（直辖市、自治区）的蔬菜水果经由这里出口到俄罗斯。公路口岸主体建筑有货检大楼、旅检大楼、会晤站、国际邮件互换局兼交换站，以及相配套的公路口岸交易市场、海关监管场所等。口岸封闭区集通关、查验、仓储运输、生活服务于一体，可一次性完成报检报关、税费征缴业务。

2020 年，满洲里市口岸办认真落实公路口岸疫情防控工作，对公路口岸场区实施闭环管理，全年进出境货运量 40.8 万吨、同比下降 63.4%，进出境客运量 13.66 万人次、同比下降 92.6%，进出境车辆 3.61 万辆次、同比下降 81.5%。

满洲里综保区于 2016 年 9 月 13 日通过国家十部委联合验收，2016 年 12 月 20 日正式封关运营，是内蒙古自治区首家综保区，规划面积 1.44 平方千米。根据海关总署 2019 年度综保区发展绩效评估结果，满洲里综保区在全国排名分别为 101 位，排名 B 类 B 级。2020 年实现进出口值 11.53 亿元人民币、同比增长 117%。

【二连浩特陆路（公路）口岸】 二连浩特公路口岸位于中蒙边界 815 号界标处，与蒙古国东戈壁省扎门乌德隔界相望。二连浩特公路口岸旧通道于 1992 年开通试运营，是在中蒙两国铁路员工通勤通道的基础上改建的，只有一条客货混用通道，基础设施、查验条件非常简陋。2000 年 6 月，为改变二连浩特口岸的落后面貌，二连浩特扩建公路口岸。2010 年至 2012 年再次对公路口岸进行了改扩建，实现了客货分流、通关与查验分开，设计过客能力 500 万人、过货能力 1 000 万吨。公路口岸货运通道建成智能卡口系统，车辆经智能卡口通关平均用时 40 秒。

2020 年进出境货物 281.1 万吨，同比下降 22%；进出境人员 26.3 万人次，同比下降 87.4%；进出境车辆 12.5 万辆次，同比下降 78.9%。

【甘其毛都陆路（公路）口岸】 甘其毛都公路口岸位于中蒙 703 号界标处，距乌拉特旗政府海流图镇 133 千米，与蒙古国南戈壁省汉博格德县嘎顺苏海图口岸相对。“甘其毛都”蒙语意为“一棵树”。1989 年 12 月 20 日，内蒙古自治区人民政府批准为中蒙边境贸易的临时过货点，1990 年 2 月 23 日实现了首次过货。1992 年 3 月，国务院批准为双边季节性开放口岸，并于同年 7 月正式进行首次季节性开关。2007 年 9 月，国务院批复同意甘其毛道口岸更名为甘其毛都口岸，并扩大为中国和蒙古国双边常年开放的边境公路口岸。2009 年 6 月通过了国家常年开放验收。2016 年 12 月，被内蒙古自治区政府批准为自治区级重点开发开放试验区。2018 年 5 月 21 日设立了巴彦淖尔市甘其毛都口岸管理委员会，甘其毛都口岸上划巴彦淖尔市直管。甘（甘其毛都）泉（万水泉）铁路与包神铁路、神朔铁路、朔黄铁路、黄骅港、天津港形成路港联网联运的矿产资源运输大通道，是蒙古国塔本陶勒盖（TT）煤田、奥尤陶勒盖（OT）铜金矿最便捷的出海通道。口岸对应蒙古国南戈壁省总面积 60%以上的地下都有煤矿资源，已探明煤储量 530 亿吨，铜矿储量位居世界前列。其中，塔本陶勒盖煤田探明储量 64 亿吨，奥尤陶勒盖铜矿初步探明为亚洲最大的铜矿，名列世界第 4 位，该铜矿平均品位 0.63%，最高品位 4%。

2020 年，甘其毛都口岸进出口货运量 1 552.35 万吨，同比下降 27.64%；出入境人员 33.77 万人次，同比下降 49.2%；出入境车辆 35.86 万辆次，同比下降 26.7%。

【策克陆路（公路）口岸】 策克公路口岸位于内蒙古自治区阿拉善盟额济纳旗中蒙 572 号界标处，距额济纳旗府所在地达来呼布镇 60 千米，与蒙古国南戈壁省西伯库伦口岸相对。“策克”蒙语意为“河湾”。1992 年 3 月经内蒙古自治区人民政府批准为季节性对外开放原二类口岸，2005 年 6 月，国务院批准为中蒙双边性常年开放口岸。2016 年 12 月，被内蒙古自治区政府批准为自治区级重点开发开放试验区。嘉（嘉峪关）策（策克）铁路和临（河）策（克）铁路在口岸交汇，与京包、包兰、兰新等铁路共同形成贯通的能源运输通道。策克口岸是中蒙两国最为重要的贸易通道之一，对外辐射蒙古国南戈壁、巴音洪格尔、戈壁阿尔泰、前杭盖、后杭盖5个畜产品、矿产资源较为富集的省区，这些地区蕴藏着金、铜、铝、铅等多种丰富的贵金属矿藏资源，距蒙古国那林苏海特煤田仅46千米。

2020年，策克口岸管委会严格落实疫情联防联控要求，通过实施蒙方司机集中留宿等多项措施，使入境车辆逐步恢复到往年同期水平，并创历史单月最高纪录。全年口岸进出口货物1 076.14万吨，同比下降13.2%；进出境人员22.01万人次，同比下降36.5%；进出境车辆21.34万辆次，同比下降20.3%。

【黑山头陆路（公路）口岸】 黑山头公路口岸位于呼伦贝尔市和俄罗斯后贝加尔边疆区交界的额尔古纳河东岸，中俄边界91号界标处，与俄罗斯后贝加尔边疆区旧粗鲁海图口岸相望，向南连接满洲里口岸，向北与室韦口岸相连，向东距额尔古纳市区62千米，距黑山头镇12千米，距口岸22千米的俄罗斯普里阿尔贡斯克区有公路、铁路通往俄罗斯腹地，口岸临界的俄罗斯后贝加尔边疆区拥有极其丰富的森林、石油、天然气、铅锌矿石、煤炭、木材等矿产资源。1989年4月国务院批准为双边性常年开放口岸。1990年国家口岸管理办公室批准口岸正式对外开放，1991年正式实现双边性常年开放。根据当时贸易的需要，采取边开通边建设的办法，口岸过货经历了冰上—木桥—永久性水泥桥过货的发展过程。经过二十多年的发展，逐步形成了以进出口贸易为主，以旅游、服务业为辅的口岸经济发展模式。2009年，黑山头口岸新建口岸联检楼、货检楼，口岸年过货能力达100万吨，过人100万人次。

2020年，根据疫情防控需要，经中俄双方商定，自4月10日起临时关闭客运通道。全年进出境货运量1.1万吨，同比下降83%；进出境人员0.16万人次，同比下降88%；进出境交通工具1 106辆次，同比下降86%。

【室韦陆路（公路）口岸】 室韦公路口岸位于中俄界河额尔古纳河中游东岸111号界标处，南距额尔古纳市区168千米，北距莫尔道嘎镇90千米，西隔额尔古纳河与俄罗斯奥洛契口岸相对，两口岸相距1千米，两口岸码头相距仅200米。1989年4月国务院批准为双边性常年开放口岸。1991年2月1日正式对外开放。2001年10月建成室韦—奥洛契口岸界河大桥，实现了常年通关过货。口岸年过货能力50万吨。室韦口岸相对应俄罗斯赤塔州东北部九个市区，矿产资源十分丰富，以黄金开采最为发达，铅、锌、铁、铜等矿产资源也有相当储量，森林资源更为丰富，木材储积量达4.5亿立方米，该地区公路发达，离西伯利亚大铁路相距200多千米，内陆交通也十分便利。2020年，俄方从1月31日零时起，对远东俄中所有口岸采取临时性的通关限制措施，口岸全年没有货物通关。

【阿日哈沙特陆路（公路）口岸】 阿日哈沙特公路口岸位于呼伦贝尔市新巴尔虎右旗阿日哈沙特镇境内，中蒙边界1495号界标处，与蒙古国东方省克尔伦县哈比日嘎口岸相对应。“阿日哈沙特”蒙语意为“后院”。1989年9月，自治区人民政府批准开辟阿日哈沙特为对蒙边境临时过货点。1990年9月实现了首次过货。1992年3月11日，国务院批准为双边季节性开放口岸。2015年由原来的集中延长开关调整为临时常年开放。2017年7月，国务院批复为双边性常年开放公路客货运输口岸。2019年4月，经国家口岸管理办公室授权，通过了内蒙古自治区口岸办等部门联合的验收。口岸年通过能力为货运 150 万吨，客运 50 万人次。阿日哈沙特公路口岸进口货物主要是铅锌粉、铁矿石和民族工艺品服饰；出口货物主要是农蔬、建材、家电、摩托车、机械设备和日常生活用品。

2020 年，蒙方以疫情防控为由从 2 月开始限制口岸通行，导致口岸通关受阻。全年进出口货运量 2 541 吨，同比下降 90%；进出境客运量 9 332 人次，同比下降 92.5%；进出境交通工具 1 395 辆次，同比下降 92.9%。

【额布都格陆路（公路）口岸】 额布都格公路口岸地处内蒙古自治区呼伦贝尔新巴尔虎左旗阿木古郎镇西南 18 千米，中蒙边界 1423 号界标处，与蒙古国东方省巴彦呼舒口岸隔河相望。“额布都格”蒙语里意为“膝盖”。1991 年 5 月经内蒙古自治区批准为边境贸易原二类口岸。1995 年升格为季节性对外开放口岸。2006 年 2 月海关总署正式批准额布都格口岸自当年起实行全年临时集中开放。2009 年 2 月国务院批准为双边季节性公路客货运输口岸，9 月通过国家验收。2017 年 7 月，国务院批复为双边性常年开放公路客货运输口岸。2019 年 4 月，经国家口岸管理办公室授权，通过了内蒙古自治区口岸办等部门联合的验收。口岸年通过能力为货运 50 万吨，客运 30 万人次。额布都格口岸对应的蒙古国东方省石油、盐、畜产品和水产品等资源极为丰富。口岸进口货物以饲草、水产品、煤炭、废旧金属、大庆塔木察格油田设施设备为主；出口货物以副食品、电器、建材、农机产品为主。

2020 年，额布都格公路口岸进出口货运量 31.7 万吨，同比下降 44%；进出境人员 1.87 万人次，同比下降 70.3%；进出境交通工具 1.72 万辆次，同比下降 57%。

【阿尔山陆路（公路）口岸】 阿尔山公路口岸位于兴安盟阿尔山市天池镇，距离阿尔山市 45 千米，在中蒙边界 1382～1383 号界碑之间，与蒙古国东方省松贝尔口岸相对应。“阿尔山”全称哈伦·阿尔山，蒙语意为“热的圣水”。1992 年经内蒙古自治区人民政府批准开放为原二类季节性口岸。1993 年 1 月 17 日实现开关过货。2012 年 3 月国务院批准阿尔山口岸为国际性季节开放口岸，2012 年 12 月通过国家级验收。2013 年 7 月 15 日至 10 月 1 日，阿尔山口岸实现首次临时集中开放。2016 年阿尔山口岸实现延长开放，每年 4 月 1 日至 11 月 30 日开放。口岸定位为“生态、文化、旅游”口岸。规划建设的阿尔山—乔巴山铁路是第四条连接欧亚大陆的铁路大通道，也是连接东北亚地区的重要枢纽，可以形成东起图们，西连蒙古国、俄罗斯，贯通整个东北亚新的欧亚大陆桥。2020 年，蒙方以疫情防控为由从 2 月开始限制口岸通行，全年未开关。

【珠恩嘎达布其陆路（公路）口岸】 珠恩嘎达布其公路口岸位于内蒙古自治区锡林郭勒盟东乌珠穆沁旗嘎达布其镇境内，中蒙边界 1046 号界标处，与蒙古国苏赫巴托省毕其格图口岸相对应。“珠恩”意为“东”，“嘎达布其”意为“门槛”，历史上称为“蒙马处”。1992 年 3 月 11 日，国务院批准为双边季节性开放口岸。2004 年 9 月《中蒙边境口岸及其管理制度协定》确认为国际性常年开放口岸。2006 年 8 月国务院批复同意扩大为国际性常年开放的边境陆路口岸。2008 年 1 月正式实现国际性常年开放，成为内蒙古自治区继二连浩特、满洲里之后第三个实现常年开放的国际性口岸。2014 年 7 月锡林郭勒盟珠恩嘎达布其—霍林郭勒市珠斯花铁路线通车，年运输能力 1 200 万吨，从珠恩嘎达布其可直达辽宁锦州港。2016 年被列为自治区重点开发开放试验区。珠恩嘎达布其口岸对内辐射东北、华北，具有连接东西，纵贯南北的地缘区位优势。对外辐射矿产和动植物资源极为丰富的蒙古国苏赫巴托省、东方省、肯特省，是蒙古国、俄罗斯等内陆国家便捷的出海口之一，也是京、津、唐地区通往俄罗斯、蒙古国最便捷的通道。口岸进口货物主要是原油、煤炭；出口货物主要是机械设备、建筑材料。

2020 年，口岸进出境货运量 28.74 万吨，同比下降 80.2%；出入境人员 1.92 万人次，同比下降 82.61%；出入境车辆 1.55 万辆次，同比下降75.54%。

【满都拉陆路（公路）口岸】 满都拉公路口岸位于内蒙古自治区包头市达尔罕茂明安联合旗满都拉镇，中蒙边界757号界标处，对应蒙古国东戈壁省杭吉口岸。“满都拉”蒙语意为“兴盛、兴旺”。1992年，满都拉口岸被自治区人民政府批准为季节性开放原二类口岸。2002年12月23日实现首次开放。2009年2月，满都拉口岸被国务院批准为双边性季节性开放公路客货运输口岸。2012年12月满都拉口岸正式通过国家验收。2015年4月，国务院批复同意扩大为双边性常年开放公路客货运输口岸，12月1日正式开放。口岸年过货能力达到1 500万吨。满都拉公路口岸处于呼（和浩特）包（头）鄂（尔多斯）经济辐射圈内，是距首府呼和浩特市最近的陆路口岸，区位优势十分明显。口岸对应的蒙古国杭吉口岸位于蒙古国东戈壁省，矿产资源非常丰富，有额勒苏泰铁矿、阿嘎如特铁矿、杭格呼德尔铁矿、艾勒巴音焦煤矿。口岸主要进出口商品有电煤、焦煤、原材料、铁矿石、无烟煤等，出口货物以机械设备、建材为主。

2020年，满都拉公路口岸累计进出口货物72.54万吨，同比下降76.76%；出入境人员1.94万人次，同比下降66.57%；出入境车辆1.76万辆次，同比下降48.03%。

【乌力吉陆路（公路）口岸】 2004年，阿拉善左旗开始申报开放乌力吉公路口岸。2006年7月，乌力吉公路口岸被列入《国家“十一五”口岸发展规划》。2014年初，蒙古国政府同意中蒙乌力吉—查干德勒乌拉公路口岸开放，并照会我国。2014年8月22日，国家主席习近平与蒙古国总统额勒贝格道尔吉在乌兰巴托签署《中华人民共和国和蒙古国关于建立和发展全面战略伙伴关系的联合宣言》，明确提出加快推进乌力吉—查干德勒乌拉口岸开放。2015年4月召开的《中蒙边境口岸及其管理制度协定》执行情况第五轮司局级会晤上，中蒙双方同意增设乌力吉—查干德勒乌拉口岸。2015年12月9日，中蒙两国外交部门负责人在乌力吉口岸634界标处对口岸开放位置进行实地踏勘，并磋商和确认一致认为根据水源勘探情况确定口岸坐标。2016年1月31日，国务院批复同意乌力吉公路口岸对外开放，口岸性质为双边性常年开放公路客货运输口岸。2016年5月27日，阿拉善左旗人民政府批准成立乌力吉公路口岸建设指挥部，目前口岸正在建设中。2020年12月22日，国家口岸管理办公室批准同意口岸临时开放。2020年，乌力吉公路口岸共实施重点项目四大项15个子项目，总投资14.6亿元，年度计划投资3.5亿元。截至12月底，开（复）工率100%，已完成投资3.53亿元，完成年度计划的100.7%，提前超额完成上级下达的目标任务。

2020年内蒙古自治区口岸大事记

1月22日

呼和浩特海关隶属二连海关在二连浩特铁路口岸出境K3次国际列车检疫发现1例疑似新冠肺炎病例，后确诊新冠肺炎，该病例为全国海关发现的首例拟出境新冠肺炎确诊病例。

1月28日

内蒙古自治区党委副书记、自治区主席布小林到满洲里口岸调研指导疫情防控工作。

1月30日

俄罗斯140号政府命令决定从1月31日零时起，对远东俄中所有口岸采取临时性的通关限制措施，导致满洲里铁路口岸、公路口岸以及黑山头公路口岸、室韦公路口岸通关受限。

2月12日

呼和浩特海关、满洲里海关和内蒙古出入境边检总站联合签订了口岸新冠肺炎疫情联防联控相关工作机制，共同做好口岸疫情防控工作。

3月15日

内蒙古自治区党委副书记、自治区主席布小林到乌力吉口岸调研指导口岸建设、临时通关和疫情防控工作。

3月19日

内蒙古自治区党委副书记、自治区主席、自

治区疫情防控指挥部总指挥布小林到呼和浩特白塔国际机场督导检查疫情防控和首都机场境外航班分流备降准备工作。内蒙古自治区副主席、自治区疫情防控指挥部副总指挥欧阳晓晖，联检单位和地方相关部门负责人参加督查。

3 月 20 日

呼和浩特白塔国际机场接收全国首架首都机场分流进境国际航班（CA926 日本东京—中国北京），入境人员 122 人。

3 月 22 日

内蒙古自治区党委书记、人大常委会主任石泰峰到呼和浩特白塔国际机场调研指导首都机场分流国际航班应对处置工作。内蒙古自治区党委常委、秘书长张韶春，自治区副主席、自治区疫情防控指挥部副总指挥欧阳晓晖及有关单位主要领导陪同调研。

3 月 31 日

海关总署同意批复呼和浩特综保区验收结果，标志着呼和浩特综保区正式封关运营。

4 月 1 日

内蒙古自治区党委副书记、自治区主席布小林到阿尔山口岸调研指导工作，自治区副主席艾丽华陪同调研。

4 月 7 日

内蒙古自治区党委书记、人大常委会主任石泰峰到满都拉口岸督导检查防控境外疫情输入工作。

4 月 8 日

按照国家部署安排，内蒙古自治区口岸办致函俄罗斯联邦边界建设署赤塔分局、俄罗斯外贝加尔边疆区投资发展部，自 4 月 8 日 20：00 时起临时关闭满洲里—后贝加尔斯克公路口岸客运通道。

4 月 13 日

内蒙古自治区党委书记、人大常委会主任石泰峰到满洲里口岸调研指导防控境外疫情输入工作并慰问一线工作人员。内蒙古自治区党委常委、纪委书记、监察委主任刘奇凡，自治区党委常委、秘书长张韶春，自治区副主席黄志强陪同调研。

内蒙古自治区政协主席李秀领到甘其毛都口岸调研防控境外疫情输入和复工复产工作。

4 月 14 日

内蒙古自治区党委书记、人大常委会主任石泰峰到额布都格口岸调研指导防控境外疫情输入工作。

4 月 15 日

国家卫健委工作指导组到满洲里公路口岸检查指导疫情防控和救治工作。

5 月 3 日

内蒙古自治区党委副书记、自治区主席布小林到满洲里口岸调研指导防控境外疫情输入工作。

6 月 15 日

内蒙古自治区党委书记、人大常委会主任石泰峰到策克口岸调研。

6 月 22 日

内蒙古自治区党委书记、人大常委会主任石泰峰到珠恩嘎达布其口岸调研。

6 月 22 日～23 日

国家移民管理局党组成员、副局长赵昌华到内蒙古出入境边检总站调研指导并看望慰问基层干警。

7 月 3 日

中蒙两国宣布建立并启动运行中蒙边境口岸“绿色通道”，于 8 月 1 日在二连浩特口岸开通。

7 月 6 日～7 日

内蒙古自治区党委书记、人大常委会主任石泰峰先后到黑山头、室韦口岸调研指导工作。

7 月 13 日

内蒙古自治区党委副书记、自治区主席布小林到珠恩嘎达布其口岸调研指导工作。

9 月 8 日

中共中央、国务院等授予内蒙古自治区呼伦贝尔市满洲里市口岸办“全国抗击新冠肺炎疫情先进集体”荣誉称号。

内蒙古自治区副主席黄志强主持召开自治区推进呼和浩特、鄂尔多斯综合保税区高质量发展专题会议。

9月13日

中央政法委委员、秘书长陈一新到阿尔山口岸调研指导工作，内蒙古自治区党委常委、兴安盟委书记张恩惠陪同调研。

9月20日

生态环境部部长黄润秋到阿尔山口岸调研，内蒙古自治区党委常委、兴安盟委书记张恩惠陪同调研。

9月26日~29日

外交部副部长罗照辉率国务院联防联控机制秋冬季新冠肺炎疫情防控专项督查组，到满洲里、二连浩特口岸检查指导防范境外疫情输入工作。

10月14日

全国政协副主席卢展工到阿尔山口岸调研指导工作，内蒙古自治区副主席、兴安盟盟长奇巴图陪同调研。

10月14日~17日

海关总署副署长王令浚在呼和浩特海关所属包头海关、乌拉特海关和额济纳海关调研。

10月22日

蒙古国捐赠我国3万只活羊交接仪式在二连浩特—扎门乌德公路口岸“零公里”处举行。内蒙古自治区党委副书记、自治区主席布小林宣布“捐赠羊开始通关”，自治区副主席黄志强主持交接仪式。我国商务部、外交部及蒙古国食品农业与轻工业部等部门出席交接仪式。

12月15日

湖北省捐赠蒙古国的防疫物资从二连浩特公路口岸出境。主要是PCR检测仪、核酸试剂盒及茶叶。

12月30日

呼和浩特海关隶属阿拉善海关正式开关。

12月31日

内蒙古自治区党委副书记、自治区主席布小林到甘其毛都口岸调研疫情防控工作。

（撰稿人：崔振杰、王梁、李姬莹、南东海）

2020 年内蒙古自治区口岸流量统计表

口岸类型	口岸名称	货运量（万吨）				集装箱量（万标箱）				人员（万人次）				交通工具（万辆、艘、架、列次）			
		出口	进口	合计	同比（%）	出口	进口	合计	同比（%）	出境	入境	合计	同比（%）	出境	入境	合计	同比（%）
空运口岸	呼和浩特									0.94	3.02	3.96	-84.9	0.00	0.02	0.02	-81.3
	满洲里									0.15	0.14	0.29	-91.2	0.005	0.005	0.010	-89.2
	海拉尔									0.16	0.14	0.30	-92.2	0.002	0.002	0.004	-92.3
	鄂尔多斯									0.14	0.16	0.31	-95.5	0.000	0.003	0.003	-94.6
	包头									0.01	0.01	0.02	-99.3	0.000	0.000	0.000	-97.7
	二连浩特（临时开放）									0.00	0.00	0.00	-100.0	0.000	0.000	0.000	-100.0
	分计									1.40	3.47	4.88	-89.98	0.01	0.03	0.04	-91.3
陆运口岸 公路口岸	满洲里	30.10	10.70	40.80	-63.40					6.81	6.85	13.66	-92.6	1.83	1.78	3.61	-81.5
	二连浩特	219.90	61.20	281.10	-22.00					13.30	13.00	26.30	-87.4	6.30	6.20	12.50	-78.9
	甘其毛都	12.89	1 539.46	1 552.35	-27.64					16.30	17.47	33.77	-49.2	20.06	15.80	35.86	-26.7
	策克	0.20	1 075.94	1 076.14	-13.20					11.04	10.97	22.01	-36.5	10.67	10.67	21.34	-20.3
	珠恩嘎达布其	0.02	28.72	28.74	-80.20					0.96	0.96	1.92	-82.6	0.76	0.79	1.55	-75.5
	黑山头	0.00	1.10	1.10	-83.00					0.07	0.08	0.15	-88.0	0.05	0.05	0.10	-86.0
	室韦	0.00	0.00	0.00	-100.00					0.00	0.00	0.00	-100.0	0.00	0.00	0.00	-100.0
	满都拉	2.95	69.59	72.54	-76.76					0.97	0.97	1.94	-66.6	0.88	0.79	1.67	-48.0

续表

口岸类型		口岸名称	货运量（万吨）				集装箱量（万标箱）				人员（万人次）				交通工具（万辆、艘、架、列次）			
			出口	进口	合计	同比（%）	出口	进口	合计	同比（%）	出境	入境	合计	同比（%）	出境	入境	合计	同比（%）
陆运口岸	公路口岸	额布都格	0.01	31.69	31.70	-44.00					0.93	0.94	1.87	-70.3	0.86	0.86	1.72	-57.0
		阿日哈沙特	0.03	0.23	0.25	-90.00					0.50	0.43	0.93	-92.5	0.07	0.07	0.14	-92.9
		阿尔山	0.00	0.00	0.00	-100.00					0.00	0.00	0.00	-100.0	0	0	0.00	-100.0
		分计	266.10	2 818.63	3 084.72	-30.47					50.88	51.67	102.55	-80.71	41.48	37.01	78.49	-52.9
	铁路口岸	满洲里	384.50	1 548.30	1 932.80	-37.70					1.35	1.33	2.68	-27.10	0.63	0.63	1.26	3.1
		二连浩特	150.30	1 465.60	1 615.90	9.80					1.70	1.70	3.40	-71.9	0.70	0.70	1.40	3.5
		分计	534.80	3 013.90	3 548.70	-22.39					3.05	3.03	6.08	-61.49	1.33	1.33	2.66	2.7
合计			800.90	5 832.53	6 633.42						55.33	58.17	113.51		42.82	38.37	81.19	
同比（%）			-16.4	-28.4	-27.1						-81.4	-80.6	-81.0		-49.5	-54.7	-52.4	

（内蒙古自治区口岸办提供）

2020 年内蒙古自治区口岸出入境主要数据表

项　目			2020 年	2019 年	同比（%）
出入境人员（人次）	出入境人员总数		1 144 668	5 962 774	-80.8
	入境人员		575 970	2 977 581	-80.66
	出境人员		568 698	2 985 193	-80.95
	出入境旅客		331 357	4 581 839	-92.77
	出入境员工		813 311	1 380 935	-41.1
	中国公民	小计	78 185	805 243	-90.29
		内地居民（因公）	76 148	753 367	-89.9
		内地居民（因私）			
		港澳居民	43	1 092	-96.06
		台湾同胞	1 994	50 784	-96.07
	外籍人员		1 066 483	5 157 531	-79.32
	从海港出入境人数				
	从陆港出入境人数		1 106 322	5 581 748	-80.18
	从空港出入境人数		38 346	381 026	-89.94
交通运输工具（辆、艘、架、列次）	总计		805 524	1 754 967	-54.1
	船舶				
	飞机		359	3 877	-90.74
	火车		26 913	25 892	3.94
	机动车辆		778 252	1 725 198	-54.89

（内蒙古出入境边检总站提供）

2020 年呼和浩特海关主要数据统计表

项　目		2020 年	2019 年	同比（%）
进出口货运量（万吨）	合计	5 271.3	6 178.8	-14.69
	进口	4 994.7	5 944.1	-15.97
	出口	276.6	234.7	17.85
进出口贸易总值（万美元）	合计	885 286.3	1 022 641.4	-13.43
	进口	670 705.9	800 132.8	-16.18
	其中：江、海运输	115 135.5	129 907.7	-11.37
	铁路运输	215 012.8	215 500.8	-0.23
	汽车运输	326 287.7	440 388.0	-25.91
	航空运输	13 885.2	13 650.5	1.72
	邮件运输	327.3	491.9	-33.46
	其他运输	57.4	194.0	-70.41
	出口	214 580.4	222 508.6	-3.56
	其中：江、海运输	38 982.4	37 782.3	3.18
	铁路运输	36 230.3	46 114.1	-21.43
	汽车运输	118 115.9	121 111.2	-2.47
	航空运输	7 924.0	1 045.2	658.13
	邮件运输	835.2	283.2	194.92
	其他运输	12 492.6	16 172.7	-22.76
税收（万元）	两税合计	626 747.7	873 610.6	-28.26
	关税入库	72 646.4	1 153 32.5	-37.01
	进口环节税入库	554 101.3	758 278.2	-26.93

（呼和浩特海关提供）

2020 年满洲里海关主要数据统计表

项　目		2020 年	2019 年	同比（%）
进出口货运量（万吨）	合计	1 508.4	1 682.1	-10.32
	进口	1 397.9	1 542.4	-9.37
	出口	110.5	139.7	-20.89
进出口贸易总值（万元）	合计	3 546 929.0	3 985 849.0	-11.03
	进口	2 284 513.2	2 385 047.8	-4.26
	其中：江、海运输	—	—	—
	铁路运输	—	—	—
	汽车运输	—	—	—
	航空运输	—	—	—
	邮件运输	—	—	—
	其他运输	—	—	—
	出口	1 262 415.8	1 600 801.2	-21.1
	其中：江、海运输	—	—	—
	铁路运输	—	—	—
	汽车运输	—	—	—
	航空运输	—	—	—
	邮件运输	—	—	—
	其他运输	—	—	—
税收（万元）	两税合计	275 038.0	299 831.5	-8.30
	关税入库	22 534.9	26 290.0	-14.30
	进口环节税入库	252 503.0	273 541.5	-7.70

（满洲里海关提供）

口岸数量及分布

截至2020年年底，辽宁省有经国务院批准的对外开放口岸13个。其中，空运口岸2个，分别是沈阳空运口岸（沈阳桃仙国际机场）、大连空运口岸（大连周水子国际机场）；水运（海港）口岸9个，分别是大连、庄河、旅顺新港、长兴岛、营口、丹东、锦州、盘锦、葫芦岛海港口岸；陆路（铁路）口岸1个，为丹东铁路口岸；陆路（公路）口岸1个，为丹东公路口岸。

口岸运行数据

2020年，辽宁省口岸货物吞吐量81 208.1万吨，同比减少4.8%。外贸进出口货运量完成30 865.1万吨，同比增长6.7%。其中，外贸进口24 738.7万吨，同比增长14.2%；出口6 126.4万吨，同比减少15.5%。集装箱运输完成1 310.7万标箱，同比减少22.4%。其中外贸404.4万标箱，同比减少26.8%。

口岸综合管理

【口岸开放工作取得新进展】 一是会同相关部门，在全面梳理评估“十三五”口岸工作的基础上，多次征询意见、认真研究论证，完成辽宁省口岸发展“十四五”规划，由辽宁省政府报海关总署。二是高效完成盘锦港液体化工泊位临时启用，保障了我国规模最大的中外合资石化项目——宝来利安德巴赛尔“轻烃综合利用项目”提前投产运营，也带动了其在辽宁的后期投资。三是积极推进已开放范围内涉外泊位启用工作，全年共完成9个已开放范围内涉外泊位启用工作，分别为葫芦岛口岸柳条沟港区3#、4#、5#泊位；北良港2个5万吨级通用泊位（12#、13#）；盘锦港口岸西作业区301#、304#、305#、333#泊位。

【持续推进口岸通关便利化水平】 持续推广提前申报、两步申报、先放后验、船边直提、抵港直装、云签发等便利化措施，进一步提高通关时效。在辽宁省范围内开展口岸通关流程及作业时限标准化工作，针对水运口岸进口集装箱货物从装卸理货到货物提离的7个环节和出口集装箱货物从订舱到装船出运的6个环节，进行了全面梳理，明确各作业流程具体事项、受理部门及完成时限，联合港口部门细化了靠泊、装卸、场内转运、吊箱移位、掏箱、提箱等环节作业时限。辽宁省涉及集装箱业务的大连港、丹东港、锦州港、营口港全部承诺365天7×24小时的全天候运营，靠泊拖轮作业准点率100%，引航员登轮准点率100%；针对空运普货进口、空运普货出口两项主要业务各环节的操作流程和受理部门进行了梳理，围绕理货卸货、报关、缴税、查验作业、提离等环节制定作业时限标准，沈阳桃仙国际机场和大连周水子国际机场均承诺在2小时内完成出口货物收运、入库及发送运抵报告。目前，辽宁省水运、空运口岸通关流程及作业时限标准已在国际贸易“单一窗口”网站公示，外贸企业可更加直观地了解货物水运口岸集装箱通关的各环节流程，实现通关流程的标准化透明化。2020年12月，辽宁省进口和出口整体通关时间分别比2017年压缩了77.87%和94.07%，完成了国务院要求2020年年底“整体通关时间压缩50%”的目标。

【中国（辽宁）国际贸易单一窗口功能稳步推进】 积极拓展国际贸易“单一窗口”两步申报、船舶转港复用、进出口许可证、外贸经营者备案、出口退税（金三版）、金融服务等新功能陆续在辽宁省落地，其中大连作为全国“单一窗口”出口退税（金三版）首批试点，率先完成首单退税。组织开展了与建设银行“全球撮合家”功能对接，为境内外企业提供纯线上、一站式的综合信息公益发布平台，对跨境交易信息进行精准匹配和智能推送，帮助企业开拓市场，保订单。面向辽宁省举办了“单一窗口”船舶转港复用、舱单运抵信息推送和金融服务线上培训。截至2020年年底，中国（辽宁）国际贸易单一窗口共有注册企业6 610家，用户15 939个，累计办理业务3 187万票，平台上线运行16类69项中央标准应用和7类14项地方特色应用，全面覆盖海、陆、空所有口岸。

【积极开展口岸提效降费工作】 开展口岸收费阳光公示，建立口岸收费目录清单公示制度，动态更新“单一窗口”网站、口岸现场大厅等收费目录清单内容。持续做好免除海关查验没有问题外贸企业吊装移位仓储费用试点工作，累计争取国家财政补贴2 509亿元，减轻辽宁省外贸企业负担。

【推进海关特殊监管区域创新发展】 一是完成了全国首次综合保税区绩效评估辽宁省材料报送工作。按照海关总署《综合保税区发展绩效评估办法（试行）》的要求，与海关、各相关市商务局、各综合保税区管理机构建立沟通协调机制，围绕发展绩效评估指标要求，逐条分解任务，明确各部门填报内容，并对各部门上报材料逐项审核，上报海关总署自贸司，对辽宁省综合保税区高水平开放高质量发展具有重要意义。二是大连湾里综合保税区、大窑湾综合保税区获国务院批复。大连出口加工区、大连大窑湾保税港区完成整合优化工作，分别于2020年5月、8月获得国务院批复，整合优化为大连湾里综合保税区、大窑湾综合保税区。同时，对大连保税区转型升级为综合保税区形成了初步意见，拟将大连保税区异地置换至大连金州湾临空经济区，转型为大连空港综合保税区。三是举办综合保税区相关政策培训会。深刻领会国务院《关于促进综合保税区高水平开放高质量发展的若干意见》，更好地释放综合保税区政策红利，确保惠企政策精准落地，在大连组织召开辽宁综合保税区相关政策培训会，沈阳、大连及营口商务局、综合保税区管理委员会及区内外企业50余人参加了培训。

口岸监管与服务

【辽宁出入境边检总站推进经济社会发展贡献边检智慧和力量】 一是积极应对疫情输入风险，有力策应辽宁省疫情防控工作大局。严格落实“外防输入、内防反弹”的防控策略，深度融入驻地政府疫情防控体系，高标准落实“三提前”“三共享”工作机制。完成在韩烈士遗骸归国专机通关保障及80余架次分流航班、临时航班和救助包机入出境查验任务，完成7 000余名船员登陆换班、涉疫转运、紧急救治，完成国际组织驻朝机构人员、在朝滞留人员通关保障任务。二是全面筑牢口岸安全屏障，扎实推进新时代平安辽宁建设。牢固树立总体国家安全观，准确把握口岸管控形势变化，在统筹推进常态化疫情防控与口岸查控、反恐防回流等常态化工作方面同步发力、精准施策，为服务保障扫黑除恶、国际追逃追赃等重大专项工作作出了突出贡献。三是高度重视营商环境建设，积极助力辽宁经济全面振兴发展。助力大连港、盘锦港等口岸7个新建泊位通过扩大开放验收，全力支持辽宁新一轮振兴发展。为中储粮、宝来巴塞尔等大型招商引资项目提供前沿式、跟进式服务保障，有力策应了省委省政府重大经济建设项目规划部署，成为辽宁口岸营商环境建设的靓丽名片。

【辽宁海事局优化口岸营商环境促进跨境贸易便利化取得良好成效】 一是全面筑牢疫情防控基础，全力帮扶企业复工复产。迅速落实交通运输部和属地决策部署，成立疫情防控工作机构，快速形成覆盖全局的三级联动指挥体系和联防联控机制，压实群防群控责任。严格落实“外防输入”举措及“一断三不断”要求，做好中韩客货班轮等国际航行船舶疫情防控工作。积极推行海事政务“不见面”办理、“零接触”审批、远程视频查验等举措。全年减免港口建设费12.09亿元，船舶油污损害赔偿基金1 000余万元。二是进一步推进依法行政，打造更加便利的口岸通关环境。全面梳理分析辖区各类海事监管风险源，明确技术风险，得出监管重点，推动安全监管模式由警戒式监管向事前预控式监管的转变。依托“智慧辽宁海事”信息平台，提供船舶抵港网上申报、船载危险货物网上审批、防污染作业网上审批等服务，缩短通关时间，简化办事程序，提高口岸通关效率。三是积极深化国际贸易“单一窗口”建设，推进口岸信息电子化流转。积极参与船舶进出口岸联网核放、舱单申报与跨部门共享和通关状态综合信息查询等功能建设。先行先试，全面实施国际航行船舶进口岸告知承诺制审批，船舶代理企业仅需通过“单一窗口”系统申报规定的基础数据并上传“告知承诺书”，即可办理国际航行船舶进出口岸手续，无须再扫描上传大量船舶、船员证书资料。

【大连海关以优化口岸营商环境为抓手助力辽宁经济振兴发展】 大连海关认真落实中央决策部署，积极融入辽宁经济发展大局，支持辽宁外向型经济发展。一是创新监管模式，培育外贸发展动能。“进出口商品智慧申报导航”入选国务院“自贸区第六批改革试点经验”。支持西柳服装城获批成为东北首家市场采购试点。全国率先开展“多国别、多矿种”保税混铁矿监管业务。全国首创出口证书“云签发”模式，证书申领时间由1天缩短至10分钟以内。二是落实“六稳六保”、促进经济“双循环”。出台帮扶企业防控疫情复工复产15条措施。全国率先推出委托加工进口商品“合格保证+验证+质量追溯”新监管模式，支持大连海尔等重点加工贸易企业拓展国内市场。发挥技术优势帮扶企业破解疫情期间出口壁垒，助推辽宁软枣猕猴桃、东港鲜草莓、盖州苹果顺利实现首次出口。三是开展协同合作，促进跨境要素高效流通。深化与辽宁港口集团战略合作，实施集装箱国际中转快速验放，创新船舶维修改造换装监管模式，支持拓展商品车过境运输业务等。支持大商所开展铁矿石期货保税交割，提升铁矿石国际定价权。出台支持冷链产业发展18条措施、支持水产加工行业发展10条措施；四是聚焦市场主体，帮扶企业纾困解难。开展“百人千企”对口帮扶，关党委委员牵头156名业务骨干“一对一”帮扶关区1 550家进出口企业，累计协调解决企业各类问题481项。承办全国首家集团财务公司担保业务，为本钢集团减少资金占用7.65亿元。运用减免税优惠政策提振企业发展信心。

【沈阳海关加强企业管理推动提升贸易便利化水平】 一是深入推进“放管服”改革。按照海关总署要求取消2项行政审批事项，积极推进“多证合一”改革，国际贸易“单一窗口”主要申报业务应用率继续保持100%。巩固压缩货物整体通关时间成效，关区整体进口、出口通关时间同比2017年分别压缩81.4%、94.05%。坚决贯彻“减税降费”部署，清理规范口岸收费，扎实有效推进涉企收费专项治理。继续推行“先放后检”，大宗资源性商品通关效率有效提升。二是保障国际物流畅通。落实海关总署支持中欧班列发展的10条措施，力促中欧班列（沈阳）运行提质增效，全年监管中欧班列数同比增长79.1%。2月19日，国家药监局、海关总署联合发文同意增设沈阳航空口岸为药品进口口岸；6月23日，“锦州—海南（洋浦）内外贸同船”业务完成首航，开辟海运向南新通道；7月3日，推动“沈阳—莫斯科别雷拉斯特”线路顺利开行；8月30日，沈阳中欧班列经绥芬河口岸出境新通道顺利开通；启动“区港直通”改革试点，助推沈阳中欧班列集结中心建设；9月3日，首批由捷克进口的240千克尼麦角林药品由从沈阳桃仙机场口岸顺利提离；12月4日，沈阳至旧金山货运包机顺利实现首航；12月5日，沈阳至伦敦货运包机顺利实现首航。二是优化加工贸易营商环境。推出6项措施支持加工贸易及保税仓储企业稳定发展，简化内销、延期、核销等业务办理手续；积极推广“边角废料网上公开拍卖”，进一步拓展加工贸易边角废料内销价格市场化途径。三是加大信用培育力度。对与“一带一路”沿线国家和地区有贸易往来的17家重点企业开展专题信用培育，对高级认证企业开展“一对一”信用培育，指导企业规范守法经营；推广“中国海关信用管理”微信平台，提供业务咨询，推送政策措施，2020年协调解决企业反映问题60余次。

开放口岸

【沈阳空运口岸（沈阳桃仙国际机场）】 沈阳桃仙国际机场位于辽宁省沈阳市东陵区桃仙镇，距沈阳市中心 22 千米，为国家民用一级机场。机场于 1985 年开始筹建，1989 年 4 月 16 日正式启用。机场跑道长 3 200 米，宽 45 米，飞行区等级为 4E，现有停机位 79 个，其中登机桥位 30 个，远机位 47 个，公务机位 2 个。机场净空条件良好、功能齐全、设备先进，可保障国内外大型客、货机使用。机场现有 3 座航站楼（T1、T2 航站楼停用）。T1 航站楼设计年旅客吞吐量 90 万人次。1995 年开始二期工程扩建，2001 年 12 月 T2 航站楼投入使用，T2 航站楼设计年旅客吞吐量 606 万人次。2011 年开始 T3 航站楼施工建设，2013 年 8 月 T3 航站楼投入使用，T3 航站楼设计年旅客吞吐量 1 750 万人次。

2020 年，沈阳空运口岸通航城市 122 个；航线 275 条，其中国内航线 250 条，国际及地区航线 25 条。

2020 年，沈阳空运口岸旅客吞吐量累计 1 318.1 万人次，同比减少 35.8%。货物吞吐量 17.1 万吨，同比减少 10.9%，其中外贸进出口货运量 5 000 吨，同比减少 50%。

【大连空运口岸（大连周水子国际机场）】 大连周水子国际机场位于大连市西北部，始建于 1972 年 10 月，发展建设成为民用机场。1973 年 4 月开航，1985 年经国务院批准对外开放。该机场距大连市中心 10 千米，距沈大高速公路 5 千米，交通运输网络十分便利，机场占地面积 345 万平方米，飞行跑道长 3 300 米，候机楼面积 13.5 万平方米，停机坪面积 66 万平方米，符合 4E 级 I 类国际机场标准，可供除 A380 外各种大型飞机安全起降。2020 年，大连周水子国际机场围绕贯彻落实民航强国和大连市建设东北亚航运中心的总体要求和战略部署，着力构建航线网络、大力开发客货市场，以“创建一流机场”为总体目标，全力推进东北亚门户枢纽机场建设。受新冠肺炎疫情影响，机场运输生产数据出现了断崖式的下降，面对如此不利的情况，大连周水子国际机场根据省、市疫情防控指挥部以及民航局各项工作指示精神，在确保安全的前提下，高效地完成了各项工作。截至 2020 年年底，48 家航空公司在大连开通 275 条国内外航线，与 8 个国家、3 个地区的 121 座城市通航，国内（不含港澳台）通航城市 102 个，国际通航城市 16 个，地区通航城市 3 个，形成了覆盖全国，辐射日、韩、俄，连接东南亚的航线网络。

2020 年，大连空运口岸完成旅客吞吐量 858.8 万人次，同比下降 57.2%；货邮吞吐量 12.3 万吨，同比下降 29.2%；航班起降 8.3 万架次，同比下降 46.3%。货物吞吐量 12.2 万吨，同比减少 29.5%。其中，外贸进出口货运量 2.7 万吨，同比减少 25%。

【丹东陆路（铁路）口岸】 口岸地点设在铁路丹东站，分为客运和货运两部分。1954 年中朝两国签订了铁路联运协定，开通北京至平壤、平壤至莫斯科往返直通国际联运旅客列车，经停丹东站，每周二、四、五、日出境，一、三、四、六入境，经中朝协商，每天都有丹东铁路口岸至朝鲜新义州口岸旅客列车。国际联运货物列车每天往返 4 对。2001 年 11 月 24 日中朝两国签订了边境口岸及其管理制度协定，明确规定：铁路口岸允许持有效护照及签证或边境通行证的双方公民、货物和运输工具通过；允许持有效护照及签证的第三国公民、货物和运输工具通过；铁路口岸每日的开放时间按中朝双方间有关协议中的铁路运行时刻表执行，不受双方规定的节假日和边境口岸每天开放时间的限制。2006 年 8 月，铁路丹东站改造建设，2008 年年底铁路丹东站新站舍竣工并投入使用。

【丹东陆路（公路）口岸】 口岸地点设在中朝友谊桥旁。丹东公路口岸是于 1955 年经中朝双方商定批准的对外开放口岸，也是我国与朝鲜半岛接壤的口岸中可通行第三国人员的口岸。丹东公路口岸分为客运和货运两部分。1966 年关闭，1981 年恢复通关。2004 年 6 月，丹东公路口岸扩建改造，2005 年 6 月，改造后的丹东公路口岸正式投入使用。2019 年，丹东公路口岸基础设施进行了较大规模的改造，进一步改善了口岸通关条件，提升了口岸对外形象。丹东公路口岸公路客运班车由中朝双方共同营运，主要接送两国边民。

【大连水运（海港）口岸】 大连港始建于 1899 年，距今已有百余年的历史。1960 年 6 月经国务院批准正式对外开放。大连港地处辽东半岛最南端，背负东三省，辐射东北亚，位于环渤海经济圈和东北亚经济区的中心地带，是东北三省及内蒙古自治区东部地区进入太平洋，面向世界的重要海上门户，也是转运远东、南亚、北美、欧洲货物最便捷的港口。大连港港阔水深，不淤不冻，自然条件非常优越，港区规划陆域面积约 35.4 平方千米，拥有生产性泊位 82 个，泊位岸线总长 20.6 千米，最大航道水深 25 米。目前大连港口岸共实现开放泊位 61 个，其中万吨级及以上泊位 52 个，开放泊位年设计通过能力总计包括散杂货物 1.47 亿吨、集装箱 410 万标箱、旅客 160 万人、滚装车 50 万辆。大连港与世界上 160 多个国家和地区、300 多个港口建立了海上经贸航运往来关系，开通集装箱航线 98 条，其中外贸航线 86 条，内贸航线 12 条，航班密度 400 班/月，基本覆盖全球主要航区，外贸航线中远洋干线 5 条，包括欧洲 3 条、美洲 1 条、中东印巴 1 条，近洋航线 81 条。开通大连至上海、广州、宁波、烟台 4 条商品车班轮航线，每月 50 班以上；日本进口班轮航线 1 条，每月 6~7 班；欧洲出口班轮航线 1 条，每月 2 班；外贸不定期航线 3 条。运营 1 条大连至韩国仁川的国际客货班轮航线，每周 3 班。东北地区 98.5%以上的外贸集装箱经大连港转运。大连港与美国奥克兰港、休斯敦港，加拿大的温哥华港，日本的北九州港、横滨港、伏木富山港等港口结为友好港。大连口岸以冷链物流为重点的海铁联运，辐射东北、覆盖全国的冷链物流网络逐步形成。大连港是全国业务最全的综合性港口，可为客户提供油品液体化工品、集装箱、杂货、汽车、矿石、散粮、客运滚装等港口物流服务，以及港口增值与支持业务。

大连港按区域划分为 8 个生产作业区。一是大港区，位于大连市中山区，靠近繁华的人民路地段，是大连港的发源地，现拥有客滚船及邮轮泊位 6 个，其中包括 1 座 15 万吨国际邮轮泊位，主要从事国内、国际旅客运输，年设计通过能力 558 万人。二是大连湾港区，拥有杂货泊位 15 个，主要从事煤炭、钢材、设备、粮食、特资等散杂货物装卸，年设计通过能力2 170万吨；拥有客运滚装泊位4个，主要从事旅客和滚装货运输，年设计通过能力包括旅客133万人、滚装车40万辆。三是大窑湾港区，是我国规划建设的四大国际深水中转港之一，是大连港运输国际集装箱的专业化港区，拥有14个集装箱泊位，码头年设计通过能力410万标箱；拥有4个汽车滚装泊位，年设计通过能力107万辆；拥有4个散货泊位，主要从事粮食及其他散货装卸，年设计通过能力525万吨。四是鲇鱼湾港区，拥有原油泊位4个，其中包括2座30万吨级及以上原油码头，可靠泊全球最大45万吨级油轮，年设计通过能力6 000万吨；拥有成品油及液体化工品泊位15个，年设计通过能力1 746万吨。五是大孤山南港区，拥有散货泊位2个，其中包括1座国内第一批经交通部核准且是东北唯一可满载停靠40万吨散货船舶的专业化泊位，主要从事金属矿石、煤炭等货物的装卸，年设计通过能力2 800万吨。六是大孤山西港区，大连港石化码头公司码头有4个油化品泊位，年通过能力661万吨。七是长兴岛港区，拥有原油泊位2座，其中1座为30万吨级，年设计通过能力358万吨；拥有散货泊位3座，主要从事矿建产品、木材、粮食等货物装卸运输，年设计通过能力358万吨。八是旅顺港区，拥有客滚及件杂泊位5座，主要从事旅客、滚装货及件杂货运输，年设计通过能力旅客60万人、滚装车25万辆、杂货167万吨。

2020年，大连海港口岸货物吞吐量3.34亿吨，同比减少8.8%，其中外贸进出口货运量1.63亿吨，同比减少1%。集装箱吞吐量511万标箱，同比减少41.7%，其中外贸集装箱389.1万标箱，同比减少28.4%。

【营口水运（海港）口岸】 位于渤海湾东北岸、辽河的入海口。口岸包括沿辽河的营口老港区、鲅鱼圈港区和仙人岛港区3个港区。营口老港区于1861年对外开埠，至今已有159年的历史。鲅鱼圈港区是营口港的核心港区，以矿石、煤炭、集装箱、钢材、油品、粮食等运输为主，1984年经国务院批准建设，1988年对外开放。仙人岛港区于2008年经国家批准建设，2018年10月9日对外开放通过国家正式验收，主要以油品、化工品等液体散货和通用散、杂货运输为主，30万吨级原油码头、油品码头、通用码头和多用途码头已投入运营。营口港现有集装箱、煤炭、粮食、矿石、钢材、大件设备、成品油及液体化工品和原油8大货种专用码头，其中矿石码头、原油码头分别为30万吨级，集装箱码头可以靠泊第5代集装箱船，总通过能力为1.6亿吨。

营口港现有泊位76个，其中鲅鱼圈港区55个，营口港区14个，仙人岛港区7个，万吨级以上泊位计57个。鲅鱼圈港区现有深水航道宽度270米，底标高-22米，长度32千米，可满足15万吨级以下船舶全天候通航，30万吨级矿石船舶可乘潮通航，7万吨级以下的船舶可双向通航。仙人岛港区现有30万吨级航道，宽度350米，底标高-22.5米，长度约27.85千米。

营口港已经同50多个国家和地区140多个港口建立了通航业务关系，现有东南亚航线、日本关东航线、韩国釜山航线、韩国仁川航线（国际客货班轮航线）外贸直航航线4条，以及通过天津、大连、宁波中转世界各地的外贸内支线3条。集装箱内贸航线已覆盖中国沿海30个主要港口。散杂货内贸航线主要分布在上海、青岛、江阴、宁波、舟山、温州、泉州、钦州、厦门、深圳、湛江及广州等地。营口港现有到华东、华南的定线船。散杂货外贸航线分布在韩国、日本、朝鲜、中国台北、新加坡、伊朗、印度、澳大利亚、巴西、美国、荷兰、意大利、英国、加拿大等国家和地区。内外贸航线达到每月 500 班次以上。营口港交通便捷，沈大高速、哈大公路沿港区而行，长大铁路直通码头前沿，与港内 30 条 1 050 米铁路装卸线相连。在营口港至东北内陆之间已开通 132 条海铁联运集装箱班列线路，广泛覆盖东北三省及内蒙古自治区东部共计 27 个地级市，基本覆盖距港口 300 千米远的东北全境。其中，以淀粉、粮食、化工、钢材等为主的全年常态化整列往返循环运输的班列线路和成组运输线路，合计超过 20 条。同时，紧密依托营口港密集的集装箱班轮航线和班列密度优势，实现班列对班轮的无缝衔接，全面辐射华东、华南主要港口并向内陆腹地延伸。成功构建了以营口港为核心枢纽的贯通南北、连接铁海的大型多式联运物流服务网络体系。2020 年，营口港以集装箱多式联运方式完成东北地区转运货量 1 196 万吨，实现淀粉、粮食、钢材、化工等货源在营口枢纽聚集转运，有效促进服务业和制造业的“两业融合”。实现现代物流业与第一、二产业有机结合，释放通道物流体量和贸易总额，促进枢纽经济和通道经济发展。

2020 年，营口海港口岸货物吞吐量 2.38 亿吨，与上年持平。其中，外贸进出口货运量 9 052.7 万吨，同比增长 9.5%。集装箱吞吐量 564.8 万标箱，同比增长 3.2%。其中，外贸集装箱 3.1 万标箱，同比减少 42.6%。

【丹东水运（海港）口岸】 丹东海港口岸是中国海岸线最北端的国际贸易商港，是天然不冻良港，辖大东港（海港）和浪头港（河港）两个港区。现有生产性泊位 31 个，拥有粮食、矿石、煤炭、油品、集装箱、客滚、散杂、通用等专业泊位和配套的专业化、自动化装卸系统及货物存放库场，港口年综合吞吐能力达亿吨。已与日本、韩国、俄罗斯、美国、巴西、印度等 70 多个国家和地区的 90 多个港口开通了散杂货、集装箱、客运航线。2014 年丹东港步入全国大型港口行列。

2020 年，丹东海港口岸货物吞吐量 4 417.5 万吨，同比减少 22.1%。外贸进出口货运量 2 062.5 万吨，同比增长 15.7%。集装箱吞吐量为 21 万标箱，同比减少 47.2%。港口出入境旅客 0.99 万人次，同比减少 91.4%，其中进境 0.67 万人次，出境 0.32 万人次。

【锦州水运（海港）口岸】 锦州海港口岸位于渤海西北部的锦州湾北岸，是中国纬度最高的国际商港，冬季冻而不封，是距辽宁西部，吉林、黑龙江两省中西部，内蒙古东部，华北北部乃至蒙古国、俄罗斯西伯利亚地区最便捷的进出海口，是国家辽宁沿海经济带建设战略中的重要节点。锦州港 1985 年 12 月经国务院批准建设，1986 年 10 月开工建设，1990 年 10 月正式通航，同年 12 月被国家批准为开放口岸，成为中国第 49 个对外开放口岸。2017 年 9 月 21 日，国务院批复同意锦州港口岸扩大开放。

锦州港现有泊位 27 个，其中包括 1 个 30 万吨级油泊位、5 个 10 万吨级散杂货泊位、4 个 10 万吨级集装箱泊位，年通过能力超亿吨，集装箱通过能力 360 万标箱。主要货物进出口种类为石油、天然气及制品、金属矿石、非金属矿石、钢铁、粮食、集装箱等。锦州港现已与亚洲、欧洲、大洋洲、美洲、非洲的 100 多个国家和地区建立通航关系。国内散货班轮开通漳州、蛇口、赤湾、防城、茂名以及长江流域靖江、扬州等航线，集装箱班轮国内已构成贯通南北沿海主要港口，全面辐射珠江和长江水系；外贸内支线可通过大连、天津中转至世界各地。

2020 年，锦州海港口岸货物吞吐量 1.06 亿吨，同比减少 6.2%，其中外贸进出口货运量

2 003.7 万吨，同比增长 9%；集装箱吞吐量 164.3 万标箱，同比减少 12.5%，其中外贸集装箱 8.9 万标箱。

【盘锦水运（海港）口岸】 位于辽东湾湾底，是辽宁沿海地区性重要港口和东北及内蒙古自治区东部地区最近的出海口之一。港口规划利用 11.7 千米自然岸线，形成陆域面积 44.7 平方千米、岸线 35.6 千米，规划布置泊位 90 个，通过能力达 2.56 亿吨。港口的防波堤、围堰和后方陆域已基本形成。港区已建成 28 个 5 万吨级泊位（已投入运行 18 个，其中开放泊位 12 个）和 60 万立方米油品储存罐区，另有 9 个 5 万～30 万吨级泊位正在建设。同拓宽型深水航道工程正在加紧建设，主体工程已基本完成。港口现有 2 万平方米查验仓库，6 万平方米保税仓库、出口监管仓及 50 万平方米保税物流中心，保税物流中心于 2016 年 10 月通过验收，2017 年 9 月正式开展业务。

盘锦海港口岸拥有便利的公路、铁路网络，火车可直接入港。重点发展油品、液体散货、粮食、集装箱等货物运输，逐步发展成为多功能、现代化的综合性港口。港口主要作业货种有粮食、化工原料及制品、化肥及农药、建材、钢铁等。依托港口优势，盘锦港发展多元产业，构建物流、经贸、燃供、保税、仓单质押、大宗商品电子交易等业务为一体的港口综合服务功能。其中，大宗商品电子交易平台可为客户提供全国沿海各港口的煤炭、玉米、钢材、矿石、化工品、油品等大宗商品市场行情及交易信息，可进行交易、仓储、结算业务，享受税收减免等优惠政策。

为满足外贸货物进出及港口发展的需求，从 2011 年开始，盘锦港口岸共完成 6 次临时对外开放。2015 年 6 月 7 日，国务院批复同意盘锦港口岸对外开放。2015 年，盘锦港纳入《辽宁省参与建设丝绸之路经济带和 21 世纪海上丝绸之路实施方案》中的“辽满欧”“辽蒙欧”“辽海欧”三大国际通道。2015 年 6 月 16 日，盘锦市政府与满洲里市政府签订了口岸合作协议。2015 年 10 月 18 日“盘满欧”集装箱国际班列正式开通，发出首列“盘锦港—满洲里—莫斯科”班列。2015 年 12 月 3 日，盘锦港口岸对外开放通过省级预备验收。2015 年 12 月 21 日，盘锦市政府与二连浩特市政府签订了口岸合作协议。2016 年 9 月 6 日，盘锦港口岸通过国家级验收。2017 年 5 月 10 日盘锦港开通东北首班“辽蒙欧”中欧班列。2019 年盘锦港新增至温州集装箱航线，航线总数达到 16 条，已建成通辽、法库、辽中、齐齐哈尔、佳木斯等 7 个陆港。2019 年 3 月 14 日盘锦港进境粮食指定监管场地顺利通过海关总署现场考核验收，5 月 8 日海关总署正式对外发布新增盘锦港为进境粮食指定监管场地。

2020 年，盘锦海港口岸货物吞吐量 5 749.8 万吨，同比增长 20.9%。其中，外贸进出口货运量 1 187.2 万吨，同比增长 168.2%；集装箱吞吐量 39.6 万标箱，同比增长 24.5%。

【葫芦岛水运（海港）口岸】 葫芦岛港位于辽东湾北岸的辽西走廊，三面环山，素有北方不冻良港之称。背靠 102 国道、京沈高速公路、京哈铁路和秦沈客运专线。东距营口港60海里，西距秦皇岛港90海里，处环渤海经济圈、东北和华北经济连接点。葫芦岛港历史悠久，1908年开始筹划建设，历经清末、民国、日伪几个时期建设，于1937年开始通航。中华人民共和国成立后，葫芦岛港建设成为一个重要造船基地。1984年8月经国务院等批准，葫芦岛港开展内贸运输。1995年，葫芦岛市进行港口扩建工程，开始建设1万吨级泊位1个，1999年竣工进行试营运，同年国务院批准葫芦岛港对外开放（国轮外运）。2000年万吨级码头通过营运验收和口岸开放验收。2002年，葫芦岛港一期工程移址柳条沟港区建设。2007年，国务院批准葫芦岛港对外国籍船舶开放，2010年11月葫芦岛港通过国家口岸扩大开放验收。经国务院同意，葫芦岛港口岸绥中港区的扩大开放项目列入2019年度口岸开放审理计划。2020年，辽宁省政府同意启用葫芦岛港口岸柳条沟港区已开放范围内新建涉外泊位。葫芦岛港规划一港四区，即柳条沟港区、绥中港区、北港港区和兴城港区。

2020年，葫芦岛海港口岸货物吞吐量为3 148.9万吨，同比增长2.4 %，其中外贸进出口货运量205.8万吨，同比增长168%；集装箱吞吐量10万标箱，同比增长61.3%。

葫芦岛海港口岸柳条沟港区，现拥有码头泊位7个，港区综合设计通过能力725万吨/年。2020年，货物吞吐量2 269.8万吨，同比增长7.5%，其中外贸205.8万吨，同比增长153.3%；集装箱吞吐量8.9万标箱，同比增长104%。

葫芦岛海港口岸绥中港区，拥有3个港口企业，分别是绥中港集团有限公司、绥中36-1原油终端处理厂和绥中发电有限责任公司。拥有货主专用码头6个和公共码头5个，港区综合通过能力2 759万吨/年。其中，绥中港集团有限公司已建成5个5 000吨级通用泊位（水工结构3个5万吨级）。货主专用码头：绥中发电有限责任公司有3 000吨级、1万吨级、5万吨级煤炭专用泊位各一个，主要货种为煤炭，设计通过能力为750万吨；绥中36-1原油终端处理厂5 000吨级、3万吨级、5万吨级原油专用泊位各一个，主要货种为原油，设计通过能力1 570万吨。2020年，绥中港集团有限公司货物吞吐量506.3万吨，同比减少25.9%；集装箱吞吐量1.1万标箱，同比减少34.2%，主要货种为煤炭、粮食、矿建材料；绥中发电有限责任公司货物吞吐量233.7万吨，同比下降11.6%，单一货种煤炭；绥中36-1原油终端处理厂完成吞吐量825.1万吨，同比减少1.8%，单一货种原油主要输出到天津港、南京港等10多个港口。

葫芦岛海港口岸北港港区，是北港工业园区的配套港区，东宝集团船舶制造有限公司有5个舾装码头。葫芦岛北龙物流集团有3个舾装码头，分别为2个5万吨级散杂货船舾装泊位和1个7 000吨级舾装泊位。2020年，葫芦岛北龙物流集团吞吐量139.1吨，同比下降44.4%。

葫芦岛海港口岸兴城港区，是葫芦岛港的预留发展港区，目前主要以客运为主。兴城港区现有码头主要是觉华岛陆岛交通码头，在兴城海滨建有7个500吨级陆岛交通码头，年综合通过能力50万人次。2020年，客运量15.1万人，客运周转量197.3万人，同比下降58.6 %；货运量52.5万吨，货运周转量79 993万吨，分别实现同比增长1%和4.8%。

【旅顺新港水运（海港）口岸】 旅顺新港海港口岸位于辽东半岛最南端，与山东半岛隔海相望，是天然不冻港，海岸线长度169千米，是沟通辽东半岛和山东半岛的“黄金水道”。2006年8月16日，国务院批准为对外开放口岸，2009

年 11 月 20 日通过国家验收，2010 年 1 月 6 日正式对外开放。旅顺新港口岸拥有 2 个开放杂货泊位，辖区内中远川崎船舶工程有限公司、大连今冈船务工程有限公司、大连旅顺滨海船舶修造有限公司码头实现口岸临时开放。旅顺新港口岸已开通旅顺至烟台、旅顺至蓬莱、旅顺至龙口、旅顺至东营、旅顺至潍坊、旅顺至天津 5 条国内省际客货滚装航线；主要进口货物为钢材、机械零部件、水产品等原材料，主要出口货物为成品货船、船舶分段、大型机械设备等各种加工贸易成品。

2020 年，旅顺新港海港口岸旅客吞吐量 65.9 万人次，同比减少 58.8%；渡运车辆 34.3 万台次，同比减少 17.9%。外贸吞吐量 138.4 万吨，同比减少 2.6%。

【庄河水运（海港）口岸】 庄河海港口岸位于辽东半岛东侧南部，是黄海、渤海距日、韩最近的港口，滨海公路横贯东西。2007 年 9 月 12 日获国务院批准对外开放，2009 年 11 月 18 日通过国家验收，2010 年 1 月 20 日正式对外开放。庄河港区共有建成泊位和在建泊位 27 个，其中已建成投入使用泊位 14 个，在建泊位 13 个。按区域分：将军石作业区已建成泊位 6 个，在建泊位 10 个；黑岛作业区已建成泊位 1 个；石城港已建成泊位 4 个；王家港已建成泊位 2 个，在建泊位 3 个；寿龙岛港已建成泊位 1 个。

2020 年，庄河港区货物吞吐量 491.24 万吨，同比减少 0.65%。

【长兴岛水运（海港）口岸】 长兴岛港区主要包括长兴岛、西中岛、凤鸣岛 3 个自然岛屿，与大陆以海沟、浅滩相隔，长兴、西中、凤鸣三岛相间形成了葫芦山湾和董家口湾两个海湾。长兴岛地区深水岸线资源丰富，港口建设条件优良。港址南距旅顺新港约 59 海里，北距营口港约 101 海里。2011 年 7 月 30 日，国务院批准长兴岛港口岸对外开放。2019 年 10 月 9 日，长兴岛港口岸通过国家验收，正式对外开放。

长兴岛港区分为长兴岛北岸作业区、长兴岛南岸作业区和西中岛作业区。长兴岛北岸作业区：恒力石化项目 1 个 2 万吨级散货泊位（已升级为限制船长的 5 万吨级泊位）、3 个 5 万吨级散货泊位、2 个 10 万吨级液体散货泊位及 1 个 5 000 吨级液体散货泊位；防波堤外侧大连港长兴岛 30 万吨级原油码头、内侧 10 万吨级原油码头及后方原油库区一期工程已建成。南岸作业区：公共港区西侧 0#~3#通用泊位（5 万~7 万吨级）。西中岛作业区：南防波堤工程基本完工。货物以原油、液体化学品、散货为主。近几年长兴岛港区吞吐量呈快速增长趋势。近几年长兴岛港区吞吐量呈快速增长趋势。

2020 年，长兴岛港货物吞吐量 7 808 万吨，同比增长 44.8%。

大连市

【口岸运行数据】 2020 年，大连口岸完成进出口货运量 3.34 亿吨，同比减少 8.9%。外贸进出口货运量 16 352.7 万吨，同比减少 1%，其中进口 11 767.4 万吨，同比增长 8%；出口 4 585.3 万吨，同比减少 18.4%。

【科学谋划口岸发展，推进口岸扩大开放】 制订《大连市口岸发展“十四五”规划编制工作方案》（简称《规划》），多次召开专题研讨，深入分析大连市口岸发展趋势，通过广泛吸收专家学者、查验单位、港口物流企业意见，不断提升、完善规划报告，提出大连市口岸发展目标及重点任务，完成《规划》上报。

【北良港新建 5 万吨级通用泊位（12#、13#）通过省级开放验收】 2020 年 9 月 16 日，北良新建泊位（12#、13#）顺利通过省级开放验收。北良港隶属中国华粮物流集团北良有限公司，是世界级的现代化粮食中转码头，港区面积约 5 平方千米，年综合通过能力 1 500 万吨。港内现有 5 万~8 万吨级散粮装卸专用泊位 3 个，通用泊位 4 个，粮食筒仓仓容 200 万吨。港内的国家粮食储备库是中央国债投资建设的重点项目，堪称国内“第一粮仓”。北良港还是大连商品交易所指定期货交割库，多年来北良港玉米和大豆交割量位于东北前列，是大连商品交易所“先进指定交割库”。

【大连 LNG 码头通过省级开放验收】 大连 LNG 码头项目是国家“十一五”液化天然气项目发展规划的重点项目。2011 年 11 月 16 日投产以来，已累计接卸 LNG 运输船 223 艘次，接卸进口 LNG 资源 1 775 万吨，为北方地区输送优质、清洁的天然气能源超过 246 亿立方米。为大连市、辽宁省乃至整个东北地区能源结构改善提供助力气源保障。

【完善国际贸易“单一窗口”功能】 启动国际贸易“单一窗口”地方特色功能论证研究。开展通关时效评估系统等 5 项功能论证工作，并向大连市发改委申请立项。开展中日韩国际贸易“单一窗口”合作研究，国家口岸管理办公室正式批复大连市为我国与日韩“单一窗口”互联互通合作试点城市。

【持续优化口岸营商环境】 推动进口集装箱提货单提前实现无纸化，打通提货单无纸化系统搭建的“最后一公里”。加大提货单电子化的宣传、培训及应用推广力度，大连口岸电子放货比率已达到 90%以上。组织开展大连口岸优化跨境贸易营商环境第三方评估，从“提时效、降成本、优流程”入手持续优化口岸营商环境。组织大连海关、市商务局等相关单位，完成国家发展改革委组织的营商环境指标填报工作。继续加大空港保税航油的宣传力度，做好对外保税航油政策的宣传工作。

2020 年辽宁省口岸大事记

1 月 20 日

沈阳药品进口口岸正式获批，沈阳成为全国第 24 个拥有药品进口口岸的城市，沈阳对外开放平台通道进一步拓展。

2 月 19 日

国家药监局、海关总署联合发文同意增设沈阳空运口岸为药品进口口岸。

3 月 20 日

辽宁省人大常委会副主任，省总工会党组书记、主席杨忠林到锦州港，就港口疫情防控和复工复产情况进行调研。

3 月 27 日

葫芦岛港口岸柳条沟港区 3#、4#、5#涉外泊位通过辽宁省政府批复正式对外开放启用。

6 月 2 日

辽宁省副省长张立林到锦州港调研。

6 月 23 日

开通“锦州—海南（洋浦）”内外贸同船航线，主动融入国际发展战略、打通东北地区至东南亚区域货运新通道，是锦州港在向国际化港口迈进过程中的重要标志。

7 月 3 日

“沈阳—莫斯科别雷拉斯特”线路顺利开行。

7 月 7 日

沈阳海关“出入境人员综合服务‘一站式’平台”“飞机行业内加工贸易保税货物便捷调拨监管模式”两项创新措施被列入国务院自贸试验区第六批改革试点经验，在全国复制推广。

7 月 10 日

盘锦港 333#液体化工泊位获批临时对外开放。

7 月 14 日

首艘装载 4.6 万吨液化石油气的巴拿马籍船舶“IMO 9809540”（中文名丁香长廊）号顺利靠泊盘锦港 333#液体化工泊位。

7 月 27 日~28 日

中共中央政治局委员、国务院副总理孙春兰到大连港口岸调研疫情防控工作。

8 月 2 日

辽宁省委副书记、代省长刘宁一行到营口港调研，刘宁详细了解港口生产经营、疫情防控、辽港集团融合发展等情况。

8 月 19 日

全国人民代表大会法制工作委员会副主任许安标来港调研。

8 月 30 日

沈阳中欧班列经绥芬河口岸出境新通道顺利开通。

9 月 14 日

国务院发展研究中心副主任王安顺率工作组到丹东口岸视察调研。

9 月 22 日

辽宁省委副书记、省长刘宁带队赴海关总署，与海关总署署长倪岳峰就加快推进辽宁对外开放工作深入交换意见并达成共识。辽宁省副省长陈向群、大连市市长陈绍旺，海关总署副署长邹志武参加会议。

11 月 20 日

锦州海关荣获第六届全国文明单位。

12 月 3 日

盘锦港口岸 301#、304#、305#、333#涉外泊位通过辽宁省政府批复正式对外开放启用。

（撰稿人：徐雷、武兴鹏、黄忠国、关大鹏、吴思夷、李光毅、王玲玲、王俊、张学忠、王文新、温士杰、尹君）

2020 年辽宁省口岸流量统计表

口岸类型		口岸名称	货运量（万吨）				集装箱量（万标箱）				人员（万人次）				交通工具（辆、艘、架、列次）			
			出口	进口	合计	同比（%）	出口	进口	合计	同比（%）	出境	入境	合计	同比（%）	出境	入境	合计	同比（%）
空运口岸		沈阳	0.3	0.2	0.5	-50.0												
		大连	1.7	1.0	2.7	-25.0												
		分计	2.0	1.2	3.2	-30.0							53.3	-85.8			5 427.0	-79.0
陆路口岸	公路口岸	丹东											2.2	-96.5			11 052.0	-92.3
		分计																
	铁路口岸	丹东											1.1	-96.2			607.0	-70.1
		分计																
水运口岸	海港口岸	大连	4 583.6	11 766.4	16 350.0	-1.0			389.1	-28.4								
		营口	993.1	8 059.6	9 052.7	9.5			3.1	-42.6								
		丹东	102.1	1 960.4	2 062.5	15.7			3.3	-13.2								
		锦州	393.9	1 609.8	2 003.7	9.0			8.9									
		葫芦岛		205.8	205.8	168.0												
		盘锦	51.7	1 135.5	1 187.2	168.2												
		分计	6 124.4	24 737.5	30 861.9	6.7			404.4	-26.8			1.4	-95.6			13 277.0	0.1
合计			6 126.4	24 738.7	30 865.1	6.7			404.4	-26.8			58.0	-88.3			30 363.0	-83.5

（辽宁省口岸办提供）

2020 年沈阳海关主要数据统计表

项　目		2020 年	2019 年	同比（%）
进出口货运量（万吨）	合计	2 217.7	1 995.4	11.14
	进口	1 775.6	1 568.3	13.22
	出口	442.1	427.1	3.51
进出口贸易总值（万美元）	合计	1 600 677.5	1 719 118.3	-6.89
	进口	1 305 080.8	1 406 982.3	-7.24
	其中：江、海运输	1 175 653.0	1 267 954.1	-7.28
	铁路运输	77 047.0	54 145.5	42.30
	汽车运输	714.1	2 870.8	-75.13
	航空运输	50 343.2	78 756.9	-36.08
	邮件运输	1 280.8	3 230.4	-60.35
	其他运输	42.8	24.6	73.92
	出口	295 596.6	312 136.0	-5.30
	其中：江、海运输	181 223.6	221 346.2	-18.13
	铁路运输	76 334.5	47 313.2	61.34
	汽车运输	145.6	52.7	176.24
	航空运输	25 017.9	31 713.2	-21.11
	邮件运输	2 536.1	2 370.3	7.00
	其他运输	10 338.8	9 340.5	10.69
税收（万元）	两税合计	161.7	177.5	-8.91
	关税入库	37.2	42.0	-11.52
	进口环节税入库	124.5	135.5	-8.10

（沈阳海关提供）

2020 年大连海关主要数据统计表

项 目		2020 年	2019 年	同比（%）
进出口货运量（万吨）	合计	25 158.53	21 542.73	16.78
	进口	20 501.86	16 346.93	25.42
	出口	4 656.67	5 195.80	-10.38
进出口贸易总值（万美元）	合计	—	—	—
	进口	—	—	—
	其中：江、海运输	—	—	—
	铁路运输	—	—	—
	汽车运输	—	—	—
	航空运输	—	—	—
	邮件运输	—	—	—
	其他运输	—	—	—
	出口	—	—	—
	其中：江、海运输	—	—	—
	铁路运输	—	—	—
	汽车运输	—	—	—
	航空运输	—	—	—
	邮件运输	—	—	—
	其他运输	—	—	—
税收（万元）	两税合计	5 844 956.08	6 840 455.28	-14.55
	关税入库	783 305.80	849 431.85	-7.78
	进口环节税入库	5 061 650.28	5 991 023.43	-15.51

（大连海关提供）

2020 年辽宁海事局进出港船舶统计汇总表

船舶类别	进港船舶							出港船舶						
	艘数（艘）	总吨（吨位）	总载重量（吨）	载客量（客位）	船员人数（人次）	货物到达量（吨）	旅客到达量（人）	艘数（艘）	总吨（吨位）	总载重量（吨）	载客量（客位）	船员人数（人次）	货物发送量（吨）	旅客发送量（人）
总　计	133 806	934 844 119	1 173 539 491	9 683 565	2 036 158	381 027 815	2 413 461	133 221	937 527 033	1 171 279 606	9 687 584	2 032 233	435 424 015	2 371 857
中国籍船舶	124 824	636 364 656	639 362 130	9 505 181	1 863 968	151 811 766	2 413 461	124 187	636 365 888	633 265 761	9 508 395	1 858 873	366 694 290	2 371 857
其中外贸船	608	11 734 177	19 935 343	0	11 755	11 913 242	0	604	10 553 114	17 660 673	0	11 440	3 003 131	0

（辽宁海事局提供）

口岸数量及分布

截至2020年年底，吉林省共有经国务院批准的对外开放口岸16个。其中，空运口岸2个，分别是长春空运口岸（长春龙嘉国际机场）、延吉空运口岸（延吉朝阳川国际机场）；陆路（铁路）口岸3个，分别是集安、图们、珲春；陆路（公路）口岸11个，分别是双目峰、南坪、珲春、圈河、长白、临江、三合、开山屯、古城里、沙坨子、集安。中朝边境口岸12个，中俄边境口岸2个。

口岸运行数据

2020年，吉林省口岸进出境货运量298.04万吨，同比增长5.3%；吉林省口岸进出境人员31.94万人次，同比下降88.3%；吉林省口岸进出境交通工具2.22万辆（列节、架）次，同比下降83.6%。受新冠肺炎疫情蔓延影响，吉林省对朝口岸基本没有人员和货物通行，对俄口岸客运通道关闭，仅保留货运功能。

口岸综合管理

【积极推广、完善国际贸易“单一窗口”平台，提高服务能力、水平】 一是逐步完善“单一窗口”各项功能，使“单一窗口”服务范围覆盖国际贸易链条各主要环节；二是优化“单一窗口”业务流程，开放预约通关、推进无纸化业务，提高“单一窗口”使用效率；三是建立完善“单一窗口”运维保障机制，加强信息安全防护，保证系统全年安全稳定运行；四是采用多种方式开展客服，提升企业体验感和获得感，通过电信、移动、联通三大运营商95198客服热线，QQ群、微信群的方式，组织运维团队针对企业实际操作中遇到的问题在线进行答疑、解惑工作；五是发挥“单一窗口”信息发布功能，及时向社会推介“单一窗口”新增功能，及时公布吉林省各口岸收费清单，助力改善营商环境，促进贸易便利化。2020年，累计业务569 384票，同比增长88.7%。企业通过“单一窗口”进行的货物申报、空运舱单申报、公路舱单申报、空运运输工具申报、公路运输工具申报等主要业务覆盖率已达到100%。

【加强口岸基础设施建设，提升口岸发展能级】 一是积极推进口岸规划建设和升级改造。推进珲春圈河联检楼建设，图们新建联检楼，集安老虎哨口岸升级，龙井三合口岸灾后重建，临江口岸查验场等一批口岸发展重点项目。完成了图们公路口岸基础设施改造项目、龙井市三合口岸综合监管区信息系统建设项目等一批口岸基础设施升级改造项目。二是全面提升边境口岸信息化水平。推进了珲春、图们、龙井、和龙、临江、长白六个地区车辆“一站式”智能通关系统建设。

【加强口岸对外开放，支持地方经济发展】 一是积极推进安图双目峰口岸开放进程，完成《双目峰跨境旅游经贸合作区可行性研究报告》。二是根据疫情防控需求，会同长春海关对拟临开通道防疫设施进行升级改造，为口岸继续临时开放奠定了坚实的基础。三是药品进口口岸报批工作取得了突破性进展，长春药品进口口岸顺利通过中国食品药品检定研究院验收。四是推进了临江中药材进口口岸、珲春中药材进口口岸的审批进程。临江中药材进口口岸已经由国务院批转至国家药监局、海关总署办理，珲春中药材进口口岸申报工作正在展开。五是推进了珲春建设多口岸共用监管场地报批进程，为丰富珲春各口岸功能创造条件。

【加强口岸通道建设，扩大口岸通行能力】 一是推进中欧班列建设进程。“长满欧”中欧班列稳定运营，2020年1~12月，吉林省中欧班列共承运货物14 435标箱，同比增长29.1%；承运货物15.2万吨，同比增长43.4%；货值约人民币40.4亿元，同比增长5.8%。“长珲欧”班列正在准备进行出境测试，积极协调俄海关、俄铁等部门给予班列便利化支持，前期与客户谈判基本完成，出境测试货物以汽车产品、防疫物资为主，已经进入规划阶段。9月吉林省口岸办赴长春新区、兴隆综保区调研中欧班列运行情况，主动服务“一带一路”建设，切实发挥吉林省中欧班列优势。二是内贸货物跨境运输业务范围得到进一步扩展，增加出境口岸、运输中转口岸、入境口岸以及运输方式，提升线路的市场竞争力。拓展内贸外运线路，推动航线发展。截至 2020 年年底，已成功运行 6 个航次，1 782 个标箱，货值达 5.38 亿元。5 月，珲春—扎鲁比诺—青岛内贸外运航线实现首航，实现内贸外运“双线运输”。

【防止疫情输入，守好口岸防线】 一是建立省、市、县三级口岸管理部门联防联控机制，制订应急预案。指导各地口岸部门在本口岸进行模拟演练，加强调度，压实责任，对重点口岸、重点部位存在安全隐患，及时纠正，提高新冠肺炎疫情防控应对能力。二是与全国其他 8 个边境口岸省份建立信息共享机制，及时掌握各边境口岸疫情防控工作情况。三是全面掌握全省口岸的运行情况，每日调度、汇总相关信息上报国家口岸管理办公室和省疫情防控领导小组，为国家和省政府科学决策口岸疫情防输入工作提供基础数据。四是与口岸相关部门、口岸所在地政府、俄远东边界局密切合作，动态调整珲春公路口岸工作时间，为疫情期间各自人员回国、货物尤其是鲜活农产品及时通关提供保障，积极协调各查验部门和俄铁路部门保证珲春铁路口岸货运通道正常运行。

【优化口岸营商环境，服务产业发展】 在落实《国务院关于印发优化口岸营商环境促进跨境贸易便利化工作方案的通知》和《优化营商环境条例》过程中，按照工作总体要求、工作目标和省政府及相关部门的工作分工安排，从降低进出口环节合规成本，进一步提高国际贸易“单一窗口”使用率，推动公开公示口岸收费，实行口岸收费目录制度入手，完善口岸收费目录清单制度，精简合并收费项目，及时更新收费清单并在吉林国际贸易“单一窗口”和口岸现场进行公示，明确清单之外不得收费。提出并制订了提升跨境贸易便利化工作方案并抓好落实。通过建立重点企业联系制度，结合关检合一的契机，充分发挥“单一窗口”平台无纸化、无接触优势，引导和督导贸易企业充分利用中国（吉林）国际贸易单一窗口服务平台开展业务，保障了外经贸企业通关不受疫情影响，目前主要申报业务应用率已达 100%，跨境贸易便利度得到进一步提升。

【长春市兴隆综合保税区建设成绩显著】 一是经济运行基本平稳，通道运量逆势上扬。2020 年，园区业务额完成 70 亿元，其中一线进出口额完成 39 亿元，外贸企业注册总数达 270 户，贸易额有望继续领跑东北内陆综合保税区。中欧班列实现东西双线运营，呈现全面增长态势。其中“长满欧”全年承运货物 1 万标箱，同比增长 8.7%，本地货物占比 52%，承运货重 10 余万吨，同比增长 14.7%；“长珲欧”已经完成进出口双向测试，12 月承运两列合计 130 标箱出口货物。长春天津铁海快线常态化运行，每周开行两列，承运 5 000 标箱。兴隆国际陆港集装箱吞吐量 15.5 万标箱，同比增长 180%。二是以平台和功能为载体，完成招商引资任务。2020 年完成签约项目 80 个，其中新落位开工项目 60 个，100%完成全项指标。投资体量上，重点项目主要有总投资 10 亿元的中信戴卡长春基地项目、总投资 26 亿元的五丰科技化合物半导体芯片技术研发和保税加工项目（二期）、固定资产投资 500 万美元的富一实业对朝鲜特色产品保税加工项目。三是以资格试点报备报批为重点，推动项目创新再上新台阶。快件监管中心获批运营人资质；整车口岸检车线获批中国合格评定国家认可委员会（CNAS）双资质；区内企业试点开展增值税一般纳税人；展示中心试点开展“网购保税+线下自提”业务；整车口岸试点开展汽车平行进口业务；综保区具备二手车出口业务试点资质；长春陆港获准通过国际口岸代码。四是推进配套设施建设，园区综合竞争力大幅提升。依托综保区围网内主功能区，主动谋划新建续建周边配套园，包括双创总部基地、工业孵化园、智能制造产业园、兴隆工业园。

【吉林市保税物流中心稳定运营】 一是吉

林市保税物流中心运行情况。2020年，共有吉林化纤股份有限公司、吉林艾卡粘胶纤维有限公司、康乃尔化学工业股份有限公司、吉林市龙顺进出口贸易有限公司等11家企业先后在吉林市保税物流中心（B型）开展业务。进出口商品种类繁多，涵盖腈纶短纤、腈纶丝束、腈纶散纤、乙丙橡胶、催化剂、粘胶纤维单纱等商品。累计办理进出口货物报关单332票，其中进口87票，出口245票；累计监管通关货运量1.29万吨，其中进口0.47万吨，出口0.82万吨；累计监管货值2.16亿元，其中进口货值0.53亿元，出口货值1.63亿元；征收税款184.1万元。二是保税物流中心功能培育情况。2020年吉林市保税物流中心（B型）重点发展保税仓储、口岸通关、保税一日游、跨境电商、货物检验检疫、服务贸易和货物贸易。基于独具特色的产业孵化器和绿色通道，为初创企业提供优质便捷的“管家式”服务。“一站式”通关，有效节约进出口企业的物流成本和经营成本。同时，加快推动“保税+”模式的落地应用，全面参与吉林市化工、冶金、医药、农产品及冰雪产业的建链、补链、强链。实现同传统行业、新兴产业的融合发展。中心具体业务包括：保税存储进出口货物及其他未办结海关手续货物、对所存货物开展流通性简单加工和增值服务、全球采购和国际分拨、配送、转口贸易和国际中转业务、口岸作业（区港联动）等经海关批准的其他业务。三是跨境电子商务综合试验区进展情况。2020年4月，吉林市获批设立跨境电子商务综合试验区。9月，省政府印发《中国（吉林）跨境电子商务综合试验区建设实施方案》。吉林市将建成线上综合服务平台，实现信息共享、金融服务、智能物流、电商信用、统计监测、风险防控六体系功能。谋划推进保税物流中心升级为综合保税区申报工作。

口岸监管与服务

【吉林出入境边检总站服务口岸通关】 吉林出入境边检总站作为新时代移民管理机构，在深化促进“放管服”改革、助力口岸经济建设发展方面发挥着重要作用。2020年，面对突如其来的新冠肺炎疫情，边检机关坚决贯彻“以人民为中心”的发展理念，众志成城坚守在国门抗疫一线，在严格执行“客停货通”防疫政策的情况下，充分发挥自身职能作用，全力保障北方“一带一路”建设、长吉图开发开放和珲春海洋经济建设发展规划，积极为涉外企业和出入境货运提供服务便利，先后推出“通关零等待、预约全天候、延时保通关”3项便利化政策，实现“三增三降”工作目标（三增：延时服务220余小时口岸运力持续增长，货车单日验放量同比增长47%，进出口货物同比增长21.73%；三降：冰鲜产品运输损耗同比下降13%、企业经营成本同比下降10%、双向通关用时缩减21分钟同比下降23%），吉林省对俄贸易总量在疫情背景下实现逆势上扬。春节期间在全省口岸开展“温暖国门 迎您回家”主题活动，依托设置“国门同框”“国门驿站”，通过装饰通关现场、开展交流互动、扩大对外宣传等形式，热情服务出入境旅客，积极传递党和国家的关怀问候。

【吉林出入境边检总站支持地方外经贸发展】 作为服务吉林开发开放的重要窗口，吉林出入境边检总站立足疫情下国际经济持续低迷、对外博弈摩擦升级的国际环境，紧跟国家重大发展战略和区域经济规划，持续提升口岸营商建设环境，吉林省边检机关坚持将习近平总书记视察吉林重要讲话重要指示精神作为引领，先后推出130余项“量身定制式”边检服务措施，在服务开发开放中不断彰显边检作为，贡献了“边检智慧”和“边检力量”。主动回应人民期待，搭建警企线上交流平台，深入驻地62家涉外企业、44家旅行社，召开驻场单位、民营企业座谈会，共商通关便利事宜，征求答复意见建议200余条。为尽快推动边贸经济复工复产和复商复市，吉林出入境边检总站深度聚焦“六稳”“六保”工作目标，准确把握新发展阶段、深入贯彻新发展理念，主动为构建新发展格局保驾护航，完成了赴马里维和部队、阿尔及利亚滞留石油员工包机等重大通关保障任务，及时开通冰鲜产品“绿色通道”和复工复产“快捷通道”，协助滞留俄境 3 000 吨海产品顺利入境，挽回经济损失 1.2 亿元，获赠锦旗 24 面、感谢信 23 封，省委书记景俊海专门做出批示肯定。

【吉林出入境边检总站推动口岸通关改革】 面对日新月异的口岸发展环境和愈加复杂严峻的管控环境，吉林出入境边检总站始终坚持向科技要警力、要战斗力，探索将圈河边检站作为“智慧口岸”建设试点，前瞻引入物联 5G、红外遥感、智能巡查、数字保障等精尖技术，集中精力大力建设新型证件研究中心和智慧勤务指挥中心。在珲春出入境边检站等重点方向边检站引入取证航母、红外遥感、侦查无人机等先进管控设备，全面增强口岸科技管控效能。主动配合中国（吉林）国际贸易单一窗口建设，推动国际航班网上申报载运人员信息，同步取消民航航班纸质申报单据，大幅提升通关便利水平。科学分析预测客流高峰，提前发布“两公布一提示”信息，协同联检单位和旅游公司做好旅客出行保障。强化信息服务口岸经济建设能力，优化“边检 E 帮”手机 App 等信息媒介，滚动推送涉疫风险和各国出入境政策变化，助力企业合理安排出境行程。

【吉林出入境边检总站提高口岸规范化管理程度】 2020 年，吉林出入境边检总站为全省陆地口岸统一规范了限定区域通行证件样式，通过科学调整进出口岸人员车辆的频次和密度，有效利用了空间资源，实时对限定区域内的违法行为和可疑目标进行甄别处置，实现了精细化、规范化、科学化管理目标。紧盯外防输入关键环节，前置防线织密“防疫网络”，边检机关先后与海关、卫健、公安等部门建立了业务协作、防疫增援等联勤联动机制，科学设置执勤现场离机候检、人证查验和隔离移交“三类专区”，制作验证台有机玻璃屏风，加装同声翻译系统，在吉林省口岸推行实施“零接触”查验、“全隔离”防护、“多时段”消杀和“人货分离、分段运输、甩挂车检”等勤务政策规定，确保了防疫管控工作万无一失，口岸安全秩序得到有力维护。

【吉林出入境边检总站创新通关监管模式】 针对境外疫情持续蔓延扩散形势，吉林出入境边检总站充分发挥大数据核查优势，通过前置审查、关联比对、预警甄别、轨迹追溯等方法手段，先后搜集整理涉疫高风险国家入境管制措施、周边国家疫情动态、全国各省防疫措施、涉疫重点入境航线等涉疫出入境数据 164 万余条，为涉疫人员转运移交工作提供了可靠支撑。为有效避免口岸发生重大染疫敏感事件，第一时间启动“防控岗位 24 小时应急值守、防疫专班每日要情上报、涉疫数据全口径推送”战时指挥机制，研究制订外防输入“三指引三方案四预案”，会同长春海关签署《合作备忘录》，与联检单位建立“入境前核酸证明、入境时染疫筛查、入境后转运隔离”三道防线，安全稳妥查验 50 名中外籍确诊旅客员工，协助转运 1.6 万余人，最大限度确保防疫政策末端落实。

【吉林出入境边检总站保障重大活动通关】 新冠肺炎疫情初期，吉林省多个边境市县防疫物资告急，省内防疫进入紧张状态，吉林出入境边检总站主动服务防疫大局，借助对外工作优势，迅速联合境外企业和有关涉外部门建立物资通关协作机制，长春、延吉出入境边检站与海关积极配合，设立防疫物资专用通道，共同查验、共同清点、简化手续，快速完成从韩国、日本、泰国进口的总计 268.1 万只口罩、2 万件防护服的入境检查任务。珲春、圈河边检站牵头与口岸相关单位召开防疫物资通关筹备会，提前设立专用查验通道，充分做好工作人员和物资运载车辆的保障工作，多次与当面口岸主管部门会晤沟通，协调优先验放防疫物资事宜，2 月 3 日至 10 日，总计 175.5 万个口罩等防疫物资分四批经珲春、圈河口岸顺利入境，全部投入抗击疫情第一线，截至 2020 年年底，边检机关共累计保障 2 457.6 万件防疫物资紧急入境。

【长春海关扛起把关职责，做好疫情防控】 长春海关成立统筹口岸疫情防控和促进外贸稳增长工作指挥部，共召开 36 次会议。建立长春海关关领导与口岸隶属海关疫情防控重点联系机制，发挥“指挥部+现场”两级监控指挥中心管控作用。统筹人力调配，组建4个应急梯队共311人，先后抽调279人次支援一线，累计组织11 730人次参加疫情防控培训。加强实验室建设和现场检疫监管设备配备，建成5个新冠病毒核酸检测实验室，配备实验设备和仪器设备530台套。2020年，长春海关验放进出口疫情防控物资共计6 231万件，货值2.30亿元。其中，进口321万件，货值0.53亿元；出口5 910万件，货值1.77亿元。按照“应检尽检”原则，共组织长春关区干部职工核酸、抗体检测9 085人次。加大一线保障力度，配发各类个人防护物资12个品种、共计35万余件。组织对疫情防控先进典型开展3批次专项奖励表彰，长春龙嘉机场海关和耿立敏等6名个人获评全国海关系统抗击新冠肺炎疫情先进集体和先进个人。检验检疫防线更为牢固，采取全面、彻底、严格的口岸检疫措施。严把口岸卫生检疫关，开展重点传染病监测，坚决防止多种疫情叠加输入风险，深化口岸公共卫生核心能力建设，确保口岸公共卫生安全；严防口岸动植物疫病传播风险，为一线口岸、实验室配备高压灭菌器等设备28台（套）；加强出口食品备案生产企业管理，优化危险化学品检验模式，部分品种检验流程时间从3~5个工作日压缩至3小时以内；严把进出口防疫物资质量关，检验监管防疫物资327批，数量1.7亿件（套），检验不合格物资11批，数量918万件。1月24日~12月31日，共检疫监管出入境人员138 713人，采集样本检测24 691人份。强化属地联防联控机制，与吉林省卫健委签订全面加强核酸采样检测工作协议，实现采样共担、检测互委、信息互通、结果互认。

【长春海关克服疫情影响，提高通关速度】 持续压缩进出口货物整体通关时间，2020年长春关区进口整体通关时间37.49小时，较2017年压缩54.48%；出口整体通关时间2.57小时，较2017年压缩56.81%，完成压缩整体通关时间工作任务。推行政务服务事项“不见面”办理，引导广大企业、群众通过“互联网+海关”平台等渠道办理海关业务，网上办理率达100%。充分发挥职能作用，加快进境农产品检疫审批速度，全年办理进境动植物检疫审批209批次，全部在规定时限内办结。疫情期间，简化出口企业注册方式，对于延续企业免于现场审核，共受理企业申请59批次，办结57批次，办结率96.6%，无超期情况。

【长春海关筑牢国门防线，强化实际监管】 口岸基础设施建设更加完善，原178个作业场所（场地）合并整合为49个。其中监管作业场所14个、集中作业场地18个、专营“指定监管场地”业务的场所（场地）及随附场地17个。监管设备保障能力不断增强，长春关区10台H986全部接入联网集中审像中心，共审核图像5 092幅，实现各类型查获9起，其中报关货物安全准入类查获2起，运输工具类查获7起。加大知识产权海关保护力度，查获侵权货物（物品）357件。全链条严控非洲猪瘟，截获猪肉及其制品166批次、453千克，检出阳性结果10个。打私力度持续加大，全力开展“国门利剑”等系列专项行动，侦办走私犯罪案件27起，案值4.5亿元，涉税1 897.1万元；查办行政违法案件157起，案值1.9亿元，涉税207.7万元。侦办“6·03”走私黄金进境案，查证黄金36.7千克，案值1 300万元；“6·06”走私冰毒进境案，抓获犯罪嫌疑人1名，缴获冰毒273.58克；“7·29”低报价格走私海产品进境案，案值3.1亿元，涉税507.9万元。严厉打击“洋垃圾”、象牙等濒危野生动植物及制品、毒品及精神类药品走私，侦办建关以来首起走私“洋垃圾”固体废物案件，涉案铁矿渣6.8吨；查获象牙、红珊瑚、砗磲等制品302件，查获冰毒、液体冰毒2 303克、大麻500克。

【长春海关助力平台建设，促进外贸增长】 持续加快对外开放平台建设，大力支持中欧班列、珲马铁路等对外通道建设。“长满欧”班列承运货物14 435标箱，同比增长29.1%；货运量15.2万吨，同比增长49.1%。珲马铁路监管进出口货运量270.9万吨，同比增长34.2%。支持与天津、大连的“海铁联运”班列稳定运行，开通与北京、郑州空港直通的“卡车航班”业务，形成海、铁、陆、空立体物流网络体系。助力吉林内贸货物跨境运输货运量大幅增长，保障“珲春—扎鲁比诺—青岛”新航线顺利通航。制定长春海关关于支持综合保税区发展8项措施，加快海关特殊监管区域整合优化；支持跨境电商开展网购保税进口、出口退货、线下展示自提等业务。长春、珲春、吉林跨境电商综试区已分别获批，召开吉林省跨境电商业务开展情况及海关监管新政解读新闻发布会；完成长春兴隆国际快件监管中心2家新增快件运营人备案工作。支持吉林省设立首次进口药品和生物制品口岸；持续畅通“滨海2号”等对外通道，支持珲春海产品等特色产业做大做强，提高珲春海洋示范区贸易便利化水平。强化信用监管，以服务促发展，推进AEO互认落实。2020年选取吉林省与“一带一路”沿线国家和地区有贸易的6家重点企业，综合保税区出境加工企业5家，非综合保税区出境加工企业3家，开展信用培育并进行全流程“定位跟踪”，开展一对一信用培育70余次，对非特殊区域的出境加工企业的一对一信用培育30余次。进一步扩大了吉林省AEO企业数量，提升吉林省认证企业数量超过10%；利用“中国海关信用管理”微信公众平台，帮助企业协调解决各类通关问题，切实提升企业获得感和满意度。帮扶企业在“保订单、保市场、保效益”方面取得竞争优势，为吉林省优化营商环境，稳外贸促增长，增强企业国际贸易竞争力做出贡献。继续加大重点产业扶持力度，帮助一汽集团进出口公司协调奥迪A系整车滞留港口问题，为企业节省约2 500万元海关滞报金；采用“第三方检验结果采信”模式，通过长春整车进口口岸监管1 000台进口奥迪整车、价值2.5亿元，降低企业通关物流成本130万元；积极对接保障长客重大海外项目，确保及时开工投产；加大对188家加工贸易企业的扶持力度，特事特办，为36本出境加工账册办理延期、口岸变更等操作，帮助企业挽回损失4 305.1万元。加大优势产业、重点产品税政调研力度，共上报37项，其中19项被海关总署采用。进一步简化进口粮食等检疫审批手续，推动吉林省输日稻草、出口饲料、种猪种羊引进等顺利实现进出口；主动与杂粮杂豆、玉米等特色深加工企业对接，实施“一品一策”服务，为出口食品农产品实施优先查验检测、快速评定放行等措施，全年进出口农产品122.1亿元，同比增长4.7%。

【长春海关深化综合治税，优化税收征管】进一步推广关税保证保险、汇总征税、自报自缴、预裁定等便利措施，优化原产地证书自助打印功能，推动构建关企融洽、合规自律的良好税收征管环境。为13家企业出具保单84份，累计担保金额5.07亿元；开展汇总征税业务的进出口企业达10家，在案总担保金额达45.56亿元；长春关区“自报自缴”报关单占比64.4%，新一代电子支付率达99.8%；制发归类认定8宗，制发归类预裁定决定书24份，涉税化验16宗；签发自助打印原产地证书2 511份，签证金额1.61亿美元，涉及12种原产地证书。疫情期间共办理防疫物资进口“征免税证明”96份，减免税款401.6万元。落实全产业链保税政策试点推进措施，对引进关键技术设备提供快速通关和办理减免税手续服务，大力支持吉林省科技创新发展，减免税业务主要集中在涉及科技创新、内外资鼓励项目、科技重大专项、种子种源4类征免性质的20家企业，享受减免税款两税合计1.3亿元，占长春关区减免税款总额的80%。2020年共核批长春关区“进出口货物征免税证明”1 228份，核批货值12亿元，同比下降28%；减免税款1.5亿元，下降32%，其中减免关税2 811万元，减免进口环节增值税1.2亿元。2020年，科研院所共审批10家单位，审批479项商品，审批货值4 081万美元，减免税款3 946万元人民币；大专院校共审批22家单位，审批697项商品，审批货值4 917万美元，减免税款4 792万元人民币。

开放口岸

【长春空运口岸（长春龙嘉国际机场）】 长春空运口岸位于吉林省长春市、吉林市之间，地处长春市九台区东湖镇与龙嘉镇交汇处，距长春市和吉林市区分别是32千米和76千米，南侧紧邻珲乌高速公路，西侧距龙双公路1.5千米，北侧距101省道和龙家堡火车站9千米，东北距饮马河约2千米，东南距石头门水库约6.5千米。

长春龙嘉国际机场为国内干线机场，占地约306.67万平方米，飞行等级为4E，跑道长3 200米、宽45米，可起降大中型客机，共有停机位63个，其中，1号（T1）航站楼近机位9个、2号（T2）航站楼近机位23个、维修机位2个、除冰机位3个。长春龙嘉国际机场航站楼现有T1航站楼和T2航站楼。其中T1航站楼属于国际厅，位于飞行区南侧、跑道中段，平行于跑道，航站楼面积6.23万平方米，满足年旅客吞吐量500万人次。航空口岸（T1航站楼）登机桥3个，出境通道10个，入境通道8个，设有海关报关大厅、监管仓库。设计年旅客吞吐量为650万人次，设计高峰小时旅客吞吐量为2 520人次，典型高峰小时飞机起降24架次。航站楼共4层，地上3层，地下1层。一层为到达层，主要用作行李提取，迎接国际到达航班旅客；夹层为旅客到港通道；二层为出发层，主要功能是国际的值机办票、边检海关出境查验、安检候机；地下一层为地下换乘通道，通往龙嘉高铁站和地下停车楼。2004年10月，国务院正式批准长春空运口岸开展落地签证业务。

长春龙嘉国际机场现有地面停车场和地下停车楼，停车位共计2 980个，残疾人专用车位29个。其中，地面停车场车位2 217个；地下停车楼车位763个，主要用于停放过夜车辆。地下停车楼共设有两个出入口，可直接步行通往T1航站楼和T2航站楼。

长春空运口岸目前共有9家国内外航空公司，与8个国家（地区）通航，分别为日本、韩国、俄罗斯、新加坡、泰国、越南、中国香港、中国台湾，共有12条航线，每周45个往返班次。9家航空公司分别为南方、东方、青岛、春秋、华信、韩亚、香港、乌拉尔和越捷航空公司。12条航线分别为长春—仁川—长春、长春—济洲—长春、长春—东京—长春、长春—名古屋—长春、长春—台北—长春、长春—香港—长春、符拉迪沃斯托克（海参崴）—长春—曼谷—长春—符拉迪沃斯托克（海参崴）、长春—扬州—曼谷—扬州—长春、新加坡—上海—长春—上海—新加坡、符拉迪沃斯托克（海参崴）—长春—伊尔库茨克—长春—符拉迪沃斯托克（海参崴）、长春—芽庄—长春、长春—茨城—长春。（注：航线分布不含包机航线，2020年由于受到新冠肺炎疫情的影响，9家航空公司只有韩亚航空公司和南方航空公司两家在执飞，其他航空公司停止运行。）

2020年，长春空运口岸旅客出入境95 398人次，同比下降82.63%；国际（地区）航班飞行762架次（其中6架货运包机），同比下降82.99%；货邮吞吐量完成814.41吨，同比下降5.13%。

【延吉空运口岸（延吉朝阳川国际机场）】 延吉空运口岸位于延吉市西南郊区，距市区5千米，机场占地面积37 000平方米。机场跑道长2 600米，道面厚34厘米，现已达到国际4C级机场标准，可供空客321，波音737-900同类及以下机型起降。通信、导航系统均采用国外较先进设备，性能优良。延吉空运口岸面积 5 901.84 平方米，功能齐全，查验通道设有出入境各 6 条，能够满足目前每年 70 余万人次的旅客出入境需求。

目前，延吉空运口岸已开通延吉至韩国仁川、青州、釜山、大邱、务安、海参崴，至日本大阪定期航班。开通延吉至仁川国际货运航线。

2020 年，延吉空运口岸出入境旅客 12 万人次，同比下降 84.3%；起降航班 959 架次，同比下降 81.6%。全年运行货运包机 43 个班次。

【集安陆路（铁路）口岸】 集安铁路口岸位于吉林省集安经济开发区，对面是朝鲜满浦铁路口岸，有铁路大桥相连，铁路桥全长 589.23 米（中方 324 米）。过货品种有木材、水泥、金矿粉、钢坯、钢锭、杂货等。

集安市位于鸭绿江中朝经济合作带的中心位置，东与白山市接壤，东南隔江与朝鲜“一市三郡”（满浦市、慈城郡、渭源郡、楚山郡）相望，西南与辽宁省宽甸县、桓仁县毗邻，西北与通化市、通化县以浑江为界。集安铁路口岸与朝鲜满浦市隔江相望，距朝鲜平壤市 400 千米，是我国对朝三大铁路口岸之一，年设计过货能力 30 万吨，过客能力 10 万人次。

口岸工作时间以国际联运发车时间为准，周一、周三、周五为旅客列车，周二、周四、周六为货物列车，周末停运。

【图们陆路（铁路）口岸】 图们铁路口岸位于图们市市区内，长白山东麓，图们江下游，城市因口岸而生，临江而建，因图们江而得名，素有“图们江畔第一城”之美誉，对面是朝鲜南阳铁路口岸。过货品种主要是出口煤炭、粮食、机械设备、水泥等；进口钢锭、生铁、硅铁等。（注：2020 年，由于联合国对朝鲜实施新制裁，图们铁路口岸未开展进出口业务。）

图们铁路口岸与朝鲜咸镜北道稳城郡隔江相望，距朝鲜罗津港 158.8 千米，距朝鲜清津港 171.1 千米，距中俄边境 100 千米，距日本海 130 千米，是吉林省发展对朝、对俄贸易和借港出海的主要通道。

口岸工作时间除边境口岸公休日外，4 月至 9 月，北京时间 8：00～11：30，北京时间 13：30～18：00；10 月至翌年 3 月，北京时间 8：00～11：30，北京时间 13：30～17：00。

【珲春陆路（铁路）口岸】 珲春铁路口岸位于珲春边境经济合作区南侧，距市区 7 千米，对面是俄罗斯马哈林诺口岸。过货品种主要是出口机械过滤器、鱼类、农副产品；进口煤炭、铁精粉、板材、木制品、纺织品、面粉、厨房用品。

珲春铁路口岸是吉林省唯一对俄铁路口岸。距俄罗斯卡梅绍娃亚铁路口岸 23.7 千米（境内 8 千米，境外 15.7 千米），距马哈林诺口岸约 20 千米。是继满洲里、绥芬河之后的对俄第三条大通道。

珲春铁路口岸工作时间除边境口岸公休日外，铁路口岸现行工作制为每周 7 天每天 12 小时工作制（北京时间 7：00~19：00）。

2020 年，进出口货物 274.5 万吨，同比增长 30.1%；出入境人员 5 362 人，同比增长 11.5%；出入境车辆 1 826 列，同比增长 24%。

【珲春陆路（公路）口岸】 珲春公路口岸位于珲春市区东南部，距市区 14 千米，对面是俄罗斯克拉斯基诺口岸。2015 年 3 月 25 日，珲春—扎鲁比诺—釜山铁海联运航线正式开通。过货品种主要为进口海产品、板材、日用品、辅料、机械设备等；出口服装、轻工产品、调料及食品、粮食、水果、蔬菜、日用品、机械、建材等。

珲春公路口岸是吉林省唯一对俄国际公路口岸，距波谢特港 43 千米，距扎鲁比诺港 71 千米，距斯拉夫扬卡港 105 千米，距符拉迪沃斯托克（海参崴）直线距离 170 千米（公路里程 285 千米），距纳霍德卡港 340 千米，距东方港 350 千米。

口岸工作时间除边境口岸公休日外，每周 6 天每天 8 小时工作制（北京时间 8：00~16：00）。

2020 年，进出口货物 10.63 万吨，同比下降 48.9%；出入境人员 3.22 万人，同比下降 93.4%；出入境车辆 1.38 万辆，同比下降 53%。

【圈河陆路（公路）口岸】 圈河公路口岸位于珲春市区东南部，距市区 43 千米，对面是朝鲜元汀口岸。过货品种主要为进口海产品、轻工产品、山菜、手工艺品、木材、电子产品等；出口服装、工业品、生活用品、办公用品、粮食产品、建材、装饰材料、食品、电器、小型轿车、中型轿车等。

圈河公路口岸是我国直接进、出朝鲜罗先特别市的唯一陆路通道。距图们江入海口 36 千米，距先锋港 36 千米，距罗津港 51 千米，距清津港 127 千米。

口岸工作时间除边境口岸公休日外，4 月至 9 月，北京时间 8：00 ~ 12：00，北京时间 14：00~18：00；10 月至翌年 3 月，北京时间 8：00~11：30，北京时间 13：30~17：00。

【沙坨子陆路（公路）口岸】 沙坨子公路口岸位于珲春市区西部，距珲春市区 11 千米，对面是朝鲜庆源口岸。过货品种主要为进口海产品、酒、服装、纸、药品、白垩等；出口办公用品、日用品、服装原料、食品、杂货、建材等。

沙坨子公路口岸是传统的民间贸易口岸，对面为朝鲜柳多岛，是一座天然封闭的图们江江心岛，岛屿地形为平原。此处交通便利，地势平坦，适宜修建市场，便于开展互市贸易及各项工作，现已开通柳多岛旅游线路。

口岸工作时间除边境口岸公休日外，4月至9月，北京时间8：00～12：00，北京时间14：00~18：00；10月至翌年3月，北京时间8：00~11：30，北京时间13：30~17：00。

【图们陆路（公路）口岸】 图们公路口岸位于图们市市区内，长白山东麓，图们江下游，城市因口岸而生，临江而建，因图们江而得名，素有“图们江畔第一城”之美誉，对面是朝鲜南阳公路口岸。过货品种主要为出口日杂、建材、食品、药品、塑料制品、辣椒干、大蒜等；进口硅铁、钢锭等。

图们公路口岸与朝鲜咸镜北道稳城郡隔江相望，距朝鲜罗津港158.8千米，距朝鲜清津港171.1千米，距中俄边境100千米，距日本海130千米。图们公路口岸是吉林省发展对朝、对俄贸易和借港出海的主要通道。

口岸工作时间除边境口岸公休日外，4月至9月，北京时间8：00～11：30，北京时间13：30~18：00；10月至翌年3月，北京时间8：00~11：30，北京时间13：30~17：00。

【长白陆路（公路）口岸】 长白公路口岸位于长白朝鲜族自治县长白镇，对面是朝鲜惠山口岸。

过货品种主要为进口铜、铅、锌、钼等各种矿产品，板方材等木制品，松子、蓝莓等野山果、海产品；出口包括大米、白面等粮食，电力、机器设备，机电产品，纺织服装，钢铁制品，建材，装饰材料，各种日用品等。

长白公路口岸总占地面积66 600平方米，建筑面积14 750平方米，口岸作业现场主要由进出境联检楼、国门、检疫处理区、口岸监管货场构成长白公路口岸。设立于1952年，原为地方二类口岸，2007年8月10日国务院批复升格为国家对外开放口岸，2018年10月18日，长白口岸顺利通过国家验收组验收。

长白县是吉林省对外开放的前沿，也是东北亚经济圈的优势据点，发展边境贸易的区位优势十分明显。长白县与两江道首府惠山市通过长惠国际公路大桥零公里连接，惠山市有铁路直通平壤、开城、清津和朝鲜最大的工业城市咸兴；有国家级公路直通罗津港、清津港，长白至罗津港口直线距离为196千米，距清津港口140千米，距金策港116千米，距新浦港145千米，距咸兴港口 175 千米，通过长白口岸与朝鲜腹地相连接，将成为吉林省借港出海的新通道。

口岸工作时间除边境口岸公休日外，4 月至 9 月，北京时间 8：00～11：30，北京时间 14：00～18：00；10 月至翌年 3 月，北京时间 8：00～11：30，北京时间 13：30～17：00。

【临江陆路（公路）口岸】 临江公路口岸位于临江市西南部，对面是朝鲜中江郡口岸。过货品种主要为进口木制雪条棒、硫酸、其他矿产品、石英表机芯；出口日用百货、水泥、小麦细粉、精米、建筑材料、石英表机芯配件。

临江市地处鸭绿江中上游的祖国边陲，是吉林省对外开放的前沿，也是东北亚经济圈的优势据点，发展边境贸易的区位优势十分明显。

口岸工作时间除边境口岸公休日外，4 月至 9 月，北京时间 8：00～11：30，北京时间 14：00～18：00；10 月至翌年 3 月，北京时间 8：00～11：30，北京时间 13：30～17：00。

【南坪陆路（公路）口岸】 南坪公路口岸位于和龙市东南部，距市区 50 千米的南坪镇，对面是朝鲜茂山口岸。2020 年受制裁和疫情影响，过货品种为进口有淀粉、塑料颗粒、硅铁、冻石；出口商品只有日杂。

南坪公路口岸距离茂山郡 12 千米，距离朝鲜北部最大港口城市清津市 84 千米。

口岸工作时间除边境口岸公休日外，4 月至 9 月，北京时间 8：00～11：30，北京时间 14：00～18：00；10 月至翌年 3 月，北京时间 8：00～11：30，北京时间 13：30～17：00。

【古城里陆路（公路）口岸】 古城里公路口岸位于和龙市崇善镇，距和龙市区 80 千米，对面是朝鲜三长口岸。2020 年，过货进口商品只有淀粉；出口商品只有日杂。

古城里公路口岸距朝鲜大红丹郡 24 千米，距朝鲜惠山市 175 千米，是延边州通往朝鲜两江道的唯一陆路口岸。

口岸工作时间除边境口岸公休日外，4 月至 9 月，北京时间 8：00～11：00，北京时间 14：00～18：00；10 月至翌年 3 月，北京时间 8：00～11：00，北京时间 13：00～17：00。

【集安陆路（公路）口岸】 集安公路口岸位于吉林省集安市太王镇下解放村，距离市区 7 千米，对面是朝鲜满浦公路口岸。

集安公路口岸是 2014 年 12 月 4 日经国务院正式批准对外开放，口岸总占地面积 102 800 平方米，具体分为 4 个区域，客检场地占地面积 20 000 平方米、货检场地占地面积 68 000 平方米、营房区占地面积 13 333.33 平方米、边境国门区占地面积 1 466.67 平方米；总建筑面积

12 138.84 平方米，其中边境国门 1 623.3 平方米，客检大楼 4 001.54 平方米，货检大楼 1 583.53 平方米，边检营房 3 536.38 平方米，次卡口、查验库房、检查用房、熏蒸房等其他部分 1 394.09 平方米；建设标准为年进出口货物 50 万吨、出入境人员 20 万人次。2015 年 9 月 7 日，国门项目开工建设。2016 年 8 月 10 日，客检、货检、边检营房等其他单体建筑同时开工。2019 年 4 月 8 日完成验收工作，正式开通。

集安市作为吉林省通化地区唯一的边境口岸城市，集安公路口岸的建成，将使集安市成为全国县级城市中拥有口岸数量、类别最多的城市。

口岸工作时间除周日和两国协议休息日外，每年 4 月 1 日～9 月 30 日，北京时间 8：00～18：00；每年 10 月 1 日～翌年 3 月 31 日，北京时间 8：00～17：00。

【三合陆路（公路）口岸】 三合公路口岸位于龙井市东南部，距市区 48 千米的三合镇，与朝鲜咸镜北道会宁市隔江相望，距朝鲜清津港 86.8 千米，对面是朝鲜会宁口岸。

受疫情影响，三合公路口岸仅 2020 年 1 月有货物通关。过货品种以出口为主，包括食品、药品、瓷制品、纺织品、塑料制品、自行车、汽车及配件等。

三合公路口岸是从中国进入朝鲜东海、进出日本海和太平洋的理想通道，也是延边州与朝鲜咸镜北道进行人员交往和开展边境贸易的良好通道。

口岸工作时间除边境口岸公休日外，4 月至 9 月，北京时间 8：30～11：30，北京时间 14：00～18：00；10 月至翌年 3 月，北京时间 8：30～11：30，北京时间 13：30～17：30。

【开山屯陆路（公路）口岸】 开山屯公路口岸位于龙井市东部，距市区 37 千米的开山屯镇，与朝鲜咸镜北道稳城郡三峰里隔江相望，对面是朝鲜三峰口岸。

2020 年仅 1 月有货物通关，过货品种以出口为主，包括食品、药品、瓷制品、纺织品、塑料制品。

开山屯公路口岸距离罗津港 96 千米，距离朝鲜北部最大港口城市清津市 120 千米，是朝鲜华侨进出咸镜北道的首选通道，被誉为“华侨口岸”。

口岸工作时间除边境口岸公休日外，4 月至 9 月，北京时间 8：00～11：30，北京时间 14：00～18：00；10 月至翌年 3 月，北京时间 8：00～11：30，北京时间 13：30～17：30。

【双目峰陆路（公路）口岸】 双目峰公路口岸位于吉林省延边朝鲜族自治州安图县境内，对面是朝鲜双头峰边境工作站。与朝鲜两江道三池渊郡口岸相对，距长白山天池 20 千米，距安图县二道白河镇 65 千米，距朝鲜三池渊郡 35 千米，是中朝两国边界线上唯一的陆路通道，是《中华人民共和国政府和朝鲜民主主义人民共和国政府关于边境口岸及其管理制度的协定》中所列的15个边境口岸之一。

1985年被国家批准为双边公务通道，只允许中朝双方公务人员和文化体育交流人员通行。2009年9月，双目峰公务通道被国家口岸管理办公室批准为临时开放口岸，通行范围扩大到允许中朝双方因私旅游人员过境，季节性开放。2019年12月26日，双目峰公务通道被国务院批准为双边常年开放公路客货运输口岸。

原二类口岸

【老虎哨水运（河港）口岸】 老虎哨河港口岸位于吉林省集安市榆林镇地沟村，老虎哨电站（渭源电站）大坝下游，距集安市市区68千米，对面是朝鲜渭源口岸。过货品种有钢坯、钢锭、机电设备、钢铁制品、硅石、杂货等。

老虎哨位于集安市西南60千米处榆林镇境内，这里一面傍山，三面环水，鸭绿江绕老虎哨东、南、西面流过行程纺锤形山脉，九曲回旋鸭绿江在这里形成独特的自然景观，2002年被水利部列为鸭绿江国境旅游区，与辽宁省宽甸县、桓仁县毗邻，隔江是朝鲜渭源郡。中朝合资的老虎哨水电站位于老虎哨口岸上游800米处也因此得名，电站归朝鲜运行管理，可向中朝两国供电。

口岸工作时间除周日和两国协议休息日外，每年4月1日~9月30日，北京时间8：00~18：00；每年10月1日~翌年3月31日，北京时间8：00~17：00。

2020年吉林省口岸大事记

1月7日

海关总署同意增加珲春—俄罗斯克拉斯基诺公路口岸为吉林省内贸货物跨境运输出境口岸。

国家商务部欧亚司司长王开轩到珲春市铁路口岸，圈河口岸、珲春口岸就口岸通道和等产业合作等工作进行考察。

1月13日

海关总署副署长张际文一行赴图们口岸进行实地调研，海关总署商检司司长林建田、办公厅初宇、长春海关关长董岩等人陪同。

1月15日

俄罗斯远东铁路局符拉迪沃斯托克分局副局长亚历山大高沃林到珲春市铁路口岸考察。

2月10日

吉林省省长景俊海到长春海关调研口岸疫情防控、防疫物资以及其他外贸进出口货物通关工作，长春海关关长董岩陪同。

3月10日

吉林省委书记巴音朝鲁赴延吉航空口岸调研新冠肺炎疫情防控工作。

3月23日

吉林省省长景俊海到延吉航空口岸调研。

4月26日

吉林省政协主席江泽林到珲春口岸就疫情防控进行调研。

4月27日

吉林省副省长阿东到珲春市圈河口岸、口岸通关中心、珲春口岸、沙坨子口岸、铁路口岸就文旅项目安全防疫、复工复产情况及海洋经济创新发展示范城市建设情况进行调研。

5 月 4 日

国家卫健委疾控局原副巡视员孙新华到珲春口岸指导境外输入疫情防控工作。

5 月 11 日

从俄罗斯符拉迪沃斯托克经中俄珲春—马哈林诺铁路口岸首次进口冷冻鱼。

吉林省“珲春—扎鲁比诺—青岛”内贸外运新航线首航。

中欧班列（长春新区）年内首次整列发车。

6 月 8 日

吉林省省长景俊海一行到珲春口岸调研指导工作，就口岸严防境外疫情输入工作进行强调部署。

6 月 15 日

公安部党委委员、副部长杜航伟到长白口岸、临江口岸调研，吉林省副省长、省公安厅厅长刘金波陪同。

7 月 20 日

自然资源部第二海洋研究所所长李家彪到珲春沙坨子口岸、圈河口岸就海洋经济建设等情况进行调研，吉林省政府副省长阿东陪同。

7 月 29 日

兴隆海关服务保障医用防护服搭载“长春—汉堡”中欧班列出口俄罗斯。

8 月 5 日

延边首条延吉至首尔“客改货”包机首飞。

8 月 13 日

吉林省政协主席江泽林到集安口岸开展调研。

8 月 20 日

浙江省委副书记、宁波市委书记郑栅洁到珲春市口岸通关中心、圈河口岸考察。

8 月 26 日

中央办公厅调研室局长龙旭到珲春圈河口岸就边境地区人口流动情况进行调研。

9 月 1 日

全国人大常委会副委员长陈竺到珲春市圈河口岸、珲春口岸就“改革完善重大疫情防控救治体系，全面提高公共卫生服务能力”开展考察调研。

9 月 29 日

吉林省药品进口口岸通过中国食品药品检定研究院验收。

10 月 6 日

四川省委常委、常务副省长罗文到珲春口岸考察森林草原防灭火工作。

10 月 13 日

国家发展改革委区域开放司副司长郭旭杰一行在吉林省发展改革委副主任王成全等主要领导陪同下到长白口岸调研。

10 月 15 日

商务部亚洲司司长彭刚到珲春市圈河口岸就边境贸易情况进行调研。

10 月 21 日

中央外事办公室外事管理局局长李念平到珲春圈河口岸考察外事工作。

10 月 26 日 ~30 日

吉林省口岸办赴四川、甘肃、湖南考察调研中欧班列发展情况。

10 月 27 日

科技部副部长徐南平一行到图们口岸进行调研，吉林省科技厅厅长于化东陪同。

11 月 12 日

集安公路口岸免税店开工建设。

11 月 19 日

吉林省政府副省长李伟到珲春市铁路口岸、圈河口岸围绕贯彻落实党的十九届五中全会精神、边合区开发开放建设、沿边口岸运行等工作进行调研。

12 月 3 日

长春海关首票铁路运输方式“两步申报”报关单申报成功。

12 月 22 日

吉林省首批增值税一般纳税人试点货物在珲春海关申报进境。

12 月 28 日

延吉国际空港经济开发区保税物流中心（B 型）正式运行。

（撰稿人：戴红梅 、刘炫伯、齐银霞）

2020 年吉林省口岸流量统计表

口岸类型		口岸名称	货运量（万吨）				集装箱量（万标箱）				人员（万人次）				交通工具（辆、艘、架、列次）			
			出口	进口	合计	同比（%）	出口	进口	合计	同比（%）	出境	入境	合计	同比（%）	出境	入境	合计	同比（%）
空运口岸		长春航空口岸	0.036 7	0.044 7	0.081 4	-5.10					4.47	5.07	9.54	-82.60	377	385	762	-83.00
空运口岸		延吉航空口岸									5.97	6.08	12.04	-84.30	478	481	959	-81.60
空运口岸		分计	0.036 7	0.044 7	0.081 4	-5.10					10.44	11.15	21.58	-83.60	855	866	1 721	-82.20
陆路口岸	公路口岸	珲春口岸	1.82	8.91	10.72	-48.50					1.80	1.43	3.23	-93.40	6 974	6 953	13 927	-52.60
陆路口岸	公路口岸	分计																
陆路口岸	铁路口岸	珲春铁路口岸	1.13	273.34	274.47	30.10					0.268 1	0.268 1	0.536 2	11.50	913	913	1 826	24.00
陆路口岸	铁路口岸	分计																
合计																		
同比（%）																		

（吉林省口岸办提供）

2020 年吉林省口岸出入境主要数据表

项　目			2020 年	2019 年	同比（%）
出入境人员（人次）	出入境人员总数		336 411	2 926 277	-88.50
	入境人员		171 396	1 473 616	-88.37
	出境人员		165 015	1 452 661	-88.64
	出入境旅客		298 987	2 757 913	-89.16
	出入境员工		37 424	168 364	-77.77
	中国公民	内地居民	210 416	1 765 850	-88.08
		港澳居民	93	10 800	-99.14
		台湾同胞	2 443	26 622	-90.82
	外籍人员		123 459	1 123 005	-89.01
	从海港出入境人数				
	从陆港出入境人数				
	从空港出入境人数				
交通运输工具（辆、艘、架、列次）	总计		22 281	134 367	-83.42
	船舶		0	996	-100.00
	飞机		1 659	8 989	-81.54
	火车		1 844	1 721	7.15
	机动车辆		18 778	122 661	-84.68

（吉林出入境边检总站提供）

2020 年长春海关主要数据统计表

项　目		2020 年	2019 年	同比（%）
进出口货运量（万吨）	合计	1 077.53	619.73	73.87
	进口	1 025.49	540.83	89.61
	出口	52.05	78.80	-34.04
进出口贸易总值（万美元）	合计	952 684.7	960 686.4	-0.88
	进口	804 704.8	763 298.7	5.42
	其中：江、海运输	676 628.4	613 558.6	10.28
	铁路运输	36 663.7	37 977.5	-3.46
	汽车运输	39 927.2	49 001.2	-18.52
	航空运输	51 216.5	62 182.1	-17.63
	邮件运输	51.6	159.60	-67.67
	其他运输	217.4	419.70	-48.20
	出口	147 979.9	197 387.7	-25.00
	其中：江、海运输	77 114.7	59 749.3	29.06
	铁路运输	43 660	44 842.5	-2.64
	汽车运输	24 913.5	86 458	-71.18
	航空运输	2 183.5	5 756.6	-62.07
	邮件运输	11.7	30.60	-61.76
	其他运输	96.6	550.60	-82.46
税收（万元）	两税合计	1 059 378	1 004 400	5.47
	关税入库	323 300	292 500	10.53
	进口环节税入库	736 100	711 900	3.40

（长春海关提供）

口岸数量及分布

截至2020年年底，黑龙江省共有经国务院批准的对外开放口岸27个。其中，空运口岸4个，分别是哈尔滨空运口岸（哈尔滨太平国际机场）、齐齐哈尔空运口岸（齐齐哈尔三家子机场）、牡丹江空运口岸（牡丹江海浪国际机场）、佳木斯空运口岸（佳木斯东郊国际机场）；水运（河港）口岸13个，分别是哈尔滨、佳木斯、富锦、同江、抚远、饶河、萝北、嘉荫、逊克、孙吴、黑河、呼玛、漠河河港口岸；陆路（公路）口岸6个，分别是东宁、绥芬河、密山、虎林、黑瞎子岛（客运）、黑河公路口岸；陆路（铁路）口岸3个，分别是绥芬河、同江、哈尔滨铁路口岸；步行口岸1个，即为黑河步行口岸。其中，有19个为中俄两国政府确认的边境口岸。

口岸运行数据

2020年，黑龙江省口岸客运量实现40.7万人次，同比下降90%；货运量实现4 425.1万吨，同比增长2.9%。口岸压缩整体通关时间位居全国前列，国家贸易“单一窗口”报关报检业务应用率实现100%。

口岸综合管理

【口岸开放工作】 新增边境口岸开放如期完成。2020年1月和6月，黑河（步行）口岸和黑河公路口岸开放分获国务院批准。“十三五”期间黑龙江省新增4个边境口岸全部获批开放。大庆航空口岸开放和漠河水运口岸扩大开放有望列入《国家口岸发展“十四五”规划》。2012年起已关闭8年的嘉荫水运口岸在11月份获批恢复通关。新设口岸方面，黑河公路口岸、黑瞎子岛公路客运口岸、同江铁路口岸及黑河步行口岸均已获准对外开放。

【新增边境口岸基础设施建设稳步推进】 同江—下列宁斯阔耶铁路口岸计划于2021年下半年投入运营；黑河公路口岸已进入口岸联检查验设施设备安装和调试工作阶段，计划2021年一季度迎接国家验收；黑河步行口岸已开始实施基础设施建设；黑瞎子岛公路客运口岸初步做好待中俄双方联合保护开发纲要获批后，启动落地建设的相关工作。

【边境口岸“外防输入”基础设施和查验设施建设不断配套】 为防控境外疫情输入，全省11个口岸投入近5 000万元完善了入境人员主动申报、开展流调、采样检测、预防性消毒、隔离转运等口岸卫生防疫设施设备；争取外贸发展金，累计投入1 100万元用于口岸通道及海关智能卡口建设，为疫情输入风险下开通货检功能提供了有力保障。

【指定监管场地（口岸）功能不断丰富】 黑龙江省经国家查验部门批准建设的口岸监管场地有27个，其中进口粮食监管场地11个、进口中药材指定口岸2个、进口冰鲜水产品指定监管场地10个、进境食用水生动物监管场地7个、进境植物种苗监管场地1个、进口肉类指定查验场3个，汽车整车进口口岸1个。打造边境特色口岸。海关总署批复哈尔滨综合保税区、绥芬河市建设和设立进境肉类指定监管场地，黑龙江省边境口岸首次获得进境肉类许可。黑河和东宁口岸进境中药材品种由原来的5种（人参、甘草、银杏叶、胡椒、山药）增加到15种（新增的10种：槲寄生、防风、白鲜皮、黄芪、桔梗、五味子、仓术、紫草、红景天、赤芍）。启动了同江、绥芬河中药材进境指定口岸和同江铁路口岸争取进境肉类海关指定监管场地预建申请工作。

【抓好口岸顶层设计】 按照省委确定的“打造一个窗口，建设4个区”的对外开放新定位和有关要求，从优化口岸发展布局、提升口岸服务能级、培育口岸产业体系、推进“岸产城”融合发展等九个方面编制了《黑龙江口岸中长期发展规划》。2020年10月23日，省委常委会审定通过了该规划，填补了黑龙江省该领域的规划空白。

【推进疫情时期口岸开通货检功能，为“稳外贸”提供基础支撑】 据哈尔滨海关统计，1~12 月全省 12 个运行过口岸进出口实际完成货运量 4 415.1 万吨，同比增长 2.9%。一是推动国务院联防联控机制出台了边境口岸“客停货开”政策。采取多种积极措施推动国家于 4 月 8 日 24 时临时关闭了全国对俄边境口岸旅检功能，并后续出台了“客停货开”政策，为全国边境口岸降低境外疫情输入风险做出了贡献。二是及时下发相关文件指导口岸做好“外防输入”工作。以黑龙江省防指办公室名义印发了 4 个指导性文件，推动有关口岸限定区域及时做好“外防输入”和货物通关提效工作。三是推进口岸限定区域不断完善“闭环管理”流程、要求和措施。多次组织中省直相关部门共同推进边境口岸不断完善“闭环管理”流程、要求和措施。国家口岸管理办公室向全国 9 个边境省（区）印发了绥芬河铁路口岸和东宁公路口岸“闭环管理”典型案例。

【推动俄罗斯相关部门共同做好边境口岸开关和防疫工作】 2020 年先后向俄联邦边境建设局哈巴和滨海分局及俄方相关州区政府致函 100 余件，协调关闭口岸旅检功能、增加公路口岸货车通关数量、推动俄方货车司乘人员实施核酸检测等方面的工作富有成效。

【切实加强对俄口岸务实合作】 黑龙江省口岸办已经与俄罗斯联邦国家政府机构项目建设和使用管理局哈巴罗夫斯克分局、符拉迪沃斯托克分局建立口岸合作工作机制，双方每年都签订工作合作计划。每年至少进行一次工作会晤并签署会谈纪要。在实际工作中，及时通报边境口岸工作时间改变等情况，解决口岸通关中存在的问题。良好的合作工作机制，推动俄方加快口岸设施建设，一定程度上提高了俄方工作效率，确保中俄边境口岸高效有序安全运营；保障货物和人员进出境通道顺畅。如黑河口岸与俄口岸部门建立了“黑河—布市口岸中俄客货运输协调小组”会晤机制，已实行 20 余年。每年会晤 3~4 次，取得了良好成效。在粮食回运、流冰期等客货运输特殊时期，随时保持对俄信息畅通，及时处理问题和矛盾，延长口岸工作时间，为进出口企业和旅客提供优质服务，确保双方口岸运输的高效与畅通。同江口岸常年保持与俄方口岸沟通联络和会晤，及时预判和通报双方因展会、货物集中通关等口岸通关高峰期，适时延长通关时间和增加船舶等交通工作运输班次，避免客货滞港压港情况，保障口岸运行畅通。

口岸监管与服务

【黑龙江出入境边检总站做好边境管控工作】 深入开展“靖边”“三打两控一遏制”等专项行动，破获走私、偷越国（边）境、贩毒等案件 12 起 73 人，缴获毒品 1 355 克，查处涉边违法人员 262 人，收缴非法船只 304 艘，为近年查获数量之最。推动省公安厅出台关于全面深化边境地区防控体系建设的相关意见，将体系建设纳入全省公安工作和全省社会防控体系整体布局。在边境前沿布设 93 处执勤卡点和 304 个巡逻点，布建 1 490 余个群防群治组织、1.9 万余名群防力量，常态开展流动巡逻、临检盘查等勤务，对边境实施全面管控。全年累计查处违边案件 151 起，涉外事件起数同比下降 56.3%，确保了边境持续安全。“构建党政军警民一体化强边固防机制，建立边境地区、国门口岸突发事件联合应急处置机制，提高管边控边治边和移民管理治理能力”，纳入黑龙江省“十四五”规划和 2035 年远景目标。

【黑龙江出入境边检总站全力维护边境治安秩序】 扎实做好“两会”等重大安保工作，深入排查辖区矛盾纠纷和重大案件事故隐患，扎实推进“扫黑除恶”专项斗争，严控边境地区社会治安秩序，全年刑事案件立案 199 起，破案 60 起，受理治安案件 3 982 起，查处 2 171 起，边境辖区发案率保持较低水平，边境社会治安平稳可控。

【黑龙江出入境边检总站推进口岸管控实战体系建设】 研究制定了接布控工作指引，提升查控工作质量，部署专项录入质量排查整改活动，实现录入差错大幅下降至清零的目标。推出“信息预警、关口前置、兼顾两翼、闭环处置”4项机制，绘制口岸管控示意图，重新明确划定、公告口岸限定区域和管理权责，完善独具龙江地域特色的冬季河港口岸管控措施，争取省政府400余万元支持绥芬河铁路货运口岸建设，口岸管控软、硬件水平得到提档升级。

【黑龙江出入境边检总站服务经济发展大局】 紧跟疫情形势，在防控常态化背景下全力保障复工复产复航，严格落实“闭环管理”要求，疫情发生以来共保障926万吨货物、1 884吨防疫物资顺利通关。靠前服务黑龙江省“一窗四区”建设，完成同江市卫华村定点扶贫任务，探索优化服务自贸试验区18项措施，推出“中俄车辆联检快放新模式”获评全国自贸试验区首批省级创新实践案例。

【黑龙江出入境边检总站扎实做好疫情防控】 坚决落实疫情防控各项举措，全力打好“外防输入”阻击战。组建24小时运转工作专班，在外防输入风险最高、压力最大的绥芬河边检站设立前沿指挥所，坚持“最少管用”原则，实施“最小单元”勤务作业，高效安全完成各陆港、河港、空港口岸出入境检查及外防输入任务。发挥边检梅沙系统、出境入境航空器载运人员信息预报预检系统（iAPI）作用，开展涉疫重点人员预警和境外轨迹追溯，及时分析推送入境涉疫数据4 300余万条。构筑抵边封控、辖区巡防、要道过滤三道防线，严密组织边境巡逻和网格巡防排查工作，筑起阻断境外疫情输入的坚实防线。发挥移民管理机构职能作用，与对应俄方三个边防局互致信函38封，电话书信交流200余次，就疫情防控合作、防疫信息共享、保障货物通关等达成共识。黑龙江省委书记张庆伟亲临黑龙江出入境边检总站机关视察并视频连线前沿、慰问基层民警。

【黑龙江海事局做好口岸疫情防控工作】 一是动作迅速。新冠肺炎疫情发生后，黑龙江海事局第一时间成立疫情防控领导小组，先后召开专题会议7次，制定抗击疫情24条举措，并向黑龙江省政府上报了关于黑龙江省水路运输口岸客运运输延迟开通的相关意见，建议黑龙江省政府将沿边口岸开通权限收至省级层面，使政令统一、步调一致。二是发挥专业优势。辖区口岸货检通道正式开通前，黑龙江海事局根据交通运输部、交通运输部海事局、黑龙江省政府关于疫情外防输入指示精神，先后发布了关于做好防范境外新冠肺炎疫情输入工作的通知、《黑龙江海事局国际航行船舶船员新冠肺炎疫情防控工作预案》、《黑龙江海事局关于印发口岸船舶疫情防控工作指南的通知》和《黑龙江海事局关于做好新冠肺炎疫情常态化防控形势下海事工作的指导意见》，细致专业地指导口岸水路运输做好疫情防控。三是严管严控。黑龙江海事局积极配合地方政府和边防委，加大界河船舶管控力度；对辖区国际航行船舶实施清单管理制，明确管理责任人；要求界河水域非国际航行船舶所有人和船长签署安全承诺书，开航前向所在地海事管理机构进行报备，重点打击利用商船非法载运旅客等违法涉外事件；有效跟踪船舶实时动态，以巡航检查、船舶进出港报告核查、CCTV视频监控等手段强化对界河水域活动船舶的管控。

【黑龙江海事局全力保障国际水路运输通道畅通】 一是开展水上交通安全专项整治三年行动，辖区水上交通安全形势持续稳定。具体举措：完善海事权责清单；督促航运企业落实安全生产主体责任；推进辖区风险防控和隐患治理；抓好涉客类船舶安全监管；加强船舶防污染现场监督检查力度；开展商渔船防碰撞安全治理；将界河通航水域作为重点进行通航安全整治（包括整治船舶违反桥区水域航行规定、防止船舶碰撞桥梁，开展水上无线电秩序管理专项整治，严管水上水下活动许可或报备等）；加强船员安全管理；开展长期逃避海事监管船舶专项整治行动；强化海事基础保障能力建设；加强和规范海事监管执法；强化全水上交通安全宣传教育（水上交通安全知识进校园，安全生产月，典型事故案例进航运公司、进船员培训机构等）。二是持续推广国际贸易“单一窗口”标准版，促进船舶便利通关。巩固 2019 年推广成果，指导口岸海事部门服务航运企业和代理公司，为其“单一窗口”船舶运输工具申报提供有效帮助支持，解决使用过程中发现的各种问题，提高船舶进出口岸的便利化程度和通关效率，辖区年度国际航行船舶进出口岸申报“单一窗口”标准版使用率达到 100%。三是深化联合登临检查工作机制，保障船舶便捷通关。作为船舶联合登临检查召集单位，海事部门积极组织召开联席会议，各口岸联检单位共同研究制订口岸疫情防控工作方案，完善联合查验新模式，进一步提升查验效率，在疫情防控新形势下有力保障船舶便捷通关。四是发挥职能优势，助力口岸高质量发展。在口岸运输涉及海事业务的政务受理中创新实施“绿色通道+并联办理+容缺受理”，优化社会服务彰显海事担当作为。积极派员参与省口岸办组织各口岸货检通道开通前的评估工作，并对饶河口岸船舶运输方式提出专业意见。口岸海事部门克服困难，全力配合口岸延长工作时间，服务中俄贸易发展大局。五是深化对俄协作，进一步提升应急水平。口岸海事部门与俄港航监督部门加强国际船舶进出口岸查验合作，及时通报、定期交换涉航信息，实现合作常态化、机制化。黑河海事局联合俄罗斯联邦阿穆尔州紧急情况事务总局开展中俄界河联合巡航，有效提升双方界河水上交通安全监管协同配合的能力。

【哈尔滨海关强化口岸防控，严防新冠肺炎疫情输入】 一是压实防控责任。第一时间学习传达习近平总书记重要讲话和重要指示批示精神，坚决落实海关总署党委对防控工作部署安排，时刻紧绷外防输入这根弦。第一时间成立关区领导小组和防控指挥部，召开指挥部会议 45 次，研究防控重点，制订细化方案，调整防控策略，做到谋划早、反应快，迅速进入状态。发挥新升级改造业务监控指挥中心作用，指导一线防控作业，国务院联防联控机制指导组和黑龙江省委省政府主要领导通过指挥中心检查指导防控工作，与口岸现场连线。全面参加地方联防联控机制工作，提出海关意见，压实“四方责任”，积极参与龙江从“国门”到“家门”全链条疫情防控。

二是落细防控措施。提前分析研判毗邻国家疫情信息，提早组建三级防控梯队，强化一线专业力量调配，火速筹建 5 个生物安全二级实验室，核酸检测能力大幅提升。针对冬季寒冷和人、物、环境传播风险，及时增配保暖负压流调采样方舱、负压救护车、移动检测实验室、全自动六面体消毒设备，防控手段能力进一步提升。成立由监察室和派驻纪检组牵头的安全防护保障监督专班，严格检查一线人员做好安全防护，监督核酸、抗体检测和集中隔离轮班管控措施执行，确保“打胜仗、零感染”。

三是实现精准防控。对入境人员严格实施登临检疫、验核健康申明卡、体温监测、采样检测、流行病学调查、配合地方集中隔离观察“6 个 100%”闭环管控措施。采取鼻、口咽拭子同采混检方法，提高检出率。强化对高风险跨境运输司乘人员管控，要求俄方司乘人员持 7 日内核酸检测阴性证明入境，将采样检测周期从最初的 14 天加严到现在的 3 天。严格执行总署关于进口冷链食品、高风险非冷链集装箱货物防控规定，做好采样检测和防疫消毒监督；支持地方政府委托专业消杀公司，加强对进口货物外包装、口岸区域环境预防性消毒，将“由物传人”风险降到最低。

【哈尔滨海关发挥职能优势，提升履职把关能力】 一是监管工作全面加强。强化场所管理，严格执行监管场所建设规范和安全标准，支持龙江进口肉类指定监管场地建设。深入开展“安全生产专项整治三年行动”，排查整改安全隐患 60 个。加强实货监管，精准分析布控能力稳步提升，贸易渠道人工分析布控查获率 10.12%。优化后续监管，全面推进企业信用管理改革，为 45 家重点企业提供“一企一策”服务，稽核查效能不断提升。加强知识产权保护，查扣侵权商品 43 批次。

二是国门安全更加牢固。加强国门生物安全监测和安全风险监控，设立 8 类重点项目监测点

120个；严密口岸非洲猪瘟疫情防控，截获来自疫区猪肉及其制品789千克；加快无害化检疫处理中心建设，检疫处理能力显著提升。对关区15个口岸开展自查、考核、评估，持续提升核心能力水平；口岸捕获国际新型蠓种，病媒生物监测取得新突破。落实食品安全“四个最严”要求，开展进口食品“国门守护”行动，强化互贸进口食品监管，确保人民群众“舌尖上的安全”。发挥进出口商品质量安全风险预警监管体系作用，加强对原油、天然气、煤炭、医疗物资等重点敏感商品监管，严把进出口商品质量关。

三是打私工作再创佳绩。落实海关总署缉私管理体制改革“一个为主、两个不变”要求，做好缉私队伍支持保障工作；坚持打防结合、社会共治，加强与省内相关部门单位共建配合；立案侦办走私犯罪案件33起，案值达44.2亿元，创历史新高；主要案件指标连续四年大幅增长，查办一批走私羚羊角、熊掌、虎骨等濒危物种及制品案件，查获28.8亿元走私贵重金属大案，有效维护龙江经济社会安全。

四是综合治税取得成效。全年税收入库113.02亿元，圆满完成年度目标。全面落实减税降费政策，为企业及科研院所减免税款2.24亿元。积极应对中美经贸摩擦，落实对美加征关税排除措施。深入推进税收征管改革，关税保证保险、汇总征税、预裁定、原产地证自助打印等改革落地见效，签发各类原产地证书4.5万余份，签证金额16.7亿美元。为60家企业担保税款9.8亿元，有效减轻企业资金压力。

五是统计分析作用增强。发挥“数据+研究”作用，加强外贸形势和商品结构分析，为地方党委政府提供决策参考。强化统计监测预警，开展政策研究，突出对俄与欧亚经济联盟国家政策分析。全面开展业务数据安全检查，保证业务系统“零风险”、数据“零泄露”。积极向海关总署提出海关“十四五”规划意见建议，主动参与龙江“十四五”规划研究。

【哈尔滨海关深化改革创新，服务龙江高水平开放】 一是改革任务落地见效。成立“两步申报”工作专班，在试点基础上，实现关区全部业务现场推广覆盖，两步申报应用比例升至20%以上；全面推进“两轮驱动”，先试点后推广，实施科学随机抽查、精准布控查验，完善风险管理闭环链条；顺利启动“两段准入”第三批推广应用。积极推进集中审像，完成海关总署智能审图制图任务，制图数占总量41%。“铁路舱单管理系统及运输工具管理系统”上线应用，铁路口岸验放效能大幅提升。推进邮递物品监管改革，监管服务信息化水平进一步提高。

二是制度创新扎实推进。坚决落实习近平总书记“治国必治边 治边先稳藏”重要指示精神，创新边境贸易发展，推动建立黑龙江省边境贸易创新发展联席会议制度，初步形成互贸进口商品落地加工多部门全链条监管机制，在黑河、绥芬河自贸片区开展落地加工试点，努力打造边贸发展龙江样板。紧密结合促进沿边开放、推进对俄合作等国家战略，出台支持龙江自贸试验区建设20条措施，摸索出海关工作制度创新滚动发展模式，“优化进境俄罗斯粮食检疫流程”等5项监管创新措施已通过海关总署备案并落地实施，在全国沿边自贸区创新中走在前面。支持龙江农业“走出去”，服务大豆、玉米等粮食回运，推进总署批准试进口的俄方中药材在自贸片区落地加工。

三是营商环境持续优化。落实海关总署优化口岸营商环境、促进跨境贸易便利化工作要求，积极响应地方政府“办事不求人”工作部署，全面打造“办理海关事项不求人”服务品牌，最大限度实现海关业务办理不见面、网上办。2020年关区进口整体通关时间26.85小时，比2017年压缩69.74%，出口整体通关时间0.89小时，比2017年压缩63%。与省内外6个部门、单位签署合作协议，共同发力支持龙江经济社会发展。推进中俄海关“三智”合作，与俄罗斯远东海关局召开通关监管、贸易统计等工作组年度视频会议，加强沟通协调，及时解决疫情期间货物通关、司乘人员管控等问题。支持中欧班列运营，提供“自主选择通关模式”“舱单归并”通关服务。推动内贸货物跨境运输纳入“单一窗口”申报。支持跨境电商产业发展，加快搭建龙江跨境电商交易公共服务平台，2020 年监管跨境电商商品货值同比增长 33%。支持中俄黑河公路大桥、同江铁路大桥等重大项目加快配套，完善功能，争取尽早开通运营。

开放口岸

【哈尔滨空运口岸（哈尔滨太平国际机场）】 哈尔滨空运口岸是 1987 年 7 月 1 日经国务院批准对外开放口岸，1989 年 9 月 22 日正式对外开放使用。2019 年哈尔滨太平机场海关自旧国际航站楼升级改造工程后，新增查验设备均来源于政府采购且为海关独立使用。一是成立跨境电商科，助推空港跨境电商物流园业务发展。哈尔滨航空口岸现有国际及地区航线 23 条，已经初步形成了以哈尔滨为中心，连接俄罗斯、日本、韩国、新加坡、泰国、马来西亚、印度尼西亚等国家和地区的空中交通网络。自 2019 年 1 月初，物流园首批跨境电商进口商品顺利通关放行以来，高度重视跨境电商业务，积极为物流园招商助力宣传，积极提供政策解读服务，优化口岸营商环境。二是助力保税航油业务落地空港。太平机场海关相关责任人就保税航油业务多地考察访问、就免税航油业务实施过程中存在的问题进行沟通和协商，力争尽早实现免税航油业务在机场全面落地的工作目标。

2020 年，哈尔滨空运口岸累计出入境旅客 12.6 万人次，同比下降 86.2%。其中，出境 6.13 万人次、入境 6.47 万人次。

【齐齐哈尔空运口岸（齐齐哈尔三家子机场）】 齐齐哈尔空运口岸是 1993 年 6 月 4 日经国务院批准的对外开放口岸，齐齐哈尔空运口岸为军民合用机场，2010 年 1 月通过国家验收。

2012 年至 2016 年，连续 5 年对韩国的首尔、釜山、清州飞行了 107 个国际临时客运航班，累计运送出入境旅客 3.37 万人次。2017 年，由于“萨德”入韩问题，齐齐哈尔航空口岸暂停了对韩国飞行临时国际航班。2018 年 6 月 4 日正式签约开通齐齐哈尔至俄罗斯符拉迪沃斯托克临时国际航线，是齐齐哈尔航空口岸首次开通俄罗斯国际航线。

【牡丹江空运口岸（牡丹江海浪国际机场）】 牡丹江空运口岸是 1996 年 6 月经国务院批准的对外开放口岸，1998 年 12 月正式对外开通使用。牡丹江空运口岸为军民合用机场，该机场位于黑龙江省牡丹江市区西南，距市中心约 9 千米。

1998 年 8 月成功试航牡丹江至俄罗斯符拉迪沃斯托克航线，2000 年 6 月正式开通牡丹江至符拉迪沃斯托克包机航线，2002 年 1 月转为定期国际航班，每周飞行 2 班，机型为图 154。2003 年 11 月开通了牡丹江至俄雅库茨克国际航线，每月飞行 2 班，机型为图 154；同时还开通了牡丹江至俄哈巴罗夫斯克的定期国际航班，每周 2 班，机型为图 154。2005 年 9 月开通了牡丹江至韩国首尔的国际航班，目前每周 4 班，机型为波音 737。

牡丹江海浪国际机场目前开通二条国际航线，分别是首尔和海参崴。首尔航线每周由南方航空和大韩航空分别执飞 5 班，夏季淡季分别执飞 3 班。海参崴航线每周由奥罗拉航空执飞 2 班。2018 年 12 月 20 日，牡丹江海浪国际机场货运部分通过省口岸办组织的验收。牡丹江空运口岸于 2018 年 7 月 15 日正式恢复牡丹江至符拉迪沃斯托克航班，助力牡丹江社会经济发展形势和对外开放步伐。航班进出境整体上座率 50% 以上。牡丹江对俄航班的恢复通航对中俄贸易发展、国际旅客互通友谊及文化交流起到推动促进作用。12 月 20 日，牡丹江空运口岸货运作业区通过验收，这标志着牡丹江海浪国际机场成为继延吉朝阳川国际机场之后东北第二家国际客运、货运功能齐全的支线机场，在民航发展史上具有里程碑意义。

为进一步扩大边境贸易规模，促进全省旅游业创新发展，在已开通绥芬河公路和铁路离境退税口岸的基础上，增加牡丹江航空港和东宁两个开放口岸作为境外旅客购物离境退税口岸。牡丹江境外旅客购物离境退税商店在市区增设6个，东宁市增设4个。目前牡丹江市离境退税已开通离境退税业务。

2020年客运量完成1.5万人次，同比下降88.12%。

【佳木斯空运口岸（佳木斯东郊国际机场）】 佳木斯空运口岸是1992年12月经国务院批准的对外开放口岸，该机场位于黑龙江省东北部的佳木斯市东郊9千米处，2009年年末通过国家正式验收。

2010年开通佳木斯至韩国首尔临时包机，2012年恢复佳木斯至哈巴罗夫斯克航线，2014年中韩两国民航部门会谈中，佳木斯至韩国首尔临时包机航班被批准为正式航班，这两条国际航线每周各2班。2018年佳木斯航空口岸有2条国际航线，每周4班，分别是韩国首尔2班、俄罗斯哈巴2班。2018年8月末韩国首尔航线增加了1班，每周达到5班。

2020年，佳木斯空运口岸进出口货运量完成0.16万吨，同比下降92.9%；出入境人员实现0.4万人次，同比下降89.5%。

【哈尔滨水运（河港）口岸】 哈尔滨水运口岸是1987年7月经国务院批准对外开放，并经中国与苏联两国政府确认开通使用的开放口岸，1992年10月又经国家批准开通了国际客运业务。该口岸地处松花江中游南岸，黑龙江省省会哈尔滨市区东北部，是我国东北内河最大的水陆换装枢纽港，年营运期210天左右，冰封期约为150天，是一个典型的季节性生产港口。由哈尔滨港经松花江、黑龙江水道与俄罗斯的哈巴罗夫斯克、共青城、尼古拉耶夫斯克和布拉戈维申斯克等7个大中城市港口相通。根据中俄两国协议，中方国际船舶可经俄罗斯阿穆尔河段由尼古拉耶夫斯克港出海，再经鞑靼海峡进入日本海，开展国际江海联运业务。哈尔滨水运口岸即松花江哈尔滨港。哈尔滨河港口岸是1989年7月1日经国务院批准恢复对外开放，1999年至2005年连续7年进出口货运量为零，2006年出口货运量为400吨，从2007年至今没有过货。

【饶河水运（河港）口岸】 饶河水运口岸是1989年4月经国务院批准的对外开放口岸，1993年9月正式开通使用，1994年1月经中俄两国政府确认为双边客货运输口岸。该口岸港口位于黑龙江省东北部边陲饶河县饶河镇南7.5千米，地处乌苏里江中段西岸，为目前中俄乌苏里江流域唯一水运口岸。与俄罗斯哈巴罗夫斯克边疆区比金区市波克罗夫卡口岸隔江对应，直线距离只有760米。俄方对应口岸波克罗夫卡地处哈巴罗夫斯克边疆区和滨海边疆区结合部，距两个边区首府哈巴罗夫斯克市和符拉迪沃斯托克市分别为263千米和520千米，距比金市也只有35千米，是目前俄远东地区建设规模较大，基础设施较完备的口岸之一。明水期开展水上船舶运输，目前以汽车轮渡运输为主，冰封期开展冰上汽车运输。

该口岸建有可停靠2艘千吨级货轮的码头和适应明水期轮渡运输、冰封期汽车运输的两用码头，还备有2艘大马力轮渡船，年吞吐能力在60万吨以上。同时，建有口岸联检厅4 000平方米、海关监管库6 000平方米，查验配套设施完备。该口岸距离两个最近火车站东方红、换新天大约在137千米和150千米，口岸集疏运主要通过公路运输，经依饶公路和饶建公路可分别抵达双鸭山和佳木斯等中心城市。该口岸开通建设虽晚于周边其他口岸，但客货运输生产发展势头较好。

2020年，进出口货运量完成0.75万吨，同比下降41.4%；出入境人员实现0.3万人次，同比下降92.2%。

【佳木斯水运（河港）口岸】 佳木斯水运口岸是1989年7月经国务院批准对外开放，并经中国与苏联两国政府确认开通使用的开放口岸，1991年10月开通了国际客运航线。该港口位于黑龙江省东北部的佳木斯市市区，地处松花江中下游南岸，是该地区较大的水陆换装枢纽港。年航行期在210天左右，为季节性生产港口。港区现有陆域面积10万平方米，立式码头岸线总长510多延长米，拥有千吨级泊位5个，铁路专用线 2 条，全长 740 米，装卸设备 43 台（组）年吞吐能力为 100 万吨。口岸建有办公业务用房 5 000 平方米，生活用房 587 平方米，现场办公用房及附属设施 2 050 平方米。

该口岸的国际航行船舶，沿松花江上行可达哈尔滨港，下行可达富锦、同江港。进入黑龙江后可直达俄罗斯的下列宁斯阔耶、哈巴罗夫斯克、共青城等开放港口。根据中俄两国协议，中国国际航行船舶可经俄罗斯的尼古拉耶夫斯克港出海，再通过鞑靼海峡进入日本海，开展国际江海联运业务。交通部已确定佳木斯港为江海联运港口，并于 1992 年 7 月 12 日进行了首航。

近年来，因松花江枯水及边贸政策调整影响，该口岸客货运量较少。随着上游大顶子山等航电枢纽工程建设的陆续到位，松花江通航条件将不断改善，该口岸将会得到充分利用。

【富锦水运（河港）口岸】 富锦水运口岸是 1989 年 7 月经国务院批准对外开放，并经中国与苏联两国政府确认开通使用的对外开放口岸，1993 年 10 月又经国家批准开通了国际客运业务。该口岸位于松花江下游南岸，黑龙江省富锦市城区北部，为松花江干流中型港口。由此沿松花江上行可达佳木斯、哈尔滨等松花江沿岸各港口，下行距中俄界河黑龙江 78 千米，从三江口入黑龙江（阿穆尔河）可直航俄罗斯的下列宁斯阔耶、哈巴罗夫斯克、共青城等口岸。继续下行可通过尼古拉耶夫斯克入海，进入鞑靼海峡及日本海，江海联运的货物可直达日本、韩国等太平洋沿岸国家和地区。国内交通十分便利，铁路、公路、水路畅通，福前铁路、哈同公路贯穿该市。

该口岸基础及配套设施建设日趋完善，现有码头岸线长 1 000 余米，设有简易趸台 3 处，可同时停靠千吨级驳船 5 艘装卸作业。港区面积近 5 万平方米，拥有各类装卸设备近 30 台套，日装卸能力 3 000 吨以上，年货物吞吐量 30 万吨。港区建有铁路专用线 7.62 千米，已经形成水铁联运一条龙。该口岸建有查验单位办公、业务、生活及查验设施 1 万多平方米。

2020 年，口岸进出口货运量完成 0.33 万吨，同比下降 60.2%。

【同江水运（河港）口岸】 同江水运口岸于 1986 年经国务院批准恢复为对外开放口岸，包括东部作业区和西部作业区，简称东、西两港。两港拥有各类泊位 12 个，港口年吞吐能力达 460 万吨。西港方面。同江西港以货物运输为主，年货物吞吐能力达到 400 万吨，由企业投资建设了港口基础设施，包括 10 个千吨级以上泊位，铁路专用线 4.8 千米（可通达国内各铁路站场），配备装卸设备 50 余台（套）。政府和港口企业共同出资建设了西港货检综合楼，实现了报关、报检、代理、查验一站式服务。东港方面（获批开放，正推进开放验收工作）。同江东港有客货运输，年货物吞吐能力达 60 万吨，客运通过能力 50 万人次。由企业投资建设了客运泊位 1 个、滚装泊位 1 个、浮箱固冰通道和气垫船基地。政府投资建设了旅检楼、边检站用房、联检查验业务用房、货检通道等查验设施。

同江口岸东部作业区于 1988 年，经国务院口岸领导小组批准开通运营，历经 30 年。2018 年 12 月 27 日，经国务院下发的《国务院关于同意黑龙江同江港口岸扩大开放东部作业区》批复，同意同江港口岸扩大开放东部作业区。为尽早通过国家验收成为正式作业区，现正按照《口岸验收管理办法（暂行）》的有关规定，完善口岸软硬件设施设备，计划 2020 年完成口岸开放验收工作，建议将同江港扩大开放东部作业区验收工作，纳入国家口岸开放验收工作计划之中。

2020 年，口岸进出口货运量完成 25.64 万吨，同比下降 64%；出入境人员实现 0.46 万人次，同比下降 88.91%。

【抚远水运（河港）口岸】 1992 年 5 月 8 日，抚远水运口岸被国务院批准为国际客货运输开放口岸，1993 年 8 月 8 日正式开关。

抚远地处黑龙江、乌苏里江的三角地带，全市总面积 6 262.48 平方千米，距俄罗斯远东政治、经济、交通、文化中心哈巴罗夫斯克市航道距离仅 65 千米，拥有 268 千米中俄界江黄金水道，是黑龙江省唯一的天然深水良港。由抚远港出境，经俄罗斯一直驶向鞑靼海峡，有“东方水上丝绸”之路之称，丰水期能直接停靠5 000吨级以上船舶。

抚远作为客货运开放口岸，在对俄经贸合作和促进区域外向型经济发展中发挥着越来越重要的作用。随着中俄关系的进一步深化，双方政治互信、经济互补、边境和谐稳定的良好合作基础和国际形势变化给抚远带来的历史性机遇，抚远口岸已成为黑龙江省对俄贸易的重要窗口和对外开放的最前沿阵地，口岸对外贸易、进出境人数、进出口货物和进出境船舶全省众多口岸中名次靠前。

该口岸由于距俄远东第一大城市哈巴罗夫斯克很近，对外旅游事业开展得十分活跃。

2020年，口岸进出口货运量完成8.32万吨，同比下降30.4%。客运量实现2 040人次，同比下降97.16%。

【萝北水运（河港）口岸】 萝北水运口岸位于黑龙江省萝北县名山镇，与俄罗斯犹太自治州阿穆尔捷特口岸相对应，1989年4月8日国务院批准为国际客货水运口岸，1993年5月正式开通，明水期进行船舶运输，冰封期进行汽车运输。萝北口岸地理位置优越，与俄罗斯犹太自治州阿穆尔捷特口岸相距1.5千米（冬季浮桥运输距离仅1千米），明水期船舶航行10分钟，冰封期汽车行驶5分钟即可到达彼岸。萝北口岸运输条件良好，哈萝公路（哈尔滨—萝北）全长500千米，全程高等级路面，是省内距哈尔滨最近的边境口岸，进出口货物集、疏运快捷便利，现已开通鹤岗至俄罗斯比罗比詹直达客货运输双向延伸。口岸位于黑龙江中下游黄金水道有利位置，水深流稳，江面开阔，丰水期可航行5 000吨级船舶，上行可至黑河、漠河、布拉戈维申斯克、加林达等口岸，下行可达同江、抚远、下列宁斯科耶、哈巴罗夫斯克、共青城等港口，经江海联运沿黑龙江（阿穆尔河）出海，开展对第三国的外贸运输。

该口岸基础及配套设施建设齐全，拥有现代化煤炭专用码头、木材专用码头和滚装式轮渡码头各1座，3 000吨级船舶可全航期作业，年吞吐能力达50万吨。其中，煤炭专用码头每小时可装运原煤400吨，是黑龙江沿岸最大的煤炭输出港。口岸查验设施健全，建有口岸办公大楼3 975平方米，联检大楼2 396平方米。旅检大厅设8条旅检通道，为出入境旅客提供快捷服务；货场辟有1万平方米作业区，可同时进行2艘千吨级轮装卸作业。大中型气垫船在此投放运营，为春秋两季黑龙江流冰期人员往来提供便利。

2020年，萝北河港口岸进出口货运量完成1.83万吨，同比下降60.8%；出入境人员实现1 356人次，同比下降92.31%。

【嘉荫水运（河港）口岸】 嘉荫水运口岸于1989年4月8日经国务院批准成为对外开放口岸。1993年5月1日，通过国家验收并正式对外开放，1994年俄帕什科沃口岸正式开关。2012年6月1日至今，俄帕什科沃口岸因俄联邦政府令维修暂时闭关。嘉荫水运口岸开通以来，累计投入3.2亿元用于口岸基础设施建设。目前，嘉荫水运口岸整体规划面积为50万平方米，口岸现场占地面积18万平方米，封闭硬化面积8万平方米。拥有办公场所5栋，分别是旅检大楼3 511平方米、货检厅643平方米、综合服务楼533平方米、海关免税商店182平方米、监管仓库1 000平方米。修建口岸公路21.8千米，拥有港口1个、客运码头1个、立壁码头3个和1个滚装码头，配有10吨门吊1台、25吨汽车吊1台、3台装载机、1台叉车、2台平板车、2台百吨电子秤，旅检通道5条、货检通道1条。嘉荫水运口岸货物年吞吐量达到100万吨，旅客年运输能力达到20万人次。该口岸自2012年6月，俄方以加强口岸基础设施建设为由单方宣布闭关，至今仍未开通。

【黑河水运（河港）口岸】 黑河水运口岸1982年1月经国务院批准恢复对外开放，1983年3月经中国与苏联两国政府换文确认为边境地方贸易口岸，1986年9月经中国与苏联两国政府补充换文确认为国家贸易口岸，当月正式对外恢复开通使用，1990 年 3 月经中国与苏联两国政府换文确认为国际客货运输口岸，1994 年 1 月经中俄两国政府再次确认为国际客货运输口岸。2004 年 4 月经国务院批准开展口岸签证工作。该口岸位于黑龙江省北部边陲，中俄界河黑龙江上游末端南岸黑河市内，隔江与俄罗斯阿穆尔州首府布拉戈维申斯克口岸相对，双方货运码头相距 3 500 米，客运码头相距 750 米，是中俄边境水运口岸中运输距离最近、城市规格最高、通过能力最强的对应口岸。由该口岸经布拉戈维申斯克可与俄罗斯西伯利亚大铁路和贝阿铁路连接，经其空中航线可与俄罗斯国内各大城市相通；由该口岸沿黑龙江水道下行，还可抵达俄罗斯远东各港口直至日本海沿岸各国港口。

黑河水运口岸历史悠久，早在 1858 年即成为我国对俄贸易口岸，进行民间和官方贸易。中华人民共和国成立后，1957 年恢复通商，进行边境小额贸易。现已成为国家贸易、地方贸易、边境小额贸易、边民互市贸易及为对外旅游、国际旅客服务的多功能口岸。口岸运输方式随着季节变换，明水期开展水上船舶运输和轮渡运输，冰封期开展冰上汽车运输，流冰期开展气垫船运输和航空运输，可谓运输方式多元，确保四季运行。近些年以来，该口岸对基础及配套设施进行了不断改造和建设。现有货运码头、客运码头及明水期汽车轮渡与冰封期汽车运输兼用码头各 1 处，共有千吨级泊位 12 个。货运码头岸线长 612 延长米，场地面积 8 万平方米，仓库面积 1 万平方米，装卸机械 18 台（套），运输船舶 26 艘，年货物吞吐能力 120 万吨。客运码头岸线长 98 延长米，场地面积 8 000 平方米，旅检大厅 3 600 平方米，候船大厅 2 400 平方米，旅检通道 14 条，年过客能力 100 万人次。

2020 年，黑河水运口岸进出口货物共计 359.28 万吨，同比增长 383%，进出境人员 6.66 万人次，同比下降 93.51%。货运量超过了口岸开通以来最高年份 1993 年。

【逊克水运（河港）口岸】 逊克水运口岸是集国贸、地贸、民贸多功能于一体的对外开放口岸。1989 年 12 月 17 日经国务院批准对外开放；1992 年国务院批准逊克口岸开通边境旅游，交通部批准为江海联运国际航运口岸；2013 年，开通了边境旅游异地办证业务，出入境非常便捷。2015 年被获批为进境粮食指定监管场地。目前，有陆域面积 1.7 万平方米，联合报关大厅 200 平方米，旅检大厅 1 400 平方米；内设进出境通道 7 条，用于货物运输的千吨级泊位 2 个，客运码头 1 处，滚装码头 1 个，码头岸线 300 延长米；旅客年通关能力 10 万人次，货物年吞吐能力 100 万吨。出口货物包括服装、鞋帽、纺织、家电、建材、农用机械、工程机械、各型车辆等产品，进口货物以木材、煤炭、大豆为主。

2020 年，口岸进出口货运量完成 4.8 万吨，同比增加 32.2%。出入境人员实现 2 873 万人次，同比下降 77.54%。

【孙吴水运（河港）口岸】 孙吴水运口岸 1993 年 6 月经国务院批准对外开放，1994 年 1 月经中俄两国政府确认为国际客货运输口岸。该口岸位于黑龙江省北部边陲孙吴县，坐落在黑龙江中游南岸的四季镇，距孙吴县城 54 千米，距俄方阿穆尔州对应口岸康斯坦丁诺夫卡 27 千米。上行可达我国黑河及俄方布拉戈维申斯克港，下行可抵我国逊克及俄方波亚尔科沃港。

该港口江面水丰宽阔，为天然深水港，枯水期也可停靠千吨驳船。建有综合性客货栈桥式码头及粮食、石油、煤炭、木材专用码头，可同时停靠 5 个千吨级驳船作业，装卸及相关设备齐全，年吞吐量 30 万吨。除明水期开展水上船舶运输外，冰封期可开展冰上汽车运输，流冰期还可开展气垫船运输。口岸集疏运条件较为方便，口岸至县城必需的黑嘉公路已建成水泥路面，黑大公路和北黑铁路通过县城。由于俄方曾建议暂不开放康坦丁诺夫卡—孙吴口岸，该口岸目前尚未正式开通使用。

【呼玛水运（河港）口岸】 呼玛水运口岸位于呼玛镇内，是黑河口岸以北黑龙江段的最大县级港口，有较为完善的基础设施，港区全长 4 060 米，可同时停泊千吨货轮 10 余艘。口岸开通后，年吞吐能力可达50万吨，客运量10万人次。呼玛水运口岸实行明水期江上运输可直航哈尔滨，转运全国各地。通过黑龙江可进入鞑靼海峡，实现江海联运，通往世界各地。呼玛县呼玛镇距韩家园火车站100千米，货运便利，中俄双方都有极其便利的运输条件和得天独厚的地缘优势，资源丰富，互补性强。

呼玛水运口岸早在1993年5月15日经国务院批准为客货开放口岸，开展对外客、货运输业务，明水期利用船舶运输，封冻期利用汽车运输。同时批准设置了有关检查检验机构，核定该机构人员编制为110人。2004年11月，呼玛县人民政府与俄罗斯施玛诺夫斯克市达成了在明水期开通呼玛与乌沙阔沃口岸协议。2005年1月大兴安岭行署代表团与阿穆尔州行政机关代表团在俄布拉戈维申斯克达成正式开通呼玛至乌沙阔沃口岸共识，并在中俄总理定期会晤委员会交通分委会北京会议上通过。但由于俄方政策发生变化，口岸未能按时开通。

【漠河水运（河港）口岸】 漠河水运口岸是经《国务院关于同意开放黑龙江省六个对苏边贸口岸的批复》批准设立的对外开放口岸。1993年9月1日，口岸正式开通过货。1994年2月16日，外交部以《关于执行中华人民共和国政府和俄罗斯政府关于中俄边境口岸协定的通知》确认漠河—加林达口岸为国际客货运输口岸，并具体规定该口岸明水期进行船舶运输，封冻期进行汽车运输。1997年国务院批复同意漠河口岸对俄罗斯开展国际旅客运输业务，并允许第三国人员通行。漠河口岸完全具备了既可开展国际客货运输，又可开展边境旅游的全部功能。口岸目前因俄方原因，仅限中俄原油管线人员和设备通关。

【哈尔滨陆路（铁路）口岸】 哈尔滨铁路货运口岸即哈尔滨内陆港，是国务院1996年9月批准的全国第一个作为内陆铁路货运口岸的试点对外开放，办理国际集装箱运输业务，1997年8月正式对外开通使用。该口岸位于哈尔滨市道外区先锋路148号，场地宽阔，环境优美。2016年哈尔滨市政府研究决定：哈尔滨铁路货运口岸迁入哈尔滨国际集装箱中心站。其于8月15日开工建设，1997年月10月通过验收，占地面积44 000平方米。2018年1月黑龙江省人民政府同意哈尔滨铁路货运口岸迁址至哈尔滨国际集装箱中心站（哈尔滨市香坊区香明街1号）。哈尔滨国际集装箱中心站新增口岸功能工程项目总投资约1.04亿元，其中中央预算补助资金为1 306万元，其余为地方预算资金。

2020年，哈尔滨铁路口岸累计进出口货物11.4万吨，同比下降87.9%。其中，进口3.22万吨、出口7.82万吨。

【绥芬河陆路（铁路）口岸】 绥芬河铁路口岸建成于1899年6月，1900年绥芬河至俄乌苏里斯克区间开始通车，1903年7月绥芬河至满洲里全线通车，距今已有百余年历史。1994年1月经中俄两国政府确认为国际铁路客货运输口岸，2003年5月经国务院批准开展口岸签证工作。该口岸在黑龙江省东南边陲重镇绥芬河市，位于滨绥铁路与俄罗斯远东铁路的接轨处，是黑龙江省唯一的对俄边境铁路口岸，也是我国对俄经贸的重要口岸之一。绥芬河站距俄滨海边疆区对应的波格拉尼奇内铁路口岸国境站格罗捷阔沃26千米，距俄方铁路枢纽站乌苏里斯克123千米，距俄方西伯利亚铁路终点、滨海边疆区首府符拉迪沃斯托克230千米，距俄方远东最大的海运港口东方港（纳霍德卡）369千米；距黑龙江省东部中心城市牡丹江193千米，距我国北方重要水、陆、空交通枢纽、黑龙江省省会哈尔滨540千米。该铁路口岸地处要道，陆海联运可到达日本的新潟、横滨，韩国的釜山，美国的西雅图等地区，处于东北亚经济区中心位置，被黑龙江省人民政府确定为对外经贸的主通道，地缘优势十分突出。

该口岸现在是一等铁路车站，主要办理国际联运货物运输和国际、国内旅客运输，以及自站货物的到发、装卸等业务。设有南、北两个站场，管辖绥阳（二等站）、宽沟两个中间站，年设计综合运输能力为1 000万吨。南站场占地10万多平方米，建有线路40条，其中宽轨27条，准轨 13 条；建有国内、国际旅客候车室各 1 座，国内候车室为 1899 年兴建，是原中东铁路较有代表性历史建筑；国际客运联检大楼为 2 800 平方米，设有出入境通道 16 条（出入各 8 条）；建有国内、国际旅客站台各 1 个，总面积为 4 451 平方米；还建有集查验、运输、货代于一体的 6 800 平方米联合报关报验大楼及铁路口岸电子监控系统，为加快通关速度，提高通过能力，打下坚实基础。北站场距南站场 2.4 千米，占地 17 万多平方米，建有线路 44 条，其中宽轨 14 条，准轨 30 条；设有 1 组原油换装线、4 组机械换装线、17 台龙门吊、70 余台汽车吊；建有人力站台 2 个，货物站台 1 170 平方米，货物仓库 697 平方米。

2020 年，绥芬河铁路口岸进出口货物 936.1 万吨，同比增长 96.2%。其中，进口 914.98 万吨，同比下降 9.3%；出口 21.11 万吨，同比下降 4.5%。进出境人员 3.05 万人次，同比下降 80.25%。其中，进境 1.44 万人次，同比下降 67.39%；出境 1.6 万人次，同比下降 85.42%。

【同江陆路（铁路）口岸】 2019 年 3 月 13 日，经国务院批准同意同江铁路口岸对外开放。现正按照《口岸验收管理办法（暂行）》的有关规定，完善口岸软硬件设施设备，计划 2020 年完成口岸开放验收工作。对照《口岸验收管理办法（暂行）》文件中规定的口岸验收应具备的条件，目前除口岸查验设施尚未全部建设完成外，其余包括铁路口岸开放获得国务院批准、口岸各查验机构人员编制核定、口岸区域划定清晰等事项均已完成。同江铁路口岸查验设施，分与大桥同步开工建设的查验设施和新增查验设施（1 类变更）两部分组成。与大桥同步开工建设的查验设施基本完工。按规划和统一部署，同江铁路口岸现场查验设施与大桥建设项目同步规划、设计和建设，同步开通使用。目前，已基本完成与大桥同步开工建设的口岸查验设施，完成投资 1.07 亿元，建有各查验技术业务用房总建筑面积 1.36 万平方米。新增查验设施推进情况，按照住建部和国家发展改革委 2017 年联合印发的《国家口岸查验基础设施建设标准》文件精神，结合同江铁路口岸建设已经完成的查验设施情况，经哈尔滨海关、黑龙江出入境边检总站多次核对后，下步将投资约 1.1 亿元，建设换装站口岸查验设施、放射性物质处理场地等新增查验设施，建设方案 2018 年上报铁路总公司未被批准后，黑龙江省口岸办、省交通厅、哈铁局等相关部门再次征求海关、边检站意见后，于 2019 年 10 月再次形成了建设方案并上报铁路总公司。

【绥芬河陆路（公路）口岸】 绥芬河公路口岸 1988 年 12 月经国家主管部门批准进行汽车临时过货运输，1990 年 3 月经中国与苏联两国政府换文确认为汽车运输口岸，1993 年 1 月经中俄两国政府再次换文确认为汽车过往口岸，1994 年 1 月经中俄两国政府确认为国际公路客货运输口岸，2000 年 9 月经国务院批准对外开放，开展国际客货运输，2003 年 5 月经国务院批准开展口岸签证工作。该口岸位于黑龙江省东南边陲重镇绥芬河市东部，是 301 国道（绥满公路）的起点，距黑龙江省东部中心城市牡丹江 153 千米，距省会城市哈尔滨 460 千米。与俄罗斯滨海边疆区波格拉尼奇内公路口岸相对应，距该口岸所在的波格拉尼奇内区 16 千米，距陆路交通枢纽乌苏里斯克 120 千米，距滨海边疆区首府符拉迪沃斯托克 210 千米，距纳霍德卡和东方港 270 千米。

2020 年，口岸进出口货运量完成 36.92 万吨，同比下降 44.5%；出入境人员实现 9.77 万人次，同比下降 90.72%。

【东宁陆路（公路）口岸】 东宁公路口岸于 1989 年 12 月经国务院批准对外开放，1990 年 3 月经中国与苏联两国政府换文确认为双边公路汽车运输口岸，同年 5 月正式开通使用。1992 年 11 月经中俄两国政府换文确认开展旅客运输，陆续开通了至俄邻近城市的旅游业务。1994 年 1 月经中俄两国政府再次确认为双边客货公路运输口岸。该口岸位于黑龙江省东南边陲东宁县三岔口朝鲜族镇，与对应的俄罗斯滨海边疆区波尔塔夫卡公路口岸隔瑚布图界河相望。瑚布图河架有永久性桥梁，连接双方口岸过境公路。这里距俄方十月区政府所在地波克罗夫卡 34 千米，距俄滨海边疆区首府、远东最大的海港城市符拉迪沃斯托克 154 千米，距我国滨绥铁路绥阳站 75 千米，距绥芬河站 45 千米。

该口岸封闭监管区占地 62 000 平方米，建有旅检综合办公楼 4 210 平方米，内设出境旅检通道 6 条，入境旅检通道 3 条，车检通道 2 条。货检区设出入境检查通道各 2 条，同时配有查验部门现场办公用房及附属设施。口岸年货运通过能力达 120 万吨，客运通过能力达 60 万人次。随着口岸客货运量的增长，该口岸客货通道已经实行 6 天 12 小时无午休工作制，正在准备在客运通道实行 7 天 12 小时无午休工作制。

2020 年，口岸进出口货运量完成 30.58 万吨，同比下降 51.7%；出入境人员实现 3.9 万人次，同比下降 88.2%。

【密山陆路（公路）口岸】 密山公路口岸于 1989 年 4 月经国务院批准对外开放，1992 年 10 月经中俄两国政府换文确认为双边公路客货运输口岸，1993 年 5 月正式开通使用。1994 年 1 月经中俄两国政府再次确认为双边客货运输口岸。该口岸位于黑龙江省东南边陲密山市档壁镇，中俄界湖兴凯湖的西北岸 1.5 千米处，距密山市 38 千米，距内陆中心城市鸡西市约 100 千米。与俄罗斯滨海边疆区对应口岸图里洛格隔白棱河相望，相距仅有 1 千米，距俄最近城市卡缅雷博洛夫 64 千米，距俄远东地区重要交通枢纽和贸易中心乌苏里斯克 150 千米，距俄滨海边疆区首府符拉迪沃斯托克 260 千米。

该口岸基础及配套设施日臻完善，功能齐全。市区建有 2.8 万平方米口岸办公楼及附属设施、2.4 万平方米海关监管仓库。口岸现场占地面积 1.4 万平方米，建筑面积 5 000 平方米，其中锅炉房、餐厅、车库 577 平方米，封闭仓储库 305 平方米，简易库、门卫房 263 平方米，封闭铁栅栏 588 米。设有 4 条进出口货物检验通道、2 条出入境旅客查验通道。口岸东侧南北各设一处 2 000 平方米的停车场，东侧 200 米处建有 2 万平方米的货物仓储区。中俄双方共同在白棱河界河上修建了一座长 33 米、宽 12 米的永久性公路桥梁，可常年过客过货。该口岸年过货能力在 50 万吨以上，年过客能力在 30 万人次以上。

该口岸对外旅游购物开展得十分活跃，成为口岸发展的特色优势。在强化口岸过货量提升的同时，积极发展采取手拎包旅游和互市贸易，确保密山口岸年过客 5 万人次的目标。现密山口岸过客已经实现了年过客 5 万人次的目标。

2020 年，密山公路口岸进出口货运量 4.3 万吨，同比下降 0.5%；出入境人员 1.4 万人次，同比下降 92.23%。

【虎林陆路（公路）口岸】 虎林公路口岸位于市区东南 58 千米，与俄罗斯马尔科沃口岸对应，1989 年经国务院批准开放，1993 年 5 月 18 日正式开通。口岸建有目前中俄边界上最大的永久性公路桥梁——松阿察界河大桥（长 207.08 米、宽 13.96 米），一年四季不受流冰期干扰，无闭关期，可全天候均衡过货。年过货能力达 260 万吨，过客能力 100 万人次。该口岸先后建设了旅货检综合楼、粮食口岸查验场、海关留验货物存储库、边民互市贸易区、冰鲜水产品检疫室等功能设施，将虎林口岸建成了集合旅检、货检、贸易、服务等功能于一体的多功能综合对俄经贸平台。

该口岸基础及配套设施日趋完善，客货通过能力不断增强。目前建有 2 600 平方米口岸办公楼、1 600 平方米口岸现场办公楼、1 000 平方米旅检厅、250 平方米双向车道货检厅，修建了 1 640 延长米二级水泥面口岸过境公路、5 万平方米口岸现场仓储设施、近 8 万平方米海关监管仓库基地、2 万平方米硬化地面露天货场。中俄双方共同在松阿察河界河上修建了一座长 207.08 米、宽 13.96 米，桥下可通航的永久性公路桥梁，使口岸不受季节影响，可全天候过客过货。该口岸年过货能力可达 260 万吨，年过客能力可达 100 万人次。

2020 年，口岸进出口货运量完成 0.09 万吨，同比下降 98.4%。

【黑瞎子岛陆路（公路）客运口岸】 中俄

两国政府于 2016 年 9 月 20 日通过外交换文途径将设立黑瞎子岛—大乌苏里岛公路客运口岸补充列入 1994 年两国政府签订的《中华人民共和国政府和俄罗斯联邦政府关于中俄边境口岸协定》。2019 年 1 月 17 日，国务院批复同意黑瞎子岛公路客运口岸对外开放。2019 年 7 月，中俄运输合作分委会口岸工作组第二十二次会议就黑瞎子岛口岸问题进行了明确，一是双方赞同 2018 年 10 月 23 日黑龙江省口岸办与俄罗斯哈巴罗夫斯克边疆区国际和区域合作部签订纪要确定的黑瞎子岛—大乌苏里岛公路口岸的选址；二是关于将黑瞎子岛—大乌苏里岛公路口岸由客运口岸调整为客货运输口岸的问题，双方同意待黑瞎子岛—大乌苏里岛中俄发展规划批准后，再行研究调整口岸类型问题。目前，口岸选址及增设货运功能有关问题已得到明确。

【黑河陆路（公路）口岸】 2020 年 6 月 23 日，国务院批准黑河公路口岸对外开放，口岸性质为国际性常年开放公路客货运输口岸。黑河公路口岸是黑河黑龙江大桥附属配套工程，该项目位于中方境内黑河市东郊 7 千米长发屯、黑龙江大桥下引桥 1 千米处。口岸联检区域由旅检区和货检区两部分组成，包括出入境旅检楼、入境货检楼、出境货检楼及配套附属设施。货检楼设有出入境通道各 4 条；旅检楼设有出入境通道各 13 条，其中自助通道各 3 条。项目概算 3.52 亿元，占地面积 28.4 万平方米，主体建筑面积 4.35 万平方米，设计全年过客能力 285 万人次、过货能力 620 万吨。

【黑河（步行）口岸】 2020 年 1 月 28 日，国务院批准黑河（步行）口岸对外开放，口岸性质为国际常年开放客运（步行）口岸，允许人员经中俄黑河跨黑龙江索道出入境。2011 年 9 月 28 日，黑河市政府与阿穆尔州政府会晤动议共同建设跨江索道项目。2015 年 9 月 3 日，在习近平总书记和普京总统共同见证下，两国交通运输部部长代表两国政府签署了中俄跨境《索道建设协定》，该项目的提出，开创了全球跨境索道建设的先河。跨境索道项目历经国家元首级会谈 5 次，总理级会谈 11 次，部长级、省州级会谈 40 余次后，在两国州省政府大力推动下于 2019 年 7 月 18 日正式开工。

中俄跨境索道项目中方建设地点位于黑河市大黑河岛，总投资约 5.7 亿元。原一期规划投资人民币 3.3 亿元；中方总占地面积 19.53 万平方米，建设用地面积 7.04 万平方米，中方联检大厅建筑面积约 2.8 万平方米。俄方建设地点位于布拉戈维申斯克市中心邻江区域，项目占地 12.92 万平方米，俄方联检大厅建筑面积约 2.2 万平方米。

索道主体工程：两岸设置高约 60 米的钢结构塔架，索道水平总长度 972 米，主跨长度 720 米，通航净空高度不低于 18.15 米。索道设备形式为“双线双承载单牵引往复式客运架空索道”，设 2 个轿厢，单个轿厢承载 110 人，最快运行速度为每秒 12.0 米，单程运送仅需 6～8 分钟，每小时单向运输能力为 1 788 人，年设计运输能力为 250 万人。在索道两端设置有索道站房、海关联检大厅、免税店和其他配套设施。

2020 年黑龙江省口岸大事记

1 月 3 日

哈尔滨海关、边检等相关部门对哈尔滨机场新建国际进站航站楼进行了预验收，并通过入境航班测试，1 月 5 日“冰雪节”前正式投入使用。

1 月 24 日

受新冠肺炎疫情影响，黑河—俄布拉戈维申斯克口岸被迫临时关闭。1 月 28 日开始，临时开通旅检通道，抢运在俄罗斯购买的口罩、防护服等医用物资。同时，1 月 28 日～4 月 3 日期间，临时开通旅检通道 35 次，在严控疫情的基础上验放双方回国旅客 1 930 人。

1 月 31 日

受疫情影响，绥芬河公路口岸临时关闭。

2 月 2 日

经中俄双方协商，绥芬河公路口岸货检通道

恢复通关。

3月4日

黑龙江省委副书记、省长、省应对新冠肺炎疫情工作领导小组组长王文涛到哈尔滨海关检查指导口岸疫情防控工作。

3月19日

哈尔滨海关召开关区重点口岸疫情防控工作视频会议。哈尔滨海关党委书记、关长卢厚林关长主持会议，太平机场、牡丹江、绥芬河、黑河、同江、佳木斯海关通过视频系统参会。

4月2日

黑龙江省政府副省长、省应对疫情工作领导小组指挥部副总指挥孙东生到绥芬河公路口岸、绥芬河海关综合技术中心PCR实验室调研疫情防控工作。

4月3日

哈尔滨海关党委书记、关长卢厚林到绥芬河海关调研口岸疫情防控工作。

4月13日

黑龙江省委书记、省人大常委会主任张庆伟到绥芬河口岸检查指导防控境外疫情输入工作。

4月15日

黑龙江省副省长程志明检查绥芬河铁路口岸入境司乘人员管理工作。

5月2日

黑龙江省委书记、省人大常委会主任、省应对新冠肺炎疫情工作领导小组组长张庆伟来到哈尔滨海关指导检查疫情防控工作。

5月7日

黑龙江省副省长徐建国到饶河口岸调研，实地查看口岸疫情防控设施，了解疫情防控工作中存在的困难，听取饶河口岸疫情防控工作情况汇报。

5月12日

中共中央政治局委员、国务院副总理孙春兰到绥芬河口岸调研疫情防控工作，国家口岸管理办公室副主任党英杰陪同。

5月20日

黑河货运口岸散装运输恢复开通。至11月5日结束，无人员感染及境外疫情输入情况发生。

5月25日

海关总署批复同意在哈尔滨综合保税区建设进境肉类指定监管场地。哈尔滨综合保税区《哈尔滨综合保税区肉类指定监管场地初步设计方案》已报哈尔滨海关待批。

6月12日

绥芬河公路口岸建成多功能负压采样方舱，该方舱占地面积约150平方米，内部有8个采样间以及医学排查室、候转留观间等操作空间，设有独立的负压及新风系统。

6月23日

哈尔滨海关统筹口岸疫情防控和促进外贸稳增长工作指挥部召开工作会议。

7月29日

黑龙江省副省长李毅到绥芬河口岸调研防疫工作。

7月30日

以昆明海关一级巡视员徐自忠同志为组长的第四督导检查组，到绥芬河口岸开展严防新冠病毒通过进口冷链商品输入风险督导检查。

7月31日

哈尔滨海关统筹口岸疫情防控和促进外贸稳增长工作指挥部召开工作会议。

8月11日

黑龙江省政府新闻办举行新闻发布会，黑龙江海事局和北海航海保障中心共同向社会发布“黑龙江水系首次全域测绘正式启动”。此次测绘将完成21幅海事监管图、182幅海事监管电子航行图的编制工作。

9月18日

黑河海事局联合俄罗斯联邦阿穆尔州紧急情况事务总局开展中俄界河联合巡航。

9月23日

哈尔滨海关统筹口岸疫情防控和促进外贸稳增长工作指挥部召开工作会议。

10月12日

哈尔滨海关口岸监管环节涉恐事件应急处置演练在黑河口岸货运现场举行。

11 月 6 日

黑龙江省副省长孙东生到绥芬河口岸调研督导秋冬季疫情防控工作。

11 月 9 日

辖区国际航行船舶船员换班结束，所有参加对俄运输的国际航行船舶船员全部入境回国。

11 月 12 日~13 日

海关总署口岸监管司边民互市贸易研讨会在哈尔滨海关举行。

11 月 27 日

哈尔滨海关统筹口岸疫情防控和促进外贸稳增长工作指挥部召开工作会议。

12 月 1 日

哈尔滨海关党委书记、关长卢厚林到绥芬河海关调研，实地查看绥芬河铁路口岸入境员工采样方舱、公路口岸货运进出境通道及入境货车甩挂区、旅检通道采样方舱等场所。

12 月 10 日

哈尔滨海关统筹口岸疫情防控和促进外贸稳增长工作指挥部召开工作会议。

12 月 18 日

哈尔滨海关统筹口岸疫情防控和促进外贸稳增长工作指挥部召开工作会议。

12 月 29 日

哈尔滨海关统筹口岸疫情防控和促进外贸稳增长工作指挥部召开工作会议。

（撰稿人：刘金成）

2020 年黑龙江省口岸流量统计表

口岸类型	口岸名称	货运量（万吨）				集装箱量（万标箱）				人员（万人次）				交通工具（辆、艘、架、列次）			
		出口	进口	合计	同比（%）	出口	进口	合计	同比（%）	出境	入境	合计	同比（%）	出境	入境	合计	同比（%）
空运口岸	哈尔滨太平机场	0.017 2	0.039 5	0.056 7	35					6.27	6.90	13.17	-86	653	658	1 311	-81
空运口岸	牡丹江海浪机场									0.75	0.75	1.50	-88.1	68	68	136	-86.9
空运口岸	佳木斯东郊机场									0.20	0.21	0.41	-89.6	20	20	40	-89.6
空运口岸	齐齐哈尔三家子机场																
空运口岸	分计	0.017 3	0.039 5	0.056 7	35.00					7.21	7.86	15.07		741	746	1 487	
陆路口岸 公路口岸	东宁	12.42	18.40	30.82	-51.50					1.83	2.10	3.92	-86.40	12 064	12 221	24 285	-57.6
陆路口岸 公路口岸	绥芬河	15.42	21.50	36.92	-44.50					4.46	5.02	9.48	-91.00	14 055	13 964	28 019	-58.7
陆路口岸 公路口岸	密山	0.03	4.29	4.33	-0.30							1.40	-92.23	0	0	0	-100.0
陆路口岸 公路口岸	虎林																
陆路口岸 公路口岸	黑河																
陆路口岸 公路口岸	黑瞎子岛																
陆路口岸 公路口岸	分计	27.87	44.19	72.06						7.02	7.78	14.80					
陆路口岸 铁路口岸	绥芬河	21.11	914.98	936.09				1.169 6	90.40	1.59	1.41	3.00		151 745	149 972	301 717	
陆路口岸 铁路口岸	哈尔滨									0.00	0.00	0.00		0	0	0	
陆路口岸 铁路口岸	同江																
陆路口岸 铁路口岸	分计	21.11	914.98	936.09						1.59	1.41	3.00		151 745	149 972	301 717	

续表

口岸类型		口岸名称	货运量（万吨）				集装箱量（万标箱）				人员（万人次）				交通工具（辆、艘、架、列次）			
			出口	进口	合计	同比（%）	出口	进口	合计	同比（%）	出境	入境	合计	同比（%）	出境	入境	合计	同比（%）
水运口岸	河港口岸	哈尔滨																
		佳木斯																
		富锦																
		同江	0.78	24.54	25.32	-20.50					0.20	0.25	0.45	-89.00	633	664	1297	-86.00
		抚远	0.26	8.07	8.32	-30.40					0.11	0.10	0.21	-97.10	49	49	98	-94.90
		饶河	0.01	0.74	0.75	-41.40					0.14	0.14	0.28	-92.60	386	379	765	-80.60
		萝北	0.01	1.82	1.83	-60.80					0.07	0.07	0.13	-92.40	364	370	734	-87.50
		嘉荫																
		逊克	0.00	4.80	4.80	32.2					0.14	0.14	0.29	-77.60	995	996	1 991	-58.00
		孙吴																
		黑河	14.92	344.36	359.28	383.00					3.34	3.31	6.65	-93.60	6 402	6 458	12 860	-72.90
		呼玛																
		漠河																
		分计	15.98	384.31	400.29						3.99	4.01	8.01		8 829	8 916	17 745	
步行口岸		黑河																
合计			64.98	1 343.52	1 408.50													

（黑龙江省口岸办提供）

2020 年黑龙江省口岸出入境主要数据表

<table>
<tr><th colspan="3">项　目</th><th>2020 年</th><th>2019 年</th><th>同比（%）</th></tr>
<tr><td rowspan="14">出入境人员（人次）</td><td colspan="2">出入境人员总数</td><td>406 681</td><td>4 043 653</td><td>-89. 94</td></tr>
<tr><td colspan="2">入境人员</td><td>208 134</td><td>2 015 313</td><td>-89. 67</td></tr>
<tr><td colspan="2">出境人员</td><td>198 547</td><td>2 028 340</td><td>-90. 21</td></tr>
<tr><td colspan="2">出入境旅客</td><td>287 657</td><td>3 655 868</td><td>-92. 13</td></tr>
<tr><td colspan="2">出入境员工</td><td>119 024</td><td>387 785</td><td>-69. 31</td></tr>
<tr><td rowspan="5">中国公民</td><td>小计</td><td>179 371</td><td>1 999 239</td><td>-91. 03</td></tr>
<tr><td>内地居民（因公）</td><td>11 067</td><td>93 990</td><td>-88. 23</td></tr>
<tr><td>内地居民（因私）</td><td>164 446</td><td>1 861 220</td><td>-91. 16</td></tr>
<tr><td>港澳居民</td><td>200</td><td>2 791</td><td>-92. 83</td></tr>
<tr><td>台湾同胞</td><td>3 658</td><td>41 238</td><td>-91. 13</td></tr>
<tr><td colspan="2">外籍人员</td><td>227 310</td><td>2 044 414</td><td>-88. 88</td></tr>
<tr><td colspan="2">从海港出入境人数</td><td>3 851</td><td>434 100</td><td>-99. 11</td></tr>
<tr><td colspan="2">从陆港出入境人数</td><td>196 128</td><td>1 421 362</td><td>-86. 20</td></tr>
<tr><td colspan="2">从空港出入境人数</td><td>27 331</td><td>188 942</td><td>-85. 53</td></tr>
<tr><td rowspan="5">交通运输工具（辆、艘、架、列次）</td><td colspan="2">总计</td><td>84 977</td><td>233 616</td><td>-63. 63</td></tr>
<tr><td colspan="2">船舶</td><td>972</td><td>17 158</td><td>-94. 34</td></tr>
<tr><td colspan="2">飞机</td><td>1 505</td><td>8 440</td><td>-82. 17</td></tr>
<tr><td colspan="2">火车</td><td>8 234</td><td>10 188</td><td>-19. 18</td></tr>
<tr><td colspan="2">机动车辆</td><td>74 266</td><td>197 830</td><td>-62. 46</td></tr>
</table>

（黑龙江出入境边检总站提供）

2020 年哈尔滨海关主要数据统计表

项　目		2020 年	2019 年	同比（%）
进出口货运量（万吨）	合计	4 415	4 291.00	2.89
	进口	4 350	4 202.00	3.52
	出口	65	89.00	-26.69
进出口贸易总值（万美元）	合计	15 370 091	18 668 708.00	-17.67
	进口	11 761 495	15 172 520.00	-22.48
	其中：江、海运输	2 950 076	3 525 854.00	-16.33
	铁路运输	1 307 017	1 286 542.00	1.59
	汽车运输	168 277	308 393.00	-45.43
	航空运输	233 433	256 559.00	-9.01
	邮件运输	9 820	17 727.00	-44.60
	其他运输	7 092 872	9 777 445.00	-27.46
	出口	3 608 596	3 496 188.00	3.22
	其中：江、海运输	2 204 072	1 941 320.00	13.53
	铁路运输	268 613	253 415.00	6.00
	汽车运输	961 142	746 401.00	28.77
	航空运输	78 694	255 209.00	-69.16
	邮件运输	84 690	87 000.00	-2.66
	其他运输	11 385	212 843.00	-94.65
税收（万元）	两税合计	113.02	165.29	-31.62
	关税入库	4.01	5.22	-23.18
	进口环节税入库	109.01	160.07	-32.11

（哈尔滨海关提供）

2020 年黑龙江海事局进出港船舶统计汇总表

船舶类别	进港船舶							出港船舶						
	艘数（艘）	总吨（吨位）	总载重量（吨）	载客量（客位）	船员人数（人次）	货物到达量（吨）	旅客到达量（人）	艘数（艘）	总吨（吨位）	总载重量（吨）	载客量（客位）	船员人数（人次）	货物发送量（吨）	旅客发送量（人）
总　计	52 276	11 948 375	7 585 028	3 071 644	101 395	6 599 691.51	932 868	52 262	11 932 854	7 619 005	3 053 703	101 649	5 148 475.95	931 295
中国籍船舶	51 651	11 391 620	6 923 751	3 071 644	99 293	6 092 775.55	932 868	51 638	11 376 361	6 957 728	3 053 703	99 555	5 122 115.33	931 295
其中外贸船	1 284	942 827	943 175	0	4 141	737 393	0	1 282	943 198	939 160	0	4 131	101 688	0

（黑龙江海事局提供）

上　海　市

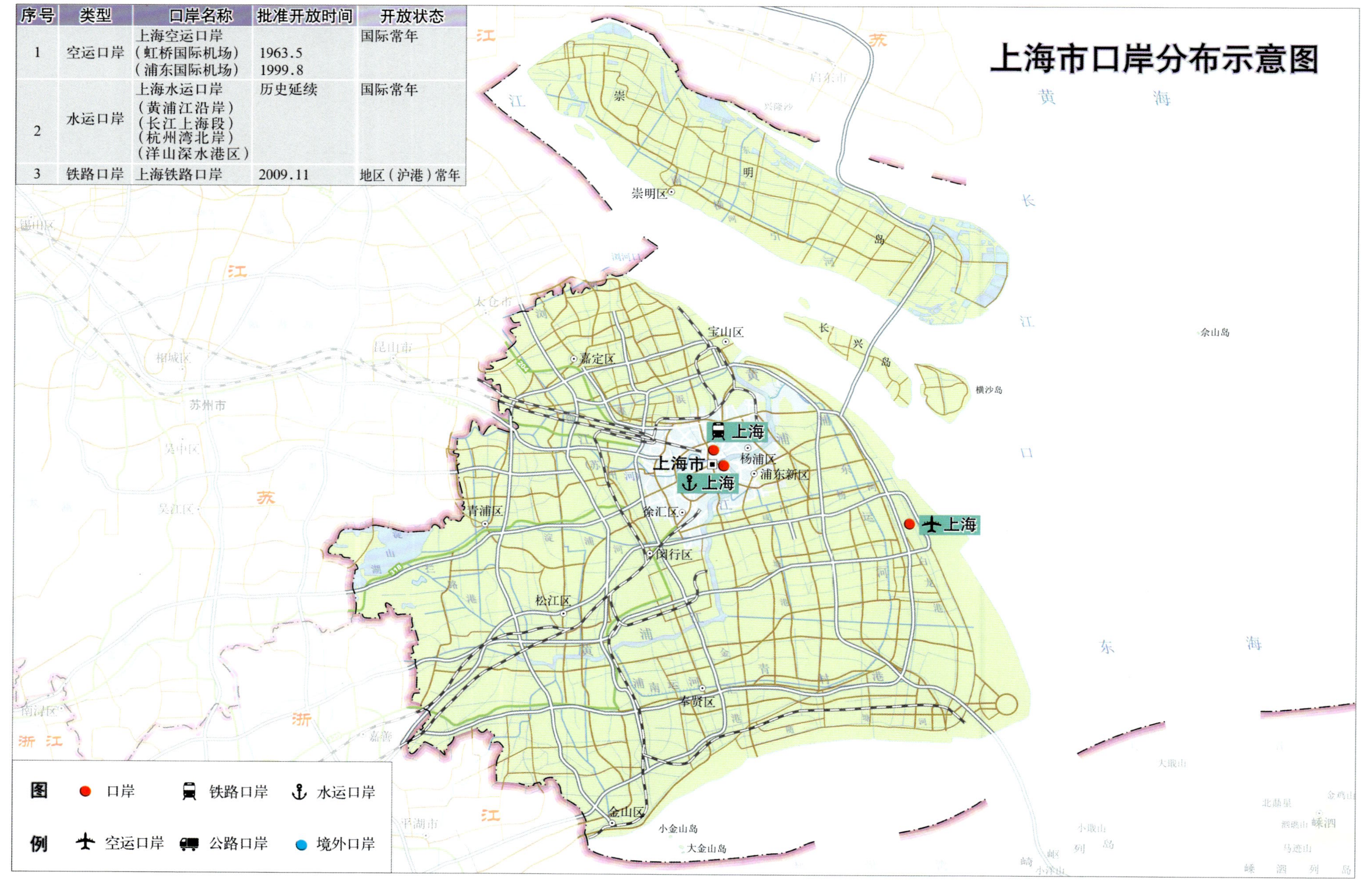

序号	类型	口岸名称	批准开放时间	开放状态
1	空运口岸	上海空运口岸 （虹桥国际机场） （浦东国际机场）	 1963.5 1999.8	国际常年
2	水运口岸	上海水运口岸 （黄浦江沿岸） （长江上海段） （杭州湾北岸） （洋山深水港区）	历史延续	国际常年
3	铁路口岸	上海铁路口岸	2009.11	地区（沪港）常年

口岸数量及分布

截至2020年年底，上海市共有经国务院批准的对外开放口岸3个，分别是上海空运口岸（上海虹桥国际机场、上海浦东国际机场）、上海水运（海港）口岸和上海陆路（铁路）口岸。

口岸运行数据

2020年，上海口岸进出口货物总值87 463.1亿元（占全国进出口货物总值的27.2%），同比增长3.8%，其中出口4 9814.3亿元，同比增长2.1%；进口37 648.8亿元，同比增长6.2%。上海关区进出口货物总值64 604.6亿元，同比增长1.8%，其中出口37 579.8亿元，同比增长0.9%；进口27 024.8亿元，同比增长3.1%。上海市进出口货物总值34 828.5亿元，同比增长2.3%，其中出口13 725.4亿元，同比持平；进口21 103.1亿元，同比增长3.8%。

上海口岸货物吞吐量39 259.4万吨，同比下降1.8%。其中，水运口岸货物量38 916.7万吨[占上海港集装箱吞吐量（4350.3万标箱）的83.6%]，同比下降1.9%；空运口岸货邮量342.1万吨[占上海航空港货邮吞吐总量（402.5万吨）的85%]，同比增长2.8%。进出口集装箱吞吐量3 638.5万标箱[占上海港集装箱吞吐量（4 350.3万标箱）的83.6%]，同比下降1.6%。

上海口岸出入境人员总数6 270 951人次，同比下降86.3%（出入境旅客总数5 210 644人次，同比下降87.7%）。其中，空运口岸出入境人员5 673 686人次，同比下降86.7%[出入境旅客5 091 964人次，同比下降87.3%，占上海航空港旅客吞吐总量（6 164.21万人次）的8.3%]；水运口岸出入境人员592 773人次，同比下降80.2%（出入境旅客114 811人次，同比下降93.9%）；铁路口岸出入境人员4 492人次，同比下降94.1%（出入境旅客3 869人次，同比下降94.3%）。

上海口岸出入境交通运输工具总数128 942艘/架/车次，同比下降53.6%。其中，上海口岸出入境船舶21 307艘次，同比下降9.1%；出入境飞机107 606架次，同比下降57.6%；出入境列车29车次，同比下降91.0%。

口岸综合管理

【上海全力做好疫情防控和复工复产工作】 疫情防控期间，上海市口岸办全力做好口岸一线防控和复工复产工作。牵头做好外航机组人员防控工作。设置外航机组人员隔离点，协调解决外航机组人员食宿等问题，并形成相关报告。牵头做好进博会进口冷链食品疫情防控工作。选取华辰优安进口食品产业园区东区冷库作为第三届进博会参展进口冷链食品指定冷库，优化仓储运输闭环流程，减少参展食品疫情风险。按照“分批进库，统一进馆”模式，安全顺利接收冷链展品116批次、165托。上线“海外物资捐赠系统”，依托上海电子口岸，为境外捐赠物资开辟网上办理通道。开设中小外贸企业服务专窗，便利企业疫情防控期间不见面办理通关、物流、金融一揽子进出口业务，帮助广大中小企业共渡难关。

【上海持续深化“单一窗口”地方特色功能】 上海“单一窗口”按照市委市政府重点工作安排和市商务委（口岸办）工作要点要求，继续对标国际先进水平，打造升级版，持续深化“单一窗口”地方特色功能，助力上海外贸企业平稳健康发展。一是上线“海外物资捐赠系统”。新冠肺炎疫情发生以来，为满足海外捐赠实际需求，在市商务委（口岸办）的指导下，上海“单一窗口”靠前服务、主动对接上海海关、市民政局、市红十字会、市慈善基金会等相关部门，在最短的时间内完成了系统流程设计和开发，于2月3日正式开发上线上海国际贸易单一窗口“海外物资捐赠系统”，整合优化了现有的捐赠受理和海关免税业务办理流程，为境外捐赠物资开辟网上办理通道，通过“海外物资捐赠系统”共办理捐赠业务物资198.913 5万件（个）、金额

1 336. 3 万元。二是开设中小外贸企业服务专窗。积极落实《上海市全力防控疫情支持服务企业平稳健康发展的若干政策措施》，在上海“单一窗口”上开通“中小外贸企业服务专窗”，便利企业疫情防控期间不见面办理通关、物流、金融一揽子进出口业务，推出六项免费服务举措，为受疫情影响的进出口企业提供优惠金融解决方案，帮助广大中小企业共渡难关，支持外贸平稳健康发展。2020 年通过“单一窗口”新签小微企业保单 2 620 张，12 家企业到期后完成续转。三是优化“上海邮轮口岸通关码”管理模式。融合对接国家口岸防控及海关总署健康申报规定的要求，将通关码由一维码升级为二维码，实现出入境人员在进出境健康申明填写环节中的个人信息和航次信息的快速准确填报，满足邮轮通关“短时间、大客流、快通关”的需求。同时推进邮轮口岸通关模式创新，利用“通关码”包含的数据项信息，做好出入境人员分类管理，实现监管有效、通关便捷。四是深化“单一窗口”地方特色功能建设。持续深化上海“单一窗口”特色功能建设，提升金融服务板块能级，逐步构建“互联网+金融+外贸”的一体化国际贸易环境，助力贸易企业平稳健康发展。

【上海积极推动营商环境建设迈上新台阶】 一是进一步提升港口信息化水平。全面上线电子提货单系统，减少进口提单作业耗时。推进智慧道口改造，大幅提升货物进出港效率。依托国际贸易“单一窗口”数据共享和业务协同、“港航纵横”港口业务在线办理、建设设备交接单、提货单电子化平台等，推进口岸作业单证简化和手续无纸化，通过电子信息传输和在线验核压缩单证耗时，提升货物通关全程效率。二是持之以恒推进提效降费工作。落实交通部关于调降港口作业实行政府定价的货物港务费、港口设施保安费等的降费措施，主动调降港口作业搬移费等港口经营服务费。通过上海“单一窗口”中“收费公示”模块集中公开口岸各相关主体收费目录清单和服务价格水平。持续提高“两步申报”“提前申报”比率。加大“出口直装”、“进口直提”、无陪同查验等新模式推进力度。三是拓展国际贸易“单一窗口”功能。推进“单一窗口”与“上港理享”平台对接，完善国际贸易“单一窗口”集装箱“通关+物流”跟踪查询应用系统，推送进出口关键节点动态信息，便利企业查询货物在港通关状态，及时跟进流程办理，衔接物流和通关全程。推广信用保险等地方特色应用。

【上海积极开展区域化、国际化互联互通合作】 牵头推进长三角国际贸易“单一窗口”合作共建。深入贯彻落实长三角区域一体化发展战略，积极推动长三角区域通关一体化改革，加强长三角电子口岸互联互通，牵头推动长三角“单一窗口”合作共建列入 2020 年长三角地区主要领导座谈会签约项目。积极对接长江经济带发展战略。深化川渝沪区域大通关合作，牵头推进与重庆市签订“沪渝直达快线”和“沪渝国际贸易‘单一窗口’”合作备忘录。与多地签订国际贸易“单一窗口”互联互通合作协议，进一步深化了与长江沿岸主要口岸通关合作机制。持续推进国际化互联互通合作。加强与亚太示范电子口岸合作，与亚太地区口岸互联互通，积极推动与“一带一路”沿线国家和地区开展海运物流可视化、航空电子货运等试点项目。2020 年以来，海运物流可视化项目第二阶段在上海电子口岸、厦门电子口岸、澳大利亚 1-Stop Connections、中国香港 OnePort、新加坡 GeTS 之间展开，各方定期沟通项目进展。

【上海国际贸易“单一窗口”持续放大进博会溢出效应】 上海国际贸易“单一窗口”继续做好第三届进博会展品出入境通关和贸易便利化保障工作，在展馆内设置“单一窗口”专业展台，为参展商、交易商、物流商提供现场政策咨询、技术保障、宣传推介等服务。积极推进放大进博会溢出效应，拓展保税仓储监管区块链应用试点范围，扩展保税展示交易区块链业务应用试点范围，实现申报、交易、销售、银行保函等数据“上链”，为第三届进博会常年保税展示交易监管提供支撑。

【上海积极做好洋山特殊综合保税区和嘉定综合保税区验收工作】 上海市口岸办主动对接

有关单位成立领导小组，多次召开会议做好验收准备，确保按照时间节点推进建设和验收工作。2020年4月24日，组织各单位完成洋山特殊综合保税区一期预验收。5月12日积极配合中央联合验收组正式验收，洋山特殊综合保税区（一期）顺利通过正式验收并挂牌运行。9月11日以市政府名义向海关总署提出嘉定综保区正式验收申请，10月27日会同本市各验收单位完成嘉定综合保税区正式验收。

口岸监管与服务

【上海出入境边检总站切实保障第三届中国国际进口博览会通关顺畅】 为做好进博会期间通关保障工作，上海出入境边检总站专门制定印发通知，明确进博会快捷通道查验工作流程。10月1日起在浦东机场口岸开通14条进博会边检专用通道，共为80余名持进博会快捷通道邀请函参展参会人员以及近500名持商贸类签证外国籍人员提供了优质通关服务。进博会期间，上海机场出入境边检站组建礼遇工作专班，对接市外办、市商务委等单位，提前掌握参展人员信息，针对入境人员检查管理、执勤人员防护、查验区域消杀防疫、启用移动验放车等环节工作组织开展实战模拟演练，严格按照市进博快捷通道机制要求实现人员闭环管理，为参展参会人员提供便捷、安全、高效的通关体验。用足用好直接往返机组免办边检手续政策，为77家客货运航空公司提供服务便利，惠及60%以上的入出境货运航班，大幅缩减了航班运行时间。洋山、外高桥等边检站先后为6艘载运进博会参展物资的货轮办理快速通关手续。相关工作受到进博会城市服务保障领导小组办公室、上海市公安局等单位专门致信表示感谢。

【上海出入境边检总站进一步强化口岸通关便利举措】 上海出入境边检总站积极应对涉疫物资运输、“客转货”航班调整等新情况下货机查验倍数级增长新挑战，用足用好往返机组人员免办边检手续等便利措施，为6万余架次货机提供电子申报便利，为3.9万架次货机节省通关时间4.5万余小时，单日最高纪录393架次，助力浦东机场实现全球经济寒冬大背景下出入境货机同比增幅110%的逆风增长，有力支持上海实现国内国际双循环的战略目标。进一步深化“放管服”改革，推动加快恢复经济社会秩序，率先规范国际航行船舶调换船员管理制度，在确保防疫安全前提下为1.3万名中外船员办理离船换班手续，查验并配合转运境外输入船员确诊病例17例。建立完善入境船舶涉疫风险排查和差异化防控机制，确保90%以上低风险船舶实现“零等待”到港作业，在精准防控的同时，大力提升海港口岸通关效率，助推上海港货物吞吐量迅速恢复疫情前水平。

【上海出入境边检总站助力自贸试验区新片区建设】 上海出入境边检总站高度重视上海自贸试验区新片区管理工作，依托工作专班，紧紧围绕“人员要素自由流动，用人流带动物流、资金流、信息流”主题深入开展新片区课题研究，积极探索以实现新片区人员从业自由来进一步推进投资贸易自由化、便利化。年内，会同自贸试验区临港新片区管委会制定发布《关于促进洋山特殊综合保税区对外开放与创新发展的若干意见》，深入研究邮轮疫情防控体系建设，全力支持上海市在常态化疫情防控条件下扩大开放、创新发展，实现国际国内双循环。

【上海出入境边检总站服务长三角一体化发展战略】 上海出入境边检总站坚持总体国家安全观，致力于推进长三角边检业务深度融合发展，推动安全工作走向一体化，合力下好长三角口岸安全“一盘棋”。协调海事、海警等部门开展联合巡查，增强海上执法力量，全年查处多起船舶涉嫌走私非法入境案，全面筑牢海上防线。积极推广“单一窗口”，创新推出货运航班电子化申报等便利措施，建立完善入境船舶涉疫风险排查和差异化防控机制，确保90%以上低风险船舶实现“零等待”到港作业，助推上海港货物吞吐量迅速恢复疫情前水平，进出口标箱连续4年突破4 000万箱。对标国家移民管理局“放管服”改革要求和口岸发展需要，精心打造“八个办”工作品牌，为国家移民管理局研究出台促进长三角航运枢纽建设10项新举措提供上海边检样本，全力服务长三角一体化发展战略。

【上海出入境边检总站口岸通关监管力度不断提升】 上海出入境边检总站紧紧围绕全国“两会”、中共十九届五中全会和第三届进博会等重要节点和其他重要方向，严格落实前台查验“五必问”，牢牢守住管控“三条底线”，切实加强入境审查。创新“口岸集中拦截”行动，加强大数据排查与形态识别，接连斩断多条跨境赌博通道。严厉打击涉疫非法出入境活动，依法处置多名违反防疫措施、在隔离期间出入境从事代购人员。严格落实“三提前”“三共享”工作部署，依托边检大数据平台，筑牢疫情防控“数据防线”，严防境外疫情输入。组建总站和上海机场边检站两级疫情防控数据研判专班，全量排查入境人员轨迹，打造精准防控网，助力空港口岸万无一失。紧盯锚地水域监管薄弱环节，与海事、海警等部门开展联合巡查，上海海港口岸未发生一起境外疫情经非法渠道输入病例。

【上海出入境边检总站建立健全上海机场口岸管控联合工作专班工作机制】 年内，由上海出入境边检总站牵头，会同上海市国家安全局，上海市公安局国内安全保卫局、反恐总队、出入境管理局、机场分局以及新疆派驻上海口岸工作组，成立上海机场口岸管控联合工作专班，确保包括第三届中国国际进口博览会安保在内的各类重大安保任务圆满完成。上海出入境边检总站深入贯彻总体国家安全观，坚持把维护国家安全和口岸稳定放在首位，充分发挥专班机制合成作战优势，进一步加大对入境可疑人员的核查甄别力度，提升对“闯关”滋事等口岸突发事件的快速处置能力，全面提升口岸安全管控合力，确保“不该进的一个都不能进”，共同筑牢上海口岸安全防线，守护上海一方平安。

【上海出入境边检总站深化完善长三角边检机关一体化警务协作机制】 上海出入境边检总站主动融入长三角区域一体化发展国家战略，着力完善长三角边检机关一体化警务协作机制，共同打造“开放、合作、共赢”的长三角边检机关一体化区域警务。6月13日，上海出入境边检总站主要领导、副总站长任英超出席在浙江湖州举行的2020年长三角区域警务一体化领导小组暨第三届中国国际进口博览会安保区域合作会议，并与江苏、浙江、安徽出入境边检总站主要负责同志共同签订了《长三角出入境边防检查工作高质量一体化发展警务合作协议》。10月29日，上海出入境边检总站主要领导、副总站长任英超在总站分会场参加长三角边检机关第三届中国国际进口博览会安保合作联席视频会议，签订《长三角边检机关第三届中国国际进口博览会安保合作协议》并进行发言，就进一步强化区域协同配合，全力做好第三届进博会安保工作提出积极倡议，各方一致表示将切实发挥各自优势，强化协同配合，共同筑牢长三角口岸安全管控防线。

【上海海事局加强过境外国籍船舶管理】 落实《上海海事局关于加强过境外国籍船舶监督管理的公告》要求，进一步强化对过境外国籍船舶的动态掌控。充分利用信息化手段，将信息接入MIS系统和“一网统管”平台中集成显示和比对。同时加强宣传和监管，及时提醒船方进行补报。2020年，共收到16 269艘次的外国籍船舶过境报告，目前日均报告90艘次左右。

【上海海事局牵头开展国际航行船舶联合登临】 通过口岸“单一窗口”牵头协调各查验单位对重点监管的国际航行船舶开展联合登临检查，2020年共开展重点船舶联合登临679艘次，有效地提高了相关港口码头的周转效率。

【上海海事局法治科技双轮驱动，促进营商环境不断优化】 一是海事法治建设扎实推进。《上海水上搜寻救助条例》进入市人大常委会立法项目联合论证。完成《中华人民共和国海上交通安全法》修订配套法规规章研究。开展规范性文件清理，制定局规范性文件4件、修订1件、废止18件。组织开展各类执法督察活动124次。二是海事“放管服”改革持续推进。落实上海海事局关于加强和规范事中事后监管的相关实施意见，把更多海事监管资源从事前审批转到事中事后监管上来。将信用承诺履行情况纳入申请人信用记录，在监管方式和抽查比率、频次等方面采取差异化措施。根据上海海事局关于向洋山港海事局下放一批行政执法事权的相关决定，向洋山港海事局下放及调整行政执法事权，实现临港新片区海事业务“区内事、区内办”，出台《上海海事局关于调整〈上海海事局证明事项告知承诺管理办法〉附件1“告知承诺证明事项及材料清单”的公告》（上海海事局2020年第4号公告），推出新片区版本告知承诺事项清单，增加4项临港新片区特有事项。承办证明事项告知承诺制长三角复制推广工作，牵头起草《长三角海事证明事项告知承诺管理办法》，该办法已于2020年11月1日公布施行，实现船舶登记“不停航办证”常态化运行。三是科技信息化水平进一步提升。“船舶自动识别系统现场监管检定仪的开发与应用”项目获中国航海学会科学技术奖二等奖，“三维电子巡航模式助力海事监管”项目获第十八届全国交通企业管理现代化创新成果一等奖。代交通运输部海事局建设海事“一网通办”平台，开发39项线上政务服务事项。建设“一网统管”平台，实现对辖区内船舶、船员、风险、事故、通航要素的识别跟踪处置防范全流程信息化。在系统内率先实现“国库直缴”支付方式全覆盖。

【上海海事局服务国家战略取得新突破】 落实《长三角海事一体化融合发展2020年工作任务清单》，牵头建立长三角区域水上搜救合作和联动机制，代交通运输部海事局起草《长三角海事证明事项告知承诺管理办法》，推动《长三角区域海事规费征稽一体化监管合作备忘录》签署。成立驻上海自贸试验区临港新片区办事处，为首家入驻单位。下放及调整36项行政执法事权，实现“区内事、区内办”。“创造性开展‘中国洋山港’籍船舶登记”和“吸引新片区首家纯外资海员外派机构落户”两项举措入选新片区创新案例。深入推进海事监管和航海保障一体化融合发展。

【上海海事局保障重大活动重大工程成效明显】 制订“1+1+5”第三届进博会服务保障方案，成功实现安全保障“零事故、零沉船、零死亡、零污染”和贸易便利“零待时、零距离”的目标。圆满完成浦东开发开放30周年、中国航海日等重大活动的水上安全保障任务。举办上海地区世界海员日庆祝活动。代交通运输部海事局编写的《2019年中国船员发展报告》正式发布并在中央电视台七点档新闻联播中播出。保障长江口南槽航道治理一期工程顺利完工试运行，同步实施优化船舶交通组织新举措，提升长江口整体通航效率。

【上海海事局促进绿色航运发展持续推进】 大力发展无人机挂载、巡逻艇搭载、岸基、卫星遥感等多种形式的船舶大气污染物监测系统，开发运行船舶黑烟检测移动应用，初步打造多方位、立体化、全天候的监视监测网络，严格实施全球船用燃油限硫规定。与市交通委联合印发《上海市港口和船舶岸电管理办法实施细则》，加强船舶使用岸电监管。做好全球最大双燃料动力集装箱船舶LNG加气试航安全管控工作。

【上海海事局对外合作交流更加广泛】 聚焦国际海事热点议题，15篇提案被IMO、IALA等国际组织采纳。受交通运输部海事局指定，担任亚太地区港口国监督谅解备忘录两个会间工作组组长，高质量完成相关工作。克服新冠肺炎疫情影响，灵活组织开展各类国际双多边合作，积极参加各类国际线上会议。与上海保险交易所、中国船级社上海分社、上海海事法院、中国海警局直属第一局、上海海警局、中国铁塔股份有限公司上海市分公司签署战略合作框架协议，推进共建共治共享。

【上海海事局深入推进水上交通安全专项整治三年行动】 建立问题隐患和制度措施“两个清单”，完成3个100%专项任务。扎实开展水上无线电秩序管理专项整治、船载AIS设备和船名显示专项检查、长江经济带船舶和港口污染突出问题整治、“碧海2020”海洋生态环境保护专项执法行动、长期逃避海事监管船舶专项整治等工作。打响辖区通航环境整治、内河船涉海运输、脱检船舶专项治理、在航机电设备故障船舶检查和船舶载运散装液态危险货物运输安全专项整治“五大战役”。集全局之力，牵头开展“护航长江口”专项治理，联合打击内河船非法排污、涉海运输、走私等违法犯罪行为。

【上海海事局现场监管力度持续加大】 综合运用VTS、AIS、视频监控、电子巡航、无人机等远程监控手段，高效安全开展疫情防控期间各项海事监管工作。全年辖区进出港船舶210.45万艘次，同比增长2.37%；进行船舶安全检查4 926艘次，发现缺陷船舶34 336艘，发现滞留船舶926艘次，滞留率18.80%；实施船检质量检查896艘次；开展船舶防污染作业检查6 501艘次、液货船作业检查1 587艘次、开箱检查495次；VTS提供信息服务75.32万次，交通组织4 916次。

【上海海事局源头治理全面加强】 持续完善水上交通安全风险分级管控与隐患排查双重预防体系。组建专职审核员队伍，推进NSM第四批船舶实施，强化航运公司分级监管措施。全面加强险情事故调查，持续开展典型事故案例进航运公司、进船员培训机构、进渔村活动和水上安全知识进校园活动。开展船员综合评估试点，组织各类船员考试评估245期，签发各类船员证书23 418本，制作全国海员证75 287本。完成验船师考试试题征集和审核工作，组织开展2期验船师考试。

【上海海事局应急保障能力不断提升】 贯彻落实“国十条”要求，推动《关于进一步加强上海市水上搜救体系建设的实施意见》通过市政府常务会议审议。妥善处置“隆庆1”轮与“宁高鹏688”轮碰撞、“长锦海洋”轮与“新其盛69”轮碰撞等危急险情。2020年实施海上搜救230次，成功救助遇险人员1 632人次。成功开展海上紧急医疗救援专项演练、船载危险货物突发事故综合处置应急演习。海上搜救志愿者成为上海市志愿者协会直属志愿服务总队，获评上海市优秀志愿者服务品牌项目。

【上海海关全力支持长三角一体化高质量发展】 2020年上海海关牵头制定并落实《长三角区域直属海关一体协同工作机制》，明确议事协调、沟通联络、督促推进等工作事项，形成海关支持长三角一体化发展的组织架构和制度保障，同时落实重点举措并取得阶段性进展。

【上海海关持续优化跨境贸易营商环境】 上海海关全力落实中央“六稳”“六保”部署，分3批推出促进外贸稳增长70项措施，有效对冲疫情影响，稳住外贸外资基本盘。上海海关还强化科技赋能，上线通关全程可视化查询功能，大力推广在线稽核查等便利化举措，提高企业和群众的获得感。上线运行“中介点评”网，推动中介服务专业化、市场化、透明化。

【上海海关推动临港新片区、洋山特殊综合保税区建设】 上海海关坚持聚焦国家战略，支持地方构筑发展战略新优势，更好服务全国改革开放大局。加快推进临港新片区、洋山特殊综合保税区建设，探索构建全新的进出境制度环境和监管模式。推动洋山特殊综合保税区封关运作，探索临港新片区洋山特殊综合保税区主分区制度、战略产业增值等相关政策。落实海关总署支持综合保税区发展措施，推动上海地区9个特殊监管区域全部转型升级为综合保税区。

【上海海关支持科创中心建设】 上海海关为高层次人才引进、关键部件和设备进口提供便捷通关服务，助推重点产业加速集聚。叠加“直通+保税”功能优势，扩大张江跨境科创监管服务中心受惠面。推进集成电路全程保税监管，参与试点企业加工贸易进出口值同比增长1.2倍。建立入境特殊物品安全联合监管机制，试点实施“白名单”管理。落实国家科技创新税收优惠政策，为各类科创主体减免税款。

【上海海关圆满完成进博会监管服务任务】 上海海关聚焦“人、物、馆”，推出14项支持措施，实施展品无纸化通关。支持虹桥进口商品展示交易中心等“6+365天”常年交易主平台建设，做大做实做强进博会溢出效应承载空间。依托海关特殊监管区域和保税物流中心B型，首次允许进博会相关展品进入跨境电商渠道销售，推动形成新业态、新亮点。

【上海海关支持浦东高水平改革开放】 上海海关发挥浦东新区海关特殊监管区域作用，打造保税维修、跨境电商等新兴产业功能聚集区。指导浦东新区企业用足用好税收优惠政策，加大海关创新制度供给和复制推广力度，深入推进高水平制度型开放。

【上海海关加快跨境贸易大数据平台建设】 上海海关运用大数据的理念和方法，构建“供应链安全评估+智能风控模型”，初步建成串联全球产业链、供应链、贸易链、物流链的大数据平台。同步探索建立临港新片区大数据应用风险防控框架，推动长三角区域海关开展外贸供应链风险评估模块试点。

【上海海关持续保持打私高压态势】 上海海关深入推进“国门利剑 2020”专项行动，立案办理各类走私违法违规案件 4 162 起，案值 132.2 亿元。2020 年，重拳打击长江口非设关地走私，成功破获建关以来最大一起成品油走私案，总案值 22.9 亿元。

【上海海关加强知识产权海关保护】 上海海关在全关 26 个隶属海关全面设立知识产权办案机构，构建结构扁平、运行高效的知识产权办案新模式。加大对高科技、新业态等重点领域侵权行为的打击力度，通过开展“龙腾行动 2020”等一系列专项行动，确保整治到底、震慑到位。2020 年，上海海关共查获涉嫌侵权假冒商品 1.73 万批次，位列全国海关首位。在强化执法力度的同时，探索建立更全面的知识产权海关保护关企合作机制，为国产自主品牌“走出去”保驾护航，为国内外企业创新发展营造良好生态。2020 年，上海地区新增知识产权海关备案 523 件，新增权利人 106 个。

开放口岸

【上海空运口岸（上海虹桥国际机场、上海浦东国际机场）】 上海空运口岸是中国目前最大的空运口岸，包括虹桥国际机场和浦东国际机场。截至 2020 年年底，上海空运口岸形成了虹桥、浦东两大国际机场，3 座对外开放航站楼，6 条跑道，1 个公务机基地和 1 座全球最大单体卫星厅的开放格局。

上海虹桥国际机场位于上海西郊，距市中心 13 千米。虹桥机场始建于 1921 年，1963 年 11 月，经国务院批准扩建为国际机场，次年 4 月开通上海至巴基斯坦卡拉奇国际航线。以后经过多次改扩建。虹桥国际机场拥有两座航站楼（其中 T2 航站楼为国内航班）、2 条 4E 级跑道、1 个国际公务机基地。目前主要开通至日本、韩国等国家和我国香港、澳门、台湾等地区航线。2020 年，虹桥国际机场起降飞机 21.94 万架次，旅客吞吐量 3 116.56 万人次，货邮吞吐量 33.86 万吨。

上海浦东国际机场位于上海浦东长江入海口南岸滨海地带，占地面积 40 平方千米，距上海市中心约 30 千米。1999 年，上海浦东国际机场建成通航，并经国务院批准作为上海空运口岸的重要组成部分对外开放。浦东国际机场拥有两座航站楼、4 条跑道、3 个货运区，是全球首个同时引进 FedEx、UPS、DHL 三大集成商入驻建设转运中心的机场。2020 年，浦东国际机场起降飞机 32.57 万架次，旅客吞吐量 3 047.65 万人次，货邮吞吐量 368.66 万吨。

【上海水运（海港）口岸】 上海水运口岸位于中国大陆海岸线中部，长江与东海交汇处，是中国最大海港和常年对外开放水运口岸。

上海水运口岸最早形成的一批对外开放码头主要分布在黄浦江中、下游东西两岸，改革开放以后，特别是 20 世纪 90 年代以来，伴随着浦东开发开放和上海新一轮城市发展规划，上海迈开了建设国际航运中心的步伐，一些坐落在黄浦江沿岸的老码头逐步退出和外移，先后在长江上海段、杭州湾北岸和小洋山岛新建了一批新港区、码头并对外开放。1993 年 11 月，上海外高桥港区一期码头建成并对外开放，随后二至六期码头陆续建成对外开通启用。2002 年 6 月，作为上海国际航运中心建设的核心组成部分——洋山深水港区开工建设。2005 年 12 月，洋山深水港区一期工程竣工正式对外运营，从此结束了上海没有深水港的历史。接着，洋山深水港二期和三期集装箱码头又先后建成并投入运行。2014 年 12 月，洋山深水港区四期工程正式开工建设，于 2017 年 12 月 10 日正式开港运行。目前，洋山深水港集装箱码头总岸线长 5 600 米、共拥有 16 个深水集装箱泊位，设计吞吐能力达 930 万标箱。截至 2020 年年底，上海水运口岸形成了包括黄浦江沿岸、长江上海段、杭州湾北岸、洋山深水港区四大开放水域、96 座码头、310 个泊位的对外开放格局。

【上海陆路（铁路）口岸】 上海铁路口岸位于上海火车站南端。2003 年 9 月，根据 CEPA 协议，上海设立铁路上海站临时口岸。同年 10 月 1 日起，开行上海—香港（九龙）隔日往返直通式旅客列车。2009 年 11 月，国务院批准正式设立上海铁路口岸。2013 年 4 月 27 日，上海铁路口岸通过国家验收宣布对外开放。上海铁路口岸是长三角地区唯一的陆路出入境口岸。

2020 年上海市口岸大事记

1 月 15 日

“沪渝直达快线”合作备忘录暨国际贸易“单一窗口”合作备忘录在上海签署。上海市商务委（口岸办）、上海市交通委、上海海关、上海海事局、上港集团与重庆市口岸办等 9 家单位共同签署《关于支持开行“沪渝直达快线”共同提升跨境贸易便利化水平合作备忘录》。上海市副市长许昆林，重庆市委常委、常务副市长吴存荣出席签约仪式。

1 月 21 日

上海市商务委党组书记、主任华源赴上海边检总站调研，了解上海边检总站从服务国家发展战略、落实总体国家安全观、助力上海加快“五个中心建设”等方面工作开展情况，并就临时开放口岸、文职辅警编制、边检信息化建设等相关问题交流意见建议。

2 月 25 日

上海市副市长汤志平一行到上海浦东国际机场检查口岸疫情防控工作，并召开上海空运口岸疫情防控工作情况调研会。

3 月 4 日

中共中央政治局委员、上海市委书记李强到上海浦东国际机场检查指导疫情防控工作并召开现场会。上海市委常委、常务副市长陈寅，市委常委、市委秘书长诸葛宇杰、副市长许昆林等领导陪同。上海边检总站副总站长任英超全程参加检查，并在现场会上汇报上海浦东国际机场口岸检查出入境人员工作量以及总站应对疫情输入性风险开展疫区重点国家旅客信息排查、边检民警自身防护等工作开展情况。

5 月 12 日

上海市商务委（口岸办）会同相关查验单位完成洋山特殊综合保税区（一期）正式验收并挂牌运行。

6 月 2 日

上海口岸跨境贸易营商环境工作组以视频会议方式，联合京津口岸贸易工作组、财政部与世界银行营商环境团队顺利完成了 2020 年度跨境贸易指标政策四方磋商。市商务委副主任申卫华向世界银行阐述了上海跨境贸易营商环境取得的三方面成效。世界银行专家就京沪两地企业问卷中的存疑、已提交的验核材料和陈述资料细节进行磋商提问。针对问题及相关追问，上海口岸跨境贸易营商环境工作组相关负责同志给予了客观、明确的回应。北京、天津口岸相关部门也联合对涉及京津口岸相关问题做了积极回应。

上海市志办在上海市商务委（口岸办）组织召开《上海市志 · 口岸分志 · 口岸综述卷（1978—2010）》（以下简称《口岸综述卷》）审定会。以市志办党组书记、主任洪民荣，市商务委（口岸办）副主任、《口岸综述卷》编委会副主任申卫华，以及《交通运输分志》编委会常务副主任、交通港口管理局原副局长葛明明为组长的 9 位专家和相关编纂人员等约 20 人参加了会议。

6月6日

2020年度长三角地区主要领导座谈会召开。大会举行了“长三角一体化发展重大合作事项”签约仪式，长三角国际贸易“单一窗口”合作共建作为商务（口岸）领域合作项目参加签约。上海市商务委党组书记、主任华源，江苏省商务厅党组书记、厅长赵建军，浙江省人民政府副秘书长高屹，安徽省商务厅党组书记、厅长张箭出席仪式并共同签字，三省一市主要领导现场见证。

9月22日~25日

上海市商务委（口岸办）顺利完成2020年度中国营商环境评价的两份问卷填报工作。

9月25日

商务部国际司司长余本林带队来沪，为全面贯彻落实党中央、国务院关于促进自由贸易试验区建设的决策部署，就新发展格局下进一步做好自贸协定工作开展专题调研。

10月27日

上海市商务委（口岸办）会同相关查验单位完成嘉定综合保税区正式验收。

11月5日~10日

上海市商务委（口岸办）指导上海亿通国际股份有限公司，依托上海国际贸易单一窗口，聚焦展会保障、主场宣传、窗口服务3个重点，成立了进博会专项工作保障工作小组，为参展商、交易商、指定物流商提供现场政策咨询、技术保障、宣传推介等服务。

11月22日

“上海国际贸易单一窗口智能跨境贸易保险平台”成果发布暨平台合作备忘录签约仪式在上海成功举行。上海市人大常委会副主任、上海市对外友协会长沙海林，日本驻沪总领事（大使级）矶俣秋男，中国日本友好协会常务副会长（前驻日大使）程永华出席并致辞。市商务委副主任申卫华出席活动。

12月15日

上海海事局、上海市公安局、上海市交通委员会、上海海警局和长江航运公安局上海分局联合发布《关于开展“护航长江口”专项治理行动的通告》，自2020年12月20日起开展为期3年的专项治理。

（撰稿人：李楠樯、范锋、鹿佳）

2020 年上海市口岸流量统计表

口岸类型		口岸名称	货运量（万吨）				集装箱量（万标箱）				人员（万人次）				交通工具（万辆、艘、架、列次）			
			出口	进口	合计	同比（%）	出口	进口	合计	同比（%）	出境	入境	合计	同比（%）	出境	入境	合计	同比（%）
空运口岸		分计			342.1	2.8					273.3	294.1	567.4	-86.7	5.5	5.3	10.8	-57.6
陆路口岸	铁路口岸	分计									0.2	0.2	0.4	-94.1	0.001 4	0.001 5	0.002 9	-91.0
水运口岸	海港口岸	分计			38 916.7	-1.9	1 596.6	1 476.9	3 073.5	1.1	29.1	30.2	59.3	-80.2	1.1	1.0	2.1	-9.1
合计					39 259.4	—					302.6	324.5	627.1	—	6.6	6.3	12.9	—
同比（%）					-1.8	—					-86.8	-85.7	-86.3	—	-52.9	-54.3	-53.6	—

（上海市口岸办提供）

2020年上海市口岸出入境主要数据表

<table>
<tr><th colspan="3">项　目</th><th>2020年</th><th>2019年</th><th>同比（%）</th></tr>
<tr><td rowspan="14">出入境人员
（人次）</td><td colspan="2">出入境人员总数</td><td>6 270 951</td><td>45 694 571</td><td>-86.28</td></tr>
<tr><td colspan="2">入境人员</td><td>3 245 190</td><td>22 746 477</td><td>-85.73</td></tr>
<tr><td colspan="2">出境人员</td><td>3 025 761</td><td>22 948 094</td><td>-86.81</td></tr>
<tr><td colspan="2">出入境旅客</td><td>5 210 644</td><td>42 201 076</td><td>-87.65</td></tr>
<tr><td colspan="2">出入境员工</td><td>1 060 307</td><td>3 493 495</td><td>-69.65</td></tr>
<tr><td rowspan="5">中国公民</td><td>小计</td><td>4 786 371</td><td>32 953 549</td><td>-85.48</td></tr>
<tr><td>内地居民（因公）</td><td>524 110</td><td>1 833 912</td><td>-71.42</td></tr>
<tr><td>内地居民（因私）</td><td>3 732 494</td><td>27 463 286</td><td>-86.41</td></tr>
<tr><td>港澳居民</td><td>141 669</td><td>1 361 093</td><td>-89.59</td></tr>
<tr><td>台湾同胞</td><td>388 098</td><td>2 295 258</td><td>-83.09</td></tr>
<tr><td colspan="2">外籍人员</td><td>1 484 580</td><td>12 741 022</td><td>-88.35</td></tr>
<tr><td colspan="2">从海港出入境人数</td><td>592 773</td><td>2 996 995</td><td>-80.22</td></tr>
<tr><td colspan="2">从陆港出入境人数</td><td>4 492</td><td>75 759</td><td>-94.07</td></tr>
<tr><td colspan="2">从空港出入境人数</td><td>5 673 686</td><td>42 621 817</td><td>-86.69</td></tr>
<tr><td rowspan="5">交通运输工具
（辆、艘、架、列次）</td><td colspan="2">总计</td><td>128 942</td><td>277 617</td><td>-53.55</td></tr>
<tr><td colspan="2">船舶</td><td>21 307</td><td>23 451</td><td>-9.14</td></tr>
<tr><td colspan="2">飞机</td><td>107 606</td><td>253 842</td><td>-57.61</td></tr>
<tr><td colspan="2">火车</td><td>29</td><td>324</td><td>-91.05</td></tr>
<tr><td colspan="2">机动车辆</td><td></td><td></td><td></td></tr>
</table>

（上海出入境边检总站提供）

2020 年上海海关主要数据统计表

项　目		2020 年	2019 年	同比（%）
进出口货运量（万吨）	合计	39 259.4	39 991.90	-1.83
	进口			
	出口			
进出口贸易总值（万元）	合计	87 463.078 4	84 267.90	3.79
	进口	37 648.823 4	35 453.00	6.19
	其中：江、海运输	17 592.439 4		2.60
	铁路运输			
	汽车运输			
	航空运输	19 993.147 4		9.60
	邮件运输	18.827 3		-26.19
	其他运输	44.346 5		15.54
	出口	49 814.255	48 814.90	2.05
	其中：江、海运输	33 122.109 8		-3.25
	铁路运输			
	汽车运输			
	航空运输	16 539.642 8		15.01
	邮件运输	27.150 6		-48.04
	其他运输	125.326 5		-14.29
税收（万元）	两税合计	—	—	—
	关税入库	—	—	—
	进口环节税入库	—	—	—

（上海海关提供）

2020 年上海海事局进出港船舶统计汇总表

船舶类别	进港船舶							出港船舶						
	艘数（艘）	总吨（吨位）	总载重量（吨）	载客量（客位）	船员人数（人次）	货物到达量（吨）	旅客到达量（人）	艘数（艘）	总吨（吨位）	总载重量（吨）	载客量（客位）	船员人数（人次）	货物发送量（吨）	旅客发送量（人）
总　计	195 567	1 298 089 338	1 827 512 302	3 469 063	2 075 181	620 846 172. 1	1 356 066	195 449	1 300 345 016	1 833 103 742	3 485 252	2 073 663	318 274 239. 4	1 357 776
中国籍船舶	177 033	400 136 638	513 983 494	3 356 446	1 668 171	455 993 727	1 220 750	176 848	397 368 929	511 141 889	3 373 915	1 669 047	128 913 579. 3	1 223 055
其中外贸船	958	16 617 496	18 277 703	32 534	20 677	5 121 199. 8	195	870	12 332 318	13 596 619	32 534	18 838	3 098 377. 4	103

（上海海事局提供）

口岸数量及分布

截至2020年年底，江苏省共有经国务院批准的对外开放口岸26个。其中，空运口岸9个，分别是南京空运口岸（南京禄口国际机场）、无锡空运口岸（无锡硕放国际机场）、徐州空运口岸（徐州观音国际机场）、常州空运口岸（常州奔牛国际机场）、南通空运口岸（南通兴东国际机场）、连云港空运口岸（连云港白塔埠国际机场）、淮安空运口岸（淮安涟水国际机场）、盐城空运口岸（盐城南洋国际机场）、扬泰空运口岸（扬州泰州国际机场）；水运（海港）口岸5个，分别是如东、启东、连云港、大丰、盐城海港口岸；水运（河港）口岸12个，分别是南京、江阴、常州、张家港、太仓、常熟、南通、如皋、扬州、镇江、泰州、靖江河港口岸。

口岸运行数据

2020年，江苏省空运口岸出入境旅客756 331人次，同比下降88.41%；外贸货邮量89 727.84吨，同比下降6.31%。全省水运口岸共完成外贸货运量55 233.62万吨，同比增长8.73%；外贸集装箱运量达到7 906 156标箱，同比增长3.15%。

2020年江苏省空运口岸出入境旅客及外贸货邮量情况表

	出入境旅客（人次）		外贸货邮量（吨）	
	自年初累计	同比（%）	自年初累计	同比（%）
全省合计	756 331	-88.41	89 727.84	-6.31
南京空运口岸	466 332	-87.90	54 902.00	-5.75
无锡空运口岸	105 119	-89.90	21 400.00	-38.09
徐州空运口岸	18 927	-90.40	638.20	137.16
常州空运口岸	71 441	-88.14	65.03	-84.51
南通空运口岸	31 202	-88.85	6 975.89	688.83
连云港空运口岸	12 022	-84.05	无	无
淮安空运口岸	6 123	-93.10	无	无
盐城空运口岸	10 961	-90.35	5 746.72	316.79
扬泰空运口岸	34 204	-87.61	无	无

2020年江苏省水运口岸外贸货运量和外贸集装箱运量情况表

	外贸货运量（万吨）		外贸集装箱运量（标箱）	
	自年初累计	同比（%）	自年初累计	同比（%）
全省合计	55 233.62	8.73	7 906 156	3.15
南通如东水运（海港）口岸	567.47	0.14	无	无
南通启东水运（海港）口岸	361.64	5.40	无	无

续表

	外贸货运量（万吨）		外贸集装箱运量（标箱）	
	自年初累计	同比（%）	自年初累计	同比（%）
连云港水运（海港）口岸	13 247.94	2.51	2 641 603.25	-7.33
盐城大丰水运（海港）口岸	956.43	-6.31	39 000	29.14
南京水运（河港）口岸	3 078.76	23.04	940 199	7.86
无锡江阴水运（河港）口岸	6 474.57	23.32	29 815	-28.55
常州水运（河港）口岸	1 383.45	15.34	128 693	-14.65
苏州张家港水运（河港）口岸	6 428.03	7.66	574 840.50	-3.76
苏州太仓水运（河港）口岸	8 215.94	9.85	2 635 338	23.58
苏州常熟水运（河港）口岸	1 300.4	35.62	121 578	-5.63
南通水运（河港）口岸	3 352.17	4.67	344 685.25	9.22
南通如皋水运（河港）口岸	1 308.26	54.00	32 276	21.02
扬州水运（河港）口岸	1 107	-2.67	170 396	-25.84
镇江水运（河港）口岸	4 651.18	-2.02	146 638	-20.30
泰州水运（河港）口岸	1 548.38	19.13	101 094	-3.78
泰州靖江水运（河港）口岸	1 252	-7.10	无	无

口岸综合管理

【全面扩大口岸开放，提升完善口岸功能】 江苏省继续实施沿海开发战略，全省 9 个机场均实现了对外国籍飞机开放，沿海沿江有 17 个港口实现对外国籍船舶开放。2020 年，新获批对外扩大开放的口岸 1 个，为盐城港口岸，响水港区、射阳港区扩大开放。新获批对外开放的码头（泊位）10 个，分别是江苏南通发电有限公司直接输煤码头、中信中煤江阴码头有限公司无锡（江阴）港申夏港区 6 号码头一期工程、南通通海港口有限公司一期码头、启东中远海运海洋工程有限公司材料码头和下水码头及海工坞、江苏华滋能源工程有限公司舾装码头 2 号和 3 号泊位、吉宝（南通）重工有限公司出运码头、惠生（南通）重工有限公司舾装码头及配套船坞、南通天生港发电有限公司通吕散货码头、张家港永恒码头有限公司 4 号泊位、金海宏业（镇江）沥青有限公司码头。

随着口岸开放数量的增加和已开放口岸的功能不断挖掘、拓展，全省口岸管理工作更加规范和完善。凡设立口岸的各市地方政府均成立了口岸综合管理部门，各地口岸查验机构设立得也比较健全，建立了相应的口岸管理工作机制，强化了对地方口岸工作的管理与协调，制定出台促进外贸发展的有效措施。按照国家和省有关文件要求部署，开展运行管理共建活动，推动口岸单位之间的合作与互动，多层面促进全省大通关建设协作，不断改善、优化口岸通关环境。

加强省际大通关对接合作，重点推进长三角口岸城市群大通关合作，洽谈对接干支线水水中转新的合作项目。口岸城市间加强了重点项目合作，合作范围涉及口岸大通关协作，口岸港口基础设施建设，临港经济园区建设，航运物流，船务、船代、货代企业引进，航线航班开通等。

【“单一窗口”建设】 2020年7月，江苏省副省长惠建林视察江苏省电子口岸“单一窗口”平台。省电子口岸按照省领导提出的“发挥单一窗口功能，为企业提供精准有效服务，加强与国内其他电子口岸的联系”的工作要求，全面推广中国（江苏）国际贸易单一窗口（以下简称“单一窗口”），深入推进长三角“单一窗口”合作共建，积极拓展“电子口岸+”“数据+”功能建设，全力保障“单一窗口”安全稳定运行，努力建设全国一流的江苏特色电子口岸。

一是加强疫情防控，助力复工复产。2020年，江苏省电子口岸充分发挥平台大数据作用和“一站式”“零接触”服务优势，多措并举，全力战“疫”，为稳外贸保驾护航。联合平安银行及平安产险上线“单一窗口”抗疫金融产品，累计为企业送出保单2.8万份，总保额达280亿元；上线“新冠肺炎疫情对中小企业影响问卷调查”，对企业相关诉求进行搜集整理；与中国交通银行江苏省分行签订全面合作战略协议，“单一窗口”金融服务系统交通银行模块完成在线便利化汇款总额超过63万美元；通过“单一窗口”申报出口主要疫情防控物资价值累计超过10.1亿美元，保障物资申报通道畅通；实时展示江苏客运铁路运行数据，关注疫情敏感地区人员在江苏流动状态；根据国家相关部委疫情防控工作要求，上线全省港口口岸中国籍船员换班申报审批系统，保障国际航行船舶船员疫情防控工作有序开展。

二是全面推广应用，完善重点功能。2020年，“单一窗口”货物申报、运输工具（水运、空运）、舱单（水运、空运）等主要业务覆盖率均稳定在100%，实现7大类14项新上线应用功能落地推广；完成“单一窗口”船舶转港数据复用试点任务；优化“单一窗口”原产地申领系统与贸促总会的数据传输接口；配合南京海关完成海关原产地证申报系统切换；升级“单一窗口”通关时效评估系统，扩大港口数据接入；上线中欧跨境贸易清关平台，帮助企业对接欧洲线下清关资源，提供清关、仓储、配送等跨境贸易“最后一公里”服务，助力国内企业跨境贸易新增长。2020年，江苏省电子口岸平台全年保持稳定运行，注册企业通过“单一窗口”、江苏特色服务共完成各类申报2 726.4万单，同比增长5.94%。其中，标准版共完成各类申报2 516.08万单，江苏特色服务共完成各类申报210.32万单。2020年平台注册用户新增3 200家，达到1.93万家，同比增长20%。2020年，“单一窗口”共完成2.14万笔出口退税申报，申报退税总金额26.9亿元。

三是融入国家战略，推进合作共建。2020年11月30日，长三角国际贸易“单一窗口”服务专区在“单一窗口”正式上线试运行，圆满完成年度目标任务。服务专区为长三角地区企业提供实时公告、资讯、新闻展示，实现了物流动态、放行查询、新舱单查询、运抵查询、装载状态查询、理货报告查询等功能。

四是加强安全建设，提升客服能力。2020年，江苏省电子口岸贯彻落实国家口岸管理办公室、江苏省商务厅、南京海关关于加强数据安全管理相关要求，组织开展安全检查、安全整改及防护加固等工作。完成江苏省电子口岸门户网站和“单一窗口”系统年度三级等级保护测评，协助各监管部门完成“护网2020”网络攻防演习，省电子口岸基础平台总计178台设备及相关软硬件核心质量指标维护合格率达100%，机房维护准确性达100%，服务响应及时率时效指标达到100%。江苏省电子口岸平台及“单一窗口”各系统服务在线率超过99.9%，全年未发生一起人为安全责任事故。通过强化培训机制、增加考核机制、建立客服标准服务数据库、开展客服标准体系建设等措施加强客服队伍建设。2020年，“单一窗口”暨江苏省电子口岸客户服务热线共受理用户咨询45 465人次，咨询业务量居于全国前五内，电话总接通率达97%，客户评价满意度达99.99%。

口岸监管与服务

【江苏出入境边检总站严防疫情从口岸输入】 创新运行空港口岸“三道防线”。精准执行国家疫情防控工作政策，刚性落实通报海关登临检疫、外国人入境政策调整、临时航班处置等措施，抢先建立空港口岸入境前“预警核查”、入境时“边检查验”和入境后“数据共享”的“三道防线”，创新落实入境人员境外行程必询问、证件记录轨迹必检查、入境目的地和通联方式必记录、人员采集信息必推送等“四必”检查流程，牢牢守住省内境外人员主要入境通道。首推落实海江港口岸“四四六”机制。主动研判分析登轮引航、船员换班、登轮作业、船舶搭靠等水上疫情输入风险，率先向省疫情防控领导小组提示预警，推动将登轮作业人员、换班离船回家的中国船员、入境非换班临时登陆的中国船员、引航人员“四类人员”，港口口岸限定区域、重点船舶船体、船舶梯口、锚地“四个重点部位”，“幽灵船”、货郎船、供给船、沿海渔船、作业船、外贸转内贸船“六种船舶”纳入落地管控。充分发挥边检智慧作用。主动参加省级疫情防控各类会议 40 余次，参与制定空港口岸入境工作流程、国际航行船舶船员出入境指南、引航员操作指南、登轮作业操作指南等规范性文件；向省公安厅、卫健委、南京海关等单位推送共享 10 类出入境数据信息近 7 000 万条，24 小时实时快速核查核酸检测阳性人员 141 人，查询推送入境同航班密切接触者信息 17 705 条，为防止疫情传播扩散赢得了宝贵时间。

【江苏出入境边检总站维护国门口岸安全稳定】 建立风险预警研判三项机制。建立执勤风险定期研判机制，坚持每月、每季开展口岸风险隐患分析研判，排查梳理各类执法执勤安全风险，制定落实加强口岸管控工作措施；建立重大安保和敏感节点风险研判机制，在安保期间指挥落实安保维稳各项措施，圆满完成党的十九届五中全会、第三届进博会、全国“两会”、领导人高访等重大安保任务；建立口岸动态预警风险研判机制，主动对口岸出入境新出特点、突发情况等进行分析研判，做到随时应对、查漏补缺。打击治理跨境违法犯罪。研究出台《涉赌涉诈重点人员检查指引》，编制“出入境 10 问”询问指引，全面加强涉赌筛查检查。部署开展涉赌、涉诈、涉毒、涉黄等数据核查分析会战，分类建立 3 类 6 种跨境涉赌诈人员模型，向省市“122”机制推送跨境涉赌诈线索 36 条、人员信息 1 657 条，其中 6 条线索被地方公安机关立案侦办。防范化解口岸风险隐患。紧扣敏感节点，全面加强出入境管控，扎实抓好非法宣传品专项查缉，查获非法宣传品 226 部。配套开展“三非”外国人专项治理和中国籍旅客非法出入境专项整治，连续查获 3 起持用变造证件非法入境案、1 起持用伪造证件非法入境案。牢牢守住边检查控底线。5 月，联合省公安厅发文，对抓获在控在逃人员的隔离监管、执法衔接等工作进行明确，进一步畅通在控移交渠道，解决人员监管难题。11 月，牵头召开全省边控工作联席会议，集中 23 个省级交控单位，对边检查控工作进行专题研究部署，推动构建齐抓共管、规范有序的边控工作新格局。

【江苏出入境边检总站服务对外开放和经济社会发展】 全力执行服务地方发展利好政策。深入贯彻落实中央“六稳”“六保”重大决策部署，统筹推进疫情防控和经济社会发展工作部署十项措施、服务促进长三角航运枢纽建设十项措施，制定出台便企利民 8 项措施，全面服务省内涉外企业、港口企业复工复产。为企业复工复产提供边检便利。优先为进出口商品物资提供快速便捷通关，对运输抗疫物资、鲜活农产品的交通运输工具实行“零等待”验放。推行部分边检行政许可有效期延长、共享锚地免办出入港手续等便利政策，最大限度帮助企业降低进出口环节成本。为口岸对外开放优化边检服务。跟进指导盐城滨海港口岸顺利通过国家级验收、连云港航空口岸推进扩大开放。继续支持镇江、南通和江阴、张家港、启东等港口的 10 个码头泊位对外开放。精简优化边检行政许可审批办理流程和交通运输工具申报、通关流程，推行预约办理、网上办理、自助办理等便利措施，实现边检行政许可高效率办理，累计缩短申请办理时间425万余小时。

【江苏出入境边检总站深化科技强警工程建设】 坚持用信息化手段服务主业，研发推进业务系统，引领深化边检勤务改革创新，实现警力投放由粗放式向精细化转变，口岸管控由无区别向差异化升级。继续研发口岸智能精准管控服务系统。初步完成梯口查验设备和应用平台建设，进一步丰富了对上下轮人员的管控措施。疫情期间，试点运行该系统精准发现120余名登轮作业人员未落实防护要求等情况。深入推进长江开放水域航行船舶“滤网”系统建设。初步建成船舶行为分析预警、船舶识别、感知告警、筛选回放等功能，扎牢长江江苏段入海口，探索对出入境船舶的全面监管勤务机制，年内利用该系统发现查处违法违规船舶60起。

【江苏海事局筑牢涉外疫情防线，保障口岸平稳运行】 2020年，江苏海事局统筹推进疫情防控和企业复工复产，全力支持开放型经济发展，保障长江大动脉安全畅通，为江苏外贸逆势增长蓄势赋能。辖区港口水路货物运输量达23.1亿吨，同比增长6.5%；外贸运输量3.9亿吨，同比增长8.3%；进出港船舶达285.1万艘次，其中国际航行船舶3.8万艘次，同比增长2.7%。

作为江苏涉外联防联控指挥部港口工作组组长单位，海事与海关、边检、交通、卫健等部门一起率先构建“1+5”水路疫情防控体系；全力保障国际航行船舶中国籍船员安全有序换班，2020年完成换班2.9万人次，居全国前列；全面加强国际航行船舶船岸界面等管控，会同有关部门制定涉外疫情防控码头设施配备标准并要求各地组织验收；督促各地建立健全水路疫情应急预案并组织演练，严格落实疫情报告制度，切实做到早报告、早预警。自疫情发生以来，江苏水运口岸共排查发现31起涉外疫情，检出60名阳性船员，妥善救治了294名伤病船员，未出现一起本土关联病例，有效阻断了国际航行船舶疫情输入风险。

【江苏海事局释放深水航道效能，支撑口岸“大进大出”】 高效利用长江12.5米深水航道资源，优化航路航法，完成《长江江苏段船舶定线制规定（2013）》修订工作，提升尹公洲航段通航能力，实现9万载重吨散货船直达南京。积极推进南通沿海航路和锚地布局规划，服务通州湾新出海口开发建设需求。全面整治通航环境，在江苏省政府强有力的领导下，协同省有关部门和沿江各地政府全面取缔“三无”船舶和水上过驳作业；与交通、航道、水利、公安等部门创新建立河口水域联合监管机制，有效管控“三口两区”重点风险，保障水上交通安全形势稳中向好。组建港航综合调度指挥中心，建设船舶智能监控指挥系统和海事“慧眼”平台，建立常态化无人机巡航机制，保障大型海轮“直进直靠、直离直出”，2020年进出口岸5万、10万、15万吨级船舶同比分别上升2.9%、6.1%、21%。

【江苏海事局深化口岸监管合作，促进口岸开发开放】 深化口岸查验单位联席会议机制，充分发挥口岸联席会议召集人作用，通过口岸联席会议平台签订省级口岸查验单位《关于推进江苏口岸高质量发展合作备忘录》。2020年，江苏海事局共支持10家码头单位临时启用，11家码头单位完成省级对外开放验收。共同筑牢水上国门安全防线，配合相关部门持续加大船舶成品油走私打击力度，按照《非法入境外国籍船舶联合监管协调机制》协同打击非法入境外国籍船舶。深化长江经济带、长三角区域一体化通关合作，全面应用国际贸易“单一窗口”，促进跨境贸易便利化。积极推进口岸信用体系建设，与海关、边检建立信用联合奖惩机制，共同推进实施守信联合激励和失信联合惩戒，入选江苏省首批信用管理行业20家示范单位。

【江苏海事局服务临港产业布局，助力开放型经济发展】 全面对接通州湾新出海口开发建设，与南通市政府深化战略合作，出台20项支持举措，助力南通沿海17个风电场建设，保障吕四“2+2”码头、通州湾新出海口一期通道等30余个重大工程开工。发挥海事专业优势，积极向交通运输部海事局争取开辟通州湾港区江河海联运航线，服务通州湾集疏运体系建设，助推“大通州湾”战略加快落地。多措并举支持沿江绿色环保船舶、专用特种船舶、海洋工程装备等高端装备制造产品出口，深入实施在建船舶抵押登记，累计帮助造船企业融资近400亿元。开展通航安全技术评估，维护新建超大型船舶下水试航，保障全球最先进的半潜式重吊生活平台、极地探险邮轮、32.5万吨矿砂船安全出江。

【江苏海事局优化口岸营商环境，主动服务自贸试验区建设】 深化“放管服”改革，深入实施35项优化营商环境措施，推进海事“一网通办”“全流程网办”，行政审批事项办结时限压缩50%。创新建立“远程+自助”政务服务新模式，建成运行54个政务自助服务站，实现网上办理、自助办理全覆盖。出台支持企业复工复产8项举措，助力港航经济快速复苏。大力实施纾困惠企政策，共免征港口建设费15.65亿元，减征船舶油污损害赔偿基金150余万元，办理政策性退费近800万元，为保障航运企业和船舶正常营运，最大限度减低疫情影响提供了有力支撑。积极探索“自贸试验区+海事服务”江苏模式，印发实施服务自贸试验区建设十大举措。支持南京自贸试验片区建设现代航运创新园区，共同研究发布支持航运创新发展20项政策举措，推动高端航运资源要素集聚，提升江苏航运发展能级。

【连云港海事局做好水上交通安全监管，服务经济社会发展】 2020年，连云港海事局共保障船舶进出港12.08万艘次，同比增长3.51%；巡航里程4.78万海里，同比增长9.45%；违法违章处罚608起，查处违法违章案件937件，金额842.45万元，同比分别增长4.8%、15.5%、40.2%；落实国家减税降费政策，减免港口建设费5.3亿元；船员证书办理发放3.35万本。辖区发生水上交通事故23起，沉船3艘，死亡、失踪8人，直接经济损失约1 519.1万元，事故四项指标同比“两降两升”，安全形势保持基本稳定。

【连云港海事局扎实有效做好疫情防控】 严格落实疫情防控要求，强化船舶船员信息核查，准确掌握抵港船舶疫情防控信息。协调连云港、盐城两地政府解决船员“换班难”问题，妥善处置6艘船舶、13名船员境外疫情输入事件。交通运输部国际司来连云港专题调研“外防输入”工作经验。开展“疫情防控当先锋、党旗飘扬在一线”活动，1人获评全国交通运输系统抗击新冠肺炎疫情先进个人，2人获评江苏省抗击新冠肺炎疫情先进个人。推出容缺受理、“云”服务、远程检查等服务举措，服务区企业、水工项目复工复产。指导连云港大港中等专业学校开展船员网络培训，快捷办理海员证，保障大量船员及时登船复工。

【连云港海事局安全监管成效明显】 开展水上交通安全专项整治三年行动，统筹实施长期逃避海事监管船舶、内河船涉海运输、“三无”船舶、船载危化品等重点领域专项整治，推动拆解低标准船舶9艘。内河船参与海上运输和砂石船治理“行刑衔接”机制，获国务院安全督导组认可并在全省推广。排查治理重大问题隐患58项，推动纳入同级政府风险防范和隐患治理清单4项。会同省、市两级农业农村部门联合开展商渔船防碰撞专项活动。推动地方政府拆除灌河辖区两岸全部非法码头、撤销所有渡口。配合开展碍航养捕综合治理活动，建立“政府主导、部门联动、统筹兼顾、长效治理”的综合治理工作机制。严厉打击各类违法行为，全年向公安、海警移送治安案件23起，通航秩序进一步改善。扎实推进“和安海州湾”“灌河水域综合执法”等联动共建活动，基层区域统筹、多元共治更加有效。积极做好船舶检验质量监督检查，统一船舶登记做法，船舶检验质量监督管理和登记工作质量得到提升。航运公司安全管理体系运行持续优化，稳步推动第四批船舶实施NSM规则工作。开展“春风行动”集中宣讲25场次，企业安全生产主体责任意识有效增强。

【连云港海事局监管保障体系持续巩固】 推进制定《连云港市海上旅游船艇管理办法》，

开展规范性文件后评估，管理制度体系更加科学完善。推动形成地方政府牵头、部门各负其责的游艇安全监管新格局，连岛游艇历史遗留问题得到基本解决。加强协同合作，与南京海事法院签订战略合作协议。有序推进信息系统建设，多个信息系统建成运行，监管信息化水平得到提升。盐城海事监管基地、40米级及12米级巡逻船等项目建成，海事监管设施得到有效提升。成功举办“黄海四号”海上搜救综合演习、盐城海上风电突发事件应急演练，与东海救助局建立空中巡航救助联动机制，辖区应急反应能力进一步提升。完成连云港、盐城两地海上搜救应急预案修订，推动国内首架专门服务海上风电场的民用直升机入驻盐城，“政府主导、企业参与”的江苏沿海空中应急救援体系更加完善。

【连云港海事局服务发展务实有为】 首次组织海上风电从业人员培训考试。开展沿海纯电动船舶发展与监管课题研究，服务新能源产业发展。加强船舶污染物接收转移处置监管，推进实施2020年全球船用燃油限硫令要求，守护碧水蓝天。积极融入国家战略发展，完成《长三角海事一体化融合发展2020年工作任务清单》确定的任务，成立全国首家海事海关危险品联合查验中心，签署连云港自贸试验片区《船载集装箱危险货物联合监管服务合作备忘录》；海事政务“不见面”闭环管理作为江苏自贸试验区创新案例进行经验推广。发挥省市双重查验机构优势，完成连云港港两翼港区及盐城港滨海港区国家验收，服务连云港港徐圩港区和盐城港响水港区、射阳港区临时开放延期。服务连云港港30万吨级航道二期工程等重点项目建设，为大国重器“天鲲号”赣榆港区施工提供保障。首次设立注册验船师考试考点，首批22名退役军人参加“浪花计划”船员职业培训。建立连云港盐城海上劳动关系三方协调机制。落实船员服务簿签发取消和船员任解职模式改革政策，推进远洋船员减税政策落地，为地区航运人才集聚创造条件。

【南京海关加强实际监管，把好国门安全】 2020年，南京海关监管进出口货运量4.56亿吨，同比增长10.79%；监管集装箱506.33万箱次，同比增长1.21%；监管运输工具10.16万辆艘，同比下降19.71%；监管邮、快件3 668.66万件，同比下降62.58%；验放进出境人员154.42万人次，同比下降79.92%。深化综合治税，全年税收入库1 549.63亿元。试点“联动接卸、视同一港”整体监管，打造“多港如一港”样板。保持打私高压态势，以最严措施禁止洋垃圾进境；深入开展“龙腾行动2020”和“国门利剑2020”专项行动，查获我国参与WCO抗疫专项行动首起涉嫌侵权药品案，查获侵权、成品油、香烟、白糖和冻品等农产品、枪支及配件、濒危和野生动物及制品、毒品及精神管制药品等走私案件多起，江苏口岸反走私和口岸综合治理工作取得显著成效。

【南京海关筑牢口岸检验检疫防线】 2020年，检验检疫进出口货物83.13万批，同比下降2.23%；对进出境人员实施健康检查4.67万人次，同比下降49%。针对新冠肺炎疫情，组织25批次、230人驰援禄口机场，坚决打赢首都分流航班、“小留学生”包机、复工复产航班等监管“硬仗”；坚持“人物同防”，规范开展冷链商品风险监测、检测采样和预防性消毒等工作；第一时间为进口防疫物资开辟“专用窗口”“绿色通道”，实施“一站式”监管，保障进口防疫物资“零延时”通关。强化出入境传染病检测，“零疏漏”防控埃博拉等重大传染病疫情叠加输入，维护人民生命健康。严防非洲猪瘟、沙漠蝗等重大动植物疫情，对非贸渠道动植物产品等实施重点检疫。加强进口汽车、旧机电、儿童用品等重点敏感商品检验监管，守住质量安全底线。

【南京海关持续优化口岸营商环境】 提前申报、先放后检、原产地证书自助打印等便利举措扩面增效，进、出口整体通关时间较2017年分别压缩59.22%、72.86%；行政审批实现网上“零超时”办理，“单一窗口”主要申报业务应用率保持100%；企事业单位经营服务性收费系统化、清单化、动态化。优化“企业问题清零”机制，为1.58万家企业开展线上服务，化解疑难问题436个，满意率达99.54%。加强国外技贸措施应对，协助消除输印度产品技术壁垒。聚焦民生需求，创新江海联运“协同检疫”等监管模式。深化大宗资源类产品“先放后检”“依申请检验”改革，进口通关时长压缩83.15%。

【南京海关全力做好稳外贸稳外资工作】“不见面”监管与服务、延期缴税等措施迅速落实到位，有效稳住外贸外资基本盘，2020年江苏外贸进出口44 500.5亿元，同比增长2.6%。统筹内外需、进出口协调发展，实施“先销后税”“多次内销、一次办理”便利化措施，“一企一策”支持出口转内销。助力外贸创新，首批试点跨境电商B2B出口监管业务，指导45家企业完成海外仓模式备案。加快集成电路高端制造全产业链保税监管改革，精简物流手续等12项“组合拳”打通堵点。试点真空包装等货物跨关区协同查验，为生物医药等高技术企业破解难题。创新企业信用培育模式，搭建线上“AEO企业认证场景式服务平台”，新增高级认证企业66家。

【南京海关积极助力更高水平开放】 支持“一带一路”交汇点建设，多程转关、公铁水联运等多举措打通西行堵点；保障中欧班列自动验放，“保税+出口”集装箱混拼、班列货物“车船直取”促进降本增效，关区中欧班列共开行1 273列，同比增长36.44%。大力支持江苏自贸试验区建设，涉及南京海关的35项任务全面落地并取得阶段性成效；“空运直通港”等4项创新制度获海关总署备案，数量列新设自贸试验区海关首位。国务院促进综保区发展21项措施中已有15项落地，吸引区内活跃企业数量增长8.93%，全面推进海关特殊监管区域监管模式改革，推行货物分类管理、无感卡口、整报分送等14项改革措施。支持江苏新增开放码头29个，口岸开放布局进一步优化。

开放口岸

【南京空运口岸（南京禄口国际机场）】
南京禄口国际机场位于南京市江宁区禄口镇，于1997年7月1日正式通航，是中国重要的干线机场。1997年11月经国务院等机构批准对外开放。2005年4月，南京禄口国际机场被世界卫生组织（WHO）评为国际卫生机场，2008年12月5日通过国家航空安全审计。机场T2航站楼于2014年7月12日正式启用，飞行区等级提升至4F级，可起降包括A380在内的所有机型。2019年12月23日，南京禄口国际机场旅客吞吐量突破3 000万人次，并宣布机场实现7×24小时通关，全力保障国际客货运航线运行。2020年3月9日，国际机场协会公布2019年度全球机场服务质量（ASQ）奖项获奖名单，南京禄口国际机场凭借优质服务，揽获2019年度亚太区旅客吞吐量2 500万~4 000万级机场服务质量四大奖项；5月8日，南京空港保税物流中心（B型）封关运营；7月29日，机场T1航站楼完成改造升级，正式投用，与T2航站楼“双楼合璧”开启新航程。

南京空运口岸（南京禄口国际机场）

2020年，受疫情影响，南京禄口国际机场在开国际（地区）航线14条，其中恢复开通国际（地区）客运航线9条（截至2019年年底共37条），全货运航线3条；新增至中国台北、芝加哥全货运航线2条。另有稳定开行的客改货航线5条，航线通达洛杉矶、悉尼、列日、新加坡、吉隆坡等地；出入境旅客为466 332人次，同比下降87.9%；外贸货邮量达54 902吨，同比下降5.75%。

【无锡空运口岸（无锡硕放国际机场）】
无锡硕放国际机场位于江苏省无锡市东南方硕放

镇，距无锡市中心16千米，距苏州市区25千米。始建于1995年，2004年2月18日正式开通民用航班，2007年9月28日启用新航站区。机场飞行等级为4D，可满足波音757及以下机型全载起降。2009年实施跑道加厚工程，可满足波音747型飞机减载起降的要求。2015年1月19日，二期新航站楼全面投入运营。2017年12月26日顺利开通了口岸签证业务。2018年5月18日、10月29日分别开通了至欧洲（法兰克福哈恩）、美国（辛辛那提、芝加哥）的洲际货运定期航线。2018年8月27日机场飞行区指标由“4D”升级为“4E”级。2018年12月30日机场老航站楼内部区域改造工程基本完成。2019年7月机场进境冰鲜水产品指定监管场地正式获批。2019年10月份机坪扩建工程顺利通过竣工验收，新增8个C类停机位。2019年12月份完成机场海关快件监管中心改造升级。2020年9月进口药品口岸资质获批。2020年机场开通客货运航线累计104条，其中国内航线78条、国际及地区航线26条。疫情期间，机场新开无锡至大阪、新加坡货运航线，同时成功保障无锡—马尼拉、无锡—基辅—法兰克福、无锡—玻利维亚临时客改货包机。为保障国家重大外资项目建设，机场与市商务部门共同调研和搜集日本村田、韩国海力士、苏州三星等企业技术人员来华复工需求，协调航司提供包机运力支持，先后由深航、东航、国航、吉祥航空开通大阪、首尔、东京至无锡的16班国际复工包机及1班公务机。2020年2月27日起，机场国际及地区客运航班全部停航，7月23日起，无锡至马尼拉、首尔、东京、澳门等地区客运航班先后复航。

2020年，无锡硕放国际机场安全保障运输航班起降5.52万架次，同比下降11.7%。旅客吞吐量599.42万人次，同比下降24.8%，其中出入境旅客105 119人次，同比下降89.9%；货邮吞吐量15.72万吨，同比增长8.3%，其中外贸货邮量21 400吨，同比下降38.09%。

【徐州空运口岸（徐州观音国际机场）】

徐州观音国际机场是淮海经济区中心机场，1997年正式通航，位于徐州市东南方向睢宁县双沟镇境内，距离徐州市区45千米，南临104国道，北靠盐徐高速公路，地面交通十分便利。机场占地面积约253.3万平方米，候机楼面积5.8万平方米，分别为T1国际航站楼面积2.4万平方米、T2国内航站楼面积3.4万平方米；登机桥11座；跑道长3 400米；站坪17.3万平方米，停机位22个，配备先进的双向Ⅰ类盲降系统、助航灯光设施和通信导航设备，能够起降波音738及以下各类型飞机，具备全天候开放的条件，设计年旅客吞吐量500万人次，年货邮吞吐量5万吨。2020年年底T1航站楼改扩建工程开工建设，计划2022年投入使用。

2020年徐州观音国际机场有国际（地区）客运航线6条，货运航线2条；共保障各类飞行3.45万架次，其中运输起降2.03万架次，同比下降15%；旅客吞吐量220万人次，同比下降26.8%，其中出入境旅客18 927人次，同比下降90.4%；货邮吞吐量1.13万吨，同比下降6%，其中外贸货邮量638.2吨，同比增长137.16%；航班放行正常率达88.19%，同比提高10.23%。

【常州空运口岸（常州奔牛国际机场）】

常州奔牛国际机场位于常州市新北区罗溪镇，距市中心20千米，筹建于1985年，1986年3月开通民航航班。2014年2月21日，获国务院批准对外开放。常州机场飞行区等级为4E，可起降除空客A380以外的所有飞机；停机坪面积16万平方米，可停放飞机20架；航站楼建筑面积3.8万平方米，拥有先进、完善的民航、口岸、安全及其他配套设施，口岸通关服务环境良好，设计年旅客吞吐量490万人次、年货邮量20万吨、高峰小时起飞19架次，是长三角地区重要的客货运国际机场。2014年9月25日首航至我国香港以来，已先后开通了12个国家（地区）24条国际（地区）航线。

2020年，常州奔牛国际机场全年安全保障运输航班起降2.2万架次，同比下降31.57%，其中国际（地区）航班起降602架次，同比下降83.81%。完成旅客吞吐量225.52万人次，同比下降 44.35%，其中出入境旅客 71 441 人次，同比下降 88.14%；货邮吞吐量 1.89 万吨，同比下降 42.97%，其中外贸货邮量 65.03 吨，同比下降 84.51%。

【南通空运口岸（南通兴东国际机场）】 南通兴东国际机场位于南通市通州区兴东街道境内，1993 年正式通航，是江苏省最早通航的民用机场，也是上海周边空域条件最优的支线机场，民航局将其总体定位为“上海国际航空枢纽辅助机场”。机场距南通市区 10 千米、上海虹桥机场 100 千米。在机场西南端 3.5 千米处有沪陕高速和沈海高速入口，贯通苏通大桥和崇启大桥。地面交通设施较为发达，出入机场十分便捷。

机场跑道、平滑道长度 3 400 米，飞行区等级 4E。配有先进的无线电通信导航系统、双向Ⅰ类进近仪表着落系统、助航灯光系统和飞机供油系统。2019 年 8 月 18 日，南通新航站楼启用。按年 500 万旅客吞吐量设计，总建筑面积约 5.2 万平方米，站坪面积 25.88 万平方米，停机位 33 个，满足客运、货运、通用航空、航空会展等各类保障需求。建筑主体为地上两层、地下一层结构，设有 11 个登机廊桥、30 个国内国际值机柜台、13 条国内国际安检通道、贵宾区 11 个独立休息室、2 300 平方米观光平台、1 400 平方米绿化内庭。新候机楼结合智慧机场建设，推广自助值机、自助安检、自助通关、无感支付等新技术的应用，在全国中型机场中率先实行“海关+安检、一次过检”联合监管方式，大大提高旅客出行的舒适度和体验感。

2015 年 3 月 11 日，国务院正式批准南通兴东机场对外开放。2015 年 10 月 2 日，首航至韩国仁川。2016 年 7 月 22 日，“南通兴东机场”正式更名为“南通兴东国际机场”。

截至 2020 年 12 月底，南通兴东国际机场开通 43 条国内客运航线，航线通达国内 41 个城市，日均客运航班起降超 65 架次，每周约 230 个航班；2020 年年初开通国际（地区）航线 9 条：大阪、名古屋、首尔、济州岛、曼谷、芽庄、曼德勒、台北、澳门，因疫情原因均处于停运状态；国际全货机航线 6 条，年内新开东京、新加坡、河内、首尔，加密孟买、大阪国际全货机航班，临时加飞布鲁塞尔、叶卡捷琳堡防疫物资航班。全年机场共完成旅客吞吐量 251.2 万人次，同比下降 27.8%，全国排名上升至 50 位，全省排名跃居第 3 位；其中出入境旅客 31 202 人次，同比下降 88.85%；外贸货邮量 6 975.89 吨，同比增长 688.83%。

【连云港空运口岸（连云港白塔埠国际机场）】 连云港白塔埠国际机场位于连云港市东海县白塔埠镇内，1984 年经国务院等机构批准，1985 年 3 月 26 日开航，是江苏省内第二家开航的民用机场。机场距连云港市区 27 千米，拥有机场快速路，连通连霍高速，地面交通设施较为发达，出入机场十分便捷。

连云港白塔埠机场等级为 4D 级，跑道全长 2 500 米，可供波音 767 以下大中型飞机起降。停机坪 4.5 万平方米，可同时停放 8 架飞机。候机楼面积 12 378 平方米，其中国内厅 6 078 平方米，国际厅 6 300 平方米，设计高峰小时客流量 500 人次、年旅客吞吐量 80 万人次。机场拥有单向仪表着陆系统和全向信标仪、单向Ⅰ类目视助航灯光系统、航管二次雷达和 711 气象雷达等设备设施，具备全天候开放条件。

2015 年 9 月 12 日，获国务院批复对外开放，2017 年 5 月 18 日，连云港空运口岸对外开放通过国家验收。2010 年年底，开通了至韩国首尔临时包机航班；2012 年 10 月 29 日，开通了至我国香港包机航班；2017 年 12 月 29 日，开通中国国际航空公司承运的天津—连云港—泰国曼谷国际航线。连云港白塔埠国际机场有航线 36 条，通达国内外城市 35 个，其中国际（地区）航线 3 条，初步建成辐射苏北鲁南、服务“一带一路”沿线国家及地区的航线网络。

2020 年，连云港白塔埠国际机场起降国际（地区）航班 108 架次。出入境旅客 12 022 人次，同比下降 84.05%。

【淮安空运口岸（淮安涟水国际机场）】 淮安空运口岸位于江苏省涟水县陈师镇，距淮安市中心22千米。淮安涟水机场于2009年3月开工建设，2010年9月26日正式通航，2012年11月，国家口岸管理办公室批准同意淮安空运口岸临时开放；2012年12月23日，开通了淮安至香港包机航班；2013年，淮安涟水机场列入国家口岸开放年度审理计划；2014年8月10日，国务院下发《关于同意江苏淮安涟水机场对外开放的批复》（国函〔2014〕109号），同意淮安涟水机场作为航空口岸对外开放；2015年1月6日，淮安空运口岸对外开放通过国家验收；2020年1月，淮安机场国际货站监管场所通过海关验收，5月完成信息系统对接，正式具备国际货物运输条件。淮安涟水国际机场陆续开通30多条国际（地区）国内航线。2019年7月9日开通全货机，2020年先后开通了至郑州、福州、深圳全货机航班。

2019年，淮安涟水机场二期扩建工程已全部竣工投用，跑道长度2 800米，客机位16个、货机位2个，航站楼1.47万平方米，货站5 300平方米，飞行区等级为4D，可满足A321、B737-800机型起降要求，具备开通包括乌鲁木齐在内的所有国内航线能力。同时，淮安航空货运枢纽还成功纳入了国务院批复的《长江三角洲区域发展一体化规则纲要》和《淮安生态经济带发展规划》以及江苏委省政府“一带一路”交汇点建设等政策文件和规划纲要，提升了淮安机场的综合保障能力和服务水平。2020年，为提升机场运行保障能力，淮安机场实施了航站楼改扩建工程，向航站楼东北毗邻扩建指廊3 032.67平方米，项目总投资5 316万元，2021年3月19日通过局方行业验收。投用后航站楼总面积1.77万平方米，可满足年旅客吞吐量300万人次使用需求。

2020年，淮安涟水国际机场旅客吞吐量132.68万人次，同比下降43.48%，其中出入境旅客6 123人次，同比下降93.1%。

【盐城空运口岸（盐城南洋国际机场）】盐城南洋国际机场始建于1958年，国家对外开放口岸，2000年开通民航班机。2018年9月，江苏省委省政府整合全省民航资源，盐城机场公司作为成员机场加入东部机场集团。机场现有T1、T2两座航站楼共4.32万平方米，其中T1航站楼1.3万平方米（暂停使用，已经列入2021年改造计划）、T2航站楼3.02万平方米（2018年投入运营）。机场飞行区等级4C，跑道2 800米，机坪15万平方米，停机位20个，可保障波音737、空客320等中等机型全载起降，能满足2025年旅客吞吐量300万人次，年飞行起降3万架次，典型高峰小时起降15架次的需求。2020年，盐城空运口岸主要航班航线有韩国首尔、泰国曼谷、中国台北3条国际（地区）客运航线和韩国首尔、日本大阪2条国际货运航线。

2020年，受新冠肺炎疫情影响，3月上旬国际（地区）航线全部停航，不但影响了国际的物流运输，更隔断了中韩之间的人员往来，导致韩企复工困难。盐城机场抢抓国家开通中韩“快捷通道”机遇，成为全国第3家、地级市第1家成功申请到复工复产临时包机的航点，全力为中韩人士往来提供通关、安检、口岸管控等便利，力求把航空“快捷通道”变成助力外资重大项目复产达效的“提速通道”。全年保障11架次韩国临时包机，运送重要急需人员来盐城工作。同时，至韩国、日本国际全货机在国际客运大幅下降的情况下，为促进韩日国际物流大循环发挥了积极的作用，主要运输防疫物资和汽车配件、电子产品等高附加值产品以及国际快件和跨境电商产品。

2020年，盐城南洋国际机场安全保障航班1.88万架次，同比下降1.5%，其中起降国际（地区）航班804架次，同比下降40.4%。旅客吞吐量169.19万人次，同比下降19%，其中出入境旅客10 961人次，同比下降90.35%；货邮吞吐量1.36万吨，同比增长56.97%，其中外贸货邮量5 746.72吨，同比增长316.79%。

【扬泰空运口岸（扬州泰州国际机场）】扬州泰州国际机场是由扬州、泰州两市按8：2比例投资合建的民用机场，于2012年5月正式通航，2015年9月，实现口岸对外开放，2016年2月升级为国际机场。机场位于扬州市江都区，占地面积约190.7万平方米，航站楼面积

31 305 平方米，跑道长 3 200 米，飞行区等级 4E 级。

机场已累计开通至韩国济州、泰国曼谷、中国台北、日本大阪、泰国普吉岛、韩国仁川、韩国清州、日本茨城、越南芽庄、中国香港、中国澳门、柬埔寨金边、柬埔寨暹粒等 13 个国际（地区）航线。2020 年旅客吞吐量 237.2 万人次，位列全国第 51 位。其中，国际（地区）航班 239 架次（含国际包机 5 架次），出入境旅客 34 204 人次。开通了国际货运业务、国际货运通关一体化出口业务和国际货运空运联程模式，区域对外开放合作和跨境运输便利化水平不断提升。二期扩建工程已获江苏省发展改革委立项批复，计划 2021 年年底开工建设，将新建一条 3 200 米的平行滑行道、约 9.7 万平方米的 T2 航站楼。

【如东水运（海港）口岸】 如东海港口岸位于江苏东部江海交汇处，地处中国经济最为发达的长三角北翼，距南京约 300 千米，距上海 120 千米，位于上海一个半小时经济圈。陆路距苏通大桥 70 千米，距崇启大桥 84 千米，海上距上海港约 150 千米。随着“一带一路”、长江经济带、长三角一体化、江苏沿海开发四大国家倡议全面实施，洋口港以独特的区位优势、强有力的发展态势开启了江苏出江入海的新通道，成为集石油化工、能源开发、装备制造、仓储物流、建筑新材料产业等为一体的多元化产业型港口。

洋口港港区

LNG 接收站生产区

2014 年 8 月，国务院批准如东洋口港对外开放，对外开放岸线共 6 910 米，15 个泊位，2015 年 11 月 17 日通过国家验收。同时 10 万吨级 LNG 码头、万吨级重件码头正式对外开放。2016 年，洋口港 5 000 吨级液体化工码头通过验收，正式对外开放。

2020 年，如东洋口港口岸切实加强口岸疫情防控管理，认真落实国家对开放口岸的疫情防控要求，确保防控措施到位。洋口港保税物流中心（A 型）加快硬软件设施建设，年入库保税货物 7 500 万美元。

2020 年，如东海港口岸货物吞吐量 602 万吨，其中外贸货运量 567.47 万吨，同比上涨 0.14%。其中，全年接卸 LNG 船舶 69 条，563 万吨。

【启东水运（海港）口岸】 启东海港口岸位于江苏东部、长江下游入海口，地处长江、黄海、东海“T”形结合部，由沿海吕四港区和沿江启海港区两部分组成。港区与临海高等级公路、崇启大桥、沪陕高速、336 省道、宁启铁路等相连成网，是承接江海联运和水陆联运的重要枢纽，具备良好的货物集疏运条件。启东水运口岸与上海相距仅 50 多千米，有崇启大桥与之相连，直接纳入上海 1 小时经济圈。

2014 年 8 月 10 日，启东海港口岸经国务院批准成为对外开放口岸。截至 2020 年年底，共有各类开放码头 7 座、开放泊位 13 个，均为业主码头。其中长江北翼的启海港区是一个以船舶海工修造为主的专业港区。吕四港区现有大唐电厂和广汇能源两大能源企业的专用开放码头泊位。2020 年 12 月 25 日，南通中集太平洋舾装码头 2 号泊位和重件吊装码头 3 号泊位对外开放通过验收。

2020 年，启东海港口岸进出境船舶共计 295 艘次，同比下降 8.39%；外贸货运量 361.64 万吨，同比增长 5.4%。

【连云港水运（海港）口岸】 连云港海港口岸地处我国沿海中部，江苏省东北部、黄海海州湾西南岸。港口始建于1933年，1956年对外国籍船舶开放，1973年开始大规模建设。经过多年的建设与发展，连云港现已成为全国沿海25个主要港口、12个区域性主枢纽港，长三角地区7个国家级综合运输枢纽之一。连云港依托独特的区位优势，成为苏北、鲁南及中西部地区最便捷的出海口岸，对外贸易和交通运输的重要通道，是亚欧大陆间国际集装箱水陆联运的重要中转港口。连云港口岸南联长三角，北接渤海湾，隔海东临东北亚，西连中西部地区以至中亚，是“沟通东西、连接南北”的重要战略枢纽。以郑州为起点，中西部到连云港，铁路运距比到青岛近500千米，比到日照近300千米，比到上海近480千米。从连云港经陆桥运输到欧洲，相比原有的陆上运输通道缩短了2 000千米运距，比绕道印度洋和苏伊士运河的水运距离缩短了1万千米。连云港口岸是江苏最早对外开放的口岸。目前连云港拥有一个国家海港开放口岸、64个生产性开放泊位，两翼赣榆、徐圩、灌河港区已正式对外扩大开放。口岸大通关效率全国领先，口岸功能延伸至中西部及中亚主要地区。

2020年，连云港海港口岸货物吞吐量25 168万吨，同比增长3%；集装箱480万标箱，同比增长0.4%。其中外贸货运量13 247.94万吨，同比增长2.51%；外贸集装箱运量264.16万标箱，同比下降7.33%。

【大丰水运（海港）口岸】 大丰海港口岸位于江苏1 040千米海岸线港口空白带的中心位置，利用此海域特有的潮汐通道“西洋深槽”建设深水码头，“西洋深槽”水深稳定，-15米等深线宽3~4千米、长55千米，与外海深水贯通，可进出10万吨级船舶。大丰海港口岸区位优势明显，集疏运体系完善，是国家交通运输部规划填补沿海港口空白带的项目，是江苏省沿海重点建设的三大港口之一。2006年6月13日获国务院批准为对外开放口岸，2007年9月20日正式对外开放。

大丰海港口岸目前已建成并对外开放了一期码头、二期码头、大件码头、石化码头、集装箱码头、通用码头6座码头，18个万吨级泊位，已开通至韩国仁川港、釜山港、光阳港的国际集装箱班轮航线，至日本的门司港、博多港航线，至俄罗斯的木材航线，与我国台湾基隆港直航，可经上海港、宁波港中转至世界各大港口的国际航线，并开辟了大丰港至宁波港、上海港、青岛港的外贸内支线。

2020年，大丰水运口岸货物吞吐量5 309.73万吨，同比增长0.1%，其中外贸货运量956.43万吨，同比下降6.31%；集装箱吞吐量26.2万标箱，同比增长2.3%，其中外贸集装箱运量3.9万标箱，同比增长29.14%。

【南京水运（河港）口岸】 南京河港口岸地处长江下游，距吴淞口360余千米，港辖区沿长江两岸分布，南岸全长104.2千米，北岸全长91.0千米，航道维护水深至2018年已达12.5米，5万吨级海轮可直达南京港，10万吨级海轮也可减载抵达。南京港是我国沿海25个主枢纽港之一。1986年3月，经全国人大常委会批准，南京港对外国籍船舶开放。截至2020年年底，南京港（长江港口）共有生产性泊位201个，年通过能力2.15亿吨，接靠国际航行船舶的正式开放泊位达69个。南京河港口岸有近洋航线2条，其中日本线每周5班，韩国线每周4班。外贸内支线3条，其中，外高桥方向和洋山方向每周合计60班，宁波方向每周5班。

2020年，南京河港口岸面对疫情，防漏洞补短板，筑牢疫情“水上防线”。牵头召开7次南京水运口岸应对境外疫情联防联控工作组会议，为做好全市“六稳”工作、落实“六保”任务提供了有力支撑，及时启动船员换班，码头企业进出口货运量大幅增长，取得了阶段性成效。严格落实国家和省市要求，召集进口冷链食品企业负责人会议并签署告知书，自11月14日零点起，进口冷链食品全部进南京天环食品（集团）有限公司进口冷链食品集中监管仓，建立了南京水运口岸进口冷链食品闭环管理工作机制。疫情期间针对南京集装箱车辆无法到达龙潭集装箱公司进行装卸作业的情况，摸排全市集卡公司运营情况，及时解决集卡在龙潭通行问题。

南京河港口岸紧盯通关、查验、放行、物流等各环节时效，加强全链条数据监控分析，积极提升一体化通关比例，实施24小时预约查验、保障全流程快速通关；优化查验计划传输、查验调箱、查验实施等环节，提高查验效率，确保当日15：00前运至海关指定场地具备查验条件的货物，当日完成查验。探索“船边进口直提、出口直装”监管试点，全力纾解南京港集装箱积压困局；全力保障跨境电商B2B直接出口货物高效通关，助力企业拓展物流供应链通道，保障江苏跨境电商首次搭载国际快船出境。在贯彻落实海关总署、南京海关总关支持外贸稳增长系列措施基础上，结合口岸实际制订18条具体细化举措。公开口岸作业时限，南京口岸相关单位将有关内容通过网站或公示栏等向社会公示。

2020年，南京河港口岸外贸货运量3 078.76万吨，同比增长23.04%；外贸集装箱运量94.02万标箱，同比增长7.86%；全年出入境（港）船舶数1.36万艘次。

【江阴水运（河港）口岸】 江阴河港口岸东距上海180千米，西至南京204千米，沿江深水岸线长达35千米，处于长江A、B级航道分界点，是江海河联运、水公铁换装的天然良港，也是无锡地区唯一的出海通道。1992年5月20日，江阴水运口岸经国务院批准成为对外开放口岸。2009年江阴港跨入亿吨大港行列，2019年成为2亿吨大港。截至2020年年底，江阴水运口岸建有千吨级以上生产性泊位和舾装泊位154个，其中万吨级以上泊位47个（其中10万吨级以上泊位5个），最大靠泊能力达15万吨级，年设计货物总吞吐能力约1.1亿吨，石化仓储能力近300万立方米。2020年1月，中信码头2个5万吨级泊位正式对外开放。江阴河港口岸共有22家码头单位、40个泊位对外国籍船舶开放。截至2020年年底，江阴港开通的外贸内支线集装箱公共班轮航线18条，每周航班38班。

2020年，江阴水运口岸扎实做好口岸疫情防控工作，一是建立联防联控机制。2月27日，由商务局、卫健委牵头，建立江阴口岸疫情联防联控机制口岸工作组，强化应急处置。二是积极应对，做好应急处置工作。三是积极协调，做好船员换班工作，2020年累计完成2 090名船员换班，其中登轮出境1 077人、离船入境1013人、隔离转运942人（中国籍927人、外国籍15人）。四是压实防控主体责任，围绕人员登轮作业、梯口管理、船舶污染物接收等环节进行细化明确，严格落实入境人员、高风险岗位从业人员等群体管控措施。

江阴口岸汇聚多方力量，持续优化口岸营商环境。江阴海事局大力推动大型海轮“直靠直离”，简化开普型船舶进江核准流程，抵港开普型船舶达500艘次，同比增长32.9%，为企业节省资金约13.68亿元，江阴港成为开普型船舶长江接卸首选港；江阴海关鼓励企业进行“两步申报”与“提前申报”，提高报关单自动放行比率。持续开展进口货物“船边直提”和出口货物“运抵直装”作业模式试点，大力推广无陪同查验和灵活查验，货物进口整体通关时间缩短至100小时。江阴出入境边检站通过“边检行政许可网上窗口”等各类网上系统、App申办上下外国船舶、搭靠外国船舶等各类边检行政许可证件，实现了边检进出口岸联系单电子化审核；江阴引航站深入开展服务调研，实行普遍性公共服务与满足个性化需求并举，精准响应服务对象需求。

2020年，江阴河港口岸外贸货运量6 474.57万吨，同比增长23.32%；外贸集装箱运量2.98万标箱，同比下降28.55%。

【常州水运（河港）口岸】 常州河港口岸位于常州市新北区境内，长江南岸，北隔长江与泰兴相望，上距南京长江大桥167千米，下至上海吴淞口180千米。2001年4月经国务院批准对外国籍船舶开放。常州水运口岸拥有较完善的开放配套设施和良好的口岸通关服务环境，是长江下游地区重要的集疏运进出口通道。截至2020年年底，已建成并实现对外开放的万吨级长江深水泊位10个。其中，集装箱专用泊位2个，年可接卸集装箱超过35万标箱；液体化工品专用泊位3个，可接卸液体化工品种类50多个；散货及件杂货泊位5个，最大的散杂货泊位达10万吨级。

常州河港口岸开通至上海洋山及外港的外贸集装箱支线班轮每周多达36班，平均每天超过4班。于2017年成功开通常州水运口岸—日本直航集装箱班轮，每周进出港一班，运行班期稳定；常州港进境粮食指定监管场地于2017年8月9日通过验收，配套建有先进的查验和实验室设施；已建成大型集装箱检查系统（H986），并于2017年9月4日通过海关总署验收组验收，正式投入海关监管查验运行。

2020年，常州河港口岸—日本直航集装箱班轮靠泊49个航次，集装箱运量6 519标箱，同比下降24.1%。口岸全年进出境船舶551艘次，同比下降29.8%。货物吞吐量5 441万吨，同比增长1.7%，其中外贸货运量1 383.45万吨，同比增长15.34%；集装箱吞吐量35.11万标箱，同比增长9.6%，其中外贸集装箱运量12.87万标箱，同比下降14.65%。

【张家港水运（河港）口岸】 张家港河港口岸东距上海吴淞口146.5千米，西离南京港219.4千米，南与杭嘉湖地区相连，北通苏北各港。港口面江、傍河、通海，具有水水中转优势。可承接钢材、木材、化工品、粮油、煤炭、集装箱、件杂货等不同货种的中转储运。随着全省大交通格局的形成，港口陆路运输网络不断健全，自港口出发，1小时车程可覆盖苏州、无锡、常州、南通，2小时车程可到达上海、南京、杭州。港口岸线西起长山（与江阴交界），东至东沙（与常熟接界），全长80.4千米，其中主江岸线63.6千米、深水岸线约40千米。岸线顺通，深水贴岸，不冻不淤，并有江心福姜沙作天然屏障，是得天独厚的避风良港。口岸年平均气温15.2℃，相对湿度76%，每秒风力3.8米，属亚热带海洋性气候。作为苏州、无锡、常州地区对外开放的重要门户，港口拥有富庶的经济腹地和区港一体的自然条件，是长江内河流域最早对外开放的口岸。

2020年，张家港口岸优化服务举措，强化长江经济带港口间的合作，统筹抓好口岸疫情防控和运输生产工作，推进“大船大港大物流”战略，提升口岸服务能力，口岸货运量保持稳中有进。全年进出国际航行船舶6 675艘次，货物吞吐量2.51亿吨，同比增长6.1%，其中金属矿石8 588.18万吨、煤炭5 692.94万吨、钢铁4 012.28万吨、化工原料及制品1 218.78万吨、粮食894.45万吨、木材529.63万吨、石油及制品242.55万吨。张家港地区海关全年共入库税收190.53亿元，居南京关区首位。2020年整车进口1 926辆，出口1 394辆，总计3 320辆。年内，张家港口岸集中查验中心项目完成竣工验收，正式投入运行，可满足年均8万标箱的一站式查验和相关配套服务。推行集装箱设备交接无纸化，永嘉码头已全面启用无人闸口。在全省率先试点国际贸易“单一窗口”标准版船舶转港数据复用功能，与舟山口岸合力推进电子口岸数据共享、业务协同，使江海联运通关更加高效、便捷。

2020年，沙洲电力二期码头完成对外开放预验收，港新码头5号泊位获省商务厅批复临时启用，永恒码头4号泊位获省政府批复正式对外开放。截至2020年年底，张家港口岸建有泊位146个，已拥有对外开放泊位为85个，其中万吨级对外开放泊位73个。张家港口岸已开辟集装箱班轮航线41条，其中外贸近洋航线7条、外贸内支线20条、内贸航线11条、沿海支线3条。

2020年，张家港水运口岸外贸货运量6 428.03万吨，同比增长7.66%；外贸集装箱运量57.48万标箱，同比下降3.76%。

【太仓水运（河港）口岸】 太仓河港口岸位于江苏省东南部、长江入海口南岸，距上海、苏州市区均约60千米。太仓港是郑和七下西洋起锚地，地处长江和沿海交汇处，拥有38.8千米长江岸线和-12.5米深水航道，是难得的天然良港，自1992年开发建设以来，先后被国家定位为上海国际航运中心重要组成部分、集装箱干线港、江海联运中转枢纽港。太仓河港口岸共规划港口岸线 28.20 千米，分鹿河、新泾、荡茜、浮桥、茜泾 5 个作业区，主要功能为：重点服务于长三角及长江沿线地区，以集装箱干线运输和铁矿石、煤炭中转运输为主，相应开展石油化工品中转储运，并兼顾临港产业开发。

太仓水运（河港）口岸

2020 年，太仓河港口岸全年外贸货运量 8 215.94 万吨，同比增长 9.85%；外贸集装箱运量 263.53 万标箱，同比增长 23.58%。

【常熟水运（河港）口岸】 常熟河港口岸位于苏州市北部长江南岸，地处我国长江经济带与东部沿海经济带的两条主轴线“T”形结构的交汇处和长江三角洲区域一体化发展和长江经济带建设的重要地带，东倚上海，南连苏州，西邻无锡，北与南通隔江相望，拥有 32.1 千米长江主江堤岸线，总长 16.5 千米的进港专用航道。1995 年 10 月，常熟水运口岸经国务院批准为对外开放口岸，是苏州港重要组成部分，主要为长江沿线及周边地区经济发展和对外物资交流服务，也是常熟沿江产业集群和地方经济发展的重要支撑。

常熟河港口岸以散货、件杂货、集装箱运输为主，纸浆、钢材、化工原料、煤炭、石油制品、矿物性建材等七大类货物总吞吐量占全港总吞吐量的 90%以上，与沿江产业形成了互相促进共同发展的格局。全年货物吞吐量 8 732.2 万吨，同比增长 23.4%，其中钢材 911.7 万吨、纸浆纸制品 892.4 万吨、化工原料及制品 640.8 万吨、煤炭 1 249.3 万吨、木材 63.1 万方、石油制品 123.5 万吨、矿物建材 4 398 万吨。

2020 年，常熟河港口岸共有开放码头经营企业 12 家，建有对外开放泊位 26 个，其中万吨级以上泊位 17 个，是长三角区域重要的钢材进出口中转基地和华东地区最大的纸浆集散基地和物流中心。

2020 年，常熟河港口岸外贸货运量 1 300.4 万吨，同比增 35.62%；外贸集装箱运量 12.16 万标箱，同比下降 5.63%。

【南通水运（河港）口岸】 南通河港口岸地处长江和沿海“T”形经济发展带的交汇点上，是我国发展综合运输的沿海主枢纽港、上海国际航运中心北翼的重要组成部分。1982 年经国务院等机构批准对外开放，现与世界上 100 多个国家和地区的 300 多个港口通航。

2020 年，南通港累计货物吞吐量 3.1 亿吨。其中，粮食 1 352.3 万吨，同比增长 25.7%；水泥 2 404.6 万吨，同比增长 12.3%；石油、天然气及制品 2 389.5 万吨，同比增长 5.8%；金属矿石 3 747.4 万吨，同比增长 4.8%；煤炭 6 013.2 万吨，同比下降 11.8%；矿建材料 10 029 万吨，同比下降 24.9%。

2020 年，南通港集装箱保持快速增长态势，累计集装箱吞吐量 191.1 万标箱，同比增长 24%。其中通海港区集装箱吞吐量 140.6 万标箱，同比增长 23.8%；如皋港区集装箱吞吐量 50.5 万标箱，同比增长 24.8%。从分内外贸航线看，内贸航线集装箱吞吐量 153.4 万标箱，同比增长 27.9%，外贸航线集装箱吞吐量 37.7 万标箱，同比增长 10.1%。从分空重箱看，重箱 130.8 万标箱，同比增长 22.9%；空箱 60.3 万标箱，同比增长 26.3%。

口岸运量持续增长。2020 年，南通河港口岸外贸货运量 3 352.17 万吨，同比增长 4.67%；外贸集装箱运量 34.47 万标箱，同比增长 9.22%。

码头开放布局优化。2020 年，苏通电厂、通海港口、启东中远、华滋奔腾、惠生重工、吉宝重工、天电通吕 7 家企业码头 11 个泊位、2 个坞开放获省政府批复，长源钢铁、通常港务、中集太平洋 3 座码头 6 个泊位通过省级开放验收。根据沿江生态环境整治要求，关停5座码头、11个泊位。南通沿江沿海现有开放码头企业45家、83个泊位。

功能平台加快建设。电子口岸跨境电商公共服务平台、全省试点的打击船舶非法入境管控等系统上线运行，国际贸易“单一窗口”功能优化拓展。平台累计注册企业2 813家，注册用户4 668个，办理各类业务172.93万票，货值1 327.41亿美元。南通通海港口进境粮食、海安进境肉类指定监管场地建设获海关总署批复。14 600平方米（地下4 000平方米）的口岸联合办公中心建成投入使用。

营商环境持续优化。认真贯彻落实国家、江苏省优化口岸营商环境促进跨境贸易便利化要求，组织开展规范口岸收费整治活动，90多家口岸企业公示收费清单。持续推进通关业务改革，压缩通关时间。2020年12月，整体通关时间较2017年压缩超50%。其中进口90.5小时，压缩55.8%；出口5.1小时，压缩53.8%。持续开展免除查验没有问题外贸企业集装箱吊装移位仓储费用试点，全年减免费用310多万元。

【如皋水运（河港）口岸】 如皋河港口岸位于长江三角洲北翼，“长寿之乡”江苏省如皋市最南端，与张家港隔江相望，距上游江阴港36千米、南京港200千米，距下游南通港24千米、上海港120千米，距离入海口223千米。如皋港现有长江岸线48千米，其中深水岸线约17.56千米、人工港池岸线14.20千米。截至2020年年底，共有开放泊位23个，其中公用泊位8个（散杂货泊位4个，集装箱、件杂货泊位4个）、化工品泊位5个、舾装泊位8个、专用材料泊位2个。另有2个通用泊位通过了省级开放验收。口岸外贸货物运量主要以散杂货和危化品为支撑，散货货种主要为煤炭、金属矿石等，危化品主要货种为基础油、棕榈油等。中林如皋港务集团建有2个15万吨级（兼靠17.5万吨级）公用泊位、2个5万吨级公用泊位、4个深水泊位，内港池建有5 000吨级泊位6个。有4043式门座式起重机15台、大型装载机18台，后沿堆场近100万平方米，最大堆存能力500万吨以上，是长江北岸重要的货物集散地。2020年如皋河港口岸散杂货外贸吞吐量1 038.35万吨，同比增长62.27%；危化品吞吐量主要来源于易联石化等四家石化企业，2020年度危化品外贸吞吐量204.27万吨，同比增长10.84%；保税物流中心（B型）8万平方米室内仓库和5万平方米室外堆场经营货种以咖啡豆、红酒和船用润滑油为主；开辟了多条通往沿海、长江中上游、苏北等地区的集装箱内贸直达班轮航线，全年箱量达到50.48万标箱，同比增长25.45%。

2020年，如皋河港口岸全年外贸货运量1 308.26万吨，同比增长54%；外贸集装箱运量3.23万标箱，同比增长21.02%。

【扬州水运（河港）口岸】 扬州河港口岸位于江苏中部、长江下游北岸、江淮平原南端，地处长江和京杭大运河交汇处。扬州从唐朝开始成为我国对外贸易和国际交往的重要城市，是国务院第一批命名的历史文化名城。扬州是上海经济圈和南京都市圈的节点城市。向南接纳苏南、上海等地区经济辐射，向北作为开发苏北的前沿阵地和传导区域。京杭大运河与长江在扬州南部汇流，构成市域航道主骨，形成了便捷的疏港通道，是长江北岸重要的交通枢纽和货物集散中心。1992年11月29日扬州水运口岸经国务院批准成为对外开放一类口岸。

扬州境内长江岸线有81千米，其中开放岸线近70千米。扬州水运口岸布局为“一港三区”，主港区为六圩港区，江都港区、仪征港区分列两翼，具有广阔的经济腹地和江海河联运的区位优势，共有各类码头泊位119个，其中万吨级以上泊位69个、开放泊位27个、临时启用泊位4个。六圩港区以集装箱运输为主，兼顾木材、煤炭、铁矿石、风叶等大宗散货；江都港区距扬州市区36千米，以件杂货为主；仪征港区距扬州市区29千米，是一个以液体化工为主的专业港区，近年来，港区后方扬州化学工业园区迅速崛起，众多大型化工项目落户园区。

扬州水运口岸已与全球50个国家和地区的

120 个港口有货物中转往来，每周有 30 多个航班从扬州至上海外贸集装箱支线运输，40 多个航班从事内贸集装箱支干线运输，为江苏苏北、苏中地区从“运河经济”迈向“江海经济”架起了金桥。

2020 年，扬州港口货物吞吐量 1.22 亿吨，同比增长 5.76%，其中外贸货运量 1 107 万吨，同比下降 2.67%；集装箱吞吐量 51.6 万标箱，同比下降 0.64%，其中外贸集装箱运量 17.04 万标箱，同比下降 25.84%。

【镇江水运（河港）口岸】 镇江河港口岸位于长江与京杭运河两条黄金水道的十字交汇处，上距南京 87 千米，下距长江入海口 279 千米。1986 年经国务院批准对外开放，是我国沿海 25 个主要港口和两岸海上直航大陆 63 个港口之一，是国家主枢纽港、长江三角洲地区重要的对外开放口岸。镇江市规划港口岸线总长 126 千米，其中深水港口岸线 75.10 千米。镇江港拥有码头泊位 176 个，设计吞吐能力达 1.59 亿吨，其中集装箱通过能力达 100 万标箱。从泊位等级看，万吨级以上泊位 58 个、5 万吨级以上泊位 37 个，最大泊位达 15 万吨级（减载）。从泊位性质看，公用码头泊位 87 个、货主码头泊位 89 个。

下辖高资、龙门、谏壁、大港、扬中、高桥、新民洲 7 个港区，主要经营矿石、钢材、木材、纸浆、成品纸、水泥、焦炭、元明粉、化工品、油类、沥青、硫黄、化肥、煤炭、肉类等散杂货及集装箱业务。是长江中上游地区大宗物资江海中转效益最佳区段，具有江海直达和海江河转运的区位优势，-12.5 米水深航道已具备通航能力，5 万吨级船舶可常年通航，具备深水码头成片规模开发建设的条件，具有持续发展的广阔空间。镇江港与沪宁城际铁路、京沪高速铁路等铁路主干线相连接，沪宁高速、扬溧高速、沿江高速、312 国道、104 国道等公路主干线连接各大港区，润扬大桥连接大江南北，泰州长江公路大桥穿越镇江港扬中港区。港口距南京禄口国际机场仅 1 小时车程，集疏运条件畅通便捷，是多种运输方式交汇的中转枢纽港和物流中心港。

镇江水运口岸共有对外开放泊位 50 个，已与世界上 70 多个国家和地区近 300 个港口建立外贸运输业务，建有镇江综合保税区、中远物流保税仓库、金东纸业保税仓库、惠龙港务出口监管仓库、李长荣化工液体化学品保税罐等特殊监管区域。

2020 年，镇江河港口岸外贸货运量 4 651.18 万吨，同比下降 2.02%；外贸集装箱运量 14.66 万标箱，同比下降 20.3%。

【泰州水运（河港）口岸】 泰州河港口岸地处江苏中部、长江下游北岸，是长江中上游西部地区物资中转运输的重要口岸，是江海河联运、铁公水中转、内外贸运输的节点，是上海组合港中的配套港、国际集装箱运输的支线港和喂给港。泰州水运口岸于 1992 年 11 月经国务院批准设立，原隶属扬州水运口岸运行。2001 年 8 月，随着泰州各口岸查验机构的设立，泰州水运口岸经过批准单列运行。

目前，泰州水运口岸以泰州港高港、泰兴两个港区为主体，共有长江岸线 45.38 千米，已全线对外开放。常年通航靠泊万吨级海轮，与世界上 60 多个国家和地区的 70 多个港口有运输往来，可承接钢材、木材、化工品、粮油、煤炭、集装箱、件杂货等不同货种的中转储运，是全国木材、钢材、粮油、化工品等货物的重要中转港和国际贸易商港。

2020 年，泰州河港口岸货物吞吐量 1.03 亿吨，同比增长 2.0%，其中外贸货运量 1 548.38 万吨，同比增长 19.13%；集装箱吞吐量 33.1 万标箱，同比下降 3.8%，其中外贸集装箱运量 10.11 万标箱，同比下降 3.78%。

【靖江水运（河港）口岸】 靖江河港口岸地处长江下游北岸，上海与南京中间地段，江苏沿海与沿江经济带“T”形交汇处，地理位置优越，拥有开放岸线 47.78 千米，其中宜港岸线 40.1 千米，分夹港、八圩、新港 3 个作业区，规划泊位数达 110 个，总通过能力达 2.1 亿吨。靖江水运口岸于 2012 年 11 月经国务院批准设立，2013 年 8 月通过国家验收后正式对外开放，现有对外开放码头 15 个，共 32 个万吨级以上泊位。2018 年，海关总署批准设立靖江保税物流中心（B 型）。

靖江河港口岸管理服务体系完善。靖江海关、靖江出入境边检站、靖江海事处、长江引航中心靖江引航站、长江靖江航道管理处等机构齐全，全面实施了长三角区域通关一体化改革。2020 年，靖江河港口岸进出口整体通关时间为 49.07 小时、1.06 小时，较 2017 年分别压缩 81.5%、78.5%。

2020 年，靖江河港口岸全年进出境船舶 712 艘次，同比下降 11.11%；进出境船员 14 142 人次，同比下降 16.77%。外贸货运量 1 252 万吨，同比下降 7.1%。

2020 年江苏省口岸大事记

1 月 11 日

江苏南通发电有限公司直接输煤码头通过江苏省人民政府批准正式对外开放。

1 月 15 日

江苏省人民政府同意江阴中信中煤码头有限公司 6 号码头一期工程对外开放，江阴口岸开放泊位增至 40 个，其中万吨级泊位 38 个。

1 月 16 日

淮安机场国际货站监管场所通过海关验收，具备开展国际货运业务的条件。

2 月 10 日

连云港港成功打通“连云港—郑州”海铁联运双向通道，标志着连云港港口已实现“郑州—连云港”海铁联运通道的双向运营。

3 月 1 日

连云港口岸在全省率先启用国际船舶靠港风险预警系统。

3 月 9 日

国际机场协会公布 2019 年度全球机场服务质量（ASQ）奖项获奖名单，南京禄口国际机场凭借优质服务，揽获 2019 年度亚太区旅客吞吐量 2 500 万至 4 000 万级机场服务质量四大奖项，包括最高奖项“最佳机场奖”，以及“最佳机场环境及氛围奖”“最佳机场旅客服务奖”“最佳机场设施和便利性奖”3 个单项奖，实现该量级中所有奖项的“大满贯”。这也是年度中国机场获得的最高荣誉。

3 月 17 日

苏南硕放国际机场由顺丰航空公司开通“无锡—新加坡”全货机航线。

3 月 19 日

连云港海关在入境船舶上全国首次截获蓝美盾蝽。

3 月 21 日

苏南硕放国际机场由圆通航空公司开通“无锡—大阪”全货机航线。

4 月 1 日

连云港港打通“郑州—连云港—林查班”国际铁海联运第二通道。这是继 2019 年“郑州—连云港—曼谷”国际铁海联运通道打通后，港口与中铁集郑州分公司、郑州铁路中心站、太仓海运（TCLC）合作打通的第二条国际铁海联运通道。

4 月 5 日

南通通海港口有限公司一期码头通过江苏省人民政府批准正式对外开放。

4 月 7 日

连云港港再开至韩国釜山新航线，标志着京汉航运运营的连云港至韩国釜山国际公共支线二线顺利开通。

4 月 8 日

上合物流园专用铁路线入选 2020 年交通强国建设江苏十大样板重大项目。

4 月 13 日

张家港水运口岸代理企业通过国际贸易“单一窗口”船舶转港数据复用功能申报首票国际航行船舶进境业务，该功能在浙江舟山、江苏张家港、天津率先试点。

4 月 24 日

巴拿马籍大型外轮“埃拉托”号安全靠泊太仓港武港码头。该轮船长 288.93 米、型宽 45 米、总吨 90 188 吨、载重吨 180 120 吨、载货 87 857 吨。本次进江最大吃水 12.3 米，是目前进入长江最大吃水纪录的船舶。

金海宏业（镇江）沥青有限公司码头顺利通过了对外开放省级验收。

5 月 8 日

启东中远海运海洋工程有限公司材料码头、下水码头及海工坞通过江苏省人民政府批准正式对外开放。

南京空港保税物流中心（B 型）封关运营活动举行。活动当天，金陵海关与溧水区政府签署合作备忘录，入园企业集中签约，首单货物正式通关，东部机场集团领导与南京市政府领导共同见证。

5 月 13 日

江苏华滋能源工程有限公司舾装码头 2 号、3 号泊位通过江苏省人民政府批准正式对外开放。

5 月 15 日

张家港口岸新开辟一条日本近洋航线，该航线每周一班，挂靠日本大阪、神户、东京、横滨、名古屋等港口。

5 月 18 日

全国首家“海事—海关”危险品联合查验中心在江苏自贸试验区成立。

5 月 21 日

盐城机场航空口岸保障首架韩国临时包机，运送重要急需人员来盐城工作，为地方重大外资项目的复工复产、提速达效提供了有力支撑。

5 月 22 日

大丰港开通至越南海防港集装箱航线，实现东南亚航线首航。

5 月 27 日

根据中国民用航空局关于淮安涟水机场更名的批复，淮安涟水机场正式更名为“淮安涟水国际机场”。

6 月 4 日

常州机场响应国家复工复产的号召，用好局方快捷通道相关政策，至韩国首尔的复工包机首次成功通航。

6 月 18 日

“太申快航”精品航线成功首航，首次实现太仓港与上海港所有港区的点对点直航全覆盖。

6 月 20 日

吉宝（南通）重工有限公司出运码头通过江苏省人民政府批准正式对外开放。

6 月 20 日～27 日

徐州观音国际机场顺利保障运输英国进口种猪包机 3 批次，实现徐州观音国际机场洲际货运航班零突破。

6 月 22 日

“徐州号”中欧班列徐州—里海线路首发。

6 月 28 日

南通如皋海事监管船载危险货物留样室正式投入使用，这是全国首个海事监管领域的船载危险货物留样室。

6 月 29 日

惠生（南通）重工有限公司舾装码头及配套船坞通过江苏省人民政府批准正式对外开放。

徐州空运口岸保障韩国首尔抵达的首架涉外入境包机。

7 月 10 日

江阴跨境电商线上综合服务平台通过专家验收并正式上线运行。

7 月 15 日

中亚钾肥开辟联运新通道首次采用“集改散”过境连云港港，也意味着连云港港钾肥运输首次开通了“乌兹别克斯坦—中国（连云港）—日本”联运新通道。

7 月 17 日

南通天生港发电有限公司通吕散货码头通过江苏省人民政府批准正式对外开放。南通港水运口岸对外开放码头泊位增至 83 个。

7 月 18 日

常熟口岸率先在全省试点应用“船员换班申报核批”系统。

7 月 25 日

中共中央政治局委员、国务院副总理胡春华在江苏连云港督导稳外贸稳外资工作，来到江苏自由贸易试验区连云港片区、连云港综合保税区和国家级经济技术开发区，实地考察港口集装箱码头、新亚欧大陆桥东端起点、中哈物流合作基地。

7 月 29 日

南京禄口国际机场 T1 航站楼完成改造升级，正式投用，与 T2 航站楼“双楼合璧”开启新航程。

8 月 5 日

南通如皋水上绿色综合服务区国内首制的纯电推进环保接收船、交通（救助）船开工仪式在湖南湘船重工有限公司举行。

8 月 7 日

常州机场响应民航局对国际航班管制的最新政策，迅速完成国际区防疫改造工程，首次恢复了春秋航空执行的常州—大阪正班国际航班。

8 月 14 日

江苏省水运口岸疫情防控专项工作座谈会在扬州召开。

8 月 16 日

常州机场恢复了澳门航空执行的常州—澳门航班。

8 月 19 日

淮安涟水国际机场航站楼改扩建工程开工。总投资约 5 000 万元，投用后航站楼总面积 1. 76 万平方米，可满足年旅客吞吐量 300 万人次使用需求。

8 月 26 日

江苏省商务厅组织省口岸查验机构对江苏华电句容发电有限公司码头（储运 1 号泊位）对外开放进行了省级验收。

8 月 31 日

如皋海关协助江苏花名堂农业科技有限公司通过海关出境种苗花卉生产经营企业注册登记评审，成为全国首家出口水培小微盆景花木企业。

9 月 2 日

国家口岸管理办公室副主任党英杰一行赴太仓港考察调研。

常熟新泰港务公司 2 万吨级技改码头临时启用获批。

9 月 8 日

南京禄口国际机场海关荣获全国抗击新冠肺炎疫情先进集体表彰。

9 月 14 日

经国务院批准，国家药品监督管理局、海关总署联合发布了《关于增设无锡航空口岸、江阴港口岸为药品进口口岸的公告》，同意增设无锡航空口岸、江阴港为药品进口口岸。

9 月 23 日

连云港港国内首艘纯电动拖轮等效替代方案通过国家海事局审批，该批文意味着连云港港自主建造全国首艘 4000HP 纯电动拖轮顺利拿到“准生证”。

9 月 24 日

2020 年江苏省水上搜救综合演习在太仓港长江水域开展。此次演习共投入 35 艘船艇和 1 架直升机等众多装备，是江苏省有史以来规模最大、参演船艇最多、涉及科目最广的一次水上搜救综合演习。

10 月 12 日

张家港永恒码头有限公司 4 号泊位通过江苏省人民政府批准正式对外开放。张家港水运口岸对外开放码头泊位增至 85 个。

10 月 14 日

大丰港成功获批设立进境肉类、进境水果指定监管场地，成为全国首个集约化综合指定监管场地示范项目。

海关总署批复同意在海安保税物流中心（B 型）设立进境肉类指定监管场地。

10 月 20 日

南京港新开“南京—关西—广岛”外贸航线。

“芝加哥—连云港—郑州”美国大豆散改集项目正式启动，该项目的顺利启动，标志着美国粮食进口在连云港口岸开辟了一条新通道。

10 月 25 日

太仓港引进的太仓港集装箱海运有限公司新辟“中国太仓—日本广岛”线。

10 月 28 日

太仓港正式获批苏州港口型国家物流枢纽。

10 月 30 日

徐州首次开通徐州至越南河内国际货运航线。

11 月

泰州海事局、国家能源集团泰州发电有限公司被中央精神文明建设指导委员会授予“全国文明单位”荣誉称号。

11 月 4 日

洋山—太仓港“联动接卸”监管模式正式运行第一单完成，标志着洋山—太仓港通关一体化运作全面落地。

11 月 19 日

江苏省商务厅组织省口岸查验机构对镇江港大港港区四期码头（14 号、15 号泊位）对外开放进行了省级验收。

11 月 20 日

在长三角一体化苏州赴上海对接说明会和城市推介会上，沪太两港签订《关于进一步深化沪太两港战略合作的框架协议》。

11 月 23 日

江阴进境肉类指定监管场地获批。

海关总署批复同意在南通港通海港区设立进境粮食指定监管场地。

11 月 27 日

上合物流园获 2020 年度“全国优秀物流园区”称号。

11 月 28 日

“徐州号”中欧班列中国徐州—德国汉堡线路实现首发。

12 月 9 日

徐州首次开通徐州至泰国曼谷国际货运航线。

南京市国际货运班列有限公司正式成立，统一运营南京市国际班列业务，推动中欧班列高质量发展。

12 月 18 日

金鹏航空开通南京—芝加哥全货运航线。

12 月 24 日

如皋港江苏长源钢铁物流有限公司码头 2 个泊位通过对外开放省级验收。

12 月 25 日

南通中集太平洋舾装码头 2 号泊位和重件吊装码头 3 号泊位对外开放通过省级验收。

12 月 31 日

吉祥航空 HO1862 航班顺利落地，成为苏南硕放国际机场使用雷达管制方式引导的第一架航班，标志着苏南硕放国际机场正式实施进近雷达管制，同时也是国内中小型机场中首家实现进近雷达管制的机场。

（撰稿人：梁东晨、叶晴、杨磊、蒋苏婕）

2020 年江苏省口岸流量统计表

口岸类型	口岸名称	货运量（万吨）				集装箱量（标箱）				人员（万人次）				交通工具（辆、艘、架、列次）			
		出口	进口	合计	同比（%）	出口	进口	合计	同比（%）	出境	入境	合计	同比（%）	出境	入境	合计	同比（%）
空运口岸	南京空运口岸			5.49	-5.75							46.63	-87.9				
	无锡空运口岸			2.14	-38.09							10.51	-89.9				
	徐州空运口岸			0.06	137.16							1.89	-90.4				
	常州空运口岸			0.007	-84.51							7.14	-88.14				
	南通空运口岸			0.7	688.83							3.12	-88.85				
	连云港空运口岸			无	无							1.2	-84.05				
	淮安空运口岸			无	无							0.61	-93.1				
	盐城空运口岸			0.57	316.79							1.1	-90.35				
	扬泰空运口岸			无	无							3.42	-87.61				
	分计			8.97	-6.31							75.63	-88.41				

续表 1

口岸类型		口岸名称	货运量（万吨）				集装箱量（标箱）				人员（万人次）				交通工具（辆、艘、架、列次）			
			出口	进口	合计	同比（%）	出口	进口	合计	同比（%）	出境	入境	合计	同比（%）	出境	入境	合计	同比（%）
水运口岸	海港口岸	南通如东水运口岸			567.47	0.14			无	无								
		南通启东水运口岸			361.64	5.4			无	无								
		连云港水运口岸			13 247.94	2.51			2 641 603	-7.33								
		盐城大丰水运口岸			956.43	-6.31			39 000	29.14								
		分计			15 133.48	1.88			2 680 603	-6.95								
	河港口岸	南京水运口岸			3 078.76	23.04			940 199	7.86								
		无锡江阴水运口岸			6 474.57	23.32			29 815	-28.55								
		常州水运口岸			1 383.45	15.34			128 693	-14.65								
		苏州张家港水运口岸			6 428.03	7.66			574 841	-3.76								

续表 2

口岸类型		口岸名称	货运量（万吨）				集装箱量（标箱）				人员（万人次）				交通工具（辆、艘、架、列次）			
			出口	进口	合计	同比（%）	出口	进口	合计	同比（%）	出境	入境	合计	同比（%）	出境	入境	合计	同比（%）
水运口岸	河港口岸	苏州太仓水运口岸			8 215.94	9.85			2 635 338	23.58								
		苏州常熟水运口岸			1 300.4	35.62			121 578	-5.63								
		南通水运口岸			3 352.17	4.67			344 685	9.22								
		南通如皋水运口岸			1 308.26	54			32 276	21.02								
		扬州水运口岸			1107	-2.67			170 396	-25.84								
		镇江水运口岸			4 651.18	-2.02			146 638	-20.3								
		泰州水运口岸			1 548.38	19.13			101 094	-3.78								
		泰州靖江水运口岸			1 252	-7.1			无	无								
		分计			40 100.14	11.56			5 225 553	15.5								
合计					55 242.59				7 906 156				75.63					
同比（%）					8.73				3.15				-88.41					

（江苏省商务厅提供）

2020 年江苏省口岸出入境主要数据表

项 目			2020 年	2019 年	同比（%）
出入境人员（人次）	出入境人员总数		1 415 993	7 558 293	-81.27
	入境人员		707 257	3 774 244	-81.26
	出境人员		708 736	3 784 049	-81.27
	出入境旅客		768 857	6 584 056	-88.32
	出入境员工		647 136	974 237	-33.58
	中国公民	小计	962 728	6 555 170	-85.31
		内地居民（因公）	245 889	361 438	-31.97
		内地居民（因私）	654 500	5 495 245	-88.09
		港澳居民	13 474	157 139	-91.43
		台湾同胞	48 865	541 348	-90.97
	外籍人员		453 265	1 003 123	-54.81
	从海港出入境人数		584 476	802 043	-27.13
	从陆港出入境人数				
	从空港出入境人数		831 517	6 756 250	-87.69
交通运输工具（辆、艘、架、列次）	总计		39 445	73 434	-46.29
	船舶		29 973	30 444	-1.55
	飞机		9 472	42 990	-77.97
	火车				
	机动车辆				

（江苏出入境边检总站提供）

2020 年南京海关主要数据统计表

项　目		2020 年	2019 年	同比（%）
进出口货运量（万吨）	合计	45 600	41 200	10.79
	进口	39 400	34 300	14.65
	出口	6 200	6 900	-8.59
进出口贸易总值（万美元）	合计	40 130 600	38 430 800	4.42
	进口	20 916 100	19 047 000	9.81
	其中：江、海运输	13 024 000	12 111 800	7.53
	铁路运输	18 500	15 900	16.72
	汽车运输	558 500	424 500	31.56
	航空运输	7 314 400	6 493 800	12.64
	邮件运输	700	1 000	-40.39
	其他运输			
	出口	19 214 500	19 383 800	0.87
	其中：江、海运输	10 780 200	11 309 300	-4.68
	铁路运输	245 400	228 500	7.39
	汽车运输	1 012 200	877 100	15.4
	航空运输	7 174 700	6 965 000	3.01
	邮件运输	2 000	3 900	-47.7
	其他运输			
税收（万元）	两税合计	15 496 328.27	15 638 206.38	-0.91
	关税入库	2 157 777.65	2 398 298.32	-10.03
	进口环节税入库	13 338 550.61	13 239 908.06	0.75

（南京海关提供）

2020 年江苏海事局进出港船舶统计汇总表

船舶类别	进港船舶							出港船舶						
	艘数（艘）	总吨（吨位）	总载重量（吨）	载客量（客位）	船员人数（人次）	货物到达量（吨）	旅客到达量（人）	艘数（艘）	总吨（吨位）	总载重量（吨）	载客量（客位）	船员人数（人次）	货物发送量（吨）	旅客发送量（人）
总　计	18 595	414 249 480	690 739 896	0	337 002	343 437 799	0	18 956	425 624 480	709 919 513	0	337 053	48 451 843	0
中国籍船舶	1 331	12 221 152	17 889 157	0	24 380	5 707 456	0	1 428	13 331 680	19 677 289	0	22 360	1 789 769	0
其中外贸船	17 264	402 028 328	672 850 739	0	312 622	337 730 343	0	17 528	412 292 800	690 242 224	0	314 693	46 662 074	0

（江苏海事局提供）

2020 年连云港海事局进出港船舶统计汇总表

船舶类别	进港船舶							出港船舶						
	艘数（艘）	总吨（吨位）	总载重量（吨）	载客量（客位）	船员人数（人次）	货物到达量（吨）	旅客到达量（人）	艘数（艘）	总吨（吨位）	总载重量（吨）	载客量（客位）	船员人数（人次）	货物发送量（吨）	旅客发送量（人）
总　计	39 272	211 554 679	291 794 975	148 373	385 351	93 002 757.7	26 312	38 523	213 757 378	294 821 235	148 485	387 653	35 306 364.36	25 785
中国籍船舶	35 943	102 566 791	120 282 655	68 453	336 768	58 637 067.64	26 312	35 109	102 508 499	119 614 425	67 485	329 256	31 751 458.4	25 785
其中外贸船	3 329	108 987 888	171 512 320	79 920	48 583	34 365 690.06	0	3 414	111 248 879	175 206 810	81 000	58 397	3 554 905.96	0

（连云港海事局提供）

浙　江　省

浙江省口岸分布示意图

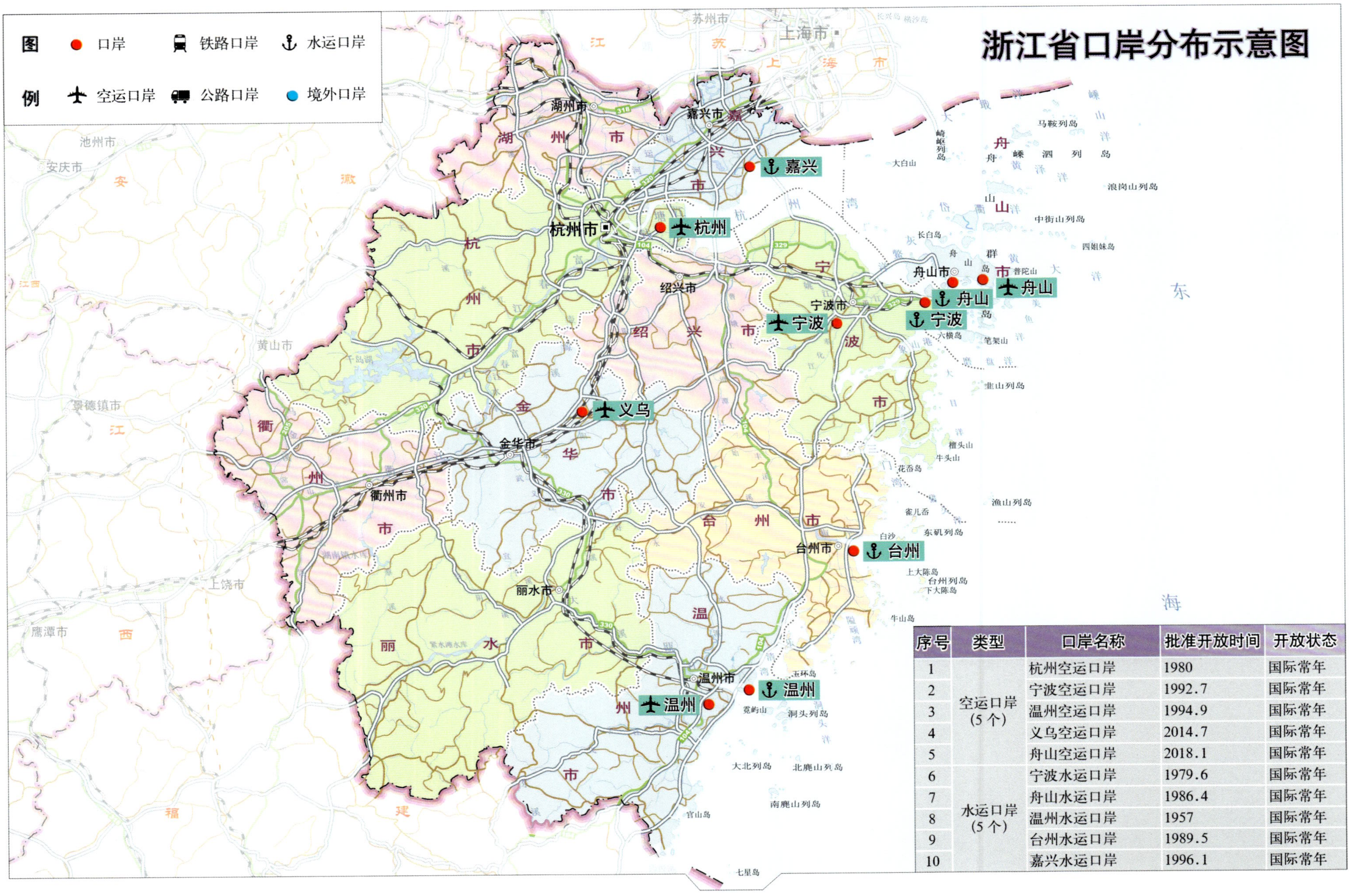

序号	类型	口岸名称	批准开放时间	开放状态
1	空运口岸（5个）	杭州空运口岸	1980	国际常年
2		宁波空运口岸	1992.7	国际常年
3		温州空运口岸	1994.9	国际常年
4		义乌空运口岸	2014.7	国际常年
5		舟山空运口岸	2018.1	国际常年
6	水运口岸（5个）	宁波水运口岸	1979.6	国际常年
7		舟山水运口岸	1986.4	国际常年
8		温州水运口岸	1957	国际常年
9		台州水运口岸	1989.5	国际常年
10		嘉兴水运口岸	1996.1	国际常年

口岸数量及分布

截至2020年年底，浙江省共有经国务院批准的对外开放口岸10个。其中，空运口岸5个，分别是杭州空运口岸（杭州萧山国际机场）、宁波空运口岸（宁波栎社国际机场）、温州空运口岸（温州龙湾国际机场）、义乌空运口岸（义乌国际机场）和舟山空运口岸（舟山普陀山机场）；水运（海港）口岸5个，分别是宁波、舟山、温州、台州和嘉兴海港口岸。

口岸运行数据

2020年，浙江省空运口岸（舟山除外）出入境旅客84.99万人次，同比下降88.96%；出入境飞机13 569架次，同比下降75.07%；进出口货运量15.8万吨，同比增长29%。其中，杭州空运口岸出入境旅客55.11万人次、出入境飞机9 382架次、进出口货运量11.61万吨，同比分别下降89.98%、下降75%、增长22.4%；宁波空运口岸出入境旅客15.9万人次、出入境飞机2 908架次、进出口货运量3.87万吨，同比分别下降89.7%、下降75.6%、增长172.08%；温州空运口岸出入境旅客6.58万人次、出入境飞机643架次、进出口货运量238.6吨，同比分别下降96.72%、38.84%、78.43%；义乌空运口岸出入境旅客1.14万人次、出入境飞机636架次、进出口货运量3 000.9吨，同比分别下降92.74%、下降52.88%、增长338.38%。

2020年，浙江省水运（海港）口岸进出口货运量55 813.30万吨，同比增长6.27%；进出口集装箱2 341.64万标箱，同比增长1.41%；入出境船舶27 316艘次，同比下降0.45%。其中，宁波海港口岸进出口货运量35 696.9万吨、进出口集装箱2 213.3万标箱、入出境船舶10 755艘次，同比分别增长1.3%、增长1.2%、下降3.5%；舟山海港口岸进出口货运量17 688.11万吨、进出口集装箱40.28万标箱、入出境船舶14 288艘次，同比分别增长15.82%、下降2.08%、增长7.11%；温州海港口岸进出口货运量383.34万吨、进出口集装箱34.58万标箱、入出境船舶854艘次，同比分别增长51.63%、增长35.43%、下降5.8%；台州海港口岸进出口货运量562万吨、进出口集装箱12.24万标箱、入出境船舶377艘次，同比分别增长5.96%、下降1.02%、增长6.8%；嘉兴海港口岸进出口货运量1 482.95万吨、进出口集装箱41.24万标箱、入出境船舶1 042艘次，同比分别增长10.86%、增长0.25%、下降0.02%。

2020年，义乌铁路口岸（临）“义新欧”中欧班列往返运行974次、80 392标箱，其中去程891次、73 438标箱；回程83次、6 954标箱。

2020年浙江省外贸进出口值统计表

	进出口值（亿元）	出口值（亿元）	进口值（亿元）	同比（%）		
				进出口	出口	进口
全省合计	33 807.99	25 180.14	8 627.85	9.63	9.12	11.16
杭州市	5 934.16	3 693.23	2 240.93	5.89	2.05	12.89
宁波市	9 786.88	6 406.97	3 379.91	6.74	7.32	5.65
温州市	2 189.74	1 878.09	311.65	15.13	11.45	43.79
湖州市	1 132.17	1 025.79	106.39	20.44	22.33	4.86
嘉兴市	3 052.32	2 273.18	779.14	7.79	7.93	7.36
绍兴市	2 578.28	2 386.36	191.92	4.86	6.02	-7.69

续表

	进出口值（亿元）	出口值（亿元）	进口值（亿元）	同比（%）		
				进出口	出口	进口
金华市	4 866.59	4 613.25	253.34	15.34	14.34	37.15
衢州市	358.40	253.59	104.81	3.41	6.36	-3.10
舟山市	1 667.31	588.10	1 079.21	21.58	17.36	24.00
台州市	1 898.48	1 760.86	137.62	11.67	12.51	1.89
丽水市	343.65	300.71	42.94	16.50	12.45	55.80

（杭州海关提供）

口岸综合管理

【落实口岸各项重点工作成效显著】 一是整体通关时间持续压缩。2020 年 12 月，浙江省整体通关时间进口为36.33 小时、出口为2.62 小时，分别比 2019 年 12 月减少了 0.34 小时和 1.28 小时，比 2017 年当月压缩了 83.1% 和 89.2%。二是口岸降费工作卓有成效。进一步完善口岸收费公示制度，主动出台一系列减费优惠措施，宁波舟山港 2020 年累计降费（物流环节）2.1 亿元。根据第三方智库（北京睿库）监测数据，宁波港集装箱全口径成本进口 1 588 元、出口 1 306 元，在全国十大海运口岸中均为最低。三是国际贸易“单一窗口”建设成绩斐然。累计申报单量达 4.8 亿票，居全国第三，其中贸促会原产地证办理全国第一，占全国申报总量的约 80%。国际贸易“单一窗口”合作共建被列入“长三角一体化发展重大合作事项”，长三角三省一市（江苏、浙江、安徽、上海）完成签约并开展务实合作。探索通过运营实体改革撬动平台融合，浙江省数字口岸一体化取得积极成效。各项试点创新顺利推进，得到国家口岸管理办公室肯定。四是口岸大开放格局日臻完善。2020 年，共验收启用 7 家企业码头，实现重点项目临时开放 15 批次。台州海港口岸扩大开放获国务院批复同意。空运口岸在确保“外防输入”前提下抓紧复工复产，浙江全省已恢复 18 条客运国际（地区）航线，共运营 22 条货运国际（地区）航线。宁波舟山港 2020 年货物吞吐量 11.72 亿吨，同比增长 4.7%，连续 12 年保持全球第一；集装箱吞吐量 2 872 万标箱，同比增长 4.3%，继续位列全球第三。

【出谋划策，着力编撰“十四五”口岸规划】 经过广泛征求意见、积极沟通协调、组织专家论证后，浙江省口岸办认真汇总编制了《浙江省“十四五”口岸发展规划意见》（以下简称《规划意见》）。浙江省政府领导高度重视这项工作，分管副省长朱从玖专题听取了汇报并就《规划意见》修改完善作出了重要指示。2020 年 8 月，《规划意见》经时任省长袁家军签发后，上报海关总署。根据《规划意见》，“十四五”期间，浙江省拟开放水运、空运和铁路口岸项目共 43 个，其中拟扩大开放 4 个水运口岸共 17 个港区、40 个项目（包括 168 座码头、6 座船坞）；拟开放 2 个空运口岸、1 个铁路口岸。预计 2023 年浙江省水运口岸直接进出境货运量增加 34 064 万吨、国际集装箱量增加 1 112 万标箱；新开放空运口岸直接进出境旅客增加 8 万人次、进出境货物增加 15 万吨；新开铁路口岸直接进出境货物 100 万吨。

【稳中求进，持续推进跨境贸易便利化】 按照海关总署跨境贸易便利化专项行动统一部署，落实“杭州、宁波地区同步开展”的要求，建立工作机制，细化责任分工，推进实施各项具体举措，取得显著成效。进口“船边直提”、出口“抵港直装”顺利试点；“两步申报”便捷通关在浙江全省 58 个海关业务现场实现全覆盖；

宁波舟山港顺利实施跨关区国际转运，成为全国唯一支持的港口，真正实现“两关如一关”。在国家口岸管理办公室的悉心指导下，积极推进杭州参选世界银行营商环境测评“指标城市”，仔细分析杭州跨境贸易业务特点，建立杭州与上海、宁波、嘉兴等主要口岸跨境贸易便利化协作机制，并推出针对标准品的便利化举措，实现精准施策。按照国家要求，在2020年9月底前顺利完成杭州跨境贸易便利化第三方测评。12月中旬，国家口岸管理办公室副主任党英杰到杭州调研，对浙江省在优化口岸营商环境、以杭州为重点推进跨境贸易便利化的工作予以充分肯定。

【积极探索，推进数字口岸一体化建设】 在国家口岸管理办公室的指导下，稳步开展各项创新试点。宁波、舟山间国际航行船舶数据复用创新成果全国推广，国家口岸管理办公室副主任王可于2020年8月到舟山调研，对此项工作予以高度认可。海关查验信息推送试点圆满完成，该功能已覆盖浙江省宁波、嘉兴、舟山主要集装箱码头。四大类十余项数据共享清单正逐步得到落实。聚焦落实2020年浙江省政府工作报告重点工作分工，探索通过国际贸易“单一窗口”运营实体改革撬动平台融合，促使杭州海关、宁波海关业务实现数字一体化，打通业务协同“最后1公里”。加快推动浙江省海港集团深度参与浙江电子口岸改革和国际贸易“单一窗口”建设，浙江省数字口岸一体化改革成效初步显现。

【注重协调，大力推进国际航线复航】 按季度组织召开浙江省国际航线领导小组办公室会议，认真抓好航线专项资金管理工作，2020年及时给14条客货运国际航线拨付专项资金，为12条新开国际航线确定培育方案，对5条国际航线进行了绩效评价和评定奖励标准。牵头制定《新冠肺炎疫情期间杭州航空口岸国际航线专项培育政策》，尽快恢复国际航线尤其是国际客运航线，为经济社会发展提供稳定的对外交流通道。按照浙江省委省政府航空强省战略目标和“补齐国际化短板”、打造国际化大都市的要求，将杭州空运口岸“24小时通关专项经费”落实到位，协调查验单位持续做好24小时通关保障，促进国际货运量快速增长。

【高筑防线，严抓口岸疫情防控工作，助力企业复工复产】 浙江省口岸办积极参与境外新冠肺炎疫情输入防控工作，立足口岸管理工作职责，紧急协调批准宁波港梅山港区集装箱码头临时进靠国际航行船舶，为全国首例外国籍船舶船员染疫事件的妥善处置创造了条件；做好进口冷链食品物防疫工作，为“浙冷链”系统提供数据支持，2020年累计共享国际贸易“单一窗口”相关数据千余条，为浙江省疫情防控工作作出了积极贡献。

杭州机场根据疫情发展变化趋势，科学优化机场疫情防控处置方案，从内防扩散、外防输入到人物同防，不断调整防控重点和举措。2020年共处置重点航班2 883架次，排查重点旅客64 225人。积极落实应急运输保障工作，圆满完成援鄂、援疆航班保障32架次，运送医护人员3 641人次；完成9架次国际临时航班保障任务。成立浙江省防控物资空运出入境保障联盟，共组织进出口医疗物资等国际临时货运包机（含客改货）781架次。杭州萧山国际机场疫情防控前线指挥部荣获全国交通运输系统抗击新冠肺炎疫情先进集体称号。宁波机场高效落实口岸防疫管理各项措施，大力开通“客改货”航班，助力全球防疫物资运输，2020年共保障国际出境防疫物资4 064.2吨、国际入境防疫物资80.6吨。温州机场于2月27日启动境外疫情输入管控工作，在T1航站楼开辟境外返温旅客留观点，从3月11日起仅用5天时间完成临时航班保障场地改造和相关设施设备购置。2020年保障国家任务境外临时航班21架次，其中意大利19架次、加拿大1架次、韩国1架次，共接回境外中国公民4 030人。

宁波舟山港集团围绕“内防扩散”“外防输入”“内防反弹”落实疫情防控举措，推进精准防控、闭环管控，切实筑牢海上防线，守好企业小门。9月份青岛冷链疫情发生后，管控重点增加了冷藏箱查验和装卸，同时暂停散装冷冻海产品作业；进入秋冬季传染病高发期，把进口普通箱拆装箱和件杂货作业增设为管控重点。2020年，共出台管控制度 50 项，编制疫情防控每日简报 340 余期。积极做好船员换班配合工作，2020 年各港域共作业外轮 14 000 余艘次，其中疫情风险船舶 7 798 艘次。积极开展疫苗接种和核酸检测工作。优先安排引航员、装卸工、代理等登轮作业人员和冷链作业人员接种新冠疫苗，2020 年，集团职工已接种新冠疫苗 1 990 人，共 4 700 余人进行集中定期核酸检测，对港口部分作业环境进行取样检测，结果全部为阴性。舟山组建海上疫情防控联动体系，制订各类防控方案、操作指南和预案 60 余份。2020 年累计保障换班船员超过 2.7 万人，占浙江全省的 80%、全国的四分之一，救助中外伤病船员超过 650 人；及时处置疫情船舶 33 艘，救治感染船员 99 人。成立复工复产攻坚指挥部，制定复工管理和返工人员防控指导意见，分组包干、专人驻点。到 4 月中旬，港航、水运在建工程全部实现复工复产，各大主要货种码头及涉外贸码头企业均恢复正常生产。积极落实港航业帮扶政策，减免港口规费 8 000 多万元、引航费 588 万元；帮助重点航运企业争取低息贷款 8 000 万元，兑现财政补助资金 2 057 万元；为港航企业争取下拨绿色技改中央补助资金 538 万元。嘉兴出台文件做好国际航行船舶船员的有序换班工作。出台鼓励集卡司机返岗复工复产补助措施，惠及 24 家物流运输企业、778 名集卡司机，共计资金 46.12 万元；对进驻嘉兴港通关服务中心代理企业免收 2 个月的房屋租赁费。台州印发文件做好海上疫情防输入和国际航行船舶船员换班等工作。创新开发国际航行船舶船员下船和国际航行船舶航修接单手续审批应用程序，方便企业在线提交申请，有关单位在线审批。2020 年，台州口岸完成所有入境维修和申请换班船舶船员的核酸检测，共计 1 515 人，全部为阴性。

义乌制订疫情防控应急方案，落实党建+单元防控模式，指导口岸相关平台、企业开展场地消杀、人员车辆信息排查、保障防疫物资供应等工作。制订口岸园区、企业复工方案，组建复工复产“三服务”工作队，开展驻企服务。2 月 10 日，“义新欧”班列率先复工复产，开行全国首趟防疫物资班列。2 月 24 日，海铁联运班列恢复运行。“义乌—日本”大阪货运航班加密至每周 7 班，开通至都柏林、马德里临时货运包机，开发马士基海派邮政包裹、美森海派包裹专线，为企业打通国际货运通道。

【口岸基础设施、配套设施建设】 杭州萧山国际机场三期主体工程稳步推进。在落实疫情防控措施的前提下，经浙江省委省政府批准，三期工程于 2020 年 2 月 10 日全面复工，成为杭州市首个全面复工的省重点工程。截至 2020 年年底，新建航站楼和陆侧交通中心项目已分别完成主体工程总量的 61.5%和 48.8%，实现了新建航站楼完成主体结构施工和陆侧交通中心地下开挖的目标。部分三期配套项目按时完成。能源中心主体工程结顶；航空食品厂迁扩建工程、东区污水外排改造工程通过竣工验收。9 月 25 日，杭州机场新国际快件（跨境电商）中心正式启用，可满足杭州机场东区国际货站建成投运前的国际货运业务过渡保障需求。新国际快件（跨境电商）中心在原联邦快递转运中心基础上进行改造，总建筑面积 9 670 平方米，其中库区操作场地面积约 7 500 平方米、空侧待运区 4 500 平方米、陆侧停车场近 1.1 万平方米，设计国际快件吞吐能力 7.1 万吨。宁波栎社国际机场三期新国际货运区于 7 月 6 日正式启用。该项目占地面积约 4 万平方米，主仓库面积约 2 万平方米，包括国际快件、跨境电商仓库和进出口普货仓库。温州航空物流园仓储基地（一期）于 6 月 27 日完成工程主体结构建设，主要用于扩展现有货运区规模。航空物流园规划占地面积约 181.33 万平方米，毗邻机场第一跑道，临近 S1、S2 线和规划中的 M2 线，以及甬台温高速机场出口。浙江省机场集团与温州市政府于 11 月 2 日正式签订《温州龙湾国际机场三期扩建项目建设合作协议》。温州机场三期扩建工程新增用地 360 多万平方米，将新建第二跑道并延长现有跑道，新建 T3 航站楼、扩容 T2 航站楼，新建物流货运库等项目。

温州机场综合交通中心主体工程于12月30日结顶。该项目总建筑面积约30万平方米，地下二层主要为市域铁路S1、S2机场站及各类配套设施，地上部分建设多条换乘通道和具有酒店、商务办公、长途车站、配套停车场、商业休闲等功能的大型综合体。温州新国际邮件互换局、商业快件监管中心开工建设，向海关总署申请CT机邮件查验设备并已获初步支持。舟山普陀山机场国际航站楼二期工程于9月25日通过工程质量验收，10月28日开展民航专业工程竣工验收。该工程建筑面积为6 550平方米，总高度为16米。

宁波舟山港铁路穿山港站于2020年4月15日正式启用，穿山港区成为继北仑港区、镇海港区后，宁波舟山港第三个具备海铁联运作业能力的港区。北仑港区通用泊位改造工程主体结构于7月28日正式完工，较合同工期提前3个月完成。该工程将原5万吨级通用泊位改建成10万吨级专业化集装箱泊位，同时对引桥和后方陆域进行改扩建。其中，原通用泊位将改建成为长383.4米、年设计通过能力63.6万标箱的专业化集装箱泊位，原堆场将改建成为约19.83万平方米、年设计通过能力81.7万标箱的集装箱堆场，已有铁路线也将进行适当延长，改造后铁路年设计通过能力将达43.2万标箱。穿山港区中宅矿石码头二期30万吨级卸船泊位主体结构顺利完工。该码头二期工程是浙江省在建最大矿石码头，新建30万吨级卸船泊位（水工结构按靠泊40万吨散货船设计）1个、5万吨级装船泊位（水工结构按靠泊7万吨级散货船设计）1个、3.5万吨级装船泊位（水工结构按靠泊5万吨级散货船设计）1个，占用岸线长度813米。其中，30万吨级卸船泊位是该工程的重要组成部分，全长331米、宽36米，共5个分段。舟山大浦口集装箱码头3号10万吨级泊位完成建设，虾峙门口外30万吨级航道扩建、双屿门航道开工建设；投用黄泽山30万吨级油品码头，建成澳牛3万吨级专用码头等万吨级及以上泊位3个，新奥LNG二期等项目加快建设。完成西堠码头建设和老塘山码头改造，打通舟山本岛至金塘的水上滚装运输通道，确保新奥LNG滚装出运畅通。温州港乐清湾港区口岸查验监管设施、状元岙港区H986大型集装箱查验设施等一批开放设施全面建成。台州港口岸获批扩大开放头门港区、健跳港区和龙门港区，新增水陆域面积690平方千米，3个港区口岸现场查验设施等已开工建设。

义乌铁路口岸一期海关监管场所延伸工程铁路口岸货一、货二线海关监管区于2020年1月投用，总面积为60 000平方米，其中货一、货二线重箱监管区长约680米、宽12.8米，面积约为8 700平方米，共设置4列50位2层，计400个重箱堆位。配置1束2线的铁路贯通式装卸作业线，容车数为50车X2线，可提供100车同时进行装卸作业。义乌铁路口岸二期仓储区、堆场区于8月建成投用。义乌港直通仓项目于6月底建成并通过验收，7月3日正式开园。该项目位于义乌港东侧，用地面积为144 000平方米，由7幢仓储、1幢配套用房、3个卡口组成，按规划设计分为港口配套功能仓储区、集装箱堆放区及集装箱维修区、综合配套用房组成的功能共享区三大区块。其中，仓库共7幢，总建筑面积85 441平方米。温州铁路海关监管场所于12月31日正式封关运营。该项目位于瓯海区金温铁路温州货运西站北侧，场地内临时建筑共3幢，建筑总用地面积15 374.78平方米，总建筑面积2 322.42平方米。

【义乌陆路（铁路）临时口岸建设】 2020年，推动铁路口岸功能提升，完成铁路监管场所延伸工程，货一、货二道监管场所启用，集一、集二线延伸工程基本完工。完成海铁联运集装箱堆存区改造，新增集装箱堆位400余个。加强进口肉类指定监管场地业务保障，2020年查验进口肉类2 258标箱，共28 225吨。开通达飞号海铁联运全程提单专列，实现全程提单业务常态化运行，2020年海铁联运共发运35 153标箱。完成浙江国际贸易“单一窗口”中“义新欧”中欧班列特色服务板块系统构建，连通海关、铁路、场站、交通、运营单位等主体数据，初步实现

“企业便捷申报、场站智能作业、口岸协同监管”，提升货物通关时效。鼓励企业采用“提前申报”方式报关，完善容错机制。推行“不见面”办理企业注册、备案、原产地签证、加工贸易延期等业务。建立口岸收费监管协作机制，打造“阳光价格+阳光服务+阳光效率”的服务模式，实施“查验无问题企业费用减免”政策，持续降低口岸收费。

2020年，按照“一个品牌、两个平台、全省统筹、错位发展”的总体思路，组建“义新欧”中欧班列金华平台，推进金华、义乌双平台良性竞争、错位发展，班列开行数量、质量大幅提升。2020年“义新欧”中欧班列共开行1 399列，同比增长165%，超过前6年运量总和，占全国份额从2019年的6.4%提升至2020年8.5%，全国排位从第9位上升至第4位。其中，金华平台开行425列，同比增长近3倍，返程176列，占比40%左右，尤其是7月1日以来回程班列占比高达47%，列全国中欧班列平台第4位。

2020年，根据“双平台”运营体制，义乌推动组建陆港国际班列平台，成立“义新欧”班列工作专班，保障班列稳定运行。创新班列经营业态，实现国际中转和保税集拼业务突破，开展运输汽车整车出口业务。加强与邮政部门合作，开行全国首趟中国邮政号班列，先后开通中国义乌至波兰、立陶宛的邮政专列并保持常态化运行。2020年，义乌平台“义新欧”中欧班列往返运行974次、80 392标箱，其中去程班列共发运891次、73 438标箱，回程班列共发运83次、6 954标箱。

【国际贸易“单一窗口”建设】 2020年，浙江结合本地实际，积极克服新冠肺炎疫情带来的影响，完善中国（浙江）国际贸易单一窗口本地特色应用，取得较好成效。省级层面完成与口岸监管服务、企业申报反馈、系统应用支撑相关的9个子系统、56个子功能建设，23个系统改造迁移上云，数字“单一窗口”项目2020年度建设任务顺利完成。特别是在助力疫情防控、支持自贸试验区建设、支持跨境贸易新业态、促进中欧班列发展、推进长三角合作等方面取得了突出进展，服务能力有了新提高。

一是助力疫情防控，坚决守好疫情防控口岸大门。发挥“全流程、一站式、全天候、零接触”优势，2020年服务2.1万余艘次国际航行船舶的145万票货物便利化通关，大幅减少人员接触染疫风险；联合杭州海关迅速上线疫情防疫物资捐赠功能，畅通防疫物资捐赠通道；配合浙江省市场监督管理局上线“浙冷链”，完善冷链食品溯源体系。对接12家合作银行，服务企业复工复产，疫情期间为3 000余家外贸企业提供助贷信息服务，累计投放贷款超过4亿元。

二是升级中国（浙江）自由贸易试验区公共信息服务平台，支持中国（浙江）自由贸易试验区建设。根据中国（浙江）自由贸易试验区扩区规划，优化升级中国（浙江）自由贸易试验区公共信息服务平台建设，打造服务国家战略的浙江样板。中国（浙江）自由贸易试验区保税燃油加注功能实现了业务全程网上办理。2020年，舟山通过平台申报保税燃油472.4万吨，较2019年同比增长15.14%，稳居供油港全国第一、全球第八。2020年6月，舟山船舶供退物料通关服务平台完成竣工验收，自贸试验区国际海事服务基地的油料、食品、船舶备件等物料供应和油污水处置等主要通关业务均实现全程无纸化。

三是运营维护中国（杭州）跨境电子商务综合试验区线上综合服务平台，培育跨境电子商务增长新动能。构建支撑跨境电子商务综合试验区建设的“六体系两平台”信息化服务保障体系，打通跨境贸易电子商务“关、汇、税、商、物、融”之间的信息壁垒，对接国际贸易“单一窗口”，促进跨境电子商务自由化、便利化、规范化发展。2020年，中国（杭州）跨境电子商务综合试验区B2C进口业务累计申报4 311.31万单，金额95.71亿元；跨境B2C出口业务累计申报4 608.29万单，同比上升29.68%，金额3.80亿美元，同比上升181.21%。跨境电子商务综合试验区“六体系两平台”的杭州经验已推广应用到全国105个综试区。

四是运营维护义乌市场采购贸易联网信息平台，服务义乌国际贸易综合改革试点工作。义乌市场采购贸易联网信息平台通过“电子围网”明确国家政策适用范围，承接市场采购新型贸易方式落地，推动义乌国际贸易综合改革试点工作落地。截至2020年12月31日，义乌市场采购联网信息平台已备案商户6.67万家，组货记录346万条，备案外贸公司2 388家，累计为2 143.96亿美元的出口商品实现增值税免税，自助结汇512.43亿美元。市场采购贸易联网信息平台已经应用至浙江省内温州、嘉兴、台州、绍兴、湖州等地。2020年，浙江省市场采购贸易总出口额超过410亿美元，居全国第一。

五是建设运维“义新欧”中欧班列业务系统，推动浙江“单一窗口”与铁路运输相关系统互联互通。“义新欧”中欧班列综合服务平台按照“系统共建、数据共享、业务共通”的建设思路，打造“五大功能、三项支撑、一个大库”。“五大功能”即企业便捷申报、场站智能作业、口岸协同监管、辅助政府决策、企业综合服务功能；“三项支撑”即身份认证、数据交换和大数据分析基础支撑服务；“一个大库”即“义新欧”中欧班列业务库。2020年，通过加强与口岸监管部门、铁路部门及重点企业的联动，打通铁路场站、天盟、铁路等“义新欧”班列运行主体，实现7类数据共享交换，累计数据共享交接量达15.82万条，提升了班列运行主体间的协同效率。

六是开展长三角区域“单一窗口”合作，服务长三角高质量一体化发展战略。国际贸易“单一窗口”合作共建被列入长三角一体化发展重大合作事项，2020年6月6日，上海、江苏、浙江、安徽口岸主管部门领导在湖州举行的2020年长三角主要领导座谈会上进行了集中签约，标志着长三角国际贸易“单一窗口”合作进入了新的阶段。一市三省口岸主管部门已就落实合作共建协议开展务实合作，形成了长三角“单一窗口”功能专区建设方案，并启动了实质性对接和建设，力争形成数据共享便捷、平台覆盖广泛、功能丰富融合、机制保障有力的合作共建模式。

截至2020年年底，浙江“单一窗口”（含宁波）注册用户31.5万家，比2019年增加4.8万家。2020年货物申报1 273 154票、舱单申报2 122 191票、运输工具申报340 571票、原产地证申领302 633票、许可证件申领19 896票、企业资质办理130 054票。接听热线电话5.14万通、维护企业微信群42个，为企业答疑5.73万次；平台全年7×24小时高效稳定运行，可用性超过99.9%，成功支持和保障“双11”及“6·18”等企业重大生产活动，用户满意度测评连续6年超90%。累计组织“线上+线下”业务培训26场，覆盖全省企业1 382家。全年申报总单量3.95亿票（含宁波）。特别是贸促会原产地证推广工作效果明显，自2018年国家率先在浙江启动标准版功能试点以来，累计完成贸促会原产地证申领87 888票，约占全国申报总量的85.15%，申报量和应用率稳居全国首位。

【中国（浙江）自由贸易试验区建设】 2020年8月30日，国务院印发《中国（浙江）自由贸易试验区扩展区域方案》。根据该方案，浙江自贸试验区扩展区域实施范围119.5平方千米，涵盖三个片区：宁波片区46平方千米（含宁波梅山综合保税区5.69平方千米、宁波北仑港综合保税区2.99平方千米、宁波保税区2.3平方千米）、杭州片区37.51平方千米（含杭州综合保税区2.01平方千米）、金义片区35.99平方千米（含义乌综合保税区1.34平方千米、金义综合保税区1.26平方千米）。9月24日，浙江自贸试验区宁波片区、杭州片区、金义片区正式揭牌。

宁波片区建设连接内外、多式联运、辐射力强、成链集群的国际航运枢纽，打造具有国际影响力的油气资源配置中心、国际供应链创新中心、全球新材料科创中心、智能制造高质量发展示范区。杭州片区打造全国领先的新一代人工智能创新发展试验区、国家金融科技创新发展试验区和全球一流的跨境电商示范中心，建设数字经济高质量发展示范区。金义片区打造世界“小商品之都”，建设国际小商品自由贸易中心、数字贸易创新中心、内陆国际物流枢纽港、制造创新示范地和“一带一路”开放合作重要平台。

【中国（杭州）跨境电子商务综合试验区建设】 下沙园区加快建设“全球跨境电商第一流”。一是立足杭州综合保税区的政策优势，在全国范围内率先取得多项业务创新。跨境进口方面与天猫国际等平台深入合作，创建全国保税仓直播总部基地；支持天猫国际在下沙开出全国首家“保税展示+新零售”模式店。跨境出口方面推进与阿里共建的 eWTP 示范区项目，在全国率先开展“9710”“9810”出口模式；走通全国首单特殊监管区域跨境电商保税出口公铁联运（阿拉山口口岸）模式。二是构建更为完善的跨境生态体系。与浙江工商大学共建的中国（杭州）跨境电商学院完成了首批招生，重点培养“一带一路”国家及国内跨境电商精英人才。杭州互联网法院跨境贸易法庭在下沙园区挂牌成立，标志着全国第一家跨境贸易法庭正式成立。联合 eBay 共同举办第三届全国跨境电商人才培养峰会。三是推进招商引资工作。与天猫国际合作，引进正典燕窝项目，在全国首创“保税进口+零售加工”新模式，隅田川咖啡项目相继落地，由此形成了在杭州综合保税区内新世界工厂模式的集聚效应。赴杭州国际电商博览会、上海进博会进行专场投资推介，前往上海、天津等地进行峰会论坛，宣传跨境电商政策，实现敲门招商。2020 年，下沙园区跨境电商进口 136.74 亿元，同比增长 0.77%；跨境电商出口 72.87 亿元，同比增长 11.27%。

下城园区创新出口退货新模式，开辟了跨境电商零售出口商品退货的新渠道，有效解决出口商品退货不通畅的问题；积极响应 eWTP 框架下跨境电子商务物流服务革新，主动对接企业需求，精准服务，助推园区跨境电商企业拓展业务，吸引更多跨境电商企业来园区发展。2020 年下城园区跨境电商企业实现税收 2 500.09 万元，同比增长 20.98%，经由园区海关监管场站出口 2 409.46 万件，出口额为 8.32 亿元，出口额同比增长 79%。成功举办 2020 浙江国际进口（武林洋淘）博览会，4 天展期迎来近 10 万人次杭州市民购物，直接销售额超 1 亿元，为杭州市民搭建起家门口的“世界超市”。

空港园区重点打造三大核心平台：一是进口平台，培育孵化一批跨境电商进口特色小企业，并助力其做优做强；二是出口平台，以项目推进为抓手，以模式创新为突破，积极加大项目招引，完善信息化系统建设，做大做强出口板块；三是阿里巴巴萧山产业带，将优势产业借助互联网打造为城市名片，在帮助买家直达原产地优质货源的同时，提升卖家竞争力，赋能萧山经济。2020 年跨境电商进出口货值 5.47 亿美元，同比增 154.42%；跨境电商进出口单量 6 985.55 万单，同比增长 99.06%；萧山产业带新增企业 158 家，累计企业 1 620 家，实现线上销售额 14.198 亿元，同比增长 6.64%。在打造三大核心板块的同时，还依托菜鸟出口转运中心和集拼仓、顺丰陆运中心等项目打造智慧物流板块，实现园区物流产业的智能转型升级。其中，燕文与菜鸟共建的 eWTP 华东（出口）转运中心，日均出库量为 35 万件，高峰期日均出库量为 57 万件，2020 年出库总量约为 1.9 亿件；菜鸟出口集运仓于 7 月 27 日正式开展业务，2020 年累计完成 2 320 万单；顺丰华东陆运转运中心，日均分拣量 90 万件，高峰期日均合计 110 万件，2020 年分拣量约为 2.7 亿件。

【中国（义乌）跨境电子商务综合试验区建设】 深化与阿里巴巴 eWTP 合作。推动成立 eWTP 合资公司，新落地货通天下、数字外贸收支一体化、数字清关等 3 个合作项目；eWTP 菜鸟号常态化开行，2020 年累计运输跨境电商包裹 777 万个；建成投用卢旺达、捷克、西班牙、德国 4 个海外数字贸易枢纽。推进跨境电商线上综合平台建设，实现“9610”“9710”“9810”在线出口申报、在线备案、在线结汇等功能，平台在线结汇备案企业 349 家。创新“线下市场采购+线上跨境电子商务”跨境出口新模式，累计出口金额 8.7 亿美元。

【中国（湖州、嘉兴、衢州、台州、丽水）跨境电子商务综合试验区获批设立】 2020 年 5 月 6 日，国务院批复同意全国 46 个城市和地区设立跨境电商综试区，其中包括浙江省的湖州、嘉兴、衢州、台州、丽水五市。至此，浙江的跨境电商综试区数量达到 10 个，在全国率先基本实现跨境电商综试区的全省域覆盖。并且，浙江自贸试验区舟山片区也已获批跨境电商零售进口业务资格。

中国（湖州）跨境电子商务综合试验区聚焦“产业集群+跨境电子商务”“物流枢纽+跨境电子商务”两大特色，打造湖州跨境电子商务完整产业链和生态圈。中国（嘉兴）跨境电子商务综合试验区聚焦“区位优势+跨境电子商务”“自贸联动+跨境电子商务”“产业集群+跨境电子商务”发展定位。中国（衢州）跨境电子商务综合试验区发挥衢州跨境电子商务企业“小而美”的特色优势，做大做精跨境电子商务 B2C 产业集群。中国（台州）跨境电子商务综合试验区围绕“三个中心”建设（跨境电子商务新业态新模式创新中心、跨境电子商务赋能产业升级推进中心、跨境电子商务国际品质消费辐射中心），构建以跨境电子商务为主体的外贸产业先行区。中国（丽水）跨境电子商务综合试验区努力打造跨境电子商务促进制造业转型升级先行区、进口跨境电子商务引领区、浙南新型贸易中心高地。

【绍兴、台州、湖州获批开展市场采购贸易方式试点】 2020 年 9 月 15 日，商务部会同国家发展改革委、财政部、海关总署等联合发文，决定在 11 个省（区）的 17 家市场开展第五批市场采购贸易方式试点，其中包括浙江省的绍兴柯桥中国轻纺城、台州路桥日用品及塑料制品交易中心、湖州（织里）童装及日用消费品交易管理中心。至此，继义乌小商品城、嘉兴海宁皮革城、温州（鹿城）轻工产品交易中心后，浙江省市场采购贸易试点市场增加至 6 个，成为全国市场采购贸易试点市场数量最多、出口规模最大的省份。此次新增的 3 个市场，均为全国乃至全球相关专业市场的集聚中心：绍兴柯桥中国轻纺城是全球规模最大、经营品种最多的纺织品集散中心，全球四分之一的面料在此交易；台州路桥日用品及塑料制品交易中心是辐射全国的塑料日用产品集散中心；湖州织里童装是全国最大的童装产业集群，占据国内市场 60%份额。12 月 25 日，绍兴、台州、湖州正式落地市场采购贸易方式。

【特殊监管场所建设】 2020 年 3 月，国务院批复同意设立温州综合保税区。该项目位于温州瓯江口产业集聚区，在既有的温州保税物流中心（B 型）基础上建设，项目规划总用地面积约 1.444 9 平方千米。整体项目分两期建设，其中一期规划面积 116.49 万平方米，建设包括海关监管基础设施及保税加工区、物流区、研发区、跨境电商园等相关业态功能区；二期规划面积 28 万平方米。3 月 25 日，国务院批复同意设立义乌综合保税区。这是继金义综合保税区之后，金华市域范围内的第二个综合保税区。义乌综合保税区位于义乌商贸服务业集聚区陆港区块，规划用地面积 1.34 平方千米，规划总建筑面积约 206 万平方米。义乌综合保税区分为 A、B、C、D、E 5 个区块，规划布局保税物流、保税展贸、保税加工、保税研发、保税服务和口岸作业等六大功能区。项目分多期建设，2020 年 B、D 区块一期项目工程海关监管设施监管工程已全部完成建设，部分仓储工程已完成。4 月 27 日，国务院批准宁波梅山保税港区整合优化为宁波梅山综合保税区、宁波出口加工区整合优化为宁波北仑港综合保税区、慈溪出口加工区整合优化为宁波前湾综合保税区。宁波梅山综合保税区规划面积 5.69 平方千米，宁波北仑港综合保税区规划面积 2.99 平方千米，宁波前湾综合保税区规划面积 0.71 平方千米。10 月 23 日，宁波梅山综合保税区通过验收。12 月 28 日至 29 日，宁波前湾综保区和宁波北仑港综保区通过验收。

2020 年 2 月 21 日，湖州保税物流中心（B 型）正式封关运营。该中心位于南太湖新区的湖州铁公水物流园北侧，占地面积 0.101 平方千米。温州保税物流中心（B 型）迁址申报正式启动，9 月 6 日获浙江省政府批复同意。

2020 年 6 月 18 日，国家财政部发布《关于增设口岸出境免税店等问题的通知》（财关税〔2020〕8 号），同意宁波栎社国际机场、义乌国际机场设立口岸出境免税店。宁波机场口岸出境免税店位于 T2 航站楼内，获批免税店规模 252 平方米。义乌机场口岸出境免税店建在航站楼国际出发隔离区内，规划面积 150 余平方米。

口岸监管与服务

【浙江出入境边检总站业务概况】 2020 年，浙江省边检机关共检查出入境人员 1 342 175 人次、出入境飞机 12 155 架次、出入境船舶 22 657 艘次。查获各类在控人员 69 人次、在逃 136 人次，查获偷渡人员 8 人，各类违法违规案件 814 起。

2020 年，杭州出入境边检站执勤三队荣获抗击新冠肺炎疫情全国三八红旗手（集体）；杭州出入境边检站站长王侣仁荣获国家移民管理局首届十大国门卫士提名奖；穿山出入境边检站边防检查处处长刘晓剑荣获全国公安系统抗击新冠肺炎疫情先进个人；舟山出入境边检站荣获全国公安机关执法示范单位；杭州出入境边检站站长王侣仁荣获浙江省担当作为好干部；宁波出入境边检站边防检查处处长周盛、杭州出入境边检站执勤三队副队长赵颖荣获浙江省抗击新冠肺炎疫情先进个人。

【浙江出入境边检总站严防境外新冠肺炎疫情输入】 深入贯彻落实国家移民管理局、浙江省委省政府部署要求，积极融入浙江疫情防控工作大局，研究出台《空、海港边检站处置应对重大疫情勤务工作指引》等 7 项规范文件，明确特殊勤务处置要求、流程和措施，为口岸一线涉疫勤务提供参照和遵循。紧密结合疫情发展变化，根据任务特点和防控重点，创新"无接触查验法""安全距离警示"等举措，通过人员信息提前研判、开足查验通道、优化勤务模式等手段，优质高效完成网络高度关注的杭州口岸涉武汉 TR188 航班、全国首起涉疫外轮、临时航班等重大特殊边检勤务，2020 年共处置涉疫船舶 44 艘次，验放临时航班 44 架次。实行 24 小时入境数据分析研判，科学预警涉疫风险，向浙江省大数据发展局、公安厅、海关、卫健委等部门推送入境来浙人员信息数据 112 816 条，为地方党委政府疫情防控提供源头数据支撑。根据浙江外防输入工作统一部署，选派 2 批次、15 名民警参加浙江省政府驻上海、广州、深圳、珠海等重点口岸工作组，负责入境来浙旅客的信息登记核对、人员安全转运和现场秩序维护勤务，历时 30 天共梳理核对信息 20 369 条，安全转运旅客 17 239 人，实现"零感染、零漏运"目标，有力策应浙江境外疫情输入防控大局。

【浙江出入境边检总站跟进服务重大战略】 紧紧围绕长三角一体化发展、中国（浙江）自由贸易试验区建设等国家战略部署，贯彻落实《关于深入推进长三角出入境边防检查工作高质量一体化发展的实施意见》相关要求，充分发挥轮值总站作用，在湖州组织召开长三角国家移民管理机构一体化发展协作会议，围绕提升跨区域警务协作水平、推动联防联控机制建设、加强信息共享、深化人员培训交流等一体化发展重点环节进行深入交流研讨并达成共识，进一步推动长三角出入境边检工作高质量一体化发展。立足服务浙江自贸试验区建设融入长三角一体化发展，制定《支持浙江自贸试验区建设八项举措》，完善《宁波舟山港边检一体化服务监管实施方案（试行）》，推动实现自贸区保税燃料油加注船舶出入境便利政策措施纳入国家移民管理局《服务促进长三角航运枢纽建设十项措施》，省内服务举措升级为长三角制度创新。

【浙江出入境边检总站创新边检服务举措】 在疫情防控常态化背景下，全面启用港口边检综合管理信息系统和边检行政许可网上窗口，规范涉外企业登记备案，实现边检行政许可网上通办。创新推出海港边检"登轮码"、船舶"零等待"验放、行政许可"零接触"审批、保税燃料油加注"零延时"服务等一系列边检便利举措，助力企业复产复工。舟山边检站“电子查船”模式获评服务自贸试验区建设典型案例二等奖，“全国首创长三角地区港口边检数据复用、监管互认”纳入浙江自贸试验区2020年度20项制度创新成果，并参选“十大创新成果”。联合浙江省口岸办下发各地市执行《海港口岸开放申报验收规程》和《海港口岸边防检查基础设施建设标准》，进一步规范口岸开放申报验收流程和基础设施建设标准，服务保障嘉兴平湖玻璃港务公司码头等5座码头正式开放和舟山金塘中澳现代产业园配套码头等8座码头的临时开放。针对境外对中国货物需求持续上升，助推货运航班大幅增长的实际，研究制定货机查验工作指引，细化规范查验流程，为载运抗疫物资的航班提供“随到随检”“零等待”边检绿色通关服务，2020年共验放民航货机5 421架次，同比增长91.28%。

【浙江出入境边检总站优化服务管理模式】 深度应用“信息化+诚信体系”管理机制，加强口岸从业单位和人员的诚信管理，优化升降级评定规则，差异化管理运用诚信评定结果，最大限度规范口岸经营活动，不断优化边检主导下全员参与的共建共享共治口岸治理新模式。深化新时代“枫桥经验”在口岸的具体实践，借鉴社区网格化管理理念，完善“片警负责制”“民警驻企制”，确保每个网格单元都有民警对接，实现边检工作与码头企业治理的深度融合，让警力向网格流动、服务在网格进行、问题在网格解决，全力构建多元化化解矛盾、零距离服务企业的网格警务新模式，全面构建“横向到边、纵向到底、全面覆盖、无缝对接”的边检服务网格体系。充分调研论证义乌外国人闭环式管理机制并获义乌市委深改会专题研究落实，有力推动在义外国人联管联控。

【浙江海事局业务概况】 2020年，浙江海事局开展水上巡航检查14 556次，出动执法人员17.4万人次，实施各类船舶检查67 802艘次，对违规违章船舶行政处罚12 125件次，其中对国际航行船舶实施PSC检查70艘次，滞留1艘次；安全保障辖区进出港船舶237.72万艘次，同比增长5.25%，其中国际航行船舶进出口岸40 228艘次，同比增长8.29%；安全保障水上旅客运输4 131.7万人次，同比减少36.43%（主要受疫情影响）；接处海上险情237起，成功救助遇险人员1 468人，救助遇险船舶150艘，人命搜救成功率94.7%；受理“就近跑一次”政务事项1.45万件，同比增长36.1%，异地办理1 201件，同比增长237.4%。

【浙江海事局坚决助力打赢水运口岸境外疫情输入防控阻击战】 坚决贯彻习近平总书记关于疫情防控的重要指示精神和上级系列决策部署，严格落实“一断三不断”工作要求，根据疫情发展形势动态调整防控措施，全面抓好疫情防控各项工作，精准实施疫情防控。在全国率先开发应用抵港国际航行船舶健康码，精准掌握船员健康状态，靶向实施防控举措；妥善处置全国首例海港口岸输入疫情——“古杰多马士基”轮船员感染新冠病毒，形成海事部门应对海港境外疫情输入的规范化样本。2020年浙江全省成功处置涉疫外轮42艘次，涉阳性船员124人次。合力构筑水路防线。紧紧抓住“外防输入”这一要点，坚持疫情联防联控，有机统筹常态化防控和局部应急处置，联合开展防范打击非法入境“净海”专项行动，把好口岸关。全力保障船员合法权益。聚焦船员换班问题，督促地方政府落实疫情防控属地管理责任，建立全流程闭环船员换班机制，实现“应上尽上、应换尽换”目标。2020年浙江全省累计完成国际航行船舶船员换班2 416艘次，共计30 217人次。舟山海事局汪琼莉获评交通运输部系统抗击新冠肺炎疫情优秀共产党员、全国交通运输系统抗击新冠肺炎疫情先进个人；浙江海事局船舶监督处叶国鑫、温州海事局指挥中心温从宝获评为浙江省抗击新冠肺炎疫情先进个人；基层党组织“在蓝海筑起抗击新冠肺炎疫情防线”先进事迹被央视《新闻联播》专题报道。

【浙江海事局当好复工复产先行官】 认真领会中央统筹疫情防控和经济社会发展的系列重大决策部署，把握关键时间节点，全力参与当地复工复产工作，随同浙江省委主要领导奔赴现场调研解决实际问题。开展“护航复工复产水上交通安全攻坚月”行动，实施帮扶企业复工复产十项举措，探索推行包容审慎监管和非接触式政务服务、远程执法等举措，落实船员证书展期等惠民措施。2020 年累计减免港口建设费 18.43 亿元，减免船舶油污损害赔偿基金 1 570.5 万元。保障水上物流供应链稳定畅通。开辟安全快捷的重点物资“绿色通道”，落实清航、护航等服务举措，保障防疫物资船舶优先进港、快靠快卸，促进浙江沿海港口“出口货物出得去，进口货物进得来”。

【浙江海事局持续深化“放管服”改革】 一是深化政务服务改革。高质量推进“就近跑一次”政务服务改革，实现海事政务线上一网通办，线下浙江全省通办，就近跑一次。2020 年共受理“就近跑一次”政务事项 1.45 万件，同比增长 36.1%；异地办理 1 201 件，同比增长 237.4%。二是持续推动优化口岸营商环境。优化船舶进出口岸通关流程，持续保持“单一窗口”应用率 100%，实现船舶全流程“无纸化”“零待时”通关。推动国家口岸管理办公室将联合登临检查纳入“单一窗口”标准版。2020 年，宁波舟山港国际航行船舶进出口岸 37 149 艘次，外贸货物装卸量达 4.74 亿吨，同比增长 14.77%。三是推进一体化融合发展。推出船舶载运危险货物和污染危害性货物一次审批等“八个一”服务举措，推进实施宁波舟山港核心港区一体化船舶交通组织，提高船舶通航效率。2020 年发布并执行船舶进出港计划 8 万艘次，主要航道通航效率提升 67%。

【浙江海事局全力助推浙江省一流口岸建设】 一是支持一流强港建设。研究系统性举措，与浙江省海港集团深化战略合作，在建成一流设施、提供一流服务、发展一流技术、实现一流管理等方面聚焦聚力。推进浙北水域通航管理一体化，建立宁波舟山港航道锚地资源“五共”机制，提升船舶一体化体验。二是推进海上智控平台建设。以“全覆盖、全管控、全智能”为目标，着力推进海上智控平台建设，同步推进与交通运输厅、农业农村厅等涉海部门的数据融合、业务协同等事宜，推动构建海上交通现代化智能、协同管理新格局。三是助力浙江口岸开放。优先保障重点项目建设，推动舟山绿色石化、澳洲牛业、黄泽山油品等 16 个项目码头工程的建设、对外开放和投运等工作，促成台州港健跳等 3 个港区正式获批扩大开放。四是助推加快新兴产业布局。全力支持海上风电项目建设，在场址优化、施工安全、运维管理等方面提供服务保障。推进游艇俱乐部等第三方平台建设，促成温州地方政府实施无证休闲船艇纳规管理。

【浙江海事局全力支持浙江自贸区新一轮高质量发展】 一是强化政策保障。完成浙江自贸试验区第一阶段三年改革试点任务，并从推动油气全产业链重点项目建设提档加速、优化油气产业链营商环境、夯实油气产业链发展基础、营造和谐稳定的水上环境等方面研究出台 12 条举措共 60 项目标任务，全力支持浙江自贸试验区油气全产业链开放发展。二是坚持制度创新。聚焦助推保税燃料油加注产业发展、国际航行船舶通关便利化、海上交通组织一体化等领域，创新“航运企业跨省迁移—船舶不停运”等 8 项改革试点经验在浙江全省复制推广。三是服务特色产业发展。优化宁波舟山港核心港区锚地布局，推动虾峙门北锚地、条帚门外锚地保税油加注作业一体化，深入实施保税燃油加注“三个一”通关便利化举措和“保税燃料油跨港区供应模式”等创新制度，并强化供受油作业全链条监管，2020 年安全保障保税船用燃料油加注 413.7 万吨，同比增长 18.2%。

【杭州海关业务概况】 2020 年，杭州海关共审核验放进出口报关单 139.4 万份，同比增长 0.9%；监管进出口货物 2.2 亿吨、货值 1 328.8 亿美元，同比分别增长 14.8%和 5.7%；监管进出境行邮物品 4 778.8 万件，同比下降 48.4%，快件 2 876.8 万件，同比下降 55.2%；实现税收入库 469.75 亿元，同比下降 1.3%；检验检疫进出口货物 62.8 万批，同比下降 1.2%，货值

5 229.3 亿元，同比增长 26.6%；监管出入境人员 95.6 万人次、运输工具 2.9 万（辆、艘、架）、集装箱 277.8 万箱次，同比分别下降 86%、52.3%和 0.8%。

【杭州海关全力筑牢口岸安全防线】 坚决打赢疫情防控阻击战，严格落实“三查、三排、一转运”，检出全国口岸第一、第二例新冠肺炎确诊病例，妥善处置 TR188 航班聚集性疫情。截获进境植物有害生物 1.75 万种次，查获进境粮食、木材、水果等不合格 1 073 批次；检出不合格进出口食品化妆品 296 批；退运环保项目不合格固体废物原料 1 583 吨。落实打击走私工作“1+6”项制度，强化缉私业务领导和综合保障，深入开展“国门利剑 2020”等专项行动，推动反走私综合治理，立案走私违法违规案件 973 起，1 起案件被公安部列为“2020 年打击整治涉枪涉爆违法犯罪十大典型案例”。查获走私固体废物 776 吨，查获象牙等濒危动植物及其制品 26.69 千克。开展“龙腾行动 2020”，知识产权保护成效显著。

【杭州海关持续优化浙江省口岸营商环境】 一是不断探索政策创新。在全国海关首创集装箱跨关区国际转运业务模式，破解不同航线国际转运集装箱在两个港域间自由流转的难题；在嘉兴港开展优化营商环境专项创新试点，实现提前申报货物转关单核销自动触发报关单放行，促成嘉兴港实施“船边直提”“抵港直装”作业；汽车零部件实施第三方证书采信、“先声明后验证”等便利化监管模式。二是各项改革措施全面落地。“两步申报”改革实现杭州关区全覆盖，应用率稳步提升至 24%；通过“两段准入”实现肉类从口岸转至内地实施检疫，保障 4.5 万吨进口肉类快速通关；全面推进进口铁矿、原油“先放后检”。三是联合宁波海关推出精简申报单证、报关单“日清机制”等 9 项便利化举措，进出口申报环节免予提交合同、装箱单，助力浙江省进出口整体通关时间继续领跑长三角。

【杭州海关大力支持浙江省数字口岸建设】 开通国际贸易“单一窗口”运输工具转港数据复用功能，实现国际航行船舶入境只录入一次数据，续驶至下一港时仅需少量数据维护即可再次申报，减少申报数据项 2/3，申报时间由原来 1 小时减少到最短 5 分钟。通过国际贸易“单一窗口”将海关查验信息实时推送到嘉兴港码头作业系统，有效压缩查验准备时间。做好国际贸易“单一窗口”海关新功能的应用推广，原产地证书自助打印业务应用率达到 80%，同步在全国范围首推原产地证书智能审核、信用签证等便利措施，签发原产地证书数据全国海关首位。推进防控信息化建设，实现入境旅客电子申报全覆盖，入境航班检疫平均时长压缩到 100 分钟以内。

【杭州海关深入推进跨境电商发展】 一是首批试点跨境电商 B2B 出口新政取得成功，2020 年 7 月 1 日在全国范围内率先实现跨境电商 B2B 出口四种新模式全覆盖。二是积极拓展跨境电商国际物流通道，出台支持中欧班列发展 12 项举措，推动跨境电商货物搭乘中欧班列出口；释放杭州机场 24 小时无障碍通关政策红利，支持开通和运行杭州—列日、杭州—纽约等国际货运包机航线 16 条。三是探索建立高效、安全、快捷的跨境电商出口退货渠道，优化跨境电商零售进口退货措施，相关经验做法于 2020 年 3 月入选国务院深化服务贸易创新发展试点“最佳实践案例”。四是全力支持地方申报跨境电商综试区，对新设立的综试区城市开展“一对一”指导帮扶，加强新设立监管场所指导，量身定制监管流程，推动温州市启动跨境电商网购保税进口业务，嘉兴市、绍兴市、湖州市、台州市、丽水市先后启动跨境电商出口业务。

【杭州海关全力助推浙江自贸试验区建设】 一是深化监管制度创新。深入推进“两步申报”改革，推动进口原油“先放后检”检验监管模式落地实施；创新国际航行船舶转港数据复用模式，提升国际航行船舶进出口岸效率；支持保税混矿业务发展，2020 年保税混矿业务同比增长 8.5%，保税混矿量居全国第一。二是助力舟山油气全产业链建设。支持保税供油业务发展，2020 年审批保税供油同比增长 15.1%；实施保税油跨关区直供无纸化审批试点，完成首单舟山本地企业沪浙跨港区直供试点业务，2020 年监管跨关区供油 184.3 万吨；落实燃料油出口退税政策，推动国际油品供应业务发展壮大；推动低硫燃料油期货业务落地，完成全国首单国产出口退税燃料油标准仓单注册和全国首单低硫燃料油期货仓单直供业务。三是支持自贸试验区重大项目建设。支持舟山绿色石化基地建设，落实减免税等优惠政策；支持中澳现代产业园项目建设，帮扶进境肉牛隔离检疫场通过海关总署验收；支持粮油产业园区建设，推进宁波舟山港粮食运输“散改集”；支持国家远洋渔业基地建设，2020 年累计推荐欧盟渔船注册 68 艘，在全国率先以“云评审”方式帮助渔船国外注册。

【杭州海关大力支持“义新欧”中欧班列平稳运行】 贯彻落实海关总署支持中欧班列发展十项措施，结合杭州关区实际，从优化监管服务、拓展业务范围、创新政策叠加、加强外部协作等 4 个方面制定出台杭州海关 12 项具体支持举措，加强与乌鲁木齐、满洲里等口岸海关合作，积极指导有关地方和企业利用好拼箱货物转关单捆绑申报、大型机器设备“一票多箱”归并申报、转关无纸化、班列货物企业商业封志代替海关封志等便利化举措，全力保障中欧班列安全畅通运行。2020 年，杭州海关共监管中欧班列（含中亚）数量与标箱数量同比分别增长 121%、128%。

【杭州海关扎实推进行政审批制度改革】 持续深化“放管服”改革，优化行政审批管理与服务。一是聚焦精简，行政审批事项“放到位”。取消出口食品生产企业备案、从事进出境检疫处理业务的人员资格许可等 2 项行政审批事项，实现除海关总署明确规定保留的行政审批事项外“零审批项目”。在浙江自贸试验区对报关企业注册登记实施“注册改备案”，对口岸卫生许可证核发（针对公共场所）实施“告知承诺”。二是聚焦高效，行政审批监管“办得快”。整合 53 个行政审批“一个窗口”，实行“前台一窗受理、后台分类审批、窗口统一出件”工作模式。运行“海关行政审批网上办理平台”，100%实现行政审批“网上办、零跑腿”。积极参与浙江省政府“互联网+监管”改革，建立 280 项行政检查事项及对应的行政处罚事项清单。三是聚焦规范，行政审批行为“管得住”。强化事中事后监督管理，先后制定实施出口食品生产企业备案核准、报关企业注册登记审批改备案（自贸试验区）事中事后监督管理办法。

【宁波海关业务概况】 2020 年，宁波海关共审核验放进出口报关单 509.4 万张，同比增长 0.1%；监管进出口货物 1.76 亿吨、货值 1.66 万亿元，同比分别增长 0.8%和下降 3%；监管进出境行邮物品 277.8 万件，同比下降 65.9%，监管进出境快件 762.4 万件，同比下降 42%；实现税收入库 567.6 亿元，同比下降 19.4%；检验检疫进出口货物 29.6 万批，同比增长 9.9%，货值 4 945 亿元，同比增长 5.2%；监管出入境人员 61.7 万人次、进出境运输工具 14 306 艘（架）次、集装箱 1 381 万箱次，同比分别下降 71.2%、38.4%和 3.1%。

【宁波海关全力以赴做好新冠肺炎疫情防控工作】 严格落实国务院、海关总署和地方政府疫情防控相关要求。把疫情防控工作作为最大政治任务，根据疫情防控不同阶段重点任务，设置各项专班，落实各项任务要求，科学高效开展口岸疫情防控工作。2 个集体和 12 名个人获评全国海关系统抗击新冠肺炎疫情先进，1 个集体获评浙江省和宁波市抗击新冠肺炎疫情先进。构建宁波特色“防、控、管、治”疫情防控模式。开展风险信息收集和风险研判，严格落实“三查三排一转运”，加强与地方相关部门联防联控，构建监管闭环，总计检出核酸和抗体阳性 76 例。空港监管来自印度等入境包机航班 9 架次、1 954 人次，120 转运就医 10 例病例，海港妥善处置包括全国海港口岸首起新冠肺炎输入聚集性疫情在内的“古杰多马士基”轮等输入聚集性疫情。实验室检测 24 小时响应，检测核酸 52 651 人次、抗体 3 457 人次。严格做好一线业务人员内部防控，出台落实关心关爱六方面 18 项措施，保持

"零感染"。选派64人次先后支援上海海关等兄弟海关，圆满完成各项任务。切实做好进口冷链食品风险监测。严格按照海关总署进口冷链食品防控要求，确保风险监测和预防性全面消毒工作科学规范，做好进口冷链食品全覆盖管控、全链条管理和全过程溯源。累计开展核酸检测1 978批、抽取样品38 538个，未发现异常。保障防疫物资安全通关。快速放行防疫、民生及复工复产物资1.14万批次，货值2.26亿元，有效处置不合格进口防疫物资5起，退运4万件，实现进口防疫物资零滞留。严防不合格防疫物资出口，布控查获出口防疫物资违法违规情事718起，共1.92亿件。

【宁波海关促进外贸稳增长有成效】 制定下发支持企业防新冠肺炎疫情复工复产十条举措，疫情期间累计为进口防疫物资减免税款857万元，减免加工贸易企业风险担保金3 665.19万元。"助力企业复工复产、促进外贸稳定发展"专题行动点对点帮扶解决疫情物资生产企业、重点行业、中小微企业进出口难点问题，企业满意度100%。收集发布162个国家和地区疫情管制措施，成功推动我国水产品对土耳其恢复出口。推出稳外贸稳外资33项工作措施，实施"三简两降"措施，简化前置审批、简化通关环节、简化后续纠错、降低出口法检抽批率、降低检测周期等。2020年报关单位注册净增3 191家次，确定199家重点企业，累计培育诚信企业184家次，宁波关区共有AEO企业2 385家，其中高级认证企业93家。为10家高级认证企业使用依申请免除税款担保金额60.18亿元，推荐出口食品企业对外注册共10家次。积极帮扶企业享受各项税收优惠政策，出口货物享受国外关税优惠3.5亿美元，享受延期缴纳税款12.58亿元。对美加征关税排除政策为210家企业退还税款超1.2亿元。取消一次性卫生用品毒理学检测等费用，减轻进出口企业负担1 231.51万元。发布技贸预警2 162条、国外通报召回信息34 792条。设立宁波关区加工贸易集中作业中心，为企业大幅节约资金成本。

【宁波海关持续优化口岸营商环境】 持续压缩通关时长，宁波口岸通关效率位居长三角海关前列。全国海关中首批启动"两步申报"等改革试点，全国率先在宁波关区全面推广试点，对于不涉证不涉税进口货物，概要申报9个大项即可从港区提离，极大提高了货物流转速度，降低了物流成本。实施"船边直提""抵港直装"等作业模式改革，支持企业结合"提前申报""汇总申报""担保放行"等多种模式快速通关。开展风险分析和精准布控，货物提离前查验率4.9%，较传统模式下降62.6%；出口查验率1.3%，大幅减少了对物流的干预，进口通关时长较2017年压缩79%。宁波口岸进口整体通关时间34小时，出口3小时，位列长三角海关前列。积极落实贯彻落实海关总署深化"放管服"改革优化营商环境实施意见措施30条，以及"最多跑一次""多证合一""证照分离"等改革，国际贸易"单一窗口"申报比率达100%。

【宁波海关支持宁波舟山港一流强港建设】 与杭州海关签署《推动甬舟一体化发展合作备忘录》，确立12项合作内容，全力保障宁波口岸国际物流链畅通，助力宁波舟山港完成货物和集装箱吞吐量分别达11.72亿吨、2 872万标箱，分别稳居世界第一位、第三位。2020年5月1日起在宁波舟山港全港域内实现国际转运货物互联互通，监管跨关区国际中转货物4 345自然箱。支持宁波打造"中欧班列+海铁联运"运输新模式，全面实施转关作业无纸化，推广安全智能锁在海铁联运转场货物中应用，助力宁波舟山港2020年完成海铁联运业务量100.5万标箱，同比增长24.2%。支持开展保税燃料油跨关区直供业务，助力浙江自贸试验区打造东北亚保税燃料油供应中心，监管跨关区保税油110.45万吨，同比增长15.27%。

【宁波海关服务区域经济高水平开放高质量发展】 稳步推进综合保税区、自贸试验区建设，牵头完成宁波梅山综合保税区、宁波北仑港综合保税区、宁波前湾综合保税区现场验收，出台支持和促进综合保税区高水平开放高质量发展

24项举措。支持中国（浙江）自由贸易试验区宁波片区赋权扩区，出台建设工作方案，复制推广智能化卡口、保税期货交割等监管创新制度48项。结合宁波产业特色提出政策创新需求，助力浙江省首家LNG保税仓库落户区内。支持中国—中东欧经贸合作示范区建设，实施中国—中东欧国家贸易便利化措施14项，通过“展品+保税展示”模式促进中东欧商品进口销售，宁波对中东欧国家贸易额年均增长近两成。制定落实支持跨境电商扩围发展十大举措，宁波跨境电商“6·18”“双11”网购保税零售进口申报单均居全国首位。2020年监管跨境电商网购保税进口商品1.2亿票，总值261.1亿元，征收税款25.9亿元，实现逆增长，各项数据继续稳居全国第一。全国首批开展跨境电子商务企业对企业（B2B）出口监管试点，试点6个月来出口海外仓货值10.9亿元，居全国前列。不断拓展宁波口岸功能。积极配合地方口岸管理部门，依法支持口岸开放及设施启用，协同做好宁波舟山港梅山港区6号、7号泊位临时开放，台塑2个码头临时靠泊等工作，推动宁波机场三期国际货运区海关监管作业场所建设，完成T2航站楼旅客通关作业场地启用。实现整车进口全流程电子化管理，2020年平行进口汽车6 710辆。

【宁波海关严格口岸检验检疫】 制订口岸应对突发公共卫生事件处置预案，建设口岸应急处置中心并完成考核验收，扎实做好口岸传染病疫情防控。针对性开展口岸基孔肯雅热、埃博拉病毒病等疫情防控，2020年检疫检出确诊传染病145例，检出率增长92.39%。严格做好非洲猪瘟防控，对来自非洲猪瘟疫区的290架飞机和1 647艘船舶开展100%登临检疫和检疫处理，送样检测22批次截获的猪肉制品，均未检出阳性。深入开展外来入侵物种口岸防控，严防沙漠蝗从口岸传入，截获检疫性有害生物1 497种次、一般性有害生物24 919种次，全国首次截获检疫性有害生物马里兰根结线虫。建成进出口商品质量安全一级风险监测点4个，强化质量安全监管，出口防疫物资检测发现不合格22批、1 629万件。检验进出口工业品13.1万批、货值4 077.8亿元，抽检3.8万批，检验批次和货值抽检不合格率分别为5.52%和2.99%，检出不合格工业品2 106批、91亿，有效提升进出口商品质量安全治理效能。

【宁波海关高压严打走私违规】 深入推进“国门利剑2020”“蓝天2020”“护卫2020”等专项行动，2020年累计侦办走私犯罪案件174起，案值29.1亿元，涉税9.32亿元；侦办海关总署缉私局挂牌督办案件23起，列第3位，创历史新高；查办行政违法案件1 007起，案值36.38亿元，涉税1.77亿元；查办案值超千万行政大要案19起；刑事执法考评位列全系统第3位，行政执法考评位列全系统第4位。围绕“中央关注、社会关切、群众关心”的突出走私问题，连续开展6次“NB20”系列打私集中行动，查获一批洋垃圾、象牙等濒危物种、成品油、平行汽车、冻品、疫区活牛、毒品、医疗物资以及出口骗退税等走私违法大要案。

【宁波海关科研创新水平持续提升】 2020年申报省部级及以上科研项目29项，立项12项，数量再创新高。海关技术规范制修订获海关总署立项17项，完成5项。发表科研论文46篇，获专利23项，获宁波市科技进步三等奖1项。与北京海关共同开展科技部冬奥科研项目研究，联合其他海关申报科技部科研项目2项，与军科院等科研院联合开展科技部科研项目攻关、进口肉牛疫情调研等。加大科技人才培养，入选海关总署科技委分专业技术委员会等专家47人。

2020年出台推进实验室高质量发展指导意见，推动提升实验室总体水平。高等级生物安全实验室获得科技部、CNAS、国家卫健委等所有资质认可，具备正式开检资格，成为关检合并后首个完成同类型实验室规划建设的直属关。毒理学安全性评价实验室获新化学物质生态毒理测试GLP资质，成为浙江首家、全国海关唯一获此资质的技术机构。出口医疗防疫物资实验室成为海关总署13家指定检测实验室之一。国家固废鉴定重点实验室通过海关总署验收。技术中心、保健中心完成法检 26 149 批次、248 291 项次，新增扩项 8 400 余项，检测项目超 3.6 万项，有力支撑技术执法。

开放口岸

【杭州空运口岸（杭州萧山国际机场）】 杭州萧山国际机场位于杭州市东部，距杭州市中心 27 千米，是国务院确定的国内区域性枢纽机场，是国家对外开放口岸、中国内地十大机场和全球百强机场之一。机场占地面积 10 平方千米，拥有 2 条跑道（北跑道长 3 400 米，宽 60 米；南跑道长 3 600 米，宽 45 米），飞行区等级为 4F，可起降目前世界上最大的民航客机——空客 A380。机场共有 3 座航站楼，总面积近 37 万平方米，值机柜台 226 个、自助值机设备 77 台；机坪面积 218 万平方米，其中客机坪面积 183.3 万平方米、货机坪面积 34.7 万平方米；停机位共 166 个，其中客机位 137 个（包括廊桥机位 51 个、远机位 86 个）、货机位 29 个。

杭州萧山国际机场是由原军民合用的杭州笕桥国际机场迁址新建的机场，原杭州笕桥机场于 1979 年经国务院同意开通至香港的包机航线，于 1980 年经国务院等机构批准正式对外开放。杭州萧山机场于 1997 年 7 月动工新建，2000 年 12 月建成通航。2003 年 9 月获国务院批复同意扩大对外国籍飞机开放，2004 年 3 月通过国家验收正式对外开放。2018 年 10 月，机场三期工程破土动工。杭州萧山国际机场内建有独立的口岸工作园区和完善的口岸设施及功能（包括落地签证点、台胞签注点、过境 144 小时免签通道等），实行“5+2”工作制，2019 年 9 月 29 日起全面实现 24 小时无障碍通关。

2020 年，杭州空运口岸稳步推进国际航线开发和恢复工作。客运方面，新增或恢复了澳门、东京、大阪、首尔、吉隆坡、马尼拉、斯里巴加湾、新加坡、雅加达、阿姆斯特丹、悉尼、开罗、马德里、多哈等国际（地区）客运航线。货运方面，新增克拉克、吉隆坡（经停胡志明市）、曼谷、马德里、新加坡、东京、洛杉矶等航线（8 个航点），运营的国际（地区）全货机航线累计达 15 条（16 个航点）。截至 2020 年，共有国际（地区）定期通航点 58 个，其中地区 6 个、国际 52 个（洲际 17 个）。共有 72 家中外航空公司营运定期航班。新引进西班牙伊比利亚航空公司，定期营运。

2020 年，杭州萧山国际机场完成旅客吞吐量 2 822.43 万人次，同比下降 29.6%；保障航班起降 23.7 万架次，同比下降 18.4%。货邮逆势上扬，突破 80 万吨大关（80.2 万吨），同比增长 16.2%，增速居全国十大机场之首。客、货年吞吐量继续排名全国第 10 位和第 5 位。出入境人员 61.37 万人次，同比下降 89.46%。其中出入境旅客 55.11 万人次（入境 28.37 万人次、出境 26.74 万人次），同比下降 89.98%；出入境机组员工 6.26 万人次（入境 3.14 万人次、出境 3.12 万人次），同比下降 80.54%。出入境飞机 9 382 架次（入境 4 574 架次、出境 4 808 架次），同比下降 75%。

【宁波空运口岸（宁波栎社国际机场）】 宁波栎社国际机场于 1984 年建站，1990 年 6 月 30 日迁至现址，定名为宁波栎社机场；2005 年 11 月 29 日，经原中国民航总局批复，更名为宁波栎社国际机场。宁波机场位于浙东鄞西平原，距宁波市中心约 12 千米，是国内重要的干线机场。机场高架路与甬金高速出口相连接，地铁 2 号线将机场与市内火车站、汽车客运中心相连，客流往返与物流运输均十分便利。机场在用 T2 航站楼于 2019 年 12 月 28 日启用，候机楼面积 11.24 万平方米，机坪面积 53.2 万平方米，机位数量 60 个，现飞行区跑道长 3 200 米，配备有国际先进的通信导航和航行管制设备，达到 4E 级标准，可满足波音 747 等大型飞机起降。机场交通中心面积 5.5 万平方米，直接与 T2 航站楼相连，可同时停靠约 1 040 辆小车和 40 辆大客车。

1992 年 7 月，宁波空运口岸经国务院批准正式对外开放；年底，国际航空货运业务开通。2005 年 4 月 1 日，宁波空运口岸扩大对外国籍飞机开放获国务院批准，9 月 2 日通过国家验收。口岸拥有冰鲜水生动物及水果指定监管场地资质，可满足海鲜、水果等特种货物的进境需求。2016 年 11 月 10 日成为浙江省首个、全国第十一个国际卫生机场。2018 年，宁波机场年旅客吞吐量突破 1 000 万人次，正式迈入全国大型繁忙机场行列。2020 年 6 月 18 日获批在 T2 航站楼内设立口岸出境免税店。

2020 年，宁波机场在稳定执行原有香港、台湾、大阪以及美洲全货机航线基础上，新增达卡、东京和法兰克福 3 条全货机国际航线，2020 年国际（地区）全货机定期航线达到 8 条；先后开通宁波至开罗、马尼拉、莫斯科、帕尔马、法兰克福等国际“客改货”航班共 27 班次，首次开通直达非洲、东盟和俄罗斯货运航线。有序恢复往返韩国、中国澳门地区的 3 条国际（地区）航空定期客运商业航线，往返韩国定期国际航班 11 班，入境旅客 985 人、出境旅客 129 人；往返中国澳门地区定期地区航班 57 班，入境旅客 3 966 人、出境旅客 4 696 人。保障来自阿联酋、白俄罗斯、印度尼西亚、印度等地共 13 架次国际包机临时航班，保障国际临时航班入境旅客 1 785 人、出境旅客 559 人。截至 2020 年，共开通国际国内客运航线 128 条；2020 年参与运营的航空公司达 44 家，平均每日超 206 架次航班从机场起降。

2020 年，宁波栎社国际机场旅客吞吐量 897.16 万人次，同比下降 27.73%；货邮吞吐量 11.92 万吨，同比增长 12.28%；航班起降 7.54 万架次，同比下降 15.77%。年旅客吞吐量全国排名第 31 位。完成出入境航班 2 908 架次，同比下降 75.6%；出入境旅客 15.9 万人次，同比下降 89.7%。其中，内地旅客 13.4 万人次，同比下降 89.3%；港澳台旅客 1.7 万人次，同比下降 92.4%；外国籍旅客 0.8 万人次，同比下降 89.6%。国际货邮吞吐量 3.87 万吨，同比增长 172.08%。

【温州空运口岸（温州龙湾国际机场）】 温州龙湾国际机场于 1990 年 7 月 12 日通航，先后经历民航温州站、民航温州永强机场的发展，2013 年经中国民航局、温州市政府批准正式更名为温州龙湾国际机场。温州龙湾国际机场位于温州市龙湾区，地处温州东南瓯江口、濒临东海，距温州市中心约 22 千米，辐射浙江温州、台州、丽水和福建宁德 4 个地区约 16 万平方千米、2 000 万人口，周边 300 千米范围内没有大型机场，是大陆离台湾空中航距最近的机场，航程只有 50 多分钟，具有发展航空运输业得天独厚的区位优势。

温州龙湾国际机场是国家对外开放口岸、国内二类民用机场。机场飞行区等级为 4E，消防保障等级为 8 级，拥有一条长 3 200 米、宽 45 米跑道（含道肩 60 米），一条 3 200 米平行滑行道，高峰小时可起降 28 架次，可保障波音 747-400、空客 A340-600 等同类及以下机型起降。现有候机楼总面积 12.95 万平方米，其中 T2 国内候机楼 11.6 万平方米、T1 候机楼国际厅 1.35 万平方米；停机坪 53.4 万平方米，停机位 59 个，登机廊桥 29 座。温州空运口岸客运区国际出发配备海关通道 2 条，值机柜台 9 个，边检通道 5 条（其中 1 条自助通道），安检通道 3 条，登机口廊桥 4 个（5~8 号）、远机位 2 个（18~19 号）；国际到达配备海关通道 2 条，边检通道 7 条（其中 2 条自助通道），行李提取转盘 2 个。口岸货运区现有 6 650 平方米的国际监管仓库，设有出境货物区、进境货物区、邮件交换站、海关办公区、查验区和扣留区等，配备电子地磅、集装箱式冷库、生物培育地、视频监控和卡口系统等设施。温州机场进出口货物主要为皮料、服饰、箱包、生鲜产品等。

1994 年 9 月，温州机场获国务院等机构批准开放（限中国籍飞机飞港澳地区）。2011 年 6 月，国务院批复同意温州机场对外国籍飞机开放，2012 年 7 月 24 日通过国家验收正式对外国籍飞机开放。2018 年，温州机场年旅客吞吐量首次突破 1 000 万人次，成功迈入千万级大型国际机场行列。2019 年 9 月，温州机场轨道交通 S1 线全线开通，温州也成为浙江省内首个实现航空和轨道交通“零换乘”的城市。

2020年，因疫情防控需要，温州空运口岸先后圆满完成“布鲁塞尔—温州”全货机航线、“雅加达—温州”客改货航线、“金边—温州”全货机航线、“温州—罗安达”客改货包机航线、“米兰—温州”客运航线、“温哥华—温州”客运航线的保障任务。截至2020年，温州空运口岸有出入境定期通航点14个，其中地区4个、国际10个（不包括包机通航点）；2020年实际营运国际（地区）航点21个，其中地区4个、国际17个；共有21家航空公司运营国际（地区）航线（包括临时包机航空公司）。

2020年，温州龙湾国际机场旅客吞吐量878.72万人次、货邮吞吐量7.36万吨、保障航班起降7.37万架次，同比分别下降28.51%、9.29%和20.13%。旅客吞吐量在全国机场排名晋升1位，位列第33位。其中，出入境旅客吞吐量、货邮吞吐量和航班量分别为6.58万人次、238.6吨、643架次，同比分别下降96.72%、78.43%、38.84%。

【义乌空运口岸（义乌国际机场）】 义乌国际机场位于浙江省中部、义乌市西北，距市中心5.5千米，始建于1970年，原为海军训练二级机场，1988年经国务院等机构批准为军民合用机场，1991年4月正式开通民用航班。义乌机场历经五次改造和扩建。目前飞行区等级为4D，跑道长3 000米、宽45米，可起降空客300、波音767等大中型客机及波音757货机。停机坪面积6万平方米，有12个中型客机机位；国内候机楼1.66万平方米，有4个登机廊桥，可满足1 000人次同时候机。国际航站楼面积1.3万平方米，有2个登机廊桥，设计年旅客吞吐量30万人次。共建有2个临时国际货站。国际货站一设计规模仅供国际（地区）航班腹舱带货所需，于2014年10月改造完成；国际货站二于2015年由地方政府筹建，包括一个普货通道、一个邮件通道，该货站设计仅为单一出港功能，能满足保障1架B757货机，即30吨国际货物运输量的要求。2019年，义乌机场年旅客吞吐量首次突破200万人次，正式迈入中型机场行列。

2014年7月31日，国务院批复同意义乌空运口岸对外开放；10月13日顺利通过国家验收投用。2019年11月29日，义乌国际机场顺利通过世界卫生组织专家组实地验收，正式被授予“国际卫生机场”称号，成为全国县级市首个、关检融合后首批、杭州关区内首个国际卫生机场，也是全国第13个国际卫生机场。2019年9月19日，义乌国际机场与杭州萧山国际机场合作设立“异地货站”。

2020年，义乌国际机场开通直飞俄罗斯符拉迪沃斯托克（海参崴）航线，这是义乌机场第六条国际（地区）定期航线。加密“义乌—大阪”货运航班至每周7班。推进与杭州萧山国际机场“异地货站”合作，开通义乌至都柏林、马德里临时货运包机。打通义乌至郑州、广州空空转关运输通道。

2020年。义乌机场旅客吞吐量136.62万人次，货邮吞吐量1.25万吨，保障航班起降13 677架次，同比分别下降32.67%、增长18.58%、增长23.46%。其中，国内航线货邮吞吐量9 584.11吨，同比下降0.35%；国际（地区）航线货邮吞吐量3 000.9吨，同比增长338.38%。出入境飞机636架次，其中，出境飞机318架次、入境飞机318架次；出入境人员14 556人次，其中，出境人员6 929人次、入境人员7 627人次；出入境旅客11 391人次，其中出境旅客5 810人次、入境旅客5 581人次。

【舟山空运口岸（舟山普陀山机场）】 舟山普陀山机场位于舟山本岛东南面，地处国家级风景区“海岛生态园”朱家尖岛，距市中心直线距离16.5千米，西距著名渔港沈家门仅1.2千米（由跨海大桥连接），北邻“海天佛国”普陀山2.5千米（由舟山机场出发到普陀山只需10分钟）。舟山普陀山机场原名舟山朱家尖机场，于1995年1月开工建设，1997年3月底建成、8月8日正式通航，1998年4月更名为舟山普陀山机场。机场总占地面积约200.07万平方米，拥有1条跑道（长2 500米、宽60米），1条平行滑行道（长2 500米、宽38米），2座航站楼

（不含在建的二期国际航站楼），总面积近2.2万平方米；机坪面积9万平方米；停机位共16个（包括廊桥机位3个、远机位13个）；1998年7月飞行区等级升至4D级，能满足B757及以下的机型起降，2014年客流量突破50万人次，迈入民航中型机场行列。

舟山普陀山机场于2018年1月获国务院批复同意对外开放，正在抓紧落实对外启用验收工作，其间以临时开放方式保障口岸运行。2020年9月25日，舟山普陀山机场国际航站楼二期工程通过工程质量验收，10月28日开展民航专业工程竣工验收。项目汇集海关、边检等职能设施，投运后将是舟山地区国际旅客的空港出入境中心，大大提升机场运营和服务能力，进一步促进舟山地区航空业、旅游业的发展。

2020年，舟山普陀山机场旅客吞吐量114.15万人次，同比减少25%，客运量全国排位上升7位；货邮吞吐量893.5吨，同比增长43.51%，增幅位列浙江省首位；飞机起降20 250架次，同比减少16.29%。

【宁波水运（海港）口岸】 宁波港地处我国大陆海岸线中部、南北海岸线和长江“T”形结构的交汇点上，是中国大陆著名的深水良港，是我国对外贸易的重要海港口岸。宁波港自然条件得天独厚，内外辐射便捷。向外直接面向东亚及整个环太平洋地区。海上至香港、高雄、釜山、大阪均在1 000海里之内；向内不仅可连接沿海各港口，而且通过江海联运，可沟通长江、京杭大运河，直接覆盖整个华东地区及经济发达的长江流域，是中国沿海向美洲、大洋洲和南美洲等港口远洋运输辐射的理想集散地。1979年6月，国务院正式批复宁波港对外开放。宁波港域共有已开放港区7个，分别是甬江港区、镇海港区、北仑港区、大榭港区、梅山港区、穿山港区、石浦港区（临时开放）。截至2020年，宁波舟山港已与世界上100多个国家和地区的600多个港口通航，全球排名前20位的国际班轮公司都已登录宁波海港口岸，拥有集装箱航线262条，其中外贸干线117条、近洋支线93条、内支内贸线52条。

2020年，宁波海港口岸营商环境持续优化。促进跨境贸易便利化方面，一是实现进口货物“船边直提”、出口货物“抵港直装”作业模式。二是港口物流作业无纸化水平进一步提升。已实现进出口设备交接单、装箱单、提货单无纸化，除特种箱外，进出口设备交接单无纸化已基本全覆盖；电子提货单于10月16日全面覆盖各家船公司及船代公司，打通了进口提箱信息互联互通的“最后一公里”。三是海铁联运进提箱业务实现无纸化全覆盖。5月25日起正式取消码头提空操作的纸面单证传递，每单业务可减少作业时间2小时，每年可节约纸张40余万张。四是全面落实已公布的口岸作业时限标准。3月份，对“装卸船”“进提箱”“查验作业”等环节作业时限进行重新补充修订，新增“船舶靠泊”“查验移箱”等环节，并对“装卸船”环节作业时限标准进一步细化。五是完成查验预约一站式服务平台开发。实现宁波港域内线上查验预约业务全覆盖，使原本需要到各码头分散办理的查验箱业务，能够在统一平台上进行线上“一条龙”办理。六是积极参与浙江电子口岸改革工作，基于企业应用场景的数据互通互融已顺利开展。七是推进智慧码头建设。全面推进“5G+智慧港口”应用；加快桥吊、龙门吊远程控制、无人集卡等项目研究，12月5日，梅东公司智能集卡正式投入编组独立整船作业，成为国内少有的实现“装卸设备远控+智能集卡”自动化规模化作业的集装箱码头。降费惠企方面，2月1日发布《关于延长集装箱进出口重箱免堆期的通知》，主要就1月24日零时至2月9日24时进港的进出口集装箱重箱，免堆期延长至20天。2月26日发布《进一步实施疫情期间港口作业费用减免措施》，主要有继续延长免堆期，阶段性免收港口作业包干费（转栈作业）部分，阶段性船舶供应服务费（冷藏箱制冷作业）减半，给予进口本地空箱库场使用费阶段性优惠，延长客户费用结算账期等。7月31日发布《关于积极响应浙江省政府推进港口口岸提效降费政策意见的通知》，主要有阶段性免收港口作业包干费（转栈作业）部分，阶段性船舶供应服务费（冷藏箱制冷作业）减半，免收社检验检疫查验无问题箱费用，延长客户费用结算账期等。2020 年系列减费优惠措施累计降费（物流环节）约 2.1 亿元。

2020 年，宁波舟山港货物吞吐量 11.72 亿吨，同比增长 4.7%，连续 12 年位居世界第一，其中宁波港域 60 098.0 万吨，同比增长 2.9%。宁波舟山港集装箱吞吐量 2 872.2 万标箱，同比增长 4.3%，继续位列全球第三，其中宁波港域集装箱吞吐量 2 705.4 万标箱，同比增长 3.4%。宁波海港口岸进出口货运量 35 696.9 万吨、进出口集装箱 2 213.3 万标箱、入出境船舶 10 755 艘次，同比分别增长 1.3%、增长 1.2%、减少 3.5%。

【舟山水运（海港）口岸】 舟山港地处我国东部海岸线与长江水道的交汇处，背靠长三角经济腹地，面向太平洋，是东部地区和长江流域重要的对外开放海上门户和通道。1981 年 5 月，国务院等机构批准嵊泗县绿华山和普陀区黄兴岛为外轮海产品交货锚地，同时开放沈家门港为国轮外贸运输港；1987 年 4 月 1 日，国务院等机构正式批准舟山港对外开放，其中沈家门、老塘山为对外开放作业区；1996 年 8 月 20 日，国务院等机构批准岙山原油中转码头对外开放。2014 年 10 月 13 日，舟山群岛国际邮轮港正式开港。2016 年 1 月 8 日，国务院批复同意舟山港口岸扩大开放。舟山海港口岸共有 11 个已开放港区，分别是定海港区、岑港港区、马岙港区、白泉港区、金塘港区、沈家门港区、六横港区、岱山港区、衢山港区、嵊泗港区、洋山港区。舟山海港口岸是典型的群岛型口岸，开放项目依岛而建，有 57 个经国务院、浙江省政府批准正式对外开放的口岸监管点，点状分布在舟山全市四县（区）16 个岛屿上，东西跨度 182 千米，南北跨度 169 千米。2020 年，新增舟山市天元船舶修造有限公司、浙江新基海洋工程有限公司、广厦（舟山）能源集团有限公司、舟山金海船业有限公司及长宏国际船舶再生利用有限公司 5 家企业码头、船坞对外启用。此外，舟山口岸功能呈多元化发展，拥有进口粮食、进口冰鲜水产品、进境水果、进口肉类、进口水生动物指定监管场地资质和进口澳大利亚肉牛指定隔离检疫场，并设有 20 个保税仓库，其中 16 个油品保税仓库，4 个大豆、水产品和船用配件保税仓库，出口监管仓有 5 个，标志着舟山口岸核心能力建设跨上一个新高度。

2020 年，舟山率先提出“船舶通关三互改革”方案，得到国家口岸管理办公室等部委支持并取得明显成效，实现舟山与张家港、天津等口岸间“国际航行船舶转港申报数据复用”，并在全国推广，企业申报耗时由原来 1 小时减少到最短 5 分钟，国务院优化营商环境政策吹风会专门介绍“舟山经验”。此外，舟山还先行探索，并争取转化为国家多项口岸监管新政，如推动实现船舶一地备案、全国通用；远洋渔船等取消“海关监管簿”；油品监管“先放后检”高效通关，以及边检行政许可长三角地区“一地办证、区域通用”、临时入境舟山宁波上海跨市互认等。舟山口岸通关监管改革成果占浙江自贸试验区的三分之一以上，其中经国务院正式发文向全国复制推广成果有 10 项出自舟山口岸部门，占 90%，走在第三批自贸试验区前列。2020 年，经第三方毕马威权威评估，舟山营商环境便利度模拟排名列全球第 28 名，无纸化通关等跨境贸易指数处于全国领先水平。

2020 年，舟山港域港口货物吞吐量 5.71 亿吨，同比增长 6.62%。其中外贸货物吞吐量 1.80 亿吨，同比增长 12.15%；集装吞吐量 166.82 万标箱，同比增长 22.20%。主要货种全年累计：石油及天然气 1.27 亿吨、金属矿石 1.73 亿吨、煤炭 2 899.08 万吨、粮食 900.48 万吨。舟山海港口岸进出口货运量 17 688.11 万吨、进出口集装箱 40.28 万标箱、入出境船舶 14 288 艘次，同比分别增长 15.82%、下降 2.08%、增长 7.11%。

【温州水运（海港）口岸】 温州港处于全国海岸线的中间节点，由状元岙港区、乐清湾港区、大小门岛港区 3 个核心港区以及瓯江港区、瑞安港区、平阳港区、苍南港区 4 个辅助港区组成。其中已开放港区2个，分别是状元岙港区、瓯江港区。1957年，温州海港口岸经国务院批准对外开放，1964年8月27日首艘外轮日本“东宫丸”号抵达温州。“十一五”时期，温州港开始由“瓯江时代”向“东海时代”迈进，实现由河口型港向近海深水港、地区性港向沿海枢纽港、集装箱喂给型港向重要支线港发展的三大历史性转变。2014年2月，温州海港口岸扩大开放获国务院批准，这是温州港由“瓯江时代”向“东海时代”全面跨越的重要标志。2014年12月状元岙港区扩大开放通过国家验收。

截至2020年，温州港拥有已建成及开工在建的生产性泊位24座，开通集装箱航线21条，其中内贸航线15条，基本覆盖全国沿海主要港口；外贸航线6条，挂靠5个国家（地区）的12个港口；至宁波舟山港的内支线加密至每周8至12班，有效运力每周可达5 000标箱，已经逐步成为浙西南、赣东、闽北等地区对外交流的重要海港口岸。

2020年，温州海港口岸不断强化改革，提升跨境贸易便利化水平。实施“提前申报”模式，并同步配套落实“容错容缺”机制，加速货物口岸提离时效。推出国际航行船舶24小时通关服务和预检制度，对已办妥预检手续的船舶实现“零待时”通关，最大限度缩短船舶靠港时间。应用和推广国际贸易“单一窗口”转关单、出口退税、原产地证等三大申报功能，其中转关单申报应用率已达100%，有效实现了温州与宁波之间转关货物“无障碍”放行。温州市政府设立口岸发展专项资金，解决有关口岸单位办公经费不足、人员不足、人均工资福利偏低等问题。

2020年，乐清湾港区4个5万吨级以上（含）泊位全部获批临时开放；开通温州至印度尼西亚、俄罗斯远东2条近洋航线。2020年，温州海港口岸完成进出口货运量383.34万吨、进出口集装箱34.58万标箱、入出境船舶854艘次，同比分别增长51.63%、增长35.43%、下降5.8%。

【台州水运（海港）口岸】 台州港位于浙江中部沿海，地处我国海岸带中段，是浙中沿海的水运枢纽，海岸线745千米，占浙江省的28%。2001年交通部批准台州市港口统一更名为台州港，实现“一城一港”、港城同名的发展格局。台州水运口岸辖海门港区和大麦屿港区。海门港区位于椒江区，1983年11月经国务院批准开展国轮外贸运输业务，1989年5月获国务院批准对外轮开放，1990年10月正式对外开放，有开放泊位5个，最大靠泊等级为5 000吨级。大麦屿港区位于玉环市，2008年4月获国务院批复同意对外开放，2011年9月通过国家验收，12月正式对外开放，港区有开放泊位5个，最大靠泊能力为10万吨级，港区开通至台湾基隆的客货运直航业务（受疫情影响2020年1月29日至12月31日暂停客运直航业务），航班每周常态化运行。此外，国务院、浙江省政府曾根据台州对外开放需要，先后批准临海红光液化气专用码头、大陈岛海上水产品交货点2个二类口岸并入台州海港口岸统一管理。

2020年7月29日，台州港口岸扩大开放获国务院正式批复同意。扩大开放范围包括头门港区、健跳港区和龙门港区，新增水陆域面积690平方千米。在原有海门港区、大麦屿港区开放基础上，台州港口岸沿海各港区实现全面开放，总开放水陆域面积达970平方千米。11月24日，海门港区台州湾港务有限公司外贸集装箱码头1号泊位通过浙江省政府验收，实现对外启用。三门枫叶船舶修造有限公司第十一期临时开放申报于3月获交通运输部批复同意。

2020年，台州海港口岸营商环境持续优化。出台《2020年台州市促进跨境贸易便利化专项行动工作方案》；开展口岸收费情况排查，梳理收费清单并做好公示，对口岸主要收费环节进行抽查，未发现违规收费现象；实现国际贸易“单一窗口”全覆盖，企业通过“单一窗口”进行业务申报的覆盖率达100%；持续推进免除查验没有问题外贸企业吊装移位仓储费用试点工作，向相关外贸企业发放补助资金，被查验的集装箱平均每箱免除费用890元。

2020 年，台州港口岸实现外贸货物通关量 562.48 万吨，同比增长 5.96%，其中进口 487 万吨，同比增长 3.02%，出口 75 万吨，同比增长 30.05%；集装箱进出口 12.24 万标箱，同比减少 1.02%，其中进口 6.14 万标箱，同比减少 0.87%，出口 6.1 万标箱，同比减少 1.16%；出入境船舶 377 艘次，同比增长 6.8%；出入境人员 9 335 人次，同比减少 66.51%。大麦屿口岸对台湾客货运直航船舶进出港 94 艘次，同比增长 2.17%。

【嘉兴水运（海港）口岸】 嘉兴港（原名乍浦港），位于浙北地区的杭州湾北岸，地处沪、杭两市中间的嘉兴市境内，是浙江北部唯一的出海门户，是全国海河联运主要港口之一，毗邻上海浦东，陆上距上海 95 千米、杭州 117 千米、嘉兴 43 千米；海上距上海 122 海里、洋山港区 53 海里、宁波港 74 海里。嘉兴港自东向西由独山、乍浦、海盐三大港区组成，其中，乍浦港区 1993 年 3 月经批准开办国轮外贸运输业务，1994 年 5 月获批临时接靠外国籍船舶，1996 年 1 月经国务院同意对外国籍船舶开放，2001 年 4 月正式通过国家验收对外开放。2014 年 12 月 24 日，国务院批复同意乍浦港口岸更名为嘉兴港口岸并扩大开放独山、海盐港区。2016 年 11 月 25 日，嘉兴港口岸扩大开放通过国家验收，基本实现全港对外开放（除乍浦港区九龙山区域）。2020 年 1 月 15 日，嘉兴港独山港区浙江平湖玻璃港务有限公司新建 5 万吨级液体化工泊位（A9）通过浙江省政府组织的码头对外启用验收，并于 1 月 17 日获批正式对外开放。截至 2020 年，嘉兴水运口岸共有 13 座开放码头、23 个泊位对外启用，其中万吨级泊位 19 个。

2020 年，嘉兴口岸全面推行“提前申报”“两步申报”通关模式，开展进口货物“船边直提”、出口货物“抵港直装”试点。3 月底实现“两步申报”在嘉兴所有通关现场全覆盖，11 月底转关业务也纳入“两步申报”改革，12 月底“两步申报”应用率达到 23%。3 月底完成杭州关区首票进口“船边直提”业务，10 月底完成杭州关区首票出口“抵港直装”业务，并初步实现海关查验信息的双向交换。嘉兴市政府成立嘉兴市“港产联动”协同推进体系建设工作协调小组和工作专班，工作专班入驻口岸现场，专题解决港产联动特别是口岸开放难题，做到一事一办，全面提升港口营商环境。有关部门建立协同机制推进对嘉兴口岸收费目录、收费标准、收费依据、收费对象、收费公示进行排查，规范口岸收费。自 2 月 1 日起，免收外贸集装箱货物港务费；自 3 月 1 日至 6 月 30 日，及时按国家部委要求实行货物港务费等收费标准分别降低 20%；自 3 月 1 日至年底按国家部委要求免征港口建设费，免收港口设施保安费。2020 年合计为企业减负 6 403 万元。推进免除查验没有问题外贸企业吊装移位仓储费用试点资金的退还工作，2020 年向相关外贸企业拨付资金 77.82 万元。6 月出台政策对新开辟嘉兴港近洋航线的船公司和符合产业发展的物流业项目进行补助。9 月 16 日，杭州嘉兴两地政府签订跨境贸易便利化合作协议，开展杭嘉口岸跨境贸易便利化合作。

2020 年，嘉兴港水运口岸货物吞吐量 11 714.54 万吨，同比增长 7.34%，集装箱吞吐量 195.57 万标箱，同比增长 4.85%；外贸货物吞吐量 1 482.95 万吨，同比增长 10.86%，其中，进口货物吞吐量为 1 093.42 万吨，同比增长 18.65%，出口货物吞吐量为 389.53 万吨，同比下降 6.4 %；外贸集装箱吞吐量 41.24 万标箱，同比增长 0.25%，其中，进口集装箱 14.42 万标箱，同比增长 9.49%，出口集装箱 26.82 万标箱，同比下降 2.22%。从进出口货物情况看，嘉兴港水运口岸外贸货物以进口为主，出口货物以集装箱运输为主。

宁波市

【口岸运行主要数据】 2020 年，宁波口岸进出口贸易额累计 2 394.0 亿美元，同比下降 3.4%；占全国进出口总额的比重为 5.2%，同比下降 0.2 个百分点。其中，进口 639.2 亿美元，出口1 754.8亿美元；贸易顺差1 115.6亿美元，同比扩大8.2%。异地（除宁波外）企业在宁波口岸进出口1 423.0亿美元，占口岸进出口额的59.4%。其中，在浙江省内10个地市（除宁波外）中，金华、台州、绍兴、杭州等传统口岸腹地企业进出口额体量相当，依次为：168.7亿美元、168.4亿美元、166.6亿美元、161.7亿美元，四地合计占宁波省内异地进出口额的74.0%；湖州、嘉兴、金华等地企业进出口额增速位列前三位，同比分别增长32.5%、14.0%、11.6%。

2020年，宁波港域货物吞吐量60 098.0万吨，同比增长2.9%，位列全国沿海港口第5位。外贸货物吞吐量累计35 696.9万吨，同比增长1.3%，位列全国沿海港口第3位；其中，进口20 765.4万吨，同比下降0.5%，出口14 931.5万吨，同比增长3.8%。宁波港域集装箱吞吐量累计2 705.4万标箱，同比增长3.4%，位列全国沿海港口第2位。其中，进口1 050.4万标箱，同比下降0.5%；出口1 162.9万标箱，同比增长2.7%；内支线125.1万标箱，同比增长12.3%。

2020年，宁波空运口岸出入境航班累计2 908架次，同比下降75.6%。其中，出境1 359架次，同比下降76.7%；入境1 549架次，同比下降74.6%。进出境全货机1 552架次，同比增长26.18%，创历史新高。出入境旅客15.9万人次，同比下降89.7%。其中，内地旅客13.4万人次，同比下降89.3%；港澳台旅客1.7万人次，同比下降92.4%；外国籍旅客0.8万人次，同比下降89.6%。

【贯彻落实习近平总书记在浙江、宁波考察时的重要讲话精神，全力打造世界一流强港，建设世界一流口岸】 2020年3月29日，中共中央总书记、国家主席、中央军委主席习近平到宁波舟山港穿山港区考察。宁波市口岸办认真学习贯彻习近平总书记在浙江、宁波考察时的重要讲话精神和对浙江、对宁波工作的重要指示精神，深刻理解打造世界一流强港的重要作用，结合宁波口岸发展实际，在全市率先出台了《宁波口岸支持宁波舟山港打造世界一流强港的若干措施》，牵头落实口岸发展布局、口岸集疏运体系、口岸营商环境、口岸智慧体系、口岸产业体系、口岸合作机制与口岸治理体系7方面18项工作措施。此外，还深化世界一流口岸指标体系和《宁波世界一流口岸建设行动方案》研究，开展争当浙江建设“重要窗口”模范生大讨论，制定了相关行动计划。宁波市组织召开2020年口岸协调委和反走私综合治理联席会议，全方位凝聚口岸工作合力，为打造世界一流强港、建设世界一流口岸奠定工作基础。

【口岸扩大开放取得多项重要突破】 2020年4月，国务院批准宁波出口加工区、慈溪出口加工区、梅山保税港区转型升级为宁波北仑港综合保税区、宁波前湾综合保税区、宁波梅山综合保税区，宁波市对外开放能级和水平再获提升。全国新建最高等级集装箱泊位——梅山6号、7号泊位于4月15日获批临时对外启用，顺利完成全球最大集装箱船“现代阿尔赫西拉斯”靠泊作业，有效缓解港区集装箱码头大型泊位不足。完成20世纪90年代启动的象山港港区水陆域范围及航线的获准使用审批，并同步申请石浦港区水陆域范围及航线扩大开放，于10月获批。实现象山新港码头临时开放，支持台塑企业国际航行船舶临时靠泊作业。推动宁波机场三期国际客货运场地建设，新国际货运区海关监管场地正式投入使用。宁波邮路口岸建设进展顺利，国际邮件互换中心项目主体工程完成85%，提前完成年度目标。完成《口岸开放“十四五”规划》《“单一窗口”“十四五”规划》《航运集聚区“十四五”规划》等课题研究，为科学编制《宁波市口岸“十四五”发展规划》提供坚实基础。

【口岸营商环境持续优化】 一是开展2020年宁波市促进跨境贸易便利化专项行动，重点推进“两步申报”“船边直提”“抵港直装”通关模式改革，继续实施免除海关查验没有问题外贸企业吊装移位仓储费试点，协同市场监管部门开展口岸收费检查，细化“船舶靠泊”“查验移箱”等环节作业时限标准。二是做好跨境贸易便利化的研究、宣传、测评工作。推进宁波口岸跨境贸易便利化水平跟踪问效课题研究，加大本地及口岸腹地政策宣传推介，认真做好国家营商环境测评工作。三是推进跨境贸易便利化区域合作。与杭州市口岸管理部门建立合作机制，签署合作协议，开展杭甬跨境贸易便利化专项行动和联合推介，为浙江全省口岸领域区域一体化闯关探路。积极推动甬舟口岸深度一体化，实现船舶移泊数据共享。2020 年 12 月，宁波口岸整体通关时间进口 34.75 小时、出口 2.68 小时，相比 2017 年压缩 79.1% 和 90.29%，进口时效在长三角名列第一，出口为长三角地区唯一完成国家口岸管理办公室压缩比超 90% 任务的口岸。12 月 11 日，在 2020 年中国关务发展大会上，中国报关协会、北京睿库贸易安全及便利化研究中心共同发布中国十大海运集装箱口岸营商环境测评结果，宁波口岸位列第三位。宁波被国家发展改革委《中国营商环境报告 2020》列举为 15 个标杆城市之一。四是启动《〈浙江省口岸管理与服务办法〉实施细则》的制定，推动口岸管理和服务法治化、规范化，为口岸长远发展奠定法治基础。

【国际航运集聚区发展能级不断提升】 一是成功举办第四届中国（宁波）国际航运物流（云上）交易会，探索创新专业展会线上办会新模式，企业参与积极踊跃，设展航运物流企业 1 300 余家，网上参会航运物流客商近 36 000 人，推动航交会影响力、辐射力进一步扩大。7 个重大项目在会上签约，其中中国海事仲裁中心项目填补了宁波市空白。展会在全国贸易及物流领域首推港口通兑券，直接拉动宁波口岸始发出口集装箱成交量 1.1 万个，带动集装箱运输产值约 4 亿元。二是深化重大项目招商成果。启动了马士基集团在中国投资的第一个自动化国际物流分拨及配送中心项目——梅山国际物流中心，占地约 23.33 万平方米，总投资近 6 亿元。借力招商局港口集团海外园区政策资源进行多层次、多渠道、多形式的深度业务合作，带领宁波汽配、纺织、机电、五金、轻工产品“走出去”。三是拓展海上丝路指数，发布全球首个航运气象指数，开展主要航线气象安全综合影响评价预测，为客户提供精准专业的航运保险与金融服务。

【国际贸易“单一窗口”建设稳步推进】 一是做好国际贸易“单一窗口”标准版的运维和推广应用，推广出口岸联系单电子化，完成出口退税金税三期试点工作。二是推进宁波“单一窗口”功能提升，上线查验免收费系统，拓展地方金融服务，实现“单一窗口”部分功能在宁波市民自助一体机上的落地。三是加快口岸科技信息化研究。《宁波口岸大数据平台建设研究咨询报告》通过专家组评审，着力推进 5G、区块链、物联网等新技术在口岸运行中的应用，加快推进智慧口岸建设。

【统筹推进口岸系统疫情防控和复工复产工作】 构建“防、控、管、治”宁波模式，打造监管闭环，全力筑牢口岸检疫防线，坚决完成外防输入任务。开辟绿色通道，保障进口药品、防护用品等快速通关。做好机场商业航班复飞疫情防控工作。成立外轮涉疫应急处置专班，专门制定宁波海港口岸涉疫外籍船员、船舶应急处置操作规程，圆满完成应急处置任务，未发生因处置不当引起的感染。2020 年 3 月，丹麦籍“古杰多马士基”轮在宁波口岸引发国内首起外轮涉疫事件，应急处置工作专班全力以赴做好送医上船、靠泊避险、转运救治、船员换班、船舶离港复航、病员康复回国等各项工作，获得国务院办公厅、交通运输部、浙江省委省政府的充分肯定。

积极推动口岸及航运物流企业复工复产。2020 年 2 月下旬在全国率先制定出台《关于推动宁波口岸相关企业复工复产保障外贸稳定发展的若干措施》，推动实施“不见面”查验、货物转场无纸化申报等“无接触”“不见面”监管。开展港口集装箱疏港行动，超额完成两周内集卡司机返岗 5 000 人的目标，2 月底进出港区集装箱车次恢复至八成以上。协调宁波舟山港集团出台疫情期间港口作业等费用减免措施，协调在宁波主要船公司出台疫情期间各类优惠便利措施。走访外贸、船代、货代和物流企业及相关协会，担任驻企联企服务员，开展点对点服务。

2020 年浙江省口岸大事记

1 月 2 日

舟山海事局与舟山银保监分局共同签署《关于助力浙江自贸区建设促进航运业安全发展合作备忘录》，这是全国海事部门与银保监机构的首次合作，对助力浙江自贸试验区建设，进一步优化营商环境，促进航运业安全发展，构建以信用为基础的新型监管机制有重要意义。

1 月 6 日

宁波海关对“温州—宁波”的出口联运中转实施自动核销，实现了自动核销便利措施的浙江省内全覆盖。

1 月 8 日

浙江省首批跨境电商包裹零售出口商品退货业务在杭州综合保税区顺利完成。这是杭州海关前期在全国率先推出跨境电商零售进口包裹退货模式的基础上，在跨境电商包裹退货领域启动的又一全新改革试点，实现了跨境电商进出口包裹退货业务双向覆盖。

1 月 9 日

杭州海关与宁波海关签署《杭州海关、宁波海关推动甬舟一体化发展合作备忘录》，旨在扎实推进宁波舟山一体化发展，打造长三角一体化高质量发展示范引领样板区，更好地服务改革开放发展大局。浙江省副省长朱从玖出席备忘录签署仪式。

1 月 13 日

交通运输部海事局在杭州举行长三角海事一体化融合发展集中研讨。长三角海事一体化融合发展是海事系统贯彻落实习近平总书记关于推进长三角区域更高质量一体化发展重要指示精神，发挥服务国家重大战略先行官作用的重大举措，也是发挥长三角地区在交通强国建设中示范引领作用的必然要求。

义乌机场开通直飞俄罗斯符拉迪沃斯托克（海参崴）航线，这是义乌机场开通的第 6 条国际（地区）定期航线，也是首条至北亚的国际航线。

1 月 15 日

嘉兴港独山港区浙江平湖玻璃港务有限公司新建 5 万吨级液体化工泊位（A9）通过浙江省政府组织的对外启用验收，并于 1 月 17 日获批正式对外开放。

杭州机场（下沙）综保区城市货站正式挂牌成立，标志着国内首个城市货站建成投运，实现了综保区城市货站与杭州机场货站的数据无缝对接和物流服务的互联互通。

1 月 28 日

浙江省委常委、杭州市委书记周江勇到杭州萧山国际机场检查新冠肺炎疫情防控工作。

浙江省副省长朱从玖到杭州萧山国际机场调研指导新冠肺炎疫情防控工作。

1 月 30 日

时任浙江省省长袁家军随机“暗访”杭州萧山国际机场，对机场海关、边检等部门的各项疫情防控举措给予充分肯定。

时任浙江省委副书记、宁波市委书记郑栅洁到宁波栎社国际机场检查指导口岸疫情防控工作。

2 月 10 日

中欧班列（义乌—明斯克）吉利号 X8074 次从义乌铁路西站出发，满载 86 个标箱汽车配件，开往远在白俄罗斯的热吉纳车站。这是 2020 年春节后复工开行的首趟“义新欧”中欧班列。

2 月 12 日

宁波海关在全国海关系统内率先建立高效新冠病毒核酸检测方法。

2 月 14 日

温州机场开通“布鲁塞尔—温州”全货机航线，这是温州机场首条临时国际全货机航线。该航班装载着由意大利、罗马尼亚、捷克、西班牙等国家和地区 90 多个温籍侨团捐赠的 217 万多件防疫物资。

温州机场开通“雅加达—温州”货运航线，这是温州机场首架临时客改货航班。该航班共装载 614 箱、4.78 吨口罩和防护服。

2 月 20 日

宁波市口岸协调委员会印发《关于推动宁波口岸相关企业复工复产保障外贸稳定发展的若干措施》。

2 月 21 日

浙江海事局发布疫情防控期间帮扶企业复工复产十项举措。

湖州保税物流中心（B 型）正式封关运营。

2 月 28 日

浙江省副省长高兴夫到杭州萧山国际机场调研疫情“防输入”和三期工程复工情况。

3 月 1 日

浙江海事局率先在全国探索实施疫情期间远程“非接触式”船舶安全监督工作机制，编制《远程“非接触式”船舶安全监督工作指南》，有效解决疫情防控背景下外国籍船舶监管难点。

3 月 4 日

时任浙江省委书记车俊到杭州海关开展工作调研。省委常委、秘书长陈金彪，副省长朱从玖等参加调研。

圆通航空开通宁波至孟加拉国首都达卡全货机航线，这是宁波机场 2020 年新开通的首个国际全货机航线。

3 月 5 日

浙江海事局和舟山市人民政府签订《加快建设浙江海事局船员评估中心合作框架协议》，明确双方责任分工，并联合成立评估中心项目建设工作小组。

3 月 7 日

时任浙江省委副书记、宁波市委书记郑栅洁到浙江省海港集团、宁波舟山港集团检查指导境外疫情输入防控工作。

3 月 9 日

由圆通航空执飞的杭州—胡志明市 YG9046 全货机航班从杭州机场顺利起飞。这是圆通航空继马尼拉、达卡后在杭州机场运营的第三条国际全货机航线，也是杭州机场 2020 年新增的第一条国际全货机航线。

宁波海事局全国率先开发运用“抵港国际航行船舶健康码”系统，对船舶实施分级精准管控。

3 月 10 日

浙江边检总站宁波指挥部发布《关于进一步明确国际海员换班、登陆有关事项的通知》，宁波口岸在全国海港口岸率先开展船员换班。

3月11日

时任浙江省委书记车俊到杭州萧山国际机场督查指导疫情防控和复工复产工作，并对精准防控境外疫情输入进行再部署、再督促。省领导陈金彪、冯飞、高兴夫等陪同调研。

3月12日

交通运输部批复同意宁波舟山港金塘港区中澳现代产业园项目3万吨级配套码头临时对外开放。

义乌机场开通大阪—义乌进境邮件临时邮路，顺利完成浙江省政府捐赠日本的首批防疫物资的运输保障任务。

3月16日

温州机场开通意大利米兰—中国温州客运航班，这是疫情期间温州机场保障的首个境外临时航班。该航班搭乘在意中国公民123名、机组人员22名、医务人员2名。

3月17日

时任浙江省省长袁家军赴温州龙湾国际机场检查指导境外疫情输入防控工作，并对下一步入境临时航班防控工作进行部署。

3月18日

全国人大财政经济委员会主任委员徐绍史带领中央复工复产调研工作组到宁波舟山港集团开展调研。

3月18日~4月11日

浙江海事局妥善处置我国海港口岸输入新冠肺炎首个案例——“古杰多马士基”轮船员感染新冠病毒事件，形成海事部门应对海港境外疫情输入防控工作的规范化样本。

3月19日

宁波海港口岸正式实施进口货物“船边直提”、出口货物“抵港直装”作业模式。

圆通航空开通宁波至东京（成田）B757全货机航线，这是自2016年开通大阪全货机航线后，宁波机场开通的第2条往返日本全货机航线。

3月20日

杭州、宁波两市口岸管理部门正式签署合作协议，建立杭甬口岸跨境贸易便利化合作机制，并决定联合开展杭甬口岸跨境贸易便利化专项行动。

3月21日

“义新欧”中欧班列发运中国义乌捐赠西班牙抗疫物资，优先保障并无偿运输国际合作防疫物资，为全球抗疫贡献义乌力量。

3月25日

国务院批复同意设立义乌综合保税区。这是继金义综合保税区之后，金华市域范围内的第二个综合保税区。

杭州—曼谷全货机航线开通运营，由顺丰航空采用波音757机型执飞。这是杭州机场2020年新增的第二条国际全货机航线，也是杭州机场通航以来开通的第十条国际全货机航线。

3月26日

浙江海事局印发《“护航复工复产 水上交通安全攻坚月”行动方案》，精准帮扶企业复工复产。

3月27日

首趟“义新欧”中欧班列“中国邮政号”（义乌—马德里）发车，标志着义乌至欧洲运邮业务实现规模化常态化开行。

3月29日

中共中央总书记、国家主席、中央军委主席习近平到宁波舟山港穿山港区考察。习近平强调，港口是基础性、枢纽性设施，是经济发展的重要支撑；宁波舟山港在共建“一带一路”、长江经济带发展、长三角一体化发展等国家战略中具有重要地位，是“硬核”力量；要坚持一流标准，把港口建设好、管理好，努力打造世界一流强港，为国家发展做出更大贡献。

3月30日

由圆通航空执飞的杭州—吉隆坡全货机航线YG9051航班顺利首航。该航线是浙江到吉隆坡的首条货运航线，实现了菜鸟网络eWTP杭州枢纽和吉隆坡枢纽直连，加密了杭州至东南亚地区的航线网点。

3月31日

嘉兴海关完成杭州关区首票"船边直提"业务。当日，嘉兴某公司向海关申报进口一批蓝湿牛皮，共计6个集装箱、135吨，在嘉兴港乍浦港区一、二期码头上通过"船边直提"模式直接运往企业。

4月2日

浙江省组建的第二批中国赴意大利抗疫医疗专家组一行13人由意大利顺利飞抵温州龙湾国际机场，平安凯旋。受时任浙江省委书记车俊委托，省委常委、温州市委书记陈伟俊出席迎接仪式。

4月7日

交通运输部应对新冠肺炎疫情联防联控机制综合协调组专题印发《辽宁、浙江省交通运输部门开展防控境外疫情输入工作经验做法》，其中充分肯定浙江海事局防控境外疫情输入相关工作措施和机制，并在全国予以推广。

4月9日

时任浙江省委书记车俊到温州龙湾国际机场检查指导境外疫情输入防控工作。

中国货运航空宁波—法兰克福全货机航线开通。这是宁波机场开通的第九条全货机航线，也是2020年新开通的首条洲际全货机航线。

4月10日

时任浙江省委副书记、宁波市委书记郑栅洁会见浙江边检总站党委书记、总站长陈宏斌。

"义新欧"中欧班列（义乌—马拉舍维奇）中国邮政号专列首发。

4月20日

时任浙江省省长袁家军听取杭州海关工作介绍。

4月23日

舟山市广厦（舟山）能源集团有限公司、舟山金海船业有限公司、舟山市天元船舶修造有限公司及浙江新基海洋工程有限公司4家企业码头、船坞通过浙江省政府组织的对外启用验收，并于4月29日获批正式对外启用。

4月24日

浙江省副省长高兴夫、刘小涛在省行政中心组织召开会议，专题听取浙江海事局关于浙江海上交通智慧管控平台建设方案和推进计划的介绍。

4月27日

国务院批准宁波梅山保税港区整合优化为宁波梅山综合保税区，宁波出口加工区整合优化为宁波北仑港综合保税区，慈溪出口加工区整合优化为宁波前湾综合保税区。

4月28日

浙江电子口岸有限公司完成浙江国际贸易

“单一窗口”门户本地金融服务功能发布。

中央电视台新闻联播栏目在“让党旗在疫情防控一线高高飘扬”专题新闻中，聚焦浙江海上疫情防控和助力复工复产，播出舟山海事局六横海事处党员突击队奋战一线在蓝海筑起“红色防线”的先进事迹。

4 月 29 日

浙江海事局出台《浙江海事局支持中国（浙江）自由贸易试验区油气全产业链开放发展若干意见》。

5 月

在嘉兴乍浦码头和舟山甬舟码头完成海关查验通知推送“单一窗口”标准版功能试点工作。

5 月 7 日

埃及航空 MS3070 航班满载口罩等防疫物资从宁波飞往埃及开罗。这是新冠肺炎疫情发生后，宁波机场开通的首条“客改货”全货机航线，也是宁波机场开航以来的首条非洲航线。

5 月 8 日

国际贸易“单一窗口”宁波舟山港跨关区国际集装箱转运业务功能正式上线投用，实现了“杭甬两关如一关、转关如转场”的监管模式，进一步提升了宁波舟山港综合运营效率。

浙江海港边检“登轮码”在穿山港启动试运行。5 月 18 日，浙江海港边检“登轮码”在浙江全省海港推广使用。

5 月 9 日

宁波海关在对一批来自荷兰的毛蕊银莲花种进口种苗查验时截获毁芽滑刃线虫（Aphelenchoides blastophthorus），为全国口岸首次截获。

5 月 17 日

温州龙湾国际机场圆满完成欧洲大西洋航空公司波音 767-300 执飞的温州—罗安达 YU642“客改货”包机航班保障任务。这是温州机场开通的首条直飞西非地区的洲际临时包机航线，是温州机场与非洲大陆的首航。

5 月 19 日

宁波海关保障全球最大集装箱系列班轮“现代奥斯陆”顺利靠泊大榭招商码头。

宁波至马尼拉 RW415 航班从宁波机场起飞，标志着宁波机场第二条“客改货”航线顺利开航，这也是宁波机场首条直达东盟国家的全货机航线。

5 月 20 日

850 辆泰国进口三菱商品车从靠泊在宁波舟山港梅西滚装码头的滚装船“拉文德”轮货舱中陆续驶出。这是梅西滚装码头首次以滚装运输方式开展外贸进口汽车业务，也是宁波舟山港迎来的浙江省首批滚装进口汽车。

5 月 21 日

俄罗斯阿祖尔航空 ZF2414 航班载运约 24 吨口罩、防护服等疫情防控物资从宁波机场起飞。这是宁波机场首个直达俄罗斯的货运航班，也是宁波机场开通的第三条“客改货”航线。

5 月 24 日

“义新欧”中欧班列（义乌—维尔纽斯）中国邮政号专列首发，标志着“义新欧”中欧班列成功打通中国通往欧洲波罗的海的运输新通道。

5 月 25 日

时任浙江省委副书记、宁波市委书记郑栅洁到浙江省海港集团、宁波舟山港集团调研。

5 月 27 日

交通运输部批复同意温州港乐清湾港区乐清湾港务有限公司 1 号、2 号泊位临时对外开放。

6 月

浙江“单一窗口”跨境电商通关服务平台服务范围延伸至绍兴综试区、温州综试区。

浙江“单一窗口”为浙江省冷链食品提供疫情防控数据支持，助力实现冷链食品全链条溯源管控。

6 月 2 日

宁波市口岸协调委员会印发《宁波口岸支持宁波舟山港打造世界一流强港的若干措施》。

6 月 4 日

浙江海事局与阿里云计算有限公司在杭州阿里巴巴西溪园区签署战略合作框架协议，构建以信息技术手段为重要支撑的海事“智”理体系，打造全国领先的标杆项目。

6月5日

满载86个标箱医用外科口罩、防护服等防疫物资的“义新欧”中欧班列（义乌—马德里）防疫专列开行。

6月5日~6日

2020年度长三角地区主要领导座谈会在浙江省湖州市召开。其间，大会举行了“长三角一体化发展重大合作事项”签约仪式，长三角国际贸易“单一窗口”合作共建作为口岸领域合作项目参加签约，标志着长三角国际贸易“单一窗口”合作进入了新的阶段，一市三省口岸主管部门将坚持创新、协调、绿色、开放、共享的发展理念，深入贯彻实施长三角一体化发展战略和国家大数据发展战略，开展国际贸易“单一窗口”互联互通，逐步汇集长三角地区国际贸易链数据，形成数据共享便捷、平台覆盖广泛、功能丰富融合、机制保障有力的长三角国际贸易“单一窗口”合作共建模式。

6月15日

在杭州、舟山两市经济社会发展情况交流座谈会上，杭州市政府和舟山市政府签署了《长三角一体化背景下深化合作框架协议》。两市将在提升两地通关一体化水平等七个方面进行深度合作交流。

6月18日

国家财政部发布《关于增设口岸出境免税店等问题的通知》（财关税〔2020〕8号），同意在宁波栎社国际机场、义乌国际机场设立口岸出境免税店。

浙江长龙航空的两架客机同时从杭州机场起飞，一架飞往武汉，另一架飞往赤峰，标志着杭州机场正式迈入双跑道独立运行新时代。

宁波市口岸办与民生银行宁波分行举行宁波国际贸易“单一窗口”战略合作协议签约仪式，标志着宁波国际贸易“单一窗口”正式开启了“通关+物流+金融”的新篇章。

6月23日

宁波市市长裘东耀主持召开宁波市口岸协调委会议和反走私综合治理工作联席会议，市领导黎伟挺、李关定及朱金茂出席会议。

6月24日

温州机场新开通“温哥华—温州”客运航线，该航班是温州机场保障的首个加拿大返温临时航班。

7月

义乌市税务局、义乌一达通开展出口退税备案单证数字化试点，通过浙江“单一窗口”实时舱单数据替代纸质提单进行退税申报。

7月6日

宁波机场三期新国际货运区正式启用。

7月8日

澳门航空NX226航班由澳门飞抵杭州机场。这是杭州机场受疫情影响国际地区定期客运航班停运3个多月以来，第一个恢复的地区客运航班。

7月10日

全球首个航运气象指数在宁波发布。

7月13日

亚洲航空（长途）D7302航班搭载237名旅客从吉隆坡起飞，抵达杭州机场。这是杭州机场因疫情影响恢复的首个国际定期客运航班。

7月21日

SITC（海丰国际）的集装箱班轮“海丰麦斯”轮在装载完近100标箱货物后驶离温州港状元岙港区，标志着中国温州—印度尼西亚航线正式开通。该航线直挂印度尼西亚雅加达、三宝垄、泗水、望加锡四大港口，同时可以雅加达、望加锡两大港口为中转点，覆盖印度尼西亚其他所有偏港，是浙南、闽北地区唯一直达印度尼西亚四大港口的航线。

7月29日

台州港口岸扩大开放获国务院正式批复同意。扩大开放范围包括头门港区、健跳港区和龙门港区，新增水陆域面积690平方千米。

7月30日

国务院发展研究中心一行到访浙江电子口岸有限公司，就浙江国际贸易“单一窗口”建设情况进行沟通交流。

宁波机场完成一架阿联酋国际临时航班的保障工作，该航班是 2020 年新冠肺炎疫情以来宁波机场恢复的首个国际航班。

8 月 10 日

海关总署正式在部分海关开展原产地证书智能审单试点。杭州关区金华、嘉兴和温州海关，宁波关区鄞州、慈溪、余姚、北仑等 13 个签证点（海曙海关除外）纳入本次试点范围。

8 月 13 日

浙江海事局与江苏海事局在杭州开展战略合作会商，共同签署了《“平安江海 畅行江浙”品牌共建战略合作协议》和《强化区域执法联动合作备忘录》。

中国国际货运航空新开杭州—列日—马德里货运航线，每周 3 班，机型为 B777。这是浙江省首条飞往西班牙马德里的全货机航线。

8 月 18 日

交通运输部部长李小鹏到宁波舟山港穿山港区调研。

8 月 25 日~28 日

国家口岸管理办公室副主任王可率交通运输部、海关总署、移民局、民航局、中国电子口岸数据中心等部门单位组成的调研组，到浙江开展“十四五”口岸发展规划信息化及“单一窗口”建设专题调研。

8 月 27 日

浙江海事局和浙江省海港集团以高水平建设世界一流强港为主题，在舟山举行新一轮战略合作会商。双方签署了《高水平建设世界一流强港深化共建海洋强省战略合作协议》。

杭州至新加坡全货机航线开通运营。首航O36973 航班装载数万个天猫、淘宝商家发出的包裹，包括服装鞋帽、数码产品和饰品重达 20 吨从杭州萧山国际机场启航，当日即可抵达新加坡。

8 月 31 日

义乌铁路口岸二期仓储区投入运营。

9 月 4 日

宁波海关与浙江省海港集团签署《宁波海关浙江省海港集团关于支持宁波舟山港打造世界一流强港合作备忘录》。双方就疫情防控、贸易便利化、口岸开放等方面深化关港合作、打造一流强港。

荷兰皇家航空 KL822 航班从杭州机场顺利起飞前往阿姆斯特丹，这是新冠肺炎疫情发生以来杭州机场恢复的首个外航承运的洲际定期航线。

9 月 16 日

杭州、嘉兴两地政府在杭州市政府签订了跨境贸易便利化合作协议。双方将建立杭嘉口岸跨境贸易便利化合作联席会议制度及杭嘉口岸跨境贸易数据信息共享机制，并制订《杭嘉口岸跨境贸易便利化工作方案》。

9 月 18 日

“打造渝甬精品班列，建设‘一带一路’新通道”渝甬班列推介会在宁波举行，浙江省海港集团与重庆交运集团签署战略合作协议。

9月22日

杭州机场开通至东京的全货机航线。该航线由圆通航空使用波音737机型执飞，每周五班。

9月23日

浙江出入境边检总站联合宁波舟山港集团举办了以“牢记总书记嘱托 弘扬穿山精神 只争朝夕奋力建设移民边检重要窗口”为主题的首届“穿山论坛”，有力提升了移民管理机构的知名度和美誉度，为进一步推动创新移民治理模式、助推港口经济建设提供了新视角、新思路。

9月26日

从澳门至宁波的NX161航班降落在宁波栎社国际机场。这是宁波栎社国际机场自新冠肺炎疫情停航后，首个恢复定期飞行的地区航线。

9月28日

全国四级公安机关电视电话会议在京召开，会议表彰了全国公安系统抗击新冠肺炎疫情集体和个人，穿山边检站边检处处长刘晓剑受到表彰，是浙江省边检机关唯一受公安部表彰的抗疫先进个人。

10月10日

“义新欧”中欧班列（义乌—河内）首发。这是“义新欧”中欧班列首次开通至东南亚、南亚、印度洋方向新线路，也是义乌出发的第13条国际铁路运输线路。

10月14日

中国海事仲裁委员会（浙江）自由贸易试验区仲裁中心的挂牌、签约仪式在第四届中国（宁波）国际航运物流交易会开幕式上举行。

杭州、宁波机场互为异地货站项目正式启动。

10月19日

中国民用航空局正式批复《宁波栎社国际机场总体规划（2020版）》，宁波机场定位为区域枢纽机场，标志着宁波机场迈入加速建设发展新阶段。

10月20日

舟山长宏国际船舶再生利用有限公司3万吨级杂货码头通过浙江省政府组织的对外启用验收。

10月23日

宁波梅山综合保税区通过封关验收。

10月25日

宁波舟山港象山港港区和石浦港区水陆域范围及航线等获批对外开放，标志着宁波市象山县口岸开放工作取得重大实质性进展。

10月27日

杭州关区首票“抵港直装”出口货物顺利通关。该票货物为新凤鸣集团股份有限公司向嘉兴海关提前申报的一批DTY涤纶低弹丝，重24吨，运抵嘉兴乍浦港码头后无须进入堆场等待，海关放行后直接装船离境，口岸停留时间由原先的2天压缩至4小时以内。

10月30日

宁波试点企业顺利通过宁波“单一窗口”出口退税（金三版）完成首单金额75 386.52元退税申报，标志着“单一窗口”标准版出口退税（金三版）在宁波顺利落地。

11月

台州、湖州和绍兴3个市场采购贸易试点市场通过“单一窗口”实现网上申报，建设成果通过国家七部委验收，浙江省市场采购贸易试点总量达6个。

11月2日

浙江省机场集团与温州市政府正式签订《温州龙湾国际机场三期扩建项目建设合作协议》。浙江省委常委、温州市委书记陈伟俊出席签字仪式。

11月7日

顺丰航空开通深圳—杭州—洛杉矶全货机航

线，每周1班（周六），机型为B747。

11月10日

招商局港口（舟山）滚装码头迎来开港首航，标志着舟山首个专业化的汽车滚装码头正式投入营运，也由此结束了舟山不能滚装运输商品汽车的历史。

11月11日

“双11”宁波跨境电商进口业务量突破1 500万单，达1 508万单，金额35.8亿元，连续四年“双11”跨境电商业务量位居全国第一。

11月12日

宁波舟山港股份有限公司与淡水河谷国际有限公司组建合资公司建设和运营舟山鼠浪湖西三区项目签约仪式在杭州举行。浙江省委书记袁家军、省长郑栅洁以视频连线的方式，与巴西淡水河谷公司首席执行官柏安铎一同见证。此次签约，意味着淡水河谷公司在中国投资最大单一项目落户宁波舟山港，预示着世界第一大港口与世界第一大矿企正在迈向深度合作。

浙江省副省长刘小涛到杭州萧山国际机场调研检查疫情防控工作。

11月18日

满载100个标箱、由全国11个中欧班列运营平台共同组货的“跨境电商欧洲专列”在铁路义乌西站首发，经新疆阿拉山口口岸出境，前往比利时列日物流多式联运货运场站。这标志着中欧班列从“百花齐放”向“融合共生”的高质量发展进程迈进。当日，以“融合、稳链、循环”为主题的“第三届中欧班列暨欧亚多式联运峰会”在义乌同步举行。此次峰会由义乌、重庆、郑州、西安、成都、合肥、江苏、湖南、山东、新疆、中国外运等11个发运量占全国发运总量95%的主要班列运营平台主办。

11月23日~24日

浙江省委书记袁家军在义乌调研。先后赴义乌铁路口岸二期、浙江盈和国际物流集团仓储中心、义乌双江湖科教园区、义乌综合保税区、爱旭全球光伏联合创新中心等地，实地调研了解“义新欧”中欧班列运行情况、“义甬舟”开放大通道建设情况、义乌与宁波舟山港一体化工作推进情况、浙江自贸试验区金义片区建设情况、义乌综合保税区规划建设方案和千亿级光电产业集群建设情况。浙江省委常委、秘书长陈金彪，副省长朱从玖等参加调研。

11月24日

台州港口岸海门港区台州湾港务有限公司外贸集装箱码头1号泊位通过浙江省政府组织的对外启用验收，实现对外启用。

11月26日

杭州萧山国际机场与杭州空港经济区管理委员会就机场改扩建（国际货站及机坪）工程项目正式签约，这是首个落户在浙江自贸试验区扩展区内的航空货运项目。

11月28日

温州港集团与俄罗斯远东航运（FESCO）携手新开的温州—海参崴集装箱快速航线在温州港状元岙港区首航。

11月30日

浙江省副省长成岳冲到杭州萧山国际机场检查货物防疫工作。

12月

启动舟山数字口岸综合服务平台建设，整合船供与保税燃油加注业务，进一步服务企业的通关便利化。

12月3日

义乌快件（跨境）监管中心完成义乌市首单跨境电商“9610”海运出口转关业务，标志着义乌跨境电商出口“海陆空”通道全部打通。

宁波市海港防疫情境外输入专项工作领导小组办公室正式发文《关于在宁波海港口岸推广应用边检“登轮码”的通知》，要求在宁波海港口岸推广应用边检“登轮码”。

12月5日

西班牙国家航空开通杭州—马德里客运航线，每周1班（周六进港、周日出港），机型为A330。

公安部党委委员、副部长、国家移民管理局局长许甘露到杭州边检站执勤现场调研指导，并看望慰问执勤民警。在浙期间，许甘露还赴义乌、杭州调研外国人管理、出入境窗口建设等工作。

12月10日

交通运输部批复同意宁波舟山港岱山港区浙江石油化工有限公司1~6号码头泊位继续临时对外开放。

中国（浙江）国际贸易单一窗口铁路运输试点项目完成初验。

12月11日

中国报关协会、北京睿库贸易安全及便利化研究中心共同发布中国十大海运集装箱口岸营商环境测评结果，宁波连续两年位列全国第三位。

12月12日

在洋山四期自动化码头，供油船“紫云1”号顺利完成为大型集装箱船长荣海运EMC THALASSA HELLAS（海希）供应1 000吨低硫保税船用燃料油的补给服务。这是中石油上港（舟山）能源有限公司获得浙江自贸试验区国际航行船舶保税油经营资质证书后，开展的首单船用保税油加注业务，也意味着沪舟两地跨港区供油开始进入常态化。

12月28日

宁波舟山港海铁联运超100万标箱。

12月29日

“2021杭甬跨境贸易便利化合作大会”在杭州举行。会上，杭州、宁波两市共同发布《关于优化营商环境 促进杭甬跨境贸易便利化若干措施的公告》。

12月31日

温州铁路海关监管场所正式封关运营。当日，“义新欧”班列“温州号”首次从温州出发，将经由新疆霍尔果斯口岸出境，前往乌兹别克斯坦和哈萨克斯坦。

（撰稿人：张坚、陈加恩、王海华、陈展、田一峰、徐晋、王延、张文慧、张璐、张孔宇、陈滨、张露、汤军、何正华、王广宇、陈嘉诚、慕思榕、赵华明、王登科、徐益婷、陈之英、翟羽佳、施敏健）

2020 年浙江省口岸流量统计表

口岸类型		口岸名称	货运量（万吨）				集装箱量（万标箱）				人员（万人次）				交通工具（辆、艘、架、列次）			
			出口	进口	合计	同比（%）	出口	进口	合计	同比（%）	出境	入境	合计	同比（%）	出境	入境	合计	同比（%）
空运口岸		杭州空运口岸	8.74	2.87	11.61	22.40					29.84	31.52	61.36	-89.45	3 991	3 980	7 971	-77.58
		宁波空运口岸	2.27	1.60	3.87	172.08					8.67	8.86	17.53	-89.26	1 359	1 549	2 908	-75.62
		温州空运口岸	0.02	0.01	0.02	-78.43					3.01	3.56	6.57	-86.83	311	331	642	-84.10
		义乌空运口岸	0.29	0.01	0.30	338.38					0.69	0.76	1.45	-92.28	317	317	634	-52.93
		舟山空运口岸			0.00						0.00	0.00	0.00		0	0	0	
		分计	11.32	4.49	15.80	29.00					42.22	44.70	86.92	-89.32	5 978	6 177	12 155	-77.01
水运口岸	海港口岸	宁波港	14 931.50	20 765.40	35 696.90	1.30	1 162.90	1 050.40	2 213.30	1.20	9.09	12.57	21.65	-3.59	4 540	6 208	10 748	-3.41
		舟山港	837.53	16 850.58	17 688.11	15.82	3.37	36.91	40.28	-2.08	11.08	10.16	21.23	-3.84	4 975	4 749	9 724	5.18
		温州港	176.56	206.78	383.34	51.63	16.93	17.65	34.58	35.43	0.44	0.33	0.78	-83.48	228	161	389	17.88
		台州港	75.00	487.00	562.00	5.96	6.10	6.14	12.24	-1.02	0.52	0.43	0.95	-66.48	210	163	373	2.75

续表

口岸类型		口岸名称	货运量（万吨）				集装箱量（万标箱）				人员（万人次）				交通工具（辆、艘、架、列次）			
			出口	进口	合计	同比（%）	出口	进口	合计	同比（%）	出境	入境	合计	同比（%）	出境	入境	合计	同比（%）
水运口岸	海港口岸	嘉兴港	389. 53	1 093. 42	1 482. 95	7. 34	26. 82	14. 42	41. 24	0. 25	1. 29	1. 40	2. 69	-9. 63	672	751	1 423	-13. 23
		分计	16 410. 12	39 403. 18	55 813. 30	6. 27	1 216. 12	1 125. 52	2 341. 64	1. 41	22. 41	24. 89	47. 30	-14. 15	10 625	12 032	22 657	-0. 22
合计			16 421. 44	39 407. 67	55 829. 10	6. 25	1 216. 12	1 125. 52	2 341. 64	1. 41	64. 63	69. 59	134. 22	-84. 55	16 603	18 209	34 812	-53. 94
同比（%）			4. 82	6. 86	6. 25		3. 00	-0. 26	1. 41		-85. 03	-84. 07	-84. 55		-54. 47	-53. 45	-53. 94	

（浙江省口岸办提供，人员、交通工具数据由浙江出入境边检总站提供）

2020 年浙江省口岸出入境主要数据表

<table>
<tr><th colspan="3">项　目</th><th>2020 年</th><th>2019 年</th><th>同比（%）</th></tr>
<tr><td rowspan="14">出入境人员
（人次）</td><td colspan="2">出入境人员总数</td><td>1 342 175</td><td>8 687 023</td><td>-84.55</td></tr>
<tr><td colspan="2">入境人员</td><td>695 868</td><td>4 368 596</td><td>-84.07</td></tr>
<tr><td colspan="2">出境人员</td><td>646 307</td><td>4 318 427</td><td>-85.03</td></tr>
<tr><td colspan="2">出入境旅客</td><td>784 785</td><td>7 750 517</td><td>-89.87</td></tr>
<tr><td colspan="2">出入境员工</td><td>557 390</td><td>936 506</td><td>-40.48</td></tr>
<tr><td rowspan="5">中国公民</td><td>小计</td><td>942 057</td><td>7 424 594</td><td>-87.31</td></tr>
<tr><td>内地居民（因公）</td><td>188 075</td><td>283 488</td><td>-33.66</td></tr>
<tr><td>内地居民（因私）</td><td>678 172</td><td>6 279 212</td><td>-89.20</td></tr>
<tr><td>港澳居民</td><td>29 606</td><td>335 035</td><td>-91.16</td></tr>
<tr><td>台湾同胞</td><td>46 204</td><td>526 859</td><td>-91.23</td></tr>
<tr><td colspan="2">外籍人员</td><td>400 118</td><td>1 262 429</td><td>-68.31</td></tr>
<tr><td colspan="2">从海港出入境人数</td><td>473 013</td><td>550 958</td><td>-14.15</td></tr>
<tr><td colspan="2">从陆港出入境人数</td><td></td><td></td><td></td></tr>
<tr><td colspan="2">从空港出入境人数</td><td>869 162</td><td>8 136 065</td><td>-89.32</td></tr>
<tr><td rowspan="5">交通运输工具
（辆、艘、架、列次）</td><td colspan="2">总计</td><td>34 812</td><td>75 585</td><td>-53.94</td></tr>
<tr><td colspan="2">船舶</td><td>22 657</td><td>22 706</td><td>-0.22</td></tr>
<tr><td colspan="2">飞机</td><td>12 155</td><td>52 879</td><td>-77.01</td></tr>
<tr><td colspan="2">火车</td><td></td><td></td><td></td></tr>
<tr><td colspan="2">机动车辆</td><td></td><td></td><td></td></tr>
</table>

（浙江出入境边检总站提供）

2020年杭州海关主要数据统计表

项　目		2020年	2019年	同比（%）
进出口货运量（万吨）	合计	21 507.36	18 728.34	14.84
	进口	19 036.34	16 314.84	16.68
	出口	2 471.02	2 413.5	2.38
进出口贸易总值（万美元）	合计	13 288 276.73	12 565 907.24	5.75
	进口	5 741 768.44	5 625 718.94	2.06
	其中：江、海运输	5 159 303.06	5 041 574.39	2.34
	铁路运输	35 622.06	25 894.18	37.57
	汽车运输	87 011.92	52 762.94	64.91
	航空运输	459 483.97	504 978.21	-9.01
	邮件运输	279.53	509.22	-45.11
	其他运输	67.90		
	出口	7 546 508.3	6 940 188.3	8.74
	其中：江、海运输	6 894 310.16	6 485 310.79	6.31
	铁路运输	360 667.86	169 723.43	112.50
	汽车运输	23 108.41	17 499.18	32.05
	航空运输	268 162.64	267 347.61	0.30
	邮件运输	259.22	307.29	-15.64
	其他运输			
税收（万元）	两税合计	4 697 514.16	4 760 800.36	-1.33
	关税入库	408 202.09	392 397.07	4.03
	进口环节税入库	4 289 312.07	4 368 403.29	-1.81

（杭州海关提供）

2020 年浙江海事局进出港船舶统计汇总表

船舶类别	进港船舶							出港船舶						
	艘数（艘）	总吨（吨位）	总载重量（吨）	载客量（客位）	船员人数（人次）	货物到达量（吨）	旅客到达量（人）	艘数（艘）	总吨（吨位）	总载重量（吨）	载客量（客位）	船员人数（人次）	货物发送量（吨）	旅客发送量（人）
总　计	994 952	2 159 974 577	2 780 676 729	69 370 959	9 838 797	775 918 150	19 028 451	997 016	2 174 363 166	2 799 791 254	69 026 622	9 853 608	485 212 206	18 987 148
中国籍船舶	976 540	1 117 236 506	1 345 030 205	69 326 807	9 450 276	446 357 383	19 028 451	978 491	1 122 451 982	1 352 242 471	68 985 820	9 462 760	396 058 053	18 987 148
其中外贸船	1 352	13 879 020	20 535 487	0	21 464	10 020 680	0	1 167	12 566 903	19 981 507	0	19 905	694 980	0

（浙江海事局提供）

安　徽　省

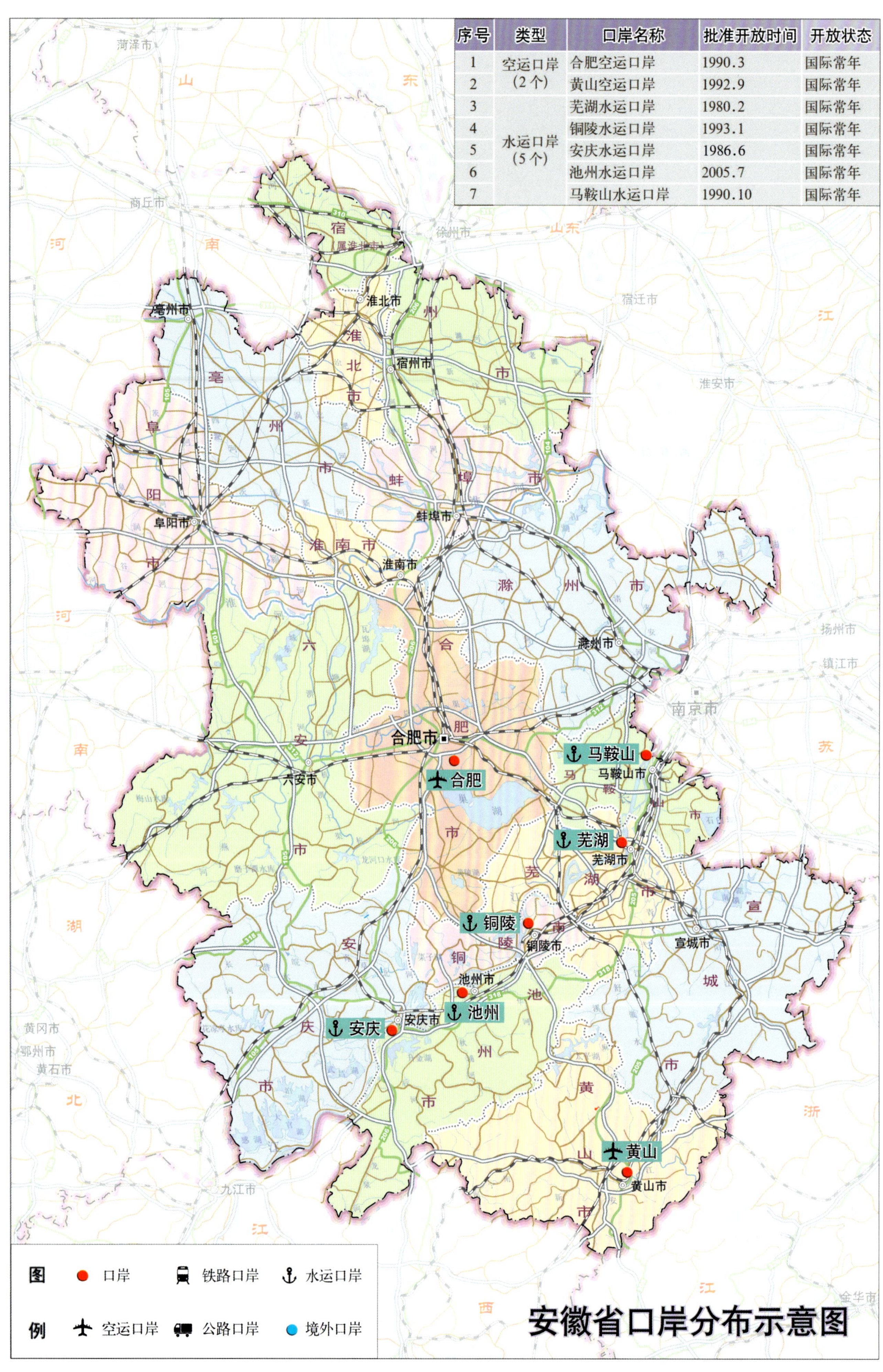

序号	类型	口岸名称	批准开放时间	开放状态
1	空运口岸（2个）	合肥空运口岸	1990.3	国际常年
2		黄山空运口岸	1992.9	国际常年
3	水运口岸（5个）	芜湖水运口岸	1980.2	国际常年
4		铜陵水运口岸	1993.1	国际常年
5		安庆水运口岸	1986.6	国际常年
6		池州水运口岸	2005.7	国际常年
7		马鞍山水运口岸	1990.10	国际常年

安徽省口岸分布示意图

口岸数量及分布

截至2020年年底，安徽省共有经国务院批准的对外开放口岸7个。其中，空运口岸2个，分别是合肥空运口岸（合肥新桥国际机场）、黄山空运口岸（黄山屯溪国际机场）；水运（河港）口岸5个，分别是芜湖、安庆、铜陵、池州、马鞍山河港口岸。

口岸运行数据

据海关统计，2020年安徽省口岸进出口货运量2 263.19万吨。到港船舶11 068艘，同比增长8.9%。空运口岸进出境人员10.5万人次，同比下降88.1%；进出境航班1 578架次，同比下降75.3%。

口岸综合管理

【高度重视口岸建设发展】 深入贯彻落实习近平总书记考察安徽和扎实推进长三角一体化发展座谈会重要讲话及重要指示批示精神，主动融入“一带一路”建设，深入实施长三角区域一体化发展战略。积极推进大通道大平台大通关建设，优化整合陆、水、空等口岸资源，增强口岸开放功能，优化口岸通关环境，提高口岸建设发展水平。根据《海关总署关于请报送国家口岸发展“十四五”规划有关材料的函》（署岸函〔2020〕50号）要求，会同各市人民政府和省相关部门（单位），草拟了报送国家口岸发展“十四五”规划的有关材料，并经安徽省政府常务会议研究通过报省委同意，以省政府名义报送海关总署。

【口岸功能建设明显加强】 加大投入力度，进一步完善口岸基础设施和查验设施，推进监管作业场所、卡口建设和监管查验装备信息化标准化，提升口岸核心能力。安徽省口岸监管作业现场均实现与海关总署监控指挥中心视频联网，大型集装箱检查设备（H986）投入运行。完成合肥关区统一物流监控平台建设，统一各业务现场物流监管的信息化标准，规范卡口放行标准。升级边检智能人工查验通道，对7个口岸边检执勤点信息化建设、查验和配套设施、执法执勤用房实施升级改造，有效提升了全省口岸硬件支撑能力。

【口岸疫情防控工作有序推进】 积极会同海关、边检、海事、交通等部门，严格落实各项工作任务，按照国家口岸管理办公室要求，通过中国国际贸易单一窗口上报各口岸疫情防控运行信息。在疫情防控期间，通过中国（安徽）国际贸易单一窗口发布通关信息，主动帮助协调各查验单位，助力企业开展防疫物资进出口顺畅通关。按照安徽省委疫情防控工作要求，赴宣城市参加疫情防控驻点督导工作，对疫情防控各项工作落实及农贸市场、社区、医院、学校、超市、企业、商场等重点区域和重点人群开展督导检查，帮助宣城市更好开展疫情防控、复工达产及恢复正常的工作生活秩序。

【海关特殊监管区域发展提质增效】 全力推进安徽省综合保税区建设发展。2020年，全省海关特殊监管区域实现进出口129.4亿美元，同比增长37.1%。2020年6月18日，国务院批复同意设立安庆综合保税区。2020年，铜陵（皖中南）保税物流中心（B型）通过海关总署等验收并封关运行。据海关总署2020年12月的通报显示，2019年度合肥经开区综保区、合肥综保区、芜湖综保区全国综合评估分列13位（A级）、36位（B+级）、56位（B级），提质成效明显。

【开放通道拓展延伸】 大力发展口岸航空物流，合肥空运口岸开通国际及地区航线。加快合肥长三角世界级城市群副中心建设，打造合肥航空交通综合性枢纽和货运集散中心，启动实施合肥新桥国际机场改扩建工程。充分发挥合肥中欧国际货运班列运输大通道作用，推动扩容增量。2020年合肥中欧班列全年发运568列，同比增长54.4%，提前48天完成年度发运500列目标任务，开通33条线路，覆盖10个国家和地区，直达 35 个国际节点城市。铁海联运班列增势迅猛，发运突破 30 000 标箱。

【国际贸易“单一窗口”功能不断完善】 2020 年 6 月 6 日，长三角国际贸易“单一窗口”合作共建作为商务领域合作项目，在 2020 年度长三角地区主要领导座谈会签约仪式上顺利签约。拓展“单一窗口”贸易金融服务功能应用覆盖面，优化完善“单一窗口”购付汇和信用保险系统功能。截至 2020 年 12 月，中国（安徽）国际贸易单一窗口累计申报量 491 万票以上，货物申报、空运舱单、运输工具等主要业务覆盖率均达到了国家要求的 100%目标。实现“一点接入、一次提交、一次查验、一键跟踪、一键办理”，真正让企业感受便利化。

【口岸营商环境持续优化】 进一步提升通关便利化水平，推动海关、边检、海事等口岸管理部门加强“三互”大通关建设。全面推进“提前申报”“两步申报”“预约通关”等通关业务改革，开发应用海关 ERP 联网监管系统。加强口岸安全联合防控，推进海关、边检、海事等跨部门一次性联合查验。推出“边检服务掌上直通车”，实现 10 类服务一网通办。建立完善清理口岸收费工作机制，加强联合监管，清理不合规收费，建立口岸收费目录清单，清单以外一律不得收费，并在网上及口岸现场向社会公示。目前，安徽省进、出口整体通关时间较 2017 年压缩 60%以上，完成国家要求的压缩一半的任务。

口岸监管与服务

【安徽出入境边检总站狠抓重大任务，着力在战疫情、抗洪灾上勇向前】 面对大疫大灾双重考验，全警动员、全力以赴，化危机、应变局，始终让党旗在斗争第一线高高飘扬。一是筑牢外防输入墙。加强与海关、海事等部门的口岸一体化联防联控，选派 4 名骨干支援省政府赴北上广宁工作组，主动加入省疫情防控指挥部外事组和维稳组，组建数据筛查专班，为落地核查、闭环管控提供全天候数据支持。7 名个人、3 个集体获评国家移民管理局、省新冠肺炎疫情防控斗争先进个人和集体。二是织密内部防控网。从严抓好执勤防护和内部管控，常态化开展体温检查、消毒杀菌等工作，对民警职工及家属、外聘人员开展全方位动态管理，发现安全隐患 23 处，提出应对措施 18 条，组织防护技能培训 27 次，筹措疫情防控物资 31 万件，队伍始终保持“零输入、零传播、零感染”。三是建强洪水防护堤。面对长江流域百年未遇的汛情，总站党委闻讯而动、靠前指挥，迅速统筹警力投入抗洪抢险和灾后重建第一线，不怕辛苦、连续奋战，相关事迹被中央电视台等媒体报道。

【安徽出入境边检总站狠抓主责主业，着力在服务保障高质量发展上打头阵】 统筹发展和安全，全力务主业，聚力尽主责。一是全力以赴保平安。坚持底线思维，强化斗争意识，全年查验货运航班同比上升 112.4%，边控同比增长 16%，查获违法违规、在控在逃人员 20 人次，向省“122”机制相关单位推送线索 350 条，大数据分析研判中心、边检同声翻译系统等创新成果加快孕育。二是主动作为务大局。深入学习贯彻习近平总书记考察安徽重要讲话指示精神，主动服务长三角一体化和中国（安徽）自由贸易试验区建设，成立领导小组，开展专项调研，积极建言献策。全力跟进合肥新桥机场区域航空枢纽暨国际航空货运集散中心、芜湖马鞍山安庆江海联运国际物流枢纽建设和阜阳、九华山、芜宣机场对外开放工作，大力推动沿江港口设施建设和长江航道整治。三是坚定不移强法治。深入学习贯彻习近平法治思想，制定总站《领导干部学法用法规定（试行）》，实行重大决策合法性审查，健全法律专家咨询辅助党委决策机制，举办法制培训班 2 期，开展庭审旁听等活动 8 次，组织普法宣传 20 余次，实现行政复议、行政诉讼和有效投诉“零发生”。

【芜湖海事局坚持靶向破题，安全监管更有力度】 一是重难点治理更加有效。始终牵牢渡船“牛鼻子”，签单发航制度取得实质性进展，渡船移动执法平台功能不断优化。保障 524 万人次、95 万车次渡运安全。水上交通安全专项整治三年行动有力推进，借势借力推动政府牵头开展“两非四小”专项整治，配合扣押小快艇 220 余艘，查获吸砂泵、运砂船 20 艘，经验做法获长江海事局通报表扬。联合河道、长航公安开展非法采砂整治“1 号行动”，协助查扣、移交涉砂船舶 112 艘。60 艘长期逃避海事监管船舶完成整改。二是监管手段更加丰富。合作研发现场检查智能终端“海 E 通”系统并试点运行。“水陆空”三位一体巡航模式首试告捷。持续推进无人船执法技术研究。芜宁 VTS 一体化进程全面启动。对接融入芜湖“智慧长江”管理系统，提升船舶违法行为智能感知能力。三是源头管控更加有力。公司和船舶审核 419 次，开具不符合项 2 273 个，实施公司日常监督检查 263 次，对 12 家公司进行安全警示约谈。对 58 艘第四批船舶实施体系化管理。船舶安检 1 110 艘次，滞留 75 艘次，船检质量检查 324 艘，向船检通报 29 艘。深化船员履职检查，违法记分 981 起、计 2 928 分。四是通航秩序更加顺畅。配合芜湖市政府开展水上过驳作业专项整治，清查浮吊 118 台。小黄洲锚地扩容近 3 倍。黄洲新滩警戒区、新生洲停泊区整治成效明显。裕溪口干支交汇水域形成联防联控新机制。积极推动芜湖市政府完善水上交通服务设施，加快建设交通船固定停靠点。五是应急体系更加完善。落实国务院关于加强水上搜救工作的要求，推动省市水上搜救建章立制工作取得积极进展。加大一线执法力量值守力度，推进水上搜救队伍建设，提升应急指挥协调能力。妥善处置“秋洋 6”轮闪爆、“国平 18”轮火灾等事故，成功承办芜湖市取水口突发安全事故应急演练。全年救助遇险船舶 13 艘、遇险人员 106 人，人命搜救成功率 98.15%。

【芜湖海事局坚持率先实践，污染防治更显速度】 一是联防共治模式升级。认真落实四部委整治方案要求，率先建立与环保、港航等单位月调度机制，发布船舶和港口水污染防治联合通告，合力破解污染治理痛点、难点。中央生态环保警示片及长航局明察暗访反馈问题全部完成整改销号。配合做好长江“十年禁渔”工作。二是科学防治创新升级。全力推进“一零五全三提升”行动，9.36 万艘次船舶通过联合监管与服务信息系统进行污染物交付，推动建成运行长江海事全线首个水上绿色综合服务区，安徽省首座船舶污染物集中接收站正式启用。全年，查处污染违法行为 458 件、处罚金额 240 万元，同比分别增长 103%、168%。三是防污设施提档升级。推动三市政府修订港口防污染基础设施建设方案。辖区 400 总吨以下船舶防污染设施全部完成改造。生产经营性码头的建设垃圾、生活污水、油污水免费接收率分别达 100%、66%、48%。五类专业码头岸电全部覆盖，生产型码头覆盖率达 67%。全局艇趸水污染物实现“零排放、全接收”。

【芜湖海事局坚持用心用情，服务保障更富温度】 一是主动服务国家区域战略实施。先后与皖苏相关涉水单位签订战略合作协议，共促长三角一体化高质量发展，联合安庆海事局发布 10 项服务举措。助力安徽自贸试验区航运要素聚集和营商环境优化。二是着力助推航运经济发展。全面实施“春风行动”。积极支持芜湖三山港、铜陵横港扩大开放。辖区三大港口货物吞吐量超 3.1 亿吨。全力保障马鞍山公铁大桥、铜陵 G3 桥、黑南水道整治等重点工程建设。开通港澳航线船舶登记“绿色通道”。三是全力惠民利民。试点长三角地区船舶不停船办证，“不见面”办结船员证书、配员证书超 700 本。创新“线上培+线下考”模式，开展船员考试 18 期、636 人次。实施“五进”工程，为 1 500 余名船员提供知识更新。

【安庆海事局严密部署疫情防控工作，切实提升政务服务水平】 2020 年，受新冠肺炎疫情影响，无国际航行船舶进出安庆、池州口岸。安庆海事局贯彻落实长江海事局服务口岸建设的各项要求，积极配合地方政府，助力口岸发展。一是继续加强与口岸单位的交流，深化合作共建，强化执法协作，促进信息互通。促进“三互”大通关改革，踊跃为地方口岸发展建言献策，反馈池州港口岸扩大开放建设工作征求意见。二是深入贯彻落实党中央关于疫情防控常态化有关要求，确保防止疫情输入。根据上级要求及地方防疫指挥部的有关规定，编制《安庆海事局关于国际航行船舶疫情防控应急处置流程》；积极向国际航行船舶代理单位宣传地方政府、海事管理机构有关疫情防控、船员换班、对伤病船员紧急救助处置、船员防疫指南等政策；大力筹备疫情防控物资，保障口岸查验执法人员具备“非接触式”检查条件；积极参与安庆口岸国际航行船舶新冠肺炎疫情输入防控演练。三是助力地方经济复苏，减轻企业负担，根据有关政策，减免口岸通关货物港口建设费共计 86.9 万元。下一步，安庆海事局将深入落实春风行动及长三角海事一体化融合发展各项要求，切实增强服务意识，不断畅通与口岸单位、航运企业沟通渠道，深化“放管服”改革，进一步优化营商环境，服务口岸大通关。

【合肥海关始终坚持总体国家安全观，忠诚履行海关把关职责】 一是慎终如始，织牢织密口岸疫情防线。坚决贯彻落实习近平总书记关于“慎终如始、再接再厉，全面做好外防输入、内防反弹工作”的重要指示精神，立足口岸主阵地，密切与卫生、公安、外事等部门合作，规范开展“三查、三排、一转运”工作，落实闭环管理。2020 年，共检疫查验出入境交通工具 1 611（架、艘次），检疫出入境人员约 10.6 万人次，检出境外输入新冠病毒无症状感染者 4 例。严格落实冷链物流渠道疫情防输入工作，加强出口防疫物资质量安全监管，促进防疫物资有序出口。在抗疫斗争中，合肥海关涌现了 1 名“全国抗击新冠肺炎疫情先进个人”；1 个集体、5 名个人获得全国海关系统抗击新冠肺炎疫情先进表彰；3 个集体、3 名个人获得安徽省抗击新冠肺炎疫情先进表彰。二是一以贯之，始终保持打私高压态势。坚决贯彻落实习近平总书记关于禁止“洋垃圾”入境、严厉打击象牙等濒危物种及制品走私等重要指示批示精神，扎实开展“蓝天”“护卫”“国门利剑”等专项行动。2020 年，合肥海关立案查办行政违规案件 161 起，案值 54 136 万元，涉税 1 560 万元。立案侦办走私犯罪案件 14 起，案值 2 301 万元，涉税 285 万元，采取刑事强制措施 28 人次。持续强化对非法出版物及其他违禁音像制品等的实际监管，不断加大对涉恐涉暴、涉枪涉毒等进出境货物物品的查缉力度，全面提升口岸监管环节反恐应急处突能力。三是持续监测，兜牢筑实国门检疫关口。强化病媒生物监测，保障口岸卫生安全，完善监测方法，科学掌握监测数据。共布置监测点 93 处，捕获病媒生物约 2.4 万只，督促口岸运营单位做好环境综合治理和防疫卫生处理。结合进境种猪业务，开展非洲猪瘟等重大动物疫情应急处置演练和进境种猪隔离检疫场现场验收考核工作。全年共截获外来有害生物 69 批次、363 种次。严格落实进出口食品监督抽检和风险监测工作要求，在出口小龙虾原料监测中检出白斑综合症病毒核酸阳性 5 次。持续做好进口商品风险监测，累计抽取跨境电商进口商品 20 批，检出不合格 4 批；累计检验进出口危险化学品 8 165 批次，货值 6.7 亿美元，同比分别增长 64.7%和 66.2%。四是防治结合系统排查风险安全隐患。严格落实安全生产责任制，开展安全生产风险隐患排查和集中整治，加强关区海关监管作业场所（场地）规范管理和危化品仓储业务安全管理，确保“零事故”。强化安全第一理念，对标海关总署要求，迅速开展业务数据安全专项行动，坚持人防、物防、技防并举，依靠“制度+技术”来保证业务系统“零风险”，坚决守住数据“零泄露”底线，维护海关业务数据安全。

【合肥海关坚决落实“六稳”“六保”决策部署，助力地方高水平对外开放】 一是释放政策改革红利，稳住外贸外资基本盘。坚决落实海关总署帮扶政策措施，制定实施合肥海关防疫情、保民生、稳外贸 18 条举措，对重点产业、重大项目建设做好监管服务的同时，积极为民营企业、中小微外贸企业纾困解难。推动实施《合肥海关助力“双稳”行动计划》28 条新措施，全力支持外贸稳增长。分片区举办“聚力双稳、送策惠企”政策巡回宣讲会，针对企业重点关注的业务问题，培训企业500余家。召开民营企业家座谈会，现场回应答复企业提出涉及通关便利、进口准入等领域的具体问题。二是深化重点产业帮扶，力保产业链供应链稳定。支持重大科研项目建设，为相关单位进口科研仪器减免关税、进口环节增值税合计2.4亿元，同比增长20.0%。推广落实进口矿产品“先放后检”、大宗散货重量鉴定改革等举措，减少货物在港滞留时间，提升通关效率。支持跨境电商业态发展，推动全省3个跨境电商综试区建设和零售进口试点业务开展，推广落实跨境电商出口商品退货监管政策。2020年，全省跨境电商平台零售进出口8.8亿元，同比增长14.9倍。支持蚌埠市场采购贸易试点业务开展，出台《合肥海关市场采购贸易海关监管办法实施细则（试行）》，蚌埠中恒商贸城以市场采购贸易方式申报的首票货物实现顺利通关。三是推进平台通道建设，促进开放型经济发展。全力支持安徽自贸试验区建设发展。制订《合肥海关推进中国（安徽）自由贸易试验区监管服务改革方案》。自贸试验区改革试点经验46项制度，除内销选择性征收关税受政策限制暂无法复制外，其他45项改革试点经验已在关区复制推广。统筹优化海关特殊监管区域发展，发布合肥海关支持综合保税区发展11条措施。配合地方主管部门做好综合保税区的绩效监督与评估，在芜湖综合保税区开展增值税一般纳税人试点工作。2020年，安徽省海关特殊监管区域进出口892亿元，同比增长36.9%。安庆综合保税区顺利获批，合肥出口加工区升级综合保税区、铜陵（皖中南）保税物流中心（B型）通过验收。协力畅通水运、陆运和空运开放通道。与省港航集团建立联席会议机制，支持安徽省港口资源整合；细化出台支持中欧班列发展16项细化措施；支持合肥新桥机场加密国际货运航班，助力提升合肥航空枢纽功能。四是提升通关便利水平，持续优化口岸营商环境。深化长三角海关一体协同工作机制，认真落实《海关支持长三角区域一体化发展重点举措》，牵头完成“优化加工贸易监管流程”“风险信息共采共用”等4项任务，并在关区内启动企业集团加工贸易监管改革试点。深化通关改革，强化科技创新应用。推广运用“两步申报”“提前申报”，推行关区“物流一体化”模式，便利货物关区内转运，“两步申报”应用率达60%。推广“两步申报”免担保、汇总征税等税收征管改革措施，提升货物通关便利化水平。加强企业AEO认证政策宣传辅导，开展海关企业信用管理政策宣贯，对关区重点企业持续开展认证辅导。加快推进海关ERP联网监管项目，积极与海关总署主管司局及相关单位沟通，推进落实统筹纳管工作。简化监管证件，通关环节验核证件压减到44种，除安全保密需要等特殊情况外，已全部实现联网、在通关环节比对核查。五是加强知识产权保护。在货运和寄递渠道共查获涉嫌侵犯知识产权的货物和物品1 137批，查扣涉案物品1 380件。

开放口岸

【合肥空运口岸（合肥新桥国际机场）】
原合肥骆岗国际机场于1990年3月经国务院批准对港澳地区开放，2005年4月国务院批准扩大对外国籍飞机开放，2006年6月通过国家验收。2007年10月15日，国务院等机构正式批复同意合肥迁建骆岗国际机场，新建新桥国际机场。2013年5月29日24时，安全运行36年的合肥骆岗国际机场永久关闭，5月30日零时，合肥新桥国际机场正式启用。合肥空运口岸已建成水果、冰鲜水产品和食用水生动物指定监管场地并正常运营。

新桥国际机场位于安徽省合肥市肥西县高刘镇，距合肥市中心31.8千米，是国内4E级枢纽干线机场，按照满足2020年旅客吞吐量1 100万人次、货邮吞吐量15万吨的需要设计。跑道长3 400米、宽45米；航站楼面积11万平方米；站坪面积36万平方米，共设机位27个，其中廊桥机位19个、远机位8个。航站楼外观呈现自然流畅的弧形整体造型，整个建筑地下一层，地上两层，局部夹层；布局长 804 米，最大进深 161 米，屋脊最高点 30 米；屋面采用金黄色的直立锁边铝镁锰合金面板，规律设置 19 排屋面采光天窗。俯视整个建筑，宛若金色的展翅大鹏在江淮分水岭上昂首欲飞，既是一张代表合肥形象的新“名片”，也是安徽又一标志性新景观。目前已开通至美国、俄罗斯、韩国、日本、新加坡、泰国、越南等国家和我国香港、澳门、台湾等地区客货航线和旅游包机。按照近期 2030 年规划，机场年旅客吞吐量 4 000 万人次，货邮吞吐量 35 万吨，起降量总计约 30.5 万架次。远景机场旅客吞吐量展望每年 1 亿人次。

2020 年，合肥新桥国际机场飞行国际和地区航班 1 519 架次，同比下降 72.4%；出入境 10.07 万人次，同比下降 87.7%。

【黄山空运口岸（黄山屯溪国际机场）】 1992 年 9 月，国务院批准开放黄山空运口岸，2009 年 8 月，国务院批准黄山空运口岸扩大对外国籍飞机开放，2014 年 11 月，公安部授权设立台湾居民口岸签注点。黄山屯溪国际机场是国家重要的旅游机场，为 4D 级民用运输机场，也是皖南及皖浙赣毗邻区域重要的空中交通门户、唯一的国际机场。黄山屯溪国际机场占地面积约 173.33 万平方米，停机坪面积为 49 000 平方米，航站楼面积 14 800 平方米，规划设计旅客吞吐量 112 万人次。目前已开通至韩国等国家和我国台湾、香港等地区航线及旅游包机。

2020 年，黄山口岸飞行国际和地区航班 59 架次，同比下降 93.4%；出入境 0.43 万人次，同比下降 96.3%。

【芜湖水运（河港）口岸】 芜湖港 1980 年 2 月经国务院批准对外开放；1991 年 10 月，经国家批准为对外籍轮开放港口；2008 年 11 月被国家批准为首批对台湾地区直航内河港口。2012 年 5 月芜湖口岸扩大开放水域获批并纳入国家口岸“十二五”规划，标志着芜湖长江水域全部纳入扩大开放范围。2014 年 9 月 1 日，芜湖朱家桥港正式启动启运港退税政策，是安徽省首个试行启运港退税政策的皖江港口。2017 年 7 月 3 日，芜湖进境肉类指定监管场地开通运营。2018 年 12 月 23 日，国务院批复同意芜湖港口岸扩大开放三山港区。

芜湖港是全国 28 个内河主要港口之一和对外开放口岸，是安徽省最大的货运、外贸和集装箱中转运输港，是长江溯江而上最后一个深水良港，可常年通航万吨级船舶，是长江干线较早开展集装箱运输的港口之一，集装箱运量一直位居安徽省第一。

芜湖港辖长江岸线总长 193.9 千米，其中江北 121 千米、江南 72.9 千米，划分为 7 个长江干线港区和 5 个支流港区，拥有各类生产性码头泊位 144 个，其中万吨级泊位 9 个，年设计货物通过能力达到 1.1 亿吨，对外籍轮开放泊位 6 个。现已基本形成布局合理、能力适度、门类齐全、功能完善、设施先进的良好格局。码头泊位已向规模化、集约化、专业化发展，并形成了煤炭转运、水泥建材发运，集装箱中转、成油品转运、商品汽车滚装运输的特色和优势，已发展成为长江干线重要的能源、水泥、矿石、建材、集装箱运输大港。芜湖港口基础设施日趋完善，远洋货轮可直达日本、韩国、朝鲜、新加坡、马来西亚、泰国、柬埔寨以及我国香港和台湾地区等 46 个国家和地区，口岸运量逐年攀升。目前正在推进三山港区对外开放。

2020 年，芜湖水运口岸进出口货运量 545.05 万吨，同比增长 4.19%。

【铜陵水运（河港）口岸】 1993 年 1 月国务院批准铜陵港对外国籍船舶开放，1994 年 8 月通过国家验收；1997 年正式开通国际集装箱内支线航班；2009 年交通运输部确立铜陵港为海峡两岸三通直航港口；2017 年 12 月 28 日，铜陵进境水果指定监管场地正式启动运营。

铜陵港地处长江中下游南岸、八百里皖江中部，是皖中南及中国古铜都对外开放的第一站。这里陆域平坦，岸线顺直，航道宽阔，水深流缓，河床稳定，是交通部《长江干线航道发展规划》确立的万吨级海轮进江终点港。铜陵港地理位置优越，区位优势明显，处在上海—武汉、九江—南京、合肥—黄山以及安徽长江五港的中心点。沿江高速、合铜黄高速、铜宣杭高速、宁铜铁路、铜九铁路和京福高铁交汇于港区及腹地边际，水陆交通四通八达，是皖中南物流集散中心和长江干线重要港口企业。港口现有 15 座码头、17 个泊位，分布于大通、横港、兴隆等四大港区，港区岸线 29.1 千米，其中对外开放码头 4 座，已开通至日本、朝鲜、韩国、中国香港地区等国家和地区的直达或中转航线，常年可通航和靠泊万吨级海轮。主要从事国际、国内集装箱和件杂散货的装卸、仓储、中转以及理货、船舶代理、水陆运输、旅游服务等物流服务等业务，是一个多功能、综合性、现代化港口。目前正在加快推进永丰港区对外开放。

2020 年，铜陵水运口岸进出口货运量 436.3 万吨，同比下降 36.59%。

【安庆水运（河港）口岸】 安庆港是全国内河 28 个主要港口之一。1986 年 6 月，安庆港被国务院批准为对外开放口岸，1996 年 1 月对外籍轮开放，2011 年 7 月获准对台湾地区直航。2017 年 5 月 28 日，安庆港汽车整车进口口岸获得国务院批准建设。2018 年 12 月 27 日，国务院批复同意安庆港口岸扩大开放长风港区和皖河农场港区。

安庆港是长江干线上兼有沿海和内陆双重优势对外开放的重要港口，也是安徽省境内长江北岸唯一深水良港，被称为“皖西南咽喉”。港口岸线总长 247 千米，占皖江北岸岸线的 61%，适合建设港口岸线 105 千米，其中深水岸线 70 千米，安庆至芜湖段长江航道日常维护水深为 6 米，具有建设 5 000~10 000 吨级海轮深水泊位的优越条件。境内华阳河、皖河、莱子湖、罗昌河四大水系均为长江左岸一级支流，航道总长 724 千米，与长江干流形成“一干四支”网络水系。目前，安庆港干线港区有各类码头 173 座，泊位 214 个，其中生产性泊位 136 个，5 000 吨级以上泊位 11 个，港口年通过能力 3 864 万吨。

安庆港中心港区上自皖河农场，下至枞阳县鲟鱼嘴，岸线长 67 千米，其中港口岸线 47.6 千米。依据《安庆港总体规划》，中心港区规划有：长风铁水联运综合物流基地、马窝散货物流基地、石化油品码头作业区、五里庙集装箱综合物流基地、沙漠洲港口综合作业区、皖河农场作业区。中心港区拥有港口企业 25 家，各类码头 40 座，其中，公用码头 23 座，占 58%；企业自用码头 17 座，占 42%。泊位 54 个，其中，生产性泊位 39 个，5 000 吨级以上泊位 9 个、3 000~5 000 吨级泊位 4 个、3 000 吨级以下泊位 26 个，外贸集装箱泊位 2 个。拥有公用锚地 3 处。码头前沿最大靠泊能力 10 000 吨，最大起重能力 40 吨，港口年通过能力 2 152 万吨，集装箱年设计通过能力 6.35 万标箱。港口实际年货物通过能力超过了货物吞吐量需求。长江游轮靠港实现常态化。2017 年长风港区基础设施大部分已完成建设，皖河农场港区基础设施正在规划建设中。2018 年 12 月下旬，国务院批复同意安庆港口岸扩大开放长风港区和皖河农场港区。

2020 年，安庆港口岸进出口货运量 29.75 万吨，同比下降 35.09%。

【马鞍山水运（河港）口岸】 1990 年 10 月国务院批准办理国轮外运业务，2007 年 9 月国务院批准马鞍山水运口岸扩大对外国籍船舶开放，2009 年 7 月通过国家验收组验收。马鞍山水运口岸是首批对我国台湾地区直航的口岸。2016 年 7 月 5 日，马鞍山港口岸扩大开放郑蒲港区集装箱码头 1~3 号泊位通过国家验收组开放验收，正式对外开放。2018 年，马鞍山肉类指定监管场地正式运营。

马鞍山港位于长江下游南岸的马鞍山市，东经 118°27′9″，北纬 31°44′1″，地处安徽省中部东端，与江苏省交界，是皖江的“东大门”。上毗芜湖，下邻南京，逆江而上至重庆 1 959 千米，顺流而下至上海 440 千米。港辖区上起和县的西梁山，下至乌江的驻马河口，全长 41 千米。港辖区自采石矶翠螺山至慈湖和尚港，全长 15.7 千米。马鞍山港是全国内河主要港口，港口拥有生产性泊位 160 个，其中 5 000 吨级以上泊位 19 个，可兼靠万吨级海轮泊位 13 个，最大可靠

20 000 吨级船舶。港口以中心港区、郑蒲港区为核心，以慈湖港区、采石矶港区、太平府港区、江心洲港区、乌江港区为骨干，当涂港区、博望港区、和县港区、含山港区为补充，形成“一江两岸，双核九区”的层次清晰、结构合理、功能明确的布局体系。港口规划发展成为以集装箱、矿石、钢铁、能源物资、化工品等运输为主兼顾旅游客运的现代化、多功能、综合性港口。全港拥有长江及支流港口岸线合计 62.17 千米，已利用港口岸线 14.83 千米，占比 23.85%；未利用 47.34 千米，占比 76.15%。辖区长江段航道 36.2 千米，常年维护水深 9 米以上，中洪水位期达 10.5 米，2 万吨级江海轮可常年到港。2017 年 12 月 22 日，安徽首台 H986 大型集装箱检查设备配备到天顺港，该系统的使用对进出口通关货物起到严密监管与高效运作的作用，大大缩短通关作业时间，同时将企业的损失和通关成本降到最低。

2020 年，马鞍山水运口岸进出口货运量 1 001.69 万吨，同比下降 19.64%。

【池州水运（河港）口岸】 池州港作为国家对外开放口岸，交通运输部长江重点港口，是长江溯江而上南岸最后一个万吨级深水港。2005 年 7 月国务院批准对外国籍船舶开放，2009 年 7 月通过国家验收。

池州市依江近海，水网发达，长江流经池州市 158 千米，岸线长 162 千米，长江池州段水流平稳，岸坡稳定，常年通航 5 000 吨级船舶，属国家一级航道，江口至梅龙段可建万吨级码头。沿江高速公路贯穿池州，沿江铁路大动脉铜九铁路东接上海、西达重庆，安庆长江大桥连接安庆与池州，池州九华山机场已于 2013 年 7 月 29 日建成通航，发展水陆联运和水铁联运前途广阔。

池州港目前拥有生产性码头泊位 9 座，工作泊位 2 座，其中 10 000 吨级泊位 2 座、5 000 吨级散货泊位 2 座、3 000 吨级件杂货泊位 5 座，货场总面积 31 万多平方米，海关监管仓储面积 15 000 平方米，长江深水岸线 2 460 米，码头前沿水深 11~18 米，各类装卸机械设备 180 余台，最大起重能力 45 吨，年货运综合通过能力 2 000 万吨，年集装箱通过能力 5 万标箱。池州旅游码头是安徽省唯一停靠涉外游轮的旅游码头，每年停靠涉外游轮约 130 航次，接待入境游客约 3 万人次。目前正在加快推进江口港区和牛头山港区对外开放。

2020 年，池州水运口岸进出口货运量 93.11 万吨，同比下降 7.67%。

2020 年安徽省口岸大事记

3 月 16 日

合肥铁海联运班列 2020 年累计发送货物突破 5 000 标箱。

4 月 17 日

合肥经济技术开发区综合保税区顺利通过由合肥海关等八部门组成的联合验收组现场验收。

5 月 25 日

安庆港汽车整车进口口岸进口首辆平行进口车。

6 月 6 日

长三角国际贸易“单一窗口”合作共建作为商务领域合作项目，在 2020 年度长三角地区主要领导座谈会签约仪式上顺利签约。

6 月 18 日

国务院批复同意设立安庆综合保税区。

6 月 19 日

合肥经济技术开发区综合保税区通过海关总署等 8 部委验收审核。

9 月 19 日

合肥中欧班列年度开行突破 400 列。

11 月 16 日

海关总署批复铜陵（皖中南）保税物流中心（B 型）验收合格。

（撰稿人：石立帅、郑峰、杨中博、孔斌、张雨田）

2020 年安徽省口岸流量统计表

口岸类型	口岸名称	货运量（万吨）				集装箱量（万标箱）				人员（万人次）				交通工具（辆、艘、架、列次）			
		出口	进口	合计	同比（%）	出口	进口	合计	同比（%）	出境	入境	合计	同比（%）	出境	入境	合计	同比（%）
空运口岸	合肥	5.56	3.37	8.94	413.8					4.80	5.27	10.07	-87.04			1 519	-72.4
	黄山									0.24	0.19	0.43	-95.80			59	-93.40
	分计	5.56	3.37	8.94	413.8					5.04	5.46	10.50	-88.06			1 578	-75.3
陆运口岸 铁路口岸	合肥	22.18	4.62	26.80	22.88			4.65	41.30								
	蚌埠	9.38	81.58	90.96	86.09			1.34	24.00								
	阜阳	3.68	3.32	7.00	-12.94			0.02	-79.80								
	分计	35.24	89.52	124.76	58.47			6.02	33.98								
水运口岸 河港口岸	合肥	19.11	4.48	23.59	-3.00			37.07	0.30							1 585	1.4
	马鞍山	37.5	964.19	1 001.69	-19.64			1.21	54.80							297	-13.20
	铜陵	11.4	424.9	436.30	-36.59			1.48	1.80							6	-82.40
	芜湖	196.67	348.38	545.05	4.19			107.16	6.40							7 938	16.5
	池州	11.71	81.4	93.11	-7.67			0.70	14.30							262	-1.50
	安庆	12.75	17	29.75	-35.09			4.75	-6.80							892	-15.5
	分计	289.14	1 840.35	2 129.49	-18.99			152.38	4.67							10 980	9.00
合计		329.94	1 933.24	2 263.19	-16.46			158.39	5.54	5.04	5.46	10.50	-88.06			12 558	-23.65
同比（%）		7.09	-19.49	-16.46				5.54		-88.54	-87.59	-88.06				-23.65	

（安徽省口岸办提供）

2020年安徽省口岸出入境主要数据表

<table>
<tr><th colspan="3">项　目</th><th>2020年</th><th>2019年</th><th>同比（%）</th></tr>
<tr><td rowspan="14">出入境人员（人次）</td><td colspan="2">出入境人员总数</td><td>105 619</td><td>881 415</td><td>-88.02</td></tr>
<tr><td colspan="2">入境人员</td><td>54 805</td><td>440 684</td><td>-87.56</td></tr>
<tr><td colspan="2">出境人员</td><td>50 814</td><td>440 731</td><td>-88.47</td></tr>
<tr><td colspan="2">出入境旅客</td><td>91 865</td><td>827 295</td><td>-88.90</td></tr>
<tr><td colspan="2">出入境员工</td><td>13 754</td><td>54 120</td><td>-74.59</td></tr>
<tr><td rowspan="5">中国公民</td><td>小计</td><td>91 789</td><td>802 879</td><td>-88.57</td></tr>
<tr><td>内地居民（因公）</td><td>1 457</td><td>3 484</td><td>-58.18</td></tr>
<tr><td>内地居民（因私）</td><td>81 205</td><td>682 790</td><td>-88.11</td></tr>
<tr><td>港澳居民</td><td>907</td><td>3 266</td><td>-72.23</td></tr>
<tr><td>台湾同胞</td><td>8 220</td><td>113 349</td><td>-92.75</td></tr>
<tr><td colspan="2">外籍人员</td><td>13 830</td><td>78 536</td><td>-82.39</td></tr>
<tr><td colspan="2">从海港出入境人数</td><td>597</td><td>1 834</td><td>-67.45</td></tr>
<tr><td colspan="2">从陆港出入境人数</td><td></td><td></td><td></td></tr>
<tr><td colspan="2">从空港出入境人数</td><td>105 022</td><td>879 581</td><td>-88.06</td></tr>
<tr><td rowspan="5">交通运输工具（辆、艘、架、列次）</td><td colspan="2">总计</td><td>1 616</td><td>6 519</td><td>-75.21</td></tr>
<tr><td colspan="2">船舶</td><td>38</td><td>123</td><td>-69.11</td></tr>
<tr><td colspan="2">飞机</td><td>1 578</td><td>6 396</td><td>-75.33</td></tr>
<tr><td colspan="2">火车</td><td></td><td></td><td></td></tr>
<tr><td colspan="2">机动车辆</td><td></td><td></td><td></td></tr>
</table>

（安徽出入境边检总站提供）

2020年合肥海关主要数据统计表

项　目		2020年	2019年	同比（%）
进出口货运量（万吨）	合计	2 239.71	2 631.84	-14.90
	进口	1 970.38	2 330.98	-15.47
	出口	269.33	300.86	-10.48
进出口贸易总值（万美元）	合计	3 979 573.20	3 399 434.63	17.07
	进口	2 410 282.42	2 075 382.90	16.14
	其中：江、海运输	1 516 918.48	1 404 748.18	7.99
	铁路运输	42 906.08	36 653.30	17.06
	汽车运输	93 263.51	46 269.79	101.56
	航空运输	757 173.13	587 676.83	28.84
	邮件运输	21.21	34.81	-39.05
	其他运输			
	出口	1 569 290.79	1 324 051.73	18.52
	其中：江、海运输	711 425.00	784 605.50	-9.33
	铁路运输	134 199.87	103 049.98	30.23
	汽车运输	127 979.86	10 976.05	1 065.99
	航空运输	595 679.04	425 420.20	40.02
	邮件运输	7.01		
	其他运输			
税收（万元）	两税合计	2 104 149.90	2 208 967.58	-4.70
	关税入库	225 493.88	183 282.75	23.03
	进口环节税入库	1 878 656.02	2 025 684.83	-7.26

（合肥海关提供）

2020 年芜湖海事局进出港船舶统计汇总表

船舶类别	进港船舶							出港船舶						
	艘数（艘）	总吨（吨位）	总载重量（吨）	载客量（客位）	船员人数（人次）	货物到达量（吨）	旅客到达量（人）	艘数（艘）	总吨（吨位）	总载重量（吨）	载客量（客位）	船员人数（人次）	货物发送量（吨）	旅客发送量（人）
总　计	137 765	195 835 928	319 769 416	254 257	843 368	119 465 989. 4	518 929	137 646	195 548 626	319 143 632	243 657	832 550	131 715 743. 9	445 365
中国籍船舶	137 745	195 757 074	319 660 139	254 257	843 257	119 426 024	518 929	137 626	195 438 005	318 986 233	243 657	832 146	131 633 834	445 365
其中外贸船	20	78 854	109 277	0	311	39 965. 36	0	20	110 621	157 399	0	404	81 909. 91	0

（芜湖海事局提供）

2020 年安庆海事局进出港船舶统计汇总表

船舶类别	进港船舶							出港船舶						
	艘数（艘）	总吨（吨位）	总载重量（吨）	载客量（客位）	船员人数（人次）	货物到达量（吨）	旅客到达量（人）	艘数（艘）	总吨（吨位）	总载重量（吨）	载客量（客位）	船员人数（人次）	货物发送量（吨）	旅客发送量（人）
总　计	55 624	68 274 068	104 015 052	1 790 394	265 790	19 655 265. 81	1 191 142	42 579	59 761 780	103 123 321	511 758	265 807	70 999 730. 43	127 661
中国籍船舶	55 624	68 274 068	104 015 052	1 790 394	265 790	19 655 265. 81	1 191 142	42 579	59 761 780	103 123 321	511 758	265 807	70 999 730. 43	127 661
其中外贸船	—	—	—	—	—	—	—	—	—	—	—	—	—	—

（安庆海事局提供）

口岸数量及分布

截至2020年年底，福建省共有经国务院批准的对外开放口岸11个。其中，空运口岸4个，分别是福州空运口岸（福州长乐国际机场）、厦门空运口岸（厦门高崎国际机场）、泉州空运口岸（泉州晋江国际机场）和武夷山空运口岸（武夷山机场）；水运口岸7个，分别是福州、厦门、泉州、漳州、莆田、宁德、平潭海港口岸。

口岸运行数据

2020年，福建省水运口岸累计外贸货运量24 617.77万吨，同比增长0.05%。其中，进口18 327.65万吨，同比增长1.64%；出口6 290.12万吨，同比下降4.31%。海运集装箱吞吐箱量累计945.50万标箱，同比增长0.28%。其中，进口468.96万标箱，同比增长0.40%；出口476.54万标箱，同比增长0.17%。累计出入境旅客12.97万人次，同比下降95.07%。其中，入境6.39万人次，同比下降95.13%；出境6.58万人次，同比下降95.01%。

同期，福建省空运口岸累计出入境旅客103.27万人次，同比下降85.03%。其中，入境55.32万人次，同比下降83.70%；出境47.95万人次，同比下降86.31%。

口岸综合管理

【精心做好“十四五”口岸发展规划工作】 为优化全省口岸布局，服务地方发展，根据国家口岸管理办公室编制“十四五”口岸发展规划要求，会同各地、各有关部门，研究提出7个海港作业区（福州港口岸江阴港区万安作业区、漳州港口岸东山港区城垵作业区、后石港区隆教作业区、古雷港区将军澳作业区，莆田港口岸兴化湾港区涵江作业区，宁德港口岸沙埕港区杨岐作业区、三都澳港区溪南作业区）和2个空港（武夷山机场和三明沙县机场）对外开放意见，已由省政府报送国家口岸管理办公室。

【推进口岸对外开放】 海港口岸扩大对外开放方面，宁德港口岸漳湾作业区、福州港口岸环下屿岛作业区扩大开放年内已由省政府上报国务院；抓紧协调筹备福州港口岸黄岐港区、泉州港口岸锦尚作业区扩大开放迎接国家验收；漳州港口岸拟扩大开放东山港区城垵作业区、后石港区隆教作业区，已牵头征求驻闽单位意见，协调整改、继续推进。新建改建码头泊位对外开放方面，验收启用福州港口岸闽江口内港区闽安山水码头和罗源湾港区将军帽作业区1号泊位。口岸临时开放方面，交通运输部批复同意宁德漳湾作业区8~10号泊位、福州罗源湾环下屿作业区1~4号泊位等7个泊位临时开放继续延期。

【不断提升口岸运行管理水平】 一是开放和退出并重，优化口岸监管资源配置。首次启动码头退出程序，经征求驻闽口岸查验主管单位意见，第一批全省退出开放码头11个，已由省政府正式发文公告退出。二是针对外贸货物吞吐量、外贸集装箱吞吐量2项指标，开展对全省口岸重点码头泊位、重点港区的运行监测，做好运行统计和情况编报。三是加强口岸运行管理。建立全省航空口岸运行、水运口岸出入境人员、重点进口冷链食品口岸运行报送制度，相关工作加快延伸覆盖，福州空运口岸协调管理制度进一步完善。四是针对化解疫情影响下国际海空运收缩等局面，协调推进拓展国际航空货运航线，通过定期货运航班、客改货和临时货运包机等形式，全力稳定外贸供应链。目前，全省开通5条国际（地区）航空货运定期航线，开通21条临时航空货运包机航线，航线网络覆盖亚、欧、北美、澳地区；陆续开通45条“客改货”航空航线。五是推动提高口岸功能，提升带动辐射能力。平潭口岸进境种苗、食用水生动物指定监管场地通过验收，目前已有水果、冰鲜水产品等4个指定监管场地资质，加快拓展对台农渔产品贸易通道；莆田罗屿港区开展进口保税混矿业务，铁矿及其他散货集疏运交易实现“水水中转”，2020年首次突破千万吨，同比增长 68.78%，创下历史新高，口岸大宗散货交易平台进一步做大。

【加快推进优化口岸营商环境】 福建省政府和海关总署签署新一轮合作备忘录，形成 57 项相互支持合作意向。省口岸办会同福州、厦门海关，细化分解成 78 项任务，明确部门责任和落实时限，并加快落实。向海关总署争取在福建省新增 4 个特殊区域向综保区转型升级，实际落地跨境电商“简化申报”“清单核放、汇总统计”“航空区域外发保税维修”等一批作业新模式，福建省率先试点以市场采购贸易方式出口预包装食品，石狮市场采购通关范围从厦门关区扩大到全省口岸。全省口岸加快推广实施“提前申报”“两步申报”“船边直提”“抵港直装”“先放后验”等便利化通关新措施，全面公布港口经营企业作业时限，坚持实施口岸收费目录清单管理和公示制度，全面落实国家《清理规范海运口岸收费行动方案》等，加快口岸提效降费。全年货物整体通关时间分别压缩到进口 34.81 小时、出口 1.98 小时，比 2017 年分别压缩 68.37%、90.32%，优于全国平均水平，在疫情管控措施加强、各方面成本上升的情况下逆势推进，成效明显。

【优化提升国际贸易“单一窗口”建设】 围绕做实做优跨境贸易“全链条”“一站式”服务，通过应用大数据、人工智能、区块链等新技术，突出关、港、贸、税、金一体化运作，将中国（福建）国际贸易单一窗口提档升级到 4.0 版，实现智能报关，提高企业申报效率，降低申报差错率，全面简化通关流程；实现港口信息共享和物流服务升级，单一窗口功能前推至船舶班轮订舱环节，引入无车承运业务模式，为企业提供散货及集装箱运输过程的车货匹配服务；整合商品通关、仓储、金融、物流等环节信息，实现跨境商品源头可溯；实现企业线上办理税务备案表查询核注，全程无纸化操作；实现智能快速测算企业授信额度，金融机构快速授信放贷。中国（福建）国际贸易单一窗口全年新增注册用户 6 878 家，业务总量超过 5 000 万票，入选福建省“数字经济百项应用场景”，4.0 版被国家发展改革委编入《中国营商环境报告 2020》，融资系统被列入商务部加大金融支持稳外贸力度经验做法，区块链公共服务平台被列入福建自贸试验区全国首创创新举措。

【全力做好口岸疫情防控】 一是指导协调各口岸部门建立工作机制，启动应急预案，联防联控，加强分析研判，加强协作配合。二是会同各相关部门，聚焦海、空口岸一线，优化流程，细化措施，做好“外防输入”“人物同防”。其中，对口岸入境人员严格进行“三排三查一转运”，形成闭环管理，确保“国门”到“家门”无缝衔接；对经其他省市口岸来闽人员，按省里统一部署，派人现场驻点吉林，严密掌握人员信息，完善闭环处置；对进口冷链食品严控疫情风险，组织学习深圳做法，推动在各设区市和平潭综合实验区全部设立集中监管仓，协调海关、交通运输、港口等部门每日收集汇总进口冷链物品信息数据，传递各地工作专班开展全面追踪溯源和检测消杀；先后争取防护物资 8 批次、151.6 万余件，为福州机场海关协调到位 10 名医护人员，为福、厦两关协调划拨专项防疫资金 1 300 万元，用于加强口岸一线人员防护。三是配合做好进境重点物资进境通关。在国际贸易“单一窗口”设立防疫物资通关政策专窗，协调重点口岸设立绿色通道，协调驻闽海关实施快速验放措施，实现防疫物资和重点民生物资“零延时”通关；会同福州、厦门海关在疫情前期 40 多天里，按日梳理汇总全省口岸进境防疫物资信息，供省里调度参考；分批次赴厦门空港口岸现场协调，落地验放，押送到榕入库防护服近 5 万套，供省里统一调用，解决疫情前期燃眉之急；协调保障福建省赴意大利、菲律宾等国医疗专家组及随行防疫物资快速通关。

口岸监管与服务

【厦门出入境边检总站扎实做好疫情外防输入】 强化对新冠肺炎疫情防控的组织领导，动态修订疫情防控工作方案，因时因势调整防控重心。对接省市两级防控体系，与海关、卫健等部门建立信息互通、情报预警、协同处置、执法配合机制。在空港口岸加强“后方预警、前端劝阻”机制，前置防范疫情输入。在海港口岸综合运用港口边检管理信息系统、AIS 等开展船舶轨迹动态监控和数据分析研判，开展内贸船舶非法出入境活动专项调研，推动省市规范管理沿海小型修造船企业，严防疫情海上非法输入。在轮船停泊点加大视频监控和现场巡查密度，100%预报筛查轮船轨迹及船员健康状况，推动纳入地方联防联控机制，切实织密疫情防控网。

【厦门出入境边检总站全面助力企业复工复产】 聚焦“六稳”“六保”任务，全面落实国家移民管理局“十项措施”，细化总站促进复工复产相关措施，“一船一策”“一企一策”指导支持企业复工复产，最大限度减轻企业安全风险和运营成本。“一机一案”完成部分国家采购抗疫物资专项勤务，对载运抗疫物资货机、货轮开通绿色通道，24 小时“零等待”通关服务，为 316 名外籍船员办理登陆换班手续。全力服务口岸经济发展，组织召开海港口岸服务对象座谈会，征求意见建议，大力支持空港口岸有序复航和邮轮经济发展，努力增强工作的针对性和有效性。

【厦门出入境边检总站高效服务高质量发展】 聚焦服务中央对台工作大局和两岸融合发展，展现福建省落实习近平总书记重要讲话精神和中央系列惠台措施，以及打造台胞台企登陆“第一家园”的初步成效。全力支持口岸对外开放，参与谋划厦门新机场、福州机场二期及中转厅建设，支持 2 个码头（泊位）通过验收或开放。积极融入“一带一路”、自贸试验区建设，配合向上争取便利邮轮往来、优化过境免签、过境免办边检手续等先行先试措施。大力支持海上相关航线“客停货通”，全力保障厦门机场作为省内唯一两岸直航航点运营，圆满完成第十二届海峡论坛边防检查任务。

【厦门出入境边检总站科技创新推动更高质量发展】 深入实施创新驱动战略，联合海康威视组建融合创新实验室，首个警企联名成果——“口岸限定区域旅客轨迹分析系统”投入试运行。鼓励支持自主创新，自主研发的空港旅客预检分析支援系统和“厦金”航线出入境数据融合与自动比对系统入选《福建自贸区创新实践探索》，“跨网数据传输盒”、验讫章识别管理系统、练兵管理系统等一批基层创新成果投入应用，创新成果实现增能提效。

充分发挥边检大数据优势，前置数据筛查，做到人员信息排查、轨迹核查、预警信息推送“3 个 100%”。研发个性化筛查模型和自动筛查分发工具，24 小时推送涉闽入境数据，快速精准识别防范境外疫情输入风险，构建国门“数据防线”。先后与省公安厅、海警局等部门开展全面深度执法协作，综合运用数据分析比对等手段，集中发现、查处、移交多批次涉嫌跨境诈赌人员，有效防范福建口岸成为跨境违法犯罪通道。

【福建海事局全力打好口岸疫情防控阻击战】 主动融入各级党委政府联防联控责任体系，采取最全面、最严格、最彻底的防控举措，制定“3 个指南”“1 个程序”“1 个应急预案”“1 个导则”等一系列海上监管和内控文件，确保新冠肺炎疫情防控工作有序有效开展。落实重点物资运输船舶“四优先”措施，确保水路运输安全、高效、畅通，保障重点物资运输 1.14 亿吨。严格“外防输入”，筑牢疫情防控海上防线，累计督促检查船舶 45 289 艘次，协调地方政府及港口口岸部门完成国际航行船舶中国籍船员省内换班 941 艘次、8 285 人次，稳妥做好外国籍船员在福州、厦门两个指定港口的换班工作，完成外国籍船员换班 14 艘次、85 人次，换班船舶、船员未发生疫情感染事件。

【福建海事局通航安全保障能力不断提升】 全力维护“一带一路”海上大通道安全畅通，组织巡航 11 723 次、巡航里程 18 万海里。实施湄洲湾口船舶定线制和报告制，提高了船舶通航效率。深入落实涉水工程重点项目挂钩联系机制，出台《通航水域岸线安全使用许可指导意见》，为海坛海峡跨海供水管道、平潭公铁大桥、长乐外海海上风电项目、漳州液化天然气（LNG）接收站项目航道工程等重点项目提供服务，有效化解水工项目建设对通航安全带来的不利影响。组织施工通航安全保障方案技术审查81件次，办理水上水下活动许可352件次，参与施工船舶826艘次，完成沉船打捞12艘。加强海上风电场通航安全规范化、科学化管理，推进海上风电建设选址和安全距离标准研究，持续破解沿海风电选址难题，保障多个海上风电项目顺利推进。

【福建海事局持续优化海事侧营商环境】 落实国家财政支持政策，免征港口建设费7.95亿元、减征船舶油污损害赔偿基金328.91万元，切实帮助企业纾困解难。帮助解决宁德时代公司涉危产品海运出口难题，助力支持81个水工项目复工复产。出台42项优化营商环境举措和一系列降本增效措施，船舶“多证合一”改革扩大至全省范围内试点运行，实现两批共14项海事业务“一网通办”。结合疫情防控形势，推行非接触式政务服务，创新船舶登记换证无纸化远程办理和“容缺”审批、涉水工程施工通航安全保障方案“网络评审”、航运公司体系审核“四零”工作法建设等15项举措，为历年数量之最。

【福建海事局有力推进绿色港口建设】 主动融入生态环境保护大局，加强船舶水污染现场监管，开展船舶防污染监督检查10 023艘次，查处船舶涉污违法行为38艘次。加大船舶违法排放大气污染物的查处力度，开展快速检测6 511艘次，使用燃油含硫量超标立案调查44起。有效运行船舶污染物接收、转运及处置监管联单制度。协同打好污染防治攻坚战，联合福建海警局等6部门开展“碧海银滩2020”海洋生态环境保护专项执法行动，积极推进福建省水污染防治行动计划工作方案、近岸海域污染防治实施方案、打赢蓝天保卫战三年行动计划实施方案等具体实施。调查辖区航运企业所属船舶受电设施建设情况，大力推进船舶岸电使用。

【福建海事局促进两岸港航融合发展】 持续深化两岸海上搜救协作和航运业融合交流，开展两岸联合搜救行动4次，成功救助两岸船员20人。积极推进《两岸直航船舶监管办法》《海峡两岸三通客船大规模人命救助课题研究》等管理办法研究。批准福建自贸试验区（厦门片区）成立第二家台资海员外派机构，签发全国首本台湾船员海员证。制订《台湾地区船员换发大陆船员适任证书岗位适任补差培训优化方案》，开展2期台湾船员大陆船员适任证书知识更新线上培训。

【驻闽海关深化海关通关机制改革】 福州海关全面实施进出口货物提前申报，出口提前申报已拓展到一般信用企业，进口提前申报率超60%。积极推进“两步申报”“两段准入”“两轮驱动”“两类通关”等业务改革，进一步优化通关流程。在福州关区各口岸全面推广“两步申报”通关模式，范围扩大到大宗商品和转关货物，2020年11月“两步申报”应用率超20%，高于全国海关平均水平。积极指导试点海关做好“两段准入”试点准备工作，引导企业参与试点，2020年11月6日福州关区首票“两段准入”报关单顺利通关。2020年12月28日顺利启动“两类通关”。加强日常通关时间监控，升级完善通关工作流程监控处置信息化系统，进出口通关时间大幅压缩。根据海关总署通报，2020年12月福州关区进口整体通关时间21.19小时，出口整体通关时间0.87小时，均再创历史新低，分别较2017年压缩81.04%、92.46%。

厦门海关深化“放管服”改革，创新“不见面审批”模式，27个承诺服务事项全程网办，13项“证照分离”改革措施顺利落地。开展2轮降费政策落实情况专项检查，进出口环节涉企收费同比下降28.50%。纵深推进压缩通关时间专项行动，联合相关部门出台8项举措，全年进出口整体通关时间同比分别压缩21.76%、51.38%，全国排名大幅跃升13位和8位，助推厦门连续两年获评“中国十大海运集装箱口岸营商环境评测”第1名。

【福州海关推进智慧海关建设】 福州海关根据海关机构改革和关检业务融合要求，优化整合福建省“单一窗口”海关侧项目。与福建省商务厅配合丰富“单一窗口”地方特色功能，主导优化升级“邮件互联网+便民服务平台”、跨境电商监管服务、快件收件人监管等功能。支持福建深化商事制度改革，依托“单一窗口”深化涉企证照“多证合一”改革，直接使用市场监管、商务等部门数据办理进出口货物收发货人注册登记等海关涉企资质管理业务。2020 年通过“单一窗口”和“互联网+海关”办理海关注册登记企业 2 000 余家，按照“多证合一”方式审批办结海关企业注册登记企业 90 家。

【驻闽海关服务地方经济发展】 福州海关持续推动关区口岸开放。综合协调场所建设、监管条件及人员编制等口岸开放相关问题，加快推动宁德港口岸三都澳港区漳湾作业区、福州港口岸罗源湾港区环下屿岛作业区扩大开放审批流程，指导福州港口岸黄岐港区做好扩大开放验收前准备工作，进一步规范口岸管理，配合做好 9 个码头泊位的退出工作，助力优化关区口岸布局，服务福建省开放型经济发展。发挥综合保税区、特殊监管区域、指定监管场地等基础设施作用。推动福州综合保税区于 2020 年 11 月 18 日通过联合验收，具备正式运作条件。支持福州综合保税区建设先进光学制造产业链，引导企业尽享政策红利。为《平潭综合实验区总体发展规划（2021—2035 年）》修订积极建言，支持平潭进一步开放开发。支持福建自贸试验区福州片区江阴口岸获批建设进境粮食、进境肉类指定监管场地，成为目前福州关区首个以水运集装箱方式进口粮食的口岸。

厦门海关紧密结合关区航空维修等重点产业发展情况开展税政研究，全年税政调整建议被国家主管部门采纳 22 项，占全国海关的 1/5。精准指导福建省外贸企业应对国外贸易壁垒，发布技贸措施预警信息 2 193 条。支持福建省农产品企业扩大出口，推荐 26 家次食品企业对国外注册，推动漳州平和蜜柚成为我国首批输美柑橘类产品。保障 4 批近 1 万头进境种牛种猪检疫通关，监管进口肉类、水产品同比分别增长 1.02 倍、21.5%，有力服务市场保供稳价。加强统计监测和预警分析，先后向海关总署和省市报送分析报告 92 篇、预警信息 273 条，获省部级以上领导批示 20 篇次。

【驻闽海关支持开放型经济稳步发展】 福州海关主动挖掘潜力，重点推进 12 个业务改革和自贸创新项目。立足福州江阴港综合保税区、平潭对台小额商品交易市场经营实际，推出“港区货物海关智慧监管模式”“优化对台小额商品交易市场海关监管模式”等自贸创新举措并通过海关总署备案。截至 2020 年 12 月 31 日，福州海关累计出台 113 项创新举措，占福建自贸试验区 480 项创新举措的 23.5%；48 项创新举措被福建省委托的第三方机构评估为全国首创，占福建自贸试验区全国首创创新举措总数的 24.9%。2020 年 11 月，福建省人民政府印发第八批 23 项向全省复制推广的福建自贸试验区改革创新成果，其中 4 项为福州海关原创，包含优化外贸集装箱“水水转运”监管模式、保税仓储商品集中检验分批核放模式、出口大宗散装货物“抵港直装”、知识产权保护保全“两互两共”联动协作。以外贸集装箱“水水转运”为例，进一步优化了福州港青州港区和江阴港区物流通关链，降低综合物流成本；截至 2020 年 12 月底，“水水转运”模式转运集装箱 9.38 万标箱，为企业节约成本近 4 700 万元。进一步丰富“全球质量溯源体系”应用场景，该体系作为 2020 年福建省优化营商环境工作 16 项典型经验之一向全省复制推广，是中直单位唯一入选项目。京东、拼多多、网易考拉、菜鸟仓等平台先后接入溯源体系；截至 2020 年 12 月底，共有 417 家企业参与溯源，发放溯源码 390 万枚，共有 803.7 万件商品实现溯源，价值 6.1 亿元。

厦门海关深化海关监管制度创新。加大自贸试验区制度创新力度，推出 ERP 联网监管、“原产地申领一体化平台”等创新举措，“海关公证电子送达系统”入选国务院第六批改革试点经验，全年共有 5 项创新举措获评全国首创，5 项举措入选福建省可复制推广创新成果。开展“建设自由贸易港型新经济特区”研究，意见建议获省市领导高度肯定。推动综保区高水平开放、高质量发展，象屿保税物流园区、海沧保税港区成功获批综合保税区，漳州台商投资区保税物流中心（B 型）正式封关运作，关区特殊区域和保税物流中心进出口额首次突破千亿元大关。全力保障外贸物流通畅。支持“丝路海运”平台建设，助推厦门港常态化开展集装箱过境运输业务，海翔码头、海通码头通过验收，口岸物流服务功能持续拓展，全年办理过境集装箱运输业务 3 201 吨、货值 4 876 万美元，同比分别增长 14.27%、5.66%。出台支持中欧（厦门）班列 12 条举措，推动海沧多式联运监管中心常态化运作，全年监管班列 273 列、2.4 万标箱、9.62 亿美元，同比分别增长 17%、36%、40%。支持“丝路飞翔”扩大影响，全力保障 16 条“客改货”航线复航，监管空运出口货运量、货值逆势增长，有力助推厦门进一步提升国际综合交通枢纽地位，全年对“一带一路”沿线国家和地区进出口增长 12.1%。支持新兴业态加快发展。开展全国唯一集成电路研发保税监管改革试点，监管全产业链保税集成电路进出口货值 20.35 亿美元。支持生物医药产业发展，推动建成全省首家生物材料特殊物品出入境公共服务平台，监管新冠病毒检测试剂出口货值超 50 亿元。全国首创“区域外发保税维修”监管模式，服务厦门打造全球一站式航空维修基地。助推平行车、燕窝等重点平台逆势增长，全年监管进口整车 1 943 辆，同比增长 1.68 倍，监管进口毛燕 6.2 吨，同比增长 5.7 倍，厦门成为全国最大毛燕进口口岸。启动跨境电商 B2B 出口监管试点，助推漳州、龙岩获批跨境电商综试区，全年监管跨境电商 1 616.39 万票、同比增长 2.92 倍。支持市场采购贸易省内通关一体化，泉州晋江国际鞋纺城获批新试点，监管市场采购出口额同比增长 99.57%。

开放口岸

【福州空运口岸（福州长乐国际机场）】

福州长乐国际机场位于福建省福州市长乐区，距离福州市区约 47.5 千米，车程约 50 分钟，为 4E 级民用国际机场，是中国东南沿海最繁忙的机场和福建省重要的国际机场之一。2015 年，国家“一带一路”倡议中将福州长乐国际机场定位为“海丝门户枢纽机场”，这意味着福州长乐国际机场从一般枢纽机场上升为国家级门户枢纽机场。

福州长乐国际机场 1997 年旅客吞吐量为 201 万人次；2009 年首次突破 500 万人次；2015 年 11 月 30 日突破 1 000 万人次，跻身国内大型航空港行列。2020 年运营航司共 36 家，运营国内外航线 111 条，其中 98 条境内航线、3 条地区航线、10 条国际航线；通航航点 90 个，其中境内航点 77 个、地区航点 3 个、国际航点 10 个。福州机场现有一条长 3 600 米、宽 45 米的混凝土跑道，航站楼总面积达 21.6 万平方米，运行机位 62 个，航空公司基地机位 14 个，可保障年旅客吞吐量 2 500 万人次。

目前，福州机场二期工程立项已正式获得国家发展改革委批复，二期配套工程已陆续开工。二期扩建工程总投资估算约 205 亿元，按照近期目标年 2030 年的需求规模进行建设，其中年起降 27.7 万架次，年旅客吞吐量 3 600 万人次，货邮吞吐量 45 万吨。远期规划按照目标年 2050 年，旅客吞吐量为 7 200 万人次，年起降 503 574 架次，高峰小时 109 架次，货运吞吐量 80 万吨进行建设。

2020 年，福州长乐国际机场全年运输起降 8.05 万架次，旅客吞吐量 886.2 万人次，货邮吞吐量 12 万吨。

福州长乐国际机场航站楼

福州长乐国际机场规划设计图

【厦门空运口岸（厦门高崎国际机场）】 厦门高崎国际机场位于厦门岛的东北端，距厦门市中心10千米。1982年1月10日破土动工兴建，1983年10月22日建成并对外开放。1992年经国家批准进行了大规模的扩建，扩建后的飞行区等级为4E级，可起降B747-800等大型飞机。现为国家对外开放口岸，在厦门空港营运的航空公司达47家，其中国内航空公司28家、国际及地区航空公司19家，已有航线共174条，其中国内139条、国际航线及地区35条（其中地区航线6条）。航线网络已覆盖了中国所有省会城市和主要二、三线城市，搭建了直达欧洲的客、货运航线，同时厦门机场的东南亚航线覆盖较广、航班密度较高，在全国位居前列，特别是由于厦门特殊的区位优势，厦门两岸直航航班的密度位居大陆地区前3位。目前，厦门机场现有国际及地区通航城市28个，航线遍及中国港澳台地区、东南亚、东北亚、澳大利亚、欧洲、美洲，厦门空运口岸已成为华东地区重要的区域性航空枢纽。

受新冠肺炎疫情影响，2020年厦门空港保障安全飞行14万架次，同比减少27.52%；旅客吞吐量1 671万人次，同比减少39.04%，其中出入境旅客64万人次，同比减少82.55%；货邮吞吐量27.8万吨，同比减少15.79%，其中出入境货邮11.2万吨，同比减少6.92%。

【泉州空运口岸（泉州晋江国际机场）】 泉州晋江国际机场始建于1955年8月，2012年11月，泉州空运口岸正式对外开放。2014年10月更名为泉州晋江国际机场。机场具备全天候飞行条件，飞行区等级为4D级，能起降波音757等同类机型，可满足年旅客吞吐量400万人次、货邮吞吐量4.4万吨的保障需求。

泉州晋江国际机场已有国内外27家航空公司进场运营，开通国际（地区）、国内客货运航线80条，每周进出港航班约1 300余架次。

2020年受疫情影响，泉州晋江国际机场空运口岸3月24日起停航，至9月28日起恢复泉州—澳门往返客运航班，全年共进出飞机1 190架次，出入境旅客合计98 744人次，其中，入境51 279人次、出境47 465人次，平均每架次83人。

泉州晋江国际机场候机楼

【武夷山空运口岸（武夷山机场）】 武夷山机场位于武夷山市南郊，距离市区及武夷山风景区各7千米。1993年9月22日国务院批准在武夷山设立对外开放口岸。

2020年1月份，武夷山机场飞行42架次，出入境4 623人次，同比下降23.17%，2月份以来，因新冠肺炎疫情影响，武夷山空运口岸已全面停运。

武夷山机场候机楼全貌

【福州水运（海港）口岸】 福州港是全国沿海25个主要港口之一，分为闽江口内港区、松下港区、牛头湾港区、江阴港区、罗源湾港区5个开放港区，以及黄岐港区（2017年获得国务院批复）等1个拟开放港区，具备进境肉类、粮食、水果、冰鲜水产品指定监管场地和整车进口指定口岸功能。至2020年年底，福州市辖区港口共有生产性泊位99个，其中万吨级以上泊位51个。与世界上40多个国家和地区的港口开展贸易往来，共有集装箱航线83条（内贸42条、外贸41条）。另有“两马”（福州马尾琅岐—台湾马祖）、“黄岐—马祖”2条海上直航客运航线。

2020年，福州海港外贸货物吞吐量5 429.12万吨，同比下降0.50%；外贸集装箱累计吞吐量153.09万标箱，同比下降8.95%；受新冠肺炎疫情影响对台客运从2020年2月10日起至今，“两马”、“黄岐—马祖”、平潭对台客运停航。福州市外贸进出口额2 504.8亿元（出口1 786.5亿元、进口718.4亿元）；外贸进出口货物的主要货种为电子产品、机电产品、纺织产品、鞋帽伞、贵金属、工艺品、镍矿、煤炭、粮食等。

闽江口内港区。位于中国东南部，台湾海峡西岸，是中华人民共和国成立后自然延续下来的对外开放口岸。闽江口内港区水路可达我国沿海各港和世界各地主要港口，北距上海433海里、东距台湾基隆149海里、南距香港420海里。港内现有开放码头21个，最大可靠泊2万吨级船舶。

福州口岸闽江口内港区全貌

松下港区。位于福清市、长乐区交界处的福清湾内。1994年9月10日经国务院批复对外开放，并于1995年11月20日由交通部正式对外公布。其地理位置十分优越，水路位于经济发达的香港和上海之间，北距上海447海里、福州马尾港54海里，南距厦门港130海里、香港395海里、台湾新竹80海里、基隆港125海里。陆路西接324国道和福厦高速公路，东接长乐国际机场专用公路，并经青州大桥与闽江北岸公路网相接。目前港区内开放的码头1个，最大可靠泊3万吨级船舶。

江阴港区。江阴港区位于福清市江阴镇东南部的兴化湾北岸。2003年3月12日经国务院批复对外开放，2004年7月1日由交通部正式对外公布。江阴港区地处中国海岸线中心点，北上上海、大连、天津，南下广州、深圳、香港，都在800海里以内，且居上海港、深圳盐田港航运线中部，可接受长三角和珠三角两大中国经济增长极的辐射；江阴港区距国际集装箱环球主航线仅24海里，堪称黄金水道的“黄金点”。江阴港区与台湾隔水相望，由此东进100海里是台中、150海里是基隆、170海里是高雄，与台湾各港口有地域相近、功能互补的优势，可与台湾实行优势互补，共建海峡两岸航运运作。港区内开放的码头5个，最大可靠泊20万吨船舶。

牛头湾港区。牛头湾港区位于长乐区松下镇，海坛海峡北侧，东洛列岛西南侧。2008年12月11日经国务院批复对外开放，2012年2月14日由国家交通部正式对外公布。牛头湾港区有着便捷的集疏运条件：水路北上距上海447海里，南下距厦门154海里、距香港395海里，东至台湾基隆125海里；陆路距福州中心城区60多千米，距长乐市区、福清市区约30千米；公路主要通过福清北山一级公路，西接324国道和福厦高速公路，东接长乐机场专用公路，并经青州大桥与闽江北岸相接。目前港区内开放的码头有1个，最大可靠泊10吨级船舶。

罗源湾港区。罗源湾港区位于福州市区北部。2014年9月9日经国务院批复对外开放。2018年7月12日，交通运输部对外公告，福州港口岸正式扩大对国际航行船舶开放。罗源湾港区与台湾、马祖隔海相望，距福州马尾港50多千米、台湾基隆142海里、上海405海里、香港435海里。港区内开放码头共有7个，最大可靠泊30吨级船舶。1个码头临时进靠国际航行船舶作业。

福州罗源湾港区碧里作业区

黄岐港区。黄岐港区位于福州市连江县黄岐半岛南侧，闽江入海口北岸。2017年8月5日经国务院批复对外开放。黄岐港区面对马祖列岛，最近处仅距4.8海里，距连江县城46千米、省会福州91千米，海距马尾港33海里。黄岐港区地处我国南北交通的黄金水道，地理位置特殊，是海西一个重要的对台港口。目前共有2个码头临时进靠国际航行船舶作业。

【厦门水运（海港）口岸】 厦门港是全国25个主要港口、12个区域性枢纽港、9个沿海国际集装箱干线港之一和对台航运重要口岸，范围跨厦门与漳州两个地市级行政区共9个港区（其中厦门市东渡、海沧、翔安港区，漳州后石、石码、招银、东山、古雷、诏安港区）。目前共有航线157条，其中外贸航线111条（国际99条，内支线12条）、内贸航线46条，通达55个国家和地区的149个港口，其中“一带一路”航线总计67条，途经25个“一带一路”沿线国家和地区的54座港口。

2020年厦门港货物吞吐量20 749.54万吨，同比减少2.78%，其中外贸货物吞吐量10 215.78万吨，同比增长4.16%。集装箱吞吐量1 140.52万标箱，同比增长2.55%。受新冠肺炎疫情影响，厦金出入境旅客10.55万人次，同比减少94.24%；对台货运直航34.95万标箱，同比增长15.31%。靠泊国际邮轮3艘次，同比减少97.79%；接待出入境旅客4 272人次，同比减少98.97%。

厦门海天码头

厦门海翔码头

【泉州水运（海港）口岸】 泉州港位于福建省东南部，与台湾一水之隔，毗邻港澳，距香港357海里、距高雄港165海里，石井作业区距金门仅5.6海里，是中国东南沿海不可多得的天然良港之一。早在6世纪的南北朝时期，泉州已开始和国外交往。唐代泉州开埠，宋元时期，海外贸易达到鼎盛阶段，公元1087年，北宋设置泉州市舶司，元代成为国际重要的贸易港口。1981年恢复对外开放，1983年正式对外开放。

泉州海岸线长541千米，现建成生产性码头泊位91个，其中万吨级以上泊位25个（最大泊位为30万吨级专用油码头）。泉州港口岸辖区海岸线427千米，由肖厝、斗尾、泉州湾、围头湾和深沪湾五大开放港区组成，有对外开放码头泊位40个。

泉州港已开通航线130多条，外贸航线30多条，其中外贸集装箱航线20多条，与菲律宾等国家和我国香港、台湾等地区通航；泉州至金门有客运航线1条。

2020年，受疫情影响，泉州港口岸外贸进出口吞吐量 3 909.527 4 万吨，集装箱进出口 6.34 万标箱，泉金客运航线自 2 月 10 日起停航，共运送两岸旅客 7 786 人次。

泉州港 30 万吨油码头

泉州港石湖港区

【漳州水运（海港）口岸】 漳州港包含古雷、东山、诏安和招银、后石、石码 6 个港区。规划码头岸线长 55.8 千米，规划形成生产性泊位 242 个（其中深水泊位 128 个、集装箱泊位 5 个），规划通过能力 4.12 亿吨（其中集装箱 370 万标箱），形成陆域面积 3 011 万平方米。厦门港漳州辖区已建成生产性泊位 68 个，万吨级以上深水泊位 19 个，集装箱泊位 7 个，总设计通过能力 4 759 万吨（其中集装箱 56 万标箱）。已建港口沿海航道 5 条，里程 35 千米，其中万吨级航道 4 条（包括招银港区 7 万吨级航道、后石港区 10 万吨级支航道、东山港区 5 万吨级航道及古雷港区 15 万吨级航道）。

招银港区。位于中国东南沿海厦门湾南岸，与中国最早开放的四大经济特区厦门同处厦门湾，相距仅 3.5 海里，一水之隔。拥有自然岸线长达 28 千米，其中-8 米以下深水岸线 13 千米，可建万吨级以上泊位 33 个，形成亿吨以上吞吐能力；规划范围内多为山地和滩涂、海域，耕地少，有较广阔的发展腹地；九龙江流经该地区，有丰富的淡水资源，足以满足港口和大型临港工业项目用水需求。招银港区为对台直航港口，是全国十大木材进口港口、东南沿海最大的木材集散地、粮食中转港和内贸集装箱发展最具活力的码头，被国家发展改革委列为“厦门湾国际物流园区散粮中转基地”，被原国家粮食局评为“第一批全国粮食现代物流建设示范单位”，被原国家质检总局确定为“全国第一批进境粮食指定口岸”。

漳州招银港

后石港区。2002 年 1 月 1 日正式对外开放。港区内的后石电厂由著名的台商王永庆先生独资兴建，包括 7 台 60 万千瓦火力发电机组及配套建设 10 万吨级煤炭专用码头和 5 千吨级综合码头各 1 座，批复使用岸线长 770 米，并建有 18 万吨/座煤炭专用仓库 7 座，卸煤机 4 套，年综合通过能力 1 000 万吨。

古雷港区。海上距台湾澎湖 98 海里、高雄 165 海里、香港 230 海里、厦门 77 海里、汕头 72 海里。古雷港区具有水位深、不淤积、航道宽、风浪小、航泊条件好、紧靠国际航线和拥有充足锚地等突出优点。古雷港区水位最深达 38 米，航道宽 1 千米以上，规划码头泊位 90 个，形成码头岸线长约 20.3 千米，可建 30 万吨级油品泊位 3 个，总通过能力约 1.87 亿吨以上。因东向和北向的山体掩护，全年作业天数达 320 天以上。园区内码头附近设有联检大楼，海关、海事和边检等口岸单位部集中办公，提供一站式通关服务。

东山港区。以服务临港工业、城市旅游和地区经济发展为主，积极发展散杂货和对台客滚运输，兼顾油品运输。东山港区辖有铜陵、城垵、冬古3个作业区。港区码头岸线总长5.747千米，规划25个泊位，规划通过能力货运1 000万吨，客运130万人次，港区陆域面积233万平方米。铜陵作业区已对外开放的有1个5 000吨级件杂货泊位，1个5 000吨级集装箱泊位和1个500吨级台轮专用泊位共3个泊位，还有1个3 000吨级液体化工泊位、1个3 000吨级石油专用泊位；城垵作业区建有1个30 000吨级和2个5 000吨级通用泊位，在建的有1个5 000吨级客货滚装泊位；冬古作业区建有1个5 000吨级散货泊位。

【莆田水运（海港）口岸】 莆田港地理坐标为东经118°58′57″、北纬25°13′3″，1999年11月26日经国家批准正式对外开放。2018年12月28日，莆田港口岸东吴港区扩大开放通过国家验收，2019年1月8日国家交通运输部正式对外公告，莆田港口岸东吴港区实现正式对外开放。

莆田海港口岸已与美国、俄罗斯、加拿大、巴西、阿根廷、韩国、泰国、沙特、印度尼西亚、马来西亚等世界上30个国家和地区的50个港口建立了海上航运联系，开通了对台海上客货运直航业务。进出口的主要大宗货物有铁矿石、LNG、木材、煤炭、大豆、钢材、粮食、石化、鞋服原辅材料及成品、机器设备等。

莆田海港口岸东临台湾，西连“两湖一江”，北承长三角，南接珠三角，是福建、长三角和珠三角的中部连接地带，区位优势得天独厚，经济腹地广，是我国东南沿海重要的中转枢纽口岸。口岸查验单位海关（含缉私）、边检、海事设置齐全，港区现场设有分支机构，港政、航运、代理、船务、银行、保险等也都全部配套到位，可全天候开展口岸通关业务。口岸设有海港进口木材检疫除害处理区及国家重点煤炭、鞋革和木材检验检测实验室。

2020年，莆田海港口岸累计外贸货运量29 549 490吨，比2019年同期下降1.2%。其中，进口25 419 750吨，比2019年同期下降10.1%；出口货运量4 129 740吨，比2019年同期增长151.7%。累计进出口集装箱货柜12 769标箱，比2019年同期下降44.5%。其中，进口货柜6 811标箱，比2019年同期下降45.9%；出口货柜5 958标箱，比2019年同期下降42.8%。

莆田罗屿作业区俯瞰图

【宁德水运（海港）口岸】 宁德港位于福建省东北部，东距台湾基隆港145海里，南依省会福州，北距上海390海里，南至福州66海里，地理坐标为北纬26°30′~26°45′与东经119°35′~119°58′之间，距离西太平洋西岸国际主航线30海里，是连接我国中西部地区“一带一路”的重要出海通道，港口优势、区位优势、对台优势凸显。全口岸共开设外贸作业点22个、临时开放点3个。有日本、韩国、新加坡、印度尼西亚、菲律宾、秘鲁、澳大利亚等对外运输航线，能够对台直航。进出口货物有煤炭、镍矿、铜精矿进口，水产品、砂石、钢材设备出口，以及外国籍船舶维修。

2020年，宁德港吞吐量1 467.37万吨，同比下降12.35%，其中进口1 402.25万吨，同比下降11.57%，出口65.12万吨，同比下降26.34%。

宁德三都澳港区漳湾作业区8~10号码头

【平潭水运（海港）口岸】 平潭港处台湾海峡中北部，处于我国海岸线的中心和海峡经济走廊的中心突出部，东濒台湾海峡，距台湾新竹仅 68 海里。规划建设有 4 个港区，分别为澳前、金井、草屿、流水港区。主要进出口岸货物种类为：粮油食品、土产畜产、工艺品、轻工业品、医药品、砂石、冰鲜水产品、食用水生动物、果蔬农产品等。澳前港区于 2014 年 7 月 8 日通过国家验收，8 月 18 日正式对外开放；金井港区 3 号泊位于 2019 年 3 月 22 日通过国家验收，当年 4 月 18 日正式对外开放。澳前港区开通平潭至台北、台中、高雄 3 条客滚直航航线，受新冠肺炎疫情影响，于 2020 年 2 月 10 日停航至今；金井港区开通平潭至台北、台中、高雄、香港、金门、马祖等多条直航航线。

因受疫情影响，2020 年 2 月 10 日，两岸客运直航航班停航，至今仍未复航。2020 年 1 月份经平潭口岸出入境人数为 1.15 万人次，增长率为 13.25%。2020 年平潭口岸外贸吞吐量 18.57 万吨，海港国际集装箱 4.84 万标箱，同比增长 19.40%。

平潭港口岸澳前港区口岸全貌

厦门市

【口岸运行数据】 2020 年厦门港货物吞吐量 20 749.54 万吨，同比减少 2.78%，其中外贸货物吞吐量 10 215.78 万吨，同比增长 4.16%。集装箱吞吐量 1 140.52 万标箱，同比增长 2.55%。受新冠肺炎疫情影响，厦金出入境旅客 10.55 万人次，同比减少 94.24%；对台货运直航 34.95 万标箱，同比增长 15.31%。靠泊国际邮轮 3 艘次，同比减少 97.79%；接待出入境旅客 4 272 人次，同比减少 98.97%。

2020 年，厦门空港保障安全飞行 14 万架次，同比减少 27.52%；旅客吞吐量 1 671 万人次，同比减少 39.04%，其中出入境旅客 64 万人次，同比减少 82.55%；货邮吞吐量 27.8 万吨，同比减少 15.79%，其中出入境货邮 11.2 万吨，同比减少 6.92%。

【口岸开放工作】 2020 年，厦门港嵩屿港区海通码头 4 号、5 号、6 号泊位通过新增外贸作业点市级验收，进行试运作。

【落实疫情防控，口岸安全高效运转】 建立高效联动机制，成立口岸应对境外疫情严重国家（地区）入厦人员管理领导小组。搭建信息互联互通机制，实现跨部门信息共享，推进联防联控，严格实施闭环管理。完善口岸现场设施，满足防疫需求。完成高崎机场出境双通道改造及国际到达厅 180 平方米卫生检疫区域改造，优化防疫脱洗区域，合理布局洗消室。加强进口冷链食品疫情防控，对空港进口非冷链货物全面进行预防性消毒，坚决做到“人物同防、人物并重”。实现境外输入疫情零扩散。

【厦门口岸蝉联中国十大海运集装箱口岸营商环境测评第一名】 督促港口经营服务企业落实集装箱进出口环节作业时限，公布厦门港海运集装箱进出口作业流程图及进出口通关环节所需单证表，增强了港口及通关透明度。持续推广“提前申报”“两步申报”模式，在全港推广“卸船直提”和“抵港直装”，印发《关于全面推广集装箱货物提货单及设备交接单电子化操作的通知》，标志着厦门港口作业单证全面进入无纸化时代。实现厦门港口政府性“零收费”，厦门市出台促进服务业健康发展六条措施，进一步免收集装箱货物的货物港务费和港口设施保安费。免征港口建设费。港航费用结算实现电子化全覆盖，全国首创“港口使费一站式结算平台”，推广码头费用“结算直通车”，实现货主和航商与码头、船代、引航、拖轮、理货、船供等协作单位费用结算无纸化。在国际贸易“单一窗口”主页面设立“收费公示”模块，强化口岸收费目录清单管理。

【厦门国际贸易“单一窗口”平台3.0版全面建成】 截至2020年年底，平台累计注册企业数逾8 100家，累计服务个人12.28万次。其中，2020年新增注册企业490家，新增服务个人4.61万次。年单证处理量突破3 000万票。全年新上线系统13个，多项首创经验获肯定，包括全国首个区块链应用场景的海运费境内外汇划转支付；全国首创口岸限定区域人员管控和旅客通关智能计时应用；全国首创“单一窗口+空运物流”模式的厦门出口航空电子货运平台。完成3项标准版新业务试点，分别是邮轮旅客信息申报系统试点、跨境电商B2B业务试点和航空物流公共信息平台验证试点，其中，邮轮旅客信息申报系统已完成第一阶段验证工作；福建首票跨境电商B2B出口（“9810”出口海外仓）报关单在厦门顺利放行；航空物流公共信息平台（进出口业务）验证工作基本完成。此外，厦门口岸还积极开展运输工具系统船舶转港数据复用、报关单信息订阅推送等7项标准版新功能的宣传推广。

【智慧港口建设取得新突破】 全国首个5G全场景应用智慧港口项目落地远海码头。该项目融合5G技术与智慧港口，实现无人驾驶集装箱卡车协同作业，标志厦门市港口新型基础设施建设走在全国前列。厦门港集装箱全智能化改造工程开工建设。全省首创船边智能交接作业在海润、海通码头投入使用，在码头实现“机器换工”，极大提高装卸和理货的时效性、准确性和安全性，降低用工成本，助推厦门港码头作业协同化、自动化、智能化。五通码头三期智慧建设进一步提升，完成22条自助查验通道建设。

【对台主要工作】 “大嶝—刘五店—金门料罗”航线运行，开辟了厦门到金门的物流新通道。2020年11月10日，由我国台湾籍“辑薪”轮采用集装箱货柜为容器到码头拆箱提货的模式完成首航，第一个航次作业2个20尺集装箱。后续将发挥对台优势，以一般贸易货物运输为主，重点发展跨境电商、邮快件和一般保税进口货物业务。

2020年福建省口岸大事记

1月1日

厦门海关监管处牵头组织实施的港内驳运业务模式调整，在东渡海关和海沧海关正式应用，厦门港内驳运业务实现全流程无纸化。

1月2日

平潭金井港区进境水果指定监管场地正式启用。

1月3日

福州海关与厦门海关在厦门签署联系配合机制、口岸安全风险联合防控协作机制。福州海关关长、党委书记宇方成和厦门海关关长、党委书记郑巨刚代表双方签字。

福州空港区域最先进智能化货站厦门航空福州分公司货运中心正式启用。

1月14日

国务院正式批复同意福州出口加工区整合优化为福州综合保税区，该区域为福州关区首个综合保税区、福建省内第二个综合保税区。

福州至札幌航线首航。

1月15日

福建省海港边检站根据国家移民管理局部署，统一启用港口边检综合管理信息系统和边检行政许可网上窗口。

1月16日

联合国毒品与犯罪问题办公室赠送中国海关犀牛角芯片扫描器仪式在WCO亚太地区培训中心暨金砖国家海关培训中心（厦门鼓浪屿海关培训基地）举行，厦门海关代表中国海关接收4台犀牛角芯片扫描器。

1月22日

福州至福冈航线首航。

1 月 30 日

福建省政府副省长郭宁宁赴长乐机场检查口岸疫情防控工作。

2 月 1 日

厦门海关研发的进境旅客“疫情风险预警程序”上线运行，厦门关区旅检现场实现出入境人员微信小程序健康申报应用全覆盖。

福建省委副书记、福州市委书记王宁一行赴长乐机场调研疫情防控工作。

2 月 4 日

国内首本台湾船员新版海员证在厦门签发。

厦门海关启动“不见面审批”工作方式，向社会公布海关主要业务种类的全程网办事项、手机可办理事项，并新增网上+邮寄事项等。

2 月 12 日

厦门海关制定《新冠肺炎疫情期间海关查验货物时收发货人可免于到场操作指引（暂行）》，开启“不见面查验”新模式。

2 月 17 日

厦门海关和青岛海关共同实施的“企业集团加工贸易保税监管改革试点”创新举措，通过海关总署备案。

2 月 23 日

全链条监管的 994 头进境丹麦种猪完成 45 天隔离检疫，经厦门海关检疫合格准予出证放行。这是年内全国首批，同时也是福建省时隔 6 年后首批进境种猪。

2 月 26 日

福建省副省长郑建闽赴平潭两岸快件中心检查疫情防控和复工复产工作。

2 月 28 日

厦门海关审议通过《中共厦门海关委员会统筹推进新冠肺炎疫情防控和促进外贸稳增长实施措施》。印发《厦门海关支持中欧班列发展十二条措施》《厦门海关新冠肺炎疫情防控工作专项考核工作方案》。

3 月 1 日

福建省副省长田湘利赴长乐机场调研口岸疫情防控工作。

3 月 5 日

福州港外贸集装箱“水水转运”业务正式首航。首批 134 标箱重柜由福州港青州作业区通过新模式转运至江阴港区，后经美西线、东南亚线等干线船舶出口。

“中国海关信用管理”微信平台正式上线，厦门海关首次使用该平台帮助企业解决通关问题。

福州海关首个出口“水水转运”业务顺利开展，该措施为福州海关关于“促复航 保运营”推动物流业稳定发展七条措施之一。

3 月 6 日

厦门关区首票空运出口“提前申报、运抵验放”通关模式适用范围扩大试点货物在机场海关顺利通关。

3 月 10 日

交通运输部批准漳湾作业区 8 号、9 号、10 号泊位临时开放续期。

海关总署署长倪岳峰、福建省省长唐登杰分别在北京、福州远程签署新一轮《海关总署、福建省人民政府合作备忘录》。

3 月 11 日

福建海事局发布 2020 年 15 项服务自贸试验区新增创新举措。

3 月 16 日

福建省委常委、厦门市委书记胡昌升，福建省副省长郭宁宁在厦门海关调研，对该关防疫情稳外贸等工作给予充分肯定。

福州海关上线“关企通”平台服务进出口企业，企业可通过该平台便捷提交问题、查询问题处置状态，海关可在线答疑解惑，开展各种问卷调查活动。

3 月 17 日

福建省副省长、省防疫指挥部外事组组长郭宁宁带队到厦门国际航运中心检查厦门港应对境外船舶和人员疫情防控、企业复工复产工作。

世界最大型集装箱船“地中海伊莎贝拉”轮成功首航厦门港。

3 月 20 日

漳州台商投资区保税物流中心（B 型）正式

封关运作。

3月26日

福建海事局印发《关于推动营商环境持续优化的工作意见实施指南》。

3月31日

福建省委常委、厦门市委书记胡昌升一行到厦门海关调研，高度肯定厦门海关防止境外疫情输入、支持外贸稳增长工作。

4月1日

根据海关总署《海关“两轮驱动”改革实施方案》部署，厦门海关正式启动出口“两轮驱动”改革试点。

4月5日

福建省副省长田湘利到福建海事局调研工作，并召集相关单位召开防止境外疫情输入工作会议。

4月10日

中国（福州）跨境电子商务综合试验区“9610”以“清单核放、汇总统计”的通关模式正式开通。

榕城海关办理首票中国（福州）跨境电子商务综合试验区零售一般出口业务，标志着跨境电商零售一般出口业务正式落地福州。

4月12日

厦门海关自主开发的海关检疫E码通（P-VEMD）上线试运行，平均每名旅客流调时间由原来5分钟缩减至2.5分钟。

4月21日

福州市誉金电子商务有限公司通过中国（福建）国际贸易单一窗口跨境电商综合服务平台顺利完成福州跨境综试区“1210”出口首票，标志着福建省跨境电商“1210”出口模式正式启动。

4月22日

由我国台湾台北口岸启运至平潭综合实验区金井口岸的金钻凤梨，通过“单一窗口”智能通关平台进行申报，全流程线上操作仅耗时16分钟，标志着中国（福建）国际贸易单一窗口智能通关平台率先在平潭成功上线试运行。

福州空运口岸开通纽约和洛杉矶客改货航班。

4月24日

福建30部门“云签署”福建省口岸安全风险联合防控机制。

4月26日

平潭边检站“允许台湾地区机动车在临时牌照有效期内多次自由进出平潭”做法获评平潭自贸试验区五周年“双十佳”创新举措。

4月29日

福建省副省长李德金在省政府会见福建海事局领导班子，听取了福建海事局有关海上疫情防控、海事安全监管服务以及海上搜救工作情况的汇报，对海事工作给予充分肯定。

5月3日

马尾海关截获刺花蝽，这在全国属于首次。

5月7日

中国（福建）国际贸易单一窗口融资系统在全国率先上线。

5月9日

福州港口岸闽江口内港区闽安山水码头通过省级验收。

5月11日

莆田海关签发福建省首份中国—东盟自由贸易协定原产地证书。

5月13日

福州海关对接杭州海关，建立跨关区邮件转关协作机制，福州口岸经义乌转关衔接“义新欧”班列临时邮路正式开通。

5月15日

福州关验放首票“中国福州—中国厦门—美国”海运临时邮路出境邮件，共验放邮袋12 033袋、重176吨。

5月18日

中国（福建）国际贸易单一窗口上线了跨境汇款功能。实现了“一键”申请，“一站”办理，大幅降低了企业的“脚底成本”。

5月20日

经国务院批复同意，厦门象屿保税物流园区整合优化升级成为厦门首个综合保税区。

5月21日

厦门海事局首创“海事国际航行船舶疫情防控监管平台”在福建自贸试验区厦门片区国际贸易“单一窗口”上线运行，在全国率先实现船舶盯防、船舶和船员排查信息化管控新模式。

5月22日

中国（福建）国际贸易单一窗口4.0版正式上线。福建省政府副省长郭宁宁、省商务服务小组各成员单位负责同志到场见证。

5月25日

福州口岸经厦门海运出境临时邮路正式开通。

5月27日

交通运输部批准环下屿岛作业区1~4号泊位临时开放续期。

5月27日~29日

金井港区进境种苗、食用水生动物指定监管场地通过了海关总署组织的总体验收，7月6日海关总署公告金井港区获得上述资质。

5月28日

平潭口岸金井港区进境种苗、食用水生动物指定监管场地通过海关总署专家组现场考核验收。

福州海关办理全省首票平行进口汽车区外保税展示交易业务，标志着进口汽车区外保税展示交易业务正式落地福州保税港区。

6月8日

福州港口岸罗源湾港区将军帽作业区1号泊位对外开放通过省级验收。

6月10日

海沧边检站妥善处置全省海港口岸首起外籍船员染疫事件。

6月19日

国务院近期发文批复福州保税港区整合优化为福州江阴港综合保税区，这是福州关区2020年第二个获国务院批复设立的综合保税区。

6月20日

装载了10个铁路箱的“天鹅湖”轮起航，标志着海丝国际陆海贸易新通道——铁海联运首次利用铁路箱顺利完成下海出口，开创了福州港首批外贸铁路箱全程运输，铁路箱外贸货物“一箱到底”的全程多式联运新模式。

6月22日

发布《中国（福建）自由贸易试验区厦门片区管理委员会、厦门港口管理局、厦门市人民政府口岸工作办公室关于全面推广集装箱货物提货单及设备交接单电子化操作的通知》，这标志着厦门港口作业单证全面进入无纸化时代。

6月28日~7月2日

厦门关区5家进境水生动物隔离检疫场通过海关总署验收。

7月1日

厦门海关参加福建跨境电商B2B出口试点启动仪式，厦门关区厦门邮局海关、东渡海关、机场海关、泉州海关同时开展跨境电商B2B出口试点业务。

7月6日

平潭港口岸金井港区进境植物种苗、食用水生动物指定监管场地正式获得海关总署批复公布。

7月7日

国务院印发《关于做好自由贸易试验区第六批改革试点经验复制推广工作的通知》，厦门海关率先实施的“海关公证电子送达系统”制度创新成果成功入选。

7月12日

福州空运口岸开通至曼谷客改货。

7月20日

厦门海关“关税e保”创新举措正式上线，中央、省市媒体在海沧海关现场采访。

7月30日

平潭对台小额商品交易市场海关监管围网面积调整通过海关现场验收，顺利投入运营。

8月1日

福州港口岸扩大开放罗源湾港区环下屿岛作业区上报国务院。

厦门海关正式上线“入境货物检验检疫证明”电子证书。

8月5日

岚台两岸跨境物流集散中心（华通场站）在金井湾片区正式开园。

8月6日

福建省副省长崔永辉到福建海事局调研，听取了徐增福局长的工作汇报。

福建省委常委、省政府副省长赵龙赴平潭综合实验区跨境电商园调研，充分肯定海关支持平潭跨境电商产业发展工作成效。

8月11日

宁德港口岸扩大开放三都澳港区漳湾作业区上报国务院。

8月18日

福州机场二期扩建工程可行性研究报告获国家发展改革委批复。

8月19日

福建省商务厅（口岸办）副厅长黄娜恩在福州主持召开单一窗口工作座谈会。

8月20日

厦门关区首个仓储货物按状态分类监管改革的保税仓库在东渡海关正式启用。

8月24日

交通运输部批准漳湾作业区8号、9号、10号码头临时开放续期。

8月26日

福州关区首批3家跨境电商出口海外仓企业完成备案。

8月29日

福州空运口岸开通温哥华客改货航班。

9月1日

福州海关正式启动跨境电商企业对企业（B2B）出口试点工作，作为全国第二批试点海关之一，首批跨境电商出口货物分别在榕城海关、马尾海关、机场海关、平潭海关等业务现场验放通关并通过海运或空运渠道离境。

9月3日

伴随“丰信达9”轮承载的集装箱装卸落地，“莆田—厦门”集装箱穿梭巴士（内外贸同船）暨莆田市畅通木材物流链快线正式开启首航。

9月9日

国务院批复同意厦门海沧保税港区升级为综合保税区。

9月11日

福建省自贸办第16期创新举措评估通报，厦门海关实施的“海关特殊监管区域区内企业料件外发保税维修”等4项创新举措被第三方机构评估为全国首创。厦门海关监管中欧班列全国首列保税货物专列返程。

9月15日

福建省“十四五”口岸发展规划上报海关总署。

9月16日

福建口岸首个可移动式检疫方舱在海沧海关海港口岸正式投入使用。

9月22日

福州空运口岸开通马尼拉客改货航班。

9月24日

福州空运口岸开通至洛杉矶首条洲际全货机货运航线。

10月8日

在泉州斗尾港区，厦门关区首票享受“先放后检”新政的进口原油顺利通关。

10月12日

福建省数字办正式发布135项数字经济应用场景。“中国（福建）国际贸易单一窗口”作为具有代表性的数字经济应用场景典型案例入选。

10月14日

福州空运口岸开通洛杉矶客改货航班。

10月15日

榕城海关从进境空箱中截获全国首例检疫性有害生物，其中具节山羊草为全国进境空箱中首次查获，匍匐矢车菊为福建省进境空箱中首次查获。

10月27日

福州马尾—台湾跨境电商货物海运直航专线首航仪式在福州市马尾区海盈码头举行。

马尾口岸对台跨境电商直购出口海运专线首

航货物顺利通关。

11 月 1 日

福州空运口岸开通至洛杉矶全货机货运航线。

11 月 6 日

宁德海事局、福建省船舶检验局和宁德市交通运输局建立船舶双同步双融合创新服务机制，助推船舶办证再加速。

福州关区首票“两段准入”报关单在平潭顺利通关。

11 月 10 日

厦门海关公证电子送达支付应用平台首次完成批量办理案件电子送达及线上支付。厦门关区首家集成电路企业减免税智能审核系统企业正式运行。

11 月 16 日

厦门边检总站自主研发的“台湾渔船停泊点边检管理服务系统”“旅客通关候检智能计时预警系统”入选福建自贸试验区第八批可复制创新成果。

厦门海事局“危险货物集装箱装箱电子检查”创新举措被列入福建自贸试验区第八批可复制创新成果在全省复制推广。

11 月 19 日

交通运输部批准环下屿岛作业区 1~4 号泊位临时开放续期。

厦门海关率先实施的“以加工贸易方式对集成电路研发设计实施保税监管”等 5 项创新举措，入选福建省第 8 批自贸试验区复制推广创新成果。

11 月 22 日

厦门直飞芝加哥首班全货机航线开通，机场海关实施监管。

11 月 26 日

厦门海关非贸业务一体化运行智能管理平台快件业务全面试运行。

11 月 28 日

福州空运口岸开通伦敦客改货航班。

11 月 30 日

厦门海关动植处、漳州海关优化服务，助力我国蜜柚首次出口美国。

经中国检科院确认，马尾海关从两批美国进口的饲料用鸡肉粉和樟子松板材中分别截获阿根廷蚂蚁、沙棘籽，均为全国口岸首次截获。

12 月 1 日

莆田海关助力莆田口岸跃居全国第一大硫酸出口口岸。截至 11 月底，该关累计监管出口散装硫酸 46.93 万吨，同比增长 22.3%。

12 月 2 日

厦门机场海关监管中国厦门—比利时首条往返全货运包机航线。

福州空运口岸开通伦敦客改货航班。

12 月 4 日

厦门国际贸易“单一窗口”出口航空电子货运平台正式上线，在全国率先实现空运出口“一单多报”和“安检验讫放行电子化”。

12 月 10 日

福州至郑州转关出境临时邮路正式开通，该邮路实行“交换站至交换站”的转关模式，即福州口岸出口国际总包通过陆运方式运抵郑州国际邮件交换站进行转关查验放行。

12 月 11 日

厦门口岸获 2020 年全国十大海运集装箱口岸营商环境测评综合得分第 1 名。

12 月 14 日

交通运输部海事局批复同意福建海事局扩大船舶“多证合一”试点改革，试点范围扩大至福建籍且航行于福建水域的船舶。21 日，扩大船舶“多证合一”试点改革启动仪式在厦门举行。

厦门海关与厦门市自贸委等单位共同实施的“空运进口运单电子化”（“单一窗口+空运物流”模式）创新举措，被第三方机构评估为全国首创。

12 月 18 日

厦门象屿综合保税区正式通过由厦门海关牵头组成的联合验收组验收。

12 月 29 日

海沧海关完成厦门口岸最后一批进口固废监管放行手续，标志着厦门口岸顺利完成在 2020

年年底前实现固体废物零进口的改革目标。

12 月 30 日

根据《福建省人民政府关于福建省港口口岸开放范围内部分开放码头退出开放的通知》（闽政文〔2020〕235 号），福建海港口岸 11 个码头退出开放，其中福州 9 个，厦门和泉州各 1 个。

（撰稿人：张昕欣、喻波、沈荣标、陈润禾、翁梓敬、颜娟、叶雅芳、蔡和岭、江木秀、周颖杰、何波、毛蒙恩）

2020 年福建省口岸流量统计表

口岸类型		口岸名称	货运量（万吨）				集装箱量（万标箱）				人员（万人次）			
			出口	进口	合计	同比（%）	出口	进口	合计	同比（%）	出境	入境	合计	同比（%）
空运口岸		福州口岸	2.01	0.64	2.64	68.86					146 649	144 001	290 650	-87.11
		厦门口岸	7.32	2.95	10.26	-14.44					283 275	355 390	638 665	-82.16
		泉州口岸	0.09	0	0.09						47 465	51 273	98 738	-90.02
		武夷山口岸	0	0	0						2131	2 492	4 623	-93.54
		分计	9.42	3.59	12.99	-4.17					479 520	553 156	1 032 676	-85.03
水路口岸	海港口岸	福州口岸	1 282.23	4 146.89	5 429.12	-0.50	78.31	74.77	153.08	-8.96	142	26	168	-99.74
		厦门口岸	3 859.81	6 355.90	10 215.71	4.39	391.69	387.29	778.98	2.59	56 629	53 926	110 555	-95.05
		漳州口岸	18.91	897.13	916.04	-0.84	0.25	0.25	0.51	46.11	0	0	0	—
		泉州口岸	703.00	3 204.00	3 907.00	-7.09	3.15	3.19	6.34	-29.88	4 180	3 606	7 786	-94.50
		莆田口岸	355.03	2 308.92	2 663.95	4.95	0.63	0.71	1.34	-30.04	0	0	0	—
		宁德口岸	65.12	1 402.25	1 467.37	-12.35	0.08	0.33	0.41	557.42	0	0	0	—
		平潭口岸	6.02	12.56	18.58	-17.97	2.419	2.423 1	4.842 1	20.29	4 814	6 348	11 162	-94.14
		分计	6 290.12	18 327.65	24 617.77	0.05	476.54	468.96	945.50	0.28	65 765	63 906	129 671	-95.07
合计			6 299.54	18 331.24	24 630.76		476.54	468.96	945.50		545 285	617 062	1 162 347	

（福建省口岸办提供）

2020 年福建省口岸出入境主要数据表

项　目			2020 年	2019 年	同比（%）
出入境人员（人次）	出入境人员总数		1 645 553	1 075 2105	-84.70
	入境人员		866 130	5 328 957	-83.75
	出境人员		779 423	5 423 148	-85.63
	出入境旅客		1 150 725	9 553 157	-87.95
	出入境员工		494 828	1 198 948	-58.73
	中国公民	小计	1 344 297	9 143 042	-85.30
		内地居民（因公）	232 863	482 667	-51.75
		内地居民（因私）	793 259	6 123 227	-87.05
		港澳居民	65 402	468 783	-86.05
		台湾同胞	252 773	2 068 365	-87.78
	外籍人员		301 256	1 609 063	-81.28
	从海港出入境人数		503 411	3 406 938	-85.22
	从陆港出入境人数		0	0	0.00
	从空港出入境人数		1 142 147	7 345 167	-84.45
交通运输工具（辆、艘、架、列次）	总计		36 656	95 658	-61.68
	船舶		21 984	46 377	-52.60
	飞机		14 672	49 281	-70.23
	火车				
	机动车辆				

（厦门出入境边检总站提供）

2020 年福州海关主要数据统计表

项　目		2020 年	2019 年	同比（%）
进出口货运量（万吨）	合计	10 636. 15	8 991. 72	18. 29
	进口	9 072. 81	7 591. 03	19. 52
	出口	1 563. 34	1 400. 69	11. 61
进出口贸易总值（万美元）	合计	3 806 445. 89	3 642 027. 24	4. 51
	进口	2 112 938. 73	1 920 999. 27	9. 99
	其中：江、海运输	2 001 477. 88	1 793 326. 37	11. 61
	铁路运输	0. 00	0. 00	—
	汽车运输	24 741. 51	17 505. 76	41. 33
	航空运输	83 803. 40	103 812. 32	-19. 27
	邮件运输	2 501. 86	3 186. 02	-21. 47
	其他运输	414. 08	3 168. 80	-86. 93
	出口	1 693 507. 16	1 721 027. 97	-1. 60
	其中：江、海运输	1 569 424. 17	1 586 480. 07	-1. 08
	铁路运输	8. 16	8. 31	-1. 75
	汽车运输	43 660. 20	20 999. 88	107. 91
	航空运输	49 077. 51	79 875. 88	-38. 56
	邮件运输	12 125. 48	22 357. 37	-45. 77
	其他运输	19 211. 64	11 306. 47	69. 92
税收（万元）	两税合计	1 740 267. 05	1 677 207. 65	3. 76
	关税入库	133 665. 83	176 941. 79	-24. 46
	进口环节税入库	1 606 601. 22	1 500 265. 86	7. 09

（福州海关提供）

2020 年厦门海关主要数据统计表

项 目		2020 年	2019 年	同比（%）
进出口货运量（万吨）	合计	11 039	10 331	6.86
	进口	7 648	6 797	12.52
	出口	3 391	3 534	-4.03
进出口贸易总值（万美元）	合计	1 2821 150	13 439 063	-4.60
	进口	3 864 472	4 395 628	-12.08
	其中：江、海运输	2 855 991	3 252 139	-12.18
	铁路运输	697	75	831.87
	汽车运输	391 650	376 183	4.11
	航空运输	614 213	764 615	-19.67
	邮件运输	1 837	2 469	-25.62
	其他运输	85	144	-40.95
	出口	8 956 678	9 043 435	-0.96
	其中：江、海运输	7 868 311	8 023 083	-1.93
	铁路运输	88 543	65 660	34.85
	汽车运输	340 197	277 248	22.70
	航空运输	640 339	657 706	-2.64
	邮件运输	11 387	14 676	-22.41
	其他运输	7 902	5 062	56.09
税收（万元）	两税合计	3 299 343	3 881 263	-14.99
	关税入库	372 854	423 270	-11.91
	进口环节税入库	2 926 489	3 457 993	-15.37

（厦门海关提供）

2020 年福建海事局进出港船舶统计汇总表

船舶类别	进港船舶							出港船舶						
	艘数（艘）	总吨（吨位）	总载重量（吨）	载客量（客位）	船员人数（人）	货物到达量（吨）	旅客到达量（人）	艘数（艘）	总吨（吨位）	总载重量（吨）	载客量（客位）	船员人数（人）	货物发送量（吨）	旅客发送量（人）
总　计	261 266	790 904 827	1 040 389 684	49 438 139	2 956 700	397 266 138. 5	10 192 296	259 900	794 373 002	1 045 225 051	49 744 925	2 953 854	263 654 409. 6	10 246 689
中国籍船舶	249 254	387 041 168	507 922 263	49 331 192	2 725 173	242 724 010. 5	10 192 296	247 854	388 184 835	509 399 206	49 640 754	2 721 535	202 075 711. 2	10 246 689
其中外贸船	1 769	9 554 144	13 970 230	59 337	23 132	8 101 158. 98	0	1 776	11 560 158	16 903 670	59 242	24 217	2 819 120. 65	0

（福建省海事局提供）

江 西 省

江西省口岸分布示意图

序号	类型	口岸名称	批准开放时间	开放状态
1	空运口岸	南昌空运口岸	1990.3	国际常年
2	水运口岸	九江水运口岸	1980.2	国际常年

口岸数量与分布

截至2020年年底，江西省有经国务院批准的对外开放口岸2个。其中，空运口岸1个，即南昌空运口岸（南昌昌北国际机场）；水运（河港）口岸1个，即九江河港口岸。

口岸运行数据

2020年，江西省口岸进出口货运量684.56万吨，进出口国际集装箱44.24万重标箱，同比分别增长1.98%和下降2.94%。

口岸综合管理

【抗疫复工成效明显，及时畅通国际物流通道】 2020年，江西受新冠肺炎疫情影响，国际航空水运通道受阻严重，航线、航班大面积停运，国际物流通道不畅，在相关部门的统一部署下，及时出台国际物流通道扶持政策。2月17日，省委书记刘奇同志视察南昌赣欧班列车，部署恢复常态化运行工作。2月18日，南昌—列日货运航线恢复运行，并逐步加密至每周9班，疫情期间，新开通南昌—阿姆斯特丹，南昌—大阪、南昌—洛杉矶等路向货邮包机，2月底，九江城西港“天天班轮”全面恢复，为江西省防疫物资、外贸产品出口畅通了物流通道。九江港共开行至上海外高桥、洋山“天天班轮”711班。

【航空枢纽效应明显，国际货邮呈现爆发式增长】 2020年以来，南昌昌北机场客货运发展呈现出发展速度快、网络覆盖广、国际货邮呈现爆发式增长的特点。2020年昌北机场旅客吞吐量在全国排名较2019年上升3位，仅用3年的时间货邮吞吐量翻了近四番，增速远高于全国机场及华东地区机场货邮吞吐量增速，连续3年增幅位列全国省会城市第1位。截至2020年12月31日，货邮吞吐量18.2万吨，同比增长48.7%。其中国内货邮吞吐量10.5万吨，同比增长2.2%；国际货邮吞吐量7.7万吨，同比增长296.9%。

【水运促三同，区域航运中心日趋完善】 2020年，江西省口岸通过积极实施水运“三同”政策，九江港集装箱吞吐量逆势上扬，累计54.79万标箱，同比增长15.74%，在长江港口吞吐量增速排名第2位。其中外贸重箱吞吐量18.2万标箱，同比增长17.5%。企业物流成本持续下降。本地龙头外贸企业单箱物流成本下降600~1 100元。企业进出口时速提效，九江—洋山线平均航行时间缩短43.73小时，九江—外高桥线平均航行时间缩短86.5小时。同时，九江港与上海港达成协议，确保“天天班轮”在上海港的优先靠泊和所载货物全装全卸，通过干支线紧密衔接，缩短全程物流时间，不断提升企业满意度。

【大综合保税区提质增效，口岸平台功能日益完善】 2020年，井冈山综保区获批并通过验收，江西省现有4个综合保税区蓄势待发，各综合保税区通过开展产业招商、政策支撑、“引链延链补链”，引进了电子信息、食品深加工、物流分拨等近50个重点项目落户。2020年，全省4个综保区预计进出口额160亿元，同比增长70%，占全省进出口额的5.18%，较2019年提升了2.5个百分点。

【铁海联运快速发展，畅通“21世纪海上丝绸之路”】 2020年，江西省至宁波、深圳、厦门、福州、广州5条“出海通道”加密运行，全年共开行1 700列，承运进出口集装箱13.6万标箱，同比分别增长5.92%、5.91%。在上饶至宁波“天天班轮”的基础上，2020年南昌至宁波、赣州至深圳线路新增为“天天班轮”，“天天班轮”发展为3条。江西省铁海联运开行线路、运量均位居中部省份第1位，全国前列。

【赣欧班列稳定发展，主动融入国家“一带一路”建设】 2020年，江西省累计开行班列369列（出境238列、进境131列），共计32 513.00标箱。其中赣州开行237列（出境135列、进境102列）、南昌127列（出境99列、进境28列），鹰潭5列。与深圳合作开行“深赣欧”班列，开行了防疫物资、跨境电商、地铁设备等专列，全年共开行 369 列，平均每天 1 列，返程班列占比 36%，同比提高 18 个百分点，形成了白俄罗斯、乌兹别克斯坦、俄罗斯列 3 条精品线路。

【拓“通道”，国际集疏运体系不断完善】 2020 年，江西省进出口整体通关时间分别压缩至 18.24 小时、1.73 小时，与 2017 年相比分别压缩了 150.14%、93.06%。通关时效分别高于全国平均水平 20.74 个小时和 2.27 小时，其中进口通关时效位列全国第 5 位，出口通关时效位列全国第 12 位。

【国际贸易“单一窗口”加快建设，营商环境不断优化】 2020 年，江西商务信息和电子口岸中心急企业所急，以国际贸易“单一窗口”建设和运行为抓手。一是拓展功能，让更多事务线上办理，减少企业线下奔波，更多“屏对屏”，更少“面多面”，2020 年国际贸易“单一窗口”新上线旅客舱单、检验检疫电子证书、邮递物品等 15 个功能模块，为做好推广工作，采用线上线下结合方式，共对 730 余家外贸企业、960 余人展开培训，提升企业网上申报技能，提高贸易便利化水平。二是加强运维保障，国际贸易“单一窗口”已发展会员 3 000 多家，通过 95198 服务热线、微信群等多种形式，向企业提供 24 小时服务，积极响应企业需求，及时为企业解答通关流程、系统操作等问题，齐心协力、共渡难关。

【为境外捐赠物资开辟网上办理通道，确保方便快速】 2020 年年初，江西省口岸办组织开发了“境外捐赠物资快速通关系统”，春节期间电子口岸研发小组加班加点连夜设计和研发，3 天完成系统总体框架设计与搭建，10 天完成所有功能的开发、测试和上线运行，为境外捐赠物资开辟了网上办理通道，搭建了海外爱心人士与海关、民政及各类慈善组织的信息桥梁，简化了办理流程，节省审核端人力投入，在疫情严峻情况下减少人员聚集，显著提高境外捐赠物资的通关效率，用最短时间让境外捐赠物资投入到抗疫一线。

【为全省跨境电商综试区建设筑牢基础，确保发展可持续性】 江西省委省政府高度重视全省跨境电商发展，南昌、赣州、九江先后获批为国家跨境电商综试区，吉安为跨境电商零售进口试点城市，江西省口岸贸易促进中心作为跨境电商线上综合服务平台的承建单位，协调海关和各综试区，创造性提出了全省统一、各综试区共享的平台建设模式，争取财政部门支持落实建设资金，编制完成可行性研究报告并得到省发展改革委立项批复，2020 年 9 月平台顺利建成并开通运行，和全国同类平台相比，江西省项目建设经费至少节省 50%，运行维护更有保障。平台的运行支撑了江西省跨境电商的高速发展，2020 年江西省跨境电商进出口 26.3 亿元，增长 323.7 倍，规模居全国第 13 位。据平台统计，2020 年“双 11”期间（11 月 1 日～11 日），江西跨境电商火热，海关监管业务量暴涨百倍，创历史新高。

【积极开展招商活动，口岸经济快速发展】 为积极落实深圳江西口岸经济招商推介会（粤港澳大湾区站）成果，江西省商务厅党组书记、厅长谢一平先后赴宁波、上海等地回访参会重点客商。2020 年 10 月，深圳盐田港与赣州国际陆港成立合资公司，双方共建“赣深组合港”和港产城合作区项目，格力电器等 20 多个项目签约落户赣州国际陆港。12 月份，浙江省副省长刘小涛率团来赣，共同举办了浙赣物流大通道建设暨南昌—宁波海铁十周年系列活动，会上宁波港与南昌国际陆港签订了两港合资合作协议。

口岸监管与服务

【江西出入境边检总站持续提升口岸监管能力，努力服务口岸建设】 一是口岸服务成果。江西出入境边检总站牢固树立安全发展理念，贯彻落实国家移民管理局支持相关行业、企业复工复产和服务促进“六稳”“六保”出入境政策“十项规定”，重点保障美国洛杉矶、比利时列日、俄罗斯莫斯科等运输抗疫物资、国际进出口商品和鲜活农产品的货运包机，实现边检查验

“零等待”。2020 年，在全球疫情大流行的背景下，江西边检总站检查国际货运航线逆势攀升，共服务保障出入境货运航班 1 117 架次，有力保障了江西省国际货运产业链、供应链安全。二是口岸管控成效。涉境外疫情风险人员预警无一漏报，自主开发“涉海外疫情数据筛查平台”，与省公安厅成立联合专班，将从全国口岸入境涉及江西省人员信息补全并向省联防联控机制推送，2020 年累计推送江西涉境外疫情风险人员信息 40 余万条，涉境外疫情风险案例无一漏报。口岸境外疫情外防输入无一漏控。严格落实省新冠肺炎疫情防控措施，严格落实勤务防护、消杀防疫、安全防控措施，做到临时航班、公务机“一航班一预案”，疫情期间共检查出境旅客 32 533 人，检查出入境员工 8 193 人，配合海关检疫部门核查转诊体温异常旅客 146 人，实现了境外疫情外防输入无一漏控、一线作业人员无一感染的防控目标。三是口岸建设成绩。江西边检总站主动应形势需要，创新工作模式，积极与省公安厅开展警务协作，研发上线“江西边检总站数据筛查平台”。2020 年，筛查跨境赌博、电信诈骗等出入境犯罪人员 4 万余人次，为有关部门加强入境人员检疫、实施闭环管理提供信息数据支持，为打击江西籍人员出入境犯罪、提升发现非控人员能力创造了条件。

【九江海事局切实加强水上安全监管】 九江海事局牢牢牵住渡船安全“牛鼻子”。推动完成了瑞昌码头镇和新港渡口汽渡的升级改造，改善了两地渡口渡运安全条件。常态化开展渡船安全检查和船员“一对一、面对面”安全警示教育活动。联合交通、渡管部门共同开展渡船专项检查，打击非法渡运。多方位强化危险品船舶管理。建立危险品船舶分级管理制度，推行危险品船舶选船机制，到港 C 类船舶（高风险）C 类危险品船舶逐年减少。严格落实申报审批、动态监管、作业前检查和重点水域现场维护措施，禁止单壳化学品船、600 载重吨以上单壳油船进入长江干线航行，切实保障了危险品船舶的航行、作业安全。

【九江海事局多措并举打赢污染防治攻坚】 九江海事局深入开展长江经济带船舶污染突出问题整改，制订方案，成立专班，纵深推进捍卫美丽长江“一零五全三提升”攻坚行动，坚决完成各级环保督查、检查问题整改，加大到港船舶防污染执法力度，严堵违排渠道，开展排放控制区监督检查，助力九江中心城区大气污染攻坚行动。推广运行船舶水污染物联合监管和信息服务系统。辖区营运码头、接收单位、监管部门、处置单位全面注册运行系统，基本实现船岸交付接收转运处置，到港船舶注册率达到 93%，运行以来辖区船舶污染物船岸接收 16 307 单。

【九江海事局全面服务九江港口经济发展】 强化疫情防控，积极促进产业复工。新冠肺炎疫情发生后，面对地处三省交界，人员情况复杂的严峻局面，九江海事局深化“2+N”合作机制，加强与公安、港航、卫生防疫等部门的协调联动，增强防控合力，织密联防联控网，全面阻断疫情水路传播途径，实现“一断三不断”工作目标。同时进入疫情常态化防控期间，持续跟进航运企业需求，探索实施“不见面办理”“不见面审批”和容缺办理，制定多项特别服务举措，助推合安九铁路大桥、红光综合枢纽等重点水工项目加速复工复产。

【南昌海关筑牢新冠肺炎疫情外防输入第一道防线】 面对突如其来的新冠肺炎疫情，南昌海关第一时间成立指挥部，组建工作专班，主要负责同志担起第一责任人责任，党委委员带头下沉一线、靠前指挥 118 次，组建“一线、预备、应急”三个梯队，坚决打赢疫情防控阻击战，确保“零输入、零漏检、零感染”。坚持“一机一案”，严格落实“三查三排一转运”（筛查环节 100%查验健康申报、体温筛查、医学巡查，排查环节严格实施流行病学排查、医学排查、实验室检测排查，处置环节对疑似病例和阳性病例一律转运地方卫生健康部门妥善处置），推动一天内搭建 24 间“海关采样方舱”，重点航班坚持主要负责人、分管领导、职能处室“三必到”机制，创新实施登临检疫、健康申报、体温筛查、医学巡查、流行病学调查、医学排查、采样（咽拭子/血样）检测、转交地方“8 个 100%”，推动对涉外疫情实行信息报告、隔离管控、检测检疫、转运转送和医疗救治“5 个闭环”管理，配合建立“前中后”协同防控、远端信息共享、口岸检疫支持、留观跟踪管理、“三统一”检测、人员转诊转运、废弃物处置 7 项机制，累计监管出入境航空器 1 859 架次、人员 11 万人次，江西口岸入境通报病例全检出。坚持人、物同防，强化源头管控、精准检测、环境消毒、预防性消毒，督促 5 家境外冷链出口商和生产企业提供书面承诺，按规定抽取新冠病毒监测样本，检测结果全为阴性。

【南昌海关保障新冠肺炎疫情防疫物资通关零延时】 南昌海关开通进出口防疫物资绿色通道，7×24 小时预约通关。加强质量监管，验放进出口防疫物资 50 亿元，为全球抗“疫”注入“江西力量”。在物资最短缺的时期，综合业务处处长尹静浪同志专程赴上海协调验放 558.5 万个口罩快速通关抵赣，有力支援江西疫情防控。

【南昌海关创新实施“十百千万”服务工程】 创新开展“十百千万”服务工程，制订实施方案，助力稳外贸稳外资。心贴心支持十大重点产业稳定发展，发挥“数据+研究”优势，对江西电子信息、有色金属、新能源材料、钢铁、汽车、纺织服装、食品农产品、家具、陶瓷、医药等十大产业开展调研分析，助力产业链供应链稳定，促进十大产业进出口增长 16.7%。一对一促进百强外贸企业做大做强，为 111 家进出口重点企业选派联络员一对一服务，新增 AEO 高级认证企业 10 家，目前已达 35 家，联合地方在全国率先发起“关助融”项目，42 家企业获贷款 41.6 亿元。百强企业进出口 2 151.1 亿元，同比增长 23.8%，占全省外贸总值的 53.7%。实打实推动千家中小型企业问题清零，研发上线“关企互动平台复工复产专版”，解决问题 1 805 个，促进江西在全国率先复工复产。全覆盖服务万家注册企业尽享红利，建立政策库，对 1.9 万家企业政策宣讲全天候、全领域。

【南昌海关重拳打击走私】 开展“国门利剑 2020”等专项行动，2020 年刑事立案 28 起，同比增长 33%，其中，涉税案值 1.26 亿元、偷逃税款 2 200 万元，非涉税案件涉及固体废物、毒品、枪支、疫区动物、野生动物制品等；行政立案 147 起，案值 5.2 亿元、涉税 2351 万元，同比分别增长 25%、130%。

开放口岸

【南昌空运口岸（南昌昌北国际机场）】 1990 年 3 月 5 日，国务院批准南昌机场对外开放。南昌昌北国际机场原址在南昌向塘机场，1999 年 9 月搬迁至南昌市新建县境内。南昌昌北国际机场与昌九高速相连，距离市中心 23 千米，占地面积为 15 平方千米，跑道 3 400 米，可起降包括空客 A380 的所有机型，有 46 个停机位，近 2 000 个停车位。T1 航站楼为国际候机楼，面积为 2.7 万平方米。T2 航站楼为国内候机楼，面积为 9.66 万平方米，主楼宽 222.4 米，进深 90 米。昌北国际机场在南昌市区设有 2 个城市候机楼，在九江、抚州、新余、景德镇、上饶等市设有异地城市候机楼，昌北国际机场地空联运网络已基本覆盖昌北机场东、西、北向的主要客源市场。

2020 年，南昌空运口岸出入境人员 10.99 万人次，同比下降 88.49%；出入境飞机 1 883 架次，同比下降 69.45%；旅客吞吐量 942.65 万人次，同比下降 30.88%；货邮吞吐量 18.2 万吨，同比增长 48.7%，其中，国内货邮 10.5 万吨，同比增长 2.2%，国际货邮 7.7 万吨，同比增长 296.9%；运输架次 84 871 架次，同比下降 20.28%。

【九江水运（河港）口岸】 1980 年 2 月 14 日，经国务院批准，九江港正式对外开放。九江河港口岸位于长江中下游结合部南岸、江西省北端的九江市，拥有长江岸线 152 千米，对外开放口岸线 40 余千米。

九江河港口岸现有已开放码头 6 座、锚地 2 个。

九江水运（河港）口岸开放码头、锚地一览表

码头名称	类别	开放状态	基本情况
214 码头	一类	已开放	多用途 5 000 吨级泊位 1 个，年吞吐能力 150 万吨
三角线码头	一类	已开放	散货 2 000 吨级泊位各 1 个，年吞吐能力 100 万吨
外贸码头	一类	已开放	散杂件、集装箱 5 000 吨级泊位 3 个，年吞吐能力 90 万吨
油品码头	一类	已开放	油品专用 5 000 吨级泊位 6 个，年吞吐能力 240 万吨
中建万佳码头	一类	已开放	液化气专用 3 000 吨级泊位 1 个，年吞吐能力 10 万吨
城西港码头	一类	已开放	5 000 吨级泊位 2 个，年吞吐能力 30 万标箱（2014 年 12 月通过国家验收）
联检锚地		已开放	姚港锚地、新港锚地

2020 年，江西省水运口岸进出口货运量 337.18 万吨、21.49 万重标箱，同比分别下降 1.65%、0.87%。其中，九江河港口岸进出口货运量 318.42 万吨、20.16 万重标箱，同比分别增长 14.95%、16.63%。南昌港进出口货运量 18.76 万吨、1.33 万重标箱，同比分别下降 71.51%、69.79%。

2020 年江西省口岸大事记

1 月 29 日

南昌边检站“抗疫党员突击队”圆满完成米兰至南昌 NO978 次航班 286 名旅客入境边防检查任务，确保了通关管控安全和口岸疫情控制安全。

2 月 10 日

江西省委常委、副省长吴忠琼在南昌国际邮件互换局海关监管场所调研。

3 月 13 日

江西省委书记刘奇在江西边检总站防范海外新冠肺炎疫情输入风险工作情况报告上批示：要继续及时准确掌握报送信息，既要严管，更要做好深入细致的思想工作，提供人文关怀。

3 月 18 日

江西省委副书记、省长易炼红到昌北国际机场海关旅检现场调研境外疫情输入防控工作，实地查看了旅检口岸卫生检疫工作情况，通过视频察看海关旅检入境医学排查等防控流程，看望慰问旅检现场的一线关员，并向坚守在防控一线的海关干部职工表示感谢。

江西省委常委、副省长吴忠琼到昌北国际机场海关旅检现场检查指导防范境外疫情输入工作。

4 月 12 日

江西省国际航空货邮包机启航仪式在南昌昌北国际机场举行，江西省委常委、副省长吴忠琼出席并致辞。

4 月 17 日

江西省人民政府在昌北国际机场 T1 航站楼隆重举行赴乌兹别克斯坦联合工作组出征欢送仪式，副省长孙菊生出席并致辞。

4 月 24 日

江西省委书记刘奇到南昌海关调研，并视察赣江新区海关报关大厅，前往南昌龙头岗综合码头调研。

4 月 27 日

国务院批复同意在九江市建设跨境电子商务综合试验区，井冈山出口加工区整合优化为井冈山综合保税区。

4 月 28 日

中国政府（江西）赴乌兹别克斯坦联合工作组在结束 12 天的抗疫行程后凯旋归来。南昌边检站全力以赴圆满完成联合工作组包机入境保障任务。

5 月 23 日

江西省委常委、副省长吴忠琼召开“两会”安保维稳工作视频点调会，对“两会”期间口岸管控和“5 · 26”包机勤务提出了相关要求。

6 月 23 日

江西省委常委、副省长吴忠琼到南昌综保区、昌北国际机场调研外贸工作。

7 月 1 日

江西省委书记刘奇率省委省政府及有关部门负责同志一行到长江九江段开展长江经济带建设工作调研。

7 月 14 日

中共中央政治局委员、全国人大常委会副委员长王晨率全国人大常委会执法检查组在昌北国际机场海关检查全国人大常委会全面禁食野生动物有关决定和野生动物保护法实施情况，江西省委书记、省人大常委会主任刘奇陪同。

8 月 25 日

江西省委书记刘奇到南昌海关调研口岸疫情防控工作，对南昌海关在这次抗疫、经济生产恢复过程中做出的贡献表示感谢，并对全体关员和家属表示亲切慰问。

9 月 8 日

南昌海关所属昌北国际机场海关党总支被党中央、国务院、中央军委授予“全国抗击新冠肺炎疫情先进集体”荣誉称号。

江西省副省长吴浩到南昌龙头岗码头海关监管作业场所调研。

9 月 30 日

国家移民管理局部署以“暖心爱警一家亲，凝心聚力保边疆”为主题的戍边人员家庭走访慰问活动，江西边检总站采取视频连线、电话慰问、发放慰问金等方式，向 10 名江西籍戍边人员家庭传达组织关心关爱。

11 月 15 日

江西省委副书记、省长易炼红一行在湖口县委书记、县长江训开的陪同下莅临湖口海事处检查指导工作。九江海事局局长龙营华全程陪同。

10 月 28 日

九江红光国际港正式通航。江西省委常委、常务副省长殷美根出席仪式并宣布开港。

10 月 29 日

井冈山综合保税区正式通过联合验收组验收。

11 月 14 日

江西省委常委、南昌市委书记吴晓军到昌北国际机场“一货站、三中心”调研。

12 月 30 日

龙南跨境电商监管中心正式开通运营。

（撰稿人：江斌、彭洁、江智浩、吴钊）

2020 年江西省口岸出入境主要数据表

<table>
<tr><th colspan="3">项 目</th><th>2020 年</th><th>2019 年</th><th>同比（%）</th></tr>
<tr><td rowspan="14">出入境人员
（人次）</td><td colspan="2">出入境人员总数</td><td>109 866</td><td>954 871</td><td>-88.49</td></tr>
<tr><td colspan="2">入境人员</td><td>57 314</td><td>475 592</td><td>-87.95</td></tr>
<tr><td colspan="2">出境人员</td><td>42 552</td><td>479 279</td><td>-89.04</td></tr>
<tr><td colspan="2">出入境旅客</td><td>97 940</td><td>906 488</td><td>-89.20</td></tr>
<tr><td colspan="2">出入境员工</td><td>11 926</td><td>48 382</td><td>-75.35</td></tr>
<tr><td rowspan="5">中国公民</td><td>小计</td><td>100 481</td><td>912 071</td><td>-88.98</td></tr>
<tr><td>内地居民（因公）</td><td>3 085</td><td>9 490</td><td>-67.49</td></tr>
<tr><td>内地居民（因私）</td><td>90 185</td><td>799 934</td><td>-88.73</td></tr>
<tr><td>港澳居民</td><td>1 088</td><td>16 873</td><td>-93.55</td></tr>
<tr><td>台湾同胞</td><td>6 123</td><td>85 774</td><td>-92.86</td></tr>
<tr><td colspan="2">外籍人员</td><td>9 385</td><td>42 800</td><td>-78.07</td></tr>
<tr><td colspan="2">从海港出入境人数</td><td>0</td><td>21</td><td>-100.00</td></tr>
<tr><td colspan="2">从陆港出入境人数</td><td>109 866</td><td>954 850</td><td>-88.49</td></tr>
<tr><td rowspan="3">交通运输工具
（辆、艘、架、列次）</td><td colspan="2">总计</td><td>1 853</td><td>6 164</td><td>-69.94</td></tr>
<tr><td colspan="2">船舶</td><td>0</td><td>2</td><td>-100.00</td></tr>
<tr><td colspan="2">飞机</td><td>1 853</td><td>6 162</td><td>-69.93</td></tr>
</table>

（江西出入境边检总站提供）

2020 年南昌海关主要数据统计表

项　目		2020 年	2019 年	同比（%）
进出口货运量（万吨）	合计	1 348	1 172.7	15
	进口	1 153	951.9	21.3
	出口	195	220.8	-11.9
进出口贸易总值（万美元）	合计	2 349 441	1 958 447.1	20.0
	进口	1 238 204	1 081 993.3	13.6
	其中：江、海运输	507 226	4 40 368.6	14.4
	铁路运输	5 317	4 952.0	6.6
	汽车运输	659 277	525 726.9	24.5
	航空运输	65 831	110 945.7	-40.8
	邮件运输	553		—
	其他运输			
	出口	1 111 237	876 453.8	25.4
	其中：江、海运输	317 390	288 703.1	9.3
	铁路运输	68 430	123 529.5	-44.9
	汽车运输	597 502	386 693.8	50.9
	航空运输	121 420	69 240.9	72.7
	邮件运输	6 495	8 286.8	-30.2
	其他运输			
税收（万元）	两税合计	908 751	906 674.1	0.2
	关税入库	43 245	39 014.3	11.0
	进口环节税入库	865 506	867 659.8	-0.3

（南昌海关提供）

2020 年九江海事局进出港船舶统计汇总表

船舶类别	进港船舶							出港船舶						
	艘数（艘次）	总吨（吨位）	总载重量（吨）	载客量（客位）	船员人数（人次）	货物到达量（吨）	旅客到达量（人）	艘数（艘）	总吨（吨位）	总载重量（吨）	载客量（客位）	船员人数（人次）	货物发送量（吨）	旅客发送量（人）
总　计	64 820	79 237 454	46 114 330	3 190 493	838 117	43 512 907. 08	335 647	40 973	74 052 417	58 083 324	304 670	530 130	43 989 086	62 549
中国籍船舶	64 818	79 233 457	46 106 960	3 190 493	838 096	43 511 805	335 647	40 971	74 048 420	58 075 954	304 670	530 109	43 989 086	62 549
其中外贸船	2	3 997	7 370	0	21	1 102. 08	0	2	3 997	7 370	0	21	0	0

（九江海事局提供）

口岸数量及分布

截至2020年年底，山东省共有经国务院批准的对外开放口岸18个。其中，空运口岸5个，分别是济南空运口岸（济南遥墙国际机场）、青岛空运口岸（青岛流亭国际机场）、烟台空运口岸（烟台蓬莱国际机场）、威海空运口岸（威海大水泊国际机场）、临沂空运口岸（暂未启用）；水运（海港）口岸13个，分别是青岛、烟台、日照、威海、龙口、蓬莱、莱州、石岛、龙眼、东营、潍坊、董家口、滨州海港口岸。

口岸运行数据

2020年，山东省水运（海港）口岸货物吞吐量168 881万吨，同比下降4.9%。外贸进出口货物93 247万吨，同比增长5%。国际集装箱吞吐量完成3 191万标箱，同比增长6%。

2020年，山东省口岸入出入境旅客约162.18万人次，同比下降83.77%。其中，入境约84.87万人次，出境约77.31万人次。空运口岸出入境旅客约92.62万人次，同比下降87.91%；海港出入境旅客约69.56万人次，同比下降70.24%。

2020年山东省各地市进出口总值表

金额单位：亿元人民币

地区	进出口合计		出口		进口	
	金额	同比（%）	金额	同比（%）	金额	同比（%）
总计	22 009.4	7.5	13 054.8	17.3	8 954.6	-4.1
青岛	6 407.0	8.2	3 876.8	13.7	2 530.2	0.7
烟台	3 214.9	10.7	1 963.1	13.4	1 251.8	6.7
潍坊	1 903.9	6.4	1 215.6	7.8	688.3	3.9
威海	1 614.6	15.1	1 165.8	26.6	448.8	-7.0
济南	1 382.7	22.9	755.0	17.2	627.6	30.7
东营	1 344.3	-19.0	455.3	33.0	889.0	-32.5
临沂	1 167.2	39.9	992.2	46.2	175.0	12.5
日照	1 023.9	-2.8	343.5	-15.5	680.4	5.1
淄博	887.7	0.1	489.2	17.3	398.5	-15.2
滨州	817.5	-6.6	327.4	5.1	490.1	-13.1
济宁	545.1	18.3	386.1	35.9	159.0	-9.9
菏泽	433.7	-10.6	214.3	21.9	219.4	-29.0
聊城	404.2	-1.0	227.4	10.2	176.8	-12.4
德州	386.8	11.9	247.2	21.6	139.6	-2.0
枣庄	263.8	80.2	249.8	79.6	14.0	91.7
泰安	211.9	24.8	145.9	10.4	66.0	75.5

表注：经国务院批复同意山东省调整济南市莱芜市行政区划，撤销地级莱芜市，其所辖区域划归济南管理（山东省统计局便函〔2019〕55号），因此从2019年1月起将济南莱芜数据合并，原17个地市调整为16个地市。表格来源于青岛海关网站。

口岸综合管理

【全力做好境外疫情输入防控工作】 新冠肺炎疫情发生以后，山东省口岸系统和驻鲁口岸查验单位认真贯彻疫情防控要求，落实联防联控机制，为山东“外防输入”做了大量卓有成效的工作。山东省口岸办按照省领导的要求，第一时间下发《关于加强口岸出入境人员疫情防控措施的紧急通知》，部署“外防输入”工作；与口岸相关单位共同推演入境查验流程，制定了一批操作规程和文件；按照国家口岸管理办公室要求，在各口岸推行“全国口岸运行展示与分析系统”，上报每日口岸出入境人员情况，为国家分析研判境外疫情防控形势、制定境外疫情防控政策提供参考。各市口岸管理部门按照各市疫情防控指挥部的统一部署，积极参与疫情防控专班工作，结合各口岸实际情况，制定工作措施。水运口岸所在市按照《关于统筹做好防控境外疫情海上输入风险和保障国际海运畅通工作的通知》的要求，研究制定海上入境人员检查操作规程；济南市口岸办建立值班制度，确保值班人员机场 7×24 小时在岗，及时解决防疫、通关问题；青岛市口岸办积极参与口岸疫情防控专班工作，建立协同机制，协调口岸部门在旅检现场设置重点地区人员专用通道，为口岸查验单位协调防疫物资 6 万余副（套）；烟台市口岸疫情防控专班设置在烟台市口岸办，烟台市口岸办负责同志任组长，负责组织协调烟台市海、空港入境人员、船员的检测、转运等工作；日照市口岸办开展政策（管控规程）视频宣讲，200 多个单位、300 人次参与，为有关方面尽快掌握政策规定和防控流程打下基础。驻鲁口岸查验单位奋战在口岸检查检验一线，为“外防输入”工作付出了大量的辛勤劳动。山东省口岸系统加强对进出境人员管控和疫情检疫力度，对入境人员严格实施“三查三排一转运”，实施 100%流行病学调查和核酸检测等检疫措施，对高风险航班人员实施核酸加抗体“双检测”，配合地方政府严格实行闭环管理，最大限度早发现、早排查、早处置；加强进口冷链食品检疫，强化源头管理；保障重要急需防疫物资、生产资料、民生保障商品顺利通关。驻鲁口岸查验单位全年共查验外贸货物 9.32 余亿吨，同比增长 5%；集装箱近 3 200 万标箱，同比增长 6%；出入境人员约 162.18 万人次，其中旅客 90 余万人；出入境交通工具 44 104 艘（架）次，其中船舶 29 564 艘次，航班 14 540 架次，筛查出从山东口岸入境确诊病例 68 例，有力地维护了口岸安全。

【水运口岸外贸吞吐能力进一步提升】 一是 2020 年共完成 23 个泊位对外临时启用、18 个泊位临时开放，以上 41 个泊位运营期间共靠泊船舶 6 100 余艘次、完成货物吞吐量 1.3 亿余吨，其中外贸吞吐量 7 000 余万吨、完成集装箱 35 万标箱，其中外贸集装箱 34.6 万标箱。二是做好码头泊位正式对外启用工作，释放港口外贸运输潜力。全年完成 21 个码头泊位对外启用验收，提升港口运输能力 2 000 万吨/年、120 万标箱/年。

【口岸布局进一步优化】 一是统筹推进口岸对外开放项目，2020 年是《国家口岸发展“十三五”规划》的收官之年，青岛董家口港口岸、滨州港口岸对外开放和日照港口岸、威海港口岸扩大开放相继通过国家验收，全省 7 个沿海城市水运口岸全部实现对外开放，口岸竞争力进一步增强。二是认真做好《国家口岸发展“十四五”规划》相关材料的编制工作。按照“立足实际、全面调研、整体规划”的原则，结合全省东中西互动协同开发要求及相关项目建设运行情况，推荐一批对外开放项目申请列入《国家口岸发展“十四五”规划》。三是做好海关指定监管场地申报相关工作。与海关建立海关指定监管场地建设合作机制，规范申建程序，完成了日照市进境食用水生动物监管场地可行性评估和推荐，稳妥推进胶东国际机场进口冰鲜水产品、水果、种苗、食用水生动物、肉类 5 个种类的综合指定监管场地建设工作，完成潍坊进境粮食指定监管场地和进境动物隔离检疫场验收。评估推荐和验收的烟台保税港区综合指定监管场地，是全国首个涵盖进境肉类、冰鲜水产品、食用水生动物3项功能的综合性指定监管场地。

【口岸营商环境持续优化】 一是优化流程提效率。协同推进进出口货物“提前申报”“两步申报”改革，实施“两段准入”监管作业操作；推行口岸分类验放，实行“先放后检”“即验即放”“即报即放”等措施。指导全省各口岸公布集装箱靠泊、装卸、场内转运、吊箱移位、掏箱、提箱等作业时限标准，引导服务企业规范、高效作业。扩大进口货物“船边直提”和出口货物“抵港直装”试点。协调省港口集团、海关，推出口岸“通关+物流”作业新模式，开发“进口直提”网上预约受理平台，供企业自主选择通关物流模式。积极复制推广改革举措，在全省口岸复制推广“两步申报”改革、口岸通关和物流作业无纸化电子化、集装箱“通关+物流”跟踪查询等11项改革举措，取得积极效果。2020年12月，全省进出口整体通关时间分别为37.77小时、2.39小时，比2017年同期分别压缩62.54%、89.03%，提前完成国务院要求的到2021年年底整体通关时间比2017年压缩一半的目标任务。二是多措并举降成本。全年共减免企业费用39.55亿元。深入开展免除查验没有问题外贸企业集装箱吊装移位仓储费用试点，全年为全省外贸企业免除费用9 156.03万元。协调有关部门落实国家关于进出口货物港口建设费、货物港务费、港口设施保安费等减免政策。全年免征进出口货物港口建设费35.45亿元，减征船舶油污损害赔偿基金2 551.91万元，减免货物港务费、港口设施保安费1.9亿元。协调省港口集团主动让利，减免进口集装箱码头堆场库场使用费，延长大宗干散货和油品的免费堆存期。全年减免库场使用费9 000余万元，减免中小企业房租1 300万元。全面公示收费清单。引导全省各口岸收费企业主动规范公开本企业收费清单。山东“单一窗口”网站共发布727家企事业单位收费信息，其中查验部门64家、企业663家，督促口岸企业收费做到明码标价、公开透明。三是加强协同抓整治。2020年4月中下旬，牵头组织开展以“查收费、查时限、查流程”为主要内容的口岸营商环境整治专项行动，组织三个督导组分赴青岛、济南、烟台、日照、威海、潍坊、东营口岸一线，召开座谈会21场，现场核实线索，督促解决问题。在此基础上，协同山东省市场监督管理局开展口岸收费专项整治行动，严肃查处不按规定明码标价、超标准收费等问题。四是精心准备迎国评。指导协调各市积极做好全国营商环境评价迎评工作。邀请上海市商务委员会（上海市口岸办）专家在青岛举办营商环境跨境贸易评价指标专题讲座。指导山东电子口岸联合青岛市口岸办、青岛海关、青岛市商务局等单位，在青岛举办7次政策解读会，共计510家企业600余人参会，为国家评价迎评做好准备。在评价期间，为各参评市区提供佐证材料，协调青岛海关、济南海关、山东港口青岛港和山东电子口岸公司安排专人组成前方保障组，全程保障跨境贸易评价问卷填报工作。

【国际贸易“单一窗口”服务功能不断拓展，口岸通关信息化水平进一步提升】 中国（山东）国际贸易单一窗口与25个部委系统实现对接和信息共享，上线17大类标准版服务功能、10大类地方特色应用功能，为企业提供服务事项达600余项，货物申报、运输工具申报、舱单申报等主要业务系统应用覆盖率稳定保持在100%。截至2020年12月31日，累计注册企业35 660家，服务外贸企业180 147家。全年企业通过“单一窗口”办理货物申报602万票，舱单申报3 704万票，运输工具申报51万票，跨境电商1.38亿票，许可证申领2.5万票，税费支付47万票，企业资质4.6万票，原产地证申领32.5万票，口岸物流协同平台25万票，快件通关及加贸保税等其他项目1 449万票，年度业务量总计1.97亿票，申报进出口额2 756亿美元，日均业务量54万票。一是适应创新需求，支撑外贸新业态。建设跨境电商“单一窗口”，保障“9610直邮进出口、1210保税进出口、9710直接出口、9810出口海外仓”六种跨境电商模式，覆盖全省全部跨境电商综合试验区。通过标准版，上线金关二期海关特殊监管区域管理系统、保税物流管理系统。企业可通过“单一窗口”向海关特殊监管区域管理系统和保税物流管理系统申报业务数据、收到审核结果反馈，在“单一窗口”一个平台上完成全流程、一站式的业务办理。二是不断延伸服务，拓展金融保险功能。与中国银行、建设银行、兴业银行等8家银行对接，为企业提供全流程、一站式、全线上的贸易金融服务。企业足不出户即可办理预约开户、跨境收付汇、结售汇、国际收支申报、贸易融资等全流程跨境业务，帮助企业降低交易成本，提升融资效率，增强经营活力。2020年，金融服务签约企业9 741家，累计签约16 734家；国际结算金额2 711.5亿美元；融资申请1 490笔，融资金额19.6亿元。同时，上线“单一窗口”信保和保险服务功能，与中国出口信用保险公司、中银保险有限公司、中国平安保险（集团）股份有限公司、中国太平洋保险（集团）股份有限公司对接，实现小微出口信用保险、货物运输险、关税保证保险线上投保。截至2020年12月31日，通过山东“单一窗口”进行线上投保的小微企业达到15 506家，生效保额100多亿美元，线上投保企业数量居全国首位。积极对接中国电子口岸和出口退税综合服务平台，实现企业在线办理退税申报，全年共办理申报退税351笔，退税金额9 199.5万元。三是加强技术应用，大力推动无纸化。推行船舶“一单多报”。实现国际航行船舶“一单多报”，原需递交口岸单位的44类、70余种纸质申报材料全部取消，现在只需录入一次。5月上线运行船舶系统转港数据复用功能，申报过程由原来1小时压减至最短5分钟。开展海关查验通知信息推送试点。将海关查验指令信息通过平台发送至货主（货代）企业和查验场所，将移箱到位信息通过平台发送至海关作业系统，快速衔接通关物流各环节操作，提高查验准备工作效率。开发建设全省口岸通关时效评估系统。实现“单一窗口”与省内有集装箱进出口业务的口岸作业系统的对接，通过数据分析可实现对通关时间进行比对评估。四是助力疫情防控，实现换单押箱线上办理。建设推广山东口岸物流协同平台，在全国率先实现进口集装箱货物提货单和设备交接单同步电子化流转，企业通过线上即可办理换单押箱提货等手续，由至少跑三次变为最多跑一次，办理时间由原来2个工作日缩短为0.5个工作日，在青岛港已达到90%的覆盖率，按照进口量测算，每年可为企业节省近1.5亿元费用，同时为有效防控疫情发挥重要作用。

口岸监管与服务

【山东出入境边检总站全力做好口岸疫情防控工作】 以战时标准全力固守疫情防控、口岸管控、风险稳控“三条战线”，全警投入全省空港联防、阻击海上输入、北京分流航班、境外回国包机“四场战役”。研究出台《全省边检机关应对疫情工作方案》等5个工作方案，更新完善《总站常态化疫情防控工作指南》等5个预案指引，创新建立“证件摆渡点”和“安全监督员”制度，创新推行“三分三查三联”空港防控战法、临时航班“两分两统一”通关模式和“三查三问”查验要求，紧盯海港冷链运输、冰鲜贸易、涉疫航线、海关未检“四类船舶”，稳妥实施“三全三管三严防”防控模式，刚性落实“三个一律”管控措施，推动建立“四联闭环式防控机制”，联动处置62名境外输入染疫船员。其间，检查往来疫情严重国家和地区飞机9 161架次、船舶2.2万余艘次，人员72.9万余人次，高效保障94架次分流航班17 236人、68架临时航班9 291人入境边防检查任务。

【山东出入境边检总站全面筑牢口岸管控防线】 聚焦跨境犯罪、宗教渗透、海上偷渡“三个重点方向”，压茬推进“砺盾2020”系列专项行动，强力发起口岸严查严打攻势，圆满完成国庆、十九届五中全会等10余个敏感节点的安保任务。累计查获违法违规案件185起，在控在逃362人，涉嫌跨境赌博电诈163人，“三非”违法人员49人。立足山东毗邻日韩实际，把宗教渗透活动作为打击重点，靶向布控韩国教会人员93名，布列重点关注人员553名，查获“新天地”邪教人员11人次，持G1登陆证人员6人，查获携带政治性反动宣传品入境2人，缴获反动影音图文资料21份约10G。围绕海上偷渡和疫情输入，严厉打击海上非法出入境活动，累计查获船舶违法违规案件124起；预警发现1名藏匿外轮计划偷渡入境的加纳籍人员，专报国务院双联机制，得到孙春兰副总理关注；协同海警部门处置1起涉案123亿走私案件。聚焦国家政治安全和深化打击跨境违法犯罪，完成“三场安保硬仗”，查获违法违规人员150人，查核涉跨境赌博电诈活动1 369人。

优化办理手续　服务口岸经济发展

【山东出入境边检总站全力打击治理跨境赌博】　坚持“党委统揽、高点谋划、综合施策、精准发力”的工作思路，制定“数据引领、信息制导、靶向查缉、联合封堵”打击策略，建立完善出入境数据“一国一研判、一地一排查、一月一分析”制度，提炼总结“四必查”工作法、“六步闭环摸排法”、“411”查验模式。累计比对分析数据300余万条，向省“122”机制办通报线索2 000余条，精准查获涉赌涉诈在控在逃人员9人、境外参赌从业人员5人、重点人员149人，甄别命中可疑人员607人，排查掌控关联人员599人，研判发现的在菲涉赌人员“转道韩国洗白行程”的情报线索被国家移民管理局批转，成功查堵公安部督办案值千亿的“935”专案重要骨干1名、“219”专案嫌犯2名，相关工作得到副省长范华平充分肯定，被移民局通报表扬13次，年度成效被移民局以简报形式报送外交部、公安部、财政部等部委。

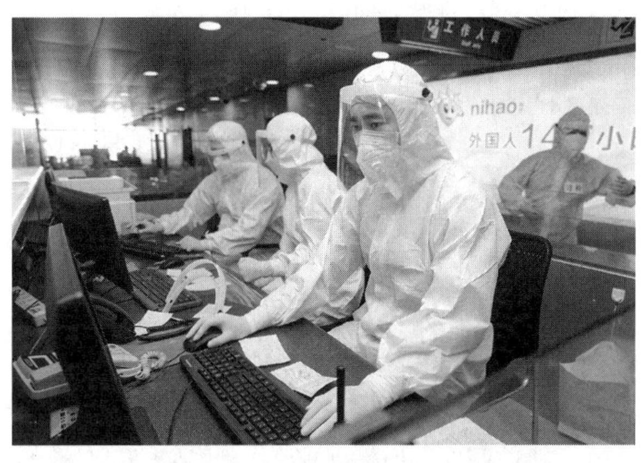

核查分析涉嫌跨境赌博人员数据信息

【山东出入境边检总站积极服务对外开放大局】　创新实施边检“八个融入”措施，复制推广“简化外锚地保税燃料油加注船舶入出境手续”“国际航行船舶进出境通关全流程一单多报”两项改革经验，探索推行批次办理、海上快检勤务查验模式，近距离、无缝化服务远洋渔船400余艘次。支持滨州港及董家口港顺利通过国家验收，服务青岛等港口41个泊位正式对外启用、21个泊位临时对外启用、36个泊位延长临时对外启用期限。靠前服务威海—仁川“四港联动”项目启动，简化查验手续提高通关效率。大力推行国际航行船舶“网上一次申报”，累计办理船舶2.8万余艘次，简化各类申报单据5万余份，节省通关成本1.5万余小时，全力保障山东外向型经济蓬勃发展。

【山东出入境边检总站精准保障复工复产】　建立警企“点对点”联络机制，为628余家企业办理网上行政许可10.4万余份，节省时间5.6万余小时。准确把握中外“快捷通道”政策要求，为43架次中外“快捷通道”航班2 000余名商务、技术人员提供通关便利。推动建立滞留外籍船员登陆换班工作机制，高效完成青岛港首次整船外籍船员换班勤务，妥善解决2.4万名长期滞留中外籍船员换班问题，在维护防疫大局中提升了港口综合吸引力。畅通贸易物资边检“绿色通道”，出台货机快通关查验指引，检查往来货船27 314艘次、货机6 899架次，保障615艘（架）货船（机）9 700万余件抗疫物资快速通关，助推海空港货运业务“逆势双增长”。

保障“快捷通道”入境航班　助力复工复产

【山东出入境边检总站做好接布控工作】 坚持“依法实施、程序规范、准确及时、有效控制”的原则，细化完善接控布控工作流程规范，主动加强与省公安厅、高级人民法院、监察委员会等单位对接联络，强化信息共享和情况反馈。紧盯涉恐、涉稳、涉腐等重点人员，严格按照《新版录入标准》，精准布控6 336人次，布列重点关注和重要提示信息2 098人。特别是紧跟韩日疫情发展态势，建立涉疫人员、邪教分子24小时“点对点”紧急边控机制，及时布列涉疫重点关注553人、布控“新天地”教会93人，精准查缉“新天地”教会信徒9人。

【山东出入境边检总站推进执勤规范化工作】 部署实施“五督五查五促”执法执勤监督机制，即督管控责任，查风险隐患，促安全防控；督勤务组织，查问题短板，促规范执勤；督通关保障，查瓶颈难题，促服务质效；督学习培训，查跟踪问效，促素质提升；督业务研讨，查薄弱环节，促末端落实。2020年以来，开展勤务质量视频巡查、网上核查、现场督察65次，检查执勤现场580次，核查梅沙系统信息140余万条，第一时间发现整改问题54个，及时消除了安全隐患。

【山东出入境边检总站全力打造全面过硬执勤队】 锁定执勤队建设为提升改革重塑力、核心战斗力、队伍管控力的“首要工程”，力求实现边检治理体系和治理能力现代化。先后出台加强新时代边检执勤队建设“一个指导意见”，勤务运行、等级评定“两项工作规定”，区分旅检队、海港综合队、核查办案队“三个类型”，把牢勤务规范化、业务精专化、队伍正规化、保障体系化“四化主线”，协同推进党建领航、勤务创新等“五大工程”，制定5类18项51条推进措施。深入调研摸实情。全面掌握全省边检执勤队建设现状，运用数据分析手段，深度掌握短板问题。设定5方面50类180项指标，汇总分析各类数据2.8万条，为加强执勤队建设提供决策参考。执勤队建设成效被国家移民局简报刊发全国推广，并得到范华平副省长等省领导批示肯定。

全力打造全面过硬执勤队

【山东出入境边检总站坚决完成脱贫攻坚政治任务】 扛牢定点扶贫政治责任，创新打造“好支部、好产业、好生活、好乡村”“四好示范村”，精准实施“三江党旗红”“一村一产业”、平安共相守、美丽新乡村、侗乡育英才“五大工程”，压茬推进5类33个帮扶项目，遴选16名民警驻村支教，组建医疗队巡诊义诊惠及2万余名群众，累计投入各类帮扶资金2 000余万元，超额完成国家移民管理局下达的“六大任务”，882户3 839名贫困群众全部脱贫摘帽，定点帮扶村被自治区政府推荐参加国务院抽检评估，群众满意度100%。因扶贫成绩突出，1个集体荣获集体二等功，2名个人荣获个人二等功，总站获评国家移民管理局定点扶贫工作先进单位。

边检扶贫物资集中捐赠

山东出入境边检总站徐晓伟赴三江视察扶贫工作开展情况

【山东出入境边检总站持续推进“全警实战大练兵”】 部署“能力素质提升年”活动，系统实施新警“六大提升计划”，高标准举办“百名队长、千名民警”比武竞赛，民警100%取得执法资格，新警100%考核合格可持章上岗，4个集体获评国家移民管理局全警实战大练兵“标兵单位”，10名同志分获公安部、国家移民管理局全警实战大练兵“标兵个人”，1名同志获评国家移民管理局“优秀训练工作者”，总站在全警实战大练兵考核中获评优秀等次。

“百名队长、千名民警”比武竞赛

【山东出入境边检总站开展“最美边检卫士”评选宣传活动】 在全省评选表彰中王鹏、王宝山、朱敬臣、刘一阳、李楠楠、张玲、张洋、单立建、姜学涛、崔君鹏10名同志被评为首届“最美边检卫士”，并高标准举行发布仪式，集中展示了“忠诚担当、严实奋进、强能卓越”的新时代山东边检职业精神追求，新华社、中央电视台等国家媒体跟踪报道，大众网同步网络直播，在线收看人数超过10万+，网民点击量突破100万+，警营内外好评如潮，有力提升了山东边检的社会影响力和美誉度。

【山东海事局安全监管工作】 根据交通运输部、山东省政府和部海事局有关部署的要求，扎实组织开展海上交通安全专项整治三年行动、长期逃避海事监管船舶专项整治行动、水上无线电专项整治行动。联合山东省交通运输厅、中国船级社青岛分社印发《中韩客货班轮和省际客滚运输安全管理提升行动方案（2020—2022年）的通知》。制定《关于加强海上休闲产业新业态涉客船舶安全监管的指导意见》。克服新冠肺炎疫情不利影响，积极探索“互联网+监管”新机制。有效处置“光汇616”轮化学品船泄漏事件，保障1 272万人次旅客水上安全出行、14.5亿吨货物和4.6亿吨危险货物运输安全，运输船舶等级事故四项指标同比“四降”，海上险情数创近十年新低。

【山东海事局服务保障工作】 制定《服务“黄河流域生态保护和高质量发展”若干举措》。与山东省港口集团签署《推进世界一流海洋港口建设合作框架协议》。支持董家口港、滨州港、日照港、威海港等重点口岸顺利对外（扩大）开放和57个码头泊位对外启用。与青岛海关、济南海关签署相关合作备忘录。全面推行国际航行船舶进出口岸八项“减证便民”“极简审批”便利通关新模式和国际航行船舶登记审批事权下放，被纳入山东自由贸易试验区亮点政策和支持自由贸易试验区深化改革创新举措。制定《国际航行船舶船员感染新冠肺炎事件应急处置指南》，保障 26 901 名中外籍船员顺利换班。

【青岛海关监管概况】 2020 年，青岛海关坚决贯彻习近平新时代中国特色社会主义思想和习近平总书记系列重要指示批示精神，贯彻落实海关总署各项决策部署，全面推进“政治建关、改革强关、依法把关、科技兴关、从严治关”建设，统筹推进口岸疫情防控和促进外贸稳增长，在坚决筑牢口岸检疫防线的同时，全力服务高水平开放、高质量发展。年内，青岛关区海关监管进出口总值约 3 031. 9 亿美元，同比下降 5. 83%，货运量约 5. 80 亿吨，同比增长 2. 82%；税收入库 1 135. 39 亿元，同比下降 21. 29%；2020 年关区刑事立案 192 起，同比增长 1. 1%，罚没收入连续 17 年过亿元。

【青岛海关疫情防控工作】 坚决贯彻上级部署要求，把口岸新冠肺炎疫情防控作为重中之重，建立横到边、纵到底、全覆盖、无遗漏的防控体系，形成全链条防控闭环。一是强化精准检疫。针对辖区日韩航线多、开放口岸多的实际，强化疫情监测和风险评估，严格实施 100%指定地点登临检疫，落实“三查三排一转运”、“7 个 100%”、远端防控等疫情防控措施，对各类运输工具和不同类型入境人员，实施差别化防控措施，建立应急处置、常态化防控工作机制，打造水陆空立体防控网络。二是强化联防联控。推动建立与山东省政府办公厅等 14部门的疫情防控协作机制，与地方卫健委签署合作协议，对所有入境人员严格实施检测、转运、治疗、隔离、留观全链条管理，形成全链条防控闭环。三是强化冷链监管。全力做好进口冷链商品新冠病毒风险监测，加强检验检疫监督管理，严格做好预防性消毒相关工作，认真做好进口冷链商品检出阳性后的处置，积极配合开展追溯调查，确保问题商品妥善处理。

青岛海关稳外贸工作组成员研究分析关区业务数据

【青岛海关持续优化通关模式，实际监管效能不断提升】 海关业务改革 2020 框架方案全面落地，“两步申报”应用率超过 20%，“两段准入”信息化监管在关区海空运现场全面推广，实现高级认证企业免担保。“先期机检+智能审图”“标准化智能查验建设”等查验改革顺利推进，先期机检量位列全国前列。对猪肉等民生物资、原油矿石等生产原料开辟绿色通道，对进境散装粮食经申请符合条件的实施靠泊检疫，进口鲜活农产品实施“即验即放”，进口铁矿、锰矿等矿产品实施“先放后检”，保证重点民生物资进口畅通。强化业务风险协同防控，关区人工分析查获率 9. 89%，较 2019 年提高 5. 1 个百分点，实现非贸渠道风险防控全覆盖。上线智慧监管海关安全智能锁卫星定位监控子系统。开展安全生产专项整治三年行动，推动 19 家危险化学品储罐类监管作业场所全部退出海关监管，取消 2 家涉危存储类监管作业场所，实现超期存储危险品货物清零。深入推进“龙腾行动 2020”，重拳打击侵权行为。扣留侵权货物 52. 2 万余件，同比增长 24. 6%。落实“清风”行动工作部署，专项开展打击伪劣进出口防疫物资工作，立案调查 50 起，移送地方公安 17 起，移送地方市场监管部门 2 起。

【青岛海关税收征管】 完善税收风险协同防控体系，全年入库税款 1 135. 39 亿元，稽核查追补税款 8. 11 亿元。建立“多查合一”部门协同配合机制，稽查有效率 60. 16%，核查有效率 37. 8%；属地纳税人管理改革不断深化，启用原产地证书虚拟审签中心，实现原产地证书智能审核；落实税收优惠政策，2020 年减免税款 17. 81

亿元，同比增长 43.6%；综合运用多元化担保、汇总征税等税收优惠政策，实施汇总征税企业同比增加 130 家，征税 236 亿元，同比增长 7%；接受 650 家企业关税保证保险 1 632 份，担保金额 171 亿元；为 159 家汇总征税企业办理延期纳税 7.6 亿元，受理并核准 10 家企业的 4 亿元税款延长缴纳期申请，减免滞纳金 1 612 万元；主动帮助企业申请对美加征关税排除，为 1 800 余家企业减免对美加征税款 28 亿元；支持企业“出口转内销”，为 385 家企业 92 亿元内销料件免征缓税利息。聚焦优势产业、重点商品加大税政调研力度，16 项提高出口退税率建议于 2020 年年初实施，全年为企业增加收益 5 351 万元。支持进口企业享受自由贸易协定项下税款减让 76 亿元。

【青岛海关打击走私】 认真贯彻中央关于缉私管理体制调整的部署要求，深入推进“国门利剑”联合专项行动，优化全员打私工作机制，组建实体化情报指挥（案管）中心，密切与公安等执法部门的协同配合，建立缉私经费、警务资产、缉私执法业务保障机制，打造管理体制调整后的缉私工作“新样板”。严格进出口贸易禁限管控，组织打击中韩海运航线夹藏走私和新型“水客”综合治理专项行动，2020 年查获出口仿真枪 11 万余支，占全国 99.5%。全年关区刑事立案 192 起，案值 44.42 亿元，其中海关总署缉私局挂牌督办案件 11 起；行政立案 1 888 起，案值 56.67 亿元。罚没收入连续 17 年过亿元。

【青岛海关筑牢口岸检疫防线】 在严防新冠肺炎疫情的同时，强化对埃博拉病毒病、沙漠蝗、非洲猪瘟等疫病疫情的检疫，全年检出其他传染病病例 76 例，截获植物有害生物 5 422 批，自立陶宛进口小麦中截获小麦矮腥黑穗病菌，系我国第二次截获。严把进出口食品安全关，检出不合格进口食品 223 批，连续查发输华肉类产品卫生证书造假和不规范情事 60 余起、感官检验不合格冷冻产品 57 批。强化进出口防疫物资质量安全及重点敏感商品检验监管，检出不合格进出口商品 2 255 批，查获不合格出口防疫物资 616 起、2.01 亿件，检出不合格进出口危险化学品 160 批、7 194.63 万美元。

【青岛海关服务经济社会发展】 出台应对疫情影响促进外贸稳增长的 17 条意见，围绕落实“六保”任务进一步制发 19 项措施，细化梳理海关总署稳外贸措施清单，建立包括 98 项细化措施和 812 家重点企业的《稳外贸政策措施台账》《重点帮扶企业台账》并狠抓落实，累计帮扶企业 1 664 家，解决困难 264 个。支持开展内外贸货物混编运输和过境货物海铁换箱业务，年内新开中欧班列 3 条，监管中欧班列数、节数分别增长 41.1%、23.7%。复制推广“内陆港”海铁直运物流监管模式，助力山东一流港口建设，将“出海口”搬到内陆企业“家门口”。深入落实服务上合示范区、自由贸易试验区各项措施，推出保税原油混兑等 30 项创新举措，牵头成立青岛检验检测认证协会，首创“中国对上合组织国家贸易指数”并由李克强总理在上海经合组织成员国会议上予以宣布，全面推广综合保税区 21 项创新监管制度，辖区海关特殊监管区域全部转型升级综合保税区，与上海期货交易所签署战略合作协议，推动 20 号天然橡胶期货保税交割业务落地。支持跨境电商、市场采购等新业态发展，关区跨境电商 B2B 出口监管试点业务量在全国第二批试点海关居首位。推动与山东省商务厅等 6 部门建立国外技术性贸易措施联合应对工作机制。加强 AEO 培育认证，新增 AEO 企业 36 家，出台 AEO 企业 23 条便利措施。建立营商环境评价长效工作机制，巩固压缩整体通关时间成

海关关员在泵房监管启动保税原油混兑调和业务

效，青岛口岸在“中国十大集装箱海运口岸营商环境测评结果”中排名第二。

【济南海关概况】 2020 年，济南海关坚决贯彻习近平总书记重要讲话和重要指示批示精神，深入落实党的十九大和十九届二中、三中、四中、五中全会精神，在海关总署党委的坚强领导和省委省政府的关心指导下，聚焦“高标准定位、高质量发展”的工作思路，强化政治引领，优化监管服务，严守安全底线，纵深推进“五关”建设取得新成效。济南关区进出口货运量约 1.6 亿吨，进出口总值约 572.2 亿美元，税收入库约 346.0 亿元，同比分别增长 9.64%、2.27%、0.19%。

【济南海关疫情防控工作】 新冠肺炎疫情发生以来共检疫出入境运输工具 3 463 艘（架）次，检疫出入境人员 8.2 万人次。高质量完成 25 次临时航班和复航航班口岸卫生检疫任务，准确检出 35 例核酸阳性、94 例抗体阳性病例，未发现一例阳性病例从关区口岸因漏检而传入传出。强化出口医疗物资监管，查获防疫物资质量情事 36 起。全力做好冷链食品、非冷链集装箱货物等高风险货物检疫。

2020 年 5 月 30 日，济南海关关长赵儒霞（左三）全程督导入境临时航班检疫监管工作 摄影赵青

【济南海关持续加强监管效能，助力口岸通关】 一是口岸监管不断强化。查获违禁印刷品、音像制品 2 104 件，在邮递渠道查获全国首起涉疫情违禁印刷品情事。查获毒品大麻 3 起、755 克，管制精神药品 4 万粒，查获枪支散件 169 件。加强知识产权海关保护，查发侵权商品 489 批次。货物渠道、跨境电商、快件人工分析布控查获率分别为 15.9%、23.3%、22%，高于全国平均水平 3.8、16.8、11.3 个百分点。二是检疫防线更加严密。检出口岸关注传染病 18 例，一般传染病 38 例。强化进境动植物疫情防控，扑杀销毁进境阳性种牛 143 头。截获有害生物 46 种次。截获外来入侵物种 56 种次，其中粗糙皱猛蚁为全国首次截获。三是检验监管成效明显。开展进口食品“国门守护”行动，查获不合格进口食品 3 批。检出出口危险化学品不合格 107 批、医疗器械不合格 21 批、进口棉花不合格 885 批。四是企业管理和后续监管水平不断提升。16 家企业获得高级认证资格，同比增加 129%。开展核查作业 698 起，有效率 55.4%。开展租赁进口飞机等 10 次稽查专项行动，办结稽查作业 202 起，有效率 70%。稽核查追补税额 1.26 亿元，同比增长 29.4%，再创历史新高。

【济南海关税收征管】 2020 年税收入库 346.0 亿元，同比增长 0.2%。属地纳税率提升至 60.8%。审价补税 17.4 亿元，居全国海关第 2 位。优化进境邮递物品征税流程，行邮税同比增长 90%。

【济南海关服务区域经济发展】 一是稳外贸精准有效。377 项支持措施全面落地，“支持复工复产十大案例”在关区推广。为企业减免税款 7.3 亿元，指导 326 家企业申请市场化采购排除，减免加征关税 3.6 亿元。为 97 家加工贸易企业办理延期手续 129 次，为 55 家企业免征风险担保金 1.1 亿元。创新“整车出口新模式”，帮扶重汽集团解决疫情期间整车出口受阻问题。优化“保税仓库+管道运输”监管，助力地炼企业抢抓国际油价下跌机遇扩大进口，关区全年进口原油同比增长 22%。采用出口转关、属地查验，助力医用手套出口全年同比增长 139.9%。积极应对国外技术贸易壁垒，帮助解决出口新西兰生姜、出口泰国水果蔬菜等进口国检疫标准问题。二是口岸营商环境持续优化。关区进、出口整体通关时间分别为 26.9、1.86 小时，较 2017 年分别压缩 83.67%、92.36%。税政调研成效突出，向海关总署提报税政调研建议 431 项，获国务院关税税则委员会采纳 16 项。制定 12 项措施助推“齐鲁号”发展，全年监管中欧班列 755 列，同比增长 21%。开发“铁海 E 通”物流信息系统，实现海铁联运转关全自动作业。3 项自由贸易区创新制度获海关总署备案。综合保税区全年进出口值 406.6 亿元，同比增长 155.4%，活跃企业数增长 183%，潍坊、东营、济南三家综保区在全国排名分别提升 7、28、15 位。三是改革创新取得实效。“两步申报”总单量 6 708 票，申报率高于全国平均水平 7.9 个百分点。“两段准入”信息化监管在关区三个口岸现场全部落地实施。全年共为 55 家企业备案“关税保”826 票、担保金额 114.3 亿元。推进“企财保”试点，为 5 家企业备案金额 5.3 亿元。开展高级认证企业免除担保改革试点，为 7 家企业免除担保 1.5 亿元。创新隔离检疫场使用审批模式，每批进境种牛周期缩短 2 个月。优化进口棉花品质检验模式，每批检验时间缩短 20 天。开展跨境电商 B2B 出口监管试点，备案海外仓模式企业 20 家，贸易额 1.8 亿元。四是“数据+研究”优势有效发挥。高质量完成海关总署重点产品专项调研。牵头 4 个直属海关开展《海关支持黄河领域生态保护和高质量发展问题研究》，获海关总署高度评价。统计监测预警分析信息被海关要情采用 14 篇，被省委、省政府采用 64 篇。

2020 年 8 月 27 日，济南海关关长赵儒霞（左二）出席济南章锦综合保税区正式验收活动和颁证揭牌仪式 摄影郑保国

【济南海关严厉查缉走私】 全力开展“国门利剑”“蓝天”等专项行动，共刑事立案 34 起，案值 5.11 亿元，涉税 4 577 万元；行政立案 162 起，案值 6.52 亿元，涉税 1 020 万元，罚没入库 656 万元。

开放口岸

【济南空运口岸（济南遥墙国际机场）】 济南遥墙国际机场位于济南市历城区遥墙镇，距市区 20 千米。1992 年 7 月 26 日建成通航，同年 10 月经国务院批准对外开放，拥有 3 600 米、2 600 米跑道各一条，飞行等级为 4E 级。

2020 年，在受新冠肺炎疫情影响严重的情况下，济南空运口岸及时调整工作重心，重点发展国际航空货运，取得显著成效。全年新开通 11 条国际货运航线（含客改货）及 1 条客运航线，济南机场累计运营国际地区航线 40 条。其中，客运航线 27 条，分别通往 22 个国际城市及我国香港、澳门、台北、花莲、高雄 5 个地区城市；货运航线 13 条，分别通往列日、大阪（2 条）、纽约、洛杉矶（2 条）、莫斯科、叶卡捷琳堡、东京、首尔、米兰（2 条）、特拉维夫。目前，济南空运口岸具备进境水果、冰鲜水产品、食用水生动物、药品等指定监管场地功能。2020 年，国际货邮吞吐量实现大幅增长，进出口货物主要以跨境电商货物、防疫物资、机电设备、汽车配件等时效性强、附加值高的产品为主。

【青岛空运口岸（青岛流亭国际机场）】 位于青岛市城阳区，离市中心约 23 千米。建于 1958 年 7 月，1992 年 9 月 4 日经国务院批准对外开放。飞行等级为 4E 级，拥有 3 400 米跑道一条，客机停机坪 44 万平方米，停机位 41 个；货机坪 3.20 万平方米，停机位 4 个；登机桥 14 部。机场候机楼分国内、国际两个航站楼，左右对称，总建筑面积 17.10 万平方米。飞行区总面积为 238 万平方米，其中货机坪面积为 7 万平方米。停机位 74 个，其中客机位 67 个、货机位 7 个。目前，青岛空运口岸具有进境种苗、食用水生动物、冰鲜水产品和进境水果等四种特殊商品进境口岸资质。

青岛胶东国际机场为新机场建设项目，位于青岛市所辖胶州市，飞行等级为 4F 级，一期以 2025 年为目标年，规划建设 2 条独立运行的平行远距跑道，机位总数 178 个，航站楼面积 47.8 万平方米，可满足年旅客吞吐量 5 000 万人次、货邮吞吐量 50 万吨。胶东国际机场工程于 2015 年 11 月底开工建设，目前，航站楼民航专业第一批次竣工预验收顺利通过，飞行区、货运区完成竣工验收，配套区收尾验收工作全面推进，2020 年 5 月 15 日，对新机场口岸查验基础设施进行了预验收。

【烟台空运口岸（烟台蓬莱国际机场）】 烟台空运口岸原位于莱山国际机场。1992 年 8 月，经国务院批准开放烟台航空货运口岸。1994 年 6 月，经国务院批准开放烟台航空客运口岸。1997 年 1 月，经国务院批准对外国籍飞机开放。2015 年 5 月，空运口岸迁至烟台蓬莱国际机场并正式对外启用。

烟台空运口岸为面向日韩及东北亚的前沿城市口岸，距烟台市中心约 43 千米，距威海市中心约 110 千米，距青岛市中心约 240 千米，距潍坊市中心约 250 千米，荣乌高速直达候机楼，国道 206、省道 302 线通过机场连接线与机场相通，同时，与烟大铁路轮渡、龙烟铁路、烟台港西港区和沈海、威乌高速相互依托，构成海、陆、空交通枢纽。市场覆盖烟台全市范围，兼顾威海，最大辐射范围至青岛北部、潍坊东部，与青岛流亭国际机场遥相呼应，并与济南遥墙国际机场、青岛流亭国际机场一起，成为山东省民用航空三大干线机场。

2020 年，新冠肺炎疫情发生前，烟台空运口岸共运行 13 条国际（地区）正班或包机客运航线，其中新开烟台至日本东京 1 条国际客运航线。受疫情影响，2020 年 2 月底起，保持运行烟台—首尔国际客运航线 1 条；全年运行至韩国首尔，日本东京、大阪，越南河内，俄罗斯 5 条国际货运航线，其中新开烟台至日本大阪、越南河内、俄罗斯 3 条国际货运航线。

2020 年，烟台蓬莱国际机场共起降国际航班 3 810 架次，同比下降 7.2%。出入境旅客 10.6 万人次，同比下降 88.6%。其中，出境旅客 4.9 万人次，同比下降 89.4%；入境旅客 5.6 万人次，同比下降 88.7%。出入境货物 3.3 万吨，同比增长 71.5%，其中出境货物 1.9 万吨、入境货物 1.4 万吨。出口货物中，电子元器件占比 43.1%，电商 10.1%，快件 17.5%，服装 9.9%，防疫物资 9.4%，其他日用品等普货 10%；进口货物中，电子元器件占比 13.3%，服装 43.8%，快件 9.5%，电商货物 17%，防疫物资 1.4%，加工布料 7%，其他 8%。

【威海空运口岸（威海大水泊国际机场）】 位于威海市文登区大水泊镇，距威海市区 45 千米，距文登区、荣成市均为 19 千米。威海机场现有跑道 1 条，2 600 米，停机坪 3.6 万平方米，航站楼 1.6 万平方米，飞行等级为 4D 级，是山东省内继济南、青岛、烟台后第 4 个旅客吞吐量超过 200 万的机场。威海国际机场持续推进智慧口岸建设，在省内率先完成智慧旅检信息化改造，实现国际旅客到港后“无感通关”。全面启用 A-CDM 系统、行李自助托运系统、“威航准”航班信息查询 App，航班保障电子流程协同水平和运行效率明显提高。2020 年 5 月，威海国际机场开通威海至韩国首尔“客改货”航线；9 月，开通威海至日本大阪“客改货”航线，首次实现夜间监管保障作业，填补了威海对日空运航线空白。截至 2020 年年底，威海空运口岸运行国际客货航线 3 条，分别为威海至首尔客运航线、威海至首尔货运航线、威海至大阪货运航线，每周运行 23 班。2020 年，威海空运口岸出入境旅客 76 152 人次，同比减少 88%；国际货邮运量 6 075 吨，同比增长 32.2%；出入境飞机 1 324 架次，同比减少 70.77%。

【青岛水运（海港）口岸】 位于山东半岛南岸的胶州湾内，始建于 1892 年。青岛港是太平洋西海岸重要的国际贸易口岸和海上运输枢纽，是沿黄流域及其腹地外贸物资、能源和原材料运输的重要口岸，是我国重要的大宗原材料进口港、集装箱运输干线港和山东半岛及其腹地重要的物流中心，主要从事集装箱、原油、铁矿石、煤炭、粮食等各类进出口货物的装卸、储存、中转、分拨等物流服务和国际客运服务，具有冰鲜水产品、粮食、肉类、水果、种苗、食用水生动物等6种特殊商品进境口岸资质。

青岛海港口岸由大港港区、前湾港区、黄岛油港区等组成。青岛大港港区以一般散杂货物和内贸集装箱为主，兼顾少量液体化工品和成品油运输；开通有青岛至韩国仁川的客货班轮航线；加快建设邮轮母港，建成运营可停靠世界最大的22.5万吨级邮轮专用码头。黄岛油港区以接卸外贸进口原油和成品油、液体化工品为主，是我国大陆沿海最大的油品运输、中转、储存基地。前湾港区以国际集装箱干线和铁矿石、煤炭等大宗散货中转运输为主，拥有可停靠2.4万标准箱船舶的最大集装箱码头和20万吨级矿石码头、10万吨级的煤炭码头等专业化大型码头，是青岛海港口岸目前现代化程度最高、规模最大的生产性港区，承担了青岛港50%以上的吞吐量。青岛海港口岸开放范围内建成运营泊位86个，其中大港港区29个泊位，前湾港区44个泊位，黄岛油港区13个泊位，与世界上180多个国家和地区的700多个港口有贸易往来。青岛港现有集装箱航线175条，世界前20大集装箱班轮公司都在青岛港开辟了航线，国际直达航线145条，每月来往世界各地航班达到700多班，航线和航班密度均位居中国北方港口第一。

2020年青岛水运（海港）口岸运输货种统计表

类别	港口吞吐量（万吨）	外贸运量			
		外贸运输总量（万吨）	同比（%）	进口（万吨）	出口（万吨）
合计	60 458.48	44 457.69	5.87	31 674.63	12 783.06
煤炭	2 427.19	602.90	6.49	523.37	79.53
原油	11 058.50	9 714.93	10.04	9 185.11	529.82
成品油	989.62	462.95	7.75	109.80	353.15
铁矿石	14 356.27	10 348.10	10.98	9 912.54	435.56
钢铁	550.75	159.24	6.01	76.52	82.72
水泥	67.26	56.04	10.44	56.04	0
木材	116.76	116.76	14.00	116.76	0
非金属矿	22.33	1.46	-85.98	1.05	0.41
化肥	85.55	80.75	-24.92	62.66	18.09
粮食	880.54	863.41	34.01	842.87	20.54
食盐	57.64	57.64	11.40	57.64	0
其他	29 846.07	21 993.51	1.43	10 730.27	11 263.24

（青岛市口岸办提供）

【董家口水运（海港）口岸】 董家口港区为正在开发建设的新港区，承载着青岛港转型升级，向“第四代”港口跨越的历史重任，以大宗散货、液体化工品及杂货运输为主，逐步发展港口现代物流及港口物流与临港产业的联动。港区位于青岛市黄岛区泊里镇，深水岸线及港口资源丰富，规划面积 72 平方千米，码头岸线长约 35.7 千米，共规划建设 112 个泊位，其中，琅琊台湾作业区和董家口嘴作业区规划建设 79 个泊位，全部建成后港口设计通过能力为 3.6 亿吨/年。目前，董家口港已建成泊位 26 个，设计通过能力达 1.2 亿吨/年，其中 18 个泊位取得外贸作业资质。随着港口设施的逐步完善和腹地运输需求的增长，董家口港将逐步拓展服务范围，全面发展港口综合物流、专项物流、商贸、信息、综合服务等功能，成为青岛港南翼新的大型综合性港区和大宗干散货运输基地，2020 年靠泊外贸船舶 2 300 余艘次，货物进出港量 1.4 亿吨。

【烟台水运（海港）口岸】 烟台海港口岸 1953 年 4 月对外开放；2014 年 8 月，国务院批复同意扩大开放西港区和海阳港区；2019 年 12 月，烟台港口岸通过国家验收，正式扩大对外开放。烟台海港口岸辖芝罘湾港区、西港区、海阳港区、牟平作业区等，开放岸线范围为自平畅河至养马岛东北端两点间之岸线。2020 年 9 月，山东省政府批复同意烟台海港口岸芝罘湾港区、西港区开放范围内 11 个新建码头泊位对外启用，新增年通过能力 2 000 万吨。截至 2020 年年底，共有开放泊位 89 个。

2019 年 8 月，烟台港与青岛港、日照港、渤海湾港成为山东省港口集团权属四大港口集团之一。目前烟台港形成以芝罘湾港区、西港区、龙口港区、蓬莱港区、莱州港区等港区为主体，以渤海湾南岸物流通道为支撑，以几内亚博凯港、金波港为海外支点的现代化港口集群。现有各类泊位 113 个，其中万吨级以上深水泊位 74 个，码头岸线总长 24 063 米，铁路专用线 36 千米，库场总面积 826.6 万平方米，总资产 435.5 亿元。

2020 年，烟台港完成吞吐量 3.37 亿吨，完成集装箱 330 万标箱。连续多年保持全国铝矾土进口第一港、化肥进出口第一港地位。能源一体化运营体系、中国—几内亚铝矾土全程物流体系、环渤海集装箱中转巴士、巴西淡水河谷矿石混配体系、商品车出口基地、FOB 烟台化肥出口价格体系等体系驰名中外。

烟台保税港区于 2009 年 9 月 7 日由国务院批复设立，是全国首家由出口加工区和临近港口整合升级而成的保税港区，是烟台扩大对外开放、发展港口经济的重要政策功能平台。2020 年 4 月 27 日，国务院批复同意烟台保税港区整合优化为烟台综合保税区。烟台综合保税区东有烟台港、西有国家级经济技术开发区和自贸试验区，资源要素集聚，产业配套齐全，具有区港一体、产城融合、交通便利的明显优势，是服务外向型经济的重要功能区。2020 年 10 月，海关总署批复同意在烟台综合保税区设立综合性指定监管场地（进境肉类、冰鲜水产品和食用水生动物）。

2020 年，烟台海港口岸共出入境船舶 5 163 艘次，同比增长 51.54%，其中出境 2 938 艘次，入境 2 225 艘次。出入境旅客 1.3 万人次，同比下降 95.31%，其中出境 0.65 万人次、入境 0.68 万人次。进出口货物 9 285.47 万吨，同比增长 0.09%，其中出口货物 1 299.19 万吨、进口货物 7 986.28 万吨。进出口集装箱 48.23 万标箱，同比下降 6.35%。主要进出口货种有铝矾土、油品、矿石、化肥、煤炭等。

【威海水运（海港）口岸】 位于山东半岛东端，北临黄海，东与朝鲜半岛、日本列岛隔海相望，水路距大连港 93 海里、青岛港 200 海里、韩国仁川港 136 海里。港深域阔、不淤不冻，受风浪大雾影响少，全年作业天数可达 330 天，自然条件优越。威海港口岸码头功能齐全，集疏运体系完善，主要从事集装箱、煤炭、矿石、钢材、油品、粮食等进出口货物的装卸、仓储、中转、分拨等物流服务和国际客运服务，有冰鲜水产品、肉类、食用水生动物等特殊商品指定监管场地。截至 2020 年年底，威海海港口岸共有老港港区、新港、威洋石油、张家埠、三进船业、山东新船重工、乳山口港区 7 个开放港区，对外启用泊位 40 个，其中万吨级以上泊位 27 个；开通国际班轮航线 10 条，其中客货班轮航线 2 条，分别为威海至韩国仁川、平泽航线；集装箱航线

8条，分别为威海至韩国仁川、平泽、釜山（2条）航线，威海至日本关东、关西、九州（2条）航线，每周运行16班，与80多个国家和地区的港口建立了贸易往来，基本形成了直达东北亚区域、辐射世界各地的航运体系。2020年，威海海港口岸货物吞吐量2 597.7万吨，同比增长4%；外贸货运量976.9万吨，同比减少6%；出入境旅客16 208人次（受新冠肺炎疫情影响，1月23日起暂停国际客运业务），同比下降95%；完成集装箱100.3万标箱，同比增长23%。

【龙口水运（海港）口岸】 龙口海港口岸1984年12月经国务院批准对外开放，辖龙口港、龙口胜利码头、龙口渔港码头和龙口南山屺母岛港发展有限公司码头。2020年9月，山东省政府批复同意龙口南山屺母岛港发展有限公司码头5#、6#泊位对外启用，新增年通过能力1 150万吨。截至2020年年底，共有开放泊位51个。

龙口港集团有限公司占地面积6.5平方千米，码头岸线15 000余米，开放泊位30个，其中15万吨级1个，10万吨级7个，5万吨级4个，1万吨级7个，核定通过能力6 000万吨以上，主航道等级10万吨，水深16米，底宽300米。港区库场面积330万平方米，液化品仓储能力206万立方米，粮食罐存储能力26万吨。龙口胜利码头6个开放泊位，主要业务为1#、2#船舶维修泊位。龙口渔港码头12个开放泊位（监管条件尚未达到要求，暂无外贸业务）。龙口南山屺母岛港发展有限公司3个开放泊位，主要经营大宗散货。

龙口港始建于1914年，地处渤海南岸、胶东半岛西北部，与辽东半岛隔海相望，是距离黄河三角洲最近的15万吨级以上船舶出海口，烟台市和烟台港集团规划建设的三大核心港区和两个亿吨港区之一，首批对台开放直航港口、国内首家拥有原油仓储资质的港口企业、国家规划建设的北煤外运装船港。

龙口海港口岸地处环渤海经济圈的中心区域，港湾自然条件良好。北有东西长8千米的连岛天然沙坝为屏障，南有金沙滩环抱，不冻不淤，全年作业天数在300天以上，史有“稳油盆”之称。屺母岛端部自然水深16米以上，最大水深22米，后方陆域土地广阔，具备优越深水泊位的建设条件。港口直接经济腹地包括龙口市及周边市县区、黄河三角洲地区，自然资源丰富，工农业发达，外向型经济活跃，加工制造业发展势头强劲，是我国经济发展较快的区域之一。龙口海港口岸交通条件十分便捷，从此启航可直达全国各港口及世界各地。以大莱龙、益阳、胶济、寿平铁路为骨架，以威乌、济青、东青、滨博、龙青等高速公路为脉络，以青州“无水港”为货源集散中心，以寿光、大家洼、羊口等站点为节点，以环渤海港口至龙口港的转水航线为呼应的集疏运网络将龙口港与腹地客户紧密相连。德龙烟、黄大铁路贯通后，龙口港的发展空间将更加广阔，不仅可承担“三西”煤炭下海出口分流的任务，同时港口的货源腹地还将向甘、宁、陕、晋、冀等地区延伸，构成一条连接西北、横贯山东境内的沿海铁路大通道。

龙口海港口岸拥有70多条国内外航线，与世界50多个国家和地区的港口有贸易往来。龙口港现有集装箱航线8条，其中环渤海航线3条，可接载丹东、大连、营口、锦州、盘锦等港货源。龙口海港口岸已经成为山东半岛至渤海湾港口之间航线最密集、服务最完善的口岸。具体航线情况见下表。

龙口港航线一览表

航线名称	挂港顺序
环渤海大连支线	龙口—大连内外贸同船 外贸：通过大连中转世界各地 内贸： 大连集发箱—接大连及大连中转丹东、营口、锦州、秦皇岛、曹妃甸辐射东北区域 中谷箱—大连中转江浙、长江内河、福建、广东及广西各港 中远海箱大连中转江浙、福建、广东及广西各港
中创青岛支线	龙口—烟台—青岛内外贸同船 外贸：在青岛中转世界各地 内贸： 安通箱通过青岛中转福建、广东、广西、海南各港 中远海箱通过烟台中转福建、广东、广西各港 中谷箱通过青岛中转福建、广东、广西、海南各港
合德京唐线	龙口—京唐港内贸中转锦州、盘锦两港辐射东北区域以及江浙、福建、广东各港口
港通锦州线	宁波—葫芦岛—龙口—宁波，可中转福建各港
安通青岛支线	龙口—青岛内贸中转福建、广东、广西、海南各港口
中谷青岛支线	龙口—青岛内贸中转福建、广东、广西、海南各港口
信风营口线	龙口—潍坊—锦州—营口循环
龙口寿光支线	龙口—寿光

（龙口市口岸办提供）

2020 年龙口港口岸实现吞吐量 9 808.30 万吨，同比增长 9.05%。其中，外贸吞吐量 4 476.00 万吨，同比增长 3.58%；集装箱实现 80 万余标箱，同比增长 2.60%；出入境船员 29 776 人次，同比增长 0.71%；出入境船舶 1 595 艘次，同比下降 0.19%。

龙口港主要货物吞吐量

货种名称	吞吐量情况（万吨/标箱）
铝矾土	3 278.90
液体化工	1 446.50
煤炭	1 926.60
粮食	333.60
铁矿	78.90
木材（木片）	352.60
化肥	122.60
其他	2 268.60
集装箱	800 127

（龙口市口岸办提供）

【日照水运（海港）口岸】 改革开放后，国家批准日照设立了石臼港和岚山港两个对外开放口岸。其中，石臼港口岸于1986年5月对外开放，岚山港口岸于1989年9月对外开放。2016年12月，国务院批复同意将石臼港和岚山港口岸合并为日照港口岸，并扩大开放石臼南作业区和岚山北作业区，共25个泊位、1.54万米岸线。日照港口岸位于山东半岛东南侧，是国家重要的能源和原材料运输口岸、煤炭装船港和沿海集装箱运输支线港，主要从事铁矿石、煤炭、原油、粮食、集装箱等各类进出口货物的装卸、储存、中转、分拨等物流服务，是国家重点发展的沿海主要港口，新亚欧大陆桥东方桥头堡。截至2020年年底，日照港口岸共有生产性泊位84个，总设计年通过能力2.94亿吨，其中开放泊位64个，已与世界100多个国家和地区通航。

石臼港口岸位于我国海岸线中部，东临黄海，北与青岛港、南与连云港港比邻，隔海与日本、韩国相望。1982年正式开工建设，1986年实现对外开放，是我国重点发展的沿海20个主枢纽港之一。包括东港区、北港区、西港区，至2020年年底已开放煤炭、通用、矿石、散杂、油品、木片、集装箱等泊位38个。

岚山港口岸位于黄海海州湾北岸，是1977年作为山东省“七五”重点建设项目而兴建的地方港口，1989年实现对外开放。包括南作业区、中作业区、北作业区，至2019年年底已开放油品、液化、通用、散杂等泊位26个。

2020年全市港口货物吞吐量完成4.96亿吨，同比增长7.0%，其中外贸货物吞吐量3.03亿吨，同比增长2.76%。集装箱吞吐量完成486.10万标箱，同比增长8%，内贸集装箱吞吐量升至全国第五。金属矿石、原油及制品、煤炭、木材、粮食等8个货种吞吐量超过千万吨，其中5个货种居全国首位。其中，进口原油5 192.55万吨，同比增长11.45%，约占全国原油进口总量的十分之一。进出境旅客18.15万人次，同比下降57.7%。全市完成货物进出口总值1 023.86亿元，比上年回落2.8%。其中，货物出口343.46亿元，同比下降15.5%；进口680.40亿元，同比增长5.1%。一般贸易出口253.37亿元，机电产品出口91.08亿元，高新技术产品出口6.22亿元。民营企业进出口662.22亿元，同比下降0.5%。

【石岛水运（海港）口岸】 位于威海市南部石岛湾畔，港区水域宽阔，受风浪大雾影响少。主要从事货物装卸储运、旅客运输服务、港机设备租赁、港口拖轮经营、船舶港口服务等业务，外贸货物以散杂货为主。截至2020年年底，石岛海港口岸共有石岛港、蜊江港、朱口港、好当家港、俚岛港5个开放港区，对外启用泊位66个，万吨级以上泊位26个；开通了石岛至韩国仁川、群山2条国际客货班轮航线，石岛至日本关东、关西、东京3条国际集装箱航线，每周运行9班。2020年，石岛海港口岸货物吞吐量364万吨，同比下降46%；外贸货运量219万吨，同比下降28%；出入境旅客38 075人次（受新冠肺炎疫情影响，1月23日起暂停国际客运业务），同比下降93%；完成集装箱18万标箱，同比增长2%。

【东营水运（海港）口岸】 东营港位于山东省东营市北部，是环渤海地区以石油化工货物运输为主，兼顾散杂货、客货滚装、集装箱运输的区域特色港。1995年12月，国务院批准东营港为开放口岸。1997年12月，正式对外开放。目前，东营港有已建成泊位56个，其中26个泊位实现了对外开放。

2020年，针对新冠肺炎疫情，东营港口岸出台了《口岸疫情防控工作规范》和《口岸疫情防控应急方案》，做好口岸疫情防控工作。东营港口岸出入境船舶809艘次，出入境人员14 603人次，发现并处置发热船员9人，其他有症状人员4人，突发事故船员3人，下船166人，采样送检656人次、1 030份。

2020年，东营水运口岸推行两步申报、“预审价、预归类”等改革举措，为企业提供了口岸全程“一站式”服务模式。积极推动海事、港航并联处理船舶载运危险货物进出港口申报和装卸作业报告，推进电子监管许可，协调实现了“单一窗口”网上全程办理，缩短了船舶作业等待时间。深入实施联合登临和关检查验改革。探索“船货一体化”监管模式，整合完善船舶登临检查、卫生检疫、实货查检和检验鉴定执法作业，实现了口岸船货现场查检一次完成。2020 年，东营港进出口货运量 586 万吨，比 2019 年增长 9.1%。

【蓬莱水运（海港）口岸】 蓬莱海港口岸包括蓬莱东港区和栾家口港区两部分，分别于 1996 年 7 月《关于同意山东蓬莱港对外国籍船舶开放的批复》（国函〔1996〕59 号）、2003 年 6 月《关于同意山东蓬莱港口岸栾家口港区对外开放的批复》（国函〔2003〕63 号）批准对外正式开放。2020 年 9 月，山东省政府批复同意蓬莱大金海洋重工有限公司 1#、2#泊位对外启用。截至 2020 年年底，共有开放泊位 27 个。

截至 2020 年年底，蓬莱海港口岸进出口货运量 392 万吨，同比增长 48%；出入境人员（船员）8 990 人次，同比增长 19.57%；出入境船舶 453 艘次，同比增长 10.48%。提供查验办公用房 8 000 平方米，用于货物监管、船舶办检、证件办理等。拥有监管区出入卡口通道 9 条，封闭式查验场房 1 400 平方米，平台式查验场地 1 200 平方米，扣留货物仓库 2 400 平方米，执勤岗亭 18 平方米，视频监控室 100 平方米，视频监控探头 280 个，熏蒸处理库 60 平方米。

蓬莱海港口岸建立口岸开放事宜联络机制，年内码头调研指导 36 余次。查验单位实行 24 小时值班、“24+30+30+0”服务机制，实行“互联网+”手续办理、“单一窗口”网上申报手续。指导港口企业强化口岸核心能力建设，提高综合管理水平。推动海关、海事、边检落实季度口岸联席会议制度，形成口岸工作合力。推进海事、交通、港航“并联”和海事、边检联合登临检查船舶手续，提高船舶作业效率。“单一窗口”服务规范化运行，口岸通关畅通便捷。年内口岸查验单位为大金重工码头泊位开放提供政策咨询和配套服务指导，推动大金重工 2 个泊位正式对外开放。

蓬莱东港全称为烟台港集团蓬莱港有限公司，位于山东半岛最北端，黄渤海交界处，终年不冻不淤、浪小涌缓，拥有天然的深水航道，是中国少有的天然良港，是烟台港四大港区之一。1992 年 3 月开工建设，1995 年 12 月 28 日竣工投入使用，1996 年 7 月被国家批准为开放港口，1997 年 12 月 28 日批准正式对外开放。港池航道水深为 11.8 米，能满足 5 万吨以下船舶进出港。港口拥有码头岸线 1 445 米，库场面积 55 万平方米，港口机械设备 20 余台（辆），年设计吞吐能力 410 万吨。港口主要业务以客滚运输和散杂货运输为主。散杂货运输主要以煤炭、木材、水泥为主要货源，港口煤炭运输和木材运输市场已逐步形成特色装卸业务。港口主要业务范围：港口货物装卸、驳运、仓储经营，客货滚装运输代理，内外理货及外轮代理，港口机械、设施、设备租赁、维修经营，拖轮经营，引航，港口服务业务经营，集装箱场站等。

栾家口港全称为山东蔚阳栾家口港务股份有限公司，1998 年 5 月经山东省政府批准，由五家法人企业共同发起设立的股份制企业，是山东省首家发起式股份制企业。前身是山东蔚阳栾家口货主专用码头，始建于 1994 年。主要从事港口装卸、仓储、船舶代理、维修等，并取得“水路运输服务许可证”“危险货物作业许可证”。2000 年 12 月山东省人民政府批准同意栾家口港口岸水域对外开放，2001 年 3 月交通部批准实行对外开放，2003 年 2 月 28 日批准正式对外开放。

【莱州水运（海港）口岸】 莱州海港口岸 1991 年启动建设，1996 年 12 月经国务院批准为对外开放口岸。截至 2020 年年底，共有开放泊位 12 个。2020 年，莱州港口岸进出口货运量 1 245 万吨，出入境船舶 450 艘次，同比基本持平。主要进出口货种包括原油、成品油、液体化工品、铝矾土、原盐等。

莱州海港口岸位于山东省烟台市莱州市三山岛街道，处于山东半岛、鲁东与鲁中、黄河三角洲结合部和陆路交通中段位置，依托由荣乌高速、G206 和德龙烟铁路大莱龙段、莱昌输油管道构成陆向集疏运体系，成为鲁中、“黄区”、鲁西北地区大宗物资进出口综合物流效率最高、成本最低的10万~15万吨级深水出海通道。主要是为山东省潍坊市、淄博市、东营市、滨州市、济南市、聊城市、德州市及莱州市相关工业企业服务，也因此受到国务院和交通运输部、山东省政府的高度重视。在“黄区”战略中，莱州与东营、滨州、潍坊等三个地级市对等规划，构成“四点（港口）、四（临港经济）区”格局。

海关、海事、边检等口岸管理机构，在口岸区域均设有驻港办事机构，莱州海关、海事、边检3家口岸联检部门进驻新落成的莱州口岸服务大厅，集中办理进出口货物通关、船舶通关、海事申报、船员出入境等业务，建设有油化矿实验室等检验设施，实现全高清视频监控和业务系统互通互联，通关条件较为完善、便捷。

【龙眼水运（海港）口岸】 距国际主航道仅5海里，至韩国平泽港的往返行程比其他航线至少可节省6个小时，是中韩两国客货航线中航程最短、最具优势的港口。龙眼港现有货场10万平方米、港口仓库3万平方米、保税仓库3万平方米以及4万吨油库1个，主要从事工业用煤、水产品、非金属矿、成品油、钢材、粮食等进出口货物物流服务和国际客运服务。截至2020年年底，龙眼海港口岸对外启用泊位11个，其中5万吨级泊位3个、集装箱专用泊位2个；开通了龙眼至韩国平泽的客货班轮航线，每周3班。2020年，龙眼海港口岸货物吞吐量64.2万吨，同比下降55%；外贸货运量43.8万吨，同比下降57%；出入境旅客15 362人次（受新冠肺炎疫情影响，1月23日起暂停国际客运业务），同比下降79%；完成集装箱4万标箱，同比增长17%。

【潍坊水运（海港）口岸】 潍坊海港口岸始建于1996年，位于渤海莱州湾南岸潍坊滨海经济开发区，地处环渤海经济圈黄金地带和东北亚区域经济合作的前沿，是鲁中、鲁北、鲁西物资出海陆路运距最短、最便捷的港口，2009年7月28日正式对外开放。

潍坊港规划总体布局为东中西三个港区，中港区为潍坊港的主港区，依托国家级的滨海经济开发区，是以散杂货运输为主、临港工业所需原材料及产成品运输为辅的综合性港区。西港区依托省级寿光羊口经济开发区，主要为后方农业产业园及现代制造业园服务，积极开展海河联运。东港区依托省级的昌邑下营经济开发区，主要为后方滨海开发区发展建设服务。初步构成了潍坊港“一主两辅、功能互补、多点并进、统筹发展”的框架。

潍坊港同德国、加拿大、澳大利亚、韩国、日本、俄罗斯、朝鲜、我国台湾等国家和地区的20多个港口有贸易往来。2020年，潍坊海港口岸外贸吞吐量达576.64万吨，同比增长54.29%。货种主要包括煤炭、铝土、燃料油、铁矿粉、原盐、陶土、矿石等30多个品种，货源涵盖化工、能源、粮食、造纸、建筑、机械加工等多个行业领域，是山东省地区性重要港口。

潍坊港（中港区）依托巨大的工业、农业、物流腹地，超前建设了各类查验设施，并留足了扩大开放的空间，潍坊海港口岸走上了健康发展的快车道。

【滨州水运（海港）口岸】 2017年12月22日，国务院《关于同意山东滨州港对外开放的批复》（国函〔2017〕250号）批复同意滨州港对外开放。2020年10月22日，滨州港口岸顺利通过国家验收，正式实现对外开放运营。开放水域范围为：北纬38°11′53″，东经117°59′40″；北纬38°23′27″，东经118°10′42″；北纬38°30′27″，东经118°35′29″；北纬38°24′30″，东经118°39′46″；北纬38°16′10″，东经118°15′47″；北纬38°07′09″，东经118°15′01″六点连线内。开放岸线范围为：北纬38°11′53″，东经117°59′40″和北纬38°07′09″，东经118°15′01″两点间所对应的岸线。开放泊位共计4个，包括：滨州港海港港区3万吨级散杂货码头（1#），滨州港海港港区3万吨级散杂货码头（2#），滨州港海港港区3万吨级化工码头（2#），滨州港海港港区3万吨级化工码头（3#）。

青岛市

【口岸数量及分布】 截至2020年年底，青岛市共有经国务院批准的对外开放口岸3个，其中，空运口岸1个（青岛流亭国际机场）；水运（海港）口岸2个，分别是青岛、董家口海港口岸。

【口岸运行及数据】 2020年，青岛港货物吞吐量6.05亿吨，同比增长4.71%。青岛海港口岸外贸进出口货运量4.45亿吨，同比增长5.87%。其中，进口货运量3.17亿吨，同比增长6.65%；出口货运量1.28亿吨，同比增长3.98%。外贸运量与港口吞吐量占比73.55%。集装箱吞吐量2 200.81万标箱，同比增长4.73%。其中，外贸集装箱1 565.75万标箱，同比增长4.38%。

受新冠肺炎疫情影响，2020年，青岛空运口岸完成航班起降12.62万架次，同比下降32.04%。旅客吞吐量1 456.16万人次，同比下降43.02%。货邮吞吐量20.68万吨，同比下降19.32%。其中，国内货量14.53万吨，同比下降13.15%；国际货量6.15万吨，同比下降30.92%。入出境飞机起降7 596架次；入出境人员55.46万人次，其中入境29.38万人次、出境26.07万人次。国际及地区旅客吞吐量49.33万人次，同比下降88.22%。

【扩大口岸开放】 青岛港全自动化集装箱码头一期于2017年5月11日起正式运营，全自动化集装箱码头二期于2019年11月28日投产运营，推出了山东港口自主研发、集成创新的氢动力自动化轨道吊、5G+自动化技术等6项全球首创科技成果，领军当今世界最先进的全自动化码头科技水平。2020年6月，国家批准董家口海港口岸正式对外开放启用；7月8日，前湾港区自动化码头107#和108#泊位通过预验收；11月10日，黄岛港区海业油品码头1#泊位顺利通过完成验收，即正式对外启用。

2020年，空港通航航线171条，其中国内161条、国际及地区10条；通航城市103座，其中国内93座、国际及地区10座；航空公司33家，其中国内24家、国际及地区9家。

【推进口岸“大通关”建设】 2020年7月~9月，组织优化口岸营商环境大干60天攻坚行动，对标国际先进水平，不断找到差距，开展“查收费、查时限、查流程”优化口岸营商环境专项整治行动，截至12月，青岛海关进、出口整体通关时间进一步下降为38.49小时和2.48小时，较2017年年底分别压缩60.15%和88.47%。拓展国际贸易“单一窗口”功能，率先在全国实现进口集装箱分拨提货单电子化流转，实现小微出口企业在线投保短期出口信用保险100%全覆盖。精心组建应考团队和支援团队，精心准备迎评资料和统计数据，圆满完成国家营商环境测评跨境贸易指标集中填报。

积极协调海关、中铁联集中心站在“中国—上合组织地方经贸合作示范区”开展国际班列内外贸混编、混装运输、国际中转等业务，打造面向“一带一路”沿线国家和地区的国际贸易物流综合枢纽。2020年，中铁集装箱青岛中心站（多式联运中心）集装箱作业量完成76.5万标箱，同比增长11%，其中国际班列到发完成3.91万标箱，同比增长1.0%。

2020年8月，青岛市人民政府办公室与银川市口岸办签署口岸合作协议，加强区域合作，合力构筑黄河流域互联互通国际大通道。

【重大活动保障】 积极协调做好口岸疫情防控工作。

2020 年山东省口岸大事记

2月26日

时任山东省委副书记、省长龚正在总站上报的《关于山东口岸韩日新冠病毒倒灌输入风险的分析报告》上批示：请爱荣同志统筹推进口岸联防联控措施落实。关于工作建议，请指挥部酌提意见。副省长任爱荣批示：请省口岸办密切关注各口岸运行及疫情防控动态，推动联防联控措施落实，重要情况第一时间上报。

3月2日

时任山东省委副书记、省长龚正视察山东出入境边检总站济南出入境边检站执勤现场，听取总站防范境外疫情输入工作情况汇报。

3月7日

山东省副省长任爱荣到山东出入境边检总站济南出入境边检站执勤现场检查指导疫情防控工作。

3月18日

山东省委常委、常务副省长王书坚到山东出入境边检总站威海机场边检站执勤现场检查指导防范境外疫情输入工作。

3月24日

时任山东省委副书记、省长龚正视察山东出入境边检总站济南出入境边检站执勤现场。

3月31日

山东省委书记刘家义到济南遥墙国际机场调研指导防控境外疫情输入工作。省委常委、常务副省长王书坚，副省长任爱荣等领导参加调研。

4月1日

山东省委常委、常务副省长王书坚到济南遥墙机场入境执勤现场检查指导专项包机（英国）勤务全流程实战演练。

4月18日

山东省委副书记、代理省长李干杰到济南遥墙机场调研指导防范境外疫情输入工作。

6月23日

交通运输部发布公告，青岛董家口港口岸对国际航行船舶开放。

7月

黄岛港区海业油品码头1#泊位顺利通过省政府验收，正式对外启用。

7月31日

潍坊水运（海港）口岸承接的“海关查验通知信息推送国家试点项目”顺利通过山东省政府办公厅（山东省口岸办）、济南海关和山东电子口岸公司组织的联合验收。

9月16日

潍坊市进境活体肉牛第3、第4隔离检疫场通过海关总署的验收。

11月1日

山东省委常委、青岛市委书记王清宪到山东出入境边检总站青岛机场出入境边检站执勤现场检查指导境外疫情防输入工作。

11月2日

潍坊市进境粮食指定监管场地通过海关总署的验收。

11月9日

交通运输部发布公告，滨州港口岸对国际航行船舶开放。

11月

前湾港区自动化码头107#、108#泊位通过省政府验收，正式对外启用。

12月15日

威海港口岸乳山口港区顺利通过山东省政府验收。

12月22日

海关总署批准威海港口岸扩大开放至乳山口港区通过国家验收，2个2万吨级泊位正式对外启用。

12月29日

山东港口潍坊港18~21号四个新建泊位顺利通过山东省口岸办、济南海关、山东出入境边检总站、山东海事局、山东省交通厅组成的省验收组验收。

12月30日

山东省政府批复山东港口潍坊港18~21号四个新建泊位对外开放。

济南国际机场航站楼北指廊竣工仪式举行，这标志着济南机场T1航站楼工程全部完成。

（撰稿人：王增磊、张继明、赵倩、李乐、陈旭明、王宏、刘炳骥、杜宏亮、杨冻、王树平、焦宗轩）

2020 年山东省口岸出入境主要数据表

项　目			2020 年	2019 年	同比（%）
出入境人员（人次）	出入境人员总数		1 621 828	9 995 372	-83. 77
	入境人员		848 693	4 998 698	-83. 02
	出境人员		773 135	4 996 674	-84. 53
	出入境旅客		900 694	8 787 027	-89. 75
	出入境员工		721 134	1 208 345	-40. 32
	中国公民	小计	1 076 127	7 492 037	-85. 64
		内地居民（因公）	319 822	594 794	-46. 23
		内地居民（因私）	732 919	6 564 027	-88. 83
		港澳居民	5 853	101 242	-94. 22
		台湾同胞	17 533	231 974	-92. 44
	外籍人员		545 701	2 503 335	-78. 20
	从海港出入境人数		695 597	2 337 294	-70. 24
	从陆港出入境人数				
	从空港出入境人数		926 231	7 658 078	-87. 91
交通运输工具（辆、艘、架、列次）	总计		44 104	81 432	-45. 84
	船舶		29 564	30 084	-1. 73
	飞机		14 540	51 348	-71. 68
	火车				
	机动车辆				

（山东出入境边检总站提供）

2020 年青岛海关主要数据统计表

项目		2020 年	2019 年	同比（%）
进出口货运量（万吨）	合计	57 952.8	56 363.8	2.82
	进口	49 382.1	47 129.0	4.78
	出口	8 570.6	9 234.8	-7.19
进出口贸易总值（万美元）	合计	30 318 501.1	32 195 294.2	-5.83
	进口	14 821 451.6	16 476 382.8	-10.04
	其中：江、海运输	13 873 215.2	15 645 512.8	-11.33
	铁路运输	6 915.1	4 357.3	58.70
	汽车运输	77 129.6	56 540.4	36.42
	航空运输	857 271.9	758 533.2	13.02
	邮件运输	1 518.6	4 615.5	-67.10
	其他运输	5 401.3	6 822.8	-20.84
	出口	15 497 049.5	15 718 911.5	-1.41
	其中：江、海运输	14 451 860.0	14 838 304.0	-2.60
	铁路运输	70 576.8	50 410.2	40.00
	汽车运输	48 705.1	27 597.7	76.48
	航空运输	638 052.2	560 058.8	13.93
	邮件运输	9 535.7	8 082.1	17.99
	其他运输	278 319.7	234 458.7	18.71
税收（万元）	两税合计	1 135.4	1 451.8	-21.79
	关税入库	123.4	135.4	-8.85
	进口环节税入库	1 012.0	1 316.4	-23.12

（青岛海关提供）

2020 年济南海关主要数据统计表

项　目		2020 年	2019 年	同比（%）
进出口货运量（万吨）	合计	16 373.6	14 934.4	9.64
	进口	14 823.5	13 647.7	8.62
	出口	1 550.1	1 286.7	20.47
进出口贸易总值（万美元）	合计	5 721 764.8	5 594 811.8	2.27
	进口	2 945 353.2	3 236 258.3	-8.99
	其中：江、海运输	2 578 926.5	3 061 172.0	-15.75
	铁路运输	14 159.4	11 467.5	23.47
	汽车运输	95 857.3	7 017.1	1266.05
	航空运输	250 114.1	149 760.4	67.01
	邮件运输	898.9	3 931.6	-77.14
	其他运输	5 397.0	2 909.7	85.48
	出口	2 776 411.6	2 358 553.5	17.72
	其中：江、海运输	2 373 408.8	2 046 484.4	15.97
	铁路运输	109 973.8	107 930.1	1.89
	汽车运输	43 793.3	21 452.5	104.14
	航空运输	247 193.8	179 107.3	38.01
	邮件运输	2 041.9	3 549.8	-42.48
	其他运输	0.0	29.4	-100.00
税收（万元）	两税合计	3 460 412.9	3 453 993.2	0.19
	关税入库	183 608.5	141 569.6	29.69
	进口环节税入库	3 276 804.4	3 312 423.6	-1.08

（济南海关提供）

2020 年山东海事局进出港船舶统计汇总表

船舶类别	进港船舶							出港船舶						
	艘数（艘）	总吨（吨位）	总载重量（吨）	载客量（客位）	船员人数（人次）	货物到达量（吨）	旅客到达量（人）	艘数（艘）	总吨（吨位）	总载重量（吨）	载客量（客位）	船员人数（人次）	货物发送量（吨）	旅客发送量（人）
总　计	334 775	1 635 380 495	2 104 598 915	21 396 460	3 365 028	980 875 108. 8	6 304 679	335 612	1 649 539 700	2 132 781 955	21 415 525	3 366 317	441 802 373. 8	6 314 158
中国籍船舶	314 322	695 820 550	718 939 695	20 182 987	2 943 118	269 241 403. 7	6 279 611	315 094	704 554 159	737 887 605	20 202 736	2 942 859	324 557 958	6 294 470
其中外贸船	903	15 788 159	25 035 210	24	17 645	17 404 184. 59	5	718	9 998 357	15 029 892	0	14 403	2 376 198. 99	0

（山东海事局提供）

河　南　省

河南省口岸分布示意图

序号	类型	口岸名称	批准开放时间	开放状态
1	空运口岸(2个)	郑州空运口岸	1988.12	国际常年
2		洛阳空运口岸	1992.8	限中国籍
3	铁路口岸	郑州铁路口岸	1997.11	国际常年

口岸数量及分布

截至2020年年底，河南省共有经国务院批准的对外开放口岸3个。其中，空运口岸2个，分别是郑州空运口岸（郑州新郑国际机场）、洛阳空运口岸（洛阳北郊机场）；陆路（铁路）口岸1个，即郑州铁路口岸（郑州铁路东站）。

口岸运行数据

2020年，河南省外贸进出口总值6 654.8亿元，首次突破6 500亿元大关，较2019年增长16.4%，高于全国整体增速14.5个百分点，进出口增速位居全国第3位。

2020年，郑州空运口岸完成国际地区货邮吞吐量45.13万吨，同比增加47.91%；出入境旅客21.02万人次，同比下降88.54%。开通的国际地区航线总数达58条（其中客运航线29条、货运航线29条），通达首尔、曼谷、温哥华、东京、芝加哥等境外城市，基本形成横跨欧亚美三大经济区、覆盖全球主要经济体的枢纽航线网络。洛阳空运口岸常态化运行洛阳至大阪、呼和浩特经洛阳到泰国曼谷两条国际客运航线，受新冠肺炎疫情影响，2020年，洛阳空运口岸共完成出入境人员0.47万人次。

2020年，郑州铁路口岸完成进出口货运量83.39万吨，同比增长46.3%。其中，出口42.64万吨，同比增长4%；进口40.75万吨，同比增长154.69%。完成集装箱运量9.94万标箱，同比增长141.26%。

口岸综合管理

【口岸疫情防控和通关保障有力有效】 全力做好口岸“外防输入”工作，在客运管控情况下，货运通道稳定畅通，口岸业务实现快速恢复。建立协调联动机制，推动中欧班列货源保障和稳定开行。郑州航空口岸重点保障3.4万吨、近120亿元的防疫、生产、民生等重要物资快速通关。支持郑州航空港实验区出台企业（项目）“复产复工”十条政策，指导河南国际贸易“单一窗口”大幅提高通关业务网上办理、联网核查应用比例，确保通关服务“零延时”“零接触”。

【加强口岸建设统筹谋划】 研究形成河南“十四五”口岸高质量发展研究报告，谋划发展思路和重点任务。梳理形成“十四五”口岸开放重点事项及项目，由河南省政府报国家口岸管理办公室，争取列入国家“十四五”规划。邀请相关专家进行规划及业务专题培训，召开市地和相关单位座谈研讨会，研究谋划河南省口岸中长期发展规划。

【提升郑州空运口岸服务支撑能力】 落实7×24小时通关服务保障，全天候保障国际（地区）航班、进出口产品及跨境电子商务货物随到随检、快速通关。支持全货航引进及客改货，新增国际和地区货运航线12条，实现41条航线直通、46个城市直达，枢纽航线网络覆盖全球主要经济体。全面推行“提前申报”“两步申报”“两段准入”“先放行后缴税”等便捷通关模式，开通农副产品和鲜活产品快速通关“绿色通道”，简化通关手续和单证。健全口岸收费目录清单制度，报关、货运代理、物流等企业收费主体均按照要求进行公示，清单以外费用一律不得收取。

【加快郑州铁路口岸建设发展】 合力争取中欧班列（郑州）集结中心示范工程并成功获批，研究制定以中欧班列郑州集结中心建设为引擎推动陆上、海上丝绸之路高质量发展实施意见，推进郑州铁路口岸线束场站、海关监管作业区改造提升，打造高能级国际铁路货运枢纽。洛阳东方红国际陆港加快规划建设，加密开行至宁波等港口班列，周口港开通至连云港、盐城大丰港、上海港等3条新航线。

口岸监管与服务

【河南出入境边检总站严格落实疫情防控措施】 严密口岸闭环管理，建立完善两级领导带班、医疗排查先行、无接触式验放制度，完成临时航班、北京分流航班、战略投送军机、定期航班等重点勤务，2020 年共检查出入境航班 10 504 架次、人员 275 184 人次。发挥移民管理“大数据”优势运行筛查预警、省际共享、风险研判“三项机制”，持续打造全天候、不间断的数据流、信息流。强化基础信息申报采集，全量推送涉疫人员信息 154.42 万人次。严格落实“三不准”要求，持续不断为一线补充防疫物资装具，防护措施不断优化升级。

【河南出入境边检总站全面提升保障水平】 保障客运航线逐步恢复，科学应对疫情影响冲击，严密勤务组织、合理配置警力、优化口岸环境，探索形成科学高效、灵活机动的边检保障模式。支持保障郑州航空口岸国际地区航线航班逐步恢复态势。应对国际全货机航线新增、多家航空公司开设“客改货”业务态势，共检查国际地区货运航班 8 822 架次、机组人员 40 571 人次，同比增长 120.22%和 224.13%。设立全天候边检联络员、“复工复产”咨询岗，确保防疫物资通关实行“零延迟”“零等待”，保证国际物流运输大通道安全畅通。

【河南出入境边检总站致力推动空港口岸建设】 为提高移民管理服务，研提编制河南口岸发展“十四五”规划、申报郑州航空口岸 144 小时过境免签。贯彻“加快推进科技强警战略落实落地”指示要求，坚持一线需求导向，为执勤一线购置 14 类 310 余件执法执勤装备，口岸执勤现场引进生命探测仪等先进装备，部署应用“多语种翻译系统”“无线双工对讲系统”。开展“温暖国门迎您回家”活动，开通中国公民返乡回国“专用通道”，在入境现场推介“防疫健康信息码”，加强对非必要事由出国内地居民劝导，发放各类宣传资料 5 000 余册，解答业务咨询 80 余次。

【郑州海关严密高效推进口岸疫情防控】 严格执行“三查三排一转运”检疫措施，做好进口冷链食品等商品新冠病毒风险监测，强化出口医疗物资监管；开展医疗物资出口情况专项自查，对 3 个业务现场的近 6 000 票报关单进行排查，累计核查 1 500 多票涉证报关单，对 20 票疑似漏核监管证件及改单后逃避检验检疫的报关单发布风险提示。制发《关于进一步明确疫情防控物资通关监管要求的通知》，发挥通关协调作用，先后保障斯洛文尼亚、比利时、澳大利亚政府采购物资顺利通关。

【郑州海关积极服务“五区联动”“四路协同”建设】 推进海关特殊监管区域整合优化，指导南阳卧龙综合保税区按程序向国务院申请核减规划面积，积极解决新郑机场三期建设占用新郑综合保税区土地问题。针对中欧班列、“空中丝绸之路”等制定专项措施，助力郑州机场货邮吞吐量首次突破 60 万吨，增速位居全国第一，中欧班列（郑州）在全国率先恢复常态化稳定开行。海关指定监管场地建设持续推进，推动郑州药品进口口岸正式获批，经争取获批三个业务现场六个现场代码，成为覆盖范围最广、涵盖业务品类最多的新设药品口岸。

【郑州海关持续优化营商环境】 不断深化“放管服”改革，“一网通办”落地实施，“证照分离”改革率先在自由贸易区报关企业注册审批上实施。“海关改革 2020”全面落实，“两步申报”“两段准入”等在河南省全面实施。牵头做好压缩进出口整体通关时间工作，截至 12 月底，郑州海关全面完成压缩通关时长 50%的目标。制定了《郑州海关行政执法检查事项“双随机、一公开”责任清单》，对 26 项内容逐一明确责任主体和执行方案，积极配合参加河南省部门联合“双随机、一公开”监管工作，建立与税务、市场监管部门的配合机制。

开放口岸

【郑州空运口岸（郑州新郑国际机场）】 郑州空运口岸（郑州新郑国际机场）于 1988 年 12 月经国务院批准开放，当时只限中国籍飞机出入境。2002 年 5 月，批准可供中国籍和外国籍飞机出入境。1997 年，建成并通航的河南郑州新郑国际机场位于郑州市东南，距市区 27 千米，占地约 466.67 万平方米，飞行区等级 4F，是国家对外开放口岸和中国国内干线运输机场，是国家民航局确定的全国八大区域性枢纽之一。建设有高速公路直达机场，交通条件优越。2007 年，T1 航站楼进行了一次改扩建，扩建后航站楼建筑面积达到 12.89 万平方米，客机坪 18.25 万平方米，货机坪 7.6 万平方米，机位 43 个，年旅客和货邮保障能力可达 1 200 万人次、15 万吨。2013 年 12 月 19 日，郑州机场二期扩建工程开工建设；2015 年 9 月 30 日，完成竣工；同年 12 月 19 日，郑州机场 T2 航站楼启用并开始试运行，郑州机场正式步入“双航站楼双跑道”时代。T2 航站楼建筑面积 48.6 万平方米，南北长约 1 128 米，总投资 191 亿元，其四角拥有 4 条指廊，可以增加 79 个机位，客运吞吐能力 3 000 万人次/年、货运吞吐能力达 30 万吨/年。其中，国际区域建筑面积为 5.5 万平方米，设计满足近期 2025 年国际 320 万人次、高峰小时国际 1 280 人次，远期国际旅客 400 万人次、高峰小时国际 1 440 人次的使用要求。国际区域主要包括四层国际办票区、国际出发联检厅；三层国际候机厅；二层国际到达联检厅、国际行李提取厅及国际到达通道；一层国际远机位候机厅等。同时，国际查验通道还包括国际同程航班查验通道及国际贵宾离到港查验通道。T2 航站楼国际值机岛设置 28 个行李托运柜台及 2 个开包间。采用开放式值机，海关及检疫在后台对国际旅客的托运行李进行监控。

【洛阳空运口岸（洛阳北郊机场）】 洛阳空运口岸（洛阳北郊机场）于 1992 年 8 月 1 日经国务院批准为对外开放口岸。洛阳机场位于洛阳市北部，距市中心 9 千米。该机场净空条件优越，各种设施、设备齐全，可起降 B737、B767、MD82 等大型客机，是北京机场、郑州机场理想的备降机场。机场候机楼面积 17 000 平方米，其中国际部分 12 000 平方米。

【郑州陆路（铁路）口岸（郑州铁路东站）】 1991 年 3 月，郑州铁路口岸经河南省政府批准为原二类铁路口岸。1994 年 12 月，经中华人民共和国铁道部（简称“铁道部”）、海关总署和河南省政府协商，开通了郑州东站至香港九龙的直达集装箱专列。1997 年 11 月 28 日，经国务院批准为国家对外开放口岸。2014 年，新建了 10 660 平方米的铁路口岸联检大楼和 50 000 平方米的监管查验场地及设施。

郑州铁路口岸所在地——郑州铁路集装箱中心站是全国规划建设的 18 个集装箱中心站之一，目前具有年办理 36 万标准集装箱的承载能力。郑州铁路口岸毗邻的郑州圃田站是全国铁路特等货运站，被铁道部确定为国际大型集装箱中转站，是国内在新亚欧大陆桥最大的铁路货运站和集装箱集散地。目前，河南依托郑州铁路口岸，建成运行汽车整车进口口岸和进境粮食口岸，拓展跨境电商等业务，为郑欧班列进一步提供有效货源支撑。

2020 年河南省口岸大事记

2 月 16 日

受新冠肺炎疫情影响停开的中欧班列（郑州）去程恢复运行（返程班列未中断）。

2 月 28 日

中欧班列（郑州）首趟进口运邮班列顺利抵达中铁联集郑州中心站。这是继 2018 年 11 月 20 日中欧班列（郑州）国际运邮去程常态化之后，时隔 15 个月，迎来的首趟进口运邮班列，标志着河南省国际邮件陆路运输通道实现双向开行。

5 月 6 日

郑州机场航空电子货运项目试点获中国民用航空局批复。这是全国唯一一个航空电子货运试点，主要任务是探索形成电子货运的信息化、便利化、标准化，并在全行业全面推广。

5 月 12 日

许昌保税物流中心（B 型）获得海关总署、财政部、国家税务总局、国家外汇管理局正式批复。这是河南省继焦作德众、商丘虞城和民权保税物流中心之后第四家保税物流中心，对于完善全省口岸开放平台布局、支撑开放型经济发展具有重要意义。

5 月 24 日

国务院批准设立洛阳综合保税区。这是河南省继郑州新郑、郑州经开和南阳卧龙之后第 4 家获批的综合保税区。

6 月 30 日

郑州获国家发展改革委中央预算内投资支持建设中欧班列集结中心示范工程。

11 月 20 日

首班中欧班列（郑州—赫尔辛基）发车，标志着中欧班列（郑州）芬兰线路开通，郑州始发中欧班列目的站扩容至 8 个。

12 月 8 日~15 日

郑州海关所属济源海关、驻马店海关、平顶山海关、开封海关相继揭牌开关，标志着河南省 24 个隶属海关机构全部正式运行。

12 月 17 日

国务院批复同意设立开封综合保税区。至此，2020 年省政府工作报告提出积极申报洛阳、开封综合保税区的任务已圆满完成。

12 月 22 日

首班省内合作班列中欧班列（商郑欧）开行。

（撰稿人：范会卿）

2020 年河南省口岸流量统计表

口岸类型		口岸名称	货运量（万吨）				集装箱量（万标箱）				人员（万人次）				交通工具（辆、艘、架、列次）			
			出口	进口	合计	同比（%）	出口	进口	合计	同比（%）	出境	入境	合计	同比（%）	出境	入境	合计	同比（%）
空运口岸		郑州	—	—	45.13	47.91					11.76	15.29	27.05	-85.91	5 147	5 303	10 450	-32.63
		洛阳									0.21	0.26	0.47	-87.76	27	27	54	-81.76
		分计									11.97	15.55	27.52		5 174	5 330	10 504	
陆路口岸	公路口岸																	
		分计																
	铁路口岸	郑州	42.64	40.75	83.39	46.30	5.59	4.35	9.94	141.26								
		分计																
合计																		
同比（%）																		

（河南省口岸办提供）

2020年河南省口岸出入境主要数据表

项　目			2020年	2019年	同比（%）
出入境人员（人次）	出入境人员总数		275 184	1 958 524	-85.95
	入境人员		155 509	965 143	-83.89
	出境人员		119 675	993 381	-87.95
	出入境旅客		218 279	1 839 003	-88.13
	出入境员工		56 905	119 521	-52.39
	中国公民	小计	225 746	1 787 206	-87.37
		内地居民（因公）	8 306	27 603	-69.91
		内地居民（因私）	207 150	1 606 493	-87.11
		港澳居民	2 360	32 289	-92.69
		台湾同胞	7 930	120 821	-93.44
	外籍人员		49 438	171 318	-71.14
	从海港出入境人数				
	从陆港出入境人数		1	1	0.00
	从空港出入境人数		275 183	1 958 523	-85.95
交通运输工具（辆、艘、架、列次）	总计		10 504	15 808	-33.55
	船舶				
	飞机		10 504	15 808	-33.55
	火车				
	机动车辆				

（河南出入境边检总站提供）

2020 年郑州海关主要数据统计表

项　目		2020 年	2019 年	同比（%）
进出口货运量（万吨）	合计	986.53	1 088.60	-9.38
	进口	862.61	973.40	-11.38
	出口	123.93	115.20	7.58
进出口贸易总值（万美元）	合计	9 596 631.76	8 244 529.00	16.40
	进口	3 197 283.93	2 825 204.50	31.17
	其中：江、海运输	—	—	—
	铁路运输	—	—	—
	汽车运输	—	—	—
	航空运输	—	—	—
	邮件运输	—	—	—
	其他运输	—	—	—
	出口	5 879 967.08	5 419 324.50	8.50
	其中：江、海运输	—	—	—
	铁路运输	—	—	—
	汽车运输	—	—	—
	航空运输	—	—	—
	邮件运输	—	—	—
	其他运输	—	—	—
税收（万元）	两税合计	1 961 910.52	2 088 985.80	-6.08
	关税入库	105 512.76	104 144.20	1.31
	进口环节税入库	1 856 397.75	1 984 841.60	-6.47

（郑州海关提供）

湖 北 省

湖北省口岸分布示意图

序号	类型	口岸名称	批准开放时间	开放状态
1	空运口岸（2个）	武汉空运口岸	1997.12	国际常年
2		宜昌空运口岸	2005.7	国际常年
3	水运口岸（2个）	武汉水运口岸	1992.6	国际常年
4		黄石水运口岸	1993.6	国际常年

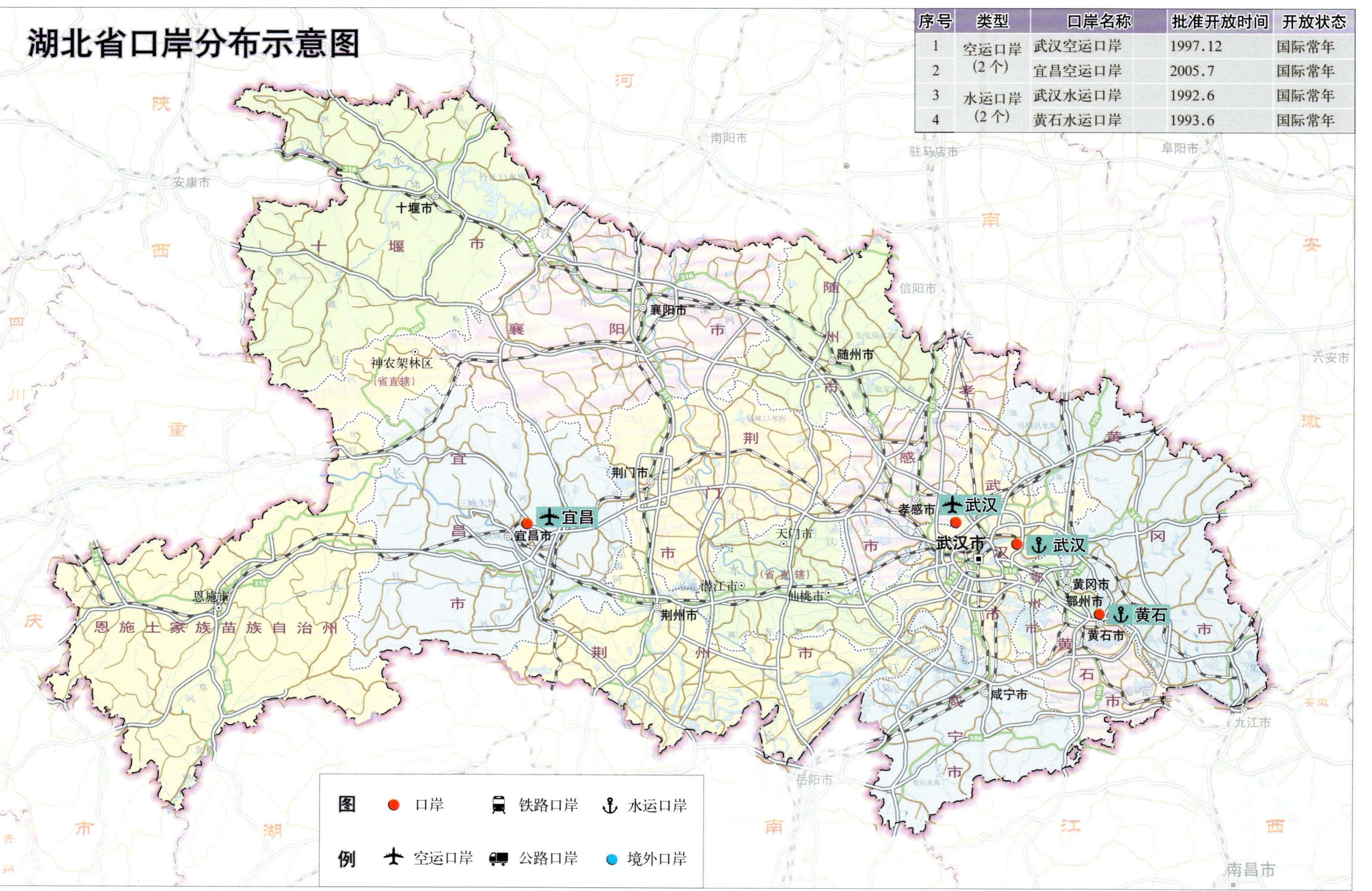

口岸数量及分布

截至2020年年底，湖北省共有经国务院批准的对外开放口岸4个。其中，空运口岸2个，分别是武汉空运口岸（武汉天河国际机场）、宜昌空运口岸（宜昌三峡机场）；水运（河港）口岸2个，分别是武汉水运（河港）口岸、黄石水运（河港）口岸。

口岸运行数据

2020年，湖北省进出口货运量1 447.45万吨，同比下降5.1%。其中，进口货运量973.86万吨，同比下降1.1%；出口货运量473.59万吨，同比下降12.5%。从运输方式上看，水运进出口运量1 418.51万吨，同比下降4.6%，占进出口总运量的98%；铁路进出口运量15.84万吨，同比下降39.3%；公路进出口运量4.59万吨，同比增长28.6%；空运8.50万吨，同比下降16.9%；邮运4吨，同比下降84.6%。

受新冠肺炎疫情影响，全省航空口岸出入境客运航班、人员流量锐减，运送防疫物资为主的国际航空货运逆势增长。出入境人数约26.64万人次，同比下降92.28%。出入境飞机3 609架次，同比下降82.62%，其中国际货运飞机1 864架次，同比增长257.8%。

水运口岸直接出入境船舶41艘次，直航货运量2.23万吨，同比分别增长2.4倍、93.91%，口岸直接出入境船舶验放量创历史新高。

口岸综合管理

【口岸开放】 恩施机场对外开放列入国家2020年度口岸开放审理计划。武汉港获批扩大开放的花山港区、汉南经开港区口岸设施建设基本完成。天河机场进境肉类指定监管场地通过国家验收。湖北国际物流核心枢纽项目（鄂州机场）口岸设施规划进一步细化和明确。

【口岸基础设施及配套设施】 天河机场航空口岸出境大厅负压隔离改造项目完工并投入使用，国际快件监管中心完成改造，配套建成1 500平方米的海鲜暂养中心、1 500平方米的机场口岸集中检管区，可同时满足水果、水生动物、水产品、种苗、肉类特殊进境商品指定监管场地的监管需求。宜昌航空口岸新建国际航站楼项目主体建设完成。黄石水运口岸棋盘洲码头二期建设完成，三期工程及黄石新港公共物流信息服务平台开始建设。武汉水运口岸、黄石水运口岸、恩施航空口岸及宜昌保健分中心应对疫情重大设施改造项目逐步启动。

【口岸营商环境】 制订贯彻落实湖北省委优化营商环境“30条”工作任务实施方案，组织省发展改革委员会、省财政厅等7部门开展了清理规范口岸收费行动。引入第三方专业机构，开展口岸营商环境评估，以评促改，提升全省跨境贸易便利化水平。深化“放管服”、全国通关一体化改革，大力推进“提前申报”“两步申报”等通关作业改革，推出多种通关模式“菜单”供企业自主选择；实施内外贸货物同场分类监管，现场作业效率提高2倍；研究制定支持班列发展9条措施，打造“中欧班列+N”的监管模式，提升班列的运营效益；全面落实口岸减税降费措施，规范和降低进出口环节合规成本，为外贸企业减负松绑；推出边检服务便民6项措施，优化出入境船舶申报、查验流程，提升水运口岸服务管理水平。为助力企业复工复产，针对重点企业复工复产航班制订专项保障方案，优化查验方法，开辟复工复产绿色通道，提升通关效率，边检与海关建立811联合查验中心，将边检工作前置，并主动对接企业需求，为确保产业“不断档”、发展“不掉队”提供坚实的口岸服务支撑。

【国际贸易“单一窗口”】 截至2020年年底，平台注册企业累计超过14 000家，通过“单一窗口”平台办理的各类通关业务累计超过900万单（票），主要业务覆盖率已达到100%。2020年3月，由湖北省电子口岸运行服务中心组织研发的“湖北省医疗防护用品服务平台”在湖北国际贸易“单一窗口”和省外综合服务平台“楚贸通”上同时上线，有力助推湖北省医疗卫生防疫、医药产品、医用器材扩大出口。4 月，上线农产品进出口平台，解决全省各地不同程度存在的“猪压栏”“菜压田”等问题，入驻商品涉及水果蔬菜、粮油干货、肉禽水产、酒水饮料、休闲食品、其他等 6 大类 67 小类农产品。加大推广运用国际贸易“单一窗口”金融服务功能，企业可以直接通过该系统向银行提交跨境汇款申请，并通过“单一窗口”平台同步关联报关单、合同、发票等并实时传输，快速完成协议签订、跨境汇款等全部业务流程。打造楚贸通平台，为企业提供贸易资讯、电子政务、市场拓展、第三方服务、人才孵化等服务，通过资源共享、服务集成、平台引流等方式，创新外贸出口新手段，培育外贸竞争新优势。上线“楚贸贷”信息化平台，缓解中小微外贸企业融资难融资贵问题。

【中欧班列（武汉）】 中欧班列（武汉）已打通阿拉山口、满洲里、二连浩特、凭祥、霍尔果斯五大通关口岸，通达俄罗斯、捷克、波兰、德国、法国等“一带一路”沿线 28 个亚欧国家和地区，辐射 34 个国家和地区、70 多个城市。新冠肺炎疫情发生后，中欧班列成为武汉出口防疫等物资、支援全球防疫的主要通道之一，2020 年以来，中欧班列（武汉）先后向德国、塞尔维亚、波兰等国运送口罩、防护服、呼吸机等防疫物资数千吨。3 月，中欧班列（武汉）首次延伸到意大利米兰；5 月，国内首趟中欧班列防疫物资专列——“武汉—贝尔格莱德”防疫物资专列正式开通，首次实现了中欧班列中国与塞尔维亚两国间满载双向运行。

【近洋航线和水铁联运】 武汉至上海“江海直达航线”于 2020 年 3 月底全面恢复。武汉至日本集装箱江海直航航线于 5 月初复航并开启班轮化运行，该直航航线成功对接中欧班列（武汉），日本—武汉—欧洲海铁联运国际物流新通道正式打通。

【航空运输网络】 武汉天河机场武汉国际航空货运于 2020 年 4 月初逐步恢复，累积开通武汉至日本大阪、比利时列日等地的国际航空货运航线 12 条；客运航班于 9 月份正式复航。宜昌三峡机场和恩施机场自 2020 年 1 月份新冠肺炎疫情暴发后停飞国际航线。

口岸监管与服务

【全省口岸系统打造“指南”+“平台”抗疫双保障】 湖北省口岸办携手武汉海关、湖北省慈善总会、中国邮政、南方航空等单位和企业，于 1 月 26 日在湖北国际贸易“单一窗口”上发布了《抗击新冠肺炎境外捐赠物资武汉清关流程指南》，并同步在“湖北电子口岸”微信公众号上推送，是此次疫情中第一个发布境外捐赠物资清关指南的政府机构。全年共保障国际货运航班 1 864 架次，同比增长 257.8%，载运口罩、防护服、服装、电子产品等物资 4 万余吨，实现了抗疫物资出入境“零等待”“零延时”“零耽误”。

【湖北出入境边检总站保障接、撤侨包机查验安全高效】 圆满完成美国、日本、新加坡、印度等 120 多个国家（地区）的撤侨包机 65 批次、1 万余人次，以及滞留海外人员返汉临时航班 28 批次、4 000 余人次的边防检查任务，守住了口岸安全管控的底线。

【湖北出入境边检总站执勤执法队伍“零感染”】 新冠肺炎疫情初期，研究制定《疫情防控期间口岸边防检查工作指引》，编制下发《新冠肺炎疫情防控办公场所工作手册》，开展病毒消杀、防护服穿脱等防疫知识培训、考核；研究出台 7 项战时纪律，严禁各级聚餐聚会、走亲访友、擅自离开驻地，坚决防止发生聚集性感染事件；一线执勤人员每七天开展一次核酸检测，第一时间联络开展疫苗接种工作。总站机关、省内各边检站全体民警、辅警及职工无一人感染新冠病毒，确保了队伍内部“零感染、零传播”。

【湖北出入境边检总站深化港口边检管理改革】 推动武汉港、黄石港启用港口边检综合管理信息系统和边检行政许可网上窗口，优化出入境船舶申报、查验流程，实现港口边检业务无纸化运作。

【长江海事局深化海事“放管服”改革】 制定《长江海事局船舶登记“容缺受理”工作指南（试行）》，对船舶登记9个事项、27种材料可容缺受理的情形进行明确；提升注销转港船舶的登记档案清单办结等工作的速度。不断提高便民利民服务水平，开展长三角地区船舶不停航办证试点工作；落实国务院“互联网+政务服务”相关举措，积极推行船舶登记网上办、预约办、加速办、并联办等多项便民利民举措，打造具有温度和速度的船舶登记服务体系，积极助力企业复工复产。

【长江海事局提升安全监管效能】 修订《口岸“3+6”管理指导意见》，进一步加强和规范辖区口岸管理工作。推进联合登轮检查机制，武汉、黄石港联检单位签订联合登轮检查合作协议，落实集中登轮联合检查要求。制定《船舶现场监督工作指南》，统一对船舶现场监督工作的认识，规范船舶现场监督工作流程，提升船舶安全监督效能，促进船舶安全和防止污染，增强服务长江经济带高质量发展能力。

【武汉海关维护口岸公共卫生安全】 在口岸常态通航时应对出境防输出检疫工作；因疫情封城后扎实做好“三查三排一转运”，不断优化检疫流程，缩短入境人员通关时间；复工复产后，着力保障国际航行交通工具及货物、人员检疫监管需求。2020年，全省口岸出入境人员约26.58万人次，发现有症状者1 540人次，确诊病例102例，同比分别增长166.4%、92.5%。口岸传染病检出率38.4例每十万人，相比2019年增加36.8例每十万人。在特殊物品方面，共办理出入境检疫审批727批次，同比增长71.5%；办理口岸卫生许可证核发93批次；开展口岸卫生监督抽检824批次；开展日常监管2 857次，办理行政处罚案件4起；共捕获病媒生物2 580只。湖北国际旅行卫生保健中心完成出入境人员监测体检14 207人次，艾滋病监测13 342人次，发现传染病74例，体检检测传染病检出率0.52%，相比2019年增加0.05个百分点。实施预防接种19 811人次，签发预防接种证书5 320份，全年未出现过接种安全事故。取得省疫情防控指挥部新冠病毒核酸检测实验室资质，建立化学发光法检测工作体系，有效提升口岸新冠病毒检出率，为口岸传染病防控提供强有力技术支持。

【武汉海关维护国门生物安全】 深入开展口岸及周边外来物种和病虫害监测，加强进境高风险动植物及其产品检疫后续监管。2020年，非贸渠道截获外来入侵物种20批次；截获植物有害生物2 024种次，其中检疫性有害生物8种10次。稳步推进非洲猪瘟常态化防控，修订《武汉海关非洲猪瘟防控应急预案》，确保疫情应急处置科学有效。依法督促养殖企业落实供港活猪饲养、运输等全链条防疫主体责任，监督口岸运营单位健全联防制度。严守口岸防线，对来自疫区国家和地区货物、航班和旅客等实施重点布控和查验，对截获的猪肉及制品实施非洲猪瘟病毒检测。2020年，截获疫区猪肉产品8.15千克。

【武汉海关助推农产品出口企业“走出去”“引进来”】 指导企业主动应对技术性贸易壁垒，拓展培育国际市场，动植物产品出口目的国从2019年的13个增长到2020年的23个，实现湖北省柑橘、蜜柚、活鲟鱼首次出口白俄罗斯、哈萨克斯坦。助力企业“引进来”，采取“保姆式、贴身式、交互式”服务，帮扶企业进口14万只优质鸡苗，有力保障企业复工复产。

【武汉海关严把进口冷链食品安全关】 持续抓好进口商品风险监测工作，保证监测布控指令下达、抽采样、送样、接样、检测、样品信息及检测结果录入、结果报送等工作有序开展。成立进口商品风险监测工作组，建立7×24小时值班机制；成立风险研判专家小组，对重点国家和地区的重点商品进行风险分析，共研判30多个国家和地区200多条风险信息。做好口岸环节进口冷链食品预防性消毒工作，组织、指导进口冷链食品进口商、海关查验场所经营单位做好口岸环节被抽中的进口冷链食品集装箱内壁和货物外包装的预防性全面消毒处理工作，实现“零感染”目标。

【武汉海关开展防疫物资质量安全专项行动】 加强数据分析和风险研判，提升进口医疗器械监管效能。强化事中事后监管，在加强对申报为隐形眼镜等“影子商品”实施精准布控的同时，对申报为科研、测试等用途未经联网核查的进口医疗器械开展后续核查，查发涉嫌通过伪瞒报方式逃避商检企业1家，涉案进口医疗器械248批，货值2 000万元。2020年，共检验进口医疗器械442批，货值61 004.92万元。监督销毁1批不合格医疗器械，货值263.52万元。

【武汉海关通关改革取得阶段性成果】 2020年，武汉海关“两步申报”应用大幅攀升，达到20%，超过同期全国平均水平，“四抓四增强”做法被海关总署综合司向全国海关推广。成立武汉海关推广应用“两段准入”工作小组，选取企业和隶属海关推进试点，12月1日，首票“两段准入”监管模式货物完成通关。推广“触发申报”新模式，对部署在东湖综合保税区园区平台上的“触发申报”系统进行改造，移植到湖北电子口岸“单一窗口”，为在关区全面推广做好技术准备。

【武汉海关在自贸试验区内综合保税区实施创新举措试点】 试点平行进口汽车保税仓储37台；推动建设生物材料和特殊物品通关服务平台；试行“综合保税区保税物流货物触发申报新模式”，惠及57家企业，申报要素由212项减少到125项，节约录入时间50%，节约人力成本30%；支持跨境电商发展，试点开展跨境电商“网购保税+即买即提”；对跨境电商进区货物实施“两步申报+先入区后理货”，简化跨境电商查验手续。

开放口岸

【武汉空运口岸（武汉天河国际机场）】 武汉天河国际机场航空口岸位于武汉市黄陂区，于1995年投入使用，1997年获批对外国籍飞机开放，2003年获批开展落地签证业务，2015年在中部六省首家获批实施72小时旅客过境免签政策。现场口岸联检单位为武汉天河机场海关、武汉邮局海关、武汉出入境边检站。武汉天河国际机场具备进口水生动物、冰鲜水产品、种苗、药品、水果、肉类等特殊商品进境指定监管场地的功能和开展邮政快件业务。

天河机场1小时航空圈通达中国中部80%的干支线机场、覆盖人口3.5亿，2小时航空圈连通中国长三角、珠三角、渤海经济圈及中部各省，4小时航空圈通达中国所有的省、直辖市、自治区，并辐射亚洲十多个国家和地区。机场周边路网发达，机场直达京广铁路、沪蓉铁路、武汉绕城高速和汉十高速的距离均在15千米内，距汉口火车站22千米，武汉火车站43千米，距阳逻港70千米，距东湖综合保税区中心65千米。

武汉天河国际机场航空物流园区目前已有空侧货站总面积约8万平方米，其中国内货站面积约2.6万平方米，国际货站及快件监管中心面积约5万平方米。已改造完成国际快件监管中心，配套建成1 500平方米的海鲜暂养中心，1 500平方米的机场口岸集中检管区，建成并启用3万平方米的航空物流服务中心。

【宜昌空运口岸（宜昌三峡机场）】 宜昌三峡机场空运口岸位于湖北省宜昌市猇亭区，距宜昌市中心26千米，距三峡大坝55千米。该机场是三峡工程的重要配套设施项目，是辐射“三峡城市群”和鄂西、湘西、渝东地区的重要区域性机场。宜昌三峡机场于2005年经国务院批准对外开放，限中国籍飞机出入境，2007年通过国家验收。2019年3月，国务院批准扩大对外国籍飞机开放，目前正在新建国际航站楼。

【武汉水运（河港）口岸】 1991年，武汉港获批对外开放。目前，武汉水运口岸阳逻港港区（位于武汉市新洲区）共有11个集装箱泊位，年吞吐能力达220万标箱。现场口岸联检单位为武汉新港海关、汉口出入境边检站。阳逻港已具备进口水果、粮食、肉类、药品等特殊商品进境指定监管场地功能。武汉水运口岸已获批扩大开放的汉南港区、花山港区、金口港区、鄂州港区、黄州港区，目前正在抓紧建设。

阳逻港地处武汉东部长江北岸，是得天独厚的深水良港，不仅拥有码头、堆场、场站、车队、区域陆港中心（包括仓库、城市配送中心等），还拥有20万平方米库场、数十台现代化装卸机械，以及先进的CTMS系统、CCTV系统等计算机信息管理系统、国检专用的消毒设施等。

阳逻港一期已建成湖北全省规模最大、功能最全的联检大楼。海关H986集装箱快速查验系统和检验检疫防辐射门、消毒门已投入使用，可提供便捷的综合口岸服务。阳逻港外贸集装箱水陆捷运系统，每年可完成26万标箱的本地外贸货物港口快捷出运，在客户通知后24（36）小时内完成外贸集装箱武汉（湖北省内其他地区）厂区到阳逻港外贸货船的水陆快速转运。2009年6月，阳逻一期开通武汉—洋山江海直达航线；2013年9月，开通泸汉台近洋航线；2014年7月，开通武汉—东盟试验航线；2015年10月，开通武汉至日本、韩国国际集装箱试验航线。2019年11月28日，武汉—日本集装箱江海直航航线从阳逻港首航，并形成稳定班轮。2020年11月19日，开通淮安—武汉集装箱快航航线，并形成班轮化运营，打通了货物经京杭运河往返长江中上游地区的通道。2020年，与武汉新港空港综合保税区阳逻港园区进行区港联动运作模式，提升外贸货物通关时效。阳逻港二期开通从武汉至上海的“汉—申”班轮及直达洋山港的“江海直达”班轮；武汉至重庆的“渝—汉”班轮；武汉至徐州的运河航线；宜昌、荆州、仙桃至武汉的“水水”中转航线；泸州经武汉至台湾的泸汉台快班航线；武汉至日韩快班航线；武汉至东盟四国航线。通过内支线航线与国际航线如欧线、美线、地中海线、中东、东南亚、非洲等航线相连接，使湖北武汉地区的外贸货物能直接进出口。

【黄石水运（河港）口岸】 黄石港于1980年9月经国务院批准开办国轮对外贸易运输业务，1993年6月15日经国务院批准对外国籍船舶开放，是湖北省两个水运口岸之一。2015年，黄石成功引进深圳盐田港建成棋盘洲港区；2016年，棋盘洲港区集装箱码头投入运营；2017年，黄石棋盘洲港区多式联运项目入选国家第二批多式联运示范工程；2018年，国务院批复同意黄石港口岸扩大开放棋盘洲港区。2019年，海关总署正式对外公布黄石港口岸扩大开放棋盘洲港区；同年，黄石新港进境粮食指定监管场地正式通过国家验收，国务院批复同意设立中国（黄石）跨境电子商务综合试验区。黄石口岸棋盘洲港区位于黄石市长江水道右岸、阳新县韦源口镇棋盘洲，上距黄石市约29千米、距省会武汉市143千米，下距九江99千米、距上海982千米，水陆交通极为便利。

【恩施机场（临时开放）】 恩施机场位于湖北省恩施市许家坪，于2019年6月经国家口岸管理办公室批复同意临时对外开放，于2019年6月30日实现国际首航。2020年，列入国家口岸开放审理计划，已申请正式开放。

【武汉铁路口岸（临时开放）】 2015年，为促进开展中欧班列（武汉）业务，武汉铁路集装箱中心站获批临时对外开放，位于武汉市东西湖区吴家山。该中心站是全国18个铁路集装箱中心站之一，可实现集装箱班列整列到发，由中铁联合国际集装箱有限公司武汉分公司负责运营。现场口岸联检单位为汉口海关。铁路口岸具备汽车整车进口指定口岸功能，同时可以进口药品。2020年，完成海关监管区扩建，总面积达到6.5万平方米，正常最大作业能力2 000列/年。

【海关特殊监管区域】 截至2020年年底，湖北省共有4个综合保税区，分别是武汉东湖综合保税区、武汉新港空港综合保税区、武汉经开综合保税区、宜昌综合保税区。

武汉东湖综合保税区位于武汉市东南部、东湖国家自主创新示范区核心腹地，是湖北省首家综合保税区，也是目前唯一位于中国（湖北）自由贸易试验区武汉片区范围内的综合保税区。它于 2011 年 8 月 29 日获国务院批复设立，规划面积 5.41 平方千米，分两期建设。首期 1.82 平方千米于 2013 年 1 月通过国家十部委验收，当年 6 月封关运行；二期于 2017 年 12 月通过省级联合验收，并于 2018 年 2 月获批整体封关运行。园区累计完成工商注册企业逾千家，累计完成扩大开放及贸易便利化改革创新工作近 100 项，加工制造、研发设计、物流分拨、检测维修和销售服务等“五大中心”建设初具规模。

武汉新港空港综合保税区 2016 年 3 月 11 日经国务院批复设立，由“一区两园”（阳逻港园区、东西湖园区）组成，一期 1.503 5 平方千米于 2017 年 6 月 7 日通过国家十部委联合验收，同年 8 月 9 日正式封关运行。封关运行以来，武汉新港空港综合保税区立足保税物流、保税加工、保税服务三大业务，激活整合口岸交通、进出口外贸与对外开放三个要素，强化保税功能支撑，提升口岸功能，进出口额连续三年翻番增长，综合保税区进出口产品涵盖智能机械、电气设备、汽车钢材、家具、木浆等 18 大类 150 余个品种，业务拓展至德国、日本、澳大利亚、南非等 42 个国家和地区，市场已覆盖全球六大洲。

武汉经开综合保税区前身是湖北武汉出口加工区，于 2000 年 4 月经国务院批准设立，是全国首批十五家试点出口加工区之一。2018 年 11 月，经国务院正式批复，武汉出口加工区整合优化为武汉经开综合保税区。2019 年 11 月，综合保税区正式通过验收。该综合保税区规划面积 1.26 平方千米，位于武汉经开区腹地，已建成 8 000 平方米的保税仓库、1.2 万平方米的查验场地及验货平台，配备 9 万平方米标准厂房。目前，园区已形成保税加工、保税物流、保税服务、综合服务等多个业务区块，将依托武汉经开综合保税区制造业集聚优势和国家级检验检测高技术服务业集聚区政策优势，重点打造具有全球影响力和竞争力的“四大中心”——加工制造中心、跨境电商中心、物流分拨中心、检验检测中心。

宜昌综合保税区位于中国（湖北）自由贸易试验区宜昌片区内，规划面积 1.39 平方千米，分保税加工、物流仓储、口岸作业、综合配套四大功能区块。项目自 2018 年 3 月启动申报建设以来，已建成 40 万平方米标准厂房，10 万平方米综合保税服务大楼、海关监管设施及配套项目，并于 2020 年 1 月 9 日正式获国务院批复设立、同年 12 月 25 日率先通过国家“云验收”，属湖北省内第 4 家、武汉市外首家获批设立、通过验收的综合保税区。宜昌综合保税区于 2021 年 3 月 22 日正式封关运营，重点发展食品和生物医药、新一代信息技术、高端装备制造三大主导产业，加快培育保税研发、跨境电商等新业态。

2020 年湖北省口岸大事记

1 月 9 日

宜昌综合保税区正式获国务院批复同意设立，成为全省首个在武汉市以外设立的综合保税区。

1 月 10 日

武汉天河国际机场进口肉类指定监管场地通过海关总署专家组正式验收。

3 月 28 日

武汉在新冠肺炎疫情过后开出首趟中欧班列，这标志着中欧班列（武汉）恢复常态化运营。班列 4 月 14 日抵达德国杜伊斯堡，中国驻杜塞尔多夫总领事冯海阳、北威州交通部长于斯特、杜伊斯堡港务集团董事长斯塔克共同出席了接车仪式。

4 月 8 日

武汉天河国际机场恢复开通新冠肺炎疫情后首架国际商业货运航班。

5 月 9 日

武汉至日本集装箱江海直航航线开启班轮化运行，实行周班制，每周一个往返航次对开。

国内首趟中欧班列防疫物资专列“武汉—贝尔格莱德”防疫物资专列于中铁联集武汉中心站首发，支援塞尔维亚及周边国家抗击新冠肺炎疫情。

5 月 10 日

武汉天河国际机场开通武汉至大阪定期货运

航线，这是武汉天河国际机场复航后开通的首条国际定期货运航线。

6 月 2 日

武汉天河国际机场恢复武汉至列日全货运定期航线，这是武汉天河国际机场疫后复航以来恢复的首条洲际货运航线。

6 月 20 日

恩施机场对外开放列入国家口岸管理办公室口岸开放审理计划。

9 月 16 日

湖北首条国际客运航线复航。

9 月 17 日~19 日

海关总署署长、党委书记倪岳峰调研武汉海关及湖北省口岸工作，指导口岸疫情防控和提升口岸营商环境工作。

9 月 30 日

全国移民管理系统抗击新冠肺炎疫情表彰大会在北京召开，湖北出入境边检总站荣立集体一等功。

11 月 27 日

公安部党委委员、副部长，国家移民管理局局长许甘露到湖北出入境边检总站调研指导工作。

12 月 12 日

日本—武汉—欧洲海铁联运国际中转新通道开通，这是日本商品首次在武汉中转，搭乘中欧班列前往欧洲。

（撰稿人：周妍君、桂静、韩伟、张鹏程、彭丽、梅龙凯、邓贵莉、杨光）

2020 年湖北省口岸流量统计表

口岸类型		口岸名称	货运量（万吨）				集装箱量（万标箱）				人员（万人次）				交通工具（辆、艘、架、列次）			
			出口	进口	合计	同比（%）	出口	进口	合计	同比（%）	出境	入境	合计	同比（%）	出境	入境	合计	同比（%）
空运口岸		武汉天河机场																
		分计									13.58	13.07	26.64	-92.28	1 811	1 798	3 609	-82.62
水运口岸	河港口岸	武汉水运口岸																
		黄石水运口岸																
		分计													20	21	41	241.67
合计			473.59	973.86	1 447.45	-5.10					13.58	13.07	26.64	-92.28	1 831	1 819	3 650	-82.44
同比（%）			-12.50	-1.10	-5.10						-92.17	-92.40	-92.28		-82.37	-82.5	-82.44	

（湖北省口岸办提供）

2020 年湖北省口岸出入境主要数据表

项　目			2020 年	2019 年	同比（%）
出入境人员（人次）	出入境人员总数		266 430	3 452 898	-92.28
	入境人员		130 660	1 719 107	-92.40
	出境人员		135 770	1 733 791	-92.17
	出入境旅客		236 086	3 258 997	-92.76
	出入境员工		30 344	193 901	-84.35
	中国公民	小计	214 556	3 015 269	-92.88
		内地居民（因公）	11 523	110 235	-89.55
		内地居民（因私）	191 932	2 702 001	-92.90
		港澳居民	3 460	59 517	-94.19
		台湾同胞	7 641	143 516	-94.68
	外籍人员		51 874	437 629	-88.15
	从海港出入境人数		678	184	268.48
	从陆港出入境人数		0	0	0.00
	从空港出入境人数		265 752	3 452 714	-92.30
交通运输工具（辆、艘、架、列次）	总计		3 650	20 782	-82.44
	船舶		41	12	241.67
	飞机		3 609	20 770	-82.62
	火车		0	0	0.00
	机动车辆		0	0	0.00

（湖北出入境边检总站提供）

2020年武汉海关主要数据统计表

项　目		2020年	2019年	同比（%）
进出口货运量（万吨）	合计	1 447.40	1 526	-5.15
	进口	973.80	985	-1.14
	出口	473.60	541	-12.46
进出口贸易总值（万美元）	合计	—	—	—
	进口	—	—	—
	其中：江、海运输	—	—	—
	铁路运输	—	—	—
	汽车运输	—	—	—
	航空运输	—	—	—
	邮件运输	—	—	—
	其他运输	—	—	—
	出口	—	—	—
	其中：江、海运输	—	—	—
	铁路运输	—	—	—
	汽车运输	—	—	—
	航空运输	—	—	—
	邮件运输	—	—	—
	其他运输	—	—	—
税收（万元）	两税合计	1 668 148	1 660 252	0.48
	关税入库	134 790	206 920	-34.86
	进口环节税入库	1 533 358	1 453 332	5.51

（武汉海关提供）

2020年长江海事局（湖北段）进出港船舶统计汇总表

船舶类别	进港船舶							出港船舶						
	艘数（艘）	总吨（吨位）	总载重量（吨）	载客量（客位）	船员人数（人次）	货物到达量（吨）	旅客到达量（人）	艘数（艘）	总吨（吨位）	总载重量（吨）	载客量（客位）	船员人数（人次）	货物发送量（吨）	旅客发送量（人）
总　计	240 812	274 880 739	391 214 320	21 229 832	10 148	137 864 825	3 359 707	194 968	269 054 065	386 595 772	19 088 600	10 856	181 134 688	1 642 665
中国籍船舶	240 812	274 880 739	391 214 320	21 229 832	10 148	137 864 825	3 359 707	194 968	269 054 065	386 595 772	19 088 600	10 856	181 134 688	1 642 665
其中外贸船	28	213 780	266 497	0	499	2 272.08	0	20	152 700	190 426	0	357	9 795.22	0

（长江海事局提供）

湖 南 省

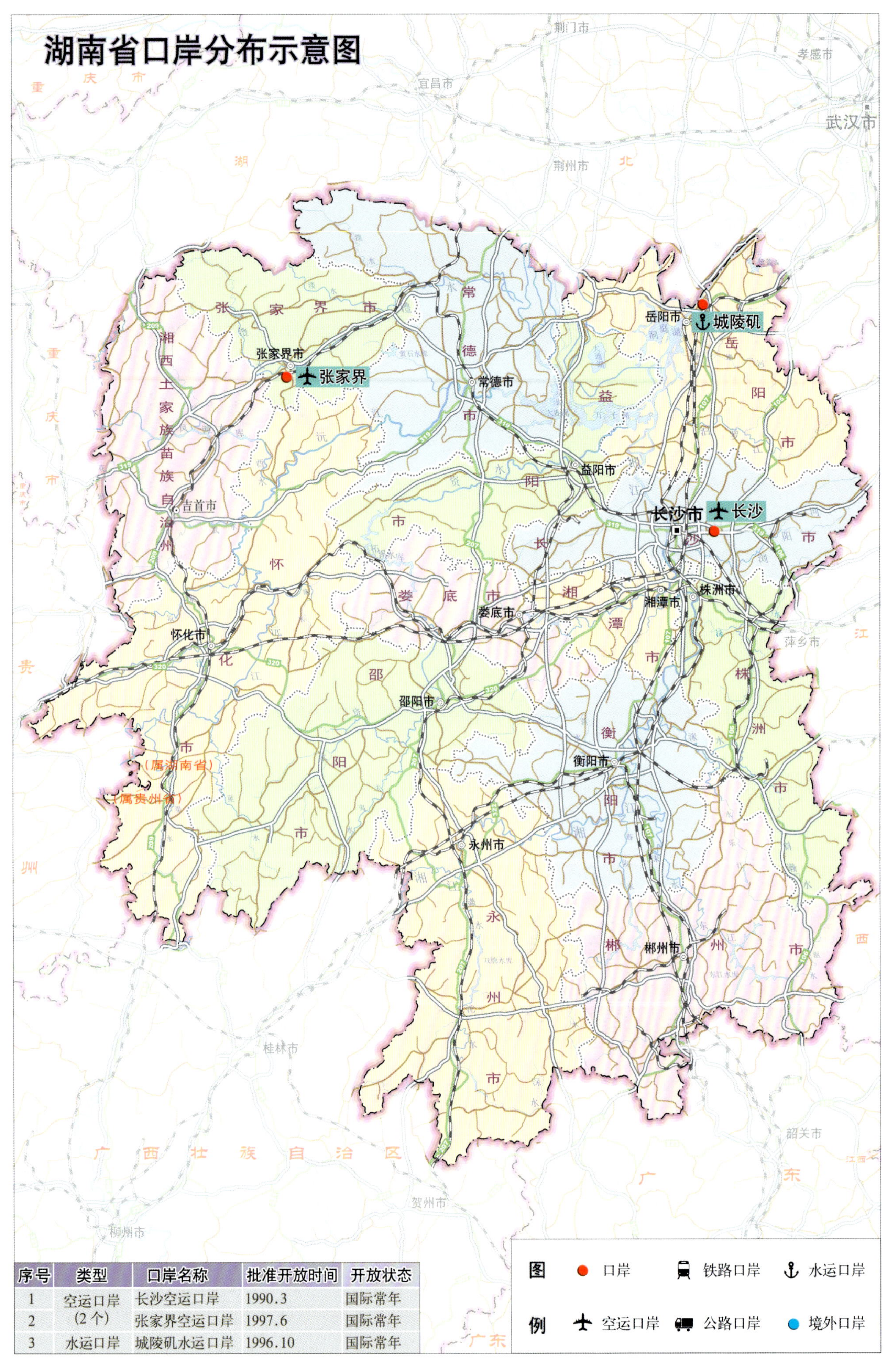

序号	类型	口岸名称	批准开放时间	开放状态
1	空运口岸（2个）	长沙空运口岸	1990.3	国际常年
2		张家界空运口岸	1997.6	国际常年
3	水运口岸	城陵矶水运口岸	1996.10	国际常年

口岸数量及分布

截至2020年年底，湖南省共有经国务院批准的对外开放口岸3个。其中，空运口岸2个，分别为长沙空运口岸（长沙黄花国际机场）和张家界空运口岸（张家界荷花国际机场）；水运口岸1个，为岳阳城陵矶水运（河港）口岸。

口岸运行数据

2020年，湖南省外贸实现逆势增长，进出口总值4 874.5亿元，同比增长12.3%，高出同期全国进出口增幅10.4个百分点。其中，第四季度外贸发展明显提速，增长31.2%。

从市场主体看，2020年，湖南省民营企业、国有企业进出口保持快速增长，成为稳外贸的重要力量。其中，民营企业进出口3 803.6亿元，增长14.4%，占全省进出口总值的78%；国有企业进出口525.8亿元，增长15%，占全省进出口总值的10.8%。

从贸易伙伴看，国际市场布局日益多元。2020年，湖南省前五大贸易伙伴依次为东盟、中国香港地区、美国、欧盟、韩国。湖南省对“一带一路”沿线国家和地区进出口1 472.8亿元，增长19.7%；对区域全面经济伙伴关系（RCEP）成员进出口1 462.1亿元，增长21%。

2020年，湖南省航空国际货邮吞吐量7.6万吨，同比增长48.2%。岳阳城陵矶港完成集装箱吞吐量50.87万标箱，同比增长0.41%。其中，外贸集装箱吞吐量35.4万标箱，同比增长7.2%；进出口货运总量1 128.2万吨，同比增长12.4%。全省中欧班列共计开行546列，同比增长22.4%。其中，中欧班列（长沙）开行528列，中欧班列（株洲）开行11列，中欧班列（怀化）开行4列，中欧班列（衡阳）开行3列。去程开行437列，回程开行109列。

口岸综合管理

【航空口岸货运能力快速提升】 组织复航和新开国际全货机航线11条，客改货包机航线12条。执飞国际全货机1 021架次、运载货重6.19万吨、货值39.07亿美元，同比分别增长225%、116.43%、417.48%。执飞国际客改货包机497架次、运载货重5 543吨。全省国际航空货邮吞吐量7.6万吨，同比增长48.2%。

【中欧班列持续逆势上扬】 重点打造明斯克、马拉精品线路，新开衡阳至俄罗斯班列。全省中欧班列开行546列，同比增长22.4%，运营规模跻身全国五强；货值22.35亿美元，同比增长94.3%；本省货值9.72亿美元，占比提高到43.5%。其成为疫情期间提振信心、“六稳”、“六保”的风向标，央视新闻联播等媒体多次宣传报道。

【水运口岸江海航线稳定运营】 加大航线政策扶持力度，加强江海航线运营组织，加快出口烟花查验场建设。城陵矶口岸集装箱50.87万标箱，同比增长0.41%。其中，外贸集装箱35.4万标箱，同比增长7.2%；外贸货运量1 128.2万吨，同比增长12.4%。指定进口整车3 565台、冻品1 625吨、粮食220.2万吨。

【海关特殊监管区域突破200亿美元大关】 强化全省综合保税区、保税物流中心统筹发展，加强正面激励和检查督导。开展综合保税区发展绩效首次综合评估，促进高水平开放、高质量发展。全省7家综合保税区、保税物流中心外贸进出口额207.17亿美元，同比增长39.1%。全省外贸占比提升到27.6%。

【专班维护国际供应链畅通稳定】 组织进口防疫物资运输通关保障专班，从德国、俄罗斯、肯尼亚、印度等18个国家和地区，紧急运回口罩、防护服等医疗物资674.9万只（件）。组织重点外贸企业物流通关服务专班，为全省42家重点企业一对一服务，协调解决蓝思科技凭祥通关拥堵问题，支持华菱钢管、吉利汽车、中联重科等开行定制化中欧班列。

【口岸防疫工作取得阶段性成果】 第一时间启动航空口岸应急预案，协调组织筛查湖北籍出境返回人员3 000余人次，检出确诊病例1名。参与省联防联控机制驻口岸工作组，值守一线开展入境旅客转运闭环管理，累计转运10 094人次。加强国际航班、旅客及机组人员疫情防控，协调检疫50 975人次，检出核酸阳性46例、确诊1例，熔断国际航班2次。严格进口冷链食品及非冷链货物疫情防控，加强口岸监测检测和全面消毒，未发生本省口岸原发性货物输入疫情。

【成功举办首届口岸经贸博览会】 整合湖南口岸开放30年积累的平台、通道优势资源，与岳阳市共同举办首届口岸经贸博览会，在全国省级层面为首次。国家口岸管理办公室、商务部、中国民用航空局以及全国31个省（直辖市、自治区）全部组团参会，实现全国口岸系统“全家福”。成功组织口岸经济、长江水运、中欧班列、航空物流等4个高质量论坛，进一步强化了口岸经济理念，促进了口岸合作交流。

【口岸通关环境显著优化改善】 进口整体通关时间压缩至19.91小时，较2017年压缩89.18%，压缩比居全国第三。国际贸易“单一窗口”实现外贸服务功能14大项，货物、舱单、运输工具申报覆盖率达100%，舱单、运输工具、跨境电商申报量稳居中部地区前三。邵阳海关、娄底海关正式挂牌，市州一级海关机构实现全覆盖。

口岸监管与服务

【湖南出入境边检总站全面夯实口岸管控基础】 完善口岸限定区域管理和人员、交通运输工具及行李物品检查流程要素。全面加强总站情报信息研判中心建设，完善情报信息搜集、研判、推送、核查闭环，自主研发“录入标准前台指引”“前台录入差错提示预警”等前台辅助软件，建成梅沙系统运维智能应急建设，启用多种执法执勤装备，口岸“智能管控”水平不断提升。

【湖南出入境边检总站积极推动服务高质量发展】 制定11项措施贯彻落实习近平总书记在湘考察调研重要讲话精神，主动融入湖南“三高四新”战略部署，组建工作专班对接省委省政府建设湖南自由贸易区、打造中非经贸合作示范高地、长沙“四小时航空经济圈”建设等重大决策。落实“放管服”改革，规范出入境国际航班网上申报，完善通关指引42处，增建自助通道15条，落实了中国公民通关候检时间不超过30分钟的要求。推进“互联网+”政务服务，对接省内广播、电视、知名微信公众号等主流媒体，向出入境旅客和涉边企业宣传出入境政策。制定8项措施保障复工复产，为参与抗疫医疗、药品研发、物资供应等120余名中外人员提供通关便利，全年查验出入境人员289 762人次，交通运输工具4 711架次，为2 300余架货运包机及公务机开通“绿色通道”，保障6.42万吨价值30余亿抗疫物资、进出口商品、鲜活农产品通关“零等待”，为湖南经济社会发展提供了“边检加速度”。

【湖南出入境边检总站严厉打击跨境违法犯罪活动】 着力推进打击跨境违法犯罪和集中打击妨害国（边）管理犯罪等专项行动，建立多维标签项的“湖南总站疑似跨境赌博人员风险评估模型”并在出入境综合数据应用平台率先上线使用，与省公安厅人口与出入境管理局、治安总队分别建立联合研判和现场协查机制，发现多名出入境旅客符合从事跨境赌博活动嫌疑，成功劝阻拟出境涉赌人员。

【长沙海关全面深化改革，提升口岸通关效率】 借全国海关机构改革的东风，实现了全省各市州隶属海关机构全覆盖。充分发挥机构改革“化学反应”效应，推动海关业务全面深度融合，扎实推进通关一体化、税单无纸化、关税保证保险、智能审图、先验放后检测等改革，实现申报单证、作业系统、风险研判、指令下达、现场执法的“五统一”，口岸通关效率明显提升。全年进出口海关通关时间分别为4.44小时、0.31小时（全国分别为8.65小时、0.46小时），继续保持在良好水平，全省进出口整体通关时间分别为

47.81小时、4.83小时，达到海关总署考核指标要求。全面落实《海关全面深化业务改革2020框架方案》，积极推进“两步申报”等改革。自主完成进出口食品企业备案优化改革，将省内出口食品生产企业备案、进口食品进口商备案、进口化妆品境内收货人备案和进口肉类收货人备案等4项调整下放至所在地隶属海关办理，将长沙地区进口食品查验、检验检疫及送检流程全部整合、集中作业，企业进口食品入市时间可提前5~7天。

【长沙海关全面推进业务改革】 落实“改革2020”部署，“两步申报”应用率高于全国平均水平，“两段准入”试点顺利启动，“两轮驱动”基本实现以随机抽查掌控风险防控覆盖面目标，“两类通关”“两区优化”平稳推进。进一步推广应用“提前申报”、关税保证保险等改革，有效防范和化解改革伴生风险。依法创新出境水生动物、活猪等动植物检疫监管模式，协调推动恢复暂停21个月的湖南供澳活猪业务。出台加强对隶属海关业务指导10条措施，不断强化业务改革和基层执法规范性。

【长沙海关坚持业务科技一体化】 强化疫情防控科技支撑，推广应用智慧卫检系统、4G对讲机、远程监控等技术，搭建现场监控指挥“四位一体”支撑平台，与湖南大学合作开展的新冠病毒核酸快速检测科研项目通过海关总署验收。试点上线可视化物流链系统，全面推广原产地证书智能审核，监管现场智能审图、集中审像、智能卡口实现全覆盖。自主完成AR眼镜等14个科技“微创新”项目，参与制定3项国际标准，1项科研应用获得省部级科技进步二等奖。加强日志管理、清单管理、风险管理、授权管理和场所管理，海关业务数据安全防线全面筑牢。

【长沙海关全面提升实际监管效能】 加强进出口食品化妆品监督抽检和风险监测，保障进口肉类和乳制品、供港蔬菜质量安全，严格出口防疫物资、危险化学品等重点敏感商品检验监管。全年实施货物检验检疫10.2万批次，同比增长13.1%；查验率41.8%，查验不合格率1%。强化进出口风险防控。实施“两仓”建设三年规划，新设保税仓库4家、出口监管仓库2家，完成53家AEO企业认证工作。开展知识产权保护“龙腾行动2020”“蓝网行动”等专项行动，查扣侵权嫌疑货物198批次，增长5.8倍。深化“统计+研究”，圆满完成“特种车用变速箱及其零件”等3项重点商品、15万字的课题研究任务。

开放口岸

【长沙空运口岸（长沙黄花国际机场）】 长沙空运口岸1990年3月正式对外开放，1999年开通国际航空货运，是湖南省最早开放的空运口岸。长沙黄花国际机场位于长沙市长沙县黄花镇，飞行等级为4F级，现有3 800米跑道1条、3 200米跑道1条，航站楼面积21.2万平方米，是湖南省规模最大的民用机场，也是湖南首个开放口岸。长沙空运口岸实行24小时通关，推行无纸化通关、“属地报关、口岸验放”、风险分级管理等措施及“10-5-3-1”边检服务法（10步远时面带微笑，5步远时主动问候，3步远时引导提示，1步远时热情服务）、4S（微笑Smile、真诚Sincerity、规范Standard、满意Satisfaction）服务模式。

长沙黄花综合保税区于2016年5月获批设立，规划面积1.99平方千米，一期建设0.77平方千米，是湖南省唯一临空综合保税区。2020年，长沙黄花综合保税区实现外贸进出口额70.9亿美元，同比增长25.5%。

长沙黄花国际机场

【张家界空运口岸（张家界荷花国际机场）】 张家界空运口岸 1999 年 4 月正式对外开放，2016 年开通国际航空货运，是武陵山片区目前唯一的对外开放口岸。口岸机场张家界荷花国际机场位于张家界市永定区，飞行等级为 4D 级，现有 2 600 米跑道 1 条，航站楼面积 4.65 万平方米。张家界地处湖南西北部，武陵山腹地，拥有第一个国家森林公园、世界自然遗产、世界地质公园、国家 5A 级旅游景区等多项桂冠，旅游资源富集，是国内外重要的游客集散地，首批国家旅游综合改革试点城市之一。

2020 年，张家界空运口岸国际航空发展迅猛，客货并举，首次开通国际全货机。受新冠肺炎疫情影响，2 月 2 日国际客运全面停航（全年口岸出入境 1.869 9 万人次，出入境航班 238 架次，同比分别下降 94.78%、90.59%）。张家界空运口岸克服困难，实现“客运损失货运补”。6 月 8 日，开通曼谷—张家界国际货运航线，开通至年底运行国际全货机航班 14 个往返，载运进出口货物共计 148.66 吨，货值 454.3 万美元。进口主要是东南亚水果，出口主要是电商货。

同时，张家界口岸平台建设取得新突破。三个进境指定监管场地顺利通过海关总署验收、公示获批、启用。1 月，进境（水果、冰鲜水产品、食用水生动物）指定监管场地顺利通过海关总署专家组现场验收。3 月，在海关总署网站公示获批。6 月 8 日，张家界国际全货机开通，进境指定监管场地同步启用。进境指定监管场地是张家界供给侧结构改革、开放型经济发展的又一重要平台，对旅游消费提质升级，改善片区居民生活，提升张家界进出口贸易、推动开放型经济发展起到极大作用。

张家界荷花国际机场

【岳阳城陵矶水运（河港）口岸】 岳阳城陵矶水运（河港）口岸包括 1996 年 10 月国务院批准的城陵矶港和 2009 年 6 月正式开港营运的城陵矶新港以及华粮、岳化、长炼三个开放口岸停靠点，是湖南省唯一的水运开放口岸。城陵矶港全年平均水深 12 米以上，共有客货泊位 37 个，其中 3 000 吨级泊位 29 个，3 000 吨级（兼顾 5 000 吨级）集装箱泊位 7 个，拥有进港铁路专线、H986 集装箱机检中心等，可常年停靠 5 000 吨级以上的船舶，是长江八大深水良港之一。

岳阳城陵矶综合保税区于 2014 年 7 月 5 日经国务院正式批复设立，规划面积 2.98 平方千米，于 2016 年 8 月 9 日正式封关运营。2020 年，实现外贸进出口额 65 亿美元，同比增长 62.3%。

湖南岳阳国际集装箱港

2020 年湖南省口岸大事记

1 月 9 日

张家界空运口岸进境水果、食用水生动物、冰鲜水产品指定监管场地通过海关总署验收组验收。

1 月 19 日

湖南省副省长何报翔赴长沙空运口岸，慰问口岸一线干部职工。

3 月 4 日

湖南省委书记杜家毫赴长沙空运口岸，督导调研口岸新冠肺炎疫情防控情况。

3月23日

湖南省委常委、省委秘书长张剑飞赴长沙空运口岸，督导调研口岸疫情防控情况。

4月7日

长沙开通至列日货运航线。

5月21日

长沙开通至安哥拉医疗防疫物资包机。

5月22日

长沙邮局海关开关。

6月9日

张家界开通至河内货运航线。

9月26日

长沙开通湘粤非铁海联运测试班列。

10月29日~30日

首届湖南（岳阳）口岸经贸博览会在岳阳举行。

（撰稿人：罗专、段凌）

2020 年湖南省口岸流量统计表

口岸类型		口岸名称	货运量（万吨）				集装箱量（万标箱）				人员（万人次）				交通工具（辆、艘、架、列次）			
			出口	进口	合计	同比（%）	出口	进口	合计	同比（%）	出境	入境	合计	同比（%）	出境	入境	合计	同比（%）
空运口岸																		
		分计			7.60	48.20							29	-91.10			4 711	-76.90
水路口岸	海港口岸																	
		分计																
	河港口岸				1 128.20	12.40			50.87	0.41								
		分计																
合计									50.87	0.41			29	-91.10			4 711	-76.90
同比（%）																		

（湖南省口岸办提供）

2020 年湖南省口岸出入境主要数据表

<table>
<tr><th colspan="3">项　目</th><th>2020 年</th><th>2019 年</th><th>同比（%）</th></tr>
<tr><td rowspan="14">出入境人员（人次）</td><td colspan="2">出入境人员总数</td><td>289 762</td><td>3 264 200</td><td>-91.12</td></tr>
<tr><td colspan="2">入境人员</td><td>147 261</td><td>1 630 996</td><td>-90.97</td></tr>
<tr><td colspan="2">出境人员</td><td>142 501</td><td>1 633 204</td><td>-91.27</td></tr>
<tr><td colspan="2">出入境旅客</td><td>255 024</td><td>3 080 230</td><td>-91.72</td></tr>
<tr><td colspan="2">出入境员工</td><td>34 738</td><td>183 970</td><td>-81.12</td></tr>
<tr><td rowspan="5">中国公民</td><td>小计</td><td>275 866</td><td>3 034 102</td><td>-90.91</td></tr>
<tr><td>内地居民（因公）</td><td>8 281</td><td>58 064</td><td>-85.74</td></tr>
<tr><td>内地居民（因私）</td><td>208 914</td><td>2 123 733</td><td>-90.16</td></tr>
<tr><td>港澳居民</td><td>1 766</td><td>21 700</td><td>-91.86</td></tr>
<tr><td>台湾同胞</td><td>12 130</td><td>208 398</td><td>-94.18</td></tr>
<tr><td colspan="2">外籍人员</td><td>58 671</td><td>852 305</td><td>-93.12</td></tr>
<tr><td colspan="2">从海港出入境人数</td><td></td><td></td><td></td></tr>
<tr><td colspan="2">从陆港出入境人数</td><td></td><td></td><td></td></tr>
<tr><td colspan="2">从空港出入境人数</td><td>289 762</td><td>3 264 200</td><td>-91.12</td></tr>
<tr><td rowspan="5">交通运输工具（辆、艘、架、列次）</td><td colspan="2">总计</td><td>4 711</td><td>20 413</td><td>-76.92</td></tr>
<tr><td colspan="2">船舶</td><td></td><td></td><td></td></tr>
<tr><td colspan="2">飞机</td><td>4 711</td><td>20 413</td><td>-76.92</td></tr>
<tr><td colspan="2">火车</td><td></td><td></td><td></td></tr>
<tr><td colspan="2">机动车辆</td><td></td><td></td><td></td></tr>
</table>

（湖南出入境边检总站提供）

2020 年长沙海关主要数据统计表

项　目		2020 年	2019 年	同比（%）
进出口货运量（万吨）	合计	2 625.2	2 690.5	-2.43
	进口	2 413.6	2 453.7	-1.63
	出口	211.6	236.8	-10.64
进出口贸易总值（万美元）	合计	—	—	—
	进口	—	—	—
	其中：江、海运输	—	—	—
	铁路运输	—	—	—
	汽车运输	—	—	—
	航空运输	—	—	—
	邮件运输	—	—	—
	其他运输	—	—	—
	出口	—	—	—
	其中：江、海运输	—	—	—
	铁路运输	—	—	—
	汽车运输	—	—	—
	航空运输	—	—	—
	邮件运输	—	—	—
	其他运输	—	—	—
税收（万元）	两税合计	1 029 591.6	1 067 090.4	-3.51
	关税入库	111 636.9	134 587.8	-17.05
	进口环节税入库	917 954.7	932 502.6	-1.56

（长沙海关提供）

2020 年岳阳海事局进出港船舶统计汇总表

船舶类别	进港船舶							出港船舶						
	艘数（艘）	总吨（吨位）	总载重量（吨）	载客量（客位）	船员人数（人次）	货物到达量（吨）	旅客到达量（人）	艘数（艘）	总吨（吨位）	总载重量（吨）	载客量（客位）	船员人数（人次）	货物发送量（吨）	旅客发送量（人）
总　计	22 800	52 613 408	82 553 314	64 143	—	34 921 476. 72	61 413	21 752	50 797 385	79 938 197	66 792	—	27 735 813. 62	34 853
中国籍船舶	22 800	52 613 408	82 553 314	64 143	—	34 921 476. 72	61 413	21 752	50 797 385	79 938 197	66 792	—	27 735 813. 62	34 853
其中外贸船														

（岳阳海事局提供）

口岸数量及分布

截至2020年年底，广东省共有经国务院批准的对外开放口岸58个。其中，空运口岸5个，分别是广州空运口岸（广州白云国际机场）、深圳空运口岸（深圳宝安国际机场）、梅州空运口岸（梅州机场）、湛江空运口岸（湛江机场）、揭阳空运口岸（揭阳潮汕国际机场）；陆路（铁路）口岸6个，分别是深圳、广州、佛山、东莞、肇庆、广深港高铁西九龙站铁路口岸；陆路（公路）口岸12个，分别是文锦渡、沙头角、皇岗、罗湖、深圳湾、福田、莲塘、拱北、横琴、珠澳跨境工业区专用口岸和港珠澳大桥珠海公路口岸以及经国务院批复设立正在建设暂未启用的珠海青茂口岸；水运（海港）口岸23个，分别是广州、南沙、莲花山、盐田、蛇口、赤湾、妈湾、大亚湾、大铲湾、珠海、九洲、湾仔、万山、汕头、潮阳、潮州、惠州、汕尾、湛江、揭阳、广海、阳江、茂名海港口岸；水运（河港）口岸12个，分别是新塘、斗门、虎门、江门、新会、三埠、鹤山、中山、南海、高明、容奇、肇庆河港口岸。

口岸运行数据

2020年，经广东口岸进出口货运量5.37亿吨（不含对港澳水出口），同比增长6.4%，其中进口3.64亿吨，同比增长5.2%；出口1.73亿吨，同比增长9.1%。出入境人员9 597.18万人次，同比下降78%。出入境交通工具948.52万辆（艘、列、架）次，同比下降52.4%。受新冠肺炎疫情影响，货运量及出入境人数呈现以下特点。一是进出口货运量保持正增长。2020年一季度，广东省主要大宗商品和重点农产品进口量大增，1~3月进口货运量月均增长21.63%。从4月开始，受新冠肺炎疫情影响，进口货运量下滑，出现负增长，但抗疫物资等货物出口增加；4~11月，出口货运量月均增长12.63%，带动广东省进出口货运量维持正增长。二是口岸出入境人数大幅下降。按照新冠肺炎疫情防控要求，自2020年3月29日起，省内只保留广州白云国际机场入境客运航班，日均班次由约40班次压至5班次，粤港口岸保留深圳湾口岸和港珠澳大桥珠海公路口岸，暂停邮轮码头国际邮轮航线、来往港澳的水运客运口岸航线和部分高风险国际货运航线运营，航空、陆路、港口、铁路口岸出入境人数均下降70%以上。出入境人次从日均约110万降至34万左右，降低了境外疫情输入风险。三是航空口岸和粤澳口岸运行逐步恢复。为服务保障来粤返粤复工复产复学，广州、深圳、揭阳口岸机场有序恢复固定国际航线航班，入境国际航班增长到目前每周82班；粤澳人员分阶段有序恢复正常往来，珠澳口岸入出境人员日均达到26万人次，比恢复正常往来前增长了7倍多；珠海湾仔轮渡客运口岸往来澳门内港航线，深圳蛇口邮轮母港粤澳水路客运口岸航线经国家和省批准同意先后恢复。

口岸综合管理

【外防输入“阻击战”和“持久战”取得显著成效】 2020年2月26日以来，按照省防控指挥办公室的安排，广东省口岸办牵头组建防控境外重点地区疫情输入工作专班，打造“全流程闭环管理”防控体系，有效切断一切可能的境外疫情输入途径。广东省口岸办港口口岸处获2020年广东省抗击新冠肺炎先进集体表彰，陆空口岸处陈列、口岸应急指挥中心万演存两名同志获先进个人表彰，全省口岸系统共9个单位15名同志获表彰。一是协调联动，建立“最严密”的防御战线。协调35个省直和中央驻粤单位组成省工作专班，指导市一级建立了相应的工作机构并组建接转专班，省市协同在广州、深圳、珠海、揭阳等市的旅客入境重点口岸设立现场指挥部并24小时运作，建立粤港粤澳疫情联防联控协调机制，全力筑牢横向到边、纵向到底、高效统一的口岸防线。建立与国内外、粤港澳、省际、省市、部门“五个联动”协同机制，以及关口前移、入境管控、社区排查、门诊监测、医疗收治“五道防线”拦截机制，并实行口岸筛查、专车接转运、健康管理“三个全覆盖”。全省口岸（商务）系统牵头协调相关单位接转分流入境需隔离人员约 68 万人，实现了“零差错、零事故、零感染”目标。为保护外防输入一线工作人员的自身安全，协调 21 批共 3 814 万余元应急防护物资，帮助口岸基层单位缓解日常防护物资紧缺难题。二是因时因势，出台“最硬核”防控措施。先后制定了八版《广东省防控新冠肺炎疫情境外输入工作指引》，“快捷通道”包机、跨境货车司机等专项工作指引，以及国际机组人员防控、中国台商返粤等系列实施办法和工作方案 60 余份，将从海陆空客货运等各种通道、各种方式入境人员全部纳入全链条、全流程防控。因时因势出台粤港跨境货车司机全流程管控 15 条、香港入境及赴港返粤豁免人员闭环管理指引等措施，协同各部门各地市从严把住口岸检疫关、从细做好入境人员闭环管理、从实加强粤港粤澳联防联控，最大限度防范境外疫情输入风险。截至 2020 年 12 月 31 日，累计防控经广东口岸入境人员约 3 090 万人次，其中对 40 万名从航空口岸入境的旅客、27 万名从粤港澳口岸入境不豁免人员，以及对离船上岸（入境）的 8 724 名国际航行船舶船员、1 199 名小型船舶船员和 5 568 名港澳流动渔民全部落实全流程闭环管理措施。三是服务复工复产复学，传递“最温暖”广东力量。积极应对新冠肺炎疫情初期部分陆路口岸暂停旅检服务和粤港澳水运客运航线暂停运行等突发情况，加强与港方协调沟通，解决跨境出租车和私家车、滞留深圳的香港跨境巴士以及香港赛马会运马车、粤港跨境运钞车等通关难题，保障香港货物及相关民生物资运输顺利通关。协调珠海、深圳等市从港澳接回 292 批次 1 630 名湖北籍或入境前 14 日内有湖北旅居史的内地旅客，展现广东浓浓的同胞情。支持地市用好“快捷通道”机制，协调批准来粤“快捷通道”包机 47 班，入境人员 4 811 人。做好复工复产复学的来粤返粤人员健康管理和服务保障，协助安排约 73 国 1 260 位驻华使领馆人员在广东省口岸入境，为 5 872 家企业、单位所邀请的 21 592 名外籍人士办理来华邀请函。分阶段有序恢复粤澳人员正常往来，豁免粤港跨境货车司机、来往港澳小型船舶船员等保障港澳生产生活的特定人员，截至 2020 年 12 月 31 日，从珠澳口岸入境不实施隔离人员累计（下同）1 537. 22 万人次，粤港跨境货车司机 97. 6 万人次，来往港澳小型船舶 37. 38 万人次；审批豁免重要公务和经贸、科研、技术合作等活动人员免除集中隔离 9 434 人次。此外，临时恢复香港机场海天码头至虎门港太平客运口岸水上客运航线，顺利完成 5 批次包机航班共 1 326 名台湾地区的台商、台胞、台生经香港机场中转入境。

广州白云机场口岸协调联动，建立“最严密”防御战线

【促进跨境贸易便利化工作取得积极成效】会同有关单位建立省市联动、部门联动的协调联络工作组，主动对标对表韩国，上海和北京跨境贸易指标，全面系统梳理跨境贸易存在的短板和弱项，制订印发《广东省支持广州、深圳市开展促进跨境贸易便利化专项行动工作方案》，多次组织召开协调推进会，及时推进解决遇到的困难和问题，千方百计在新冠肺炎疫情下推进跨境贸易便利措施落地实施。通过开展专项行动，广州口岸进口边境合规时间为 23 小时，与专项行动前相比（下同）压缩了 37. 8%；出口边境合规时间为 14 小时，压缩了 22. 2%。进口单证合规时间为8小时，压缩了33.3%；出口单证合规时间为5小时，压缩了37.5%。进口边境、单证合规成本分别为214.6美元、72.5美元，压缩了35.4%、34.1%；出口边境、单证合规成本为206.6美元、72.5美元，压缩了27.5%、4.6%。国家口岸管理办公室以2020年第8期《口岸简讯》转发广东省开展专项行动的做法和成效。认真细化落实国家清理规范海运口岸收费措施，联合省发展改革委、交通运输厅等单位转发《清理规范海运口岸收费行动方案》。持续推进免除查验没有问题外贸企业吊装移位仓储费用试点，2020年免除费用预计1.2亿元。委托第三方机构参照世界银行跨境贸易8项评估指标和标准，对广东省广州、深圳、珠海等15个沿海主要集装箱码头的跨境贸易便利度进行跟踪评估，广东省单个集装箱进出口环节合规成本控制在400美元以内。支持驻粤口岸查验单位实施“提前申报、两步申报”“船边直提”“抵港直装”等改革，2020年10月全省进、出口整体通关时间分别为8.93小时、1.32小时，比2017年分别压缩了79.22%、88.89%。

【进一步拓展和完善国际贸易“单一窗口”功能】 全面推进落实标准版建设推广任务，全年推动海关查验信息推送等3大类21项新功能落地应用，全省累计申报单量达25.5亿票（占全国49.9%），继续位居全国首位。粤港澳大湾区通关便利化项目取得实质进展，来往香港货运车辆海关备案业务于2020年12月1日正式上线；“澳车北上”于12月21日完成内地系统平台建设和全流程模拟申报及审批测试工作，为政策落地提供系统支撑；粤澳货物“单一窗口”于12月18日实现广东电子口岸平台与澳门电贸电子报关平台系统对接；粤港澳航行船舶平台试点上线，服务小船便利申报、有效监管。口岸物流协同平台首期功能上线，实现关港互动、设备交接单无纸化，推进“单一窗口”业务协同和流程优化。金融服务功能丰富拓展，逾7 500家小微企业在线投保，承保保额超60亿美元。支持海事完成中新船舶电子证书交换互认，标志着中国和新加坡国家级“单一窗口”实现系统对接，成为全球首个海事电子证书跨国应用项目，获国家海事局专函感谢。电子口岸运行安全管理和服务保障持续加强，经省政府同意印发广东“单一窗口”数据安全管理规程和运行管理规程，认真开展海关业务数据安全专项行动，加强检查整改，完成网络安全三级等保测评；利用全国运维管理服务平台强化一体化运维保障，提升7×24小时客户服务水平。

【推进粤港粤澳口岸基础设施建设和口岸通关便利化改革实现新突破】 积极推进莲塘口岸于2020年5月27日正式通过国家验收组对外开放验收，并于8月26日率先启用货检功能，旅检部分开通时间视疫情发展情况由粤港双方再行商定。积极推进皇岗口岸重建，临时旅检楼建设及配套设施设备安装完毕已具备开通条件，并得到了香港运输署和业界代表的充分认可；口岸片区部分老旧建筑已完成拆除，新皇岗口岸确定采用“湾区基石，国之重器”设计方案建设，并已启动综合业务楼建设。积极协调推进青茂口岸建设，目前查验场地装修已基本完成，内部装修和查验设施设备正在抓紧安装调试。协调推进横琴口岸澳门口岸区及相关延伸区旅检区域于2020年3月18日起移交澳门，并适用澳门特别行政区法律实施管辖；经粤澳双方协商，横琴口岸新旅检区于8月18日开通启用，并实行“合作查验，一次放行”的新型查验模式。协调推进港珠

2020年5月27日，莲塘公路口岸正式通过国家验收组对外开放验收

澳大桥珠海公路口岸及珠澳跨境工业区专用口岸扩大开放，基本完成所需的查验设施设备改造配套、车辆试运行工作。协调推进文锦渡口岸出入境各两条小车通道改造，并完成查验系统的安装和调试；开展口岸小车通道免下车查验试点，出入境实测通关车辆共 1 326 辆次，乘客人数 3 978 人次，全部完成免下车查验通关。

【落实口岸发展规划和重点项目开放建设取得新进展】 研究编制“十四五”规划，以服务促进稳外贸、稳外资，加快构建更高水平开放型经济新体制和对外开放新格局为目标，组织研究编制“十四五”口岸发展规划，经省政府审定上报国家口岸管理办公室。加大检查督促力度，加快对列入国家“十三五”口岸发展规划的组织实施，珠海、湛江、广州港口口岸扩大开放项目上报国务院，揭阳港口岸、阳江港口岸和汕尾港口岸扩大开放已获批对外开放。协调推进完成珠海港高栏港区南迳湾宝塔公用液体化工品码头、惠州港荃湾港区煤炭码头通过省级验收正式对外开放，协调促成中科合资广东炼化一体化项目自用码头、广东省烽火海洋网络设备有限公司配套码头、汕头广澳港区二期泊位、茂名博贺新港区码头、广州港大屿山三门岛锚地等 5 个口岸项目临时对外开放 7 批次，协调推进中山港神湾水道水域临时对外开放。推进江门市外海货运原二类口岸通过搬迁实现资源整合。积极协调推进江门、中山等市申报口岸进境原木等指定监管场地。

【推进中欧班列逐渐实现常态化市场化运作】 落实国家“一带一路”倡议，积极协调省市各部门和相关口岸查验单位，按照国家规范标准出台相关扶持措施，并推动建立运营合作机制和完善相关管理细则。支持广物集团公司成立中欧班列运营平台，于 2020 年 1 月实现自运营，于 2 月 21 日实现节后首发，首列回程班列于 5 月 19 日顺利抵穗；东莞石龙站点于 2 月 14 日实现节后首发，于 5 月 15 日开通了“蛇口—石龙”湾区快线，实现东莞中欧班列与深圳西部港区丰富的航运物流贯通联动；东莞常平班列于 11 月 29 日实现首发。2020 年，中欧班列共发运 270 列（广州大朗 111 列，东莞石龙 131 列、常平 1 列，深圳平湖 27 列），同比下降 2.88%；发送集装箱 25 448 标箱，同比增长 2.89%；出口货值 13.63 亿美元，同比增长 8.26%。同时，支持广州大朗、东莞石龙两站点积极克服新冠肺炎疫情防控带来的困难，努力恢复班列常态化运行；深圳平湖、东莞常平新增两个班列站点。

【确保口岸通关运行整体安全、顺畅】 始终把口岸安全运行摆在首位，按照“安全第一、预防为主、综合治理”的原则，制订口岸通关安全检查督导方案，严格检查督导措施，督促各地市和有关单位落实抓早抓实抓细要求。尤其在新冠肺炎疫情防控中，协调查验单位，突出抓紧口岸通关安全的督导，及时提醒，重点辅导，随时抽查，确保口岸新冠肺炎疫情防控工作取得实效。

【进一步规范口岸审批】 推进口岸开放验收“放管服”工作，修订原港口口岸开放范围内码头泊位开放审批操作办法，经省政府同意印发《广东省已开放港口口岸范围内新建、改建码头泊位对外开放验收启用管理实施细则》，并将广州、深圳市的相关事权下放给该市口岸主管部门实施，提升口岸开放建设项目验收审批效率和服务效能。

口岸监管与服务

【广州出入境边检总站全力筑牢国门安全防线】 广州出入境边检总站全面贯彻总体国家安全观，严密口岸管控措施，严格出入境人员及交通运输工具检查，严厉打击各类非法出入境活动，坚决防范不法分子从口岸潜入潜出，确保国门安全，有效维护了口岸出入境秩序。2020 年，广州出入境边检总站共查验出入境人员合计 361.8 万人次，其中出入境旅客 262.8 万人次，出入境员工 99.1 万人次。共查验出入境交通运输工具 11.6 万架（列艘）次，其中出入境飞机 4.4 万架次、列车 0.05 万列次、船舶 7.1 万艘次。

【广州出入境边检总站全力防范应对新冠肺炎疫情】 面对突如其来的新冠肺炎疫情，总站坚持把疫情防控作为头等大事。一是认真落实联防联控机制和“三提前、三共享”要求，及时排查涉疫数据并推送前台预警和共享信息，最大限度为防疫大局提供边检数据支撑。二是坚持“一航班一方案”，保障了19个国家（地区）的117批次临时航班和客轮、3个国家（地区）20批次“快捷通道”、3批次援外医护人员顺畅通关。三是着力防范境外疫情经水运口岸输入，加强出入境船舶轨迹核查，排查重点船舶4.4万余艘次、船员84.8万余人次，处置涉疫船舶8艘次、染疫船员20人次，最大限度堵塞漏洞、扎紧防线。

【广州出入境边检总站全力服务经济社会发展】 面对当前疫情防控形势变化和经济下行风险挑战，总站积极落实“六稳”“六保”工作任务，全力支持企业“复工复产”，提供优质便捷安全通关服务，确保疫情防控和助力复工复产同向发力、同步推进。针对大宗货物特别是抗疫物资运输数量激增情况，强化与海关、海事等联防联控单位协作配合，持续做好医护人员、各类物资通关服务保障。在白云机场口岸保障防疫物资、医护人员快速通关近100批次，做到热诚服务“零距离”，通关保障“零延迟”。在东莞圆满完成9艘次客轮载运1 326人次台胞、台商、台生从太平口岸集中入境专项勤务，获东莞市台商投资企业协会致函感谢。广州出入境边检总站坚持把边检工作置于构建新发展格局中谋划，主动对接粤港澳大湾区建设发展战略以及省市改革发展规划，全力支持穗港、琶洲客运港等重点口岸建设，实行“国际航行船舶移泊免办边检查验手续”“船舶边检查验零待时”“边检行政许可试行网上办理”等便利措施，其中，“国际航行船舶移泊免办边检查验手续”试点经验在国家服务贸易创新发展试点地区复制推广，“船舶边检查验零待时”获国务院深化服务贸易创新发展试点第二批最佳实践案例，“边检行政许可试行网上办理”作为自由贸易实验区第六批改革试点经验得到国务院推广。

【深圳出入境边检总站服务地方建设】 深圳出入境边检总站下辖18个边检站（深圳11个，汕头2个，揭阳2个，惠州、汕尾、潮州各1个），担负24个对外开放口岸、15个原二类口岸、85个码头、15个出入境渔船执勤点以及福田保税区的出入境边检工作和沙头角边境特别管理区管理任务。受新冠肺炎疫情影响，2020年查验出入境人员2 475.7万人次，同比下降89.76%；查验交通运输工具673.8万辆（艘、架、列）次，同比下降53.78%；查获违法违规人员4 830人次。深圳湾出入境边检站被公安部授予集体一等功，深圳机场出入境边检站获“全国公安系统抗击新冠肺炎疫情先进集体”“广东省抗击新冠肺炎疫情先进集体”，文锦渡出入境边检站团支部获“全国五四红旗团支部”，深圳湾出入境边检站民警王丽霞家庭获“全国抗疫最美家庭”“全国文明家庭”，深圳湾出入境边检站民警匡云鹤获“全国公安系统抗击新冠肺炎疫情先进个人”“广东省抗击新冠肺炎疫情先进个人”，深圳湾出入境边检站民警黄平获全国移民管理机构首届“十大国门卫士”，总站医院副院长卢涛获“广东省抗击新冠肺炎疫情先进个人”、被国家移民管理局授予个人一等功，总站医院护士单雪获“全国公安抗疫巾帼先锋”，总站医院干部林诗杰获“广东省抗击新冠肺炎疫情先进个人”。

【深圳出入境边检总站坚决筑牢疫情防控防线】 2020年，深圳出入境边检总站坚决落实“坚定信心、同舟共济、科学防治、精准施策”的总要求，把外防输入作为疫情防控工作的重中之重，加强涉疫数据研判，向国家移民管理局报送涉及全国201个口岸3 140万人次的涉疫信息，协助布列涉疫重点关注信息66万余条，排查出入境人员记录1.2亿余条，协助核查涉疫人员信息12万余条，预警疫情高风险入境人员5.8万余人次，推送有国外旅居史的入境人员信息9.7万余条，为精准防控提供支撑。严密疫情防控闭环管理，坚持开展入境船舶100%涉疫风险排查、客运航班100% iAPI信息预警筛查、跨境货车

100%车体检查，妥善处置“四类人员”3 400 余人（含确诊病例 77 人），发现未如实向海关申报国外旅居史人员 43 人次，从中发现确诊病例 1 人。密切与海关、卫生健康、口岸管理等部门联防联控，妥善处置“歌诗达威尼斯号”邮轮重大突发公共卫生事件，促成“中英街”沿街设置围挡实施封闭管理、将港澳流动渔船纳入地方防控体系，有效实施闭环管理。认真落实国家移民管理局统筹推进新冠肺炎疫情防控和经济社会发展工作部署 10 项措施，积极支持地方社会经济复工复产。组建 17 人医疗队驰援湖北荆州，救治染疫人员 144 人（含重症及危重患者 57 人）。

【深圳出入境边检总站全力维护口岸边界安全】 2020 年，深圳出入境边检总站始终把坚决捍卫国家政治安全作为首要职责，建立健全应急预案、统一指挥、战时勤务、协同响应的“一案三制”工作体系，研究制订维护国家政治安全和社会稳定工作方案和陆路口岸极端突发事件应对处置预案，部署突发事件处置机动队，有序有效开展各级处突演练。加强执法执勤安全隐患排查。开展口岸边界管理安全风险排查整治行动和防范执勤差错事故专项行动，建立典型案例讲评通报、典型差错整改通报、执勤差错事故约谈 3 项制度，积极构建“人防、物防、技防、群防”多位一体的防控体系。严厉打击口岸违法出入境活动，开展粤港跨境货车车体检查集中整治工作，进一步构建跨区域跨部门联合反偷渡工作体系，加大打击跨境违法犯罪活动力度，成功收网 1 宗组织周边国家人员偷越国（边）境案，协助抓获犯罪嫌疑人 20 人，捣毁非法用工等犯罪窝点 3 个。

【深圳出入境边检总站积极服务“双区”建设发展】 2020 年，深圳出入境边检总站主动跟进粤港澳大湾区、深圳建设中国特色社会主义先行示范区和综合改革试点等重大战略，全面梳理、综合论证、专题调研“双区 ”建设发展规划涉边检工作 36 项，积极配合实施皇岗等陆路口岸重建改造、莲塘口岸顺利建成启用、深圳湾口岸货检 24 小时通关，积极配合推动陆路口岸人员、车辆查验和监管模式，空港口岸过境免检、免签以及海港口岸船舶、邮轮、游艇查验模式创新，支持推进沙头角深港国际旅游消费合作区建设，启用中英街联检大楼新查验厅并提供自助通行服务，优化中英街通行体验。简化涉重大能源、建设项目的出入境检查措施，提供“零等待”报检服务，实施国际航行船舶报检业务 24 小时“云办理”。

【深圳出入境边检总站深化科技创新应用】 2020 年，深圳出入境边检总站坚持把科技创新应用作为新增长点，认真组织完成国家移民管理局部署重点研发任务，试点建设登机口人脸识别系统，建立空港预报风险评估和生物特征识别比对结果推送机制，完善海港梯口智能化监管平台，提升一线执勤工作效能。深圳出入境边检总站的 3 项研发成果获得国家实用新型专利，1 个合作建设项目获公安部科学技术三等奖，1 个自主研发项目获“智慧公安我先行”技术革新奖三等奖。发挥大数据排查效能，构建出入境信息分析“大数据平台”，常态开展涉口岸出入境数据信息搜集研判，为打击涉出入境违法犯罪提供精准信息支撑。

【珠海出入境边检总站防范新冠肺炎疫情，服务口岸通关安全稳定】 珠海出入境边检总站目前下辖拱北、港珠澳大桥、横琴、中山、青茂、湛江、湾仔、九洲、江门、茂盛围、万山、新会、高栏、斗门、台山、茂名、阳江、开平 18 个边检站。其主要承担驻地口岸出入境人员、交通运输工具的检查、监护和口岸限定区域管理等职责，囊括海、陆、空边防检查工作任务，是一支重要的公安行政执法力量。2020 年，新冠肺炎疫情在全球扩散蔓延，面对防范境外疫情输入的严峻形势，珠海出入境边检总站坚决贯彻“外防输入、内防反弹”的防控策略，把防范境外疫情输入作为当前头等大事和最重要工作来抓，有力防范化解境外疫情经口岸边境输入的风险。一是科学施策，紧密联动。自新冠肺炎疫情发生之初，成立总站疫情防控工作领导小组，下设疫情防控办公室，24 小时值班运作，科学制订、动态调整工作方案，细化梳理不同阶段疫情防控措施，明确防疫工作规范及民警防护指引，将疫情防控纳入勤务组织全流程。深度融入省市两级联防联控体系，主动参与省市党委政府疫情形势研判和政策措施制定。联合拱北海关制定联系配合办法，明确高风险旅客通报、协查及移交流程。发挥粤港、粤澳边境警务联络官协调联动作用，强化信息互通和警务协作，有力应对粤港澳三地动态防控措施。二是筑牢防线，严防输入。指导各陆路站进一步强化证件查验、轨迹核查、盘查询问，有针对性地采取分类查验、专道验放、人员跟控等措施，配合做好入境人员全流程闭环管理，稳妥处置移交经所辖口岸出入境的确诊人员，切实筑牢口岸防线。加强关键部位警力部署，强化应急预案制订和处突演练。指导各海港站全轨迹管住国际航行船舶及往来港澳小型船舶，加强闭环管理，严防非法载运人员入境，严防疫情经水路传播。三是服务粤澳，恢复往来。为全力服务粤澳两地人员恢复正常往来，提前研判两地政府、海关等防控措施和澳门出入境管制措施调整情况，客观预判客流增长态势，实时调整勤务安排，因时因势调整防控策略。面对持续增长的客流，在充分研究论证的基础上，经国家移民管理局批复同意，在全国范围内率先对珠澳口岸特定人群恢复使用自助查验通道和车辆“一站式”查验，服务粤澳人员恢复正常往来政策顺利落地，相关工作得到广东省、珠海市两级党委政府和出入境旅客的高度肯定。

【珠海出入境边检总站保障社会民生，提升边检管理服务水平】 科学谋划“走百企、解难题、促‘六稳’”活动，出台服务经济社会发展措施清单，主动协调解决企业复工复产突出问题，针对反映强烈的供澳鲜活产品货车通关、港澳籍船舶入境维修、赴澳劳工集中通关等，实施“一企一策”“一事一策”，切实摸清底数、找准问题、打通堵点。各陆路站在口岸设立防疫物资、供港输澳民生物资“绿色通道”，内地劳工赴澳返工、跨境学童复学、参展台商集中入境“专岗专道”，为各行各业复工复产、各类人群复学复业往来提供边检服务保障。各港口站推出“快检平台”，实行24小时通关服务模式，落实预报预检“三提前”机制，细化本地外籍船员登陆换班工作指引，帮助港航企业降本减负，提高船员查验效率，确保进出口货物快捷通关，服务“六稳”“六保”大局。服务港澳流动渔民便利生产作业，推动驻地政府制定省市两级渔港疫情防控方案，建立港澳流动渔民联防联控机制，加大法律法规宣传力度，严密渔港内巡查监管，出台珠海出入境边防总站“加强港澳流动渔船渔民检查管理10项措施”，提升港澳流动渔船渔民检查监管规范化水平，顺利完成5月1日南海休渔期渔民渔工集中上岸入境和8月16日开渔期渔船渔民边防检查工作。助推跨境车辆便捷流动，全面加强港珠澳大桥通行政策研究，配合粤港澳三地推进粤港两地牌车辆免加签通行大桥、粤港澳三地牌车辆大湾区配额计划。协调改进澳门单牌车进出横琴综合管理系统，全力做好澳门单牌车进出横琴查验管理工作。探索进一步优化跨境车辆查验备案方式，研究统一粤港、粤澳车辆司机信息读取方式，促进跨境车辆便捷流动。推进国际贸易通关便利化，积极协助地方政府做好国际贸易“单一窗口”部署实施，全面简化港口出入境船舶申报手续，凡通过“单一窗口”进行申报的国际航行船舶、往来港澳小型船舶，除船员出入境证件、临时入境许可及换班申请外，不要求船舶负责人或其代理人员提交其他纸质单证，实现让“数据多跑路、群众少跑腿”。启用“边检行政许可网上窗口系统”，推行海港边检行政许可网上申请办理和无纸化签发，推动上下外国船舶、搭靠等行政业务办理从“只跑一次”向“一次不跑”升级，帮助服务对象节省大量往返路途所需的交通费用及时间成本。

【珠海出入境边检总站推进口岸建设，创新查验模式及通关政策】 全力推进重点口岸项目建设，圆满完成横琴口岸新旅检区域开通、湾仔轮渡客运口岸恢复通关、九洲港口岸临时旅检大厅建成启用、港珠澳大桥口岸新增珠澳货运功能、跨境工业区口岸新增供澳鲜活商品车辆入境功能、湛江港中科炼化一体化自用码头、新会港国际货运码头二期对外开放、茂名博贺新港区广港码头建设验收等任务，受到澳门特首贺一诚和省市领导肯定。紧密跟进青茂口岸场地及设施建设、茂生围边境特别管理区内水闸重建、九洲港口岸开通至澳门氹仔航线及永久口岸、湛江国际机场迁建、江门高新区公共码头、台山鱼塘港码头、阳西电厂配套码头、湛江大唐国际雷州电厂、湛江国际游轮港综合体等项目规划建设，积极参与珠海国际机场、莲洲机场航空口岸申报纳入省市口岸发展“十四五”规划工作，助力粤港澳跨境基础设施全方位衔接，服务大湾区高质量发展。大力推动“合作查验、一次放行”模式在更多珠澳口岸落地。积极与澳方和横琴新区政府沟通，制订横琴口岸新旅检大厅合作查验通道建设及测试方案，密切跟进合作查验通道采购安装，会同澳门路氹城出入境事务站开展业务技术测试 200 余次、通关压力测试 4 次，更新完善配套勤务工作指引，确保“合作查验，一次放行”查验模式在横琴口岸新旅检区域顺利落地，同时开展新型查验模式运用到车辆检查领域的前期研究论证。密切跟进青茂口岸合作查验设施平面布局、点位设置、综合布线、生产备货等情况，做好合作查验设施安装调试前的基础建设工作。积极参与通关新政策新措施研究论证。深度参与港珠澳大桥旅游开发、“澳车北上”“港车北上”等通行政策研讨，提前研究梳理边检配套检查监管办法及需求，配合开展国家、广东省及珠海市口岸发展“十四五”规划编写，为大湾区发展和建设新时代中国特色社会主义现代化国际化经济特区提供边检智力支持。

【广东海事局齐心战“疫”，打赢疫情防控“阻击战”】 加强联防联控，严把水运口岸查验关。推出防疫重点物资运输“零等待”措施。船舶风险等级评估机制被广东省防控工作专班采纳。保障 1 306 名台商台胞经虎门港太平客运口岸安全入境。支持湾仔口岸航线恢复。指导做好中外船员伤病上岸紧急救助。妥善处置乌克兰领事馆求助事件。主动担当作为，承担部局任务，起草《船舶船员新冠肺炎疫情防控操作指南》1.0 至 4.0 版，由部推荐到 IMO 并向全球推广。发布《新冠肺炎疫情防控船长告知书（中英版）》《航运公司安全管理体系远程审核工作指引（试行）》《危管防污“非接触式”监管工作指引》。第一时间上线“海事之眼”船员健康信息报送功能。实施船员换班日报告制，保障船员顺利换班 1.5 万余人次。关心关爱基层职工，保障一线执法人员防疫物资和装备，开展内部防疫“党性锻炼 1 小时”等活动。全年取得水路口岸疫情零扩散和广东海事局内部零感染“双零”佳绩，实现水路交通运输“一断三不断”，得到陈良贤副省长等领导的充分肯定。

【广东海事局情系航运，吹响复工复产“集结号”】 深刻领会习近平总书记关于交通运输是复工复产“先行官”的重要定位，切实发挥海事专业优势，牢牢把握助力复工复产主动权。妥善应对虎门大桥桥面异常涡振突发事件，马兴瑞省长亲临广东海事局机关慰问指导。开辟港澳航行船舶进出口岸“绿色通道”，被列入广东省政府稳外贸重点举措。推行“预约办”“远程办”“容缺办”“延期办”等便利举措。在系统内率先实施船员线上培训，率先恢复船员考试业务，惠及 5 000 多名船员，畅通船员复工之路。主动服务海上风电等重点项目建设，得到马兴瑞省长、林克庆常务副省长等领导的充分肯定。

【广东海事局沉着应对，守好安全监管“基本盘”】 “平安三江”共建共治圆满收官，与建设前相比，西江水域事故下降 54.2%，北江水域事故下降 33.3%，韩江保持“零事故”。出版《珠江口水上交通安全管理创新研究》一书并推广应用研究成果。严格执行三个“100%全覆盖”要求，深入推进“攻砂”行动，坚决遏制涉砂船事故多发势头。全年开展现场监督检查 2.7 万艘次、FSC 检查 1.1 万艘次、PSC 检查 102 艘次，水上无线电秩序管理专项整治各项数据指标居系统之首。全年行政处罚案件 2.46 万件，同比增加 17.3%；处罚金额 2.47 亿元，同比增长 53.5%。

【广东海事局真抓实干，打好污染防治“攻坚战”】 实施“船载危险货物监管创一流”行动，保障辖区4.8亿吨危险货物的安全运输。开展“碧海2020”海洋生态环境保护专项执法联合行动和广东省近岸海域污染防治联合行动，实施船舶防污染登轮检查2.36万艘次，燃油取样快检5 497艘次，送检3 015艘次，送检确认不合格919艘次，查处船舶涉污违法行为1 100余宗，罚款500余万元。

【广东海事局主动作为，服务国家战略“大通道”】 代部起草《关于推进海事服务粤港澳大湾区发展的意见》，承办海事服务粤港澳大湾区建设推进会，落实《粤港澳大湾区海事合作协议》，签署《推进海事服务粤港澳大湾区发展合作备忘录》。积极推动粤港澳大湾区海事协同发展机制、珠江口水上交通安全特别监管区、大湾区航海保障服务管理示范区等工作纳入第三批交通强国试点任务。对接海南自由贸易港建设，助力中科炼化30万吨级原油泊位临时开放，保障徐闻南山港开港运营。

【深圳海事局简化通关手续，提升审批效率】 一是出台《深圳海事局关于推行国际航行船舶进出口岸等政务服务事项审批便民措施的通知》，将国际航行船舶进出口岸审批环节需要监管的证书文书从24项减少至12项，精简办事程序和材料；推行国际航行船舶进出口岸审批“容缺办理”便民措施，2020年为4.4万艘国际航行船舶减免材料52.8万份，为行政相对人累计节省工时约5.8万小时。二是新冠肺炎疫情期间推行“不见面办”“容缺办”“预约办”“直接办”“延期办”等各项服务举措，深圳海事局不见面办理业务量占全局海事业务的98%；公布实施新版《深圳海事局海事政务服务指南》，科学细化量化审批服务标准，推进政务服务无差别办理；优化审批流程，将“专用航标的设置、撤除、位移和其他状况改变审批”等9项海事政务服务事项由三级审批压缩至二级审批，船舶电台执照核发、船舶识别码核发等业务的办结期限缩短70%；实现海事“一网通办”平台第二批13项海事政务服务事项上线运行，完成深圳海事局业务平台与“i深圳”的对接，休闲船驾驶证业务通过“i深圳”App可移动办理。

【深圳海事局运用前沿科技，提高监管效能】 一是签发全国首份内河船舶船员电子证书，这标志我国船员证书电子化工作实现重大突破。通过使用国家电子证照技术，在该证书上加盖电子印章，可自动生成电子文书编码，该证书则具备证书二维码一键查询和官网核查的“双核”功能。执法人员依托“船舶报告系统”即可对船上船员进行身份识别和适任检查，在新冠肺炎疫情常态化形势下可对船员实施远程查验，提升口岸通关速度。二是应用增强现实技术（AR技术）开展载货集装箱“AR开箱”。利用AR智能设备，将开箱查验过程以执法人员的视角同步传输给报关员、货主等行政相对人，使行政相对人“零跑腿”“零接触”便可实时参与开箱查验过程，让“不接触执法”概念升级。执法人员同时开启智能设备内录功能，确保执法过程全记录。检查结束后，在行政相对人确认报告内容和样品后，出具电子执法记录表及其他手续。2020年，运用AR实施远程开箱45个，查处集装箱危险货物谎报瞒报违法行为6宗。

【深圳海事局优化交通组织，降低时间成本】 一是科学优化铜鼓航道交通组织，建立邮轮及大型集装箱船进出西部港口“绿色通道”。在保证船舶航行安全的前提下，进一步压缩铜鼓航道船舶航行时间间隔，将同向船舶航行间隔由原来的1.5小时缩短为1小时，对向船舶航行时间间隔由原来的2小时缩短为1.5小时；对20万吨级以下船舶实行全天候通行铜鼓航道，对3万吨级及以下船舶实行双向通行铜鼓航道；做好铜鼓航道与蛇口警戒区、伶仃航道交汇处交通组织和信息服务，提前预控船舶航行动态，避免双向通航的两船在航道交汇水域会遇。2020年，铜鼓航道使用效率同比提升33.3%。二是依托任务融合实现“一次登轮、一张表格”。深圳海事局依托自主开发的“深海监管服务平台”，以综合执法作为落脚点，以提高执法综合性为核心目标，专门研究制定了任务融合规则，对多项执法任务根据共同对象进行融合，生成一个综合任务，多个执法任务的检查项目按照重复项合并原则融合成一张综合检查表，解决了执法检查“重复登轮”问题，实现了“一次登轮，一张表格”。2020 年，深圳海事局执法人员实际登轮 12 186 次，完成了 22 270 单执法业务，减少登轮 10 084 次，占比 45. 3%，有效减少了船舶迎检的工作量，大幅降低了辖区通关船舶的时间成本，实现了“让口岸更智慧、让通关更便捷、让船舶少受扰”。

【海关总署广东分署统筹推进口岸疫情防控和促进外贸稳增长】 2020 年，海关总署广东分署（简称“广东分署”）面对口岸疫情防控和外贸下行压力的双重考验，坚持“两手抓、两手硬”，以最坚决的态度、最迅速的行动、最有力的举措，统筹推进口岸疫情防控和促进外贸稳增长，为广东全面建成小康社会、实现“十三五”圆满收官贡献海关力量。2020 年，广东外贸进出口总值 7. 08 万亿元，同比下降 0. 9%，占全国进出口总值的 22%；全年省内海关监管进出口货运量 14. 35 亿吨，同比增长 8. 2%；监管运输工具 1 014. 4 万辆（艘）次，同比下降 50. 3%；监管集装箱 2 993. 7 万箱次，同比下降 2. 1%；立案侦办走私犯罪案件 1 561 宗、同比下降 0. 4%，案值 752. 4 亿元，同比增长 13. 3%；监管进出境人员 9 648. 9 万人次，检查出各类传染病 5 006 人次，其中新冠病毒阳性个案 2 920 人次（指海关在口岸检出的新冠病毒核酸阳性及抗体阳性病例），其他传染病 2 086 人次。

【海关总署广东分署全力以赴抗击新冠肺炎疫情，坚决筑牢口岸检疫防线】 一是构建多层次全链条防控体系。广东分署和省内各关第一时间成立疫情防控指挥部，建立高效运转的指挥体系，切实将党中央国务院决策部署，海关总署和地方政府的各项防控要求全面铺开、推动落地。推动广东省入境人员健康管理“一码通”在各口岸落地应用，助力广东实现“一码通关”。紧扣海关总署口岸疫情防控、进口冷链食品检测及预防性消毒、进出境防疫物资通关保障、内部人员安全防护等各方面部署的要求，层层压紧压实落实责任，确保一贯到底。严密实施“三查三排一转运”措施，结合地方防控要求，制定“8+5”个 100%防控措施，织牢织密防控网。二是扎紧联防联控管理闭环。参与制订广东各类疫情防控工作方案、指引 120 余份。推动广东率先实施入境人员 100%口岸核酸检测，建立全闭环工作机制。紧密与地方防控指挥部联系配合，与口岸、卫生、疾控等部门，开展常态化沟通协调，建立健全信息交换、联合采样、联合检测、结果互认、疑似病例转诊“点对点”移交、样品运输协调等工作机制。三是强化粤港澳疫情联防联控。落实来往港澳跨境货车司机、小型船舶船员和重要公务商务人员等特殊人群口岸检疫措施。推进粤澳健康码互转互认工作顺利落地应用，保障珠澳口岸总体通关平稳、有序。全力保障“回港易”计划顺利实施。加强与香港方面合作，建立健全健康申明卡前置发放、“四种人群”分类移交处置等合作机制，推动完善香港检疫隔离、机场入境旅客采样检测等制度，强化深港抗疫合力。四是严防疫情经冷链食品输入。严格落实国务院联防联控机制要求，加强冷链食品检疫监管，开展预防性消毒工作。开展进口冷链食品流向数据比对分析，推动地方政府加快建设“冷库通”，强化溯源管理。

【海关总署广东分署协调推进广东省重点口岸项目开放建设和口岸资源整合工作】 广东分署注重加强与国家口岸管理办公室、广东省口岸办及广东省内海关的沟通联系，充分发挥好综合协调职能作用，全力支持广东省内海关开展口岸规划设置和建设工作，及时向广东省口岸办和地方政府反映并协调解决广东省内海关在口岸开设中遇到的实际问题和困难。落实国家和广东省政府对重点口岸的部署，协调相关海关步调一致，积极配合国家口岸管理办公室、广东省口岸办落实深圳莲塘口岸、拱北横琴口岸、惠州港煤炭码头等 3 个重点项目正式对外开放。积极配合协调推进广州港口岸、揭阳港口岸、汕尾港口岸、港珠澳大桥珠海公路口岸等 4 个项目扩大对外开放。协调推进湛江中科炼化项目自用码头、珠澳跨境工业区专用口岸、广州港大屿山锚地等12个项目临时对外开放或续期14次。积极协调设立珠海斗门进出境货运车辆检查场和搬迁江门外海码头。积极参加《国家"十四五"口岸发展规划》调研活动。全年办理涉及海关口岸管理意见函约60份，参加口岸实地调研和验收6次。

【海关总署广东分署持续优化口岸营商环境，促进跨境贸易便利化】 对标世界银行营商环境评价指标，会同广州、深圳和黄埔海关开展专项行动，协调省内海关做好全省各地市对标世界银行指标试评价，全面提升广东口岸营商环境。一是推动改革措施落地生效。推动"两步申报""提前申报"等改革，加大应用比例，会同省内海关落实汇总征税、关税保证保险等多种便利措施，让符合条件的企业可以"先放行后缴税"。在全省主要港口试点进行进口"船边直提"、出口"抵港直装"等改革，推出"互联网+保税物流"、企业原产地"信用签证"等模式，进一步压缩通关时间和降低成本。二是全面推广国际贸易"单一窗口"。与口岸、商务、港口等部门合作，推广国际贸易"单一窗口"，实现单证上量、功能新增和口岸全覆盖。推动地方加快港口等基础设施和信息化建设力度，推进港口和通关作业全流程无纸化。三是进一步降费提效。落实清理规范海运口岸收费要求，推出"三免一降"措施，仅深圳关区就惠及企业3万余家。落实对美加征关税商品市场化采购排除退税、疫情防控捐赠物资免税、进口担保放行货物税款延期、内销便利化等各项措施，令检疫处理费进一步降低，有效减轻企业负担。四是加强通关时效监控。针对世界银行评价抽样的标准品，建立"日监测+周通报+月评估"机制，及时掌握广东口岸通关时间变化情况并加强改进。2020年12月，广东进口、出口整体通关时间较2017年分别压缩83.16%和92.15%。

【海关总署广东分署全力服务粤港澳大湾区和深圳中国特色社会主义先行示范区建设】 落实好中央湾区办、海关总署下达的任务。梳理出100项海关推进大湾区建设任务清单，实现"一张清单"动态跟踪和推进落实、督查督办。跟进落实《广东省推进粤港澳大湾区建设三年行动计划》以及配合省大湾办制定《广东省推进粤港澳大湾区建设2020年工作要点》，推进涉及海关"18+5"项细化工作。一是推动粤港澳口岸一体联动、全方位开放。优化旅客进出境卫生检疫模式，深港8个口岸实施"一检双放"，珠澳3个口岸实施"合作查验、一次放行"。推广粤港海关"跨境一锁"至大湾区内地9市，启动实施粤澳海关"跨境一锁"。构建深圳前海"全国揽货—前海集拼—机场直飞"的新物流模式。启动粤港澳大湾区组合港项目，首个试点"蛇口—顺德组合港"顺利落地，助力提升港口物流运作效率和产业集群效应，增强大湾区海港群国际竞争力。二是争取粤港澳大湾区重点政策支持。会同财政、税务部门争取珠三角九市启运港退税政策并成功获批。配合省市地方政府，做好钻石一般贸易通关政策调研和争取工作。三是支持横琴建设粤澳深度合作区。全面落实海关总署《支持横琴粤澳深度合作区及澳门经济发展的工作措施》，细化推进7项重点任务。四是积极服务深圳示范区建设。建立支持深圳建设先行示范区特事特办机制，支持深圳建设中国特色社会主义先行示范区框架方案落地，推出20项具体措施。五是全力保障供港澳食品安全。推进粤港澳大湾区"菜篮子"建设，全国111个地级市加入粤港澳大湾区"菜篮子"共建，962个生产基地和71家加工企业获得认定。推动建成启用内地供澳活猪过驳站。全年省内海关监管供港澳食品238万吨、308亿元人民币，连续20多年实现优质、安全、足量、顺畅供应。

【海关总署广东分署推动综合保税区高质量发展，促进自由贸易区发挥示范引领作用】 一是推动综合保税区高水平开放高质量发展措施落地。支持广东综合保税区用好"国发3号文"的21条措施及海关总署支持综合保税区发展的6项措施，推动综合保税区加快建设加工制造中心、研发设计中心、物流分拨中心、检测维修中心、销售服务中心。推动 5 个其他类型的海关特殊监管区转型为综合保税区。梅州、湛江获批新设综合保税区。二是大力推进综合保税区业务改革创新。“免税进口科研设备流动监管”成为 2020 年全国首个经海关总署备案通过的自由贸易创新举措。持续深化全球中心仓模式、国际中转集拼箱、扩大一般纳税人试点、“保税物流+保税维修”业务联动、保税燃料油外供“两仓合一”等多项改革，实现“一区多功能、一仓多形态”，充分发挥区内不同产业的优势。三是支持广东自由贸易试验区开展制度创新。2020 年，广东自由贸易试验区海关向海关总署备案创新措施 9 项，2 项创新措施被纳入在全省范围复制推广改革经验之列。围绕优化监管服务、便利货物流转、支持打造特色物流项目等，提出 13 条海关支持措施。“对接仓储企业 WMS 系统联网监管模式改革”“免税进口科研设备流动监管”“打造‘MCC 前海’新物流模式”3 项获“前海蛇口自由贸易片区 2019 年标志性制度创新成果”。

【广州海关构建多层次全链条防控体系，严防新冠肺炎疫情输入】 针对境外新冠肺炎疫情输入的严峻态势，广州海关持续加强风险预警、口岸把关和属地联防联控，提升阳性病例检出率，筑牢卫生检疫“境外、口岸、境内”三道防线。一是强化风险预警，实现精准检疫。搭建进境旅客“大数据”模型，综合应用“AI 视觉技术+红外技术”，实现对高风险旅客的提前预警、进境精准锁定，提高风险处置准确率。二是严格口岸把关，筑牢检疫防线。建立“防控境外疫情输入专班+前线指挥部”强化统筹，首创“分区分级分类”模式管控，新增重点航班旅客专用检查区，实行“咽拭子+鼻拭子”同步双采样，对核酸检测弱阳性的样本，使用血清免疫学、分子生物学等多种方法复核，确保检测准确。三是延伸防控链条，强化闭环监管。探索实施“滚动式”采样检测模式，进一步提高隐性阳性病例的发现率。自主开发应用“疫情防控作业信息化管理系统”，配合广东省推进入境人员健康服务“一码通”建设，建立“一旅客一档案”，实现共享信息，强化旅客追溯。主动派员参与地方联防联控，开展检测机制深化合作，及时通报共享检测结果。

【广州海关构建与外国驻穗领事馆“点对点、面对面”常态化沟通渠道，与重点国家领事馆合作取得新成效】 依托与广东省人民政府外事办公室建立的“三方联络员工作机制”，构建广州海关与 61 家驻穗领事馆“点对点”对接、与领事馆高层外交官员“面对面”走访互动的常态化沟通渠道。2020 年以来依托该机制与英国、澳大利亚、塞内加尔等 8 家外国驻穗领事馆开展合作。例如，以实际业务需求为导向，与英国驻穗总领事馆多次就中英海关“点对点”跨关境合作交流，以及因公出访签证手续便利、英国“志奋领”奖学金申请、领馆语言文化资源共享等合作需求达成初步共识；以埃塞俄比亚驻穗总领事馆为纽带开展国际司法合作，解决关区涉外案件办理过程中的疑难问题；与厄瓜多尔驻穗总领事馆探讨厄瓜多尔出口水海产品税则归类及适用税率问题，助推双方经贸领域合作交流。强化对领事馆、在穗外国企业的海关通关政策宣传，主动辅助重点、热点业务工作，便利使领馆业务审批与口岸通关，“以点带面”推动形成全面开放新格局。

广州机场海关快速验放出口日本的防疫物资

【广州海关应用机器人流程自动化（RPA）技术提升数据集成和业务自动化水平】 自动获取虚假贸易高风险商品价格信息等外部数据并传输汇总至该关大数据平台，支持业务分析人员应用外部数据开展各类业务的建模分析，已实现对企业关联性、对外贸易进出口情况及旅检渠道毒品风险的智能化风险分析及预警监控；自动审核比对各作业系统查询的业务统计结果并填报各类统计报表，实现对互联网站的自动监控核查。目前，该关依托该技术实现“金关二期企业进出口信用管理系统”与该关统一通信平台（UC）、“跨境电商进口统一版信息化系统”、该关业务监控平台等互联互通，并对264家跨境电商平台的ICP证、网站流量等进行自动核查，节省近八成人工作业时间。

【广州海关支持南沙自由贸易试验区跨境电商发展，打造网上跨境贸易枢纽】 建立全国首个跨境电商商品质量溯源平台，依托“一平台、三系统”，采集商品全生命周期的溯源信息，消费者通过“溯源码”可便捷获取溯源信息，实现“一键”咨询和维权；优化通关监管模式，通过自主开发的跨境电商辅助管理系统等实现商品备案、账册管理等海关监管流程网上申报、在线审核、实时反馈；推进“粤港跨境货栈”，通过“跨境一锁”等便利通关模式，支持一般贸易、跨境电商网购保税进口、直购进口等多种贸易方式下货物“一站式”分拨处理；在保税港区升级信息化系统、开辟跨境电商专用通道，通过“卡口—车辆”信息对碰出区取代“卡口—IC卡—车辆”物理对碰，实现车牌自动识别、数据自动比对、卡口自动抬杆、24小时自动出区。

【广州海关优化监管服务助力粤港大湾区“菜篮子”建设】 紧密对接粤港澳大湾区建设重大决策部署，主动创新通关服务和检验检疫监管模式，全力支持粤港澳大湾区“菜篮子”建设，推动供港澳活猪、禽类等产业快速发展，提升山区地市外向型经济造血功能。一是密切对接省市两级政府，突出特色制订“菜篮子”建设配套实施方案，推动构建以广州为枢纽的粤港澳大湾区“菜篮子”生产及流通服务体系。二是推行“公司+基地+标准化”模式，督促企业规范落实溯源管理、自检自控制度，定期对辖区供港澳鲜活产品备案种（养）殖场开展质量安全风险排查，提出对进入配送中心的企业和产品实施统一的管理标准，严格从源头到口岸的全链条安全监管，促进“大湾区”市场食品农产品供给质量和安全水平提升。三是建立工作协调机制，推动检测中心建设落成，推行“随到随检、快速检测”等便企措施。帮扶企业申报粤港澳大湾区“菜篮子”生产基地，为企业解读标准法规和提供技术支持，提供通关便利政策支持，加大检测服务保障。优化调整查验模式，对时效要求高的产品优先安排查验。加大出口资质海关备案力度，指导农业企业申请AEO认证，享受国际通关便利。

【广州海关综合施策，推动广州生物医药产业逆势增长】 广州海关深化“放管服”改革，发挥机场综合保税区的政策和区位优势，创新监管模式，优化通关流程，吸引大型医药企业集聚，提升广州医药产业竞争力。一是支持打造华南保税医药分拨中心。发挥综合保税区与空港“区港联动”的配套优势，支持保税货物在不同特殊区域间点对点流转。实施“先进区、后报关”、药品通关单“一证多批”“分批出区、集中申报”等创新举措，加快药品审批、检测、通关和运输速度。推动优化基础设施，大幅提升综合保税区生物医药冷链仓储能力。二是优化流程，实现快速验放。支持“互联网+”网上“不见面”申报，实行7×24小时全天候无障碍通关，推广“两步申报”“两段准入”“汇总征税”等改革措施，实施车边查验、冷库查验等监管措施，提高非侵入式查验比例。支持华南生物材料出入境服务平台建设，启用“车辆自助进出区+卡口互认”模式，打通从口岸到企业的运输监管链条。三是提升企业服务质量水平。提供专业化、个性化事前辅导，组建专业队伍实施企业认证。建立“企业联络员”制度，创新电话随访、线上交流等“非接触式”服务方式，第一时间回应企业诉求。扩大企业享惠范围，特别是针对“抗疫”相关临床研发和试验用药品给予减免税政策优惠，增强国内医疗物资供给及防疫力量。

【广州海关以“关区通办”为抓手推动政务服务再升级】 根据行政相对人的实际需要，切实解决群众办理政务服务事项“折返跑”“多地跑”等痛点问题，打造高效优质营商环境。一是坚持服务导向。聚焦企业高频办事事项，将 9 个业务领域 48 项事项纳入“关区通办”范围，同步建立清单化管理制度和更新机制。开展抗疫、复工复产等专题调研，制定服务重点措施，确定重点项目有序推进。二是坚持改革创新。实行“前台统一接收、后台分拨办理”的办理模式，提供关区 7 个地级市 23 个政务服务窗口，实现同一事项异地无差别办理。突出数据应用创新，依托海关审批、“单一窗口”等平台持续推进“全流程网办、结果电子化”，实现“线上线下”无缝衔接。三是坚持高效协同。建立关区政务服务协作网，组建“通办”政务服务协作团队，实现业务纵横联系，高效协同。制定 48 个事项“通办”操作指引，建立业务“通办”“转办”台账，杜绝“办而不明、转而不办”等情况。四是坚持依法监管。开展窗口规范化建设自查、专项督察和执法评估，加强事中事后监管，维护企业权益。开展“差别化企业信用管理措施和海关 AEO 国际互认合作便利措施落实情况”专项督察，逐步实现“管行为”向“管信用”转变。积极参与地方信用体系建设联合奖惩工作，实施联合奖惩。

【广州海关全力推进粤港澳大湾区启运港退税政策落地实施】 以服务企业、通畅物流为着力点，全力推进粤港澳大湾区启运港退税政策落地实施。一是培育企业主体主动参与动能。组织网上网下政策宣讲，加强和地方外经贸部门联动，鼓励码头单位、物流企业完善相关配套，主动帮助企业解决面临的困难，发挥退税快、降成本的政策优势，支持企业主动参与改革试点。二是促进企业国际物流提效降费。安排专人全程负责，协调港务、船务等部门为试点航班提供优先靠泊、优先装卸、快速理货等服务。结合“湾区一港通”“组合港”等改革，加强政策间的互补。有效利用综合保税区政策，加强“港区联动”。三是加强联动防范化解监管风险。在首批试点成功的基础上，及时总结经验，推动强化途中监管，防范执法风险；积极加强与海关总署广东分署、广东省财政、税务等部门的联系配合，大力推进部门间信息互换和监管合作。建立与一线税务部门的动态信息反馈机制，防范化解涉税风险。

【广州海关全力推动岭南特色水果出口再提速】 一是聚焦科技引领导向。推行远程监管服务，实施“一对一”精准帮扶，落实冷处理等检疫措施，确保产品“源头达标”。创新科技手段，对企业注册登记实施“不见面”审核，做到“随报随审”。帮扶企业运用科技手段提升生产管理能力，向企业解读国外技术法规标准，指导企业按照进口国（地区）要求加强软硬件建设，建立健全产品自检自控体系，强化溯源监管。引导业界紧盯市场需求，充分运用水果保鲜、冷处理等技术手段，有效保障产品安全质量，提升国际竞争力。二是助力拓展海外市场。加大向境外官方推荐注册登记力度，帮扶企业取得输入国（地区）进口水果资质。通过交流输出“中国海关经验”，帮助“一带一路”沿线相关国家和地区完善植物检疫管理措施，推动植物检疫措施标准对接。密切关注国外市场动态，及时收集并为企业讲解进口国最新政策要求，有效规避技术壁垒，保障水果顺利出口。开辟查验“绿色通道”，实行“24 小时随约随验”通关，确保出口“零延时”。三是创新协同机制。落实大湾区发展规划要求，主动与省政府联合创建农产品出口示范基地，指导建立大湾区“菜篮子”标准体系，协同构建质量安全监管体系，为港澳市场提供更多优质水果，并带动产品内销，实现优质优价。

【广州海关优化服务，保障辖区中欧班列稳中向好多点突破】 为支持稳定国际供应链和复产复工，成立专项工作专班，制定落实支持中欧班列发展措施，积极推动广州市中欧班列发展。一是量身定做服务，助力提质增量。梳理“属地监管—转关运输—班列出境”全链条业务流程，开展“一事一策”精准指导，实施收发货人免于到场协助查验模式，坚持“24 小时预约通关”“班列办理专窗”等特色监管。加强与出境地海关对接，畅通沿线海关之间数据交换共享，做好班列发运新线路协调工作。二是积极挖掘潜力，支持产业协同发展。指导企业形成短、中、长期班列发运方案以及堆场升级改造。发挥班列“比海运省时，比空运便宜”的优势，指导企业招商引资吸引精品货源，重点引进国际邮包、跨境电商、市场采购、冷链物流、汽车进出口等行业品牌企业加入。三是优化监管模式，助力打通双程通道。为实现“穗满俄”中欧班列双向运营，均衡发展，积极与班列运营企业对接，提供进口货物品类、进境申报手续与监管要求等方面的指导。优化多式联运海关监管模式，与入境地海关密切沟通，建立异常情况应急处理机制，全力压缩通关时间。

广州海关在广州南沙港（海港）货运口岸对中亚铁海联运跨境班列集装箱进行监管

【广州海关精准施策，助力辖区家电产品出口稳定增长】 一是创新监管方式，保障产业链供应链稳定。利用“进口船边直提”打造“口岸—生产线”直通物流链，压缩货物进口到提货离港时间。对急需进口的机器设备以及钢材、塑料、涂料等原材料，提高“非侵入式”查验比例，减少开箱检查。支持企业扩大出口，对符合条件的家电实行机检直接验放，经机检无异常后不再人工开箱查验。依企业申请对家电产品实施装运前检验，开展品质检验、监督装载，检验合格当天出具装运前检验证书。二是坚持主动服务，促进企业实现复产达产。加强企业通关需求调研，建立“一企一策”支持措施和协调机制。开展“企业集团财务公司担保”改革试点，推广集团保税监管模式，降低企业成本。协调口岸物流、报关等企业全面支持复工复产政策，确保经审核或查检无问题的货物当天验放。三是强化技术支撑，助力企业应对技贸壁垒。为减少技术性贸易壁垒带来的不利影响，依托中国 WTO/TBT-SPS 国家通报咨询中心家电产品研究评议基地，为企业开展技术性贸易措施信息个性化定制服务。针对出口产品遭遇的技术性贸易壁垒，组织开展能效法规评议，对检测结果负偏差、产品召回不透明、不规范等问题提出特别贸易关注，并在 WTO 技术性贸易壁垒会议上反馈，助力企业应对技术性贸易壁垒。

【广州海关聚焦线上展会新需求，支持第 127 届中国进出口商品交易会“云上”举办】 为防范人员流动和聚集带来疫情传播的风险，第 127 届中国进出口商品交易会（简称“广交会”）首次完全以网络形式举办。广州海关深入研究对接线上展会需求，着力推出新举措、培育新模式、搭建新平台，支持中外客商足不出户下订单、做生意。一是针对线上广交会企业开展网络营销、线上业务洽谈等需求，研究制定针对性服务措施，拓宽线上广交会展览品概念，加强线上广交会信用数据支持，搭建海关技术中心在线服务平台，开展技术性贸易措施信息“个性化”定制服务，助力出口企业开拓海外市场。二是围绕参展企业实际需求，着力优化展品监管。对举办公告发布前已发货的进境展品设立“绿色通道”，量身定制监管措施，“一对一”在线指导企业办理通关手续。推动展馆方升级高清视频系统，通过在线巡查等强化场所管理，在确保高效监管的前提下免除税款保证金。引导入境展品、延期展品存放，协调减免仓储费。三是首次将驻会咨询台“搬上网”，设立“广交会海关之窗”，在线为企业提供咨询服务，引导供采双方使用“互联网+海关”“掌上海关”App 等工具。加强“融媒体”宣传力度，创新开设海关视频直播间，积极参与央视《“云”游广交会》连线访谈，组建专家智囊团为参展企业“把脉会诊”、答疑解惑，助力企业挖掘市场机遇。

【广州海关所属肇庆海关精准施策，力助供港澳食品、农产品安全稳定顺畅】 聚焦供港澳企业的痛点和难点，坚持“放、管、服”综合施策，实施精准检疫监管，优化服务帮扶企业复工复产，保障供港澳食品农产品安全有序。一是“放”字当头，为企业减负增效。优化供港澳乳品监管流程，紧密衔接样品采集、检测和出证等环节。调整供港澳蔬菜监管手续，鼓励企业自检自控。加强供港澳活猪监管科技应用，推动“远程视频”检疫监管智能化。关地联合减少企业重复备案，服务企业拓展市场、增加效益。二是“管”字统领，守住食品安全底线。定期开展核查，实施疫情疫病监测全覆盖、饲养场巡查全覆盖，严格出口前 5 天隔离检疫，并经 H5、H7 亚型禽流感病毒检测合格，有效降低疫情叠加风险。对供港澳活猪，实施批批检疫监装、逐头检疫查验；对供港澳蔬菜，抽取安全风险较高的 19 类蔬菜品种监测农药残留、重金属污染等 222 个项目。落实食品原料源头管理和安全项目检测，助力肇庆传统美食裹蒸粽实现首次出口澳门。三是“服”字助力，提升企业获得感。成立“政务服务工作组”，实行首问负责制、一次性告知等制度，为企业提供“一站式”服务。实施“零接触、优先办、云审核”，免除企业现场备案申请，在出口食品原料种植、养殖场备案中引入信用承诺制，免于企业现场评审可准予备案。

【广州海关持续优化农产品检疫监管模式，保障粮食供应链安全稳定】 为保障疫情期间粮食供应链稳定，在严防植物检疫性有害生物传入的同时，持续优化检疫监管模式，全力促进粮食安全进口。一是坚持简政放权，优化监管流程。简化进境粮食跨关区调运审核程序，由两级审核改为隶属海关一级审核。优化船运进境散装粮食检疫审批流程，以进口玉米先行先试，实现一个进口商“一船一证”模式。二是严密全程管控，提升监管效能。对接企业进口计划，提前评估直接靠泊检疫条件，邀请实验室专家参与查验。持续加强实验室能力建设，完成国家认可委员会（CNAS）认可的检测项目 140 项。实现调出地、指运地海关信息共享，加强调运过程运输工具清洁、防撒防漏等安全措施，对运输工具密闭性进行抽查，形成调运过程监管闭环。三是持续优化服务，提升企业获得感。全面推广应用移动远程监管模式，对进境粮食加工企业环境、生产加工记录、仓储、下脚料及无害化处理等实施远程监管，满足企业快速出货需求。支持进境粮食“散改集”业务发展，在风险评估基础上采取靠泊检疫，提高粮食检疫验放效率。企业将粮食运输至广州南沙水运口岸后，通过“散改集”作业线灌装为集装箱，经水运、陆运、铁路等运往中南、东北及长江两岸地区，实现快速输运。

【广州海关聚焦企业诉求，全力支持产业复工复产达产】 贯彻复工复产和稳增长政策，聚焦企业的困难和诉求，密切联动政府部门，研究出台 201 项措施，实施精准帮扶。一是聚焦企业面临的订单减少的困难，帮扶企业拓展市场、扩大进出口。助力加工贸易转型升级，制定加工贸易转内销、推进新型业态、手续延期和税费减免等扶持措施。设立“广交会海关之窗”，支持第 127 届广交会网上举办。开展 B2B 出口试点，支持跨境电商企业拓展市场。二是聚焦企业物流不畅瓶颈，拓宽畅顺外贸物流大通道。实行中欧班列舱单归并、“一票多柜”，支持新开线路、回程班列、打通邮路。优化飞机维修业务手续，支持自建保税仓集中报关。支持南沙海港与珠江内河港口更好地联动，推进江海联运和同船运输。三是聚焦企业通关便利需求，深化改革促进跨境贸易便利化。应用 AR、AI 等新技术，推广远程检疫监管，优化通关流程。推行“零接触、网上办”，实行全部行政审批事项网上办理。推行 24 小时通关，进口货物“船边分流”“即到即提”。四是聚焦企业扶持政策需求，量身打造产业支持配套措施。落实税款减免延期政策，创新“一保多用”税收总担保模式，缓解企业面临的资金压力。支持通过一体化通关办理毛坯钻石进出口，解决珠宝企业面临的物流困境。量身打造车企“分批安装、整体查验”模式，设备抵港后直接运往厂房安装。

【广州海关持续强化卫生检疫信息化建设，推动疫情防控精准规范高效】 持续推进科技攻关，打通全领域各系统间藩篱，实现全链条数据共享、全流程闭环管理，推动口岸疫情防控和联防联控信息化、精准化、规范化。一是依托大数据风险预警，提高布控和检疫精准度。自主搭建“大数据”模型，依托公共共享数据池，支持全天候随时监控，实现高风险旅客精准锁定和预警布控，综合应用“AI视觉技术+红外技术”，实现实时无感监测。二是推动检疫流程电子化，提升处置和通关效率。启用推广“疫情防控作业管理系统”，实现健康申报、登记分流、流调采样、实验室检测等信息电子流转，数据“一键查询”“一键导出”，追溯查询耗时压缩至“秒”级，通关时间整体压缩三分之一。三是推动信息互联互通，密切关地合作实现闭环管理。对接广东省“一码通”建设，实现海关系统与地方政府数据互联，共享海关采集的“健康申明卡”信息、流调/采样情况、实验室检测结果等卫生检疫信息，贯穿申报、通关、转运、隔离、诊治、分流、社区防控7个环节，解决联防联控机制下信息分散、底数不清、入境旅客服务体验感差等问题。通过信息闭环管理，流程可查可核，旅客健康全流程监测，实现口岸防线向后延伸，提升联防联控整体效能。

【广州海关所属南沙海关妥善完成“探索梦号”邮轮临时靠泊出入境卫生检疫和补给作业监管】 2020年6月1日~2日，“探索梦号”邮轮由菲律宾抵达广州南沙水运（海港）口岸临时靠泊。该关落实防疫要求，对离船入境的542名中国籍船员、上船出境的2名中国籍船员实施出入境卫生检疫，并对油料、食品等供船物料进行监管。一是加强组织保障。成立专职指挥机构，提前做好出入境卫生检疫预案，主动加强与地方联防联控机制沟通和配合，优化检疫场所设置和硬件设施，明确现场防控工作分工、各防控环节衔接以及突发情况处置等问题，协调地方卫健部门支援采样人员协同开展工作。二是优化检疫作业流程。根据船员短时间内大量、集中入境等特点，对无症状船员每20人一组依次下船，有症状船员在船上独立空间隔离、最后下船，分批、分类由专车送往专用通道，严格实施入境卫生检疫，避免交叉感染。三是强化科技支撑。优化“疫情防控作业信息化管理系统”，协调邮轮运营方提前完成电子健康申报，实现一人一档，实施闭环管理。向地方“一码通”推送信息，做好转运分流、集中隔离、医学观察及后续健康管理工作。四是严密供船食品和物料监管。提前制订卫生监督预案，简化船边监管流程，对供船的预包装食品、蔬菜水果等实施查验和快速检测。

【广州海关保障往返粤港两地马匹安全便捷通关】 全力支持粤港澳大湾区马产业发展，积极指导从化马场疫情防控，保障马匹、饲料、饲草等进出境通关顺畅。一是加强马匹疫情疫病监测合作。加强与香港渔护署在马匹检疫检测方面的合作，组织开展跨境运输马匹检疫风险评估，确定“科学评估、统一实施、结果互认、确保安全”的原则，共同开展香港赛马会两地马场的马匹疫病日常监测、年度监测和紧急监测，统一监测项目、统一抽样时间、统一监测方法、互认监测结果、统一处置程序，并形成统一的监测报告，建立监测结果互通、互认、互信机制。二是建立联防联控和闭环管理。加强跨境运输马匹的联防联控和闭环管理，在严格生物安全控制的前提下，实行“暂时进境、全时隔离”，达到传统的批批隔离30天、批次间隔30天的隔离检疫效果。做好对传播虫媒库蠓的监测和非洲马瘟实验室比对检测项目的准备工作，应对境外非洲马瘟等疫情传播风险。三是持续优化通关服务。实行马匹跨境运输全程监控，实现“进口直通、出口直放”通关，避免重复查检，降低生物安全风险。推行进境马匹税款总担保，对进口饲料、草料和药品运用“汇总征税”等便捷模式，实施“一车一单”马匹申报新模式，最大限度为企业释放改革红利。

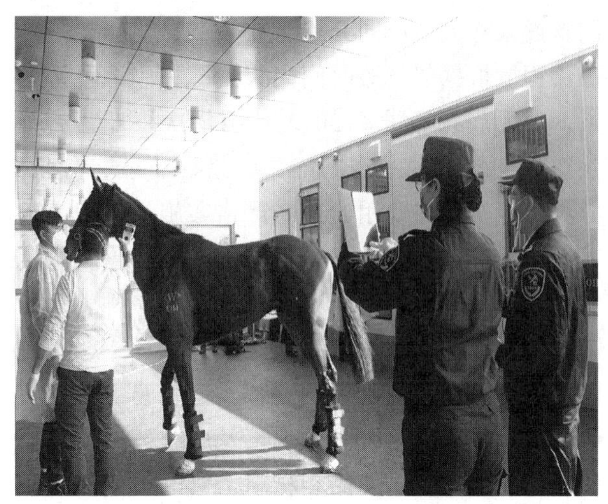

广州海关所属从化海关对运往
香港赛马会马匹进行信息核对和健康监测

【广州海关全方位持续筑牢秋冬季口岸疫情防线】 进入秋冬季后，口岸疫情防控压力持续加大，该关健全疫情常态化防控机制，严防疫情“叠加输入”。一是持续加强风险预警，实现精准布控排查。加强疫情信息实时监测，强化风险预测评估，优化布控模型，提高风控的准确率和覆盖率。加强隐患排查，健全处置机制，及时采取疫情预防和处置措施。二是持续加强联防联控，实现全程闭环监管。优化“滚动式”采样模式，提高潜在病毒感染者的检出率。推动关地信息系统互联互通，建立涵盖转运分流、核酸检测、社区防控等全流程闭环管理信息化系统。加强与边检、安检、公安、卫健委及航空企业的联系合作，建立“机上—通道—闸口”三道防线，实现健康筛查、核酸检测、封闭转运、隔离医学观察全覆盖闭环管理。三是持续强化保障措施，全面提升防控能力。优化工作方案和应急预案，组织应急演练和安全防护培训，提高安全突发事件处置能力。建立“固定基本盘+统筹机动盘”人力资源配置机制，最大限度提高人员调配灵活性。建立两级应急物资装备储备库，以满足秋冬季疫情防控“持久战”需要。推进关区实验室一体化运作和功能化改造，优化关区实验室检测分工，提升口岸检测整体效能。

【广州海关所属荔湾海关深耕集约化管理，推动市场采购业务高质量发展】 坚持将“集约化管理”作为推动市场采购业务高质量发展的“法宝”，着力在服务创新、管理创新、配套创新上下功夫，推动市场采购贸易逆势增长。一是在服务创新上下功夫，推动两个试点协同发展。组建市场采购专家团队，联合试点市场采购服务中心量身定制支持复工达产措施。创新“两个试点申报，数据后续集约核查”模式，支持参与试点企业运用提前申报、容错处理、收发货人免于到场查验等政策。实施“一产业一策略”，精细化解决通关问题。二是在管理创新上下功夫，推动市场采购规范健康。加强与试点服务中心联防联控，引导企业采用“零接触、网上办”模式申报。建立常态化蹲点指导、现场办公、嵌入监督等工作机制，规范行风政风和权力运行。织密系统监控、专人监控联防网，高压打击走私违规行为。三是在配套创新上下功夫，推动新兴业态良性发展。联合地方政府加强协同监管，为企业提供备案、退汇、通关等“一站式”服务。发挥团队优势开展试点政策宣传，引导专业市场、中小微企业通过市场采购贸易方式开拓业务。建立企业问题协调解决机制，强化“贴心服务”意识，开启“一对一”精准帮扶，快速高效帮助企业解决经营过程中的疑难问题，全力推动市场采购货物“走出去”。

【广州海关持续加强知识产权保护力度，营造公平公正的良好环境】 一是强化侵权行为打击力度。开展“龙腾行动 2020”“蓝网行动”“净网行动”等知识产权保护专项执法行动，保持打击违法活动高压态势。加强技能培训，完善工作机制，强化风险分析，增强信息甄别，提高打击精准度。加强“智慧海关”科技手段应用，提升机器助人查发效能。二是构建全方位整治格局。深化关地跨部门执法合作，加强跨关跨境执法协作，探索加强“边境—境内”知识产权双重保护。健全维权援助体系，借助司法调解力量加快侵权纠纷处置。通过网络平台、“三进”活动、集中销毁、新闻发布等多种形式广泛宣传，深化海关执法效果和社会效果。三是加强关企合作交流。持续开展关区自主品牌企业培塑工作，推行知识产权状况预确认服务，优化知识产权服务助力企业复工复产，将出口知识产权优势企业与驰名商标、老字号商标企业纳入培育重点，扩大自主知识产权企业海关保护的覆盖面。健全培训交流合作长效机制，邀请国内外知名品牌权利人共同制作“知识产权 10 分钟”微课，联合中国外商投资企业协会质量品牌保护委员会、报关协会在线宣讲知识产权海关保护政策，大力宣传营造良好的营商环境。2020 年，共扣留侵权嫌疑货物 2 755 批次，涉及货物 500.8 万件。

【广州海关创新“湾区一港通”水运物流模式，助力大湾区国际物流发展】 围绕外贸航运问题和港口发展需求，联合广州港集团创新推出以沿海港为枢纽港、沿江港为支线港，进出口货物可以在沿江港直接办理通关手续的“湾区一港通”模式。该模式下，沿海港和沿江港形成“一港多区”的格局，两港组成一个大港，海关对物流实施顺势监管，推动物流一体化，配合使用港口的物流管理信息，有效提升通关便利化水平，也为促进湾区港口群联动、航运业协调发展提出新思路。2020 年，广州海关以南沙港为枢纽港，以关区内南海南港、海珠滘心、顺德勒流、顺德北滘、顺德容奇、肇庆三榕、云浮新港、佛山三水 8 个码头为支线港开展业务；与拱北海关开展跨直属海关合作，以中山港、中山小榄 2 个码头为支线港开展业务，并与深圳海关以蛇口港为枢纽港，开展“深圳蛇口—顺德新港”组合港项目合作。

【广州白云机场海关构建卫生监督“三项机制”，着力切断口岸疫情传播途径】 贯彻“外防输入、内防反弹”疫情防控政策，针对广州空运口岸（广州白云国际机场）人员流动复杂、食品经营单位数量大、疫情传播风险高等特点，着力构建口岸卫生监督“三项机制”，抓好“人防”和“物防”工作，持续提升口岸疫情防控效能。一是完善风险评估预警机制，开展疫情防控专项卫生监督。瞄准高风险节点“设卡拦截”，开展全面公共卫生风险分析，深入分析病毒传播机理，对口岸辖区的空气、公共场所、食品、服务人员、废弃物等开展防疫卫生监督。二是强化政策与技术指导，协助企业查找并排除安全隐患，指导运营单位建立防疫管理体系。针对疫情期间卫生监督和食品安全要求，科学制订监督计划，对口岸运营单位开展全方位卫生监督，定期追踪整改工作的开展情况，形成完整、有效的工作闭环。三是突出专项风险防控机制，开展冷链食品全流程监督。加大食品及其原料的溯源检查和食品抽检力度，对口岸辖区航空配餐企业和口岸冷链食品经营单位进行全面排查。加强冷链食品从业人员健康管理，督促口岸冷链食品相关人员开展定期核酸检测。加大冷链食品快速检测和航空配餐运输车辆消毒监管，防止冷链食品装卸、运输、储存等环节受新冠病毒污染。

【深圳海关筑牢国门防线，全力以赴抗击新冠肺炎疫情】 面对新冠肺炎疫情，深圳海关积极与地方联防联控紧密衔接，采取最全面、最严格、最彻底的防控措施，坚决筑牢口岸检疫防线。加强监测预警，第一时间部署“8+5 个 100%”等措施。实施精准检疫，严密实施“三查三排一转运”，坚持“一口岸一策”“一航线一策”“一人群一策”。坚持科技战疫，自主研发驾驶员智慧验放设备、健康申报自动验核设备、智能流调机等，辅助提升现场防控效能。严密联防联控，与市口岸、卫生、疾控等部门以及香港方面，建立常态化沟通协调机制，扎紧管理闭环。全年累计检疫人员超过 2 000 万、运输工具

助力全球战疫，深圳海关采取“区外打板、区外安检”的提前申报模式验放一批出口防疫物资

驾乘人员超过 300 万人次，做到“一个不漏”；累计验放进出口防疫物资约占全国的五分之一，深圳口岸成为全球疫情防控的“供血大动脉”。

【深圳海关主动担当作为，千方百计促进外贸稳增长】 针对深圳外贸形势，深圳海关滚动出台了 90 多项超常规帮扶举措，打好政策组合拳，助力深圳外贸 7 月在全国 5 大外贸城市中率先实现（年内累计）正增长，全年进出口总值达 3.05 万亿元人民币，同比增长 2.4%，出口实现 28 连冠。落实减税降费，直接释放或节省企业资金超 300 亿元。挖掘新增长点，启动集成电路、珠宝玉石产业保税监管改革，促进产业链全要素自由流动；推动形成跨境电商多点布局、全业态发展格局，跨境电商进出口同比增长 13.8%。支持企业“走出去”，培育新增 53 家 AEO 高级认证企业，为历年之最；加强技术贸易应对，推动欧盟医疗器械法规等暂缓实施，利好我国约 960 亿元产品出口。优化口岸营商环境，进、出口整体通关时间较 2017 年分别压缩 80.06%、91.47%，提前完成国务院部署。

2020 年 7 月 1 日，深圳海关在全国率先开展跨境电商 B2B 出口试点业务

【深圳海关加大改革创新，深入推进“双区”建设】 贯彻新发展理念，围绕支持构建新发展格局，以深圳特区建立 40 周年为契机，推出“1331”赋能工程。聚焦科技创新，支持光明科学城、深港科创合作区等平台建设，推进降低科研机构免税门槛，创新研发物资监管模式，免税进口科研用品增长 52%，减免税款增长 63.6%。推动特殊监管区域转型升级，打造前海“一港两基地四中心”，助力深圳保税物流进出口增长 12%。聚焦要素流动，支持深圳率先构建跨境现代流通体系，落地“粤港澳大湾区组合港”首个试点项目，推进惠盐组合港、多式联运、东西部港区一体化发展。启动“海空港联动”试点，创新“空港+保税+会展”组合发展模式，全年深圳港集装箱吞吐量创历史新高，深圳空港进出口货量逆势增长。聚焦互联互通，保障皇岗口岸重建、莲塘口岸顺利开通、深圳湾口岸实施货运 24 小时通关。

科技战疫，深圳海关在陆路口岸推行跨境客车智能监管设备，实现司机免下车通关，大幅提高旅客通关效率

【深圳海关强化正面监管，守好祖国南大门】 坚决贯彻落实习近平总书记关于平安中国建设的重要指示精神，统筹发展和安全两件大事，认真贯彻落实总体国家安全观，全面履行海关监管职能，积极应对政治、经济、社会、生态安全等各类现实挑战。强化政治保卫，圆满完成深圳经济特区建立 40 周年等重大节点保卫任务，查获违禁印刷品数量居全国海关前列。维护经济安全，查办涉税刑事案件 270 起，案值 140.7 亿元；查获侵权商品数量、案值均居全国海关第一。维护社会安全，持续打击涉恐涉枪涉毒走私，查办走私武器弹药案 5 起、走私毒品案 51 起。维护生态安全，全力防控非洲猪瘟，保障深港猪肉安全稳定供应。严厉打击“洋垃圾”、象牙等濒危动

植物走私，查办走私废物罪案增长 1.3 倍，立案侦办濒危物种走私犯罪案件 17 起。与此同时，深圳海关坚决扛起政治责任，决胜脱贫攻坚，定点帮扶的 2 个贫困村、95 户贫困户、345 个贫困人口全部达到省定脱贫标准。大力唱响主旋律，深入开展精神文明建设，23 个集体、38 名个人荣获省部级以上表彰、奖励，复核 28 个新创文明单位。

【黄埔海关全力做好疫情防控物资通关监管工作】 一是全力保障进口疫情防控物资及其生产原材料快速通关。设立绿色通道，实施快速验放。第一时间对外发布《黄埔海关防控物资进口通关操作指引》，编写通关指南，明确通关流程，确保“零延时”通关。为减少人员聚集、防止疫情传播，降低企业通关成本，2020 年 2 月 17 日黄埔海关制发《黄埔海关关于做好新冠肺炎疫情防控期间收发货人免于到场协助查验相关工作的通知》，落实海关总署免于到场协助查验的部署要求，保障疫情期间货物快速验放。2 月 19 日，为科学、规范地开展疫情防控期间口岸监管工作，加强现场执法作业防护，保障海关关员安全，保障防疫物资快速通关，服务进出口企业复工复产，黄埔海关制发《黄埔海关疫情防控期间口岸监管现场工作指引》，指导现场全力支持企业复工复产。对于恢复生产所需设备、原材料做到即到即验，快速通关，提高机检比例，满足企业顺势监管需求。推进落实“两段准入”，对于粮食、汽配件等关区重点进口商品，综合利用附条件提离、转场检查等措施，加快口岸验放。二是全面强化进出口医疗物资监管。严格落实海关总署要求，对内强化指导监督，对外加强宣传引导，确保有序规范。2 月 20 日，制发《黄埔海关打击整治非法进口口罩等防护产品专项工作方案》，指导现场依法加强口岸监管，保障疫情防控，切实维护人民群众安全健康，打击不符合安全要求的口罩等防护产品违法违规进口行为，防止非法入境。4 月，下发关于加强出口防疫物资质量安全监管的相关通知、全面强化医疗物资出口监管专项工作方案、出口防疫物资查验作业指引等，指导现场海关严格按照布控指令要求，对出口医疗物资实施现场查验、取样送检；明确出口防疫物资单证审核、查验、处置等方面的要点，提升现场对防疫物资的查发能力；各级监控指挥中心加强运行监控，机动查验小分队加强机动查验和复查复验。先后组织 3 轮机动查验，查获口罩 42.9 万个、测温枪 3 572 个、防护面屏 2 600 个、80 件防护服、24 个护目镜；落实海关总署在出口防疫物资监管中加强智能审图应用的要求，组织开展防疫物资 CT 智能审图集中制图工作，制作防疫物资图像 286 张。三是严密监管监控。建立 24 小时应急处置机制，协调通关应急事宜；严格落实《海关总署关于新冠肺炎疫情防控期间滞报金减免有关问题》工作要求，疫情期间共减免滞报金 1 384 万元。

【黄埔海关加强进口冷链食品新冠病毒风险监测】 为坚决贯彻落实习近平总书记重要指示批示精神，有效防范进口商品及包装可能带来的新冠病毒传播风险，2020 年 6 月黄埔海关按照海关总署党委统一部署，启动进口商品风险监测工作，加强进口冷链食品新冠病毒风险监测，按照海关总署公告对检出阳性情事实施紧急预防性措施，开展口岸环节预防性消毒等工作，严防新冠肺炎疫情通过进口冷链食品输入风险。2020 年 7 月，海关总署发布《海关总署关于暂停厄瓜多尔 3 家生产企业在华注册有关事宜的公告》（海关总署公告 2020 年第 81 号）。黄埔海关迅速制订《黄埔海关进口部分厄瓜多尔冻虾紧急处置工作方案》，对厄瓜多尔 3 家企业有关冻虾实施退运、销毁及召回等紧急处置措施。2020 年 9 月，海关总署发布了《海关总署对巴西 1 家水产品企业采取紧急预防性措施》，从巴西进口 1 批冻带鱼 1 个内包装样本中检出新冠病毒核酸阳性，黄埔海关跟进落实相关处置工作。2020 年 10 月，海关总署发布了《海关总署对厄瓜多尔 1 家企业采取紧急预防性措施》，从厄瓜多尔进口 1 批冷冻鲳鱼 1 个内包装样本中检出新冠病毒核酸阳性，黄埔海关跟进落实相关处置工作。2020 年 11 月 26 日，海关总署进口冷链食品口岸环节预防性消毒工作督查组一行赴黄埔海关开展督导检查工作，督查组实地调研了黄埔海关视频监控指挥中心，随机调阅检查作业单证和音视频资料，并赴新港海关开展调研座谈和督导检查。督查组对黄埔海关进口冷链食品口岸环节预防性消毒工作予以高度肯定，认为黄埔海关党委高度重视，靠前指挥，全关上下政治意识强，能不折不扣落实总署各项工作要求，行动迅速，落实彻底。

【黄埔海关统筹推进新冠肺炎疫情防控和促进外贸稳定增长工作】 一是海关总署关于新冠肺炎疫情防控期间减免滞纳金有关事项的通知，明确对于在规定期限内缴纳税款确有困难的企业，申报地海关经审核企业提交的书面延期申请（最长3个月）和缴税计划，可准予企业延期缴税；对于2020年1~4月申报进口的担保放行货物，海关最长可延期3个月向担保机构索赔。对企业在海关核准的缴税计划内缴税的，可予以减免自缴款期限届满之日起不超过3个月滞纳金。此间，黄埔海关共受理核准10家企业共计34.07亿元的延期缴税申请，并减免滞纳金1.01亿元。二是黄埔海关扎实开展“六稳”工作，落实“六保”任务。多措并举压缩出证时长和检疫审批时长，进口乳制品出证时间压缩到6.57个工作日，检疫审批平均时长压缩至2.2天。组建多个通关便利化专班，进口大米、植物油平均检验检疫时长分别大幅压缩60%和46.5%。优化布控进口食品的开柜指令，合理减少开柜152个，减少企业开柜费用。2020年，进口粮油、乳制品、水产品、肉类等生活必需品130多亿元。三是推进中欧班列发展。2020年11月18日，“东莞常平号”中欧班列由常平镇常盛货运站场驶出，标志着以东莞常平作为始发站点的中欧班列正式启动。该班列由阿拉山口口岸出境，最终抵达德国杜伊斯堡、汉堡。自12月1日起，黄埔海关执行海关总署制定的《进出境铁路列车监管及货运舱单管理操作规程》。四是落实进口汽车零部件检验监管便利化措施，整合优化查验、检验、检疫作业流程，制定《黄埔海关进口汽车零部件查验操作指引》。业务现场建立进口汽车零部件的查验绿色通道机制。在企业有紧急需要时，可依据相关法律法规对进口汽车零部件查验实行优先派单、优先查验。实施目的地监管、到厂查验，加快口岸通关速度。对涉及CCC认证的进口汽车零部件产品，采信认证认可部门认可的认证机构出具的认证证书，原则上不再实施抽样送检。五是促进进口大米便利通关。2020年10月，黄埔海关成立“进口大米便利化通关工作专班”，印发《黄埔海关关于印发促进进口食用植物油和进口大米便利化通关工作方案的通知》，集中利用好有限的口岸通关监管资源，精准发力，针对单证审核，抽样送检、实验室检测，综合评定等各环节制定促进大米进口便利化措施八项，确保检验检疫流程各环节紧密衔接，提升通关便利化程度，增强企业获得感。六是推进落实“两段准入”工作。2020年2月，根据海关总署相关要求，黄埔海关制订进口食品“两段准入”工作方案，针对不同类别食品特点，利用好“目的地检验”“附条件提离”“转场查验”等方式，提高通关效能。2020年，转场查验食品1.11万批、11.62亿元，附条件提离食品0.17万批、21.89亿元。

【黄埔海关推进相关监管业务无纸化】 黄埔海关执行海关总署关于运输工具进出境监管无纸化的公告、调整水空运进出境运输工具监管相关事项的公告以及《进出境船舶监管及货运舱单管理操作规程》，启用新版“运输工具水空子系统”开展进出境船舶及相关企业备案管理、进出境船舶日常监管工作。进出境运输工具负责人、进出境运输工具服务企业办理备案、进出境相关手续可向黄埔海关提交相关电子数据，无须提交纸质单证资料。黄埔海关进一步规范和精简水空运运输工具电子数据申报要求，推行进出境运输工具电子结关。不再核发“船舶进出境（港）海关监管簿”“中国籍兼营船舶海关监管签证簿”“来往港澳小型船舶登记备案证书”“来往港澳小型船舶进出境（港）海关监管簿”“来往香港/澳门货运企业备案登记证”“来往香港/澳门车辆进出境签证簿”等纸质证簿。一是2020年海关总署印发《进出境船舶监管及货运舱单管理操作规程》，明确规定海关统一使用运输工具系统开展进出境船舶及相关企业备案管理、进出境船舶日常监管工作。12 月，海关总署发布公告，明确规定来往港澳小型船舶中途监管站的监管模式，小型船舶其他进出境手续按照《中华人民共和国海关进出境运输工具监管办法》以及相关水运运输工具监管规定办理。黄埔海关遵照上述规定执行。二是 2020 年海关总署印发《进出境公路货运车辆监管及货运舱单管理操作规程》《境内公路承运海关监管货物的运输企业及其车辆管理操作规程》，废止原操作规程，贯彻落实“放管服”改革要求，优化口岸营商环境，促进物流便利化，进一步规范和简化海关对进出境运输工具监管与进出口货物转关运输监管的手续，推进相关海关监管业务领域作业无纸化。黄埔海关自 12 月 1 日起施行。三是推进入境食品、化妆品检验检疫证书电子化，加快食品类生活必需品通关效率。采用人工智能、电子印章等信息技术，整合关键系统，简化制证流程。对接现行系统，对企业申报的进口食品准入目录、进口食品境外生产企业等信息与海关监管数据智能对碰，为审单人员提供准入判断、随附单证审核辅助功能。四是推进食品智通审单运用。2020 年 4 月，黄埔海关运用食品智能审单助手，制发全国首份加签电子印章及签名的“入境货物检验检疫证明”电子证书，并通过互联网+海关将电子证书送达企业。5 月，为完善出具电子证书、加盖电子印章、在线查询等功能，在食品智能审单助手（黄埔海关）初期项目基础上对相关功能予以优化升级。7 月，为使现场一线人员能够快速熟练操作食品智能审单助手（黄埔海关）及进口食品电子证书，印发《黄埔海关关于印发进口食品智能审单助手和进口食品电子证书工作指引的通知》，更好地指导一线完成系统使用和电子检验检疫证书签发工作。

【黄埔海关规范和完善跨境电子商务直购进口和零售一般出口监管】 为提高执法统一性、规范性和科学性，促进关区跨境电商业务持续健康发展，结合海关总署的规定和关区业务实际，黄埔海关制定实施《黄埔海关跨境电子商务直购进口监管实施细则（试行）》和《黄埔海关跨境电子商务零售一般出口监管实施细则（试行）》。4 月 16 日，萝岗海关办理黄埔海关首票跨境电商直购进口退货业务。当日办理北京某商贸有限公司 2 票“9610”电商进口包裹的退货业务，货物为服装 2 件，货值共计 1 858 元。包裹运抵监管场所后完成单证人工审核和查验手续，并暂存入仓待退运出境，为黄埔海关首次办理电商直购进口退货业务。6 月 18 日，为支持广州、东莞跨境电商综合试验区新业态创新拓展及第 127 届广交会线上举办，黄埔海关制订实施《黄埔海关跨境电子商务企业对企业出口推广工作方案》及配套的《黄埔海关跨境电子商务企业对企业出口及特殊区域出口海外仓监管工作指引》《黄埔海关跨境电子商务 B2B 出口企业注册登记操作指引》《黄埔海关跨境电子商务出口海外仓模式备案指引》。6 月 23 日，为贯彻落实党中央、国务院关于“六保”“六稳”部署要求，充分发挥跨境电子商务等新兴业态在新冠肺炎疫情全球蔓延特殊时期稳外贸、保就业的积极作用，按照海关总署“两类通关” “嵌入式监管”工作要求，探索建立一套符合跨境寄递业务自身发展规律的“五维联动”监管解决方案，提高黄埔海关跨境寄递业务监管治理体系和治理能力现代化水平，实现“六个统一”，输出“黄埔经验”，黄埔海关根据《黄埔海关跨境寄递“五维联动”智慧监管改革总体方案》，制订《黄埔海关跨境电商“五维联动”智慧监管改革实施方案》《黄埔海关快件“五维联动”智慧监管改革实施方案》《黄埔海关跨境寄递“五维联动”智慧监管改革技术保障方案》。同时，按照海关总署跨境寄递监管相关制度的要求，结合关区跨境寄递业务实际，同步配套制定《黄埔海关跨境寄递业务协同监管工作机制》。7 月 1 日，黄埔海关首批 B2B 出口业务成功开展。7 月 18 日，黄埔海关制订实施《跨境电商零售出口 24 小时通关改革方案》及配套指引。11 月 11 日当天，黄埔海关共监管跨境电商进口清单 117 万票，货值 3.1 亿，同比全年分别增长 1.4 倍和 1.2 倍，清单票数首次突破 100 万票，清单票数和货值均创历史新高。

【黄埔海关加强洋垃圾和固体废物监管】 根据海关总署相关要求，2020 年 3 月 5 日黄埔海关制订《黄埔海关党委禁止洋垃圾入境“蓝天 2020”专项行动方案》，成立黄埔海关禁止洋垃圾入境“蓝天 2020”专项行动领导小组，负责指挥开展专项行动、考核检查工作进展、督办重大案件。领导小组办公室设在缉私局侦查处。3 月 24 日，黄埔海关印发《黄埔海关关于加强固体废物属性鉴别有关工作的通知》，明确委托主体、操作程序和标准等事项，规范进口固体废物属性鉴别工作，规范财务报销程序，各单位要加强固体废物属性鉴别相关规定的对外宣传，鉴别和复检均由海关负责委托开展，企业自行开展的鉴别不作为海关执法依据。5 月 21 日，黄埔海关印发《黄埔海关查发固体废物退运处置操作指引（试行）》，明确现场作业岗位职责、时限要求和相关作业标准。紧密衔接各类查发情形，实现从现场查验、属性鉴别、处置移交、缉私办案、退运申报、物流监控到离境监管全流程、全环节闭合管理。6 月 23 日，为落实禁止洋垃圾入境“蓝天 2020”相关工作任务，黄埔海关制发《黄埔海关关于做好非法进境固体废物退运工作的通知》，成立两级固体废物退运工作专班，实施台账管理。总关成立固体废物退运工作专班，每月收集、分析各隶属海关固体废物查发及处置情况，形成全关区工作台账，及时督促处置。各隶属海关应成立该关固体废物退运工作专班，推进固体废物退运处置工作。实施台账管理，由异常处置岗牵头建立台账，全面、动态掌握固体废物情况，并根据实际退运情况及时更新，逐票分析、跟踪、推动退运工作，做到即查即处、应退尽退，发现一票登记一票、完成一票核销一票。9 月 7 日，为加强固体废物监管，黄埔海关制定《黄埔海关风险防控部门与查验部门固体废物查验工作联系配合办法（试行）》，理顺关区固体废物布控、选查和查验环节的联系配合，严格落实固体废物监管要求。

【黄埔海关助力做好台胞返莞工作】 2020 年，因受新冠肺炎疫情影响，关区内常平铁路旅检口岸从 1 月 30 日开始停运；太平虎门客运码头从 3 月 1 日起暂停进境业务，3 月 25 日起暂停出境业务，旅检共监管旅客 57 886 人次，同比下降 90. 3%。除 5 月份台胞包船返莞外，旅检业务基本处于停滞状态。5 月 27 日，首批 291 名台胞分 2 个班次乘坐香港机场海天码头至虎门港澳客运码头包船从太平口岸入境。是日，黄埔海关关长郑汉龙到虎门港澳客运码头、虎门会展中心集中排查点、海关监控指挥中心实地督导，并在前线指挥部指挥首日通关监管工作。黄埔海关组织远程视频观摩台胞包船入境返莞专项工作，组织台胞包船入境返莞专项工作领导小组成员单位进行远程视频观摩和联合保障、支援。当日两艘包船共计旅客 291 人，交通员工 20 人顺利入境，进行核酸检测 304 人次，全部为阴性。

【黄埔海关加强对进出境船舶工作人员及携带物品监管和检疫工作】 为进一步加强对进出境船舶工作人员及携带物品监管和检疫工作，严厉打击船舶工作人员利用携带物品夹藏禁限物品等走私违法活动，同步防止人类传染病和动植物病虫害通过出入境人员传入传出，2020 年 3 月，黄埔海关印发实施《黄埔海关进出境船舶工作人员及携带物品监管操作规程（试行）》。2020 年，黄埔海关制定印发疫情防控文件 21 份，推动 5 个海运现场建设船员通道“三室”（医学排查室、医学隔离室、医学筛查室），并增配 31 个视频监控和 17 个收音设备，无船员通道的海运码头在原有 597 个视频监控基础上，对存在监控盲点的 4 个码头人员进出通道加装 8 个摄像头并接入指挥中心。完善与地方政府信息通报、人员移交、病例追溯等工作机制；厘清边界模糊地带管理职责，推进解决高风险旅客移交、船厂监管、引航员管理、锚地离船入境船员移交等问题，形成入境人员的闭环管理，处置来往港澳小型船舶船员擅自下船 14 人。

【黄埔海关启用进出境邮递物品监管子系统“邮袋转关监管”功能】 2020 年 3 月 1 日，黄埔海关启用进出境邮递物品监管子系统“邮袋转关监管”功能，该功能启用后，转出海关可对邮袋转出、接收环节进行监管，首日共计接收邮袋转出申报 1 696 份。4 月 2 日，为规范跨境电子商务零售一般出口和直购进口海关监管，规范现场作业，根据海关总署《关于跨境电子商务零售进出口商品有关监管事宜的公告》《跨境电子商务零售一般出口海关监管操作规程》《关于发布〈海关监管作业场所（场地）设置规范〉的公告》《跨境电子商务直购进口海关监管操作规程（试行）》等有关规定，黄埔海关印发实施《黄埔海关跨境电子商务零售一般出口监管实施细则（试行）》《黄埔海关跨境电子商务直购进口监管实施细则（试行）》。是年，黄埔海关支持中欧班列（东莞—维尔纽斯）实现常态化运邮的同时，探索开展“东莞—渝新欧”运邮出境的海关监管业务，丰富跨境电商、邮件疏运渠道。6 月 28 日，首批合计 498 个邮袋、7 541.5 千克的邮件在东莞国际邮件互换局转关至重庆邮局海关，2 天后到达重庆并通过“渝新欧”铁路运往欧洲。12 月底，完成邮件监管作业场地硬件设施建设。

【黄埔海关助力快递业务发展】 按照海关总署快件监管要求，2020 年黄埔海关梳理、废止和修订各类快件监管制度，共废止快件相关文件 4 份、修订 2 份，提升现场制度执行的刚性和规范性。建立常态化不打招呼检查和风险联合例会工作机制，加强对现场的指导和督促，全年关领导带队赴现场检查调研 25 次，各相关职能部门处领导赴现场检查 252 次；组织职能部门召开风险研判例会 4 次，对 1 家失信快件企业采取联合强化监管措施。应用大数据、人工智能等技术，依托黄埔海关跨境寄递业务智慧监管系统，开发“快件审单风险分析”“快件妥投风险分析”“快件收件人真实性验核”“收件人集中度分析”“收件人电话集中度分析”等功能模块，强化对快件业务风险的全面防控。发挥智能审图技术优势，强化现场实际监管，CT 快件智能图单有效识别商品增加到 437 种，商品覆盖率达到 84.5%，丰富了现场查发手段。落实快件运营人登记管理工作要求和定期年审工作要求，对 13 家“快递业务经营许可证”到期的企业及时暂停业务，对 2 家符合《快件监管办法》退出条件的企业依法予以注销。强化快件异常数据，通过推动现场科室落实监管内控机制，发现未及时结关、核销异常数据 1.2 万余条，按要求和规定及时进行清理。2020 年，在黄埔海关备案的快件运营人共有 24 家，其中 1999 年备案的 1 家、2001 年 2 家、2005 年 1 家、2006 年 1 家、2008 年 3 家、2009 年 6 家、2010 年 2 家、2013 年 2 家、2015 年 2 家、2016 年 1 家、2019 年 1 家、2020 年 1 家企业。2020 年，黄埔海关监管进出境快件 445 029 票，总价值 1.06 亿元，征税 332.6 万元。

【黄埔海关促进大湾区菜篮子建设】 2020 年 1 月，为掌握供港蔬菜基地管理情况，黄埔海关分别印发《关于商请提供供港蔬菜备案种植基地监管情况的函》，将 8 家供港蔬菜基地出口监管情况向属地海关进行通报，同时收集种植基地反馈的监管情况，共同把好供港蔬菜质量安全关。2020 年 4 月，黄埔海关加大关地合作共建力度，协同广州市设立粤港澳大湾区菜篮子通关（增城）便利区，该便利区占地总面积约 2 万平方米，实现种植、加工、流通、检验检疫、信息化等资源要素聚集的“一站式”综合服务。8 月，黄埔海关在东莞市建立海关监管作业场所“东莞供港蔬菜监管中心”，实行全年 365 天无休工作模式，保障高效通关，促进关区供港蔬菜产业集群发展、高质量发展。是年，东莞供港蔬菜监管中心聚集黄埔海关关区 14 家供港蔬菜生产加工企业，蔬菜日供港量 880 吨，占黄埔海关供港蔬菜总量的 70%。2020 年 6 月，根据海关总署印发《食品局关于调整进出口食品化妆品安全监督抽检及风险监测计划的通知》的要求，黄埔海关结合关区实际印发《进出口食品安全处关于印发〈2020 年度供港蔬菜专项检查计划实施方案〉的通知》，专项检查的蔬菜共 56 种、266 个样品，涉及农药、重金属残留检测项目 245 项。对标香港地区标准，对供港蔬菜品种及农药残留情况进行广覆盖、全项目检测，全面掌握供港蔬菜农药残留风险，提高风险防控针对性。2020 年 10 月，为落实贯彻中共中央、国务院《粤港澳大湾区发展规划纲要》以及广州市政府《粤港澳大湾区“菜篮子”建设实施方案》，黄埔海关上线自主研发的“黄埔海关供港蔬菜监管系统”。该系统实现生产、流通、检验、检疫、通关、信息化等资源要素的无缝衔接，主要包括行政相对人管理、种植基地信息管理、生产加工厂信息管理、监管管理、数据查询与统计、系统维护等七大模块。

【黄埔海关全面加强知识产权海关保护】 一是修订完善《黄埔知识产权保护工作规程》，深入开展专项行动和联合执法行动 6 次，强化与风险防控部门交流合作，持续加强对重点渠道、重点商品的侵权打击力度。二是加强与地方联动，指导隶属海关向地方公安通报侵权犯罪线索 2 条，通过“两法衔接”工作机制协助地方公安成功破获侵权案件；携手烟草局联合执法，查处 1 批出口假冒注册商标香烟。三是制作《黄埔守望》、龙腾企业培塑视频等，加强知识产权海关保护宣传，年内共培塑龙腾企业 7 家。

【拱北海关优化口岸营商环境，促进跨境贸易便利化】 持续深化“放管服”改革，出台《拱北海关促进跨境贸易便利化工作方案》，提出 20 条措施并细化 28 项任务，推动“提效率、减单证、优流程、降成本”。巩固压缩货物整体通关时间成效，组建职能部门、隶属海关两级工作专班，建立“日监控、周通报、月小结、季评估”监控机制，进一步压缩口岸整体通关时间。2020 年，拱北海关进、出口整体通关时间分别为 7.21 小时、0.45 小时，全国排名第二、第五，省内海关排名第一、第二，对比 2017 年分别压缩 80.21%和 93.61%。着力精简单证，取消关区证明事项 71 项，修订完善执法文件 13 项，进出口环节需要验核的监管证件从 86 种精简至 41 种。持续优化流程，率先推动粤港澳大湾区启运港退税政策在关区落地实施。对涉及 3C 认证的部分进口汽车零部件产品实施第三方检验结果采信。扎实推进减税降费，为企业综合减税 14 亿元。全力配合珠海市完成国家发展改革委组织开展的营商环境跨境贸易指标评价，大力促进跨境贸易便利化。

【拱北海关支持地方经济发展】 持续暖企稳企惠企，坚持“滴灌”“漫灌”相结合，问需于企、送策到企，第一时间出台促进外贸稳增长 28 条措施和 106 项“一企一策”帮扶措施。用心动情暖企，支持企业外销转内销，为加工贸易企业免收风险担保金 23.22 亿元；积极扩大利用外资，全力服务新设立外商投资企业 2 624 家，推动摩天宇二期等重大项目落户珠海；支持引入航空产业重点项目，推动加快海关特殊监管区域整合优化；加强国外技术性贸易措施应对，帮助格力成功应对印度空调认证新规。依法依规稳企，健全容错机制，引导企业守法经营，2020 年全年办结主动披露作业 55 期，同比增长 1.39 倍；对进口铁矿实施“先放后检”，共检验监管进口铁矿 1 230.8 万吨，平均通关时间缩减约 60%，为企业节省总费用约 1 900 万元。助力让利惠企，引导企业综合运用政策减轻资金压力，为企业办理延期缴纳税款 2 899.5 万元、减征进口税超 5 亿元、办理退税 3.7 亿元；推出支持中小企业复工复产、技术研发等补贴计划，惠及企业 553 家，累计补贴超 340 万元。

【拱北海关推动口岸通关改革】 全面落实“海关改革 2020”部署，“两步申报”稳步推进，应用率提升至 49.29%，“两段准入”信息化监管实现水运口岸全覆盖。“船边直提”“抵港直装”模式在水运口岸全面推广。

【拱北海关提高口岸规范化管理】 支持关区口岸整体规划和扩大开放，湾仔轮渡客运口岸如期复通，横琴口岸新旅检区域顺利开通，青茂海关正式开关，港珠澳大桥珠海公路口岸珠澳货运通道启用。港珠澳大桥珠海公路口岸、横琴口岸获批为金伯利进程检验口岸。

【汕头海关口岸疫情防控取得阶段性胜利】 一是口岸卫生检疫和高风险货物检疫不断加强。严格执行“三查三排一转运”口岸检疫措施，严格实施核酸检测等“7 个 100%”措施，实现入境人员分类精准防控，完成入境人员核酸检测1 896份，检出新冠病毒核酸阳性病例3例。强化关地联防联控，与属地政府部门全面建立传染病防控合作机制，实现全流程无缝对接、闭环运作。扎实开展口岸埃博拉、非洲猪瘟、沙漠蝗等疫情疫病防控工作，严防疫情叠加。坚持“人”“物”同防，完成进口冷链及环境核酸采样检测4 081份，严格落实进口高风险非冷链集装箱货物检测和预防性消毒，有效防控疫情通过境外货物输入风险。二是口岸卫生体系不断完善。优化口岸卫生检疫工作机制，建立3支疫情应急预备队。强化物资和经费保障，建立4条防疫物资“保障线”，落实疫情防控经费2 659万元，更新配置一线疫情防控设备377台（套），保健中心综合实验室通过P2实验室评审并获地方卫健部门备案，完成核酸检测样本12 326人份，为疫情防控全链条提供有力科技支撑。独立承担海关总署3个疫情信息化需求方案编写任务，提出5项建议被海关总署采纳并在全国口岸落地实施。

【汕头海关强监管能力持续提升】 一是实际监管稳步务实。洋垃圾、濒危物种、毒品走私等重点领域风险防控成效明显，查获关区首宗夹藏第三代毒品“LSD邮票”案件、首宗进境邮递渠道涉嫌电信诈骗银行卡案件。应用新一代风险作业系统，全年人工分析布控查获率14.47%，高于全国海关总体水平。监管作业场所（场地）管理更加规范，深入开展安全生产三年专项整治行动，关区口岸安全生产态势保持平稳。开展知识产权保护“龙腾行动2020”，培塑优势企业8家，全年查扣侵权商品数量增长48%。推动信用监管与稽核查执法高效联动，企业网格化管理格局持续完善，稽查作业涉检查获实现“零”的突破。二是有效保障国门安全。加强国门生物安全风险监测，全年累计截获有害生物145种类、204种次，加强口岸非洲猪瘟、沙漠蝗等防控，有效防范外来物种入侵。支持安全引进梅州首批进口种猪，全年监管供港活猪3.4万头，助力生猪养殖稳产保供。加强进口食品特别是冷链食品监管，保障疫情期间民生物资安全进口，未发生区域性、系统性进出口食品安全问题。危险化学品安全实现全链条管控，布控查发3起漏报逃检情事。深入开展安全生产三年专项整治行动，关区口岸安全生产形势保持平稳。三是打击走私战果累累。坚决贯彻落实党中央于关海关缉私部门管理体制调整重大决策部署，以79条措施推动“1+6”工作机制精准落地，“蓝天2020”“国门利剑2020”等专项行动推动有力有效。缉私部门在全国海关缉私系统率先完成“缉私云”平台建设，数据融创中心和智慧侦查建设深入拓展，破获建关以来涉案案值、涉嫌偷逃税额最大的“830”海产品走私案等大要案件。全年立案415宗，案值142.6亿元，案值增长103.3%，涉税29.13亿元，其中刑事案件案值、涉税额、移诉案件数均创历史最高，涉税额、案值在全国海关分别排名第一名、第三名。反走私综合治理成效明显，与汕头海警局签订合作协议，与公安部门双向警情互动，与地方政府在重点地区驻点治理，“打、防、管、控”立体防线逐步筑牢。

【汕头海关服务扩大开放积极有为】 一是稳外贸促增长措施有力有效。聚力“六稳”“六保”，贯彻落实海关总署10条措施，结合关区实际制定25条细化措施和帮扶企业复工复产18条措施，关区新增注册进出口企业数量增长11.6%。支持加工贸易出口转内销，关区加工贸易内销征税增长66.8%。汕头海关提出的“提高陶瓷卫生洁具出口退税率”建议获国务院关税税则委员会采纳，退税率提高4个百分点，惠及全国陶瓷产业。就全球首份因疫情对我国货物实施限制的SPS通报开展评议，推动对外交涉解决。发挥检测技术优势，助推粤东玩具出口增长18%。协助海关总署制定输俄柑橘议定书，指导关区企业打破检疫技术壁垒，实现观赏鱼首次出口美国、蜜袖首次出口哈萨克斯坦。助力凤凰单丛茶、梅州蜜柚入选首批《中欧地理标志协定》保护名单，促进出口额分别增长32.6%、27.2%。支持粤东融入粤港澳大湾区市场，供港蔬菜备案种植基地增至15个，注册出境水果果园和包装厂增至44家，6个食用水生动物新品种首次供港，全年出口动植物及其产品均未发生通报退回情事。支持汕头、梅州成功获批跨境电商综合试验区，汕头宝奥城获批市场采购贸易方式试点。实施包容审慎监管，关区跨境电商进出口增长 5.24 倍。二是口岸营商环境持续优化。试点推广进口货物“船边”“直提”和出口货物“抵港直装”，进出口报关单提前申报率居全国海关前列，关区进、出口整体通关时间分列全国直属海关第 5 位、第 4 位。支持汕头、汕尾外贸进出口在全省率先企稳、增速靠前，其中，汕头市外贸进出口增长 13.5%，增速列全省第 2 名。助推汕头、梅州综合保税区成功获批，结束粤东无综合保税区历史，支持汕头综合保税区提前 1 个季度通过实地验收，被复制推广的自由贸易区创新经验措施 96 项，关区特殊监管区域进出口总值增长 2.18 倍，“双循环”枢纽和窗口作用显著增强。培育新增 AEO 企业 6 家。推广原产地证书自助打印和智能审签，全面实行行政许可审批网上快速办理，海关政务服务“主动评价率”“五星好评率”均为 100%。三是外贸通道更加畅通。发挥海上丝绸之路合作战略支点优势，助推关区对“一带一路”进出口持续活跃。粤东空运进口 B 类快件业务安全启动。支持揭阳港、潮州港扩建货运码头（小红山码头）、汕尾陆丰甲湖湾港区和海丰小漠港区加快对外开放，支持广澳港开展“内外贸同船运输”，加快建设南北航线中转中心和东南亚航线中心，国内国际市场双向通道更加畅通。

【汕头海关落实改革创新效果明显】 一是口岸通关监管改革不断深入。深化落实“海关改革 2020”，“两步申报”应用率居全国海关前列，“两段准入”信息化监管试点落地，“两轮驱动”布控精准度明显提升。关区进出境邮递物品实现全口径信息化申报。主动申请成为海关总署“免陪同查验”首批试点单位，全流程走通全国海关第一批货物。二是科技创新应用效能不断提升。加强“大数据+智能审图”监管，推进监管设备联网应用，机检集装箱占比达 87%，有效查获率增长 31%。在全国海关率先实现非贸渠道机检图像远程集中复核。探索在汕头综合保税区推行“无人机+监管”，为关区依托科技执法开拓新路径。关区实验室布局进一步优化，技术中心新增检测项目 220 个。强化科研攻关，获批海关总署科研立项 2 个、成果登记科研项目 11 个，5 项发明专利和 4 项实用新型专利获授权。

【江门海关全力做好口岸疫情防控工作】 卫生技术用房实现口岸现场全覆盖，完成分子生物实验室改造，创建船舶登临检疫业务实训教学点，严格执行“三查三排一转运”，共入境检疫 7.2 万人次，发现有新冠肺炎症状人员 41 例，检出阳性 6 例。建立了采样、信息报送与应急处置等机制，抓好目的地事中布控货物的预防性消毒、进口高风险非冷链集装箱及装载货物核酸检测和消毒工作。服务全国海关疫情防控大局，搭建 8 个疫情防控数据模型被海关总署采用推广。提出 5 条建议被广东省指挥部采纳，推动形成了来往港澳小型船舶船员进境的闭环管理。会同地方建立“五合一”机制，保障了 1 484 万件防疫物资快速通关。开展进口冷链商品现场监管作业专项检查监督，与现场连线 717 次、督促规范作业 36 次。

【江门海关巩固加强一线正面监管】 建立智能审图有效识别商品评审和先期机检联合研判机制，运用智能审图系统处理图 8 083 幅，查获率 1.3%；积极推进“国门利剑 2020”“蓝天 2020”行动，监管固体废物 405 票、13.88 万吨，货值 2.06 亿元，退运出境固体废物 540.45 吨；坚决打击象牙等濒危物种及其制品、野生动物及其产品走私，组织开展寄递渠道野生动物查缉专项行动，查获石珊瑚 848 克、白燕窝 243 克、血燕窝 939 克、野生海参 467 克等；强化寄递渠道毒品风险防控和查缉工作，严防寄递渠道形成违禁物品走私通道，查获大麻花及大麻油共 5 025 克、冰毒 23 克。

【江门海关积极发挥检验检疫作用】 检疫监管进出境动植物及产品 3 万批，截获进境检疫性有害生物 33 种、169 次。严格做好进境粮食检疫监管工作，与进境口岸建立改变流向和后续监管对接机制，监管调运进境粮食 154.2 万吨，同比增长 103.7%。加强食品安全和商品检验质量安全工作，检验监管进出口食品、化妆品、商品等 4.54 万批，检出不合格批次同比增长 10%。

【江门海关提升口岸治理现代化水平】 完善口岸业务运行监控指挥体系，以网格化视频监控、音频连线提问等方式加强现场作业指挥和督导；加强关区视频监控系统标准化、智能化建设，增配价值 78 万的监管作业场所（场地）视频监控设备；建立智能审图有效识别商品评审和先期机检联合研判机制，集中审像机检报关单 2 190 票，运用智能审图系统处理图像 8 083 幅；加强高科技监管设备规划，购置毫米波人体检测仪、空箱检测仪等智慧监管设备，组织验收 14 批次、价值 709.9 万元的监管设备；加强“监管查验技术设备购建及能力提升专项”和“海关口岸监管工作用犬专项”规划编制，预算执行率达到 100%；按期完成重点监管设备入网升级改造验收和物流监控子系统核辐射探测应用设备信息维护，做好大型监管查验技术设备维护服务保障。

【江门海关筑牢国门安全屏障】 落实口岸监管现场危急事件和重大敏感情事“第一时间”报告制度，开展关区监管作业场所（场地）超期存储危险品货物专项排查清理，规范查验作业的处置流程和时效管理，开展安全风险排查整治和回头看 73 次、整改隐患 21 个，组织培训讲座 43 次。关区没有发生重特大安全事故；狠抓口岸监管环节反恐工作，制订应急预案，组织 2 次培训、4 次检查、23 次演练；以突出重点渠道、重点时段、重点来源为抓手打击有害物品及非法出版物渗透入境，查获违禁出版物 81 本。

【江门海关持续打击洋垃圾、象牙等濒危物种及其制品走私活动】 开展“蓝天 2020”专项行动，破获走私废塑料大案，查证走私废塑料 1.3 万吨。破获象牙等濒危物种及其制品走私案，查获象牙等濒危动物制品 488.5 千克；破获石首鱼鱼肚走私案，案值约 2 亿元；破获食蟹猴走私案，查证走私食蟹猴 2 737 只。

2020 年 6 月 17 日，江门海关查获“NJ-417”走私象牙等濒危野生动物及其制品系列案

【江门海关深化改革稳步推进】 “五项创新”改革落地实施，“两步申报”模式应用率 24.5%、高于全国海关平均水平，“两段准入”信息化监管实现关区水运口岸全覆盖；落实 C 类快件纳入货物一体化通关改革、进出境邮递物品监管改革，进出口邮递物品增长 102.1%；推动大宗商品检验改革，共 21 批、88.2 万吨进口铁矿不再实施品质检验，对 48.8 亿元进口大宗商品不再实施重量鉴定。

【江门海关落实优化服务机制促进外贸稳增长】 推动跨境电商综合试验区建设，积极支持江门跨境电商综试区建设成功获批，成立专班推动综合试验区建设和跨境电商 B2B 出口业务，开展行业调研和“一对一”企业辅导，截至 2020 年 12 月 29 日，监管进口 B 类快件 473.6 万票，同比增长 15.2%，列全国海关第 6 位，总值 10.09 亿元，同比增长 27.9%；成立专班支持推广中欧班列业务发展，推动地方以中欧班列为载体深化与“一带一路”沿线国家和地区的经贸合作；紧密对接、积极服务粤港澳大湾区建设，通过实地调研、企业向地方建言献策等方式支持珠西物流中心发展；建立口岸快速通关“零报告”机制，组织实施“免到场”查验、“零接触”验放和“边掏箱边查验”等口岸监管新模式，免除企业查验配套服务费 158.51 万元、1 715 家次。

【湛江海关履职尽责，全力以赴打赢疫情防控阻击战】 一是强化党对疫情防控工作的领导。湛江海关党委切实强化“号令意识”，迅速成立统筹口岸疫情防控和促进外贸稳增长工作指挥部，全年召开 68 次指挥部会议，全体党委委员及署管干部深入一线带班 366 人次。充分发挥基层党组织战斗堡垒作用和共产党员先锋模范作用。成立 9 个临时党支部，新冠肺炎疫情防控中全关 393 人次提交请战书，2 名党员“逆行”支援湖北、2 名干部“火线入党”。注重在疫情防控斗争第一线考察干部，激励关爱疫情防控一线党员干部职工担当作为，选拔在疫情防控一线表现突出的处级干部 14 人、科级干部 51 人。湛江海关 2 个集体荣获“全国海关系统抗击新冠肺炎疫情先进集体 ”称号，11 人荣获“全国海关系统抗击新冠肺炎疫情先进个人”称号；1 个集体荣获“广东省抗击新冠肺炎疫情先进集体”称号，2 人荣获“广东省抗击新冠肺炎疫情先进个人”称号，1 人荣获“广东省优秀共产党员”称号。二是加强口岸卫生检疫。率先重启出入境人员健康申报制度，严格执行“三查三排一转运”，推广“4544”工作法（实行 100%查验健康申明卡、100%体温筛查、体温异常 100%开展复测、100%实施医学巡查，流行病学调查时查清旅居史、接触史、疾病史、用药史、检测史“5 史”，做好上岗记录、工作记录、体温监测结果记录、视频记录 4 项记录，达到“清晰、准确、完整、有效”4 项要求），自主研发“入境船舶疫情动态预警系统”，实行“一船一研判”“一船一排查”；实施“一卡一单”，立案侦办全国首起涉嫌妨害国境卫生检疫刑事案件；迅速建成启用生物安全二级实验室，满分通过核酸检测能力验证；推进口岸公共卫生核心能力建设，完成 11 个船员通道建设改造工作，实现关区水运口岸全覆盖。建立健全联防联控机制，推动湛江、茂名两市印发由湛江海关代拟的《水运口岸疫情联防联控工作办法》，对离船入境船员移交做到无缝对接、闭环管理。全年共监管进出境运输工具 5 475 辆/艘/架次 ，进出境人员 73 197 人次，完成新冠病毒核酸检测样本 2 270 人次，移交地方专班 1 125 人次 ，检出广东省水运口岸首例国际航行船舶船员核酸阳性病例，累计检出核酸阳性病例 19 例。同步严防重大传染病传入，检出传染病 59 人次。三是强化高风险货物检疫。坚持“人”“物”同防，严格执行“4 个 4”要求（“4 个重点”即重点国家（地区）、重点产品、重点环节和重点部位，“4 个专人”即专人采样、专人消毒、专人拍照、专人录证，做好“4 项记录”即上岗记录、采样工作记录、视频拍照记录、集装箱包装货物记录，达到“4 项要求”即清晰、完整、准确、有效），科学、规范、严谨做好进口冷链食品风险监测和口岸环节预防性消毒工作。严格执行熔断措施，及时排查产品在关区进口及流向情况。建立“轮战”机制，调整 156 人次支援口岸疫情防控一线。全年完成 61 982 个进口商品样品的采样检测，完成 306 个标准集装箱进口冷链食品货物的预防性消毒工作。四是严格做好安全防护和内部防控。落实“应检尽检”要求，对一线人员实施每周 1 次核酸检测、每月 1 次抗体检测，关心关爱一线干部职工，高标准强化个人防护；完善应急处置工作机制，在本土病例情况发布后，2 小时内完成关区外出人员情况排查；严格履行出行审批程序，建立完善疫情防控台账；开展“百名党员进社区”，强化办公区、宿舍区网格化管理；坚持分餐制等行之有效的做法，倡导不聚集、不聚会、不聚餐，做到“打胜仗、零感染”。

【湛江海关强化监管，切实筑牢国门安全防线】 一是监管效能进一步提升。强化风险防控，货运渠道、快件渠道人工分析布控查获率分别为 14. 5%、12. 8%。加强 H986、某设备智能审图应用，全面推行先期机检。建成业务运行管控中心，开展专项监控检查。完成海关监管作业场所（场地）优化整合，整改场所（场地）48 个，清理不合格场所（场地）10 个。深化快件全链条监管工作机制，首次在快件渠道查获大麻、冰毒。开展“龙腾行动 2020”知识产权海关保护专项行动，查获侵权嫌疑电饭锅 3 096 个。强化后续监管，稽核查补税 1 752 万元。二是国门安全防控持续加强。封存来自非洲猪瘟疫区猪肉及其制品183批，在贸易渠道截获植物有害生物244种、3 928种次，在非贸渠道截获外来物种34种次；从进境法国种猪中检出二类动物疫病2项次20头，严格按规定实施扑杀销毁处理。首次在全国口岸监测到检疫性三带实蝇，及时处置湛江港码头发现红火蚁情事。开展安全生产专项整治三年行动，推动一般贸易涉危场所储罐全部退出。三是进出口商品食品检验监管更加有效。检出不合格商品139批，对12批次外来夹杂物超标的进口铁矿进行卫生处置，获批设立“进口液化石油气、质量安全风险一级监测点”。检出进出口食品不合格100批，对48家水产企业开展专项检查。四是税收征管质量进一步提升。税收入库195.2亿元，完成全年税收目标。建立税收风险协同防控机制，全年审价补税3.5亿元，增长29.8%。深化税收征管方式改革，全年汇总征税率从2019年的14.5%提升至21.7%。落实海关税收特定减免税政策，为企业减免税款5.3亿元，增长1.6倍。五是全员打私成效明显。深入贯彻落实党中央关于海关缉私部门管理体制调整重大决策部署，制定进一步加强打私工作的实施意见，在海关系统首个出台全员打私实施办法及配套制度，深入推进全员打私，缉私立案数、海关现场查发移交案件线索数量和办理“两简”案件数量大幅增长，倪岳峰署长、胡伟副署长等署领导多次批示肯定。高压严打象牙等濒危动植物及其制品走私，深入开展重点地区象牙走私问题专项整治，抓获1名“7·5”象牙走私案在逃重要犯罪嫌疑人；全年立案侦办相关案件15起，查扣犀牛角、象牙制品等濒危动植物及其制品一批。严禁洋垃圾入境，侦办走私洋垃圾刑事案件10起，其中查获8.8万吨“硫铁矿渣”的案件是“蓝天2020”第二轮集中打击行动中查扣走私固体废物数量最多的案件，并全部退运出境。全年缉私立案517起，案值36.5亿元，涉税12.1亿元，成功侦破走私成品油、燕窝、种虾、卷烟等一系列大要案。推动创建16个“无走私示范点”。

【湛江海关主动作为，持续用力促进稳外贸稳外资】 一是促进湛江、茂名外贸实现正增长。落实党中央关于做好“六稳”工作、落实“六保”任务的决策部署，开展“春风暖企”行动，出台促进外贸稳增长21条措施、稳外贸稳外资59条措施。先后5次与湛江、茂名两市党政主要负责人会面座谈，关地合作迈上新台阶。落实分析研究工作“快、广、深”要求，向两市报送《湛江海关专报》13期 。2020年，湛江、茂名两市外贸进、出口总值分别为442.4亿元和199.3亿元，均创历史新高；增速由前11个月的负增长，转为分别增长6.7%和1.5%，排名全省第三位和第十位。二是口岸营商环境更加优化。优化进口铁矿砂、原油“先放后检”模式，原油进口通关时长从15天压缩至5小时，对出口大宗散货推行“抵港直装”通关监管模式改革，对符合条件的进口货物提供“船边直提”便利，大幅缩短货物压船、滞港时间，“多方多赢”实效进一步提升。持续压缩整体通关时间，全年进出口整体通关时间分别为52.07小时和2.6小时，较2017年分别压缩67.5%和91.4%。严格执行检疫处理降费政策，为企业减负258.2万元。积极推动保税燃料油跨港区供应模式等6项自由贸易试验区海关监管创新制度落地。增设廉江出口签证点，启动出口优惠原产地证书“汇总预签”试点，让数据多跑路，让企业少跑腿。用好12360服务热线，推进海关政务服务“好差评”系统，不断增强企业获得感和群众满意度，全年接受各类咨询3 382条。

开放口岸

【广州空运口岸（广州白云国际机场）】

广州白云国际机场（以下简称“白云机场”）是国家战略定位重点发展的三大国际航空枢纽机场之一，是国家定位的“一带一路”国际枢纽机场之一，更是推进民航强国战略和粤港澳大湾区协同发展的重要引擎。白云机场飞行等级为4F，现有两座航站楼和一座GTC交通中心，总面积达138万平方米，拥有3条跑道，飞行区等级为4F，可满足年起降航班62万架次、旅客吞吐量

8 000 万人次和货邮吞吐量 250 万吨的运营需求。亚洲运输和机队规模最大的中国南方航空以此为主运营基地。白云机场也是中国东方航空公司、海南航空股份有限公司、深圳航空公司、九元航空有限公司等的基地机场。与近 80 家中外航空公司结成合作伙伴关系，航线通达国内外 230 多个通航点，其中国际及地区航点超过 90 个，航线网络覆盖全球五大洲。自 2019 年 5 月 1 日起，正式实施 144 小时过境免签政策。

2020 年，广州白云国际机场实现了年度旅客吞吐量和年度服务质量旅客满意度全球“双第一”的历史性成绩。白云机场再次荣获 CAPSE 民航服务“最佳机场”奖，二号航站楼再次荣获“SKYTRAX 五星航站楼”。全年，国内航线新增 16 条，加密 20 条，共完成飞机起降 37. 34 万架次、旅客吞吐量 4 376. 81 万人次、货邮吞吐量 175. 95 万吨。航班放行正常率 91. 79%，实现第 28 个安全年。

广州白云机场

【深圳空运口岸（深圳宝安国际机场）】 深圳宝安国际机场位于深圳市宝安区，距深圳市南山区前海市中心 20 千米，距深圳福田区市民中心 32 千米，配套水陆交通运输网络，是集海、陆、空、铁于一体的空运口岸。深圳宝安国际机场是我国第一家以地方投资为主兴建的机场，一期工程于 1989 年 5 月动工兴建，1991 年 10 月正式开通国内航线。1992 年 2 月，经《国务院关于同意开放深圳航空口岸的批复》（国函〔1992〕9 号）批准为正式对外开放口岸，于 2013 年 11 月 28 日正式启用，自 2015 年 11 月 12 日起实行 24 小时通关。

新建航站楼建筑面积 45 万平方米，年设计旅客吞吐量 4 500 万人次（其中国内旅客 3 600 万人次，国际旅客 900 万人次），拥有我国现代化程度高的航空货站和货运停机坪，货站内建有现代化的立体散货及集装货处理系统，启用了货物存放、存取机械化自动系统。与机场配套的福永码头，建设规模为 3 个 1 000 吨级多用途泊位和 4 个 500 吨级的客运泊位。目前，开通深圳—香港、深圳—澳门、深圳—中山航线。

2020 年，深圳空运口岸出入境旅客 66. 89 万人次，日均 0. 183 2 万人次，同比下降 89. 45%；福永码头出入境旅客 4. 69 万人次，日均 0. 012 8 万人次，同比下降 91. 24%；国际空运货物 45. 97 万吨，累计同比增长 30. 8%。

【湛江空运口岸（湛江机场）】 湛江空运口岸位于广东、广西、海南的交界处，是湛江唯一航空口岸，中心坐标为北纬 21°13′02″，东经 110°21′27″，是连接广东、广西和海南的重要交通枢纽。湛江机场始建于 1936 年，系当年的法国殖民者侵占和租用“广州湾（1943 年 8 月 22 日定名湛江市）”时兴建，距今 84 年；1953 年，国家民航局批准“中国民用航空湛江站”成立；1987 年 7 月 7 日，国务院批准湛江机场对外开放；2019 年 9 月，获国务院批准扩大对外籍飞机开放。湛江机场飞行区等级标准为 4D 级，拥有 2 个停机坪，总面积为 4 万平方米；货运中心面积为 2 700 平方米，年处理货物能力 10 万吨；口岸国际联检厅面积为 2 868 平方米，综合业务楼为 4 616 平方米。

湛江机场新增至北京大兴、合肥、长春、惠州、西双版纳、呼和浩特、西宁、兰州、宜昌、西宁、普洱共 11 个航点的航班，加密至北京、上海、广州、深圳、南昌、重庆、郑州、揭阳、昆明、南京、长沙、大连、宁波等航线。截至 2020 年年底，湛江机场通达国内、国际（地区）城市 36 个，航线网络基本覆盖全国大部分省会城市，运营航线 38 条，参与运营航空公司 14

家，旅客吞吐量223万人次。2020年，因受新冠肺炎疫情影响，湛江机场国（境）外航线于2020年1月起停航。新冠肺炎疫情前，湛江机场有4条国际、地区航线，分别是湛江—曼谷、湛江—金边、湛江—芽庄、湛江—香港，其中国际航线共执飞76架次，旅客吞吐量3 538人次，地区航线共执飞69架次，旅客吞吐量4 301人次。

【梅州空运口岸（梅州梅县机场）】 梅州空运口岸坐落于梅州梅县机场内。梅州梅县机场位于梅州市梅江区三角镇境内，地理位置坐标为北纬23°23′~24°56′、东经115°18′~116°56′之间，地处闽、粤、赣三省交界处。1985年6月动工兴建，1987年9月建成投入使用，2019年4月“梅县机场”更名为“梅州梅县机场”。梅州梅县机场占地面积约118.33万平方米，停机坪面积20 400平方米，机场跑道为2 400米长、45米宽，飞行区等级为4C级，可以满足A320、B737-800等主力机型的起降要求，停机坪设有5个机位（3个B型和2个C型），机场规模设计为每年旅客吞吐量30万人次，飞机起降4 860架次，货邮吞吐量450吨。梅州梅县机场分国内、国际候机楼，国际候机楼就是梅州空运口岸。

梅州空运口岸于1989年3月经国务院批准对外开放，1989年11月28日正式通航，开始仅有梅州至香港直航包机航线。2014年，梅州梅县机场进行全面维修升级改造，国际候机楼也由原来的出入境单向通道改为出入境同时验放双向通道。近年来，梅州口岸不断完善联检部门联防联控机制，完善旅客通关管理子系统应用和航空口岸自助通道设施设备，加快智慧口岸建设，推进口岸通关便利化。目前，已经开通的航线有至香港、台中、高雄、雅加达、芭提雅、曼谷、暹粒7条国际（地区）航线。2020年，执飞香港、台中两条航线，由于受新冠肺炎疫情的影响，航班于2020年2月8日暂停运行。2020年，经航空口岸出入境人数1 776人次，同比下降95.4%，出入境飞机38架次，同比下降92.5%。

【揭阳空运口岸（揭阳潮汕国际机场）】 揭阳空运口岸是根据国务院《关于同意新建广东潮汕民用机场的批复》（国函〔1999〕16号），随着揭阳潮汕国际机场建设，为承接原汕头外砂机场口岸出入境业务需要，于2011年12月15日以临时开放的形式与机场同步投入使用，汕头外砂机场口岸原有查验机构转设入揭阳航空口岸；2013年12月16日，获国务院批准对外开放；2014年7月10日，通过国家验收正式对外开放；2014年9月12日，“揭阳潮汕机场”更名为“揭阳潮汕国际机场”，成为广东省内第三个也是第三大国际机场。

揭阳潮汕国际机场位于揭阳市空港经济区登岗镇，地处汕头、揭阳、潮州三市中心，距离揭阳、汕头、潮州市区分别为22千米、28.5千米、24千米，服务总面积3万多平方千米的粤东地区，辐射闽南、赣南部分地区，与我国宝岛台湾隔海相望，是直飞台湾距离最近、客源较多的机场之一。揭阳潮汕国际机场飞行区为4E级，能满足A330-200等大型客机起降，停机坪面积34万平方米，目前正在实施航站区扩建工程，完工投产后，停机位达46个，可满足2025年旅客吞吐量1 450万人次、货邮吞吐量9.1万吨、飞机起降10.02万架次的使用需求。受新冠肺炎疫情影响，现仅保留揭阳—澳门一条航线，目前共开通国内外定期航线74条，其中国内航线73条，国际及地区航线1条，通航境内外城市62个。目前机场定期运营航空公司21家，日均航班数195班左右。

2020年，揭阳空运口岸出入境飞机732架次，同比减少83.8%；人员7万人次，同比减少88.7%。

【莲花山水运（海港）口岸】 广州莲花山海港客运口岸1985年6月正式对外开放，位于广州市番禺区石楼莲花山联围村。拥有岸线171米，水深5米，泊位2个，码头吨位1 200吨，该口岸是广东省最早开放的粤港水陆口岸之一，共配置出、入境检查通道各11条（10条人工通道、12条自助通道）。2020年，受新冠肺炎疫情影响，来往番禺和香港的客船已停航。

【南沙水运（海港）口岸】 广州南沙海港

客运口岸于 1992 年 2 月正式对外开放，2005 年 4 月 28 日新客运码头投入使用。口岸位于南沙区东部，珠江出海口虎门水道西岸，地处广东、香港、澳门金三角的中心。南沙客运码头岸线长约 300 米，设有三个大型高速客船停靠泊位，港口年客运量设计标准为 160 万人次，旅客集聚量约 1 600 人/日。共配置出境检查通道 13 条（7 条人工通道、5 条自助通道、1 条员工通道），入境检查通道 14 条（7 条人工通道、6 条自助通道、1 条员工通道）。共计 27 条。从 2019 年 6 月 1 日起，南沙客运港每日往返香港中港城码头航班为 12 个，往返香港机场码头航班为 6 个，即航班总数为 18 个。2020 年年初，受新冠肺炎疫情暴发影响，2020 年 3 月起香港航线暂停至今。

2020 年 10 月 6 日，首批中亚班列集装箱从广州港南沙港区装船出口印度尼西亚

【盐田水运（海港）口岸】 位于深圳大鹏湾海域西北部，南与香港九龙半岛隔海相望，分为盐田港区、下洞港区和广东大鹏液化天然气（LNG）专用码头。

盐田港区于 1990 年 6 月经国务院批准对外国籍船舶开放，1994 年 7 月正式开港。该港区位于距深圳市区 13 千米，距大鹏湾口 22.22 千米。岸边水深 15~20 米。由于大鹏半岛与九龙半岛天然的屏障掩护，湾内水深浪小，无淤积，大型船舶可以自由进出锚地，是少有的天然良港，被列为中国沿海重点发展的四大国际深水港之一。盐田港区划分为西、中、东三个港区，共有 20 个对外开放泊位。其中，西港作业区 4 个，3.5~7 吨级。中港作业区 16 个，3~5#10 万，6~9#15 万，10~13#20 万，另 9#、16#可减载靠泊 20 万，航道宽 400 米，水深 17.6 米，泊位水深 15~17.6 米，码头岸线长 8 千米，堆场面积 417 公顷。

下洞港区位于大鹏湾畔，为深圳市东部石油、液化气等危险品码头专用作业区。2002 年 12 月，国务院批准下洞港区作为盐田水运口岸危险品作业区对外开放，港区内共建有 3 个独立的栈桥式码头共 9 个泊位。

广东大鹏液化天然气（LNG）专用码头位于深圳东部大鹏半岛秤头角，是“十一五”期间广东省口岸发展规划中主要建设项目之一。2007 年 3 月，经国务院批准盐田水运口岸大鹏液化天然气专用码头对外国籍船舶开放。LNG 码头建有 1 个靠泊能力为 8 万吨级的 LNG 船专用的栈桥式码头泊位和 1 个 5 000 吨级的工作船舶。

深圳液化天然气项目（迭福站址）是深圳市政府与中国海洋石油总公司战略合作的重点内容，列入深圳市“十二五”能源基础设施重大建设项目。该项目位于深圳东部大鹏湾东北岸迭福片区，毗邻广东大鹏 LNG 项目，接收站占地约 27 万平方米，项目总投资规模为 80.7 亿元，达产后天然气年周转量为 400 吨，项目配套建设 1 座可靠泊 8 万~26.6 万立方米 LNG 船舶的专用码头。2016 年 11 月 18 日，深圳液化天然气专用码头通过了由省口岸办牵头组织的对外开放前准备工作验收，2016 年 11 月 21 日对外开放。

盐田海港口岸全天候运行，2020 年，该口岸集装箱吞吐量 1 334.85 万标箱，同比上升 2.14%。

【大亚湾水运（海港）口岸】 大亚湾核电站专用码头位于深圳市东部大亚湾畔的大坑村麻岭角。距深圳市直线距离约 45 千米，距香港岛约 50 千米。大亚湾核电站是由广东核电投资有限公司和香港核电投资有限公司合营组成的广东核电合营有限公司负责建设和经营的。经国务院批准大亚湾核电站专用码头于 1986 年 1 月 1 日起对外国籍船舶开放。1987 年 3 月和 1989 年 6 月，核电站专用码头和相关配套设备相继竣工投入使用，该码头建有4个泊位（该口岸由大亚湾核电站专用，不对外经营，数据不公开）。

【蛇口水运（海港）口岸】 该口岸位于珠江口东岸、深圳市西部南头半岛南端。东临深圳湾，南与香港隔海相望，西邻珠海、澳门及深圳机场，北靠南山内陆腹地。陆路距深圳市区27千米；水路距香港40.74千米。陆路可与广深、广惠公路干道以及广深高速公路、平南铁路衔接，进而由广深线、广九线与国内衔接。其由招商局蛇口工业区公司投资兴建，于1981年1月经国务院批复对外开放，是我国改革开放初期第一个由企业自筹资金建设、管理和经营的开放口岸，目前已发展成为集铁路、公路、水路等运输方式为一体的大型综合性的客货运港口口岸。蛇口水运（海港）口岸共有31个对外开放泊位，其中有10个集装箱专用泊位。择其中部分码头介绍如下：

招商港务（深圳）有限公司客货运码头。该码头拥有陆域面积75万平方米，岸线总长4 100米（其中客运岸线1 050米），是拥有35个客、货运泊位的中国沿海大型综合性港口，港口年货物通过能力2 000万吨，集装箱100万标箱，客运500万人次，成为珠三角及华南地区重要的海上门户。2020年，该码头集装箱吞吐量72.72万标箱，同比增长19.09%；出入境旅客45.29万人次，日均0.124万人次，同比下降86.21%。

蛇口集装箱码头。该码头建有10个泊位，其中一期工程建设规模为2个集装箱专用泊位，年设计吞吐能力为100万标箱，于1991年8月建成投产。蛇口集装箱码头二、三期工程项目，于2001年上半年动工兴建，共建成8个集装箱专用泊位。其中，二期工程建设的2个集装箱专用泊位，已于2003年建成并投入使用，三期工程建设的6个集装箱专用泊位于2010年3月前建成并陆续投入使用。蛇口港区（货运）全天候运行，2020年，该码头集装箱吞吐量581.33万标箱，同比增长1.98%。

太子湾邮轮母港。该邮轮母港是由招商局蛇口工业区控股有限公司于2011年12月正式动工建设。邮轮码头建设22万吨级邮轮泊位1个、10万吨级邮轮泊位1个，新建800吨级客轮泊位12个（其中港澳线泊位6个），2万吨级客货滚装泊位1个，共计15个泊位，其中8个为对外开放泊位。该邮轮母港的组成部分蛇口邮轮中心大楼工程占地面积约4.26万平方米，总建设面积为13.8万平方米。出境大厅位于二层，边检出入境查验通道包括16条人工查验通道（出入境各8条通道）和20条自助查验通道（出入境各10条通道）。该邮轮母港于2016年9月项目工程建设基本完工，于2016年10月11日通过由省口岸办牵头组织的对外开放前准备工作验收，2016年10月12日正式对外开放。自2016年10月31日起，蛇口客运码头搬迁至太子湾邮轮母港客运码头运作。

香港友联船坞（深圳）有限公司专用码头。该码头为中外合资公司投资建设的，可为中外客商提供30万吨级的修船业务，是深圳市西部港区唯一的修船基地，目前建有4个泊位（其中2个干船坞、2个浮船坞）。目前，孖洲岛修船专用码头运作正常，2016年修船数量166艘（其中外国籍船舶147艘）。

【赤湾水运（海港）口岸】 赤湾海港口岸位于前海蛇口自由贸易区范围内，珠江口东岸、深圳市西部的南头半岛西南端。东连蛇口港，位于蛇口港西侧；南面向伶仃洋，与香港、澳门、珠海隔海相望；西接妈湾电厂和妈湾港区；北靠南山半岛。陆路距深圳市中心30千米，可与广深、广惠公路干道以及广深高速公路、平南铁路衔接；水路距香港、澳门、珠海均在37千米以上。赤湾码头于1982年8月动工兴建，1983年10月建成一个1万吨级泊位并开港，1984年5月经国务院批准对外国籍船舶开放。港区现有泊位17个，其中集装箱专用泊位6个，码头岸线总长3 176米。赤湾海港口岸是我国主要的散装化肥及粮油进出口中转基地之一，是深圳西部港口群中规模仅次于蛇口港，功能集铁路、公路、水路等运输方式为一体的大型综合性口岸。

赤湾海港口岸全天候运行。2020年，该口岸集装箱吞吐量 529.72 万标箱，同比增长 3.59%。

【妈湾水运（海港）口岸】 妈湾海港口岸位于前海蛇口自由贸易区范围内，地处珠江口东岸，深圳市西部的南头半岛西侧，东接赤湾港，南面向伶仃洋，与珠江口主航道对接，西邻深圳机场，北以南山半岛为腹地。陆路距深圳市区 24 千米，可与广深、广惠等公路干道以及广深高速公路、平南铁路衔接。水路距香港、澳门、珠海约 37 千米。1987 年开始建设，1990 年 7 月建成第一个 3.5 万吨级多用途泊位，1990 年 2 月经国务院批准对外国籍船舶开放码头岸线总长 3 877 米，该港区现有泊位 14 个（其中集装箱专用泊位 3 个，煤码头专用泊位 2 个）。

【大铲湾水运（海港）口岸】 位于珠江口仃洋矾石水道东南部，深圳西部妈湾港区以北的大铲湾内，港区地理位置优越，水、陆路交通便捷，水路南距香港 20 海里，北至广州 40 海里；陆路通过广深高速、机荷高速、107 国道以及在建的广深沿江高速公路联系腹地。大铲湾港区岸线总长为 11.6 千米，陆域面积为 10.28 平方千米，拟建大型集装箱深水泊位 17 个，中型泊位 7 个及 19 个驳船泊位，设计年吞吐能力为 1 250 万标箱，总投资约 450 亿元。港区整体工程分四期建设。其中，大铲湾港区集装箱码头（一期）工程于 2005 年 9 月正式开工兴建，其建设规模为 3 个 10 万吨级和 2 个 7 万吨级集装箱专用泊位，占地为 112 万平方米，泊位岸线总长为 1 830 米，设计年吞吐能力为 250 万标箱，整体工程于 2009 年 11 月全部工程完工。2009 年 5 月，《国务院关于同意广东深圳港口大铲湾港区对外开放的批复》（国函〔2009〕59 号），批准深圳港口岸大铲湾港区对外国籍船舶开放。2011 年 11 月，大铲湾口岸正式通过国家口岸验收。

大铲湾海港口岸全天候运行，2020 年，该口岸集装箱吞吐量 136.16 万标箱，同比增长 6.79%。

【湾仔水运（海港）口岸】 湾仔轮渡客运口岸位于珠海市湾仔西南面，与澳门一水相隔，水面距离只有几百米，对面为澳门内港十六铺，由当年穿梭于珠澳两地繁盛的边境小额贸易发展而成。湾仔轮渡客运口岸于 1984 年经国家批准开设，12 月 23 日正式通航，2016 年 1 月 17 日因安全原因暂时关闭。澳门特别行政区政府高度重视湾仔口岸恢复开通工作，与珠海市委、市政府达成了在 2020 年春节前恢复湾仔口岸通关的共识。珠海市政府决定在湾仔口岸原址建设临时过渡口岸，于 2019 年 9 月 28 日动工建设，于 2020 年 1 月 23 日恢复开通，设置出入境旅客查验通道 16 条，其中出、入境各设人工通道 2 条、自助通道 6 条。经国家口岸管理办公室批准，湾仔口岸通关时间从原来每天 7 小时延长到 15 小时，为 7：00 至 22：00，每天往来轮渡 110 班次。受新冠肺炎疫情影响，湾仔轮渡客运口岸往来澳门内港航线从 2020 年 1 月 27 日停航，自 2020 年 8 月 20 日恢复运营，客流量稳步增加，通关安全顺畅。

2020 年，湾仔水运口岸旅客通关量为 37.1 万人次，同比增加 62.6%；进出境交通工具 2.88 万辆次，同比增加 83.5%。

【九洲水运（海港）口岸】 九洲海港口岸位于珠江口西岸，距香港 36 海里，距澳门 4 海里，1981 年 9 月经国务院批准为对外开放口岸。九洲海港口岸客运码头于 1982 年开通珠海九洲港至香港市区和香港机场航线，年最高客流量 230 万人次，逢节假日人流高峰期航班每天可增至 60 班次。2017 年 8 月 23 日，受“天鸽”台风影响，九洲海港口岸联检楼损毁严重，珠海市政府决定在原址拆除重建。为保障九洲海港口岸正常运作，现已搬迁至原址西侧 8 362 平方米的临时口岸联检楼，并于 2020 年 5 月 25 日启用。根据珠海市政府将九洲海港口岸建成集水上交通、轨道交通运输和旅游业发展于一体的综合中心枢纽的要求，珠海市正在重新整体规划建设九洲海港口岸新客运联检大楼及广场。

【珠海水运（海港）口岸】 珠海海港口岸于 1994 年 6 月经国务院批准设立，1996 年 7 月 28 日正式对外开放。珠海海港口岸地处珠海市西部，位于珠江三角洲西侧、黄茅海东部沿岸及高栏列岛海域，东距澳门 23 海里，至香港 45 海里。该口岸地理优势得天独厚，处于珠江出海口的虎跳门、崖门和鸡啼门之间，外临南海，靠近国际航线大西水道仅 1 海里，内通西江，具备发展江海联运、南北航运和近远洋运输的优越条件，其对外开放的水域范围为北纬 21°50′至 22°00′，东经 113°05′至 113°17′。主要贸易类别为煤炭、铁矿石、石化品、液化气、集装箱、先进装备等。珠海港口岸共有正式开放码头 16 家，泊位 45 个，2020 年新增对外开放码头为高栏港中谷石化公用液体化工品码头。珠海海港口岸共开通国际航线 8 条（含内支线 1 条），通达日本、韩国、越南等国家和我国香港、澳门、台湾地区。2020 年，无新增国际航线。

【万山水运（海港）口岸】 万山海港口岸位于珠海市万山群岛港区，包括桂山岛、外伶仃岛和大万山岛三大作业区，1995 年 4 月 6 日经国务院批准对外国籍船舶开放。万山群岛处于珠江出海口下游，是船舶由南海进出珠江三角洲的必经之地，紧临香港和澳门，多条国际航线从港区通过，港区有特殊的地域优势，适合开展大型油品储存和集装箱、大宗散货水运中转业务。万山港是客货运综合性港口，货运码头建有 3 000 吨级泊位 1 个，设计年吞吐量为 60 万吨；客运联检楼占地面积 1 164 平方米，建筑面积 1 785. 7 平方米；万山港口岸桂山十三湾第一、第二作业区客货运口岸于2003 年 4 月正式对外开放。2015 年，桂山一湾的口岸新联检楼和新码头建成投入使用。万山海港口岸的建设按“一次规划，分步实施；简易入手，逐步完善；先中心港桂山，后其他岛屿；成熟一个，开放一个”的原则进行。

【汕头水运（海港）口岸】 位于广东省东部沿海，潮汕平原的南部，居福州至广州黄金海岸中央，东临台湾海峡，距高雄 214 海里，西距香港 187 海里，扼韩江、榕江、练江之出海口，素有“岭东之门户，华南之要冲”的称誉。

汕头港是中国华南地区对外贸易的重要口岸，是沿海 25 个国家级主要港口之一，是广东省东翼的主要港口。汕头港历史悠久，是中国最早对外开放的港口之一，于 1861 年开埠，是一个有 150 多年历史的老港。至今已与世界 57 个国家和地区的 268 个港口有货物往来，汕头港主航道通航水深为 15 米，全港岸线总长 9 444 米。2020 年 5 月，市政府因建设需要，对内海湾码头实施整治。目前，拥有 5 000 吨级以上泊位 15 个，其中 2 万吨以上泊位 3 个、5 万吨级以上泊位 3 个、7 万吨泊位 1 个、10 万吨以上泊位 1 个，堆场总面积 90. 29 万平方米。综合通过能力 3 351 万吨，集装箱吞吐能力 2 531 万标箱。近年来，汕头市大力发展港口物流和海运业，与东南亚很多国家（地区）有集装箱定期货运班轮。

2020 年汕头水运（海港）口岸集装箱航线运行情况

承运公司	挂靠港
中联航运	汕头、高雄、台中、惠州、盐田、南沙、汕头
高丽海运 & 天敬海运	釜山、光阳、上海、越南海防、汕头、福清、釜山
长锦商船 & 泛洋海运	仁川、瑞山、釜山、光阳、香港、黄埔、蛇口、汕头、仁川
高丽海运 & 泛洋海运	仁川、瑞山、光阳、釜山、黄埔、南沙、蛇口、汕头、仁川
德翔海运	厦门、汕头、南沙、香港、蛇口、马尼拉北港、马尼拉南港
达飞轮船	大连、天津、青岛、汕头、盐田、蛇口、南沙、香港、马尼拉南港、马尼拉北港、大连
	高雄、厦门、汕头、香港、马尼拉北港、马尼拉南港、苏比克湾
	上海、宁波、福州、汕头、蛇口、雅加达、泗水（印度尼西亚）、马尼拉（菲律宾）

续表

承运公司	挂靠港
地中海航运	青岛、福州、汕头、香港、蛇口、越南海防、丹戎帕拉帕斯港（马来西亚）、新加坡、越南海防、钦州、盐田、香港、青岛
太平船务	汕头、南沙、新加坡、帕纳博、香港、上海、大连、天津、上海、汕头
中外运集运	汕头、泉州、厦门、马尼拉北港、马尼拉南港
万海航运	青岛、上海、宁波、汕头、香港、蛇口、巴生（马来西亚）、科钦（印度）、那瓦西瓦（印度）、杜蒂戈林（印度）、槟城（马来西亚）、巴生（马来西亚）、香港、汕头、青岛
	江阴、泉州、汕头、蛇口、南沙、胡志明市（越南）、香港、江阴
长荣海运	大阪、神户、门司、博多、台北、台中、高雄、汕头、香港、蛇口、高雄、马尼拉北港、马尼拉南港、八打雁、苏比克湾、马尼拉北港、马尼拉南港、八打雁、苏比克湾、高雄、南沙、香港、蛇口、大阪
中联航运	汕头、蛇口、基隆、台中、高雄、汕头
海陆	高雄、汕头、香港、蛇口、南沙、胡志明市（越南）、丹戎帕拉帕斯港（马来西亚）、迪拉瓦港（缅甸）、仰光港（缅甸）、丹戎帕拉帕斯港（马来西亚）、新加坡、民都鲁港（马来西亚）、麻拉港（文莱）、哥打基纳巴鲁（马来西亚）

2020 年汕头水运（海港）口岸货物吞吐量数据表

		2020 年	2019 年	同比（%）
货物吞吐量（万吨）		2 531	2 288. 53	10. 6
外贸进出口量（万吨）	进口	349	364. 87	-4. 35
	出口	237	283. 22	-16. 32
	合计	586	648. 09	-9. 58

汕头港的直接经济腹地是汕头、潮州、揭阳、梅州 4 市所辖 23 区（县、市）的广大地区，其间接腹地包括闽西南及赣南部分地区。腹地经本港吞吐的主要货物有煤炭、石油、钢铁、水泥、化肥、木材、粮食等。汕头市是我国最早设立的 4 个经济特区之一，随着沿海经济的开发及临海工业的发展，已形成塑料玩具、工业电子、纺织服装、塑料皮革、食品加工、医疗器械、包装机械等骨干企业，工业经济特别是外向型经济蓬勃发展。

2020 年，汕头海港口岸完成货物吞吐量 3 351 万吨，集装箱吞吐量 159. 38 万标箱。

【潮阳水运（海港）口岸】 位于广东省汕头市潮阳区海门镇，距香港 161 海里，距台湾恒春港 210 海里。1996 年 8 月，国务院批准潮阳港对外国籍船舶开放。2005 年 7 月通过验收，同年 11 月正式对外开放。已建成码头 7 座 10 个泊位，年设计货物吞吐能力 1 460 万吨及 3 万个集装箱标箱，分别是澳内码头、弗兰克油库码头、大明液化石油气码头、华能海门煤炭中转基地煤码头、潮阳（海门）对台小额贸易码头。

2020 年潮阳水运（海港）口岸货物吞吐量数据表

		2020 年	2019 年	同比（%）
货物吞吐量（万吨）		820	865.68	-5.28
外贸进出口量（万吨）	进口	470	758.98	-38.07
	出口			
	合计	470	758.98	-38.07

【惠州水运（海港）口岸】 惠州海港口岸位于南海大亚湾西北隅，地处我国华南沿海经济中心珠江三角洲东部，毗邻港澳，面对东南亚和我国台湾地区，处在以我国香港地区为核心的航运中心地带，是华南沿海便捷的海上门户和京九铁路的出海口。惠州港拥有超大型原油接卸泊位和具有可建大型干散货泊位的自然条件及丰富的土地资源，对发展石化、电力等能源型临港工业有独特优势。惠州港于 1993 年 4 月 16 日正式对外国籍船舶开放，包括荃湾港区、东马港区、港口碧甲作业区和亚婆角作业区。现有开放码头 19 座（其中亚婆角码头按二类口岸运作）共 58 个泊位，设计吞吐能力 13 663 万吨及 90 万标箱，其中万吨级以上泊位 25 个。荃湾港区是惠州港的起步港区，是多功能综合性港区，以承担大宗散货物资转运和集装箱运输为主。东马港区是惠州港的大型石化港区，建有 30 万吨级石化泊位 3 个、15 万吨级石化泊位 2 个，主要承担大亚湾石化区内生产企业的原材料及产成品装卸和广石化原油接卸服务，同时也为周边地区提供石化货物运输服务以及为海上石油钻井平台提供物资输送服务。港口碧甲作业区主要为临港工业区提供港口配套服务，以承担临港工业所需的工业煤炭、矿石等大宗散货接卸服务为主。亚婆角作业区现为沿海砂石出口作业点，主要提供矿建材料和非金属矿石等装卸服务。惠州港开通台湾地区货运航线、以“惠盐组合港”模式开通惠州—盐田航线。

【汕尾水运（海港）口岸】 汕尾海港口岸在中华人民共和国成立前就已对外开放，中华人民共和国成立后继续使用，是中华人民共和国成立后我国政府宣布首批对外开放的 16 个沿海港口之一。1988 年，汕尾建市初期，汕尾市委、市政府就确定了以港立市、港城共荣的方针，建设 2 个 5 000 吨级泊位码头。随着社会经济的发展，2009 年 11 月，汕尾港口岸红海湾港区获得国务院批准，同意扩大对外开放。扩大开放范围主要包括红海湾发电厂专用码头泊位、万聪船舶修造厂专用码头（船坞）、东洲通用码头泊位、白沙湖商贸通用码头泊位 4 个码头泊位区。目前，已建成的码头泊位有：红海湾电厂 7 万吨级煤炭专用码头、3 000 吨级重件码头和 1 000 吨级油码头各 1 个；万聪船舶修造厂 1 万吨级和 5 000 吨级船坞各 1 个，500 吨级船坞 4 个。2019 年 11 月，国务院以国函〔2019〕118 号文批复同意汕尾海港口岸扩大开放，扩大开放范围包括海丰港区和陆丰港区。海丰港区主要有华润电力（海丰）有限公司专用码头（已建成 1 个 10 万吨级码头泊位和 1 个 3 000 吨级重件码头泊位，并已投入商业运行）、小漠国际物流港区码头（规划建设 2 个 5 万吨级多用途泊位和 1 个工作船泊位）和海丰华城能源有限公司专用码头（规划建设 3 000 吨级和 1 000 吨级石化泊位各 1 个、50 吨杂货泊位 1 个，3 000 吨级码头泊位已经建成）。陆丰港区主要有陆丰宝丽华新能源电力有限公司专用码头（已建成 1 个 10 万吨级煤炭码头和 1 个 3 000 吨级重件码头，投入商业运行）。目前，正在申请国家对汕尾海港口岸海丰港区、陆丰港区扩大开放验收。

据统计，2020 年汕尾海港口岸进口煤炭约 539 万吨。

【湛江水运（海港）口岸】 湛江海港口岸

位于中国大陆最南端的雷州半岛，是汉代“海上丝绸之路”始发港，是中国大陆通往东南亚、非洲、欧洲和大洋洲海上航程最短的港口，已与世界 100 多个国家（地区）通航。自 1956 年开港以来，历经 60 多年的建设，已成为全国沿海 12 个战略枢纽港和原油、铁矿石物流集散中心，是西南沿海港口群的龙头港和我国中西部地区货物进出口的主通道，是广东省连接东盟自由贸易区的最佳海上物流平台，是国家建设“一带一路”重要支点口岸，是中国大陆的重要远洋门户，在亚太经济圈中具有重要的战略地位。湛江海港口岸主要包括霞山港区、调顺港区、霞海港区、宝满港区、东海岛港区、南海西部石油公司专用码头等港区和 5 个原二类口岸，拥有对外开放码头泊位 46 个，年设计吞吐能力 1.53 亿吨。

2020 年湛江水运（海港）口岸集装箱航线运行情况

航线	船公司	挂靠港
一、外贸班轮情况		
班轮航线	长荣	湛江—香港—蛇口—胡志明—西哈努克—林查班—香港—海防—钦州—湛江（CVT）
	中远海	湛江—高栏—虎门—南沙—盐田—胡志明—小铲滩—钦州—湛江（CVX）
	万海	湛江—香港—南沙—巴生西—巴生北—海防—湛江（CVM）
	太平船务	湛江—归仁—新加坡—海防—钦州—湛江（CCS）
	中远海	湛江—钦州—海防—小铲滩—朱莱—胡志明—新加坡—胡志明—湛江（QVS）
二、外贸驳船船期		
驳船航线	海粤	湛江—蛇口（内支线）
	丰顺	湛江—茂名（内外贸同船运输）
	丰顺	湛江—海安（内外贸同船运输）
	丰顺	湛江—洋浦（内外贸同船运输）
	驳船公司	湛江—香港

霞山港区岸线 6 387 米，陆域纵深 1 500 米，用地面积 393.2 公顷，生产性泊位 27 个（其中万吨级以上泊位 17 个、30 万吨级陆岸原油码头 2 个、25 万吨级陆岸铁矿石码头 1 个）。开通航线主要是原油运输航线（中东航线、非洲航线、新加坡中转航线）、铁矿石运输航线（东盟航线、东南亚航线、非洲航线、美洲航线、澳大利亚航线）。进出口货物有铁矿石、原油、成品油、集装箱、杂矿、化肥、粮食、钢材、木材等。

调顺港区岸线 1 315.4 米，陆域纵深 660 米，用地面积 79.5 公顷，生产性泊位 6 个，开通航线主要是煤炭运输航线（东盟航线、非洲航线），进出口货物有煤炭、杂矿等。

霞海港区原拥有对外开放码头泊位 5 个，但由于城市扩容提质，目前该港区货运功能已腾退。计划将该港区港口功能调整为客运功能，并配建 2 个邮轮码头泊位。

宝满港区岸线 10 290 米，陆域纵深 1 000 米，用地面积 67.2 公顷。该港区规划重点发展集装箱运输业务，已完成一期工程，建成 2 个 5 万吨级集装箱专用泊位，年设计吞吐能力为 80 万标箱。2020 年，集装箱外贸航线 10 条，主要至新加坡、越南、泰国、马来西亚、柬埔寨等国家和地区，至欧美、非洲、中东等区域的货物目前主要通过新加坡及我国香港地区进行中转。

东海岛港区岸线 34 110 米，是湛江钢铁基地、中科合资广东炼化一体化项目和巴斯夫一体化项目生产配套的港区，已建成并对外开放生产性泊位6个（其中30万吨级、20万吨级，7万吨级、5万吨级、4万吨级、1万吨级泊位各1个），以大宗能源、原材料运输为主。

南海西部石油公司专用码头岸线384米，陆域纵深584米，用地面积17.5公顷，生产性泊位5个，主要业务是进口大型海上钻井平台配件。

【阳江水运（海港）口岸】 1993年3月9日，经国务院（国函〔1993〕13号）批准设立。阳江海港口岸主要港区海陵湾港区位于广东省沿海的阳江市西南平冈镇，处于海陵湾的中部，地理坐标东经111°48′，北纬21°42′。水路东距香港180海里，距澳门140海里，距珠江口190海里，西距湛江110海里，海口160海里，北距广州220海里。陆路至广湛公路（325国道）25千米，广州256千米，湛江230千米，是广湛水陆交通线的中心点，在广州港、湛江港两个主枢纽港之间，与主枢纽港一起构成层次分明的水运体系，成为粤西中部和内陆地区重要出海门户，地理位置十分优越。

海陵湾港区现有对外开放码头6个，其中，通用码头1个（由广东阳江港港务有限公司建设经营，码头岸线长608米，已建成1万吨级泊位2个，3.5万吨级泊位1个，设计年吞吐量395万吨）；粮食码头1个（由阳江良港码头有限公司建设经营，码头岸线长300米，已建成3万吨级泊位1个，设计年吞吐量180万吨）；公用散杂货码头1个（由阳江市保丰港务有限公司建设和经营，码头岸线长510米，已建成5万吨级泊位2个，设计年吞吐量381万吨）。

阳江港主航道水深12米，港池和码头前沿水深8.5~14.5米。目前，已按10万吨级航道进行疏浚改造，可满足载重7万吨船舶航行。2020年，往来航线主要有马来西亚、菲律宾、阿拉伯联合酋长国、伊朗、印度、印度尼西亚、美国、巴西、南非、莫桑比克、马普托、俄罗斯、新喀里多尼亚、澳大利亚14个国家和地区。进出口货物总类主要有镍矿、铁矿、煤炭、黄大豆等。

2020年，阳江口岸进口整体通关时间35.61小时，与2017年全年相比压缩57.43%；出口整体通关时间0.23小时，与2017年全年相比压缩97.88%。

2020年，阳江海港口岸集装箱进出口6 158箱次，同比增长4.3%；其中进口7箱次、同比下降98.7%，出口6 151箱次、同比增长14.5%。进出口货运总量为1 302.73万吨，同比减少14.8%；其中进口1 290.47万吨、同比减少15.1%，出口12.26万吨、同比增加18%。进出境船舶560艘次，出入境人员11 108人次。

【潮州水运（海港）口岸】 潮州港位于广东省东南部沿海，是广东省最东端的一个天然良港，它包括三百门、西澳、金狮三个港区，海岸线总长136千米，港区规划水域面积230平方千米。1994年11月，国务院同意将三百门港更名为潮州港，并列为独立对外开放口岸。2003年12月28日，经广东省政府（受国务院委托）验收合格正式对外开放。对外开放水域115平方千米。潮州港可利用建设码头、泊位岸线39千米，其中可建10万~30万吨级码头、泊位岸线10.4千米。目前，已拥有对外开放码头5座，分别是：三百门港务公司码头、广东大唐潮州三百门电厂5万吨级专用煤码头、华丰5万吨级和2千吨级油气专用2个码头、潮州港亚太通用码头。

2020年，潮州海港口岸共监管进出口货物779.3万吨，货值8.24亿美元；检疫进出境船舶393艘次，船员6 980人。

【茂名水运（海港）口岸】 茂名港位于广东省茂名市区东南水东湾、博贺湾及北山岭，地处我国南部沿海、广东省西部，东接珠三角，西临北部湾，南濒南海，面向东南亚，北靠广阔的大西南、中南地区，是我国中南、西南地区的主要出海口，也是中国大陆距离马六甲海峡和南海油气田最近的港口，是广东省沿海地区重要港口和地区综合运输体系的重要枢纽。其陆路至广州380千米，湛江100千米；水路东距香港178海里、广州246海里，西距湛江68海里、海口134海里，目前与40多个国家和地区口岸建立了贸易往来。茂名港口岸划分为水东港区、博贺新港区、吉达港区。其中，水东港区于 1988 年经国务院批准对外开放；博贺新港区于 2019 年 4 月 27 日经国务院批复同意对外开放，口岸基础及配套设施建设已基本完成；2020 年 11 月茂名广港码头有限公司的 2 个泊位已实现临时对外开放；吉达港区正在建设中，其中防波堤于 2020 年 10 月 20 日开工建设，主体推至 K1+030 里程，东二港池 1#、2#液体散货泊位正在进行临建施工。

目前，茂名港水东港区开通港澳驳船班轮航线。主要进出口货物种类为石油化工原材料及其产品、水海产品、皮革劳保手套、玩具及模型、瓷制卫生设备、电灯及照明装置、家具附件及架座、塑料制鞋面的鞋靴、竹制篮筐及其他编结品等。法定工作日为 8：30～17：30（提供 24 小时预约通关服务。）

茂名港区域优势明显。一方面，茂名市拥有国家最大的石化生产基地——中国石油化工总公司茂名石化公司。茂名港是石化原料和产成品进出的主要渠道，通过港口进出的石油化工制品占整个茂名石化产业总量的 60%以上。目前，已建成我国首座百万吨级乙烯生产基地、茂名石化工业区、茂名市高新区、水东高新科技工业园区等产业园区。2020 年 3 月 21 日，总投资 1 000 亿元的东华能源（茂名）烷烃资源综合利用项目在茂名港吉达港区开工建设，该项目将打造一个以丙烷脱氢为龙头的世界级绿色化工和氢能源产业园。另一方面，茂名港除承担了茂名市经济发展所需的能源、原材料及产成品运输外，还承担了周边地区的物资运输，其吞吐量占总吞吐量的比重超过 10%。茂名港也是本地区发展外向型经济和开展对外贸易的重要依托，港口在改变欠发达地区经济面貌、促进腹地省份对外开放中发挥了重要作用。

2020 年，茂名市进一步加快推进茂名港基础设施建设。一是新码头验收启用。8 月，茂名市商务局组织驻茂口岸查验单位对茂名港广港码头和粤电煤炭码头初验初核。9 月，经驻茂口岸查验单位同意，向广东省口岸办提交了《茂名港博贺新港区广港码头临时对外开放申报材料》。11 月 6 日，广东省口岸办组织中央驻粤口岸查验部门到茂名港博贺新港区广港码头进行实地查核，并召开现场协调会。11 月 10 日，广东省口岸办批复同意茂名广港码头有限公司的 2 个泊位临时对外开放。二是稳步推进口岸基础及配套设施建设，完善博贺新港区口岸基础设施建设。博贺新港区 10 万吨级航道建设已完成并通过验收，茂名港博贺新港区茂名广港码头有限公司和广东粤电博贺煤电有限公司的口岸基础及配套设施建设已完成，并开始试运营。推进博贺新港区口岸监管设施建设，茂名广港码头有限公司码头监管区查验配套设施建设已完成，可满足码头临时对外开放的需求；广东粤电博贺煤电有限公司码头监管区查验配套设施建设主体工程已完成。三是完成博贺新港区口岸通关服务中心项目建设。2020 年 12 月，茂名港博贺新港区口岸通关服务中心业务用房和单身宿舍项目主体工程竣工并通过验收。四是加快推进博贺新港区口岸信息化建设。2020 年 10 月，投资 1 300 万元的《茂名口岸综合服务平台建设项目》在茂名港博贺新港区口岸通关服务中心动工建设，该项目分两期建设，至 2020 年 12 月，一期工程已完成 80%的进度，将于 2021 年 1 月完成。

2020 年，茂名海港口岸进出口货运总量为 1 369.55 万吨，同比下降 8.98%。其中，进口 1 241.28 万吨，同比下降 2.34%；出口 128.27 万吨，同比下降 45.08%。

【揭阳水运（海港）口岸】 位于惠来县神泉镇，距离惠来县城南 7.5 千米处，西临南海，背靠文昌山，汇集县内龙江河、雷岭河、盐岭河三大河流，系粤东地区最大的天然良港，被广东省列为一级渔场，是国家一级渔港，也是揭阳市主要出海港口和粤东重要港口之一。2010 年 12 月 9 日，获国务院批准对外开放（国函〔2010〕149 号）；2017 年 2 月 7 日，通过国家验收，实现正式开放。神泉港区主体工程项目为中海油粤东 LNG 项目 15 万吨级专用码头，可靠泊 8 万～26.7 万立方米液化天然气船舶的泊位及 1 000

吨、重件泊位各1个，配套管线工程由“一干两线”组成，总长约180千米，战场8座，阀室4座，覆盖汕头、揭阳、潮州。该项目主要为满足液化天然气（LNG）的装卸作业及气化输出，按照设计要求，项目的LNG全部从国外进口。2017年4月25日，装载进口天然液化气的首艘境外货轮顺利停靠中海油粤东LNG码头，中海油粤东LNG码头投入正式运营。2020年，共进口天然液化气18航次121万吨。

【虎门水运（河港）口岸】 东莞港位于珠江口东岸，于1997年6月27日经国务院批准设立，2003年9月28日经国务院批准正式对外开放（2016年，“虎门港”更名为“东莞港”）。东莞港开放范围自北向南包括麻涌、沙田、沙角和长安四个港区，截至2020年12月31日，纳入东莞港口岸对外开放的货运码头有26座、泊位66个。6个原二类口岸分别是麻涌马士基码头、莞城龙通货柜码头、基业保税油库码头、沙田联通码头、永安码头、东莞石龙中外运码头。集装箱外贸直航8条，其中2条我国台湾地区航线、3条越南海防线、1条越南胡志明线、1条柬埔寨/泰国航线、1条马来西亚航线。

东莞港太平客运口岸1982年6月24日经国务院港口工作领导小组文件（82）国港字13号批准开通，于1984年7月2日正式通航。现有两条航线，一条是虎门至香港机场航线，于2003年9月29日开通，每日5进5出，共10个航班、1 996个座席。另一条是虎门至澳门氹仔码头航线，于2019年10月11日开通，每天两进两出，有800个座席。受新冠肺炎疫情影响，自2020年2月3日起虎门龙威客运有限公司暂停东莞至澳门航线，3月25日起暂停东莞至香港机场航线（5月27日接转台湾地区的台胞临时开放，31日完成接转任务暂停运营），港澳航线全面停航。

为支持企业复工复产，经国家联防联控批准，东莞港太平客运口岸配合广东省有关部门安全组织接转1 326名台湾地区的台商、台胞、台生工回莞（5月27日，接转台胞临时开放，31日完成接转任务暂停运营）。

东莞港集装箱外贸直航航线表（截至2020年年底）

航向	挂靠港顺序	靠港时间	船公司	开航时间	2020年集装箱吞吐量（标箱）	2020年货运量（万吨）
亚洲线（柬埔寨/越南）	东莞港—柬埔寨西哈努克市—越南胡志明市—洋浦—钦州—南沙	周班	泉州安通	2019.3.22	5 000	
亚洲线（中国台湾）	东莞港—黄埔—基隆—台中—高雄	周日	台塑海运/航商船代	2010.3.1	19 027	22.99
亚洲线（海防）	宁波—上海—香港—东莞—海防—香港	周二	亚海航运/外轮代理	2019.7	2 371	2.65
亚洲线（海防）	海防—香港—南沙—东莞—海防	周五	亚海航运/外轮代理	2015.12.18		

续表

航向	挂靠港顺序	靠港时间	船公司	开航时间	2020 年集装箱吞吐量（标箱）	2020 年货运量（万吨）
亚洲线（胡志明）	防城—钦州—洋浦—湛江—高栏—东莞港—南沙—盐田—胡志明市—海防—防城	周四	中远海运/中远海船代	2017. 1. 13	1 703	2. 07
亚洲线（柬埔寨/泰国）	东莞港—香港—西哈努克市（柬埔寨）—宋卡（泰国）	周班	RCL/外运船代	2019. 11	2 766	2. 26
亚洲线（马来西亚）	东莞港—马来西亚（Tanjung Bruas）	二十天/班	信义玻璃/外运船代	2019. 10. 17	15 027	30. 94
亚洲线（中国台湾）	高雄—台中—珠海—东莞港—黄埔	周三	中联航运/万海	2014. 7. 15	11 448	9. 53
亚洲线（海防）	海防—东莞—香港—深圳盐田	周五	中联航运/外运船代	2018. 12	2 390	2. 51

2020 年，配合东莞市防境外输入专班做好经东莞市水运口岸入境并离船上岸的国际航行船舶船员、来往港澳小型船舶船员转运工作。2020 年，配合相关部门转运国际航行船舶轮换中国籍船员约 200 批次 1 300 人，港澳籍小型船舶船员 237 人。

【广州港（海港、河港）口岸】 广州港由海港和内河港组成。海港由南沙港区、新沙港区、黄埔港区、内港港区和珠江口水域锚地组成。内河港由番禺港区、五和港区、新塘港区组成。南沙港区是广州港核心港区，主要承担集装箱、能源、石化、粮食、造船、滚装汽车和国际邮轮运输，已建成集装箱、滚装汽车、粮食、石油化工、船舶修造等专业化深水泊位。新沙港区主要承担集装箱、煤炭、矿石、粮食、商品汽车等物资运输。黄埔港区主要承担集装箱和煤炭、粮食、石油化工、件杂货运输，主要服务广州开发区临港工业和内陆腹地。内港港区位于广州中心城区，大部分码头已随城市发展逐步搬迁、改造，逐步向游船游艇旅游、商贸娱乐、文化景观等滨水休闲产业转型发展。

2020 年，广州港完成货物吞吐量 6. 36 亿吨位列世界第四，集装箱吞吐量 2 351 万标箱位列世界第五。广州水路货运量 4. 22 亿吨，水路运输总周转量 20 868 亿吨公里。在新华·波罗的海国际航运中心发展指数中，2020 年广州国际航运中心排名上升至第 13 位（2015 ~ 2019 年分别为 28 位、26 位、23 位、18 位、16 位），在我国排名第 4 位。

截至 2020 年年底，广州港开通集装箱班轮航线 226 条，其中外贸班轮航线 120 条、同比增加 9 条，内贸航线 106 条。开通 200 多条水上驳船支线。成功开通中亚班列，开通集装箱海铁联运班列 11 条，粮食散改集班列 13 条，商品汽车精品班列 4 条。2020 年，完成铁水联运 11 万标箱，同比增长 34. 9%。南沙保税港区离境的集装箱货物自 2020 年 10 月 1 日起实施启运港退税政策，“广州港口型国家物流枢纽”入选国家物流枢纽建设名单。

【中山水运（河港）口岸】 中山市地处珠江口西岸。中山港自 1985 年建成通航。2016 年 8 月 10 日，中山河港口岸扩大开放通过国家验收。

其中，中山港区、神湾港区（含盛世游艇码头）对外籍船舶开放，小榄港区、黄圃港区对国内船舶开放。经过30多年的发展，已初步形成东部有中山港区（含中港客运码头）、南部有神湾港区（含盛世游艇码头）、北部有黄圃港区、西北部有小榄港区的环型码头布局。

中山港港区对外籍船舶开放。该港区位于中山市火炬开发区，水路距香港54海里、距澳门51海里，向东进入伶仃洋与国际航线相通，内河接珠江水网，公路以广珠东线、京珠高速公路为骨干线，中山港港区河宽平均400米，水深7~10米，现可通航3 000吨级江海轮。港区内设客运码头1个，经营方为中港客运联营有限公司；公共货运码头2个，分别是中山港国际货柜码头和中外运码头，经营方分别是中山港货运联营有限公司和中山中外运仓码有限公司。

中山港港区已开设的固定航线有：中山港—香港、中山港—深圳、中山港—南沙，已发展为集客货运一体、年均入出境旅客100多万人次、进出口货物600多万吨的综合性水运口岸，服务区域覆盖了全市各个镇区及中山周边城市。2020年，中山港区进出口货物280.15万吨，其中集装箱45.71万标箱，客运口岸进出境旅客8.02万人次。

神湾港区对外籍船舶开放。该港区位于中山市南部神湾镇，陆路距中山港区48千米，水路距香港52海里，主要辐射神湾、三乡、坦洲、板芙等镇区。神湾港区内设公共货运码头1个和游艇码头1个，货运码头经营方为中山市神湾港货运联营有限公司；游艇码头位于神湾镇磨刀岛磨刀门水道东岸，经营方为广东盛世游艇会有限公司，该码头拥有齐全的查验配套设施供游艇进出境查验使用，已开通中山与澳门游艇自由行。2020年，神湾港进出口货物31.01万吨，其中集装箱5.59万标箱。

黄圃港区对国内船舶开放。该港区位于中山市北部的黄圃镇洪奇沥水道南岸，主要服务于中山市北部镇区，同时辐射佛山市顺德区和广州市番禺区。年设计吞吐能力190万吨，其中集装箱9万标箱、件杂货100万吨，经营方中山市黄圃港货运联营有限公司。

小榄港区对国内船舶开放。该港区位于中山市西北部的小榄镇，陆路距中山港区35千米，水路距香港75海里，主要辐射中山市小榄、南头、古镇、东凤、黄圃、阜沙、东升等镇区以及顺德等周边地区。小榄港码头岸线长度364米，建有1 000吨级货轮泊位8个，经营方中山市小榄港货运联营有限公司。2020年，小榄港区（含黄圃港区）进出口货物107.69万吨，其中集装箱32.45万标箱。

2020年，中山口岸进出口货物418.86万吨，其中集装箱运输83.76万标箱；经口岸进出境旅客8.02万人次（中港客运码头由于新冠肺炎疫情原因自2020年3月起暂停进出境业务）。

【南海水运（河港）口岸】 南海河港口岸三山港区于1996年经国务院批准（国函〔1996〕46号）将南海客运港与三山装卸点合并为客货运对外开放口岸，位于南海区三山港经济开发区，港区码头岸线长420米，3 000吨级泊位7个，港区总面积40万平方米，堆场面积23万平方米。开通接驳航线有南海—香港/盐田/蛇口/赤湾/南沙/大铲等班轮；港区配备CCTV、X光机货物查验系统、闸口集装箱自动识别系统等查验设备；进出口货物种类主要为再生金属、木材、家电、汽车零配件等；口岸实行全天24小时运作。现由黄港口南海有限公司与佛山市南海瀚和投资有限公司共同投资设立的南海国际货柜码头有限公司负责经营。2020年，进出口货运量246.57万吨，其中出口货运量37.8万吨、进口货运量208.77万吨，集装箱吞吐量24.81万标箱。

【容奇水运（河港）口岸】 容奇河港口岸位于顺德大良德胜河板沙尾，东经111.3度，北纬22.3度。距香港62海里，陆路距广州和佛山各40千米，距东莞50千米、珠海90千米，城际轻轨经港口而过，水路、陆路交通十分便利。1986年经国务院批准开设，1987年12月通过国家验收正式对外开放，1995年9月经广东省政府批准（粤府口函〔1995〕114号），将容奇港搬迁至现址并易名为顺德港。港口岸线长260米，港区占地7.28万平方米，建筑面积2.93万平方米。容奇河港口岸现建成有10条自助查验通道及一套信息采集系统。容奇河港口岸是佛山市内最大的水路客运口岸，平均每天有7个以上航班往返顺德港至香港中港城码头。现由佛山市顺德区顺港客运联营有限公司负责经营。

航点（航线）国家（地区）及城市一览表

洲际	地区	城市	顺德（顺德港客运口岸）
亚洲	香港	香港	香港中港码头

2020年，经容奇港出入境旅客为15 730人次，其中入境旅客7 586人次、出境旅客8 144人次。受新冠肺炎疫情影响，自2020年1月30日起容奇港客运口岸往返香港航线暂停营运。

【高明水运（河港）口岸】 高明河港口岸位于佛山市西翼的西江之滨，分为高明港客运口岸、高明外贸货物装卸点。高明港客运口岸是国务院于1992年12月14日批准的对外开放口岸（国函〔1992〕197号），位于高明区荷城沿江路303号，水路距香港101海里。高明港客运口岸现有直接通航航点（航线）到香港中港城。现由佛山市高明区明珠客运联营有限公司负责经营。2020年，通过高明港口岸入出境人员1 745人次。受新冠肺炎疫情影响，自2020年1月30日起高明港客运口岸往返香港航线暂停营运。

【斗门水运（河港）口岸】 斗门河港口岸位于东经113°32′，北纬22°27′的珠江出海口的磨刀门水道，客、货运码头岸线总长950米，河面宽1 300米，航道水深3~8米，无须清淤。内河可直达广东江门五邑、粤西腹地，外可直达香港（54海里）、澳门（17海里）。陆路有宽阔的输港公路直达珠海市区、澳门、珠海机场，以及与省内主要交通干道相连，水陆交通十分便捷畅顺，天然条件优良，是港澳连接珠海西部地区、粤西地区重要的对外开放口岸。斗门河港口岸是客货运综合港口口岸，包括斗门港客运口岸和斗门港货运口岸。

斗门河港口岸客运码头于1987年10月31日经国务院批准对外开放，1991年1月28日建成试航，1992年11月8日国家口岸管理办公室组织验收并批准正式通航。建有4 800平方米的客运联检大楼，有客运经营公司、商场、车队等经营服务单位。近年来，随着珠海和港澳交通的便利化，斗门港客运进出境客流下滑，但客运口岸仍保持正常运营。因新冠肺炎疫情影响，自2020年1月27日起停运至今。

斗门河港口岸货运码头是原二类口岸。位于斗门港客运口岸的北侧，占地5万多平方米，查验管理由斗门港客运口岸的查验机构覆盖。1993年2月，经批准设立。1994年6月18日，建成试航。港口经营单位为珠海斗门珠船集装箱码头有限公司，其母公司为珠江船务企业（集团）有限公司（为省属国企广东省航运集团有限公司在香港设立的上市公司），码头配套设施设备完善，所处地理位置优越，具有良好的水域条件、优良的通关环境和强大的集疏运能力。码头经营范围包括但不限于港区内货物（包括建筑材料，不限于沙石）装卸、仓储（不含危险品仓储）；道路货物专用运输（集装箱）业务。主要有码头装卸、散货拼箱、甩挂运输、拖车服务、仓储服务、综合物流、港珠澳大桥查验服务、“一桥通”粤港车业务以及内贸业务。货运口岸经营公司拥有4个3 000吨级的集装箱码头，码头场地面积53 000平方米，码头泊位岸线203米，可同时靠泊4艘3 000吨级的船舶，码头的货运吞吐量达到15万标箱/年。据口岸货运码头提供：2020年，在做好疫情防控工作的同时积极复工复产，全年进出口集装箱累计48 390标箱，同比减少9.7%；进出口散货累计91 343吨，同比增长10.71%；全年货物吞吐量累计244 427吨，同比增长1.16%；全年营业收入2 421万元，同比减少14.69%。

【罗湖陆路（公路）口岸】 位于深圳罗湖商业中心南侧，与香港新界一河之隔，深港两地由一座双层人行桥和一座铁路桥相连。罗湖公路口岸是改革开放前深圳仅有的两个陆路口岸之一。1887 年九龙海关正式建立，1949 年九龙关起义，中华人民共和国成立初期主动后撤至现在位置。新联检大楼于 1984 年 1 月开始动工兴建，1986 年 6 月 14 日竣工启用。其占地面积为 18 107 平方米，主楼高 12 层（含地下一层），南、北附楼各 3 层，总建筑面积共 70 623 平方米。楼内地下 B 层和一层为入境（北行）查验场地，建筑面积 18 107 平方米；二层和三层为出境（南行）查验场地，建筑面积 17 558 平方米。该口岸出入境验证通道共有 186 条，其中人工查验通道 81 条，自助查验通道 105 条。具体设置如下：地下 B 层设为港澳旅客入境检查通道共 48 条，一层为非港澳旅客入境检查通道共 39 条，二层为非港澳旅客出境检查通道共 39 条，三层为港澳旅客出境检查通道共 47 条。口岸设计通过能力由 20 世纪 80 年代每日 20 万人次，提高到目前每日 40 万人次。

罗湖公路口岸运行时间为每日 6：30～24：00，运行 17.5 小时（新冠肺炎疫情期间临时停止通行）。2020 年，出入境旅客 545.02 万人次，日均 1.49 万人次，同比下降 93.03%。

【文锦渡陆路（公路）口岸】 位于深圳市罗湖区南面、香港新界北面，由一座公路桥与香港新界相连。该口岸是改革开放前深圳仅有的两个陆路口岸之一，是以供港鲜活产品及进口水果通关为特点的客、货运综合性公路口岸。1978 年，经国务院批准对外开放。改革开放前，文锦渡公路口岸只是供港鲜活商品的贸易口岸，1978 年 10 月建成公路桥，1985 年 2 月新建一座公路桥，实行出入境车辆分桥行驶。配合治理深圳河工程，原出入境桥被拆除，新建一座出入境双向桥于 2005 年 2 月正式投入使用。文锦渡公路口岸区域占地面积为 13.8 万平方米。其中，出入境旅检场地 3 万平方米，出入境货物查验场地 10 万平方米（入境 6 万平方米、出境 4 万平方米）。共有 28 条车辆检查通道。其中，货车通道 18 条（入境 10 条、出境 8 条），小（客）车查验通道 10 条（出入境各 5 条，其中小车通道 3 条、客车 2 条）。

2010 年，文锦渡公路口岸开始进行旅检场地改造。从 2010 年 2 月 22 日零时起，文锦渡公路口岸客运区域改造期间实行临时关闭。原从文锦渡公路口岸出入境的客车（含过境巴士、私家车、公务车及商务车），按其已选择的口岸出入境。2013 年 8 月 26 日，文锦渡公路口岸客运区域改造完成并恢复运行。改造后，设计日过境旅客通过能力 30 000 人次；日过境车辆通过能力 10 000 辆次。

文锦渡公路口岸运行时间为每日 7：00～22：00，运行 15 小时（新冠肺炎疫情期间客运临时停止通行，货运正常）。2020 年，该口岸出入境旅客 24.71 万人次，日均 0.067 7 万人次，同比下降 93.31%，出入境车辆 112.37 万辆次，日均 0.307 9 万辆次，同比下降 26.89%。

【皇岗陆路（公路）口岸】 该口岸是配合广深高速公路建设开设的口岸，位于深圳市福田区南端，与香港新界落马洲隔河相望，口岸南面的皇岗—落马洲大桥横跨深圳河连接深港两地。其于 1985 年 5 月开始建设，1988 年 11 月 30 日经国务院批准对外开放，1989 年 12 月 29 日货运部分启用通车，1991 年 8 月 8 日客运部分开通使用。自 1994 年 11 月 3 日起，开辟两条货检通道试行 24 小时通关，并设置了空车验放专用通道。1997 年 3 月 20 日，开通了皇岗—落马洲穿梭巴士服务，为方便旅客过境开辟了一条新的途径。1999 年 10 月，实行货车自然分流通关，即除部分货物、车辆按照有关规定维持现行做法从指定口岸进出境外，其他行走文锦渡公路口岸、沙头角公路口岸的货车在原行走口岸晚上关闸以后，可行走皇岗公路口岸 24 小时通关的货车通道。自 2003 年 1 月 27 日 0：00 起，皇岗公路口岸实行旅检通道 24 小时通关。自 2003 年 10 月 8 日始，允许持有文锦渡公路口岸、沙头角公路口岸两地牌照的私家车、公务车和商务车在零时至 6：30 时从皇岗公路口岸出入境。该口岸旅客出入境通道共 131 条，其中出境人工通道 58 条、自助通道 42 条；入境人工通道 16 条、自助通道 15 条；货运通道共 40 条，出入境各 20 条；设计通关能力为每日车辆 5 万辆次（标准车）、旅客 5 万人次。

皇岗公路口岸全天候通关（新冠肺炎疫情期间客运临时停止通行，货运正常全天）。2020 年，该口岸出入境旅客 184 万人次，日均 0.50 万人次，同比下降 93.31%；出入境车辆 337.43 万辆次，日均 0.92 万辆次，同比下降 54.43%。

【沙头角陆路（公路）口岸】 位于深圳市盐田区沙头角西面，东接沙头角保税区和盐田港，北邻梧桐山公路隧道，是服务于深圳市盐田区、龙岗区及珠江三角洲东部地区的辅助性客货综合性口岸。1984 年 9 月经国务院批准对外开放，1985 年 3 月建成使用，2005 年 1 月 28 日启用新的口岸跨境大桥。口岸管理区占地面积约为 4.2 万平方米，其中出入境旅客查验场地 5 700 平方米，出入境货物查验场地 3.6 万平方米。旅检大厅设在口岸区中间，东侧是出境货检场，西侧是入境货检场。共设有出入境车辆检查通道 10 条（出入境各 5 条），查车台 15 个；出入境旅客检查通道 24 条（其中人工查验通道 14 条，自助查验通道 10 条）。此外，还建有专门供香港地区灵柩入境的检查服务设施，为港澳同胞前往大鹏湾“华侨墓园”办理安葬和扫墓活动提供方便。设计通关能力每日车辆 1 500 辆次、人员 1 500 人次。

沙头角公路口岸旅检和货检场地的运行时间为每日 7：00~22：00，运行 15 小时（新冠肺炎疫情期间客运临时停止通行，货运正常）。2020 年，该口岸出入境旅客 48.46 万人次，日均 0.132 8 万人次，同比上升 87.62%；出入境车辆 32.07 万辆次，日均 0.087 9 万辆次，同比下降 58.67%。

【深圳湾陆路（公路）口岸】 位于深圳市南山区蛇口东角头，经深圳湾跨海大桥连接香港鳌勘石。该口岸于 1997 年 12 月获国家批准立项，2003 年 8 月奠基，2007 年 7 月 1 日正式开通启用，是经全国人民代表大会授权、国内首个实施“一地两检”查验新模式的现代化、智能化口岸，深港双方口岸区域均在深圳境内，双方口岸查验单位均在一栋大楼内完成查验工作。口岸占地 1.179 平方千米，其中深方为 76.3 万平方米、港方为 41.6 万平方米；口岸联检大楼建筑面积为 5.67 万平方米，其中深方为 2.94 万平方米、港方为 2.73 万平方米。旅客出入境通道共 109 条，其中出境人工通道 15 条、自助通道 39 条，入境人工通道 17 条、自助通道 38 条；客车出境查验厅旅客通道 5 条，自助通道 5 条。小车海关通道共 38 条，出入境通道各 19 条。货车海关通道共 57 条，其中出境 28 条，入境 26 条。边检通道 44 条，出入境各 22 条。设计通过能力为每日车辆 5.86 万辆（其中货车 4.32 万辆次、小汽车 1.39 万辆次、大客车 1 500 辆次），设计旅客流量为每天 6 万人次。

深圳湾公路口岸运行时间为每日 10：00~20：00，口岸运行 10 小时。2020 年，该口岸出入境旅客 396.71 万人次，日均 1.086 9 万人次，同比下降 90.41%；出入境车辆 168.36 万辆次，日均 0.461 3 万辆次，同比下降 63.35%。

【福田陆路（公路）口岸】 位于福田区裕亨路 23 号（福田保税区东侧），由人行通道桥和旅检大楼组成。该口岸工程于 2004 年 12 月正式开工建设，2007 年 8 月 15 日开通启用。总占地面积为 62 962 平方米，总建筑面积为 84 198 平方米。设入出境大厅各一层，出入境通道共 146 条。出境大厅内设有边检通道共 78 条（自助式通道 20 条、人工验放通道 58 条），入境大厅内设有边检通道共 68 条（自助式通道 20 条、人工验放通道 48 条），设计日过境旅客通过能力为 25 万人次。人行通道桥工程连接福田口岸联检大楼和香港九广铁路落马洲管制站，是连接深圳地铁 4 号线和香港轻铁东部支线的口岸枢纽工程，桥长 240 米（深方 116 米、港方 124 米），桥宽 16.5 米，上下两层，单向行走，桥内有自动步行梯（深圳一方每层有一部长 80.5 米的自动步行梯），分别供深港出入境旅客使用（上层为出境，下层为入境）。

福田公路口岸运行时间为每日 6：30～22：30（新冠肺炎疫情期间临时停止通行），口岸运行 16 小时。2020 年，该口岸出入境旅客 351.3 万人次，日均 0.962 5 万人次，同比下降 92.99%。

【莲塘陆路（公路）口岸】 位于罗湖区莲塘街道西南角，北临罗沙路，南至深圳河，是粤港合作重点项目之一，先后列入《国家“十二五”发展规划》《珠三角地区改革发展规划纲要（2008—2020）》《粤港合作框架协议》等战略规划。作为深圳“十三五”规划重点项目和粤港澳大湾区建设重点工程，口岸定位为客货运综合口岸，承担香港与深圳东部、惠州以及粤东、赣南、闽南之间的跨界货运、客运，是实现深港跨界交通“西进西出、东进东出”总体格局的东部重要口岸。口岸主体建筑采用架空设计，一层为货检区，二层高架平台为旅检区，货检、旅检在空间上垂直分布，最大限度集约化利用场地空间。

2008 年 9 月，深港边界区发展专责小组公布，深港双方决定共同兴建莲塘陆路（公路）口岸。2010 年 8 月莲塘公路口岸获批立项；2013 年 11 月动工建设；2019 年 10 月国务院批复同意对外开放；2020 年 5 月通过国家验收。2020 年 8 月 26 日，莲塘公路口岸正式开通。粤港两地政府在莲塘公路口岸现场联合举行新口岸开通仪式，国家港澳办、中联办等中央部委领导，省委省政府、市委市政府主要领导共同出席仪式，香港特别行政区林郑月娥行政长官率特区政府 23 个主要部门负责人前来参加活动。

2020 年 8 月 26 日，莲塘口岸启动运作，深圳海关所属莲塘海关关员监管放行首车进口货物

莲塘公路口岸采用“两地两检”查验方式和车辆“一站式”通关模式，设计通关能力为旅客 30 000 人次/日、车辆 17 850 辆次/日，其中货车 15 000 辆次/日、小客车 2 000 辆次/日、大客车 850 辆次/日。货检场地通关服务时间为每日 7：00～22：00。旅客和客运车辆的通关服务，将由深港两地协商后适时开通启用。2020 年，该口岸出入境车辆 5.37 万辆次，日均 0.042 3 万辆次。

【拱北陆路（公路）口岸】 迁建后的拱北公路口岸于 1999 年 10 月 2 日正式对外开放。拱北公路口岸占地 16.2 万平方米，口岸建设总投资 8.3 亿元，建筑面积 12.8 万平方米。拱北公路口岸设计通关能力为 50 万人次/日，车辆 8 000 辆次/日。目前，拱北公路口岸是全国旅客通关量最大的口岸，设有出入境旅客通道共 281 条［旧联检楼出境大厅通道共 66 条，其中人工通道 14 条，自助通道 52 条；旧联检楼入境大厅通道 76 条，其中人工通道 18 条，自助通道 58 条；新联检楼出境大厅一层通道共 45 条，其中人工通道 8 条，自助通道 37 条；新联检楼出境大厅二层通道共 14 条（均为人工通道）；新联检楼入境大厅一层通道共 53 条，其中人工通道 6 条，自助通道 47 条；新联检楼入境大厅二层通道共 18 条（均为人工通道）；出境随车人员验放厅通道 4 条，其中人工通道 2 条，自助通道 2 条；入境随车人员验放厅通道 5 条，其中人工通道 3 条，自助通道 2 条。］“一站式”客车通道共 12 条，其中出境通道 6 条，入境通道 6 条。口岸开放时间为早上 6 时至次日凌晨 1 时。

2020 年，受新冠肺炎疫情影响，拱北公路口岸出入境人员 5 953.6 万人次，同比减少 59%；交通工具 98.1 万辆次，同比下降 68.8%。2020 年 1 月 11 日，拱北公路口岸单日旅客通关量达 49.9 万人次。

【横琴陆路（公路）口岸】 横琴公路口岸于 1999 年 6 月正式对外开放。新横琴公路口岸总建筑面积 33.9 万平方米，设计日通关量 22.2 万人次，年通关量 8 000 万人次。设计出入境旅客通道共117条（联检楼出境大厅通道63条，其中传统人工通道6条，合作人工通道4条，自助通道53条；联检楼入境大厅通道54条，其中传统人工通道7条，合作人工通道4条，自助通道43条）。客车通道18条（其中出、入境通道各9条），货车通道10条（其中出、入境通道各5条）。旅客出入境大厅、客车通道全天24小时开放，货车通道开放时间为8时~20时。8月18日，横琴口岸新旅检区域正式开通启用，采用珠澳“合作查验，一次放行”查验模式。

2020年，横琴公路口岸旅客通关量为363.5万人次，同比减少60.2%；进出境交通工具64.5万辆次，同比减少35.8%。

【港珠澳大桥珠海陆路（公路）口岸】 港珠澳大桥珠海公路口岸于2018年10月24日正式对外开放。港珠澳大桥珠海公路口岸管理区总占地面积为107.33万平方米，口岸工程建筑面积为32.7万平方米，珠海口岸工程概算批复总投资为53.44亿元。珠海与香港之间设计流量为出入境旅客15.33万人次/日、出入境车辆4万辆次/日，并按最大流量出入境旅客30万人次/日、出入境车辆6万辆次/日预留发展空间。珠海与澳门之间设计流量为出入境旅客10万人次/日，出入境车辆0.3万辆次/日，并按最大流量出入境旅客15万人次/日预留发展空间。

目前，港珠澳大桥珠海公路口岸珠港旅检大厅出入境设有通道共90条（出境大厅通道共52条，其中人工通道12条、自助通道40条；入境大厅通道32条，其中人工通道12条、自助通道20条）；珠澳旅检大厅出入境设通道共68条（出、入境大厅通道各34条，其中传统人工通道各6条、合作人工通道各8条、自助通道各20条）；随车验放厅通道共25条（其中出境人工通道4条、自助通道8条，入境人工通道4条、自助通道9条）；车辆通道共78条（货车通道共30条，其中出、入境通道各15条；客车通道共48条，其中小客车通道出、入境各22条，大客车通道出、入境各2条）。口岸实行24小时开放。

2020年，港珠澳大桥珠海公路口岸旅客通关量为242.5万人次，同比减少81.2%；进出境交通工具91.4万辆次，同比减少5.5%。

【珠澳跨境工业区专用陆路（公路）口岸】 珠澳跨境工业区专用公路口岸于2006年10月18日正式对外开放。口岸占地面积约为2.8万平方米，总建筑面积3 350平方米，对园区工作人员及车辆实行24小时开放。2014年，根据国务院的工作部署，完成口岸临时扩大开放改造项目，自2014年12月18日起在零时至7时临时对步行的澳门居民和在澳内地劳工及学生开放。目前，共设置出入境旅客查验通道共16条，其中出、入境各设人工通道2条、自助通道6条，另设置出、入境车辆通道各1条。

2020年，珠澳跨境工业区专用公路口岸旅客通关量为121.8万人次，同比减少52.8%；进出境交通工具3.94万辆次，同比增加6.9%。

【青茂陆路（公路）口岸（在建）】 （粤澳新通道）青茂口岸是澳门特别行政区政府报请中央同意支持实施的涉澳重要项目，项目由澳门特别行政区政府全额投资并委托南粤集团组织建设实施。青茂陆路口岸粤方联检大楼和连接通道总占地面积约4万平方米，总建筑面积约6.5万平方米。2017年7月14日，国务院批复同意设立青茂口岸。青茂陆路口岸设计日通关客流量为20万人次，仅供自助通关的旅客通行，不设车辆通道，青茂陆路口岸通过交通连廊与城轨珠海站、珠机站对接。口岸出入境大厅各设置50条“合作查验、一次放行”查验通道。项目于2018年4月12日正式动工建设，粤方口岸联检楼及连接通道于2019年11月封顶，目前建设进展顺利。

【广州天河陆路（铁路）口岸】 广州天河铁路客运口岸位于广州市天河区广州东站，东站为天河铁路客运口岸设置了专门的粤港直通车售票窗口、候检区、候车室、站台。其中，售票窗口共3个；候检区面积约为500平方米，可容纳约400人；候车室面积约为1 000平方米，可同时容纳约900人；专用站台长度548米，宽12米，高1.1米。共配置出、入境检查通道各23

条（人工 13 条、自助 9 条、员工 1 条）。

2020 年 1 月 30 日，香港因新冠肺炎疫情暂时关闭西九龙、红磡口岸，天河铁路客运口岸随即暂时关闭至今。2020 年，共开行旅客列车 519 列，同比减少 93%，其中出境 259 列、入境 260 列。

【广深港高铁西九龙站陆路（铁路）口岸】 位于香港特别行政区境内西九龙站内，为国际性常年开放铁路客运口岸，于 2018 年 9 月 23 日正式对外开放。西九龙站口岸分为香港口岸区和内地口岸区。香港口岸区由香港特别行政区依据特区法律设立和管辖，实行过境限制区管理。内地口岸区由内地根据《内地与香港特别行政区关于在广深港高铁西九龙站设立口岸实施“一地两检”的合作安排》和内地法律设立和管辖，实行口岸管理制度。双方分别按照各自法律，对往来内地和香港的出入境人员及其随身物品和行李进行出入境边防检查、海关监管、检验检疫等出入境监管。

广深港高铁西九龙站铁路口岸共有四层地下楼层，总建筑面积为 38 万平方米。地下一层为售票大厅，地下二层为抵达层，地下三层为离港层，地下四层为列车站台，口岸日设计通关流量为 20 万人次。其中，内地口岸区总建筑面积约为 10.9 万平方米，出入境大厅各设置 50 条自助和 18 条人工查验通道；香港口岸区总面积约为 2.41 万平方米，入境大厅设置人工柜台 66 个，自助通道 22 条，离境大厅设置人工柜台 32 个，自助通道 29 条。

广深港高铁西九龙站铁路口岸运行时间为每日 6：30~23：30，运行 17 小时。新冠肺炎疫情期间（2020 年 1 月 31 日起）高铁暂停服务。2020 年，该口岸出入境人员 105.95 万人次，日均 0.290 3 万人次，同比下降 93.65%。

【东莞陆路（铁路）口岸】 东莞铁路口岸位于东莞市常平镇，1994 年 8 月，国务院批准开设东莞常平铁路客运口岸，1994 年 10 月正式对外开放。1997 年 5 月至 2003 年 9 月，经国务院批准，京九、沪九直通旅客列车经停东莞常平铁路客运口岸，并在此办理出入境手续。1997 年 12 月，国务院批准“常平铁路客运口岸”更名为“东莞铁路口岸”。现设有进出境通道各 10 条，4 条自助通关通道，6 条人工通关通道。每天停靠广九直通车“8 进 8 出”，898 个座席。

经国家口岸管理办公室批准，2015 年 9 月，东莞石龙铁路国际物流中心实现临时对外开放，目前开通“粤新欧”“粤满俄”“中韩快线”等固定班列。

受新冠肺炎疫情影响，东莞铁路（客运）口岸于 2020 年 1 月 30 日开始暂停运营。2020 年 1 月，经东莞铁路（客运）口岸出入境旅客为 25 851 人次。

【佛山陆路（铁路）口岸】 佛山铁路口岸是 1993 年批准的对外开放口岸，位于禅城区文昌路 12 号，开设的固定班次为九龙至佛山以及佛山至九龙的直通列车。经国家口岸管理办公室批复同意（国岸函〔2019〕91 号），佛山铁路口岸自 2019 年 7 月 10 日起临时关闭。

原二类口岸

【容奇装卸点】 容奇装卸点内设容奇码头，是 1987 年 12 月经广东省口岸办批准正式启用的原二类口岸，地处西江下游的容桂水道，位于广珠公路容奇大桥东侧，距香港 63 海里，距深圳 48 海里。现有泊位 10 个，码头岸线长 636 米，港区面积为 12 万平方米，货物年吞吐量 200 万吨、80 万标箱。每天有多班往来香港的集装箱船、件杂货船和多班往来深圳、南沙的进出口直航驳船。码头内还设有进出境货运车辆查验场。2020 年，进出口货运量 44.4 万吨。

【北滘装卸点】 北滘装卸点内设北滘码头和勒流码头。北滘码头于 1992 年 10 月动工兴建，是 1993 年 3 月经广东省口岸办批准设立的原二类口岸，1994 年 12 月通过验收投入使用，2011 年完成扩建。码头位于北江顺德水道的北岸，105 国道三洪奇大桥东面，碧桂路西面的北滘工业园内。港口泊位岸线长 800 米，港区面积

31 万平方米，货物年吞吐量 280 万吨、80 万标箱。港区内设有进出境货运车辆查验场。2020 年，进出口货运量 178.8 万吨。勒流码头是 1993 年 3 月经广东省口岸办批准设立的原二类口岸，地处顺德区北江水道南岸的稔海—黄连段，距香港 70 海里，距深圳 55 海里，距广州黄埔港 68 海里。现有泊位 9 个，码头岸线长 600 米，港区面积为 30 万平方米，货物年吞吐量 200 万吨、80 万标箱。港区内设有进出境货运车辆查验场。2020 年，进出口货运量 172.4 万吨。

【了哥山港装卸点】 佛山港了哥山港区内设顺德新港码头，是 2019 年 3 月经广东省口岸办批复同意对外开放的原二类口岸，2019 年 4 月正式对外开放。了哥山港（即顺德新港）一期位于广东省佛山市顺德区西江干流杏坛南华岸线，是招商局港口控股有限公司和广东顺德控股集团有限公司联合打造的第一个内河港口。了哥山港水域条件优厚，港口设施齐全，功能布局合理，总投资超 8 亿元，拥有岸线长度 438 米，陆域堆场 18.4 万平方米，4 个 3 000 吨~5 000 吨级的多用途泊位，货物年吞吐量 200 万吨、50 万标箱。2020 年，进出口货运量 35.3 万吨。

【佛山新港装卸点】 佛山新港装卸点内设新港码头，是 1993 年经广东省口岸办批复同意对外开放的原二类口岸，位于禅城区港口路 39 号，货物年吞吐量 350 万吨、28 万标箱。进出口货源主要是机械产品、塑料原料、棉纱和钢材。自 2019 年 6 月 30 日，起佛山新港码头关闭。

【澜石装卸点】 澜石装卸点内设澜石码头，是 1979 年经广东省口岸办批复同意对外开放的原二类口岸，位于禅城区前进路 88 号，码头岸线长 440 米，有驳船装卸泊位 7 个，货物年吞吐量 250 万吨、30 万标箱。进出口货源以原材料、食品、陶瓷、建材为主。自 2019 年 12 月 31 日起，佛山澜石码头关闭。

【九江装卸点】 九江装卸点内设九江码头，是 1988 年经广东省口岸办批准设立的原二类口岸，位于南海区九江镇东南段。现有 45 吨轨道门座机 5 台，集装箱龙门吊 6 座，码头岸线长 330 米，驳船泊位 5 个（其中外贸 5 000 吨级泊位 3 个，内贸 5 000 吨级泊位 2 个），集装箱年吞吐量达 60 万标箱。2020 年，进出口货运量 322 万吨。现由佛山中外运仓码有限公司经营。

【平洲装卸点】 平洲装卸点内设平洲南港码头，是 1986 年经广东省口岸办批准设立的原二类口岸，位于南海区永安路 1 号，港区码头岸线长 230 米，3 000 吨级泊位 4 个，集装箱堆场面积 1.7 万平方米，散货堆场面积 2.6 万平方米，进出口货物种类主要为再生胶粒、棉纱、木材、家电、钢材、挖掘机等；口岸实行“6+1”工作制（即星期一至星期六正常上班，星期天预约上班）。2020 年，进出口货运量 48.62 万吨。现由佛山南港码头有限公司经营。

【北村装卸点】 北村装卸点内设北村码头，是 1986 年经广东省口岸办批准设立的原二类口岸，位于珠江口水道广州珠江大桥上游，码头岸线长 200 米，设有 1 000 吨级的集装箱泊位 1 个，500 吨级的散货船泊位 2 个，集装箱堆场面积 1.35 万平方米，仓库面积 147 平方米；口岸实行“6+1”工作制（即星期一至星期六正常上班，星期天预约上班）。2020 年，外贸进出口货运量 60.22 万吨。现由珠江内河货运码头有限公司与广东省南海食品进出口有限公司组成的中外合作企业佛山北村珠江货运码头有限公司经营。

【高明港装卸点】 高明港装卸点内设珠江货运码头和食出码头。珠江货运码头是 1992 年经广东省口岸办批准设立的原二类口岸，位于高明区荷城沿江路 11 号，建有 4 个 3 000 吨级泊位。2020 年，进出口货运量 259.61 万吨。现由香港珠江船务发展公司全资控股的佛山高明珠江货运码头有限公司负责经营。食出码头是 1985 年经广东省口岸办批准设立的原二类口岸，位于高明区荷城沿江路 253 号，设有 1 500 吨级泊位 1 个，集装箱堆场 1.6 万平方米，拥有物流仓库 4 000 平方米，保税仓出口监管仓 1 200 平方米，冷冻仓库 400 平方米。2020 年，进出口货运量 6.16 万吨。现由港资企业海晏（广州）国际货运代理有限公司经营。

【三水港装卸点】 三水港装卸点内设三水港码头，是1996年4月经广东省口岸办批准设立的原二类口岸，码头位于西江马口段，2000年投入使用，年外贸集装箱吞吐能力30万标箱，进出口货物种类主要为电器及电子产品、铝材、机械设备、纺织品、塑料、陶瓷、机电、食品饮料等。主要航线为香港、深圳西部港区、南沙航班。2020年，进出口货运量224.2万吨。现由佛山三水中外运货运港口有限公司经营。

【西南装卸点】 西南装卸点内设西南码头，是1986年经广东省口岸办批复同意迁建并更名的原二类口岸，位于北江下游东平水道左岸，码头岸线长400米，有1 000吨级泊位4个，港区集装箱堆场面积8万平方米，进出口货物种类主要为陶瓷、机电、铝材、粮食等。

【韶关新港水运（河港）口岸】 位于市区南郊9千米处，占地65 000平方米，300吨船泊位3个，岸线180米，监管仓库500平方米，堆场30 000平方米，办公大楼2 800平方米，配备设备40T吊机1台、叉车1台、120吨地磅1台，年吞吐能力30万吨。

【湛江港长桥作业区】 由霞山长桥码头、渔业公司旧码头和富多石油液化气专用码头3个码头组成。霞山长桥码头、渔业公司旧码头于1982年经广东省口岸办批准设立的原二类口岸。霞山长桥码头为湛江口岸对台小额贸易点。湛江港长桥作业区位于湛江市霞山区，东经110°24′，北纬21°12′。

【湛江港北潭作业区】 1993年经广东省口岸办批准设立原二类口岸装卸点，1998年广东省政府列为暂停运作需进行调整的口岸装卸点。2003年，广东省政府批准恢复运作。湛江港北潭作业区位于雷州半岛西北部的英罗湾，东经109°8′，北纬21°6′。

【湛江港营仔作业区】 1993年，经广东省口岸办批准设立原二类口岸装卸点。1998年广东省政府列为暂停运作需进行整顿的口岸装卸点，2004年经广东省政府批准恢复运作。湛江港营仔作业区位于雷州半岛北部，东经109°54′，北纬21°28′。

【湛江港流沙作业区】 1989年，经广东省口岸办批准设立原二类口岸装卸点。1998年广东省政府列为暂停运作需进行整顿的口岸装卸点，2004年经广东省政府批准恢复运作。湛江港流沙作业区位于雷州半岛西南端，东经109°55.8′，北纬20°26.2′。

【湛江港海安作业区】 1981年经广东省口岸办批准设立原二类口岸装卸点，1995年广东省政府批准为对越南小额贸易试点口岸。2008年改扩建1 000吨级件杂货综合性码头，并于2015年1月8日被广东省口岸办批准为海安作业区新址，1月28日该作业区开通“湛江—海安—香港”集装箱航线，正式开展对外业务。湛江港海安作业区位于祖国大陆最南端，东经110°35′，北纬20°13′。

【韶关陆路（铁路）口岸】 位于韶关市区南郊3 000米处，占地25 640平方米，内设有1座500平方米封闭式仓库、1座3 000平方米的低温仓库、300平方米的停车场，铁路专用线、站台465米，可同时停靠8个火车皮，地面仓库及附属建筑4 153平方米，年吞吐能力150万吨，主要开展铁海联运业务。

【乐昌陆路（铁路）口岸】 位于乐昌市环城中路，距离韶关车检场65千米，占地21 700平方米，有专线500米，年吞吐能力20万吨。

深圳市

【口岸数量及分布】 截至2020年12月31日，深圳已拥有经国务院批准的对外开放口岸15个。其中，空运口岸1个，为深圳空运口岸（深圳宝安国际机场）；陆路（公路）口岸7个，分别为罗湖、文锦渡、皇岗、沙头角、深圳湾、福田、莲塘公路口岸；陆路（铁路）口岸1个，为广深港高铁西九龙站铁路口岸；水运（海港）口岸6个，分别为盐田、大亚湾、蛇口、赤湾、妈湾、大铲湾海港口岸。

罗湖陆路（公路）口岸是深圳市客流量最大

的旅客入出境陆路口岸，目前客流量仍居全国前三名；文锦渡陆路（公路）口岸是我国最早对外开放的口岸；皇岗陆路（公路）口岸是目前我国货车出入境数量最多的客货综合性公路口岸，也是我国率先实行 24 小时通关的口岸；沙头角陆路（公路）口岸是服务于深圳市盐田区、龙岗区及珠江三角洲东部地区的辅助性客货综合性口岸；深圳湾陆路（公路）口岸是我国第一个按照“一地两检”查验模式运作的客货综合性公路口岸；福田陆路（公路）口岸是我国首个内地与香港无缝接驳的地铁口岸；莲塘陆路（公路）口岸是实现深港跨界交通“西进西出、东进东出”总体格局的东部重要口岸；广深港高铁西九龙站口岸位于香港特别行政区境内，为国际性常年开放的铁路客运口岸；盐田水运（海港）口岸是我国四大国际中转深水港之一；蛇口水运（海港）口岸是第一个由企业自筹资金建设、管理和经营的海港口岸；赤湾水运（海港）口岸是第一个中外合资港口企业建设和经营的海港口岸；深圳空运口岸（深圳宝安国际机场）是我国第一家以地方投资为主兴建的机场，是我国四大航空港之一。

【口岸运行数据】 2020 年，经深圳口岸出入境人员 2 459.91 万人次，日均 7.30 万人次，同比下降 88.92%；其中，陆路口岸出入境旅客 1 550.19 万人次，同比下降 91.78%；广深港高铁西九龙站口岸出入境旅客 105.95 万人次；海港客运口岸出入境旅客 45.64 万人次，同比下降 84.70%；空港口岸出入境旅客 66.89 万人次，同比下降 88.7%。经深圳口岸出入境车辆 659.89 万辆次，日均 1.9 万辆次，同比下降 49.64%。深圳海港口岸集装箱吞吐量 2 654.79 万标箱，同比增长 3.02%；进出口货物 18 896.56 万吨，同比增长 5.99%；海港客运口岸出入境旅客共 49.98 万人次，同比下降 86.91%；深圳机场空港口岸国际空运货物 45.97 万吨，同比上升 30.8%。

【口岸综合管理】 一是防控境外疫情输入。2020 年 1 月 16 日至 2 月 26 日，以严防输出为重点，口岸双向监管旅客 525.6 万人；2 月 27 日至 12 月 31 日，累计出入境跨境司机 480.31 万人次（出境 240.19 万人次，入境 240.13 万人次），货车出入境 480.30 万辆次（出境 240.17 万辆次，入境 240.13 万辆次），司机累计核酸检测 94.70 万人次。实现入境人员“零脱控”、卫生检疫“零漏检”、核酸检测“零失误”、工作人员“零感染”、现场管理“零事故”、负面舆情“零热点”，既维护疫情防控大局，又维护“一国两制”大局，受到中央和省市各级高度肯定。二是口岸基础及配套设施建设。高效推进皇岗口岸重建。2020 年 4 月，皇岗口岸临时旅检大楼竣工验收；5 月，旧口岸旅检区搬迁安置谈判工作完成；6 月 23 日，皇岗口岸重建项目举行“三开”仪式，临时旅检开通，旧口岸旅检区开始拆除，新口岸综合业务楼开工建设。新口岸联检大楼设计方案与港方完成对接，口岸旅检片区老旧建筑整体拆除完毕，综合业务楼基坑工程完成地下连续墙施工。莲塘/香园围口岸正式开通。莲塘口岸是粤港澳大湾区建设重点工程和深圳市“十三五”规划重点项目。2020 年 8 月 26 日，粤港两地政府在莲塘口岸现场联合举行新口岸开通仪式，中央有关部委、省委省政府、市委市政府主要领导和香港特区行政长官共同出席仪式。作为“双区驱动”战略背景下深港两地首个建成的互联互通跨境基础设施，莲塘口岸首次采用“一站式”通关模式，大幅提升通关效率，有力促进粤港两地人员往来和物资高效流通。深圳湾口岸实现货检 24 小时通关。深圳湾口岸 24 小时通关是国务院交办事项及《粤港合作框架协议》2020 年重点工作。2020 年 12 月 10 日，深圳湾口岸实现货检 24 小时通关，深圳跨境货运“东进东出、西进西出”通关格局初步形成。三是口岸综合改革。推动口岸综合改革示范城市建设。在更高层次、更高水平上谋划推动口岸工作系统性、综合性改革，充分发挥深圳口岸城市的区位优势和规模优势，提升口岸助推大湾区发展的服务能级，为全国口岸高质量发展做出示范。支持深圳推动口岸领域综合改革纳入粤港澳大湾区建设“十四五”规划和 2035 年远景目标及省、市重点任务。加快推进综合授权改革任务清单事项。推进蛇口邮轮母港国际中转场地建设，在蛇口邮轮母港水上客运口岸开展国际旅客中转业务。申报在蛇口邮轮母港实施经入境外籍游客144小时过境免签以及邮轮团体乘客15天免签等便利化通关政策研究提出取消港澳游艇入境海关担保金的便利监管政策的政策落地。理顺口岸管理体制。实施口岸管养体制综合改革，完成口岸资产清查和物业现状全面测绘，首次建立资产台账和物业管理系统。2020年12月31日，口岸管养业务顺利交接，实现口岸管养和商业经营业务分离，分别由不同主体承担口岸管养和商业经营业务，确保口岸管养质量和服务水平。解决吊装费问题，采用公开招投标方式购买陆路口岸查验配套服务，吊装费同比大幅下降65.78%，直接节约财政资金3 578万元，海港口岸开展社会公开招投标，免除查验配套服务费问题基本理顺。四是口岸营商环境。牵头制订并推动落实《深圳市营造国际一流口岸营商环境2020年行动方案》。海港口岸实施两段准入、船边直提和抵港直装等改革试点，推进“组合港”通关运作和分层查验作业等模式，打造“掌上海关App”移动服务平台，进一步推进海关通关便利化改革。进出口整体通关时间较2017年分别压缩约80%和91%，位居全国前列。建设查验快筛实验室网络，创新开发国际贸易“单一窗口”本地特色应用，加快进出口物流作业全流程无纸化进程，建设应用通关物流全程评估系统，口岸物流通关信息化水平进一步提升。继“惠盐组合港”之后，粤港澳大湾区组合港项目于2020年11月正式启动，“蛇口—顺德组合港”落地。在跨境贸易受中美贸易和国内外疫情影响大、压力大的情况下，第一时间推出防疫惠企政策，助力跨境贸易整体向好。2020年6月，进出口双双实现正增长，出口总额连续二十八年居内地大中城市首位。五是口岸信息化建设。开展智慧口岸顶层规划设计，探索建立1个智慧口岸大脑、2个标准规范体系、3个技术支撑平台和N个创新应用，通过口岸监管、管理、贸易和服务智慧化，全力推进5G、大数据、云计算等新基建建设，打造“智慧口岸大脑”，改善旅客通关体验，提升通关效率。持续扩大自助查验通道推广应用，对车辆“快捷通”通道更新改造。深圳市口岸自助查验通道超过600条，车辆“快捷通”超过120条，自助查验通关比例超过65%。2020年5月，深圳市口岸实现5G全覆盖。小客车乘车免下车查验系统在文锦渡口岸投入使用，宝安机场国内出发实现“刷脸”认证、自助安检、无纸化登机。莲塘口岸首次采用“一站式”通关模式，通过科技创新、技术融合、关检合作，研发专用信息系统平台，实现出入境车辆一次停靠、一次查验、一次放行，大大提高车辆通关效率和智能化水平。六是深港口岸经济带建设。根据深圳市委六届十三次全会部署和深圳市委书记王伟中与香港特别行政区行政长官林郑月娥关于“充分发挥各自优势，便利各类要素自由流通，强强联手打造双城经济”共识，按照“深港联手、规则对接、优势叠加、整体谋划、分区实施”的总体思路，全力推动深港口岸经济带罗湖先行区、沙头角国际旅游消费合作区建设，谋划打造国家级深港合作重大平台。七是深圳口岸“十四五”发展规划。以推动高质量发展为主线，对标国际一流，通过推动实施口岸综合改革，加快实现口岸在通关模式、通关效率、服务水平等方面先行示范、走在前列，全面完善口岸治理体系、提升口岸治理能力，打造高效、智慧、安全、绿色的国际一流口岸。提出到2025年，实现通关效率大幅提高、智慧化水平显著提升、安全程度不断增强，绿色可持续发展理念落到实处。八是口岸安全运行。口岸危险化学品查验场地建设加快推进。完成皇岗口岸危险化学品查验台整改工作，加快推进深圳湾口岸危险化学品查验场地建设工程，编制项目建议书，开展前期工作。深圳湾口岸安检项目正式运行。在深圳湾口岸旅检大楼规划设置旅客出境安检区域，采取出入分流、安检器材、保安员“三防合一”方式，提升口岸安全水平。2020年12月10日，深圳湾口岸试运行出境旅客安检项目工作。

2020 年广东省口岸大事记

1 月 1 日

拱北海关在珠澳跨境工业区专用口岸夜间验放入境旅客首次突破 1 万人次。

《深圳市营造国际一流口岸营商环境 2020 年行动方案》印发，提出 36 条优化口岸营商环境促进跨境贸易便利化改革举措。

1 月 2 日

深圳关区首票按照“船边直提”方式申报货物顺利进境。

1 月 3 日

来自韩国光阳港的 5 000 吨级中国籍货轮“汇隆××”原船抵达顺德新港，完成省内首次国际航行船舶在原二类口岸的“直航”进口业务。

武汉市卫健委在官方网站发布《关于不明原因的病毒性肺炎情况通报》，共发现 44 例不明原因的病毒性肺炎病例。香港卫生署通报港方应对级别为“戒备”。深圳海关紧急下发通知，采取 8 项防控措施，包括加强对重点区域、重点交通工具、重点人员、重点时段的检疫，加强医学巡查和健康咨询等。

深圳海关检出 2020 年全国口岸首例 HIV 感染阳性病例。

1 月 5 日

全国首批跨境电商出口退货商品在黄埔海关成功退运进境。

1 月 6 日

深圳海关检出 2020 年全国首例输入性寨卡病例。

深圳海关与香港卫生署召开联防联控会议，双方就疫情风险评估、检疫措施通报机制等形成共识，建立口岸疫情防控合作机制。

1 月 7 日

广州海关通过“视频专项+云平台”方式，实现对进境动物隔离检疫场的视频联网监控。

1 月 8 日

湛江海关首次为俄罗斯进口禽肉产品签发进境动植物检疫许可证。

1 月 9 日

深圳海关顺利验放 C 类快件纳入货物一体化通关试点全国首票进口货物。

1 月 10 日

广州海关进出境人员传染病联防联控应用项目顺利上线试运行，实现联防联控单位间传染病信息同步分发、同步反馈，填补了全国海关系统传染病联防联控领域信息化系统的空白。

深圳关区首票按照“出口直装”方式申报货物顺利离境。

1 月 11 日

拱北口岸进出境旅客量达到 49.9 万人次，创造了全国口岸单日客流量新纪录。

1 月 12 日

深圳海关检出 2020 年全国口岸首例输入性基孔肯雅热病例。

1 月 13 日

拱北海关参与撰写的专题统计分析研究报告获习近平总书记重要批示。

广东省佛山市澜石码头正式停止运营。

1 月 14 日

拱北海关缉私局“3105”“3025”缉私艇分别被海关总署缉私局授予金质、银质“缉私先锋艇”称号。

1 月 15 日~16 日

湛江海关全力保障 2020 年广东省首批进口种猪引进工作顺利推进。该批法国种猪共 1 358 头，顺利抵达位于湛江遂溪的指定隔离场，开始为期 45 天的隔离检疫。

1 月 16 日

广州空运口岸（广州白云国际机场）T2 航站楼口岸公共卫生核心能力建设顺利通过海关总署达标考核验收。

1 月 19 日

深圳海关率先在深圳旅检口岸启动出境测温工作，次日推广到全部口岸实施。

1 月 20 日

拱北关区“口岸卫生检疫防控工作组”成

立，副关长李峰主持并召开工作组第一次工作会议，同时下发《拱北海关新冠肺炎口岸防控工作指引（第一版）》。海关总署督导组在拱北海关副关长李峰陪同下到闸口海关、大桥海关检查督导口岸卫生检疫防控工作。

1月23日

广州海关生物安全三级实验室获得国家卫健委新冠病毒实验活动资格，成为广东省第一个获批国家卫健委新冠病毒2019-nCoV实验活动资质的生物安全三级实验室。

1月24日

中国人民政治协商会议全国委员会常务委员会常务委员（简称“全国政协常委”）、港澳台侨委员会副主任、澳门中华总商会会长马有礼与刘晓辉关长互致春节问候，马有礼感谢拱北海关为防控新冠肺炎疫情所做的辛勤工作。

1月25日

湛江海关在全国率先重启出入境人员健康申报制度，对出入境人员实行100%健康申报。

1月26日

1时57分，广州海关在广州空运口岸（广州白云国际机场）成功受理全国第一票健康申明电子数据。

深圳海关、深圳出入境边检总站配合深圳市有关部门开展“歌诗达·威尼斯”号邮轮入境人员公共卫生事件应急处置工作。

深圳海关在深圳口岸全面启动进出境人员填写健康申明卡制度。开通快速通关专门受理窗口和专用绿色通道，全力保障新冠肺炎疫情防控物资快速通关。

沙头角边境特别管理区暂停对游客开放。

1月27日

深圳海关在深圳宝安机场排查出1例新冠肺炎病例，为深圳空港口岸首次检出确诊案例。

1月29日

广东省副省长张新调研检查港珠澳大桥口岸、拱北口岸疫情防控工作。

广州海关完成“海关旅客指尖服务”微信小程序数据查询功能的设计开发工作。截至1月30日，所有现场的口岸卫生检疫岗全部完成客户端部署工作，并通过旅检验收。

拱北海关首次向澳门莲花口岸治安警察局移交纸质健康申明卡，建立与澳方前线联动机制。

1月30日

广深港高铁西九龙站及沙头角、文锦渡口岸暂停客运服务。

受香港尖沙咀中国客运码头口岸暂时关闭影响，江门海关外海、鹤山2个旅检口岸来往香港航班全部暂停。

1月31日

广东省商务厅（口岸办）副厅长符永革陪同省政府副省长张新前往深圳罗湖、深圳湾口岸和珠海市拱北口岸、港珠澳大桥珠海口岸现场检查调研口岸疫情防控和通关情况。

2月1日

“海关旅客指尖服务”健康电子申报工作正式在深圳口岸落地，首份健康电子申报在蛇口邮轮中心申报成功，从扫码、验核到放行，平均耗时不足5秒。

拱北海关关长刘晓辉与澳门保安司司长黄少泽、澳门海关关长黄文忠密切交换意见，深化共识着力推进联防、联控、联动。

罗湖海关排查出1例新冠肺炎病例，为深圳陆路口岸首次检出确诊病例。

2月3日

黄埔海关搭建平台，实现电子口岸全业务“网上办”。创新“互联网+海关”平台电子口岸业务办理，推动电子口岸换卡服务、新增操作员/报关员、变更操作员、证书更新/解锁等全业务网上办理，推出“零接触”“零跑腿”的服务模式，在全国数据分中心率先实现了电子口岸制卡“全业务、全流程、全网上”办理，成为黄埔海关互联网+海关平台上的第三大应用。确保事项办理通道畅通，群众能办事、办成事，全力支持打赢口岸疫情防控攻坚战。

智利鹤山同乡会捐赠的首批空运捐赠物资在白云机场海关快速办理通关手续，共涉及无纺布口罩20万个、一次性口罩33 858个、N95口罩

600 个、手套 2 600 双、鞋套 200 双、医用帽子 400 个。江门海关提前介入地方首批捐赠物资通关事宜，全程做好通关指引及沟通联系工作。

2 月 4 日

罗湖陆路（公路）口岸、皇岗陆路（公路）口岸、福田陆路（公路）口岸暂停客运服务，福永、蛇口码头暂停往返香港澳门码头航线。

广州市市长温国辉到黄埔海关调研督导疫情防控工作，市政府秘书长陈杰，市政府有关部门负责同志，黄埔海关副关长周运保、胡文海，黄埔海关办公室、综合处、监管处、卫生处负责人参加座谈。

2 月 5 日

广州海关生物安全三级实验室联合广州医科大学呼吸疾病国家重点实验室、广州市第八人民医院团队，同时使用多种细胞系接种样本，成功从一例广州新冠肺炎病例样本中分离出新冠病毒毒株（2019-nCoV）。

2 月 6 日

澳门第一例输入性新冠肺炎治愈病人在澳门警方护送下经港珠澳大桥口岸入境。

2 月 7 日

广州海关完成“中国海关新冠肺炎疫情动态”系统开发任务并上线试运行。

2 月 8 日

受新冠肺炎疫情的影响，梅州航空口岸执飞的 2 条地区航线，即每周各 2 班的香港、台中航线暂停运行，目前尚未复航。

2 月 9 日

梅县机场口岸暂停定期国际客运航班。

2 月 10 日

广州海关生物安全三级实验室在新冠肺炎患者粪便中分离出活的新冠病毒，为该实验室成功分离出的第三株病毒。

广州海关所属邮局海关获“2019 年全国‘扫黄打非’先进集体”荣誉称号。

2 月 12 日

中共中央政治局委员、广东省委书记李希视察港珠澳大桥口岸疫情防控工作。

汕头海关开展首票收发货人免于到场协助模式的进境冻水产品查验工作。

2 月 14 日

黄埔海关启动知识产权保护专项行动（代号“龙腾行动 2020”）。

2 月 16 日

广州海关所属机场海关旅检二处获“2019 年广东省‘扫黄打非’先进集体”荣誉称号。

2 月 18 日

中国—世界卫生组织新冠肺炎联合专家考察组到深圳海关所属宝安机场海关现场考察。

2 月 19 日

深圳机场福永码头口岸往返澳门客运航线暂停服务。

黄埔海关助力生物医药企业复工生产做好“六稳”工作，全力保障涉及新冠肺炎疫情的特殊物品类防控物资快速通关，专人 24 小时应急处置，业务骨干“一对一”全程跟踪指导；开辟审批绿色通道，助力新冠病毒检测试剂扩大生产；“零接触”审批，“特事特办”助力企业研发抗击疫情。

2 月 20 日

蛇口码头往返澳门客运航线暂停服务。

2 月 22 日

广州海关保障首列“穗满俄”中欧班列复运。复工复产后首列“穗满俄”中欧班列自广州启程前往莫斯科沃尔西诺站，共搭载 43 个标箱，货值 3 187 万元。

2 月 24 日

湛江海关所属霞山海关完成新冠肺炎疫情以来的首票收发货人免到场的货物查验。

一批发自巴西的疫情防控物资，以捐赠物资方式通过货运渠道在江门海关申报进口，共计口罩 104 000 个，价值 62 400 元。该票报关单从申报至货物放行全程仅 7 分钟，实现防控物资进境“零延时”。

2 月 26 日

福永码头往返香港机场客运航线暂停服务。

江门海关技术中心顺利通过 CNAS 认可扩项

评审。

深圳海关完成首批620盒新冠病毒检测试剂盒出口检疫审批。

2月27日

广东省商务厅（口岸办）副厅长符永革陪同广东省副省长张新赴广州白云机场口岸现场检查督导国际航班入境口岸通关及疫情防控工作。

国务院疫情联防联控工作机制第十八指导组到广州海关所属机场海关进出境卫生检疫现场实地考察。

广州海关在广州空运口岸（广州白云国际机场）启用疫情防控信息化管理系统，入境旅客“一码通关”，通关时间压缩三分之一，推动广州空港口岸实现联防联控部门卫生检疫全链条数据共享、全程闭环信息化管理。

广州海关所属机场海关启用“专用廊桥、专区检疫”模式防止境外疫情输入。

2月29日

香港国际机场发布通知，为配合政府应对新冠病毒感染的措施，所有由香港国际机场前往内地的跨境陆路交通及快船转驳广东省相关口岸的服务暂停。

深圳海关所属蛇口海关排查出1例新冠肺炎病例，为深圳海港口岸首次检出确诊病例。

3月1日

皇岗陆路（公路）口岸货车缓冲停车场关闭。

3月3日

广州海关所属南沙海关完成海陆马士基“俄罗斯—东南亚”线首航监管工作。

人民日报（海外版）发表文章《内地全力保障港澳地区物资供应》：拱北海关所属的闸口海关也不断深化通关服务，通过推行“一次申报”“查检合一”等通关改革作业模式，实现出口货物“即到、即审、即验、即放”快速通关。

3月4日

广东省省长马兴瑞到广州白云机场口岸调研防控境外重点地区新冠肺炎疫情输入工作。

广州海关所属南沙海关完成“新海丰—越南—泰国”航线南沙港首航监管工作。

3月5日

江门市跨境电子商务快件分拣清关中心顺利通过快件监管业务测试，标志着该场所正式恢复快件监管业务。

3月6日

湛江海关成功受理全国首批委内瑞拉水产品进口。

3月7日

深圳海关连夜在机场口岸和深圳湾口岸快速建设第一批共5间医学排查“方舱”，提高现场卫生检疫作业效率，随后全关共建设“方舱”26间。

3月9日

海关总署对广州海关所属南沙海关应对“世界梦号”邮轮突发公共卫生事件应急处置工作组记集体二等功。

海关总署对新冠肺炎疫情防控工作中表现突出的“深圳海关应对‘歌诗达·威尼斯’号邮轮突发公共卫生事件应急处置工作组”记集体二等功。

汕头海关顺利实施加工贸易集中审核作业改革。由龙湖海关集中审核全关区加工贸易手（账）册设立（变更）、核销、不作价设备手册设立（变更）、深加工结转、外发加工等业务。

3月11日

14.575吨、18个品种的新鲜蔬菜，经增城海关检验检疫合格后顺利通关出口。这是增城蔬菜企业继出口中国香港地区、中国台湾地区、加拿大、英国、韩国后首次出口新加坡，再次拓展国际新市场。

3月12日

拱北海关珠海保健中心被海关总署评为在新冠肺炎疫情防控工作中表现突出的集体，为全国海关被表扬的47个集体之一。

3月13日

黄埔海关隶属老港海关对1批次命中送检指令的印度尼西亚冻金线鱼（红三鱼）进行送检，检出病毒性神经坏死病毒阳性，共计4 750千克。

3月17日

零时，广州海关更新海关总署第五版“中华人民共和国出/入境健康申明卡”正式上线，细化申报项目，加印电子申报二维码，突出提醒“隐瞒或虚报”的法律责任。

阳江市卫生健康局开出“广东省二级病原微生物实验室备案通知书”，标志江门海关已经具备新冠病毒核酸检测能力。

3月18日

湛江海关自主研发的“入境船舶疫情防控动态预警系统”投入使用，运用大数据提高境外疫情输入风险防控智能化水平。

3月19日

海关总署党委委员、广东分署主任张广志到拱北海关检疫一线督导检查严防境外疫情输入工作。

3月20日

潮汕机场口岸暂停定期国际客运航班，香港机场至蛇口码头客运航线暂停服务。

经中山海关技术中心鉴定、海关总署病媒生物专家组复核，拱北海关1月17日、2月21日在中山港口岸检出的2批活体蜚蠊为奥美加硬翅蠊，系全国口岸首次截获，国内未见分布。

广州海关所属天河海关获第六批广东省学雷锋活动示范点。

3月23日~25日

黄埔海关迅速启动应急措施，审批中山大学达安基因股份有限公司新冠病毒检测试剂盒出口卫生检疫申请；与隶属海关联动处置，快速审批验放阿里巴巴公益基金会捐赠援助塞尔维亚、柬埔寨、老挝、孟加拉国的新冠病毒核酸检测试剂10.86万人份。

3月24日

中央政治局委员、省委书记李希，省长马兴瑞到广州白云机场口岸调研检查防控境外疫情输入工作。

国务院应对新冠肺炎疫情联防联控机制第十一指导组到深圳湾陆路（公路）口岸检查工作。

3月25日

蛇口码头口岸至香港机场客运航线暂停服务。

3月26日

江门海关会同财政部广东监管局、广东省税务局、国家外汇管理局广东省分局成立联合验收组，对江门大广海湾保税物流中心（B型）开展正式联合验收。经过验收汇报、实地验收、现场评审等程序，联合验收组一致认为该保税物流中心的基础和监管设施符合《保税物流中心基础和监管设施验收标准》的规定和要求，同意该保税物流中心建设通过验收。

3月29日

广东省委副书记、深圳市委书记、深圳市新冠肺炎防控领导小组（指挥部）组长（总指挥）王伟中到深圳湾陆路（公路）口岸调研并慰问一线工作人员。

湛江海关启动关区入境船舶疫情风险研判机制，制定低、中、高风险等级标准以及相应的登临检疫处置要求，对拟开展登临检疫的每一艘船舶实行“一船一研判”“一船一排查”。

深圳机场口岸暂停定期国际客运航班。

3月30日

广州海关技术中心牵头修订的玩具国际安全标准ISO 8124－3：2020由国际标准化组织（ISO）正式发布。

广澳海关正式进驻广澳港区“一站式服务”综合办公大楼。

4月1日

广东省常务副省长林克庆一行到拱北口岸检查防控境外疫情输入工作，并到闸口海关靠前指挥疫情防控工作，拱北海关副关长李峰陪同。

4月3日

深圳湾陆路（公路）口岸临时调整（出入境旅检大厅、出入境客车通道）通关时间，由6：30~24：00调整为10：00~20：00。

4月5日

黄埔海关将现行由海关对进口棉花逐批实施抽样检测调整为依企业申请实施。

4 月 12 日

广州海关完成自美国接返未成年学生包机入境监管工作。

4 月 13 日

黄埔海关将前期快件优化监管改革相关措施推广至整个跨境寄递业务领域，进一步结合新业态发展特点和海关监管要求，对已有监管模式进行全面优化提升，建立“五维联动”智慧监管模式。

拱北海关缉私局打击非法收购、运输、出售珍贵、濒危野生动物制品等违法犯罪专项行动组（17 人）获海关总署缉私局集体三等功，横琴海关缉私分局冯书华获海关总署缉私局个人三等功。

4 月 16 日

黄埔海关办理该关首票跨境电商直购进口退货业务。

4 月 17 日

国家卫健委高级别专家组组长、中国工程院院士钟南山教授应邀到广州海关就“抗击新冠肺炎的中国经验”进行党委中心组学习专题辅导。

4 月 20 日 ~26 日

广州海关开展“全国知识产权保护宣传周”活动。

4 月 24 日

全国海关首份加签电子印章及签名的“入境货物检验检疫证明”电子证书在黄埔海关实现“云签发”。

拱北关区首个液体出口监管仓库——珠海中燃石油有限公司国内结转型出口监管仓库顺利验收通过。

4 月 28 日

深圳海关团委被共青团中央授予“全国五四红旗团委”称号。

4 月 29 日

拱北海关在截获的进口巴沙木中检出检疫性有害生物平行材小蠹，此为全国首次检出。

5 月 1 日

共青团广东省委员会授予江门海关风险防控分局团支部 2019~2020 年度“广东省五四红旗团支部”称号，授予江门海关隶属高沙海关干部陈志宏 2019 ~ 2020 年度“广东省优秀共青团员（防疫重点领域）”称号。

5 月 4 日

广州海关所属机场海关旅检一处团支部获“全国五四红旗团支部”，所属佛山海关驻禅城办事处团总支、韶关海关团支部获“广东省五四红旗团支部”。

广州海关生物安全三级实验室、机场海关旅检值机青年战疫突击队等 2 个集体被特别授予“广东省青年五四奖章”集体奖。

根据团粤发〔2020〕7 号文，高栏海关戴悦昕获 2019 ~ 2020 年度“广东省优秀共青团员（防疫重点领域）”，机关党委（政工办、宣传部、巡察办）陈宇航获 2019 ~ 2020 年度“广东省优秀共青团干部”。

深圳出入境边检总站文锦渡出入境边检站团支部获“全国五四红旗团支部”称号。

5 月 6 日

广州海关参与制定的我国首个《儿童口罩技术规范》（GB/T 38880—2020）国家标准正式发布。该标准填补了国内儿童口罩标准的空白，为儿童佩戴口罩提供指南及对进出口儿童口罩安全风险评估提供标准支撑，对当前做好复学复课安全防护工作具有重要意义。

由广州海关技术中心研发的口岸一体化生物安全方舱在广州空运口岸（广州白云国际机场）T1 航站楼投入使用。“方舱”具备负压、快速消杀换气、空调降温等功能，进一步改善了关员工作环境，提升了旅客通关体验。

5 月 7 日 ~28 日

潮汕机场口岸临时恢复部分货运航班。

5 月 9 日

文锦渡海关缉私分局党总支被海关总署党委授予“缉私系统示范品牌”荣誉称号。

5 月 10 日

湛江海关多措并举助力湛江口岸 16 年来再次进口小麦，货重 2 万吨 ，货值约 4 072 万元。

5 月 12 日

广州海关技术中心获批 2 项新型实用专利。该专利填补了我国制冷电器产品制冷剂模拟泄漏试验的技术空白，为海关对电冰箱、空调器、热泵等产品的进出口检验起到了技术革新作用。

5 月 13 日

深圳皇岗陆路（公路）口岸临时旅检场地正式移交。

5 月 14 日

湛江海关全力支持关区香蕉试管苗首次出口，该批 100 万株香蕉试管苗顺利出口老挝，重 4.85 吨，货值 29 万元。

海关总署党委委员、广东分署主任张广志到梅州开展稳外贸专题调研。

5 月 16 日

广东省常务副省长林克庆在拱北口岸现场调研疫情防控工作，检查内地输澳劳务人员豁免工作管控情况，并召开广东省疫情防控口岸通关政策专题研究会议。

5 月 17 日

国务院批准广州保税物流园区整合优化为广州黄埔综合保税区。

5 月 19 日

广州中欧班列第一列回程班列经“俄罗斯谢格扎—满洲里—广州”线路抵达广州，载货 1 070 吨，为 82 个标箱的牛皮纸，货值 500 多万元。

5 月 22 日

广东省商务厅（口岸办）副厅长符永革在拱北口岸会同省港澳办公室、拱北海关、珠海出入境边检总站以及珠海市政府和市相关单位负责人，与澳门特别行政区政府保安司司长黄少泽率队的澳门警察总局、海关、卫生局、治安警察局、科技发展基金行政委员会、卫生局相关负责人，共同研究关于第一阶段内地输澳劳务人员入境豁免隔离医学观察措施的评估报告。

5 月 26 日

中科炼化一体化项目自用码头临时对外开放 6 个月。

5 月 27 日

国家口岸管理办公室组织对深圳莲塘公路口岸对外开放进行验收工作。

广州海关牵头组建的全国婴童用品标准化工作组获国家标准化管理委员会批准正式成立。该工作组（SAC/SWG 18，简称“国标组”）由 41 名委员组成，涵盖全国相关监管部门、科研院所、检测机构、行业协会、企业等各界代表，具有广泛的行业代表性。

5 月 29 日

深圳海关申请的区块链技术成果“一种用于输港食品监控的 RFID 联盟链协同认证方法”获得国家发明专利授权。

6 月 1 日~7 月 17 日

深圳湾 、福田口岸固定时段（6：30~8：30；14：00~16：30）临时开通跨境学生专用通道。

6 月 4 日

粤东首单跨境电商网购保税进口商品在汕头保税物流中心顺利通关，标志着跨境电商网购保税进口业务正式在粤东地区落地。

6 月 6 日

广州中欧班列首列“广州—霍尔果斯—乌兹别克斯坦塔什干”班列顺利发运。班列自广州出发，经霍尔果斯口岸出境，最终抵达乌兹别克斯坦首都塔什干，全程约 7 000 千米，运行时间 15 天左右。

6 月 8 日

中央政治局委员、国务院副总理孙春兰到深圳湾口岸调研疫情防控工作，公安部党委委员、副部长，国家移民管理局党组书记、局长许甘露参加。

沙头角边境特别管理区有限度恢复对游客开放。

6 月 10 日

海关总署副署长邹志武来到广州海关调研，巡视白云机场海关卫生检疫一线口岸防输入工作。

深圳出入境边检总站皇岗出入境边检站被公安部命名为“全国公安机关执法示范单位”。

深圳海关开展“蓝天 2020”专项第一轮集

中打击行动，摧毁一个走私“污油水”犯罪网络，初步查证涉案“污油水”逾40万吨，涉案金额逾3亿元。

6月11日

广州海关建立的“广交会海关之窗”正式上线。针对首次在网上举办的第127届广交会，连接广交会官网、内联海关门户网站，设置“会展服务台”“办事指南”“业务咨询”等6个栏目，为企业提供全面准确的实用资讯和在线政策指导、咨询等服务。

6月12日

广东省商务厅（口岸办）副厅长符永革在珠海陪同广东省副省长张虎调研“一码通”在口岸通关中的应用情况。

6月14日

海南省委副书记、省长沈晓明一行到皇岗口岸临时旅检场地参观调研。深圳出入境边检总站副总站长、皇岗出入境边检站站长陈宏军参加 。

6月15日

广州海关所属邮局海关验放首批通过中欧班列（广州）输运的邮件。首班运邮中欧班列驶往波兰，可为广东邮政企业提供寄往英国、法国、德国等28个欧洲国家的邮件运输服务。

6月17日

广州海关技术中心首次参加并顺利通过美国环境资源协会（ERA）组织的水中19种元素能力验证和土壤浸出毒性能力验证。

6月20日

广州中欧班列首列“广州—阿拉山口—波兰马拉舍维奇”国际邮包—跨境电商—市场采购班列开行。

6月22日

江门海关成功办理江门大广海湾保税物流中心（B型）首家入驻物流企业的注册登记手续，该企业同时也是江门海关首家特殊监管区域内拥有进出口货物收发货人和报关企业“双重身份”的企业。

6月23日

广东省委副书记、深圳市委书记王伟中，深圳市委副书记、市长陈如桂出席皇岗公路口岸重建项目“三开”（临时旅检场地全面具备开通条件、现口岸旅检区开始拆除 、新口岸综合大厦开工）仪式。皇岗口岸临时旅检场地开通启用，通关时间暂定为每日8：00~22：00。

广州海关顺利完成首单“天津—广州”飞机融资租赁“保税流转+异地委托监管”业务。

广州海关首票通过南沙油气区块链平台申报的货物顺利放行，涉及数量3.58万桶，货值210.79万美元。

广州海关缉私局机场海关缉私分局侦查二科获全国禁毒工作先进集体。

深圳海关缉私局侦查二处荣获“全国禁毒工作先进集体”荣誉称号。

6月28日

梅州综合保税区获国务院批准设立，为汕头关区第二个海关特殊监管区域。

7月1日

黄埔海关首批B2B出口业务成功开展。其中，在该关隶属穗东海关申报的“9710”出口清单52082020E441803628作为全国首票被中国海关博物馆展藏。

江门大广海湾保税物流中心（B型）正式封关运作。

7月2日

深圳海关开展打击高档冰鲜鱼走私专项行动，摧毁犯罪团伙6个，初估案值5.8亿元，涉税1.98亿元。

7月3日

广州海关技术中心入选国家工信部公布的第二批道路机动车备案检验检测机构名单。该中心检测能力涵盖新能源汽车电芯、模组、电池系统和能量密度等全部项目，是华南地区新能源汽车电池检测能力最齐全的备案机构，也是海关系统唯一一家新能源汽车零部件备案机构。

7月9日

广东省商务厅（口岸办）副厅长符永革在深圳陪同广东省常务副省长林克庆调研粤港联防联控机制下口岸通关和健康码互认工作。

7 月 10 日

广州海关技术中心主译的国家标准《儿童口罩技术规范》英文版发布。该英文版儿童口罩国家标准的发布填补了全球儿童口罩暂无标准的空白，是儿童口罩国内标准走向国际的新突破，为国内外相关检测机构、进口商、生产商提供相应技术指导。

7 月 13 日

广东省商务厅（口岸办）副厅长符永革会见了来访的新加坡驻广州总领事罗德杰一行，交流中新快捷通道有关事宜。

7 月 14 日

广东省商务厅（口岸办）副厅长符永革在深圳湾口岸参加广东省常务副省长林克庆调研粤港联防联控机制下口岸通关和人员接转工作。

拱北海关副关长何宏恺陪同澳门特别行政区行政长官贺一诚到拱北口岸实地调研。

拱北海关副关长李峰陪同广东省省委常委、政法委书记张虎一行到拱北口岸实地调研。

7 月 15 日

广东省副省长张新实地查看拱北口岸出入境健康申报区粤澳健康码转码通关情况，检查海关健康申报场地通道布局调整和应急预案准备工作，随后在口岸区域出席粤澳双方共同组织的专题工作座谈。

7 月 17 日

深圳机场口岸恢复定期国际客运航班。

7 月 20 日

广东省委常委、常务副省长林克庆在珠海调研香港经港珠澳大桥珠海口岸入境人员疫情防控工作。广东省商务厅（口岸办）副厅长符永革、拱北海关副关长何宏恺等领导陪同调研工作。

广东省副省长张新在深圳调研香港经深圳湾口岸入境人员疫情防控工作，并参加粤港五方联防联控协调机制工作会议。

7 月 21 日

中共中央政治局委员、广东省委书记李希一行到深圳湾口岸调研指导疫情防控工作。

7 月 27 日

海关总署党委委员、广东分署主任张广志到拱北海关调研督导防控工作，实地察看港珠澳大桥珠港口岸、拱北口岸海关监管现场，针对香港疫情暴发和珠澳进出境人员持续增加后拱北海关防控工作开展调研督导，了解措施，落实情况，慰问一线干部职工。

7 月 29 日

国务院批复同意阳江港口岸扩大开放海陵湾港区和青湾仔港区，共 18 个泊位。

8 月 1 日

深圳海关首创检验检疫证书电子化模式在全国海关推广上线。

8 月 3 日

汕头海关首批出口“抵港直装”货物顺利装船。该批货物为汕头海关首批运用出口“抵港直装”新模式出口货物。

8 月 4 日

国家营商环境评估组到南沙调研跨境贸易便利化改革情况。评估组围绕“跨境贸易”指标开展调研，在南沙海关集中监控中心听取该关促进跨境贸易便利化工作汇报，实地了解南沙港总体规划、智慧调度等方面工作。

广州海关所属机场海关与佛山海关顺利开通出口陆空联运跨境电商业务。首票经佛山转关至白云机场出境的陆空联运跨境电商货物顺利办理放行手续。

8 月 9 日

“广州—二连浩特—俄罗斯谢利亚季诺”中欧班列首发运行。班列自广州始发，从二连浩特口岸出境，全程约 10 000 公里，运行时间 15 天，经蒙古国抵达俄罗斯谢利亚季诺，为广州海关 6 月以来开拓的第 3 条新线路。

8 月 11 日

广州海关技术中心研制的全球首个含 17 种可迁移元素的标准样品获准正式发布。为全球范围内对此类标准样品研制的首次突破，解决了国内外此类标准样品稀缺的问题。

8月12日

国家口岸管理办公室副主任林海波一行到南沙开展“十四五”沿海口岸发展专题调研。

江门海关保健中心联合阳江海关在入境船员19份鼻咽拭子标本中检出江门关区首例新冠病毒核酸阳性。8月13日，阳江市疾控中心根据该阳性病例的血样检测和CT检测结果，诊断其为新冠病毒无症状感染者。这是江门海关口岸首次检出输入性新冠病毒无症状感染者。

8月13日

广东省商务厅（口岸办）副厅长符永革陪同广东省常务副省长林克庆在东莞开展跨境货车司机作业点专题调研，到寮步车检场检查跨境货车司机疫情防控管理服务工作。

8月14日

湛江海关顺利完成首票大宗散货“两步申报”，涉及货物为一般贸易进口相思木片，货重7 694.41吨，货值665.93万元。

8月15日

广州海关支持经广州中欧班列首批出口二手车发运。这标志广州中欧班列铁路出口业务继普通货物、市场采购、跨境电商、邮件等后进一步丰富，实现业务类型全覆盖，口岸集散优势进一步凸显。

8月16日

珠澳跨境工业区专用陆路（公路）口岸增加的供澳鲜活商品运输车辆入境功能启用。横琴口岸出入境货运车辆临时分流措施开始实施，珠澳跨境工业区专用口岸增加的供澳鲜活商品运输车辆入境功能实现临时开放，原从横琴口岸入境的运输供澳鲜活产品返程空车调整到从珠澳跨境工业区专用口岸入境。

8月17日

江门海关在阳江口岸入境检疫发现2名来自新加坡的菲律宾籍新冠病毒无症状感染船员。

8月18日

横琴口岸新旅检区域开通。全国政协副主席何厚铧、广东省省长马兴瑞、澳门特别行政区行政长官贺一诚等出席并共同见证横琴口岸新旅检区域开通。国务院港澳办公室副主任邓中华，中央人民政府驻澳门特别行政区联络办公室副主任严植婵，外交部驻澳门特别行政区特派员公署署理特派员王冬，解放军驻澳门部队政委孙文举，广东省副省长张新，以及国家口岸管理办公室、国家出入境管理局有关负责同志，澳门特别行政区立法会主席、各司司长、行政会委员、各局局长、全国人大代表、全国政协委员，海关总署广东分署、广东省商务厅（口岸办）等单位负责同志参加活动。

8月19日

联合国粮食计划署新任全球人道主义应急枢纽主任斯蒂法诺·佩维里一行到南沙考察。南沙海关介绍了支持枢纽建设和应急物资便捷通关情况。当日，斯蒂法诺·佩维里一行还到南沙龙穴岛、大岗和中铁环球中心等考察办公物业、仓库和枢纽选址。

8月21日

广东海信电子有限公司通过提前申报进口一批价值150余万元的液晶电视用液晶显示板，采用“船边直提”模式，从货物运抵到装车耗时仅需数分钟时间。这是江门海关办理的首票提前申报“船边直提”进口货物。

8月25日

国家卫健委专家组到广州海关开展新冠病毒实验活动专项检查。

8月26日

深圳市莲塘/香园围口岸开通启用。广东省委书记李希，香港特别行政区行政长官林郑月娥，广东省省长马兴瑞，国务院港澳办公室常务副主任张晓明，中央政府驻香港联络办公室主任骆惠宁，广东省委副书记、深圳市委书记王伟中等出席开通启用仪式。广东省商务厅（口岸办）副厅长符永革参加开通启用仪式。

9月1日

深圳、上海、南京等海关缉私局侦办“8·04”钻石走私案，在深圳、上海、杭州等20余个城市开展集中收网行动，抓获犯罪嫌疑人121名，现场查获涉嫌走私的钻石2 520余颗、碎钻 4 000 余克拉、镶钻首饰 158 件，全案案值 59 亿元。

9 月 2 日

深圳海关自主研发的“入境重点人群布控系统”获国家实用新型专利授权。

9 月 4 日

广州会展海关“一站式”服务保障第 55 届中国（广州）国际美博会顺利举办。

汕头海关首单公路运输“两步申报”一体化报关单成功通关。在法综处及该关的现场指导下，信利半导体有限公司应用“两步申报”以公路运输方式申报的一体化进口报关单货物成功从沙头角海关通关进境。该单从申报到提货放行用时仅 32 秒，为关区首份公路运输方式一体化“两步申报”报关单。

9 月 9 日

广东省副省长李红军带队的省调研组赴东莞市寮步车检场调研粤港跨境货车司机疫情防控工作开展情况。

9 月 10 日

蛇口邮轮母港往返澳门航线恢复运营，有序恢复粤澳两地人员正常往来。

9 月 14 日

海关总署党委委员、广东分署主任张广志到珠海市就加强疫情防控防止口岸拥堵开展专题调研。

9 月 15 日

深圳出入境边检总站与珠海出入境边检总站合作研发的“‘合作查验，一次放行’自助通关查验系统”荣获国家实用新型专利。

9 月 17 日

江门海关所属高沙海关彭楷文荣获“2019 年广东省‘扫黄打非’先进个人”称号。

9 月 22 日

广州中欧班列首次以“铁—公—水”跨境联运方式打通“中亚—广州—东南亚”物流通道，贯通“丝绸之路经济带”和“21 世纪海上丝绸之路”，标志着广州支持“一带一路”建设翻开了崭新篇章。

9 月 25 日

广东省商务厅（口岸办）副厅长符永革参加广东省常务副省长林克庆在广州白云机场口岸主持召开的入境人员疫情防控工作专题会议。

潮汕机场口岸恢复往返澳门定期客运航班。

汕头海关首个移动式生物安全方舱在潮汕国际机场航站楼外场安装完成，于 9 月 25 日正式启用。该移动式生物安全方舱实现了“随采随消、循环作业”，为口岸疫情防控提供更为安全、可靠、便捷的生物安全屏障。

9 月 28 日

公安部召开全国公安系统抗击新冠肺炎疫情表彰大会，深圳海关缉私局打击非法出口医疗物资专项行动工作组被公安部记集体一等功。

9 月 29 日

全国首票空运“两段准入”信息化监管货物在广州海关顺利通关。深圳海关完成了全国首票“两段准入”信息化监管模式报关单查验及放行。

深圳湾海关旅检大厅获“抗击新冠肺炎疫情全国三八红旗集体”荣誉称号。

10 月

湛江海关所属湛江机场海关旅检二科被授予“2019 年度全国三八红旗集体”荣誉称号。

10 月 1 日

深圳湾口岸小车出境新建查验厅正式启用。

10 月 2 日

广东省商务厅（口岸办）厅长张劲松陪同广东省副省长张新赴珠海横琴口岸、拱北口岸现场调研粤澳疫防控和口岸通关情况，并参加副省长张新与澳门保安司司长黄少泽在拱北口岸进行的粤澳联防联控工作会议。

10 月 11 日

广州海关统筹口岸疫情防控和促进外贸稳增长工作指挥部办公室（防控境外疫情输入专班）、卫生检疫处、南沙海关、邮局海关、机场海关旅检一处、机场海关旅检二处，阳江海关，湛江海关保健中心、霞山海关集装箱查验科，被授予“全国海关系统抗击新冠肺炎疫情先进集体”称号。

江门海关的张振荣、罗国廉、胡腾、黄志坚、林进稟、张文、吴显成，湛江海关的11名同志被授予“全国海关系统抗击新冠肺炎疫情先进个人”称号。

10月12日

拱北海关组织参加全国海关系统抗击新冠肺炎疫情先进集体和先进个人表彰大会，拱北海关2个集体获先进集体，12名同志获先进个人。

10月14日

黄埔海关自主研发的“黄埔海关供港蔬菜监管系统”正式上线，该系统主要包括行政相对人管理、种植基地信息管理等七大模块。依托“互联网+”建设成果，把握“零容忍，高标准，严把食品安全关”底线，优化资源配置，实现优势集成，推动生产、加工、流通、信息化等资源要素的无缝衔接，实现了更加完善的产品溯源和精细化监管。

10月15日

国务院第七次大督查十一督查组到广州海关开展督导检查工作。

10月21日

广州海关技术中心牵头制定的全国首个婴幼儿用奶瓶和奶嘴强制性国家标准《婴幼儿用奶瓶和奶嘴》（GB 38995—2020）发布，填补了婴幼儿用奶瓶和奶嘴在使用安全方面标准的空白。该标准将于2021年11月1日强制实施。

广东省商务厅（口岸办）陈列、万演存，拱北海关高栏海关监管三科赖迅，江门海关卫生检疫处处长张文，阳江海关物流监控科副科长吴显成，荣获广东省委省政府“广东省抗击疫情先进个人”称号。

湛江海关1个集体2名个人获广东省抗疫先进表彰。

10月22日

广州海关所属机场海关旅检二处获“广东省抗击新冠肺炎疫情先进集体”，旅检二处党总支获“广东省先进基层党组织”。

10月28日

国内首个大件跨境电商商品出口集货仓——全球速卖通大件跨境华南运营中心在广州海关佛山车场设立。该运营中心将有效填补国内30千克以上跨境电商大件商品零售出口物流服务空白。

从蛇口邮轮母港出发前往香港机场的水运单程航线恢复运营，出境旅客可自蛇口邮轮母港乘船至香港机场乘机到境外其他航点，不得进入香港市区。

11月

江门海关顺利通过全国文明单位复查。江门海关所属台山海关冯佑来家庭被中央文明委评选为第二届“全国文明家庭”。江门海关所属高沙海关李莉家庭荣获“2020年广东百户‘最美家庭’”荣誉称号。江门海关所属阳江海关获2018~2020年度“广东省文明单位”荣誉称号。

江门海关获“全国文明单位”称号，阳江海关获“广东省文明单位”称号。

11月5日

广东省商务厅（口岸办）副厅长符永革在拱北口岸会同广东省港澳办公室、海关总署广东分署、拱北海关、珠海口岸局、广东省电子口岸管理有限公司、珠海电子口岸管理有限公司，与由澳门经济局副局长陈子慧牵头，澳门海关、澳门电贸股份有限公司负责人参与的澳方，共同研究粤澳“单一窗口”的落实推进工作。

由广州海关、广州港集团创新推出的“湾区一港通”项目在广州港口中心宣告正式启动。该项目启动后，将形成以南沙港为枢纽港，广州、佛山、肇庆、清远、云浮等地多个珠江内河码头为支线港的港口群，实现大湾区内经南沙港进出口货物的高效便捷流动。

深圳海关所属深圳湾海关旅检大厅被授予“抗击新冠肺炎疫情全国三八红旗集体”荣誉称号。

11月8日

深圳海关“湾区组合港”首个试点项目“深圳蛇口—顺德新港组合港”正式启动。

11月9日

深圳海关食品中心申请的“一种基于多元素和稳定同位素的葡萄酒产地溯源方法”荣获美国

发明专利授权。

11 月 10 日

茂名港博贺新港区广港码头获批准临时对外开放 6 个月。

11 月 19 日

粤港澳大湾区启运港退税政策率先落地广州海关。首批 4 票启运港退税报关货物从佛山北滘码头启运至广州南沙新港离境出口，预结关报关单信息通过单一窗口成功发送至启运港税务部门，涉及退税 28 万元。

深圳出入境边检总站自主研发的“边检视频智能客流管控系统”“小型智能双电源切换箱”2 个项目分别获得“智慧公安我先行”全国公安基层技术革新奖三等奖、优秀奖，与珠海出入境边检总站合作建设的“合作查验，一次放行”出入境人员自助通道查验系统项目荣获 2020 年度公安部科学技术奖三等奖。

11 月 20 日

广州海关所属天河海关、技术中心获第六届“全国文明单位”荣誉称号。

11 月 27 日

由深圳海关筹建的国家进口废橡胶塑料属性鉴定重点实验室（深圳）顺利通过验收。

11 月 30 日~12 月 6 日

广州海关深入开展 2020 年宪法宣传周活动。

12 月 1 日

广东省商务厅（口岸办）厅长张劲松、副厅长符永革陪同广东省副省长张新在深圳出席与香港特别行政区政府视频工作会议和粤港跨境货车司机专题工作会议。

海关总署副署长王令浚在拱北海关调研，实地察看横琴口岸进出境旅检大厅，了解口岸场地功能布局、“合作查验，一次放行”旅客卫生检疫模式、通关旅客构成及时段分布等情况，检查指导口岸监管设备应用、健康申报及测温等疫情防控相关工作，并慰问一线关警员。拱北海关关长刘晓辉参加调研。

12 月 4 日

沙头角边境特别管理区联检大楼新查验厅正式启用，新投入使用 20 条自助查验通道，改变了延续数十年的中英街通关查验环境不敞、智能化不高的状况 。

广州海关所属机场海关物流监控处中区保税科获“2018~2019 年度广东省青年文明号”、旅检二处获“战‘疫’特别推荐广东省青年文明号”。

12 月 6 日~9 日

海关总署副署长、政治部主任胡伟在拱北海关开展打击“水客”走私专题调研。海关总署副署长胡伟会同公安部副部长刘钊实地察看拱北口岸旅检大厅查验通道等区域，详细了解旅客入境流程以及海关正面监管、智能监管设备运用、开展“水客”走私综合治理等相关情况，听取拱北海关打击“水客”走私专题汇报，肯定拱北海关前期打击“水客”走私工作。胡伟与澳门海关关长黄文忠在拱北海关举行专题会谈，就采取措施强化打击整治“水客”走私达成一致意见；召集广东省省内海关及海口海关主要负责人和缉私局局长召开海关总署强化监管打击“水客”走私专题会议；与广东省及珠海市、深圳市打私部门、中资（澳门）职业介绍所协会负责人召开研究强化综合治理“水客”走私措施专题会议。公安部副部长刘钊在拱北海关缉私局开展调研。

12 月 10 日

深圳湾陆路（公路）口岸实现货检 24 小时通关；出境旅客安检项目试运行。

广州海关所属机场海关值机处获“广州市抗击新冠肺炎疫情先进集体”和“广州市先进基层党组织”称号。

湛江海关正式启动原产地证书智能审核工作，湛江企业将享受到“足不出户”“秒速签证”的便利。

12 月 10 日~11 日

广州海关技术中心承担建设的“国家进口废油属性鉴定重点实验室（广州）”顺利通过海关总署现场核查验收。

12 月 11 日

国家卫健委副主任雷海潮一行到广州空运口岸（广州白云机场）开展口岸疫情防控工作调

研。

广东省口岸办牵头组织驻粤口岸查验单位组成验收组，对惠州港荃湾港区煤炭码头一期工程对外开放前准备工作进行了验收，同意该码头作为惠州港口岸荃湾港区新建码头正式对外开放。

12 月 17 日

国务院批准设立湛江综合保税区。该区选址位于广东湛江临港工业园区内，规划面积 2.09 平方千米。

广州海关所属佛山海关驻顺德办事处获“2019~2020 年公共机构能效领跑者”称号。

12 月

广州海关技术中心牵头制定《轮式儿童乘用车——坐式推车与卧式推车要求与测试方法》（ISO 31110：2020），经国际标准化组织（ISO）批准正式发布。广州海关技术中心作为国际标准化学工作组组长单位，牵头制定了该标准中的化学安全要求。该标准联合了 26 个国家（地区）96 位专家历时 4 年制定，有助于提高我国在国际婴童用品安全领域的话语权，降低出口儿童推车技术贸易壁垒影响。

12 月 18 日

海关总署党委委员、广东分署主任张广志到湛江徐闻县北海扶贫村调研。

12 月 22 日

海关总署副署长邹志武在广州海关主持召开“十四五”海关发展规划编制座谈会。

12 月 23 日

海关总署党委委员副署长邹志武在湛江海关调研，先后赴宝钢湛江钢铁、中科炼化、巴斯夫（广东）一体化基地项目调研企业进出口、港口建设发展、大宗散货监管等情况。

12 月 25 日

深圳市人大常委会主任骆文智率部分市人大代表到皇岗陆路（公路）口岸视察口岸改造建设和疫情防控工作。

12 月 30 日

江门高新港竣工落成，该港口占地面积 40 多万平方米，岸线 732 米，年吞吐量 120 万标箱，是“一带一路”重点项目，也是广东省、江门市重点工程项目。

（撰稿人：史子旭、陈少杰、齐港、余煜、蔡立、尹新颜、李晓露、祝超漾、吴丰、孙雪、蔡玮、姜硕、井海鸿、孙晓佳、叶嘉骏、王枣、李二鹏）

2020年广东省口岸数据统计表

口岸名称		人员（万人次）				交通工具（万辆、艘、架、列次）			
		入境	出境	合计	同比（%）	入境	出境	合计	同比（%）
公路口岸	罗湖公路口岸	275.39	269.8	545.18	-93				
	皇岗公路口岸	243.67	245.15	488.82	-84.5	167.32	162.04	329.36	-54.4
	文锦渡公路口岸	62.59	73.75	136.34	-73.2	51.54	61.17	112.7	-27
	深圳湾公路口岸	260.85	274.33	535.18	-87.5	81.71	87.05	168.76	-63.3
	沙头角公路口岸	41.79	36.31	78.10	-81.8	19.22	13.27	32.49	-58.4
	福田公路口岸	172.72	178.77	351.49	-93				
	福田保税区	8.2	8.19	16.39	-29	8.13	8.13	16.26	-24.5
	莲塘公路口岸	4.39	1.03	5.42		4.39	1.02	5.41	
	拱北公路口岸	2 981.14	2 972.43	5 953.57	-59	48.37	49.77	98.14	-68.8
	横琴公路口岸	184.02	179.5	363.52	-60.2	33.59	30.95	64.54	-35.8
	港珠澳大桥珠海公路口岸	124.55	117.94	242.49	-81.2	44.36	47.04	91.4	5.5
	珠澳跨境工业区专用口岸	55.29	66.5	121.79	-52.8	2.72	1.22	3.94	6.9
	合计	4 414.6	4 423.7	8 838.3	-76.9	461.36	461.65	923.01	-52.5
铁路口岸	广州铁路口岸	4.24	3.99	8.23	-94.8	0.03	0.03	0.06	-92.4
	深圳铁路口岸	0	0	0					
	广深港高铁西九龙站口岸	54.21	52.48	106.69	-93.8	0.05	0.05	0.1	-69.7
	东莞铁路口岸	1.29	1.29	2.58	-92.1				
	肇庆铁路口岸								
	合计	59.74	57.76	117.5	-93.8	0.07	0.07	0.14	-85.2
空运口岸	广州空运口岸	144.06	125.64	269.70	-85.1	2.24	2.2	4.44	-62.6
	深圳空运口岸	41.29	39.74	81.03	-87.3	1.02	1.03	2.05	-57.3
	梅州空运口岸	0.08	0.09	0.17	-95.8	0	0	0	-92.4
	湛江空运口岸	0.41	0.41	0.82	-50.6	0.01	0.01	0.02	-32.7
	揭阳空运口岸	3.48	3.58	7.06	-88.7	0.04	0.04	0.08	-83.8
	合计	189.32	169.46	358.78	-85.7	3.31	3.27	6.58	-61.7
水运口岸	莲花山水运口岸	2.07	2.1	4.17	-79.7	0.22	0.21	0.43	-33.6
	南沙水运口岸	5.63	5.73	11.36	-86.6	0.2	0.22	0.42	-23.2
	广州水运口岸	7.66	7.31	14.97	-6.5	0.8	0.68	1.48	-3.1

续表

口岸名称		人员（万人次）				交通工具（万辆、艘、架、列次）			
		入境	出境	合计	同比（%）	入境	出境	合计	同比（%）
水运口岸	新塘水运口岸	0.07	0.06	0.13	-29.8	0.01	0.01	0.02	-29
	盐田水运口岸	8.76	9.12	17.88	-6.7	0.65	0.66	1.31	-39.9
	深圳大铲湾水运口岸	0.52	0.8	1.32	-18.5	0.04	0.07	0.11	-24.6
	蛇口水运口岸	41.96	47.94	89.9	-79.4	2	2.14	4.14	-67.1
	福永码头	2.71	2.82	5.53	-91.3	0.04	0.04	0.08	-90
	九洲水运口岸	3.38	3.74	7.12	-93.5	0.06	0.06	0.12	-92
	湾仔轮渡客运口岸	17.7	19.41	37.11	62.6	1.4	1.48	2.88	83.5
	斗门水运口岸	0.56	0.61	1.17	-15.2	0.06	0.07	0.13	91.1
	万山水运口岸	0.36	0.4	0.76	4	0.07	0.07	0.14	11.2
	珠海水运口岸	2.49	2.41	4.9	-5.9	0.16	0.15	0.31	-5.3
	汕头水运口岸	0.61	0.86	1.47	-28.5	0.05	0.07	0.12	-28.1
	潮阳水运口岸	0.6	0.85	1.45	-11.7	0.04	0.04	0.08	-9.7
	惠州水运口岸	2.18	2.37	4.55	15.3	0.15	0.17	0.32	20.1
	汕尾水运口岸	0.13	0.08	0.21	-40.6	0.01	0.01	0.02	-47.3
	虎门水运口岸	4.08	4.13	8.21	-76.6	0.25	0.22	0.47	-50.1
	中山水运口岸	6.64	7.09	13.73	-87.7	0.41	0.4	0.81	-52.8
	江门水运口岸	1.66	1.77	3.43	-64.8	0.2	0.21	0.41	-33.4
	三埠水运口岸	0.26	0.26	0.52	-7.6	0.04	0.04	0.08	-7.4
	广海水运口岸	0.46	0.41	0.87	-67.1	0.06	0.05	0.11	-61.1
	鹤山水运口岸				-100				-100
	新会水运口岸	0.68	0.62	1.3	7.2	0.09	0.08	0.17	-5.4
	高明水运口岸	0.55	0.65	1.2	-65.1	0.07	0.09	0.16	-15.9
	南海水运口岸	1.95	1.68	3.63	-23.9	0.3	0.25	0.55	-22.8
	容奇水运口岸	3	2.97	5.97	-82.1	0.31	0.29	0.6	-24.7
	阳江水运口岸	0.6	0.51	1.11	-16	0.03	0.03	0.06	-16.2
	湛江水运口岸	3.13	2.88	6.01	-50.5	0.15	0.14	0.29	-17.7
	茂名水运口岸	0.6	0.73	1.33	-32.7	0.03	0.04	0.07	-31.4
	肇庆水运口岸	2.57	2.33	4.9	75.8	0.29	0.25	0.54	45
	潮州水运口岸	0.35	0.35	0.7	-4	0.02	0.02	0.04	8.5
	揭阳水运口岸	0.05	0.05	0.1	-14.4	0	0	0	-23.4
	合计	136.06	146.54	282.6	-72.6	9.29	9.49	18.78	-39.8
总　计		4 799.72	4 797.46	9 597.18	-78	474.03	474.49	948.52	-52.4

（广东省口岸办提供）

2020 年广州市口岸出入境主要数据表

项　目			2020 年	2019 年	同比（%）
出入境人员（万人次）	出入境人员总数		361.8	2 231	-83.78
	入境人员		190	1 107.8	-82.85
	出境人员		171.8	1 123.1	-84.70
	出入境旅客		262.8	2 009.1	-86.92
	出入境员工		99.1	221.8	-55.32
	中国公民	小计	289.9	1 631.3	-82.23
		内地居民（因公）	73.6	167.5	-56.06
		内地居民（因私）	200.9	1 281.3	-84.32
		港澳居民	9.4	123.8	-92.41
		台湾同胞	6	58.6	-89.79
	外籍人员		71.9	599.7	-88.01
	从海港出入境人数		81.3	223.5	-63.62
	从陆港出入境人数		10.8	197.4	-94.53
	从空港出入境人数		269.8	1 810	-85.09
交通运输工具（万辆、艘、架、列次）	总计		11.6	20.6	-43.69
	船舶		7.1	8.1	-12.35
	飞机		4.4	11.8	-62.71
	火车		0.05	0.7	-92.86
	机动车辆				

（广州出入境边检总站提供）

2020 年深圳市口岸出入境主要数据表

<table>
<tr><th colspan="3">项　目</th><th>2020 年</th><th>2019 年</th><th>同比（%）</th></tr>
<tr><td rowspan="15">出入境人员（万人次）</td><td colspan="2">出入境人员总数</td><td>2 475.7</td><td>24 185</td><td>-89.76</td></tr>
<tr><td colspan="2">入境人员</td><td>1 226.9</td><td>12 029.8</td><td>-89.80</td></tr>
<tr><td colspan="2">出境人员</td><td>1 248.8</td><td>12 155.2</td><td>-89.73</td></tr>
<tr><td colspan="2">出入境旅客</td><td>1 784</td><td>23 236.7</td><td>-92.32</td></tr>
<tr><td colspan="2">出入境员工</td><td>691.7</td><td>948.2</td><td>-27.05</td></tr>
<tr><td rowspan="5">中国公民</td><td>小计</td><td>2 398.6</td><td>23 523</td><td>-89.80</td></tr>
<tr><td>内地居民（因公）</td><td>175.8</td><td>353.8</td><td>-50.31</td></tr>
<tr><td>内地居民（因私）</td><td>614.8</td><td>8 385</td><td>-92.67</td></tr>
<tr><td>港澳居民</td><td>1 588.2</td><td>14 573.2</td><td>-89.10</td></tr>
<tr><td>台湾同胞</td><td>19.7</td><td>210</td><td>-90.62</td></tr>
<tr><td colspan="2">外籍人员</td><td>77.2</td><td>661.9</td><td>-88.34</td></tr>
<tr><td colspan="2">从海港出入境人数</td><td>123.3</td><td>529.6</td><td>-76.72</td></tr>
<tr><td colspan="2">从陆港出入境人数</td><td>2 264.2</td><td>22 951.3</td><td>-90.13</td></tr>
<tr><td colspan="2">从空港出入境人数</td><td>88.3</td><td>704.1</td><td>-87.46</td></tr>
<tr><td rowspan="5">交通运输工具（万辆、艘、架、列次）</td><td colspan="2">总计</td><td>673.8</td><td>1 457.7</td><td>-53.78</td></tr>
<tr><td colspan="2">船舶</td><td>6.2</td><td>16.4</td><td>-62.20</td></tr>
<tr><td colspan="2">飞机</td><td>2.1</td><td>5.3</td><td>-60.38</td></tr>
<tr><td colspan="2">火车</td><td>0.1</td><td>0.3</td><td>-66.67</td></tr>
<tr><td colspan="2">机动车辆</td><td>665.3</td><td>1 435.6</td><td>-53.66</td></tr>
</table>

（深圳出入境边检总站提供）

2020 年珠海市口岸出入境主要数据表

<table>
<tr><th colspan="3">项　目</th><th>2020 年</th><th>2019 年</th><th>同比（%）</th></tr>
<tr><td rowspan="14">出入境人员（万人次）</td><td colspan="2">出入境人员总数</td><td>6 763.5</td><td>17 289.6</td><td>-60.88</td></tr>
<tr><td colspan="2">入境人员</td><td>3 384.9</td><td>8 726.7</td><td>-61.21</td></tr>
<tr><td colspan="2">出境人员</td><td>3 378.6</td><td>8 563</td><td>-60.54</td></tr>
<tr><td colspan="2">出入境旅客</td><td>6 669.3</td><td>17 163.2</td><td>-61.14</td></tr>
<tr><td colspan="2">出入境员工</td><td>94.3</td><td>126.4</td><td>-25.40</td></tr>
<tr><td rowspan="5">中国公民</td><td>小计</td><td>6 741.4</td><td>17 091.3</td><td>-60.56</td></tr>
<tr><td>内地居民（因公）</td><td>93.8</td><td>172.1</td><td>-45.50</td></tr>
<tr><td>内地居民（因私）</td><td>3 711.4</td><td>10 440.3</td><td>-64.45</td></tr>
<tr><td>港澳居民</td><td>2 916.5</td><td>6 342.5</td><td>-54.02</td></tr>
<tr><td>台湾同胞</td><td>17.2</td><td>112.1</td><td>-84.66</td></tr>
<tr><td colspan="2">外籍人员</td><td>22.1</td><td>198.3</td><td>-88.86</td></tr>
<tr><td colspan="2">从海港出入境人数</td><td>81.1</td><td>300</td><td>-72.96</td></tr>
<tr><td colspan="2">从陆港出入境人数</td><td>6 681.5</td><td>16 980.4</td><td>-60.65</td></tr>
<tr><td colspan="2">从空港出入境人数</td><td>0.9</td><td>9.1</td><td>-90.11</td></tr>
<tr><td rowspan="5">交通运输工具（万辆、艘、架、列次）</td><td colspan="2">总计</td><td>263.7</td><td>513.2</td><td>-48.62</td></tr>
<tr><td colspan="2">船舶</td><td>5.6</td><td>7.2</td><td>-22.22</td></tr>
<tr><td colspan="2">飞机</td><td>0.01</td><td>0.1</td><td>-90</td></tr>
<tr><td colspan="2">火车</td><td>0</td><td>0</td><td>0</td></tr>
<tr><td colspan="2">机动车辆</td><td>258</td><td>505.8</td><td>-48.99</td></tr>
</table>

（珠海出入境边检总站提供）

2020 年广东省内海关主要数据统计表

项目		2020 年	同比（%）
进出口货运量（亿吨）	合计	14.35	8.2
	进口	3.64	5.2
	出口	10.71	9.2
进出口贸易额总值（亿美元）	合计	13 067.62	3.6
	进口	4 904.12	-2.8
	出口	8 163.50	7.8
税收（亿元）	两税合计	3 782.43	-5.84
	关税入库	486.65	-10.45
	进口环节税入库	3 295.77	-5.11

（海关总署广东分署提供）

2020 年广州海关主要数据统计表

项　目		2020 年	2019 年	同比（%）
进出口货运量（万吨）	合计	9 685.75	12 257.56	-20.98
	进口	5 625.03	8 511.74	-33.91
	出口	4 060.72	3 745.82	8.41
进出口贸易总值（万美元）	合计	19 318 593.86	18 307 768.26	5.52
	进口	6 538 919.73	7 106 304.68	-7.98
	其中：江、海运输	3 980 022.95	4 271 487.09	-6.82
	铁路运输	280.10	592.69	-52.74
	汽车运输	1 067 695.49	766 647.19	39.27
	航空运输	1 414 601.77	1 531 192.15	-7.61
	邮件运输	55 267.66	52 963.35	4.35
	其他运输	21 051.77	483 422.21	-95.65
	出口	12 779 674.13	11 201 463.58	14.09
	其中：江、海运输	9 019 480.75	7 736 611.53	16.58
	铁路运输	47 327.52	44 433.06	6.51
	汽车运输	972 720.77	900 880.14	7.97
	航空运输	2 536 245.95	1 800 311.09	40.88
	邮件运输	51 315.76	136 262.80	-62.34
	其他运输	152 583.39	582 964.96	-73.83
税收（万元）	两税合计	5 743 158.95	6 400 772.99	-10.27
	关税入库	1 141 148.95	1 357 148.90	-15.92
	进口环节税入库	4 602 010.00	5 043 624.09	-8.76

（广州海关提供）

2020年深圳海关主要数据统计表

项　目		2020年	同比（%）
进出口货运量（不含水，单位：万吨）	合计	13 650.1	26.2
	进口	7 397.2	34.8
	出口	6 252.9	17.3
进出口货运量（含水，单位：万吨）	合计	93 764.2	13.5
进出口贸易总值（亿元）	进口		
	其中：水路运输	2 460.3	0.6
	铁路运输	0.035 5	230 182.6
	汽车运输	14 271.8	-2.2
	航空运输	803.7	43.0
	邮件运输	2.3	-19.8
	其他运输	12.4	-93.4
	出口		
	其中：水路运输	21 941.3	21.4
	铁路运输	7.5	56 444.3
	汽车运输	12 745.6	-2.3
	航空运输	982.8	65.5
	邮件运输	32.9	-54.8
	其他运输	626.9	68.5
税收（万元）	两税合计	1 644.7	-3.3
	关税入库	108.3	-18.5
	进口环节税入库	1 536.4	-2.1

（深圳海关提供）

2020 年拱北海关主要数据统计表

项　目		2020 年	2019 年	同比（%）
进出口货运量（万吨）	合计	15 457. 94	14 685. 79	5. 26
	进口	2 588. 89	1 867. 68	38. 62
	出口	12 869. 05	12 818. 11	0. 40
进出口贸易总值（万美元）	合计	5 956 156. 79	6 049 163. 96	-1. 54
	进口	2 177 051. 09	2 116 589. 94	2. 86
	其中：江、海运输	1 525 900. 66	1 608 285. 44	-5. 12
	铁路运输	0	0	
	汽车运输	609 864. 03	456 974. 01	33. 46
	航空运输	23 854. 92	34 990. 30	-31. 82
	邮件运输	254. 46	355. 53	-28. 43
	其他运输	17 177. 02	15 984. 66	7. 46
	出口	3 779 105. 70	3 932 574. 02	-3. 90
	其中：江、海运输	2 716 883. 43	3 163 792. 80	-14. 13
	铁路运输	58. 74	0	
	汽车运输	1 020 857. 41	722 145. 50	41. 36
	航空运输	5 487. 70	7 392. 73	-25. 77
	邮件运输	648. 65	568. 03	14. 19
	其他运输	35 169. 77	38 674. 96	-9. 06
税收（万元）	两税合计	1 151 496. 86	1 311 944. 41	-12. 23
	关税入库	154 966. 43	196 252. 06	-21. 04
	进口环节税入库	996 530. 43	1 115 692. 35	-10. 68

（拱北海关提供）

2020 年汕头海关主要数据统计表

项　目		2020 年	2019 年	同比（%）
进出口货运量（万吨）	合计	2 981. 1	2 897. 7	2. 88
	进口	2 795. 4	2 649. 1	5. 52
	出口	185. 7	248. 6	-25. 30
进出口贸易总值（万美元）	合计	—	—	—
	进口	—	—	—
	其中：江、海运输	—	—	—
	铁路运输	—	—	—
	汽车运输	—	—	—
	航空运输	—	—	—
	邮件运输	—	—	—
	其他运输	—	—	—
	出口	—	—	—
	其中：江、海运输	—	—	—
	铁路运输	—	—	—
	汽车运输	—	—	—
	航空运输	—	—	—
	邮件运输	—	—	—
	其他运输	—	—	—
税收（万元）	两税合计	353 218. 4	448 024. 6	-21. 16
	关税入库	37 471. 2	45 448. 6	-17. 55
	进口环节税入库	315 747. 2	402 576. 0	-21. 56

（汕头海关提供）

2020 年湛江海关主要数据统计表

项　目		2020 年	同比（%）
进出口货运量（万吨）	合计	9 760.47	7.59
	进口	9 283.73	10.30
	出口	476.74	-27.24
进出口贸易总值（万美元）	合计	2 281 890.8	-17.9
	进口	1 970 403.5	-16.2
	其中：江、海运输	1 953 610.3	-16.4
	铁路运输	0.0	0.0
	汽车运输	15 208.5	7.3
	航空运输	1 578.8	-4.6
	邮件运输	0.0	0.0
	其他运输	5.9	—
	出口	311 487.2	-27.1
	其中：江、海运输	308 889.0	-26.9
	铁路运输	0.0	0.0
	汽车运输	2 450.1	-44.3
	航空运输	148.1	54 333.6
	邮件运输	0.0	0.0
	其他运输	0.0	—
税收（万元）	两税合计	195.17	-15.59
	关税入库	8.85	1.58
	进口环节税入库	186.32	-16.26

表注：按海关总署统计口径，表中进出口货运量为接受申报的货运量。

（湛江海关提供）

2020 年广东海事局进出港船舶统计汇总表

船舶类别	进港船舶							出港船舶						
	艘数（艘次）	总吨（吨位）	总载重量（吨）	载客量（客位）	船员人数（人）	货物到达量（吨）	旅客到达量（人）	艘数（艘次）	总吨（吨位）	总载重量（吨）	载客量（客位）	船员人数（人）	货物发送量（吨）	旅客发送量（人）
总　计	305 840	1 548 321 723	1 756 985 706	37 116 015	32 055 962	898 320 552	9 513 084	301 900	1 550 957 736	1 754 346 770	37 004 415	32 014 720	332 587 037	9 638 108
中国籍船舶	294 501	1 108 465 032	1 134 064 040	37 088 723	31 822 416	623 675 548	9 513 084	290 527	1 109 528 584	1 129 401 020	36 978 432	31 780 236	272 114 313	9 638 108
其中外贸船	6 675	25 706 749	38 545 542	391 773	28 165 760	19 476 704	71 436	7 407	38 608 867	60 019 725	387 321	28 175 517	9 839 579	68 581

（广东海事局提供）

2020 年深圳海事局进出港船舶统计汇总表

船舶类别	进港船舶							出港船舶						
	艘数（艘）	总吨（吨位）	总载重量（吨）	载客量（客位）	船员人数（人次）	货物到达量（吨）	旅客到达量（人）	艘数（艘）	总吨（吨位）	总载重量（吨）	载客量（客位）	船员人数（人次）	货物发送量（吨）	旅客发送量（人）
总　计	103 724	788 710 253	868 247 098	4 252 874	944 516	76 353 216. 62	1 211 608	107 255	799 847 744	880 767 147	4 319 515	982 447	71 849 846. 33	1 234 255
中国籍船舶	91 865	64 495 782	70 993 970	4 206 038	687 077	24 840 661. 68	1 211 608	95 268	65 476 660	72 133 394	4 272 479	722 379	13 627 741. 55	1 234 255
其中外贸船	6 616	10 821 676	13 331 580	698 532	43 660	2 973 003. 81	83 483	6 459	13 229 929	16 235 323	730 262	42 009	2 178 373. 07	92 926

（深圳海事局提供）

口岸数量及分布

截至2020年年底，广西壮族自治区（以下简称广西）共有经国务院批准的对外开放口岸18个。其中，空运口岸3个，分别是南宁空运口岸（南宁吴圩国际机场）、桂林空运口岸（桂林两江国际机场）、北海空运口岸（北海福成机场）；水运（海港）口岸3个，分别是防城港、北海、钦州海港口岸；水运（河港）口岸3个，分别是梧州、贵港、柳州河港口岸；陆路（公路）口岸8个，分别是友谊关、东兴、水口、龙邦、平孟、爱店、峒中、硕龙公路口岸；陆路（铁路）口岸1个，为凭祥铁路口岸。

口岸运行数据

2020年，据口岸查验部门统计，按申报口岸分，广西口岸进出口货运量1.51亿吨，同比增长11.2%。其中，进口1.34亿吨，同比增长15.5%；出口0.17亿吨，同比下降14%。进出口货运值6 317.52亿元，同比增长9.3%。其中，进口3 070.95亿元，同比增长1.1%；出口3 246.57亿元，同比增长18.2%。受疫情防控影响，口岸出入境人员、交通工具出现大幅度下降。口岸出入境人员329.82万人次，同比下降85.77%。其中，出境164.55万人次，同比下降85.83%；入境165.27万人次，同比下降85.72%。出入境交通工具114.32万辆（艘、架、列）次，同比下降50.75%。其中，出境57.36万辆（艘、架、列）次，同比下降50.72%；入境56.96万辆（艘、架、列）次，同比下降50.77%。水运口岸集装箱吞吐量60.67万标箱，同比增长4.01%。其中，入境26.95万标箱，同比下降1.42%；出境33.72万标箱，同比增长8.80%。

口岸综合管理

【口岸开放工作持续推进】 扎实有序推进口岸开放和升格工作。完成东兴口岸扩大开放北仑河二桥国家验收和钦州港口岸鹰岭作业区2#泊位、防城港口岸企沙港区赤沙作业区4#泊位对外开放验收，推动友谊关口岸浦寨—新清通道继续临时开放。完成凭祥铁路口岸进境水果指定监管场地和东兴边民互市区食用水生动物指定监管场地的验收。钦州港口岸大榄坪南作业区进境水果、肉类指定监管场地获批设立。新增凭祥铁路口岸、东兴口岸作为泰国水果经第三国输华入境口岸。

【口岸基础设施建设日新月异】 大力实施边境口岸建设验收三年行动计划，对口岸建设资金给予大力支持。2020年共安排口岸建设补助资金3.79亿元，补助资金额度为历年之最，切实保障重点边境口岸建设验收。目前，东兴口岸北仑河二桥完成建设正式开放；友谊关口岸升级改造基本完成，浦寨、弄尧通道基础设施建设正加快推进；峒中口岸基础设施项目主体工程已完工，里火通道基础设施建设正加快推进。水口、龙邦、硕龙等口岸升级改造全面铺开，口岸形象日新月异。

【广西国际贸易“单一窗口”互联互通能力不断增强】 开展与“一带一路”沿线以及东盟国家“单一窗口”数据对接。经积极争取，国家口岸管理办公室将钦州港列入中国—新加坡“单一窗口”国际合作试点，将钦州港列入国家“单一窗口”通关物流全程评估试点，实时采集钦州港集装箱物流节点信息上传，满足跨地区通关物流数据共享需求。与重庆“单一窗口”开展数据对接，实现西部陆海新通道首个区域“单一窗口”合作。同时，积极推进广西国际贸易“单一窗口”升级版建设，编制广西国际贸易“单一窗口”2.0版建设方案，系统评估“单一窗口”建设成效和存在的问题，研究提出2021~2023年广西国际贸易“单一窗口”总体思路、建设目标、建设内容等。

【优化口岸通关环境】 有效压缩口岸整体通关时间。根据国家口岸管理办公室通报，2020年广西口岸进口整体通关时间为5.56小时，比全国平均水平快 36.26 小时，全国排名第一。其中，海运进口整体通关时间为 26.02 小时，在全国沿海地区排名第一；陆运进口整体通关时间为 1.62 小时，在全国沿边地区排名第二。延长重点口岸通关服务。友谊关口岸继续实行周六、周日及节假日正常通关，同时在全部水运口岸实行双休日及节假日船舶正常通关，实行 24 小时预约通关服务。规范清理口岸收费。进一步完善口岸收费公开公示制度。广西各口岸各收费主体均在显著位置按海关总署统一模板公示收费目录清单，做到阳光收费、规范运作。口岸通关成本持续降低。开展清理规范口岸收费，加强口岸收费目录清单动态管理，推动降低进出口环节合规成本。据测算，广西海港口岸单个集装箱进出口合规成本已达国务院要求的 400 美元以内。中国重庆—钦州—新加坡集装箱出口综合物流成本下降 30%。2020 年 9 月，广西壮族自治区口岸办牵头实施的“推进跨境贸易降本增效”作为典型经验做法入选国家发展改革委《中国营商环境报告（2020）》“一省一案例”。

口岸监管与服务

【广西出入境边检总站全力服务对外开放发展】 2020 年，广西出入境边检总站认真贯彻落实国家移民和出入境管理重点工作部署，按照“建机制、强基础、促提升”的整体思路，以维护国门安全稳定为抓手，全力以赴，战疫情、守国门、保通关，较好地完成各项任务。一是管控模式拓展，实现管控能力提升。推动全区 16 个口岸纳入驻地反恐维稳体系，强化口岸维稳管控能力；稳步推进广西出入境边检总站数据核查中心项目建设，排查发现涉赌涉诈人员 3 527 人、变换身份出入境外国人 15 人、双重国籍人员 18 人，摸排出的中资企业协助外国人非法来华线索获公安部专项办采纳。结合疫情管控形势，组建防范境外疫情输入工作专班，建立涉疫动态定期研判机制，每日分析重点口岸数据和毗邻、通航国家（地区）疫情，每周梳理全区出入境态势，每月综合研判防控形势，经口岸入境的输入确诊病例和无症状感染者全部实现提前预警通报。二是管理服务创新，实现通关效能提升。研究制定支持广西自贸试验区建设和全面复工达产 15 项措施，全国率先试点跨国境车辆自助查验系统，推行网上办证“一次不用跑”，支持 14 个因疫情关闭的口岸通道恢复货运业务和正常通关时间。针对疫情初期公民归国、跨境医疗、物资通关等出入境应急需求，采取优化办理手续、开通专用通道、加强对越协作等办法，保障我国 29 批 1 552 名滞留越南的公民紧急入境和 5 批 37 名跨境医疗人员、2 262 批 16 631 名企业员工顺利出境，以及 151 批次价值 1.3 亿元防疫物资快速通关，获得国家移民管理局、中国驻越使馆的高度评价。三是主动协调到位，实现基础保障提升。主动介入自治区重大开放战略，积极协调将边检配套保障纳入总体规划统筹，同步保障东兴二桥保障用房、钦州片区边检辅警、防城港监控监管设施，凭祥铁路口岸和叫隘、油隘通道及百色岳圩通道边检设施简陋历史遗留问题得到彻底解决，有序推进峒中、硕龙口岸升格边检筹备工作，边检执勤保障条件整体改善明显，边检工作发展后劲显著增强。四是坚持改革创新，服务广西开发开放。创新政策措施：立足服务广西自贸试验区、西部陆海新通道、北部湾开发开放等国家和广西重大开放战略，研究制定简化边检手续、创新查验模式、优化通关环境等支持广西自贸试验区建设和全面复工达产 15 项措施；报请国家移民管理局批准实施边境口岸车辆自助通关、北部湾港边检业务整合等出入境便利举措，助推营商环境提档升级。助力复工复产：加强与自治区疫情防控指挥部、商务厅及海关等部门的协调，先后支持友谊关、东兴、爱店等 7 个口岸和浦寨、弄尧、东兴浮桥等 8 条通道恢复货运业务，积极支持友谊关、浦寨等 8 个口岸通道延长通关时间，妥善处置东兴二桥及浦寨通道临时开放到期、里火通道恢复通关、友谊关口岸车辆滞留问题，有力保障了国际物流畅通，获得自治区和地方政府的高度评价。跟进口岸开放：抓住口岸升格、扩大开放等时机，主动协调落实边检设施和基础保障事项，协调地方为驻钦州边检站增配25名边检协管员，推动投资2 725万元、占地10余亩、总建筑面积5 800余平方米的东兴二桥边检监护中队营区顺利建成启用，彻底解决凭祥铁路口岸边检执勤保障问题和岳圩、叫隘通道边检设施历史遗留问题，进一步优化峒中、硕龙口岸边检设施建设方案，全面落实边检各项业务需求，有力保障了口岸的长远发展。

【广西海事局大力打造便利通关模式】 一是全面推进国际贸易“单一窗口”建设，服务船舶通关便利化。“单一窗口”已覆盖北海、钦州、防城港、贵港、梧州、柳州水运口岸，实现了国际航行船舶100%无纸化申报，100%在线受理、审批，“船舶出口岸许可证”100%在线打印。2020年，共计完成船舶进出口岸审批12 000余项。二是大力开展优化口岸营商环境攻坚突破年行动。压缩国际贸易船舶通关时间，深入推进口岸通关提效工作。2020年，船舶进口岸审批办理平均用时1.64小时，船舶出口岸审批办理平均用时1.51小时。实行全年无休式值班制度，保证船舶通关“一次办”“及时办”，同时施行“船舶出口岸许可证”自助打印服务，减少了船舶留港时间，提高了船舶的经济效益。三是高效开展登轮检查工作。有效整合现场执法力量，提前确定检查方案，集约式开展港口国监督检查、船旗国监督检查、国际航行船舶现场查验、危防业务专项检查、船员履职专项检查等。确保一次登船完成全部所需检查，对同一艘船舶不重复登船检查，做到“一次检查，一次放行”。2020年，共计开展集约式登轮检查741次，实现100%不重复登轮检查，有效压缩检查时间和提升检查效率，避免重复检查对船舶造成影响。四是全面加强北部湾港集装箱进出口环节对标提升工作。根据《广西壮族自治区人民政府办公厅关于印发北部湾港集装箱进出口环节对标提升工作方案的通知》（桂政办电〔2020〕59号）对进出口环节时间压缩目标要求，为急需办理进出口岸手续的国际航行集装箱船舶提供“绿色通道”，做到申报审批零延误。2020年，钦州港集装箱船进口岸手续审批平均用时1.44小时，出口岸手续审批平均用时1.53小时，进一步提升了集装箱船舶进出钦州港效率。五是多措并举，努力改善航行和引航条件。与广西北部湾国际港务集团有限公司沟通，推动开展“集装箱船舶双向可通航会船等级研究”，并形成了初步意见。完成了2020年度北部湾沿海引航水域修订工作，新增4处引航员登轮点（钦州3处、防城港1处）。新增的引航员登轮点距离港口更近，有效地缩短了引航里程，为集装箱船舶进出钦州港节约了时间成本，获得了良好的经济效益和社会效益。六是抗疫情，稳外贸，促发展。开通新冠肺炎疫情防疫物资“绿色通道”，全面简化审批手续，保障水路运输安全高效畅通。加强入境船舶疫情防控，保障国际航行船舶中国籍船员安全换班。2020年，广西水运口岸共有570艘船舶、6 333名国际航行或中国港澳地区航线船舶船员完成换班，对23名中国籍船员、9名外国籍船员实施上岸紧急救助，有力地保障了国际物流供应链的畅通。加大对辖区航运企业政策引导和帮扶力度，助力航运企业和涉水工程全面复工复产。落实国家阶段性减免港口建设费和船舶油污损害赔偿基金政策，累计减收船舶油污损害赔偿基金131.24万元，免收港口建设费6.02亿元。

【南宁海关助力做好口岸服务工作】 一是强化口岸突发公共卫生事件风险防控。2020年，南宁海关坚决贯彻落实党中央、国务院关于新冠肺炎疫情防控的决策部署及海关总署、自治区党委政府疫情防控工作要求，严格执行“三查三排一转运”制度，针对空港、陆路、水运三类口岸的特点制定差异化疫情防控措施，全年共检疫运输工具近70万辆（艘、架）次，处置各类口岸传染病395例，并检出广西首例输入性基孔肯雅热病例。在做好口岸防疫的同时，南宁海关采取有效措施，为防疫物资通关设置“绿色通道”，为人员和货物通关提供便利，保持口岸运行顺畅。加强对进口防疫物资质量安全监管，疫情发生初期针对国内防疫物资紧缺的实际情况，对重点急需进口的防疫物资及时调整监管要求，制定快速通关和质量安全监管工作指南，加强对口岸海关防疫物资质量安全的研判指导，明确取样送检的最低检测项目、标准和方法，规范检出不合格防疫物资处置程序，确保防疫物资快速通关和质量安全。二是全力支持口岸开放建设。积极促成浦寨—新清货运专用通道延长临时开放期限和龙邦口岸那西通道临时开放。推动东兴口岸北仑河二桥的正式对外开放通过国家验收，推动水口口岸扩大开放申请国家验收和龙邦口岸扩大开放。督促指导峒中口岸（含里火通道）、硕龙口岸、友谊关口岸扩大开放所需的各项基础设施建设，并积极推动口岸建设进程，力争尽快申请国家验收。支持北部湾港口建设，推动、参与钦州港口岸勒沟作业区 13#及 14#泊位、鹰岭作业区 2#泊位、防城港柳钢基地 4#泊位对外开放的验收及正式启用。三是加强口岸监管能力建设。大力推进浦寨（弄尧）互市点扩区建设，推动地方政府建设弄尧新货场和货运专用通道。目前，弄尧新货场综合楼、查验平台、冷库、申报大厅、卡口等主体工程已完工，专用通道 2 号隧道已开工建设，专用道路平整已完成；浦寨互市区 B 卡口的扩建工程已完成，配套场所新围网和视频监控摄像头已按标准完成建设和安装，达到了海关监管要求。提前介入并支持弄平边民互市贸易区建设，指导地方政府、场所业主按照规范开展规划建设工作。积极推动凭祥铁路口岸获批成为进境水果指定监管场地及泰国水果经第三国输华入境口岸，成为全国首个以铁路运输方式进口水果的口岸，推动广西成为全国首个可通过水、路、空、铁等运输方式进口水果的省（区），进一步拓宽了货源渠道，丰富了口岸功能。支持和指导南宁国际铁路港海关监管作业场所建设，推动南宁国际铁路港尽快完工投入使用。四是持续优化口岸营商环境。积极推进国际贸易“单一窗口”升级版“智慧湾”项目建设，共优化缩减人工环节 14 个、减少纸本单证 24 份，压缩口岸及后续作业时间 33.5 小时。2020 年，企业使用“单一窗口”办理报关单、舱单和运输工具申报达 100%，以通关无纸化模式向海关申报占同期报关单总量的 99.98%。组织部分隶属海关参与 2020 年全国营商环境评估，核实反馈外部反映问题，准确全面展示海关工作成效。进一步简化单证、优化流程、加强监测分析，持续巩固压缩口岸进出口通关时间。2020 年，广西口岸进口整体通关时间为 5.56 小时，较 2019 年压缩 57.49%，排名全国第一；出口整体通关时间为 0.77 小时，同比压缩 49.01%，排名全国第九。五是支持西部陆海新通道建设取得新突破。海运口岸方面，积极推进港务部门启动集装箱“到港直提、抵港直装”试点和国际中转、内外贸同船运输等改革事项的落地。公路边境口岸方面，全面推行进出口“提前申报、卡口验放”模式，货物放行时间从原来的 2~3 个小时缩短至 10 分钟，打通进出口双向“高速路”。铁路口岸方面，积极支持中欧班列发展，上线铁路舱单系统，开展提前申报和舱单归并等业务，实现舱单归并近 900 票，为企业节约报关费用超 40 万元。

开放口岸

【南宁空运口岸（南宁吴圩国际机场）】
南宁空运口岸位于南宁市良庆区，距南宁市区 32 千米，1995 年启用 T1 航站楼，2014 年启用 T2 航站楼。南宁吴圩空运口岸开通地区和国际航线共计 28 条，其中地区航线 5 条、国际航线 23 条。直飞香港、澳门、台北、台中、高雄以及岘港、曼谷、河内、金边、万象、仰光、首尔、济州、甲米、普吉、新加坡、暹粒等国际（地区）城市，与东盟国家的通航城市在全国仅次于广州、上海、北京，排名第 4 位，为南宁空运口岸打造面向东盟的门户枢纽机场奠定坚实基础。

2020 年，南宁航空口岸出入境人员 13.99 万人次，同比下降 91.15%；出入境飞机 2 415 架次，同比下降 78.06%；进出口货物 3.74 万吨，同比增长 69.74%。

【桂林空运口岸（桂林两江国际机场）】
桂林空运口岸位于桂林市西南方向临桂区内，距市中心26千米。1981年桂林空运口岸正式对外开放，1996年正式对外籍飞机开放。2012年，桂林空运口岸被原国家质检总局授予“世界卫生组织口岸核心能力建设达标单位”，成为广西首个符合《国际卫生条例》要求的空港口岸。已开通国际（地区）定期航班13条（新加坡、马来西亚吉隆坡、日本大阪、泰国曼谷、泰国廊曼、韩国首尔、韩国济州、韩国釜山、韩国大邱、韩国清州、中国台北、中国高雄、中国香港）。

2020年，因疫情原因，2月10日后桂林两江机场国际航班全部停航。2020年，桂林空运口岸出入境人员2.26万人次，同比下降93.4%；出入境飞机205架次，同比下降92.1%；进出口货物0.01万吨，同比下降94.7%。

【北海空运口岸（北海福成机场）】 北海空运口岸位于北海市银海区福成镇，距北海市区24千米。1993年2月，北海空运口岸对外开放获国务院批复，同年3月通过国家验收。机场飞行区等级为4D标准，可全天候起降B737、A320等同类机型。

2020年，北海空运口岸出入境人员0.29万人次，同比下降96.18%；出入境飞机20架次，同比下降96.06%。

【防城港水运（海港）口岸】 防城港海港口岸位于广西南部沿海北部湾北岸，是我国大陆海岸线最西南端的深水良港，是沟通中国与东盟各国的桥头堡，是全国西南沿海主要港口之一，具有连接云贵川重庆最便捷铁路干线，1983年7月经国务院批准对外国籍船舶开放，为常年开放国际性口岸。2018年2月防城港口岸扩大开放获国务院批复，2019年3月通过国家验收。防城港口岸包括渔澫港区、江山港区和企沙港区。江山港海运边地贸口岸位于防城区江山镇江山半岛西南端白龙珍珠港，于1994年10月经国务院批准对外开放，1995年2月通过验收正式对外开放，为对越南边地贸口岸，在防城港口岸开放范围内。企沙港海运边地贸口岸位于防城港市港口区企沙镇，于1994年10月经国务院批准对外开放，1995年5月通过验收正式对外开放，为对越南边地贸口岸，在防城港口岸开放范围内。

2020年，防城港口岸进出口货物8 881.02万吨，同比增长58.76%；出入境人员4.64万人次，同比增长0.74%；集装箱603标箱，同比下降49.41%；出入境船舶2 335艘次，同比增长4.57 %。

【北海水运（海港）口岸】 北海海港口岸是我国沿海对外开放的重要港口之一，是我国西南中南地区最便捷的出海口。2015年3月，北海海港口岸扩大开放获国务院批复，2017年6月通过国家验收。北海海港口岸包括石步岭外沙内港区、铁山港区、涠洲岛港区。石头埠海运边地贸口岸位于北海市铁山港区兴港镇西岸的石头埠港，于1994年10月经国务院批准对外开放，1995年4月通过验收正式对外开放，为对越南边地贸口岸。在北海港口岸开放范围内，现口岸业务全部集中到北海港铁山港。

2020年，北海海港口岸进出口货物1 444.59万吨，同比增长2.67 %；集装箱吞吐量1.66万标箱，同比增长70.54%；出入境人员1.93万人次，同比增长4.39 %；出入境船舶927艘次，同比增长3.00%。

【钦州水运（海港）口岸】 钦州海港口岸位于北部湾的钦州湾内，三面环陆，南面向海，是中国西南、中南及华南地区最便捷的出海通道，1994年6月经国务院批准设立，1997年6月18日通过验收正式宣布对外开放，是常年开放的国际性口岸。2010年11月，钦州海港口岸扩大开放获国务院批复。钦州海港口岸包括钦州西港区、中港区。果子山海运边地贸口岸为对越南边地贸口岸，在钦州港口岸开放范围内，现口岸业务全部集中到钦州港口岸。

2020年，钦州海港口岸进出口货物4 163.90万吨，同比下降9.91%；出入境人员6.24万人次，同比下降9.7%；集装箱吞吐量53.60万标箱，同比增长3.73 %；出入境船舶3 413艘次，同比下降8.82%。

【梧州水运（河港）口岸】 梧州河港口岸位于梧州市李家庄码头，为常年开放的限制性河运口岸，是广西最早开放的河运口岸。2015 年 10 月梧州港口岸扩大开放至赤水作业区获国务院批复，2018 年 6 月通过国家验收。

2020 年，梧州港口岸进出口货物 59.02 万吨，同比下降 1.11%；出入境人员 0.42 万人次，同比下降 32.25%；集装箱吞吐量 4.43 万标箱，同比下降 5.08%；出入境船舶 653 艘次，同比下降 16.92%。

【贵港水运（河港）口岸】 贵港河港口岸于 1992 年 3 月经国务院批准对外开放，1994 年 1 月通过验收正式对外开放，为常年开放的限制性河运口岸。

2020 年，贵港河港口岸进出口货物 191.94 万吨，同比增长 0.40%；出入境人员 1 077 人次，同比增长 18.54%；集装箱吞吐量 0.92 万标箱，同比增长 2.63%；出入境船舶 169 艘次，同比增长 6.96%。

【柳州水运（河港）口岸】 柳州河港口岸于 1988 年经国务院批准对外开放，1990 年 5 月通过验收正式对外开放，是常年开放的限制性内河水运口岸。因修建大藤峡水库，口岸业务暂停，以转关业务为主。

2020 年，柳州河港口岸进出口货物 428.41 万吨，同比增长 2.60 %；出入境人员 52 人次，同比下降 88.00%。

【友谊关陆路（公路）口岸】 友谊关公路口岸距离凭祥市区 18 千米，距离越南谅山 18 千米，与越南友谊口岸相对，为常年开放的国际性口岸，1951 年开通，1979 年一度关闭，1992 年 4 月经国务院批准恢复对外开放。2017 年 2 月，国务院批复同意友谊关口岸扩大开放浦寨、弄尧 2 个通道。2019 年以来，根据浦寨—新清货运专用通道建成实际，申请两次临时开放，获国家口岸管理办公室批复同意，近一次临时开放时限至 2021 年 5 月 31 日。

2020 年，友谊关公路口岸进出口货物 275.20 万吨，同比增长 2.06%；出入境人员 75.43 万人次，同比下降 69.92%；出入境车辆 35.91 万辆次，同比增长 2.44%。

【东兴陆路（公路）口岸】 东兴公路口岸位于东兴市繁华市区，地处我国西南陆地边境线与大陆海岸线的汇合处，在中越边境的最东端，东南濒临北部湾，北面背靠十万大山，通过北仑河大桥和越南芒街口岸连接，为常年开放的国际性口岸，1958 年经国务院批准对外开放，1978 年一度关闭，1994 年 4 月恢复对外开放。2011 年国务院批准设立东兴开发开放试验区，东兴口岸同东盟各国的贸易、旅游交流得到进一步发展。2013 年 11 月，广西壮族自治区公安厅口岸签证处入驻东兴口岸现场，东兴口岸正式启动外国人口岸签证业务，东兴口岸成为广西第一个陆路口岸签证处。2017 年 6 月，国务院批复同意东兴口岸扩大开放北仑河二桥。2019 年，国家口岸管理办公室先后两次批复同意北仑河二桥临时开放，第二次临时开放期限至 2020 年 6 月 30 日。2020 年 6 月 17 日，东兴公路口岸扩大开放通过国家验收正式开放。

2020 年，东兴口岸进出口货物 85.58 万吨，同比增长 18.07%；出入境人员 98.00 万人次，同比下降 92.03%；出入境车辆 8.99 万辆次，同比增长 25.60%。

【水口陆路（公路）口岸】 水口公路口岸位于龙州县水口镇新街，中越边界 943~944 号界碑附近，与越南高平省复和县驮隆口岸相对应，1978 年曾一度关闭，1992 年 10 月经国务院批准恢复对外开放。2016 年 7 月，国务院批复同意水口口岸升格为国际性口岸并扩大开放水口二桥。

2020 年，水口公路口岸进出口货物 19.24 万吨，同比下降 33.32%；出入境人员 6.17 万人次，同比下降 90.19%；出入境车辆 1.23 万辆次，同比下降 47.76%。

【龙邦陆路（公路）口岸】 龙邦公路口岸位于靖西市龙邦镇，地处中越边境 741～742 号界碑，与越南茶岭口岸对应，距靖西市区 42 千米，距越南茶岭县城 5 千米。2003 年 1 月，国务院批准龙邦公路口岸为常年开放的双边性口岸。2007 年 10 月，龙邦公路口岸通过验收正式对外开放。

2020 年，龙邦公路口岸进出口货物 13.49 万吨，同比增长 127.15%；出入境人员 1.34 万人次，同比下降 89.53%；出入境车辆 2.27 万辆次，同比增长 48.79%。

【平孟陆路（公路）口岸】 平孟公路口岸位于中越边界 647 号界碑处，与越南朔江口岸相对应，是广西最西端的陆路口岸。2011 年 10 月，国务院批复平孟公路口岸为常年开放的双边性口岸。2016 年 3 月，平孟口岸正式对外开放。

2020 年，平孟公路口岸进出口货物 0.38 万吨，同比下降 97.00%；出入境人员 1.04 万人次，同比下降 97.00%；出入境交通工具 0.54 万辆次，同比下降 97.45%。

【爱店陆路（公路）口岸】 爱店公路口岸位于中越边境 1223~1224 号界碑处，与越南谅山省禄平县峙马口岸相对应。1957 年，国务院批复爱店口岸升格为边境陆路原二类口岸；2015 年 1 月，国务院批准爱店公路口岸升格为常年开放的双边性口岸；2018 年 6 月，爱店口岸对外开放通过国家验收。

2020 年，爱店公路口岸进出口货物 32.39 万吨，同比增长 170.79 %；出入境人员 2.20 万人次，同比下降 88.95%；出入境交通工具 2.54 万辆次，同比下降 89.85%。

【峒中陆路（公路）口岸】 峒中公路口岸位于防城区峒中镇旧街，中越边境 1317~1318 号界碑处，与越南广宁省平辽县横模口岸相对应。里火通道位于防城区那良镇里火村，与越南广宁省海河县北风生互市点（副口岸）隔江相望。峒中口岸（含里火通道）为常年开放的双边性口岸。峒中口岸于 20 世纪 50 年代就已对外开放，1979 年一度关闭，1991 年恢复贸易往来。2017 年 6 月，国务院批复峒中口岸（含里火通道）升格为常年开放的双边性口岸。

2020 年，峒中公路口岸进出口货物总量 78.17 万吨，同比增长 62.82%；出入境人员为 0.75 万人次，同比下降 95.05%；出入境交通工具 1.63 万辆次，同比增长 57.47%。

【硕龙陆路（公路）口岸】 硕龙公路口岸位于广西崇左市大新县硕龙镇，中越边境 847 号界碑处；距大新县县城 45 千米，距靖西龙邦口岸 150 千米，距龙州水口口岸 130 千米；西与越南高平省接壤，距越高平市 105 千米，距高平省重庆城 38 千米，下琅县城 30 千米，对应越方里板口岸。该口岸于 1954 年作为原二类口岸对越开放，1978 年一度关闭，1991 年恢复贸易往来。2017 年 10 月，国务院批复硕龙公路口岸为常年开放的双边性口岸。

2020 年，硕龙公路口岸出入境人员 0.67 万人次，同比下降 91.78%。

【凭祥陆路（铁路）口岸】 凭祥铁路口岸位于凭祥市南区，与越南同登口岸相对应，为常年开放的国际性口岸，于 1953 年经国务院批准对外开放，是湘桂铁路的终点，也是广西唯一的一个铁路口岸。1955 年 8 月，中越国际联运正式开办货运客运。

2020 年，凭祥铁路口岸进出口货物 30.90 万吨，同比增长 36.30 %；出入境人员 1.54 万人次，同比下降 76.98%；出入境火车 1 326 列次，同比下降 21.45%。

原二类口岸

【平而关公路口岸】 平而关公路口岸位于广西崇左市凭祥市西北端，中越边境 1036（1）号界碑处，距凭祥市区 23 千米，与越南平宜口岸对应，1979 年一度关闭，1991 年恢复贸易往来。2009 年，中越两国政府在签订的《关于中越陆地边境口岸及其管理制度的协定》中同意“平而关—平宜”口岸在条件具备时开放。2017 年，中越陆地边境口岸管理合作委员会第五次会议双方同意进一步研究平而关—平宜口岸开放。

【科甲公路口岸】 科甲公路口岸位于广西崇左市龙州县武德乡，中越边境 911 号界碑处，距龙州县城 39 千米，与越南下琅口岸对应。科甲公路口岸于 1953 年对越开放，1978 年一度关闭，1991 年恢复贸易往来。2009 年，中越两国政府在签订的《关于中越陆地边境口岸及其管理制度的协定》中同意“科甲—下琅”口岸在条件具备时开放。科甲口岸进出口的货物主要是农产品、土特产品、日用品和药材等。

2020 年，科甲公路口岸出入境人员 0.30 万人次，同比下降 87.13%。

【岳圩公路口岸】 岳圩公路口岸位于广西靖西市，中越边境 791 号界碑处，离靖西市区 28 千米，与越南坡标口岸对应。岳圩公路口岸于 1952 年 10 月对越开放，1979 年一度关闭，1991 年恢复贸易往来。2009 年，中越两国政府在签订的《关于中越陆地边境口岸及其管理制度的协定》中同意“岳圩—坡标”口岸在条件具备时开放。岳圩公路口岸进出口货物主要有水泥、饲料、锰矿、药材等 50 多种。

2020 年，岳圩公路口岸进出口货运量 0.92 万吨，同比下降 51.59%；口岸出入境人员 0.13 万人次，同比下降 98.99%。

【南宁内河水运外贸货物装卸点】 南宁内河水运外贸货物装卸点位于南宁市邕江河段，1987 年正式对外开放。随着南宁市的逐步发展，南宁内河水运外贸货物装卸点现有的软硬环境设施已逐渐不能满足南宁市水运业发展的需要，南宁港码头已于 2008 年下半年拆除，南宁内河水运外贸货物装卸点因为码头拆迁而暂停业务。

2020 年广西壮族自治区口岸大事记

3 月 23 日

广西壮族自治区党委书记鹿心社赴友谊关口岸调研防范境外疫情输入和强边固防工作。

4 月 9 日

广西壮族自治区党委书记、自治区人大常委会主任鹿心社到中国（广西）自由贸易试验区建设指挥部调研，了解广西国际贸易“单一窗口”的建设情况，观看系统展示。

广西壮族自治区党委书记、自治区人大常委会主任鹿心社（前排左二）到中国（广西）自由贸易试验区建设指挥部调研

6 月 6 日

全国人大民族委员会主任委员、中国科学院党组书记、院长白春礼到水口口岸考察调研。

6 月 12 日

广西壮族自治区口岸办组织并通过钦州港口岸鹰岭作业区 2#泊位对外开放验收。

6 月 17 日

东兴公路口岸扩大开放顺利通过国家验收。

8 月 4 日

时任广西壮族自治区副主席周红波赴峒中口岸（含里火通道）调研。

8 月 23 日

国务委员、外交部部长王毅到东兴口岸出席中越陆地边界划界二十周年和勘界立碑十周年纪念活动。

国务委员、外交部部长王毅（右一）到东兴口岸出席中越陆地边界划界二十周年和勘界立碑十周年纪念活动

8 月 30 日

广西壮族自治区口岸办组织并通过防城港口岸企沙港区防钢基地 4#泊位对外开放验收。

9 月 4 日

广西壮族自治区口岸办组织并通过桂林航空口岸 T2 航站楼旅检查验场验收。

9 月 9 日

公安部副部长、国家移民管理局局长许甘露到友谊关口岸检查指导工作。

11 月 18 日~19 日

峒中海关、平孟海关开关揭牌。

11 月 20 日

广西壮族自治区蓝天立主席调研数字广西建设典型应用案例，充分肯定中国（广西）国际贸易单一窗口取得的积极成效。

广西壮族自治区蓝天立（右二）主席调研数字广西建设典型应用案例

11 月 29 日

硕龙海关开关揭牌。

12 月 15 日~16 日

时任广西壮族自治区副主席周红波赴友谊关、水口口岸调研。

时任广西壮族自治区副主席周红波（前排左三）赴友谊关口岸调研

12 月 30 日

广西壮族自治区口岸办组织并通过钦州港口岸果子山作业区 8#及 9#泊位对外开放验收。

（撰稿人：何英绵、吴江华、赵文胜）

2020 年广西壮族自治区口岸流量统计表

口岸类型		口岸名称	货运量（万吨）				集装箱量（万标箱）				人员（万人次）				交通工具（辆、艘、架、列次）			
			出口	进口	合计	同比(%)	出口	进口	合计	同比(%)	出境	入境	合计	同比(%)	出境	入境	合计	同比(%)
空运口岸		桂林港	0.01	0	0.01	-94.7			0.00		1.21	1.05	2.26	-93.40	104	101	205	-92.10
		南宁港	0.31	3.43	3.74	69.74			0.00		6.45	7.54	13.99	-91.15	1 209	1 206	2 415	-78.06
		北海港	0	0	0.00	0			0.00		0.14	0.15	0.29	-96.18	10	10	20	-96.06
		分计	0.31	3.43	3.75	61.70	0.00	0.00	0.00		7.80	8.73	16.54	-91.72	1 323	1 317	2 640	-81.28
陆运口岸	公路口岸	友谊关	179.29	95.91	275.20	2.06			0.00		38.75	36.68	75.43	-69.92	183 095	176 019	359 114	2.44
		东兴	68.15	17.43	85.58	18.07			0.00		48.54	49.46	98.00	-92.03	44 967	44 967	89 934	25.60
		水口	2.56	16.68	19.24	-33.32			0.00		3.12	3.04	6.17	-90.19	6 219	6 099	12 318	-47.76
		龙邦	8.13	5.36	13.49	127.15			0.00		0.67	0.67	1.34	-89.53	11 346	11 346	22 692	48.79
		平孟	0.08	0.30	0.38	-97.00			0.00		0.52	0.52	1.04	-97.00	2 690	2 690	5 380	-97.45
		爱店	0.77	31.62	32.39	170.79			0.00		1.10	1.10	2.20	-88.95	12 723	12 724	25 447	-89.85
		峒中	70.60	7.57	78.17	62.82			0.00		0.44	0.31	0.75	-95.05	13 909	2 419	16 328	57.47
		硕龙	0.00	0.00	0.00	0.00			0.00		0.30	0.34	0.67	-91.78	0	0	0	0.00
		分计	329.58	174.86	504.45	12.01			0.00		93.44	92.12	185.57	-90.35	274 949	256 264	531 213	-24.79
	铁路口岸	凭祥	22.17	8.73	30.90	36.30			0.00		0.72	0.82	1.54	-76.98	662	664	1 326	-21.45
		分计	22.17	8.73	30.90	36.30			0.00		0.72	0.82	1.54	-76.98	662	664	1 326	-21.45
水运口岸	海港口岸	防城港	457.37	8 423.65	8 881.02	58.76	0.06	0.00	0.06	-49.41	2.27	2.37	4.64	0.74	1 147	1 188	2 335	4.57
		北海港	176.84	1 267.75	1 444.59	2.67	0.83	0.83	1.66	70.54	0.97	0.95	1.93	4.39	472	455	927	3.00
		钦州港	649.20	3 514.70	4 163.90	-9.91	29.93	23.67	53.60	3.73	2.69	3.55	6.24	-9.70	1 486	1 927	3 413	-8.82
		江山港	0.00	0.00	0.00	0.00			0.00		0.00	0.00	0.00	0.00	0	0	0	0.00
		石头埠港	0.00	0.00	0.00	0.00			0.00		0.00	0.00	0.00	0.00	0	0	0	0.00
		企沙港	0.00	15.34	15.34	-50.11			0.00		0.07	0.07	0.14	-31.34	46	46	92	-31.34
		分计	1 283.41	13 221.44	14 504.85	24.47	30.82	24.50	55.32	4.85	6.01	6.94	12.94	-4.55	3 151	3 616	6 767	-4.78
	河港口岸	梧州港	34.02	25.00	59.02	-1.11	2.34	2.08	4.43	-5.08	0.20	0.22	0.42	-32.25	326	327	653	-16.92
		贵港港	9.13	182.81	191.94	0.40	0.56	0.36	0.92	2.63	0.06	0.05	0.11	18.54	96	73	169	6.96
		柳州港	3.04	425.37	428.41	2.60	0.00	0.00	0.00	0.00	0.002 6	0.002 6	0.01	-88.00	6	6	12	0.00
		分计	46.19	633.18	679.37	2.66	2.91	2.44	5.35	-3.78	0.26	0.27	0.54	-29.84	428	406	834	-5.76
合计			1 681.67	14 041.64	15 723.31	9.73	33.72	26.95	60.67	3.62	108.24	108.88	217.12	-89.88	280 513	262 267	542 780	-24.51
同比（%）			-15.39	13.77	9.73		8.74	-2.11	3.62		-89.96	-89.79	-89.88					

（广西壮族自治区口岸办提供）

2020 年广西壮族自治区口岸出入境主要数据表

项 目			2020 年	2019 年	同比（%）
出入境人员（万人次）	出入境人员总数		329.9	2 318.3	-85.77
	入境人员		165.2	1 157.2	-85.72
	出境人员		164.7	1 161.1	-85.82
	出入境旅客		165.9	2 060.7	-91.95
	出入境员工		164.0	257.6	-36.34
	中国公民	小计	216.1	1 424.8	-84.83
		内地居民	214.2	1 398.3	-84.68
		港澳居民	0.4	5.6	-92.86
		台湾同胞	1.5	20.9	-92.82
	外籍人员		113.8	893.6	-87.26
	从海港出入境人数		13.4	13.9	-3.60
	从陆港出入境人数		299.9	2 104.2	-85.75
	从空港出入境人数		16.6	200.2	-91.71
交通运输工具（万辆、艘、架、列次）	总计		114.3	232.2	-50.78
	船舶		0.8	0.8	持平
	飞机		0.3	1.4	-78.57
	火车		0.1	0.2	-50.00
	机动车辆		113.1	229.8	-50.78

（广西出入境边检总站提供）

2020 年南宁海关主要数据统计表

项　目		2020 年	2019 年	同比（%）
进出口货运量（万吨）	合计	13 950	12 306	13. 36
	进口	12 298	10 534	16. 75
	出口	1 652	1 772	-6. 77
进出口贸易总值（万美元）	合计	9 165 233. 37	8 391 872. 27	9. 22
	进口	4 467 790. 79	4 409 217. 71	1. 33
	其中：江、海运输	2 760 369. 84	2 669 660. 44	3. 40
	铁路运输	3 026. 64	864. 20	250. 22
	汽车运输	1 284 271. 68	1 107 696. 48	15. 94
	航空运输	71 397. 89	70 795. 76	0. 85
	邮件运输	834. 21	7 845. 15	-89. 37
	其他运输	347 890. 06	552 355. 68	-37. 02
	出口	4 697 442. 57	3 982 654. 57	17. 95
	其中：江、海运输	647 041. 46	778 583. 15	-16. 90
	铁路运输	44 027. 66	13 963. 39	215. 31
	汽车运输	3 832 304. 76	3 029 823. 44	26. 49
	航空运输	79 170. 38	119 735. 61	-33. 88
	邮件运输	27 223. 58	8 492. 08	220. 58
	其他运输	67 674. 74	32 056. 89	111. 11
税收（亿元）	两税合计	263. 22	275. 63	-4. 50
	关税入库	19. 16	19. 83	-3. 38
	进口环节税入库	244. 06	255. 80	-4. 59

（南宁海关提供）

2020 年广西海事局进出港船舶统计汇总表

船舶类别	进港船舶							出港船舶						
	艘数（艘）	总吨（吨位）	总载重量（吨）	载客量（客位）	船员人数（人次）	货物到达量（吨）	旅客到达量（人）	艘数（艘）	总吨（吨位）	总载重量（吨）	载客量（客位）	船员人数（人次）	货物发送量（吨）	旅客发送量（人）
总　计	45 871	249 942 160	381 485 661	3 658 475	535 872	235 626 234	2 170 815	45 228	249 475 405	380 442 044	3 657 952	528 804	103 275 900	2 303 256
中国籍船舶	42 352	138 187 164	191 281 536	3 658 475	466 330	109 728 016	2 170 815	41 713	137 468 712	190 228 932	3 657 952	459 061	88 336 559	2 303 256
其中外贸船	576	4 995 932	8 331 252	0	7 784	6 415 887	0	598	7 320 263	12 479 224	0	8 806	1 258 962	0

（广西海事局提供）

海　南　省

海南省口岸分布示意图

序号	类型	口岸名称	批准开放时间	开放状态
1	空运口岸（3个）	海口空运口岸	2003	国际常年
2		三亚空运口岸	1994	国际常年
3		博鳌空运口岸	2020.10	国际常年
4	水运口岸（5个）	海口水运口岸	1957	国际常年
5		三亚水运口岸	1984.7	国际常年
6		洋浦水运口岸	1990.5	国际常年
7		八所水运口岸	1988.9	国际常年
8		清澜水运口岸	1996	国际常年

口岸数量及分布

截至2020年年底，海南省共有经国务院批准的对外开放口岸8个。其中，空运口岸3个，分别为海口空运口岸（美兰国际机场）、三亚空运口岸（三亚凤凰国际机场）、博鳌空运口岸（博鳌机场）；水运（海港）口岸5个，分别为海口、洋浦、八所、三亚、清澜海港口岸。

口岸运行数据

2020年，海南省口岸出入境旅客累计287 003人次，同比下降88.86%；出入境航班累计2 116架次，同比下降88.62%；出入境游艇累计11艘次，同比下降35.29%；进出口货物3 815.69万吨，同比增长16.15%；进出口集装箱累计完成运输264 435标箱，同比增长37.79%；出入境运营船舶累计4 327艘次，同比增长10.69%；进出境邮轮累计16艘次，同比增长100.00%。

口岸综合管理

【加强口岸风险防控】 海南口岸制订《海南口岸安全风险联合防控工作方案》，成立由海南省口岸办、海口海关、海南海事局、海口出入境边检总站以及市县口岸部门参与的口岸疫情防控工作组，加强各部门和口岸间的信息交流与工作协调，做到信息共享、快速反应、精准高效处置口岸安全风险，不断提升整体防控能力。2020年，海南省口岸共检疫出入境航班747架次（出境377架次、入境370架次），出入境人员66 924人次（出境37 827次、入境29 097次）；检疫出入境船舶4 289艘次（出境2 170艘次、入境2 119艘次），出入境船员68 535人次（出境34 701人次、入境33 834人次）；检疫入境邮轮1艘次，入境人员2 099人次。

【积极谋划“十四五”海南口岸发展规划】 组织研究起草了《海南自由贸易港口岸布局方案》，以海南省政府名义上报国务院审批。梳理总结了海南省“十三五”期间口岸工作情况，研究制定了《海南自由贸易港口岸建设“十四五”规划》。

【推动口岸对外开放工作】 一是博鳌机场对外开放获国务院批准。博鳌机场对外开放是2020年海南省委省政府的重点工作之一，国务院于2020年10月19日批复博鳌机场正式开放。二是推动三亚港口岸扩大开放报批工作。2019年12月，海南省口岸办报请海南省政府向国务院上报了《关于三亚港口岸扩大开放的请示》。由国家口岸管理办公室牵头办理，已完成征求相关部委意见，汇总上报待国务院审定。三是完成开放范围内码头对外启用验收工作。海南省口岸办组织口岸查验单位对洋浦港口岸金海浆纸业有限公司码头3#、4#泊位的口岸设施进行了验收，于2020年1月16日报请海南省政府批复同意对外启用。四是统筹做好临时开放和相关服务工作。协调推动三亚半山半岛帆船港、陵水清水湾游艇会码头首次获批临时对外开放；持续推进海南省东营等8个海上游览景区对境外游艇临时开放工作，实现自2014年以来连续13次获批临时开放；2020年3次向交通运输部申请8艘次外籍船舶临时进入琼州海峡部分非开放水域进行石油天然气勘探施工作业，并获得批准；35艘外籍船舶临时进入海南省文昌、万宁、陵水等非开放水域装运鱼苗出口获国家批准，货值1.8亿元，有效解决了海南省部分渔民生产生活问题，取得较好经济社会效益。

【加快口岸基础设施建设】 海南省口岸办会同琼海市政府、海口海关、海口出入境边检总站等单位完成博鳌机场现有国际航站楼迎接国家验收改造的可行性研究报告，积极做好迎接国家验收的准备工作。协调推动海口美兰机场二期改扩建工程口岸查验配套设施的规划建设工作，督促指导三亚、乐东、陵水等市县加快推动口岸基础设施和口岸查验配套设施的规划建设。指导海口市做好海口新海港、南港新增“二线口岸”规划建设的前期准备工作。海口市进境肉类指定监管场地、洋浦经济开发区进境原木和水果指定监管场地建设获批，协调海关总署验收三亚凤凰国际机场进境种苗指定监管场地、澄迈进境活牛隔离检疫场地并启用，参与做好全球动植物种质资源引进隔离中转基地项目建设的前期论证工作，不断完善口岸配套功能。

【加快海南自由贸易港国际贸易“单一窗口”建设】 海南省口岸办会同海口海关赴海关总署进行专题汇报，征求对海南自由贸易港国际贸易“单一窗口”总体框架和洋浦公共信息服务平台业务功能模块设计的意见，得到海关总署总体上认可。按照“政府推动、市场运作、企业运营”的模式，组建了海南自由贸易港国际贸易“单一窗口”平台运营公司，研究制订并印发了《洋浦公共信息服务平台建设工作方案》，并按照工作计划完成“一线”进境径予放行、“二线”出区单侧申报、企业服务备案、一企一户数据池、基础资源平台等功能模块建设；按计划完成了全球动植物种质资源引进服务、海南口岸区块链物流协同管理等特色应用功能开发，不断拓展海南自由贸易港国际贸易“单一窗口”特色应用。

【着力改善口岸营商环境】 一是出台政策文件。以海南省政府办公厅名义印发《海南口岸进一步压缩货物整体通关时间若干措施》，制定《海南省口岸办公室关于复制推广借鉴优化口岸营商环境促进跨境贸易便利化改革举措》，从10个方面提出了17条改革举措，并在海南广播电视台《营商环境面对面》节目与企业现场进行交流宣传，指导开展优化口岸营商环境工作。二是创新监管通关方式。会同海口海关指导企业根据需求采取“提前申报”“关税保证保险+汇总征税”“两步申报”等模式通关，在洋浦口岸小铲滩码头试点进口货物“船边直提”和出口货物“抵港直装”；协调减小全省集装箱调整至洋浦口岸集港运营和海航企业资金周转困难对通关时间造成的影响。三是公开通关流程时限。制定完善海南水运口岸进出口通关流程，细化公布靠泊、装卸、场内转运、吊箱移位、掏箱、提箱等作业的时限标准，提升通关效率。2020年1～12月，海南进口整体通关时间55.14小时，出口整体通关时间1.81小时，完成了国家规定任务要求。更新梳理口岸收费项目，汇总形成海南口岸环节收费目录清单并在国际贸易“单一窗口”公示，便利企业及时查询，加强监督检查，进一步提高口岸收费透明度。

【协调推进海关特殊监管区建设】 协调推进海口空港综合保税区设立工作，经组织有关部门论证审核后于2020年年初报请海南省政府向国务院上报《关于设立海口空港综合保税区的请示》，目前海关总署正在征求汇总相关部委意见。协调推动三亚保税物流中心（B型）建设项目获海关总署批复同意，正积极推进建设。组织海南省发展改革委、海口海关等单位对三亚崖州湾科技城设立综合保税区项目进行了可行性现场会商，做好前期准备工作。

口岸监管与服务

【海口出入境边检总站坚决打赢疫情防控人民战争、总体战、阻击战】 面对新冠肺炎疫情突袭，海口出入境边检总站主动履行地方联防联控机制职责任务，实现了“三零”工作目标，重点抓好三个环节的工作。一是抓好内部安全防护。海口出入境边检总站第一时间成立工作专班，研究制订专项方案10余个，进一步明确组织领导、工作职责以及工作要求等。其间，共投入100多万元购置配发防疫物资，开展全员核酸检测，举办各类安全防护培训班20余次，为确保内部安全奠定坚实基础。二是抓好数据预判预警防线的构筑。总站共参与海南省防疫联勤联动机制7项，自主研发了“疫比对”“疫统计”等数据应用系统，强化预警分析，为海南省疫情防控指挥部等部门分析决策提供及时精准的数据支撑。共筛查民航数据4 800余万条，统计报表2 800余份，为省市两级防疫指挥部等单位共推送涉疫人员预警信息3万余条。为载运抗疫物资航班提供入境通关便利9航次；查验运送医疗专家、境外滞留中国公民回国、重大外事任务等26

架次 1 492 人次。三是抓好助力复工复产工作。推出边检业务网上办理，依托“单一窗口”和边检许可网窗系统，对船舶出入境（港）、船舶搭靠、人员登轮等采取网上申报，线上审批，降低感染风险。运用大数据提前研判出入境船舶及船员信息，对低风险、预检无异常的入境船舶允许到港即可进行作业。疫情期间，各边检站创新举措，为服务对象排忧解难，提供优质高效服务，得到了社会各界高度赞扬，服务对象送锦旗 10 余面。

【海口出入境边检总站坚持总体国家安全观，防范重大风险，确保国门口岸安全稳定】 一是坚持在提升口岸查验水平上下功夫。严守人证对照、证件鉴别和资料录入“三条底线”，加强前台查验和后台核查，准确采集人脸、指纹生物信息，确保查控工作万无一失。二是坚持在基础调研上下功夫。美兰边检站针对美兰口岸航线以东南亚国家为主的实际，扎实开展移民政策国别研究，完成《东南亚国家证件研究汇编》，凤凰边检站收集俄罗斯、韩国等 20 多个国家证件样本编写《二十国证件研究防伪》。三是坚持在严格出入境船舶管理上下功夫。针对疫情期间出入境船舶不减反增的实际，进一步严格船舶管理，严密防范敌对分子利用疫情的特殊性潜入潜出。加大船员证件检查力度，强化港区电视监控，加大港区巡查密度，协调港口公司、码头业主及港区公安机关落实港区和船舶管理责任，落实协作共管机制，形成管控合力。四是坚持在提升应急处突能力上下功夫。完善突发事件处置预案，加强处突力量建设，总站、各边检站结合口岸实际，优化防暴恐袭击、防技术故障、防舆论热点的处置办法，完善各类应急处置预案，提高处突预案的精准性和实效性。2020 年共组织全要素应急处突演练 21 次，并拍摄制作重大公共卫生事件下处置在逃人员突发事件演练视频，供各边检站学习借鉴。五是坚持在建立健全联防联控机制方面下功夫。总站各级主动走访海关、海事、海警、海岸警察、商务厅等部门，围绕打击偷渡、走私和海上非法搭靠、船员非法离船等违法犯罪活动，研究建立情报信息共享、联勤联检等协作机制，积极构建维护口岸安全的多维管控网络。总站强化数据分析研判，发现疑似跨境涉赌涉诈人员 246 人、跨境涉赌涉诈线索 5 条，有力打击跨境赌博、跨境诈骗等违法犯罪活动。凤凰边检站通过定向排查，发现失信人员近千名，洋浦、三亚边检站与驻地海警局签订了联勤协作机制；八所边检站加强与反恐、国保等单位的情报信息共享和联防协作，严防涉恐人员和敌对分子潜入潜出。六是坚持在执法规范化上下功夫。编制了《办理边防检查行政案件实务指引（试行）》和《边防检查行政案件示范案卷（2020 年版）》，全类型、全流程规范案件办理。

【海口出入境边检总站跟进国家重大战略，积极推进“放管服”改革，主动扛起海南自由贸易港建设边检担当】 一是广泛调研谋划，有序推动各项任务落实。成立由总站党委书记任组长的领导小组，抽调骨干力量组建总站落实自由贸易港建设工作专班，围绕免签政策、离岛管控、反走私、反偷渡等重点工作，深入调研探索，积极向国家移民管理局提出支持海南自由贸易港建设相关政策举措的意见建议。研究细化总站服务海南自由贸易港建设的责任清单，明确目标任务，狠抓推进落实。紧跟美兰机场二期建设、博鳌机场开放等重点任务，先后投入美兰 T2 航站楼、博鳌机场的边检配套设施建设经费 1 970 万元、488 万元。二是持续深化改革创新，不断优化口岸通关便利举措。运用勤务创新、科技应用等举措，不断提高通关便利化服务水平。秀英边检站针对出入境鱼苗船过驳鱼苗存活率低的情况，推出“鱼苗船锚地便捷检查法”，缩短通关时间，降低货主运营风险。三亚边检站建设完善邮轮和游艇智能管控系统，提升通关效率和智能管控水平。洋浦边检站创新勤务模式，实行集办检、办证、办案于一体的综合队执勤模式，为服务对象提供集约化、快捷化的通关服务。三是积极参与离岛管控工作机制。牢牢把握“管得住”才能“放得开”，协助公安机关完善入境人员离岛管控体系。经国家移民管理局批准，7 月 1 日起，总站选派 23 名业务骨干民警，进驻港口、机场、火车站等 9 个出岛通道执勤点，协同海南省公安厅开展离岛管控工作。其间，共协作地方公安机关查获违法违规案件 40 起，其中“三非”外国人案件 24 起、持用伪假证件案件 10 起、涉嫌偷渡案件 3 起、使用虚假证件信息订票 2 起。

【海口出入境边检总站服务中心、服务基层、服务实战，强化科技支撑和综合保障能力】 一是加强警务信息化建设。主动参与海南省社管平台建设及联勤联动运维保障，将边检总站子平台纳入海南社管平台总体规划和海南“十四五”规划重点项目。扎实推进信息化基础建设，完成海南省网络通信机房 B 级标准改造建设、机房动力环境监控系统联网改造，机房运行环境得到了根本性改善提高。实施站点视频会议系统“换装”，试点建设启用凤凰边检站人脸识别系统，视频图像传输应用能力进一步夯实。强化机要密码科学管理，结合公安部、国家移民管理局、海南省保密局督导反馈意见，共排查整改各类安全隐患 3 个方面 41 项。二是全面提升后勤保障能力。突出资金使用效益，优化配置财力资源，将资金向基层倾斜，2020 年共安排基层预算经费支出 1.34 亿元，自筹经费 1 975 万元，主要用于支持边检站开展信息化、营房基本建设。统筹投入 6 623 万元推进秀英站、美兰站营房改造和凤凰站运动场、八所站训练馆等 34 个年度项目建设。研究制定后勤管理规章制度 9 项，进一步完善后勤制度体系，突出依规管理，着力提升后勤规范化建设水平。在美兰站开展总站后勤规范化管理试点工作，明确规范化建设内容、标准、要求，全面规范后勤业务操作流程，提炼总结推广经验，辐射带动各级后勤规范化水平的整体提升。三是扎实推进暖心惠警工程。积极争取上级配套政策推动海口地区周转公寓房立项。推动历史遗留问题整改，有序推进与海南省电信公司土地置换后权属变更和总站机关营房权属办理工作，完成了轮训大队 10 栋营房权属办理工作。为重大病号争取上级专项经费补助 100 万元。圆满完成退役费发放工作。根据转改人员尚未纳入地方医保的实际，协调办理 678 名民警的医疗商业保险，减少 86.4 万元的医疗费用压力。积极协调三甲医院开通诊疗绿色通道，帮助解决民警职工疑难重症看病难题。

【海口出入境边检总站科技引领，大数据助推海口总站全面强化疫情防控工作】 海口出入境边检总站紧紧围绕加快推进移民治理体系和移民治理能力现代化的建设，认真贯彻落实“外防输入、内防扩散”的疫情防控工作总要求和海南自由贸易港建设需求，坚持科技引领，以“数字边检、智慧国门”建设为着力点，全力强化口岸信息化管控。2020 年，加快推进海南离岛防控系统建设，加强 59 国出入境数据共享应用，配合海南省公安厅完成梅沙系统数据单向传输平台建设，于 2020 年 8 月 3 日通过平台正式向海南省公安厅出入境管理局实时传输提供全省口岸出入境数据。认真贯彻落实公安部副部长许甘露“加快推进移民治理体系和移民治理能力现代化”“全面打赢疫情防控阻击战、攻坚战、整体战”的指示要求，积极破解涉疫数据统计难、数据不精准、筛查比对研判繁杂等难题，加大数据预警研判力度，积极发挥大数据优势，依托国家移民管理局的基础大数据，自主研发涉疫数据筛查比对系统（“疫筛查”）和涉疫数据统计报表系统（“疫统计”），优化数据分析模式和筛查统计方法，进一步提高涉疫数据筛查比对的智能化和便捷性，助推边检大数据智能化建设，切实提高边检口岸高效预判和预警能力。“疫筛查”软件内置证件号码识别分析及报表生成子功能，通过精密算法逻辑，利用中航信进港旅客订票信息与全国出入境信息库、API 预申报信息库、每日密接人员信息库等进行智能碰撞比对，快速甄别入境海南有境外停留史人员。“疫统计”软件针对入境人员数据采集难、数据分类统计耗时费力、报表统计填写复杂等问题，自动统计汇总涉疫数据，减轻民警数据统计报表填报压力，提高数据采集录入的准确率，切实提高国际航班入境人员疫情数据统计填报的工作效率。疫情以来，海口总站累计推送预警信息 18 965 条（美兰站 10 285

条，凤凰站 8 680 条），累计对 2 368 人采取集中隔离，为海南省疫情防控指挥部等部门分析决策提供精准有力的数据支撑，受到了省委省政府领导的高度好评，并在海南省疫情防控第十一次工作会议上获得省委省政府主要领导的充分肯定。

【美兰出入境边检站利用大数据平台精准推送防范疫情输入】 2020 年，新冠肺炎疫情严峻，美兰站利用大数据平台精准推送重点疫区旅客信息，协助核查国内航线入琼旅客的境外行程，为防范疫情输入提供了强有力的保障。一是迅速反应、主动作为，强化抗疫数据排查。美兰站密切关注境外新冠肺炎的发展趋势，积极探索情报信息排查新方法，充分运用 API、IAPI 等数据平台，建立疫情数据分析模型，细化后台核查步骤流程，强化数据分析运用，提前掌握来自疫情重点国家的旅客和近期有过疫情重点国家（地区）旅居史的旅客，掌握查验主动权，打好主动仗，确保疫情期间旅客相对顺畅通关，切实降低前台检查员感染风险。二是参加“2020 年海南口岸新冠肺炎疫情防控突发事件应急处置演练”。为确保美兰口岸疫情防控工作协作机制有效运行，进一步提升口岸联合防控能力，美兰边检站与美兰机场海关等口岸联检单位共同开展“2020 年海南口岸新冠肺炎疫情防控突发事件应急处置演练”，达到了预期的演练效果和目标。三是为认真贯彻落实国家移民管理局有关海外新冠肺炎疫情防控工作的通知精神，进一步强化美兰口岸疫情联防联动工作机制，美兰边检站与海口市疫情防控指挥部美兰机场数据专班、美兰机场海关、机场公司建立联防联控协作机制，多次召开专题座谈会，围绕如何发挥数据信息共享，共同提高对境外重点疫区人员的发现能力、进一步精准对接等内容进行了深入细致的研讨，达成了深度合作共识。四是严密组织、高效行动，全力保障撤侨航班勤务。美兰边检站提前部署、严密组织、精准研判、高效行动，全力保障 2020 年 6 月 19 日、6 月 24 日、9 月 28 日的共三架次航班的撤侨任务。美兰边检站根据《海口出入境边防检查总站防范新型冠状病毒感染肺炎疫情边防检查勤务工作指引》，研究制订“一机一方案”，会同海口市防控指挥部、海关、机场等部门，科学调整工作流程，明确部门协调机制，关注航班动态，主动获取入境旅客明细，做好预查控及涉疫筛查等工作，牢牢守住口岸疫情防线，全力保障滞留境外的我国公民顺利回国。

【洋浦出入境边检站简化保税燃油加注船舶的边检手续】 为服务地方经济发展，便利航运企业运营，实现放管结合、优化服务，洋浦边检站积极向上级争取政策支持，于 2020 年 6 月制定推出两项简化保税燃油加注船舶的边检手续的措施。一是对来自境外、在锚地停泊加注燃料的船舶，加注燃料油后直接离境且无船员变化的，根据船舶代理单位申报并经边检站许可后，依据代理单位申报信息办理边检手续，不查验船员出入境证件。二是对载运油料前往锚地实施油料加注的境内船舶，边检站应通过建立信誉管理机制，签订共管协议，督促船方切实承担协管、自管责任，共同维护正常的出入境管理秩序。该模式突破上位法的限制，属于省内首创。在该模式下，允许对受油船舶外锚地进行诚信监管，经主管部门评估后认为风险较低的受油船舶实施远程监管，在边防检查过程中，不查验船员出入境证件，实行便利化的入出境手续办理。在该模式下，在外锚地加注保税燃油的，边防检查手续在受油船舶到达加油锚地前全部办理完成，船到锚地即可进行加油作业。据估算，平均为每艘国际航行船舶节省通关时间 6 小时，节省成本 6 万元以上，收到船方和船代企业的广泛好评。边检站以实际行动为洋浦先行先试自由贸易港建设提高助力。据统计，2020 年 2～6 月，平均每月来洋浦加注保税燃油的船舶仅 2～3 艘；6 月份之后，平均每月来洋浦加注保税燃油的船舶增加到 30 艘左右。一年来，洋浦加注保税燃油的船舶共有 123 艘次。

【三亚出入境边检站推进邮轮、游艇、港澳流动渔船规范化管理服务勤务创新】 一是为全面推进邮轮海上游和琼港澳游艇自由行业务。三亚边检站先后走访三亚市委市政府及口岸相关部门，主动汇报争取支持，结合较为成熟的人脸比对技术和大数据管控理念，整合处理现有系统之间的关系，自主研发设计“智慧邮轮港管控系统”和“智慧游艇港管控系统”，通过对船员、访客、旅客、工作人员的证件信息的人证合一校验和一体化管控，进一步加强边检限定区域及通行人员管理，打造电子化、精细化、智能化的口岸安全管控体系，切实提升三亚口岸治理的智能化、国际化水平。2020 年 9 月 25 日至 30 日，组织业务骨干前往广州、深圳、上海等地的兄弟单位以及华为、盛视等科技公司进行交流学习，进一步论证完善了两个系统的设计研发方案，力求建设出一套实用性强、推广性高的智慧口岸管控系统，全力助推海南自由贸易港建设。二是根据近年来三亚游艇管理“两头紧、中间宽”的经验，按照海口出入境边检总站的工作思路，大胆探索，推出琼港澳游艇自由行“定点停靠、就近联检”的口岸管理模式，推行“单一窗口”申报模式，升级完善游艇定位系统，拓展深挖船讯网、船队在线、“网上便民服务平台”等辅助应用，为我国港澳游艇提供岛内指定口岸之间航行免办出入港边检手续，以及人员登艇、游艇搭靠免办许可证等便利措施。三是推动启用港口边检综合管理信息系统和边检行政许可网上窗口，多次开展系统培训，积极向服务对象宣传推介，进一步深化边检机关“放管服”改革，推进“互联网+”服务。四是全面提升港澳流动渔船规范化管理。针对三亚港澳流动渔船停靠点港池浅、航道窄、数量多、分布散、业务不均衡、监管设施不全等实际情况，先后 3 次深入崖州进行实地调研论证，积极同规划建设单位对接，就港区规划布局、查检大厅结构设计及边检执勤民警工作生活设施配备等方面提出需求。目前，三亚市政府已将港澳流动渔船停泊点及边检执勤点建设纳入崖州中心渔港二期建设，规划建成能够满足通关查验、勤务指挥、日常办公、执法办案、驻点执勤等多功能的港澳流动渔船停泊点及边检执勤点。

【凤凰出入境边检站完成各类重大口岸临时性航班保障任务】 凤凰边检站做好口岸临时性航班保障任务的工作要求，以严密口岸管控、强化疫情防控、确保重大航班人员顺畅通关为工作重点，以“一机一案”等方式顺利完成了巴基斯坦及印度尼西亚外长专机、国家体育队入境、医疗物资包机、撤侨包机等国际航班勤务保障工作，圆满完成了十九届五中全会、外长专机等重大安保工作任务。一是提前开展涉疫研判预警。主动协调航空公司获取入出境人员信息，依托大数据平台，实施航班人员涉疫轨迹筛查，并提前向市防疫单位及一线执勤民警预警推送涉疫人员名单。二是严密勤务组织流程。结合入出境人员数量，合理安排现场执勤警力。在勤务过程中，严格落实上级疫情防控工作要求，守牢“三条底线”、“五必问”、执法记录仪使用管理等查验工作要求，并为患有肝癌晚期、白血病等特殊患者提供快速通关便利，确保人员安全、顺畅通关。三是做好民警安全防护。根据不同时间段，采取“三段式”做好民警安全防护工作。上勤前，组织所有执勤民警统一测量体温及做好执勤区域消杀；勤务期间，所有执勤人员按照最高级别防护标准做好安全防护工作；勤务后，再次组织对民警个人、边检执勤场所、查验设备等进行彻底喷杀消毒，全面做好卫生防疫，确保执勤民警安全。四是做好勤务技术保障。临时性航班验放期间，严格落实技术“双值班”制度，严格落实口岸网络监控制度，遇有故障等问题第一时间进行处置，全力确保现场执勤设备运转正常、通讯顺畅。

【海南海事局多举措助力海南自由贸易港优化营商环境】 一是组织起草了《海南自由贸易港国际船舶登记程序规定》。经交通运输部海事局批准，海南海事局于 2020 年 11 月 3 日正式发布实施该规定。该规定进一步优化了国际船舶登记审批流程、简化了申请材料、压缩了办结时限、提升了审批效率。以“全岛一港”创建国际船舶注册机制，以“两级审查”简化国际船舶登记流程，以“并联办理”优化国际船舶登记事项，以“无缝衔接”保障国际船舶转籍“不停航”。该规定发布实施后，国际船舶登记快速增长，截至2020年12月31日，共有“远贵洋”等22艘国际航行船舶以“中国洋浦港”为船籍港进行船舶登记，海南国际船舶总体运力新增355.10万载重吨，增幅达到两倍多。二是海南海事局、海口海关、海口出入境边检总站于2020年12月22日联合印发了《海南口岸国际航行船舶联合登临检查工作程序》。该程序从优化船舶联合登临检查流程、简化各单位沟通协调机制、压缩工作时限等方面大胆探索、先行先试，以一流的通关效率服务海南自由贸易港建设。明确各口岸查验单位的联合登临检查工作职责及任务分工，确定了“信息互换、监管互认、执法互助”的联动原则，形成联合登临检查工作合力；建立联合登临检查沟通协作机制，确定各查验单位联络员，确保联合登临全程信息及时互通；统一规范联合登临检查工作程序，进一步简化检查条件、检查计划、检查实施及问题处理四个重要环节的工作流程，有效压缩检查时限，提高工作效率；建立由海事部门牵头的船舶进出口岸检查联席会议制度，定期组织各查验单位解决存在的问题，确保联合登临检查工作持续完善。

【海南海事局创新船舶“一事通办”服务模式，推动海南航运业快速健康发展】 一是大幅精简申请材料。对于一艘国际航线船舶，涉及的海事政务事项有20余项，需要提交的申请材料近百份，实施“一事通办”制度创新后，不同事项可同时办理、合并建档，减免了各个事项办理时所需要的相同申请材料，减幅达60%以上。二是大幅压缩办理时限。开启绿色通道、并联办理，同步开展审批工作，一站式办结所有海事政务服务事项，审批效率大幅提高，累计办结时限从以往的52个工作日压缩至1个工作日。在海南自由贸易港登记的“远东海”轮在2020年8月30日建造完工当天办结所有海事、船检、交通港航政务服务事项，刷新了全国船舶登记整体纪录。三是进一步减少审批环节。船舶登记“一事通办”通过“一窗受理、协同审批”的方式，将4个审批环节（部海事局、直属局、分支局、海事处）统筹协调为1个环节，彻底改变了申办人员需要在不同地点的审批部门间往返奔波的局面，有效提升了工作效率。四是提升了海事政务服务水平。全程安排专人为申请人提供咨询、业务指导、帮办等服务，共同研究解决遇到的难题，既提高了工作效率，又保证了审批质量。截至2020年12月31日，采取船舶登记“一事通办”模式办理登记船舶327艘次，其中国际航线船舶31艘次，在对申请材料进行预审的前提下，所有事项可以在1个工作日内办结。

【海南海事局多项措施便利化监管船舶保税油供受作业】 一是实施“一次备案、全省通用”模式。经海南海事局任一分支海事管理机构备案的保税油供应单位，可在海南辖区水域内开展跨港区供受作业，有效缩减供应单位办事流程和时间。二是实施保税油供应船舶准入管理新模式。船舶保税油供应单位可光租或者期租具有成品油运输资质的水路运输企业所属的适装船舶，从事船舶保税油供应业务。三是实施供油船舶特定港区报告制替代申报制。对于往来于海口—马村港区、洋浦—八所港区装载保税油进出港的供应船舶，以及往来洋浦港区各码头、码头至锚地之间的保税油供应船，不再进行船舶载运危险货物申报，改为报告制度。四是实施受油船舶“一次不用跑”便利化海事通关模式。依托“单一窗口”网上申报和电子核放，将传统的进口岸申请审批、进口岸查验和出口岸查验手续合并办理，“一次性申报、一次性审批、一次性办结”，减少周转时间，提高通关效率。2020年1~12月，海南海事局共安全监管船舶保税油供受作业163艘次，保障船舶保税油供应量102 237吨；2家船舶保税油供应单位在海南海事局备案，实现了船舶保税油供应单位在海南备案零的突破。

【海南海事局创新监管模式，提升旅游涉客船舶治理管控水平】 海南海事局于2020年12月4日在三亚试点实施涉海旅游“一船一码”，提升了对旅游涉客船舶全面化、信息化、精准化、智能化、协同化的治理管控水平，为消费者“安心消费、便捷消费、满意消费”提供坚实的监管服务保障。一是跨部门、跨行业、跨领域资源整合、数据共享，实行游艇等涉客船舶一体化协同管理机制。利用大数据、人工智能等信息技术，开发跨政府部门的监管信息共享应用系统。推动各行业涉海旅游主管部门在行业日常监督管控方面形成“联合执法管控”的合力。构建游艇等涉客船舶“一船一码”的一体化管控机制，为政府多部门推进行业功能的非现场协同管控，提供实时的数据支撑，实现从原先“多头监管”优化为步调一致的“一体化协同管控”机制。二是全方位、全领域、全天候无感非接触式精准监督，实行涉海旅游“一船一码”非现场智慧监管。在三亚市水域停泊、航行或营运的游艇等各类涉客船舶实施“一船一码”监管制度，由船方自行印刷张贴在船体上，公开接受各方监督和管理，推行以“无接触式监管、预警防控、信用监督和社会监管”为主要特征的涉海旅游非现场监管制度，提升综合监管效能。三是游客、船方和监管部门随时扫、随时查、随时评，实行即时互动、即时互联、即时监督多方参与式共管共治。通过开发与二维码相配套的微信小程序，让船方、船员、游客和监管部门等各方可随时随地利用移动设备扫描“一船一码”，即时查询共享船舶、船员、营运、信用、监管等数据信息，以满足各方的信息服务和管理需求。

【海南海事局优化游艇俱乐部备案管理】 制定印发《海南海事局关于进一步加强游艇俱乐部备案管理的意见》。从游艇俱乐部标准化建设、游艇俱乐部安全管理责任和海事管理机构安全监督管理要求等3个方面提出23项具体标准和要求。一是要求游艇俱乐部推进管理标准化建设。明确了游艇俱乐部需要完善的安全与防污染制度以及需要具备的安全与防污染能力，强化游艇俱乐部的应急反应能力建设。二是要求游艇俱乐部认真履行安全管理主体责任。规定了俱乐部应急演练开展的频率、开航前的核查内容、进出港报备的标准以及动态监控的要求等。三是要求各单位加强对游艇俱乐部的备案管理，及时开展监督检查，发现存在影响俱乐部备案的重大安全隐患时，及时中止备案。

【海口海关服务海南自由贸易港建设】 一是深入学习宣传贯彻《海南自由贸易港建设总体方案》。围绕打造海关风险防控体制、海关信息化系统建设、“二线”口岸布局、离岛免税政策调整等专题开展3期关级课题研究，形成课题报告42篇。充分利用海关总署援派专家力量，围绕7大改革领域开展专项攻关，形成系列调研报告。海口海关关长施宗伟在海关总署门户网站开展《扬帆自贸港》专题在线访谈，访问量达到109万人。深入海南省重点市县、机关开展巡回宣讲50余场，受众人数8 000余人次，得到了海南省委省政府、社会业界的肯定。二是全力推动自由贸易港早期安排相关政策落地。完善离岛免税监管模式，优化信息化手段，调整人力资源配置，保障离岛免税新政顺利落地实施。积极参与研究优化购物提离方式，全力保障5家新增离岛免税店顺利开业。7月1日新政开始实施半年共监管离岛免税销售金额199.9亿元、销售数量2 382万件、购物旅客299.3万人次，同比分别增长191%、158%、59.3%。人均免税购物金额明显增长，达6 678元，同比增长83%。推动洋浦保税港区率先实施“一线”放开、“二线”管住进出口管理制度，实现“一线”进境径予放行、“二线”出区单侧申报、区内取消账册等功能，区港联动模块也通过功能性测试。推动“零关税”政策落地，首单“零关税”原辅料于2020年12月1日正式通关。三是加快推动重大功能平台项目建设。支持全球动植物种质资源引进中转基地建设，2020年顺利完成中转基地首单192种230公斤玉米种质资源引进及监管。支持博鳌乐城国际医疗旅游先行区发展，对先行区内进口临床急需生物类药品实施“先审批入仓，后核销出仓”监管模式，会同海南药监等部门构建特许药械追溯管理平台。支持国际一流旅行卫生保健中心建设，推动纳入海南省“7+3”能力建设项目，搭建署级项目“国际旅行健康服务网（海南）”，正在上线测试。四是开展全岛封关运作前瞻性研究。积极参与自由贸易港口岸布局规划工作，向省里报送海关关于“十四五”口岸发展规划和自由贸易港布局的初步意见。配合海关总署制订《中国（海南）自由贸易港口岸监管设施配备建设方案》。配合海南省有关部门做好新海港客运枢纽项目规划建设、博鳌机场口岸对外开放、三亚港口岸对外扩大开放等工作。支持海南省有关部门启动新海港“二线口岸”建设，研究提出海关监管设施设备需求。配合海关总署调研编制海南自由贸易港海关智慧监管平台建设方案和业务需求，参与平台系统建设工作。2020 年 7 月 1 日海南自由贸易港海关信息化系统 1.0 版上线运行。

【海口海关深化“放管服”改革优化口岸营商环境】 一是持续简政放权，进一步激发市场活力。推进“证照分离”改革，实现“审批改为备案”“实行告知承诺”，事项最快可当场办结。为支持海南省进一步深化审批服务综合窗口受理制改革，实现由“一事跑多窗”变为“一窗办多事”，将 85 项入驻省政务服务中心的政务服务事项 100%纳入综合受理窗口受理。全面实施“两步申报”“两段准入”等改革，进、出口整体通关时间较 2017 年分别压缩 56.6%和 98.3%，进一步巩固压缩货物整体通关时间成效，海口海关多项做法入选《中国营商环境报告 2020》典型案例。二是持续强化监管，努力营造稳定公平透明的营商环境。在全关区推广应用单兵设备、安全智能锁设备，扩大“先期机检”“智能识别”作业试点，提高机检后直接放行比例，极大提升了通关速度。进一步优化常规稽查双随机工作，2020 年关区常规稽查“双随机”对象选取率提高到 100%，创新后续监管模式，试点“互联网+稽核查”改革。实现寄递渠道进口环节知识产权侵权案件零的突破，连续两年入选《中国海关保护知识产权典型案例》。破获成品油、新型毒品、黄金等系列走私案，案件数量、案值、涉税额同比分别增长 3.8 倍、2 倍和 3 倍，“国门利剑 2020”联合专项行动战果显著。有力防控非洲猪瘟、鼠疫、沙漠蝗等重大动植物疫情，3 种有害生物为全国口岸首次截获、13 种为海南口岸首次截获。有效防控进出口食品安全风险，2020 年共完成进出口食品化妆品监管监督抽检和风险监测 3 881 批，对 113 批不合格产品实施技术整改、退运或销毁。加强重点敏感商品检验，2020 年共监管法检进出口工业品 5 850 批，检出不合格 68 批，已按相关规定出具证书帮扶企业对外索赔或技术整改处理。三是持续优化服务，为企业发展、项目建设提供有力保障。主动加强外贸预警监测分析，先后向海南省委省政府报送新冠肺炎疫情对全省外贸、对水产品等重点产业出口的影响及工作建议。出台“防疫情、稳外贸”16 条措施，统筹推进疫情防控和促进外贸稳增长成效显著。2020 年，海南备案外贸企业数量同比增加 242%；海南口岸进出口值累计突破 5 000 亿元，同比增长 9.5%。支持海南省水海产品产业发展，2020 年海南省出口水海产品达 16.8 万吨，同比增长 7.2%。积极配合海关总署减少进出境环节验核的监管证件数量，由目前 8 种精简至 3 种，同时对保留的 3 种证件，配合完成联网核查，2020 年，监管证件全部实现网上申报、网上办理。推广实施原产地证书企业自助打印、原产地证书智能审核等原产地签证改革，2020 年各类出口原产地证书签证金额 5.48 亿美元，为出口企业节省关税约 2 740 万美元。落实企业反映问题“清零”机制，2020 年海口海关 12360 热线管理的话务量为 14 678 条，接通率 98 %，微信发布数量 336 篇，得到办事企业、群众的好评。

【海口综合保税区监管建设】 一是积极参与地方招商引资工作。2020 年共参加海口市、海口综合保税区、澄迈县等组织招商洽谈会、政策宣讲会 30 余场次。截至 2020 年 12 月底，海口综合保税区园区注册企业 681 家，企业数量较自由贸易港建设总体方案发布前增加 313 家。二是大力支持贸易新业态发展。推动跨境电商线上线下融合发展，落实“先入区、后检测”和“抽样后即放行”等措施，2020 年共监管放行网购保税进口申报清单 125.5 万单总货值 5.3 亿元，同比分别增长 595%、638%。支持拓展文化保税展示功能，2020 年出区保税展示 28 批次，货值 949.98 万元。三是开展保税仓储转离岛免税业务。综合叠加应用保税区优惠政策与海南独有的离岛免税政策，做大做强保税仓储转离岛免税业务。2020年办理保税转离岛免税业务 226 批，货值 2.03 亿元，主要商品为奶粉、首饰、日用品等。四是开展平行进口汽车业务。支持区内企业在提供有效担保的前提下，在海口综合保税区外开展平行进口汽车保税展示交易业务，2020 年监管平行进口汽车 433 辆，货值 1.24 亿元。五是主动试点“船边直提”监管模式。完成 2 批次石油沥青进口监管，大幅提高通关效率、降低企业运营成本。六是实施“分送集报”制度。由原来的“一票一报”改为“多票一报”，减少企业申报次数，降低企业通关成本，方便企业开展“多批次、小批量”进出口业务。2020 年共监管放行“批次进出　集中申报”报关单 1 141 票，货值 19.06 亿元。2020 年，海口综合保税区外贸总值达 78.3 亿元，同比增长 561%，占同期海口市外贸总值的 87.4%，虽然受疫情影响，海口综合保税区外贸仍保持快速增长势头。

【洋浦保税港区监管建设】　一是落实减税降费各项政策。2020 年共计为企业减征增值税 10.3 亿元，共受理对美加征关税商品退税申请 39 票，退还企业加征关税 220.9 万元。2020 年共办理税收担保 311 份，担保税款 37.4 亿元，在关区内率先试点集团财务公司担保，费用仅为银行保函的五分之一。2020 年共为辖区企业签发各类原产地证书 1 442 份，货值 1.55 亿美元，为企业减免国外进口关税约 775 万美元。二是提高通关监管效能。对农产品、食品进出口开辟绿色通道，对原油、天然气等大宗资源性原料商品实施企业提前 12 小时预约通关。2020 年，检验检疫进出口食品及植物种苗等共计 449 批次、19 551.58 吨、货值 5 503.91 万美元，快速验放进口天然气、对二甲苯、煤炭、原油等进出口大宗资源性商品 254 批次、重量 1 461.11 万吨、货值 51.49 亿美元。推动保税油品“一船多供”模式落地，2020 年共监管保税燃料油加注业务 10.40 万吨。支持西部陆海新通道建设，自 2020 年 5 月份海南省集装箱航线整体大幅调整至洋浦，省内外贸进出货物不断向洋浦汇聚，截至 2020 年 12 月底共监管国际转运集装箱 8 207 标箱，占海口关区 93%。三是持续推出一批具备自由贸易港海关特色的创新监管举措。海口海关先后有 6 项创新制度入选海南自由贸易港制度创新案例。其中，在洋浦推出的“不同品种保税油品同船混装运输”制度创新，被列入海南省第六批制度创新案例，获得 2020 年海南省第一届改革和制度创新奖三等奖；推出的“出口成品油即检即放检验监管”制度创新，被列入海南省第十一批制度创新案例，该项改革实施后，通关现场作业时间由 3 天降低至 1.5 天，为企业节省运营成本 547 万元，帮助企业扩大出口产能 83 万吨。联合海南省商务厅在洋浦小铲滩码头试点“船边直提、抵港直装”改革，大幅缩短了进出口货物通关时间，降低了企业进出口货物在口岸环节的物流成本，尤其为时效性强的货物提供了更为快捷的通关选择。据统计，企业进口提箱用时由原来的 1~2 天，最短压缩至 15 分钟；出口货物集港装船的传统方式需要 2~3 天作业时间，采用“抵港直装”模式平均仅需 0.5 小时左右。创新“洋浦保税港区物流分离监管”的新模式，对保税业务实施免入区靠泊监管，大大降低企业运营成本，促进保税业务量呈现大幅度增长。全力推进保税港区跨境电商新业务落地运行，目前已有 7 家跨境电商企业在洋浦保税完成备案注册，5 家顺利企业完成跨境电商数据流的测试工作。

开放口岸

【海口空运口岸（海口美兰国际机场）】

海口美兰国际机场位于海口市美兰区演丰镇，占地面积 583 万平方米，1999 年建成使用，2003 年正式对外开放。国际航空 4E 级标准园林式机场，跑道长 3 600 米、宽 45 米，可满足波音 747-400 等大型飞机全载起降要求，设计年客运能力 930 万人次、货物 15 万吨。机场航站楼总面积 9.93 万平方米，站坪总面积 38.40 万平方米，站坪机位 33 个，已启用的新国际航站楼占地面积

1.32万平方米，可满足年出入境旅客吞吐量105万人次。2020年，海口空运口岸出入境旅客14.13万人次，同比下降89.96%；进出境飞机1 157架次，同比减少88.95%。

2020年4月美兰机场三度蝉联“SKYTRAX五星级机场”，同时，在2020全球百强机场排名中，美兰机场从2019年的第41名上升至第38名，并且揽获“SKYTRAX全球2 000万~3 000万量级最佳机场第七位”“SKYTRAX中国区最佳区域机场奖”两项国际大奖。2020年10月，美兰机场荣获“2019年度中国民用机场服务质量优秀奖”；同月，美兰机场获得全国交通运输系统抗击新冠肺炎疫情“先进集体”称号，1名员工获得全国交通运输系统抗击新冠肺炎疫情“先进个人”称号。同月，美兰机场在2020年海南省企业100强中位列第22位。2020年11月，美兰机场荣获中央精神文明建设指导委员会复查合格荣誉证书，继续保留“全国文明单位”荣誉称号，这是美兰机场自2005年以来连续第六届荣获该奖项。

【三亚空运口岸（三亚凤凰国际机场）】 三亚凤凰国际机场位于三亚市凤凰镇，占地面积约466.67万平方米，现有航站楼面积10.7万平方米（其中T1航站楼5.83万平方米、T2航站楼2万平方米、国际航站楼1.57万平方米、贵宾航站楼1.3万平方米），1994年建成使用，1995年正式对外开放。三亚凤凰国际机场为国际航空4E级标准热带海岛滨海花园式机场，跑道长3 400米、宽45米，可满足波音747、空客340等大型飞机全载起降的要求，停机坪可同时停放66架大中型客机。2020年，三亚空运口岸出入境人员13.03万人次，同比下降89.08%；进出境飞机959架次，同比减少88.19%。

三亚凤凰机场荣获国际机场协会（ACI）2019年度1 500万~2 500万量级机场“最佳机场”“最佳客户服务机场”“最佳服务环境和氛围机场”“最佳基础设施和便利设施机场”四项世界大奖。2020年4月28日，三亚凤凰机场荣获全国民航五一劳动奖状。同日，三亚凤凰机场航站区管理部团支部、地面服务部团支部荣获2019年度“海南省五四红旗团支部”称号。2020年6月30日，三亚凤凰机场荣获“2020年全省两新组织新冠肺炎疫情防控工作先进基层党组织”。2020年8月28日，三亚凤凰机场在“2020海南民企百强发布会”排名第19位，较2019年上升7位。2020年9月8日，全国抗击新冠肺炎疫情表彰大会在北京人民大会堂隆重召开。三亚凤凰机场党委荣获“全国抗击新冠肺炎疫情先进集体”荣誉称号。2020年9月23日~24日，三亚凤凰机场荣获“年度机场乘客选择奖”。2020年10月22日，三亚凤凰机场入围“2020海南省企业100强”，位列第75位。2020年10月29日，三亚凤凰机场获2019年度中国民用机场服务质量优秀奖。

【海口水运（海港）口岸】 海口水运（海港）口岸位于海南省海口市北部，地处南海航运中枢，是交通运输部规划的25个沿海主枢纽港之一，由海口港区和马村港区组成。其中，海口港区1957年对外开放，是海南进出货物的重要集散地，素有琼州门户之称，主要经营大宗散杂货、集装箱、车客滚装运输等。海口港现有码头泊位37个，其中5万吨级集装箱泊位2个，万吨级散杂泊位3个，5 000吨级以下杂货泊位13个，其他车客滚装泊位19个，开通海口—香港、海口—越南集装箱固定航线2条。海口港现与东亚、东南亚、西亚等20多个国家和地区有贸易运输往来；开通海口—越南邮轮旅游航线；国内主要开通海口至海安、北海、广州等车客滚装运输航班以及海口至广州、湛江、北海等集装箱航线。马村港区位于海南岛西北部，琼州海峡澄迈湾之西，在省级开发区海南澄迈县老城经济开发区内，2005年对外开放，马村港水深浪平，拥有得天独厚的自然条件。马村港区现有4个锚地，13个泊位。其中，3.5万吨级泊位2个，2万吨级泊位5个，5 000吨级泊位5个，500吨级泊位1个。2020年，因疫情影响，海口海港口岸无出入境旅客；出入境集装箱吞吐量60 953标箱，同比下降66.40%；出入境船舶405艘次，同比增长28.98%；出入境货物365.84万吨，同比下降9.45%。

海口综合保税区位于海南老城经济开发区内，占地面积1.93平方千米，2008年12月22日经国务院批准设立。海口综合保税区是海口保税区转型发展、区位调整升格获国务院批准设立的开放层次更高的海关特殊监管区域。海口综合保税区依托省会城市海口、海南老城开发区、马村港口岸等地理区位优势，重点发展具有海南特色、轻型的外向型加工业、物流业，为海南旅游业、航空航天产业、热带高效农业、水（海）产品出口加工业服务配套的专业园区，形成以口岸为依托的高度开放的加工贸易和现代物流园区。海口综合保税区创新跨境电商外贸新模式。推动跨境电子商务综合试验区获批，开展保税备货模式（B2B2C）业务拓展跨境直购模式（B2C），2020年完成申报清单125万份，货值5.26亿元。京东国际、顺丰国际、嘉里物流、普洛斯、华货国际、嘉诚国际等多家电商企业入驻跨境电商产业园。

【三亚水运（海港）口岸】 三亚水运（海港）口岸位于海南岛南端三亚市内，以国际客运为主、货运为辅，自古以来是著名的盐海港口，1953年改为商港，1984年对外开放，是海南省东南部对外贸易和游客往来的主要口岸，与30多个国家和地区通航。三亚港口岸现有客运泊位：15万吨级邮轮泊位2个，8万吨级邮轮泊位1个。货运泊位有7个：2个5 000吨级泊位，2个3 000吨级泊位，1个1 500吨级泊位，2个500吨级泊位。目前主要为客运口岸。2020年，三亚海港口岸出入境旅客15 314人次，同比增长161.69%；出入境船舶149艘次，同比增长115.9%；出入境游艇11艘次，同比下降35.29%。

【清澜水运（海港）口岸】 清澜水运（海港）口岸位于海南省东岸北部，文昌市清澜镇内，1996年对外开放，是海南省东北部唯一的对外开放窗口，主要经营矿产、天然气、海产品、航天发射、文昌鸡以及椰子产品进出口等，也是三沙市主要的保障基地。清澜港拥有渔业码头1座，10 000吨级泊位2个，5 000吨级泊位3个。目前已开通航线8条，主要通往我国内地及港澳台地区和东南亚等国家和地区。清澜新港码头港口设计吞吐量50万吨。3 000吨货轮可安全进出，5 000吨货轮可乘潮水满载进出。按照文昌市清澜港总体规划，文昌清澜港占地面积为142.4万平方米。其中，清澜新港首期建设用地41.01万平方米，码头岸线长942米，已建5个5 000吨级码头，包括油气码头1个，通用码头2个，旅游码头1个，火箭发射场设备运载码头1.5万吨1个。2020年，清澜海港口岸因疫情影响，无出入境船舶。

【洋浦水运（海港）口岸】 洋浦水运（海港）口岸位于海南岛西北部洋浦经济开发区境内，是规划与建设中的区域国际航运枢纽和物流中心，由洋浦、神头等两大港区组成，开放海域面积扩大到55平方海里，开通国内外航线20多条。其中，洋浦港区1991年对外开放，素有“天然深水良港”之称，以集装箱和通用件杂货为主。洋浦港区，国投洋浦港已建成码头泊位9个，其中2万吨级通用散杂货泊位5个，1个3.5万吨级集装箱泊位，2个2万吨级多用途泊位，1个3 000吨级工作船泊位。神头港区位于洋浦湾内，北依洋浦开发区，南面隔海与白马井港区相望。神头港水深浪平，拥有很好的自然条件，是海南省的重要能源进出口港口，2012年正式对外开放。神头港区现有3 000吨级至30万吨级码头泊位26个。2020年，洋浦海港口岸出入境船舶3 608艘次，同比增长12.50%；集装箱20.32万标箱，同比增长98.28%；出入境货物3 095.02万吨，同比增长9.95%。

洋浦保税港区位于海南省洋浦经济开发区内，占地面积9.206 3平方千米，2007年9月24日经国务院批准对外开放，是我国在华南地区设立的首个保税港区。主要规划为4个区，即港口作业区、仓储物流中转区、出口加工区、研发加工制造区，具有口岸、物流、加工三大功能。截至2020年年底，保税港区累计注册企业642家，相比2019年年底企业注册累计数138家增加了

3.65倍。2020年，新设企业504家（其中新设外商投资企业16家），比2019年增长了35倍。其中，6月1日至12月31日，新设企业478家，占2020年新设企业总数的94.84%。2020年，保税港区进出口值同比增长4.6倍，工业总产值同比增长1.8倍，经营总收同比增长20倍，税收同比增长7.4倍，企业固定资产投资同比增长30倍。

【八所水运（海港）口岸】 八所水运（海港）口岸位于海南省西部东方市八所镇境内，北黎湾的西南部，1958年对外开放。八所港是海南省重要的工业港，是集装卸、仓储、运输、配送、贸易为一体、功能齐全的综合性深水良港，也是环北部湾经济圈主要的贸易港口，主要输出海南铁矿石。八所海港口岸现有3个作业区共12个泊位，万吨级以上泊位9个，千吨级以上2个，年设计综合吞吐能力1 263万吨。八所海港口岸开通了国内、国际航线，与国内沿海各港口以及20多个国家和地区通航。2020年，八所海港口岸出入境船舶165艘次，同比增长15.38%；出入境货物354.13万吨，同比增长1.18%。

2020年海南省口岸大事记

1月15日

海口出入境边检总站召开港口边检综合管理信息系统和边检行政许可网上窗口启用工作推进会。

1月17日

海口出入境边检总站召开推进“温暖国门 迎您回家”主题活动视频调度会。

1月24日

海口海关召开新冠肺炎疫情应对工作领导小组会议。

2月3日

海口出入境边检总站认真研究部署应对新冠肺炎疫情工作。

2月24日

海口出入境边检总站扎实推进疫情防控期间全警实战大练兵工作。

3月5日

美兰边检站组织党员先锋队担负防控疫情急难险重任务。

3月6日

海南省副省长王路一行到海口美兰机场口岸调研指导防范境外疫情输入工作。

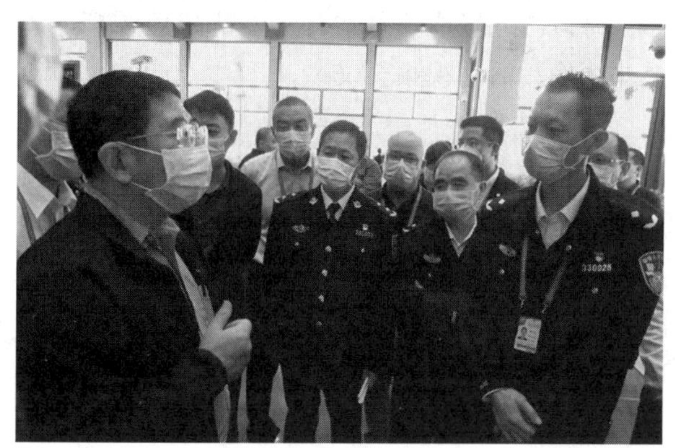

3月17日

时任海南省委书记刘赐贵、省长沈晓明高度肯定海口出入境边检总站工作，召开海南省应对疫情工作领导小组第十一次会议。

3月18日

时任海南省省长沈晓明一行到三亚凤凰口岸调研指导防范境外疫情输入工作。

3月24日

海南省委常委、省委宣传部部长肖莺子在海口海关调研。

3月31日

海口出入境边检总站总站长李学恩陪同省公安厅厅长闫希军在海口调研海南自由贸易港免签外国人离岛防控工作。

海口出入境边检总站召开防疫数据应用情况梳理排查工作会议。

4 月 3 日

海口出入境边检总站组织开展支援离岛管控工作培训暨警力进驻动员部署会。

4 月 14 日

海口出入境边检总站召开疫情防控暨打击海上非法偷渡活动视频会议。

4 月 22 日

海口出入境边检总站与华为技术有限公司就总站信息化建设开展交流研讨，双方就大数据建设、网络架构、AI 发展、数据共享、人才队伍培养等方面进行了交流研讨。

4 月 23 日

海口出入境边检总站党委书记、总站长李学恩同志现场调研指导美兰国际机场 T2 航站楼边检设施建设工作。

4 月 30 日

海南海事局向中国科学院深海科学与工程研究所所属“探索二号”轮颁发船舶证书，标志着我国万米载人深潜试验工程支持保障母船“探索二号”获得了“身份”证明和通行证。

5 月 14 日

三亚边检站为外籍钻井平台入境提供优质通关服务。

5 月 19 日

海口出入境边检总站召开深入学习习近平总书记“5・19”重要讲话精神暨美兰边检站荣获“模范边检站”荣誉称号三周年纪念大会。

5 月 27 日

海口海关召开 2020 年海南口岸安全风险联合防控专题会议。

5 月 30 日

公安部党委委员、副部长，国家移民管理局

党组书记、局长许甘露同志莅临海南调研指导公安移民管理工作，与海南省委常委、政法委书记刘星泰同志在海口出入境边检总站举行工作会谈。

5月31日

海关总署副署长邹志武在海口美兰机场免税店调研。

6月4日

“中远海运兴旺”轮获颁首张以“中国洋浦港”为船籍港的船舶国籍证书，成为海南自由贸易港登记的第一艘国际航行船舶。这标志着海南自由贸易港国际船舶登记政策正式启动，也是《海南自由贸易港建设总体方案》出台以来的首项政策落地实施。

6月23日

海口海关关长施宗伟陪同时任海南省省长沈晓明到文昌调研经济社会发展情况。

6月29日

时任海南省省长沈晓明在海口海关调研。

时任海南省省长沈晓明在新海港离岛免税提货点查看离岛旅客提货流程。

7月1日

海口出入境边检总站召开庆祝中国共产党成立99周年大会。

经国家移民管理局批复同意，海口出入境边检总站协助省公安厅59国免签外国人离岛管控工作组正式运行。

7月15日

海口出入境边检总站召开疫情防控暨打击非法出入境活动视频会议。

7月16日~18日

交通运输部副部长刘小明赴海南调研琼州海峡客滚运输港航一体化发展情况。

8 月 11 日

海口出入境边检总站与海南海警局举行签约仪式，共同签署《海口边检总站 海南海警局执勤执法协作办法》。

8 月 14 日

海口出入境边检总站召开“坚持政治建警全面从严治警”教育整顿动员部署会。

8 月 20 日

海南省委常委、常务副省长毛超峰到三亚凤凰国际机场检查指导专机航班通关保障工作。

9 月 1 日

海南省直系统 2020 年“最美家庭”颁奖仪式在省税务局报告厅隆重举行，海口出入境边检总站三户家庭获省直机关“最美家庭”称号。

9 月 4 日

国家移民管理局调研组到海口出入境边检总站开展自由贸易港移民与出入境管理政策措施调研。

9 月 20 日

海口出入境边检总站在凤凰、美兰边检站分别召开支援深圳总站民警归建欢迎会，热烈欢迎 50 名支援深圳总站工作的民警归队。

10 月 28 日

海关总署副署长王令浚在海口海关所属马村港海关调研。

10 月 30 日

海口出入境边检总站召开抗击新冠肺炎疫情表彰大会。

11 月 3 日

交通运输部海事局批复同意海南海事局印发《海南自由贸易港国际船舶登记程序规定》。

11 月 5 日~6 日

海南海事局受邀参加首届“海洋合作与治理论坛”大型国际学术研讨会。

11 月 6 日

海南省委常委、常务副省长毛超峰深入美兰国际机场调研 T2 航站楼建设情况。

11 月 19 日

驻海关总署纪检监察组组长陶治国在博鳌乐城国际医疗旅游先行区调研。

12 月 2 日

海南省委书记沈晓明一行到洋浦海事局政务中心现场调研指导海南自由贸易港国际船舶登记工作。

12 月 8 日

全国人大常委会法工委到海南开展《海上交通安全法》修订工作调研。交通运输部海事局党组书记、局长曹德胜同志参加调研。

12 月 12 日

海南自由贸易港第十批制度创新案例集中发布。

（撰稿人：吴丽蕾、杨荣强、高磊、任永锋）

2020 年海南省口岸流量统计表

口岸类型	口岸名称	货运量（万吨）				集装箱量（万标箱）				人员（万人次）				交通工具（辆、艘、架、列次）			
		出口	进口	合计	同比（%）	出口	进口	合计	同比（%）	出境	入境	合计	同比（%）	出境	入境	合计	同比（%）
空运口岸	海口			0.205 5	-14.62					7.38	7.76	15.14	-86.75	579	578	1 157	-86.39
	三亚			0.077 9	1.30					7.76	6.16	13.92	-84.33	480	479	959	-85.00
	分计			0.283 4	0.03					15.14	13.92	29.06	-85.69	1 059	1 057	2 116	-85.79
水运口岸 海港口岸	海口	36.66	329.18	365.84	0.04	3.26	2.83	6.10	-46.11	0.38	0.38	0.76	-92.25	155	250	405	4.90
	八所	62.56	291.57	354.13	-0.04	0.00	0.00	0.00		0.18	0.17	0.35		79	86	165	16.20
	三亚	0.00	0.70	0.70		0.01	0.00	0.01		1.32	1.36	2.68	170.86	62	87	149	4.19
	洋浦	514.45	2 580.57	3 095.02	35.57	8.72	11.60	20.32	364.09	3.10	2.96	6.06		1 828	1 780	3 608	-1.20
	清澜	0.00	0.00	0.00	-100.00	0.003 5	0.010 4	0.14		0.00	0.00	0.00		0	0	0	-100.00
	分计	613.67	3 202.03	3 815.69		12.00	14.44	26.44		4.98	4.86	9.85		2 124	2 203	4 327	-1.56
合计		613.67	3 202.03	3 815.69		12.00	14.44	26.44		20.12	18.79	38.91		3 183	3 260	6 443	
同比（%）		19.61	13.81	16.15		28.15	46.97	37.79		-88.43	-89.04	-88.86		-66.91	-66.29	-66.60	

（海南省商务厅提供）

2020年海南省口岸出入境主要数据表

<table>
<tr><th colspan="3">项　目</th><th>2020年</th><th>2019年</th><th>同比（%）</th></tr>
<tr><td rowspan="14">出入境人员（人次）</td><td colspan="2">出入境人员总数</td><td>388 374</td><td>2 849 924</td><td>-86.37</td></tr>
<tr><td colspan="2">入境人员</td><td>188 256</td><td>1 417 388</td><td>-86.72</td></tr>
<tr><td colspan="2">出境人员</td><td>200 118</td><td>1 432 536</td><td>-86.03</td></tr>
<tr><td colspan="2">出入境旅客</td><td>287 038</td><td>2 619 473</td><td>-89.04</td></tr>
<tr><td colspan="2">出入境员工</td><td>101 336</td><td>230 451</td><td>-56.03</td></tr>
<tr><td rowspan="4">中国公民</td><td>小计</td><td>189 250</td><td>1 567 293</td><td>-87.93</td></tr>
<tr><td>内地居民（含因公、因私）</td><td>24 340</td><td>1 184 039</td><td>-97.94</td></tr>
<tr><td>港澳居民</td><td>19 386</td><td>207 804</td><td>-90.67</td></tr>
<tr><td>台湾同胞</td><td>10 135</td><td>175 450</td><td>-94.22</td></tr>
<tr><td colspan="2">外籍人员</td><td>199 124</td><td>1 282 631</td><td>-84.48</td></tr>
<tr><td colspan="2">从海港出入境人数</td><td>98 838</td><td>83 005</td><td>19.07</td></tr>
<tr><td colspan="2">从陆港出入境人数</td><td></td><td></td><td></td></tr>
<tr><td colspan="2">从空港出入境人数</td><td>289 536</td><td>2 766 919</td><td>-89.54</td></tr>
<tr><td colspan="2"></td><td></td><td></td><td></td></tr>
<tr><td rowspan="5">交通运输工具（辆、艘、架、列次）</td><td colspan="2">总计</td><td>6 872</td><td>23 490</td><td>-70.74</td></tr>
<tr><td colspan="2">船舶</td><td>4 758</td><td>4 874</td><td>-2.38</td></tr>
<tr><td colspan="2">飞机</td><td>2 114</td><td>18 616</td><td>-88.64</td></tr>
<tr><td colspan="2">火车</td><td></td><td></td><td></td></tr>
<tr><td colspan="2">机动车辆</td><td></td><td></td><td></td></tr>
</table>

（海口出入境边检总站提供）

2020 年海口海关主要数据统计表

项　目		2020 年	2019 年	同比（%）
进出口货运量（万吨）	合计	3 739.5	3 405.3	9.8
	进口	3 100.0	2 815.0	10.1
	出口	639.5	590.3	8.3
进出口贸易总值（万美元）	合计	1 534 190.4	1 677 010.4	-8.6
	进口	1 181 165.9	1 221 689.4	-3.3
	其中：江、海运输	808 258.1	920 156.7	-12.2
	铁路运输	0.0	0.0	—
	汽车运输	12 697.5	38 390.0	-66.9
	航空运输	359 757.5	259 942.4	38.4
	邮件运输	452.7	410.8	10.2
	其他运输	0.0	2 789.4	-100.0
	出口	353 024.5	455 321.0	-22.5
	其中：江、海运输	277 306.2	376 851.5	-26.4
	铁路运输	1.5	0.0	—
	汽车运输	509.2	1 096.3	-53.6
	航空运输	18 977.4	52 850.6	-64.1
	邮件运输	96.0	50.4	90.5
	其他运输	56 134.3	24 472.3	129.4
税收（万元）	两税合计	637 748.7	814 919.8	-21.7
	关税入库	63 228.6	78 514.9	-19.5
	进口环节税入库	574 520.0	736 404.9	-22.0

表注：统计口径为报关关别在海口海关的贸易数据。

（海口海关提供）

2020 年海南海事局进出港船舶统计汇总表

船舶类别	进港船舶							出港船舶						
	艘数（艘）	总吨（吨位）	总载重量（吨）	载客量（客位）	船员人数（人次）	货物到达量（吨）	旅客到达量（人）	艘数（艘）	总吨（吨位）	总载重量（吨）	载客量（客位）	船员人数（人次）	货物发送量（吨）	旅客发送量（人）
总　计	99 335	455 986 024	256 462 715	33 120 898	1 684 624	112 333 392. 6	8 198 373	93 298	456 493 056	257 268 947	32 542 066	1 664 060	83 412 385. 83	7 869 382
中国籍船舶	97 149	416 768 593	194 590 542	33 109 108	1 643 413	82 197 250. 1	8 198 373	91 101	417 239 356	195 462 981	32 530 276	1 622 659	77 667 210. 42	7 869 382
其中外贸船	284	1 864 580	2 697 105	0	3 853	1 347 292. 81	0	392	4 285 899	6 334 076	0	5 646	678 164. 89	0

（海南海事局提供）

重 庆 市

重庆市口岸分布示意图

序号	类型	口岸名称	批准开放时间	开放状态
1	空运口岸	重庆空运口岸	1994	国际常年
2	水运口岸	重庆水运口岸	2010	限中国籍

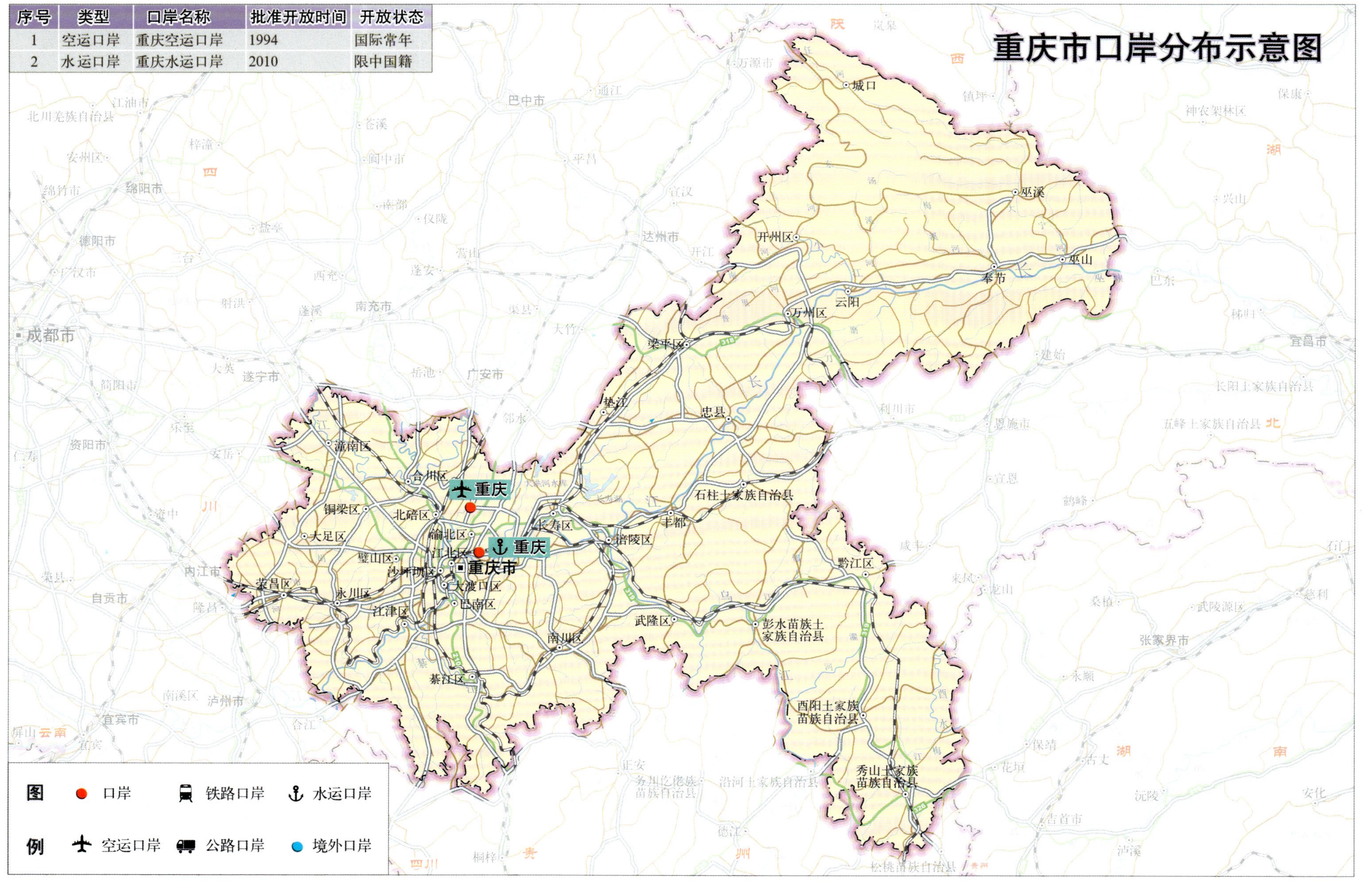

口岸数量及分布

截至2020年年底，重庆市共有经国务院批准的对外开放口岸2个，分别是重庆空运口岸（重庆江北国际机场）、重庆水运（河港）口岸。

口岸运行数据

2020年，受到新冠肺炎疫情影响，航空口岸方面，累计开通国际（地区）航线101条（其中客运79条、货运22条，直飞航线89条、非直飞航线12条），通航国家和地区33个，通航城市74个。重庆空运口岸（重庆江北机场）出入境人员33.12万人次（占机场整体吞吐量的0.94%），同比减少90.28%；检查出入境航班5 656架次，同比减少75.62%；国际货邮吞吐量15.1万吨，同比减少4.9%。重庆空运口岸（万州机场）出入境人员0.45万人次，同比减少95.60%；检查出入境航班36架次，同比减少91.57%。

水运口岸方面，重庆市完成外贸集装箱运输39.59万标箱，同比减少5.5%。其中，寸滩港完成35.41万标箱，同比减少3.1%；果园港完成1.82万标箱，同比减少21.1%；万州港完成0.87万标箱，同比减少19%；涪陵港完成1.49万标箱，同比减少24.6%。

铁路口岸方面，完成外贸集装箱运输24.38万标箱，同比增加38.5%；汽车整车进口5 051辆，同比减少30.96%。中欧班列（渝新欧）开行折算列2 603班，同比增加72%；完成集装箱运输22.2万标箱，同比增加65%；运输货值900亿元，同比增加65%；综合重载率96%，同比增加3.35%；通过铁铁、铁水联运箱量超6.5万标箱，同比增加超过250%。渝甬班列全年开行335列，同比增加166%；完成集装箱运输2.6万标箱，同比增加193%，运输货值70亿元。

公路口岸方面，跨境公路班车共计发车2 824车次，同比增加126%；运输总货值约13.97亿元，同比增加117%；回程班车132车次，同比增加247%。

跨境电商累计完成交易3 149.25万单，同比增加23.79%；交易额66.53亿元，同比增加21.70%；征收税款5.28亿元，同比增加10.84%。

口岸综合管理

【持续推进口岸重点工作】 一是抓紧推动万州机场正式开放，2020年12月以重庆市政府名义向国务院报送请示，现已进入国家口岸管理办公室审理程序。二是高标准推进口岸设施建设项目，指导两江新区管委会加快推进果园港口岸查验基础设施建设，确保如期通过国家验收。三是全力争取铁路口岸正式开放，会同南京海关等单位做好铁路口岸开放工作专题研究，持续反映铁路口岸正式开放的合理诉求。四是提前完成国务院确定的压缩整体通关时间目标任务，重庆口岸进出口整体通关时间较2017年分别压缩71.46%、97.41%。

【持续完善开放口岸功能体系】 一是统筹开展重庆口岸发展“十四五”规划编制，并按照国家口岸管理办公室和重庆市委市政府编制“十四五”规划各项部署，以重庆市政府名义向海关总署申报了“1+4+5”等10个口岸开放项目。二是全程指导万州区做好万州机场正式开放准备工作，积极协调重庆海关、重庆出入境边检总站及市级有关部门解决申报中的重难点问题。三是统筹指导综合性指定监管场地申报工作，海关总署于2020年12月批复同意在重庆江北机场航空口岸和果园港口岸各设立1个综合性指定监管场地，重庆铁路口岸也首次获批设立进境肉类指定监管场地。

【持续提升口岸保障服务水平】 一是聚焦公开透明，提升管理水平。强化收费目录清单动态管理，会同发展改革、财政、市场监管、海关等部门开展重庆口岸收费清理工作，指导收费主体动态调整、公示进出口收费目录清单，累计规范收费项目7个，调整形成9个方面16个目录清单；不断完善重庆口岸作业流程时限标准，细化并公开口岸经营服务企业场内转运、掏箱查验、交付提箱等 103 个作业流程时限标准。二是发挥协调作用，提升保障水平。经过海关总署及重庆市各方反复协调，海关总署署长倪岳峰和重庆市市长唐良智于 2020 年 5 月签署《署市合作备忘录》，并印发任务分工方案推动落实，以项目化、清单化、节点化方式解决实际问题；进一步深化通关服务保障措施，会同重庆海关继续巩固拓展 7×24 小时通关服务保障成效，为进出口企业提供全时段、无间断通关服务。三是积极推动重庆口岸通关和作业设施设备智能升级，建设智慧口岸作业场所和查验平台。截至 2020 年年底，“集装箱智能化理货系统”已为果园港口岸智能理货提供技术支撑，边检自助通道、智能辅助查验机器人已在江北机场航空口岸常态化运行，远程操控自动化起重设备已在铁路口岸投用，提升了铁路口岸通关作业效率和智能化水平。

【持续推进跨境贸易便利化】 一是扎实开展促进跨境贸易便利化专项行动。以重庆市政府办公厅名义印发了《重庆市促进跨境贸易便利化工作方案》。撰写的《重庆市高质量开展跨境贸易便利化专项行动　全力助推内陆国际物流枢纽和口岸高地建设》专报信息被国家口岸管理办公室《口岸简讯》全文刊登，向有关部委和各省区市口岸办推广重庆市经验做法。二是推动转关监管“离港确认”模式落地实施。在海关总署、国家口岸管理办公室大力支持下，在全国首次开展水运进口转关“离港确认”模式试点，将口岸国际物流“串联作业”优化为“并联作业”，转关时间压缩 90%以上，受到重庆市外贸企业的广泛好评。三是成功试点进口货物“船边直提”和出口货物“抵港直装”。实现进口货物验放“零等待”、出口货物装船“零延时”，为企业提供了更多可选择的通关模式，进一步提高了通关效率，降低了企业成本。四是协调沪渝直达快线班轮制度化享受优先作业。会同沪渝两地口岸管理部门在上海签署了《关于支持开行“沪渝直达快线”共同提升跨境贸易便利化水平合作协议》，通过江船“中途不停、互换舱位”、海关“提前转关申报”、港口“限时作业”、三峡船闸“定时过闸”等方式，将重庆出口货物下水时间控制在 10 天、进口货物上水时间控制在 12 天，累计开行渝沪直达快线 899 航次，运输集装箱 19.7 万标箱。

【持续增强应对风险挑战本领】 一是积极承担相关疫情防控工作，牵头制定《疫情防控物资进口企业关税总担保业务暂行办法》，积极协调重庆国际物流集团和建设银行及时为防控物资进口企业提供 1 000 万元关税担保，确保防控物资快速投入抗疫前线。二是积极协调防疫物资快速通关，积极参与进口防疫物资包机筹备各项工作，全过程协调进口企业、金融机构、海关、边检、机场等部门，为进口防疫物资包机快速通关开辟绿色通道，保障防疫物资即到即放、“零延时”通关，有效支持了重庆市防疫物资进口工作。三是全力以赴防范境外输入风险，认真按照防控工作要求切实做好口岸领域相关工作，统筹做好进口高风险非冷链集装箱货物检测和预防性消毒工作，会同各兄弟处室、中心共同指导各区县及相关单位做好检测和预防性消毒，督导相关责任主体严格组织实施，耐心细致为区县、企业做好政策解读。

口岸监管与服务

【重庆出入境边检总站严防严控疫情输入】 一是研究制定查验指引 8 项，细化防控措施 130 余条，第一时间与海关启动防控协作机制，固化形成以边检机关数据核查为先导、机场海关排查转运、属地隔离监管的工作模式。二是全体民警职工连续 300 余天保持高等级勤务，推送涉渝涉疫人员信息 6.2 万余条，协助隔离确诊病例和无症状感染者 58 人，助力形成“舱门”到“家门”防疫闭环，取得了国门口岸涉疫重大事件“零发生”、内部人员“零感染”的优异成绩。

【重庆出入境边检总站严密管控建设平安口岸】 一是加强口岸管控的新措施新办法研究，

制定和修订勤务调整、查验流程、货包机检查、人员转运、应急预案等制度规范 20 余项。二是坚持后台提前核查预警和前台“五必问”“齐眉验证”，全量实施公务机、货机登机查验和清舱检查，扎实开展暴恐音视频检查，重点核查涉恐高风险入境人员，确保口岸绝对安全。三是深入开展打击治理跨境违法犯罪专项活动，加大口岸查阻力度，推动建立长效机制，有力遏制了涉赌人员经重庆口岸中转出境的高发势头。四是牵头召开边检、海关、航司三方座谈，强化货机联合登临、执法互认和线索互通。

【重庆海事局持续强化安全监管工作】 一是做好外贸运输港口及通航水域的安全维护工作；开展枯水期自然航段通航环境巡航实船调研，形成了《长江上游佛面滩至界石盘航段船舶通航安全管理规定》修改调研分析报告；实施了丰涪段汛期临时交通管制。二是严把船舶登记和现场监督关，杜绝船舶不适航、船员不适任的集装箱船舶进行集装箱货物运输，确保水路外贸货物的运输安全。2020 年，重庆海事局共收到船舶进出港报告 220 850 艘次；货物装卸量 2.51 亿吨，其中集装箱装卸量 103.3 万标箱；开展船舶安全检查 2 841 艘次，其中初查 1 312 艘次，查改缺陷 6 057 项；船舶现场监督检查 13 841 艘次，其中初查 10 072 艘次，检查发现问题或违章 9 713 项；审批载运危险货物船舶进出港申报 4 691 艘次，保障安全运输危险货物集装箱出港 113 标箱，载运包装（集装箱）危险货物船舶现场检查 5 艘次，检查率 83.3%，确保了危险货物集装箱的运输安全。

【重庆海事局切实落实放管服措施】 一是 2020 年办理各类无线电证书证照 1 477 份，解决了重庆市航运企业及有船单位需要长途赴京办证的难题。二是开展“尚行 360”政务品牌服务。三是实施“首问制”“预约服务”“并联办理制”等便民措施，进一步落实海事行政许可“绿色通道”制度，除当场办结和一日内办结的许可事项外，办结时间一律压缩 50%，大幅节省船东船舶抵押贷款利息、船舶投入营运时间。四是推广运行海事服务终端和外网申报，行政许可网上办理率 64%。五是落实优化营商环境“420”措施，推行船员适任证书随到随考，减轻船员负担。

【重庆海关打好打赢疫情防控阻击战】 一是迅速搭建疫情防控信息化系统，实现“多岗合一”和“一键流转”，旅检岗位数量精简 36%，人力资源节约 30%，平均压缩航班检疫时间超过 33%，为常态化防控打下坚实基础。二是严肃开展防疫物资质量安全专项监管，推广“一站式办公”模式，对进出境防疫物资和复工复产原材料、机器设备、零部件和农产品、生活必需品实行“零等待”快验快放，在确保通关时效基础上，查发 89 票异常防疫物资，取样送检 20 批次。三是规范开展进口冷链商品风险监测录证工作，制定《重庆海关进口冷链食品及包装新型冠状病毒检测采样录证参考》，对冷链监管工作开展常态化监控，累计对 110 余份报关单专项检查，制发整改单 28 份，确保采样工作录证不断规范。

【重庆海关全力以赴落实“六保六稳”】 一是支持中欧班列枢纽建设。推动《重庆海关支持中欧班列（重庆）发展十八条措施》落地落实，“中欧班列（重庆）邮件集运智能化监管”创新举措得到海关总署肯定并予以备案；率先开通“中国邮政号”班列，实现常态化规模化运邮；积极参与海关总署中欧班列“快通”项目研究，形成全新班列监管模式，为内陆开放高地建设贡献重庆经验和智慧；推动“关铁通”项目在中欧班列（重庆）进行实货测试，在全国首个通过中欧班列与匈牙利海关开展常态化安智贸国际合作；在全国首次测试中欧班列快件运输，疫情期间中欧班列（重庆）疏运邮件 1 700 余万件，发运专列 14 班，占全国同期疏运量的 65%以上，发运防疫物资 1 554 批，价值 2.99 亿美元，集结中心成效明显，在国际海运、空运受疫情影响大幅萎缩的严峻形势下，充分展现了中欧班列战略通道支撑作用。二是推进长江水运通道建设。在全国率先开展转关“离港确认”模式试点，推动“沪渝快线”增量运行达 714 班、15.7 万标箱，大幅压缩口岸作业时间并为企业节约滞报金上百万元；协同沿江海关针对企业急需，采取换装应急措施应对长江洪水灾害，2020 年汛期换装运输工具共 178 个集装箱；投用查验预约和直提直装系统，在寸滩港启动了货物船边直提和抵港直装。三是持续推进陆海新通道建设。发挥海铁联运通道优势，支持冷链、整车、药品进口常态化运行；助力内陆企业创新铁路箱参与班轮运输；实现陆海新通道和中欧班列之间的高效衔接。四是全力推进跨境电商 B2B 出口试点落地。第一时间与重庆市政府相关部门成立联合工作组，提前打通各环节卡点，召开新业务监管政策宣讲会，向企业进行政策宣介，指导企业对接海关信息化系统，安排专班 24 小时保障，确保 B2B 首发专列通关顺利，实现关区 B2B 直接出口、海外仓出口等业务模式全覆盖，为跨境电商发展注入新动能。

【重庆海关稳步提升治理现代化水平】 一是推进进境托运行李先期机检，实现进境重点航班托运行李 100%先期机检作业，征税比显著提升，通关速度提升 60%。二是着力优化监管作业，协同风控和现场海关提升机检作业比例，截至 2020 年 10 月关区机检达 60%以上，达到全国较高水平；实施“货主不到场”查验，已开展免到场查验作业 100 余次；为重点企业提供“渝快查”服务，口岸海关和属地海关加强协同，一次性完成口岸和目的地检查。三是积极推进监管场所建设，牵头成立专家组对水、铁、空三个“指定监管场地”、北斯隔离检疫场和中恒荣新种猪隔离检疫场的建设和申报工作进行全流程指导，举办政策宣贯会，扎实做好前期工作，北斯隔离检疫场已获海关总署验收通过。四是持续完善监控指挥体系建设，坚持监控指挥中心常态化运行，疫情期间累计开展专项监控指挥 90 余次，累计开展日常监控巡查 400 余次，发现问题 40 余项，全部整改到位，关区视频联网在线率大幅度提升，达 98%。

【重庆海关大力保卫国门安全】 一是持续强化正面监管，落实口岸查验各项要求，制订《口岸监管处打击走私违法犯罪活动方案》，指导现场加强对珍稀动植物、“洋垃圾”、枪爆毒品等重点敏感物品走私进境的查缉力度。二是着力提升反恐处突能力，组织召开关区反恐工作会，模拟口岸生物涉恐突发事件，组织直属海关反恐实战演练，配合地方开展重庆 2020 反生化恐怖袭击桌面推演；关区核辐射探测应用系统全面上线运行。三是加强安全生产管理，认真落实《重庆海关安全生产专项整治三年行动实施方案》，开展安全生产专项整治三年行动，建立健全风险隐患排查和突出问题自查自纠长效机制，累计排查隐患 82 条，完成整改 79 条，开展长期整改 3 条；组织安全生产应急处置演练，提升安全防护意识和应急处置能力；与安全主管部门加强协作，不断完善联防联控机制，形成监管合力。

开放口岸

【重庆空运口岸（重庆江北国际机场）】 重庆江北国际机场位于重庆市渝北区两路街道，距离市中心 19 千米；于 1990 年 1 月 22 日正式建成通航；1987 年开通香港包机航班；1995 年，国务院批准对外国籍飞机开放，重庆空运口岸正式开放。

重庆江北国际机场为 4F 级民用国际机场，于 2005 年 10 月完成二期扩建工程，2010 年 12 月完成三期扩建工程，2017 年 8 月完成四期扩建工程。重庆江北国际机场现拥有 T1、T2、T3 航站楼共 3 座，共计 73 万平方米；跑道 3 条，长度分别为 3 200 米、3 600 米、3 800 米；停机坪 166 万平方米、机位 209 个、货运区 23 万平方米。重庆江北国际机场可保障年旅客吞吐量 4 500 万人次、货邮吞吐量 110 万吨、飞机起降 37.3 万架次。

【重庆水运（河港）口岸】 重庆河港口岸地处长江上游，位于重庆市江北区寸滩镇，重庆朝天门下游约 6 千米的长江北岸。港区水域条件优越，陆域开阔，通过重庆内环快速干道与成渝、渝黔、渝遂、渝临、渝宜、渝武等多条高速公路相连，紧邻渝怀铁路唐家沱铁路货运站，距重庆江北国际机场约16千米，是长江上游内河深水港区。重庆水运口岸（寸滩港）始建于2003年，2010年获批对外开放，2019年获批扩大开放果园港区。

【重庆空运口岸（万州五桥机场）（临时开放）】 重庆万州五桥机场（简称万州机场）位于重庆市万州区长江南岸毡帽山顶，距万州城区直线距离约5千米，公路距离约15千米。万州机场于1997年11月由国务院批准立项，2000年年初正式开工建设，2003年5月29日建成通航，2015年3月1日首次获批临时对外开放。

万州机场按4D级规划，按4C级建设，海拔高程为567米，属高挖高填类机场，飞行区长3 000米，宽300米。机场跑道全长2 400米，宽45米，停机坪19 200平方米，停机位5个，可满足A320、B737同类及其以下机型的起降，航站楼面积5 780平方米，设计年吞吐旅客50万人次。

【重庆陆路（铁路）口岸（临时开放）】 重庆铁路口岸前身是团结村铁路集装箱中心站，地处襄渝线（兴隆场站—珞璜站）东侧，始建于1975年，2013年12月25日由国家口岸管理办公室批准临时对外开放。重庆铁路口岸规划建设用地面积约7.7万平方米，监管场所围网面积约7.3万平方米，总建筑面积超过1.5万平方米。

2020年重庆市口岸大事记

1月3日

海南航空公司开通每周2班重庆—奥克兰客运经停航线。

1月22日

泰国狮子航空公司开通重庆—清莱包机客运直飞航线。

2月26日

重庆、上海两地海关开展水运进口转关“离港确认”模式改革试点。

5月31日

南方航空公司开通每周2班重庆—法兰克福货运直飞航线。

6月19日

阿特拉斯航空公司开通每周3班重庆—芝加哥货运经停航线。

6月24日

重庆万州机场对外开放纳入2020年度口岸开放审理计划。

7月1日

重庆东盟公路班车中亚线开通。

永川港正式开通外贸直航，首批货物从永川港理文码头出发直接出口印度。

10月

重庆陆港型国家物流枢纽入选2020年国家物流枢纽建设名单。

10月28日

四川航空公司开通每周2班重庆—新加坡货运经停航线。

11月1日

四川航空公司开通每周1班重庆—大阪货运直飞航线。

11月5日

重庆水运口岸营商环境优化系统平台上线。

12月30日

海关总署批复同意在重庆江北国际机场航空口岸设立进境肉类、冰鲜水产品、水果、食用水生动物、植物种苗综合性指定监管场地，在重庆港果园港区设立进境肉类、粮食、水果综合性指定监管场地，在重庆铁路场站设立进境肉类指定监管场地。

（撰稿人：高世上、彭宇、陈泽夫）

2020 年重庆市口岸流量统计表

口岸类型	口岸名称	货运量（万吨）				集装箱量（万标箱）				人员（万人次）				交通工具（辆、艘、架、列次）			
		出口	进口	合计	同比（%）	出口	进口	合计	同比（%）	出境	入境	合计	同比（%）	出境	入境	合计	同比（%）
空运口岸	江北机场	17.06	2.75	19.81	-7.71					16.71	16.41	33.12	-90.29	3 033	2 623	5 656	-75.62
空运口岸	分计	17.06	2.75	19.81	-7.71					16.71	16.41	33.12	-90.29	3 033	2 623	5 656	-75.62
陆路口岸 铁路口岸		36.48	119.96	156.44	66.59	8.93	13.17	22.10	59.48								
陆路口岸 铁路口岸	分计	36.48	119.96	156.44	66.59	8.93	13.17	22.10	59.48								
水运口岸 河港口岸		240.78	288.20	528.98	2.87	20.19	14.74	34.93	2.54					110 362	110 485	220 847	-22.33
水运口岸 河港口岸	分计	240.78	288.20	528.98	2.87	20.19	14.74	34.93	2.54					110 362	110 485	220 847	-22.33
合计		294.32	410.91	705.23	12.01	29.12	27.91	57.03	16.96	16.71	16.41	33.12	-90.29	113 395	113 108	226 503	-26.35
同比（%）		3.96	18.59	12.01		31.71	31.71	16.96		-90.29	-90.28	-90.29		-26.37	-26.34	-26.35	

（重庆市口岸办提供）

2020 年重庆市口岸出入境主要数据表

项　目			2020 年	2019 年	同比（%）
出入境人员（人次）	出入境人员总数		331 229	3 410 722	-90.29
	入境人员		164 146	1 689 070	-90.28
	出境人员		167 083	1 721 652	-90.30
	出入境旅客		292 415	3 201 936	-90.87
	出入境员工		38 814	208 786	-81.41
	中国公民	小计	295 093	3 058 712	-90.35
		内地居民（因公）	15 025	86 530	-82.64
		内地居民（因私）	252 594	2 712 101	-90.69
		港澳居民	10 334	81 917	-87.38
		台湾同胞	17 140	178 164	-90.38
	外籍人员		36 136	352 010	-89.73
	从海港出入境人数				
	从陆港出入境人数				
	从空港出入境人数		331 229	3 410 722	-90.29
交通运输工具（辆、艘、架、列次）	总计		5 656	23 208	-75.63
	船舶				
	飞机		5 656	23 208	-75.63
	火车				
	机动车辆				

（重庆出入境边检总站提供）

2020 年重庆海关主要数据统计表

项　目		2020 年	2019 年	同比（%）
进出口货运量（万吨）	合计	718.56	635.68	13.04
	进口	418.36	349.98	19.54
	出口	300.20	285.70	5.08
进出口贸易总值（万美元）	合计	7 940 755.18	7 154 333.67	10.99
	进口	2 822 564.58	2 502 790.25	12.78
	其中：江、海运输	415 326.93	402 993.13	3.06
	铁路运输	211 966.98	132 777.67	59.64
	汽车运输	193 573.50	168 132.52	15.13
	航空运输	2 000 127.97	1 796 855.46	11.31
	邮件运输	927.32	1 969.51	-52.92
	其他运输	641.88	61.97	935.79
	出口	5 118 190.61	4 651 543.42	10.03
	其中：江、海运输	1 492 080.86	1 598 614.85	-6.66
	铁路运输	839 204.14	566 084.16	48.25
	汽车运输	295 718.84	130 138.38	127.23
	航空运输	2 483 840.01	2 354 182.68	5.51
	邮件运输	7 342.03	2 502.87	193.34
	其他运输	4.72	20.48	-76.95
税收（万元）	两税合计	1 371 613.39	1 445 407.25	-5.11
	关税入库	153 156.82	184 669.73	-17.06
	进口环节税入库	1 218 456.57	1 260 737.52	-3.35

（重庆海关提供）

2020年重庆海事局进出港船舶统计汇总表

船舶类别	进港船舶							出港船舶						
	艘数（艘）	总吨（吨位）	载重吨（吨）	实载客量（人）	船员人数（人次）	货物到达量（吨）	旅客到达量（人）	艘数（艘）	总吨（吨位）	载重吨（吨）	实载客量（人）	船员人数（人次）	货物发送量（吨）	旅客发送量（人）
总　计	110 485	314 719 639	748 471 095 741	6 170 469	1 126 460	139 208 836.8	4 863 521	110 362	313 597 168	604 121 717 136	1 129 521	1 129 521	111 359 784.4	3 019 794
中国籍船舶	110 485	314 719 639	748 471 095 741	6 170 469	1 126 460	139 208 836.8	4 863 521	110 362	313 597 168	604 121 717 136	1 129 521	1 129 521	111 359 784.4	3 019 794
其中外贸船														

（重庆海事局提供）

四　川　省

四川省口岸分布示意图

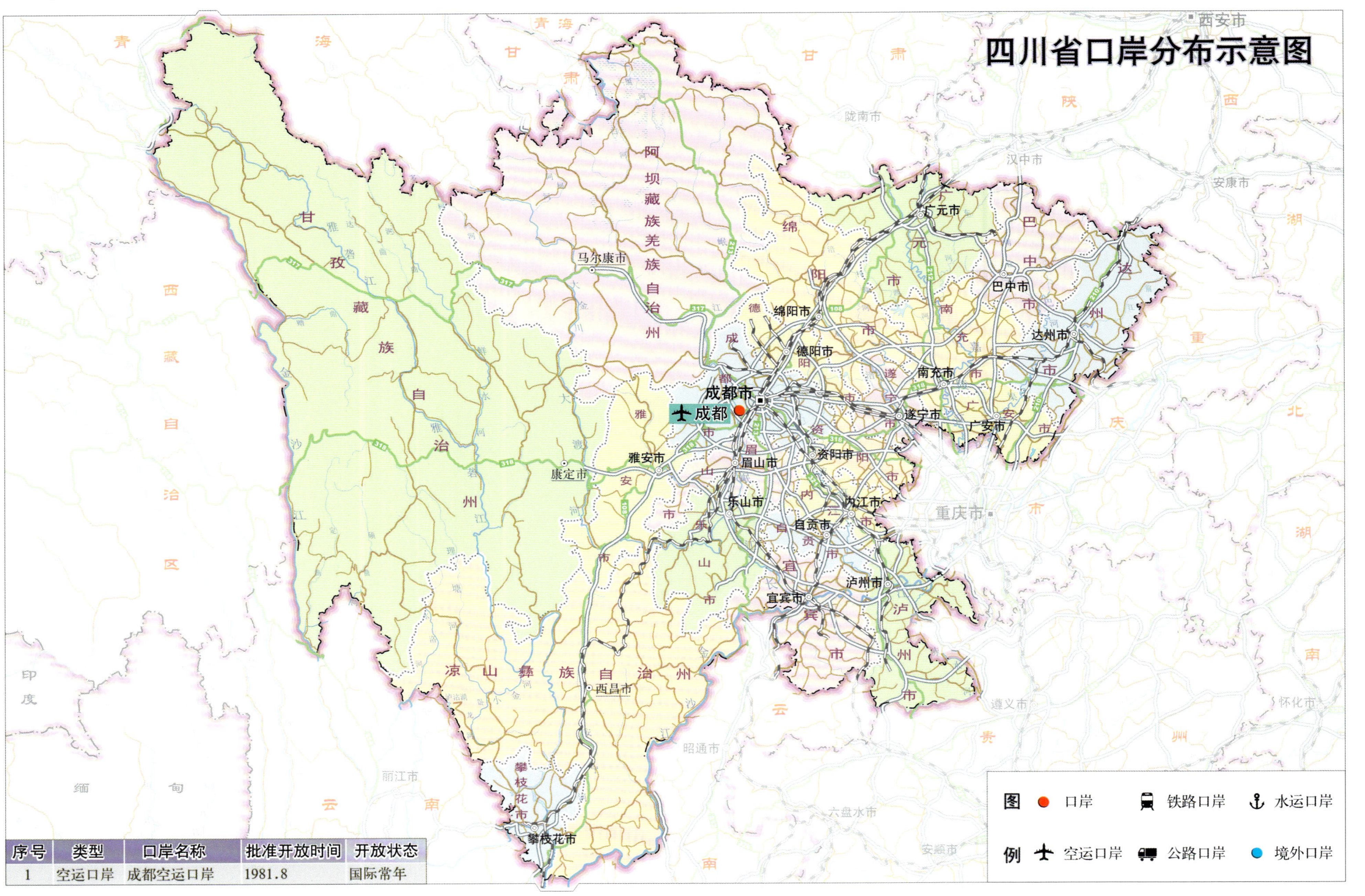

序号	类型	口岸名称	批准开放时间	开放状态
1	空运口岸	成都空运口岸	1981.8	国际常年

口岸数量及分布

截至2020年年底，四川省有经国务院批准的对外开放口岸1个，即成都空运口岸（成都双流国际机场）。

口岸运行数据

2020年，成都空运口岸（成都双流国际机场）新开通国际定期直飞客货运航线6条，累计开通国际（地区）客货运航线130条，其中定期直飞航线79条、稳定运营国际全货机航线10条，通达全球五大洲200余个重要城市，国际航线规模稳居全国第四、中西部第一。2020年，成都空运口岸（成都双流国际机场）共验放入出境飞机及国际航班1.1万架次，同比下降72.43%；共验放和运送出入境旅客82.2万人次，同比下降87.61%。

2020年，泸州、宜宾水运（河港）口岸（临时开放）共验放进出口货物72.23万吨，同比下降5.0%；国际集装箱6.2万标箱，与上年（6.19万标箱）基本持平。

2020年，成都青白江陆路（铁路）口岸（临时开放）共监管进出口货物180.5万吨、货值608.8亿元、集装箱19.7万标箱，同比分别增长43.3%、44.5%、44.4%。

口岸综合管理

【持续推进口岸建设和开放】 有序推进成都天府国际机场和九黄机场空运口岸的建设。会同四川省筹措落实成都天府国际机场口岸项目建设资金，组织完成《成都天府国际机场口岸检查检验及配套设备设施项目可行性研究报告》项目立项、可研评审等前期工作，确保成都天府国际机场口岸与机场其他设施同步建设、同步验收、同步运营；推动九黄机场空运口岸完成项目建设。成都双流国际机场进口肉类指定监管场地获批投用。完成泸州水运（河港）口岸、宜宾水运（河港）口岸第5次临时开放申报。成都双流国际机场新开通塔什干、札幌、马尼拉、雅加达、阿拉木图和东京6条国际定期客货运直飞航线。2020年，完成起降架次约31万次，同比下降15.02%；旅客吞吐量达4 074万人次，同比下降27%；货邮吞吐量约62万吨，同比下降7.9%。成都国际班列已通达58个境外城市，国内联通20个城市。2020年，开行4 317列，同比增长35.5%；综合重箱率97.7%，同比提高4.8个百分点。其中，中欧班列（成都）开行2 440列，同比增长57.3%，综合重箱率96.3%。

建设中的成都天府国际机场

【深入推进国际贸易“单一窗口”建设，优化口岸营商环境】 四川国际贸易“单一窗口”累计注册企业8 111家，处理业务申报3 065万票；货物申报、空运舱单、空运运输工具主要业务功能应用覆盖率连续三年保持100%，稳居中西部地区前列。出口退税功能企业申请退税金额累计达1.9亿元，位列全国第八。大力推广“提前申报”和一体化通关模式，2020年四川省货物进出口整体通关时间较2017年有较大幅度压缩。举办2020年中国西部国际口岸物流开放发展大会。定期编发《四川口岸与物流工作》简报，及时报送口岸物流信息。收集汇总疫情信息近1 000条，上报综合信息330余篇，海关总署、国家口岸管理办公室以《四川等地口岸部门积极应对疫情防控确保口岸安全有序运行》为题刊发四川省经验做法。

口岸监管与服务

【四川出入境边检总站全力抗击新冠肺炎疫情，构筑口岸外防输入坚固防线】 落实“三提前”“三共享”要求，加强大数据分析和排查预警，精准分析重点疫区人员出入境动态，向有关部门分类通报从疫区出境未归人员信息、重点国家出入境人员信息以及全国各空港口岸入境人员信息，为提升防疫工作效率提供数据支撑。探索推行“四个一”数据工作法，对预查和询问发现有疫情严重国家和地区旅居史或其他涉疫可疑情况的，第一时间通报海关检疫、交通运输等职能部门，2020 年累计预警高风险入境航班 5 433 架次、人员 489 504 人次，从中发现确诊病例 278 人（无症状感染者 180 人）。严格执行国家“非必须不出境”的政策，协调三大运营商累计向全省居民发送 7 000 余万条提示短信息，引导内地居民在疫情防控期间减少出入境活动。

【四川出入境边检总站聚焦落实“六稳”“六保”任务，促进地方经济社会高质量发展】 主动跟进服务国家重大发展战略，与重庆出入境边检总站建立战略合作关系，共同签订《服务成渝地区双城经济圈建设工作机制边检措施十五条意见》。大力支持相关行业、企业复工复产，在严格防疫要求前提下，为运输抗疫物资专包机提供“零等待”出入境通关便利，先后会同相关部门（机构）对国航、川航、东方空运四川分公司、缅甸国家空运公司等 16 家航空公司申请的 28 条航线出具疫情防控保障能力确认函，有力保障了应急状态下人员正常往来。

【成都海关勇担重任战疫情】 抓好口岸疫情防控，检测样本 11.9 万份，检出核酸阳性 502 例、抗体阳性 407 例；开展进口冷链风险监测进口商品风险样品 3 055 个，结果均为阴性。全力保障进出口疫情防控物资快速通关，验放进出口防疫物资 2.9 万批次、货值 50.1 亿元。

【成都海关全力助推开放发展】 推动成渝地区双城经济圈建设，与重庆海关签署合作备忘录，建立三级工作机制，共同推动落实 15 条便利化措施。2020 年 12 月 18 日，广安海关正式开关。全力支持天府国际机场、九寨黄龙机场开放建设。开展跨境电商 B2B 出口监管试点，跨境电商进出口货值 25.3 亿元，同比增长 1.05 倍。会同出台《关于支持外经贸企业应对疫情稳定外贸发展九条措施的通知》等文件。

【成都海关多举措服务经济社会发展】 一是优化行政审批深化“放管服”改革，推动 13 项涉企经营许可事项“证照分离”改革试点全覆盖，海关行政审批服务保持“零超时”“零差评”。全面推进“双随机、一公开”监管。二是优化通关模式，推出 7 项自贸试验区创新举措，其中“冰鲜水产品两段准入监管模式”入选国务院自贸试验区第六批改革试点经验，在全国复制推广。“中欧班列运费分段结算估价管理改革”被列入国务院服务贸易发展部级联席会议第二批深化服务贸易创新发展试点“最佳实践案例”。推进国际贸易“单一窗口”应用。三是持续压缩货物通关时间，抓好口岸“提效”工作，大力推广“提前申报”和一体化通关模式，提高口岸场站作业服务能力，开展优化口岸营商环境专项行动，2020 年四川省进、出口整体通关时间较 2017 年分别压缩 61.92%和 66.65%。

【成都海关筑牢国门安全防线】 抓好非洲猪瘟、高致病性禽流感、沙漠蝗等重大动植物疫病疫情防控，检出非洲猪瘟病毒核酸阳性 3 例，截获有害生物 1 007 种次、外来入侵物种 217 种次，检出进境动物疫病 6 种。检出进出口危险化学品及其包装不合格 36 批次，销毁处理不合格防疫物资 12 批，不予出口 174 批。深入开展“国门利剑 2020”联合专项行动，缉私部门立案侦办走私犯罪案件 32 起、案值 1.95 亿元，立案调查行政案件 352 起、案值 6.96 亿元，其中查办走私毒品案件 22 起，查获各类毒品 8.2 千克。严厉打击象牙等濒危物种、洋垃圾走私，查获象牙等濒危物种及其制品 120 千克，禁止进口固体废物 1.66 万千克。

开放口岸

【成都空运口岸（成都双流国际机场）】
成都空运口岸（成都双流国际机场）位于成都市双流区，距离成都市中心 16 千米。机场设有直达成都市各城区的地铁和专用公交、通往省内主要城市的长途汽车、旅游景区直通车和出租车服务站，成绵乐城际列车与机场无缝衔接，成都双流国际机场“国家级国际空运枢纽”地位进一步巩固。2003 年，成都市成为国务院批准的国家药品进口口岸城市。成都空运口岸于 2009 年 12 月获批为进口植物种苗指定口岸，于 2014 年 12 月获批为进口冰鲜水产品检验检疫口岸；2016 年 4 月获批设立成都空运口岸进境水果指定口岸；2017 年 7 月获批设立成都空运口岸进口肉类指定口岸。成都空运口岸（成都双流国际机场）建立海关、边检、空运公司、场站运营企业、报关企业之间的信息预报机制，全面实施空运口岸 7×24 小时通关，加快建设“智慧空港”综合信息服务系统和国际快件中心货站安检前置项目，提升国际快件货物转运通关效率。全面推行口岸收费目录清单、口岸进出口货物通关流程、口岸作业时限标准“双公示”并加强动态调整。向社会公布口岸查验单位通关服务热线，畅通意见投诉反馈渠道，及时解决出现的问题。推广应用“提前申报”“两步申报”等便利通关模式，综合运用“先放后检”、“先声明后验证”、第三方检验结果采信等手段有效提升通关效能。

2020 年，成都双流国际机场口岸共监管出入境航班 1.1 万架次，检查出入境人员 91.94 万人次，监管货量 17 万吨（含航油出口）。其中，普货监管货量 13.4 万吨、航油出口货量 3.6 万吨。

【泸州水运（河港）口岸（临时开放）】
泸州河港口岸地处长江上游、四川盆地南部、川滇黔渝四省市结合部，是中国（四川）自由贸易试验区的重要组成部分。2019 年 10 月，泸州港进口肉类指定监管场地通过海关总署正式验收并投入运行；2019 年 12 月，中国（泸州）跨境电子商务综合试验区获批；2020 年 12 月，泸州综合保税区通过海关总署、国家发展改革委等八个国家部委正式验收。泸州港累计开通泸宁韩、泸宁日、泸汉台等近洋航线和内支航线 9 条，2020 年完成港口货物吞吐量 694 万吨、集装箱吞吐量 15.52 万标箱。稳定开行泸州至成都、昆明、攀枝花铁水联运班列，与中欧班列（成都）、西部陆海新通道班列实现无缝连接，2020 年铁水联运 2.9 万标箱。2020 年，泸州河港口岸完成外贸箱量 5.02 万标箱，同比增长 7.49%；进境粮食年中转量 42.5 万吨，同比增长 183%，居长江上游港口第 1 位，从澳大利亚等国进境肉类 5 000 吨；保税物流中心（B 型）完成进出口总值 5.02 亿美元，同比增长 81.9%，居全国第 10 位、全省第 2 位。自贸试验区累计形成创新成果 339 项，全国推广（表扬）6 项、全省推广 19 项。获批起运港退税试点，出台“零费用口岸”等政策，2020 年，起运港退税 5 152 万元，免除企业口岸作业费用 60 余万元；签发原产地证书（自助打印）473 份，节省企业出口成本超过 600 万元。协调推进“两步申报”“汇总征税”“不到场查验”等便利通关措施，货物查验完拟证到出证时间由 3 天缩短到 8 小时，进口通关时间压缩至 96.83 小时，出口通关时间压缩至 4.93 小时。推出智慧口岸平台“云上物流”暨“卡车帮”2.0 系统，口岸验放时间压缩至 2 小时，节约查验成本 600 元/箱。

【宜宾水运（河港）口岸（临时开放）】
宜宾河港口岸位于四川省南部地区，地处四川宜宾港志城作业区、长江上游北岸，距离成都市 242 千米，是国务院《关于依托黄金水道推动长江经济带发展的指导意见》确定的长江十大加快建设港口之一。2007 年 7 月，四川省政府批准在宜宾港安阜作业区设立宜宾原二类水运口岸。2011 年 1 月，宜宾河港口岸由安阜作业区迁至新建的宜宾港志城作业区；2012 年 12 月，对外开放。2014 年 10 月，获原国家质检总局批准建立国家进口粮食指定口岸；2016 年 9 月，宜宾港保税物流中心（B 型）正式投入运营；2018 年 3

月，宜宾河港口岸获批临时开放。2020 年 12 月，宜宾综合保税区顺利通过海关总署、国家发展改革委等国家八个部委正式验收。2020 年，深入开展“现场监管与外勤执法权力寻租”专项整治工作；取消口岸所有行政性收费项目，与海关、财政、市场监管、商务、交通等部门建立口岸收费监督管理协作机制，实行口岸收费目录清单公示制度；为高资信企业实施担保验放，推广汇总征税、两步申报、两段准入，实现先放行后改单、先放行后缴税、先验放后检测等新型通关模式。2020 年，通过“单一窗口”标准版在宜宾注册企业数 113 家，货物报关共计 11 263 票，报关报检、原产地签证等主要业务“单一窗口”应用率达 100%。2020 年，宜宾港进境粮食指定监管场地功能作用进一步发挥，全年共进口粮食 21 批次，累计完成上岸量 10 097 吨，进境粮食主要是澳大利亚进口高粱和越南进口糯米，主要用于本地酒企酿酒和饲料制造业。2020 年，宜宾水运口岸共验放、运输进出口集装箱 1.18 万标箱、进出口货物量 20 万吨，验放进出外贸船舶 873 班次，分别较 2019 年下降 12%、13%和 45%。

【青白江陆路（铁路）口岸（临时开放）】 青白江铁路口岸位于成都市青白江区，毗邻成都铁路集装箱中心站，口岸占地面积约 22 万平方米。成都铁路集装箱中心站占地约 142.67 万平方米，于 2010 年建成投入使用，近期设计年吞吐量 100 万标箱、远期 400 万标箱，是亚洲规模最大的铁路集装箱中心站。2014 年 4 月，青白江铁路口岸获批临时对外开放。2015 年 6 月，获批设立多式联运海关监管中心。2015 年 11 月，汽车整车进口口岸通过正式验收，汽车整车进口口岸建有 1 500 平方米的海关查验区及 3 000 平方米的进口整车专用堆场，配备 2 条检测线。2016 年 3 月，进境肉类指定口岸通过正式验收，肉类指定口岸建有 1 000 平方米冷冻（冷藏）集装箱堆场、3 450 平方米冷链查验和储存一体化设施，贮存能力达 3 000 吨。2016 年 11 月，成都国际铁路港保税物流中心（B 型）封关运行。2019 年 5 月，青白江铁路口岸进境粮食指定监管场地正式通过海关总署验收。2020 年 11 月，口岸监管区查验作业场大型集装箱查验设备（H986）项目通过海关总署正式验收并投运，传统人工查验转向机检查验模式，实现非侵入式机检查验、智能审图，集装箱货物查验通关效率及智能化水平大幅提升。启动 4 000 平方米熏蒸场地改造，增加铁路口岸整车操作场地及集装箱堆存能力。2020 年 12 月，成都国际铁路港综合保税区通过海关总署、国家发展改革委等八个国家部委正式验收。截至 2020 年 12 月 31 日，成都国际班列已通达罗兹、莫斯科、马拉等 58 个海外城市，国内连通上海、深圳、厦门等 20 个城市。2020 年，开行 4 317 列，同比增长 35.5%；综合重箱率 97.7%，同比提高 4.8 个百分点。其中，中欧班列（成都）开行 2 440 列，同比增长 57.3%，综合重箱率 96.3%。2020 年，共进口各类车辆 460 辆，进口各种肉类约 1 825 吨。

2020 年四川省口岸大事记

7 月 9 日

四川省口岸办、重庆市口岸办在重庆签署《成渝地区双城经济圈口岸和物流合作备忘录》《川渝国际贸易“单一窗口”合作协议》。

现场举行签署仪式

7 月 20 日

中欧班列（成都）运输国际邮件试点获批。

7 月 31 日

《创新国际物流运输模式，促进贸易通关便

利化》荣获国务院第二批“最佳实践案例”。

8月6日

国家口岸管理办公室副主任王可调研四川口岸“十四五”规划。

8月6日~7日

国家口岸管理办公室在成都举办内陆地区“十四五”口岸发展专题座谈会。

国家口岸管理办公室副主任王可率队到中国（四川）国际贸易单一窗口服务中心检查指导工作

9月7日

十三届全国政协常委、港澳台侨委员会主任朱小丹调研成都国际铁路港综合保税区申建情况。

9月16日

十三届全国政协常委、民盟中央副主席曹卫星调研成都国际铁路港口岸和综合保税区申建情况。

9月22日

四川省口岸办组织成都海关、四川出入境边检总站、公安厅出入境管理总队组成验收组，对九黄机场空运口岸基础设施、查验基础设施和后勤保障方面进行省级验收。

11月4日

海关总署H986项目验收组赴成都国际铁路口岸验收H986项目。

11月17日

重庆市口岸办、四川省口岸办、万州区人民政府、达州市人民政府、开州区人民政府签署《推进万达开川渝统筹发展示范区口岸物流合作框架协议》。

11月18日

由四川省口岸办、四川省经济合作局主办，四川省现代物流发展促进会、西部陆海新通道物流产业发展联盟承办的2020中国西部国际口岸物流开放发展大会在成都举行。

12月25日

成都国际铁路港综合保税区和宜宾综合保税区顺利通过由海关总署、国家发展改革委、财政部、自然资源部、商务部、国家税务总局、市场监督管理总局、国家外汇管理局组成的国家联合验收组的正式验收。

（撰稿人：付永淳、龙胤丞、李中鹏、罗竞轩、杜利娟、李孟、田映宇）

2020 年四川省口岸流量统计表

口岸类型		口岸名称	货运量（万吨）				集装箱量（万标箱）				人员（万人次）				交通工具（辆、艘、架、列次）			
			出口	进口	合计	同比（%）	出口	进口	合计	同比（%）	出境	入境	合计	同比（%）	出境	入境	合计	同比（%）
空运口岸		成都空运口岸			17.00	8.28					42.988 2	48.955 6	91.94	-86.98			11 001	-72.43
陆路口岸	铁路口岸	青白江铁路口岸（临时开放）			180.50	43.30			19.70	44.40							4 317	35.50
水运口岸	河港口岸	泸州河港口岸（临时开放）	11.69	41.47	53.16	1.61	2.00	3.02	5.02	7.49								
		宜宾河港口岸（临时开放）	2.86	17.21	20.07	-12.00	0.17	1.01	1.18	-12.00								
合计																		
同比（%）																		

（四川省口岸办提供）

2020 年四川省口岸出入境主要数据表

项　目			2020 年	2019 年	同比（%）
出入境人员（人次）	出入境人员总数		919 438	7 062 300	-86.98
	入境人员		489 556	3 510 284	-86.05
	出境人员		429 882	3 552 016	-87.9
	出入境旅客		821 968	6 635 543	-87.61
	出入境员工		97 470	426 757	-77.16
	中国公民	小计	806 300	6 180 635	-86.95
		内地居民（因公）	60 380	261 068	-76.87
		内地居民（因私）	695 913	5 495 117	-87.34
		港澳居民	22 025	190 200	-88.42
		台湾同胞	27 982	234 250	-88.05
	外籍人员		113 138	881 665	-87.17
	从海港出入境人数				
	从陆港出入境人数				
	从空港出入境人数		919 438	7 062 300	-86.98
交通运输工具（辆、艘、架、列次）	总计		11 001	39 905	-72.43
	船舶				
	飞机		11 001	39 905	-72.43
	火车				
	机动车辆				

（四川出入境边检总站提供）

2020 年成都海关主要数据统计表

项　目		2020 年	2019 年	同比（%）
进出口货运量（万吨）	合计	676.6	586.40	15.38
	进口	537.0	465.70	15.31
	出口	139.6	120.70	15.66
进出口贸易总值（万美元）	合计	11 679 277	9 840 067	18.69
	进口	4 955 549	4 185 542	18.40
	其中：江、海运输	676 009	767 858	-11.96
	铁路运输	72 000	58 355	23.38
	汽车运输	445 535	301 224	47.91
	航空运输	3 758 059	3 051 849	23.14
	邮件运输	2 874	4 813	-40.29
	其他运输	1 072	1 443	-25.71
	出口	6 723 728	5 654 525	18.91
	其中：江、海运输	1 382 472	1 730 697	-20.12
	铁路运输	675 576	474 380	42.41
	汽车运输	555 875	360 571	54.17
	航空运输	4 106 725	3 081 976	33.25
	邮件运输	1 813	4 228	-57.12
	其他运输	1 267	2 673	-52.60
税收（万元）	两税合计	1 787 000	1 696 000	5.37
	关税入库	162 000	207 000	-21.74
	进口环节税入库	1 625 000	1 489 000	9.13

（成都海关提供）

贵　州　省

贵州省口岸分布示意图

序号	类型	口岸名称	批准开放时间	开放状态
1	空运口岸	贵阳空运口岸	1992.9	国际常年
2	(2个)	遵义空运口岸	2019.12	限中国籍

口岸数量及分布

截至2020年年底，贵州省有经国务院批准的对外开放口岸2个，即贵阳空运口岸（贵阳龙洞堡国际机场）、遵义空运口岸（遵义新舟机场）。

口岸运行数据

2020年，贵州空运口岸共查验出入境人员63 366人、出入境航班560架次（含货机15架次），同比分别减少92.35%和90.08%；共查获边控人员9人、在逃人员2人、非法出入境人员0人。累计向省联防联控机制办及其成员单位推送人次涉疫人员86 001条信息，全年未发生执勤差错事故。贵州省口岸未发现新冠病毒阳性病例。

贵阳综合保税区进出口总值307 955万元，同比增长76.0%，列全国第107位；贵安综合保税区进出口总值241 033万元，同比减少19.4%，列全国第111位；遵义综合保税区进出口总值191 616万元，同比增长106.1%，列全国第118位。

口岸综合管理

【坚决筑牢贵州省口岸疫情防控安全线】 贵州省口岸联检单位严格履行各级疫情防控要求，定期分析口岸安全风险和疫情防控形势，签署联防联控合作备忘录，制订《贵州省包机归国人员入境疫情防控预案》《贵阳口岸入境航班新冠肺炎疫情防控预案》《处理拒绝接受入境卫生检疫措施的外籍人员和港澳台地区居民操作办法》《协同做好新冠肺炎疫情口岸防控工作协议》。改造机场口岸作业现场，新增负压隔离仓、远红外测温仪及其他设备投入，多种形式开展联合应急演练和培训，定期强化岗前个人防护培训考核，进一步提升口岸防控能力。布控岗位人员坚持24小时双人值班、双人核对制度。出台《货机出入境边防检查勤务工作流程》，按照“一机一策”原则对入境机组和旅客实施分类分批次查验。2020年，贵阳、遵义、铜仁3个口岸共查验出入境人员63 366人、出入境航班560架次。对来自美国、法国、丹麦和我国香港的多架次入境货运包机全部开展入境货物及机组人员卫生检疫。

【持续推动口岸平台建设】 贵阳龙洞堡机场三期国际厅扩建工程可研报告及初步设计已获批并开工建设。2020年9月3日，国际航班（曼谷至贵阳）首次实现复航。双龙航空港“一局四中心”及进境水果、进口肉类、进口冰鲜水产品、进口种子种苗等指定监管场地申建有序推进。遵义新舟机场国际区域改造基本完成，不断完善口岸功能，优化旅客进出境流程，现已通过贵阳海关、贵州出入境边检总站、民航贵州监管局等多家单位的省内联合预验收并报请国家口岸管理办公室开展正式验收。铜仁凤凰机场纳入年度正式对外开放审理计划，对照口岸开放标准加快建设筹备，贵州省人民政府已向国务院申报铜仁凤凰机场对外开放。贵阳改貌铁路海关监管作业场所于2020年12月3日通过贵阳海关验收，达到进出口货物查验要求。依托贵阳、贵安和遵义3个综合保税区加快跨境电商综合试验区建设，贵阳综合保税区创新开展跨境电商1210“前店后仓+极速配送”业务。严格落实海关总署关于综合保税区综合绩效考评，引导综合保税区获得地方政府专项债券项目资金支持8.85亿元。

【稳步推动陆海新通道班列常态化运行】 一是持续加强政策支持保障。印发《贵州省商务厅（省口岸办）关于申报2020年贵州省陆海新通道建设发展资金的通知》（黔商发〔2020〕24号），省级财政落实支持资金1 495万元。二是稳步开行陆海新通道班列。2020年以陆海新通道贵州公司为主体开行铁海联运班列126列，发运集装箱6 292标箱，货值4.8亿元，较2019年全年56列增长121%；开行班车403班，发运403标箱，货值0.5亿元，较2019年全年93班增长333%。货物区域覆盖黔中、黔北、黔东南等区域，外贸占比达70%以上。三是首次开行贵州中欧班列。2020 年以贵州中欧班列开展搭乘测试 66 次，直发测试 3 次，到发集装箱 722 标箱，货值 2.2 亿元，货物覆盖德国、荷兰、匈牙利、波兰、瑞典、俄罗斯、白俄罗斯、哈萨克斯坦、吉尔吉斯斯坦、乌兹别克斯坦等多个国家和地区。

【深入推进优化口岸营商环境工作】 一是持续推广“双随机、一公开”监管。印发《贵阳海关行政执法检查事项“双随时、一公开”监管实施方案》，量化具体考核指标，纳入关区重点工作目标，接受社会监督。二是深化通关优化改革。推广应用“提前申报”模式，积极推进“两步申报”改革，巩固压缩货物通关时间成效。2020 年 1 月至 9 月，进出口货物整体通关时间分别为 13.67 小时、0.76 小时，分别排名全国第 6 位、第 8 位。三是推动属地企业自报自缴。2020 年，自报自缴报关单占全部应税报关单的 80%以上，受理汇总征税报关单占全部应税报关单的 30%以上，新一代电子支付税单占全部税单的 98%以上，均实现历史最好水平。四是加强口岸经营单位整治管理。公开公示口岸收费目录清单，实行动态管理，目前贵州省均不涉及口岸政府性基金及行政事业性收费。贵州省市场监督管理局以进出口、物流等领域为重点，组织开展企业费用负担调研和涉企收费检查整治。五是提升出口退税服务水平。以助企纾困为导向，国家税务总局贵州省税务局积极拓展出口业务“非接触式”全流程网上办理服务，不断提高出口退税率，放宽办理限制条件，2020 年为 358 户企业办理出口退税 40.47 亿元，同比增长 70%。

口岸监管与服务

【贵州出入境边检总站布建动态预警防线】 根据国家移民管理局和贵州省委省政府防控工作要求，贵州出入境边检总站及时扩展风险评估范围，通过整合各方数据来源，搭建口岸涉疫重点人员数据模型。针对信息量大、信息种类多、信息碎片化的问题，主动联系浙江大学计算机学院研发“贵州总站疫情数据信息筛查系统”，从数据的发现、筛选、清洗、分析、推送等关键环节入手，充分延伸数据导向触角，全面盘活手上数据，动态支撑地方疫情防控工作，相关数据成为地方防控的重要数据来源，并纳入“贵州健康码”防疫健康信息管理平台，实现数据资源质量与效率同步服务防控工作。2020 年累计向地方联防联控成员单位推送 86 001 人次涉疫人员信息（含可能返黔涉疫人员信息和入黔人员 14 天内境外涉疫国家或地区旅居史记录）。贵州省人民政府副省长、公安厅厅长、省疫情防控领导小组社会防控组组长郭瑞民同志多次在总站疫情防控工作报告中作出重要批示。

【贵州出入境边检总站构建口岸防控体系】 2020 年，为做好疫情防控有关工作，贵州出入境边检总站落实空港边检“三道防线”。严把入境前“预警核查”第一道防线，深入细致开展入境航班预查，精准锁定来自或途经境外疫情高风险国家和地区的人员信息，及时通报海关检疫部门落实针对性重点检疫。严把入境时“边检查验”第二道防线，严格落实入境人员境外行程必询问、证件记录轨迹必检查、入境目的地和通联方式必记录、人员采集信息必推送等“四必”检查流程。严把入境后“数据共享”第三道防线，贵州出入境边检总站主动向贵州省公安厅、贵州省卫健委、贵阳海关和相关所属地边检总站等单位推送贵阳口岸直接入境人员信息。通过与贵阳海关共同签署《关于共同加强做好口岸新冠疫情防控工作的合作备忘录》，联合下发《共同处置拒绝接受入境卫生检疫措施的外籍人员和港澳台地区居民操作办法》，联合开展口岸疑似公共卫生类应急处置情形处置演练，有力形成口岸联防联控合力，确保关键时刻“拉得出，打得赢”。

【贵阳海关全力抗击疫情】 贵阳海关始终将“把好国门”作为最基本最重要的职责，疫情期间第一时间组建 79 人的“国门防疫党员突击队”和 148 人的梯队备勤人员库，坚决打赢抗疫阻击战。按照“外防输入、内防反弹”要求，严格实施“三查三排一转运”，对入境航班和人员切实做到7个100%。严格落实口岸联防联控工作机制，分别与民航贵州监管局等5家单位签署合作备忘录，扎紧疫情防控闭环。根据形势变化不断调整防控重点，强化防控力度，扎实保障贵阳龙洞堡机场国际航班复航，持续强化进口冷链食品检疫监管。2020年，累计检疫出入境航班557架次，检疫出入境人员6.33万人次，成功协助省联防联控机制及时发现并妥善处置贵州省首例输入性无症状感染者和首例输入性确诊病例。2020年，贵阳关区进出口疫情防控物资1 284.2万件，货值4 031.5万元。

【贵阳海关积极服务贵州对外开放】 为推进落实“六稳”“六保”工作任务要求，贵阳海关出台支持企业复工复产26条措施、稳外贸稳外资45条措施、支持提升贫困地区进出口通关便利6条措施、支持贵安新区高质量发展18条措施，对贵州省164家重点外贸企业复工复产开展调研帮扶。指导贵阳国际邮件互换局通过验收并正式运营，2020年监管国际邮件48.8万单，征收税款365.2万元。推动遵义市获批跨境电子商务综合试验区，遵义市、安顺市获批跨境电商零售进口试点。围绕酒、茶叶、刺梨、花卉等特色产品编发“黔关助外贸系列”专刊14期，受到广泛关注和转载。2020年，贵州省货物贸易进出口总值546.5亿元，较2019年增长20.6%，高于全国整体增速18.7个百分点，增速列全国第1位。

【贵阳海关致力优化口岸营商环境】 出台《贵阳海关营商环境监督检查工作实施方案》《贵阳海关营商环境考核指标评分细则》，印发《海关系统行政审批事项服务指南》，制定海关行政审批“一个窗口”服务规范，推进原产地签证改革，全面实施“多证合一”登记制度，精简进出口环节监管证件至44项。“关银一KEY通”项目在贵州省正式启动，全面实施关税保证保险担保通关业务，建立减税降费长效机制。建言省政府降低省内高速公路国际物流成本并被采纳，对符合条件的国际标准集装箱运输车辆给予省内通行费7折优惠。

【贵阳海关推动口岸通关改革、创新通关监管模式】 贵阳海关继续推广“两步申报”改革，全面启动“两段准入”改革，有序推进实施“两轮驱动”，货运渠道人工风险布控查获率达19.23%，位列全国第一。保税维修及再制造业务、一般纳税人试点政策在三个综合保税区落地，保税维修业务规模超过2亿元。在贵阳综合保税区开展跨境电商“前店后仓，极速配送”业务模式。2020年，跨境电商保税业务申报2.1万余票，税收近140万元，超出2019年总量2倍。

【贵阳海关服务口岸通关】 贵阳海关持续做好贵州省疫情防控物资通关保障，指导现场海关设立24小时快速通关“绿色通道”，强化内外协作和企业指导，全力支持贵州省进口防疫物资快速通关。大力推广应用货物“提前申报”“两步申报”便捷通关新模式，全面启动“两段准入”改革，创新监管，优化服务，提升效能。2020年，贵阳海关进、出口货物整体通关时间分别为11.95小时、0.90小时，分别排名全国第6位、第14位。

【贵阳海关推进“单一窗口”建设】 推进国际贸易“单一窗口”完善升级。配合贵州省口岸办对“单一窗口”进行功能完善，逐步扩展到监管全流程及国际贸易主要环节。目前平台已实现货物申报（报关、报检）、空运类舱单申报、减免税、快件等系统功能正常使用，主要业务覆盖率达100%。

【贵阳海关推动区域通关合作】 贵阳海关主动融入西部陆海新通道建设，与14个直属海关共同建立支持陆海新通道建设合作机制，出台支持中欧班列发展6条措施。与西安、重庆、乌鲁木齐等海关加强协作，研究中欧班列“加挂集拼”二次转关监管模式，推动贵州省茶叶、马桶盖、正安吉他等特色产品搭乘中欧班列实现便捷出口，时效提升近50%。2020年，贵州省通过西部陆海新通道进出口货值53.95亿元、货运量349.2万吨，西部陆海新通道为贵州外贸的稳定发展起到了积极的促进作用。

开放口岸

【贵阳空运口岸（贵阳龙洞堡国际机场）】 贵阳龙洞堡国际机场位于贵州省贵阳市东郊龙洞堡地区，距贵阳市公路距离约 11 千米，机场标高 1 138.89 米，于 1997 年 5 月 28 日建成通航，是中国西部地区重要航空枢纽、区域枢纽机场、西南机场群成员。机场占地面积约 4 平方千米，2013 年 4 月，机场二期扩建投入运行，新建 T2 航站楼 13.4 万平方米。2016 年 12 月，贵阳龙洞堡国际机场三期改扩建工程全面启动，按 2025 年旅客吞吐量 3 000 万人次、货邮吞吐量 25 万吨、飞机起降量 24.3 万架次的目标进行规划设计。2018 年 9 月，贵阳龙洞堡国际机场三期扩建 T3 航站楼全面开工，西北机坪新建 6 个停机位投入使用。新建 4 000 米跑道已建成投用，西南侧机位建设完工。

贵阳龙洞堡国际机场

目前，机场飞行区指标 4E，现主要设施包括一条长 3 200 米、宽 45 米的跑道，三条快速脱离道和 2 条端联络道，可接受波音 747、空中客车 A330 等同类及其以下机型的全重起降，是具有先进导航系统和设施的 4E 级现代化机场。机场管理机构为贵州省机场集团有限公司。航站楼总建筑面积 20.1 万平方米，站坪机位 52 个，货运站面积 2.52 万平方米，配有供油、空管等配套设施。

【遵义空运口岸（遵义新舟机场）】 遵义机场位于遵义市新蒲新区新舟镇境内，距离遵义市中心城区东部 35 千米。由原遵义新舟军用机场改扩建而成。2010 年 9 月遵义机场正式动工进行改扩建，2012 年 8 月 28 日正式建成通航。机场飞行区等级指标为 4C，共有 10 个 C 类停机坪，跑道长约 2 800 米，可满足波音 737、空客 A319、A320 系列等机型飞机全载起降。2015 年航站楼改扩建后，现航站楼面积约 10 600 平方米。

遵义市于 2015 年初启动了遵义机场二期改扩建工程前期工作，规划机场近期 2025 年旅客吞吐量为 220 万人次（国内 205 万人次、国际 15 万人次），远期 2045 年旅客吞吐量为 450 万人次（国内 415 万人次、国际 35 万人次）；规划方案近期（2025 年）将机场民航国内航站区整体搬移至现跑道西侧进行新建，二期改扩建将建设 26 个 C 类停机位，将现有的 2 800 米跑道延长至 3 000 米，新建一条与跑道等长的平行滑行道，同时将建设旅客过夜用房、货运设施、机场公司业务用房、海关业务用房、边检业务用房、公安业务用房、安检业务用房等相关配套设施；国内航站区建成投入使用后，再对现使用的国内、国际共用航站区改造为国际航站区独立使用，同时规划预留基地航空、通用航空发展用地。航站楼近期规划建设 6 万平方米，其中国内 4.9 万平方米，国际 1.1 万平方米；可容纳最大国内吞吐量为 415 万人次，最大国际吞吐量为 35 万人次；可起降的最大机型为 B737-800。

遵义新舟机场

2020 年贵州省口岸大事记

1 月 17 日

遵义市、安顺市被列入跨境电商零售进口试点范围。

1 月 27 日

贵州出入境边检总站党委召开专题会议，学习习近平总书记重要指示精神，认真贯彻落实上级工作要求，研究部署总站新冠肺炎疫情防控工作。

1 月 28 日

贵阳海关召开新冠肺炎疫情防控保障工作专题会议，再次强调了“报、查、分、消、控、督、保”有关要求，着重对疫情防控物资、人力、技术、设备等方面的保障及关警员个人防护进行了部署。

1 月 31 日

贵阳海关启动快速通关机制，完成首票货运渠道报关进口防控物资验放。

2 月 1 日

贵阳海关所属贵阳龙洞堡机场海关实现首单出境旅客健康申报卡电子申报。

2 月 6 日

贵阳龙洞堡国际机场开启使用省防控指挥部新上线的二维码扫码排查系统，利用大数据筛查疫区人员及接触过疫区的人员，对进境旅客开展扫码排查。

2 月 7 日

贵阳海关分别与贵州出入境边检总站、民航贵州监管局就进一步做好航空口岸新冠肺炎疫情联防联控工作签署合作备忘录。

2 月 20 日

贵阳海关召开专题会议，讨论研究《中国（贵州）自由贸易试验区总体方案（征求意见稿）》，安排部署下一步支持申建有关工作。

2 月 27 日

贵阳海关开通“绿色通道”“7×24”小时服务，确保疫情防控物资即到即提。首批省慈善总会货物实现通关放行“零延时”。

2 月 28 日

贵阳海关分别与贵州省机场集团有限公司、贵州双龙航空港经济区管理委员会就进一步做好航空口岸新冠肺炎疫情联防联控工作进行座谈交流并签署合作备忘录。

3 月 25 日

贵州省人民政府副省长王世杰一行前往贵安综合保税区调研，了解企业复工复产情况及贵阳海关支持贵安新区高质量发展工作推进情况。

贵州省首批法国进境种猪顺利抵达贵阳龙洞堡机场口岸。

3 月 31 日

贵阳海关所属贵安新区海关正式启用“无人机+监管”模式进行特殊区域监管和安全巡查。

4 月 1 日

贵阳国际邮件互换局（交换站）正式运营。贵阳国际邮件互换局的开办，结束了贵州省国际邮件通过其他省市进出境的历史。

4 月 27 日

遵义市获批跨境电子商务综合试验区。

4 月 30 日

贵州省首单进口印度干辣椒顺利入区仓储。该批货物共计 30 吨，价值 66 300 美元，从印度通过海运运达广西钦州港，再搭乘陆海新通道重庆加挂班列至遵义阁老坝铁路货场，最后运抵遵义综合保税区。

5 月 17 日

贵阳海关所属贵阳龙洞堡机场海关顺利完成对香港至贵阳 HX6354 次“客改货”航班的口岸检疫和监管工作。这是新冠肺炎疫情暴发以来贵州省首架“客改货”国际航班。

6 月 9 日

贵州省委常委、常务副省长李再勇赴贵安综合保税区调研考察，实地走访中邮华为 IHUB 仓项目，要求中邮物流公司等相关企业在海关的支持下尽快扩大业务规模，促进项目更好发挥效益。

7 月 7 日

贵州省人民政府副省长谭炯一行赴“一局四

中心”建设工地、贵阳国际邮件互换局、机场海关旅检现场调研指导工作。

8 月 3 日

贵州省首次采用“公铁联运、多程转关”模式原柜出口中欧班列货物。该批货物为货值 8.2 万美元的 4 640 套马桶盖，在贵安新区海关办理转关监管手续后，通过公路运往重庆团结村站，搭乘中欧班列经新疆阿拉山口出口至德国。

8 月 8 日～10 日

国家口岸管理办公室副主任党英杰考察调研遵义新舟机场航空口岸。

8 月 18 日

国家移民管理局第三巡视组巡视贵州总站党委工作动员会在贵州出入境边检总站召开。会上传达了国家移民管理局党组有关巡视工作的部署要求，通报了巡视任务和工作安排。

8 月 21 日

遵义综合保税区获得增值税一般纳税人资格试点。

9 月 2 日

海关总署疫情防控指导组对贵阳龙洞堡机场口岸国际航班复航工作进行现场检查指导。

9 月 3 日

从曼谷到贵阳的 HO1642 次航班安全降落贵阳龙洞堡国际机场，这标志着因疫情影响停航了 199 天的省内国际航班正式复航。

9 月 7 日

海关总署副署长李国在署会见贵州省人民政府副省长谭炯一行。谭炯副省长汇报中国（贵州）自由贸易试验区前期申建工作情况，并介绍 2020 年上半年贵州经济社会发展及外贸工作情况。李国副署长肯定贵州省前期准备工作，并表示全力支持中国（贵州）自由贸易试验区申建。

9 月 22 日

贵阳海关所属贵阳龙洞堡机场海关组织开展口岸新冠肺炎疫情防控突发事件应急处置演练。

9 月 25 日

贵州首家进口粮食加工企业首批进口大豆在贵阳综合保税区开展保税加工业务。

9 月 27 日

“智慧航空口岸”纳入贵州省大数据基础建设项目，正式获得立项。

国务院督导组赴贵阳龙洞堡国际机场旅检现场督导疫情防控工作。

9 月 28 日

贵州省首列茶叶出口中欧（中亚）直发测试专列顺利从遵义阁老坝铁路站出发，经由新疆霍尔果斯口岸出境至哈萨克斯坦阿拉木图，最终交付给吉尔吉斯斯坦外商。本次专列共 50 节车皮，货值逾 1 亿元。这是贵州省首次通过直发专列将贵州省特色农产品茶叶整车销往海外。

9 月 30 日

贵州出入境边检总站开展第七个国家烈士纪念日祭奠活动，组织全体民警前往贵州公安英烈纪念墙敬献花篮缅怀英烈。

11 月 17 日

贵州省人民政府副省长李睿前往贵阳海关所属贵阳龙洞堡机场海关旅检现场进行疫情防控调研。

12 月 3 日

贵阳改貌铁路海关监管作业场所通过验收。这标志着贵州从“通道经济”向“口岸经济”迈出坚实的步伐。

12 月 4 日

贵阳海关所属贵阳龙洞堡机场海关开展进口冷链食品口岸环节预防性消毒及非洲猪瘟应急处置实操演练。

12 月 10 日

贵州省口岸办组织贵州省口岸联检单位和民航等有关部门对遵义新舟机场航空口岸进行预验收。

12 月 29 日

中国电子口岸数据中心贵阳分中心、中国建设银行贵州省分行在贵阳举行“关银一 KEY 通”项目签约仪式。这标志着“关银一 KEY 通”项目在贵州省正式启动。

（撰稿人：熊灿、付玉、邱宁）

2020年贵州省口岸流量统计表

口岸类型	口岸名称	货运量（万吨）				集装箱量（万标箱）				人员（万人次）				交通工具（辆、艘、架、列次）			
		出口	进口	合计	同比（%）	出口	进口	合计	同比（%）	出境	入境	合计	同比（%）	出境	入境	合计	同比（%）
空运口岸	贵阳	0.002 6	0.037 2	0.039 8	-85.04					2.96	3.38	6.34	-92.95	279	281	560	-90.94
	分计	0.002 6	0.037 2	0.039 8	-85.04					2.96	3.38	6.34	-92.95	279	281	560	-90.94
合计		0.002 6	0.037 2	0.039 8	-85.04					2.96	3.38	6.34	-92.95	279	281	560	-90.94
同比（%）		-96.25	-81.08	-85.04						-93.42	-92.49	-92.95		-90.97	-90.91	-90.94	

（贵州省口岸办提供）

2020年贵州省口岸出入境主要数据表

项　目			2020年	2019年	同比（%）
出入境人员（人次）	出入境人员总数		63 366	898 957	-92.95
	入境人员		33 768	449 375	-92.49
	出境人员		29 598	449 582	-93.42
	出入境旅客		58 777	849 004	-93.08
	出入境员工		4 589	49 953	-90.81
	中国公民	小计	60 338	822 835	-92.67
		内地居民（因公）	1 067	8 593	-87.58
		内地居民（因私）	54 209	730 519	-92.58
		港澳居民	1 584	15 260	-89.62
		台湾同胞	3 478	68 463	-94.92
	外籍人员		3 028	76 122	-96.02
	从海港出入境人数				
	从陆港出入境人数				
	从空港出入境人数		63 366	898 957	-92.95
交通运输工具（辆、艘、架、列次）	总计		560	6 180	-90.94
	船舶				
	飞机		560	6 180	-90.94
	火车				
	机动车辆				

（贵州出入境边检总站提供）

2020年贵阳海关主要数据统计表

项目		2020年	2019年	同比（%）
进出口货运量（万吨）	合计	202	181	11.52
	进口	199	171	16.34
	出口	3	10	-70.00
进出口贸易总值（万美元）	合计	206 733	290 892	-28.93
	进口	123 966	109 596	13.11
	其中：江、海运输	35 335	33 655	4.99
	铁路运输	0	0	—
	汽车运输	33 981	24 675	37.71
	航空运输	54 639	51 263	6.59
	邮件运输	3	0	—
	其他运输	8	3	194.06
	出口	82 766	181 441	-54.35
	其中：江、海运输	25 260	58 156	-56.57
	铁路运输	2 409	543	343.61
	汽车运输	19 860	58 636	-66.13
	航空运输	35 237	63 961	-44.91
	邮件运输	0	145	-100.00
	其他运输	0	0	—
税收（万元）	两税合计	52 256	53 139	-1.66
	关税入库	6 481	10 049	-35.51
	进口环节税入库	45 775	43 090	6.23

（贵阳海关提供）

临时开放请示已上报国家口岸管理办公室。四是组织完成打洛公路口岸国家级验收，实现口岸正常运行。五是为有效解决境外替代农产品集中上市入境，解决境外替代企业实际困难，牵头多方协调请示完成瑞丽班岭通道临时开通。六是积极汇报协调推动大理机场、水富港，昆明、磨憨铁路，龙富、桥头、董干、坪河、勐龙、弄岛、木城等通道作为拟新开口岸。七是积极汇报协调推动磨憨口岸货运通道开放获国家部委批准。

【抓口岸发展规划，提升口岸科学布局和建设水平】 一是根据海关总署（国家口岸管理办公室）关于提供编制《国家口岸发展“十四五”规划》相关材料通知要求，收集编制云南省口岸“十四五”发展规划相关材料。二是根据国家口岸管理办公室和云南省政府工作部署，起草编制《云南省口岸“十四五”发展规划》《云南口岸经济区发展规划》项目（课题）。截至2020年年底，已完成初稿编制工作。三是根据云南省政府口岸建设专题会议精神，编制完善《云南陆路口岸功能提升三年行动实施方案（2020—2022年）》（以下简称《实施方案》），并赴州市调研督导，由州市口岸办编制《实施方案》中的口岸通关能力提升项目并储备好项目。项目储备须达到入发改库或具备开工建设条件，为争取发改资金、口岸补助资金打牢基础。四是根据国务院即将出台的《边民通道管理办法》，草拟《云南省实施“一口岸多通道”创新通关监管方案》，将边境已开放的重点通道纳入口岸管理，对通道进行标准化建设、规范化管理。五是配合相关部门探索研究在自贸区、口岸实施“一次认证、一次检测、双边互认、一地两检”创新通关模式。截至2020年年底，已完成草拟“一地两检”创新通关监管方案，已报请云南省政府、国家口岸管理办公室，函报云南省发改委、省外办。六是指导红河州商务局（州口岸办）编制整车进口口岸可行性研究报告，已完成报告上报工作。

【抓口岸基础设施建设，提升口岸通关能力和口岸通关便利化水平】 一是督导相关州市加快推进已列入《国家口岸发展“十三五”规划》的田蓬口岸、勐满通道、香格里拉机场航空口岸联检查验设施建设。二是指导相关州市加快推进磨憨、天保、畹町、腾冲、南伞、清水河、孟连等口岸货运通道联检查验设施建设。三是指导相关州市按国家对外开放口岸标准建设章凤、盈江、片马、孟连、南伞、永和6个原二类口岸联检查验设施。四是指导相关州市加快推进大理机场航空口岸，龙富、坪河、弄岛、曼栋等通道通关联检查验设施建设。五是指导德宏州、西双版纳州加快完善进口偶蹄类活体动物跨境试点口岸（通道）查验场联检查验设施，3个通道联检查验设施建设安装均已完成并顺利通过验收。六是全力推进口岸功能提升工程。云南省建投集团已与德宏、文山、红河州达成合作共识并签署合作协议，河口、金水河、田蓬口岸已进场开工建设，瑞丽、磨憨、腾冲、清水河、打洛、章凤、南伞、片马等口岸正协助省建投集团协调口岸当地政府加快推进口岸功能提升工程。

【加快推动开通中老、中缅双边农副产品快速通关“绿色通道”】 云南省口岸办按照国家口岸管理办公室的通知精神和工作安排，主动与老挝和缅甸相关部门进行沟通，并会同口岸海关、边检、交通等部门加快推进，在做好疫情防控的基础上，总结推广中越河口—老街农副产品快速通关“绿色通道”经验，推动开通中缅边境畹町—九谷口岸、中老边境磨憨—磨丁口岸农副产品快速通关“绿色通道”。同时，加快推进云南省其他口岸开通口岸农副产品通关“绿色通道”。积极探索和推动双边自助通关、中老铁路口岸“两国一检”等口岸通关新模式。

【持续推进口岸通关便利化建设和改革】 继续严格按照国务院第25、26次常务会议、《国务院关于印发优化口岸营商环境促进跨境贸易便利化工作方案的通知》、国务院口岸工作部际联席会议第四次全体会议和全国口岸提效降费工作会议精神，以及《云南省优化口岸营商环境促进跨境贸易便利化工作实施方案》（云政发〔2019〕3号）和《关于进一步加强疫情防控期间跨境货物运输管理工作的通知》（云应疫指办发〔2020〕

40 号），组织宣传推广和政策解读，细化工作措施，压实工作责任，推动完成各项工作任务。认真落实《云南省人民政府关于建立营商环境“红黑榜”制度的通知》要求，牵头海关、边检等口岸部门，优化流程、创新举措，全力推进优化营商环境政策的全面落实，确保政策红利见实效，并对照“红黑榜”自查自纠、认真整改，发挥倒逼改革作用。

【认真落实自贸区重点改革任务中涉及云南“单一窗口”的工作】 一是按照开放为前提、改革为抓手、制度创新为核心、产业带动为基础的要求，先行先试、主动作为，在云南省“单一窗口”中部署减免税功能，实现了包含自贸区内服务出口、退（免）税功能，提高了退税效率，促进了贸易便利化。二是认真做好云南“单一窗口”95198 热线、网络安全防护、数据安全管理和功能模块使用等运行维护工作，确保涉及自贸区相关业务功能安全高效运行。三是创新方式做好推广培训工作。为做好疫情防控工作，减少人员接触，对全省 485 家企业、633 人开展国际贸易“单一窗口”出口退税、舱单运抵状态订阅推送、税费支付、许可证件、报关单信息订阅等功能培训，并对防疫物资出口通关最新政策进行解读。

【深入推进口岸国际交流与合作】 一是疫情以来，云南省口岸办多次致函越南、老挝、缅甸口岸管理部门，主动协调周边国家保障口岸（通道）正常开放、畅通，取消多方面口岸（通道）限制措施，共同加强口岸（通道）疫情防控，确保口岸正常运行。疫情以来，边境口岸我方一侧保持口岸正常开放和畅通。二是云南省口岸办分别于 2020 年 3 月及 6 月两次向越南、老挝口岸管理部门致邀请函，邀请其口岸管理部门参加口岸管理与合作联委会工作协调机制会议，并就会议筹备制订了相关会议方案。越方和老方均回复：由于受疫情影响，建议待疫情结束后再进行双边口岸管理与合作联委会工作协调机制会议合作机制会谈。三是云南省口岸办推动中缅云南省级口岸管理部门与缅甸边境省邦建立省邦级口岸管理与合作机制。2020 年 5 月 21 日，会同省级有关部门在中缅清水河—清水河口岸交界处举行非正式会晤，双方就加强双边疫情防控、加快口岸开放、加大口岸基础设施投入、加强口岸通关能力和通关便利化建设等关心关注的议题进行了友好磋商，并取得了实际成效。

【积极研究推广跨境运输新模式】 云南省口岸办经前期与云南省有关部门和企业沟通后，云南省口岸办组织召开了口岸跨境甩挂运输模式协调会议，省外事办、省交通运输厅、昆明海关、云南出入境边检总站以及 7 家重点物流企业相关负责人参加了会议，会议就口岸跨境甩挂运输通关模式进行了研究探索，并就该模式下一步的开展和推广达成基本思路。

【提升昆明机场口岸通关保障能力】 一是安排口岸专项资金，足额保障昆明机场海关和昆明边检站 7×24 小时全天候运行维护和协管（检）员经费支出。二是推进公务机楼口岸监管区域改造建设，全力保障参加联合国生物多样性公约第十五次缔约方大会政要安全高效通关。三是积极推动开通农产品快速通关“绿色通道”等建设，着力打造昆明国际枢纽机场口岸，提升面向南亚东南亚辐射能力。

口岸监管与服务

【云南出入境边检总站坚持党委统领汇聚全警力量，筑牢外防输入安全屏障】 一是强化口岸边境防控。制定疫情防控期间执法执勤工作指引，全量采集出入境人员行为轨迹信息，实施口岸出入境人员“现场限流、分类查验、配合跟控”和货物“人货分离、分段运输、封闭管理”举措，分类制订 7 类 32 种应对疫情输入和全线封控工作预案情况想定及处置方法，被国家移民管理局转发全国学习借鉴。二是主动融入防疫大局。全程参与云南省第 12 至 15 号通告起草发布工作，推动暂停全省 33 个口岸（通道）客运功能，临时关停 51 条边民通道，并暂停签发边民证，严控非必要人员往来，牢牢把住云南外防输入基本盘。牵头拟制并推动省应对新冠肺炎疫情工作领导小组、省公安厅出台“两个意见”，全面汇总云南口岸边境涉疫信息，编发274期工作快报辅助领导决策。三是强化外防输入合力。牵头与云南省口岸办、昆明海关和云南省公安厅出入境管理局签订《口岸（通道）防范境外疫情输入协作备忘录》，创新落实“三提前、三共享”工作机制，向各有关职能部门推送涉疫人员基本信息63 539条，为各单位实施精准管控奠定基础。

【云南出入境边检总站坚持全面推进严密口岸管控，着力构建安全管控体系】 一是强化边检前台查验。启动智能验证台建设三年规划，投入2 797.6万元加大前台查验设施建设，扩大边检信息化装备配备使用比例，推动62条通道验证台完成智能化改装，达到前台岗位民警100%佩戴并使用执法记录仪或替代设备工作标准，有效提升边检机关前台发现、查获不法分子的能力水平。二是做实后台核查防线。全面推动后台专业力量建设，组建专职后台核查队伍，落实嫌疑人员全域审查工作标准，实现重点国家（地区）人员自入境至出境的全流程、立体化管理。推进边检数据分析研判中心（室）建设，召开搭建数据挖掘模型服务口岸边境管理实战工作研讨会，强化边检业务与信息技术深度融合，精准服务、支撑一线查控。

【云南出入境边检总站坚持主动作为服务地区发展，打造新时期云南边检靓丽名片】 一是助推口岸开放发展。主动对接“十四五”口岸发展规划，精准研提34条口岸开放工作意见。加强内外工作协调，推动关累港口岸于2020年6月24日获国务院批复正式实现对外开放，推动磨憨铁路口岸和勐满通道列入国家2020年度口岸开放审理计划，护航香格里拉航空机场口岸和田蓬公路口岸顺利完成国家“十三五”重点建设任务目标，推动大理、腾冲机场航空口岸主体工程顺利通过省级验收。二是助力重大项目建设。持续深化边检服务发展理论研究，在昆明、磨憨口岸开设6条“一带一路”专用通道，跟进并参与自由贸易试验区、跨境经济合作区和边境经济合作区等新型经济形态项目建设工作，积极为国家重点战略和云南地区发展大局贡献边检智慧。三是全力保障货物通行。建立毗邻国家口岸（通道）出入境限制性措施对外公布制度，实现出入境限制性措施手机“一键查询”。紧盯人民群众关心的痛点问题，灵活采取预警提示、增设通道、车辆分流、延长通关等一揽子举措提升货运车辆通行效率。

【昆明海关统筹推进改革，提升口岸通关效能】 一是深化关区业务改革。按照海关总署业务改革工作安排，制订出台关区深化业务改革实施方案，“两步申报、两轮驱动、两段准入、两类通关、两区优化”等重点业务改革分类试点有序推进、全面实施，口岸监管通关效能大力提升，货物在口岸滞留时间大幅减少，不断推动海关作业实现“统一执法、分类施策、精准监管、协同高效”目标。二是优化通关作业流程。围绕口岸监管场所升级改造、强化查验科技设备装备应用、提高非侵入式查验占比、稳妥降低出口查验率等方面综合施策，不断优化海关监管流程和作业方式，建立跨地区、跨层级、跨部门的通关协作保障机制。实行“一口岸一方案”工作模式，在业务现场实施通关引导员制度，综合采取调配监管资源、强化通关引导、优化作业流程、延长工作时间、预约应急通关等措施，有效应对疫情防控措施叠加导致的口岸拥堵。

【昆明海关促进贸易便利化，优化口岸营商环境】 一是压缩口岸通关时间。进一步压缩内部核批事项办理时间，强化通关时效动态实时监控，压减通关时长取得明显成效，“单一窗口”主要申报业务应用率提前达到100%，口岸验核监管证件由86种精简为41种。统计数据显示，截至2020年12月，云南省进、出口整体通关时长分别为14小时和0.12小时，时效分别位列全国第四和第一。二是优化口岸营商环境。推动落实海关总署一系列优化口岸营商环境、促外贸稳增长、稳外贸稳外资措施，立足关区实际，聚力“六稳”“六保”，组织实施优化口岸营商环境巩固提升行动，建立关区优化营商环境评价指标体系，助力破解口岸营商环境存在的突出问题，系统性、整体性推进优化口岸营商环境工作。三是减轻企业税费负担。贯彻落实国家减税降费部署，强化口岸规范收费公示制度和收费目录清单动态管理，严格执行国家增值税降税、行邮税税率调整、特定税收减免、出口退税、海关滞报金减免及疫情防控期间增值税优惠等一系列国家税收优惠政策，扩大汇总征税、自报自缴适用范围，推广企业征信担保、关税保证保险、属地纳税人管理等模式，指导企业用足用好自贸协定优惠政策，进一步降低企业进口成本，提升企业获得感，持续释放税费减免政策红利。四是支持口岸开放建设。积极配合推进口岸开放建设，完成打洛口岸通过国家验收、磨憨口岸货运通道开通，参与磨憨铁路、田蓬、金水河口岸及勐满通道规划研究，派员参与国家口岸发展“十四五”规划顶层设计。助推口岸基础设施改造升级，完成关区监管场所（场地）优化整合；建立海关指定监管场地综合管理工作机制，推动地方政府发挥主体作用，指导做好口岸指定监管场地申建工作。

【昆明海关深化“放管服”改革，大力提升对企服务质效】 一是充分释放改革红利。落实“多证合一”“证照分离”改革，简化企业注册登记手续，推广企业登记全程电子化、部分证明材料联网核查验证，压缩企业开办时间。便利企业注销，企业通过“云南省企业注销网上服务专区”，无须到属地海关提交注销申请书即可实现网上办理。优化农产品出口企业注册登记程序和监管方式，推广应用行政审批网上办理平台等信息化平台，实现出境水果果园及包装厂、出境种苗花卉生产经营企业注册登记行政审批“一网通办”。强化源头管控，指导“云品”农特产业生产加工企业建立健全食品安全卫生控制体系，提升基地备案标准化建设水平，助力企业以质取胜扩大出口。二是助推新业态发展。指导电商企业规范开展 9610、1210 业务，疏通跨境电商转关堵点，助力百世供应、云南翔美、五洲跨境等为代表的电商企业取得快速发展，初步形成面向南亚、东南亚国家出口服装、日用百货和家居用品跨境电商辐射圈。推动昆明俊发·新螺蛳湾国际商贸城、瑞丽国际商品交易市场（边贸商品市场）获批市场采购贸易试点，制定市场采购贸易海关监管办法具体实施细则，为广大外贸企业开展国际贸易提供全新通道。三是提升平台开放水平。全力服务云南自贸试验区建设和改革创新，争取“扩大第三方检验结果采信范围”“动植物及其产品检疫审批负面清单制度”毗邻国家输入农产品水产品等产品实行快速检验检疫模式”3 项政策落地，“一口岸多通道”“出口货物专利纠纷第三方担保放行工作制度”2 项创新举措在自贸区试点；完成 52 项自贸区海关创新监管制度复制推广，其中“仓储货物按状态分类监管”“委内加工”“跨境电商监管新模式”“批次进出、集中申报”等项目取得显著成效。细化落实国务院关于促进综合保税区高水平开放高质量发展 21 条意见取得实质性进展，推动 14 项自贸试验区监管创新制度落地综合保税区；支持替代种植进口等特色业务、跨境电商和陆路快件等新业态用好综合保税区政策优势，实现创新发展，促进区港联动，提升辐射带动效应。四是疏通跨境贸易渠道。强化跨关区通关监管协作，与重庆、南宁等 15 个海关建立“西部陆海新通道”区域海关合作工作机制；与重庆海关开展进境种球种苗联合监管，打通进口花卉种球种苗入滇通道，助力“云花”出口逆势增长；与满洲里海关开展输俄农产品联合监管，打通云南芒果出口俄罗斯的贸易通道；与南宁海关签署深化全面合作备忘录，疏通入滇进口粮食、矿产品及云南经广西沿海港口出口货物一体化通关堵点。推进云南跨境动物疫病区域化管理试点工作，促成缅甸输华肉牛议定书签订，完成境内检疫设施建设，制定进口屠宰用肉牛通关操作规程，健全工作保障机制；快速办理种猪进口检疫许可，提前办理航线备案，疏通种猪航运通道，保障生猪产业复产增养、稳产保供；支持跨境农业合作发展，对越南、缅甸、老挝等国开展输华农食产品风险分析，完成缅甸大米、蚕茧等农产品准入，疏通贸易渠道助力企业多元化发展。

开放口岸

【昆明空运口岸（昆明长水国际机场）】

昆明空运口岸位于昆明市官渡区大板桥街道长水村，1955年经国务院批准对外开放。昆明长水国际机场国际旅客吞吐量居西南地区第2位，国际航线开通数量位居全国第7位，是我国面向东南亚、南亚和连接欧亚的国家门户枢纽机场，也是全国继北京首都机场、上海浦东机场、广州白云机场之后第四家实现双跑道独立运营模式的机场。昆明长水国际机场建设总投资233亿元，其飞行区按照4F标准规划。云南省在国际（地区）航空市场方面，昆明机场口岸国际（地区）旅客吞吐量487.1万人次，国际（地区）旅客占比达到10.3%；在航线布局方面，已初步形成以昆明为中心，覆盖全国大部及东南亚、南亚主要国家城市（除不丹及巴基斯坦）的航线网络结构，提升了昆明作为面向东南亚、南亚辐射中心的国家门户枢纽作用。

昆明空运口岸

【西双版纳空运口岸（西双版纳嘎洒国际机场）】 西双版纳空运口岸位于景洪市郊4千米，1990年4月建成通航，1995年12月3日经国务院批准为对外开放口岸，1996年12月10日通过国家验收，1997年1月1日正式对外开放。西双版纳空运口岸设计年旅客吞吐量为350万人次，货物吞吐量为1.09万吨，飞行区指标为4D，可满足B767、A300系列类型飞机，配有Ⅰ类灯仪表着陆系统及夜航灯光设备。在飞国内外航线30余条，其中国际航线3条（西双版纳—琅勃拉邦、西双版纳—清迈、西双版纳—清莱）。随着西双版纳州社会经济的不断发展、航空业务量的不断增长，机场进行了三次扩建，西双版纳国际机场已成为国内重要的干线机场和连通东南亚、南亚的中型枢纽机场。

西双版纳空运口岸

【丽江空运口岸（丽江三义国际机场）】

丽江空运口岸位于丽江市古城区七河乡，距离市区约28千米，2012年5月31日正式通航，机场占地面积120万平方米，机场飞行区等级为4D，跑道长度3 000米、宽45米，成南北向，可供波音737-700型及以下机型起降，国际候机楼建筑面积5 300平方米，有3座登机廊桥，拥有平行滑行一条和仪表着陆系统、助航灯光等通信导航

丽江空运口岸

设备，可保障 A300/B767-300 同类型及以下的机型起降机场。2011 年 11 月 11 日，国务院正式批准丽江机场对外开放。2012 年 2 月 22 日，丽江海关正式挂牌成立；3 月 15 日，丽江出入境边检站正式挂牌成立；4 月 26 日，丽江出入境检验检疫局正式挂牌成立。目前，丽江机场开通了中国香港和泰国两条航线，中国东方航空公司和四川航空公司经营这两条航线。

【芒市空运口岸（德宏芒市国际机场）】 芒市空运口岸位于德宏州芒市坝子中部，距芒市 6.6 千米。2016 年 5 月 17 日，国务院正式批准芒市机场对外开放。芒市机场始建于 1937 年，是著名“驼峰航线”主要起降机场之一，曾起降过 C46 型战斗机、C47 型运输机，抗日战争胜利后停飞荒废。1990 年 4 月 10 日，经国家民航局批准，芒市机场正式运营通航。通航后，芒市机场于 2009 年年底完成第一次改扩建，机场等级由 3C 升格为 4C 级，机场占地约 173.93 万平方米，机坪面积 5.64 万平方米，航站楼总面积达 1.3 万平方米。随着西部大开发、桥头堡战略和瑞丽国家重点开发开放试验区的建设，机场航班量迅猛发展。为确保德宏芒市机场航班安全，开辟更多航线，更好地为地方经济发展提供服务，芒市机场于 2016 年 5 月启动改扩建工程，2018 年 10 月改扩建工程完成，2018 年 11 月芒市机场空运口岸通过国家验收，实现正式开放。

芒市空运口岸

【瑞丽陆路（公路）口岸】 瑞丽公路口岸位于云南省西部、德宏傣族景颇族自治州的西南，与缅甸木姐口岸对接，边境线长 141.4 千米，距云南省会昆明 750 千米，距缅甸木姐市 4 千米、腊戍 160 千米、缅甸仰光 900 千米，是中缅铁路通道（昆明—大理—瑞丽—腊戍—曼德勒—印度洋）、中缅公路通道（昆明—瑞丽—仰光）和中缅陆水联运大通道（昆明—瑞丽—八莫港）上的重要口岸。瑞丽口岸还是中国唯一一个实行“境内关外”（入境：货物、车辆可入境不入关。出境：货物、车辆出关不出境）特殊管理的口岸。

瑞丽口岸

瑞丽口岸是云南省较早开放的国家对外开放口岸，1978 年经国务院批准开放，1985 年经德宏州政府批准为边境贸易区，1991 年 2 月云南省政府批准瑞丽姐告设立边境贸易经济区，1992 年 6 月国务院批准为沿边开放城市，1993 年撤县设市，国务院特区办批准在瑞丽口岸设经济合作区。2000 年，经国务院批准按照“境内关外”的方式设立“姐告边境贸易区”。2001 年 10 月 26 日，经国务院批准瑞丽口岸对第三国人员开放。2010 年，国务院将瑞丽批准为瑞丽开发开放试验区。

瑞丽口岸是中缅边境口岸中人员、车辆、货物流量最大的口岸，其东、南与缅甸棒赛、木姐、南坎三个城市相毗邻，东有畹町经济开发区国家对外开放口岸，西有章凤原二类口岸。姐告是起于上海 320 国道的终点，是昆瑞公路与缅甸的“史迪威”公路相接点，是云南省实施国际大通道战略的试验区和示范区，是中国大西南沿边开放的主要城市，是通往南亚、东南亚的重要门户。瑞丽口岸边民互市贸易、边境小额贸易、一般贸易发展迅速，出口商品达 2 000 多种，进口 200 多种，中国商品通过缅甸转口到孟加拉国、泰国、新加坡、印度和中东国家，国外各种商品也源源不断通过瑞丽口岸进入中国内地。

【畹町陆路（公路）口岸】 畹町公路口岸位于云南省西部德宏傣族景颇族自治州南部。畹町于 1932 年设镇，1938 年滇缅公路通车，畹町成为驰名中外的军事重镇；1950 年 4 月 29 日和平解放，1952 年初政务院批准设立县级镇，同年 8 月 17 日政务院批准为中华人民共和国首批对外开放口岸；1985 年 1 月，国务院批准设立县级市；1992 年 5 月，国务院批准为沿边对外开放城市；1992 年 9 月，国务院特区办批准设立 5 平方千米的国家级边境经济合作区；1999 年 1 月，区划调整，国务院批准撤销畹町市，并入瑞丽市，设立畹町经济开发区。畹町南与缅甸相邻，西北与瑞丽隔江相望，与缅甸的九谷口岸对接，两国村寨相望，山水相连，国境线长 28.6 千米。

畹町口岸

畹町是中国历史上较早通向东南亚、南亚的主要贸易通道是“南方丝绸之路”的重要驿站。抗日战争时期，滇缅公路通车后，成为当时中国大后方对外联系唯一的国际陆运口岸。1993 年，畹町—九谷新桥建成，畹町口岸的优势得到进一步发挥。从畹町口岸出境，可直达缅甸中部水、陆、空设施齐全的曼德勒市。由昆明经畹町、曼德勒至仰光和印度的加尔各答运距要比从昆明经广州绕马六甲海峡到仰光和加尔各答分别缩短 4 651 千米和 4 331 千米，是中国大西南通往东南亚、南亚和西亚的捷径。

【河口陆路（公路）口岸】 河口公路口岸位于红河哈尼族彝族自治州河口瑶族自治县，与越南老街口岸对接，国境线长 193 千米。2011 年 7 月，国务院批准河口公路口岸对外开放。河口公路口岸具有“口岸就是县城，县城就是口岸”的天然优势，是滇越铁路、昆河公路、红河航道与越南乃至东南亚地区铁路、公路、航道连接的交通枢纽，距昆明市 469 千米，距越南首都河内 296 千米，距出海口——越南北方最大的海防港 416 千米，是中国西南进入东南亚、南太平洋的便捷通道。在中国—东盟自由贸易区和“昆明—河内—海防”经济走廊的规划中，处于“咽喉”的重要地位，是西南地区与东南亚国家发展对外贸易的窗口，是云南省建立国际大通道中越铁路、中越公路四条出境通道上的重要口岸。目前，河口口岸联检楼、公路口岸北山配套查验场已建设完成投入使用。中国河口—越南老街跨境经济合作区、国际物流园区、河口口岸免税商品城、海产品交易市场等项目已经建成。

河口公路口岸

【磨憨陆路（公路）口岸】 磨憨公路口岸属国际客货公路运输口岸，是中国与老挝双边协议口岸，位于云南省西双版纳州勐腊县南端，中国老挝磨憨—磨丁经济合作区内，是中老两国最大的公路口岸，是我国连接中南半岛的关键节点，是中国—东盟自由贸易区的最佳结合部，也是中国通往东南亚各国重要的昆曼国际大通道出境的起点，正在建设的泛亚铁路中线将由磨憨口岸出境，贯穿老挝、泰国，直达新加坡。1992 年 3 月，磨憨口岸经国务院批准为对外开放口岸，是首批列为国家沿边开放的地区之一。1993 年 12 月 22 日，中老两国共同宣布正式开通磨憨—磨丁国际口岸。2000 年 6 月，云南省人民政府批准磨憨口岸为边境贸易区，并赋予优惠政策。2004 年 9 月 6 日，国务院批准磨憨口岸开展口岸签证工作，并对第三国人员实行开放。2016 年 3 月 4 日，国务院批准设立中国老挝磨憨—磨丁经济合作区。磨憨口岸是集一般贸易、边境小额贸易、边民互市贸易、过境贸易、境外罂粟替代种植和对外经济技术合作等多种经济形式并存的综合型贸易口岸。进口货物主要有水果、粮食、坚果等农副商品，出口货物主要有水果、蔬菜、花卉、百货、建材、机电产品、金属及制品、化工产品等。

磨憨口岸

【金水河陆路（公路）口岸】 金水河公路口岸位于红河哈尼族彝族自治州金平苗族自治县城西南 38 千米金水河镇。金水河口岸于 1954 年 12 月 17 日经中越双方会谈同意正式开放为边民互市口岸，1978 年 12 月关闭；1993 年 2 月 25 日经国务院批准为对外开放口岸；1993 年 11 月 10 日正式对外开放，允许中越双方人员、车辆持有效证照通行。

金水河公路口岸与越南莱州省封土县马鹿塘口岸相对接，东、南、西三面临藤条河、藤条江，距金平县城 33 千米，距红河州府蒙自市 160 千米，距越南封土县城 18 千米，距越南莱州省会莱州市 51 千米，距越南奠边省奠边府市 206 千米，距老挝丰沙里省勐迈县 270 余千米（经越南奠边府市西南行 30 余千米，通过越南西庄口岸和老挝丰沙里省勐迈县班岗口岸可进入老挝），是国家西南战略安全节点的重要组成部分，云南省主要对越通道和红河州对越开放口岸“桥头堡”之一。金水河公路口岸重点开展以进口玉米、木薯、稻谷、茶叶、咖啡为主的对外贸易。从金水河口岸出境，可达越南西北部旅游重镇奠边府和沙巴，充分领略越南的异国风光、开展中越民俗旅游文化交流和品尝越南风味饮食。

金水河口岸

【天保陆路（公路）口岸】 天保公路口岸位于云南省文山州麻栗坡县南端，距麻栗坡县城 40 千米，与越南河江省清水口岸对接，口岸距越南河江省省会河江市 23 千米、首都河内 341 千米、海防港 441 千米。该口岸于 1954 年 3 月 1 日开通，1960 年 12 月关闭。1963 年 3 月，口岸恢复对外开放。1978 年，口岸关闭。1993 年 2 月 25 日，经国务院批准恢复天保口岸对外开放。2011 年 6 月 12 日，国务院同意天保口岸扩大对外开放，口岸性质为国际公路客货运输口岸。2013 年 12 月，天保口岸扩大对外开放通过国家级验收。天保口岸联检楼及查验货场等基础设施已建成投入使用，边防、海关的办公、生活等基础设施和配套设施已完善。

天保口岸

【腾冲猴桥陆路（公路）口岸】 腾冲猴桥公路口岸位于腾冲市猴桥镇的槟榔江畔，距腾冲市区65千米，距中缅边界南4号界桩19千米，与缅甸甘拜地口岸对接。口岸距缅甸北部重镇密支那133千米，从该口岸经密支那到西印度雷多（里多）仅687千米。1991年8月，云南省政府云政发〔1919〕140号文批准腾冲为原二类口岸。2000年4月经国务院批准为对外开放口岸，2003年1月正式对外开放。该口岸是历史上“南方丝绸之路”的重要通商口岸，是抗日战争时期“史迪威公路”（中印公路）的枢纽，是云南省通向南亚的大通道之一。腾冲还有经云南省人民政府批复的重点通道3条（滇滩、自治、胆扎通道）；有腾冲—密支那、腾冲—板瓦两条二级国际公路通往缅甸克钦邦。作为云南省五大重点口岸之一，腾冲猴桥公路口岸是中国连接南亚、东南亚的重要门户和节点，是中缅贸易的重要前沿，战略位置突出，区位优势独特，随着腾冲公路、航空、铁路三位一体的立体化口岸开放格局的逐步形成，猴桥公路口岸在中缅两国经贸发展和人员交往中的促进作用日益显现，在对外开放中发挥着越来越重要的窗口和支撑作用。

腾冲猴桥口岸

【孟定清水河陆路（公路）口岸】 孟定清水河公路口岸位于耿马傣族佤族自治县孟定镇人民政府所在地，与缅甸掸邦第一特区接壤，边境线长47.35千米，与缅甸清水河口岸对接，距耿马县城83千米，平均海拔510米。该口岸是我国西南地区通往缅甸和东南亚的重要陆路通道，面积350平方千米。1957年孟定口岸正式对外开展边境贸易进出口业务，1991年8月被省政府批准为原二类口岸，2004年10月国务院批复同意对外开放。2007年11月8日，经国家验收正式对外开放，允许中国和缅甸双方人员、车辆持有效证、照、签证或边境通行证通行，并对各种贸易货物开放。目前，孟定清水河口岸联检楼和配套查验货场已建成投入使用。口岸得天独厚的地理位置优势、热带的自然风光、古朴文雅的民俗风情、丰富的旅游资源和热带经济作物使孟定口岸有“黄金口岸”之称。孟定口岸边境贸易辐射面广，公路通往国内外，交通十分便利。从清水河到缅甸重镇户板、滚弄分别为15千米和24千米，到缅北重要商品集散地腊戍161千米，到缅甸仰光1 136.9千米；从盘姑公路到昆明750千米。孟定清水河口岸自建成投入使用以来，一直是国内外经济贸易活动的窗口，对缅甸边境

孟定清水河口岸

贸易的辐射面主要是第一特区、第二特区、清水市、滚弄镇区、户板镇区、腊戌、佤城、仰光等5省1市10个镇区，经营方式也由易货贸易发展为边境贸易、转口贸易、一般贸易。

【打洛陆路（公路）口岸】 打洛公路口岸位于云南省西双版纳州勐海县西南端打洛镇，距勐海县城66千米，与缅甸掸邦东部第四特区勐拉县接壤，国境线长36.5千米。由打洛出境经缅甸，可达泰国、越南、马来西亚、新加坡、印度等国家和地区。打洛口岸距缅甸掸邦东部首府景栋86千米，经东枝到仰光1 270千米，到泰缅边界重镇大其力240千米，距泰国清迈550千米，是云南省国际大通道的重要口岸之一。1950年11月，成立海关打洛支关；1956年，打洛口岸正式对外开展边境小额贸易进出口业务；1991年8月10日，云南省人民政府批准打洛为原二类口岸；1992年，被列为国家首批沿边开放的地区之一。1997年3月25日，中华人民共和国政府和缅甸联邦政府签订《关于中缅边境管理与合作的协定》，中国打洛—缅甸勐拉口岸被列为对第三国人员开放的口岸。2007年11月13日，经国务院批准为对外开放口岸。2018年，打洛口岸联检楼、查验货场、出入境车辆快速通关系统、电子监控综合应用系统、货运专用通道及边民互市场等查验设施改扩建完成并投入使用。

打洛口岸

【勐康陆路（公路）口岸】 勐康公路口岸位于云南省普洱市江城县，与老挝丰沙里省兰堆口岸对接，距约乌县城52千米，距省城丰沙里186千米，距首都万象830千米，是云南省通往老挝及通向东南亚最便捷的陆路通道，是普洱市对外开放的重要“桥头堡”。2011年7月24日，国务院批准勐康口岸对外开放，口岸性质为双边公路客货运输口岸。2013年11月12日，勐康口岸通过国家级验收。结合“一城连三国”的特殊区位优势，江城县提出把江城建成云南省对越南、老挝开放的黄金前沿门户，普洱市面向东盟的商贸流通基地，努力构建以江城为中心，辐射老挝、越南三国边境经济圈的发展战略，加快勐康口岸、龙富通道建设，实现口岸活县。目前，勐康口岸联检楼、查验货场已建设完成，口岸物流配套设施正在规划建设中，口岸正成为中老边界上一个集边境贸易、生态休闲、民俗文化为一体的边境旅游小镇。

勐康口岸

【都龙陆路（公路）口岸】 都龙公路口岸位于马关县都龙镇茅坪村委会东南面、中越边境线二段五号界碑老国门处，距茅坪村委会近2千米，距都龙镇政府所在地23千米，距马关县城47千米，距文山州府文山97千米，距昆明市390千米，距越南箐门县城40千米、河江省省府河江市200余千米、首都河内500余千米，是马关县通往越南的重要通道。

1953年8月25日，中越两国政府在北京签订《关于开放两国边境小额贸易的议定书》，双方同意开放中国都龙—越南箐门和漫美边境通商口岸，并于1954年3月正式开通；1974年，都龙口岸关闭。中越关系正常后，两国政府于1991年签订《临时协定》，决定在条件具备时逐步开放21对陆地出入境口岸，“中国都龙—越南箐门”口岸就是其中之一。2015年1月12日，国务院正式批准都龙口岸开放为国际性常年公路客运货运口岸。

都龙口岸

【田蓬陆路（公路）口岸】 田蓬公路口岸于1954年3月1日对外开放，与越南苗旺、同文两县接壤，国境线长60千米。田蓬公路口岸对内距富宁县城80千米、文山州府235千米、昆明680千米，广西南宁市480千米、北海港750千米；对外距越南同文县24千米、苗旺县35千米、河江省会110千米、河内451千米。通道有公路通往国内外，交通便利。1979年口岸关闭。1996年9月27日，经云南省政府批准对外开放。2016年，被纳入国家“十三五”口岸发展规划。2018年2月13日，国务院批复同意田蓬公路口岸对外开放（国函〔2018〕34号），性质为双边常年开放公路客货运输口岸。

田蓬口岸

【河口陆路（铁路）口岸】 河口铁路口岸位于云南省东南端，与越南老街省山水相邻，国境线长193千米。河口历史上就是我国与越南等东南亚各国进行经济文化交流的门户和咽喉，是“南方丝绸之路”的第二条通道。1895年，河口被辟为商埠。1910年，随着滇越铁路的建成通车，云南省进出口物资有80%以上经河口口岸进出，河口成为中国西南对外商贸的最大集散地。1992年，河口被国务院批准为沿边开放县；同年12月，国务院特区办批准在河口设立4.02平方千米的边境经济合作区；1996年，河口口岸复通，河口迎来了千载难逢的发展机遇，进出口贸易焕发出勃勃生机与活力，带动了河口经济社会事业快速发展。

河口铁路口岸

【景洪水运（河港）口岸】 景洪水运口岸属国际客货水运口岸，是澜沧江·湄公河国际航道上重要的港口口岸，1993年7月24日经国务院批准为对外开放口岸，2000年4月20日中、老、缅、泰四国签署《四国商船通航协定》，2001年6月13日通过国家正式验收，2001年6月21日宣布对外开放，2001年6月交通运输部批准对外国籍船舶开放，港口与老挝、缅甸、泰国多个港口开通了散杂货、集装箱、客运航线，是一个可以辐射三个以上国家的国际性口岸。口岸辖景洪港区中心码头和勐罕、关累两个开放码头。景洪港区中心码头位于景洪市区澜沧江北岸，占地面积9.8万平方米，设计规模年货运量40万吨，客运量150万人次，共有6个泊位（2个客运泊位、4个货运泊位）；关累码头是景洪港重要的货运码头，是中老缅泰四国政府签署的

《澜沧江·湄公河商船通航协定》中开放港口之一，是国家“十二五”规划新开放口岸，设计规模年货运量 20 万吨，客运量 10 万人次；勐罕码头位于澜沧江与上湄公河结合部，距离景洪港中心码头约 28 千米，是中老缅泰四国政府签署的《澜沧江·湄公河商船通航协定》中开放港口之一，设计规模年货运量 100 万吨，客运量 40 万人次，共有 6 个泊位（2 个客运泊位、4 个货运泊位）。

景洪水运口岸

【思茅水运（河港）口岸】 思茅水运口岸位于普洱市思茅港镇，距离普洱市区 87 千米，1993 年 7 月国务院批准为对外开放口岸，2001 年 4 月 1 日起正式对外国籍船舶开放。思茅港是澜沧江—湄公河国际航运中国境内的第一港，可达老、缅、泰、柬、越五个国家，是东南亚地区最便捷的一条黄金水道，是云南乃至大西南通往东南亚的重要通道。港口规模为年货运 30 万吨、客运 10 万人次。港口有大小船只 43 艘，国际航运船只 31 艘，载货能力 3 000 吨，客位 449 个，查验设施配套齐全。思茅港出入境边检站、思茅海关承担口岸的监管任务。由于修建国家重点项目——小白塔电站，从 2005 年 1 月起暂停航运。

思茅水运口岸

【关累水运（河港）口岸】 关累水运口岸属国际客货水运口岸，是澜沧江·湄公河国际航道上重要的港口口岸，2020 年 6 月 24 日国务院批准对外开放。

原二类口岸

【片马陆路（公路）口岸】 片马公路口岸位于怒江傈僳族自治州泸水市正西 66 千米的片马镇人民政府所在地，地处高黎贡山西麓，属边境陆路通道，与缅甸大田坝口岸对接，边界线长 64 千米，距泸水县城 96 千米，距缅甸北部城市密支那 224 千米，通道有三条公路通向国外，交通十分便利。1991 年 8 月 10 日，片马口岸经云南省人民政府批准对外开放，是中缅边界北段 10 号至 47 号界碑 638 千米长的边界线唯一的通道，成为中国滇藏两省、区通往南亚的一个重要通道。片马是中国古西南丝绸之路的重要组成部分，边境贸易源远流长。因为它在中缅边界北段具有独特的区位优势，所以，第二次世界大战前和第二次世界大战中曾几度被英、日两国侵占，直至 1961 年才回归祖国。

片马口岸

【盈江陆路（公路）口岸】 盈江公路口岸位于云南省德宏傣族景颇族自治州西部的盈江县城，与缅甸拉咱口岸对接，属边境陆路通道，与缅甸克钦邦第二特区接壤，国境线长 214.6 千米，距缅北八莫 150 千米，距密支那 180 千米，距仰光 1 200 千米，距印度雷多 540 千米。口岸有公路通往国内外，交通十分便利，成为西南地区通往缅甸的一个重要通道。1991 年 8 月 10 日，盈江口岸经云南省人民政府批准对外开放。自对外开放以来，盈江口岸成为国内外经济贸易活动通道，对缅甸边境贸易的辐射面逐步扩大，由原来边境一线的集镇，发展到八莫、密支那、仰光、印度雷多等重镇，形成边境贸易、一般贸易、对外经济技术合作和转口贸易等多种贸易相结合，多渠道并举的大经贸新格局。

盈江口岸

【章凤陆路（公路）口岸】 章凤公路口岸地处德宏傣族景颇族自治州陇川县人民政府所在地章凤正西 4 千米的拉影，与缅甸雷基（洋人街）口岸对接，距缅甸重镇八莫 80 千米。章凤自古以来就是“南方丝绸之路”上的重点门户之一，1991 年 8 月 10 日云南省人民政府批准对外开放。章凤通道是中缅两国重要陆路通道之一，也是缅甸政府唯一指定进口棉纺织通道。

章凤口岸

【南伞陆路（公路）口岸】 南伞公路口岸位于云南省临沧市镇康县南伞镇，与缅甸掸邦第一特区接壤，国境线长 47 千米。南伞口岸距缅甸首都内比都 750 千米、第一大城市仰光 1 142 千米、第二大商业城市曼德勒 484 千米；距缅北重镇腊戍 197 千米；距掸邦果敢自治区老街仅 9 千米；距昆明 784 千米、临沧 232 千米、保山市龙陵县城 238 千米。南伞口岸北上保山，南往普洱，公路四通八达，是通往南亚、西亚的内陆通道之一。1991 年 8 月云南省人民政府批准对外开放，1996 年列为边境经济开发实验区。2002 年开始把通道建设纳入新县城规划统筹进行建设，逐步改善了基础设施和联检部门办公条件。

南伞口岸

【孟连陆路（公路）口岸】 孟连公路口岸位于普洱市孟连县西南部，地处南马河与南卡江的汇合处，以南卡江心为界，江东岸为中国，江西岸为缅甸。口岸距云南省会昆明 690 千米，距普洱市 230 千米，距孟连县城 51 千米。通道与缅甸掸邦第二特区政府（佤邦）邦康市隔江相望，自然条件优越，地理位置独特，区位优势明显，从邦康市经丹阳、腊戍、曼得勒达缅甸原首都仰光约 1 300 千米，勐阿是普洱市客、货吞吐量最大的通道，对缅贸易占全市的三分之二以上，是中缅两国交往的通道之一，也是我国通往东南亚各国的陆路通道之一。1991 年云南省人民政府批准对外开放。孟连通道具备较为完善的联检查验功能和设施，金融、通信、市政、交通等配套设施齐全，通道人流、物流通关顺序流畅。中缅双边友好往来频繁，边民互市、经贸交流与合作不断深入，孟连县对外贸易得到了迅猛发展。进口货物以木材、矿产品为主，出口货物以建材、百货、成品油、机电产品、生活用品等为主。

孟连口岸

【沧源陆路（公路）口岸】 沧源公路口岸位于临沧市沧源县，1996 年 9 月 27 日云南省人民政府批准对外开放，有芒卡和永和两个出境通道。口岸与缅甸掸邦第二特区接壤，国境线长达 147.08 千米。芒卡贸易区位于沧源县南腊乡人民政府所在地，中缅边界 146 号界碑处，距县城 110 千米，距缅甸佤邦南登特区 4.07 千米。永和贸易区距县城 14 千米，距缅甸佤邦绍帕区 3 千米。永和连接着班歪—龙潭—中国西盟、班歪—营盘—邦康—大其力或瓦城、班歪—勐冒—腊戍等境外公路干线，是云南省通往缅甸的通道之一。两个贸易区都有公路通往国内外，交通十分便利，是中国西南地区通往东南亚的一个重要通道。

沧源永和口岸

2020 年云南省口岸大事记

1 月 14 日

云南省西双版纳傣族自治州打洛口岸对外开放通过国家级验收。

2 月 7 日

云南省委书记陈豪到河口口岸调研指导工作。

5 月 21 日

云南省商务厅（省口岸办）会同省外办、省交通运输厅、昆明海关、云南出入境边检总站等部门与缅甸掸邦口岸管理部门在中缅清水河口岸交界处（双方互不出入境）举行非正式会晤，双方就加强双边疫情防控合作和口岸开放、通关便利等关心关注的议题进行友好磋商。

5 月 25 日

云南省勐康口岸顺利完成扩大对外开放初验工作。

5 月 26 日

云南省香格里拉机场通过临时开放前省级功能性验收。

8 月 7 日~8 日

云南省副省长刘洪建到文山壮族苗族自治州调研疫情防控与口岸经济工作。

8 月 13 日 ~15 日

云南省委常委、常务副省长宗国英在文山壮

族苗族自治州调研边境口岸疫情防控等工作。

8月19日

国家口岸管理办公室在云南省德宏州瑞丽市召开国家“十四五”边境口岸发展规划调研座谈会。

9月14日~15日

云南省副省长刘洪建到龙陵县、芒市调研疫情防控和口岸工作。

9月19日~20日

商务部部长钟山率调研组就中国（云南）自由贸易试验区建设等工作来滇开展调研。

9月24日~26日

云南省委常委、常务副省长宗国英到怒江、迪庆调研边境疫情防控、爱国卫生运动、脱贫攻坚、口岸等工作。

10月11日~12日

云南省委常委、常务副省长宗国英在普洱市调研疫情防控、爱国卫生运动和口岸等工作。

11月3日~5日

云南出入境边检总站在河口出入境边检站召开全省边检勤务规范化建设现场会。

11月4日

云南省省长王予波到孟连口岸调研疫情防控工作。

11月4日~6日

云南省委书记陈豪率队到德宏傣族景颇族自治州、西双版纳傣族自治州向各族干部群众宣讲党的十九届五中全会精神，并调研边境口岸疫情防控和经济社会发展等工作。

12月28日

云南出入境边检总站边检处荣获“云南省抗击新冠肺炎疫情先进集体”表彰。

（撰稿人：杨镇宇、宋玉泉、陈垣朝）

2020 年云南省口岸流量统计表

口岸类型	口岸名称	货运量（万吨）				人员（万人次）				交通工具（辆、艘、架、列次）			
		出口	进口	合计	同比（%）	出境	入境	合计	同比（%）	出境	入境	合计	同比（%）
空运口岸	昆明机场	1.84	0.82	2.66	-44.90	27.90	28.95	56.84	-87.53	3 585	3 576	7 161	-80.1
空运口岸	版纳机场	0	0	0	0	0.69	0.92	1.61	-84.00	101	101	202	-81.4
空运口岸	丽江机场	0	0	0	0	0.32	0.26	0.58	-93.39	29	29	58	-92.73
空运口岸	芒市机场	0	0	0	0	0.50	0.62	1.13	-71.71	71	69	140	-61.11
空运口岸	分计	1.84	0.82	2.66	-44.90	29.42	30.74	60.16	-87.44	3 786	3 775	7 561	-80.19
陆路口岸 公路口岸	瑞丽	94.33	1 465.46	1 559.79	-10.66	151.60	147.49	299.09	-82.34	421 382	364 720	786 102	-78.45
陆路口岸 公路口岸	河口公路	227.95	54.53	282.48	-31.57	42.98	42.71	85.69	-86.97	168 726	168 726	337 452	-22.04
陆路口岸 公路口岸	磨憨	100.85	221.14	322.00	-7.24	21.20	25.67	46.86	-72.95	118 402	120 244	238 646	-49.13
陆路口岸 公路口岸	畹町	24.91	14.09	38.99	119.16	16.99	16.44	33.42	-75.86	52 077	45 255	97 332	-50.57
陆路口岸 公路口岸	腾冲猴桥	59.44	278.04	337.48	-5.98	7.46	7.45	14.91	-78.05	36 701	37 014	73 715	-66.70
陆路口岸 公路口岸	孟定清水河	71.53	61.11	132.64	33.55	25.12	22.30	47.41	-67.16	105 455	104 818	210 273	-42.26
陆路口岸 公路口岸	天保	1.44	27.37	28.81	-5.17	7.04	6.99	14.03	-80.67	28 151	28 169	56 320	-31.90
陆路口岸 公路口岸	打洛	29.41	8.99	38.40	-28.79	15.34	17.05	32.39	-81.85	89 433	90 899	180 332	-77.29
陆路口岸 公路口岸	金水河	0.53	0.52	1.05	11.24	3.34	3.12	6.46	-87.81	15 337	15 386	30 723	-62.85
陆路口岸 公路口岸	勐康	2.64	4.12	6.76	-28.22	1.56	1.65	3.21	-75.44	8 434	8 525	16 959	-61.16
陆路口岸 公路口岸	都龙	0	0	0	0	0.55	0.48	1.02	-92.66	0	0	0	0
陆路口岸 公路口岸	田蓬	0	0	0	0	0.22	0.19	0.41	-87.48	0	0	0	0
陆路口岸 公路口岸	孟连	39.45	50.26	89.71	-6.05	12.65	13.14	25.79	-81.75	40 523	39 349	79 872	-64.70
陆路口岸 公路口岸	章凤	21.47	12.16	33.63	-7.00	19.76	19.14	38.90	-75.12	75 631	90 235	165 866	-51.55
陆路口岸 公路口岸	南伞	36.74	6.07	42.80	24.46	28.53	29.76	58.28	-74.66	119 043	119 896	238 939	-68.99

续表

口岸类型		口岸名称	货运量（万吨）				人员（万人次）				交通工具（辆、艘、架、列次）			
			出口	进口	合计	同比（%）	出境	入境	合计	同比（%）	出境	入境	合计	同比（%）
陆运口岸	公路口岸	沧源	6.80	4.18	10.98	-44.85	3.86	3.94	7.80	-73.16	20 609	20 763	41 372	-67.01
		盈江	0.12	2.86	2.98	-42.90	6.97	7.01	13.98	-78.02	10 025	9 910	19 935	-69.42
	铁路口岸	片马	3.09	2.61	5.70	-49.59	1.25	1.27	2.52	-81.73	7 747	7 767	15 514	-75.70
		分计	720.70	2 213.51	2 934.21	-10.51	366.39	365.80	732.19	-80.95	1 317 676	1 271 676	2 589 352	-67.34
		河口铁路	25.07	33.70	58.77	-0.52	0.73	0.72	1.45	-51.63	788	785	1 573	-16.02
		分计	25.07	33.70	58.78	-0.52	0.73	0.72	1.45	-51.63	788	785	1 573	-16.02
水运口岸	海港口岸													
		分计												
	河港口岸	景洪港	2.12	4.62	6.74	-87.62	0.42	0.42	0.84	-89.22	353	370	723	-89.47
		思茅港	0	0	0	0	0	0	0	0	0	0	0	0
		分计	2.12	4.62	6.74	-87.62	0.42	0.42	0.84	-89.22	353	370	723	-89.47
合计			749.74	2 252.64	3 002.38	-10.09	396.95	397.69	794.64	-81.66	1 322 603	1 276 606	2 599 209	-67.41
同比（%）			2.67	-13.66	-10.09	-10.09	-81.54	-81.79	-81.66	-81.66	-67.21	-68	-67.41	-67.41

（云南省口岸办提供）

2020 年云南省口岸出入境主要数据表

项目			2020 年	2019 年	同比（%）
出入境人员（人次）	出入境人员总数		9 711 311	50 215 174	-80.66
	入境人员		4 877 451	25 327 011	-80.74
	出境人员		4 833 860	24 888 163	-80.58
	出入境旅客		6 497 971	41 014 518	-84.16
	出入境员工		3 213 340	9 200 656	-65.07
	中国公民	小计	4 207 824	18 483 323	-77.23
		内地居民（因公）	48 739	249 804	-80.49
		内地居民（因私）	2 148 028	11 577 030	-81.45
		港澳居民	6 209	90 139	-93.11
		台湾同胞	8 387	166 176	-94.95
	外籍人员		5 503 487	31 731 851	-82.66
	从海港出入境人数		9 009	86 905	-89.63
	从陆港出入境人数		9 100 694	45 339 702	-79.93
	从空港出入境人数		601 608	4 788 567	-87.44
交通运输工具（辆、艘、架、列次）	总计		3 411 542	10 388 308	-67.16
	船舶		950	9 352	-89.84
	飞机		7 561	38 160	-80.19
	火车		1 579	1 772	-10.89
	机动车辆		3 401 452	10 339 024	-67.10

（云南出入境边检总站提供）

2020 年昆明海关主要数据统计表

项　目		2020 年	2019 年	同比（%）
进出口货运量（万吨）	合计	3 551.67	3 884.15	-8.56
	进口	2 779.47	3 094.79	-10.19
	出口	772.20	789.36	-2.17
进出口贸易总值（万美元）	合计	2 684 026	2 828 686	-5.11
	进口	1 326 196	1 587 592	-16.46
	其中：江、海运输	65 253	99 544	-34.45
	铁路运输	3 328	4 475	-25.63
	汽车运输	439 883	408 439	7.70
	航空运输	26 718	35 636	-25.03
	邮件运输	1 026	1 277	-19.66
	其他运输	789 988	1 038 222	-23.94
	出口	1 357 830	1 241 094	9.41
	其中：江、海运输	15 434	16 494	-6.43
	铁路运输	7 035	7 324	-3.95
	汽车运输	1 052 835	1 000 793	5.20
	航空运输	96 424	113 608	-15.13
	邮件运输	1 252	748	67.38
	其他运输	184 850	102 127	80.86
税收（万元）	两税合计	771 743.36	962 563.18	-19.82
	关税入库	23 770.66	29 816.86	-20.28
	进口环节税入库	747 972.70	932 746.32	-19.81

（昆明海关提供）

西藏自治区

西藏自治区口岸分布示意图

序号	类型	口岸名称	批准开放时间	开放状态
1	空运口岸	拉萨空运口岸	1993.6	国际常年
2	公路口岸（4个）	普兰公路口岸	1961	国际常年
3		吉隆公路口岸	1961	国际常年
4		樟木公路口岸	1961	国际常年
5		里孜公路口岸	2019.11	双边常年

口岸数量及分布

截至2020年年底，西藏自治区共有经国务院批准的对外开放口岸5个。其中，空运口岸1个，即拉萨空运口岸（拉萨贡嘎机场）；陆路（公路）口岸4个，分别是樟木、吉隆、普兰、里孜公路口岸，均为中尼（泊尔）边境口岸。

口岸运行数据

2020年，西藏自治区口岸进出境货运量3.79万吨，同比下降82.76%。其中，进口0.31万吨，同比下降94.89%；出口3.49万吨，同比下降78.07%。全区口岸进出境货物总值29.62亿元，同比下降43.06%。其中，进口14.13亿元，同比增长45.67%；出口15.49亿元，同比下降57.62%。全区口岸出入境人员1.51万人次，同比下降95%。其中，入境人员0.70万人，同比下降95.2%；出境人员0.81万人次，同比下降94.8%。全区口岸出入境交通运输工具0.27万辆架次，同比下降94%。其中，入境0.12万辆架次，同比下降93.5%；出境0.15万辆架次，同比下降93.5%。

口岸综合管理

【口岸开放】 根据疫情发展形势，经国家口岸管理办公室同意，2020年4月12日暂停吉隆、普兰口岸客货运功能，仅保留樟木口岸货运出口功能；2020年7月6日吉隆口岸单向货运出口功能恢复，保障对尼泊尔物资运输。为服务周边外交大局，配合尼方保障尼与我边境邻近地区民生，经国家口岸管理办公室批准，临时开放定结县陈塘、日屋，仲巴县里孜，普兰口岸斜尔瓦、拉孜拉通道，协助多批西藏自治区援尼抗疫物资和尼方采购的生活物资出境。

【口岸基础和配套设施建设】 2020年，西藏自治区口岸建设项目资金投入共2.27亿元。其中，国家口岸查验基础设施资金1.97亿元，用于陈塘口岸封闭设施、日屋口岸封闭设施、里孜海关应急保障中心、吉隆口岸限定区域、普兰口岸边检应急及信息指挥中心、一站式平台、海关应急保障中心、检验检疫实验及隔离中心、入境货物查验场和日喀则海关检验检疫技术中心10个查验基础建设项目；西藏口岸专项资金2 487.5万元，用于樟木、普兰口岸和亚东边贸通道10个附属设施项目。

【“单一窗口”】 大力推广国际贸易“单一窗口”，不断减少企业申报时间成本，提高企业申报效率，提升便利化水平。截至2020年12月31日，货物申报30 574票；舱单申报58 403票；运输工具申报3票，其中空运3票、公路0票；海关原产地证申领15票；许可证申领137票；企业资质办理1 773票；税费支付5 860票；加工保税2票；物品通关11票；出口退税1票，退税金额4.93万元。

【通关改革】 一是在樟木口岸推行甩挂交货模式，在吉隆口岸推行前置倒装交货模式，保障了对尼出口的安全。二是不断深化国际贸易“单一窗口”推广，引导企业通过标准版办理国际贸易全流程业务。三是降低进出口环节成本，对口岸收费情况进行梳理清查，整顿出口环节不合理费用。四是实行口岸收费目录清单制度，在“单一窗口”公示并及时更新口岸收费目录，引导口岸经营服务企业诚信经营、合理定价。

口岸监管与服务

【口岸规范化管理】 西藏出入境边检总站立足口岸实际，大力推动口岸限定区域划定建设工作，樟木口岸限定区域安防设施建设进入实施阶段，吉隆口岸限定区域二期项目基本建设完成。普兰出入境边检站顺利完成口岸限定区域划定工作，限定区域配套设施建设已由普兰口岸管委会立项。亚东口岸限定区域划定工作已提交县口岸管委会研究。各边检站开展口岸规范化管理工作，完成重新划分口岸执勤现场功能区域，制作外观统一的边检宣传栏、公告栏，增设LED显示屏和及时发布出入境重要法律法规、制度要求等信息工作，达到标志统一、视认方便、规范美观的效果。

【西藏出入境边检总站服务口岸通关】 一是指导各边检站以打造高原边检服务品牌、全面提速通关效率、提质配套服务为目标，推动“互联网+”为民服务举措，拓展“幸福拉萨 阳光边检”（拉萨航空口岸）、“雪域边检的微笑 世界之巅的服务”（樟木口岸）、“吉祥雪域 隆情边检”（吉隆口岸）、“巍巍神山 若水边检”（普兰口岸）品牌内涵，开展“温暖国门 迎您回家”主题活动4次，提供礼遇便利5次。二是指导各边检站共修订、优化加强印度香客、尼泊尔借道运输、中国援尼项目、援尼防疫物资启运、协助尼籍人员出境等特色勤务流程6类13项。三是充分发挥两级移民职能作用，根据西藏自治区、国家移民管理局关于樟木、吉隆口岸恢复单向货运出口功能重要指示精神，研究论证对尼单向货物出口存在风险隐患，科学制订28个各类方（预）案，自对尼单向货物出口工作开展以来，共检查货物运输车辆1 835辆次，司乘及货物装卸人员3 905人次，出口货物约2万余吨，保障了西藏自治区经济社会平稳运行，受到西藏自治区党委书记吴英杰“总站工作主动、管控到位，体现了大局意识”的批示。

【西藏出入境边检总站全面加强口岸管控】 为应对新冠肺炎疫情，西藏出入境边检总站迅速成立数据分析研判专班，充分依托iAPI风险评估系统、出入境综合数据应用平台和公安部出入境管理信息系统，全面分析筛查前往海外疫区重点国家（地区）和有停留轨迹的涉西藏自治区人员，共计筛查信息23万余条，排查涉西藏自治区人员护照1.8万余本。同时，强化与属地联防联控成员单位的沟通协调，加强信息互通共享，科学研判疫情输入风险隐患，及时向联防联控机制成员单位推送入境信息69期248条，为服务全区疫情防控工作、提高防疫工作预警性前瞻性，提供了科学依据和有效数据支撑。针对疫情期间口岸可能引发的大规模“难民潮”“和平挺进”“聚集闯关”“暴恐自焚”“边境偷渡”等突发情况，总站发挥与尼现有警务合作机制，全面获取周边国家疫情动态及我境外公民滞留等情况，成功堵截劝返企图入境人员13起28人次，各口岸与尼边境执法部门在双方口岸执勤现场、限定区域和口岸“两翼”共开展会晤40余次，电话沟通700余次，邀请尼方开展口岸边境巡逻50次、无接触联合演练30余次。

【拉萨海关创新通关监管】 一是以优化营商环境为着眼点，全面开展“证照分离”，参与“多证合一”，跟进企业“注销便利化”工作进度。二是及时启动“两步申报”业务改革自查，迅速部署“两段准入”信息化监管试点，紧跟海关总署步伐稳步推进业务改革。三是以提升通关便利化水平为着力点，完成“两轮驱动”改革试点，实现区内“单一窗口”主要业务应用率达100%。2020年12月份进出口整体通关时间比全国平均通关时间分别快16.74小时、1.63小时，保持在全国前列。

【拉萨海关多措并举支持地方外经贸发展】 一是促外贸稳增长，彰显海关新作为。出台落实促进外贸稳增长“10+7”措施，统筹做好口岸疫情防控和通关便利化164项措施。启动实施“万百千”稳外贸专项行动，走访调研企业279家，在线办理报关单位注册登记、变更、注销等业务。针对农副产品等生鲜易腐产品滞留口岸问题，立即启动通关应急预案，开通绿色通道，帮助企业挽回经济损失112.50万元。二是助力西藏品牌建设，提高品牌竞争力。2020年，拉萨海关共检验出口“地球第三极·西藏好水”181批，贸易量2 840.12吨，贸易值763.07万元；冬虫夏草3批次，贸易量35千克，贸易值412.3万元；未梳山羊绒3批次，贸易量20.8吨，贸易值526.5万元。西藏特色产品远销我国香港、澳门地区，以及新加坡、印度等国家（地区），有力提升“地球第三极”品牌的知名度和影响力。

开放口岸

【拉萨空运口岸（拉萨贡嘎机场）】 拉萨贡嘎机场位于西藏自治区山南市贡嘎县甲竹林镇，距西藏自治区首府拉萨市60千米，是西藏自治区唯一对外开放的机场。拉萨航空口岸以人员出入境为主。2020年，为提升拉萨航空口岸疫情防控能力建设，协调自治区疫情防控资金，解决移动方舱3台，价值76.3万元。2020年，出入境人员0.31万人次，同比下降94.5%。其中，入境人员0.14万人次，同比下降95%；出境人员0.17万人次，同比下降94%。进出境飞机23架次，同比下降95.2%。其中，入境11架次，同比下降95.1%；出境12架次，同比下降95.2%。进出口货运量0.28万吨，同比下降95.28%。其中，进口0.28万吨，同比下降95.3%；出口6吨，同比增长50.0%。进出口货值14.93亿元，同比增长66.0%。其中，进口14.04亿元，同比增长62.2%；出口0.89亿元，同比增长160.0%。

【樟木陆路（公路）口岸】 樟木口岸位于西藏自治区日喀则市聂拉木县，与尼泊尔科达里口岸相对，距日喀则市470千米，距西藏自治区省会拉萨市780千米。2020年，为提升樟木口岸货运通道功能，从西藏口岸发展资金中安排890.88万元，用于樟木口岸进出口货物查验场加固维修。受新冠肺炎疫情和自然灾害等影响，樟木口岸货运通道多次暂停或关闭，交货方式多次调整。2020年3月9日，尼单方面关闭科达里口岸，致口岸暂停运行；4月8日，应尼方要求樟木口岸以境内桥头交付方式恢复单向出口；7月9日~15日，因尼方道路中断、嘉隆措冰湖险情，口岸单向出口再次中断；10月4日，应尼方要求樟木口岸再次以境内桥头交付方式恢复单向出口，同日尼方作业人员检出新冠肺炎阳性，口岸再次暂停。2020年10月29日，启用前置倒装交付模式；11月25日，启用前置甩挂交付模式。2020年，樟木口岸进出口货运量1.68万吨，同比下降45.8%。其中，进口0.01万吨，同比增长4.2%；出口1.67万吨，同比下降46.0%。进出口货值5.42亿元，同比下降55.0%。其中，进口0.01亿元，同比下降83.2%；出口5.41亿元，同比下降59.0%。出入境人员0.40万人次，同比下降81.2%。其中，入境人员0.20万人次，同比下降81%；出境人员0.20万人次，同比下降81.3%。交通运输工具0.10万辆次，同比下降83.2%。其中，入境0.05万辆次，同比下降84.8%；出境0.06万辆次，同比下降81.4%。

【吉隆陆路（公路）口岸】 吉隆口岸位于西藏自治区日喀则市吉隆县吉隆镇，距日喀则市560千米，距拉萨市830千米。吉隆口岸自古就有商道、官道、战道之称，历史上曾是西藏与尼泊尔很大的陆路通商口岸之一，是中尼双方政治、经济、文化交流的主要通道，也是中尼间的传统边贸市场。2015年国务院正式批准吉隆口岸扩大开放，2017年通过验收并正式启用。经过多年建设，吉隆口岸功能日趋完备，2020年中央预算内口岸专项资金投资1 000万元，用于吉隆口岸限定区域二期项目，口岸功能进一步完善。受新冠肺炎疫情和自然灾害等影响，吉隆口岸多次暂停或关闭，交货方式多次调整。2020年3月9日，尼单方面关闭热索瓦口岸，致口岸暂停运行；7月6日，吉隆口岸执行“客停货通”政策，恢复单向货运出口；9月1日，尼方口岸作业人员检出新冠病毒阳性，口岸再次暂停；10月2日恢复出口；10月4日启用前置倒装交付模式。2020年，吉隆口岸进出口货物量1.79万吨，同比下降86.25%。其中进口0.02万吨，同比下降91.5%；出口1.77万吨，同比下降86.2%。进出口货值9.21亿元，同比下降76.7%。其中，进口0.08亿元，同比下降91.9%；出口9.13亿元，同比下降76.3%。出入境人员0.80万人次，同比下降95%。其中，入境人员0.36万人次，同比下降95%；出境人员0.44万人次，同比下降95%。交通运输工具0.16万辆次，同比下降94%。其中，入境0.07万辆次，同比下降95%；出境0.09辆次，同比下降94%。

【普兰陆路（公路）口岸】 普兰口岸位于西藏自治区阿里地区普兰县普兰镇，县域西南与印度毗邻，南与尼泊尔接壤，普兰口岸与尼泊尔和印度两国接壤，对尼为正式开放的国际性口岸，对印为印度官方香客朝圣和边民互市贸易通道。2020年，投入中央预算内国家口岸查验设施资金1.02亿元，用于普兰口岸边检应急及信息指挥中心、一站式平台基础设施、应急保障中心、检验检疫实验及隔离中心、入境货物查验场等项目；投入西藏口岸发展资金469万元，用于普兰口岸联检综合保障设备采购、限定区域配套设施、国门查验配套设施、集装箱检疫房等项目。2020年，普兰口岸出入境人员11人次，同比下降99.9%。其中，入境人员1人次，同比下降99.9%；出境人员10人次，同比下降99.9%。出口货运量0.04万吨（2019年同期无数据），出口货运值0.06亿元（2019年同期无数据）。

【里孜陆路（公路）口岸】 2019年11月30日，国务院批复里孜口岸为双边常年开放公路客运运输口岸。2020年，投入中央预算内国家口岸查验设施资金0.18亿元，用于里孜口岸海关应急保障中心项目。2020年，里孜口岸未开通，无口岸运行数据。

2020年西藏自治区口岸大事记

3月9日

尼泊尔单方面关闭热索瓦、科达里口岸，致口岸暂停运行。

4月1日

拉萨海关隶属贡嘎机场海关成功办理关区首票由西藏航空有限公司申报的适用对美加征关税商品市场化采购排除措施报关单。

4月12日

为加强口岸新冠肺炎疫情防控，吉隆、普兰口岸客货运功能暂停，仅保留樟木口岸货运出口功能，以境内桥头倒装方式交付。

4月28日

西藏自治区党委副书记、自治区政府主席齐扎拉到里孜口岸检查指导工作，自治区副主席、日喀则市委书记张延清全程陪同。

7月6日

吉隆口岸执行“客停货通”政策，以界桥中线交付方式恢复单向货运出口。

7月9日~15日

因尼方道路中断、嘉隆措冰湖险情，樟木口岸单向出口再次中断。

7月

大量非洲沙漠蝗虫经尼泊尔入侵樟木口岸，聂拉木县在虫口密度较大的樟木邦村集中开展立体式全面防治，在蝗虫随气流向县城方向迁飞较为集中的曲乡段开展阻击防治，在县城附近集中开展排查及物理捕杀。经过近20天的集中防治，共灭杀蝗虫近百万只，累计防治面积约1.2万亩，取得了蝗虫防治工作的胜利，得到了国家、自治区专家组的充分肯定。

8月5日~7日

中央政治局委员、国务院副总理胡春华赴吉隆调研口岸运营、基础设施建设情况，要求全力推进吉隆边境经济合作区和沿边重点开发开放试验区申报建设工作，安排部署发展用地、县城搬迁、边境贸易、功能建设、户籍改革等具体工作。

8月11日~12日

国务委员、外交部部长王毅莅临普兰口岸斜尔瓦联检现场检查指导工作。

8月18日

拉萨贡嘎机场海关监管验放西藏航空有限公司进口的1架空客A319客机。该架飞机为西藏航空进口的第34架飞机。

9月1日

尼方口岸作业人员检出新冠病毒阳性，吉隆口岸再次暂停。

10月2日

吉隆口岸以界桥中线交付方式恢复单向货运出口。

10月4日

应尼方要求，樟木口岸再次以境内桥头交付方式恢复单向出口，同日尼方作业人员检出新冠病毒阳性，口岸再次暂停。吉隆口岸启用前置倒装交付模式。

10月8日

吉隆出入境边检站被国家移民管理局评选为“全国移民管理系统抗击新冠肺炎疫情成绩突出集体”。

10月29日

樟木口岸启用前置倒装交付模式恢复单向货运出口。

11月20日

在全国精神文明建设表彰大会上，拉萨海关隶属聂拉木海关、吉隆海关荣获第六届全国文明单位。

11月25日

樟木口岸启用前置甩挂交付模式开展单向货运出口。

12月2日

普兰出入境边检站执勤三队获评“2019—2020年度西藏自治区青年文明号”荣誉。

（撰稿人：袁金涛、法蒂玛、仁青群措、郑恩、谭登峰、宋晓程、张唯一、杨丹、普布吉巴、韩佩佩）

2020 年西藏自治区口岸流量统计表

口岸类型		口岸名称	货运量（万吨）				集装箱量（万标箱）				人员（万人次）				交通工具（辆、艘、架、列次）			
			出口	进口	合计	同比(%)	出口	进口	合计	同比(%)	出境	入境	合计	同比(%)	出境	入境	合计	同比(%)
空运口岸		拉萨航空口岸	0.000 6	0.28	0.28	-95.3					0.17	0.14	0.31	-94.50	12	11	23	-95.20
陆路口岸	公路口岸	吉隆口岸	1.77	0.02	1.79	-86.3					0.44	0.36	0.80	-95.00	913	729	1 642	-94.00
		樟木口岸	1.67	0.01	1.68	-45.8					0.20	0.20	0.40	-81.20	563	471	1 034	-83.20
		普兰口岸	0.04	0.00	0.04	—					0.001 0	0.000 1	0.001 1	-99.99	—	—	—	—
		里孜口岸	—	—	—	—					—	—		—	—	—	—	—
合计			3.49	0.31	3.79	-82.76					0.81	0.70	1.51	-95.00	1 488	1211	2 699	-94.00
同比（%）			-78.07	-94.89							-94.00	-95.20			-94.00	-93.50		

（西藏自治区口岸办提供）

2020年西藏自治区口岸出入境主要数据表

项目			2020年	2019年	同比（%）
出入境人员（人次）	出入境人员总数		15 073	300 835	-94.99
	入境人员		6 938	145 202	-95.22
	出境人员		8 135	155 633	-94.77
	出入境旅客		3 522	127 122	-97.23
	出入境员工		466	133 665	-99.65
	中国公民	小计	2 939	64 889	-95.47
		内地居民（因公）	442	7 373	-94.01
		内地居民（因私）	2 493	57 101	-95.63
		港澳居民	4	291	-98.63
		台湾同胞	0	124	-100.00
	外籍人员		12 134	235 946	-94.86
	从海港出入境人数				
	从陆港出入境人数		11 991	56 260	-78.69
	从空港出入境人数		3 082	244 575	-98.74
交通运输工具（辆、艘、架、列次）	总计		2 699	45 700	-94.09
	船舶				
	飞机		23	480	-95.21
	火车				
	机动车辆		2 676	45 220	-94.08

（西藏出入境边检总站提供）

2020 年拉萨海关主要数据统计表

项目		2020 年	2019 年	同比（%）
进出口货运量（万吨）	合计	14.58	23.26	-37.32
	进口	11.1	7.37	50.61
	出口	3.48	15.89	-78.10
西藏自治区进出口贸易总值（亿元人民币）	合计	21.33	48.76	-56.26
	进口	8.39	11.30	-25.75
	其中：江、海运输	3.87	4.95	-21.75
	铁路运输	0.37	0.04	755.94
	汽车运输	0.06	0.37	-85.07
	航空运输	4.06	4.56	-10.97
	邮件运输	0.005 6	0.004 2	33.30
	其他运输	0.04	1.38	-97.27
	出口	12.94	37.45	-65.46
	其中：江、海运输	1.60	5.47	-70.70
	铁路运输	0.24	0.16	44.25
	汽车运输	10.52	30.86	-65.91
	航空运输	0.19	0.12	59.02
	邮件运输	0.01	0.015 8	-36.85
	其他运输	0.37	0.82	-54.53
入库税收（万元）	两税入库合计	16 767.76	18 349.84	-8.62
	关税入库	5 986.66	1 916.73	212.34
	进口环节税入库	10 781.10	16 433.11	-34.39

（拉萨海关提供）

陕 西 省

陕西省口岸分布示意图

序号	类型	口岸名称	批准开放时间	开放状态
1	空运口岸	西安空运口岸	1983.1	国际常年

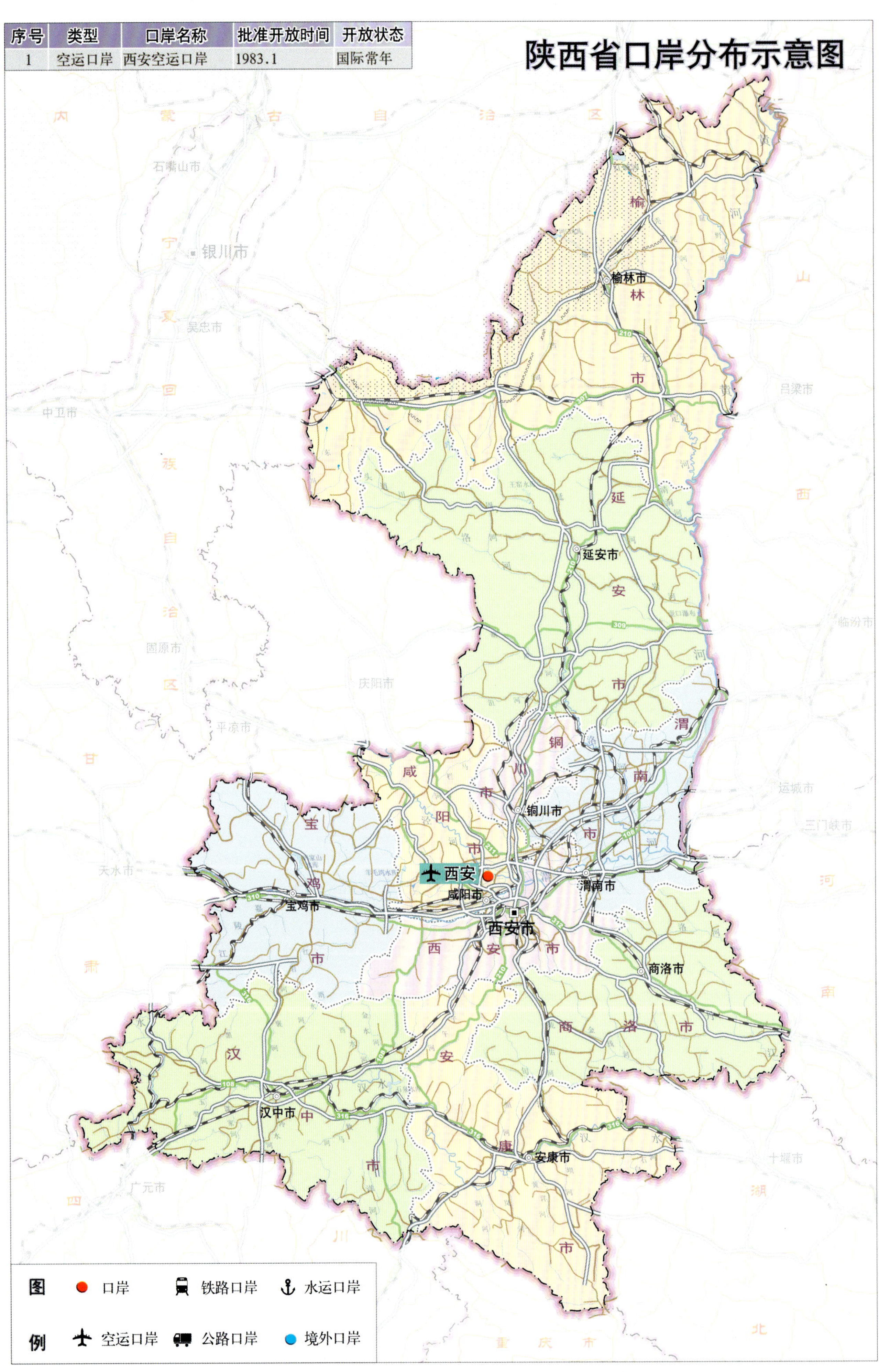

口岸数量及分布

截至2020年年底，陕西省有经国务院批准的对外开放口岸1个，即西安空运口岸（西安咸阳国际机场）。

口岸运行数据

2020年，西安空运口岸共监管进出口货物5.8万吨，同比增长13.5%；共验放出入境航班及国际航班包机5 004架次，同比下降74.2%；共验放和运送出入境人员42.4万人次，同比下降86.2%。其中，查验北京分流航班204架次，入境人员41 511人次；临时和复工复产包机72架次，出入境人员10 543人次；在查验的入境人员中确诊人员262名、无症状感染者162名。

西安铁路口岸（临时开放）中欧班列（长安号）共开行3 720列，是2019年同期的1.7倍；运送货物总重约281.1万吨，是2019年同期的1.6倍。其中，中亚方向开行994列，欧洲方向开行2 726列。2020年开行了全国唯一的公共班列，实现了每天开行2去2回，为国际防疫合作提供了有力支持。

据西安海关数据统计，2020年，陕西省全年外贸进出口总值3 772.1亿元，同比增长7.3%。其中，出口1 929.6亿元，同比增长3%；进口1 842.5亿元，同比增长12.2%；同期贸易顺差87.1亿元。

口岸综合管理

【有序开展空运口岸疫情联防联控工作】 第一时间制订《西安咸阳国际机场口岸疫情联防联控工作方案》，建立口岸联防联控信息24小时报告制度和应急值守工作制度，每日报告“口岸出入境人员和疫情防控信息”。2020年2月初，协调省级有关部门为在空运口岸一线的西安海关、陕西边检查验人员紧急调拨3 000副医用防护口罩，确保了西安空运口岸疫情防控工作顺利开展。疫情初期，主要协调口岸查验单位确保陕西省跨国采购的防疫物资快速通关，后期主要为国产防疫物资出口国际市场提供保障。

【不断强化国际航线的协调保障工作】 协调组织机场、航空公司和口岸联检单位克服疫情不利影响，在国内率先开通了国际客运航班绿色通道（三星项目技术人员入境），有效保障了首尔—西安—洛杉矶、西安—里斯本、西安—布鲁塞尔等国际客货运航线开行，特别是实现了疫情防控物资口岸通关零延时，维护了西安空运口岸正常工作秩序。2020年10月，协调组织西安海关、中国航油西北公司等相关部门单位在西安咸阳国际机场正式运营保税航油业务，为国际航线快速拓展奠定了良好基础，西安成为西北地区第一个开展此项业务的城市。

【加快推进陆路（铁路）口岸发展】 积极加强口岸合作，减少通关环节，简化通关流程，协调中铁联集西安分中心分段更新改造二线束，压缩货物发运时间20%左右。支持建设中欧班列（长安号）综合服务平台，开通了综合查询、单证服务、长安号地接、集配送、堆存代理等服务，提升班列的运营效率和服务水平。2020年疫情发生以来，充分发挥现有海关智能化通关系统和监管设施作用，突出无纸化通关优势，实现通关云操作，实行24小时预约通关查验，增设“中欧班列绿色通道”，有力支持了班列常态化运行。

【积极推动中欧班列（西安）集结中心建设】 配合省级有关部门制定促进中欧班列（长安号）高质量发展工作措施，保障开行了“唐西欧”“永西欧”“渭西欧”“贵西欧”“芜西欧”“安西欧”“榆西欧”等集结班列，截至2020年年底，西安铁路口岸共集结了国内12个城市的中欧班列，实现了西安港与长三角、珠三角、京津冀、晋陕豫黄河三角洲等主要货源地的互联互通，新拓展了西安至多瑙斯特雷达、维也纳、维罗纳以及中东欧等地区班列线路，开发了中欧班列长安号公共班列、德国快线等产品，进一步发挥了中欧班列（西安）集结中心和国际贸易大通道作用。2020 年，中欧班列（长安号）常态化运行 15 条干线通道，共开行 3 720 列，运送货物总重约 281.1 万吨，开行量、重箱率、货运量等核心指标均位居全国前列。

首列中欧班列长安号公共班列开行

【有序推进国际贸易“单一窗口”建设】 2020 年，陕西推广应用了国际贸易“单一窗口”标准版 16 大类基本服务功能，可提供 600 多项服务事项，先后上线运行了陕西“单一窗口”大数据中心、本地身份认证平台、在线培训平台和跨境电子商务 B2B 通关服务平台等 4 个地方特色应用功能。举办了中国（陕西）国际贸易单一窗口跨境 B2B 通关服务平台申报等业务功能线上培训，共有 800 余家外贸企业在线进行了学习。2020 年 4 月，与中国建设银行陕西省分行签订《战略合作协议》，支持中小微外贸企业复工复产，依托陕西“单一窗口”为外贸企业开展线上信用贷款业务，为中小微外贸企业累计投放超过 1.5 亿元的信贷资金。同年 12 月，召开金融机构共建中国（陕西）国际贸易单一窗口金融座谈会，与 22 家金融机构签订《中国（陕西）国际贸易单一窗口金融服务平台共建合作协议》，为下一步陕西“单一窗口”金融服务平台推出订制化、个性化金融产品奠定了基础。2020 年，陕西省外贸企业共完成货物申报 377 618 票、运输工具申报 39 084 票、舱单申报 335 435 票、原产地证 7 302 票，出口退税（外贸版）累计办理 20 355.02 万元，有力助推了陕西省外贸发展。

【不断拓展和完善口岸功能】 2020 年，指导杨凌示范区和西部机场集团完成进境植物种苗指定监管场的建设和验收，至此陕西省共有指定监管场地 8 个。其中，西安咸阳国际机场空运口岸 5 个，即进口药品指定口岸和进境食用水生动物、进境水果、进口肉类、进境植物种苗指定监管场地；西安铁路口岸 3 个，即进境粮食、进口肉类指定监管场地和汽车整车进口口岸。2020 年，西安咸阳国际机场指定监管场地进口货物总计 848.7 吨，其中水果 695.7 吨、冰鲜水产品 39.5 吨、食用水生动物 18.5 吨、药品 95 吨。西安港累计进口粮食 2.39 万吨、进口肉类 1 748.16 吨；汽车进口口岸进口汽车 16 448 辆，出口 19 279 辆，进出口汽车共 35 727 辆。

【统筹推进综合保税区建设发展】 2020 年 5 月，国务院批复同意西安出口加工区整合优化为西安关中综合保税区。同年 6 月，印发《关于省口岸和海关特殊监管区工作联席会议制度的通知》，由分管副省长担任召集人，统筹推进陕西省口岸工作和综合保税区建设协同发展。组织召开陕西省综合保税区建设发展工作推进会，邀请海关总署自贸区和特殊区域发展司主要领导进行政策解读和工作指导。同年 12 月，陕西西咸空港综合保税区（一期）、宝鸡综合保税区正式通过国家验收。截至 2020 年年底，陕西省有 239 家企业入驻综合保税区，区内企业实现进出口总值 2 613.1 亿元，占全省同期进出口总值的 69.3%。综合保税区成为陕西省外贸发展的重要基地和对外开放的重要平台。

【持续优化口岸营商环境】 进一步规范和完善口岸收费目录清单管理制度，要求口岸收费目录清单必须在口岸现场、收费单位办公场所公开公示，陕西电子口岸综合服务平台和陕西“单一窗口”网站进行动态更新，提高公示质量，督促口岸降费。陕西省商务厅与陕西省财政厅联合印发了《陕西省降低口岸场站费用实施方案》和《陕西省降低口岸场站费用实施方案补充细则》，通过实施政府购买空运口岸、铁路口岸公共服务政策，专项用于降低外贸企业口岸通关成本费用。督促口岸单位落实好口岸作业时限制度，细化停泊、装卸、场内转运、吊箱移位、掏箱、提箱等作业的时限标准，巩固压缩整体通关时间成果。2020年12月，陕西进口整体通关时间35.45小时，较2017年压缩60.85%，出口整体通关时间2.44小时，较2017年压缩61.76%，已连续2年保持压缩整体通关时间在二分之一以上水平。

【不断加强口岸基础设施建设和信息化建设】 西安空运口岸完成A02国际货运库改扩建工程项目主体结构，完成国际快件监管中心升级，由1条环线升级为5条直线，每条直线可保障每小时600件货物，整体保障能力提升一倍，设备占地面积节约50%。软件方面，新建综合管理平台，实现自动分拣、批量审图、同屏比对、信息回写等功能，有效提高货物通过效率，提升口岸业务智能化水平。西安铁路口岸完成西安港综合口岸项目建设，建成西安铁路集装箱中心站轨道吊远控自动化系统，配合中铁西安局集团公司同步启动新筑物流中心综合营业大厅改造工作。长安号“单一窗口”订舱平台和长安号综合服务平台等中欧班列长安号信息平台均已上线运行，为班列高频次常态化运行保驾护航。

口岸监管与服务

【陕西出入境边检总站筑牢疫情防控口岸屏障】 将境外疫情防控工作纳入省、市、机场三级疫情防控指挥体系，抽调专人成立数据研判小组，动态掌握入境人员境外办理值机、航班起飞后和落地入境前的数据变化，建立8类数据库，累计对超过7 000万出入境人员开展大数据分析，向陕西省卫健委通报涉疫人员11万人次，通报全国所有口岸入境人员中有陕西元素人员12万人次，向机场指挥部推送转机国内航班到达西安旅客预报信息3.8万人次。加强入境人员查验，细化旅客分类，对确诊人员、疑似人员、密切接触人员、有症状人员“四类人员”，派遣移动查验车在机坪办理边检手续。对来自疫情严重国家和地区航班、密切接触者等染疫高风险人员设置专用查验通道、物理查验隔离等措施，及时配合省卫健委、海关检疫部门安排转运隔离，先后为1 934人次发热或有症状的转运旅客实施专区查验，确保以上症状人员快速、安全转运。充分发挥全国移民管理机构“一盘棋”优势，向全国其他边检总站推送由西安入境拟流出陕西人员4.7万人次，接收从全国其他口岸入境后拟流入陕西人员3.7万人次。与吉林、河南、重庆等多省市公安机关协调沟通，对14名在逃人员变更强制措施，安全移交办案单位，确保了口岸管控安全和疫情防控安全。

【陕西出入境边检总站全力打击跨境违法犯罪】 认真贯彻落实公安部、国家移民管理局、陕西省“122”专班决策部署，组建专项工作领导小组，积极走访省“122”机制专班，对接涉嫌跨境赌博、电信诈骗人员核查、稳控等问题。持续做好与陕西省反恐办、国家安全厅等部门及公安政保、出入境等相关警种协作配合，深化信息共享、人员协查、应急处置等方面常态化协作。2020年7月27日~11月9日，西安至金边、西安至新加坡航班开通期间，总站将2条航线确定为打击治理跨境赌博重点航线，共验放2条航线航班18架次，从旅客中核查出涉赌重点人员2 000余人，并成功劝阻558人，其中现场劝阻31人，各属地公安机关劝阻527人。

【陕西出入境边检总站主动服务对外开放发展】 坚决服务陕西对外开放大局，持续做好“第五航权”航班保障工作，跟进西安咸阳国际机场三期扩建工程和榆林榆阳机场、延安南泥湾机场对外开放建设，与两市政府部门就边检站机构、人员、场地等工作召开建设研讨会2次，为后续成立榆林、延安边检站奠定坚实基础。向陕西省政府申请设置144小时过境免签专用申请柜台，向国家移民管理局申请在西安空运口岸启用贴纸式临时入境许可，推动便利措施落地生根。配合陕西省文化和旅游厅、西部机场集团等部门做好144小时过境免签政策推广活动。积极开展数据核查分析及数据采集推送等工作，走访省委省政府相关处室，建立信息报送渠道。进一步优化外国人通关查验流程，在确保中国公民排队不超过 30 分钟的同时，保障外国旅客通过效率，为61 批 178 人次符合条件人员、代表团提供礼遇通关服务。

【陕西出入境边检总站不断提升科技强警能力水平】 自主研发数据比对程序和入境旅客信息采集程序，特别是国内疫情严重时期，将国内疫情严重地区口岸出入境人员信息与西安口岸当日出入境人员信息自动进行比对，快速、有效锁定特定人员信息。积极联系科技公司提供技术支持，研发制作含汉、英、韩、日 4 种语言入境旅客信息采集程序，有效解决了信息采集耗时长、识别难、统计慢等难题。购置 10 台入境旅客信息采集所需移动设备，为入境旅客数据采集提供支撑。完成 1 台梅沙备用服务器更换、3 次梅沙系统升级和备用链路开通事宜等 11 项信息升级改造工程，有效提升了口岸信息化水平。

【西安海关业务改革取得新成效】 西安海关“五个两”改革稳步推进，“两步申报”改革全面推广，应用率由不足 1%跃升至 20%以上，“两段准入”改革落地见效。率先在全国海关开展跨境电商企业对企业（B2B）出口试点，监管跨境电商进出口商品 125.2 万份、1.6 亿元，同比分别增长 798.3%和 173.9%。税收征管改革稳步推进，自报自缴率达 81%，汇总征税比率达48%，行邮税移动支付实现旅检、邮递渠道“全覆盖”。原产地证书实现在线“秒签”，2020 年签证 1.76 万份，帮助企业享受关税优惠 3.5 亿元左右。深化注册注销便利化改革，报关单位注册登记“全流程”网上办理，办理时间压缩90%。大力推广海关 AEO 制度，AEO 企业总数达 24 家。

【西安海关发挥自贸“试验田”新作用】 跨境电商零售进口退货中心仓模式、二手车出口业务新模式等 8 项第六批自贸试验区改革试点经验落地实施。自主创新“互联网+进口快件派送跟踪”举措获得中国（陕西）自由贸易试验区2020 年最佳创新案例。2020 年 3 月，西安海关出台 18 项细化措施，全力推动综合保税区“五大中心”建设。陕西西咸空港综合保税区（一期）、宝鸡综合保税区通过验收，西安出口加工区 A、B 区整合升级为西安关中综合保税区顺利获批，陕西综合保税区数量居全国前列。

【西安海关实际监管更加有效】 西安海关扎实推进安全生产专项整治三年行动，加严危险货物及其包装监管，检出不合格 12 批次。监管作业场所（场地）整合优化全面完成，风险防控更加精准有效，依托“云擎”平台“精准画像”，查验率、查获率保持在合理区间。征收税款 74.1 亿元，同比增长 37.2%，增长率列全国海关第 2 位。深入开展“龙腾行动 2020”，查扣各类涉嫌侵权商品 653 件，同比增长 22.3%。后续监管严密有效，完成稽查作业 55 起、补税310.8 万元，核查作业 156 起、补税 341.5 万元，主要业务实现核查“全覆盖”。保持“扫黄打非”高压态势，查获各类非法出版物 223 件。

【西安海关国门检疫防线更加牢固】 西安海关坚持把口岸疫情防控作为重中之重，迅速建成投用全国口岸首家“海关检疫方舱”，严格落实“三查三排一转运”，做到“7 个 100%”。强化进口冷链食品风险监测，扎实开展进口高风险非冷链集装箱货物口岸环节新冠病毒检测和预防性消毒工作。强化口岸一线工作人员安全防护，一线人员顶格配发、“应检尽检”，切实加强内部防控，开展应急处置演练，关区实现“打胜仗、零感染”。着力提升口岸公共卫生核心能力，改造口岸入境卫生检疫作业区域，入境卫生检疫隔离留验、快速筛查、流调医学排查室全面升级为负压环境，认真落实联防联控要求，与地方相关部门形成防控合力，做到闭环管理。加强国门生物安全监测，开展沙漠蝗防控应急演练，严防埃博拉、鼠疫、非洲猪瘟、禽流感等重大疫情疫病叠加风险，切实保护秦岭和黄河流域生态安全。

【西安海关严格监管进出口商品食品质量安全】 完善进出口商品质量安全风险预警和快速反应监管体系，开展质量安全风险监测抽查，2020 年检验进出口工业品 1.68 万批、178 亿元，同比分别增长 30.6%和 8.2%，检出不合格货物48 批。严格进出口防疫物资质量安全监管，2020

年查获不合格出口防疫物资情事 98 起。坚持“四个最严”，加强进出口食品安全监管，开展进口食品“国门守护”行动，2020 年检验进出口食品化妆品 1.47 万批、36.6 亿元，同比分别增长 22.6%、21.6%，检出不合格进出口食品 9 批。

【西安海关打击走私成效显著】 “国门利剑 2020”、“蓝天 2020”、打击野生动物及其产品走私等专项行动战果丰硕，2020 年刑事立案 30 起、案值 4 000 万元，行政立案 132 起、案值 6.8 亿元。严厉打击冻品走私，2020 年打掉冻品走私团伙 5 个，抓获犯罪嫌疑人 10 名，查封涉嫌走私冻品 30 余吨。严厉打击涉枪、涉毒走私，2020 年查获气动力枪 3 支、零配件 200 余件，立案侦办毒品走私案件 12 起，查获毒品 2.7 千克。严厉打击重点涉税商品走私，与省市烟草部门联合开展打击烟草走私行动，2020 年立案侦办雪茄走私案 5 起、涉税 76.6 万元。

【西安海关服务陕西开放发展更加有为】 积极落实“六稳”“六保”工作部署，第一时间出台 22 项措施全力稳外贸稳外资，2020 年陕西外贸逆势增长，全年进出口总值 3 772.1 亿元，同比增长 7.3%，增速居全国第 13 位。出台 16 项细化措施，保障中欧班列（长安号）疫情期间正常运行，2020 年开行 3 720 列，主要指标保持全国第一。全力保障西安空运口岸恢复运能，第五航权货运航线继续加密，保税航油业务全面推开，2020 年监管进出境国际全货机 2 053 架次，同比增长 198%。陕西对“一带一路”沿线国家和地区进出口强势增长，2020 年累计进出口 630.4 亿元，同比增长 26.7%。不断拓展陕西口岸功能，机场进境植物种苗指定监管场地获批设立，商洛、渭南 2 个动物检疫隔离场建成运营。整车口岸实现进出口业务全覆盖，进口整车数量位居全国内陆口岸前列。

开放口岸

【西安空运口岸（西安咸阳国际机场）】 西安咸阳国际机场位于陕西省西安市西北方向的咸阳市渭城区，距西安市区 25 千米，是我国西北地区最大的空中交通枢纽，也是中国民用航空局规划建设的 8 大国际枢纽机场之一。机场现有 2 条跑道，南飞行区等级为 4F 级，北飞行区等级为 4E 级，可起降空客 380 等大型客机；现有 3 座航站楼，总面积 39.5 万平方米，设有登机廊桥 50 个，安检通道 47 条；现有 2 座货站（机场货站、东航货站），货运库房面积共 5.07 万平方米，设有海关监管库、危险品库、贵重物品库、冷冻冷藏库及鲜活库等，可满足多种货物的存储和运输要求。机场保障设施可保障年旅客吞吐量 5 000 万人次、货邮吞吐量 40 万吨的需求，硬件设施达到国际先进水平。西安机场三期扩建工程已于 2020 年 7 月 22 日正式开工，建成后可满足旅客吞吐量 8 300 万人次、货邮吞吐量 100 万吨的保障需求。国际旅客服务区位于 T3 航站楼，总建筑面积约 2 万平方米，设登机廊桥 7 个、安检通道 6 条、国际航班专用停机位 11 个，可保障波音 747 和空客 340 型飞机停靠。国际货物保障区（机场货站）位于机场南飞行区航空货运区内，包括共 3.1 万平方米的 A02 国际货站区和 A03 国际快件监管中心，9 个货机专用机位，可用于国际货物监管、快件分拨、运输等，设计年保障能力 12.5 万吨。其中，国际快件监管中心拥有环形查验线 300 米，具有专业化、一站式清关监管服务功能，每小时可处理快件 1 800 件，快件处理能力在全国机场处于领先水平。

西安空运口岸（西安咸阳国际机场）

2020 年，受疫情影响，西安咸阳国际机场国际客运航班大面积停航，国际客货运业务发展受到严重影响，仅有里斯本、东京、金边和新加坡在内的 7 条国际定期航线航班及北京分流航班运营。全年新开印度尼西亚巴淡岛、菲律宾长滩、文莱斯里巴加湾、德国法兰克福 4 条国际客运航线，孟加拉国达卡、美国洛杉矶 2 条国际货运航线，国际（地区）航线累计达到 92 条，其中国际客运航线 77 条、国际货运航线 15 条，通达全球 37 个国家和地区的 77 个主要枢纽和经济旅游城市，其中“一带一路”航线覆盖 21 个国家（地区）45 个城市。

【西安陆路（铁路）口岸（临时开放）】 2014 年 10 月，国家口岸管理办公室批准位于西安国际港务区内的铁路车站作为临时口岸对外开放，其成为陕西省唯一的铁路货运型国家对外开放口岸。2014 年 12 月，西安港双代码先后获批，标志着西安港正式成为国际国内认可的内陆港。西安铁路集装箱中心站位于西安铁路枢纽北环线新筑车站南侧，箱区占地面积约 70 万平方米，包括龙门吊箱区近 10 万平方米、国际监管箱区约 3 万平方米、备用及堆存箱区 15 万平方米、冷藏箱区 2 300 平方米等。目前已建成投用 2 个线束 4 条装卸线及 2 条存车线，其中装卸线有效长度均在 850 米以上，安装 8 台 40 吨轨道式集装箱门式起重机，具备整列集装箱装卸作业能力。

西安陆路（铁路）口岸

中欧班列（长安号）向西、向北常态化开行，目前已开通了 15 条国际班列线路，包括：亚洲 4 条，分别至中亚五国（哈萨克斯坦、乌兹别克斯坦、吉尔吉斯斯坦、土库曼斯坦、塔吉克斯坦）和西亚的伊朗、阿富汗、阿塞拜疆（格鲁吉亚）；欧洲 11 条，分别至德国（汉堡、曼海姆、杜伊斯堡）、波兰（斯瓦夫库夫、华沙、马拉舍维奇、波兹南）、捷克（布拉格）、芬兰（科沃拉）、比利时（根特）、匈牙利（布达佩斯）、意大利（维罗纳）、土耳其（伊斯坦布尔）、白俄罗斯（明斯克）、俄罗斯（叶卡捷琳堡、莫斯科）以及海铁联运至俄罗斯（罗斯托克）。班列运行网络辐射“一带一路”沿线 45 个国家和地区。向东与青岛、宁波、连云港等沿海港口广泛合作，吸引日韩等过境货物利用中欧班列长安号开拓第三方国际市场，无缝对接全球航运体系。向南开通了西安—加德满都南亚班列，西安港面向中亚南亚西亚的国际物流通道已基本打通。2020 年 8 月，陕西省商务厅成功举办了“合作共建内陆地区效率高、成本低、服务优的国际贸易通道”签约仪式，全省各市（区）商务部门与国际港务区签订了合作协议，形成了集全省之力共建中欧班列（西安）集结中心的局面，提升了中欧班列长安号服务陕西经济发展的能力。

陕西省西安铁路口岸中铁联集西安中心站

2020 年陕西省口岸大事记

1 月 1 日

西安至印度尼西亚巴淡岛国际客运航线开通。

首列中欧班列长安号公共班列（西安—捷克布拉格）驶出西安港，由霍尔果斯口岸出境，标志着长安号开始“公共班列”常态化运行，中欧班列西安集结中心由国内集结目的地成为国际集结目的地。

1月8日

西安至菲律宾长滩国际客运航线开通。

1月21日

西安至文莱斯里巴加湾国际客运航线开通。

中欧班列（西安—波兹南）光电产品专列西安首发。

3月10日

陕西省政府副省长徐大彤到西安空运口岸边检执勤现场检查指导疫情防控工作。

3月24日

国务院疫情防控指导组组长张俊华一行在西安市副市长徐明非陪同下来到西安空运口岸指导疫情防控工作。

3月30日

满载20.1吨防疫物资的V88107航班从西安咸阳国际机场顺利飞往德国莱比锡。这是疫情发生以来，西安咸阳国际机场首班飞往欧洲的全货运包机。

4月16日

大韩航空KE808航班满载12.02吨货物从西安咸阳国际机场飞往韩国首尔，这标志着陕西民航正式拉开“客改货”航班服务保障序幕。

4月21日

陕西省商务厅与中国建设银行陕西省分行签订《战略合作协议》，依托陕西“单一窗口”为外贸企业开展线上信用贷款业务。2020年共为陕西省中小微外贸企业投放信贷资金1.58亿元。

4月26日

陕西首批异地跨境电商货物搭载中欧班列（长安号）从西安起运出境。

5月24日

国务院批复同意陕西西安出口加工区整合优化为西安关中综合保税区。

6月7日

大韩航空KE279航班顺利降落西安咸阳国际机场，随后满载108.2吨货物继续飞往美国洛杉矶。这标志着陕西首条洲际第五航权货运航线首尔—西安—洛杉矶正式开通。

6月15日

西安咸阳国际机场货站顺利完成由陕西省人民政府向几内亚共和国政府捐赠的13.6吨抗疫医疗物资保障，该航班是西安机场首次飞往非洲国家的全货运航班。

6月19日

组织召开陕西省综合保税区建设发展工作推进会，邀请海关总署自贸区和特殊区域发展司陈振冲司长和中国保税区出口加工区协会负责人来陕进行授课辅导。

7月30日

中国（陕西）国际贸易单一窗口数据交换平台成功上线并投入试用。

8月15日

中国（陕西）国际贸易单一窗口加入第二批无纸化申报试点。

8月26日

首列“唐西欧”国际货运班列从河北唐山曹妃甸港通用码头铁路场站驶出，构建起京津冀西安无缝衔接直达欧亚的国际物流大通道。

8月28日

首列“永西欧”国际货运班列从山西永济火车站顺利始发。这拓展了中欧班列晋南市场，助推县域经济加快融入国内、国际经济大循环。

8月31日

“合作共建效率高、成本低、服务优的内陆地区国际贸易通道”签约仪式在西安国际港务区举行。陕西各市（区）商务主管部门，中国银行、建设银行陕西省分行，各市（区）外贸企业代表齐聚西安国际港务区，达成战略合作，共同推动陕西外向型企业和优质地产品通过中欧班列“长安号”走出国门，合力打造中欧班列（西安）集结中心。

首列“渭西欧”国际货运班列从西安港开行。这是西安、渭南携手融入“一带一路”建设，标志着中欧班列（西安）集结中心建设再次全面提速。

9月1日

邮政航空CF201航班飞往韩国首尔，此次航班搭载的两批货物分别采用了跨境电商 B2B 出口业务的“9710”和“9810”模式申报通关成功出口。其中的“9810”模式属于陕西省首单，这标志着陕西跨境电商 B2B 出口试点业务正式启动，陕西跨境电商迈入出口业务全模式、简化申报秒通关的新时代。

9 月 25 日

首列“贵西欧”（贵阳—西安—塔什干/明斯克）国际货运班列正式发车。这标志着中欧班列（西安）集结中心再添新动能。

10 月 15 日

搭载着 82 台奥迪汽车的首列中欧班列“奥迪整车进口班列”，从德国不来梅哈芬港顺利抵达西安新筑车站。

10 月 16 日

四川航空 3U8227 航班在西安咸阳国际机场加满 35 吨保税航油，满载货物飞往印度德里。这标志着保税航油业务在西安咸阳国际机场正式开展，系西北地区首家。

11 月 17 日

国际贸易“单一窗口”西部陆海新通道平台建设研讨会在重庆召开，陕西省口岸办与其他 13 省（区、市）口岸办签署了《国际贸易“单一窗口”西部陆海新通道平台建设合作协议》。

11 月 26 日

中国（陕西）国际贸易单一窗口培训平台正式上线。

11 月 27 日

首列“芜西欧”国际货运班列顺利开行，为西安、芜湖两市实现更大范围、更宽领域、更深层次对外开放的交流合作搭建起了新通道、新平台。

12 月 4 日

海关总署发布公告，西安咸阳国际机场进境植物种苗指定监管场地正式获批。

12 月 8 日

“安西欧”国际货运班列从安康东站顺利始发，将构建起安康、西安无缝衔接直达欧亚的国际物流大通道。

12 月 18 日

中国（陕西）国际贸易单一窗口跨境 B2B 通关服务平台申报等业务功能线上培训班在西安举办，800 余家企业参加。

12 月 21 日

西安至德国法兰克福国际客运航线开通。

12 月 23 日

金融机构共建中国（陕西）国际贸易单一窗口座谈会在西安召开，陕西省商务厅与 22 家金融机构签署了《中国（陕西）国际贸易单一窗口金融服务平台共建合作协议》。

12 月 25 日

经国家联合验收组视频验收，一致认为陕西西咸空港综合保税区（一期）、宝鸡综合保税区功能完整、设施齐备，符合相关规定和要求，同意通过验收。

12 月 29 日

陕西省“十三五”口岸建设成果新闻发布会在西安召开，陕西省商务厅通报了陕西省“十三五”期间空运口岸、铁路口岸、电子口岸和国际贸易“单一窗口”及综合保税区建设成果。

12 月 31 日

“榆西欧”国际货运班列从陕西靖边现代综合物流园顺利始发，为榆林外向型经济的突破提供了新的平台。

（撰稿人：邓一晨、苗春、杨濬榞）

2020 年陕西省口岸流量统计表

口岸类型	口岸名称	货运量（万吨）				集装箱量（万标箱）				人员（万人次）				交通工具（辆、艘、架、列次）			
		出口	进口	合计	同比(%)	出口	进口	合计	同比(%)	出境	入境	合计	同比(%)	出境	入境	合计	同比(%)
空运口岸	西安空运口岸	3.3	2.5	5.8	13.5					18.3	24.1	42.4	-86.2	2 392	2 612	5 004	-74.2
陆路口岸	西安铁路口岸	172.2	108.9	281.1	56.0	18.5	10.1	28.6	64.4					2 409	1 311	3 720	74.4
合计																	
同比（%）																	

（陕西省口岸办提供）

2020 年陕西省口岸出入境主要数据表

项　目			2020 年	2019 年	同比（%）
出入境人员（万人次）	出入境人员总数		42.37	307.7	-86.23
	入境人员		24.10	153.7	-84.32
	出境人员		18.27	154.0	-88.14
	出入境旅客		38.18	288.6	-86.77
	出入境员工		4.19	19.1	-78.06
	中国公民	小计	36.36	258.1	-85.91
		内地居民（因公）	1.74	6.3	-72.38
		内地居民（因私）	33.72	233.0	-85.53
		港澳居民	0.40	8.5	-95.29
		台湾同胞	0.50	10.3	-95.15
	外籍人员		6.00	49.6	-87.9
	从海港出入境人数				
	从陆港出入境人数				
	从空港出入境人数		42.40	307.7	-86.22
交通运输工具（万辆、艘、架、列次）	总计		0.5	1.9	-73.68
	船舶				
	飞机		0.5	1.9	-73.68
	火车				
	机动车辆				

（陕西出入境边检总站提供）

2020 年西安海关主要数据统计表

项　目		2020 年	2019 年	同比（%）
进出口货运量（万吨）	合计	194.97	173.70	12.24
	进口	78.48	86.78	-9.57
	出口	116.49	86.92	34.02
进出口贸易总值（亿美元）	合计	524.40	441.05	18.90
	进口	247.61	211.24	17.23
	其中：江、海运输	21.17	22.19	-4.61
	铁路运输	39.29	11.15	252.31
	汽车运输	0.57	0.35	60.59
	航空运输	186.53	177.52	5.08
	邮件运输	0.05	0.02	96.58
	其他运输			
	出口	276.79	229.82	20.44
	其中：江、海运输	11.36	9.00	26.18
	铁路运输	76.05	30.21	151.72
	汽车运输	5.03	1.07	370.33
	航空运输	184.20	189.37	-2.73
	邮件运输	0.15	0.17	-9.71
	其他运输			
税收（万元）	两税合计	741 064	540 029	37.23
	关税入库	203 648	129 993	56.66
	进口环节税入库	537 416	410 036	31.07

（西安海关提供）

甘 肃 省

甘肃省口岸分布示意图

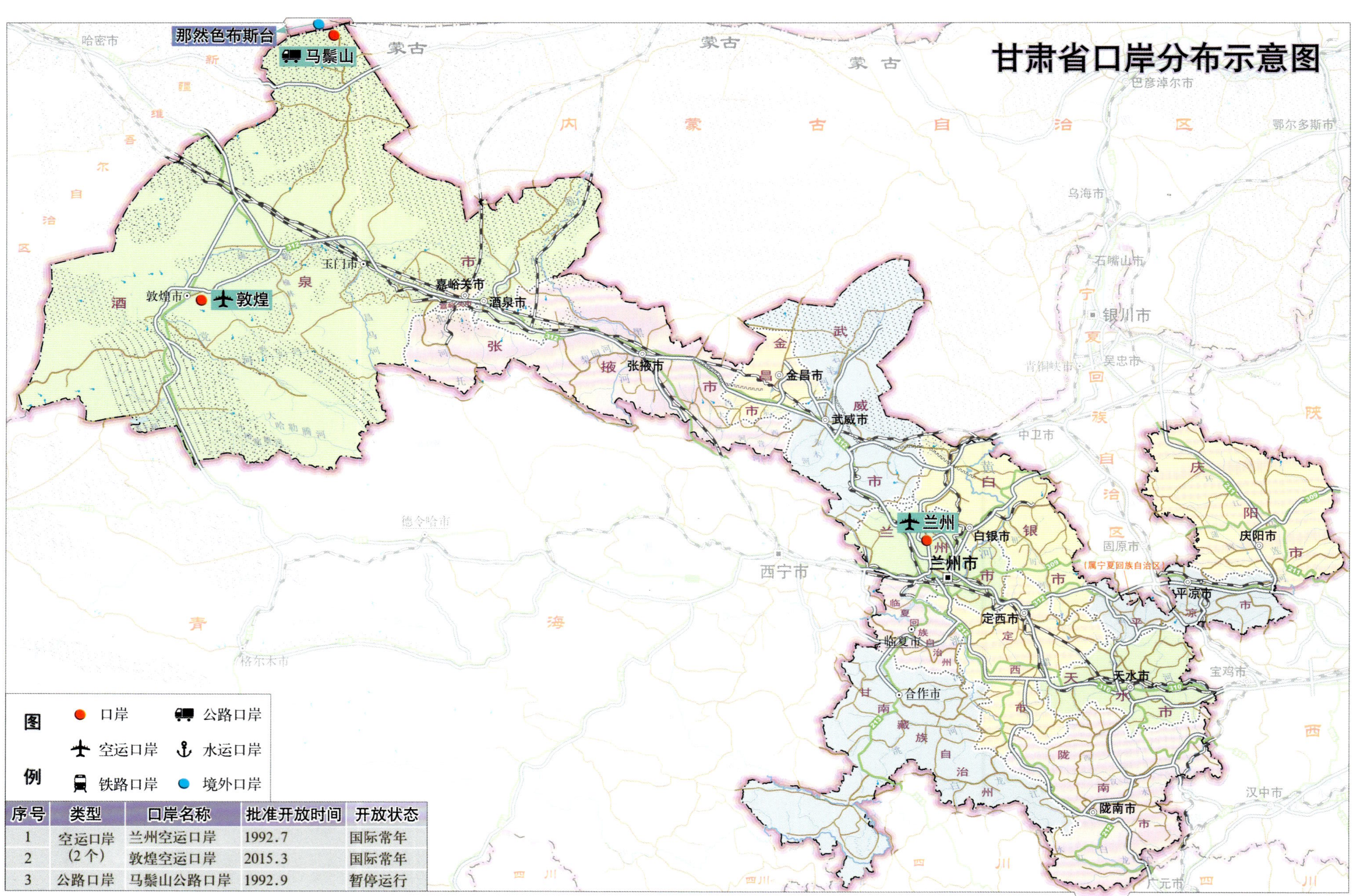

序号	类型	口岸名称	批准开放时间	开放状态
1	空运口岸（2个）	兰州空运口岸	1992.7	国际常年
2		敦煌空运口岸	2015.3	国际常年
3	公路口岸	马鬃山公路口岸	1992.9	暂停运行

口岸数量及分布

截至2020年年底，甘肃省共有经国务院批准的对外开放口岸3个。其中，空运口岸2个，分别为兰州空运口岸（兰州中川国际机场）和敦煌空运口岸（敦煌莫高国际机场）；陆路（公路）口岸1个，即马鬃山公路口岸。

口岸运行数据

2020年，甘肃省2个空运口岸共完成出入境人员38 999人次，同比下降85.25%；出入境飞机263架次，同比下降83.16%。其中，兰州空运口岸完成出入境人员38 475人次（出境16 684人次，入境21 791人次），同比下降85.19%，出入境飞机255架次，同比下降83.18%；敦煌空运口岸完成出入境人员524人次（出境240人次，入境284人次），同比下降88.26%，出入境飞机8架次，同比下降82.6%。

兰州海关共监管进出口货物110.9万吨，同比下降13.2%。其中，进口货物110.6万吨，同比下降13.1%；出口0.3万吨，同比下降40%。

口岸综合管理

【口岸疫情防控保障有力】 新冠肺炎疫情防控期间，兰州航空口岸开辟入境防疫物资绿色通道，累计保障36批境外医用物资快速通关，缓解了疫情初期防疫物资短缺的困难；建立原种进口协调机制，累计保障327批17.23吨原种进口，为甘肃省对外制种企业春耕备耕提供了有力的支撑；甘肃省口岸办与内蒙古、西藏、新疆口岸管理部门建立联系机制，及时互通所属口岸通关运行状态，跟踪协调解决了酒钢集团、白银集团、甘肃电投通过甘其毛都、策克、阿拉山口、老爷庙口岸进口原料等困难。甘肃省口岸办于2020年6月、11月先后两次前往进口肉类、冰鲜水产品指定监管场地督察进口冷链食品新冠病毒防控工作，要求有关指定监管场地提高政治站位，严格落实疫情防控相关措施和进口冷链食品检疫检测要求，做好经营场地日常消杀消毒，不断完善应急预案，建立进口冷链食品信息台账，做到来源可查，去向可追。

【口岸平台建设运营取得新突破】 2020年，兰州国际陆港汽车整车进口口岸、兰州通渭美神进境种猪隔离检疫场、兰州正大食品有限公司进境种猪隔离检疫场建成运营，口岸功能更加完善。同年5月，海关总署审核通过并开通汽车进口业务信息系统，汽车整车进口口岸具备运行条件。同年7月、9月，海关总署先后公布兰州通渭美神进境种猪隔离检疫场、兰州正大食品有限公司进境种猪隔离检疫场正式运行。两个进境种猪隔离检疫场实现当年运营，9月份首次通过口岸直接从境外引进种猪，截至2020年年底已进口3批次1 825头丹麦/法国种猪。截至2020年年底，甘肃省共有进口肉类、冰鲜水产品、水果、粮食、木材、种苗、汽车整车、种猪8类10个指定监管场地和进口限定口岸，累计进口肉类2 524吨、粮食1.25万吨、冰鲜水产品61.5吨、水果218.14吨、木材约5万方、种猪1 825头、种羊7 006只、羊驼861只。

【国际航空货运稳中有增】 2020年，新开兰州—金边—曼谷、丹麦比隆德—兰州、兰州—金边—拉合尔、法国巴黎瓦特里—兰州4条国际货运航线，首次开通兰州至乍得、尼日尔客运航班腹舱带货业务。兰州航空口岸国际货运包机业务逆势增长。2020年，共执飞国际货运包机18架次；进出口货物733.2吨，同比增长59.5%。

【持续优化口岸营商环境】 甘肃省口岸办加强口岸收费动态监管，对口岸及海关监管区运营情况进行通报，引导口岸经营单位尽可能降低收费，2020年2次更新完善口岸收费目录清单，年内兰州新区中川北站路港物流有限责任公司下调了集装箱吊装费、掏箱费、短转费、熏蒸费收费标准，降幅15%～50%，进一步降低了物流成本。持续巩固压缩整体通关时效，配合兰州海关持续推进进出口“提前申报”，推广实施“两步申报”通关模式和“两段准入”信息化监管模式，不断提升通关便利化水平。督促各口岸管理单位做好口岸经营服务企业场内转运、吊箱移位、掏箱和货方提箱等作业时限标准公开公示工作，不断提升服务质量。

【国际贸易“单一窗口”应用水平不断提升】 甘肃省口岸办加快国际贸易“单一窗口”建设推广。一是完成中国（甘肃）国际贸易单一窗口项目建设，多式联运、商品溯源、拼箱撮合交易等 7 项地方特色功能上线运行。积极推广出口退税、许可证件、原产地证书、多式联运、商品溯源、拼箱撮合等申报功能，为甘肃省 180 余家企业进行集中培训，开通 95198 本地呼叫中心，运维服务网络日趋成熟。2020 年企业通过国际贸易“单一窗口”申报业务近 11 万票，同比增长 49.7%，货物、舱单、运输工具申报等主要业务覆盖率达到 100%。二是认真开展数据安全检查。按照国家口岸管理办公室统一部署，与兰州海关密切配合，认真组织开展 2020 年度国际贸易“单一窗口”安全检查和海关业务数据安全专项行动，围绕“系统、人员、出口”重点环节，按照“零容忍，零信任，零风险”原则，紧盯安全漏洞和风险隐患，严格制度落实，加强技术防范，建成甘肃“单一窗口”平台专用办公场所，完成操作人员重新授权审查，规范操作审批授权流程，采取技术手段加强账户管理，定期对应用系统进行漏洞扫描，完成商品溯源系统升级改造，做到无盲区、无遗漏、无死角。

口岸监管与服务

【甘肃出入境边检总站创新服务举措，提高通关效能】 甘肃出入境边检总站深入推进移民管理领域“放管服”改革，不断转变民警执法执勤理念，兰州边检站“丝路明珠、活力边检”和敦煌边检站“魅力敦煌、丝路国门”的品牌文化和口岸名片效应得到有效彰显，社会影响力不断提升。一是提高通关效率。针对“两节”旅客流量高峰问题，指导各边检站及时开展“两公布一提示”工作，教育引导旅客科学合理安排出行时间，缓解通关压力，主动与海关、机场安检等部门建立控流分检通关机制，对出入境旅客实行登机牌办理、海关查验、边防检查等三项勤务一体化通关流程，极大缩短了旅客通关候检时间，经统计，绝大部分旅客通关候检时间不超过 23 分钟。在涉疫航班查验工作中，各边检站协同海关采取多通道分流式检疫法，促使涉疫航班旅客整体通关时间由 5 小时缩减到 1 小时 20 分，得到了甘肃省委省政府和出入境旅客的一致好评。二是加强宣传教育。各边检站充分利用执勤现场信息公布系统，大力开展疫情防控、预防跨境赌博诈骗工作宣传教育，真正做到警示、警醒，有力保障人民群众人身财产安全。三是创新服务举措。围绕国家移民管理局便民服务要求和甘肃省委省政府“构建亲清新型政商关系”的决策部署，总站研究制定《甘肃边检总站构建清亲新型政商关系四项新举措》，积极服务出入境航班及口岸有关企事业单位，落实办理备案、申报手续“只跑一次”便民举措，彰显边检作为，助力地方经济发展；指导各边检站邀请口岸联检单位积极开展“温暖国门，迎您回家”主题活动，全面展示边检机关优质服务和良好形象，喜迎远方游子回国，得到广大出入境旅客和各联检单位的一致好评。

【甘肃出入境边检总站深化维稳防控，推进口岸管控效能】 甘肃出入境边检总站审时度势，结合甘肃口岸邻疆涉藏特点，以重点航班查验为主线，严格落实中央“外防输入、内防反弹”的防控策略，坚决维护口岸安全稳定。2020 年，甘肃出入境边检总站所属各边检站共计验放出入境人员 38 999 人次、出入境航班 263 架次，查处违法案件 1 起，开展处突演练 7 次，查处违法案件 1 起，重点核查人员 52 人次。总站党委高度重视防范境外疫情输入工作，多次召开党委扩大会议专题研究外防输入和重点时期口岸边境维稳管控工作，先后研究制订了总站《应对疫情重点国家包机入境边防检查工作方案》《应对涉疫临时入境航班边防检查工作方案》《全面防范境外疫情输入工作十项措施》《秋冬季口岸边境维稳管控和新冠肺炎疫情防控工作方案》《口岸边境执勤现场疫情防控工作指引》等具体措施，重点对口岸管控、辖区稳控、疫情防控、队伍管理、后勤保障等工作进行周密安排，科学部署执勤警力，严密落实常态化疫情防控各项措施。各边检站特别是兰州边检站严格按照总站部署，迅速成立专项工作领导小组，及时召开勤务部署会，抽调精干警力组建工作专班，成立党员突击队担负一线涉疫执勤任务，严格区分不同情况、突出任务重点，相继圆满完成伊朗至兰州的全国首架涉疫包机，英国、俄罗斯、沙特、乍得、尼日尔分流航班和新加坡、丹麦、柬埔寨货运包机入出境勤务，较好实现了“零感染、零输入、零传播”的工作目标，得到了省委省政府、省市两级主要领导和出入境旅客、外国友人的充分肯定和高度评价。同时，甘肃出入境边检总站依托口岸疫情联防联控工作机制，第一时间与省卫健委、海关和省公安厅治安、出入境、反恐等警种签订《涉疫入境人员防控工作协议》，深入排查涉甘入境人员行程轨迹，全时段、全方位通报信息，为国家、省市疫情防控工作提供准确、翔实的第一手资料。

【兰州海关在新冠肺炎疫情防控中体现担当】兰州海关第一时间建立应急指挥部工作机制，形成调度会议、现场指挥处置和24小时应急值守处突全链条工作机制。加强与地方政府相关部门的联系配合，形成口岸共同流调、联合采样、共同检测、结果共享互认的常态化境外疫情防控机制。严格落实口岸“三查三排一转运”，对重点航班实行“一机一策”，坚决落实“7个100%”，切实做到“外防输入、内防反弹”。2020年，查验进出境交通工具538架次、人员43 141人次；检疫监管进境重点航班12架次、入境机组人员336人次、入境旅客2 941人次，检出新冠病毒阳性128例，检出率4.35%。加快防疫物资口岸验放，在中川机场采取“海关+红会”保障模式，开启“绿色通道”，2020年先后验放进口防疫物资38批次4 220件。坚持“人、物同防”，加强进口冷链食品新冠病毒核酸监测力度，2020年采集环境样本960份，检测样品560份。以最严要求强化干部职工防护，严格人员外出管理，强化疫情防控综合保障，关区疫情防控真正做到了“零感染、打胜仗”。

【兰州海关保持战时状态守护国门安全】2020年，兰州海关坚决贯彻落实习近平总书记对打私工作的重要指示批示精神，深入开展“国门利剑2020”行动和“蓝天2020”专项行动，坚决把“洋垃圾”拒于国门之外；重拳打击濒危物种及其制品走私，查获野生动物海马干4 300余尾；破获“8·10象牙走私案”，缴获象牙23.7千克；首次查获新型毒品10.54克。全面贯彻落实总体国家安全观，完成进出口危化品检验977批，出口水果、饲料、活动物风险监控52次，开展病媒生物监测56次，以实际行动筑牢国门安全防线。加强进境动植物检疫，检出二类动物疫病7种3批次，检出植物检疫性有害生物4种17批次，检出其他有害生物13种13批次；严防非洲猪瘟、高致病性禽流感等重大动物疫情传入传出，有效保障关区3 257头种畜进口和1 894头供港澳活牛出口；加强进境种苗田间疫情监测，先后检出检疫性有害生物黄瓜绿斑驳花叶病毒、番茄溃疡病菌和番茄细菌性叶斑病菌，完成国门生物安全监测计划；严把进出口食品安全关，落实“四个最严”要求，对全关区进出境食用陆生动物、水果、饲料等52个样品开展安全风险监控，开展供港蔬菜种植基地联合专项核查17家次，完成出口动物源性食品安全风险监测和抽采样检测任务，相关工作获甘肃省食品安全工作评议考核A级等次。

【兰州海关有力落实改革任务】 2020年，兰州海关持续推进“五个两”改革，关区“两步申报”应用率达到13.8%。制定《“两段准入”改革操作指引》，选取符合条件的商品试通3单。扎实开展“两轮驱动”改革，科学制定随机布控比例，加强人工分析，动态调整预定式布控规则141条。拓展兰州新区综合保税区功能，复制推广自贸区经验，“四自一简”、保税维修、委内加工等改革举措有力落实；集中汇总征税和税款保证保险制度深入推行，新增 5 家企业开通汇总征税，同比增长 1.2 倍，企业应用税款担保总额 15 亿元，同比增长 1 倍，税款担保按时处理率 100%；优化加工贸易监管模式，设立 3 个集中审核中心，取消 13 个加工贸易业务环节，有效落实出口转内销和内销选择性征收关税等改革举措；深化“双随机、一公开”监管改革，将关区涉及的 14 项行政检查全部纳入“双随机、一公开”事项；“多查合一”和“互联网+稽核查”改革顺利推进，全年开展线上核查 35 次，大幅减少实地核查次数，企业获得感进一步提升。

【兰州海关持续优化口岸营商环境】 兰州海关推进减税降费，2020 年出具减免税证明 660 份，减免税款 8 341 万元，加工贸易免征缓税利息 300.2 万元，推动口岸整体收费下降 10%以上；促进贸易便利化，推广国际贸易“单一窗口”一站式申报、电子化放行；释放政策红利，签发各类原产地证书 4 901 份，同比增长 17.6%，帮助出口企业享受税收优惠约 940 万美元；严控通关时效，进出口整体通关时间分别为 15.22 小时和 0.04 小时，较 2017 年基准值分别压缩 68.82%和 99.96%，超额完成既定目标；简化企业注册登记和备案手续，推动企业协调员机制由高级认证企业扩展至一般认证企业；组织政策宣讲会 10 次，解答、解决企业经营问题 500 余个，组织各条线业务骨干开展在线访谈 1 次，点击量 129 万次。

【兰州海关创新推动开放平台发展】 2020 年，兰州海关全力推动甘肃汽车整车进口口岸、进境粮食和木材指定监管场地建成并通过验收，关区监管场地增至 7 个，兰州新区进境粮食指定监管场新增 4 个粮食品种；全力保障甘肃“中吉乌”公铁联运国际货运班列成功首发，甘肃省对“一带一路”沿线国家和地区进出口额达到 165.2 亿元；全力支持新贸易业态有效拓展，稳步推进省级储备粮保税仓和保税航煤出口监管仓建设，实现关区保税航煤出口 1.2 万吨，同比增长 40 倍；全力跟进兰州国际邮件、快件、跨境电商三合一运营中心和兰州国际邮件互换局（交换站）申请设立前期准备工作。

【兰州海关持续完善正面监管链条】 2020 年，兰州海关审核报关单 4 419 票，监管货运量 110.9 万吨，货值 189.5 亿元，实施现场查验 71 票，查获 7 票。严把进出口商品质量关，2020 年进出口商品检验不合格 76 批次；强化对大宗资源类货物进口矿产品的检验监管，2020 年共检验进口铜（锌）精矿 1 391 批 93.96 万吨，有害元素经检测均符合国标及合同规定。持续加强后续监管，2020 年办结稽查作业 27 起、核查作业 240 起，专项稽查作业有效率 88.2%，稽核查追补税款 4.4 亿元，移交走私违规案件线索 4 起。保持打击走私高压态势，2020 年共办理走私违法案件 22 起（刑事立案 5 起、行政立案 17 起），案值 1.38 亿元，涉税 1 310.76 万元。首次查获走私冻品案，案值 7 221.33 万元，涉税 1 156.08 万元，该案被列为海关总署二级挂牌督办案件。

【兰州海关不断提升税收征管质量】 2020 年，持续推进属地纳税人管理制度，新建 50 家属地纳税人管理底账，总数达到 80 家；对关区重点属地纳税企业实行个性化指导，以优质服务涵养税源，税收实际入库 16.78 亿元，同比增长 14.21%，加工贸易内销征税入库 7.59 亿元，同比增长 59.79%；强化职能监控，加强对进出口商品归类、价格的审核，及时准确处置 67 条事后验估指令，纠正归类差错 19 起，纠正减免税审批归类差错 2 起，纠正税率适用差错 5 起，退、补征税款及滞纳金 33 万元。对公式定价商品审价补税 700 宗，补征税款 3 647 万元，税收征管质量有效提升。

开放口岸

【兰州空运口岸（兰州中川国际机场）】 兰州中川国际机场位于甘肃省兰州市兰州新区中川镇，距市区约 75 千米，飞行区等级 4E，是西北地区主干机场之一，是省会兰州市的空中门户、西北地区的重要航空港、国际备降机场。兰州中川国际机场始建于20世纪60年代末，于1970年7月正式建成通航，定名兰州中川机场；2001年完成一期扩建工程；2013年正式提升为空运口岸，更名为兰州中川国际机场；2015年年初完成二期扩建工程。为了更好地打造西部区域枢纽机场，促进甘肃省对外贸易的快速发展，甘肃省委、省政府2017年正式启动兰州中川国际机场三期扩建工程，该项目是列入国家重点基础设施建设三年滚动计划（2018—2020年）的重点实施项目、国家民航"十三五"发展规划的区域枢纽机场扩建项目和省列重大建设项目。2019年2月19日，国家发展改革委批复兰州中川国际机场三期扩建工程项目建议书；2019年9月9日，中国民航局批复兰州中川国际机场总体规划（2019年版）；2019年10月14日，中国民航局正式出具项目可行性研究报告的行业审查意见；2020年2月5日，国家发展改革委批复兰州中川国际机场三期扩建工程可行性研究报告；2020年6月29日，民航西北地区管理局、甘肃省发展改革委联合批复机场工程初步设计及概算。2020年9月9日，兰州中川国际机场三期扩建工程正式开工建设，以2030年为设计目标年，按照年旅客吞吐量3 800万人次、货邮吞吐量30万吨、飞机起降架次30万架次的目标进行设计，机场工程核定概算投资334.38亿元，建设工期为4年。2020年，兰州空运口岸完成出入境人员3.84万次，同比下降85.19%；出入境飞机255架次，同比下降83.18%。

【敦煌空运口岸（敦煌莫高国际机场）】 敦煌莫高国际机场位于甘肃省酒泉市敦煌市，机场设施齐备，功能完善，是乌鲁木齐国际机场的主要备降场。敦煌机场始建于1982年2月，按能起降An-24及以下飞机建造，1982年7月试飞成功，机场等级为3C级，之后机场不断扩建。2015年3月6日，国务院下发《国务院关于同意甘肃敦煌机场对外开放的批复》（国函〔2015〕45号），标志着敦煌空运口岸获批临时对外开放。T3航站楼扩建工程于2015年12月31日开工，2016年年末完工，其中新建航站楼10 200平方米，跑道向东延长600米至3 400米，飞行区等级由4C提升为4D，并满E类飞机备降，总投资达10亿元。2019年2月18日，海关总署正式公布敦煌空运口岸对外开放。2019~2020年，甘肃省政府批复《大敦煌文化旅游经济圈发展规划（2019—2030年）》《甘肃（敦煌）国际空港总体规划（2019—2030年）》，围绕敦煌空运口岸重点培育集客货集散、旅游服务、物流仓储、综合贸易、会议展览、园艺农业和文娱体育等功能于一体的临空产业。截至2020年年底，敦煌空运口岸开通国际（地区）客运航线2条。2020年，敦煌空运口岸累计出入境人员524人次、出入境飞机8架次。

【马鬃山陆路（公路）口岸】 马鬃山公路口岸位于甘肃省酒泉市肃北蒙古自治县马鬃山镇，西邻新疆，南接酒泉玉门市、酒泉瓜州县，东靠内蒙古自治区的额济纳旗，西北部与蒙古国戈壁阿尔泰省相连，边境线长约65千米。马鬃山公路口岸是甘肃省唯一边境口岸，向西约300千米与新疆哈密老爷庙口岸相邻，向东350千米与额济纳旗克口岸相邻。1992年9月，国务院批准设立马鬃山口岸对外开放；1993年8月，由于蒙古国单方面原因，关闭了那染色布斯台口岸，致使马鬃山口岸关闭至今。近年来，甘肃省将推进马鬃山口岸复通作为融入"一带一路"建设和"兴边富民、强边固防"的重要举措，制订工作方案，积极为马鬃山口岸复通创造条件。在外交部、国家口岸管理办公室大力支持下，分别于2015年、2017年、2019年3次将马鬃山口岸复通议题纳入《中蒙边境口岸开放及其管理制度协定》执行情况司局级会晤议题，向蒙古国提出开放口岸的要求，但蒙古国均以其边境地区是自然保护区为由，一直未同意复通。目前，临哈铁路额济纳至哈密段、原桥湾至马鬃山连接线二级公路、京新高速甘肃白明段高速公路、马鬃山公路口岸至马鬃山镇公路等交通设施建成通车，马鬃山镇"十"字公铁网架格局形成。2020年，甘肃省启动建设马鬃山经济开发区、将军庙至柳沟铁路，以及即将建设马鬃山通用机场，全力为马鬃山公路口岸复通完善基础设施。

2020 年甘肃省口岸大事记

1 月 13 日

甘肃省首批从哈萨克斯坦进口的亚麻籽货物列车抵达兰州。

1 月 22 日

甘肃省人民政府批复《甘肃（敦煌）国际空港总体规划（2019—2030 年）》。

2 月 7 日

甘肃省委书记、省人大常委会主任林铎在兰州中川国际机场调研检查疫情防控情况，详细了解疫情防控措施落实和出入境旅客监测登记等情况。

3 月 4 日

由伊朗首都德黑兰伊玛目·霍梅尼国际机场直飞兰州的南方航空公司 CZ3002 航班降落在兰州中川国际机场，从伊朗回国的 146 名中国公民乘机抵达兰州，甘肃省委省政府成立了由省委书记、省人大常委会主任林铎，时任省委副书记、省长唐仁健为总指挥的工作专班，制订了伊朗回国中国公民在甘肃集中留观工作方案。

3 月 15 日

甘肃省委书记、省人大常委会主任林铎赴敦煌国际机场调研疫情防控工作，详细了解航班运行以及出入境旅客监测、登记等疫情防控措施落实情况。

3 月 24 日

兰州国际陆港汽车整车进口口岸通过正式验收。

4 月 27 日

开行澳大利亚—兰州货运包机，进口种羊 1 494 只。

5 月 27 日

兰州—金边—曼谷货运包机实现首航。

6 月 8 日

甘肃省副省长程晓波调研兰州新区综合保税区和中川北站物流园，详细了解园区管理运行和企业生产经营情况。

7 月 9 日

海关总署公布兰州通渭美神进境种猪隔离检疫场正式运行。

7 月 16 日

甘肃省副省长程晓波调研甘肃（兰州）国际陆港及汽车整车进口口岸建设运营情况。

8 月 21 日

兰州新区综保区增值税一般纳税人资格试点获得国家税务总局货物和劳务税司备案。

9 月 9 日

举行兰州中川国际机场三期扩建工程开工仪式。甘肃省委书记、省人大常委会主任林铎出席开工仪式，并宣布兰州中川国际机场三期扩建工程开工。时任省委副书记、省长唐仁健讲话，中国民用航空局总飞行师万向东致辞。

丹麦比隆德—兰州货运包机实现首航，进口种猪 724 头。

9 月 14 日

开行丹麦比隆德—兰州货运包机，进口种猪 701 头。

9 月 29 日

海关总署公布兰州正大食品有限公司进境种猪隔离检疫场正式运行。

9 月 21 日

首次开通兰州—乍得国际客运航班腹舱带货业务。

10 月 12 日

首次开通兰州—尼日尔国际客运航班腹舱到货业务。

10 月 29 日

甘肃（兰州）国际陆港重大项目集中签约暨集中开工仪式在兰州市西固区举行。

11 月 27 日

法国巴黎瓦特里—兰州货运包机实现首航，进口种猪 400 头。

（撰稿人：杨雯菲、张鑫、甘振杰）

2020 年甘肃省口岸流量统计表

口岸类型		口岸名称	货运量（万吨）				集装箱量（万标箱）				人员（万人次）				交通工具（辆、艘、架、列次）			
			出口	进口	合计	同比（%）	出口	进口	合计	同比（%）	出境	入境	合计	同比（%）	出境	入境	合计	同比（%）
空运口岸																		
		分计	0.30	110.60	110.90	-13.16					1.69	2.20	3.89	-85.25	125	138	263	-83.16
陆路口岸	公路口岸																	
		分计																
	铁路口岸																	
		分计																
合计			0.30	110.60	110.90	-13.16					1.69	2.20	3.89		125	138	263	
同比（%）			-40.00	-13.05	-13.16						-87.16	-83.42	-85.25		-83.40	-82.30	-83.16	

（甘肃省口岸办提供）

2020 年甘肃省口岸出入境主要数据表

<table>
<tr><th colspan="3">项 目</th><th>2020 年</th><th>2019 年</th><th>同比（%）</th></tr>
<tr><td rowspan="14">出入境人员
（人次）</td><td colspan="2">出入境人员总数</td><td>38 999</td><td>264 345</td><td>-85. 25</td></tr>
<tr><td colspan="2">入境人员</td><td>22 075</td><td>132 750</td><td>-83. 37</td></tr>
<tr><td colspan="2">出境人员</td><td>16 924</td><td>131 595</td><td>-87. 14</td></tr>
<tr><td colspan="2">出入境旅客</td><td>36 283</td><td>249 736</td><td>-85. 47</td></tr>
<tr><td colspan="2">出入境员工</td><td>2 716</td><td>14 609</td><td>-81. 41</td></tr>
<tr><td rowspan="5">中国公民</td><td>小计</td><td>36 725</td><td>241 104</td><td>-84. 77</td></tr>
<tr><td>内地居民（因公）</td><td>1 433</td><td>2 940</td><td>-51. 26</td></tr>
<tr><td>内地居民（因私）</td><td>34 651</td><td>210 007</td><td>-83. 50</td></tr>
<tr><td>港澳居民</td><td>10</td><td>3 025</td><td>-99. 67</td></tr>
<tr><td>台湾同胞</td><td>631</td><td>25 132</td><td>-97. 49</td></tr>
<tr><td colspan="2">外籍人员</td><td>2 274</td><td>23 241</td><td>-90. 22</td></tr>
<tr><td colspan="2">从海港出入境人数</td><td></td><td></td><td></td></tr>
<tr><td colspan="2">从陆港出入境人数</td><td></td><td></td><td></td></tr>
<tr><td colspan="2">从空港出入境人数</td><td>38 999</td><td>264 345</td><td>-85. 25</td></tr>
<tr><td rowspan="5">交通运输工具
（辆、艘、架、列次）</td><td colspan="2">总计</td><td>263</td><td>1 562</td><td>-83. 16</td></tr>
<tr><td colspan="2">船舶</td><td></td><td></td><td></td></tr>
<tr><td colspan="2">飞机</td><td>263</td><td>1 562</td><td>-83. 16</td></tr>
<tr><td colspan="2">火车</td><td></td><td></td><td></td></tr>
<tr><td colspan="2">机动车辆</td><td></td><td></td><td></td></tr>
</table>

（甘肃出入境边检总站提供）

2020 年兰州海关主要数据统计表

项　目		2020 年	2019 年	同比（%）
进出口货运量（万吨）	合计	110.9	127.70	-13.16
	进口	110.6	127.20	-13.05
	出口	0.3	0.50	-40.00
进出口贸易总值（万美元）	合计	552 490.1	551 596.90	0.16
	进口	428 789.4	360 897.40	18.81
	其中：江、海运输	206 850.4	188 826.50	9.55
	铁路运输	169 872.7	134 662.30	26.15
	汽车运输	18 776.7	3 069.90	511.64
	航空运输	33 287.0	34 337.70	-3.06
	邮件运输	2.6	1.00	160.00
	其他运输			
	出口	123 700.7	190 699.50	-35.13
	其中：江、海运输	68 419.5	128 449.00	-46.73
	铁路运输	3 770.7	7 302.20	-48.36
	汽车运输	29 596.8	26 460.50	11.85
	航空运输	21 841.7	28 442.10	-23.21
	邮件运输	72	45.73	57.45
	其他运输			
税收（万元）	两税合计	167 776	146 796	14.29
	关税入库	1 286	2 250	-42.84
	进口环节税入库	166 490	144 546	15.18

（兰州海关提供）

宁夏回族自治区

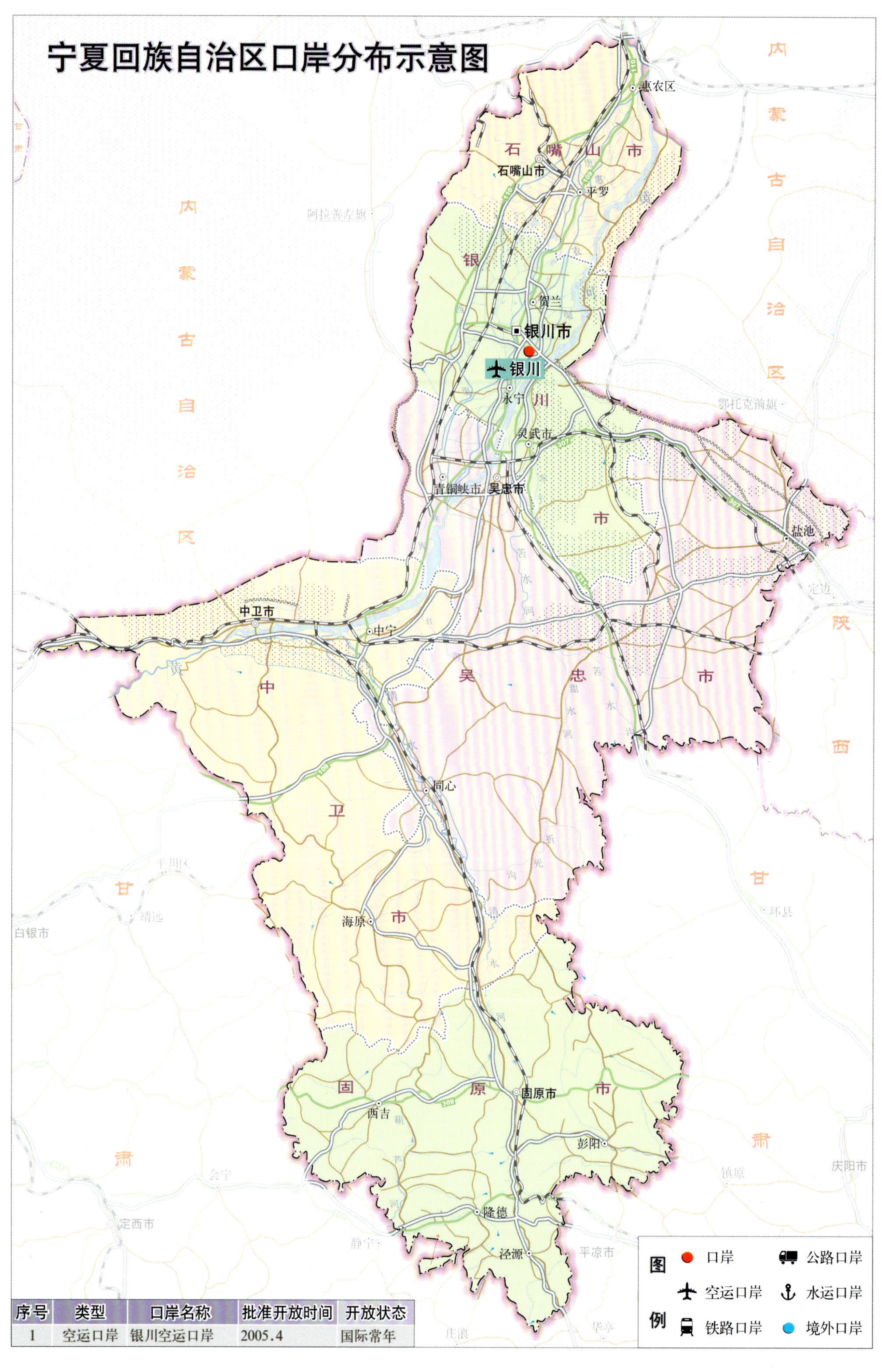

序号	类型	口岸名称	批准开放时间	开放状态
1	空运口岸	银川空运口岸	2005.4	国际常年

口岸数量及分布

截至2020年年底，宁夏回族自治区（以下简称宁夏）有经国务院批准的对外开放口岸1个，即银川空运口岸（银川河东国际机场）。

口岸运行数据

2020年，宁夏进出口货运量34.09万吨，同比下降86.7%。其中，进口28.11万吨，同比下降88.8%；出口5.98万吨，同比下降0.8%。进出口贸易总值123.2亿元，同比下降48.8%。其中，出口86.7亿元，同比下降41.8%；进口36.5亿元，同比下降60.3%。以美元计价，进出口贸易总值17.8亿美元，同比下降49%。其中，出口12.5亿美元，同比下降42%；进口5.3亿美元，同比下降60.4%。

2020年，受新冠肺炎疫情影响，银川航空口岸常态化航线于2020年2月初全部停航，口岸出入境数据大幅下滑。全年共验放出入境航班62架次、人员9 769人次、货邮0.012万吨，同比分别下降93%、93%、63%。

2020年12月，进口整体通关时间12.26小时，比全国平均水平快22.65小时；出口整体通关时间0.89小时，比全国平均水平快0.89小时。

截至2020年年底，国际贸易“单一窗口”标准版宁夏注册用户累计已超1 100家，累计申报量超过64万票，其中货物、舱单和运输工具申报三项主要业务应用率均达到了100%。2020年全年，宁夏企业办理关税保证保险备案76票，担保关税9 648万元；办理进口“两步申报”149票，两步申报覆盖率14.15%；“提前申报”覆盖率达到68%。

口岸综合管理

【银川航空口岸疫情防控扎实开展】 严格落实国家、自治区疫情防控工作要求，圆满完成支援沙特、科威特医疗专家组包机，中国电力建设股份有限公司援建沙特工作人员包机，燕宝慈善基金捐助医疗物资货运包机等航班保障任务。组织召开银川航空口岸防控境外新冠肺炎疫情输入航班保障协调会，制订银川河东国际机场防控境外新冠肺炎疫情输入的航班保障方案、银川河东国际机场国际航班备降保障方案，强化与海关、公安、卫生、边检等部门以及银川河东国际机场运营航空公司的信息互通，全面开展境外输入确诊人员的境外密切接触者和来自重点疫情国的人员信息排查工作。2020年，共接收横向推送信息1 500余起2 500余条，筛查从全国各空港口岸入境航班2 800余架次50万余人次，发出宁夏籍人员即将入境预警2 000余条，帮助各相关部门核实涉宁人员身份、出入境动态及案事件信息近200次。在境外疫情扩散初期，向北京、陕西、上海等省区机场推送染疫高风险人员12名，发现确诊病例3名，为阻止境外新冠肺炎疫情向境内传播发挥了重要的作用。

【国际货运班列有序运行】 2020年，宁夏国际货运班列共计发运32列1 573车，货重约9万吨，货值约7 553万美元，主要货物为钢材、蛋氨酸、硫酸亚铁、亚麻籽等。2020年，首次实现了进口中亚亚麻籽集装箱整列运行。

【口岸营商环境不断优化】 全面贯彻落实国家移民管理局各项便民利民举措，积极采取提前加开查验通道、开设中国公民专用通道等措施，确保出入境旅客在执勤现场候检时间不超过30分钟；研究制定《深化“放管服”改革优化营商环境若干措施》“促进跨进贸易便利化”9项具体措施；在外经贸政策中增加《口岸便利化项目申报指南》，支持海关监管场所经营企业提升通关自动化、信息化、智能化水平；进一步完善《关税保证保险保费项目申报指南》，将“汇总担保”“循环担保”纳入支持范围；银川综合保税区跨境电商监管场所和银川公铁物流园监管场地顺利通过验收，银川跨境电商综试区建设取得实质性进展；“互联网+西部快线”平台上线国际站点价格查询、订舱等功能，实现“一站式、一票制、一箱到底”便捷通关。

【国际贸易“单一窗口”建设不断推进】 完成“单一窗口”两步申报系统调试、首单“两步申报”业务办理，实现“两步申报”改革正式落地；与中国电子口岸数据中心建立规范的故障申报、处理、反馈机制，完善了“单一窗口”服务运维体系；联合银川海关、银川市商务局以及建行、人保等单位，举办“单一窗口”现场培训会、网上培训会，向企业宣讲了“单一窗口”两步申报、出口退税、免于到场协助查验、报关单信息订阅、舱单运抵状态订阅、有毒化学品进出口环境管理放行通知单、报关单、税单、原产地证自助打印等实用功能，切实帮助企业提高了“单一窗口”应用水平，助力企业复工复产。

口岸监管与服务

【宁夏出入境边检总站持续提升服务管控能力水平，确保口岸安全有序】 依据全国首例境外输入型确诊病例在宁发现事例，率先利用大数据开展涉疫高风险人员排查，以“点对点”通报方式提示相关单位做好落地管控工作，完成情报先导在国门防疫中的首次实践。年内圆满完成了燕宝慈善基金向自治区捐助医疗物资货运包机，我国援助沙特阿拉伯、科威特医疗专家组包机，中电建滞留沙特员工包机等特殊勤务保障工作，实现了一线民警“零感染”、疫情“零扩散”的工作目标。

【银川海关强化监管依法把关，稳固国门安全防线】 精准实施风险防控，2020 年协助口岸海关拦截并确诊 16 名入境人员；快件现场人工分析布控查验率 48.91%、查获率 6.02%，2020 年共查获禁限类物品 25 件，快件监管有效加强。打击走私战果显著，深入开展“国门利剑 2020”“蓝天 2020”专项行动，2020 年刑事立案 1 起，办结 2 起走私枪支刑事案件，深挖扩线发现全国涉枪走私线索 200 条，涉及 24 个海关缉私局辖区，根据银川海关线索，地方公安和其他海关缉私已刑事立案 19 起；办理行政案件 8 起，案值 7 178 万元。持续开展进口固体废物行业专项稽查行动，2020 年开展稽核查作业 190 起。首次在出口种子中检出番茄褐色皱纹果病毒，首次监测到苹果蠹蛾、顶羽菊等 3 种检疫性有害生物。首次获得非洲猪瘟初筛实验室资格等 5 项国家级、1 项省部级资质认定，扩增检测项目 560 项，目前技术检测能力达到 4 149 项。保健中心顺利通过宁夏新冠病毒核酸检测机构评审认证，获批成为全国海关首个通过新冠病毒核酸检测 CNAS 认可的实验室。

开放口岸

【银川空运口岸（银川河东国际机场）】 2005 年 4 月 1 日，国务院正式批准设立银川空运口岸。2008 年 4 月 1 日，银川河东机场经批准对外籍飞机开放，并于 2013 年获准对阿联酋开放第三、四、五航权，成为全国第 9 个开放第五航权的省区。银川空运口岸设于银川河东国际机场，地处银川市灵武市临河镇黄河东岸，距银川市区 19 千米。旅检区面积为 1.54 万平方米，设计旅客吞吐能力为 50 万人次，口岸设置有国际进港、国际出港以及国际出港中转流程，增加了检疫、海关、边防等联检单位相关配套办公和业务用房，配置了电子门控、身份识别、人脸识别、证件阅读器以及智能检疫查验台、智能检疫自助查验通道、热成像式红外测温仪、固定式微小气候监测仪等智能化监管设备。2018 年 6 月 4 日，银川空运口岸国际新货站正式通过海关总署验收，同年 7 月 13 日正式投运，面积 4 000 平方米，其中海关监管库 1 000 平方米。机场经营企业为西部机场集团航空物流有限公司宁夏分公司，库内硬件设施齐全，配有大型安检仪、出入通道卡口、与海关实现数据传输的银川机场货运海关信息管理系统、与海关总署对接的视频存储等设备，具有功能完善、流程合理、信息化程度高等特点。

2020 年，受新冠肺炎疫情影响，银川空运口岸常态化航线于 2020 年 2 月初全部停航，口岸出入境数据大幅下滑。全年共验放出入境航班 62 架次、人员 9 769 人次、货邮 0.012 万吨，同比分别下降 93%、93%、63%。

2020 年宁夏回族自治区口岸大事记

1 月 7 日

宁夏菲特电子产品有限公司通过国际贸易“单一窗口”出口退税生产版功能，顺利完成宁夏首单生产企业免抵扣退税业务申报，并收到税务局审批通过回执。这标志着宁夏国际贸易“单一窗口”出口退税生产版功能正式上线。

2 月 13 日

银川海关快速办理宁夏首份防疫捐赠物资免税手续。此批物资为美国大费城侨学界华人社团联席会捐赠的 2 万个非医疗用口罩，免税 1.19 万元人民币。

3 月 20 日

银川海关与宁夏回族自治区高级人民法院、检察院、公安厅联合制定了全国首个《国境卫生检疫行政执法与刑事司法衔接工作办法》，对涉嫌妨害国境卫生检疫犯罪案件的移送与法律监督、证据的收集与使用、案件处理与办案协作进行了详尽的规定，为疫情防控提供坚强有力、高效协同的法律支撑。

4 月 10 日

宁夏企业首次进口立陶宛小麦用于加工生产，这标志着宁夏企业与“一带一路”沿线国家和地区合作的进一步拓展。该批小麦共计 5 000 吨，从深圳赤湾港口岸入境，经汽车运输陆续抵达宁夏塞北雪面粉有限公司。

4 月 15 日

应沙特政府邀请，中国政府赴沙特抗疫医疗专家组共 8 人乘飞机从银川启程，赴沙特协助开展新冠肺炎疫情防控工作。

5 月 30 日

宁夏首次进口肉用种鸡。该批进口种鸡来源于新西兰，共 33 280 只，运抵大地（宁夏）数字科技有限公司隔离场。

6 月 22 日

宁夏回族自治区口岸办促成西夏区政府与陕西省林业集团木业有限公司签署《进境木材产业园项目框架合作协议》。

7 月 15 日

宁夏首票“免陪同查验”货物顺利放行，全程没有收发货人及其代理人到场，仅有 1 名运营场所负责人在场协助查验并在查验报告上签字确认，随后货物顺利放行。这是海关总署“疫情防控期间收发货人免于到场信息交互平台”上线推广后在宁夏的首票查验货物，这标志着“免陪同查验”功能应用成功。

7 月 21 日~24 日

宁夏回族自治区口岸办联合银川海关、银川河东机场海关、兴庆海关、银川市商务局以及中国建设银行宁夏分行、中国人民财产股份有限公司宁夏分公司等单位赴银川隆基硅材料、共享智能装备、宁夏银和半导体科技、舍弗勒、沃福百瑞等 10 余家大型外贸企业开展“送政策　送服务　问需求　保落实”活动，助力企业克服疫情不利影响。

7 月 24 日

由银川庆丰丰达公司从印度进口的 16 800 千克 N-乙基乙醇胺危险化学品经银川海关检验合格，正式投入使用，这是宁夏首次进口此类危险化学品货物。

8 月 7 日

银川海关为银川国际公铁物流港海关监管作业场所授牌。该场所正式投入运营后，以铁路为核心的航空、海运、公路等多式联运物流体系在银川正式建成，宁夏新增对外开放重要通道。

8 月 10 日

银川海关为自哈萨克斯坦进口的 20 吨丰年虫卵签发电子证明，这标志着银川海关“入境货物检验检疫证明”电子化工作正式实施。企业可自行查询下载电子化证明，无须当面领取纸质证明，极大地简化了企业的办事流程。

9 月 17 日

2020 中国（银川）跨境电子商务综合试验

区建设工作推进会暨跨境电商高质量发展论坛在宁夏银川市启幕。

9 月 21 日

石嘴山海关正式揭牌成立。

10 月 30 日

银川海关关区首票采用“提前申报+税款免担保+两步申报”的报关单顺利放行。此票报关单是小巨人机床有限公司申报进口的货物，从申报到放行用时仅 2 分 19 秒。

11 月 11 日

银川综合保税区跨境电商公共监管库顺利通过银川海关验收，这标志着中国（银川）跨境电子商务综合试验区在宁夏正式落地。

11 月 13 日

陆海新通道运营宁夏有限公司成立。

11 月 17 日

宁夏以及广西、贵州、陕西等西部十三个省区市和广东省湛江市（13+1）政府口岸主管部门在重庆共同签署《国际贸易“单一窗口”西部陆海新通道平台建设合作协议》。

首列银川—天津港—欧洲海运箱直达专列发车，来自伊品集团、中银铝业等企业的 30 组 55 柜货物运往天津新港北站。

12 月 9 日

银川海关空运转关“两步申报”模式首票报关单顺利放行。

12 月 23 日

银川海关所属中国电子口岸数据中心银川分中心与中国建设银行宁夏回族自治区分行在银川市举行“关银一 KEY 通”项目签约仪式。该项目的落地实施将实现海关、电子口岸端与建行网银端三方功能的有机结合，让进出口企业线上办事更省时省力。

（撰稿人：王华、王惠、关天龙）

2020 年宁夏回族自治区口岸流量统计表

口岸类型	口岸名称	货运量（万吨）				集装箱量（万标箱）				人员（万人次）				交通工具（辆、艘、架、列次）			
		出口	进口	合计	同比（%）	出口	进口	合计	同比（%）	出境	入境	合计	同比（%）	出境	入境	合计	同比（%）
空运口岸	银川航空口岸	0.002 2	0.010 0	0.012 2	−65					0.435 0	0.541 9	0.976 9	−93	31	31	62	−93
	分计																
合计																	
同比（%）																	

（宁夏回族自治区口岸办提供）

2020 年宁夏回族自治区口岸出入境主要数据表

<table>
<tr><th colspan="3">项 目</th><th>2020 年</th><th>2019 年</th><th>同比（%）</th></tr>
<tr><td rowspan="14">出入境人员
（人次）</td><td colspan="2">出入境人员总数</td><td>9 769</td><td>139 515</td><td>-92.99</td></tr>
<tr><td colspan="2">入境人员</td><td>5 419</td><td>68 750</td><td>-92.12</td></tr>
<tr><td colspan="2">出境人员</td><td>4 350</td><td>70 765</td><td>-93.85</td></tr>
<tr><td colspan="2">出入境旅客</td><td>9 011</td><td>130 389</td><td>-93.09</td></tr>
<tr><td colspan="2">出入境员工</td><td>758</td><td>9 126</td><td>-91.69</td></tr>
<tr><td rowspan="5">中国公民</td><td>小计</td><td>9 247</td><td>136 844</td><td>-93.32</td></tr>
<tr><td>内地居民（因公）</td><td>568</td><td>6 668</td><td>-91.48</td></tr>
<tr><td>内地居民（因私）</td><td>7 856</td><td>83 921</td><td>-90.64</td></tr>
<tr><td>港澳居民</td><td>154</td><td>22 973</td><td>-99.33</td></tr>
<tr><td>台湾同胞</td><td>669</td><td>23 282</td><td>-97.13</td></tr>
<tr><td colspan="2">外籍人员</td><td>522</td><td>2 671</td><td>-80.46</td></tr>
<tr><td colspan="2">从海港出入境人数</td><td></td><td></td><td></td></tr>
<tr><td colspan="2">从陆港出入境人数</td><td></td><td></td><td></td></tr>
<tr><td colspan="2">从空港出入境人数</td><td>9 769</td><td>139 515</td><td>-92.99</td></tr>
<tr><td rowspan="5">交通运输工具
（辆、艘、架、列次）</td><td colspan="2">总计</td><td>62</td><td>844</td><td>-92.65</td></tr>
<tr><td colspan="2">船舶</td><td></td><td></td><td></td></tr>
<tr><td colspan="2">飞机</td><td>62</td><td>844</td><td>-92.65</td></tr>
<tr><td colspan="2">火车</td><td></td><td></td><td></td></tr>
<tr><td colspan="2">机动车辆</td><td></td><td></td><td></td></tr>
</table>

（宁夏出入境边检总站提供）

2020 年银川海关主要数据统计表

项目		2020 年	2019 年	同比（%）
进出口货运量（万吨）	合计	34.09	257.11	-86.74
	进口	28.12	251.08	-88.80
	出口	5.98	6.03	-0.82
进出口贸易总值（万美元）	合计	177 906.00	348 804.10	-49.00
	进口	52 747.20	132 803.40	-60.28
	其中：江、海运输	45 651.80	78 454.30	-40.81
	铁路运输	884.30	407.60	116.95
	汽车运输	89.00	350.40	-74.60
	航空运输	6 118.70	53 498.30	-88.56
	邮件运输	0.60	0.30	100.00
	其他运输	2.80	92.50	-96.97
	出口	125 158.70	216 000.80	-42.06
	其中：江、海运输	110 740.50	154 289.00	-28.23
	铁路运输	1 811.10	1 334.40	35.72
	汽车运输	1 344.50	2 283.60	-41.12
	航空运输	11 231.50	58 079.50	-80.66
	邮件运输	31.10	14.30	117.48
	其他运输	0.00	0.00	—
税收（万元）	两税合计	37 821.85	31 436.42	20.31
	关税入库	4 880.51	6 368.59	-23.37
	进口环节税入库	32 941.34	25 067.83	31.41

（银川海关提供）

口岸数量及分布

截至2020年年底，新疆维吾尔自治区（以下简称新疆）共有经国务院批准的对外开放口岸19个。其中，空运口岸3个，分别是乌鲁木齐空运口岸（乌鲁木齐地窝堡国际机场）、喀什空运口岸（喀什国际机场）和伊宁空运口岸（伊宁国际机场）；陆路（公路、铁路）口岸16个。陆路口岸中，中蒙（蒙古国）边境口岸4个，分别是老爷庙、乌拉斯台、塔克什肯和红山嘴公路口岸；中哈（哈萨克斯坦）边境口岸8个，分别是霍尔果斯、吉木乃、巴克图、都拉塔、阿黑土别克、木扎尔特公路口岸，以及霍尔果斯和阿拉山口铁路口岸；中吉（吉尔吉斯斯坦）边境口岸2个，分别是吐尔尕特和伊尔克什坦公路口岸；中巴（巴基斯坦）边境口岸1个，即红其拉甫公路口岸；中塔（塔吉克斯坦）边境口岸1个，即卡拉苏公路口岸。目前，阿黑土别克和木扎尔特陆路（公路）口岸未开通使用；伊宁空运口岸于2016年8月3日获国务院批准对外开放，正在建设中未正式对外开放。

口岸运行数据

2020年，新疆口岸进出口货运量5 408.65万吨，同比下降10.4%。其中，进口5 090.94万吨，同比下降7.7%；出口317.71万吨，同比下降38.8%。（乌鲁木齐海关提供上述数据，以申报地作为统计口径）进出口贸易额338.79亿美元，同比下降29.36%。其中，进口169.33亿美元，同比下降22.54%；出口169.46亿美元，同比下降35.08%。出入境人员198 748人次，同比下降85.89%。其中，入境97 377人次，同比下降85.88%；出境101 371人次，同比下降85.91%；出入境旅客75 422人次，同比下降92.17%；出入境员工123 326人次，同比下降72.29%。出入境交通工具130 045辆（列、架）次，同比下降62.37%。其中，机动车辆99 402辆次，同比下降68.49%；火车29 368列次，同比增长25.84%；飞机1 275架次，同比下降81.44%。（新疆出入境边检总站提供上述数据）

口岸综合管理

【筑牢疫情防线，坚决守好国门】 按照国务院联防联控工作机制的部署要求，新疆各级口岸工作部门毫不放松做好“外防输入”工作，会同驻口岸海关、边检、铁路等单位协同配合，完善口岸防疫工作机制，加强口岸分类运行管理，严格落实属地管理责任，结合口岸工作实际制订工作方案和管理制度，全面落实各项疫情防控措施，筑牢疫情防线，坚决守好国门。

【服务外交大局，保障货运畅通】 新疆各级口岸工作部门坚持服务国家总体外交大局、严防输入性疫情风险的原则，在疫情防控和保障货运通关工作中始终站在一线，扎实做好“六稳”工作，全面落实“六保”任务，统筹做好疫情防控和货运通关工作，保障口岸安全、跨境货运通关顺畅。一是有序恢复口岸货运通关。在中哈阿拉山口（铁路、公路）、中哈霍尔果斯（铁路、公路）口岸、乌鲁木齐航空口岸持续保障货运通关的基础上，有序恢复中吉伊尔克什坦、中塔卡拉苏、中蒙塔克什肯、中蒙老爷庙、中吉吐尔尕特、中哈巴克图公路口岸货运通关，中巴红其拉甫公路口岸3次临时通关过货。二是发挥铁路口岸货运优势。中哈阿拉山口、霍尔果斯铁路口岸主动吸纳公路口岸出境的大宗物资转为铁路运输，挖掘回程货源，增加车次和运量，对稳定新疆口岸货运做出巨大贡献。2020年，中哈铁路口岸进出口货运量2 162万吨，同比增长23.2%。其中，进口货量1 396.9万吨，同比增长29.8%；出口765.1万吨，同比增长12.7%。2020年，经新疆铁路口岸进出的中欧中亚班列突破1万列。三是创新通关模式。中吉伊尔克什坦公路口岸创新实施“甩挂”通关模式，中塔卡拉苏公路口岸创新实施“吊装”通关模式，中哈霍尔果斯公路口岸创新实施“倒短+甩挂”“界桥交接”通关模式，中哈巴克图公路口岸创新实施“中方平板甩挂”通关模式，全区各口岸持续优化通关流程，创新实施多种通关作业模式，有力提升公路口岸货运通关能力。四是延长通关时间。自 2020 年 12 月 4 日至 2021 年 3 月 31 日伊尔克什坦公路口岸增加周六周日通关，自 2020 年 12 月至 2021 年全年塔克什肯公路口岸增加周六周日通关。

【强化口岸协调管理，提升口岸服务保障水平】 一是加强信息沟通汇报，争取理解与支持。加强同周边国家和地区疫情防控沟通协调，做好与国家相关部委、中国驻外使领馆、周边国家驻华使领馆及相关部门的信息交流沟通，加强沟通协作，争取理解与支持，并多次得到外交部、国家口岸管理办公室、驻外使馆及相关企业的肯定与感谢。二是保障周边国家急需物资出境。疫情期间，口岸一线干部职工克服海拔高、高寒缺氧、体力消耗大、身着防护服行动不便等诸多困难，坚守在边境口岸一线，及时协调处理驻外使馆、周边国家驻华使馆及相关部委涉及重点央企、重点项目物资和设备出境。三是及时掌握口岸现场情况，做到口岸情况底数清。2020 年，新疆维吾尔自治区口岸办陪同国家卫健委工作组、自治区分管领导，联合自治区相关单位多次赴全区重点口岸国门前沿调研疫情防控和货运通关工作，及时掌握全区口岸相关情况。四是坚持日报制度，监测运行动态。新疆各级口岸工作部门会同海关、边检、民航、铁路等相关单位克服诸多困难，每日监测口岸运行状态及货运通关情况，及时发现异常情况，及时进行针对性工作指导，及时上报国家相关部委和自治区领导，为国家制定“外防输入”政策措施以及有效应对外方诉求提供决策参考，为自治区应对口岸突发情况，进行科学决策提供基础数据支撑。五是完善口岸防疫和基础设施建设。新疆各口岸所在地政府加大防疫设施和基础设施的投入，在口岸新建和升级改造消杀和防疫设施，对口岸道路、场地、设备等进行建设和升级改造，新建铁路口岸集装箱换装线和新增铁路到发线。六是帮助企业解决诉求。为外贸企业申报免除查验没有问题外贸企业吊装等费用 1 000 多万元，增强企业获得感。

【加强双边联防联控，深化国际交流合作】 及时建立双边联防联控机制，延伸疫情防控链条。牵头建立双边联防联控合作机制，推动外方强化防疫措施，形成口岸防控闭合管理方案，有力拓展防疫空间，切实提升口岸防控效能。2020 年 7 月 30 日、2020 年 8 月 26 日，新疆维吾尔自治区人民政府分别与哈萨克斯坦财政部国家收入委员会、塔吉克斯坦卫生与社会保障部组织召开中哈、中塔边境口岸疫情联防联控机制视频会议，推动双方协调一致防疫保通关。充分利用中蒙、中哈等常态化口岸国际合作机制，与对方加强日常信函往来和工作交流沟通，在防控口岸疫情、提升过货能力、保障口岸畅通、表达双方关切等方面互动频繁，联系更加紧密。

【中国（新疆）国际贸易单一窗口运行稳定】 截至 2020 年年底，中国（新疆）国际贸易单一窗口注册用户累计达 3 986 人次。2020 年，货物申报 329 685 票；舱单申报 1 030 290 票（其中空运 3 966 票、公路 1 026 324）；运输工具 30 082 票（其中空运 12 888 票、公路 17 194 票）；原产地证申领 5 070 票；企业资质办理 2 161 票；税费支付 64 403 票，累计税费支付金额 5 428 439 981 元；跨境电商进口 3 724 票，跨境电商出口 45 078 665 票；加工贸易类业务累计 91 4954 票。2020 年，各业务系统申报量总计 45 517 799 票。

口岸监管与服务

【新疆出入境边检总站发挥职能优势，保障疫情防控下货运畅通】 一是发挥边检机关涉外优势，依托三级代表机制，加强与毗邻国家移民机关、边防管理部门交流合作。动态掌握毗邻国家疫情发展态势及通关限制措施，2020 年开展会谈会晤 1 113 次，协助地方党委政府共同维护良好的口岸通关秩序。二是针对不同阶段口岸疫情防控新形势、新情况，在公路口岸实行非接触式查验模式，保障了“甩挂、吊装、倒装、界桥交接”货运通关模式的高效顺畅运行；在中哈霍尔果斯、阿拉山口铁路口岸对中哈双方铁路员工实行“集中备案报备管理”、非接触办理出入境手续，实现了全程“零接触”，保障了中欧班列始终安全畅通。

【乌鲁木齐海关多举措助力中欧班列稳步发展】 一是充分释放中欧班列运能，从监管链条优化升级入手，积极探索口岸新型物流模式，进一步理顺监管链条，深化通关无纸化改革，形成班列随到、随验、随放、24小时预约通关的高效畅通运输机制。二是严格落实落细支持中欧班列发展的具体措施，全面推广便捷通关措施，允许企业自主选择通关模式，设立中欧班列业务办理专窗。三是着力提高监管信息化智能化水平，发挥非侵入式监管查验设备使用效能，依托“新舱单”系统，让企业“前台跑腿”转变为数据“后台跑路”，同步加强与铁路、属地海关之间的信息互换，进一步精简作业环节，最大限度地压缩通关时间。

【乌鲁木齐海关积极探索通关运输模式，支持地方经济发展】 一是将“TIR运输和中欧班列资源整合”，发展“9610电商+TIR”“保税物流+TIR”运输模式，通过拓展利用TIR业务参与中欧班列、跨境电商运输等，进一步打通冷链、跨商货物运输瓶颈，推动形成覆盖全疆、连接欧亚的双向通关网络，提升新疆在国际供应链的组织服务水平，推进国际商贸物流发展，吸引产业集聚落地，更好地建设“陆海内外联动、东西双向互济”丝绸之路经济带核心区。2020年，新疆进出境TIR运输892票。二是发挥新疆“东联西出”国际物流通关优势，把中欧班列邮运跨境电商、集拼集运、货运包机、TIR、开通临时邮路等新业务、新业态统筹起来，并在口岸叠加甩挂业务，充实完善零售一般出口涉外运输方式，助推疫情期间跨境电商在新疆强劲发展。2020年，累计监管跨境电商零售一般出口清单4 015.81万件，同比增长50.55倍。

开放口岸

【乌鲁木齐空运口岸（乌鲁木齐地窝堡国际机场）】 乌鲁木齐地窝堡国际机场位于新疆首府乌鲁木齐市郊地窝堡，机场距市区16.8千米，飞行区等级为4E。乌鲁木齐地窝堡国际机场始建于1939年，从1950年至今经历数次扩建和续建。1970年7月经国务院批准机场扩建，1973年建成并对外开放。乌鲁木齐地窝堡国际机场已开通国际（地区）客运航线33条、货运航线7条。2020年，乌鲁木齐地窝堡国际机场运营国际（地区）客运航线22条，较2019年减少11条；货运航线3条，较2019年减少4条。

2020年，乌鲁木齐空运口岸进出口货运量1.22万吨，同比增长26.3%，其中进口0.05万吨、出口1.17万吨。进出口贸易额29.6亿元，同比减少48.8%，其中进口0.4亿元、出口29.2亿元。出入境人员60 714人次，同比下降91.98%，其中入境29 351人次、出境31 363人次，出入境旅客52 127人次、出入境员工8 587人次。出入境交通工具889架次，同比减少86.48%。

【喀什空运口岸（喀什国际机场）】 喀什国际机场位于新疆喀什地区喀什市北郊，机场距市中心10千米，飞行区等级为4E。1993年4月23日，国务院批准喀什机场口岸对外开放；2004年4月，喀什机场临时对外开放；2005年12月16日，喀什航空口岸正式对外开放。2013年，国务院批准同意在喀什机场开办口岸签证业务；2016年9月19日，正式开办签证业务。2019年11月13日，开通喀什至卡拉奇货运包机。喀什国际机场开通国际航线1条，每周三执飞一个往返航班。受新冠肺炎疫情影响，2020年2月起未开关。

2020年，喀什空运口岸出入境人员4 263人次，同比减少55.04%，其中：入境2 421人次、出境1 842人次，出入境旅客3 341人次、出入境员工922人次。出入境交通工具85架次，同比减少57.29%。

【伊宁空运口岸（伊宁机场）】 伊宁机场位于新疆伊宁市，机场距伊宁市5千米。伊宁机场始建于1936年，机场站坪总面积89 824平方米，跑道长2 400米，消防等级为6级，可停放4架D类和10架C类飞机。2016年8月3日，伊宁机场经国务院批准对外开放。2020年12月29日，伊宁机场改扩建项目通过民航行业验收，待通过国家对外开放验收后正式对外开放。

【老爷庙陆路（公路）口岸】 老爷庙公路口岸位于新疆哈密市巴里坤哈萨克自治县境内，地处中蒙边界354号界标附近，与蒙古国戈壁阿尔泰省毗邻。口岸距巴里坤县城172千米，距哈密市308千米，距乌鲁木齐市773千米；距蒙古国布尔嘎斯台口岸57千米，距布格特县280千米，距戈壁阿尔泰省阿尔泰市484千米。1991年6月24日，中蒙两国政府达成协议同意开放老爷庙公路口岸；1991年12月，老爷庙口岸经国务院批准对外开放，为双边季节性开放口岸；1992年3月，口岸正式对外开放。2012年2月2日，新疆维吾尔自治区人民政府批复老爷庙公路口岸向北迁移14千米，新查验区于2015年8月建成启用。2014年8月10日，国务院批复同意扩大开放为国际性常年开放口岸。2020年，协议按双边性季节开放口岸执行，2020年11月由双边性季节开放扩大为双边性常年开放口岸。口岸开放时间为3月1日~11月30日，受新冠肺炎疫情影响，2020年6月10日恢复货运通关，开放时间为6月10日~11月30日，工作时间为10：00~19：00。口岸进口货物主要为铁矿砂。

2020年，老爷庙公路口岸进出口货运量9.8万吨（均为进口），同比减少91.7%；进出口贸易额0.5亿元，同比减少91.3%；出入境人员2 308人次（均为出入境员工），同比减少91.63%，其中入境1 154人次、出境1 154人次。出入境交通工具2 308辆次，同比减少91.48%。

【乌拉斯台陆路（公路）口岸】 乌拉斯台公路口岸位于新疆昌吉回族自治州奇台县北塔山地区，地处中蒙边界163号界标附近，与蒙古国科布多省布尔干县毗邻。口岸距奇台县城248千米，距乌鲁木齐市446千米，距昌吉市485千米；距蒙方北塔格口岸6.5千米，距布尔根县140千米，距科布多省550千米。1991年6月24日，中蒙两国政府达成协议同意开放乌拉斯台口岸；1991年12月，乌拉斯台口岸经国务院批准对外开放，为双边季节性开放口岸。1995年，确定乌拉斯台口岸开放时间为每年3月、6月、9月及12月1日至20日。2004年9月起，开关次数由4次调整为3次，开关45天，口岸开放时间为每年5月、7月及9月16日至30日，工作时间为10：00~19：00。受新冠肺炎疫情影响，2020年未恢复货运通关。

【塔克什肯陆路（公路）口岸】 塔克什肯公路口岸位于新疆阿勒泰地区青河县境内，地处中蒙边界124号界标附近，与蒙古国科布多省布尔干县毗邻。口岸距中蒙边界线15.5千米，距青河县90千米，距阿勒泰市380千米，距乌鲁木齐市510千米；距蒙古国布尔干口岸25千米，距布尔干县65千米，距科布多省265千米。1989年7月20日，塔克什肯口岸经国务院批准对外开放，属双边季节性开放口岸；2011年1月，扩大为国际性常年开放口岸。2019年，塔克什肯口岸通过采取入境车辆归并申报、出境车辆提前审批、人车同步查验、国际联运班车人证同步检查等措施，入境车辆由过去日均80辆左右提高到170辆左右。口岸进口货物主要为焦煤和铁矿石，出口货物主要为建材、机电、日用百货等。口岸开放时间为每周5天，工作时间为10：00~19：00。受新冠肺炎疫情影响，2020年2月1日起蒙古国采取限制旅客通行措施，2月11日起蒙古国采取限制货物通关措施。2020年5月28日，塔克什肯公路口岸恢复货运通关，客运通道临时关闭。2020年6月22日起，塔克什肯公路口岸实行闭合管控甩挂运输模式。2020年12月，临时增加周六、周日开关。

2020年，塔克什肯口岸进出口货运量83.7万吨，同比减少36.49%，其中进口83.51万吨、出口0.19万吨；进出口贸易额5.1亿元，同比减少43.4%，其中进口4.7亿元、出口0.4亿元；出入境人员9 262人次，同比减少86.86%，其中入境4 639人次、出境4 623人次，出入境旅客1 545人次，出入境员工7 717人次；出入境交通工具9 413辆次，同比减少77.98%。

【红山嘴陆路（公路）口岸】 红山嘴公路口岸位于新疆阿勒泰地区福海县境内，地处中蒙边界17号界标附近，与蒙古国巴彦乌列盖省萨格赛县毗邻。口岸距中蒙边界线2千米，距福海县240千米，距阿勒泰市192千米，距乌鲁木齐市896千米；距蒙方大洋口岸12千米，距萨格赛县160千米，距巴彦乌列盖省乌列盖市180千米。1991年6月24日，中蒙两国政府达成协议同意开放红山嘴公路口岸；1992年2月，红山嘴口岸经国务院批准对外开放，为双边季节性开放口岸；1992年7月口岸正式开放，每年开关50天；2014年，红山嘴口岸延长开关时间至每年90天。口岸开放时间为6月21日~9月21日，工作时间为11：00~18：00。受新冠肺炎疫情影响，2020年未恢复货运通关。

【吉木乃陆路（公路）口岸】 吉木乃公路口岸位于新疆阿勒泰地区吉木乃县境内，与哈萨克斯坦东哈州毗邻。口岸距吉木乃县24千米，距阿勒泰市198千米，距乌鲁木齐市650千米；距哈方迈哈布奇盖口岸0.5千米，距斋桑县60千米，距东哈州首府乌斯季缅约500千米。1991年，中哈两国政府达成协议同意吉木乃公路口岸临时过货；1992年8月，中哈两国政府签署协定同意吉木乃口岸对外开放；1994年3月，吉木乃口岸经国务院批准对外开放，为双边常年开放口岸；1997年11月，口岸正式对外开放；2002年3月1日，吉木乃口岸扩大为国际性开放口岸。2013年6月，外交部批准吉木乃口岸对哈萨克斯坦公民进入边民互市贸易区实行“三日免签”政策，2014年8月12日“三日免签”正式实施。2019年4月29日，进口肉类指定监管场地通过国家验收。口岸进口货物主要为天然气、冻鱼、葵花籽等，出口货物主要为机械设备、汽车配件、鞋靴、日用百货等。口岸每周一至周六通关6天，工作时间为10：00~14：00及15：00~19：00。受新冠肺炎疫情影响，2020年4月4日起哈萨克斯坦单方面临时关闭口岸。

2020年，吉木乃口岸进出口货运量19.2万吨，同比减少46.8%，其中进口19.1万吨、出口0.1万吨；进出口贸易额2.4亿元，同比减少83.6%，其中进口2.1亿元、出口0.3亿元；出入境人员1 870人次，同比减少92%，其中入境895人次、出境975人次，出入境旅客1 619人次、出入境员工251人次；出入境交通工具256辆次，同比减少94.99%。

【巴克图陆路（公路）口岸】 巴克图公路口岸位于新疆伊犁哈萨克自治州塔城地区境内，与哈萨克斯坦东哈州毗邻。口岸距塔城市17千米，距乌鲁木齐市621千米；距哈方巴克特口岸800米，距马坎赤市60千米，距东哈州首府乌斯季缅市800千米。巴克图口岸已有200年通商历史，1962年以后口岸关闭。1990年10月，巴克图口岸恢复开放为临时过货口岸。1992年8月，中哈两国政府达成协议同意巴克图口岸对外开放；1994年3月，巴克图口岸经国务院批准对外开放，为国际性常年开放口岸；1995年7月1日，口岸正式对外开放。2010年12月28日，外交部同意巴克图边民互市贸易区对哈公民由“一日免签”延长至“三日免签”。2013年12月23日，中哈巴克图—巴克特口岸农产品快速通关“绿色通道”开通。2019年4月29日，进口肉类指定监管场地通过国家验收。2019年6月18日巴克图边民互市贸易区投入运营。2020年12月24日，口岸实施中方平板甩挂通关模式。口岸出口货物主要为鲜果蔬菜、服装百货、鞋靴及其附件等，进口货物主要为葵花籽、红花籽等。口岸每周一至周六通关6天，工作时间为10：00~14：00及15：00~19：00。受新冠肺炎疫情影响，2020年4月4日起哈萨克斯坦单方面临时关闭口岸。2020年11月5日，口岸恢复货运通关。

2020年，巴克图口岸进出口货运量4.33万吨，同比减少78.2%，其中进口0.88万吨、出口 3.45 万吨；进出口贸易额 7.6 亿元，同比减少 81.5%，其中进口 1 亿元、出口 6.6 亿元；出入境人员 3 556 人次，同比减少 92.6%，其中入境 1 754 人次、出境 1 802 人次，出入境旅客 2 041 人次、出入境员工 1 515 人次；出入境交通工具 2 407 辆次，同比减少 86.57%。

【阿拉山口陆路（公路、铁路）口岸】 阿拉山口口岸位于新疆博尔塔拉蒙古自治州阿拉山口市境内，与哈萨克斯坦阿拉木图州毗邻。口岸距中哈两国边防会晤点（即铁路接轨点）4.4 千米，距博乐市 79 千米，铁路、公路分别距乌鲁木齐市 477 千米、500 千米；距哈方多斯特克口岸 12 千米，距阿拉木图 580 千米。1990 年 6 月 27 日，阿拉山口口岸经国务院批准对外开放；1992 年 12 月 1 日，铁路口岸正式开放；1995 年 12 月，公路口岸正式对外开放。2006 年 7 月，中哈原油管道一期工程建成运营，口岸集铁路、公路、管道三种运输方式于一体。铁路口岸年换装能力 20 万标箱，设有准轨场 2 个 41 条站线，宽轨场 1 个 25 条站线，20 组换装线。2011 年 5 月，国务院批准设立阿拉山口综合保税区；2014 年 6 月，综合保税区正式封关运营。2012 年 12 月，国务院批准设立阿拉山口市。2019 年 3 月，在综合保税区启动通关及铁路口岸 24 小时查验、检疫、抽样模式，平均每车货物压缩通关时间近 8 小时。2019 年 4 月 29 日，进口肉类指定监管场地通过国家验收；同年 12 月 19 日，进口冰鲜水果指定监管场地通过国家验收。2019 年，进出境的中欧、中亚班列 3 564 列，同比增长 19.5%，经阿拉山口开行的中欧班列运行线由 2018 年的 10 条增加到了 14 条，开行频次由日均 6 列增加到了 9 列。2020 年，阿拉山口口岸通行中欧班列 5 027 列，占全国开行总数的 40.5%，通行量位列全国第一。2020 年，阿拉山口口岸出口跨境电商包裹 5045 万件，位居全国口岸跨境电商增速第一，业务量排名全国第四。出口货物主要为集装箱、钢材及有色金属、化工产品、饮食品及烟草、矿物性建材、工业机械等，进口货物主要为管输原油、金属矿石、集装箱、钢材及有色金属、焦炭、粮食、农副等。公路口岸每周一至周六通关 6 天，工作时间为 10：00～14：00 及 15：00～19：00。铁路口岸常年 24 小时通关。

2020 年，阿拉山口口岸进出口货运量 2 571.5 万吨，同比增长 5.5%。其中，进口货运量 2 219.4 万吨，同比增长 5.3%；出口货运量 352.1 万吨，同比增长 7.3%。进出口贸易额 2 508.6 亿元，同比增长 24.8%，其中进口 1 042.5 亿元、出口 1 466.1 亿元。公路口岸进出口货运量 15.3 万吨，同比减少 4.97%，其中进口 1.8 万吨、出口 13.5 万吨。铁路口岸进出口货运量 1 500.2 万吨，同比增长 12.4%，其中进口 1 161.6 万吨、出口 338.6 万吨。

2020 年，阿拉山口口岸出入境人员 46 701 人次，同比减少 25.58%。其中入境 23 324 人次、出境 23 377 人次；出入境旅客 1 449 人次、出入境员工 45 252 人次。出入境交通工具 36 041 辆（列）次，其中火车 16 718 列次、机动车辆 19 323 辆次。

【霍尔果斯陆路（公路）口岸】 霍尔果斯公路口岸位于新疆伊犁哈萨克自治州霍尔果斯市境内，与哈萨克斯坦阿拉木图州毗邻。口岸距伊宁市 90 千米，距乌鲁木齐市 670 千米；距哈方阿拉木图 378 千米。自 1881 年起，霍尔果斯口岸是中俄两国间通商口岸；1962 年，由于中苏关系紧张，口岸除保持通邮外，停止进出口贸易。1983 年 11 月 16 日，霍尔果斯口岸经国务院批准恢复开放；1986 年，开通地方和边境贸易；1992 年 8 月，中哈两国政府同意霍尔果斯口岸扩大为国际性开放口岸。2014 年 6 月 26 日，国务院同意设立霍尔果斯市。2006 年 11 月，中哈两国共同提出建设“双西公路”。2012 年 5 月 15 日，在中哈两国“双西公路”对接点开工建设霍尔果斯南部联检区（第六代公路口岸）。2018 年 9 月 27 日，南部联检区与哈方努尔饶尔口岸同步开通启用。2006 年 3 月，经国务院批准建立首个跨境中哈霍尔果斯国际边境合作中心。2012 年 4 月 18 日，面积 5.28 平方千米的中哈霍尔果斯国际边境合作中心正式运营。2019 年 4 月 29 日，进口肉类指定监管场地通过国家验收。2019 年 9 月 28 日，中哈霍尔果斯—努尔饶尔口岸农副产品快速通关“绿色通道”开通。口岸出口货物主要为机电产品、纺织服装、箱包、果蔬等，进口货物主要为天然气、羊毛、甘草、蓝湿牛皮等。口岸每周 7 天 12 小时工作制。

2020 年，霍尔果斯公路口岸进出口货物量 51.77 万吨，同比减少 60.03%，其中进口 3.35 万吨、出口 48.42 万吨；进出口贸易额 283.96 亿元，同比减少 3.17%，其中进口 6.65 亿元、出口 277.31 亿元。

2020 年，霍尔果斯（铁路、公路）口岸出入境人员 59 243 人（次），同比减少 73.6%，其中入境 29 048 人次、出境 30 195 人次，出入境旅客 13 513 人次、出入境员工 45 730 人次；出入境交通工具 69 467 辆（列）次，其中火车 12 650 列次、机动车辆 56 817 辆次。

【霍尔果斯陆路（铁路）口岸】 霍尔果斯铁路口岸位于新疆伊犁哈萨克自治州霍尔果斯市境内，与哈萨克斯坦阿拉木图州毗邻。2011 年 12 月 2 日，中哈霍尔果斯—阿腾科里口岸站接轨；2012 年 12 月 22 日，口岸临时开放；2014 年 2 月 21 日，霍尔果斯铁路口岸经国务院批准对外开放，为国际性常年开放口岸；2016 年 6 月 7 日，口岸正式对外开放。2017 年 6 月 8 日，乌鲁木齐—霍尔果斯—阿斯塔纳国际旅客换乘列车首趟开行。2017 年 10 月 1 日，乌鲁木齐—霍尔果斯—阿拉木图换轮班列首趟开行。2020 年，增设 1 对换装线，增设准轨 7 条到发线，增设宽轨 3 条到发线。2020 年 6 月 28 日，中哈双方开展“互信互认、互贴封条”零接触通关模式。2020 年，进出境中欧（中亚）班列达 4 652 列，累计开行超 10 000 列。口岸出口货物主要为工程机械、食品、百货、建材等，进口货物主要为返程空集装箱、尿素、红花籽、铁矿石、棉花、红酒、小麦等。口岸全年 24 小时通关。

2020 年，霍尔果斯铁路口岸进出口货物量 661.8 万吨，同比增长 57.41%，其中进口 235.3 万吨、出口 426.5 万吨；进出口贸易额 1 589.39 亿元，同比增长 82.9%，其中进口 228.65 亿元、出口 1 360.74 亿元。

【都拉塔陆路（公路）口岸】 都拉塔公路口岸位于新疆伊犁哈萨克自治州察布查尔县境内，与哈萨克斯坦阿拉木图州春贾区毗邻。口岸距伊宁市 70 千米；距哈方科里扎特口岸 3.8 千米，距阿拉木图 247 千米。1992 年 8 月，中哈两国政府签署协议同意都拉塔口岸为双边常年开放口岸；1994 年 3 月，经国务院批准对外开放；1998 年 7 月，获批建立边民互市。2006 年 2 月 15 日，口岸正式对外开放；2016 年 5 月，经国务院批准扩大为国际性开放口岸；2019 年 5 月 15 日，正式扩大为国际性开放口岸。口岸出口货物主要为百货、鞋帽、服装、家电、玩具、皮革制品等，进口货物主要为饼干和植物油等。口岸每周一至周六通关 6 天，工作时间为 10：00～14：00 及 15：00～19：00。受新冠肺炎疫情影响，2020 年 4 月 4 日起哈萨克斯坦单方面临时关闭口岸。

2020 年，都拉塔公路口岸出口货运量 2.2 万吨（均为出口），同比减少 94%；进出口贸易额 19.9 亿元，同比减少 92%；出入境人员 2 471 人次，同比减少 92.76%，其中入境人员 1 135 人次、出境人员 1 336 人次，出入境旅客 647 人次、出入境员工 1 824 人次；出入境交通工具 1 824 辆次，同比减少 93.51%。

【木扎尔特陆路（公路）口岸】 木扎尔特公路口岸位于新疆伊犁哈萨克自治州昭苏县西南 109 千米处，与哈萨克斯坦阿拉木图州纳林果勒区毗邻。口岸距伊宁市 296 千米；距哈方纳林果勒口岸 4 千米，距阿拉木图 320 千米。1953 年，口岸曾作为中苏两国临时过货点，一度是边民易货贸易进出口货物集散地。1962 年，口岸关闭。1992 年 8 月，中哈两国政府签订协议同意开放木扎尔特口岸为双边常年开放口岸。1994 年 3 月，木扎尔特口岸经国务院批准对外开放。截至 2020 年年底，该口岸尚未开通。

【阿黑土别克陆路（公路）口岸】 阿黑土别克公路口岸位于新疆阿勒泰地区哈巴河县西

部，与哈萨克斯坦东哈州毗邻。口岸距哈巴河县 117 千米，距阿勒泰市 284 千米，距乌鲁木齐市 829 千米。1992 年 8 月，中哈两国政府签订协议同意开放阿黑土别克口岸为双边常年开放口岸。1994 年 3 月，阿黑土别克口岸经国务院批准对外开放。截至 2020 年年底，该口岸尚未开通。

【吐尔尕特陆路（公路）口岸】 吐尔尕特公路口岸位于新疆克孜勒苏柯尔克孜自治州乌恰县境内，海拔 3 795 米，与吉尔吉斯斯坦纳伦州毗邻。早在汉代，吐尔尕特便是“丝绸之路”上的一个重要驿站，1881 年起正式与沙俄通商。中华人民共和国成立后，根据中苏两国签订的贸易协定和换货合同，1950 年 4 月正式对苏联开放，开展边境贸易，1969 年通商贸易停止，1983 年 12 月 23 日口岸重新恢复通关。1995 年 11 月，吐尔尕特口岸联检厅经国务院批准下迁至现址托帕，海拔 2 010 米。口岸距吐尔尕特前沿国境线 109 千米，距克州乌恰县及伊尔克什坦口岸 42 千米，距喀什市 57 千米；距吉尔吉斯斯坦首都比什凯克 620 多千米。口岸出口货物主要为百货、布匹、服装、鞋帽、机械设备、轮胎及电子商品、果蔬等，进口货物主要为干果、皮毛、蚕茧、甘草等。口岸为国际性常年开放口岸，口岸每周一至周五通关 5 天，工作时间为 10：00～14：00 及 16：00～19：30。受新冠肺炎疫情影响，2020 年 2 月 1 日吉尔吉斯斯坦单方面临时关闭口岸。2020 年 9 月 8 日，口岸恢复货运通关。

2020 年，吐尔尕特公路口岸进出口货运量 4.94 万吨，同比减少 89.2%，其中进口 0.04 万吨、出口 4.9 万吨；进出口贸易额 40.18 亿元，同比减少 86.8%，其中进口 0.08 亿元、出口 40.1 亿元；出入境人员 2 870 人次，同比减少 93.44%，其中入境人员 1 380 人次、出境人员 1 490 人次，出入境旅客 36 人次、出入境员工 2 834 人次；出入境交通工具 3 098 辆次，同比减少 92.29%。

【伊尔克什坦陆路（公路）口岸】 伊尔克什坦公路口岸位于新疆克孜勒苏柯尔克孜自治州乌恰县境内，与吉尔吉斯斯坦奥什州毗邻。口岸距阿图什市 250 千米，距吉方奥什州 210 千米。1996 年，中吉两国政府达成协议同意开放伊尔克什坦口岸。1997 年 7 月 21 日，口岸临时开放。1998 年 1 月 26 日，伊尔克什坦口岸经国务院批准对外开放，为国际性常年开放口岸。2002 年 5 月 20 日，口岸正式对外开放。2011 年 12 月 9 日，口岸联检厅下迁 146 千米至乌恰县。2011 年 9 月国务院出台《关于支持喀什、霍尔果斯经济开发区建设的若干意见》（国发〔2011〕33 号），2013 年 5 月国家发展改革委印发《喀什经济开发区总体发展规划》（发改地区〔2013〕914 号），批准喀什特殊经济开发区规划面积 50 平方千米，其中伊尔克什坦口岸园区 10 平方千米。2019 年 7 月 1 日，进境水果指定监管场地通过国家验收，主要进口吉国樱桃、甜瓜等。2019 年 10 月 18 日，边民互市贸易区正式运营。2020 年 4 月 15 日，伊尔克什坦口岸实施“甩挂”通关模式。出口货物主要为服装鞋帽、日用百货、纺织坯布、汽车及配件、机械设备、家用电器等，进口货物主要为干果、羊牛皮、矿石、煤炭等。口岸每周一至周五通关 5 天，工作时间为 10：00～14：00 及 16：00～19：30。受新冠肺炎疫情影响，2020 年 2 月 1 日吉尔吉斯斯坦单方面临时关闭口岸。2020 年 4 月 15 日，口岸恢复货运通关。

2020 年，伊尔克什坦公路口岸进出口货运量 19.9 万吨，同比减少 63.4%，其中进口 3.4 万吨、出口 16.5 万吨；进出口贸易额 136.8 亿元，同比减少 47.4%，其中进口 1 亿元、出口 135.8 亿元；出入境人员 2 604 人次，同比减少 93.08%，其中入境人员 1 256 人次、出境人员 1 348 人次，出入境旅客 268 人次、出入境员工 2 336 人次；出入境交通工具 2 860 辆次，同比减少 91.21%。

【红其拉甫陆路（公路）口岸】 红其拉甫公路口岸位于新疆喀什地区塔什库尔干塔吉克自治县境内，口岸海拔 4 500 米，与巴基斯坦北部地区吉尔吉特毗邻。口岸距塔什库尔干县城 130 千米，距喀什市 420 千米，距乌鲁木齐市 1 890 千米；距巴方苏斯特 125 千米，距吉尔吉特市

270千米，距首都伊斯兰堡870千米。1981年9月，中巴两国政府达成协议同意红其拉甫口岸为双边季节性开放口岸；1982年8月27日，口岸正式开放；1986年5月1日，口岸正式扩大为国际性开放口岸。由于红其拉甫口岸海拔较高，严重缺氧，气候恶劣，1993年口岸查验机构下迁至塔什库尔干县，新联检区于2011年10月建成启用。口岸以出口为主，货物主要为防疫物资、干果、纺织品、机械设备、小百货等。口岸开放时间为每年4月1日至11月30日，工作时间为11：00~19：00。受新冠肺炎疫情影响，2020年3次临时开关过货。

2020年，红其拉甫公路口岸进出口货运量0.2万吨，同比减少91.7%（均为出口）；进出口贸易额1.1亿元，同比减少98.2%；出入境人员190人次，同比减少99.37%，其中入境人员95人次、出境人员95人次，出入境旅客50人次、出入境员工140人次；出入境交通工具142辆次，同比减少98.15%。

【卡拉苏陆路（公路）口岸】 卡拉苏公路口岸位于新疆喀什地区塔什库尔干塔吉克自治县境内，海拔4 050米，与塔吉克斯坦戈尔诺—巴达赫尚自治州毗邻。口岸距塔什库尔干县城62千米，距喀什市225千米；距塔方穆尔加布市89千米，距首都杜尚别850千米。2004年5月25日，口岸临时对外开放；2007年9月12日，国务院批准卡拉苏口岸为国际性对外开放口岸；2011年12月29日，中塔两国政府签署协定，确定卡拉苏口岸为国际性常年开放口岸；2014年5月30日，口岸正式对外开放。由于受当地自然环境和天气影响，每年冬季开放的具体时间实行预约通关。2016年12月1日，口岸实行常年开放。出口货物主要为日用百货、商品车、水泥、机械设备等，出口货物主要为棉纱、蓝湿皮、铜锭、棉纱、水果等。口岸每周一至周五通关5天，工作时间为12：00~18：30。受新冠肺炎疫情影响，2020年2月4日塔吉克斯坦单方面临时关闭口岸。2020年4月30日，口岸恢复货运通关。

2020年，卡拉苏公路口岸进出口货运量7.53万吨，同比减少60.9%，其中进口0.03万吨、出口7.5万吨；进出口贸易额38.65亿元，同比减少45.7%，其中进口0.05亿元、出口38.6亿元；出入境人员1 038人次，同比减少93.41%，其中入境人员425人次、出境人员613人次，出入境旅客94人次、出入境员工944人次；出入境交通工具952辆次，同比减少92.44%。

2020年新疆维吾尔自治区口岸大事记

1月29日

哈萨克斯坦停运阿拉山口、霍尔果斯、都拉塔、吉木乃公路口岸客运班车。

2月1日

哈萨克斯坦停运巴克图公路口岸客运班车和阿拉山口、霍尔果斯铁路口岸客运列车。吉尔吉斯斯坦单方面临时关闭吐尔尕特、伊尔克什坦公路口岸。蒙古国布尔干口岸（中方：塔克什肯口岸）采取限制旅客通行措施。

2月4日

塔吉克斯坦单方面临时关闭卡拉苏公路口岸。

2月11日

蒙古国单方面停止塔克什肯公路口岸货运通关。

3月24日

全国首趟搭载出口防疫物资中欧班列从阿拉山口铁路口岸出境。

3月25日

全国首批铁路运输进境种苗经阿拉山口铁路口岸顺利入境。

4月4日

哈萨克斯坦单方面临时关闭都拉塔、巴克图和吉木乃公路口岸。

4月15日

伊尔克什坦公路口岸恢复货运通关，客运通道临时关闭。

4月30日

卡拉苏公路口岸恢复货运通关，客运通道临

时关闭。

5 月 28 日

塔克什肯公路口岸恢复货运通关，客运通道临时关闭。

6 月 10 日

老爷庙公路口岸恢复货运通关，客运通道临时关闭。

6 月 12 日

首趟整列进口牛肉抵达阿拉山口铁路口岸。

8 月 3 日~10 日

红其拉甫公路口岸临时开关。

9 月 8 日

吐尔尕特公路口岸恢复货运通关，客运通道临时关闭，采取“甩挂+倒装”通关方式，双方人员不接触。

新疆霍尔果斯经济开发区口岸管理局党组成员、副局长古丽巴哈尔·加勒木哈孜荣获全国抗击新冠肺炎疫情先进个人荣誉称号。

9 月 18 日~30 日

红其拉甫公路口岸临时开关。

9 月 20 日

新疆维吾尔自治区在霍尔果斯市召开边境口岸常态化疫情防控工作现场推进会。

10 月 19 日

阿拉山口危险品保税监管库举行试运营仪式。

11 月 5 日

巴克图公路口岸恢复货运通关，客运通道临时关闭，采用货车甩挂模式开展货物进出口业务。

11 月 11 日

乌鲁木齐地窝堡国际机场海关首次监管中国新疆至伦敦首货运航线。

11 月 20 日

喀什海关被评选为第六届全国文明单位。

11 月下旬

在塔克什肯公路口岸附近的布尔根河以南建设货运车辆专用资源路并投入使用。

12 月 15 日~25 日

红其拉甫公路口岸临时开关。

12 月 22 日

新疆霍尔果斯经济开发区口岸管理局荣获新疆维吾尔自治区抗击新冠肺炎疫情先进集体。

（撰稿人：张杨）

2020 年新疆维吾尔自治区口岸流量统计表

口岸类型		口岸名称	货运量（万吨）				集装箱量（万标箱）				人员（万人次）				交通工具（辆、艘、架、列次）			
			出口	进口	合计	同比（%）	出口	进口	合计	同比（%）	出境	入境	合计	同比（%）	出境	入境	合计	同比（%）
空运口岸		乌鲁木齐航空	1.17	0.05	1.22	26.30					3.136 3	2.935 1	6.071 4	-91.98			889	-86.48
		喀什航空									0.184 2	0.242 1	0.426 3	-55.04			85	-57.29
		分计	1.17	0.05	1.22	26.30					3.320 5	3.177 2	6.497 7	-91.53			974	-85.62
陆路口岸	公路口岸	老爷庙		9.80	9.80	-91.70					0.115 4	0.115 4	0.230 8	-91.63			2 308	-91.48
		乌拉斯台									0.023 5	0.012 0	0.035 5	859.46			3	-96.77
		塔克什肯	0.19	83.51	83.70	-36.49					0.462 3	0.463 9	0.926 2	-86.86			9 413	-77.98
		红山嘴																
		吉木乃	0.10	19.10	19.20	-46.80					0.097 5	0.089 5	0.187 0	-92.00			256	-94.99
		巴克图	3.45	0.88	4.33	-78.20					0.180 2	0.175 4	0.355 6	-92.60			2 407	-86.57
		阿拉山口	13.50	1.80	15.30	-4.97											19 323	30.18
		霍尔果斯	48.42	3.35	51.77	-60.03											56 817	-34.34
		都拉塔	2.20		2.20	-94.00					0.133 6	0.113 5	0.247 1	-92.76			1 824	-93.51
		吐尔尕特	4.90	0.04	4.94	-89.20					0.149 0	0.138 0	0.287 0	-93.44			3 098	-92.29
		伊尔克什坦	16.50	3.40	19.90	-63.40					0.134 8	0.125 6	0.260 4	-93.08			2 860	-91.21
		红其拉甫	0.20		0.20	-91.70					0.009 5	0.009 5	0.019 0	-99.37			142	-98.15
		卡拉苏	0.03	7.50	7.53	-60.90					0.061 3	0.042 5	0.103 8	-93.41			952	-92.44
		分计	89.49	129.38	218.87	-64.29											99 403	-68.48
	铁路口岸	阿拉山口	338.60	1 161.60	1 500.20	12.40											16 718	17.20
		霍尔果斯	426.50	235.30	661.80	57.41											12 650	39.44
		分计	765.10	1 396.90	2 162.00	23.20											29 368	25.84
合计			855.76	1 526.33	2 382.09												129 745	-62.36
同比（%）																		

（新疆维吾尔自治区口岸办提供）

2020 年新疆维吾尔自治区口岸出入境主要数据表

<table>
<tr><th colspan="3">项　目</th><th>2020 年</th><th>2019 年</th><th>同比（%）</th></tr>
<tr><td rowspan="14">出入境人员
（人次）</td><td colspan="2">出入境人员总数</td><td>198 748</td><td>1 408 696</td><td>-85.89</td></tr>
<tr><td colspan="2">入境人员</td><td>97 377</td><td>689 497</td><td>-85.88</td></tr>
<tr><td colspan="2">出境人员</td><td>101 371</td><td>719 199</td><td>-85.91</td></tr>
<tr><td colspan="2">出入境旅客</td><td>75 422</td><td>963 700</td><td>-92.17</td></tr>
<tr><td colspan="2">出入境员工</td><td>123 326</td><td>444 996</td><td>-72.29</td></tr>
<tr><td rowspan="5">中国公民</td><td>小计</td><td>95 542</td><td>732 758</td><td>-86.94</td></tr>
<tr><td>内地居民（因公）</td><td>47 025</td><td>161 225</td><td>-70.83</td></tr>
<tr><td>内地居民（因私）</td><td>48 367</td><td>546 699</td><td>-91.15</td></tr>
<tr><td>港澳居民</td><td>102</td><td>1 839</td><td>-94.45</td></tr>
<tr><td>台湾同胞</td><td>16</td><td>21 697</td><td>-99.93</td></tr>
<tr><td colspan="2">外籍人员</td><td>103 206</td><td>675 938</td><td>-84.01</td></tr>
<tr><td colspan="2">从海港出入境人数</td><td></td><td></td><td></td></tr>
<tr><td colspan="2">从陆港出入境人数</td><td>132 113</td><td>641 773</td><td>-79.41</td></tr>
<tr><td colspan="2">从空港出入境人数</td><td>66 635</td><td>766 923</td><td>-91.31</td></tr>
<tr><td rowspan="5">交通运输工具
（辆、艘、架、列次）</td><td colspan="2">总计</td><td>130 045</td><td>345 619</td><td>-62.37</td></tr>
<tr><td colspan="2">船舶</td><td></td><td></td><td></td></tr>
<tr><td colspan="2">飞机</td><td>1 275</td><td>6 871</td><td>-81.44</td></tr>
<tr><td colspan="2">火车</td><td>29 368</td><td>23 337</td><td>25.84</td></tr>
<tr><td colspan="2">机动车辆</td><td>99 402</td><td>315 411</td><td>-68.48</td></tr>
</table>

（新疆出入境边检总站提供）

2020年乌鲁木齐海关主要数据统计表

项　目		2020年	2019年	同比（%）
进出口货运量（万吨）	合计	5 408.65	6 036.50	-10.40
	进口	5 090.94	5 517.40	-7.73
	出口	317.71	519.10	-38.80
进出口贸易总值（万美元）	合计	3 387 854.00	4 794 621.35	-29.34
	进口	1 693 251.00	2 184 506.04	-22.49
	其中：江、海运输	10 362.30	3 008.70	244.41
	铁路运输	559 154.00	521 988.42	7.12
	汽车运输	25 188.40	46 413.12	-45.73
	航空运输	6 277.18	9 006.90	-30.31
	邮件运输	595.03	1 277.27	-53.41
	其他运输	1 091 675.00	1 602 811.63	-31.89
	出口	1 694 603.00	2 610 115.31	-35.08
	其中：江、海运输	14 541.30	303 72.20	-52.12
	铁路运输	741 302.00	466 925.71	58.76
	汽车运输	885 205.00	206 8042.70	-57.20
	航空运输	35 393.60	31 640.64	11.86
	邮件运输	8 750.04	12 635.25	-30.75
	其他运输	9 411.84	498.81	1 786.86
税收（万元）	两税合计	1 096 744.04	1 426 379.01	-23.11
	关税入库	51 671.10	55 228.85	-6.44
	进口环节税入库	1 045 072.94	1 371 150.16	-23.78

表注：进出口货运量以申报地作为统计口径。

（乌鲁木齐海关提供）

第五篇

口岸相关法规

中华人民共和国国务院

国务院关于印发北京、湖南、安徽自由贸易试验区总体方案及浙江自由贸易试验区扩展区域方案的通知

国发〔2020〕10号

各省、自治区、直辖市人民政府，国务院各部委、各直属机构：

现将《中国（北京）自由贸易试验区总体方案》《中国（湖南）自由贸易试验区总体方案》《中国（安徽）自由贸易试验区总体方案》《中国（浙江）自由贸易试验区扩展区域方案》印发给你们，请认真贯彻执行。

国务院

2020年8月30日

（此件公开发布）

中国（北京）自由贸易试验区总体方案

建立中国（北京）自由贸易试验区（以下简称自贸试验区）是党中央、国务院作出的重大决策，是新时代推进改革开放的重要战略举措。为高标准高质量建设自贸试验区，制定本方案。

一、总体要求

（一）指导思想。

以习近平新时代中国特色社会主义思想为指导，全面贯彻党的十九大和十九届二中、三中、四中全会精神，统筹推进“五位一体”总体布局和协调推进“四个全面”战略布局，坚持稳中求进工作总基调，坚持新发展理念，坚持高质量发展，以供给侧结构性改革为主线，主动服务和融入国家重大战略，建设更高水平开放型经济新体制，以开放促改革、促发展、促创新，把自贸试验区建设成为新时代改革开放新高地。

（二）战略定位及发展目标。

以制度创新为核心，以可复制可推广为基本要求，全面落实中央关于深入实施创新驱动发展、推动京津冀协同发展战略等要求，助力建设具有全球影响力的科技创新中心，加快打造服务业扩大开放先行区、数字经济试验区，着力构建京津冀协同发展的高水平对外开放平台。

赋予自贸试验区更大改革自主权，深入开展差别化探索。对标国际先进规则，加大开放力度，开展规则、规制、管理、标准等制度型开放。经过三至五年改革探索，强化原始创新、技术创新、开放创新、协同创新优势能力，形成更多有国际竞争力的制度创新成果，为进一步扩大对外开放积累实践经验，努力建成贸易投资便利、营商环境优异、创新生态一流、高端产业集聚、金融服务完善、国际经济交往活跃、监管安全高效、辐射带动作用突出的高标准高质量自由贸易园区。强化自贸试验区改革同北京市改革的联动，各项改革试点任务具备条件的在中关村国家自主创新示范区全面实施，并逐步在北京市推广试验。

二、区位布局

（一）实施范围。

自贸试验区的实施范围119.68平方公里，涵盖三个片区：科技创新片区31.85平方公里，国际商务服务片区48.34平方公里（含北京天竺综合保税区5.466平方公里），高端产业片区39.49平方公里。

自贸试验区的开发利用须遵守土地利用、生态环境保护、规划相关法律法规，符合国土空间规划，并符合节约集约用地的有关要求。

（二）功能划分。

科技创新片区重点发展新一代信息技术、生物与健康、科技服务等产业，打造数字经济试验区、全球创业投资中心、科技体制改革先行示范区；国际商务服务片区重点发展数字贸易、文化贸易、商务会展、医疗健康、国际寄递物流、跨境金融等产业，打造临空经济创新引领示范区；高端产业片区重点发展商务服务、国际金融、文化创意、生物技术和大健康等产业，建设科技成果转换承载地、战略性新兴产业集聚区和国际高端功能机构集聚区。

三、主要任务和措施

（一）推动投资贸易自由化便利化。

1. 深化投资领域改革。全面落实外商投资准入前国民待遇加负面清单管理制度。探索引进考试机构及理工类国际教材。完善外商投资促进、项目跟踪服务和投诉工作机制。鼓励在法定权限内制定投资和产业促进政策。完善“走出去”综合服务和风险防控体系，提高境外投资便利化水平，优化企业境外投资外汇管理流程。

2. 提升贸易便利化水平。推动北京首都国际机场、北京大兴国际机场扩大包括第五航权在内的航权安排。持续拓展国际贸易“单一窗口”服务功能和应用领域。开展跨境电子商务零售进口药品试点工作，具体按程序报批。适度放宽医药研发用小剂量特殊化学制剂的管理，支持在区内建立备货仓库。对符合政策的区内研发机构科研设备进口免税。进一步拓展整车进口口岸功能。支持北京天竺综合保税区打造具有服务贸易特色的综合保税区。

3. 创新服务贸易管理。试行跨境服务贸易负面清单管理模式。在有条件的区域最大限度放宽服务贸易准入限制。为研发、执业、参展、交流、培训等高端人才提供签证便利。创新监管服务模式，对区内企业、交易单据、人员、资金、商品等进行追溯和监管。

（二）深化金融领域开放创新。

4. 扩大金融领域开放。开展本外币一体化试点。允许区内银行为境外机构人民币银行结算账户（NRA 账户）发放境外人民币贷款，研究推进境外机构投资者境内证券投资渠道整合，研究推动境外投资者用一个 NRA 账户处理境内证券投资事宜。允许更多外资银行获得证券投资基金托管资格。支持设立重点支持文创产业发展的民营银行。鼓励符合条件的中资银行开展跨境金融服务，支持有真实贸易背景的跨境金融服务需求。推动重点行业跨境人民币业务和外汇业务便利化。探索赋予中关村科创企业更多跨境金融选择权，在宏观审慎框架下自主决定跨境融资方式、金额和时机等，创新企业外债管理方式，逐步实现中关村国家自主创新示范区非金融企业外债项下完全可兑换。支持依法合规地通过市场化方式设立境内外私募平行基金。便利符合条件的私募和资产管理机构开展境外投资。支持跨国公司通过在境内设立符合条件的投资性公司，依法合规设立财务公司。开展区内企业外债一次性登记试点，不再逐笔登记。

5. 促进金融科技创新。围绕支付清算、登记托管、征信评级、资产交易、数据管理等环节，支持金融科技重大项目落地，支持借助科技手段提升金融基础设施服务水平。充分发挥金融科技创新监管试点机制作用，在有利于服务实体经济、风险可控、充分保护消费者合法权益的前提下稳妥开展金融科技创新。支持人民银行数字货币研究所设立金融科技中心，建设法定数字货币试验区和数字金融体系，依托人民银行贸易金融区块链平台，形成贸易金融区块链标准体系，加强监管创新。建设金融科技应用场景试验区，建立应用场景发布机制。

6. 强化金融服务实体经济。允许通过北京产权交易所等依法合规开展实物资产、股权转让、增资扩股的跨境交易。在依法依规、风险可控的前提下，支持区内汽车金融公司开展跨境融资，按照有关规定申请保险兼业代理资格；研究简化汽车金融公司发行金融债券、信贷资产证券化或外资股东发行熊猫债券等相关手续。允许区内注册的融资租赁母公司和子公司共享企业外债额度。将区内注册的内资融资租赁企业试点确认工作委托给北京市主管部门。

（三）推动创新驱动发展。

7. 优化人才全流程服务体系。探索制定分层分类人才吸引政策。试点开展外籍人才配额管理制度，探索推荐制人才引进模式。优化外国人来华工作许可、居留许可审批流程。采取“线上+线下”模式，建立全链条一站式服务窗口和服务站点。探索建立过往资历认可机制，允许具有境外职业资格的金融、建筑设计、规划等领域符合条件的专业人才经备案后，依规办理工作居留证件，并在区内提供服务，其境外从业经历可视同境内从业经历。对境外人才发生的医疗费用，开展区内医院与国际保险实时结算试点。探索优化非标准就业形式下劳动保障服务。

8. 强化知识产权运用保护。探索研究鼓励技术转移的税收政策。探索建立公允的知识产权评估机制，完善知识产权质押登记制度、知识产权质押融资风险分担机制以及质物处置机制。设立知识产权交易中心，审慎规范探索开展知识产权证券化。开展外国专利代理机构设立常驻代表机构试点工作。探索国际数字产品专利、版权、商业秘密等知识产权保护制度建设。充分发挥中国（中关村）知识产权保护中心的作用，建立专利快速审查、快速确权和快速维权的协同保护体系。

9. 营造国际一流创新创业生态。赋予科研人员职务科技成果所有权或长期使用权，探索形成市场化赋权、成果评价、收益分配等制度。鼓励跨国公司设立研发中心，开展“反向创新”。推动中国检测标准转化为国际通用标准。探索优化对科研机构访问国际学术前沿网站的安全保障服务。推进标准化厂房建设，健全工业用地市场供应体系。探索实施综合用地模式，在用途、功能不冲突前提下，实现一宗地块具有多种土地用途、建筑复合使用（住宅用途除外），按照不同用途建筑面积计算土地出让金，不得分割转让。探索实行产业链供地。

（四）创新数字经济发展环境。

10. 增强数字贸易国际竞争力。对标国际先进水平，探索符合国情的数字贸易发展规则，加强跨境数据保护规制合作，促进数字证书和电子签名的国际互认。探索制定信息技术安全、数据隐私保护、跨境数据流动等重点领域规则。探索创制数据确权、数据资产、数据服务等交易标准及数据交易流通的定价、结算、质量认证等服务体系，规范交易行为。探索开展数字贸易统计监测。

11. 鼓励发展数字经济新业态新模式。加快新一代信息基础设施建设，探索构建安全便利的国际互联网数据专用通道。应用区块链等数字技术系统规范跨境贸易、法律合规、技术标准的实施，保障跨境贸易多边合作的无纸化、动态化、标准化。依托区块链技术应用，整合高精尖制造业企业信息和信用数据，打造高效便捷的通关模式。探索建立允许相关机构在可控范围内对新产品、新业务进行测试的监管机制。

12. 探索建设国际信息产业和数字贸易港。在风险可控的前提下，在软件实名认证、数据产地标签识别、数据产品进出口等方面先行先试。建设数字版权交易平台，带动知识产权保护、知识产权融资业务发展。对软件和互联网服务贸易进行高效、便利的数字进出口检验。积极探索针对企业的数据保护能力的第三方认证机制。探索建立适应海外客户需求的网站备案制度。

（五）高质量发展优势产业。

13. 助力国际交往中心建设。着眼于服务国家总体外交，持续提升重大国事活动服务保障能力。鼓励国际组织集聚。探索开展本外币合一跨境资金池试点，支持符合条件的跨国企业集团在境内外成员之间集中开展本外币资金余缺调剂和归集业务，对跨境资金流动实行双向宏观审慎管理。探索消费、预办登机一体化试点。鼓励适度竞争，完善免税店相关政策。在北京首都国际机场周边打造功能完善的组团式会展综合体。提升中国国际服务贸易交易会规格和能级，将其打造成为国际服务贸易主平台。

14. 满足高品质文化消费需求。打造国际影视动漫版权贸易平台，探索开展文化知识产权保险业务，开展宝玉石交易业务，做强“一带一路”文化展示交易馆。允许符合条件的外资企业开展面向全球的文化艺术品（非文物）展示、拍卖、交易业务。鼓励海外文物回流，积极研究调整现行进口税收政策，进一步给予支持。探索创新综合保税区内国际高端艺术展品担保监管模式。

15. 创新发展全球领先的医疗健康产业。简化国内生物医药研发主体开展国际合作研发的审批流程。加速急需医疗器械和研发用材料试剂、设备通关。对临床急需且我国尚无同品种产品获准注册的医疗器械加快审批，保障临床需求。开展跨境远程医疗等临床医学研究，区内医疗机构可根据自身技术能力，按照有关规定开展干细胞临床前沿医疗技术研究项目。探索开展去中心化临床试验（DCT）试点。支持设立医疗器械创新北京服务站和人类遗传资源服务站，加快医药产业转化速度。

16. 优化发展航空服务。推动北京首都国际机场和北京大兴国际机场联动发展，建设世界级航空枢纽。优化航材保税监管措施，降低航材运营成本。试点开展公务机按照包修协议报关业务，将公务机所有人、运营人及委托代理公司纳入试点申请主体范围。对符合列目规则的航空专用零部件，研究单独设立本国子目。

（六）探索京津冀协同发展新路径。

17. 助力高标准建设城市副中心。探索实施相对集中行政许可权试点。鼓励金融机构开展全球资产配置，建设全球财富管理中心。支持设立全国自愿减排等碳交易中心。规范探索开展跨境绿色信贷资产证券化、绿色债券、绿色股权投融资业务，支持相关企业融资发展。支持符合条件的金融机构设立专营机构。在国家金融监管机构等的指导下，支持设立北京城市副中心金融风险监测预警与监管创新联合实验室，构建京津冀金融风险监测预警平台。简化特殊人才引进流程。

18. 深化产业链协同发展。将自贸试验区打造为京津冀产业合作新平台，创新跨区域产业合作，探索建立总部—生产基地、园区共建、整体搬迁等多元化产业对接合作模式。鼓励北京、天津、河北自贸试验区抱团参与“一带一路”建设，坚持稳妥有序原则，共建、共享境内外合作园区。

19. 推动形成统一开放市场。加强京津冀三地技术市场融通合作，对有效期内整体迁移的高新技术企业保留其高新技术企业资格。逐步实现北京、天津、河北自贸试验区内政务服务“同事同标”，推动实现政务服务区域通办、标准互认和采信、检验检测结果互认和采信。探索建立北京、天津、河北自贸试验区联合授信机制，健全完善京津冀一体化征信体系。

（七）加快转变政府职能。

20. 持续打造国际一流营商环境。推进“证照分离”改革。对新经济模式实施审慎包容监管，探索对新技术新产品加强事中事后监管。下放国际快递业务（代理）经营许可审批权。开展企业投资项目“区域评估+标准地+告知承诺制+政府配套服务”改革。探索取消施工图审查（或缩小审查范围）、实行告知承诺制和设计人员终身负责制等工程建设领域审批制度改革。

21. 强化多元化法治保障。允许境外知名仲裁及争议解决机构经北京市人民政府司法行政部门登记并报国务院司法行政部门备案，在区内设立业务机构，就国际商事、投资等领域民商事争议开展仲裁业务，依法支持和保障中外当事人在仲裁前和仲裁中的财产保全、证据保全、行为保全等临时措施的申请和执行。积极完善公证、调解、仲裁、行政裁决、行政复议、诉讼等有机衔接、相互协调的多元化纠纷解决机制。支持国际商事争端预防与解决组织落地运营。充分利用现有审判资源，为金融诉讼提供绿色通道。

22. 健全开放型经济风险防范体系。推行以信用为基础的分级分类监管制度。聚焦投资、贸易、网络、生物安全、生态环境、文化安全、人员进出、反恐反分裂、公共道德等重点领域，进一步落实好外商投资安全审查制度，完善反垄断审查、行业管理、用户认证、行为审计等管理措施。健全金融风险监测和预警机制，强化反洗钱、反恐怖融资和反逃税工作，不断提升金融风险防控能力。坚持底线思维，依托信息技术创新风险研判和风险防控手段，建立联防联控机制。

四、保障机制

坚持和加强党对改革开放的领导，把党的领导贯穿于自贸试验区建设的全过程。牢固树立总体国家安全观，强化底线思维和风险意识，切实加强自贸试验区风险防控体系建设，完善风险防控和处置机制，维护国家安全和社会安全，牢牢守住不发生区域性系统性风险底线。在国务院自由贸易试验区工作部际联席会议统筹协调下，充分发挥地方和部门积极性，抓好各项改革试点任务落实，高标准高质量建设自贸试验区。北京市要完善工作机制，构建精简高效、权责明晰的自贸试验区管理体制，加强人才培养，打造高素质专业化管理队伍；要加强地方立法，建立公正透明、体系完备的法治环境；要强化主体责任，加强监测预警，深入开展风险评估，制定相关工作方案，切实防范化解重大风险；要建立完善自贸试验区制度创新容错机制，坚持“三个区分开来”，鼓励大胆试、大胆闯；要统筹推进新冠肺炎疫情防控和自贸试验区高质量发展工作，全面落实“外防输入、内防反弹”要求，努力把疫情造成的损失降到最低限度。北京市和有关部门要依法及时下放相关管理权限，完善配套政策，确保各项改革举措落地实施。自贸试验区各片区要把工作做细，制度做实，严格监督，严格执纪执法。本方案提出的各项改革政策措施，凡涉及调整现行法律或行政法规的，按规定程序办理。重大事项及时向党中央、国务院请示报告。

中国（湖南）自由贸易试验区总体方案

建立中国（湖南）自由贸易试验区（以下简称自贸试验区）是党中央、国务院作出的重大决策，是新时代推进改革开放的重要战略举措。为高标准高质量建设自贸试验区，制定本方案。

一、总体要求

（一）指导思想。

以习近平新时代中国特色社会主义思想为指导，全面贯彻党的十九大和十九届二中、三中、四中全会精神，统筹推进“五位一体”总体布局和协调推进“四个全面”战略布局，坚持稳中求进工作总基调，坚持新发展理念，坚持高质量发展，以供给侧结构性改革为主线，主动服务和融入国家重大战略，建设更高水平开放型经济新体制，以开放促改革、促发展、促创新，把自贸试验区建设成为新时代改革开放新高地。

（二）战略定位及发展目标。

以制度创新为核心，以可复制可推广为基本要求，全面落实中央关于加快建设制造强国、实施中部崛起战略等要求，发挥东部沿海地区和中西部地区过渡带、长江经济带和沿海开放经济带结合部的区位优势，着力打造世界级先进制造业集群、联通长江经济带和粤港澳大湾区的国际投资贸易走廊、中非经贸深度合作先行区和内陆开放新高地。

赋予自贸试验区更大改革自主权，深入开展差别化探索。对标国际先进规则，加大开放力度，开展规则、规制、管理、标准等制度型开放。经过三至五年改革探索，形成更多有国际竞争力的制度创新成果，为进一步扩大对外开放积累实践经验，推动先进制造业高质量发展，提升关键领域创新能力和水平，形成中非经贸合作新路径新机制，努力建成贸易投资便利、产业布局优化、金融服务完善、监管安全高效、辐射带动作用突出的高标准高质量自由贸易园区。

二、区位布局

（一）实施范围。

自贸试验区的实施范围 119.76 平方公里，涵盖三个片区：长沙片区 79.98 平方公里（含长沙黄花综合保税区 1.99 平方公里），岳阳片区 19.94 平方公里（含岳阳城陵矶综合保税区 2.07

平方公里），郴州片区 19.84 平方公里（含郴州综合保税区 1.06 平方公里）。

自贸试验区的开发利用须遵守土地利用、生态环境保护、规划相关法律法规，符合国土空间规划，并符合节约集约用地的有关要求。

（二）功能划分。

长沙片区重点对接“一带一路”建设，突出临空经济，重点发展高端装备制造、新一代信息技术、生物医药、电子商务、农业科技等产业，打造全球高端装备制造业基地、内陆地区高端现代服务业中心、中非经贸深度合作先行区和中部地区崛起增长极。岳阳片区重点对接长江经济带发展战略，突出临港经济，重点发展航运物流、电子商务、新一代信息技术等产业，打造长江中游综合性航运物流中心、内陆临港经济示范区。郴州片区重点对接粤港澳大湾区建设，突出湘港澳直通，重点发展有色金属加工、现代物流等产业，打造内陆地区承接产业转移和加工贸易转型升级重要平台以及湘粤港澳合作示范区。

三、主要任务和措施

（一）加快转变政府职能。

1. 营造国际一流营商环境。开展优化营商环境改革举措先行先试。开展强化竞争政策实施试点，创造公平竞争的制度环境。推进电力改革试点，进一步降低企业用电成本。加强重大项目用地保障。发挥好现行税收优惠政策对创新的激励作用。吸引跨国公司在区内设立地区总部。

2. 优化行政管理职能与流程。深化商事制度改革，探索商事主体登记确认制，试行“自主查询、自主申报”制度。开展“证照分离”改革全覆盖试点。进一步深化工程建设项目审批制度改革。推进“一业一证”改革。促进 5G 和人工智能技术应用，提升“互联网+政务服务”水平。深化“一件事一次办”改革。

3. 创新事中事后监管体制机制。加强信用体系建设，实行信用风险分类监管。建立重大风险防控和应对机制，依托国家企业信用信息公示系统（湖南）创新事中事后监管。建立商事纠纷诉前调解、仲裁制度，支持搭建国际商事仲裁平台。

（二）深化投资领域改革。

4. 建立更加开放透明的市场准入管理模式。全面落实外商投资准入前国民待遇加负面清单管理制度。完善外商投资信息报告制度，推进部门数据共享，实行市场监管、商务、外汇年报“多报合一”。完善投资便利化机制，建立外商投资一站式服务联络点。鼓励外资投资先进制造业，支持重大外资项目在区内落地，探索与实体经济发展需求相适应的外商股权投资管理办法。

5. 提升对外投资合作水平。创新境外投资管理，对境外投资项目和境外开办企业，属于省级备案管理范围的，可由自贸试验区备案管理，同时加强事中事后监管。健全对外投资政策和服务体系，建立湖南省“一带一路”投资综合服务平台。支持设立国际产品标准中心和行业技术标准中心（秘书处），推动技术、标准、服务、品牌走出去。

（三）推动贸易高质量发展。

6. 提升贸易便利化水平。建设具有国际先进水平的国际贸易“单一窗口”，将出口退税、服务外包、维修服务等事项逐步纳入，推动数据协同、简化和标准化。积极推动扩大出口退税无纸化申报范围，尽快覆盖管理类别为一、二、三类的出口企业。扩大第三方检验结果采信商品和机构范围。创新出口货物专利纠纷担保放行方式。

7. 创新贸易综合监管模式。实现长沙黄花综合保税区与长沙黄花国际机场航空口岸联动。支持内销选择性征收关税政策在自贸试验区内的综合保税区试点。提高国际铁路货运联运水平，探索解决国际铁路运单物权凭证问题，将铁路运输单证作为信用证议付单证。开通农副产品快速通关“绿色通道”，对区内生产加工的符合“两品一标”标准的优质农产品出口注册备案，免于现场评审，并出具检验证书。优化生物医药全球协同研发试验用特殊物品的检疫查验流程。建立贸易风险预警机制和政企互动机制。

8. 推动加工贸易转型升级。创新区内包装材料循环利用监管模式。支持区内企业开展深加工结转，优化出口退税手续。支持开展矿石混配业务，完善仓储、分销、加工及配送体系。相关矿产品入区须符合我国法律法规和重金属精矿等相关标准要求。支持将中国（湖南）国际矿物宝石博览会天然矿晶展品（含宝石同名称用于观赏类的矿晶）按观赏类标本晶体归类。利用现行中西部地区国际性展会留购展品免征进口关税政策，办好中国（湖南）国际矿物宝石博览会。依托现有交易场所，依法合规开展宝玉石交易。

9. 培育贸易新业态。支持自贸试验区内的综合保税区依法依规适用跨境电商零售进口政策。支持跨境电商企业在重点国别、重点市场建设海外仓。对符合条件的跨境电商零售出口企业核定征收企业所得税。适时开通跨境电商中欧班列铁路运邮的邮路出口业务。探索建设国际邮件、国际快件和跨境电商进出境一体化设施。对境外食品类展品，简化食品境外生产企业临时注册验核程序，免于境外实地评审（特殊食品除外）。加强文物进出境审核工作，促进文物回流。加快影视产品出口退税办理进度。制定平行进口汽车符合性整改标准和整改企业资质标准，开展标准符合性整改试点。探索在教育、工程咨询、会展、商务服务等领域，分层次逐步取消或放宽跨境交付、境外消费、自然人移动等模式的服务贸易限制措施。支持离岸贸易业务和总部经济发展，建立全球订单分拨、资金结算和供应链管理中心。探索兼顾安全和效率的数字产品贸易监管模式。

（四）深化金融领域开放创新。

10. 扩大金融领域对外开放。开展外商投资股权投资企业合格境外有限合伙人（QFLP）试点。放宽外商设立投资性公司申请条件，申请前一年外国投资者的资产总额要求降为不低于2亿美元，取消对外国投资者在中国境内已设立外商投资企业的数量要求。

11. 促进跨境投融资便利化。开展资本项目收入支付便利化改革试点，简化资本项下外汇收入支付手续，无需事先逐笔提供真实性证明材料。开展货物贸易外汇收支便利化试点。放宽跨国公司外汇资金集中运营管理准入条件。对区内保税货物转卖给予外汇收支结算便利。允许银行按照“展业三原则”办理购付汇、收结汇及划转等手续。完善跨境电商收付汇制度，允许区内跨境电商海外仓出口企业根据实际销售情况回款，按规定报告出口与收汇差额。探索开展境内人民币贸易融资资产跨境转让业务。支持个人本外币兑换特许业务试点稳妥开展。

12. 增强金融服务实体经济功能。支持开展外部投贷联动和知识产权质押、股权质押、科技融资担保等金融服务。支持金融机构运用区块链、大数据、生物识别等技术提升金融服务能力。支持开展政府投资基金股权投资退出便利化试点。探索融资租赁服务装备制造业发展新模式，支持进口租赁国内不能生产或性能不能满足需要的高端装备。在符合国家有关规定的前提下，开展境内外租赁资产交易。鼓励融资租赁企业在区内设立项目子公司。支持外资保险经纪公司参与开展关税保证保险、科技保险等业务。增强金融推动产业绿色发展的引导作用，支持金融机构和企业发行绿色债券。

13. 建立健全金融风险防控体系。加强对重大风险的识别和系统性金融风险的防范。探索建立覆盖各类金融市场、机构、产品、工具的风险监测监控机制。强化反洗钱、反恐怖融资、反逃税工作。完善金融执法体系，建立公平、公正、高效的金融案件审判和仲裁机制，有效打击金融违法犯罪行为。

（五）打造联通长江经济带和粤港澳大湾区的国际投资贸易走廊。

14. 深入对接长江经济带发展战略。完善区域协同开放机制，积极推进长江经济带沿线自贸试验区合作共建，开展货物通关、贸易统计、检验检测认证等方面合作，推动相关部门信息互换、监管互认、执法互助。推动长江经济带产业合理布局，提升长江经济带产业协同合作能力。探索完善异地开发生态保护补偿机制和政府主导、企业和社会各界参与、市场化运作、可持续的生态产品价值实现路径。依法合规开展产权、技术、排污权等现货交易。

15. 实现湘粤港澳服务业联动发展。积极对接粤港澳大湾区建设，实现市场一体、标准互认、政策协调、规则对接。发展湘粤港澳智能物流，打造面向粤港澳大湾区的中部地区货运集散中心。推进粤港澳大湾区口岸和湖南地区通关监管协作，全面推行通关一体化，畅通货物快捷通关渠道。在内地与香港、澳门关于建立更紧密经贸关系的安排（CEPA）框架下，允许港澳人员在自贸试验区从事相关服务业并享受国民待遇。授权自贸试验区制定相关港澳专业人才执业管理办法（国家法律法规暂不允许的除外），允许具有港澳执业资格的金融、建筑、规划等领域专业人才，经相关部门或机构备案后，为区内企业提供专业服务。在区内推动建立湘粤港澳认证及相关检测机构交流合作平台，促进相应认证检测结果的相互承认与接受。支持符合条件的香港金融机构在自贸试验区进行新设、增资或参股区内金融机构等直接投资活动。支持湖南省对本省高职院校招收香港学生实行备案。鼓励具备内地招收资质的香港院校增加在湖南招生名额。加强湘粤港澳四地文化创意产业合作，实现文化创意产业优势资源对接。积极打造全球领先的 5G 视频和电子竞技产业基地。

16. 畅通国际化发展通道。在对外航权谈判中支持长沙黄花国际机场获得包括第五航权在内的航权安排，开展经停第三国的航空客货运业务。增加长沙黄花国际机场国际货运航班，建立进口食用水生动物、冰鲜水产品、水果集散中心和进口医药物流中心。研究开展高铁快运。实现自贸试验区与长沙金霞经济技术开发区联动发展，提升中欧班列（长沙）运营规模和质量，加快发展长沙陆港型物流枢纽。推进跨境电商货运班列常态化运行。提升岳阳城陵矶港区功能，全面推进黄金水道建设，支持企业有序发展岳阳至香港水路直航航线，积极拓展至东盟、日韩等国家和地区接力航线。

17. 优化承接产业转移布局。积极探索承接沿海产业转移的路径和模式，开展飞地经济合作，建立健全区域间互动合作和利益分享机制。探索建立跨省域资质和认证互认机制，企业跨省迁入自贸试验区后，在履行必要的审核程序后继续享有原有资质、认证。探索支持沿海地区创新政策在区内落地，工业产品生产许可证等实施“绿色通道”、快捷办理。积极承接钻石进出口及高端饰品加工贸易，支持郴州开展实施“金伯利进程国际证书制度”。通过依托现有交易场所等方式与上海钻石交易所开展合作。

（六）探索中非经贸合作新路径新机制。

18. 建设中非经贸深度合作先行区。比照现行中西部地区国际性展会留购展品免征进口关税政策，支持办好中国—非洲经贸博览会。试点推进对非认证认可和合格评定结果国际互认工作。推进中非海关“经认证的经营者”（AEO）互认合作。建设非洲在华非资源性产品集散和交易中心。探索开展中非易货贸易。探索创新对非经贸合作金融平台和产品，支持设立中非跨境人民币中心，推进跨境人民币业务政策在对非跨境贸易、清算结算、投融资等领域落地，提升对非金融服务能力。

19. 拓展中非地方合作。探索中非经贸合作新模式，推动建设中非经贸合作公共服务平台，打造中非经贸合作示范高地。建设岳阳水果进口指定监管场地。鼓励与贝宁、布基纳法索、乍得、马里等非洲棉花主产国开展定向合作。支持扩大进口非洲咖啡、可可、腰果、鳀鱼等优质农产品。打造中非客货运集散中心，加强岳阳城陵矶港与非洲重点港口的对接合作，拓展湖南与肯尼亚等非洲国家空中客货运航线。统筹对非援助等有关资源，支持湖南省依托人力资源培训资质单位，重点实施对非人力资源培训有关项目，助推对非经贸合作。

（七）支持先进制造业高质量发展。

20. 打造高端装备制造业基地。支持国家级工业设计研究院、国家级轨道交通装备检验检测认证机构建设。支持发展航空航天衍生制造、试验测试、维修保障和服务网络体系。促进制造业数字化智能化转型，支持建设工业互联网平台，加大信息技术应用创新适配中心和运维服务等公共服务平台建设力度。促进智能终端产品研发及产业化，成立湖南省工业技术软件化创新中心，支持工业互联网服务商和“上云上平台”标杆企业发展。

21. 支持企业参与“一带一路”建设。支持龙头企业建设面向“一带一路”沿线国家和地区的跨境寄递服务网络、国际营销和服务体系。支持区内装备制造企业建设全球售后服务中心。在依法依规、风险可控前提下，在自贸试验区的综合保税区内积极开展“两头在外”的高技术含量、高附加值、符合环保要求的工程机械、通信设备、轨道交通装备、航空等保税维修和进口再制造。研究支持对自贸试验区内企业在综合保税区外开展“两头在外”航空维修业态实行保税监管，探索开展“两头在外”的航材包修转包区域流转业务试点。简化汽车维修零部件 CCC 认证办理手续。

22. 推动创新驱动发展。构建以完善重点产业链为目标的技术创新体系，支持关键共性技术研究和重大科技成果转化。建立企业技术需求清单，以政府购买服务、后补助等方式，促进科技成果转化中试。支持将绿色产品优先纳入政府采购清单。实行更加积极、更加开放、更加有效的人才政策，强化人才创新创业激励机制。

23. 强化知识产权保护和运用。完善有利于激励创新的知识产权归属制度。结合区内产业特色，搭建针对性强、便利化的知识产权公共服务平台，建立知识产权服务工作站，培养知识产权服务人才，构建一体化的知识产权信息公共服务体系。建立多元化知识产权争端解决与快速维权机制。探索建立公允的知识产权评估机制，优化知识产权质押登记服务，完善知识产权质押融资风险分担机制以及方便快捷的质物处置机制。

四、保障机制

坚持和加强党对改革开放的领导，把党的领导贯穿于自贸试验区建设的全过程。牢固树立总体国家安全观，强化底线思维和风险意识，切实加强自贸试验区风险防控体系建设，完善风险防控和处置机制，维护国家安全和社会安全，牢牢守住不发生区域性系统性风险底线。在国务院自由贸易试验区工作部际联席会议统筹协调下，充分发挥地方和部门积极性，抓好各项改革试点任务落实，高标准高质量建设自贸试验区。湖南省要完善工作机制，构建精简高效、权责明晰的自贸试验区管理体制，加强人才培养，打造高素质专业化管理队伍；要加强地方立法，建立公正透明、体系完备的法治环境；要强化主体责任，加强监测预警，深入开展风险评估，制定相关工作方案，切实防范化解重大风险；要建立完善自贸试验区制度创新容错机制，坚持“三个区分开来”，鼓励大胆试、大胆闯；要统筹推进新冠肺炎疫情防控和自贸试验区高质量发展工作，全面落实“外防输入、内防反弹”要求，努力把疫情造成的损失降到最低限度。湖南省和有关部门要依法及时下放相关管理权限，完善配套政策，确保各项改革举措落地实施。自贸试验区各片区要把工作做细，制度做实，严格监督，严格执纪执法。本方案提出的各项改革政策措施，凡涉及调整现行法律或行政法规的，按规定程序办理。重大事项及时向党中央、国务院请示报告。

中国（安徽）自由贸易试验区总体方案

建立中国（安徽）自由贸易试验区（以下简称自贸试验区）是党中央、国务院作出的重大决策，是新时代推进改革开放的重要战略举措。为高标准高质量建设自贸试验区，制定本方案。

一、总体要求

（一）指导思想。

以习近平新时代中国特色社会主义思想为指导，全面贯彻党的十九大和十九届二中、三中、四中全会精神，统筹推进“五位一体”总体布局和协调推进“四个全面”战略布局，坚持稳中求进工作总基调，坚持新发展理念，坚持高质量发展，以供给侧结构性改革为主线，主动服务和融入国家重大战略，建设更高水平开放型经济新体制，以开放促改革、促发展、促创新，把自贸试验区建设成为新时代改革开放新高地。

（二）战略定位及发展目标。

以制度创新为核心，以可复制可推广为基本要求，全面落实中央关于深入实施创新驱动发展、推动长三角区域一体化发展战略等要求，发挥在推进“一带一路”建设和长江经济带发展中的重要节点作用，推动科技创新和实体经济发展深度融合，加快推进科技创新策源地建设、先进制造业和战略性新兴产业集聚发展，形成内陆开放新高地。

赋予自贸试验区更大改革自主权，深入开展差别化探索。对标国际先进规则，加大开放力度，开展规则、规制、管理、标准等制度型开放。经过三至五年改革探索，形成更多有国际竞争力的制度创新成果，为进一步扩大对外开放积累实践经验，推动科技创新、产业创新、企业创新、产品创新、市场创新，推进开放大通道大平台大通关建设，努力建成贸易投资便利、创新活跃强劲、高端产业集聚、金融服务完善、监管安全高效、辐射带动作用突出的高标准高质量自由贸易园区。

二、区位布局

（一）实施范围。

自贸试验区的实施范围119.86平方公里，涵盖三个片区：合肥片区64.95平方公里（含合肥经济技术开发区综合保税区1.4平方公里），芜湖片区35平方公里（含芜湖综合保税区2.17平方公里），蚌埠片区19.91平方公里。

自贸试验区的开发利用须遵守土地利用、生态环境保护、规划相关法律法规，符合国土空间规划，并符合节约集约用地的有关要求。

（二）功能划分。

合肥片区重点发展高端制造、集成电路、人工智能、新型显示、量子信息、科技金融、跨境电商等产业，打造具有全球影响力的综合性国家科学中心和产业创新中心引领区。芜湖片区重点发展智能网联汽车、智慧家电、航空、机器人、航运服务、跨境电商等产业，打造战略性新兴产业先导区、江海联运国际物流枢纽区。蚌埠片区重点发展硅基新材料、生物基新材料、新能源等产业，打造世界级硅基和生物基制造业中心、皖北地区科技创新和开放发展引领区。

三、主要任务和措施

（一）加快转变政府职能。

1. 打造国际一流营商环境。深入实施送新发展理念、送支持政策、送创新项目、送生产要素和服务实体经济“四送一服”工程。开展强化竞争政策实施试点，创造公平竞争的制度环境。以全国审批事项最少、办事效率最高、投资环境最优、市场主体和人民群众获得感最强为目标，营造“四最”营商环境。构建“互联网+营商环境监测”系统。推行“全省一单”权责清单制度体系。进一步深化工程建设项目审批制度改革。探索建立运用互联网、大数据、人工智能、区块链等技术手段优化行政管理的制度规则。

（二）深化投资领域改革。

2. 深入推进投资自由化便利化。在科研和技术服务、电信、教育等领域加大对外开放力度，放宽注册资本、投资方式等限制。简化外商投资项目核准程序。支持外商独资设立经营性教育培训和职业技能培训机构。允许注册在自贸试验区内符合条件的外资旅行社从事除台湾地区以外的出境旅游业务。

3. 强化投资促进和保护。鼓励自贸试验区在法定权限内制定外商投资促进政策。推广市场化招商模式，探索成立企业化招商机构。建立外商投资全流程服务体系，实施重大外资项目包保服务机制。健全外商投诉工作机制，保护外商投资合法权益。

4. 提升对外投资合作水平。完善境外投资政策和服务体系，为优势产业走出去开拓多元化市场提供优质服务。在符合现行外汇管理规定的前提下，鼓励金融机构提高对境外资产或权益的处置能力，支持走出去企业以境外资产和股权、采矿权等权益为抵押获得贷款。支持合肥、芜湖中德合作园区建设，探索建立国际园区合作新机制。

（三）推动贸易高质量发展。

5. 优化贸易监管服务体系。加快建设具有国际先进水平的国际贸易“单一窗口”。优化海关监管模式，综合运用多种合格评定方式，实施差异化监管。完善和推广“海关ERP联网监管”，大力推进网上监管，开展“互联网+核查”、“线上+线下”核查等创新试点。深入推进第三方检验结果采信。优化鲜活农产品检验检疫流程，简化动植物检疫审批程序，实施全程网上办理。完善进出口商品质量安全风险预警和快速反应监管体系。支持内销选择性征收关税政策在自贸试验区内的综合保税区试点。支持在自贸试验区内的综合保税区和保税监管场所设立大宗商品期货保税交割库。

6. 培育发展贸易新业态新模式。支持合肥、芜湖跨境电商综合试验区建设。支持合肥、芜湖片区开展跨境电商零售进口试点。依法依规开展跨境电商人民币结算，推动跨境电商线上融资及担保方式创新。鼓励建设出口产品公共海外仓和海外运营中心。探索建设国际邮件、国际快件和跨境电商进出境一体化设施。积极开展进口贸易促进创新工作。进一步完善高端装备制造产品售后维修进出口管理，适当延长售后维修设备和备件返厂期限。对符合条件的入境维修复出口免于实施装运前检验。支持设立国家数字服务出口基地，打造数字化制造外包平台。

7. 提升国际贸易服务能力。支持建设合肥国际航空货运集散中心、芜湖航空器维修保障中心。支持自贸试验区符合条件的片区，按规定申请设立综合保税区。支持建设汽车整车进口口岸、首次进口药品和生物制品口岸。优先审理自贸试验区相关口岸开放项目。加快建设多式联运基地，高标准对接国际多式联运规则，支持多式联运经营企业布局境外服务网络。

（四）深化金融领域开放创新。

8. 扩大金融领域对外开放。落实放宽金融机构外资持股比例、拓宽外资金融机构业务经营范围等措施，支持符合条件的境内外投资者依法设立各类金融机构。研究开展合格境外有限合伙人（QFLP）政策试点。探索开展离岸保险业务。完善自贸试验区内技术等要素交易市场，允许外资参与投资。促进跨境投融资汇兑便利化。开展资本项目收入支付便利化改革试点。探索通过人民币资本项下输出贸易项下回流方式，重点推动贸易和投资领域的人民币跨境使用。

9. 推进科技金融创新。加强国家科技成果转化引导基金与安徽省科技成果转化引导基金合作。支持自贸试验区符合条件的商业银行在依法依规、风险可控的前提下，探索设立金融资产投资公司。支持在自贸试验区内依法合规设立商业银行科技支行、科技融资租赁公司等专门服务科创企业的金融组织，在政策允许范围内开展金融创新，积极融入长三角区域一体化发展。鼓励保险公司发展科技保险，拓宽服务领域。支持条件成熟的银行业金融机构探索多样化的科技金融服务模式。支持自贸试验区内金融小镇依法依规开展私募投资基金服务。鼓励社会资本按市场化原则探索设立跨境双向股权投资基金。支持合肥片区积极推动金融支持科技创新发展。

10. 建立健全金融风险防控体系。加强对重大风险的识别和系统性金融风险的防范。强化反洗钱、反恐怖融资、反逃税工作，防范非法资金跨境、跨区流动。提升金融执法能力，有效打击金融违法犯罪行为。

（五）推动创新驱动发展。

11. 建设科技创新策源地。健全支持基础研究、原始创新的体制机制，推动建成合肥综合性国家科学中心框架体系，争创国家实验室，探索国家实验室建设运行模式。支持做好合肥先进光源、大气环境立体探测、强光磁等重大科技基础设施预研究工作，组建环境科学研发平台和未来技术综合研究基地。支持提升拓展全超导托卡马克、同步辐射光源、稳态强磁场等大科学装置功能，加快聚变堆主机关键系统综合研究设施建设。支持建设能源研究院、人工智能研究院，筹划组建大健康研究院。支持建设微尺度物质科学国家研究中心、合肥先进计算中心和国家重点实验室等，高质量建设一批省级实验室、技术创新中心。支持开展免疫细胞、干细胞等临床前沿医疗技术研究项目。推动国家重大科研基础设施和大型科研仪器向相关产业创业者开放。

12. 促进科技成果转移转化。打造“政产学研用金”六位一体科技成果转化机制。支持参与建设相关国家技术创新中心。支持建设关键共性技术研发平台，产学研合作、信息发布、成果交流和交易平台。鼓励建设国际化创新创业孵化平台。支持模式国际化、运行市场化、管理现代化的新型研发机构建设。深化科技成果使用权、处置权和收益权改革，支持有条件的单位参与开展赋予科技人员职务科技成果所有权或长期使用权试点。支持建立科技融资担保机构。探索有条件的科技创新企业规范开展知识产权证券化试点。完善知识产权评估机制、质押融资风险分担机制以及方便快捷的质物处置机制，完善知识产权交易体系。结合自贸试验区内产业特色，搭建针对性强、便利化的知识产权公共服务平台，设立知识产权服务工作站，培养知识产权服务人才，构建一体化的知识产权信息公共服务体系。支持建设安徽科技大市场，提升安徽创新馆运营水平。

13. 深化国际科技交流合作。支持重要国际组织在合肥综合性国家科学中心设立总部或分支机构，在世界前沿关键领域参与或按程序报批后发起组织国际大科学计划和大科学工程。鼓励建设国际联合研究中心（联合实验室）等国际科技合作基地，探索建立符合国际通行规则的跨国技术转移和知识产权分享机制。支持境内外研发机构、高校院所、企业在自贸试验区设立或共建实验室、新型研发机构，实施高等学校学科创新引智计划，建设引才引智示范基地。

14. 激发人才创新创业活力。建立以人才资本价值实现为导向的分配激励机制，探索和完善分红权激励、超额利润分享、核心团队持股跟投等中长期激励方案。对顶尖科技人才及团队采取“一事一议”方式给予支持。支持与境外机构合作开发跨境商业健康保险产品，探索开展商业健康保险跨境结算试点。

（六）推动产业优化升级。

15. 支持高端制造业发展。支持将生物医药、高端智能装备、新能源汽车、硅基新材料等产业纳入新一批国家战略性新兴产业集群。支持合肥片区建设工业互联网标识解析二级节点，建设国家新一代人工智能创新发展试验区。鼓励国家先进制造产业投资基金对自贸试验区内新能源汽车、新型显示、机器人等产业，按商业化、市场化原则进行投资。支持组建硅基生物基产业创新中心。在条件成熟的区域内，探索实施有关支持政策，推广使用聚乳酸等可降解塑料制品。鼓励自贸试验区内企业购买和引进海外研发、测试设备及重大装备。对自贸试验区内符合条件的从事集成电路、人工智能、生物医药、民用航空等关键领域核心环节生产研发的企业，积极认定高新技术企业。

16. 培育布局未来产业。支持超前布局量子计算与量子通信、生物制造、先进核能等未来产业。支持量子信息、类脑芯片、下一代人工智能等新技术的研发应用。加快推进靶向药物、基因检测等研发产业化，支持开展高端医学影像设备、超导质子放射性治疗设备、植入介入产品、体外诊断等关键共性技术研发。重点发展第三代半导体、金属铼等前沿材料产业，培育发展石墨烯产业，推动科技成果转化与典型应用。促进云计算、大数据、互联网、AI、5G 与实体经济、制造业的系列化融合应用。大力推动数字商务新模式、新业态发展，探索建立反向定制（C2M）产业基地，鼓励先进制造业与现代服务业深度融合。

（七）积极服务国家重大战略。

17. 推动长三角区域一体化高质量发展。对接上海、江苏、浙江自贸试验区，推动长三角地区自贸试验区协同发展，共同打造对外开放高地。继续推进皖江城市带承接产业转移示范区发展，建设皖北承接产业转移集聚区，支持共建产业合作园区，探索建立跨区域利益分享机制。支持开展港口合作，打造芜湖—马鞍山江海联运枢纽和合肥江淮联运中心。鼓励参与芜湖至上海“点到点”航线经营的各船运公司互换仓位，提高航线服务保障能力。开展会展合作，支持办好世界制造业大会、世界显示产业大会、中国（安徽）科技创新成果转化交易会等高端展会平台。加强自贸试验区与马鞍山郑蒲港新区、经济技术开发区等区域联动，放大辐射带动效应。

18. 推动长江经济带发展和促进中部地区崛起战略实施。支持安徽自贸试验区与长江经济带、中部地区其他自贸试验区联动发展。支持长江中上游地区集装箱在自贸试验区内中转集拼业务发展。加快引江济淮工程建设，提升自贸试验区对长江经济带发展的航运支撑能力。推广新安江流域生态补偿机制、林长制改革经验，探索在长江流域上下游之间开展生态、资金、产业、人才等多种补偿。探索政府主导、企业和社会各界参与、市场化运作、可持续的生态产品价值实现路径。

19. 积极服务“一带一路”建设。与“一带一路”沿线国家和地区共建科技创新共同体，支持参与沿线国家基础设施建设。为企业开展国际产能和装备制造合作提供便利，加快培育国际经济合作和竞争新优势。共商共建一批重大合作项目。拓展提升中欧班列（合肥）功能和覆盖范围，根据市场需要提高集装箱办理站能力，推动将中欧班列（合肥）纳入中欧安全智能贸易航线试点计划。鼓励建设中东部地区连接中亚、欧洲的铁水联运大通道，推动建立多式联运体系。

四、保障机制

坚持和加强党对改革开放的领导，把党的领导贯穿于自贸试验区建设的全过程。牢固树立总体国家安全观，强化底线思维和风险意识，切实加强自贸试验区风险防控体系建设，完善风险防控和处置机制，维护国家安全和社会安全，牢牢守住不发生区域性系统性风险底线。在国务院自由贸易试验区工作部际联席会议统筹协调下，充分发挥地方和部门积极性，抓好各项改革试点任务落实，高标准高质量建设自贸试验区。安徽省要完善工作机制，构建精简高效、权责明晰的自贸试验区管理体制，加强人才培养，打造高素质专业化管理队伍；要加强地方立法，建立公正透明、体系完备的法治环境；要强化主体责任，加强监测预警，深入开展风险评估，制定相关工作方案，切实防范化解重大风险；要建立完善自贸试验区制度创新容错机制，坚持“三个区分开来”，鼓励大胆试、大胆闯；要统筹推进新冠肺炎疫情防控和自贸试验区高质量发展工作，全面落实“外防输入、内防反弹”要求，努力把疫情造成的损失降到最低限度。安徽省和有关部门要依法及时下放相关管理权限，完善配套政策，确保各项改革举措落地实施。自贸试验区各片区要把工作做细，制度做实，严格监督，严格执纪执法。本方案提出的各项改革政策措施，凡涉及调整现行法律或行政法规的，按规定程序办理。重大事项及时向党中央、国务院请示报告。

中国（浙江）自由贸易试验区扩展区域方案

建设自由贸易试验区是党中央、国务院作出的重大决策，是新时代推进改革开放的重要战略举措。中国（浙江）自由贸易试验区（以下简称自贸试验区）设立以来，建设取得阶段性成果，总体达到预期目标。为贯彻落实党中央、国务院决策部署，进一步扩展自贸试验区区域，制定本方案。

一、总体要求

（一）指导思想。

以习近平新时代中国特色社会主义思想为指导，全面贯彻党的十九大和十九届二中、三中、四中全会精神，统筹推进“五位一体”总体布局和协调推进“四个全面”战略布局，坚持稳中求进工作总基调，坚持新发展理念，坚持高质量发展，以供给侧结构性改革为主线，主动服务和融入国家重大战略，建设更高水平开放型经济新体制，以开放促改革、促发展、促创新，把自贸试验区建设成为新时代改革开放新高地。

（二）功能定位及发展目标。

坚持以“八八战略”为统领，发挥“一带一

路”建设、长江经济带发展、长三角区域一体化发展等国家战略叠加优势，着力打造以油气为核心的大宗商品资源配置基地、新型国际贸易中心、国际航运和物流枢纽、数字经济发展示范区和先进制造业集聚区。

赋予自贸试验区更大改革自主权，深入开展差别化探索。对标国际先进规则，加大开放力度，开展规则、规制、管理、标准等制度型开放。到2025年，基本建立以投资贸易自由化便利化为核心的制度体系，营商环境便利度位居全国前列，油气资源全球配置能力显著提升，国际航运和物流枢纽地位进一步增强，数字经济全球示范引领作用彰显，先进制造业综合实力全面跃升，成为引领开放型经济高质量发展的先行区和增长极。到2035年，实现更高水平的投资贸易自由化，新型国际贸易中心全面建成，成为原始创新高端制造的重要策源地、推动国际经济交往的新高地，成为新时代全面展示中国特色社会主义制度优越性重要窗口的示范区。

二、区位布局

（一）实施范围。

自贸试验区扩展区域实施范围119.5平方公里，涵盖三个片区：宁波片区46平方公里（含宁波梅山综合保税区5.69平方公里、宁波北仑港综合保税区2.99平方公里、宁波保税区2.3平方公里），杭州片区37.51平方公里（含杭州综合保税区2.01平方公里），金义片区35.99平方公里（含义乌综合保税区1.34平方公里、金义综合保税区1.26平方公里）。

自贸试验区的开发利用须遵守土地、无居民海岛利用和生态环境保护、规划相关法律法规，符合国土空间规划，并符合节约集约利用资源的有关要求；支持按照国家相关法规和程序，办理合理必需用海。

（二）功能划分。

宁波片区建设链接内外、多式联运、辐射力强、成链集群的国际航运枢纽，打造具有国际影响力的油气资源配置中心、国际供应链创新中心、全球新材料科创中心、智能制造高质量发展示范区。杭州片区打造全国领先的新一代人工智能创新发展试验区、国家金融科技创新发展试验区和全球一流的跨境电商示范中心，建设数字经济高质量发展示范区。金义片区打造世界“小商品之都”，建设国际小商品自由贸易中心、数字贸易创新中心、内陆国际物流枢纽港、制造创新示范地和“一带一路”开放合作重要平台。

三、主要任务和措施

（一）建立以投资贸易自由化便利化为核心的制度体系。

1. 进一步提升贸易便利化水平。进一步丰富国际贸易“单一窗口”功能，将服务贸易出口退（免）税申报纳入“单一窗口”管理。深化服务贸易创新试点，推动服务外包向高技术、高品质、高效益、高附加值转型升级，加快信息服务、文化贸易、技术贸易等新兴服务贸易发展，探索以高端服务为先导的“数字+服务”新业态新模式。推进进出口产品质量溯源体系建设，拓展可追溯商品种类。扩大第三方检验结果采信商品和机构范围。

2. 推进投资自由化便利化。探索建立大数据信息监管系统，部分领域在风险可控的前提下，市场主体在领取营业执照的同时，承诺并提交有关材料后，即可依法开展投资经营活动。对外商投资实行准入前国民待遇加负面清单管理制度，支持建立国际投资“单一窗口”，在区内研究放宽油气产业、数字经济、生命健康和新材料等战略性新兴产业集群市场准入。将国际快递业务经营许可审批权下放至浙江省邮政管理局。

3. 推动金融创新服务实体经济。开展本外币合一银行账户体系试点，提升本外币银行账户业务便利性。开展包括油品等大宗商品在内的更高水平贸易投资便利化试点，支持企业按规定开展具有真实贸易背景的新型国际贸易，支持银行按照“展业三原则”，依法为企业提供优质的金融服务。探索开展境内贸易融资资产转让业务和不良资产对外转让业务。探索符合贸易新业态新模式特点的跨境外汇结算模式，支持外贸健康发展。吸引跨国公司地区总部、结算中心、贸易中心和订单中心在自贸试验区落户。支持设立民营银行，探索股债联动，支持科技型企业发展。

4. 进一步转变政府职能。深化“最多跑一次”改革，依法经批准将下放至地级及以上城市的省级管理权限下放至自贸试验区。按照“整体智治”现代政府理念，建设数字政府，完善“互联网+政务服务”、“互联网+监管”体系，加快政府数字化转型，健全事中事后监管服务，完善中央与地方信息共享机制，促进市场主体管理信息共享。深化资源要素市场化改革，开展国家级改革试点，推动土地、能源、金融、数据等资源要素向自贸试验区倾斜。完善外国人来华工作许可制度和人才签证制度区内配套措施。探索取消施工图审查（或缩小审查范围）、实施告知承诺制和设计人员终身负责制等工程建设领域审批制度改革。

（二）高质量建设现代化开放型经济体系。

5. 打造以油气为核心的大宗商品全球资源配置基地。聚焦能源和粮食安全，研究建立能源等大宗商品政府储备和企业储备相结合的政策保障体系，更好发挥企业储备在保障粮食安全方面的作用。

支持开展油气储备改革试点，支持承接更多政府储备任务，大力发展企业储备，增加储备品种，增强储备能力，成为保障国家能源和粮食安全的重要基地。探索地下空间利用的创新举措。推动建设用地地上、地表、地下分别设立使用权，探索利用地下空间建设油气仓储设施，促进空间合理开发利用。以油气、化工品等为重点，积极开展原油、汽油、液化气等储备业务，建设化工品国际贸易中心和分拨中心，打造成为国家级油气储备基地。支持浙江自贸试验区围绕油气全产业链深入开展差别化探索。参照国际通行规则，探索研究推动浙江自贸试验区油气全产业链发展的政策措施，增强国际竞争力。

积极拓展与其他国家的农产品贸易合作，大力发展进境牛肉等高端动物蛋白加工贸易产业。建设进口粮食保税储存中转基地，支持以大豆为突破口，创新粮食进口检疫审批制度，允许对非关税配额粮食以港口存放方式办理检验检疫审批，进口后再确定加工场所（具有活性的转基因农产品除外）。鼓励粮食进出口企业与运输企业建立长期稳定合作关系，降低国际粮食运输费用。探索开展远洋渔业引进外籍船员试点。

6. 打造新型国际贸易中心。支持以市场化方式推进世界电子贸易平台（eWTP）全球布局，探索在数据交互、业务互通、监管互认、服务共享等方面的国际合作及数字确权等数字贸易基础设施建设，打造全球数字贸易博览会。

支持境内外跨境电商企业建设国际转口配送基地。支持义乌小商品城等市场拓展进口业务，建设新型进口市场。支持建设易货贸易服务平台。支持跨境电商平台企业与结算银行、支付机构在依法合规前提下积极开展人民币计价、结算。探索小商品贸易与大宗商品贸易联动的新型易货贸易模式，拓展跨境人民币结算通道。以“一带一路”沿线国家和地区为重点，整合海外仓、结算等全球供应链服务体系，建设面向全球的供应链易货交易服务平台。

创新数字化综合监管制度，探索新型监管模式，实施简化申报、简证放行、简易征管等便利化举措；探索实施“互联网+核查”、“线上+线下”核查等创新试点。

7. 打造国际航运和物流枢纽。探索“互联网+口岸”新服务，促进海港、陆港、空港、信息港“四港”联动发展，支持全球智能物流枢纽建设，推动海上丝绸之路指数、快递物流指数等成为全球航运物流的风向标，打造全球供应链的“硬核”力量。

允许中资非五星旗船开展以宁波舟山港为中转港的外贸集装箱沿海捎带业务。设立国际转口集拼中转业务仓库，建设国际中转集拼中心。在有效监管、风险可控的前提下，研究在宁波舟山港实施启运港退税政策的可行性。支持参照保税船用燃料油供应管理模式，允许液化天然气（LNG）作为国际航行船舶燃料享受保税政策。构建长三角港口群跨港区供油体系，合力打造东北亚燃料油加注中心。

加强杭州、宁波临空经济示范区与自贸试验区协同发展。实施高度开放的国际航空运输管理，推动杭州萧山国际机场、宁波栎社国际机场扩大包括第五航权在内的航权安排，吸引相关国家和地区航空公司开辟经停航线。支持杭州萧山国际机场、宁波栎社国际机场探索航空中转业务。

推动宁波舟山港与义乌港双核港口一体化和口岸监管无缝对接，实现同港同策，促进海港功能和口岸监管功能向义乌港、浙中公铁联运港等延伸。支持开展甬金铁路双层高柜铁路集装箱运输试点，根据试点情况，研究复制到其他线路。支持宁波—舟山港口型国家物流枢纽建设，大力发展海铁联运。率先探索集装箱多式联运运单及电子运单标准应用。

8. 打造数字经济发展示范区。加大以自主深度算法、超强低耗算力和高速广域网络为代表的新一代数字基础设施建设，支持布局 IPv6、卫星互联网、6G 试验床等网络基础设施，全面拓展数字产业化、产业数字化、数字生活新服务，把国家数字服务出口基地打造为数字贸易先行示范区。

加强数字经济领域国际规则、标准研究制定，推动标准行业互信互认。强化金融支撑，鼓励各类金融机构创新金融服务和金融产品，引导各类创投企业投向数字经济领域创新创业项目。

积极推动杭州城西科技创新大走廊、宁波甬江科技创新大走廊与自贸试验区改革联动、创新联动，打造数字经济创新引领区。推进之江实验室、阿里达摩院等研发机构建设，支持之江实验室参与国家实验室建设。加大对国内外顶尖云制造、人工智能、大数据等企业的招商引资力度，打造全球工业互联网研发应用基地。建设全国电子数据交换系统贸易网，打造枢纽型国际化数字强港。

9. 打造先进制造业集聚区。建立关键零部件国际国内双回路供应政策体系。以关键核心技术为突破口，围绕新材料、生命健康等产业，建立产业链“链长制”责任体系，提升“补链”能力。探索实行产业链供地。推动产业集群在空间上高度集聚、上下游紧密协同、供应链集约高效。

聚焦高性能磁性材料、新型膜材料、先进碳材料等优势产业，前瞻布局智能复合材料、海洋新材料等新兴领域，加速新材料产业升级的关键核心技术攻关及成果转化，积极推动先进材料产业创新中心建设，打造参与全球新材料产业创新竞争的重要平台。

聚焦新一代智能技术应用，大力引进若干国内外顶尖的智能制造示范企业，支持区内企业推进国际协同研发，积极融入高端制造业全球供应链、创新链和价值链。围绕现代高档数控机床、机器人等智能装备及关键基础件，打造国内重要的智能制造装备产业基地。落实支持科技创新进口税收政策，对符合政策要求的区内单位进口科研设备免税。

加大 5G、物联网、工业互联网、人工智能、数据中心等新型基础设施建设力度，加强交通基础设施智能化升级，推动自贸试验区和省内其他区域联动协同，建立高效、快速、便捷、智慧的全球一流基础设施体系。

搭建生命大健康产业科研创新平台，鼓励和支持龙头医药企业加大科技投入，与国内外医药科研院所开展合作，建设生物医药公共技术服务平台和开放性专业实验室。

加快海水淡化与综合利用、海洋可再生能源等新兴领域自主研发、中试转化、装备定型，积极推动产业规模化发展。

（三）构建安全高效的风险防控体系。

10. 加快完善风险防范机制。加强顶层设计，健全风险防范责任机制，坚持底线思维，强化重大风险防范的政治责任和履责能力。加强风险防控机制的专业化、科学化建设，创新激励机制，强化风险管理人才队伍建设。完善风险防控的评估、预警与处置机制，加强油气产业环境风险处置应对能力建设。健全对外开放的风险防范机制，完善和创新对外籍人士等特殊人群管理模式。支持宁波海事法院、杭州互联网法院发挥在推进国际航运物流枢纽和数字经济发展示范区建设中的服务和保障作用；适应新型国际贸易中心建设需要，积极打造具有较强国际影响力的国际商事仲裁平台，健全完善诉讼、仲裁、调解等有机衔接、相互协调的国际商事多元化纠纷解决机制。

11. 打造数字一体化监管服务平台。依托数字化手段，开展自贸试验区一体化风险防控监管平台体系差别化探索。充分利用大数据、人工智能、区块链、5G 等先进信息技术，建设高标准智能化监管平台。在国家数据跨境传输安全管理制度框架下，试点开展数据跨境流动安全评估，探索建立数据保护能力认证、数据流动备份审查、跨境数据流动和交易风险评估等数据安全管理机制。加大对专利、版权、企业商业秘密等权利及数据的保护力度，主动参与引领全球数字经济交流合作。依托外贸风险快速预警综合平台，完善外贸预警机制，实现监管信息互联互认共享，提高外贸企业抵御风险能力。

12. 构建全链条信用管理机制。支持开展企业信用风险分类管理试点工作，加强企业信用风险状况评估分析，提升企业信用风险状况预测预警和动态监测能力，实现对市场主体的精准靶向监管。运用区块链技术，注重源头管理，探索“沙盒”监管模式，建立全链条信用监管机制，支持探索信用评估和信用修复制度，鼓励失信主体通过主动纠正失信行为、消除不良社会影响等方式修复信用。

四、保障机制

坚持和加强党对改革开放的领导，把党的领导贯穿于自贸试验区建设的全过程。牢固树立总体国家安全观，强化底线思维和风险意识，切实加强自贸试验区风险防控体系建设，完善风险防控和处置机制，维护国家安全和社会安全，牢牢守住不发生区域性系统性风险底线。在国务院自由贸易试验区工作部际联席会议统筹协调下，充分发挥地方和部门积极性，抓好各项改革试点任务落实，高标准高质量建设自贸试验区。浙江省要完善工作机制，构建精简高效、权责明晰的自贸试验区管理体制，加强人才培养，打造高素质专业化管理队伍；要加强地方立法，建立公正透明、体系完备的法治环境；要强化主体责任，加强监测预警，深入开展风险评估，制定相关工作方案，切实防范化解重大风险；要建立完善自贸试验区制度创新容错机制，坚持“三个区分开来”，鼓励大胆试、大胆闯；要统筹推进新冠肺炎疫情防控和自贸试验区高质量发展工作，全面落实“外防输入、内防反弹”要求，努力把疫情造成的损失降到最低限度。浙江省和有关部门要依法及时下放相关管理权限，完善配套政策，确保各项改革举措落地实施。要加强自贸试验区既有区域和扩展区域的联动发展、融合发展，既有区域和扩展区域各项政策措施可叠加适用。自贸试验区各片区要把工作做细，制度做实，严格监督，严格执纪执法。本方案提出的各项改革政策措施，凡涉及调整现行法律或行政法规的，按规定程序办理。重大事项及时向党中央、国务院请示报告。

中华人民共和国海关总署

中华人民共和国海关总署令

第 244 号

《海关总署关于废止部分规章的决定》已于 2020 年 12 月 11 日经海关总署署务会议审议通过，现予公布，自公布之日起生效。

署长　倪岳峰

2020 年 12 月 21 日

海关总署关于废止部分规章的决定

根据工作实际，现决定废止 1987 年 6 月 30 日以〔1987〕署货字第 667 号公布的《中华人民共和国海关关于进出口货物申请担保的管理办法》、2004 年 2 月 6 日以海关总署令第 112 号公布的《中华人民共和国海关关于来往香港、澳门小型船舶及所载货物、物品管理办法》和 2014 年 2 月 26 日以海关总署令第 215 号公布的《中华人民共和国海关政府信息公开办法》。

本决定自公布之日起生效。

中华人民共和国海关总署令

第 245 号

《中华人民共和国海关进出口货物减免税管理办法》已于 2020 年 12 月 11 日经海关总署署务会议审议通过，现予公布，自 2021 年 3 月 1 日起施行。2008 年 12 月 29 日海关总署公布的《中华人民共和国海关进出口货物减免税管理办法》（海关总署令第 179 号）同时废止。

署长　倪岳峰

2020 年 12 月 21 日

中华人民共和国海关进出口货物减免税管理办法

第一章　总　则

第一条　为了规范海关进出口货物减免税管理工作，保障行政相对人合法权益，优化营商环境，根据《中华人民共和国海关法》（以下简称《海关法》）、《中华人民共和国进出口关税条例》及有关法律和行政法规的规定，制定本办法。

第二条　进出口货物减征或者免征关税、进口环节税（以下简称减免税）事务，除法律、行政法规另有规定外，海关依照本办法实施管理。

第三条　进出口货物减免税申请人（以下简称减免税申请人）应当向其主管海关申请办理减免税审核确认、减免税货物税款担保、减免税货物后续管理等相关业务。

减免税申请人向主管海关申请办理减免税相关业务，应当按照规定提交齐全、有效、填报规范的申请材料，并对材料的真实性、准确性、完整性和规范性承担相应的法律责任。

第二章　减免税审核确认

第四条　减免税申请人按照有关进出口税收优惠政策的规定申请减免税进出口相关货物，应当在货物申报进出口前，取得相关政策规定的享受进出口税收优惠政策资格的证明材料，并凭以下材料向主管海关申请办理减免税审核确认手续：

（一）《进出口货物征免税申请表》；

（二）事业单位法人证书或者国家机关设立文件、社会团体法人登记证书、民办非企业单位法人登记证书、基金会法人登记证书等证明材料；

（三）进出口合同、发票以及相关货物的产品情况资料。

第五条 主管海关应当自受理减免税审核确认申请之日起 10 个工作日内，对减免税申请人主体资格、投资项目和进出口货物相关情况是否符合有关进出口税收优惠政策规定等情况进行审核，并出具进出口货物征税、减税或者免税的确认意见，制发《中华人民共和国海关进出口货物征免税确认通知书》（以下简称《征免税确认通知书》）。

有本条第二款规定情形的，主管海关应当自情形消除之日起 10 个工作日内，出具进出口货物征税、减税或者免税的确认意见，并制发《征免税确认通知书》。

第六条 减免税申请人需要变更或者撤销已出具的《征免税确认通知书》的，应当在《征免税确认通知书》有效期内向主管海关提出申请，并随附相关材料。

经审核符合规定的，主管海关应当予以变更或者撤销。予以变更的，主管海关应当重新制发《征免税确认通知书》。

第七条 《征免税确认通知书》有效期限不超过 6 个月，减免税申请人应当在有效期内向申报地海关办理有关进出口货物申报手续；不能在有效期内办理，需要延期的，应当在有效期内向主管海关申请办理延期手续。《征免税确认通知书》可以延期一次，延长期限不得超过 6 个月。

《征免税确认通知书》有效期限届满仍未使用的，其效力终止。减免税申请人需要减免税进出口该《征免税确认通知书》所列货物的，应当重新向主管海关申请办理减免税审核确认手续。

第八条 除有关进出口税收优惠政策或者其实施措施另有规定外，进出口货物征税放行后，减免税申请人申请补办减免税审核确认手续的，海关不予受理。

第三章 减免税货物税款担保

第九条 有下列情形之一的，减免税申请人可以向海关申请办理有关货物凭税款担保先予放行手续：

（一）有关进出口税收优惠政策或者其实施措施明确规定的；

（二）主管海关已经受理减免税审核确认申请，尚未办理完毕的；

（三）有关进出口税收优惠政策已经国务院批准，具体实施措施尚未明确，主管海关能够确认减免税申请人属于享受该政策范围的；

（四）其他经海关总署核准的情形。

第十条 减免税申请人需要办理有关货物凭税款担保先予放行手续的，应当在货物申报进出口前向主管海关提出申请，并随附相关材料。

主管海关应当自受理申请之日起 5 个工作日内出具是否准予办理担保的意见。符合本办法第九条规定情形的，主管海关应当 制发《中华人民共和国海关准予办理减免税货物税款担保通知书》（以下简称《准予办理担保通知书》），并通知申报地海关；不符合有关规定情形的，制发《中华人民共和国海关不准予办理减免税货物税款担保通知书》。

第十一条 申报地海关凭主管海关制发的《准予办理担保通知书》，以及减免税申请人提供的海关依法认可的财产、权利，按照规定办理减免税货物的税款担保手续。

第十二条 《准予办理担保通知书》确定的减免税货物税款担保期限不超过 6 个月，主管海关可以延期 1 次，延长期限不得超过 6 个月。特殊情况仍需要延期的，应当经直属海关审核同意。减免税货物税款担保期限届满，本办法第九条规定的有关情形仍然延续的，主管海关可以根据有关情形可能延续的时间等情况，相应延长税款担保期限，并向减免税申请人告知有关情况，同时通知申报地海关为减免税申请人办理税款担保延期手续。

第十三条 减免税申请人在减免税货物税款担保期限届满前取得《征免税确认通知书》，并已向海关办理征税、减税或者免税相关手续的，申报地海关应当解除税款担保。

第四章 减免税货物的管理

第十四条 除海关总署另有规定外，进口减免税货物的监管年限为：

（一）船舶、飞机：8 年；

（二）机动车辆：6 年；

（三）其他货物：3 年。

监管年限自货物进口放行之日起计算。

除海关总署另有规定外，在海关监管年限内，减免税申请人应当按照海关规定保管、使用进口减免税货物，并依法接受海关监管。

第十五条 在海关监管年限内，减免税申请人应当于每年 6 月 30 日（含当日）以前向主管海关提交《减免税货物使用状况报告书》，报告减免税货物使用状况。超过规定期限未提交的，海关按照有关规定将其列入信用信息异常名录。

减免税申请人未按照前款规定报告其减免税货物使用状况，向海关申请办理减免税审核确认、减免税货物税款担保、减免税货物后续管理等相关业务的，海关不予受理。减免税申请人补报后，海关可以受理。

第十六条 在海关监管年限内，减免税货物应当在主管海关审核同意的地点使用。除有关进口税收优惠政策实施措施另有规定外，减免税货物需要变更使用地点的，减免税申请人应当向主管海关提出申请，并说明理由；经主管海关审核同意的，可以变更使用地点。

减免税货物需要移出主管海关管辖地使用的，减免税申请人应当向主管海关申请办理异地监管手续，并随附相关材料。经主管海关审核同意并通知转入地海关后，减免税申请人可以将减免税货物运至转入地海关管辖地，并接受转入地海关监管。

减免税货物在异地使用结束后，减免税申请人应当及时向转入地海关申请办结异地监管手续。经转入地海关审核同意并通知主管海关后，减免税申请人应当将减免税货物运回主管海关管辖地。

第十七条 在海关监管年限内，减免税申请人发生分立、合并、股东变更、改制等主体变更情形的，权利义务承受人应当自变更登记之日起 30 日内，向原减免税申请人的主管海关报告主体变更情况以及有关减免税货物的情况。

经原减免税申请人主管海关审核，需要补征税款的，权利义务承受人应当向原减免税申请人主管海关办理补税手续；可以继续享受减免税待遇的，权利义务承受人应当按照规定申请办理减免税货物结转等相关手续。

第十八条 在海关监管年限内，因破产、撤销、解散、改制或者其他情形导致减免税申请人终止，有权利义务承受人的，参照本办法第十七条的规定办理有关手续；没有权利义务承受人的，原减免税申请人或者其他依法应当承担关税及进口环节税缴纳义务的当事人，应当自资产清算之日起 30 日内，向原减免税申请人主管海关申请办理减免税货物的补缴税款手续。进口时免予提交许可证件的减免税货物，按照国家有关规定需要补办许可证件的，减免税申请人在办理补缴税款手续时还应当补交有关许可证件。有关减免税货物自办结上述手续之日起，解除海关监管。

第十九条 在海关监管年限内，减免税申请人要求将减免税货物退运出境或者出口的，应当经主管海关审核同意，并办理相关手续。

减免税货物自退运出境或者出口之日起，解除海关监管，海关不再对退运出境或者出口的减免税货物补征相关税款。

第二十条 减免税货物海关监管年限届满

的，自动解除监管。对海关监管年限内的减免税货物，减免税申请人要求提前解除监管的，应当向主管海关提出申请，并办理补缴税款手续。进口时免予提交许可证件的减免税货物，按照国家有关规定需要补办许可证件的，减免税申请人在办理补缴税款手续时还应当补交有关许可证件。有关减免税货物自办结上述手续之日起，解除海关监管。

减免税申请人可以自减免税货物解除监管之日起1年内，向主管海关申领《中华人民共和国海关进口减免税货物解除监管证明》。

第二十一条 在海关监管年限内及其后3年内，海关依照《海关法》《中华人民共和国海关稽查条例》等有关规定，对有关企业、单位进口和使用减免税货物情况实施稽查。

第五章 减免税货物的抵押、转让、移作他用

第二十二条 在减免税货物的海关监管年限内，经主管海关审核同意，并办理有关手续，减免税申请人可以将减免税货物抵押、转让、移作他用或者进行其他处置。

第二十三条 在海关监管年限内，进口时免予提交许可证件的减免税货物，减免税申请人向主管海关申请办理抵押、转让、移作他用或者其他处置手续时，按照国家有关规定需要补办许可证件的，应当补办相关手续。

第二十四条 在海关监管年限内，减免税申请人要求以减免税货物向银行或者非银行金融机构办理贷款抵押的，应当向主管海关提出申请，随附相关材料，并以海关依法认可的财产、权利提供税款担保。

主管海关应当对减免税申请人提交的申请材料是否齐全、有效，填报是否规范等进行审核，必要时可以实地了解减免税申请人经营状况、减免税货物使用状况等相关情况。经审核符合规定的，主管海关应当制发《中华人民共和国海关准予办理减免税货物贷款抵押通知书》；不符合规定的，应当制发《中华人民共和国海关不准予办理减免税货物贷款抵押通知书》。

减免税申请人不得以减免税货物向银行或者非银行金融机构以外的自然人、法人或者非法人组织办理贷款抵押。

第二十五条 主管海关同意以减免税货物办理贷款抵押的，减免税申请人应当自签订抵押合同、贷款合同之日起30日内，将抵押合同、贷款合同提交主管海关备案。

抵押合同、贷款合同的签订日期不是同一日的，按照后签订的日期计算前款规定的备案时限。

第二十六条 减免税货物贷款抵押需要延期的，减免税申请人应当在贷款抵押期限届满前，向主管海关申请办理贷款抵押的延期手续。

经审核符合规定的，主管海关应当制发《中华人民共和国海关准予办理减免税货物贷款抵押延期通知书》；不符合规定的，应当制发《中华人民共和国海关不准予办理减免税货物贷款抵押延期通知书》。

第二十七条 在海关监管年限内，减免税申请人需要将减免税货物转让给进口同一货物享受同等减免税优惠待遇的其他单位的，应当按照下列规定办理减免税货物结转手续：

（一）减免税货物的转出申请人向转出地主管海关提出申请，并随附相关材料。转出地主管海关审核同意后，通知转入地主管海关。

（二）减免税货物的转入申请人向转入地主管海关申请办理减免税审核确认手续。转入地主管海关审核同意后，制发《征免税确认通知书》。

（三）结转减免税货物的监管年限应当连续计算，转入地主管海关在剩余监管年限内对结转减免税货物继续实施后续监管。转入地海关和转出地海关为同一海关的，参照本条第一款规定办理。

第二十八条 在海关监管年限内，减免税申请人需要将减免税货物转让给不享受进口税收优惠政策或者进口同一货物不享受同等减免税优惠待遇的其他单位的，应当事先向主管海关申请办

理减免税货物补缴税款手续。进口时免予提交许可证件的减免税货物，按照国家有关规定需要补办许可证件的，减免税申请人在办理补缴税款手续时还应当补交有关许可证件。有关减免税货物自办结上述手续之日起，解除海关监管。

第二十九条 减免税货物因转让、提前解除监管以及减免税申请人发生主体变更、依法终止情形或者其他原因需要补征税款的，补税的完税价格以货物原进口时的完税价格为基础，按照减免税货物已进口时间与监管年限的比例进行折旧，其计算公式如下：

补税的完税价格＝减免税货物原进口时的完税价格×$\left[1-\frac{\text{减免税货物已进口时间}}{\text{监管年限}\times 12}\right]$

减免税货物已进口时间自货物放行之日起按月计算。不足 1 个月但超过 15 日的，按 1 个月计算；不超过 15 日的，不予计算。

第三十条 按照本办法第二十九条规定计算减免税货物补税 的完税价格的，应当按以下情形确定货物已进口时间的截止日期：

（一）转让减免税货物的，应当以主管海关接受减免税申请人申请办理补税手续之日作为截止之日；

（二）减免税申请人未经海关批准，擅自转让减免税货物的，应当以货物实际转让之日作为截止之日；实际转让之日不能确定的，应当以海关发现之日作为截止之日；

（三）在海关监管年限内，减免税申请人发生主体变更情形的，应当以变更登记之日作为截止之日；

（四）在海关监管年限内，减免税申请人发生破产、撤销、解散或者其他依法终止经营情形的，应当以人民法院宣告减免税申请人破产之日或者减免税申请人被依法认定终止生产经营活动之日作为截止之日；

（五）减免税货物提前解除监管的，应当以主管海关接受减免税申请人申请办理补缴税款手续之日作为截止之日。

第三十一条 在海关监管年限内，减免税申请人需要将减免税货物移作他用的，应当事先向主管海关提出申请。经主管海关审核同意，减免税申请人可以按照海关批准的使用单位、用途、地区将减免税货物移作他用。

本条第一款所称移作他用包括以下情形：

（一）将减免税货物交给减免税申请人以外的其他单位使用；

（二）未按照原定用途使用减免税货物；

（三）未按照原定地区使用减免税货物。

除海关总署另有规定外，按照本条第一款规定将减免税货物移作他用的，减免税申请人应当事先按照移作他用的时间补缴相应税款；移作他用时间不能确定的，应当提供税款担保，税款担保金额不得超过减免税货物剩余监管年限可能需要补缴的最高税款总额。

第三十二条 减免税申请人将减免税货物移作他用，需要补缴税款的，补税的完税价格以货物原进口时的完税价格为基础，按照需要补缴税款的时间与监管年限的比例进行折旧，其计算公式如下：

补税的完税价格＝减免税货物原进口时的完税价格×$\left[\frac{\text{需要补缴税款的时间}}{\text{监管年限}\times 365}\right]$

上述计算公式中需要补缴税款的时间为减免税货物移作他用的实际时间，按日计算，每日实际使用不满 8 小时或者超过 8 小时的均按 1 日计算。

第三十三条 海关在办理减免税货物贷款抵押、结转、移作他用、异地监管、主体变更、退运出境或者出口、提前解除监管等后续管理业务时，应当自受理减免税申请人的申请之日起 10 个工作日内作出是否同意的决定。

因特殊情形不能在前款规定期限内作出决定的，海关应当向申请人说明理由，并自特殊情形消除之日起 10 个工作日内作出是否同意的决定。

第六章　附　则

第三十四条 在海关监管年限内，减免税申请人发生分立、合并、股东变更、改制等主体变更情形的，或者因破产、撤销、解散、改制或者其他情形导致其终止的，当事人未按照有关规定，向原减免税申请人的主管海关报告主体变更或者终止情形以及有关减免税货物的情况的，海关予以警告，责令其改正，可以处1万元以下罚款。

第三十五条 本办法下列用语的含义：

进出口货物减免税申请人，是指根据有关进出口税收优惠政策和相关法律、行政法规的规定，可以享受进出口税收优惠，并依照本办法向海关申请办理减免税相关业务的具有独立法人资格的企事业单位、社会团体、民办非企业单位、基金会、国家机关；具体实施投资项目，获得投资项目单位授权并经按照本条规定确定为主管海关的投资项目所在地海关同意，可以向其申请办理减免税相关业务的投资项目单位所属非法人分支机构；经海关总署确认的其他组织。

减免税申请人的主管海关，减免税申请人为企业法人的，主管海关是指其办理企业法人登记注册地的海关；减免税申请人为事业单位、社会团体、民办非企业单位、基金会、国家机关等非企业法人组织的，主管海关是指其住所地海关；减免税申请人为投资项目单位所属非法人分支机构的，主管海关是指其办理营业登记地的海关。下列特殊情况除外：

（一）投资项目所在地海关与减免税申请人办理企业法人登记注册地海关或者办理营业登记地海关不是同一海关的，投资项目所在地海关为主管海关；投资项目所在地涉及多个海关的，有关海关的共同上级海关或者共同上级海关指定的海关为主管海关；

（二）有关进出口税收优惠政策实施措施明确规定的情形；

（三）海关总署批准的其他情形。

第三十六条 本办法所列文书格式由海关总署另行制定并公告。

第三十七条 本办法由海关总署负责解释。

第三十八条 本办法自2021年3月1日起施行。2008年12月29日海关总署公布的《中华人民共和国海关进出口货物减免税管理办法》（海关总署令第179号）同时废止。

中华人民共和国海关总署令

第246号

《中华人民共和国海关行政许可管理办法》已于2020年12月11日经海关总署署务会议审议通过，现予公布，自2021年2月1日起实施。2004年6月18日海关总署令第117号公布、2014年3月13日海关总署令第218号修改的《中华人民共和国海关实施〈中华人民共和国行政许可法〉办法》同时废止。

署长　倪岳峰

2020年12月22日

中华人民共和国海关行政许可管理办法

第一章　总　则

第一条 为了规范海关行政许可管理，保护公民、法人和其他组织的合法权益，维护公共利益和社会秩序，根据《中华人民共和国行政许可法》（以下简称《行政许可法》）、《中华人民共和国海关法》以及有关法律、行政法规的规定，制定本办法。

第二条 本办法所称的海关行政许可，是指海关根据公民、法人或者其他组织（以下简称申请人）的申请，经依法审查，准予其从事与海关监督管理相关的特定活动的行为。

第三条 海关行政许可的项目管理、实施程序、标准化管理、评价与监督，适用本办法。其他海关规章另有规定的，从其规定。上级海关对下级海关的人事、财务、外事等事项的审批，海关对其他机关或者对其直接管理的事业单位的人事、财务、外事等事项的审批，不适用本办法。

第四条 海关总署统一管理全国海关行政许可工作。

各级海关应当在法定权限内，以本海关的名义统一实施海关行政许可。

海关内设机构和海关派出机构不得以自己的名义实施海关行政许可。

第五条 海关实施行政许可，应当遵循公开、公平、公正、非歧视的原则。

有关行政许可的规定应当公开。海关行政许可的实施和结果，除涉及国家秘密、商业秘密或者个人隐私的外，应当公开。

符合法定条件、标准的，申请人有依法取得海关行政许可的平等权利。

第六条 海关实施行政许可，应当遵循高效便民的原则，提高审批效率，推进审批服务便民化。

第七条 海关应当按照国家行政许可标准化建设相关规定，运用标准化原理、方法和技术，在法律、行政法规、国务院决定和海关规章规定的范围内，实施行政许可、规范行政许可管理。

第八条 公民、法人或者其他组织对海关实施行政许可，享有陈述权、申辩权；有权依法申请行政复议或者提起行政诉讼；其合法权益因海关违法实施行政许可受到损害的，有权依法要求赔偿。

第二章 行政许可项目管理

第九条 海关行政许可项目由法律、行政法规、国务院决定设定。

海关规章、规范性文件一律不得设定海关行政许可。

第十条 海关实施法律、行政法规和国务院决定设定的行政许可，需要对实施的程序、条件、期限等进行具体规定的，由海关总署依法制定海关规章做出规定。

海关总署可以根据法律、行政法规、国务院决定和海关规章的规定，以规范性文件的形式对海关行政许可实施过程中的具体问题进行明确。

对实施上位法设定的行政许可作出的具体规定，不得增设行政许可；对行政许可条件作出的具体规定，不得增设违反上位法的其他条件；对行政许可实施过程中具体问题进行明确的，不得增加海关权力、减损申请人合法权益、增加申请人义务。

第十一条 公民、法人或者其他组织发现海关规章以及规范性文件有违反《行政许可法》规定的，可以向海关总署或者各级海关反映；对规章以外的有关海关行政许可的规范性文件有异议的，在对不服海关行政许可具体行政行为申请复议时，可以一并申请审查。

第十二条 按照国务院行政审批制度改革相关要求，海关行政许可实施清单管理。未列入海关系统行政许可事项清单（以下简称清单）的事项不得实施行政许可。

法律、行政法规或者国务院决定设立、取消、下放海关行政许可的，海关总署应当及时调整清单。

第十三条 直属海关应当根据海关总署发布的清单编制、公布本关区负责实施的行政许可清单，并且实施动态管理。

第三章 行政许可实施程序

第一节 申请与受理

第十四条 公民、法人或者其他组织从事与海关监督管理相关的特定活动，依法需要取得海关行政许可的，应当向海关提出书面申请。

海关应当向申请人提供海关行政许可申请书格式文本，并且将法律、行政法规、海关规章规定的有关行政许可的事项、依据、条件、数量、程序、期限以及需要提交的全部材料的目录、申请书示范文本和填制说明在海关网上办理平台和办公场所公示。申请书格式文本中不得包含与申请海关行政许可事项没有直接关系的内容。

申请人可以委托代理人提出海关行政许可申请。依据法律、行政法规的规定，应当由申请人到海关办公场所提出行政许可申请的除外。

第十五条 申请人可以到海关行政许可受理窗口提出申请，也可以通过网上办理平台或者信函、传真、电子邮件等方式提出申请，并且对其提交材料的真实性、合法性和有效性负责。海关不得要求申请人提交与其申请的行政许可事项无关的技术资料和其他材料。

申请材料涉及商业秘密、未披露信息或者保密商务信息的，申请人应当以书面方式向海关提出保密要求，并且具体列明需要保密的内容。海关按照国家有关规定承担保密义务。

第十六条 海关对申请人提出的海关行政许可申请，应当根据下列情况分别作出处理：

（一）申请事项依法不需要取得海关行政许可的，应当即时告知申请人；

（二）申请事项依法不属于本海关职权范围的，应当即时作出不予受理的决定，并且告知申请人向其他海关或者有关行政机关申请；

（三）申请材料存在可以当场更正的错误的，应当允许申请人当场更正，由申请人在更正处签字或者盖章，并且注明更正日期，更正后申请材料齐全、符合法定形式的，应当予以受理；

（四）申请材料不齐全或者不符合法定形式的，应当当场或者在签收申请材料后五日内一次告知申请人需要补正的全部内容，逾期不告知的，自收到申请材料之日起即为受理；

（五）申请事项属于本海关职权范围，申请材料齐全、符合法定形式，或者申请人按照本海关的要求提交全部补正申请材料的，应当受理海关行政许可申请。

海关受理或者不予受理行政许可申请，或者告知申请人补正申请材料的，应当出具加盖本海关行政许可专用印章并且注明日期的书面凭证。

第十七条 除不予受理或者需要补正的情形外，海关行政许可受理窗口收到海关行政许可申请之日，即为受理海关行政许可申请之日；以信函申请的，海关收讫信函之日为受理海关行政许可申请之日；以网上办理平台或者传真、电子邮件提出申请的，申请材料送达网上办理平台或者海关指定的传真号码、电子邮件地址之日为受理海关行政许可申请之日。

申请人提交补正申请材料的，以海关收到全部补正申请材料之日为受理海关行政许可申请之日。

第二节　审查与决定

第十八条 海关应当对申请人提交的申请材料进行审查。依法需要对申请材料的实质内容进行核实的，海关可以通过数据共享核实。需要现场核查的，应当指派不少于两名工作人员共同进行。核查人员应当根据核查的情况制作核查记录，并且由核查人员与被核查方共同签字确认。被核查方拒绝签字的，核查人员应当予以注明。

第十九条 申请人提交的申请材料齐全、符合法定形式，能够当场作出决定的，应当当场作出书面的海关行政许可决定。

当场作出海关行政许可决定的，应当当场制发加盖本海关印章并且注明日期的书面凭证，同时不再制发受理单。

第二十条 申请人的申请符合法定条件、标准的，应当依法作出准予海关行政许可的决定；申请人的申请不符合法定条件、标准的，应当依法作出不予海关行政许可的决定。作出准予或者不予海关行政许可的决定，应当出具加盖本海关印章并且注明日期的书面凭证。

依法作出不予海关行政许可决定的，应当说明理由并且告知申请人享有申请行政复议或者提起行政诉讼的权利。

第二十一条 海关作出的准予行政许可决定，应当予以公开，公众有权查阅。

未经申请人同意，海关及其工作人员、参与专家评审等的人员不得披露申请人提交的商业秘密、未披露信息或者保密商务信息，法律另有规定或者涉及国家安全、重大社会公共利益的除外。海关依法公开申请人前述信息的，允许申请人在合理期限内提出异议。

第二十二条 申请人在海关作出海关行政许可决定之前，可以向海关书面申请撤回海关行政许可申请。

第二十三条 海关作出准予海关行政许可的决定，需要颁发海关行政许可证件的，应当自作出决定之日起十日内向申请人颁发、送达加盖本海关印章的下列海关行政许可证件：

（一）许可证、执照或者其他许可证书；

（二）资格证、资质证或者其他合格证书；

（三）准予海关行政许可的批准文件或者证明文件；

（四）法律、行政法规规定的其他海关行政许可证件。

第二十四条 海关行政许可的适用范围没有地域限制的，申请人取得的海关行政许可在全关境范围内有效；海关行政许可的适用范围有地域限制的，海关作出的准予海关行政许可决定应当注明。

海关行政许可的适用有期限限制的，海关在作出准予海关行政许可的决定时，应当注明其有效期限。

第三节 变更与延续

第二十五条 被许可人要求变更海关行政许可事项的，应当依法向做出行政许可决定的海关提出变更申请。符合法定条件、标准的，海关应当予以变更。

第二十六条 被许可人需要延续依法取得的海关行政许可的有效期的，应当在该行政许可有效期届满三十日前向做出行政许可决定的海关提出申请。法律、行政法规、海关规章另有规定的除外。

海关应当在海关行政许可有效期届满前作出是否准予延续的决定；逾期未做决定的，视为准予延续。

被许可人因不可抗力未能在行政许可有效期届满三十日前提出申请，经海关审查认定申请材料齐全、符合法定形式的，也可以受理。

第二十七条 海关作出准予变更行政许可决定或者准予延续行政许可决定的，应当出具加盖本海关印章并且注明日期的书面凭证。海关依法不予办理海关行政许可变更手续、不予延续海关行政许可有效期的，应当说明理由。

第四节 听证与陈述申辩

第二十八条 法律、行政法规、海关规章规定实施海关行政许可应当听证的事项，或者海关认为需要听证的涉及公共利益的其他重大海关行政许可事项，海关应当向社会公告，并且举行听证。

海关行政许可直接涉及申请人与他人之间重大利益关系的，海关在作出海关行政许可决定前，应当告知申请人、利害关系人享有要求听证的权利。

海关应当根据听证笔录作出海关行政许可决定。

海关行政许可听证的具体办法由海关总署另行制定。

第二十九条 海关对行政许可申请进行审查时，发现行政许可事项直接关系他人重大利益的，应当告知申请人、利害关系人，申请人、利害关系人有权进行陈述和申辩。

能够确定具体利害关系人的，应当直接向有关利害关系人出具加盖本海关行政许可专用印章并且注明日期的书面凭证。利害关系人为不确定多数人的，可以公告告知。

告知利害关系人，应当同时随附申请人的申请书及申请材料，涉及国家秘密、商业秘密或者个人隐私的材料除外。

海关应当听取申请人、利害关系人的意见。申请人、利害关系人的陈述和申辩意见应当纳入海关行政许可审查范围。

第五节 期 限

第三十条 除当场作出海关行政许可决定的，海关应当自受理海关行政许可申请之日起二十日内作出决定。二十日内不能作出决定的，经本海关负责人批准，可以延长十日，并且将延长期限的理由告知申请人。

法律、行政法规另有规定的，依照其规定。

第三十一条 海关行政许可采取联合办理的，办理的时间不得超过四十五日；四十五日内不能办结的，经海关总署批准，可以延长十五日，并且应当将延长期限的理由告知申请人。

第三十二条 依法应当先经下级海关审查后报上级海关决定的海关行政许可，下级海关应当根据法定条件和程序进行全面审查，并且于受理海关行政许可申请之日起二十日内审查完毕，将审查意见和全部申请材料直接报送上级海关。上级海关应当自收到下级海关报送的审查意见之日起二十日内作出决定。

法律、行政法规另有规定的，依照其规定。

第三十三条 海关做出行政许可决定，依照法律、行政法规需要听证、招标、拍卖、检验、检测、检疫、鉴定和专家评审的，所需时间不计算在本办法规定的期限内。海关应当将所需时间书面告知申请人。

第三十四条 由下级海关代收材料并且交由上级海关出具受理单的，所需时间应当计入海关行政许可办理时限。

第六节 退出程序

第三十五条 海关受理行政许可申请后，做出行政许可决定前，有下列情形之一的，应当终止办理行政许可：

（一）申请人撤回行政许可申请的；

（二）赋予公民、法人或者其他组织特定资格的行政许可，该公民死亡或者丧失行为能力，法人或者其他组织依法终止的；

（三）由于法律、行政法规调整，申请事项不再实施行政许可管理，或者根据国家有关规定暂停实施的；

（四）其他依法应当终止办理行政许可的。

海关终止办理行政许可的，应当出具加盖本海关行政许可专用印章并且注明日期的书面凭证。

第三十六条 有下列情形之一的，作出海关行政许可决定的海关或者其上级海关，根据利害关系人的请求或者依据职权，可以撤销海关行政许可：

（一）海关工作人员滥用职权、玩忽职守作出准予海关行政许可决定的；

（二）超越法定职权作出准予海关行政许可决定的；

（三）违反法定程序作出准予海关行政许可决定的；

（四）对不具备申请资格或者不符合法定条件的申请人准予海关行政许可的；

（五）依法可以撤销海关行政许可的其他情形。

被许可人以欺骗、贿赂等不正当手段取得海关行政许可的，应当予以撤销。

依照前两款的规定撤销海关行政许可，可能对公共利益造成重大损害的，不予撤销。

依照本条第一款的规定撤销行政许可，被许可人的合法权益受到损害的，海关应当依法给予赔偿。依照本条第二款的规定撤销行政许可的，被许可人基于行政许可取得的利益不受保护。

作出撤销行政许可决定的，应当出具加盖本海关印章并且注明日期的书面凭证。

第三十七条 海关不得擅自改变已生效的海关行政许可。海关行政许可所依据的法律、行政法规、海关规章修改或者废止，或者准予海关行政许可所依据的客观情况发生重大变化，为了公共利益的需要，海关可以依法变更或者撤回已经生效的海关行政许可，由此给公民、法人或者其他组织造成财产损失的，应当依法给予补偿。

补偿程序和补偿金额由海关总署根据国家有关规定另行制定。

第三十八条 有下列情形之一的，准予行政许可的海关应当依法办理有关行政许可的注销手续：

（一）海关行政许可有效期届满未延续的；

（二）赋予公民特定资格的行政许可，该公民死亡或者丧失行为能力的；

（三）法人或者其他组织依法终止的；

（四）海关行政许可依法被撤销、撤回，或者行政许可证件依法被吊销的；

（五）因不可抗力导致行政许可事项无法实施的；

（六）法律、行政法规规定的应当注销海关行政许可的其他情形。

被许可人申请注销行政许可的，海关可以注销。

第七节　标准化管理

第三十九条　海关总署按照国务院行政许可标准化建设要求，推进行政许可标准化工作，编制行政许可事项受理单、服务指南和审查工作细则。

第四十条　海关总署建设海关行政许可网上办理平台，实行海关行政许可事项网上全流程办理。

各级海关应当鼓励并且引导申请人通过网上办理平台办理海关行政许可，及时指导现场提交申请材料的申请人现场进行网上办理。

第四十一条　各级海关设置专门的行政许可业务窗口，提供咨询服务以及办理向申请人颁发、邮寄行政许可证件或者相关法律文书等事务。

申请人自愿采用线下办理模式的，“一个窗口”可以受理，不得强制申请人进行网上办理。

第四章　评价与监督

第四十二条　海关可以对已设定的行政许可的实施情况及存在的必要性适时采取自我评价、申请人评价或者第三方评价等方式，实行满意度评价制度，听取意见和建议。

第四十三条　海关应当加强事中事后监管，通过核查反映被许可人从事海关行政许可事项活动情况的有关材料，履行监督检查责任。

海关可以对被许可人生产经营的产品依法进行抽样检查、检验、检测，对其生产经营场所依法进行实地检查。检查时，海关可以依法查阅或者要求被许可人报送有关材料，被许可人应当如实提供有关情况和材料。

海关依法对被许可人从事海关行政许可事项的活动进行监督检查时，应当将监督检查的情况和处理结果予以记录，由监督检查人员签字，并且归档。

公众有权查阅海关的监督检查记录，但是根据法律、行政法规不予公开或者可以不予公开的除外。

第四十四条　海关实施监督检查，不得妨碍被许可人正常的生产经营活动，不得索取或者收受被许可人的财物，不得谋取其他利益。

第四十五条　对被许可人在作出海关行政许可决定的海关管辖区域外违法从事海关行政许可事项活动的，违法行为发生地的海关应当依法将被许可人的违法事实、处理结果通报作出海关行政许可决定的海关。

第四十六条　公民、法人或者其他组织发现违法从事海关行政许可事项的活动，有权向海关举报，海关应当及时核实、处理。

第五章　法律责任

第四十七条　海关及海关工作人员违反有关规定的，按照《行政许可法》第七章的有关规定处理。

第四十八条　被许可人违反《行政许可法》及有关法律、行政法规、海关规章规定的，海关依法给予行政处罚；构成犯罪的，依法追究刑事责任。

第四十九条　行政许可申请人隐瞒有关情况或者提供虚假材料申请行政许可的，海关不予受理或者不予行政许可，并且依据《行政许可法》给予警告；行政许可申请属于直接关系公共安全、人身健康、生命财产安全事项的，申请人在一年内不得再次申请该行政许可。

第五十条　被许可人以欺骗、贿赂等不正当手段取得的行政许可属于直接关系公共安全、人身健康、生命财产安全事项的，申请人在三年内不得再次申请该行政许可。

第六章　附　则

第五十一条　本办法所称的书面凭证包括纸质和电子凭证。符合法定要求的电子凭证与纸质凭证具有同等法律效力。

第五十二条　除法律、行政法规另有规定外，海关实施行政许可，不得收取任何费用。

第五十三条 海关行政许可的过程应当有记录、可追溯，行政许可档案由海关行政许可实施机关按照档案管理的有关规定进行归档、管理。

第五十四条 本办法规定的海关实施行政许可的期限以工作日计算，不含法定节假日。

第五十五条 本办法由海关总署负责解释。

第五十六条 本办法自2021年2月1日起实施。2004年6月18日海关总署令第117号公布、2014年3月13日海关总署令第218号修改的《中华人民共和国海关实施〈中华人民共和国行政许可法〉办法》同时废止。

中华人民共和国海关总署令

第247号

《海关总署关于修改部分规章的决定》已于2020年12月11日经海关总署署务会议审议通过，现予公布，自2021年2月1日起施行。

署长 倪岳峰

2020年12月23日

海关总署关于修改部分规章的决定

为落实国务院关于民法典所涉相关法律规范的清理要求，海关总署决定对《中华人民共和国海关加工贸易监管办法》等3部规章进行修改，具体内容如下：

一、对《中华人民共和国海关加工贸易货物监管办法》（海关总署令第219号公布，根据海关总署令第235号、第240号、第243号修改）做如下修改：

将第六条第二款修改为：“经海关批准并办理有关手续，加工贸易货物可以抵押。”

二、对《中华人民共和国海关统计工作管理规定》（海关总署令第242号公布）做如下修改：

将第十二条修改为“：海关统计监督结果可以作为评估海关业务运行绩效、实施风险管理的依据。”

三、对《口岸艾滋病预防控制管理办法》（原国家质量监督检验检疫总局令第96号公布，根据原国家质量监督检验检疫总局令第139号、海关总署令第238号修改）做如下修改：

（一）将第四条、第十一条中的“主管海关”修改为“直属海关”。

（二）将第五条中的“边防检查机关”修改为“移民管理部门”，将“共同做好口岸艾滋病预防控制及病毒感染者和艾滋病病人的监控工作”修改为“共同做好口岸艾滋病预防控制及病毒感染者和艾滋病病人的管理工作”。

（三）增加一条，作为第七条：“任何单位和个人不得歧视艾滋病病毒感染者、艾滋病病人及其家属。艾滋病病毒感染者、艾滋病病人及其家属合法权益受法律保护。”

（四）删除第八条。

（五）增加一条，作为第八条：“海关对已发现的艾滋病病毒感染者、艾滋病病人应当进行流行病学调查，提供艾滋病防治咨询服务。”

（六）增加一条，作为第九条：“患有艾滋病或者感染艾滋病病毒的入境人员，在入境时应当配合接受海关的流行病学调查和相应的医学指导。”

（七）将第九条、第十条中的“含艾滋病检测结果的”删除。

（八）将第十一条第二款中的“主管海关按照监测工作规范开展艾滋病的监测工作”修改为“直属海关按照监测工作规范组织开展艾滋病的监测工作”。

（九）删除第十七条。

（十）对条文顺序做相应调整。本决定自2021年2月1日起施行。

附件：1. 中华人民共和国海关加工贸易货物监管办法

2. 中华人民共和国海关统计工作管理规定

3. 口岸艾滋病预防控制管理办法

附件 1

中华人民共和国海关加工贸易货物监管办法

第一章 总 则

第一条 为了促进加工贸易健康发展，规范海关对加工贸易货物管理，根据《中华人民共和国海关法》（以下简称《海关法》）以及其他有关法律、行政法规，制定本办法。

第二条 本办法适用于办理加工贸易货物手册设立、进出口报关、加工、监管、核销手续。

加工贸易经营企业、加工企业、承揽者应当按照本办法规定接受海关监管。

第三条 本办法所称“加工贸易”是指经营企业进口全部或者部分原辅材料、零部件、元器件、包装物料（以下统称料件），经过加工或者装配后，将制成品复出口的经营活动，包括来料加工和进料加工。

第四条 除国家另有规定外，加工贸易进口料件属于国家对进口有限制性规定的，经营企业免于向海关提交进口许可证件。

加工贸易出口制成品属于国家对出口有限制性规定的，经营企业应当取得出口许可证件。海关对有关出口许可证件电子数据进行系统自动比对验核。

第五条 加工贸易项下进口料件实行保税监管的，加工成品出口后，海关根据核定的实际加工复出口的数量予以核销。

加工贸易项下进口料件按照规定在进口时先行征收税款的，加工成品出口后，海关根据核定的实际加工复出口的数量退还已征收的税款。

加工贸易项下的出口产品属于应当征收出口关税的，海关按照有关规定征收出口关税。

第六条 海关按照国家规定对加工贸易货物实行担保制度。

经海关批准并办理有关手续，加工贸易货物可以抵押。

第七条 海关对加工贸易实行分类监管，具体管理办法由海关总署另行制定。

第八条 海关可以对加工贸易企业进行核查，企业应当予以配合。

海关核查不得影响企业的正常经营活动。

第九条 加工贸易企业应当根据《中华人民共和国会计法》以及海关有关规定，设置符合海关监管要求的账簿、报表以及其他有关单证，记录与本企业加工贸易货物有关的进口、存储、转让、转移、销售、加工、使用、损耗和出口等情况，凭合法、有效凭证记账并且进行核算。

加工贸易企业应当将加工贸易货物与非加工贸易货物分开管理。加工贸易货物应当存放在经海关备案的场所，实行专料专放。企业变更加工贸易货物存放场所的，应当事先通知海关，并办理备案变更手续。

第二章 加工贸易货物手册设立

第十条 经营企业应当向加工企业所在地主管海关办理加工贸易货物的手册设立手续。

第十一条 除另有规定外，经营企业办理加工贸易货物的手册设立，应当向海关如实申报贸易方式、单耗、进出口口岸，以及进口料件和出口成品的商品名称、商品编号、规格型号、价格和原产地等情况，并且提交经营企业对外签订的合同。经营企业委托加工的，还应当提交与加工企业签订的委托加工合同。

经营企业自身有加工能力的，应当取得主管部门签发的《加工贸易加工企业生产能力证明》；经营企业委托加工的，应当取得主管部门签发的加工企业《加工贸易加工企业生产能力证明》。

第十二条 经营企业按照本办法第十一条、第十二条规定，提交齐全、有效的单证材料，申报设立手册的，海关应当自接受企业手册设立申报之日起 5 个工作日内完成加工贸易手册设立手续。

需要办理担保手续的，经营企业按照规定提供担保后，海关办理手册设立手续。

第十三条 有下列情形之一的，海关应当在经营企业提供相当于应缴税款金额的保证金或者银行、非银行金融机构保函后办理手册设立手续：

（一）涉嫌走私，已经被海关立案侦查，案件尚未审结的；

（二）由于管理混乱被海关要求整改，在整改期内的。

第十四条 有下列情形之一的，海关可以要求经营企业在办理手册设立手续时提供相当于应缴税款金额的保证金或者银行、非银行金融机构保函：

（一）租赁厂房或者设备的；

（二）首次开展加工贸易业务的；

（三）加工贸易手册延期两次（含两次）以上的；

（四）办理异地加工贸易手续的；

（五）涉嫌违规，已经被海关立案调查，案件尚未审结的。

第十五条 加工贸易企业有下列情形之一的，不得办理手册设立手续：

（一）进口料件或者出口成品属于国家禁止进出口的；

（二）加工产品属于国家禁止在我国境内加工生产的；

（三）进口料件不宜实行保税监管的；

（四）经营企业或者加工企业属于国家规定不允许开展加工贸易的；

（五）经营企业未在规定期限内向海关报核已到期的加工贸易手册，又重新申报设立手册的。

第十六条 经营企业办理加工贸易货物的手册设立，申报内容、提交单证与事实不符的，海关应当按照下列规定处理：

（一）货物尚未进口的，海关注销其手册；

（二）货物已进口的，责令企业将货物退运出境。

本条第一款第（二）项规定情形下，经营企业可以向海关申请提供相当于应缴税款金额的保证金或者银行、非银行金融机构保函，并且继续履行合同。

第十七条 已经办理加工贸易货物的手册设立手续的经营企业可以向海关领取加工贸易手册分册、续册。

第十八条 加工贸易货物手册设立内容发生变更的，经营企业应当在加工贸易手册有效期内办理变更手续。

第三章 加工贸易货物进出口、加工

第十九条 经营企业进口加工贸易货物，可以从境外或者海关特殊监管区域、保税监管场所进口，也可以通过深加工结转方式转入。

经营企业出口加工贸易货物，可以向境外或者海关特殊监管区域、保税监管场所出口，也可以通过深加工结转方式转出。

第二十条 经营企业以加工贸易方式进出口的货物，列入海关统计。

第二十一条 加工贸易企业开展深加工结转的，转入企业、转出企业应当向各自的主管海关申报，办理实际收发货以及报关手续。具体管理规定由海关总署另行制定并公布。

有下列情形之一的，加工贸易企业不得办理深加工结转手续：

（一）不符合海关监管要求，被海关责令限期整改，在整改期内的；

（二）有逾期未报核手册的；

（三）由于涉嫌走私已经被海关立案调查，尚未结案的。

加工贸易企业未按照海关规定进行收发货的，不得再次办理深加工结转手续。

第二十二条 经营企业开展外发加工业务，应当按照外发加工的相关管理规定自外发之日起3个工作日内向海关办理备案手续。

经营企业开展外发加工业务，不得将加工贸易货物转卖给承揽者；承揽者不得将加工贸易货物再次外发。

经营企业将全部工序外发加工的，应当在办理备案手续的同时向海关提供相当于外发加工货物应缴税款金额的保证金或者银行、非银行金融机构保函。

第二十三条 外发加工的成品、剩余料件以及生产过程中产生的边角料、残次品、副产品等加工贸易货物，经营企业向所在地主管海关办理相关手续后，可以不运回本企业。

第二十四条 海关对加工贸易货物实施监管的，经营企业和承揽者应当予以配合。

第二十五条 加工贸易货物应当专料专用。

经海关核准，经营企业可以在保税料件之间、保税料件与非保税料件之间进行串换，但是被串换的料件应当属于同一企业，并且应当遵循同品种、同规格、同数量、不牟利的原则。

来料加工保税进口料件不得串换。

第二十六条 由于加工工艺需要使用非保税料件的，经营企业应当事先向海关如实申报使用非保税料件的比例、品种、规格、型号、数量。

经营企业按照本条第一款规定向海关申报的，海关核销时应当在出口成品总耗用量中予以核扣。

第二十七条 经营企业进口料件由于质量存在瑕疵、规格型号与合同不符等原因，需要返还原供货商进行退换，以及由于加工贸易出口产品售后服务需要而出口未加工保税料件的，可以直接向口岸海关办理报关手续。

已经加工的保税进口料件不得进行退换。

第四章 加工贸易货物核销

第二十八条 经营企业应当在规定的期限内将进口料件加工复出口，并且自加工贸易手册项下最后一批成品出口或者加工贸易手册到期之日起30日内向海关报核。

经营企业对外签订的合同提前终止的，应当自合同终止之日起30日内向海关报核。

第二十九条 经营企业报核时应当向海关如实申报进口料件、出口成品、边角料、剩余料件、残次品、副产品以及单耗等情况，并且按照规定提交相关单证。

经营企业按照本条第一款规定向海关报核，单证齐全、有效的，海关应当受理报核。

第三十条 海关核销可以采取纸质单证核销、电子数据核销的方式，必要时可以下厂核查，企业应当予以配合。

海关应当自受理报核之日起30日内予以核销。特殊情况需要延长的，经直属海关关长或者其授权的隶属海关关长批准可以延长30日。

第三十一条 加工贸易保税进口料件或者成品内销的，海关对保税进口料件依法征收税款并且加征缓税利息，另有规定的除外。

进口料件属于国家对进口有限制性规定的，经营企业还应当向海关提交进口许可证件。

第三十二条 经营企业因故将加工贸易进口料件退运出境的，海关凭有关退运单证核销。

第三十三条 经营企业在生产过程中产生的边角料、剩余料件、残次品、副产品和受灾保税货物，按照海关对加工贸易边角料、剩余料件、残次品、副产品和受灾保税货物的管理规定办理，海关凭有关单证核销。

第三十四条 经营企业遗失加工贸易手册的，应当及时向海关报告。

海关按照有关规定处理后对遗失的加工贸易手册予以核销。

第三十五条 对经核销结案的加工贸易手册，海关向经营企业签发《核销结案通知书》。

第三十六条 经营企业已经办理担保的，海关在核销结案后按照规定解除担保。

第三十七条 加工贸易货物的手册设立和核销单证自加工贸易手册核销结案之日起留存3年。

第三十八条 加工贸易企业出现分立、合并、破产、解散或者其他停止正常生产经营活动情形的，应当及时向海关报告，并且办结海关手续。

加工贸易货物被人民法院或者有关行政执法部门封存的，加工贸易企业应当自加工贸易货物被封存之日起5个工作日内向海关报告。

第五章 附 则

第三十九条 违反本办法，构成走私行为、违反海关监管规定行为或者其他违反《中华人民共和国海关法》行为的，由海关依照《中华人民共和国海关法》和《中华人民共和国海关行政处罚实施条例》的有关规定予以处理；构成犯罪的，依法追究刑事责任。

第四十条 本办法中下列用语的含义：

来料加工，是指进口料件由境外企业提供，经营企业不需要付汇进口，按照境外企业的要求进行加工或者装配，只收取加工费，制成品由境外企业销售的经营活动。

进料加工，是指进口料件由经营企业付汇进口，制成品由经营企业外销出口的经营活动。

加工贸易货物，是指加工贸易项下的进口料件、加工成品以及加工过程中产生的边角料、残次品、副产品等。

加工贸易企业，包括经海关注册登记的经营企业和加工企业。

经营企业，是指负责对外签订加工贸易进出口合同的各类进出口企业和外商投资企业，以及经批准获得来料加工经营许可的对外加工装配服务公司。

加工企业，是指接受经营企业委托，负责对进口料件进行加工或者装配，并且具有法人资格的生产企业，以及由经营企业设立的虽不具有法人资格，但是实行相对独立核算并已经办理工商营业证（执照）的工厂。

单位耗料量，是指加工贸易企业在正常生产条件下加工生产单位出口成品所耗用的进口料件的数量，简称单耗。

深加工结转，是指加工贸易企业将保税进口料件加工的产品转至另一加工贸易企业进一步加工后复出口的经营活动。

承揽者，是指与经营企业签订加工合同，承接经营企业委托的外发加工业务的企业或者个人。

外发加工，是指经营企业委托承揽者对加工贸易货物进行加工，在规定期限内将加工后的产品最终复出口的行为。

核销，是指加工贸易经营企业加工复出口或者办理内销等海关手续后，凭规定单证向海关报核，海关按照规定进行核查以后办理解除监管手续的行为。

第四十一条 实施联网监管的加工贸易企业开展加工贸易业务，按照海关对加工贸易企业实施计算机联网监管的管理规定办理。

第四十二条 加工贸易企业在海关特殊监管区域内开展加工贸易业务，按照海关对海关特殊监管区域的相关管理规定办理。

第四十三条 单耗的申报与核定，按照海关对加工贸易单耗的管理规定办理。

第四十四条 海关对加工贸易货物进口时先征收税款出口后予以退税的管理规定另行制定。

第四十五条 本办法由海关总署负责解释。

第四十六条 本办法自公布之日起施行。2004 年 2 月 26 日以海关总署令第 113 号发布，并经海关总署令第 168 号、195 号修正的《中华人民共和国海关对加工贸易货物监管办法》同时废止。

附件 2

中华人民共和国
海关统计工作管理规定

第一章　总　则

第一条 为了科学、有效地开展海关统计工作，保障海关统计的真实性、准确性、完整性和及时性，发挥海关统计服务宏观决策、对外贸易和经济社会发展的作用，根据《中华人民共和国海关法》《中华人民共和国统计法》《中华人民共和国海关统计条例》《中华人民共和国统计法实施条例》以及有关法律、行政法规，制定本规定。

第二条 海关对进出口货物、进出境物品以及有关海关业务的统计工作，适用本规定。

第三条 海关统计工作坚持准确及时、科学完整、国际可比的原则。

第四条 海关对实际进出境并引起境内物质存量增加或者减少的货物实施进出口货物贸易统计；根据管理需要，对其他海关监管货物实施单项统计；对海关进出境监督管理活动和内部管理事务实施海关业务统计。

第五条 海关工作人员对在统计过程中知悉

的国家秘密、商业秘密、海关工作秘密负有保密义务。

第二章　统计调查与统计监督

第六条　海关根据统计工作需要，可以向进出口货物的收发货人或者其代理人以及有关政府部门、行业协会和相关企业等统计调查对象开展统计调查。

统计调查对象应当配合海关统计调查，提供真实、准确、完整的有关资料和信息。

第七条　海关利用行政记录全面采集统计原始资料。行政记录不能满足统计调查需要的，海关通过抽样调查、重点调查和补充调查等方法采集统计原始资料。

第八条　对统计调查中获得的统计原始资料，海关可以进行整理、筛选和审核。

第九条　海关对统计原始资料有疑问的，可以直接向统计调查对象提出查询，收集相关资料，必要时可以实地检查、核对。

海关可以委托社会中介机构收集有关资料或者出具专业意见。

第十条　海关运用统计数据，对业务运行情况和海关执法活动进行监测、评估，为海关管理提供决策依据。

第十一条　海关可以运用统计数据开展以下工作：

（一）对进出口商品等情况进行监测；

（二）对进出口企业贸易活动进行监督，依法处置弄虚作假行为。

第十二条　海关统计监督结果可以作为评估海关业务运行绩效、实施风险管理的依据。

第三章　统计分析与统计服务

第十三条　海关应当对统计数据进行分析，研究对外贸易和海关业务运行特点、趋势和规律，开展动态预警工作。

第十四条　海关应当综合运用定量与定性等统计分析方法，对统计数据进行加工整理，形成分析报告。

海关可以联合其他政府部门、科研机构、行业协会等共同开展统计分析。

第十五条　海关总署向党中央、国务院报送海关统计快报、月报、分析报告等统计信息。

第十六条　海关总署与国务院其他部门共享全国海关统计信息。经海关总署批准，各直属海关统计信息根据地方政府实际需要予以共享。

第十七条　海关统计快报、月报、年报等统计信息通过海关门户网站、新闻发布会等便于公众知晓的方式向社会公布。

海关总署每年 12 月对外公告下一年度向社会公布海关统计信息的时间。

第十八条　除依法主动公开的海关统计信息外，海关可以根据社会公众的需要，提供统计服务。

第十九条　海关应当建立统计信息发布前的审查机制，涉及国家秘密、商业秘密、海关工作秘密的统计信息不得对外公布或者提供。

第四章　统计资料编制与管理

第二十条　海关总署负责管理全国海关统计资料。直属海关负责管理本关区统计资料。

第二十一条　根据国民经济发展和海关监管需要，海关可以对统计项目进行调整。

第二十二条　海关统计快报、月报和年报等统计资料分别按照公历月和公历年汇总编制。

第二十三条　海关统计电子数据以及海关统计月报、年报等海关统计信息永久保存。

第五章　附　则

第二十四条　海关工作人员不得自行、参与或者授意篡改海关统计资料、编造虚假数据。

海关工作人员在统计工作中玩忽职守、滥用职权、徇私舞弊的，依法给予处分；构成犯罪的，依法追究刑事责任。

第二十五条　依法应当申报的项目未申报或者申报不实影响海关单项统计准确性的，由海关予以警告或者处 1000 元以上 1 万元以下罚款。

第二十六条　统计调查对象拒绝、阻碍统计调查，或者提供不真实、不准确、不完整的统计原始资料，或者转移、藏匿、篡改、毁弃统计原始资料的，依照《中华人民共和国统计法》的有关规定处理。

第二十七条 本规定下列用语的含义：

海关统计资料，是指海关统计原始资料以及以海关统计原始资料为基础采集、整理的海关统计信息。

海关统计原始资料，是指经海关确认的《中华人民共和国进出口货物报关单》等报关单证及其随附单证和其他相关资料，以及海关实施抽样调查、重点调查和补充调查采集的原始资料。

海关统计信息，是指海关统计电子数据、海关统计快报、月报、年报以及海关统计分析报告等信息。

第二十八条 本规定由海关总署负责解释。

第二十九条 本规定自2018年10月1日起施行。2006年9月12日以海关总署令第153号公布的《中华人民共和国海关统计工作管理规定》同时废止。

附件3

口岸艾滋病预防控制管理办法

第一章 总 则

第一条 为了做好国境口岸艾滋病的预防、控制工作，保障人体健康和口岸公共卫生，依据《中华人民共和国国境卫生检疫法》及其实施细则和《艾滋病防治条例》等法律法规的规定，制定本办法。

第二条 本办法适用于口岸艾滋病的检疫、监测、疫情报告及控制、宣传教育等工作。

第三条 海关总署主管全国口岸艾滋病预防控制工作，负责制定口岸艾滋病预防控制总体规划，对全国口岸艾滋病预防控制工作进行组织、协调和管理。

第四条 直属海关负责制定所辖口岸区域艾滋病预防控制的工作计划，对口岸艾滋病预防控制工作进行组织、协调和管理，实施检疫、监测、疫情报告及控制、开展宣传教育。

第五条 海关应当配合当地政府做好艾滋病预防控制工作，与地方各级卫生行政主管部门、疾病预防控制机构、公安机关、移民管理部门等建立协作机制，将口岸监控艾滋病的措施与地方的预防控制行动计划接轨，共同做好口岸艾滋病预防控制及病毒感染者和艾滋病病人的管理工作。

第六条 海关应当在出入境口岸加强艾滋病防治的宣传教育工作，对入出境人员有针对性地提供艾滋病防治的咨询和指导，并设立咨询电话，向社会公布。

第二章 口岸检疫

第七条 任何单位和个人不得歧视艾滋病病毒感染者、艾滋病病人及其家属。艾滋病病毒感染者、艾滋病病人及其家属合法权益受法律保护。

第八条 海关对已发现的艾滋病病毒感染者、艾滋病病人应当进行流行病学调查，提供艾滋病防治咨询服务。

第九条 患有艾滋病或者感染艾滋病病毒的入境人员，在入境时应当配合接受海关的流行病学调查和相应的医学指导。

第十条 海关应当加强对入出境人员以及入出境微生物、人体组织、生物制品、血液及其制品等物品（以下简称特殊物品）的检疫和监督管理工作。

第十一条 申请出境1年以上的中国公民以及在国际通航的交通工具上工作的中国籍员工，应当持有海关或者县级以上医院出具的有效健康检查证明。

第十二条 申请来华居留的境外人员，应当到海关进行健康体检，凭海关出具的有效健康检查证明到公安机关办理居留手续。

第三章 口岸监测

第十三条 海关总署应当建立健全口岸艾滋病监测网络。直属海关根据口岸艾滋病流行趋势，设立口岸艾滋病监测点，并报海关总署备案。

直属海关按照监测工作规范组织开展艾滋病的监测工作，根据疫情变化情况和流行趋势，加强入出境重点人群的艾滋病监测。

第十四条 海关总署根据口岸艾滋病预防控制工作的需要，确定艾滋病筛查实验室和确证实验室。艾滋病筛查和确证实验室应当按照国家菌（毒）种和实验室生物安全管理的有关规定开展工作。

海关承担艾滋病检测工作的实验室应当符合国务院卫生主管部门的标准和规范并经验收合格，方可开展艾滋病病毒抗体及相关检测工作。

第十五条 海关为自愿接受艾滋病咨询和检测的人员提供咨询和筛查检测，发现艾滋病病毒抗体阳性的，应当及时将样本送艾滋病确证实验室进行确证。

第十六条 海关应当按照国家有关规定，严格执行标准操作规程、生物安全管理制度及消毒管理制度，防止艾滋病医源性感染的发生。

第四章 疫情报告及控制

第十七条 海关及其工作人员发现艾滋病病毒感染者和艾滋病病人时，应当按照出入境口岸卫生检疫信息报告的相关规定报告疫情。

第十八条 海关应当按照有关法律法规的规定及时向当地卫生行政部门通报口岸艾滋病疫情信息。

第十九条 海关为掌握或者控制艾滋病疫情进行相关调查时，被调查单位和个人必须提供真实信息，不得隐瞒或者编造虚假信息。

未经本人或者其监护人同意，海关及其工作人员不得公开艾滋病病毒感染者、艾滋病病人的相关信息。

第二十条 海关应当对有证据证明可能被艾滋病病毒污染的物品，进行封存、检验或者消毒。经检验，属于被艾滋病病毒污染的物品，应当进行卫生处理或者予以销毁。

第五章 保障措施

第二十一条 口岸艾滋病预防控制经费由海关总署纳入预算，设立海关艾滋病防治专项经费项目，用于艾滋病实验室建设及口岸艾滋病的预防控制工作。

第二十二条 海关负责所辖口岸艾滋病预防控制专业队伍建设，配备合格的专业人员，开展专业技能的培训。

第二十三条 艾滋病预防控制资金要保证专款专用，提高资金使用效益，严禁截留或者挪作他用。

第六章 法律责任

第二十四条 任何单位和个人违反本办法规定，不配合海关进行艾滋病疫情调查和控制的，海关应当责令其改正；情节严重的，根据《中华人民共和国国境卫生检疫法》及其实施细则的有关规定予以处罚；构成犯罪的，依法追究刑事责任。

第二十五条 海关未依照本办法的规定履行艾滋病预防控制管理和监督保障职责的，根据《艾滋病防治条例》的有关规定，由上级机关责令改正，通报批评。

第二十六条 海关工作人员违反本办法规定有下列情形，造成艾滋病传播、流行以及其他严重后果的，由其所在单位依法给予行政处分；构成犯罪的，依法追究刑事责任：

（一）未依法履行艾滋病疫情监测、报告、通报或者公布职责，或者隐瞒、谎报、缓报和漏报艾滋病疫情的；

（二）发生或者可能发生艾滋病传播时未及时采取预防控制措施的；

（三）未依法履行监督检查职责，发现违法行为不及时查处的；

（四）未按照技术规范和要求进行艾滋病病毒相关检测的；

（五）故意泄露艾滋病病毒感染者、艾滋病病人涉及个人隐私的有关信息、资料的；

（六）其他失职、渎职行为。

第七章 附 则

第二十七条 本办法由海关总署负责解释。

第二十八条 本办法自 2007 年 12 月 1 日起施行。此前规定与本办法不一致的，以本办法为准。

中华人民共和国交通运输部

交通运输部关于修改《中华人民共和国船舶安全监督规则》的决定

（中华人民共和国交通运输部令 2020 年第 6 号）

《交通运输部关于修改〈中华人民共和国船舶安全监督规则〉的决定》已于 2020 年 3 月 12 日经第 8 次部务会议通过，现予公布，自 2020 年 6 月 1 日起施行。

部长　李小鹏

2020 年 3 月 16 日

交通运输部关于修改《中华人民共和国船舶安全监督规则》的决定

交通运输部决定对《中华人民共和国船舶安全监督规则》（交通运输部令 2017 年第 14 号）做如下修改：

一、增加一条，作为第四十七条："拟交付船舶国际运输的载货集装箱，其托运人应当在交付船舶运输前，采取整体称重法或者累加计算法对集装箱的重量进行验证，确保集装箱的验证重量不超过其标称的最大营运总质量，与实际重量的误差不超过 5%且最大误差不超过 1 吨，并在运输单据上注明验证重量、验证方法和验证声明等验证信息，提供给承运人、港口经营人。

采取累加计算法的托运人，应当制定符合交通运输部规定的重量验证程序，并按照程序进行载货集装箱重量验证。

未取得验证信息或者验证重量超过最大营运总质量的集装箱，承运人不得装船。"

二、增加一条，作为第四十八条："海事管理机构应当加强对船舶国际运输集装箱托运人、承运人的监督检查，发现存在违反本规则情形的，应当责令改正。"

三、第五十条改为第五十二条，删去其中的"并可扣留船员适任证书 6 个月至 12 个月"、第一项、第五项。

四、增加一条，作为第五十六条："违反本规则，在船舶国际集装箱货物运输经营活动中，有下列情形之一的，由海事管理机构处 1 000 元以上 3 万元以下罚款：

（一）托运人提供的验证重量与实际重量的误差超过 5%或者 1 吨的；

（二）承运人载运未取得验证信息或者验证重量超过最大营运总质量的集装箱的。"

五、第五十六条改为第五十九条，增加一款，作为第四款："本规则所称最大营运总质量，是指在营运中允许的包括所载货物等在内的集装箱整体最大总质量，并在集装箱安全合格牌照上标注。"

条文序号做相应调整。

本决定自 2020 年 6 月 1 日起施行。

《中华人民共和国船舶安全监督规则》根据本决定作相应修改，重新发布。

中华人民共和国船舶安全监督规则

（2017 年 5 月 23 日交通运输部发布，根据 2020 年 3 月 16 日交通运输部《关于修改〈中华人民共和国船舶安全监督规则〉的决定》修正）

第一章　总　则

第一条　为了保障水上人命、财产安全，防止船舶造成水域污染，规范船舶安全监督工作，根据《中华人民共和国海上交通安全法》《中华人民共和国海洋环境保护法》《中华人民共和国港口法》《中华人民共和国内河交通安全管理条例》《中华人民共和国船员条例》等法律法规和我国缔结或者加入的有关国际公约的规定，制定本规则。

第二条　本规则适用于对中国籍船舶和水上设施以及航行、停泊、作业于我国管辖水域的外国籍船舶实施的安全监督工作。

本规则不适用于军事船舶、渔业船舶和体育运动船艇。

第三条　船舶安全监督管理遵循依法、公正、诚信、便民的原则。

第四条　交通运输部主管全国船舶安全监督工作。

国家海事管理机构统一负责全国船舶安全监督工作。

各级海事管理机构按照职责和授权开展船舶安全监督工作。

第五条　本规则所称船舶安全监督，是指海事管理机构依法对船舶及其从事的相关活动是否符合法律、法规、规章以及有关国际公约和港口国监督区域性合作组织的规定而实施的安全监督管理活动。船舶安全监督分为船舶现场监督和船舶安全检查。

船舶现场监督，是指海事管理机构对船舶实施的日常安全监督抽查活动。

船舶安全检查，是指海事管理机构按照一定的时间间隔对船舶的安全和防污染技术状况、船员配备及适任状况、海事劳工条件实施的安全监督检查活动，包括船旗国监督检查和港口国监督检查。

第六条　海事管理机构应当配备必要的人员、装备、资料等，以满足船舶安全监督管理工作的需要。

第七条　船舶现场监督应当由具备相应职责的海事行政执法人员实施。

第八条　从事船舶安全检查的海事行政执法人员应当取得相应等级的资格证书，并不断更新知识。

第九条　海事管理机构应当建立对船舶安全状况的社会监督机制，公布举报、投诉渠道，完善举报和投诉处理机制。

海事管理机构应当为举报人、投诉人保守秘密。

第二章　船舶进出港报告

第十条　中国籍船舶在我国管辖水域内航行应当按照规定实施船舶进出港报告。

第十一条　船舶应当在预计离港或者抵港 4 小时前向将要离泊或者抵达港口的海事管理机构报告进出港信息。航程不足 4 小时的，在驶离上一港口时报告。

船舶在固定航线航行且单次航程不超过 2 小时的，可以每天至少报告一次进出港信息。

船舶应当对报告的完整性和真实性负责。

第十二条　船舶报告的进出港信息应当包括航次动态、在船人员信息、客货载运信息、拟抵离时间和地点等。

第十三条　船舶可以通过互联网、传真、短信等方式报告船舶进出港信息，并在船舶航海或者航行日志内作相应的记载。

第十四条　海事管理机构与水路运输管理部门应当建立信息平台，共享船舶进出港信息。

第三章　船舶综合质量管理

第十五条　海事管理机构应当建立统一的船舶综合质量管理信息平台，收集、处理船舶相关信息，建立船舶综合质量档案。

第十六条　船舶综合质量管理信息平台应当包括下列信息：

（一）船舶基本信息；

（二）船舶安全与防污染管理相关规定落实情况；

（三）水上交通事故情况和污染事故情况；

（四）水上交通安全违法行为被海事管理机构行政处罚情况；

（五）船舶接受安全监督的情况；

（六）航运公司和船舶的安全诚信情况；

（七）船舶进出港报告或者办理进出港手续情况；

（八）按照相关规定缴纳相关费税情况；

（九）船舶检验技术状况。

第十七条　海事管理机构应当按照第十六条所述信息开展船舶综合质量评定，综合质量评定结果应当向社会公开。

第四章　船舶安全监督

第一节　安全监督目标船舶的选择

第十八条　海事管理机构对船舶实施安全监督，应当减少对船舶正常生产作业造成的不必要影响。

第十九条　国家海事管理机构应当制定安全监督目标船舶选择标准。

海事管理机构应当结合辖区实际情况，按照全面覆盖、重点突出、公开便利的原则，依据我国加入的港口国监督区域性合作组织和国家海事管理机构规定的目标船舶选择标准，综合考虑船舶类型、船龄、以往接受船舶安全监督的缺陷、航运公司安全管理情况等，按照规定的时间间隔，选择船舶实施船舶安全监督。

第二十条　按照目标船舶选择标准未列入选船目标的船舶，海事管理机构原则上不登轮实施船舶安全监督，但按照第二十一条规定开展专项检查的除外。

第二十一条　国家重要节假日、重大活动期间，或者针对特定水域、特定安全事项、特定船舶需要进行检查的，海事管理机构可以综合运用船舶安全检查和船舶现场监督等形式，开展专项检查。

第二节　船舶安全监督

第二十二条　船舶现场监督的内容包括：

（一）中国籍船舶自查情况；

（二）法定证书文书配备及记录情况；

（三）船员配备情况；

（四）客货载运及货物系固绑扎情况；

（五）船舶防污染措施落实情况；

（六）船舶航行、停泊、作业情况；

（七）船舶进出港报告或者办理进出港手续情况；

（八）按照相关规定缴纳相关费税情况。

第二十三条　船舶安全检查的内容包括：

（一）船舶配员情况；

（二）船舶、船员配备和持有有关法定证书文书及相关资料情况；

（三）船舶结构、设施和设备情况；

（四）客货载运及货物系固绑扎情况；

（五）船舶保安相关情况；

（六）船员履行其岗位职责的情况，包括对其岗位职责相关的设施、设备的维护保养和实际操作能力等；

（七）海事劳工条件；

（八）船舶安全管理体系运行情况；

（九）法律、法规、规章以及我国缔结、加入的有关国际公约要求的其他检查内容。

第二十四条　海事管理机构应当按照船舶安全监督的内容，制定相应的工作程序，规范船舶安全监督活动。

第二十五条　海事管理机构完成船舶安全监督后应当签发相应的《船舶现场监督报告》《船

旗国监督检查报告》或者《港口国监督检查报告》，由船长或者履行船长职责的船员签名。

《船舶现场监督报告》《船旗国监督检查报告》《港口国监督检查报告》一式两份，一份由海事管理机构存档，一份留船备查。

第二十六条 船舶现场监督中发现船舶存在危及航行安全、船员健康、水域环境的缺陷或者水上交通安全违法行为的，应当按照规定进行处置。

发现存在需要进一步进行安全检查的船舶安全缺陷的，应当启动船舶安全检查程序。

第三节 船舶安全缺陷处理

第二十七条 海事行政执法人员在船舶安全监督过程中发现船舶存在缺陷的，应当按照相关法律、法规、规章和公约的规定，提出下列处理意见：

（一）警示教育；

（二）开航前纠正缺陷；

（三）在开航后限定的期限内纠正缺陷；

（四）滞留；

（五）禁止船舶进港；

（六）限制船舶操作；

（七）责令船舶驶向指定区域；

（八）责令船舶离港。

第二十八条 安全检查发现的船舶缺陷不能在检查港纠正时，海事管理机构可以允许该船驶往最近的可以修理的港口，并及时通知修理港口的海事管理机构。

修理港口超出本港海事管理机构管辖范围的，本港海事管理机构应当通知修理港口海事管理机构进行跟踪检查。

修理港口海事管理机构在收到跟踪检查通知后，应当对船舶缺陷的纠正情况进行验证，并及时将验证结果反馈至发出通知的海事管理机构。

第二十九条 海事管理机构采取本规则第二十七条第（四）（五）（八）项措施的，应当将采取措施的情况及时通知中国籍船舶的船籍港海事管理机构，或者外国籍船舶的船旗国政府。

第三十条 由于存在缺陷，被采取本规则第二十七条第（四）（五）（六）（八）项措施的船舶，应当在相应的缺陷纠正后向海事管理机构申请复查。被采取其他措施的船舶，可以在相应缺陷纠正后向海事管理机构申请复查，不申请复查的，在下次船舶安全检查时由海事管理机构进行复查。海事管理机构收到复查申请后，决定不予本港复查的，应当及时通知申请人在下次船舶安全检查时接受复查。

复查合格的，海事管理机构应当及时解除相应的处理措施。

第三十一条 船舶有权对海事行政执法人员提出的缺陷和处理意见进行陈述和申辩。船舶对于缺陷和处理意见有异议的，海事行政执法人员应当告知船舶申诉的途径和程序。

第三十二条 海事管理机构在实施船舶安全监督中，发现航运公司安全管理存在问题的，应当要求航运公司改正，并将相关情况通报航运公司注册地海事管理机构。

第三十三条 海事管理机构应当将影响安全的重大船舶缺陷以及导致船舶被滞留的缺陷，通知航运公司、相关船舶检验机构或者组织。

船舶存在缺陷或者隐患，以及船舶安全管理存在较为严重问题，可能影响其运输资质条件的，海事管理机构应当将有关情况通知相关水路运输管理部门，水路运输管理部门应当将处理情况反馈相应的海事管理机构。

水路运输管理部门在市场监管中，发现可能影响到船舶安全的问题，应当将有关情况通知相应海事管理机构，海事管理机构应当将处理情况反馈相应水路运输管理部门。

第三十四条 船舶以及相关人员，应当按照海事管理机构签发的《船舶现场监督报告》《船旗国监督检查报告》《港口国监督检查报告》等的要求，对存在的缺陷进行纠正。

航运公司应当督促船舶按时纠正缺陷，并将纠正情况及时反馈实施检查的海事管理机构。

船舶检验机构应当核实有关缺陷纠正情况，需要进行临时检验的，应当将检验报告及时反馈实施检查的海事管理机构。

第三十五条 中国籍船舶的船长应当对缺陷纠正情况进行检查，并在航行或者航海日志中进行记录。

第三十六条 船舶应当妥善保管《船舶现场监督报告》《船旗国监督检查报告》《港口国监督检查报告》，在船上保存至少2年。

第三十七条 除海事管理机构外，任何单位和个人不得扣留、收缴《船舶现场监督报告》《船旗国监督检查报告》《港口国监督检查报告》，或者在上述报告中进行签注。

第三十八条 任何单位和个人，不得擅自涂改、故意损毁、伪造、变造、租借、骗取和冒用《船舶现场监督报告》《船旗国监督检查报告》《港口国监督检查报告》。

第三十九条 《船舶现场监督报告》《船旗国监督检查报告》《港口国监督检查报告》的格式由国家海事管理机构统一制定。

第四十条 中国籍船舶在境外发生水上交通事故，或者被滞留、禁止进港、禁止入境、驱逐出港（境）的，航运公司应当及时将相关情况向船籍港海事管理机构报告，海事管理机构应当做好相应的沟通协调和给予必要的协助。

第五章 船舶安全责任

第四十一条 航运公司应当履行安全管理与防止污染的主体责任，建立、健全船舶安全与防污染制度，对船舶及其设备进行有效维护和保养，确保船舶处于良好状态，保障船舶安全，防止船舶污染环境，为船舶配备满足最低安全配员要求的适任船员。

第四十二条 中国籍船舶应当建立开航前自查制度。船舶在离泊前应当对船舶安全技术状况和货物装载情况进行自查，按照国家海事管理机构规定的格式填写《船舶开航前安全自查清单》，并在开航前由船长签字确认。

船舶在固定航线航行且单次航程不超过2小时的，无须每次开航前均进行自查，但一天内应当至少自查一次。

《船舶开航前安全自查清单》应当在船上保存至少2年。

第四十三条 船长应当妥善安排船舶值班，遵守船舶航行、停泊、作业的安全规定。

第四十四条 船舶应当遵守港口所在地有关管理机构关于恶劣天气限制开航的规定。

航行于内河水域的船舶应当遵守海事管理机构发布的关于枯水季节通航限制的通告。

第四十五条 船舶检验机构应当确保检验的全面性、客观性、准确性和有效性，保证检验合格的船舶具备安全航行、安全作业的技术条件，并对出具的检验证书负责。

第四十六条 配备自动识别系统等通信、导助航设备的船舶应当始终保持相关设备处于正常工作状态，准确完整显示本船信息，并及时更新抵、离港名称和时间等相关信息。相关设备发生故障的，应当及时向抵达港海事管理机构报告。

第四十七条 拟交付船舶国际运输的载货集装箱，其托运人应当在交付船舶运输前，采取整体称重法或者累加计算法对集装箱的重量进行验证，确保集装箱的验证重量不超过其标称的最大营运总质量，与实际重量的误差不超过5%且最大误差不超过1吨，并在运输单据上注明验证重量、验证方法和验证声明等验证信息，提供给承运人、港口经营人。

采取累加计算法的托运人，应当制定符合交通运输部规定的重量验证程序，并按照程序进行载货集装箱重量验证。

未取得验证信息或者验证重量超过最大营运总质量的集装箱，承运人不得装船。

第四十八条 海事管理机构应当加强对船舶国际运输集装箱托运人、承运人的监督检查，发现存在违反本规则情形的，应当责令改正。

第四十九条 任何单位和个人不得阻挠、妨碍海事行政执法人员对船舶进行船舶安全监督。

第五十条 海事行政执法人员在开展船舶安全监督时，船长应当指派人员配合。指派的配合人员应当如实回答询问，并按照要求测试和操纵船舶设施、设备。

第五十一条 海事管理机构通过抽查实施船舶安全监督，不能代替或者免除航运公司、船舶、船员、船舶检验机构及其他相关单位和个人在船舶安全、防污染、海事劳工条件和保安等方面应当履行的法律责任和义务。

第六章 法律责任

第五十二条 违反本规则，有下列行为之一的，由海事管理机构对违法船舶所有人或者船舶经营人处 1 000 元以上 1 万元以下罚款；情节严重的，处 1 万元以上 3 万元以下罚款。对船长或者其他责任人员处 100 元以上 1 000 元以下罚款；情节严重的，处 1 000 元以上 3 000 元以下罚款：

（一）弄虚作假欺骗海事行政执法人员的；

（二）未按照《船舶现场监督报告》《船旗国监督检查报告》《港口国监督检查报告》的处理意见纠正缺陷或者采取措施的；

（三）按照第三十条第一款规定应当申请复查而未申请的。

第五十三条 船舶未按照规定开展自查或者未随船保存船舶自查记录的，对船舶所有人或者船舶经营人处 1 000 元以上 1 万元以下罚款。

第五十四条 船舶未按照规定随船携带或者保存《船舶现场监督报告》《船旗国监督检查报告》《港口国监督检查报告》的，海事管理机构应当责令其改正，并对违法船舶所有人或者船舶经营人处 1 000 元以上 1 万元以下罚款。

第五十五条 船舶进出内河港口，未按照规定向海事管理机构报告船舶进出港信息的，对船舶所有人或者船舶经营人处 5 000 元以上 5 万元以下罚款。

船舶进出沿海港口，未按照规定向海事管理机构报告船舶进出港信息的，对船舶所有人或者船舶经营人处 5 000 元以上 3 万元以下罚款。

第五十六条 违反本规则，在船舶国际集装箱货物运输经营活动中，有下列情形之一的，由海事管理机构处 1 000 元以上 3 万元以下罚款：

（一）托运人提供的验证重量与实际重量的误差超过 5%或者 1 吨的；

（二）承运人载运未取得验证信息或者验证重量超过最大营运总质量的集装箱的。

第五十七条 实施船舶安全检查中发现船舶存在的缺陷与船舶检验机构有关的，海事管理机构应当按照相关规定进行处罚。

因船舶检验机构人员滥用职权、徇私舞弊、玩忽职守、严重失职，造成已签发检验证书的船舶存在严重缺陷或者发生重大事故的，海事管理机构应当撤销其检验资格。

第五十八条 海事管理机构工作人员不依法履行职责进行监督检查，有滥用职权、徇私舞弊、玩忽职守等行为的，由其所在机构或者上级机构依法给予行政处分；构成犯罪的，由司法机关依法追究刑事责任。

第七章 附 则

第五十九条 本规则所称船舶和相关设施的含义，与《中华人民共和国海上交通安全法》《中华人民共和国内河交通安全管理条例》中的船舶、水上设施含义相同。

本规则所称法定证书文书，是指船舶国籍证书、船舶配员证书、船舶检验证书、船舶营运证件、航海或者航行日志以及其他按照法律法规、技术规范及公约要求必须配备的证书文书。

本规则所称航运公司，是指船舶的所有人、经营人和管理人。

本规则所称最大营运总质量，是指在营运中允许的包括所载货物等在内的集装箱整体最大总质量，并在集装箱安全合格牌照上标注。

第六十条 本规则自 2017 年 7 月 1 日起施行。2009 年 11 月 30 日以交通运输部令 2009 年第 15 号公布的《中华人民共和国船舶安全检查规则》同时废止。

中华人民共和国海船船员适任考试和发证规则

（中华人民共和国交通运输部令
2020年第11号）

（《中华人民共和国海船船员适任考试和发证规则》已于2020年7月2日经第21次部务会议通过，现予公布，自2020年11月1日起施行。）

部长 李小鹏
2020年7月6日

中华人民共和国海船船员适任考试和发证规则

第一章 总 则

第一条 为了提高海船船员素质，保障海上人命和财产安全，保护海洋环境，根据《中华人民共和国海上交通安全法》《中华人民共和国船员条例》以及我国缔结或者加入的有关国际公约，制定本规则。

第二条 本规则适用于为取得中华人民共和国海船船员适任证书（以下简称适任证书）而进行的考试以及适任证书、适任证书特免证明和外国适任证书承认签证的签发与管理。

第三条 交通运输部主管全国海船船员适任考试和发证工作。

交通运输部海事局在交通运输部的领导下，对海船船员适任考试和发证工作进行统一管理。

交通运输部海事局所属的各级海事管理机构按照交通运输部海事局确定的职责范围具体负责海船船员适任考试和发证工作。

第四条 海船船员适任考试和发证应当遵循公平、公正、公开、便民的原则。

第二章 适任证书

第一节 适任证书基本信息

第五条 适任证书包含以下基本内容：

（一）持证人姓名、性别、出生日期、国籍、持证人签名及照片；

（二）证书编号；

（三）持证人适任的航区、职务；

（四）发证日期和有效期；

（五）签发机关名称和签发官员署名；

（六）规定需要载明的其他内容。

参加航行和轮机值班的适任证书还应当包含证书等级、职能，有关国际公约的适用条款，持证人适任的船舶种类、主推进动力装置类型、特殊设备操作等内容。

第六条 持证人适任的航区分为无限航区和沿海航区，但无线电操作人员适任的航区分为A1、A2、A3和A4海区。

第七条 船员职务分为：

（一）参加航行和轮机值班的船员：

1. 船长；

2. 甲板部船员：大副、二副、三副、高级值班水手、值班水手，其中大副、二副、三副统称为驾驶员；

3. 轮机部船员：轮机长、大管轮、二管轮、三管轮、电子电气员、高级值班机工、值班机工、电子技工，其中大管轮、二管轮、三管轮统称为轮机员；

4. 无线电操作人员：一级无线电电子员、二级无线电电子员、通用操作员、限用操作员。

（二）不参加航行和轮机值班的船员。

第八条 船长、驾驶员、轮机长、轮机员适任证书分为：

（一）船长、大副、轮机长、大管轮无限航区适任证书分为二个等级：

1. 一等适任证书：适用于3 000总吨及以上或者主推进动力装置3 000千瓦及以上的船舶；

2. 二等适任证书：适用于500总吨及以上至

3 000 总吨或者主推进动力装置 750 千瓦及以上至 3 000 千瓦的船舶。

（二）二副、三副、二管轮、三管轮无限航区适任证书适用于 500 总吨及以上或者主推进动力装置 750 千瓦及以上的船舶。

（三）船长、大副、轮机长、大管轮沿海航区适任证书分为三个等级：

1. 一等适任证书：适用于 3 000 总吨及以上或者主推进动力装置 3 000 千瓦及以上的船舶；

2. 二等适任证书：适用于 500 总吨及以上至 3 000 总吨或者主推进动力装置 750 千瓦及以上至 3 000 千瓦的船舶；

3. 三等适任证书：适用于未满 500 总吨或者主推进动力装置未满 750 千瓦的船舶。

（四）二副、三副、二管轮、三管轮沿海航区适任证书分为二个等级：

1. 一等适任证书：适用于 500 总吨及以上或者主推进动力装置 750 千瓦及以上的船舶；

2. 二等适任证书：适用于未满 500 总吨或者主推进动力装置未满 750 千瓦的船舶。

高级值班水手、高级值班机工适任证书适用于 500 总吨及以上或者主推进动力装置 750 千瓦及以上的船舶。

值班水手、值班机工适任证书等级分为：

（一）无限航区适任证书适用于 500 总吨及以上或者主推进动力装置 750 千瓦及以上的船舶。

（二）沿海航区适任证书分为二个等级：

1. 一等适任证书：适用于 500 总吨及以上或者主推进动力装置 750 千瓦及以上的船舶；

2. 二等适任证书：适用于未满 500 总吨或者主推进动力装置未满 750 千瓦的船舶。

电子电气员和电子技工适任证书适用于主推进动力装置 750 千瓦及以上的船舶。

在拖轮上任职的船长和甲板部船员所持适任证书等级与该拖轮的主推进动力装置功率的等级相对应。

不参加航行和轮机值班的船员适任证书不分等级。

第九条 船员职能根据分工分为：

（一）航行；

（二）货物操作和积载；

（三）船舶作业和人员管理；

（四）轮机工程；

（五）电气、电子和控制工程；

（六）维护和修理；

（七）无线电通信。

船员职能根据技术要求分为：

（一）管理级；

（二）操作级；

（三）支持级。

第十条 适任证书持有人应当在适任证书适用范围内担任职务或者担任低于适任证书适用范围的职务。但担任值班水手职务的船员必须持有值班水手或者高级值班水手适任证书，担任值班机工职务的船员必须持有值班机工或者高级值班机工适任证书。

第二节 适任证书的签发

第十一条 取得适任证书，应当具备下列条件：

（一）年满 18 周岁（在船实习、见习人员年满 16 周岁）且初次申请不超过 60 周岁；

（二）符合船员任职岗位健康要求；

（三）经过船员基本安全培训；

（四）通过相应的适任考试。

参加航行和轮机值班的船员还应当经过相应的船员适任培训、特殊培训，具备相应的船员任职资历，并且任职表现和安全记录良好。

国际航行船舶的船员申请适任证书的，还应当通过船员专业外语考试。

第十二条 不参加航行和轮机值班的海船船员申请适任证书的，应当提交下列材料：

（一）海船船员适任证书申请表；

（二）海船船员健康证明；

（三）身份证件；

（四）符合海事管理机构要求的照片；

（五）基本安全培训合格证。

第十三条 参加航行和轮机值班的海船船员

初次申请适任证书的，应当取得本规则第十二条规定的不参加航行和轮机值班的海船船员适任证书，并提交下列材料：

（一）海船船员适任证书申请表；

（二）海船船员健康证明；

（三）身份证件；

（四）符合海事管理机构要求的照片；

（五）基本安全培训合格证；

（六）专业技能适任培训合格证；

（七）岗位适任培训证明或者航海教育毕业证书；

（八）船员服务簿；

（九）船上见习记录簿；

（十）适任考试合格证明；

（十一）现持有的适任证书。

第十四条 参加航行和轮机值班的海船船员申请适任证书所载职务晋升、航区扩大、吨位或者功率提高的，应当提交第十三条规定的材料。

持有三副、三管轮适任证书申请二副、二管轮适任证书者，免于提交本规则第十三条第（七）（九）（十）项规定的材料。

按照本规则规定免于船上见习者，免于提交第十三条第（九）项规定的材料。

第十五条 参加航行和轮机值班的海船船员按照第十九条申请适任证书再有效的，应提交第十三条规定的除第（七）（九）（十）项外的材料；按照第二十条申请适任证书再有效的，应提交第十三条规定的除第（七）项外的材料，及经过模拟器培训和知识更新培训证明材料，按照本规则规定免于船上见习者，免于提交第十三条第（九）项规定的材料。

第十六条 按照第二十四条规定拟在特殊类型船舶上任职的，除提交本规则第十二条、第十三条、第十四条、第十五条规定的相应材料外，还应当提交相应的特殊培训合格证。

第十七条 海事管理机构对于发证申请，经审核符合本规则规定条件的，应当按照《中华人民共和国行政许可法》《交通行政许可实施程序规定》的要求签发相应的适任证书。

对初次申请适任证书的船员，海事管理机构应当同时配发船员服务簿。

第十八条 参加航行和轮机值班的船员适任证书有效期不超过5年，不参加航行和轮机值班的船员适任证书长期有效。适任证书有效期截止日期不超过持证人65周岁生日。

第十九条 持有船长和高级船员适任证书者，满足下列条件之一，可以在适任证书有效期届满前12个月内或者届满后3个月内向有相应管理权限的海事管理机构申请适任证书再有效：

（一）从申请之日起向前计算5年内具有与其适任证书所记载范围相应的不少于12个月的海上服务资历，且任职表现和安全记录良好。其中，无限航区的船员不少于6个月是在无限航区的船舶上任职；船长、轮机长担任大副、大管轮或者二副、二管轮担任三副、三管轮的，可以作为原职务适任证书再有效的海上任职资历。

（二）从申请之日起向前计算6个月内具有与其适任证书所记载范围相应的不少于3个月的海上服务资历，且任职表现和安全记录良好。

第二十条 未满足本规则第十九条规定的船长和高级船员，申请适任证书再有效的，应当符合下列规定：

（一）未满足第十九条规定，或者适任证书过期3个月及以上5年以下的，应当参加模拟器培训和知识更新培训，并通过相应的抽查项目的评估；

（二）适任证书过期5年及以上10年以下的，应当参加模拟器培训和知识更新培训，并通过相应的抽查科目的理论考试和项目的评估；

（三）适任证书过期10年及以上的，应当参加模拟器培训和知识更新培训，通过相应的抽查科目的理论考试和项目的评估，并在适任证书记载的相应航区、等级范围内按照《船上见习记录簿》规定完成不少于3个月的船上见习。

第二十一条 适任证书损坏或者遗失时，持证人除应当向原证书签发的海事管理机构提交补发申请及本规则第十二条第（一）（三）（四）项或者第十三条第（一）（三）（四）项要求的材料外，还应当满足下列要求：

（一）适任证书损坏的，应当缴回被损坏的证书原件；

（二）适任证书遗失的，应当提交证书遗失说明。

补发的适任证书的有效期截止日期与原适任证书的有效期截止日期相同。

第二十二条 因违反海事行政管理规定被吊销适任证书者，自证书被吊销之日起 2 年后，通过低一级职务的适任考试，可以按照本规则第十三条的规定提交相应材料，向原签发适任证书的海事管理机构申请低一级职务的适任证书。

海事管理机构对通过适任考试的，应当签发其相应的适任证书。

第二十三条 曾在内河船舶、海洋渔业船舶或者军事船舶上任职的人员，具备下列条件的，可以按照交通运输部海事局的规定申请相应的适任证书：

（一）拟申请证书的等级和职务不高于其在内河船舶、海洋渔业船舶或者军事船舶上相应的证书等级和职务，其中可以申请的职务最高为大副或者大管轮；

（二）在内河船舶、海洋渔业船舶或者军事船舶上的水上任职资历能够与本规则规定的海上任职资历相适应，且任职表现和安全记录良好；

（三）参加相应的岗位适任培训，并通过与申请职务相应的理论考试和评估。

第三节 特殊类型船舶船员的特殊要求

第二十四条 拟在油船、化学品船、液化气船、客船、高速船、使用气体或者其他低闪点燃料船舶等特殊类型船舶或者极地水域船舶上任职的，还应当按照相关规定完成相应的特殊培训，并取得培训合格证。

第二十五条 在两港间航程 50 海里及以上的客船上服务的船长、大副、二副、三副、轮机长、大管轮、二管轮、三管轮，都应当持有适用于相应航区的一等适任证书。

第二十六条 申请适用于两港间航程 50 海里及以上客船驾驶员、船长适任证书的，应当具备下列条件：

（一）申请适用于客船三副适任证书者，应当在其他种类的 500 总吨及以上海船上担任三副满 12 个月，任职表现和安全记录良好，并至少在客船上任见习三副 3 个月；或者通过三副适任考试，在客船上完成 18 个月的船上见习，任职表现和安全记录良好；

（二）申请适用于客船二副适任证书者，应当在其他种类的 500 总吨及以上海船上担任二副满 12 个月，任职表现和安全记录良好，并至少在客船上任见习二副 3 个月；或者持有客船三副适任证书并在相应航区、船舶等级的海船上担任三副不少于 12 个月，任职表现和安全记录良好，其中曾经担任客船三副至少 6 个月；

（三）申请适用于客船大副适任证书者，应当在其他种类的 3000 总吨及以上海船上担任大副满 24 个月，任职表现和安全记录良好，并至少在客船上任见习大副 3 个月；或者持有客船二副适任证书并在相应航区、船舶等级的海船上担任二副不少于 12 个月，其中曾经担任客船二副至少 6 个月，通过大副考试，至少在客船上任见习大副 3 个月，任职表现和安全记录良好；

（四）申请适用于客船船长适任证书者，应当在其他种类的 3000 总吨及以上海船上担任船长满 24 个月，任职表现和安全记录良好，并至少在客船上任见习船长 3 个月；或者持有客船大副适任证书并在相应航区、船舶等级的海船上担任大副不少于 18 个月，任职表现和安全记录良好，其中曾经担任客船大副至少 6 个月，通过船长考试，且至少在客船上任见习船长 3 个月。

第二十七条 初次申请适用于两港间航程 50 海里及以上客船轮机长、大管轮适任证书者，应当在其他种类的 3 000 千瓦及以上海船上担任相应职务满 12 个月，任职表现和安全记录良好，并在客船上任相应见习职务 3 个月；初次申请适用于两港间航程 50 海里及以上客船二管轮、三管轮、电子电气员适任证书者，应当在其他种类的 750 千瓦及以上海船上担任相应职务满 12 个月，任职表现和安全记录良好，并在客船上任相应见习职务3个月。

通过三管轮、电子电气员适任考试者，在客船上完成规定的18个月船上见习，任职表现和安全记录良好，可以申请适用于客船的三管轮、电子电气员适任证书。

第三章 适任考试

第二十八条 适任考试包括理论考试和评估。

理论考试以理论知识为主要考试内容，重点对海船船员专业知识的掌握和理解程度进行测试。

评估通过对相应船舶、模拟器或者其他设备的操作，国际通用语言听力测验与口试等方式，重点对海船船员专业知识综合运用、操作及应急等能力进行技能测评。

第二十九条 适任考试科目、大纲由交通运输部海事局统一制定并公布。相关海事管理机构应当在职责范围内制定并公布适任考试具体计划，明确适任考试的时间、地点、申请程序等相关信息。

第三十条 符合本规则附件中申请海船船员适任证书要求，申请参加相应适任考试的，应当按照公布的申请程序向有相应权限的海事管理机构提供下列信息：

（一）身份证件；

（二）所申请考试的适任证书类别；

（三）符合海事管理机构要求的照片；

（四）相应培训证明和海上任职资历。

第三十一条 海事管理机构应当于适任考试开始5日前向申请人发放准考证，并告知申请人查询适任考试成绩的途径等事项。

第三十二条 适任考试有科目或者项目不及格的，可以在初次适任考试准考证签发之日起3年内申请5次补考。逾期不能通过全部适任考试的，所有适任考试成绩失效。

第三十三条 海事管理机构应当在考试结束后10日内公布成绩。适任考试成绩自全部理论考试和评估成绩均合格之日起5年内有效。

第四章 特免证明

第三十四条 中国籍船舶在境外遇有不可抗力或者其他导致持证船员不能履行职务的特殊情况，无法满足船舶最低安全配员要求，需要由本船下一级船员临时担任上一级职务时，应当到签发该船员适任证书的海事管理机构办理特免证明事宜。

第三十五条 办理船长、驾驶员、轮机长、轮机员特免证明的，应当符合下列条件：

（一）办理船长、轮机长特免证明的，应当持有大副或者大管轮适任证书，并在自办理之日起前5年内，具有不少于12个月的不低于其适任证书所记载船舶、航区、职务的任职资历，任职表现和安全记录良好，且船长、轮机长不能履行职务的情况是因不可抗力原因造成；

（二）办理大副、大管轮特免证明的，应当持有二副、二管轮适任证书，并在自办理之日起前5年内，具有不少于12个月的不低于其适任证书所记载船舶、航区、职务的任职资历，且任职表现和安全记录良好；

（三）办理二副、二管轮特免证明的，应当持有三副、三管轮适任证书，并在自办理之日起前5年内，具有不少于6个月的不低于其适任证书所记载船舶、航区、职务的任职资历，且任职表现和安全记录良好；

（四）办理三副、三管轮特免证明的，应当持有高级值班水手、值班水手或者高级值班机工、值班机工适任证书，并在自办理之日起前5年内，具有不少于12个月的不低于其适任证书所记载船舶、航区、职务的任职资历，任职表现和安全记录良好。

本条第一款规定的船员以外的其他船员，不予办理特免证明。

第三十六条 办理特免证明的，应当向海事管理机构提交包含下列内容的材料：

（一）办理理由；

（二）船舶名称、航行区域、停泊港口；

（三）拟办理签发对象的资历情况；

（四）相关证明材料。

第三十七条 海事管理机构应当核实有关情况，对符合第三十五条规定条件的，应当在 3 日内办理有效期不超过 6 个月的特免证明，但船长或者轮机长特免证明的有效期不超过 3 个月。不符合条件的，应当在 3 日内告知申请人不予办理特免证明的理由。

第三十八条 一艘船舶上同时持特免证明的船长和高级船员总共不得超过 3 名。

第三十九条 当事船舶抵达中国第一个港口后，特免证明自动失效。失效的特免证明应当及时缴回原办理的海事管理机构。航运公司应当及时为当事船舶安排持相应适任证书的人员补充空缺职位。

第五章 承认签证

第四十条 持有经修正的《1978 年海员培训、发证和值班标准国际公约》（以下称 STCW 公约）缔约国签发的外国船长和高级船员适任证书的船员在中国籍船舶上任职的，应当取得由海事管理机构签发的外国船员适任证书的承认签证。

第四十一条 申请承认签证的，应当向海事管理机构提交下列材料：

（一）所属缔约国签发的适任证书原件；

（二）表明申请人符合 STCW 公约和所属缔约国有关船员管理规定的证明文件；

（三）申请人的海船船员身份证件。

第四十二条 交通运输部海事局应当按照 STCW 公约和本规则规定的标准、条件等内容，对申请承认签证船员所属缔约国的有关船员管理制度从下列方面进行评价：

（一）有关船员适任培训、考试及发证制度是否符合 STCW 公约要求；

（二）是否按照 STCW 公约要求建立了有效的船员质量标准控制体系；

（三）船员适任条件等相关要求是否低于本规则规定的相关标准。

对于按照本条第一款进行评价的结果表明该缔约国的有关船员管理制度不低于 STCW 公约及本规则相关要求，我国可以与之签署船员证书互认协议。船员持有与我国签署船员证书互认协议的缔约国所签发的船员证书，方可向我国申请承认签证。其中，签发船长、大副、轮机长、大管轮适任证书承认签证前，申请人还应当参加与申请职务相应的海上交通安全、环境保护等方面的培训，并经海事管理机构考核合格。

第四十三条 承认签证的有效期不得超过被承认适任证书的有效期，且最长不得超过 5 年。当被承认适任证书失效时，相应的承认签证自动失效。

第六章 航运公司及相关机构的责任

第四十四条 航运公司及相关机构应当保证被指派任职的船员满足下列要求：

（一）持有适当、有效的适任证书，熟悉自身岗位职责；

（二）熟悉船舶的布置、装置、设备、工作程序、特性和局限性等相关情况；

（三）具有良好工作语言运用及沟通能力，确保在紧急情况下和执行安全、防污染和保安职能时，能够有效履行职责。

第四十五条 航运公司及相关机构应当建立并完善船员培训制度，按照以下要求加强对本公司、机构船员的培训：

（一）按照交通运输部海事局的规定制定并执行有关培训、见习等方面的培训计划，并在培训、见习记录簿内如实填写或者记载；

（二）采取有效措施，确保应当由本公司、机构负责的其他各类船员培训有效实施。

第四十六条 航运公司及相关机构应当备有完整、最新的船员管理法规和相关国际公约。

航运公司及相关机构应当建立船员档案，对船员录用、培训、资历、健康状况以及有关船员考试、证书持有情况等信息进行连续有效的记录和管理，并确保可以供随时查询。

第七章　监督管理

第四十七条　海事管理机构应当对船员履行职责、安全记录等情况进行监督检查，加强对船员适任能力的监管。

第四十八条　有下列情形之一的，海事管理机构可以组织对负有责任的船员适任能力进行考核：

（一）船舶发生碰撞、搁浅或者触礁的；

（二）在航行、锚泊或者靠泊时，从船上非法排放物质的；

（三）违反航行规则的；

（四）以其他危及海上人命、财产安全和海洋环境的方式操作船舶的。

按照本条第一款对船员进行适任能力考核的，应当根据本规则规定的船员适任要求通过抽考、现场考核等方式进行。对于考核结果表明船员不再符合适任条件的，海事管理机构应当注销其适任证书或者承认签证。

第四十九条　按照第四十八条被注销适任证书的船员，可以按照海事管理机构的要求参加低一级职务的评估，海事管理机构签发与其考核结果相适应的适任证书。

第五十条　负责船员适任考试和发证的海事管理机构应当配备满足适任考试、发证要求的人员、设备、场地和资料，建立相关的质量管理体系并通过交通运输部海事局的审核。

第五十一条　海事管理机构应当加强对从事船员适任考试、发证工作人员岗位培训和考核。不符合上岗条件的，不得从事船员适任考试、发证工作。

第五十二条　海事管理机构应当建立船员信息数据库、船员证书电子登记系统等船员档案，并按照交通运输部海事局的规定具备相应信息的查询功能。

第五十三条　海事管理机构应当公开海船船员适任考试和发证管理的事项、办事程序、举报电话等信息，自觉接受社会的监督。

第五十四条　除海事管理机构依法实施外，任何机构和个人不得以任何理由扣留或者吊销船员适任证书。

第八章　法律责任

第五十五条　隐瞒有关情况或者提供虚假材料申请适任证书的，海事管理机构不予受理或者不予签发适任证书，并给予警告；申请人在 1 年内不得再次申请与前次申请等级、职务资格、航区相同的适任证书。

第五十六条　以欺骗、贿赂等不正当手段取得适任证书的，由签发证书的海事管理机构或者其上级海事管理机构吊销有关证书，并处 2 000 元以上 2 万元以下罚款。

以欺骗、贿赂等不正当手段取得特免证明、承认签证的，或者伪造、变造、买卖特免证明、承认签证的，由海事管理机构收缴有关证书，处 2 000 元以上 2 万元以下罚款。

第五十七条　伪造、变造或者买卖适任证书的，由海事管理机构收缴有关证书，处 2 万元以上 10 万元以下罚款，有违法所得的，还应当没收违法所得。

第五十八条　船员未在培训、见习记录簿内作出如实填写或者记载的，由海事管理机构处 1 000 元以上 1 万元以下罚款；情节严重的，并给予暂扣船员适任证书 6 个月以上 2 年以下直至吊销船员适任证书的处罚。

第五十九条　船长未在船员服务簿内如实记载船员履职情况的，由海事管理机构处 2 000 元以上 2 万元以下罚款；情节严重的，并给予暂扣适任证书 6 个月以上 2 年以下直至吊销适任证书的处罚。

第六十条　因违反本规则或者其他水上交通安全法规的规定，被海事管理机构吊销适任证书的，自被吊销之日起 2 年内，不得申请适任证书。

第六十一条 海事管理机构有下列情形之一的，由交通运输部海事局责令改正；情节严重的，限制或者取消其开展适任考试和发证的权限：

（一）违反行政许可法规规定的程序开展适任考试和发证工作的；

（二）超越权限开展适任考试或者签发适任证书的；

（三）对不具备条件的申请人签发适任证书的。

第九章　附　则

第六十二条 适任证书、特免证明、承认签证由交通运输部海事局统一印制。

船上培训、见习记录簿的具体格式和内容由交通运输部海事局统一规定。

第六十三条 本规则下列用语的含义：

（一）海船，是指航行于海上以及江海直达的各类船舶，但不包括军事船舶、渔业船舶、体育运动船舶和非营业性游艇；

（二）无限航区，是指海上任何通航水域，包括世界各国的开放港口和国际通航运河及河流；

（三）沿海航区，是指我国沿海的港口、内水和领海以及国家管辖的一切其他通航海域；

（四）A1 海区，是指至少由一个具有连续数字选择呼叫（即 DSC）报警能力的甚高频（VHF）岸台的无线电话所覆盖的区域；

（五）A2 海区，是指除 A1 海区以外，至少由一个具有连续 DSC 报警能力的中频（MF）岸台的无线电话所覆盖的区域；

（六）A3 海区，是指除 A1 和 A2 海区以外，由具有连续报警能力的国际海事卫星组织（INMARSAT）静止卫星所覆盖的区域；

（七）A4 海区，是指除 A1、A2 和 A3 海区以外的海区；

（八）非运输船，是指工程船舶、拖轮等不从事货物（或者旅客）运输的机动船舶；

（九）安全记录良好，是指自申请之日起向前计算 5 年内未发生负有主要责任的一般事故及以上等级事故；

（十）实践教学，是指航海类院校或者培训机构组织实施的实验教学、工厂实习教学和船上实习；

（十一）航运公司，是指船舶所有人、经营人、管理人或者光船承租人；

（十二）相关机构，是指海船船员服务机构和海员外派机构。

第六十四条 下列船舶船员的适任考试和发证不适用本规则，按照交通运输部海事局的相关规定执行：

（一）在两港间航程不足 50 海里的客船或者滚装客船上任职的船长和高级船员；

（二）在未满 100 总吨船舶上任职的船长和甲板部船员；

（三）在主推进动力装置未满 220 千瓦船舶上任职的轮机部船员；

（四）仅在船籍港和船籍港附近水域航行和作业的船舶上任职的船员；

（五）在公务船、水上飞机、地效翼船、非营业性游艇、摩托艇、非自航船上任职的船员。

依照本条第一款规定取得适任证书的第（二）（三）项船员和在公务船上任职的船员，可以按照交通运输部海事局的规定，免除船员培训和考试的相应内容，申请本规则的相应适任证书。

第六十五条 海船在内河行驶，其船长、驾驶员应当按照交通运输部海事局规定取得相应航线的《海船船员内河航线行驶资格证明》证书，但申请引航的除外。

持有有效适任证书的内河船舶船员，经过相应的培训、考试，并经航线签注，可以在特定航线江海直达船舶上担任相应职务，具体办法由交通运输部海事局制定。

第六十六条 我国缔结或者加入的国际公约对普通船员适任证书有效期有特别规定的，按照其规定执行。

第六十七条 本规则施行前已经取得海船船员适任证书和正在接受海船船员教育、培训的人员的考试和发证工作，由交通运输部海事局在相关国际公约规定的时间内，采取相应的过渡措施，逐步进行规范。

第六十八条 本规则自2020年11月1日起施行。2011年12月27日交通运输部发布的《中华人民共和国海船船员适任考试和发证规则》（交通运输部令2011年第12号），2013年12月24日以交通运输部令2013年第18号发布的《关于修改〈中华人民共和国海船船员适任考试和发证规则〉的决定》，2017年3月28日以交通运输部令2017年第8号发布的《关于修改〈中华人民共和国海船船员适任考试和发证规则〉的决定》，同时废止。

交通运输部关于修改《中华人民共和国海员证管理办法》的决定

（中华人民共和国交通运输部令2020年第13号）

《交通运输部关于修改〈中华人民共和国海员证管理办法〉的决定》已于2020年7月2日经第21次部务会议通过，现予公布，自公布之日起施行。

部长　李小鹏

2020年7月6日

交通运输部关于修改《中华人民共和国海员证管理办法》的决定

交通运输部决定对《中华人民共和国海员证管理办法》（交通运输部令2019年第4号）做如下修改：

一、将第四条、第二十六条、第二十八条中的“中华人民共和国海事局”修改为“交通运输部海事局”。

二、删去第七条第一款第二项；将第三款修改为：“其中第（二）项规定的船员适任证书无须申请人提供”。

三、删去第十九条第四项中的“船员服务簿”。

条文序号做相应调整。

本决定自公布之日起施行。

《中华人民共和国海员证管理办法》根据本决定作相应修改，重新发布。

中华人民共和国海员证管理办法

（2019年2月5日交通运输部发布，根据2020年7月6日交通运输部《关于修改〈中华人民共和国海员证管理办法〉的决定》修正）

第一章　总　则

第一条 为规范中华人民共和国海员证的申请、签发和使用管理，根据《中华人民共和国护照法》《中华人民共和国出境入境管理法》《中华人民共和国船员条例》等法律法规，制定本办法。

第二条 中华人民共和国海员证（以下简称海员证）是中国籍船员在境外执行任务时表明其中华人民共和国公民身份的证件。

第三条 以海员身份出境入境和在国外船舶上从事工作的中国公民，应当按照本办法规定申请办理和使用海员证。

第四条 交通运输部主管全国海员证申请、签发和使用管理工作。

交通运输部海事局负责统一管理海员证申请、签发和使用管理工作。

交通运输部海事局指定并公布的海事管理机构（以下简称签发机关）具体负责海员证申请、签发和使用管理工作。

第二章　申请与签发

第五条 办理海员证可以直接向签发机关申

请，也可以委托海员外派机构，经营国际航线或者特殊航线船舶的航运公司代为申请。

办理渔业船员海员证应当通过具有相应资质的远洋渔业公司或者具有对外劳务合作经营资质的公司提出申请。

第六条 取得海员证应当符合《中华人民共和国海事行政许可条件规定》的有关要求。

第七条 申请办理海员证应当具备下列材料：

（一）海员证申请表；

（二）国际航线或者特殊航线船舶船员适任证书，或者确定的船员出境任务证明材料；

（三）申请人近期电子证件照片。

委托相关单位代为申请办理海员证的，除上述材料外，被委托单位还应当提供委托书。

其中第（二）项规定的船员适任证书无须申请人提供。

第八条 签发机关受理申请后应当核查申请材料，并通过出入境管理机构共享信息核查申请人是否具有法律、行政法规规定的禁止出境情形，在 7 个工作日内做出是否予以批准的决定；予以批准的，签发海员证；不予批准的，应当书面通知申请人并说明理由。

海员证登记项目包括：海员证持有人的姓名、性别、出生日期、出生地，海员证的签发日期、有效期和签发机关。

第九条 海员证的有效期不超过 5 年，有效期截止日期不超过持证人 65 周岁生日。

第十条 海员证签证页已签满的，可以向签发机关申请换发，并提交以下材料：

（一）海员证申请表；

（二）需换发的海员证。

第十一条 海员证发生遗失、被盗、损毁等情形的，可以向签发机关申请补发，并提交以下材料：

（一）海员证申请表；

（二）申请人身份证明材料；

（三）遗失、被盗、损毁的情况说明。

第十二条 补发或者换发海员证的有效期不得超过原海员证的有效期；已过有效期的海员证自动失效。

海员证有效期不足 12 个月的，可以重新申请签发。

重新申请签发海员证的，按照本办法第七条执行。

第三章 使用与管理

第十三条 中国船员持海员证出境入境，应当向出入境边防检查机关交验海员证，履行规定的手续，经查验准许，方可出境入境。

第十四条 中国船员持海员证出境，应当符合目的地国家或者地区关于入境过境证件等方面的要求。

第十五条 持有海员证的中国船员，在其他国家、地区享有按照当地法律、有关国际条约以及中华人民共和国与有关国家签订的海运或者航运协定规定的权利和通行便利。

第十六条 签发机关在海员证签注限定特殊航线的，海员证仅可以用于特殊航线。

第十七条 海员证由船员本人持有并负责保管，仅限持证人本人使用。

第十八条 船员所持海员证在境外过期、遗失、被盗、损毁，或者船员因紧急情况需下船转乘其他交通工具回国，且本人未持有其他有效旅行证件的，可以向中国驻外使馆、领馆或者外交部委托的其他驻外机构申请旅行证。

第十九条 有下列情形之一，签发机关应当按照规定注销海员证：

（一）船员死亡或者被宣告失踪的；

（二）船员丧失民事行为能力的；

（三）船员本人申请注销的；

（四）船员适任证书被依法注销的；

（五）海员证被依法撤销或者吊销的；

（六）签发新海员证后，原海员证应当注销的；

（七）人民法院、人民检察院、公安机关、国家安全机关、国家监察机关因办理案件需要，提请海员证签发机关宣布案件当事人海员证作废的。

第二十条 签发机关应当通过相关信息系统与出入境管理机构共享海员证信息。

第二十一条 船员持海员证出境后，不得危害国家安全，不得损害国家荣誉和利益，不得从事海员身份以外的活动。

第二十二条 任何组织和个人不得伪造、变造、转让、故意损毁或者非法扣押海员证。

第四章 法律责任

第二十三条 申请人隐瞒有关情况或者提供虚假材料申请海员证的，签发机关不予受理或者不予行政许可，并给予警告；已经取得海员证的，予以撤销。

第二十四条 伪造、变造、买卖海员证的，由海事管理机构收缴有关证件，处2万元以上10万元以下罚款，有违法所得的，没收违法所得。

第二十五条 签发机关的工作人员徇私舞弊、滥用职权、玩忽职守、严重失职的，由所在单位给予行政处分；情节严重构成犯罪的，由司法机关依法追究刑事责任。

第二十六条 对于不依法履行海员证申请、签发和使用管理职责的签发机关，交通运输部海事局可以撤销有关指定。

第五章 附 则

第二十七条 本办法中的“特殊航线”是指中国内地至香港特别行政区、澳门特别行政区，中国大陆至台湾地区航线，以及通航的国际河流段。

第二十八条 海员证由交通运输部海事局统一印制。

第二十九条 本办法自2019年5月1日起施行。交通部1989年8月14日发布的《中华人民共和国海员证管理办法》（交通部令1989年第7号）同时废止。

交通运输部关于修改《中华人民共和国海船船员值班规则》的决定

（中华人民共和国交通运输部令2020年第14号）

《交通运输部关于修改〈中华人民共和国海船船员值班规则〉的决定》已于2020年7月2日经第21次部务会议通过，现予公布，自公布之日起施行。

部长 李小鹏

2020年7月6日

交通运输部关于修改《中华人民共和国海船船员值班规则》的决定

交通运输部决定对《中华人民共和国海船船员值班规则》（交通运输部令2012年第10号）做如下修改：

一、将第三条、第七十八条、第八十七条中的“国家海事管理机构”修改为“交通运输部海事局”。

二、删去第一百二十八条中的“船员服务簿”。

本决定自公布之日起施行。

《中华人民共和国海船船员值班规则》根据本决定作相应修改，重新发布。

中华人民共和国海船船员值班规则

（2012年12月17日交通运输部发布，根据2020年7月6日交通运输部《关于修改〈中华人民共和国海船船员值班规则〉的决定》修正）

第一章 总 则

第一条 为了规范海船船员值班，保障海上人命与财产安全，保护海洋环境，加强船舶保安管理，根据《中华人民共和国海上交通安全法》《中华人民共和国海洋环境保护法》和《中华人民共和国船员条例》，以及我国缔结或加入的有关国际公约要求，制定本规则。

第二条 100总吨及以上中国籍海船的船员值班适用本规则，下列船舶除外：

（一）军用船舶；

（二）渔业船舶；

（三）游艇；

（四）构造简单的木质船。

第三条 交通运输部海事局是实施本规则的主管机关。

各级海事管理机构按照职责具体负责海船船员值班的监督管理工作。

第四条 航运公司应当根据本规则以及有关国际公约的要求编制《驾驶台规则》《机舱值班规则》等船舶值班规则，张贴在船舶各部门的易见之处，要求全体船员遵守执行，以保证船舶航行安全。

第五条 航运公司应当确保指派到船上任职的值班船员熟悉船上相关设备、船舶特性、本人职责和值班要求，能有效履行安全、防污染和保安等职责。

第六条 船长及全体船员在值班时，应当遵守法律、行政法规、相关国际公约以及当地有关防治船舶造成海洋污染的要求，采取一切可能采取的预防措施，防止因操作不当或者发生事故等原因造成船舶对海洋环境的污染。

第二章 航次计划及值班一般要求

第一节 航次计划

第七条 船长应当根据航次任务，组织驾驶员研究有关资料，制定航次计划，及时通知各部门做好开航准备工作，保证船舶和船员处于适航、适任状态。

制定航次计划应当满足以下要求：

（一）与大副、轮机长协商后，预先确定并落实本航次所需各种燃润料、物料、淡水以及备品的数量；

（二）保证各种船舶证书和船员证件齐全、有效；

（三）保证本航次涉及的航海图书资料和其他航海出版物准确、完整、及时更新；

（四）保证运输单证及港口文件齐全。

第八条 航次计划包括以下内容：

（一）航线的总里程和预计航行的总时间；

（二）计划航线上的气象情况和海况；

（三）各转向点的经纬度；

（四）各段航线的航程和预计到达各转向点的时间；

（五）复杂航段的航法以及航线附近的危险物的避险手段；

（六）特殊航区的注意事项。

第九条 开航前，船长应当恰当地使用航海图书资料和其他航海出版物，计划好从出发港到下一停靠港的预定航线，清楚标绘在海图上，并对预定航线进行核实。

驾驶员在航行期间应当认真核实预定航线上每一个拟采取的航向。

第十条 船舶航行中，计划航线的下一停靠港发生改变或者船舶需要大幅度偏离计划航线的，船长应当及早计划好修正航线，并在海图上重新标绘。

第二节 值班一般要求

第十一条 航运公司和船长应当为船舶配备

足够的适任船员，以保持安全值班。

第十二条 船长应当安排合格的船员值班，明确值班船员职责。值班的安排应当符合保证船舶、货物安全及保护海洋环境的要求，并保证值班船员得到充分休息，防止疲劳值班。

在船长统一指挥下，值班的驾驶员对船舶安全负责。

轮机长应当经船长同意，合理安排轮机值班，保证机舱运行安全。

船长应当根据保安等级的要求，安排并保持适当和有效的保安值班。

第十三条 值班应当遵守下列驾驶台和机舱资源管理要求：

（一）根据情况合理地安排值班船员；

（二）考虑值班船员资格和适任的局限性；

（三）值班船员应当熟悉其岗位职责和部门职责；

（四）值班船员对值班时所接收到的与航行有关的信息应当能够正确领会、正确处置，并与其他部门适当共享；

（五）值班船员应当保持各部门之间的适当沟通；

（六）对为保证安全所采取的行动，值班船员如果产生任何怀疑，应当立即告知船长、轮机长、负责值班的高级船员。

第十四条 值班的高级船员认为接班的高级船员明显不能有效履行值班职责时，不得交班，并立即向船长或者轮机长报告。

第十五条 值班的高级船员在交班前正在进行重要操作的，应当在确认操作完成后再交班，船长或者轮机长另有指令的除外。

第十六条 接班的高级船员应当在确认本班人员完全能有效地履行各自职责后，方可接班。

第十七条 不得安排船员在值班期间承担影响值班的工作。

第十八条 值班船员应当将值班期间发生的重要事件按照要求做好记录。

第三章　驾驶值班

第一节　值班安排

第十九条 确定驾驶台值班人员组成时，应当考虑下列因素，保证安全航行需要：

（一）保证驾驶台 24 小时值守；

（二）天气及能见度情况、白天及夜间的驾驶要求差异；

（三）临近航行危险时需要值班驾驶员额外执行的航行职责；

（四）电子海图显示与信息系统（ECDIS）、雷达或者电子定位仪等助航仪器及任何其他影响船舶安全航行的设备的使用和工作状态；

（五）船上是否装有自动操舵装置；

（六）是否需要履行无线电职责；

（七）驾驶台上的无人机舱控制装置、警报和指示器及其使用程序和局限性；

（八）特殊的操作环境对航行值班的特别要求。

第二节　了　望

第二十条 船长应当合理安排航行值班船员，以保持连续正规的了望。船长安排值班时应当考虑的因素包括：

（一）能见度、天气和海况；

（二）航行所在区域的通航密度和所发生的其他活动；

（三）在分道通航区域内及其附近水域时所必须注意的情况；

（四）由船舶特性、即时操纵要求和预期操纵可能引起的额外工作量；

（五）指定的值班船员适于值班的状况；

（六）值班船员的专业适任能力及经验；

（七）值班驾驶员对船舶设备、装置和程序的熟悉程度及操船能力；

（八）必要时召唤待命人员立即到驾驶台协助

的可能性；

（九）驾驶台仪器和操纵装置（包括报警系统）的工作状况；

（十）舵和推进器的控制以及船舶操纵特性；

（十一）船舶尺度和指挥位置的视野；

（十二）驾驶台的结构对值班人员了望的影响；

（十三）其他涉及值班安排、适于值班的标准、程序和指南。

第二十一条 值班驾驶员应当始终保持正规了望，并应当符合下列要求：

（一）利用视觉、听觉等一切可用的方法和手段对当时环境和情况保持连续观察、观测；

（二）充分估计到碰撞、搁浅和其他可能危害航行安全的局面和危险；

（三）及时发现遇难的船舶和飞机、船舶遇难人员，及时发现沉船残骸等危害航行安全的物体。

第二十二条 在驾驶台和海图室分设的船上，值班驾驶员为了履行其必要的职责，在确信航行安全情况下，可以短时间进入海图室。

第二十三条 了望人员和舵工的职责应当分开，舵工在操舵时不应当同时担当了望人员职责。

在操舵位置四周的视野未被遮挡且没有夜视障碍，不妨碍保持正规了望的情况下，舵工可同时担当了望人员职责。

第二十四条 在满足下列所有要求的情况下，值班驾驶员可以是唯一的了望人员：

（一）白天；

（二）能在需要时立即召唤其他合适人员到驾驶台协助；

（三）下列因素条件能够确保安全：

1. 天气及能见度情况；

2. 通航密度；

3. 邻近的航行危险物；

4. 在分道通航制或者其附近水域内航行时所必须注意的情况；

5. 其他影响航行安全的因素。

第二十五条 夜间航行时应当至少有一名值班水手协助驾驶员了望。

第三节 值班交接

第二十六条 接班驾驶员在接班前，应当对本船的推算船位或者实际船位进行核实，确认计划航线、航向和航速以及无人机舱控制装置的工作状况，并应当考虑值班期间可能遇到的任何航行危险。

第二十七条 接班驾驶员在视力未完全调节到适应环境条件以前，不应当接班。

第二十八条 交、接班驾驶员应当清楚地交接下列情况：

（一）船长对船舶航行有关的常规命令和其他特别指示；

（二）船位、航向、航速和吃水；

（三）当时的和预报的潮汐、海流、气象、能见度等因素及其对航向和航速的影响；

（四）在驾驶台控制主机时的主机操作程序和方法；

（五）航行环境。航行环境应当至少包括：

1. 正在使用或者在值班期间可能使用的所有航行设备和安全设备的工作状况；

2. 电罗经和磁罗经的误差；

3. 附近船舶的位置及动态；

4. 在值班期间可能遇到的情况和危险；

5. 船舶的横倾、纵倾、水的密度变化及船体下坐对富余水深可能造成的影响。

第四节 值班职责

第二十九条 负责航行的值班驾驶员负责船舶的安全航行，并按照经过修正的《1972 年国际海上避碰规则》和其他安全航行规定进行操纵和避让。

第三十条 值班驾驶员应当做到：

（一）在驾驶台保持值班，不得离开驾驶台；

（二）船长在驾驶台时，值班驾驶员仍然应当对船舶安全航行负责，除非被明确告知船长已承担责任；

（三）给予全体值班人员一切适当的指示和

信息，以保持安全值班。

第三十一条 值班驾驶员应当使用安全航速。需要时，应当立即采取转舵、主机变速和使用声响信号等措施。在情况允许时，应当及时通知机舱拟进行主机变速，或者按照适用的程序有效地使用驾驶台的无人机舱主机控制装置。

第三十二条 值班驾驶员必须充分掌握在任何吃水情况下本船的冲程等操纵特性，并应当考虑船舶可能具有的其他不同操纵特性。

第三十三条 值班驾驶员应当充分了解本船所有安全和航行设备的放置地点和操作方法，熟练掌握电子助航仪器的使用方法，了解这些设备性能及操作上的局限性。

第三十四条 值班驾驶员在值班期间，应当有效使用船上的助航仪器，以恰当的时间间隔对所驶的航向、船位和航速进行核对，确保本船沿着计划航线行驶，并注意在适当的时候使用测深仪。

第三十五条 值班驾驶员应当经常和精确地测定驶近船舶的罗经方位和距离，及早判断有无碰撞危险。必要时使用甚高频无线电话，与他船协调避让措施。

第三十六条 在下列情况下，值班驾驶员应当对航行设备进行操作性测试：

（一）到港前和出港前；

（二）可预见的影响航行安全的危险情况发生之前。

情况允许时，在海上航行期间值班驾驶员应当尽可能地对航行设备进行操作性测试。

上述测试应当做好记录。

第三十七条 值班驾驶员应当定期检查下列内容：

（一）确保手动操舵或者自动舵使船舶保持在正确的航向上；

（二）每班应当至少测定一次标准罗经的误差，如可能，在大幅度改变航向后也应当测定；应当经常进行标准罗经和陀螺罗经核对；复示仪与主罗经应当同步；如发现误差变化较大，应当及时报告船长；

（三）每班至少测试一次自动舵的手动操作；

（四）确保航行灯和信号灯及其他航行设备正常工作；

（五）确保无线电设备正常工作并且按照要求值守；

（六）确保在驾驶台的无人机舱控制装置、警报和指示器工作正常。

第三十八条 在使用自动舵时，值班驾驶员应当考虑：

（一）为了应对随时可能出现的潜在危险局面，及时使舵工就位并改为手动操舵的可能性；

（二）在无人协助的情况下因采取紧急措施而中断了望的危险性。

手动操舵和自动操舵的转换应当由值班驾驶员决定。

第三十九条 值班驾驶员应当能熟练地使用雷达，并应当做到：

（一）遇到或者预料到能见度不良或者在通航密集水域航行时，应当使用雷达，并注意其局限性。使用雷达时应当遵守经过修正的《1972 年国际海上避碰规则》中使用雷达的规定。

（二）应当确保所使用的雷达量程以足够频繁的时间间隔进行转换，以便能及早地发现物标。应当考虑微弱或者反射力差的物标可能被漏掉。

（三）使用雷达时，应当选择合适的量程，仔细观察显示器，并确保及早进行雷达标绘或者系统的分析。

（四）天气良好时，如可能，值班驾驶员应当进行雷达使用方面的操练。

第四十条 发生下列情况时，值班驾驶员应当立即报告船长，船长接到报告后应当尽快上驾驶台，必要时由船长直接指挥：

（一）遇到或者预料到能见度不良；

（二）对通航条件或者他船的动态产生疑虑；

（三）对保持航向感到困难；

（四）在预计的时间未能看到陆地、航行标志或测量不到水深；

（五）意外地看到陆地、航行标志或者水深

突然发生变化；

（六）主机、推进装置遥控系统、舵机等主要的航行设备、警报或者指示仪发生故障；

（七）无线电设备发生故障；

（八）恶劣天气怀疑可能有气象危害；

（九）发现遇险人员或船舶以及他船求救；

（十）遇到其他紧急情况或者感到疑虑的情况。

当情况紧急时，为了船舶的安全，值班驾驶员除立即报告船长外，还应当果断采取行动。

第五节　特殊环境下的驾驶值班

第四十一条　遇到或者预料能见度不良时，值班驾驶员应当做到：

（一）鸣放雾号；

（二）以安全航速行驶；

（三）使主机处于立即可操纵的准备状态；

（四）通知船长；

（五）安排正规的了望；

（六）显示航行灯；

（七）操作和使用雷达。

第四十二条　在夜航期间航行值班时，船长和值班驾驶员安排了望应当特别考虑驾驶台设备和助航仪器及其局限性、当时航区的环境和情况以及所实施的程序和安全措施。

船长应当将航行指示和注意事项或者其他重要安排明确记入《船长夜航命令簿》，值班驾驶员应当遵照执行。

第四十三条　在沿岸和通航密集水域航行时，应当使用船上适合于该水域并依照最新资料改正过的最大比例尺的海图。在确认没有碰撞危险的情况下，应当勤测船位，环境许可时还应当使用多种方法定位。

使用电子海图显示与信息系统（ECDIS）的，应选择适当显示比例的电子海图，并以适当的时间间隔通过其他的定位方法对船位进行核查。

值班驾驶员应当确切地辨认沿岸陆标及所有有关的航行标志。

第四十四条　船舶由引航员引航时并不解除船长管理和驾驶船舶的责任。船长和引航员应当交换有关航行方法、当地情况和船舶性能等信息。船长、值班驾驶员应当与引航员紧密合作，保持对船位和船舶动态进行核对。船长对引航员的错误操作应当及时指出，必要时即行纠正。

第四十五条　船长在非危险航段暂离驾驶台时应当告知引航员，并指定驾驶员负责。值班驾驶员对引航员的行动或意图有所怀疑时，应当要求引航员予以澄清，如仍有怀疑，应当立即报告船长，并可在船长到达之前采取必要的行动。

第四十六条　船舶在锚泊时，值班驾驶员应当：

（一）锚抛下时应当立即测定船位，并在海图上标出锚位和回旋范围，对锚地的潮汐、流向、水深、底质、周围情况及当地气象记入航海日志。

（二）情况许可时，应当经常利用固定航标或者岸上容易辨认的物标，校核船舶是否保持在锚位上。

（三）保持正规的了望，并注意以下情形，并做到：

1. 周围锚泊船的情况，尤其是位于上风或者上流方向锚泊船的动态，以防他船走锚危及本船安全；

2. 来泊船的锚位是否与本船有足够的安全距离，如过近，应当设法通知对方，并报告船长；

3. 过往船舶或者邻近锚泊船起锚离泊时距本船过近，应当密切关注其动态，若判断对本船有威胁时，应当以各种信号警告对方。

（四）以适当的时间间隔巡视全船，注意吃水、龙骨下富余水深以及船舶的状态。

（五）注意观测气象、潮汐和海况变化，注意锚位、锚链受力和船首偏荡；在转流时，还应当注意船身回转及周围船舶动向，必要时采取紧急措施，防止因本船或者他船走锚造成紧迫局面或者发生事故。

（六）本船或者他船走锚，或者过往船舶距离过近造成危险局面时，应当果断地采取一切有效措施，以避免或者减少损失，并立即通知船长。

（七）在急流区锚泊或者遇大风浪天气，除执行船长指示外，还应当勤测锚位，定时巡视甲板，检查锚链和制链器是否正常，并且应当认真督促值班水手每小时检查锚链、锚链制和锚设备一次。

（八）督促值班水手按时升降旗及锚球，开关锚灯、甲板照明，按照规定显示或者悬挂相应的号灯号型，鸣放相应的声号。

（九）能见度不良时，应当认真执行经过修正的《1972年国际海上避碰规则》的有关规定，加强了望，鸣放雾号，打开锚灯和各层甲板的照明灯，并通知船长。

（十）锚泊中进行装卸作业，除应当执行停泊值班中有关装卸业务方面的职责外，还应当注意旁靠船、驳的系缆、碰垫和绳梯以及其他各种安全措施。

（十一）根据锚地情况及相关规定，用甚高频无线电话在规定的频道上保持守听。

（十二）严格遵守防污染规定，采取有效措施，防治船舶对水域环境造成污染。

船长认为必要时，船舶在锚泊情况下可保持连续的航行值班。

第四章　轮机部航行值班

第一节　值班安排

第四十七条　轮机值班的组成应当适合当时的环境和条件，以确保影响船舶安全操作的所有机械设备在自动操作方式、手动操作方式模式下均能安全运行。

第四十八条　确定轮机值班组成时，应当考虑下列因素：

（一）保持船舶的正常运行；

（二）船舶类型、机械设备类型和状况；

（三）对船舶安全运行关系重大的机械设备进行重点监控的值班需求；

（四）由于天气、冰区、污染水域、浅水水域、各种紧急情况、船损控制或者污染处置等情况的变化而采用的特殊操作方式；

（五）值班人员的资格和经验；

（六）人命、船舶、货物和港口的安全及环境保护的要求；

（七）有关国际公约、国家法规和当地规定。

第二节　值班交接

第四十九条　交、接班轮机员应当清楚下列交接事项：

（一）轮机长关于船舶系统和机械设备运行的常规命令和特别指示；

（二）对机械设备及系统进行的所有操作及目的、参与人员以及潜在的危险；

（三）污水舱、压载舱、污油舱、备用舱、淡水柜、粪便柜、滑油柜等使用状况和液位以及对其中贮存物的使用或者处理的特殊要求；

（四）备用燃油舱、沉淀柜、日用油柜和其他燃油贮存设备中的燃油液位和使用状况；

（五）有关卫生系统处理的特殊要求；

（六）主机、辅机系统（包括配电系统）的操作方式和运行状况；

（七）监控设备和手动操作设备的状况；

（八）自动锅炉控制装置和其他与蒸汽锅炉操作有关设备的状况和操作模式；

（九）恶劣天气、冰冻、被污染的水域或者浅水引起的潜在威胁；

（十）在设备故障或危及船舶安全的情况下而采取的特殊操作方式和应急措施；

（十一）机舱普通船员的任务分派；

（十二）消防设备的可用性；

（十三）轮机日志的填写情况。

第五十条　接班轮机员对接班事项不满意或者观察到的情况与轮机日志记录不相符时，不得接班。

第三节　值班职责

第五十一条　值班轮机员是轮机长的代表，主要负责对与船舶安全有关的机械设备进行安全有效的操作和保养，并根据要求，负责轮机值班责任范围内的一切机械设备的检查、操作和测试，保证安全值班。

第五十二条 值班轮机员应当维持既定的正常值班安排。机舱值班的普通船员应当协助值班轮机员使主机、辅机系统安全和有效运行。

第五十三条 轮机长在机舱时，值班轮机员仍应当继续对机舱工作全权负责，除非被明确告知轮机长已承担责任。

第五十四条 轮机值班的所有成员都应当熟悉被指派的值班职责，并掌握本船下列情况：

（一）内部通信系统的适当使用；

（二）机舱逃生途径；

（三）机舱报警系统和辨别各种警报的能力；

（四）机舱的消防设备和破损控制装置的数量、位置和种类，以及它们的使用方法和应当遵守的各种安全预防措施。

第五十五条 轮机值班开始时，应当对所有机械设备的工作情况、工况参数加以验证、分析，以保持在正常范围值。

第五十六条 在值班期间值班轮机员应当定期巡回检查机舱和舵机房，及时发现机械设备的故障和损坏情况，并采取相应措施。

第五十七条 值班轮机员应当对运转失常、可能发生故障或者需要特殊处理的机械设备，以及已经采取的措施做详细记录。需要时，应当对拟采取的措施作出安排。

第五十八条 在机舱值守的值班轮机员应当能够随时操纵推进装置，以应对换向和变速的需要。

机舱无人值守的，值班轮机员在获知报警、呼叫时，应当立即到达机舱。

第五十九条 值班轮机员应当执行驾驶台的命令。

对主推进动力装置进行换向和变速操作的，应当做好记录。当人工操作时，值班轮机员应当确保主推进动力装置的操纵装置有人不间断地值守，并随时处于准备和操作状态。

第六十条 值班轮机员应当掌握正在维护保养的机械设备（包括机械、电气、电子、液压和空气系统）及其控制装置和与此相关的安全设备、所有舱室服务系统设备的维护保养情况，并注意其物料和备品的使用记录。

第六十一条 轮机长应当将值班时拟进行的预防性保养、破损控制或者修理工作等情况通知值班轮机员。

值班轮机员应当负责值班责任内的拟处理的所有机械设备的隔离、旁通和调整，并将已进行的全部工作做好记录。

第六十二条 机舱处于备车状态时，值班轮机员应当保证一切在操纵时可能用到的机械设备处于随时可用状态，并使电力有充足的储备，以满足舵机和其他设备的需要。

第六十三条 值班轮机员应当指导本班值班人员，告知其可能对机械设备造成不利影响或者危及人命、船舶安全的潜在危险情况。

第六十四条 值班轮机员应当对机舱保持不间断监控。在值班人员丧失值班能力时，应当安排替代人员。

第六十五条 值班轮机员应当采取必要的措施，以减轻因设备损坏、失火、进水、破裂、碰撞、搁浅和其他原因所造成损害。

第六十六条 进行预防性保养、破损控制或者维修工作时，值班轮机员应当与负责维修工作的轮机员配合，做好下列工作：

（一）对要进行处理的机械设备加以隔离，并保留值班所需的通道；

（二）在维修期间，将其他的设备调节至充分和安全地发挥功能的状态；

（三）在轮机日志或者其他适当的文件上详细记录维修保养过的设备、参加人员以及采取的安全措施；

（四）必要时将已修理过的机器和设备进行测试、调整，投入使用。

第六十七条 值班轮机员应当确保，在自动设备失灵时履行维修职责的轮机部普通船员能够立即协助其对机器进行手动操作。

第六十八条 值班轮机员应当了解失去舵效或者因机械故障导致失速会危及船舶和海上人命的安全，当发生机舱失火或者机舱中即将采取的行动会导致船速下降、瞬间失去舵效、船舶推进系统停止运转或者电站发生故障或者类似威胁安全的情况，应当立即通知驾驶台。如可能，应当在采取行动之前通知，以便驾驶台有最充分的时间采取一切可能的措施来避免发生海上事故。

第六十九条 出现下列情况，值班轮机员应当立即通知轮机长，并根据情况采取措施：

（一）机器发生故障或者损坏，可能危及船舶的安全运行；

（二）发生可能引起推进机械、辅机、监视系统、调节系统的损坏失常的现象；

（三）遇到其他紧急情况或感到疑虑时。

第七十条 值班轮机员应当给予其他机舱值班人员适当的指示和信息，以保持安全值班。

常规的机械设备保养应当纳入值班工作。

全船的机械、电子与电气、液压、气动等设备的维修工作，应当在轮机长和值班轮机员知情下进行，并做好记录。

第四节 特殊环境下的轮机值班

第七十一条 值班轮机员应当保证提供鸣放声号用的空气或蒸汽压力，并随时执行驾驶台变速、换向的命令，还应当备妥用于操纵的一切辅助机械。

第七十二条 值班轮机员接到船舶进入通航密集水域航行的通知时，应当确保涉及船舶操纵的机械设备能够随时置于手动操作模式、舵和其他设备的操作有足够备用动力、应急舵和其他辅助设备处于随时可用状态。

第七十三条 船舶在开敞的港外锚地或者开敞的海域锚泊时，值班轮机员应当做到下列内容：

（一）保持有效的轮机值班；

（二）定时检查所有正在运行和处于准备状态的机械设备是否正常；

（三）执行驾驶台发布的使主机和辅机保持准备状态的命令；

（四）遵守适用的防治污染规则，防治船舶污染海洋环境；

（五）保持破损控制和消防系统处于准备状态。

在开敞锚地，轮机长应当与船长商定是否仍保持与在航时同样的轮机值班。

第五章 无线电值班

第一节 无线电操作员

第七十四条 航运公司、船长、履行无线电值班职责的无线电操作员和在按照要求配备全球海上遇险与安全系统（GMDSS）设备的船舶上工作的无线电操作员应当遵守本章规定。

第七十五条 船舶无线电设备由持有相应适任证书的无线电操作员管理和操作。遇险报警应当经过船长批准后发送。

第二节 值班安排

第七十六条 船长在安排无线电值班时，应当注意下列内容：

（一）保证无线电值班符合《无线电规则》和经过修正的《1974年国际海上人命安全公约》的规定；

（二）避免与船舶安全航行无关的无线电通信影响无线电值班；

（三）船上安装的无线电设备及其工作状态。

第三节 无线电值班职责

第七十七条 无线电操作员在值班时应当做到下列内容：

（一）在《无线电规则》和经过修正的《1974年国际海上人命安全公约》指定的频率上保持值班；

（二）定时检查无线电设备的电源及工作状态，发现设备故障时及时报告船长；

（三）每天用标准时间信号校对无线电时钟不少于一次；

（四）当港口国规定不能在港界内开启发信机，或者装卸、清洗易挥发的易燃易爆货物时，根据船长或者值班驾驶员的指示不得开启和修理一切发信设备。

第七十八条 离港前，被指定为在遇险时负有无线电通信职责的无线电操作员应当确保符合下列要求：

（一）所有遇险和安全通信的无线电设备、备用电源均处于有效工作状态，并记入无线电台日志；

（二）备妥所有国际公约规定的文件、航行通告和交通运输部海事局要求的附加文件，并根据最新收到的资料进行修改，有不符之处立即报告船长；

（三）按照标准时间信号正确设定无线电时钟；

（四）天线无损坏，并连接正确；

（五）尽可能地更新船舶将要航行的区域及船长要求的其他区域的最新气象报告和航行警告，并将这些信息送交船长。

第七十九条 在离港并启用无线电设备时，值班的无线电操作员应当在适当的遇险频率上值守，并根据船长指示向船舶报告系统发送报告。

第八十条 在海上时，被指定为在遇险事件中负有无线电通信主要责任的无线电操作员应当按照要求定期对无线电设备检查、测试，以保证设备工作正常。检查、测试结果应当记入无线电台日志。

第八十一条 被指定为进行一般通信业务的无线电操作员，应当考虑本船船位与可能要进行通信业务的海岸电台和海岸地球站的相互位置，并在可能通信的频率上保持有效值守。在通信时，无线电操作员应当遵守国际电信联盟的有关规定。

第八十二条 到达港口关闭无线电设备时，值班的无线电操作员应当确保天线接地，并检查备用电源是否安全、电量是否充满。

第八十三条 遇险报警或者遇险呼叫优先于其他通信。当无线电设备收到遇险报警时，应当立即停止干扰遇险通信的任何发射。

第八十四条 值班的无线电操作员收到遇险报警时，应当立即报告船长。

第八十五条 本船遇险或者收到遇险报警时，被指定为在遇险事件中负有无线电通信主要责任的无线电操作员，应当根据《无线电规则》的程序规定采取相应措施。

第八十六条 值班的无线电操作员应当按照《无线电规则》及经过修正的《1974 年国际海上人命安全公约》有关无线电台日志的要求做好下列事项的记录：

（一）遇险、紧急和安全的无线电通信摘要；

（二）与无线电服务有关的重要事件；

（三）无线电设备的状况，包括电源状况的摘要。

在条件允许时，可以每天记录一次船位。

第八十七条 无线电台日志存放应当满足下列要求：

（一）便于遇险通信操作记录；

（二）便于船长查阅；

（三）便于交通运输部海事局或缔约国授权官员检查时查阅。

第六章 港内值班

第一节 港内值班应当遵守的一般要求

第八十八条 船舶在港内停泊时，船长应当安排适当而有效的值班。对于具有特种形式的推进系统或者辅助设备，以及装载有危害、危险、有毒、易燃物品或者其他特殊货物的船舶，还应当按照有关规定的特殊要求值班。

第八十九条 船长应当根据停泊情况、船舶类型和值班特点，配备足够具有熟练操作能力的值班船员，并安排好必要的设备。

第九十条 船舶在港内停泊期间的值班安排应当满足下列要求：

（一）确保人命、船舶、货物、港口和环境的安全；

（二）确保与货物作业相关机械的安全操作；

（三）遵守有关国际公约、国家法规和当地规定；

（四）保持船舶工作正常。

第九十一条 停泊时，甲板值班人员应当至少包括一名值班驾驶员和一名值班水手。

第九十二条 轮机长应当与船长协商确定轮

机值班安排。

决定轮机值班人员组成时，应当考虑下列内容：

（一）至少有一名值班轮机员；

（二）推进功率750千瓦及以上的船舶，至少安排一名值班机工协助值班轮机员。

轮机员在值班期间，不应当承担妨碍其监控船上机械系统的其他任务。

第二节　驾驶值班

第九十三条　在港内值班时，值班驾驶员应当做到下列内容：

（一）掌握全船人员动态，经常巡查船的四周、装卸现场及工作场所，关注从事高空、舷外及封闭舱室内工作的人员安全，督促值班人员坚守岗位，保持部门间联系畅通；

（二）督促值班水手按时升降国旗、开关灯，显示或者悬挂有关号灯号型；

（三）经常检查舷梯、锚链、跳板及安全网，及时调整系泊缆绳，在有较大潮差的泊位上，应当加强巡查，必要时应当采取措施以确保系泊设备处于安全工作状态；

（四）注意吃水、龙骨下的富余水深和船舶的总体状态；

（五）根据船舶种类特点，按照积载计划的要求，负责船港联系和协作，监督装卸操作安全和质量，掌握装卸进度，解决装卸中发生的问题，制止违章作业，注意天气变化及海况，及时开关舱；装卸一级危险品、重大件、贵重货时到现场监督指导；

（六）注意及时收听天气预报，当收到恶劣气象警报时，采取必要的措施以保护人员、船舶和货物的安全；

（七）按照船长、大副的指示或者根据情况需要，通知机舱注入、排出或者调整压舱水，并注意船体平衡；注意检查污水井、压载舱及淡水舱的测量记录；监收加装淡水和物料，加油船来时通知机舱并且注意防火安全；

（八）发生危及船舶安全的紧急情况时，鸣放警报，通知船长，采取措施以防止对船上人员、船舶和货物造成损害；必要时，请求附近船舶或者岸上给予援助；

（九）掌握船舶稳性情况，能够在失火时向消防部门提供可喷洒在船上且不致危及本船的水的大致数量；

（十）在船上进行明火作业及修理工作时，采取必要的预防措施；

（十一）不得在系泊区域内排放污油水、垃圾及杂物，并采取措施，防止本船对周围环境造成其他形式的污染；

（十二）注意过往船舶，有他船系靠本船或者前后泊位时应当在现场守望，并采取相应安全措施；发生事故时，应当立即记下该船船名、国籍、船籍港及事故经过，并向船长报告；

（十三）对遇难船舶和人员提供援助；

（十四）主机试车应当在确认推进器附近无障碍物，不致碍及他船，不损坏舷梯、跳板、缆绳、装卸属具及港口设施等情况后方可进行，并采取必要的预防措施。

第三节　轮机值班

第九十四条　在港内值班时，值班轮机员应当做到下列内容：

（一）遵守有关防范危险情况的特殊操作命令、程序和规定；

（二）监测运行中的所有机械设备及系统的仪表和控制系统；

（三）遵守当地有关防污染规定，按照规定采用必要的技术、方法和程序，防止船舶对周围环境造成污染；

（四）查看污水井中污水的变化情况；

（五）出现紧急情况并且需要时，发出警报并且采取一切可能的措施避免船上人员、船舶及其货物遭受损害；

（六）了解驾驶员对装卸货物时所需设备的要求，以及对压载和船舶稳性控制系统的附加要求；

（七）经常巡查以判断可能发生的设备故障或者损坏情况，发现设备故障或者损坏情况的，应当采取补救措施以确保船舶、货物作业、港口及其周围环境的安全；

（八）在职责范围内采取必要措施，避免船上电气、电子、液压、气动以及机械系统发生事故或者损坏；

（九）对影响船上机械运转、调节或修理的重要事项做好记录。

第四节　驾驶值班的交接班

第九十五条　交、接班的驾驶员应当在交接前巡视检查全船和周围，认真做好交接工作。

第九十六条　交班驾驶员应当告知接班驾驶员下列事项：

（一）航海日志和停泊值班记录簿所记载的有关内容、航运公司指示和船长命令，有关人员来船联系及对外联系事项；

（二）气象、潮汐、泊位水深、船舶吃水、系缆情况、锚位和所出锚链的情况、转流时船舶回转，主机状态和其应急使用的可能性，以及与船舶安全停泊有关的其他情况；

（三）船上拟进行的所有工作，包括积载计划、大副的要求、装卸进度、开工舱口及工班数、货物的分隔衬垫、装卸质量、装卸属具情况、危险品和重大件及应采取的预防及应急措施、贵重货、水手值班情况及与港方联系事项等；

（四）舱底水、压舱水、淡水的水位情况及加装燃油、淡水情况；

（五）消防设备的情况；

（六）港口及本船悬挂的信号、显示的号灯号型和鸣放的声号，港口特殊规定，发生紧急情况或需要援助时船方与港方的联系方式；

（七）要求在船船员的人数和全船人员的动态情况；

（八）检修工作的项目、质量、进度和采取的安全措施；

（九）旁靠船、驳情况，周围锚泊船的动态；

（十）港口的特殊要求；

（十一）有关船员、船舶、货物的安全和防治水域污染的其他重要情况，以及由于船舶行为造成环境污染时向相关机关报告的程序。

第九十七条　接班驾驶员在负责甲板值班之前应当核实下列内容：

（一）系泊缆绳或者锚链是否恰当；

（二）正在装卸的有害或者危险货物的性质，以及发生溢漏或者失火后应当采取的相应措施；

（三）本船悬挂的信号、显示的号灯号型以及鸣放的声号是否正确；

（四）各项安全措施和防火规定是否有效遵守；

（五）是否存在危及本船的情况，以及本船是否危及其他船舶。

第九十八条　交接班人员对交接事项产生疑问时，应当及时向大副或者船长报告。

第五节　轮机值班的交接班

第九十九条　交、接班轮机员应当清楚交接下列事项：

（一）当日的常规命令，有关船舶操作、保养工作、船舶机械或者控制设备修理的特殊命令；

（二）所有机械和系统进行检修工作的性质、涉及的人员以及潜在的危险；

（三）舱底、残渣柜、压载水舱、污油舱、粪便柜、备用柜的液位及状态，以及对其中贮存物的使用或者处理的特殊要求；

（四）有关卫生系统处理的特殊要求；

（五）灭火设备以及烟火探测系统的状况和备用情况；

（六）获准从事或者协助机器修理的人员及其工作地点和修理项目，以及其他获准上船的人员；

（七）港口有关船舶排出物、消防要求及船舶防备工作等方面的特殊规定；

（八）发生紧急情况或者需要援助时，船上与岸上人员、相关机关可使用的通信方式；

（九）其他有关船员、船舶、货物的安全以及防治环境污染等重要情况；

（十）轮机部的活动造成环境污染时，向相关机关报告的程序。

第一百条　接班轮机员在承担值班任务前还应当做到以下内容：

（一）熟悉现有的和可用的电、热、水源和照明来源及其分配情况；

（二）了解船上的燃油、润滑油及淡水供给的可用程度；

（三）备妥机器以应对紧急状况。

第六节　货物作业值班

第一百零一条　航运公司应当制定保证货物作业安全的规定。

负责计划和实施货物作业的高级船员应当通过对特定风险的控制，确保作业的安全实施。

第一百零二条　船舶载运危险货物、污染危害性货物时，船长应当作出保持货物安全的值班安排。

载运散装危险货物的船舶，安全值班应当由甲板部和轮机部各至少一名高级船员和普通船员组成。

载运非散装危险货物的船舶，船长在作出值班安排时应当考虑危险品的性质、数量、包装和积载以及船上、水上和岸上的所有特殊情况。

第七章　驾驶、轮机联系制度

第一节　开航前

第一百零三条　船长应当提前 24 小时将预计开航时间通知轮机长，如停港不足 24 小时，应当在抵港后立即将预计离港时间通知轮机长；轮机长应当向船长报告主要机电设备情况、燃油、润滑油和炉水存量；如开航时间变更，应当及时更正。

第一百零四条　开航前 1 小时，值班驾驶员应当会同值班轮机员核对船钟、车钟、试舵等，并分别将情况记入航海日志、轮机日志及车钟记录簿内。

第一百零五条　主机试车前，值班轮机员应当征得值班驾驶员同意。待主机备妥后，机舱应当通知驾驶台。

第二节　航行中

第一百零六条　每班交班前，值班轮机员应当将主机平均转数和海水温度等参数告知值班驾驶员，值班驾驶员应当回告本班平均航速和风向风力，双方分别记入航海日志和轮机日志；每天中午，驾驶台和机舱校对时钟并互换正午报告。

第一百零七条　船舶进出港口，通过狭水道、浅滩、危险水域或抛锚等情况下需备车航行时，驾驶台应当提前通知机舱准备。如遇雾或暴雨等突发情况，值班轮机员接到通知后应当尽快备妥主机。

判断将有恶劣天气来临时，船长应当及时通知轮机长做好各种准备。

第一百零八条　因等引航员、候潮、等泊等原因须短时间抛锚时，值班驾驶员应当将情况及时通知值班轮机员。

第一百零九条　因机械故障不能执行航行命令时，轮机长应当组织抢修，通知驾驶台报告船长，并将故障发生和排除时间及情况记入航海日志和轮机日志。

停车应当先征得船长同意。但情况危急，不立即停车会威胁人身安全或者主机安全时，轮机长可以立即停车并及时通知驾驶台。

第一百一十条　因调换发电机、并车等需要暂时停电时，值班轮机员应当事先通知驾驶台。

第一百一十一条　在应变情况下，值班轮机员应当立即执行驾驶台发出的信号，及时提供所要求的水、气、汽、电等。

第一百一十二条　值班驾驶员和值班轮机员应当执行船长和轮机长共同商定的主机各种车速，另有指示的除外。

第一百一十三条　船舶在到港前，应当对主机进行停、倒车试验，当无人值守的机舱因情况需要改为有人值守时，驾驶台应当及时通知轮机员。

第一百一十四条　抵港前，轮机长应当将本船存油情况告知船长。

第三节　停泊中

第一百一十五条　抵港后，船长应当告知轮机长本船的预计动态，以便安排工作，动态如有变化应当及时更正；机舱若需检修影响动车的设备，轮机长应当事先将工作内容和所需时间报告船长，取得同意后方可进行。

第一百一十六条 值班驾驶员应当将装卸货情况随时通知值班轮机员，以保证安全供电。在装卸重大件、特种危险品或者使用重吊之前，大副应当通知轮机长派人检查起货机，必要时应当派人值守。

第一百一十七条 因装卸作业造成船舶过度倾斜，影响机舱正常工作的，轮机长应当通知大副或者值班驾驶员采取有效措施予以纠正。

第一百一十八条 驾驶和轮机部门应当对船舶压载的调整，以及可能涉及海洋污染的各种操作，建立起有效的联系制度，包括书面通知和相应的记录。

第一百一十九条 添装燃油前，轮机长应当将本船的存油情况和计划添装的油舱以及各舱添装数量告知大副，以便计算稳性、水尺和调整吃水差。

第八章 值班保障

第一百二十条 航运公司及船长应当采取有效措施防止船员疲劳操作。

除紧急或者超常工作情况外，负责值班的船员以及被指定承担安全、防污染和保安职责的船员休息时间应当满足以下要求：

（一）任何 24 小时内不少于 10 小时；

（二）任何 7 天内不少于 77 小时；

（三）任何 24 小时内的休息时间可以分为不超过 2 个时间段，其中一个时间段至少要有 6 小时，连续休息时间段之间的间隔不应当超过 14 小时。

船长按照第（二）、（三）项中规定安排休息时间时可以有例外，但是任何 7 天内的休息时间不得少于 70 小时。

对第（二）项规定的每周休息时间的例外，不应当超过连续两周。在船上连续两次例外时间的间隔不应当少于该例外持续时间的两倍。

对第（三）项规定的例外，可以分成为不超过 3 个时间段，其中一个时间段至少要有 6 个小时，另外两个时间段不应当少于 1 个小时。连续休息时间间隔不得超过 14 个小时。例外在任何 7 天时间内不得超过两个 24 小时时间段。

第一百二十一条 紧急集合演习、消防和救生演习，以及国内法律、法规、国际公约规定的其他演习，应当以对休息时间的干扰最小且不导致船员疲劳的形式进行。

船员处于待命情况下，因被派去工作而中断了正常休息时间的，应当给予补休。

第一百二十二条 因船舶、船上人员或者货物出现紧急安全需要，或者为了帮助海上遇险的其他船舶或者人员，船长可以暂停执行休息时间制度，直至情况恢复正常。

情况恢复正常后，船长应当根据实际情况尽快安排船员获得充足的补休时间。

第一百二十三条 船舶应当将船上工作安排表张贴在易见之处。

船舶应当对船员每天休息时间进行记录，并制作由船长或者船长授权的人员和船员本人签注的休息时间记录表发放给船员本人。

船上工作安排表和休息时间记录表应当参照《国际劳工组织（ILO）和国际海事组织（IMO）编制船员船上工作安排表和船员工作时间或休息时间记录格式指南》，并使用船上工作语言和英语制定。

第一百二十四条 船长在安排船员值班时，应当充分考虑女性船员的生理特点和国家的有关规定。

第一百二十五条 船员不得酗酒。值班人员在值班前四小时内禁止饮酒，且值班期间血液酒精浓度（BAC）不高于 0. 05%或呼吸中酒精浓度不高于 0. 25mg/L。

第一百二十六条 船员不得服用可能导致不能安全值班的药物。

第一百二十七条 航运公司应当制定相应的措施防止船员酗酒和滥用药物。船员履行值班职责或者有关安全、防污染和保安值班职责的能力受到药物或酒精的影响时，不得安排其值班。

第九章　法律责任

第一百二十八条　船员有下列情形之一的，由海事管理机构处1 000元以上1万元以下罚款；情节严重的，并给予暂扣船员适任证书6个月以上2年以下直至吊销船员适任证书的处罚：

（一）未按照要求保持正规了望；

（二）未按照要求履行值班职责；

（三）未按照要求值班交接；

（四）不采用安全航速航行；

（五）不按照规定守听航行通信；

（六）不按照规定测试、检修船舶设备；

（七）发现或者发生险情、事故、保安事件或者影响航行安全的情况未及时报告；

（八）未按照要求填写或者记载有关船舶法定文书；

（九）在船上值班期间，体内酒精含量超过规定标准；

（十）在船上履行船员职务，服食影响安全值班的违禁药物；

（十一）不遵守本规则规定的其他情形。

第一百二十九条　船长有下列情形之一的，由海事管理机构处2 000元以上2万元以下罚款；情节严重的，并给予暂扣船员适任证书6个月以上2年以下直至吊销船员适任证书的处罚：

（一）未确保按照规定为船舶配备足额的适任船员；

（二）未按照要求安排值班；

（三）未保证船舶和船员携带符合法定要求的证书、文书以及有关航行资料；

（四）未保证船舶和船员在开航时处于适航、适任状态；

（五）未保证船舶安全值班；

（六）未按照规定在驾驶台值班；

（七）不遵守本规则规定的其他情形。

第十章　附　则

第一百三十条　本规则下列用语和缩写的含义：

（一）“海船”，系指航行于海上以及江海直达的一切类型的机动和非机动船只。

（二）“游艇”，系指《游艇安全管理规定》定义的船舶。

（三）“航运公司”，系指承担安全与防污染管理责任和义务的航运企业，包括船舶所有人、经营人、管理人和光船承租人。

（四）“驾驶员”，系指大副、二副、三副的统称。

（五）“轮机员”，系指大管轮、二管轮、三管轮的统称。

（六）“无线电操作员”，系指GMDSS一级无线电电子员、GMDSS二级无线电电子员、GMDSS通用操作员、GMDSS限用操作员的统称。

（七）“轮机值班”，系指一个人或组成值班的一组人履行其职责，包括一个高级船员亲临机舱或不亲临机舱履行其高级船员的职责。

（八）“《无线电规则》”，系指经过修正的国际电信联盟的《无线电规则》。

（九）“工作时间”，系指要求船员为船舶工作的时间。

（十）“休息时间”，系指工作时间以外的时间，但不包括暂短的休息。

第一百三十一条　本规则的值班规定系海船船员的最低值班要求。航运公司或船舶可以根据不同的航线、船舶种类或等级制定相应值班程序和要求，但是不得低于本规则的值班规定。

第一百三十二条　未满100总吨的海船参照本规则制定相应的船员值班程序和要求，在合理和可行的范围内符合本规则的要求，并充分考虑保护海洋环境和保证此类船舶以及同一海域中其他船舶的安全。

第一百三十三条　进入中华人民共和国内水、领海和管辖水域的外国籍船舶的船员值班，应当符合中华人民共和国政府缔结或者参加的有关国际公约的相应规定。

第一百三十四条　本规则自2013年2月1日起施行，1997年10月20日交通部颁布的《中华人民共和国海船船员值班规则》（中华人民共和国交通部令 1997 年第 11 号）同时废止。

航道养护管理规定

（中华人民共和国交通运输部令 2020 年第 20 号）

《航道养护管理规定》已于 2020 年 12 月 9 日经第 35 次部务会议通过，现予公布，自 2021 年 2 月 1 日起施行。

部长　李小鹏

2020 年 12 月 20 日

航道养护管理规定

第一章　总　则

第一条　为规范和加强航道养护管理工作，保障航道畅通，根据《中华人民共和国航道法》等有关法律、行政法规，制定本规定。

第二条　在中华人民共和国境内从事航道养护活动的，适用本规定。

本规定所称航道养护，是指为保证航道符合相关技术要求而采取的保持或者恢复通航条件的活动。

航道养护分为日常养护和应急抢通。日常养护包括例行养护和专项养护。

第三条　交通运输部主管全国航道养护管理工作，并按照国务院的规定直接负责跨省、自治区、直辖市的重要干线航道和国际、国境河流航道等重要航道的养护管理工作。

县级以上地方人民政府交通运输主管部门按照省、自治区、直辖市人民政府的规定主管所辖航道的养护管理工作。

交通运输部设置的负责航道管理的机构和县级以上地方人民政府负责航道管理的部门或者机构（以下统称航道养护管理部门），具体承担航道养护管理工作。

第四条　航道养护资金包括国务院和县级以上地方人民政府根据经济社会发展水平和航道养护需要安排的财政预算资金以及依法依规通过其他方式筹集的资金。

第五条　航道养护管理工作坚持统筹协调、安全环保、科学高效的原则，满足防洪、通航等方面的要求。

鼓励采用新技术、新材料，使用现代化的设施装备，积极推进航道养护智能化。

第二章　养护计划

第六条　航道养护计划是航道养护管理部门对所辖航道日常养护、应急抢通等组织编制的年度性工作安排。

航道养护计划应当包括养护内容、养护标准、工作量、生产安全、质量和绿色环保目标、养护费用等。

第七条　航道养护计划应当根据航道现状技术等级，按照国家有关强制性标准和技术规范制定。

本规定第三条第一款所规定的航道的养护计划由交通运输部组织制定。

航道条件、航运需求发生变化的，航道养护管理部门应当及时更新航道现状技术等级并相应调整航道养护计划。

第八条　辖区界航道、跨辖区河流上下游航道的养护计划，相关航道养护管理部门应当共同协商确定，相互协调；协商不成的，由共同的上一级交通运输主管部门确定。

通航建筑物的养护停航安排还应当合理衔接。

第三章　养护实施

第九条　航道养护管理部门应当按照航道养护计划组织实施航道养护。

航道养护管理部门所属的承担航道养护事务性工作的机构具体实施航道养护，不具备条件时，可以通过招标等方式组织实施航道养护。

承担航道养护事务性工作的机构可以协助航道养护管理部门编制航道养护计划。

第十条 实施航道养护的单位应当定期开展航道例行养护巡查、扫测等，发现航道实际尺度达不到航道维护尺度或者有其他不符合船舶通航安全要求的情形，应当及时进行养护，并报告航道养护管理部门。

通航建筑物应当加强日常监测维护，降低停航检修频率，缩短停航时间。

第十一条 对于规模较大、技术复杂、需要集中作业的航道养护活动，实施航道养护的单位应当编制专项养护技术方案，经航道养护管理部门组织专家评审后实施。

实施航道养护的单位应当按照技术方案要求开展专项养护作业。养护作业完成后，航道养护管理部门应当及时进行核验。

第十二条 航道养护管理部门应当制定航道突发事件应急预案，建立健全突发事件应急管理体系，定期开展应急演练。

发生航道损坏、阻塞等突发事件，航道养护管理部门应当按照应急预案组织应急抢通，并按照应急预案向地方人民政府、有关主管部门报告。

第十三条 航道养护管理部门应当在枯水期加强与上下游水工程运行和管理单位的应急调度协调，以保证足够的下泄流量和通航水位并及时通报水情调度信息，保障航道维护尺度和通航建筑物运行安全。

在洪水期、枯水期及其他特殊水文、气象条件下，或者重点时段、重大突发事件等特殊时期，实施航道养护的单位应当增加航道巡查和通航建筑物运行监测频次。

第十四条 航道养护应当避免可能造成限制通航的集中作业或者在通航高峰期作业。实施航道疏浚、清障等影响通航的航道养护活动，或者确需限制通航的养护作业，实施航道养护的单位应当提前向航道养护管理部门报告。

实施航道养护的单位实施养护作业时，应当设置明显的作业标志，采取必要的安全措施。养护作业完成后，实施航道养护的单位应当及时撤除相关作业标志，清除影响航道通航条件的其他残留物。

实施应急抢通的养护船舶作业时，实施航道养护的单位可以在不影响过往船舶安全通行的前提条件下，在执行该作业所必需的限度内确定航行路线和方向，并及时将有关情况通报海事管理机构。

进行航道养护作业可能造成航道堵塞的，航道养护管理部门和海事管理机构应当按照有关规定制定船舶疏导方案，并向社会公告。

第十五条 航道养护管理部门收到本规定第十条、第十四条规定的实施航道养护的单位报告的，应当及时发布航道通告，并提前通报海事管理机构。

第十六条 实施航道养护的单位应当按照国家有关规定合理处置航道养护疏浚土。

鼓励对疏浚土资源再利用。实施航道养护的单位再利用疏浚土的，应当按照国家有关规定办理手续。

第十七条 实施航道养护的单位应当根据国家有关绿色环保的要求，采用节能环保的设备设施和作业方式。

第十八条 航道养护管理部门应当按照交通运输部制定的航道养护技术核查标准，对航道养护情况进行年度技术核查。

航道养护技术核查可以委托第三方技术咨询单位开展。

第十九条 实施航道养护的单位应当按照航道养护管理部门的要求，留存航道养护作业相关技术资料，其中航道测绘资料等应当长期保留。

第二十条 实施航道养护的单位应当按照国家有关规定做好航道养护数据的统计和上报工作。

第四章 信息公开

第二十一条 承担航道养护事务性工作的机构应当向社会公布所辖航道的维护尺度、通航建筑物停航复航安排等航道公共服务信息。

内河五级以上航道的维护尺度每月至少公布一次，通航建筑物停航复航安排至少提前 30 日公布，应急停航应当及时公布。

第二十二条 航道养护管理部门应当公布内河等级航道图并定期更新，公布前应当进行技术和保密审查。

内河等级航道图中应当标注航道尺度、航标、通航建筑物，以及桥梁、隧道、港口设施等信息。

航道养护管理部门应当组织推广应用内河电子航道图。内河电子航道图的生产和应用应当符合相关技术规范要求。

第二十三条 航道养护管理部门应当建设航道运行监测和预警系统、通航建筑物联合调度系统，推进航道通航条件信息共享。

第五章 监督管理

第二十四条 航道养护管理部门应当依据职责采取重点检查或者不定期抽查等方式，加强对航道养护工作的监督管理。

第二十五条 航道养护监督应当重点对航道养护计划执行情况、养护技术核查情况进行检查。

第二十六条 被检查单位和有关人员应当配合航道养护管理部门的监督检查，如实提供有关情况和资料，不得隐匿、谎报或者拒绝检查。

第二十七条 实施航道养护的单位有违反本规定情形的，航道养护管理部门应当责令限期整改，并对整改情况进行跟踪检查。

第六章 附 则

第二十八条 承担航道养护事务性工作的机构，是指为航道养护管理部门履行管理职责提供决策支持及技术性、辅助性保障工作的事业单位。

第二十九条 进出军事港口、渔业港口的专用航道不适用本规定。其他单位的专用航道养护由专用单位负责，参照本规定执行。

第三十条 国际、国境河流航道的养护管理应当符合与我国缔结的有关双边、多边协定要求。

第三十一条 本规定自 2021 年 2 月 1 日起施行。

交通运输部关于修改《港口经营管理规定》的决定

（中华人民共和国交通运输部令 2020 年第 21 号）

交通运输部决定对《港口经营管理规定》（交通运输部令 2019 年第 36 号）做如下修改：

一、将第七条第二项第 1 目中的“码头、客运站、库场、储罐、污水处理设施”修改为“码头、客运站、库场、储罐、岸电、污水预处理设施”。

二、删去第八条第一项中的“在申请经营的港口所在地注册”。

三、将第九条第一款第二项中的“港口码头、库场、储罐、污水处理等固定设施”修改为“港口码头、客运站、库场、储罐、岸电、污水预处理等固定设施”。

四、将第十条第一款中的“书面申请”修改为“申请”，“30 个工作日内”修改为“20 个工作日内”，“法定代表人”修改为“法定代表人或者负责人”。

五、删去第十一条中的“省级交通运输主管部门”。

六、删去第十三条第一款中的“并到市场监督管理部门办理相应的变更登记手续”；将第二款中的“法定代表人”修改为“法定代表人或者负责人”。

七、将第十四条第二款第二项修改为：“本规定第九条第一款第（四）（五）（六）项材料。”

八、增加一条，作为第十九条：“港口经营人应当落实船舶污染物接收设施配置责任，按照国家有关规定加强港口接收设施与城市公共转运、处置设施的衔接，不得拒绝接收船舶送交的垃圾、生活污水、含油污水。

鼓励港口经营人优先使用清洁能源或者新能源的设施设备，并采取有效措施，防止港口作业过程造成污染。”

九、第十九条改为第二十条，将其中的“码头、堆场、仓库、储罐和污水垃圾处理设施”修改为“码头、客运站、堆场、仓库、储罐、岸电和污水预处理设施”。

十、增加一条，作为第二十一条：“港口经营人、港口理货业务经营人应当建立健全安全生产责任制和安全生产规章制度，推进安全生产标准化建设，依法提取和使用安全生产费用，完善安全生产条件，建立实施安全风险分级管控和隐患排查治理制度，并严格落实治理措施；对从业人员进行安全生产教育、培训并如实记录相关情况，确保安全生产。

港口经营人应当按照国家有关规定落实港口大型机械防阵风防台风措施。”

十一、增加一条，作为第二十二条：“港口经营人应当按照码头竣工验收确定的泊位性质和功能接靠船舶，不得超过码头靠泊等级接靠船舶，但按照交通运输部的规定接靠满足相关条件的减载船舶除外。”

十二、增加一条，作为第二十三条：“港口经营人不得安排超过船舶载（乘）客定额数量的旅客上船。

港口经营人不得装载超过最大营运总质量的集装箱，不得超出船舶、车辆载货定额装载货物。沿海港口经营人不得为超出航区的内河船舶提供货物装卸服务。港口经营人应当配合海事管理机构做好恶劣天气条件下船舶靠离泊管理。”

十三、增加一条，作为第二十四条：“港口作业委托人应当向港口经营人如实提供其身份信息以及货物和集装箱信息，不得在委托作业的普通货物中夹带危险货物和禁止运输的物品，不得匿报、谎报危险货物和禁止运输的物品。未提供上述信息的，港口经营人不得接受港口作业委托。

港口经营人收到实名举报或者相关证据证明港口作业委托人涉嫌在普通货物中夹带危险货物或者将危险货物匿报、谎报为普通货物的，应当对相关货物进行检查。港口经营人发现存在上述情形或者港口作业委托人不接受检查的，应当拒绝提供港口服务，并按照规定及时将核实情况向海事管理机构、港口行政管理部门及有关部门报告。

危险货物装卸作业前，船舶应当向危险货物港口经营人提供船舶适装证书；对于不符合船舶适装证书所明确的危险货物范围的，港口经营人不得安排装卸作业。”

十四、第二十条改为第二十五条，第一款修改为：“从事港口旅客运输服务的经营人，应当按照国家有关规定设置安全、消防、救生以及反恐防范设施设备，配备安全检查人员和必要的安全检查设施设备，对登船旅客及其携带或者托运的行李、物品以及滚装车辆进行安全检查，落实旅客实名制相关要求，保证旅客基本生活用品的供应，保持安全、快捷、良好的候船条件和环境”；增加一款，作为第二款：“旅客或者滚装车辆拒绝接受安全检查或者携带国家规定禁止上船物品的，不得上船。”

十五、第二十一条改为第二十六条，第一款修改为：“港口经营人应当优先安排突发事件处置、关系国计民生紧急运输和国防建设急需物资及人员的港口作业”；将第二款中的“征用”修改为“征收征用”。

十六、第二十四条改为第二十九条，删去第一款；将第二款中的“并保障组织实施”修改为“按照国家有关规定落实配备应急物资、定期开展应急培训和演练、修订相关预案等组织保障措施”；将第三款修改为：“港口经营人、港口理货业务经营人按照前款规定制定的各项预案应当与港口行政管理部门及有关部门制定的预案做好衔接，并报送港口行政管理部门和港口所在地海事管理机构备案。”

十七、第二十六条改为第三十一条，在“经

营服务收费项目和收费标准”后增加“并通过多种渠道公开”。

十八、第二十九条改为第三十四条，删去第一款。

十九、删去第三十条。

二十、第三十六条改为第四十条，修改为：“港口经营人、港口理货业务经营人以及从事船舶港口服务、港口设施设备和机械租赁维修的经营人有违反本规定行为的，港口行政管理部门依照有关法律、行政法规的规定将其信用信息录入水路运输信用信息管理系统，并予以公示。”

二十一、第三十八条改为第四十二条，删去第二款中的“港口理货业务经营人”；增加一款，作为第三款：“港口经营人有下列行为之一的，由港口行政管理部门责令改正，并处 1 万元以上 3 万元以下罚款：

（一）未按照国家有关规定落实港口大型机械防阵风防台风措施的；

（二）未按照码头泊位性质和功能接靠船舶或者超过码头靠泊等级接靠船舶的，但接靠满足相关条件的减载船舶除外；

（三）未对登船旅客及其携带或者托运的行李、物品以及滚装车辆进行安全检查的；

（四）装载超出最大营运总质量的集装箱或者超出船舶、车辆载货定额装载货物的；

（五）未按照国家有关规定设置相应设施设备或者配备安全检查人员的。”

二十二、第四十条改为第四十四条，将其中的“违反本规定第二十四条”修改为“违反本规定第二十一条第一款、第二十九条第一款”。

条文序号和个别文字作相应调整。

本决定自 2021 年 2 月 1 日起施行。

《港口经营管理规定》根据本决定做相应修正，重新发布。

港口经营管理规定

（2009 年 11 月 6 日交通运输部发布，根据 2014 年 12 月 23 日《交通运输部关于修改〈港口经营管理规定〉的决定》第一次修正，根据 2016 年 4 月 19 日《交通运输部关于修改〈港口经营管理规定〉的决定》第二次修正，根据 2018 年 7 月 31 日《交通运输部关于修改〈港口经营管理规定〉的决定》第三次修正，根据 2019 年 4 月 9 日《交通运输部关于修改〈港口经营管理规定〉的决定》第四次修正，根据 2019 年 11 月 28 日《交通运输部关于修改〈港口经营管理规定〉的决定》第五次修正，根据 2020 年 12 月 20 日《交通运输部关于修改〈港口经营管理规定〉的决定》第六次修正）

第一章　总　则

第一条　为规范港口经营行为，维护港口经营秩序，依据《中华人民共和国港口法》和其他有关法律、法规，制定本规定。

第二条　本规定适用于港口经营及相关活动。

第三条　本规定下列用语的含义是：

（一）港口经营，是指港口经营人在港口区域内为船舶、旅客和货物提供港口设施或者服务的活动，主要包括下列各项：

1. 为船舶提供码头、过驳锚地、浮筒等设施；

2. 为旅客提供候船和上下船舶设施和服务；

3. 从事货物装卸（含过驳）、仓储、港区内驳运；

4. 为船舶进出港、靠离码头、移泊提供顶推、拖带等服务。

（二）港口经营人，是指依法取得经营资格从事港口经营活动的组织和个人。

（三）港口理货业务经营人，是指为委托人提供货物交接过程中的点数和检查货物表面状况的理货服务的组织和个人。

（四）港口设施，是指为从事港口经营而建造和设置的建（构）筑物。

第四条　交通运输部主管全国港口经营行政管理工作。

省、自治区、直辖市人民政府交通运输（港口）主管部门负责本行政区域内的港口经营行政管理工作。

省、自治区、直辖市人民政府、港口所在地设区的市（地）、县人民政府确定的具体实施港口行政管理的部门负责该港口的港口经营行政管理工作。本款上述部门统称港口行政管理部门。

第五条 国家鼓励港口经营性业务实行多家经营、公平竞争。港口经营人、港口理货业务经营人不得实施垄断行为。任何组织和部门不得以任何形式实施地区保护和部门保护。

第二章 资质管理

第六条 从事港口经营，应当申请取得港口经营许可。

实施港口经营许可，应当遵循公平、公正和公开透明的原则，不得收取费用，并应当接受社会监督。

第七条 从事港口经营（港口拖轮经营除外），应当具备下列条件：

（一）有固定的经营场所。

（二）有与经营范围、规模相适应的港口设施、设备，其中：

1. 码头、客运站、库场、储罐、岸电、污水预处理设施等固定设施应当符合港口总体规划和法律、法规及有关技术标准的要求；

2. 为旅客提供上、下船服务的，应当具备至少能遮蔽风、雨、雪的候船和上、下船设施，并按相关规定配备无障碍设施；

3. 为船舶提供码头、过驳锚地、浮筒等设施的，应当有相应的船舶污染物、废弃物接收能力和相应污染应急处理能力，包括必要的设施、设备和器材。

（三）有与经营规模、范围相适应的专业技术人员、管理人员。

（四）有健全的经营管理制度和安全管理制度以及生产安全事故应急预案，应急预案经专家审查通过；依法设置安全生产管理机构或者配备专职安全管理人员。

第八条 从事港口拖轮经营，应当具备下列条件：

（一）具备企业法人资格；

（二）有满足拖轮停靠的自有泊位或者租用泊位；

（三）在沿海港口从事拖轮经营的，应当至少自有并经营2艘沿海拖轮；在内河港口从事拖轮经营的，应当至少自有并经营1艘内河拖轮；

（四）海务、机务管理人员数量满足附件的要求，海务、机务管理人员具有不低于大副、大管轮的从业资历且在申请经营的港口从事拖轮服务满1年以上；

（五）有健全的经营管理制度和符合有关规定的安全与防污染管理制度。

第九条 申请从事港口经营，应当提交下列相应文件和资料：

（一）港口经营业务申请书；

（二）港口码头、客运站、库场、储罐、岸电、污水预处理等固定设施符合国家有关规定的竣工验收合格证明；

（三）使用港口岸线的，港口岸线的使用批准文件；

（四）提供拖轮服务的，拖轮的有效船舶证书及停靠泊位的相关证明材料；

（五）依法设置安全生产管理机构或者配备安全生产管理人员的相关证明材料，其中从事拖轮经营的，提供海务、机务管理人员的相关证明材料；

（六）证明符合第七条规定条件的其他文件和资料。

从事港口拖轮经营的，应当提供上述（一）（四）（五）项规定的材料和证明符合第八条规定条件的其他文件和材料。

第十条 申请从事港口经营，申请人应当向港口行政管理部门提出申请和第九条规定的相关文件资料。港口行政管理部门应当自受理申请之日起20个工作日内作出许可或者不许可的决定。符合资质条件的，由港口行政管理部门发给《港口经营许可证》，并通过信息网络或者报刊公布；不符合条件的，不予行政许可，并应当将不予许可的决定及理由书面通知申请人。《港口经营许可证》应当明确港口经营人的名称与办公地址、法定代表人或者负责人、经营项目、经营地域、主要设施设备、发证日期、许可证有效期和证书编号。

《港口经营许可证》的有效期为 3 年。

第十一条 港口行政管理部门对申请人提出的港口经营许可申请，应当根据下列情况分别做出处理：

（一）申请事项依法不需要取得行政许可的，应当即时告知申请人不受理；

（二）申请事项依法不属于港口行政管理部门职权范围的，应当即时告知申请人向有关行政机关申请；

（三）申请材料存在可以当场更正的错误的，应当允许申请人当场更正；

（四）申请材料不齐全或者不符合法定形式的，应当当场或者在 5 日内一次告知申请人需要补正的全部内容，逾期不告知的，自收到申请材料之日起即为受理；

（五）申请事项属于港口行政管理部门职权范围，申请材料齐全、符合法定形式，或者申请人按照要求提交全部补正申请材料的，应当受理经营业务许可申请。

受理或者不受理经营业务许可申请，应当出具加盖许可机关专用印章和注明日期的书面凭证。

第十二条 港口经营人应当按照港口行政管理部门许可的经营范围从事港口经营活动。

第十三条 港口经营人变更经营范围的，应当就变更事项按照本规定第十条规定办理许可手续。

港口经营人变更企业法定代表人或者负责人、办公地址的，应当向港口行政管理部门备案并换发《港口经营许可证》。

第十四条 港口经营人应当在《港口经营许可证》有效期届满之日 30 日以前，向《港口经营许可证》发证机关申请办理延续手续。

申请办理《港口经营许可证》延续手续，应当提交下列材料：

（一）《港口经营许可证》延续申请；

（二）本规定第九条第一款第（四）（五）（六）项材料。

第十五条 港口经营人停业或者歇业，应当提前 30 个工作日告知原许可机关。原许可机关应当收回并注销其《港口经营许可证》，并以适当方式向社会公布。

第三章　经营管理

第十六条 为船舶提供岸电、燃物料、生活品供应、水上船员接送及船舶污染物（含油污水、残油、洗舱水、生活污水及垃圾）接收、围油栏供应服务等船舶港口服务的单位，港口设施设备和机械租赁维修业务的单位以及港口理货业务经营人，应当向港口行政管理部门办理备案手续。港口行政管理部门应当建立备案情况档案。

从事船舶港口服务、港口设施设备和机械租赁维修的经营人以及港口理货业务经营人名称、固定经营场所、法定代表人、经营范围等事项发生变更或者终止经营的，应当在变更或者终止经营之日起 15 个工作日内办理变更备案。

第十七条 港口理货业务经营人不得兼营港口货物装卸经营业务和仓储经营业务。

第十八条 港口行政管理部门及相关部门应当保证港口公用基础设施的完好、畅通。

港口经营人、港口理货业务经营人以及从事船舶港口服务、港口设施设备和机械租赁维修的经营人应当按照核定的功能使用和维护港口经营设施、设备，并使其保持正常状态。

为国际航线船舶服务的码头（包括过驳锚地、浮筒），应当具备对外开放资格。

第十九条 港口经营人应当落实船舶污染物接收设施配置责任，按照国家有关规定加强港口接收设施与城市公共转运、处置设施的衔接，不得拒绝接收船舶送交的垃圾、生活污水、含油污水。

鼓励港口经营人优先使用清洁能源或者新能源的设施设备，并采取有效措施，防止港口作业过程造成污染。

第二十条 港口经营人变更或者改造码头、客运站、堆场、仓库、储罐、岸电和污水预处理设施等固定经营设施，应当依照有关法律、法规和规章的规定履行相应手续。依照有关规定无需经港口行政管理部门审批的，港口经营人应当向港口行政管理部门备案。

第二十一条 港口经营人、港口理货业务经营人应当建立健全安全生产责任制和安全生产规章制度，推进安全生产标准化建设，依法提取和使用安全生产费用，完善安全生产条件，建立实施安全风险分级管控和隐患排查治理制度，并严格落实治理措施；对从业人员进行安全生产教育、培训并如实记录相关情况，确保安全生产。

港口经营人应当按照国家有关规定落实港口大型机械防阵风防台风措施。

第二十二条 港口经营人应当按照码头竣工验收确定的泊位性质和功能接靠船舶，不得超过码头靠泊等级接靠船舶，但按照交通运输部的规定接靠满足相关条件的减载船舶除外。

第二十三条 港口经营人不得安排超过船舶载（乘）客定额数量的旅客上船。

港口经营人不得装载超过最大营运总质量的集装箱，不得超出船舶、车辆载货定额装载货物。沿海港口经营人不得为超出航区的内河船舶提供货物装卸服务。港口经营人应当配合海事管理机构做好恶劣天气条件下船舶靠离泊管理。

第二十四条 港口作业委托人应当向港口经营人如实提供其身份信息以及货物和集装箱信息，不得在委托作业的普通货物中夹带危险货物和禁止运输的物品，不得匿报、谎报危险货物和禁止运输的物品。未提供上述信息的，港口经营人不得接受港口作业委托。

港口经营人收到实名举报或者相关证据证明港口作业委托人涉嫌在普通货物中夹带危险货物或者将危险货物匿报、谎报为普通货物的，应当对相关货物进行检查。港口经营人发现存在上述情形或者港口作业委托人不接受检查的，应当拒绝提供港口服务，并按照规定及时将核实情况向海事管理机构、港口行政管理部门及有关部门报告。

危险货物装卸作业前，船舶应当向危险货物港口经营人提供船舶适装证书；对于不符合船舶适装证书所明确的危险货物范围的，港口经营人不得安排装卸作业。

第二十五条 从事港口旅客运输服务的经营人，应当按照国家有关规定设置安全、消防、救生以及反恐防范设施设备，配备安全检查人员和必要的安全检查设施设备，对登船旅客及其携带或者托运的行李、物品以及滚装车辆进行安全检查，落实旅客实名制相关要求，保证旅客基本生活用品的供应，保持安全、快捷、良好的候船条件和环境。

旅客或者滚装车辆拒绝接受安全检查或者携带国家规定禁止上船物品的，不得上船。

在港区内从事水上船员接送服务的，应当使用符合相关要求的船舶。

第二十六条 港口经营人应当优先安排突发事件处置、关系国计民生紧急运输和国防建设急需物资及人员的港口作业。

政府在紧急情况下征收征用港口设施，港口经营人应当服从指挥。港口经营人因此而产生费用或者遭受损失的，下达征收征用任务的机关应当依法给予相应的经济补偿。

第二十七条 在旅客严重滞留或者货物严重积压阻塞港口的紧急情况下，港口行政管理部门应当采取措施进行疏港。港口所在地的市、县人民政府认为必要时，可以直接采取措施，进行疏港。港口内的单位、个人及船舶、车辆应当服从疏港指挥。

第二十八条 港口行政管理部门应当依法制定可能危及社会公共利益的港口危险货物事故应急预案、重大生产安全事故的旅客紧急疏散和救援预案以及预防自然灾害预案，建立健全港口重大生产安全事故的应急救援体系。

港口行政管理部门按照前款规定制定的各项预案应当予以公布，并报送省级交通运输（港口）主管部门备案。

第二十九条 港口经营人、港口理货业务经营人应当依法制定本单位的危险货物事故应急预案、重大生产安全事故的旅客紧急疏散和救援预案以及预防自然灾害预案，按照国家有关规定落实配备应急物资、定期开展应急培训和演练、修订相关预案等组织保障措施。

港口经营人、港口理货业务经营人按照前款规定制定的各项预案应当与港口行政管理部门及有关部门制定的预案做好衔接，并报送港口行政管理部门和港口所在地海事管理机构备案。

第三十条 港口经营人、港口理货业务经营人以及从事船舶港口服务、港口设施设备和机械租赁维修的经营人从事港口经营和理货等业务，应当遵守有关法律、法规、规章以及相关服务标准和规范的规定，依法履行合同约定的义务，公正、准确地办理港口经营和理货等业务，为客户提供公平、良好的服务。

第三十一条 港口经营人、港口理货业务经营人以及从事船舶港口服务的经营人应当遵守国家有关港口经营价格和收费的规定，应当在其经营场所公布经营服务收费项目和收费标准，并通过多种渠道公开，使用国家规定的港口经营票据。

第三十二条 港口经营人、港口理货业务经营人以及从事船舶港口服务、港口设施设备和机械租赁维修的经营人不得采取不正当手段，排挤竞争对手，限制或者妨碍公平竞争；不得对具有同等条件的服务对象实行歧视；不得以任何手段强迫他人接受其提供的港口服务。

第三十三条 从事港口拖轮业务的经营人，应当公布所经营拖轮的实时状态，供船舶运输经营人自主选择。

第三十四条 港口经营人、港口理货业务经营人以及从事船舶港口服务、港口设施设备和机械租赁维修的经营人的合法权益受法律保护。任何单位和个人不得向港口经营人、港口理货业务经营人以及从事船舶港口服务、港口设施设备和机械租赁维修的经营人摊派或者违法收取费用。

港口经营人、港口理货业务经营人以及从事船舶港口服务、港口设施设备和机械租赁维修的经营人有权拒绝违反规定收取或者摊派的各种费用。

第三十五条 港口经营人、港口理货业务经营人以及从事船舶港口服务、港口设施设备和机械租赁维修的经营人应当按照国家有关规定，及时向港口行政管理部门如实提供港口统计资料及有关信息。

各级交通运输（港口）主管部门和港口行政管理部门应当按照有关规定向交通运输部和上级交通运输（港口）主管部门报送港口统计资料和相关信息，并结合本地区的实际建设港口管理信息系统。

上述部门的工作人员应当为港口经营人、港口理货业务经营人以及从事船舶港口服务、港口设施设备和机械租赁维修的经营人保守商业秘密。

第四章 监督检查

第三十六条 港口行政管理部门应当依法对港口安全生产情况和本规定执行情况实施监督检查，并将检查的结果向社会公布。港口行政管理部门应当对旅客集中、货物装卸量较大或者特殊用途的码头进行重点巡查。检查中发现安全隐患的，应当责令被检查人立即排除或者限期排除。

各级交通运输（港口）主管部门应当加强对港口行政管理部门实施《中华人民共和国港口法》和本规定的监督管理，切实落实法律规定的各项制度，及时纠正行政执法中的违法行为。

第三十七条 港口行政管理部门的监督检查人员依法实施监督检查时，有权向被检查单位和有关人员了解情况，并可查阅、复制有关资料。

监督检查人员应当对检查中知悉的商业秘密保密。

监督检查人员实施监督检查，应当两个人以

上，并出示执法证件。

第三十八条 监督检查人员应当将监督检查的时间、地点、内容、发现的问题及处理情况作出书面记录，并由监督检查人员和被检查单位的负责人签字；被检查单位的负责人拒绝签字的，监督检查人员应当将情况记录在案，并向港口行政管理部门报告。

第三十九条 被检查单位和有关人员应当接受港口行政管理部门依法实施的监督检查，如实提供有关情况和资料，不得拒绝检查或者隐匿、谎报有关情况和资料。

第四十条 港口经营人、港口理货业务经营人以及从事船舶港口服务、港口设施设备和机械租赁维修的经营人有违反本规定行为的，港口行政管理部门依照有关法律、行政法规的规定将其信用信息录入水路运输信用信息管理系统，并予以公示。

第五章 法律责任

第四十一条 有下列行为之一的，由港口行政管理部门责令停止违法经营，没收违法所得；违法所得10万元以上的，并处违法所得2倍以上5倍以下罚款；违法所得不足10万元的，处5万元以上20万元以下罚款：

（一）未依法取得港口经营许可证，从事港口经营的；

（二）港口理货业务经营人兼营货物装卸经营业务、仓储经营业务的。

第四十二条 经检查或者调查证实，港口经营人在取得经营许可后又不符合本规定第七、八条规定一项或者几项条件的，由港口行政管理部门责令其停止经营，限期改正；逾期不改正的，由做出行政许可决定的行政机关吊销《港口经营许可证》，并以适当方式向社会公布。

从事船舶港口服务、港口设施设备和机械租赁维修的经营人未按规定进行备案的，由港口行政管理部门责令改正，并处1万元以上3万元以下罚款。

港口经营人有下列行为之一的，由港口行政管理部门责令改正，并处1万元以上3万元以下罚款：

（一）未按照国家有关规定落实港口大型机械防阵风防台风措施的；

（二）未按照码头泊位性质和功能接靠船舶或者超过码头靠泊等级接靠船舶的，但接靠满足相关条件的减载船舶除外；

（三）未对登船旅客及其携带或者托运的行李、物品以及滚装车辆进行安全检查的；

（四）装载超出最大营运总质量的集装箱或者超出船舶、车辆载货定额装载货物的；

（五）未按照国家有关规定设置相应设施设备或者配备安全检查人员的。

第四十三条 港口经营人不优先安排抢险物资、救灾物资、国防建设急需物资的作业的，由港口行政管理部门责令改正；造成严重后果的，吊销《港口经营许可证》，并以适当方式向社会公布。

第四十四条 港口经营人、港口理货业务经营人违反本规定第二十一条第一款、第二十九条第一款关于安全生产规定的，由港口行政管理部门或者其他依法负有安全生产监督管理职责的部门依法给予处罚；情节严重的，由港口行政管理部门吊销《港口经营许可证》（港口理货业务经营人除外）；构成犯罪的，依法追究刑事责任。

第四十五条 港口经营人、港口理货业务经营人以及从事船舶港口服务、港口设施设备和机械租赁维修的经营人违反本规定第三十一条、第三十二条规定，港口行政管理部门应当进行调查，并协助相关部门进行处理。

第四十六条 港口经营人、港口理货业务经营人以及从事船舶港口服务、港口设施设备和机械租赁维修的经营人违反本规定第三十五条规定不及时和不如实向港口行政管理部门提供港口统计资料及有关信息的，由港口行政管理部门按照有关法律、法规的规定予以处罚。

第四十七条 港口行政管理部门不依法履行职责，有下列行为之一的，对直接负责的主管人员和其他直接责任人员依法给予行政处分；构成犯罪的，依法追究刑事责任：

（一）对不符合法定条件的申请人给予港口经营许可的；

（二）发现取得经营许可的港口经营人不再具备法定许可条件而不及时吊销许可证的；

（三）不依法履行监督检查职责，对未经依法许可从事港口经营的行为，不遵守安全生产管理规定的行为，危及港口作业安全的行为，以及其他违反本法规定的行为，不依法予以查处的。

第四十八条 港口行政管理部门违法干预港口经营人、港口理货业务经营人以及从事船舶港口服务、港口设施设备和机械租赁维修的经营人的经营自主权的，由其上级行政机关或者监察机关责令改正。向港口经营人、港口理货业务经营人以及从事船舶港口服务、港口设施设备和机械租赁维修的经营人摊派财物或者违法收取费用的，责令退回；情节严重的，对直接负责的主管人员和其他直接责任人员依法给予行政处分。

第六章　附　则

第四十九条 《港口经营许可证》的式样由交通运输部统一规定，由省级交通运输（港口）主管部门负责印制。

第五十条 港口行政管理部门按照《中华人民共和国港口法》制定的港口章程应当在公布的同时送上级交通运输（港口）主管部门和交通运输部备案。

第五十一条 港口引航适用《船舶引航管理规定》（交通部令 2001 年第 10 号）。从事危险货物港口作业的，应当同时遵守《港口危险货物安全管理规定》（交通运输部令 2019 年第 34 号）。

第五十二条 本规定自 2010 年 3 月 1 日起施行。2003 年 12 月 26 日交通部发布的《港口经营管理规定》（交通部令 2004 年第 4 号）同时废止。

第六篇

全国口岸运行主要数据

2020年全国海关监管运输工具统计表

指标名称	单　位	2020年	2019年	同比（%）
进出口货运量	万吨	491 213.0	457 821.4	7.3
其中：进口	万吨	327 892.0	301 082.4	8.9
出口	万吨	163 321.0	156 739.0	4.2
监管运输工具总数	辆（节、艘、架）	23 989 807	41 752 166	-42.5
监管进出境运输工具总数	辆（节、艘、架）	21 666 416	39 640 542	-45.3
其中：进出境汽车	辆	18 068 585	34 925 635	-48.3
进出境火车	节	2 915 149	3 177 274	-8.2
进出境船舶	艘	323 799	454 001	-28.7
进出境飞机	架	358 883	1 083 632	-66.9

进出口商品总值表（美元值）

单位：百万美元

年　份	进出口	出　口	进　口	贸易差额	比上年增减（%）		
					进出口	出　口	进　口
1981	44 022	22 007	22 015	-8	—	—	—
1982	41 606	22 321	19 285	3 036	-5. 5	1. 4	-12. 4
1983	43 616	22 226	21 390	836	4. 8	-0. 4	10. 9
1984	53 549	26 139	27 410	-1 271	22. 8	17. 6	28. 1
1985	69 602	27 350	42 252	-14 902	30. 0	4. 6	54. 1
1986	73 846	30 942	42 904	-11 962	6. 1	13. 1	1. 5
1987	82 653	39 437	43 216	-3 779	11. 9	27. 5	0. 7
1988	102 784	47 516	55 268	-7 752	24. 4	20. 5	27. 9
1989	111 678	52 538	59 140	-6 602	8. 7	10. 6	7. 0
1990	115 436	62 091	53 345	8 746	3. 4	18. 2	-9. 8
1991	135 634	71 843	63 791	8 052	17. 5	15. 7	19. 6
1992	165 525	84 940	80 585	4 355	22. 0	18. 2	26. 3
1993	195 703	91 744	103 959	-12 215	18. 2	8. 0	29. 0
1994	236 621	121 006	115 615	5 391	20. 9	31. 9	11. 2
1995	280 864	148 780	132 084	16 696	18. 7	23. 0	14. 2
1996	289 881	151 048	138 833	12 215	3. 2	1. 5	5. 1
1997	325 162	182 792	142 370	40 422	12. 2	21. 0	2. 5
1998	323 949	183 712	140 237	43 475	-0. 4	0. 5	-1. 5
1999	360 630	194 931	165 699	29 232	11. 3	6. 1	18. 2
2000	474 297	249 203	225 094	24 109	31. 5	27. 8	35. 8
2001	509 651	266 098	243 553	22 545	7. 5	6. 8	8. 2
2002	620 766	325 596	295 170	30 426	21. 8	22. 4	21. 2
2003	850 988	438 228	412 760	25 468	37. 1	34. 6	39. 8
2004	1 154 554	593 326	561 229	32 097	35. 7	35. 4	36. 0
2005	1 421 906	761 953	659 953	102 001	23. 2	28. 4	17. 6
2006	1 760 438	968 978	791 461	177 517	23. 8	27. 2	19. 9
2007	2 176 175	1 220 060	956 115	263 944	23. 6	25. 9	20. 8
2008	2 563 255	1 430 693	1 132 562	298 131	17. 8	17. 3	18. 5

续表

年　份	进出口	出　口	进　口	贸易差额	比上年增减（%）		
					进出口	出　口	进　口
2009	2 207 535	1 201 612	1 005 923	195 689	-13.9	-16.0	-11.2
2010	2 974 001	1 577 754	1 396 247	181 507	34.7	31.3	38.8
2011	3 641 864	1 898 381	1 743 484	154 897	22.5	20.3	24.9
2012	3 867 119	2 048 714	1 818 405	230 309	6.2	7.9	4.3
2013	4 158 993	2 209 004	1 949 989	259 015	7.5	7.8	7.2
2014	4 301 527	2 342 293	1 959 235	383 058	3.4	6.0	0.4
2015	3 953 033	2 273 468	1 679 564	593 904	-8.0	-2.9	-14.1
2016	3 685 557	2 097 631	1 587 926	509 705	-6.8	-7.7	-5.5
2017	4 107 138	2 263 345	1 843 793	419 552	11.4	7.9	16.1
2018	4 622 444	2 486 696	2 135 748	350 947	12.5	9.9	15.8
2019	4 577 891	2 499 482	2 078 409	421 073	-1.0	0.5	-2.7
2020	4 655 913	2 589 952	2 065 962	523 990	1.7	3.6	-0.6

2020 年进出口商品国别（地区）总值表

单位：千美元

进口原产国（地） 出口最终目的国（地）	2020 年			2019 年		
	出　口	进　口	出/入超	出　口	进　口	出/入超
总　值	2 589 951 608	2 065 961 554	523 990 054	2 499 482 090	2 078 409 047	421 073 043
亚　洲	1 230 749 638	1 157 009 392	73 740 246	1 220 675 377	1 146 582 360	74 093 017
阿富汗	500 680	54 512	446 168	599 799	29 279	570 520
巴林	1 120 256	146 309	973 947	1 484 147	195 330	1 288 816
孟加拉国	15 075 697	799 755	14 275 942	17 323 286	1 036 534	16 286 753
不丹	13 561	33	13 529	10 910	47	10 863
文莱	466 224	1 475 994	-1 009 770	649 865	452 877	196 988
缅甸	12 547 522	6 346 798	6 200 724	12 310 992	6 388 059	5 922 933
柬埔寨	8 054 490	1 497 487	6 557 003	7 981 531	1 444 323	6 537 208
塞浦路斯	893 106	25 172	867 933	580 810	55 281	525 529
朝鲜	490 968	47 948	443 020	2 573 790	215 240	2 358 550
中国香港	272 575 411	6 982 776	265 592 634	279 152 489	9 067 198	270 085 291
印度	66 719 710	20 977 307	45 742 403	74 825 299	17 985 879	56 839 420
印度尼西亚	40 981 225	37 481 852	3 499 373	45 648 737	34 113 874	11 534 863
伊朗	8 491 838	6 441 557	2 050 281	9 589 986	13 445 630	-3 855 643
伊拉克	10 922 981	19 303 765	-8 380 783	9 461 323	23 927 336	-14 466 014
以色列	11 253 607	6 285 601	4 968 006	9 614 964	5 154 185	4 460 778
日本	142 618 639	174 661 357	-32 042 718	143 244 518	171 768 696	-28 524 177
约旦	3 181 509	425 730	2 755 779	3 677 916	434 060	3 243 856
科威特	3 547 831	10 735 102	-7 187 271	3 836 320	13 447 475	-9 611 155
老挝	1 491 278	2 088 289	-597 012	1 762 454	2 157 000	-394 547
黎巴嫩	945 625	31 798	913 826	1 679 599	26 007	1 653 592
中国澳门	2 228 525	63 137	2 165 388	3 044 873	67 078	2 977 795
马来西亚	56 301 315	75 174 422	-18 873 107	52 141 782	71 909 977	-19 768 195
马尔代夫	275 700	5 771	269 929	347 986	33 719	314 267
蒙古国	1 618 073	5 124 562	-3 506 489	1 826 590	6 334 357	-4 507 767
尼泊尔联邦民主共和国	1 167 478	16 261	1 151 216	1 482 478	33 538	1 448 940
阿曼	3 076 468	15 659 464	-12 582 997	3 020 944	19 650 155	-16 629 211

续表1

进口原产国（地） 出口最终目的国（地）	2020 年			2019 年		
	出　口	进　口	出/入超	出　口	进　口	出/入超
巴基斯坦	15 357 671	2 124 874	13 232 797	16 166 921	1 806 126	14 360 795
巴勒斯坦	100 456	9	100 447	82 144	140	82 004
菲律宾	41 881 710	19 335 471	22 546 239	40 763 852	20 199 393	20 564 459
卡塔尔	2 631 166	8 305 096	−5 673 931	2 409 678	8 713 108	−6 303 429
沙特阿拉伯	28 095 294	39 069 857	−10 974 563	23 876 506	54 195 937	−30 319 431
新加坡	57 626 122	31 618 071	26 008 051	54 798 488	35 237 819	19 560 669
韩国	112 476 830	173 103 912	−60 627 082	110 974 410	173 559 029	−62 584 618
斯里兰卡	3 842 729	317 763	3 524 966	4 090 606	397 008	3 693 598
叙利亚	833 521	1 331	832 190	1 313 807	1 409	1 312 398
泰国	50 514 240	48 139 737	2 374 502	45 584 839	46 161 651	−576 812
土耳其	20 346 482	3 731 411	16 615 071	17 323 705	3 496 820	13 826 885
阿拉伯联合酋长国	32 310 347	17 054 820	15 255 527	33 412 895	15 336 739	18 076 156
也门共和国	2 881 336	674 019	2 207 317	2 819 029	866 625	1 952 404
越南	113 815 657	78 474 426	35 341 231	97 868 882	64 116 675	33 752 207
中华人民共和国	—	125 266 284	−125 266 284	0	129 792 198	−129 792 198
中国台湾	60 117 431	200 497 928	−140 380 496	55 109 309	173 012 781	−117 903 472
东帝汶	191 275	1 211	190 065	142 949	24 564	118 384
哈萨克斯坦	11 703 134	9 805 101	1 898 033	12 729 101	9 273 670	3 455 431
吉尔吉斯斯坦	2 865 366	34 801	2 830 564	6 280 520	66 041	6 214 479
塔吉克斯坦	1 016 842	45 293	971 549	1 590 068	84 620	1 505 448
土库曼斯坦	443 489	6 071 881	−5 628 393	430 853	8 686 023	−8 255 170
乌兹别克斯坦	5 138 716	1 483 308	3 655 408	5 032 088	2 180 781	2 851 307
亚洲其他国家（地区）	108	27	81	1 337	67	1 269
非　洲	114 220 618	73 722 097	40 498 521	113 214 432	95 801 587	17 412 846
阿尔及利亚	5 596 369	997 060	4 599 308	6 941 783	1 141 251	5 800 532
安哥拉	1 748 154	14 757 730	−13 009 576	2 055 727	23 837 402	−21 781 675
贝宁	988 388	58 248	930 140	2 152 519	154 357	1 998 162
博茨瓦纳	235 439	87 486	147 953	301 459	17 134	284 324
布隆迪	73 966	7 638	66 329	66 388	12 946	53 442
喀麦隆	2 022 470	761 327	1 261 143	1 670 170	1 009 681	660 489
加那利群岛	1 612	57	1 555	1 761	32	1 728
佛得角	77 837	1 210	76 627	64 167	29	64 138
中非	27 964	57 075	−29 111	25 660	36 202	−10 541

续表2

进口原产国（地） 出口最终目的国（地）	2020 年			2019 年		
	出　口	进　口	出/入超	出　口	进　口	出/入超
塞卜泰（休达）	357	12	345	260	51	209
乍得	298 321	421 471	-123 151	279 107	452 751	-173 644
科摩罗	50 537	117	50 420	73 685	32	73 653
刚果（布）	596 314	3 371 849	-2 775 535	435 095	6 102 224	-5 667 129
吉布提	2 310 126	46 249	2 263 878	2 206 386	20 045	2 186 341
埃及	13 627 843	923 483	12 704 360	12 200 705	1 000 719	11 199 986
赤道几内亚	122 120	1 182 549	-1 060 429	113 204	1 723 064	-1 609 860
埃塞俄比亚	2 233 322	338 771	1 894 551	2 323 499	343 953	1 979 546
加蓬	415 450	3 244 067	-2 828 617	377 262	4 646 659	-4 269 397
冈比亚	535 667	29 902	505 765	512 481	71 444	441 037
加纳	6 756 283	1 774 499	4 981 784	4 903 256	2 576 406	2 326 851
几内亚	1 911 704	2 438 851	-527 147	1 717 429	2 456 090	-738 661
几内亚比绍	51 431	5	51 426	31 939	8 402	23 536
科特迪瓦共和国	2 333 567	580 471	1 753 096	2 041 569	455 673	1 585 897
肯尼亚	5 409 670	150 595	5 259 075	5 009 266	178 907	4 830 359
利比里亚	3 401 409	97 344	3 304 065	3 902 255	123 854	3 778 400
利比亚	1 880 451	827 065	1 053 385	2 451 593	4 816 497	-2 364 904
马达加斯加	997 654	138 652	859 002	1 072 546	204 362	868 185
马拉维	218 491	12 332	206 159	260 048	15 709	244 339
马里	468 441	168 652	299 788	435 101	160 301	274 800
毛里塔尼亚	740 087	1 277 054	-536 967	1 025 918	927 810	98 108
毛里求斯	699 958	26 488	673 471	806 389	38 881	767 509
摩洛哥	4 173 581	595 611	3 577 970	4 034 545	633 347	3 401 198
莫桑比克	2 000 094	579 499	1 420 595	1 957 695	713 242	1 244 453
纳米比亚	223 112	562 885	-339 774	198 174	511 281	-313 107
尼日尔	303 135	224 696	78 439	287 335	223 868	63 467
尼日利亚	16 787 509	2 485 363	14 302 146	16 622 615	2 656 375	13 966 240
留尼汪	186 230	22	186 208	174 634	19	174 615
卢旺达	282 523	38 209	244 314	265 075	35 007	230 068
圣多美和普林西比	20 313	47	20 267	8 921	14	8 907
塞内加尔	2 564 005	315 092	2 248 913	2 211 022	300 786	1 910 236
塞舌尔	57 670	38	57 632	65 647	69	65 578
塞拉利昂	371 373	158 492	212 881	313 541	193 895	119 646

续表3

进口原产国（地） 出口最终目的国（地）	2020年			2019年		
	出　口	进　口	出/入超	出　口	进　口	出/入超
索马里	892 585	7 872	884 713	731 382	18 698	712 684
南非	15 238 870	20 824 800	-5 585 931	16 542 942	25 948 856	-9 405 914
西撒哈拉	1 456	—	1 456	72	0	72
苏丹	2 511 453	766 295	1 745 158	2 289 681	743 553	1 546 128
坦桑尼亚	4 174 369	411 118	3 763 251	3 811 416	359 733	3 451 683
多哥	2 459 182	164 200	2 294 982	2 130 751	180 437	1 950 314
突尼斯	1 427 686	222 718	1 204 968	1 364 202	209 105	1 155 097
乌干达	790 287	39 692	750 595	740 649	41 593	699 056
布基纳法索	322 522	79 957	242 565	261 613	59 858	201 755
刚果（金）	2 013 431	7 083 727	-5 070 296	2 076 796	4 429 185	-2 352 390
赞比亚	681 350	3 506 044	-2 824 693	970 349	3 264 542	-2 294 193
津巴布韦	524 710	872 724	-348 014	368 805	973 925	-605 121
莱索托	59 382	12 262	47 120	72 034	31 274	40 760
梅利利亚	674	15	659	2 148	9	2 138
斯威士兰	39 892	484	39 408	42 484	766	41 718
厄立特里亚	70 486	308 630	-238 144	48 543	206 064	-157 522
马约特	53 105	19	53 086	39 172	9	39 163
南苏丹共和国	156 083	683 242	-527 159	122 242	1 533 203	-1 410 961
非洲其他国家（地区）	2 148	32	2 116	1 322	9	1 312
欧　洲	535 681 028	372 567 019	163 114 009	499 748 649	377 083 160	122 665 489
比利时	20 752 084	7 828 111	12 923 973	18 234 319	6 865 913	11 368 406
丹麦	7 464 268	6 011 297	1 452 971	6 749 861	4 957 640	1 792 221
英国	72 561 758	19 872 159	52 689 598	62 425 024	23 931 238	38 493 787
德国	86 808 170	105 110 668	-18 302 497	79 789 085	105 087 088	-25 298 003
法国	36 955 921	29 695 291	7 260 630	32 991 026	32 581 779	409 247
爱尔兰	3 995 902	14 045 211	-10 049 309	3 294 171	13 453 435	-10 159 264
意大利	32 914 706	22 249 555	10 665 152	33 519 784	21 424 349	12 095 435
卢森堡	949 473	275 933	673 540	1 550 201	282 202	1 267 998
荷兰	79 006 331	12 789 318	66 217 014	73 978 796	11 202 229	62 776 566
希腊	7 036 593	773 891	6 262 702	7 740 115	725 255	7 014 861
葡萄牙	4 180 592	2 772 492	1 408 100	4 366 438	2 322 315	2 044 124
西班牙	27 516 529	10 387 921	17 128 608	26 897 612	8 603 789	18 293 823
阿尔巴尼亚	571 226	81 121	490 105	601 093	102 721	498 373

续表4

进口原产国（地） 出口最终目的国（地）	2020 年			2019 年		
	出　口	进　口	出/入超	出　口	进　口	出/入超
安道尔	3 401	432	2 968	2 554	210	2 344
奥地利	3 406 366	6 639 807	-3 233 441	3 047 771	7 623 297	-4 575 526
保加利亚	1 547 089	1 370 982	176 107	1 554 788	1 164 137	390 651
芬兰	2 949 768	4 196 317	-1 246 549	3 044 486	4 655 190	-1 610 703
直布罗陀	2 985	1	2 983	4 451	2	4 449
匈牙利	7 403 722	4 282 898	3 120 823	6 472 855	3 745 020	2 727 835
冰岛	100 877	104 647	-3 770	114 872	142 692	-27 820
列支敦士登	49 315	114 447	-65 132	53 076	130 473	-77 396
马耳他	1 367 804	387 613	980 191	1 159 832	358 623	801 208
摩纳哥	39 994	17 024	22 970	30 276	9 571	20 705
挪威	3 533 992	7 367 839	-3 833 847	3 448 822	3 909 964	-461 142
波兰	26 730 749	4 320 430	22 410 319	23 880 107	3 941 495	19 938 613
罗马尼亚	5 126 404	2 638 405	2 487 999	4 573 438	2 325 652	2 247 787
圣马力诺	6 649	2 858	3 792	3 861	3 292	569
瑞典	8 368 172	9 518 267	-1 150 095	8 537 756	9 144 313	-606 557
瑞士	5 042 453	17 380 245	-12 337 792	4 544 655	27 271 795	-22 727 141
爱沙尼亚	863 881	281 400	582 481	922 325	298 722	623 602
拉脱维亚	1 052 337	200 395	851 942	1 093 586	195 691	897 895
立陶宛	1 807 605	487 610	1 319 995	1 697 645	436 503	1 261 142
格鲁吉亚	1 275 690	100 866	1 174 824	1 401 748	81 045	1 320 703
亚美尼亚	222 794	794 487	-571 693	223 093	531 304	-308 211
阿塞拜疆	617 870	698 780	-80 910	616 392	869 232	-252 841
白俄罗斯	2 113 232	888 693	1 224 539	1 799 069	914 860	884 209
摩尔多瓦	145 799	60 473	85 326	129 312	46 808	82 505
俄罗斯联邦	50 504 466	57 684 679	-7 180 213	49 748 487	61 191 706	-11 443 220
乌克兰	6 878 010	8 001 752	-1 123 742	7 399 575	4 509 009	2 890 565
斯洛文尼亚	3 452 194	508 681	2 943 513	3 411 523	516 467	2 895 056
克罗地亚	1 566 741	137 590	1 429 151	1 396 821	144 981	1 251 840
捷克	13 737 688	5 133 537	8 604 151	12 973 043	4 628 211	8 344 831
斯洛伐克	3 031 546	6 431 085	-3 399 539	2 923 824	5 968 775	-3 044 951
北马其顿共和国	156 795	227 133	-70 339	134 827	147 059	-12 232
波黑	120 102	72 684	47 417	115 165	76 879	38 286
梵蒂冈城国	726	98	629	146	32	114

续表5

进口原产国（地） 出口最终目的国（地）	2020 年			2019 年		
	出　口	进　口	出/入超	出　口	进　口	出/入超
法罗群岛	1 349	66 108	-64 759	4 151	155 942	-151 791
塞尔维亚	1 624 340	498 177	1 126 163	1 032 967	360 613	672 354
黑山	113 161	57 384	55 777	113 817	43 312	70 504
欧洲其他国家（地区）	1 407	226	1 181	7	329	-322
拉丁美洲	150 708 695	169 411 724	-18 703 029	151 982 828	165 640 231	-13 657 403
安提瓜和巴布达	91 316	33	91 283	71 936	70	71 867
阿根廷	7 083 814	6 814 457	269 357	6 884 154	7 390 979	-506 825
阿鲁巴	35 784	89	35 696	38 994	48	38 946
巴哈马	277 830	72 928	204 902	355 470	78 589	276 881
巴巴多斯	79 096	15 162	63 933	156 135	20 263	135 872
伯利兹	103 860	438	103 422	116 829	151	116 678
多民族玻利维亚国	687 778	291 212	396 566	854 148	322 151	531 997
博内尔	4	1	3	10	0	10
巴西	34 953 777	85 517 221	-50 563 444	35 539 064	79 962 547	-44 423 483
开曼群岛	36 582	13	36 569	38 306	82	38 223
智利	15 336 525	29 932 013	-14 595 488	14 711 839	26 229 201	-11 517 362
哥伦比亚	9 320 517	4 336 025	4 984 492	9 234 150	6 408 278	2 825 872
多米尼克	21 059	599	20 460	33 749	477	33 272
哥斯达黎加	1 535 679	668 609	867 070	1 521 332	722 559	798 773
古巴	483 293	470 010	13 283	790 926	492 711	298 215
库腊索岛	35 304	15	35 288	41 797	5	41 792
多米尼加共和国	2 493 959	299 304	2 194 655	2 390 428	454 333	1 936 095
厄瓜多尔	3 252 328	4 320 756	-1 068 427	3 628 574	3 642 230	-13 656
法属圭亚那	23 839	13	23 827	17 460	48	17 412
格林纳达	15 408	44	15 364	14 590	2	14 587
瓜德罗普	43 975	9	43 966	46 115	10	46 105
危地马拉	2 472 511	267 097	2 205 415	2 399 670	198 056	2 201 614
圭亚那	265 470	308 865	-43 394	272 914	45 987	226 928
海地	709 271	3 026	706 245	560 835	4 493	556 342
洪都拉斯	922 873	45 953	876 921	940 460	31 787	908 673
牙买加	630 463	31 931	598 532	670 704	29 584	641 120
马提尼克	27 260	122	27 137	26 598	246	26 352
墨西哥	44 827 902	16 217 580	28 610 322	46 382 165	14 334 538	32 047 627

续表6

进口原产国（地） 出口最终目的国（地）	2020 年			2019 年		
	出　口	进　口	出/入超	出　口	进　口	出/入超
蒙特塞拉特	404	2	402	419	3	416
尼加拉瓜	486 438	18 958	467 480	502 072	45 554	456 518
巴拿马	8 793 651	469 417	8 324 234	7 944 501	452 028	7 492 472
巴拉圭	1 216 925	13 912	1 203 013	1 432 117	16 347	1 415 770
秘鲁	8 865 743	14 735 474	−5 869 731	8 513 082	15 195 599	−6 682 517
波多黎各	766 871	1 089 926	−323 055	658 757	895 972	−237 215
萨巴	8	—	8	9	0	9
圣卢西亚	23 347	59	23 287	21 560	188	21 372
圣马丁岛	5 332	81	5 251	6 584	6	6 578
圣文森特和格林纳丁斯	10 189	9	10 180	21 292	1	21 290
萨尔瓦多	938 248	171 781	766 467	1 001 251	113 313	887 939
苏里南	221 330	61 103	160 228	234 528	53 513	181 015
特立尼达和多巴哥	341 203	334 830	6 373	363 502	669 167	−305 666
特克斯和凯科斯群岛	3 311	57	3 254	3 025	6	3 019
乌拉圭	1 703 050	2 367 323	−664 273	1 948 991	2 967 714	−1 018 723
委内瑞拉	1 518 839	534 238	984 601	1 540 075	4 860 335	−3 320 259
英属维尔京群岛	8 905	267	8 638	10 362	348	10 013
圣基茨和尼维斯	13 484	424	13 060	9 712	363	9 349
圣皮埃尔和密克隆	386	1	385	66	2	63
荷属安的列斯	14 967	3	14 965	17 161	9	17 152
拉丁美洲其他国家（地区）	8 587	335	8 252	14 411	338	14 074
北美洲	493 861 851	157 574 007	336 287 844	455 636 276	151 322 039	304 314 237
加拿大	42 094 566	22 063 365	20 031 201	36 931 958	28 152 090	8 779 868
美国	451 729 026	135 250 645	316 478 381	418 664 079	122 896 196	295 767 883
格陵兰	1 597	259 990	−258 393	1 008	273 715	−272 707
百慕大	35 589	4	35 585	36 894	11	36 884
北美洲其他国家（地区）	1 073	3	1 071	2 337	27	2 310
大洋洲	64 729 728	133 620 089	−68 890 362	58 215 351	138 517 817	−80 302 466
澳大利亚	53 468 477	117 693 778	−64 225 300	48 229 554	121 289 666	−73 060 112
库克群岛	5 485	2 644	2 841	42 653	1 756	40 897
斐济	322 180	23 539	298 640	350 294	14 418	335 876

续表7

进口原产国（地） 出口最终目的国（地）	2020 年			2019 年		
	出　口	进　口	出/入超	出　口	进　口	出/入超
盖比群岛	6	0	5	18	12	6
马克萨斯群岛	0	0	0	13	4	9
瑙鲁	1 939	82	1 858	1 227	26	1 201
新喀里多尼亚	121 938	1 169 305	-1 047 368	156 064	1 087 810	-931 747
瓦努阿图	72 412	7 937	64 474	77 252	14 574	62 678
新西兰	6 053 031	12 076 119	-6 023 088	5 736 305	12 557 981	-6 821 676
诺福克岛	1 968	6	1 961	485	0	485
巴布亚新几内亚	922 820	2 270 896	-1 348 075	800 430	3 023 933	-2 223 502
社会群岛	515	0	515	857	0	857
所罗门群岛	116 602	355 240	-238 639	98 257	461 119	-362 862
汤加	33 719	238	33 481	29 443	130	29 313
土阿莫土群岛	1	0	0	3	0	3
土布艾群岛	1	0	1	145	0	145
萨摩亚	87 306	575	86 731	87 847	443	87 404
基里巴斯	24 409	222	24 187	20 160	941	19 219
图瓦卢	16 141	12	16 129	21 738	26	21 711
密克罗尼西亚联邦	20 866	7 260	13 605	18 646	12 575	6 071
马绍尔群岛	3 284 616	7 679	3 276 937	2 383 336	44 686	2 338 650
帕劳	24 084	7	24 076	18 626	59	18 567
法属波利尼西亚	99 670	4 154	95 517	98 638	6 801	91 836
瓦利斯和浮图纳	881	1	880	715	0	715
大洋洲其他国家（地区）	50 664	394	50 269	42 647	855	41 792
国别（地区）不详	35	2 057 226	-2 057 191	9 154	3 461 854	-3 452 700
东南亚国家联盟	383 679 782	301 632 547	82 047 235	359 511 422	282 181 649	77 329 774
欧洲联盟	390 885 743	258 499 877	132 385 866	428 807 042	276 639 592	152 167 450
亚太经济合作组织	1 623 177 360	1 380 136 779	243 040 581	1 555 655 071	1 334 263 077	221 391 993

表注：1. 东南亚国家联盟包括：文莱、缅甸、柬埔寨、印度尼西亚、老挝、马来西亚、菲律宾、新加坡、泰国、越南。

2. 欧洲联盟包括：比利时、丹麦、德国、法国、爱尔兰、意大利、卢森堡、荷兰、希腊、葡萄牙、西班牙、奥地利、芬兰、瑞典、塞浦路斯、匈牙利、马耳他、波兰、爱沙尼亚、拉脱维亚、立陶宛、斯洛文尼亚、捷克、斯洛伐克、保加利亚、罗马尼亚、克罗地亚。（2020 年 1 月英国脱欧）

3. 亚太经济合作组织包括：文莱、中国香港、印度尼西亚、日本、马来西亚、菲律宾、新加坡、韩国、泰国、越南、中华人民共和国、中国台湾、俄罗斯、智利、墨西哥、秘鲁、加拿大、美国、澳大利亚、新西兰、巴布亚新几内亚。

2020 年进出口商品构成表

单位：千美元

商　品	出　口		进　口	
	金　额	比重（%）	金　额	比重（%）
总　值	2 589 951 608	100.0	2 065 961 554	100.0
一、初级产品	115 629 193	4.5	686 907 500	33.2
0 类　食品及活动物	63 531 769	2.5	98 254 307	4.8
00 章　活动物	599 665	0.0	634 692	0.0
01 章　肉及肉制品	2 251 953	0.1	30 191 266	1.5
02 章　乳品及蛋品	280 458	0.0	6 744 153	0.3
03 章　鱼、甲壳及软体类动物及其制品	18 334 601	0.7	12 661 752	0.6
04 章　谷物及其制品	2 035 256	0.1	10 702 134	0.5
05 章　蔬菜及水果	24 634 905	1.0	15 552 026	0.8
06 章　糖、糖制品及蜂蜜	2 242 930	0.1	2 773 607	0.1
07 章　咖啡、茶、可可、调味料及其制品	4 548 260	0.2	2 274 052	0.1
08 章　饲料（不包括未碾磨谷物）	2 925 456	0.1	5 412 572	0.3
09 章　杂项食品	5 678 286	0.2	11 308 053	0.5
1 类　饮料及烟类	2 528 074	0.1	6 203 773	0.3
11 章　饮料	1 749 297	0.1	5 037 729	0.2
12 章　烟草及其制品	778 778	0.0	1 166 044	0.1
2 类　非食用原料（燃料除外）	15 916 993	0.6	301 725 578	14.6
21 章　生皮及生毛皮	27 900	0.0	1 188 648	0.1
22 章　油籽及含油果实	1 213 277	0.0	43 312 081	2.1
23 章　生橡胶（包括合成橡胶及再生橡胶）	868 258	0.0	10 659 752	0.5
24 章　软木及木材	562 908	0.0	18 550 498	0.9
25 章　纸浆及废纸	115 010	0.0	16 860 154	0.8
26 章　纺织纤维及其废料	2 682 186	0.1	7 363 292	0.4
27 章　天然肥料及矿物（煤、石油及宝石除外）	3 221 296	0.1	5 414 762	0.3
28 章　金属矿砂及金属废料	2 005 911	0.1	196 029 360	9.5
29 章　其他动、植物原料	5 220 246	0.2	2 347 030	0.1
3 类　矿物燃料、润滑油及有关原料	32 247 625	1.2	270 069 032	13.1
32 章　煤、焦炭及煤砖	1 209 035	0.0	21 044 506	1.0

续表1

商　品	出　口		进　口	
	金　额	比重（%）	金　额	比重（%）
33 章　石油、石油产品及有关原料	27 487 539	1.1	206 880 618	10.0
34 章　天然气及人造气	2 044 970	0.1	41 966 222	2.0
35 章　电流	1 506 082	0.1	177 686	0.0
4 类　动植物油、脂及蜡	1 404 731	0.1	10 654 808	0.5
41 章　动物油、脂	207 209	0.0	485 465	0.0
42 章　植物油、脂	300 502	0.0	9 934 753	0.5
43 章　已加工的动植物油、脂及动植物蜡	897 020	0.0	234 590	0.0
二、工业制品	2 474 322 313	95.5	1 379 053 897	66.8
5 类　化学成品及有关产品	169 133 358	6.5	213 463 855	10.3
51 章　有机化学品	48 786 876	1.9	45 486 436	2.2
52 章　无机化学品	15 105 050	0.6	9 797 423	0.5
53 章　染料、鞣料及着色料	7 645 788	0.3	4 722 907	0.2
54 章　医药品	22 078 251	0.9	36 981 634	1.8
55 章　精油、香料及盥洗、光洁制品	9 219 902	0.4	23 190 456	1.1
56 章　制成肥料	6 540 662	0.3	2 901 176	0.1
57 章　初级形状的塑料	15 482 353	0.6	52 473 421	2.5
58 章　非初级形状的塑料	17 897 626	0.7	13 274 952	0.6
59 章　其他化学原料及产品	26 376 850	1.0	24 635 450	1.2
6 类　按原料分类的制成品	434 069 822	16.8	168 757 388	8.2
61 章　皮革、皮革制品及已鞣毛皮	1 960 020	0.1	2 119 947	0.1
62 章　橡胶制品	19 027 895	0.7	4 855 720	0.2
63 章　软木及木制品（家具除外）	13 006 173	0.5	1 675 123	0.1
64 章　纸及纸板；纸浆、纸及纸板制品	20 111 042	0.8	7 198 889	0.3
65 章　纺纱、织物、制成品及有关产品	154 131 328	6.0	14 127 499	0.7
66 章　非金属矿物制品	48 519 178	1.9	18 591 003	0.9
67 章　钢铁	46 451 272	1.8	39 170 552	1.9
68 章　有色金属	23 824 269	0.9	66 622 148	3.2
69 章　金属制品	107 038 646	4.1	14 396 506	0.7
7 类　机械及运输设备	1 257 890 685	48.6	828 536 922	40.1
71 章　动力机械及设备	38 214 924	1.5	23 649 568	1.1
72 章　特种工业专用机械	50 781 337	2.0	56 760 297	2.7
73 章　金工机械	8 781 689	0.3	8 805 455	0.4
74 章　通用工业机械设备及零件	128 326 993	5.0	49 810 112	2.4

续表2

商品	出口		进口	
	金额	比重（%）	金额	比重（%）
75 章　办公用机械及自动数据处理设备	217 418 932	8.4	59 426 110	2.9
76 章　电信及声音的录制及重放装置设备	310 286 354	12.0	67 020 182	3.2
77 章　电力机械、器具及其电气零件	395 760 747	15.3	476 584 661	23.1
78 章　陆路车辆（包括气垫式）	81 706 364	3.2	73 911 435	3.6
79 章　其他运输设备	26 613 343	1.0	12 569 101	0.6
8 类　杂项制品	584 678 721	22.6	145 972 607	7.1
81 章　活动房屋；卫生、水道、供热及照明装置	49 717 238	1.9	884 573	0.0
82 章　家具及其零件；褥垫及类似填充制品	69 057 808	2.7	2 257 689	0.1
83 章　旅行用品、手提包及类似品	20 789 163	0.8	4 396 862	0.2
84 章　服装及衣着附件	141 500 703	5.5	9 491 114	0.5
85 章　鞋靴	38 111 193	1.5	5 972 496	0.3
87 章　专业、科学及控制用仪器和装置	62 810 184	2.4	75 978 693	3.7
88 章　摄影器材、光学物品及钟表	16 747 056	0.6	20 253 009	1.0
89 章　杂项制品	185 945 376	7.2	26 738 171	1.3
9 类　未分类的商品	28 549 728	1.1	22 323 124	1.1

2020年进出口商品类章总值表

单位：千美元

类章	出口		进口	
	金额	比重（%）	金额	比重（%）
总值	2 589 951 608	100.0	2 065 961 554	100.0
第一类　活动物；动物产品	14 424 057	0.6	51 320 222	2.5
01章　活动物	599 665	0.0	634 692	0.0
02章　肉及食用杂碎	710 791	0.0	30 268 514	1.5
03章　鱼、甲壳动物、软体动物及其他水生无脊椎动物	10 710 803	0.4	12 366 189	0.6
04章　乳品；蛋品；天然蜂蜜；其他食用动物产品	576 250	0.0	7 288 504	0.4
05章　其他动物产品	1 826 547	0.1	762 323	0.0
第二类　植物产品	27 563 623	1.1	71 772 749	3.5
06章　活树及其他活植物；鳞茎、根及类似品；插花及装饰用簇叶	472 626	0.0	243 751	0.0
07章　食用蔬菜、根及块茎	9 671 900	0.4	1 956 688	0.1
08章　食用水果及坚果；甜瓜或柑橘属水果的果皮	7 063 596	0.3	12 097 680	0.6
09章　咖啡、茶、马黛茶及调味香料	4 035 222	0.2	1 237 229	0.1
10章　谷物	959 663	0.0	9 316 836	0.5
11章　制粉工业产品；麦芽；淀粉；菊粉；面筋	692 544	0.0	1 440 034	0.1
12章　含油子仁及果实；杂项子仁及果实；工业用或药用植物；稻草、秸秆及饲料	2 874 555	0.1	44 980 649	2.2
13章　虫胶；树胶、树脂及其他植物液、汁	1 636 442	0.1	371 028	0.0
14章　编结用植物材料；其他植物产品	157 076	0.0	128 853	0.0
第三类　动、植物油、脂及其分解产品；精制的食用油脂；动、植物蜡	1 439 275	0.1	11 260 131	0.5
15章　动、植物油、脂及其分解产品；精制的食用油脂；动、植物蜡	1 439 275	0.1	11 260 131	0.5
第四类　食品；饮料、酒及醋；烟草、烟草及烟草代用品的制品	31 099 359	1.2	27 949 050	1.4
16章　肉、鱼、甲壳动物、软体动物及其他水生无脊椎动物的制品	9 164 993	0.4	358 699	0.0
17章　糖及糖食	1 702 784	0.1	2 629 582	0.1
18章　可可及可可制品	327 418	0.0	787 519	0.0

续表1

类 章	出 口		进 口	
	金 额	比重（%）	金 额	比重（%）
19 章 谷物、粮食粉、淀粉或乳的制品；糕饼点心	2 009 528	0.1	7 331 524	0.4
20 章 蔬菜、水果、坚果或植物其他部分的制品	7 610 993	0.3	1 344 303	0.1
21 章 杂项食品	4 559 733	0.2	4 459 532	0.2
22 章 饮料、酒及醋	2 022 959	0.1	5 080 451	0.2
23 章 食品工业的残渣及废料；配制的动物饲料	2 922 173	0.1	4 791 397	0.2
24 章 烟草、烟草及烟草代用品的制品	778 778	0.0	1 166 044	0.1
第五类 矿产品	37 293 794	1.4	464 173 052	22.5
25 章 盐；硫黄；泥土及石料；石膏料、石灰及水泥	3 102 292	0.1	6 890 180	0.3
26 章 矿砂、矿渣及矿灰	1 942 481	0.1	187 192 533	9.1
27 章 矿物燃料、矿物油及其蒸馏产品；沥青物质；矿物蜡	32 249 022	1.2	270 090 339	13.1
第六类 化学工业及其相关工业的产品	137 427 613	5.3	150 610 668	7.3
28 章 无机化学品；贵金属、稀土金属、放射性元素及其同位素的有机及无机化合物	15 204 049	0.6	11 021 438	0.5
29 章 有机化学品	56 953 837	2.2	45 641 317	2.2
30 章 药品	13 207 629	0.5	34 915 065	1.7
31 章 肥料	6 567 198	0.3	2 906 187	0.1
32 章 鞣料浸膏及染料浸膏；鞣酸及其衍生物；染料、颜料及其他着色料；油漆及清漆；油灰及其他类似胶粘剂；墨水、油墨	7 831 610	0.3	4 826 331	0.2
33 章 精油及香膏；芳香料制品及化妆盥洗品	5 188 134	0.2	20 476 771	1.0
34 章 肥皂、有机表面活性剂、洗涤剂、润滑剂、人造蜡、调制蜡、光洁剂、蜡烛及类似品、塑型用膏、“牙科用蜡”及牙科用熟石膏制剂	5 251 974	0.2	5 040 074	0.2
35 章 蛋白类物质；改性淀粉；胶；酶	3 412 079	0.1	3 923 498	0.2
36 章 炸药；烟火制品；火柴；引火合金；易燃材料制品	726 121	0.0	93 470	0.0
37 章 照相及电影用品	932 724	0.0	2 898 334	0.1
38 章 杂项化学产品	22 152 260	0.9	18 868 183	0.9
第七类 塑料及其制品；橡胶及其制品	118 908 920	4.6	87 214 958	4.2
39 章 塑料及其制品	96 378 192	3.7	71 084 529	3.4
40 章 橡胶及其制品	22 530 728	0.9	16 130 429	0.8
第八类 生皮、皮革、毛皮及其制品；鞍具及挽具；旅行用品、手提包及类似品；动物肠线（蚕胶丝除外）制品	26 605 007	1.0	8 087 188	0.4

续表2

类　章	出　口		进　口	
	金　额	比重（%）	金　额	比重（%）
41章　生皮（毛皮除外）及皮革	644 425	0.0	2 728 015	0.1
42章　皮革制品；鞍具及挽具；旅行用品、手提包及类似容器；动物肠线（蚕胶丝除外）制品	22 669 989	0.9	4 815 608	0.2
43章　毛皮、人造毛皮及其制品	3 290 593	0.1	543 566	0.0
第九类　木及木制品；木炭；软木及软木制品；稻草、秸秆、针茅或其他编结材料制品；篮筐及柳条编结品	15 226 823	0.6	20 241 860	1.0
44章　木及木制品；木炭	13 540 798	0.5	20 190 473	1.0
45章　软木及软木制品	28 283	0.0	35 148	0.0
46章　稻草、秸秆、针茅或其他编结材料制品；篮筐及柳条编结品	1 657 742	0.1	16 239	0.0
第十类　木浆及其他纤维状纤维素浆；纸及纸板的废碎品；纸、纸板及其制品	24 485 377	0.9	26 402 477	1.3
47章　木浆及其他纤维状纤维素浆；纸及纸板的废碎品	115 010	0.0	16 860 154	0.8
48章　纸及纸板；纸浆、纸或纸板制品	20 880 976	0.8	7 335 795	0.4
49章　书籍、报纸、印刷图画及其他印刷品；手稿、打字稿及设计图纸	3 489 391	0.1	2 206 528	0.1
第十一类　纺织原料及纺织制品	280 561 216	10.8	29 340 665	1.4
50章　蚕丝	511 474	0.0	48 428	0.0
51章　羊毛、动物细毛或粗毛；马毛纱线及其机织物	1 544 596	0.1	2 292 872	0.1
52章　棉花	10 998 837	0.4	8 278 844	0.4
53章　其他植物纺织纤维；纸纱线及其机织物	918 647	0.0	811 208	0.0
54章　化学纤维长丝	18 190 687	0.7	2 215 700	0.1
55章　化学纤维短纤	10 060 550	0.4	1 627 088	0.1
56章　絮胎、毡呢及无纺织物；特种纱线；线、绳、索、缆及其制品	8 170 413	0.3	1 484 787	0.1
57章　地毯及纺织材料的其他铺地制品	2 963 540	0.1	79 491	0.0
58章　特种机织物；簇绒织物；花边；装饰毯；装饰带；刺绣品	4 092 947	0.2	329 826	0.0
59章　浸渍、涂布、包覆或层压的纺织物；工业用纺织制品	6 711 963	0.3	1 466 581	0.1
60章　针织物及钩编织物	16 268 816	0.6	1 018 257	0.0
61章　针织或钩编的服装及衣着附件	62 227 841	2.4	3 514 423	0.2
62章　非针织或非钩编的服装及衣着附件	62 275 544	2.4	4 744 634	0.2

续表3

类　章	出　口		进　口	
	金　额	比重（%）	金　额	比重（%）
63 章　其他纺织制成品；成套物品；旧衣着及旧纺织品；碎织物	75 625 361	2. 9	1 428 525	0. 1
第十二类　鞋、帽、伞、杖、鞭及其零件；已加工的羽毛及其制品；人造花；人发制品	53 077 272	2. 0	6 487 600	0. 3
64 章　鞋靴、护腿和类似品及其零件	38 111 193	1. 5	5 972 496	0. 3
65 章　帽类及其零件	4 026 427	0. 2	190 645	0. 0
66 章　雨伞、阳伞、手杖、鞭子、马鞭及其零件	2 396 699	0. 1	8 966	0. 0
67 章　已加工羽毛、羽绒及其制品；人造花；人发制品	8 542 953	0. 3	315 492	0. 0
第十三类　石料、石膏、水泥、石棉、云母及类似材料的制品；陶瓷产品；玻璃及其制品	56 074 867	2. 2	11 036 276	0. 5
68 章　石料、石膏、水泥、石棉、云母及类似材料的制品	12 621 088	0. 5	1 833 987	0. 1
69 章　陶瓷产品	25 113 275	1. 0	1 346 461	0. 1
70 章　玻璃及其制品	18 340 504	0. 7	7 855 828	0. 4
第十四类　天然或养殖珍珠、宝石或半宝石、贵金属、包贵金属及其制品；仿首饰；硬币	18 438 549	0. 7	31 735 394	1. 5
71 章　天然或养殖珍珠、宝石或半宝石、贵金属、包贵金属及其制品；仿首饰；硬币	18 438 549	0. 7	31 735 394	1. 5
第十五类　贱金属及其制品	176 205 147	6. 8	118 611 172	5. 7
72 章　钢铁	33 395 728	1. 3	36 901 161	1. 8
73 章　钢铁制品	71 017 169	2. 7	9 476 787	0. 5
74 章　铜及其制品	6 172 481	0. 2	48 913 983	2. 4
75 章　镍及其制品	547 847	0. 0	4 274 388	0. 2
76 章　铝及其制品	24 589 844	0. 9	8 147 556	0. 4
78 章　铅及其制品	42 163	0. 0	120 720	0. 0
79 章　锌及其制品	242 003	0. 0	1 996 605	0. 1
80 章　锡及其制品	126 852	0. 0	410 549	0. 0
81 章　其他贱金属、金属陶瓷及其制品	2 735 663	0. 1	3 434 829	0. 2
82 章　贱金属工具、器具、利口器、餐匙、餐叉及其零件	17 164 458	0. 7	3 117 944	0. 2
83 章　贱金属杂项制品	20 170 938	0. 8	1 816 650	0. 1
第十六类　机器、机械器具、电气设备及其零件；录音机及放声机、电视图像、声音的录制和重放设备及其零件、附件	1 149 953 698	44. 4	740 467 474	35. 8

续表4

类 章	出 口		进 口	
	金 额	比重（%）	金 额	比重（%）
84 章 核反应堆、锅炉、机械器具及零件	440 020 997	17.0	192 047 118	9.3
85 章 电机、电气设备及其零件；录音机及放声机、电视图像、声音的录制和重放设备及其零件、附件	709 932 701	27.4	548 420 356	26.5
第十七类 车辆、航空器、船舶及有关运输设备	110 208 797	4.3	86 580 639	4.2
86 章 铁道及电车道机车、车辆及其零件；铁道及电车道轨道固定装置及其零件、附件；各种机械（包括电动机械）交通信号设备	9 787 017	0.4	717 117	0.0
87 章 车辆及其零件、附件，但铁道及电车道车辆除外	76 223 938	2.9	73 985 238	3.6
88 章 航空器、航天器及其零件	2 457 461	0.1	9 400 924	0.5
89 章 船舶及浮动结构体	21 740 380	0.8	2 477 360	0.1
第十八类 光学、照相、电影、计量、检验、医疗或外科用仪器及设备、精密仪器及设备；钟表；乐器；上述物品的零件、附件	85 743 255	3.3	103 979 598	5.0
90 章 光学、照相、电影、计量、检验、医疗或外科用仪器及设备、精密仪器及设备；上述物品的零件、附件	80 226 837	3.1	99 066 911	4.8
91 章 钟表及其零件	3 632 619	0.1	4 468 954	0.2
92 章 乐器及其零件、附件	1 883 799	0.1	443 733	0.0
第十九类 武器、弹药及其零件、附件	184 573	0.0	10 555	0.0
93 章 武器、弹药及其零件、附件	184 573	0.0	10 555	0.0
第二十类 杂项制品	199 349 893	7.7	7 103 797	0.3
94 章 家具；寝具、褥垫、弹簧床垫、软坐垫及类似的填充制品；未列名灯具及照明装置；发光标志、发光名牌及类似品；活动房屋	109 366 914	4.2	2 900 283	0.1
95 章 玩具、游戏品、运动用品及其零件、附件	71 523 831	2.8	2 304 580	0.1
96 章 杂项制品	18 459 148	0.7	1 898 934	0.1
第二十一类 艺术品、收藏品及古物	684 217	0.0	669 275	0.0
97 章 艺术品、收藏品及古物	684 217	0.0	669 275	0.0
第二十二类 特殊交易品及未分类商品	24 996 277	1.0	10 906 755	0.5
98 章 特殊交易品及未分类商品	24 337 794	0.9	10 906 755	0.5
99 章 跨进电商 B2B 简化申报商品	658 483	0.0	—	—

2020 年进出口商品贸易方式总值表

单位：千美元

贸易方式	进出口		出　口		进　口	
	金　额	比重（%）	金　额	比重（%）	金　额	比重（%）
总　值	4 655 913 161	100.0	2 589 951 608	100.0	2 065 961 554	100.0
一般贸易	2 789 122 810	59.9	1 536 928 844	59.3	1 252 193 966	60.6
国家间、国际组织无偿援助和赠送的物资	579 114	0.0	565 789	0.0	13 325	0.0
其他捐赠物资	754 178	0.0	364 219	0.0	389 959	0.0
来料加工贸易	144 410 258	3.1	67 734 012	2.6	76 676 246	3.7
进料加工贸易	961 920 857	20.7	634 686 627	24.5	327 234 230	15.8
边境小额贸易	35 779 759	0.8	27 715 987	1.1	8 063 773	0.4
加工贸易进口设备	413 203	0.0	—	—	413 203	0.0
对外承包工程出口货物	10 551 556	0.2	10 551 556	0.4	—	—
租赁贸易	2 419 412	0.1	163 438	0.0	2 255 974	0.1
外商投资企业作为投资进口的设备、物品	2 891 513	0.1	—	—	2 891 513	0.1
出料加工贸易	661 185	0.0	302 915	0.0	358 270	0.0
免税外汇商品	47 752	0.0	—	—	47 752	0.0
保税监管场所进出境货物	189 633 907	4.1	53 303 493	2.1	136 330 414	6.6
海关特殊监管区域物流货物	373 210 462	8.0	142 873 283	5.5	230 337 179	11.1
海关特殊监管区域进口设备	10 114 445	0.2	—	—	10 114 445	0.5
其他	129 432 524	2.8	114 761 444	4.4	14 671 081	0.7
免税品	3 970 225	0.1	—	—	3 970 225	0.2

2020年出口商品贸易方式企业性质总值表

单位：千美元

企业性质 贸易方式	合计	国有企业	中外合作	中外合资	外商独资	私营企业	其他
	金额／(%)	金额／(%)	金额／(%)	金额／(%)	金额／(%)	金额／(%)	金额／(%)
总　值	2 589 951 608	207 597 559	5 656 533	246 182 716	680 242 797	1 400 283 837	49 988 166
	(3.6)	(−11.9)	(−21.0)	(−1.9)	(−3.9)	(12.7)	(−10.3)
一般贸易	1 536 928 844	128 652 329	3 544 426	110 236 564	191 522 922	1 063 290 372	39 682 231
	(6.4)	(−12.4)	(−17.7)	(6.1)	(−1.9)	(11.8)	(−7.7)
国家间、国际组织无偿援助和赠送的物资	565 789	452 595	—	16	—	84 506	28 673
	(−19.7)	(−23.9)	—	(−93.3)	—	(46.8)	(−44.5)
其他捐赠物资	364 219	13 988	179	2 591	4 980	260 185	82 296
	(4 109.8)	(27 596.9)	—	—	(14 273.1)	(27 591.9)	(979.0)
来料加工贸易	67 734 012	1 615 923	766 295	8 061 679	46 486 508	10 469 161	334 446
	(−13.2)	(−52.1)	(−24.3)	(−24.2)	(−6.1)	(−19.6)	(−29.5)
进料加工贸易	634 686 627	23 286 119	1 309 515	111 704 238	391 746 666	103 549 724	3 090 365
	(−3.5)	(−13.8)	(−21.4)	(−4.9)	(−5.2)	(10.0)	(−17.8)
边境小额贸易	27 715 987	185 780	—	—	—	27 500 484	29 723
	(−13.0)	(−84.5)	—	—	—	(−10.2)	(−33.0)
对外承包工程出口货物	10 551 556	8 700 145	3 019	63 312	166 051	1 432 669	186 359
	(−25.5)	(−24.5)	(964.3)	(15.8)	(22.3)	(−35.5)	(−19.0)
租赁贸易	163 438	59 236	—	15 342	11 101	77 759	—
	(−71.6)	(71.9)	—	(−95.3)	(−20.8)	(−58.2)	—

续表

企业性质 贸易方式	合　计	国有企业	中外合作	中外合资	外商独资	私营企业	其　他
	金额 /（%）	金额 /（%）	金额 /（%）	金额 /（%）	金额 /（%）	金额 /（%）	金额 /（%）
出料加工贸易	302 915	214 766	—	25 072	12 171	49 727	1 178
	(27.9)	(366.2)	—	(−19.2)	(−54.8)	(−62.5)	(2 069.8)
保税监管场所进出境货物	53 303 493	23 276 740	23 153	5 663 304	4 014 198	19 555 323	770 775
	(5.4)	(−1.0)	(−86.1)	(−29.2)	(−17.2)	(53.9)	(−42.4)
海关特殊监管区域物流货物	142 873 283	19 557 302	8 456	10 161 025	45 707 232	67 437 602	1 666
	(12.0)	(−4.1)	(−9.8)	(−1.5)	(2.5)	(29.1)	(189.1)
其他	114 761 444	1 582 636	1 490	249 572	570 970	106 576 323	5 780 454
	(22.1)	(33.4)	(53.2)	(54.7)	(88.2)	(24.6)	(−14.8)

2020年进口商品贸易方式企业性质总值表

单位：千美元

企业性质 贸易方式	合　计	国有企业	中外合作	中外合资	外商独资	私营企业	其　他
	金额／(%)	金额／(%)	金额／(%)	金额／(%)	金额／(%)	金额／(%)	金额／(%)
总　值	2 065 961 554	463 497 440	4 295 668	227 109 616	635 476 863	701 406 232	34 175 733
	(−0.6)	(−13.7)	(6.0)	(−4.2)	(3.0)	(9.9)	(−24.3)
一般贸易	1 252 193 966	381 417 516	3 243 630	119 535 446	285 077 128	441 328 280	21 591 967
	(−0.4)	(−12.9)	(20.7)	(−1.2)	(4.8)	(11.4)	(−23.6)
国家间、国际组织无偿援助和赠送的物资	13 325	10 464	—	—	—	2 833	29
	(1 025.4)	(38 128.2)	—	—	—	(714.6)	(−96.5)
其他捐赠物资	389 959	149 804	41	5 091	5 417	183 291	46 315
	(2 422.4)	(30 902.1)	—	—	(362.1)	(7 342.8)	(308.4)
来料加工贸易	76 676 246	10 143 034	590 786	8 765 675	48 244 489	8 775 685	156 577
	(−14.6)	(−46.8)	(−20.1)	(−22.2)	(2.2)	(−21.7)	(−34.2)
进料加工贸易	327 234 230	8 742 634	440 014	63 575 434	197 403 270	55 974 982	1 097 897
	(−0.1)	(−10.9)	(−26.9)	(2.3)	(−1.6)	(5.1)	(−8.2)
边境小额贸易	8 063 773	1 379 464	—	—	—	6 630 452	53 857
	(−12.2)	(−9.5)	—	—	—	(−13.2)	(201.3)
加工贸易进口设备	413 203	9	21	53 921	274 256	84 995	—
	(4.9)	(−99.5)	(−65.8)	(−44.8)	(12.6)	(66.7)	—
租赁贸易	2 255 974	1 669 028	—	148 313	39 081	399 551	—
	(−45.5)	(35.8)	—	(−91.3)	(−93.6)	(−32.8)	—

续表

企业性质 贸易方式	合　计	国有企业	中外合作	中外合资	外商独资	私营企业	其　他
	金额／(%)	金额／(%)	金额／(%)	金额／(%)	金额／(%)	金额／(%)	金额／(%)
外商投资企业作为投资进口的设备、物品	2 891 513	—	1 391	1 480 115	1 410 007	—	—
	(−45.5)	—	(−62.0)	(−53.4)	(−33.6)	—	—
出料加工贸易	358 270	260 355	—	32 906	19 449	43 732	1 828
	(25.6)	(326.2)	—	(−21.9)	(−50.9)	(−69.3)	(1 729.4)
免税外汇商品	47 752	47 752	—	—	—	—	—
	(18.5)	(18.5)	—	—	—	—	—
保税监管场所进出境货物	136 330 414	34 765 790	4 158	20 322 102	6 433 462	73 687 125	1 117 778
	(−5.3)	(−24.2)	(37.9)	(0.1)	(0.5)	(5.7)	(−34.0)
海关特殊监管区域物流货物	230 337 179	20 871 871	11 769	11 963 814	86 375 310	111 077 274	37 141
	(9.7)	(11.8)	(7.5)	(−9.0)	(6.7)	(14.4)	(−39.1)
海关特殊监管区域进口设备	10 114 445	20 394	1	479 682	8 834 405	778 236	1 727
	(10.8)	(−70.9)	(−99.7)	(−84.9)	(68.4)	(24.1)	(241.8)
其他	14 671 081	409 589	3 858	386 630	1 360 590	2 439 795	10 070 619
	(−16.8)	(9.2)	(−20.9)	(9.6)	(3.8)	(27.2)	(−26.3)
免税品	3 970 225	3 609 737	—	360 488	—	—	—
	(21.7)	(38.0)	—	(−44.1)	—	—	—

2020 年进出口商品收发货人所在地总值表

单位：千美元

收发货人所在地	进出口		出　口		进　口	
	金　额	比重（%）	金　额	比重（%）	金　额	比重（%）
总　值	4 655 913 161	100.0	2 589 951 608	100.0	2 065 961 554	100.0
北京市	336 478 080	7.2	67 149 369	2.6	269 328 711	13.0
中关村国家自主创新示范区	7 887 111	0.2	2 705 156	0.1	5 181 955	0.3
北京经济技术开发区	20 278 611	0.4	5 855 809	0.2	14 422 801	0.7
天津市	106 321 816	2.3	44 348 742	1.7	61 973 074	3.0
天津滨海新区	77 099 697	1.7	26 201 427	1.0	50 898 270	2.5
天津经济技术开发区	35 277 866	0.8	15 591 779	0.6	19 686 087	1.0
河北省	64 470 226	1.4	36 448 038	1.4	28 022 189	1.4
石家庄市	19 579 632	0.4	11 313 719	0.4	8 265 913	0.4
石家庄高新技术产业开发区	14 041	0.0	8 038	0.0	6 004	0.0
唐山市	15 111 955	0.3	5 078 654	0.2	10 033 302	0.5
曹妃甸经济技术开发区	18	0.0	18	0.0	—	—
秦皇岛市	5 181 472	0.1	2 986 487	0.1	2 194 985	0.1
秦皇岛经济技术开发区	4 040 097	0.1	2 166 526	0.1	1 873 571	0.1
保定市	4 239 541	0.1	3 690 650	0.1	548 891	0.0
保定高新技术产业开发区	65 119	0.0	63 111	0.0	2 008	0.0
廊坊市	5 684 886	0.1	2 463 831	0.1	3 221 055	0.2
廊坊经济技术开发区	134 253	0.0	58 613	0.0	75 640	0.0

续表1

收发货人所在地	进出口		出　口		进　口	
	金　额	比重（%）	金　额	比重（%）	金　额	比重（%）
雄安新区	9 125 392	0. 2	6 317 076	0. 2	2 808 316	0. 1
山西省	21 842 015	0. 5	12 682 926	0. 5	9 159 089	0. 4
太原市	17 613 672	0. 4	10 523 828	0. 4	7 089 845	0. 3
太原经济技术开发区	13 758 156	0. 3	8 860 828	0. 3	4 897 328	0. 2
太原高新技术产业开发区	144 855	0. 0	65 687	0. 0	79 168	0. 0
大同市	578 048	0. 0	481 672	0. 0	96 376	0. 0
大同经济技术开发区	446 188	0. 0	405 778	0. 0	40 410	0. 0
晋中市	289 797	0. 0	244 374	0. 0	45 424	0. 0
晋中经济技术开发区	4 668	0. 0	4 224	0. 0	443	0. 0
长治市	130 364	0. 0	94 120	0. 0	36 243	0. 0
长治高新技术产业开发区	18 027	0. 0	16 553	0. 0	1 475	0. 0
内蒙古自治区	15 222 701	0. 3	5 040 045	0. 2	10 182 655	0. 5
呼和浩特市	2 126 703	0. 0	1 046 846	0. 0	1 079 857	0. 1
包头市	2 287 453	0. 0	948 541	0. 0	1 338 911	0. 1
包头高新技术产业开发区	7 134	0. 0	6 920	0. 0	214	0. 0
二连浩特市	1 736 847	0. 0	249 863	0. 0	1 486 984	0. 1
满洲里市	1 892 608	0. 0	278 510	0. 0	1 614 099	0. 1
辽宁省	94 828 320	2. 0	38 326 849	1. 5	56 501 471	2. 7
沈阳市	14 855 274	0. 3	3 958 229	0. 2	10 897 045	0. 5
沈阳经济技术开发区	2 364 945	0. 1	1 286 336	0. 0	1 078 610	0. 1
沈阳高新技术产业开发区	1 154 389	0. 0	692 056	0. 0	462 334	0. 0
大连市	55 582 685	1. 2	24 164 701	0. 9	31 417 984	1. 5
大连经济技术开发区	11 451 093	0. 2	4 404 730	0. 2	7 046 363	0. 3

续表2

收发货人所在地	进出口		出口		进口	
	金额	比重（%）	金额	比重（%）	金额	比重（%）
大连市高新技术产业园区	817 961	0.0	581 841	0.0	236 120	0.0
鞍山市	4 339 841	0.1	1 602 683	0.1	2 737 158	0.1
鞍山高新技术产业开发区	158 229	0.0	139 944	0.0	18 285	0.0
丹东市	1 697 795	0.0	1 433 553	0.1	264 242	0.0
营口市	6 815 478	0.1	2 690 901	0.1	4 124 577	0.2
营口经济技术开发区	57 464	0.0	40 117	0.0	17 347	0.0
吉林省	18 526 325	0.4	4 206 475	0.2	14 319 850	0.7
长春市	14 845 589	0.3	1 958 005	0.1	12 887 584	0.6
长春经济技术开发区	1 598 150	0.0	388 437	0.0	1 209 714	0.1
长春高新技术产业开发区	548 547	0.0	231 811	0.0	316 736	0.0
吉林市	795 597	0.0	539 206	0.0	256 391	0.0
吉林高新技术产业开发区	71 873	0.0	54 936	0.0	16 936	0.0
珲春市	1 199 476	0.0	367 116	0.0	832 360	0.0
黑龙江省	22 230 921	0.5	5 190 700	0.2	17 040 221	0.8
哈尔滨市	3 677 670	0.1	1 975 541	0.1	1 702 129	0.1
哈尔滨经济技术开发区	1 130 522	0.0	366 185	0.0	764 336	0.0
哈尔滨高新技术产业开发区	274 169	0.0	126 841	0.0	147 328	0.0
大庆市	10 866 295	0.2	602 404	0.0	10 263 891	0.5
大庆高新技术产业开发区	914 812	0.0	404 398	0.0	510 414	0.0
黑河市	729 579	0.0	137 368	0.0	592 211	0.0
绥芬河市	1 948 405	0.0	395 227	0.0	1 553 179	0.1
上海市	503 831 363	10.8	198 043 609	7.6	305 787 754	14.8
上海漕河泾浦江高科技园区	9 354 281	0.2	4 281 053	0.2	5 073 228	0.2

续表3

收发货人所在地	进出口		出口		进口	
	金额	比重（%）	金额	比重（%）	金额	比重（%）
上海经济技术开发区	6 434	0.0	1 506	0.0	4 928	0.0
上海闵行经济技术开发区	1 736 991	0.0	795 397	0.0	941 594	0.0
上海浦东新区	303 033 757	6.5	103 018 051	4.0	200 015 706	9.7
江苏省	642 831 839	13.8	396 126 756	15.3	246 705 083	11.9
南京市	77 181 394	1.7	49 091 113	1.9	28 090 281	1.4
南京高新技术外向型开发区	1 310 786	0.0	1 112 019	0.0	198 767	0.0
无锡市	87 779 791	1.9	51 216 748	2.0	36 563 043	1.8
无锡高新技术产业开发区	50 186 132	1.1	24 092 589	0.9	26 093 544	1.3
常州市	34 895 396	0.7	25 920 395	1.0	8 975 000	0.4
常州高新技术产业开发区	810 836	0.0	553 464	0.0	257 372	0.0
苏州市	322 459 541	6.9	186 811 357	7.2	135 648 184	6.6
苏州工业园	94 146 849	2.0	43 846 074	1.7	50 300 774	2.4
苏州高新技术产业开发区	37 431 913	0.8	24 202 347	0.9	13 229 566	0.6
南通市	37 930 147	0.8	25 870 267	1.0	12 059 880	0.6
南通经济技术开发区	6 747 623	0.1	3 993 978	0.2	2 753 645	0.1
连云港市	9 333 678	0.2	3 793 355	0.1	5 540 323	0.3
连云港经济技术开发区	3 121 497	0.1	1 146 771	0.0	1 974 726	0.1
浙江省	488 542 806	10.5	363 109 922	14.0	125 432 885	6.1
杭州市	85 959 377	1.8	53 234 545	2.1	32 724 832	1.6
杭州经济技术开发区	10 107 571	0.2	5 210 811	0.2	4 896 760	0.2
杭州高新技术产业开发区	960 627	0.0	654 688	0.0	305 938	0.0
宁波市	141 624 430	3.0	92 412 034	3.6	49 212 396	2.4
宁波经济技术开发区	17 732 256	0.4	8 540 931	0.3	9 191 324	0.4

续表4

收发货人所在地	进出口		出口		进口	
	金额	比重（%）	金额	比重（%）	金额	比重（%）
宁波高新技术产业开发区	3 059 297	0.1	2 098 278	0.1	961 019	0.0
宁波杭州湾经济技术开发区	472 345	0.0	358 982	0.0	113 363	0.0
温州市	31 581 371	0.7	27 052 066	1.0	4 529 305	0.2
温州经济技术开发区	1 426 726	0.0	1 408 429	0.1	18 297	0.0
湖州市	16 326 562	0.4	14 789 248	0.6	1 537 314	0.1
湖州经济技术开发区	23 128	0.0	1 358	0.0	21 771	0.0
金华市	70 128 620	1.5	66 423 676	2.6	3 704 944	0.2
金华经济技术开发区	845 817	0.0	814 969	0.0	30 848	0.0
安徽省	78 704 041	1.7	45 578 724	1.8	33 125 317	1.6
合肥市	37 502 505	0.8	22 794 818	0.9	14 707 687	0.7
合肥经济技术开发区	14 029 442	0.3	9 035 942	0.3	4 993 500	0.2
合肥高新技术产业开发区	5 423 552	0.1	4 136 407	0.2	1 287 145	0.1
芜湖市	8 441 596	0.2	4 864 645	0.2	3 576 951	0.2
芜湖经济技术开发区	4 381 714	0.1	2 924 180	0.1	1 457 534	0.1
芜湖高新技术产业开发区	171 740	0.0	115 096	0.0	56 644	0.0
蚌埠市	1 885 380	0.0	883 047	0.0	1 002 334	0.0
蚌埠高新技术产业开发区	298 209	0.0	164 332	0.0	133 877	0.0
淮南市	762 050	0.0	715 556	0.0	46 494	0.0
淮南经济技术开发区	180 287	0.0	179 191	0.0	1 096	0.0
淮南高新技术产业开发区	21 126	0.0	21 126	0.0	—	—
马鞍山市	5 896 945	0.1	2 487 947	0.1	3 408 998	0.2
马鞍山经济技术开发区	118 456	0.0	60 378	0.0	58 078	0.0
马鞍山慈湖高新技术产业开发区	139 837	0.0	138 030	0.0	1 807	0.0

续表5

收发货人所在地	进出口		出口		进口	
	金额	比重（%）	金额	比重（%）	金额	比重（%）
铜陵市	8 157 611	0.2	954 474	0.0	7 203 137	0.3
铜陵经济技术开发区	201 129	0.0	127 317	0.0	73 812	0.0
安庆市	1 875 681	0.0	1 482 013	0.1	393 668	0.0
安庆经济技术开发区	86 220	0.0	62 809	0.0	23 411	0.0
滁州市	3 865 449	0.1	2 918 652	0.1	946 798	0.0
滁州经济技术开发区	1 672 742	0.0	1 039 536	0.0	633 206	0.0
六安市	1 042 369	0.0	944 815	0.0	97 554	0.0
六安经济技术开发区	219 832	0.0	214 874	0.0	4 958	0.0
宣城市	1 939 829	0.0	1 796 441	0.1	143 388	0.0
宁国经济技术开发区	350 892	0.0	323 649	0.0	27 243	0.0
池州市	1 067 590	0.0	234 171	0.0	833 419	0.0
池州经济技术开发区	219 592	0.0	52 242	0.0	167 350	0.0
福建省	203 580 822	4.4	122 382 982	4.7	81 197 840	3.9
福州市	36 135 312	0.8	25 767 250	1.0	10 368 062	0.5
福州经济技术开发区	3 281 585	0.1	2 155 790	0.1	1 125 795	0.1
福州高新技术产业开发区	34 022	0.0	33 735	0.0	287	0.0
厦门市	100 330 684	2.2	51 563 362	2.0	48 767 322	2.4
厦门火炬高技术产业开发区	4 015 165	0.1	1 793 358	0.1	2 221 807	0.1
平潭	1 941 750	0.0	862 128	0.0	1 079 622	0.1
平潭综合实验区	1 941 750	0.0	862 128	0.0	1 079 622	0.1
江西省	58 025 836	1.2	42 055 760	1.6	15 970 076	0.8
南昌市	16 614 619	0.4	10 296 896	0.4	6 317 723	0.3
南昌经济技术开发区	1 746 147	0.0	618 310	0.0	1 127 836	0.1

续表6

收发货人所在地	进出口		出口		进口	
	金额	比重（%）	金额	比重（%）	金额	比重（%）
南昌小蓝经济技术开发区	756	0.0	722	0.0	33	0.0
景德镇市	958 637	0.0	947 351	0.0	11 286	0.0
景德镇高新技术产业开发区	15 430	0.0	12 679	0.0	2 750	0.0
萍乡市	2 076 607	0.0	2 056 097	0.1	20 511	0.0
萍乡经济技术开发区	129 285	0.0	128 189	0.0	1 096	0.0
九江市	6 511 666	0.1	5 370 027	0.2	1 141 639	0.1
九江经济技术开发区	751 155	0.0	612 208	0.0	138 947	0.0
九江共青城高新技术产业开发区	3 053	0.0	2 495	0.0	558	0.0
新余市	2 420 887	0.1	1 144 692	0.0	1 276 195	0.1
新余高新技术产业开发区	255 452	0.0	235 659	0.0	19 793	0.0
鹰潭市	4 869 708	0.1	1 564 163	0.1	3 305 546	0.2
鹰潭高新技术产业开发区	158 397	0.0	121 497	0.0	36 900	0.0
赣州市	7 239 740	0.2	6 046 877	0.2	1 192 863	0.1
赣州经济技术开发区	1 412 377	0.0	1 031 768	0.0	380 609	0.0
龙南经济技术开发区	2 531	0.0	2 531	0.0	0	0.0
瑞金经济技术开发区	5 297	0.0	4 497	0.0	800	0.0
赣州高新技术产业开发区	40 341	0.0	994	0.0	39 347	0.0
宜春市	3 524 968	0.1	3 299 593	0.1	225 375	0.0
宜春经济技术开发区	569 997	0.0	547 728	0.0	22 269	0.0
宜春丰城高新技术产业开发区	4 048	0.0	1 705	0.0	2 343	0.0
上饶市	3 702 766	0.1	3 348 360	0.1	354 406	0.0
上饶经济技术开发区	84 585	0.0	84 583	0.0	1	0.0
吉安市	7 611 229	0.2	5 647 558	0.2	1 963 671	0.1

续表7

收发货人所在地	进出口		出　口		进　口	
	金　额	比重（%）	金　额	比重（%）	金　额	比重（%）
井冈山经济技术开发区	931 109	0.0	814 405	0.0	116 704	0.0
吉安高新技术产业开发区	—	—	—	—	—	—
抚州市	2 495 009	0.1	2 334 147	0.1	160 862	0.0
抚州高新技术产业开发区	9 591	0.0	9 590	0.0	0	0.0
山东省	320 210 390	6.9	188 919 732	7.3	131 290 659	6.4
济南市	20 015 480	0.4	10 887 175	0.4	9 128 305	0.4
济南高新技术产业开发区	9 667 581	0.2	3 822 500	0.1	5 845 080	0.3
青岛市	92 856 036	2.0	56 068 754	2.2	36 787 281	1.8
青岛经济技术开发区	24 969 628	0.5	9 674 740	0.4	15 294 888	0.7
青岛高新技术产业开发区	472 989	0.0	258 340	0.0	214 649	0.0
淄博市	12 917 572	0.3	7 102 457	0.3	5 815 115	0.3
淄博高新技术产业开发区	1 641 666	0.0	1 353 703	0.1	287 963	0.0
日照市	15 173 967	0.3	4 963 558	0.2	10 210 410	0.5
日照经济技术开发区	490 934	0.0	88 401	0.0	402 533	0.0
烟台市	46 628 760	1.0	28 420 861	1.1	18 207 899	0.9
烟台经济技术开发区	11 766 897	0.3	6 645 822	0.3	5 121 074	0.2
潍坊市	27 536 072	0.6	17 569 832	0.7	9 966 240	0.5
潍坊高新技术产业开发区	3 098 541	0.1	1 522 941	0.1	1 575 599	0.1
威海市	23 370 219	0.5	16 850 726	0.7	6 519 493	0.3
威海火炬高技术产业开发区	2 761 758	0.1	2 080 209	0.1	681 549	0.0
河南省	97 266 709	2.1	59 296 399	2.3	37 970 310	1.8
郑州市	72 204 658	1.6	42 977 845	1.7	29 226 813	1.4
郑州航空港经济综合实验区	64 991 674	1.4	37 263 900	1.4	27 727 774	1.3

续表8

收发货人所在地	进出口		出口		进口	
	金额	比重（%）	金额	比重（%）	金额	比重（%）
郑州高新技术产业开发区	784 840	0.0	720 074	0.0	64 766	0.0
洛阳市	2 818 795	0.1	2 518 412	0.1	300 383	0.0
洛阳高新技术产业开发区	946 658	0.0	868 897	0.0	77 761	0.0
湖北省	62 245 676	1.3	39 062 611	1.5	23 183 065	1.1
武汉市	39 208 520	0.8	20 593 758	0.8	18 614 762	0.9
武汉经济技术开发区	3 285 665	0.1	1 648 971	0.1	1 636 694	0.1
武汉东湖新技术开发区	21 474 075	0.5	9 540 715	0.4	11 933 360	0.6
黄石市	3 545 115	0.1	1 730 304	0.1	1 814 810	0.1
黄石经济技术开发区	281 443	0.0	192 338	0.0	89 105	0.0
襄阳市	3 154 755	0.1	2 859 765	0.1	294 990	0.0
襄阳经济技术开发区	25 965	0.0	18 077	0.0	7 888	0.0
襄阳高新技术产业开发区	605 285	0.0	439 021	0.0	166 265	0.0
荆州市	6 002 171	0.1	5 153 290	0.2	848 881	0.0
荆州经济技术开发区	454 054	0.0	368 253	0.0	85 801	0.0
湖南省	70 684 462	1.5	47 824 232	1.8	22 860 229	1.1
长沙市	32 771 067	0.7	21 465 608	0.8	11 305 458	0.5
长沙经济技术开发区	3 981 033	0.1	2 691 890	0.1	1 289 143	0.1
长沙高新技术产业开发区	5 804 779	0.1	3 140 769	0.1	2 664 010	0.1
株洲市	2 365 421	0.1	1 543 430	0.1	821 991	0.0
株洲高新技术产业开发区	860 012	0.0	789 373	0.0	70 639	0.0
湘潭市	3 677 259	0.1	2 382 277	0.1	1 294 983	0.1
湘潭经济技术开发区	1 195 142	0.0	1 179 387	0.0	15 755	0.0
湘潭高新技术产业开发区	232 502	0.0	227 422	0.0	5 080	0.0

续表9

收发货人所在地	进出口		出口		进口	
	金额	比重（%）	金额	比重（%）	金额	比重（%）
衡阳市	4 416 378	0.1	2 571 483	0.1	1 844 895	0.1
衡阳高新技术产业开发区	14 858	0.0	12 828	0.0	2 030	0.0
岳阳市	6 048 532	0.1	2 663 488	0.1	3 385 044	0.2
常德市	2 170 915	0.0	1 897 426	0.1	273 488	0.0
常德经济技术开发区	430 777	0.0	306 070	0.0	124 707	0.0
常德高新技术产业开发区	246 544	0.0	246 544	0.0	—	—
益阳市	2 635 731	0.1	2 449 327	0.1	186 404	0.0
益阳高新技术产业开发区	1 251 040	0.0	1 244 041	0.0	6 999	0.0
郴州市	4 900 611	0.1	3 337 816	0.1	1 562 796	0.1
郴州高新技术产业开发区	2 198 730	0.0	1 568 252	0.1	630 478	0.0
浏阳市	1 276 102	0.0	964 222	0.0	311 880	0.0
浏阳经济技术开发区	330 210	0.0	33 532	0.0	296 678	0.0
广东省	1 024 024 456	22.0	628 257 173	24.3	395 767 283	19.2
广州市	137 718 706	3.0	78 211 375	3.0	59 507 331	2.9
广州经济技术开发区	16 816 488	0.4	6 548 436	0.3	10 268 052	0.5
广州高新技术产业开发区	13 950 907	0.3	6 837 781	0.3	7 113 125	0.3
广州南沙新区	32 485 261	0.7	17 935 343	0.7	14 549 919	0.7
深圳市	440 861 845	9.5	245 294 897	9.5	195 566 947	9.5
深圳科技工业园	5 554	0.0	1 668	0.0	3 885	0.0
珠海市	39 500 388	0.8	23 243 317	0.9	16 257 072	0.8
珠海经济技术开发区	—	—	—	—	—	—
珠海高新技术产业开发区	149 367	0.0	55 111	0.0	94 256	0.0
珠海横琴新区	2 811 140	0.1	1 109 887	0.0	1 701 253	0.1

续表10

收发货人所在地	进出口		出　口		进　口	
	金　额	比重（%）	金　额	比重（%）	金　额	比重（%）
汕头市	9 808 128	0.2	7 803 192	0.3	2 004 936	0.1
佛山市	73 240 752	1.6	59 784 660	2.3	13 456 092	0.7
江门市	20 649 194	0.4	16 256 738	0.6	4 392 455	0.2
湛江市	6 471 445	0.1	2 793 433	0.1	3 678 012	0.2
湛江经济技术开发区	2 787 577	0.1	1 000 247	0.0	1 787 330	0.1
湛江高新技术产业开发区	—	—	—	—	—	—
茂名市	2 899 624	0.1	2 462 095	0.1	437 528	0.0
茂名高新技术产业开发区	—	—	—	—	—	—
惠州市	35 979 757	0.8	24 388 164	0.9	11 591 593	0.6
惠州高新技术产业开发区	15 815 753	0.3	10 928 132	0.4	4 887 621	0.2
阳江市	2 770 806	0.1	2 059 373	0.1	711 433	0.0
东莞市	192 100 623	4.1	119 521 692	4.6	72 578 931	3.5
东莞松山湖高新技术产业开发区	1 315 014	0.0	1 011 028	0.0	303 987	0.0
中山市	31 899 140	0.7	26 204 616	1.0	5 694 524	0.3
中山火炬高技术产业开发区	5 817	0.0	1 668	0.0	4 149	0.0
广西壮族自治区	70 414 050	1.5	39 175 054	1.5	31 238 997	1.5
南宁市	14 253 654	0.3	6 802 425	0.3	7 451 228	0.4
南宁高新技术产业开发区	822 734	0.0	428 995	0.0	393 739	0.0
桂林市	1 041 283	0.0	933 485	0.0	107 799	0.0
桂林新技术产业开发区	478 483	0.0	442 244	0.0	36 239	0.0
北海市	3 881 333	0.1	1 857 824	0.1	2 023 510	0.1
崇左市	26 740 952	0.6	17 975 304	0.7	8 765 648	0.4
防城港市	10 215 983	0.2	3 481 339	0.1	6 734 644	0.3

续表11

收发货人所在地	进出口		出　口		进　口	
	金　额	比重（%）	金　额	比重（%）	金　额	比重（%）
海南省	13 586 831	0.3	4 024 003	0.2	9 562 827	0.5
海口市	5 411 046	0.1	1 623 553	0.1	3 787 493	0.2
海南国际科技工业园	44 545	0.0	23 709	0.0	20 836	0.0
洋浦经济开发区	4 276 054	0.1	1 880 366	0.1	2 395 689	0.1
重庆市	94 181 104	2.0	60 525 830	2.3	33 655 275	1.6
重庆高新技术产业开发区	301 372	0.0	221 647	0.0	79 724	0.0
重庆两江新区	32 450 967	0.7	19 502 761	0.8	12 948 207	0.6
万州经济技术开发区	467 599	0.0	84 613	0.0	382 986	0.0
重庆经济技术开发区	761 463	0.0	119 657	0.0	641 806	0.0
长寿经济技术开发区	204 036	0.0	192 615	0.0	11 422	0.0
四川省	116 898 171	2.5	67 236 940	2.6	49 661 231	2.4
成都市	103 353 541	2.2	59 209 216	2.3	44 144 325	2.1
成都经济技术开发区	2 616 644	0.1	1 351 850	0.1	1 264 794	0.1
成都高新技术产业开发区	87 272 131	1.9	48 134 978	1.9	39 137 153	1.9
泸州市	1 301 168	0.0	658 186	0.0	642 982	0.0
泸州高新技术产业开发区	115 524	0.0	112 250	0.0	3 274	0.0
绵阳市	3 094 174	0.1	1 111 456	0.0	1 982 718	0.1
绵阳经济技术开发区	294 955	0.0	268 325	0.0	26 631	0.0
绵阳高新技术产业开发区	1 070 293	0.0	291 926	0.0	778 367	0.0
广元市	38 407	0.0	35 554	0.0	2 853	0.0
广元经济技术开发区	13 165	0.0	13 079	0.0	86	0.0
乐山市	663 863	0.0	483 797	0.0	180 066	0.0
乐山高新技术产业开发区	1 919	0.0	849	0.0	1 071	0.0

续表12

收发货人所在地	进出口		出口		进口	
	金额	比重（%）	金额	比重（%）	金额	比重（%）
宜宾市	2 651 506	0.1	1 795 693	0.1	855 813	0.0
宜宾临港经济技术开发区	1 304 653	0.0	1 060 870	0.0	243 783	0.0
贵州省	7 910 689	0.2	6 226 739	0.2	1 683 950	0.1
贵阳市	5 993 445	0.1	4 953 405	0.2	1 040 040	0.1
贵阳高新技术产业开发区	511 714	0.0	370 678	0.0	141 035	0.0
云南省	39 128 383	0.8	22 136 839	0.9	16 991 543	0.8
昆明市	16 237 883	0.3	7 743 402	0.3	8 494 481	0.4
昆明经济技术开发区	3 966 429	0.1	3 876 336	0.1	90 093	0.0
昆明嵩明杨林经济技术开发区	875	0.0	685	0.0	190	0.0
昆明高新技术产业开发区	3 163 817	0.1	410 811	0.0	2 753 006	0.1
红河州	5 873 928	0.1	3 595 098	0.1	2 278 830	0.1
蒙自经济技术开发区	2 406 355	0.1	1 267 518	0.0	1 138 837	0.1
曲靖市	1 401 166	0.0	1 373 429	0.1	27 737	0.0
曲靖经济技术开发区	580 296	0.0	579 883	0.0	412	0.0
西藏自治区	310 532	0.0	188 094	0.0	122 439	0.0
拉萨市	232 331	0.0	162 050	0.0	70 281	0.0
拉萨经济技术开发区	108 001	0.0	59 205	0.0	48 795	0.0
陕西省	54 595 811	1.2	27 889 572	1.1	26 706 239	1.3
西安市	50 261 555	1.1	25 669 808	1.0	24 591 748	1.2
陕西航天经济技术开发区	1 597 751	0.0	663 392	0.0	934 359	0.0
西安新技术产业开发区	20 757 343	0.4	10 261 545	0.4	10 495 798	0.5
宝鸡市	1 145 600	0.0	510 764	0.0	634 835	0.0
宝鸡高新技术产业开发区	25 900	0.0	25 072	0.0	828	0.0

续表13

收发货人所在地	进出口		出　口		进　口	
	金　额	比重（%）	金　额	比重（%）	金　额	比重（%）
咸阳市	1 642 351	0.0	785 378	0.0	856 973	0.0
杨凌农业高新技术产业示范区	136 442	0.0	91 141	0.0	45 300	0.0
汉中市	288 954	0.0	206 357	0.0	82 597	0.0
汉中经济技术开发区	115 885	0.0	65 999	0.0	49 886	0.0
甘肃省	5 529 729	0.1	1 237 682	0.0	4 292 046	0.2
兰州市	1 491 969	0.0	470 973	0.0	1 020 996	0.0
兰州新技术产业开发区	15 955	0.0	8 366	0.0	7 589	0.0
青海省	332 800	0.0	177 929	0.0	154 871	0.0
西宁市	245 851	0.0	102 457	0.0	143 394	0.0
西宁经济技术开发区	75 052	0.0	27 477	0.0	47 575	0.0
青海高新技术产业开发区	—	—	—	—	—	—
海西州	29 976	0.0	28 724	0.0	1 252	0.0
格尔木昆仑经济技术开发区	—	—	—	—	—	—
宁夏回族自治区	1 782 446	0.0	1 251 482	0.0	530 964	0.0
银川市	910 017	0.0	653 578	0.0	256 439	0.0
银川经济技术开发区	89 372	0.0	21 494	0.0	67 878	0.0
新疆维吾尔自治区	21 373 811	0.5	15 830 400	0.6	5 543 411	0.3
乌鲁木齐市	6 545 482	0.1	4 144 167	0.2	2 401 315	0.1
乌鲁木齐经济技术开发区	3 003 554	0.1	2 355 515	0.1	648 038	0.0
乌鲁木齐高新技术产业开发区	708 317	0.0	683 270	0.0	25 046	0.0
博乐市	3 285 148	0.1	862 709	0.0	2 422 438	0.1
伊宁市	5 929 034	0.1	5 710 263	0.2	218 771	0.0
石河子市	336 040	0.0	292 028	0.0	44 012	0.0
石河子经济技术开发区	310 079	0.0	266 067	0.0	44 012	0.0

2020年进出口商品境内目的地/货源地总值表

单位：千美元

境内目的地/货源地	进出口		出　口		进　口	
	金　额	比重（%）	金　额	比重（%）	金　额	比重（%）
总　值	4 655 913 161	100.0	2 589 951 608	100.0	2 065 961 554	100.0
北京市	115 005 601	2.5	29 501 695	1.1	85 503 906	4.1
中关村国家自主创新示范区	2 372 556	0.1	1 299 068	0.1	1 073 489	0.1
北京经济技术开发区	18 507 498	0.4	5 138 374	0.2	13 369 124	0.6
天津市	125 765 698	2.7	40 574 114	1.6	85 191 584	4.1
天津滨海新区	78 452 597	1.7	19 164 742	0.7	59 287 855	2.9
天津经济技术开发区	31 688 606	0.7	13 416 591	0.5	18 272 015	0.9
河北省	100 082 027	2.1	50 030 792	1.9	50 051 235	2.4
石家庄市	10 503 122	0.2	8 471 220	0.3	2 031 902	0.1
石家庄高新技术产业开发区	30 396	0.0	16 154	0.0	14 242	0.0
唐山市	40 606 624	0.9	5 663 856	0.2	34 942 768	1.7
曹妃甸经济技术开发区	10 226 346	0.2	545	0.0	10 220 890	0.5
秦皇岛市	6 037 087	0.1	3 812 144	0.1	2 224 943	0.1
秦皇岛经济技术开发区	3 721 626	0.1	189 263	0.1	1 828 993	0.1
保定市	5 221 379	0.1	4 370 257	0.2	851 123	0.0
保定高新技术产业开发区	58 424	0.0	55 503	0.0	2 920	0.0
廊坊市	4 958 049	0.1	2 883 593	0.1	2 074 456	0.1
廊坊经济技术开发区	138 516	0.0	6 240	0.0	76 107	0.0

续表1

境内目的地/货源地	进出口		出口		进口	
	金　额	比重（%）	金　额	比重（%）	金　额	比重（%）
雄安新区	120 866	0.0	1 149	0.0	5 928	0.0
山西省	21 993 650	0.5	14 221 591	0.5	7 772 058	0.4
太原市	15 163 110	0.3	945 954	0.4	5 703 566	0.3
太原经济技术开发区	12 355 535	0.3	8 104 846	0.3	4 250 689	0.2
太原高新技术产业开发区	11 085	0.0	143	0.0	9 655	0.0
大同市	484 977	0.0	417 624	0.0	67 353	0.0
大同经济技术开发区	1	0.0	1	0.0	0	0.0
晋中市	435 754	0.0	336 540	0.0	99 214	0.0
晋中经济技术开发区	0	0.0	0	0.0	—	—
长治市	266 210	0.0	218 162	0.0	48 048	0.0
长治高新技术产业开发区	10 353	0.0	9 117	0.0	1 236	0.0
内蒙古自治区	20 575 473	0.4	6 517 963	0.3	14 057 509	0.7
呼和浩特市	1 579 143	0.0	672 491	0.0	906 652	0.0
包头市	2 704 282	0.1	1 127 644	0.0	1 576 638	0.1
包头高新技术产业开发区	6 113	0.0	5 840	0.0	273	0.0
二连浩特市	1 531 143	0.0	40 279	0.0	1 128 348	0.1
满洲里市	2 016 898	0.0	41 338	0.0	1 975 559	0.1
辽宁省	118 260 577	2.5	45 988 471	1.8	72 272 106	3.5
沈阳市	14 836 947	0.3	4 211 123	0.2	10 625 825	0.5
沈阳经济技术开发区	2 343 381	0.1	1 113 658	0.0	1 229 723	0.1
沈阳高新技术产业开发区	824 521	0.0	491 827	0.0	332 694	0.0
大连市	64 233 208	1.4	27 704 678	1.1	36 528 530	1.8
大连经济技术开发区	16 894 570	0.4	5 752 521	0.2	11 142 049	0.5

续表2

境内目的地/货源地	进出口		出口		进口	
	金额	比重（%）	金额	比重（%）	金额	比重（%）
大连市高新技术产业园区	913 202	0.0	606 833	0.0	306 369	0.0
鞍山市	2 437 926	0.1	1 826 599	0.1	611 327	0.0
鞍山高新技术产业开发区	100 411	0.0	86 592	0.0	13 819	0.0
丹东市	2 505 176	0.1	2 001 541	0.1	503 635	0.0
营口市	13 536 729	0.3	3 303 260	0.1	10 233 469	0.5
营口经济技术开发区	2	0.0	2	0.0	1	0.0
吉林省	19 588 258	0.4	4 661 205	0.2	14 927 052	0.7
长春市	13 703 868	0.3	1 773 910	0.1	11 929 958	0.6
长春经济技术开发区	1 613 453	0.0	343 683	0.0	1 269 769	0.1
长春高新技术产业开发区	241 433	0.0	140 537	0.0	100 896	0.0
吉林市	1 685 842	0.0	802 656	0.0	883 186	0.0
吉林高新技术产业开发区	42 597	0.0	18 093	0.0	24 503	0.0
珲春市	1 489 830	0.0	410 102	0.0	1 079 728	0.1
黑龙江省	20 534 528	0.4	5 410 227	0.2	15 124 300	0.7
哈尔滨市	3 094 144	0.1	2 060 055	0.1	1 034 089	0.1
哈尔滨经济技术开发区	227 091	0.0	111 010	0.0	116 081	0.0
哈尔滨高新技术开发区	111 133	0.0	61 944	0.0	49 189	0.0
大庆市	11 168 261	0.2	797 577	0.0	10 370 684	0.5
大庆高新技术产业开发区	756 701	0.0	288 305	0.0	468 396	0.0
黑河市	598 580	0.0	82 447	0.0	516 133	0.0
绥芬河市	1 174 652	0.0	66 400	0.0	1 108 252	0.1
上海市	478 776 906	10.3	167 261 919	6.5	311 514 987	15.1
上海漕河泾浦江高科技园区	7 185 951	0.2	3 373 756	0.1	3 812 195	0.2

续表3

境内目的地/货源地	进出口		出口		进口	
	金额	比重（%）	金额	比重（%）	金额	比重（%）
上海经济技术开发区	20 995	0.0	7 611	0.0	13 384	0.0
上海闵行经济技术开发区	1 651 434	0.0	677 317	0.0	974 118	0.0
上海浦东新区	262 355 041	5.6	74 685 824	2.9	187 669 217	9.1
江苏省	684 371 106	14.7	397 390 421	15.3	286 980 685	13.9
南京市	55 096 580	1.2	28 742 587	1.1	26 353 993	1.3
南京高新技术外向型开发区	2 143 193	0.0	1 106 553	0.0	1 036 641	0.1
无锡市	98 206 365	2.1	52 733 372	2.0	45 472 993	2.2
无锡高新技术产业开发区	46 960 647	1.0	21 503 230	0.8	25 457 417	1.2
常州市	37 831 147	0.8	28 210 015	1.1	9 621 132	0.5
常州高新技术产业开发区	808 928	0.0	556 820	0.0	252 108	0.0
苏州市	333 644 524	7.2	189 519 158	7.3	144 125 366	7.0
南通市	46 107 366	1.0	30 121 458	1.2	15 985 908	0.8
南通经济技术开发区	5 708 970	0.1	2 733 998	0.1	2 974 971	0.1
连云港市	17 135 731	0.4	3 816 600	0.1	13 319 131	0.6
连云港经济技术开发区	1 185 861	0.0	652 932	0.0	532 930	0.0
浙江省	465 044 988	10.0	351 776 359	13.6	113 268 629	5.5
杭州市	58 884 990	1.3	40 943 143	1.6	17 941 847	0.9
杭州经济技术开发区	8 872 182	0.2	4 214 040	0.2	4 658 142	0.2
杭州高新技术产业开发区	1 679 568	0.0	861 736	0.0	817 832	0.0
宁波市	127 083 467	2.7	76 586 891	3.0	50 496 576	2.4
宁波经济技术开发区	9 302 351	0.2	2 999 657	0.1	6 302 694	0.3
宁波高新技术产业开发区	359	0.0	194	0.0	165	0.0
宁波杭州湾经济技术开发区	504 151	0.0	392 741	0.0	111 410	0.0

续表4

境内目的地/货源地	进出口		出口		进口	
	金额	比重（%）	金额	比重（%）	金额	比重（%）
温州市	27 089 527	0.6	25 066 668	1.0	2 022 859	0.1
温州经济技术开发区	604 782	0.0	588 830	0.0	15 951	0.0
湖州市	17 014 958	0.4	15 447 940	0.6	1 567 018	0.1
湖州经济技术开发区	23 557	0.0	2 506	0.0	21 050	0.0
金华市	77 449 732	1.7	73 786 339	2.8	3 663 393	0.2
金华经济技术开发区	75 322	0.0	67 189	0.0	8 133	0.0
安徽省	75 224 892	1.6	47 780 443	1.8	27 444 449	1.3
合肥市	29 703 031	0.6	18 690 344	0.7	11 012 687	0.5
合肥经济技术开发区	9 505 934	0.2	5 973 468	0.2	3 532 466	0.2
合肥高新技术产业开发区	2 291 876	0.0	1 608 531	0.1	683 346	0.0
芜湖市	7 665 979	0.2	4 904 074	0.2	2 761 905	0.1
芜湖经济技术开发区	4 067 958	0.1	2 676 263	0.1	1 391 694	0.1
芜湖高新技术产业开发区	134 171	0.0	92 356	0.0	41 815	0.0
蚌埠市	1 362 032	0.0	1 056 615	0.0	305 418	0.0
蚌埠高新技术产业开发区	159 398	0.0	113 730	0.0	45 668	0.0
淮南市	448 890	0.0	404 063	0.0	44 827	0.0
淮南经济技术开发区	9 554	0.0	9 332	0.0	222	0.0
淮南高新技术产业开发区	—	—	—	—	—	—
马鞍山市	5 704 720	0.1	2 558 302	0.1	3 146 418	0.2
马鞍山经济技术开发区	26 101	0.0	9 655	0.0	16 446	0.0
马鞍山慈湖高新技术产业开发区	1	0.0	—	—	1	0.0
铜陵市	7 614 486	0.2	953 118	0.0	6 661 368	0.3
铜陵经济技术开发区	139 988	0.0	106 109	0.0	33 879	0.0

续表5

境内目的地/货源地	进出口		出　口		进　口	
	金　额	比重（%）	金　额	比重（%）	金　额	比重（%）
安庆市	2 734 487	0. 1	2 266 476	0. 1	468 011	0. 0
滁州市	5 655 465	0. 1	4 641 398	0. 2	1 014 067	0. 0
滁州经济技术开发区	1 609 515	0. 0	994 981	0. 0	614 534	0. 0
六安市	1 253 373	0. 0	1 096 960	0. 0	156 413	0. 0
六安经济技术开发区	25 006	0. 0	22 110	0. 0	2 897	0. 0
宣城市	2 636 417	0. 1	2 456 360	0. 1	180 057	0. 0
宁国经济技术开发区	18	0. 0	12	0. 0	6	0. 0
池州市	1 386 728	0. 0	568 863	0. 0	817 864	0. 0
池州经济技术开发区	45 621	0. 0	20 474	0. 0	25 148	0. 0
福建省	172 095 783	3. 7	110 908 865	4. 3	61 186 918	3. 0
福州市	24 958 879	0. 5	16 087 691	0. 6	8 871 188	0. 4
福州经济技术开发区	1 058 528	0. 0	719 544	0. 0	338 984	0. 0
福州高新技术产业开发区	32 462	0. 0	32 406	0. 0	57	0. 0
厦门市	58 463 796	1. 3	36 176 298	1. 4	22 287 498	1. 1
厦门火炬高技术产业开发区	3 082 028	0. 1	1 319 706	0. 1	1 762 322	0. 1
平潭	828 148	0. 0	516 920	0. 0	311 228	0. 0
平潭综合实验区	816 859	0. 0	506 193	0. 0	310 667	0. 0
江西省	50 932 240	1. 1	35 022 865	1. 4	15 909 375	0. 8
南昌市	11 062 098	0. 2	5 947 279	0. 2	5 114 820	0. 2
南昌及南昌小蓝经济技术开发区	1 736 798	0. 0	359 367	0. 0	1 377 431	0. 1
景德镇市	836 914	0. 0	805 461	0. 0	31 452	0. 0
景德镇高新技术产业开发区	4 241	0. 0	1 012	0. 0	3 229	0. 0
萍乡市	1 172 837	0. 0	1 006 202	0. 0	166 636	0. 0

续表6

境内目的地/货源地	进出口		出口		进口	
	金额	比重（%）	金额	比重（%）	金额	比重（%）
萍乡经济技术开发区	65 494	0.0	40 611	0.0	24 883	0.0
九江市	4 696 929	0.1	2 985 935	0.1	1 710 995	0.1
九江经济技术开发区	451 167	0.0	304 038	0.0	147 130	0.0
九江共青城高新技术产业开发区	—	—	—	—	—	—
新余市	2 168 808	0.0	977 058	0.0	1 191 750	0.1
新余高新技术产业开发区	237 123	0.0	172 925	0.0	64 198	0.0
鹰潭市	5 007 107	0.1	1 525 390	0.1	3 481 718	0.2
鹰潭高新技术产业开发区	104 271	0.0	24 851	0.0	79 420	0.0
赣州市	5 881 613	0.1	4 590 761	0.2	1 290 852	0.1
赣州、龙南及瑞金经济技术开发区	706 449	0.0	445 583	0.0	260 866	0.0
赣州高新技术产业开发区	—	—	—	—	—	—
宜春市	2 559 652	0.1	2 352 333	0.1	207 319	0.0
宜春经济技术开发区	33 258	0.0	25 939	0.0	7 318	0.0
宜春丰城高新技术产业开发区	0	0.0	—	—	0	0.0
上饶市	4 176 624	0.1	3 762 743	0.1	413 880	0.0
上饶经济技术开发区	35 658	0.0	30 253	0.0	5 405	0.0
吉安市	7 351 234	0.2	5 439 816	0.2	1 911 417	0.1
井冈山经济技术开发区	383 098	0.0	341 226	0.0	41 872	0.0
吉安高新技术产业开发区	—	—	—	—	—	—
抚州市	1 696 473	0.0	1 516 705	0.1	179 768	0.0
抚州高新技术产业开发区	0	0.0	—	—	0	0.0
山东省	353 474 472	7.6	179 467 137	6.9	174 007 335	8.4

续表7

境内目的地/货源地	进出口		出　口		进　口	
	金　额	比重（%）	金　额	比重（%）	金　额	比重（%）
济南市	15 543 607	0.3	9 699 205	0.4	5 844 402	0.3
济南高新技术产业开发区	5 368 172	0.1	2 612 872	0.1	2 755 301	0.1
青岛市	99 132 171	2.1	43 734 550	1.7	55 397 621	2.7
青岛高新技术产业开发区	294 442	0.0	153 409	0.0	141 033	0.0
淄博市	11 758 813	0.3	7 222 598	0.3	4 536 215	0.2
淄博高新技术产业开发区	816 206	0.0	627 590	0.0	188 616	0.0
日照市	40 454 668	0.9	5 418 342	0.2	35 036 326	1.7
日照经济技术开发区	201 055	0.0	82 742	0.0	118 313	0.0
烟台市	51 322 100	1.1	26 120 439	1.0	25 201 661	1.2
烟台经济技术开发区	10 118 414	0.2	3 835 009	0.1	6 283 405	0.3
潍坊市	31 811 999	0.7	20 691 520	0.8	11 120 478	0.5
潍坊高新技术产业开发区	2 050 251	0.0	1 322 014	0.1	728 237	0.0
威海市	18 676 094	0.4	13 844 026	0.5	4 832 068	0.2
威海火炬高技术产业开发区	2 475 251	0.1	1 874 300	0.1	600 952	0.0
河南省	104 459 906	2.2	65 953 300	2.5	38 506 606	1.9
郑州市	71 587 808	1.5	42 554 937	1.6	29 032 871	1.4
郑州航空港经济综合实验区	64 410 764	1.4	36 989 314	1.4	27 421 450	1.3
郑州高新技术产业开发区	497 955	0.0	445 407	0.0	52 548	0.0
洛阳市	3 072 666	0.1	2 163 154	0.1	909 512	0.0
洛阳高新技术产业开发区	178 584	0.0	127 479	0.0	51 105	0.0
湖北省	61 649 425	1.3	38 131 699	1.5	23 517 726	1.1
武汉市	34 879 366	0.7	17 249 022	0.7	17 630 344	0.9
武汉经济技术开发区	3 292 599	0.1	1 387 577	0.1	1 905 022	0.1

续表8

境内目的地/货源地	进出口		出　口		进　口	
	金　额	比重（%）	金　额	比重（%）	金　额	比重（%）
武汉东湖新技术开发区	20 044 627	0.4	8 984 269	0.3	11 060 357	0.5
黄石市	3 468 942	0.1	1 471 911	0.1	1 997 031	0.1
黄石经济技术开发区	240 036	0.0	147 022	0.0	93 014	0.0
襄阳市	2 402 793	0.1	1 838 271	0.1	564 523	0.0
襄阳经济技术开发区	29 324	0.0	24 510	0.0	4 813	0.0
襄阳高新技术产业开发区	878 523	0.0	427 400	0.0	451 123	0.0
荆州市	2 698 716	0.1	2 269 731	0.1	428 986	0.0
荆州经济技术开发区	182 434	0.0	95 973	0.0	86 461	0.0
湖南省	47 862 053	1.0	30 667 720	1.2	17 194 333	0.8
长沙市	19 370 991	0.4	12 308 164	0.5	7 062 827	0.3
长沙经济技术开发区	1 772 050	0.0	719 715	0.0	1 052 336	0.1
长沙高新技术产业开发区	827 642	0.0	655 343	0.0	172 299	0.0
株洲市	1 781 818	0.0	1 165 778	0.0	616 040	0.0
株洲高新技术产业开发区	342 968	0.0	291 320	0.0	51 647	0.0
湘潭市	2 365 808	0.1	1 133 600	0.0	1 232 208	0.1
湘潭经济技术开发区	68 384	0.0	54 385	0.0	13 999	0.0
湘潭高新技术产业开发区	13 288	0.0	8 506	0.0	4 782	0.0
衡阳市	4 554 779	0.1	2 321 846	0.1	2 232 933	0.1
衡阳高新技术产业开发区	26 261	0.0	26 151	0.0	110	0.0
岳阳市	2 668 832	0.1	1 040 358	0.0	1 628 473	0.1
常德市	1 024 000	0.0	732 402	0.0	291 598	0.0
常德经济技术开发区	194 515	0.0	34 761	0.0	159 753	0.0
常德高新技术产业开发区	5	0.0	5	0.0	—	—

续表9

境内目的地/货源地	进出口		出口		进口	
	金额	比重（%）	金额	比重（%）	金额	比重（%）
益阳市	824 506	0.0	787 668	0.0	36 838	0.0
益阳高新技术产业开发区	140 041	0.0	139 128	0.0	913	0.0
郴州市	3 882 487	0.1	2 285 451	0.1	1 597 036	0.1
郴州高新技术产业开发区	1 160 319	0.0	629 494	0.0	530 825	0.0
浏阳市	942 582	0.0	637 957	0.0	304 625	0.0
浏阳经济技术开发区	412 675	0.0	133 825	0.0	278 850	0.0
广东省	1 206 212 399	25.9	756 102 067	29.2	450 110 332	21.8
广州市	165 691 596	3.6	95 075 860	3.7	70 615 736	3.4
广州高新技术产业开发区	9 830 392	0.2	4 012 348	0.2	5 818 044	0.3
广州南沙新区	19 874 203	0.4	7 215 356	0.3	12 658 847	0.6
深圳市	531 001 891	11.4	327 219 002	12.6	203 782 888	9.9
深圳科技工业园	18 626	0.0	13 527	0.0	5 099	0.0
珠海市	41 537 188	0.9	24 460 955	0.9	17 076 233	0.8
珠海经济技术开发区	8 185	0.0	97	0.0	8 087	0.0
珠海高新技术产业开发区	109 097	0.0	39 042	0.0	70 055	0.0
珠海横琴新区	448 468	0.0	315 607	0.0	132 861	0.0
汕头市	12 989 603	0.3	10 965 150	0.4	2 024 453	0.1
佛山市	76 287 357	1.6	60 070 267	2.3	16 217 090	0.8
江门市	22 693 688	0.5	18 046 522	0.7	4 647 166	0.2
湛江市	13 625 922	0.3	2 834 024	0.1	10 791 898	0.5
湛江经济技术开发区	2 027 228	0.0	523 668	0.0	1 503 559	0.1
湛江高新技术产业开发区	—	—	—	—	—	—
茂名市	8 267 462	0.2	1 657 073	0.1	6 610 389	0.3

续表10

境内目的地/货源地	进出口		出口		进口	
	金额	比重（%）	金额	比重（%）	金额	比重（%）
茂名高新技术产业开发区	—	—	—	—	—	—
惠州市	51 065 865	1.1	30 860 230	1.2	20 205 635	1.0
惠州高新技术产业开发区	16 991 570	0.4	11 603 987	0.4	5 387 583	0.3
阳江市	4 922 923	0.1	2 484 868	0.1	2 438 055	0.1
东莞市	205 085 730	4.4	126 941 681	4.9	78 144 049	3.8
东莞松山湖高新技术产业开发区	1 459 750	0.0	336 976	0.0	1 122 774	0.1
中山市	34 894 859	0.7	28 851 173	1.1	6 043 686	0.3
中山火炬高技术产业开发区	1 327 422	0.0	806 485	0.0	520 937	0.0
广西壮族自治区	66 703 246	1.4	21 228 072	0.8	45 475 174	2.2
南宁市	12 515 710	0.3	6 593 634	0.3	5 922 076	0.3
南宁高新技术产业开发区	744 359	0.0	358 795	0.0	385 564	0.0
桂林市	1 438 869	0.0	1 244 766	0.0	194 103	0.0
桂林新技术产业开发区	271 188	0.0	246 564	0.0	24 624	0.0
北海市	6 992 243	0.2	1 576 590	0.1	5 415 652	0.3
崇左市	13 826 937	0.3	5 438 356	0.2	8 388 581	0.4
防城港市	13 089 426	0.3	735 085	0.0	12 354 341	0.6
海南省	16 580 488	0.4	4 006 571	0.2	12 573 917	0.6
海口市	3 139 684	0.1	702 022	0.0	2 437 663	0.1
海南国际科技工业园	25 083	0.0	6 110	0.0	18 973	0.0
洋浦经济开发区	8 380 800	0.2	2 114 317	0.1	6 266 483	0.3
重庆市	83 982 947	1.8	55 027 076	2.1	28 955 871	1.4
重庆高新技术产业开发区	176 034	0.0	120 562	0.0	55 472	0.0
重庆两江新区	24 493 381	0.5	14 292 035	0.6	10 201 346	0.5

续表11

境内目的地/货源地	进出口		出口		进口	
	金额	比重（%）	金额	比重（%）	金额	比重（%）
万州经济技术开发区	191 976	0.0	22 601	0.0	169 375	0.0
重庆经济技术开发区	590 199	0.0	480 100	0.0	110 099	0.0
长寿经济技术开发区	1	0.0	0	0.0	1	0.0
四川省	117 306 653	2.5	65 817 537	2.5	51 489 117	2.5
成都市	101 033 991	2.2	56 320 202	2.2	44 713 789	2.2
成都经济技术开发区	2 806 037	0.1	1 473 386	0.1	1 332 651	0.1
成都高新技术产业开发区	85 429 655	1.8	47 224 619	1.8	38 205 036	1.8
泸州市	1 977 893	0.0	1 010 938	0.0	966 955	0.0
泸州高新技术产业开发区	206 188	0.0	171 650	0.0	34 539	0.0
绵阳市	3 016 475	0.1	1 088 012	0.0	1 928 463	0.1
绵阳经济技术开发区	0	0.0	—	—	0	0.0
绵阳高新技术产业开发区	1 088 622	0.0	270 528	0.0	818 094	0.0
广元市	116 150	0.0	33 089	0.0	83 061	0.0
广元经济技术开发区	—	—	—	—	—	—
乐山市	829 924	0.0	641 344	0.0	188 579	0.0
乐山高新技术产业开发区	—	—	—	—	—	—
宜宾市	3 366 484	0.1	2 270 725	0.1	1 095 758	0.1
宜宾临港经济技术开发区	356 320	0.0	330 912	0.0	25 408	0.0
贵州省	7 480 070	0.2	5 902 100	0.2	1 577 970	0.1
贵阳市	4 225 845	0.1	3 591 754	0.1	634 091	0.0
贵阳高新技术产业开发区	72 544	0.0	57 730	0.0	14 814	0.0
云南省	34 356 745	0.7	17 041 934	0.7	17 314 811	0.8
昆明市	16 504 987	0.4	6 862 892	0.3	9 642 095	0.5

续表12

境内目的地/货源地	进出口		出口		进口	
	金额	比重（%）	金额	比重（%）	金额	比重（%）
昆明高新技术产业开发区	4 968 822	0.1	3 207 556	0.1	1 761 266	0.1
红河州	5 387 132	0.1	2 363 857	0.1	3 023 275	0.1
蒙自经济技术开发区	2 414 842	0.1	1 264 416	0.0	1 150 426	0.1
曲靖市	685 807	0.0	362 851	0.0	322 956	0.0
曲靖经济技术开发区	8 183	0.0	7 733	0.0	450	0.0
西藏自治区	282 377	0.0	252 166	0.0	30 211	0.0
拉萨市	234 328	0.0	220 800	0.0	13 528	0.0
拉萨经济技术开发区	2 694	0.0	841	0.0	1 853	0.0
陕西省	51 300 416	1.1	26 736 810	1.0	24 563 606	1.2
西安市	46 440 345	1.0	23 659 373	0.9	22 780 972	1.1
陕西航天经济技术开发区	141 452	0.0	85 979	0.0	55 473	0.0
西安新技术产业开发区	2 616 635	0.1	1 484 996	0.1	1 131 639	0.1
宝鸡市	948 890	0.0	623 855	0.0	325 035	0.0
宝鸡高新技术产业开发区	119 744	0.0	98 263	0.0	21 481	0.0
汉中市	210 773	0.0	162 337	0.0	48 436	0.0
汉中经济技术开发区	—	—	—	—	—	—
甘肃省	5 704 697	0.1	1 808 967	0.1	3 895 730	0.2
兰州市	1 086 544	0.0	688 435	0.0	398 109	0.0
兰州新技术产业开发区	8 054	0.0	4 507	0.0	3 547	0.0
青海省	310 856	0.0	182 260	0.0	128 596	0.0
西宁市	174 989	0.0	70 839	0.0	104 150	0.0
西宁经济技术开发区	31 393	0.0	5 377	0.0	26 016	0.0
青海高新技术产业开发区	26	0.0	24	0.0	2	0.0

续表13

境内目的地/货源地	进出口		出口		进口	
	金额	比重（%）	金额	比重（%）	金额	比重（%）
海西州	18 492	0.0	16 247	0.0	2 245	0.0
格尔木昆仑经济技术开发区	2 134	0.0	2 063	0.0	72	0.0
宁夏回族自治区	2 927 568	0.1	2 239 168	0.1	688 400	0.0
银川市	904 042	0.0	646 178	0.0	257 865	0.0
银川经济技术开发区	108 387	0.0	14 654	0.0	93 732	0.0
新疆维吾尔自治区	27 067 106	0.6	12 340 092	0.5	14 727 014	0.7
乌鲁木齐市	7 472 442	0.2	6 555 032	0.3	917 410	0.0
乌鲁木齐经济技术开发区	624 499	0.0	211 795	0.0	412 705	0.0
乌鲁木齐高新技术产业开发区	185 388	0.0	73 235	0.0	112 153	0.0
博乐市	1 926 654	0.0	165 765	0.0	1 760 889	0.1
伊宁市	10 730 950	0.2	2 535 765	0.1	8 195 184	0.4
石河子市	569 959	0.0	331 645	0.0	238 314	0.0
石河子经济技术开发区	130 692	0.0	125 515	0.0	5 177	0.0

2020 年进出口商品关别总值表

单位：千美元

关　别	进出口		出　口		进　口	
	金　额	比重（%）	金　额	比重（%）	金　额	比重（%）
总　值	4 655 913 161	100.0	2 589 951 608	100.0	2 065 961 554	100.0
北京海关	82 819 513	1.8	22 931 885	0.9	59 887 628	2.9
天津海关	191 650 515	4.1	88 198 399	3.4	103 452 116	5.0
石家庄海关	50 719 493	1.1	7 472 133	0.3	43 247 359	2.1
太原海关	3 523 911	0.1	634 818	0.0	2 889 093	0.1
满洲里海关	5 148 472	0.1	1 817 673	0.1	3 330 799	0.2
呼和浩特海关	8 894 958	0.2	2 145 571	0.1	6 749 386	0.3
沈阳海关	16 185 894	0.3	2 968 122	0.1	13 217 771	0.6
大连海关	110 998 681	2.4	45 714 030	1.8	65 284 651	3.2
长春海关	9 233 848	0.2	1 302 048	0.1	7 931 800	0.4
哈尔滨海关	15 512 997	0.3	2 082 050	0.1	13 430 946	0.7
上海海关	932 521 962	20.0	541 843 261	20.9	390 678 700	18.9
南京海关	396 143 921	8.5	188 197 315	7.3	207 946 606	10.1
杭州海关	132 824 611	2.9	75 817 411	2.9	57 007 200	2.8
宁波海关	239 653 043	5.1	175 399 551	6.8	64 253 492	3.1
合肥海关	38 832 370	0.8	14 968 463	0.6	23 863 907	1.2
福州海关	38 368 214	0.8	16 930 438	0.7	21 437 776	1.0
厦门海关	128 341 865	2.8	89 557 250	3.5	38 784 615	1.9
南昌海关	23 599 601	0.5	11 015 435	0.4	12 584 166	0.6
青岛海关	304 745 692	6.5	154 905 687	6.0	149 840 006	7.3
济南海关	58 076 598	1.2	27 762 715	1.1	30 313 883	1.5
郑州海关	86 959 949	1.9	51 278 835	2.0	35 681 114	1.7
武汉海关	37 221 873	0.8	18 406 424	0.7	18 815 449	0.9
长沙海关	29 103 141	0.6	15 468 079	0.6	13 635 062	0.7
广州海关	193 343 936	4.2	127 743 787	4.9	65 600 149	3.2
黄埔海关	220 366 395	4.7	100 602 680	3.9	119 763 715	5.8
深圳海关	779 283 781	16.7	525 498 881	20.3	253 784 900	12.3
拱北海关	59 536 260	1.3	37 786 500	1.5	21 749 760	1.1

续表

关 别	进出口		出 口		进 口	
	金 额	比重（%）	金 额	比重（%）	金 额	比重（%）
汕头海关	14 180 049	0. 3	9 535 586	0. 4	4 644 464	0. 2
海口海关	15 341 904	0. 3	3 530 245	0. 1	11 811 659	0. 6
湛江海关	23 008 603	0. 5	3 131 371	0. 1	19 877 231	1. 0
江门海关	17 594 417	0. 4	11 960 066	0. 5	5 634 351	0. 3
南宁海关	91 777 204	2. 0	46 973 777	1. 8	44 803 427	2. 2
成都海关	104 264 393	2. 2	56 510 122	2. 2	47 754 271	2. 3
重庆海关	79 404 397	1. 7	51 181 279	2. 0	28 223 119	1. 4
贵阳海关	1 969 601	0. 0	811 336	0. 0	1 158 265	0. 1
昆明海关	26 854 530	0. 6	13 576 129	0. 5	13 278 401	0. 6
拉萨海关	260 368	0. 0	212 344	0. 0	48 025	0. 0
西安海关	51 618 033	1. 1	26 906 554	1. 0	24 711 479	1. 2
乌鲁木齐海关	33 856 931	0. 7	16 925 267	0. 7	16 931 665	0. 8
兰州海关	1 787 999	0. 0	101 063	0. 0	1 686 936	0. 1
银川海关	318 828	0. 0	142 521	0. 0	176 307	0. 0
西宁海关	64 410	0. 0	4 505	0. 0	59 905	0. 0

2020年进出口商品运输方式总值表

单位：千美元

运输方式	进出口		出　口		进　口	
	金　额	比重（%）	金　额	比重（%）	金　额	比重（%）
总　值	4 655 913 161	100.0	2 589 951 608	100.0	2 065 961 554	100.0
水路运输	2 825 182 597	60.7	1 675 361 347	64.7	1 149 821 250	55.7
铁路运输	77 207 541	1.7	51 952 589	2.0	25 254 952	1.2
公路运输	722 083 528	15.5	370 826 286	14.3	351 257 242	17.0
航空运输	961 348 253	20.6	459 568 534	17.7	501 779 719	24.3
邮件运输	6 891 385	0.1	4 591 759	0.2	2 299 625	0.1
其他运输	63 027 942	1.4	27 500 617	1.1	35 527 325	1.7
固定设施	171 294	0.0	149 928	0.0	21 366	0.0
旅客携带	622	0.0	547	0.0	75	0.0

2020 年进出口商品前 40 位国别（地区）总值表

单位：千美元

最终目的国（地区）	出　口	名　次	原产国（地区）	进　口	名　次
总　值	2 589 951 608	—	总　值	2 065 961 554	—
美国	451 729 026	1	中国台湾	200 497 928	1
中国香港	272 575 411	2	日本	174 661 357	2
日本	142 618 639	3	韩国	173 103 912	3
越南	113 815 657	4	美国	135 250 645	4
韩国	112 476 830	5	中华人民共和国	125 266 284	5
德国	86 808 170	6	澳大利亚	117 693 778	6
荷兰	79 006 331	7	德国	105 110 668	7
英国	72 561 758	8	巴西	85 517 221	8
印度	66 719 710	9	越南	78 474 426	9
中国台湾	60 117 431	10	马来西亚	75 174 422	10
新加坡	57 626 122	11	俄罗斯联邦	57 684 679	11
马来西亚	56 301 315	12	泰国	48 139 737	12
澳大利亚	53 468 477	13	沙特阿拉伯	39 069 857	13
泰国	50 514 240	14	印度尼西亚	37 481 852	14
俄罗斯联邦	50 504 466	15	新加坡	31 618 071	15
墨西哥	44 827 902	16	智利	29 932 013	16
加拿大	42 094 566	17	法国	29 695 291	17
菲律宾	41 881 710	18	意大利	22 249 555	18
印度尼西亚	40 981 225	19	加拿大	22 063 365	19
法国	36 955 921	20	印度	20 977 307	20
巴西	34 953 777	21	南非	20 824 800	21
意大利	32 914 706	22	英国	19 872 159	22
阿拉伯联合酋长国	32 310 347	23	菲律宾	19 335 471	23
沙特阿拉伯	28 095 294	24	伊拉克	19 303 765	24
西班牙	27 516 529	25	瑞士	17 380 245	25
波兰	26 730 749	26	阿拉伯联合酋长国	17 054 820	26
比利时	20 752 084	27	墨西哥	16 217 580	27
土耳其	20 346 482	28	阿曼	15 659 464	28

续表

最终目的国（地区）	出　口	名　次	原产国（地区）	进　口	名　次
尼日利亚	16 787 509	29	安哥拉	14 757 730	29
巴基斯坦	15 357 671	30	秘鲁	14 735 474	30
智利	15 336 525	31	爱尔兰	14 045 211	31
南非	15 238 870	32	荷兰	12 789 318	32
孟加拉国	15 075 697	33	新西兰	12 076 119	33
捷克	13 737 688	34	科威特	10 735 102	34
埃及	13 627 843	35	西班牙	10 387 921	35
缅甸	12 547 522	36	哈萨克斯坦	9 805 101	36
哈萨克斯坦	11 703 134	37	瑞典	9 518 267	37
以色列	11 253 607	38	卡塔尔	8 305 096	38
伊拉克	10 922 981	39	乌克兰	8 001 752	39
哥伦比亚	9 320 517	40	比利时	7 828 111	40

2020 年出口商品排序表（前 100 位）

单位：千美元

商品编号	商品名称	计量单位	数　量	金　额
	总　值		—	2 589 951 608
85171210	手持（包括车载）式无线电话机	台	965 953 260	125 452 176
		千克	255 795 051	—
84713090	其他重量不超过 10 千克的便携式自动数据处理设备	台	181 294 500	88 496 756
		千克	387 183 021	—
85423290	其他用作存储器的集成电路	个	23 162 955 784	54 882 516
		千克	4 324 628	—
63079000	品目 63.01 至 63.07 的未列名制成品，包括服装裁剪样	千克	1 789 646 844	53 761 503
85423190	其他用作处理器及控制器的集成电路	个	75 067 610 708	37 645 907
		千克	15 355 740	—
84733090	品目 84.71 所列其他机器的零件、附件	千克	562 451 702	28 780 431
85177030	手持式无线电话机的零件（天线除外）	千克	117 606 204	27 107 177
84713010	平板电脑	台	137 944 787	26 819 637
		千克	94 915 349	—
85176299	其他接收、转换并且发送或再生声音、图像或其他数据用的设备	台	774 454 731	21 422 245
		千克	185 391 242	—
98040000	低值简易通关商品	千克	36 519 066 164	21 073 008
85414020	太阳能电池	个	2 723 054 948	19 792 404
		千克	4 994 670 083	—
90138030	液晶显示板	个	1 267 456 511	19 790 004
		千克	484 904 640	—
95030089	未列名玩具及模型	个	27 587 996 671	18 088 239
		千克	1 647 980 666	—
94054090	未列名电灯及照明装置	千克	1 597 663 452	17 264 165
39269090	未列名塑料制品	千克	2 618 355 101	16 797 400
85423990	其他集成电路	个	144 675 093 419	16 477 958
		千克	13 813 556	—

续表1

商品编号	商品名称	计量单位	数　量	金　额
84717010	硬盘驱动器	台	230 744 903	16 240 390
		千克	43 956 380	—
85076000	锂离子蓄电池	个	2 220 524 113	15 939 355
		千克	483 926 909	—
84715040	微型机的处理部件	台	31 784 898	12 912 110
		千克	76 534 379	—
85437099	未列名具有独立功能的电气设备及装置	台	2 544 471 118	12 661 933
		千克	307 637 424	—
85177090	品目 85.17 所列设备用其他零件	千克	245 188 759	12 655 889
85176294	无线耳机、无线耳塞	个	458 622 573	11 195 959
		千克	60 609 345	—
62101030	化纤毡呢或无纺织物制服装	件	5 174 883 398	10 731 257
		千克	547 834 027	—
73089000	其他钢铁结构体；钢结构体用部件及加工钢材	千克	6 107 625 717	10 709 119
64029929	未列名塑料制鞋面的鞋靴	千克	1 099 049 897	10 686 171
		双	2 570 988 319	—
94032000	其他金属家具	件	348 773 521	10 004 561
		千克	3 016 624 529	—
94051000	枝形吊灯及天花板或墙壁上的电气照明装置	个	1 118 349 324	9 883 947
		千克	746 813 446	—
85287222	液晶显示器彩色数字电视接收机	台	73 153 886	9 750 784
		千克	565 589 864	—
85285212	其他可直接连接品目 84.71 的自动数据处理设备的彩色液晶监视器	台	85 038 803	8 815 428
		千克	444 653 945	—
69101000	瓷制固定卫生设备	千克	1 674 337 508	8 713 207
		件	92 753 352	—
61103000	化纤制针织钩编套头衫、开襟衫、外穿背心等	件	1 453 712 299	8 572 187
		千克	499 099 291	—
64041990	橡胶或塑料制外底，纺织材料制鞋面的其他鞋靴	千克	707 239 270	8 389 398
		双	1 425 085 572	—
85340090	四层及以下的印刷电路	块	32 690 550 441	8 113 488
		千克	206 015 544	—
27101923	柴油，不含生物柴油	千克	19 759 527 157	7 904 824
		升	23 236 884 348	—

续表2

商品编号	商品名称	计量单位	数　量	金　额
94036099	未列名木家具	件	194 227 392	7 224 186
		千克	2 515 220 505	—
85044099	未列名静止式变流器	个	1 743 363 525	7 094 531
		千克	267 463 257	—
94017190	其他带软垫的金属框架坐具	个	169 166 183	7 032 681
		千克	1 209 728 592	—
85340010	四层以上的印刷电路	块	3 595 035 563	6 990 785
		千克	76 895 192	—
40112000	客车或货运机动车辆用新的充气橡胶轮胎	千克	3 370 172 015	6 598 855
		条	92 739 502	—
39241000	塑料制餐具及厨房用具	千克	1 427 394 813	6 595 727
73269090	未列名非工业用钢铁制品	千克	1 796 035 832	6 572 106
27101210	车用汽油和航空汽油，不含有生物柴油	千克	15 999 962 721	6 539 650
		升	22 208 761 452	—
85371090	其他电气控制或电力分配盘板台等，电压≤1 000 伏	个	400 471 125	6 509 900
		千克	178 310 582	—
84718000	自动数据处理设备的其他部件	台	120 705 791	6 453 624
		千克	52 357 667	—
42029200	以塑料片或纺织材料作面的其他类似容器	千克	631 532 750	6 135 691
		个	3 919 683 111	—
95051000	圣诞节用品	千克	506 434 426	6 089 113
61102000	棉制针织钩编的套头衫、开襟衫、外穿背心等	件	1 038 879 063	6 047 786
		千克	363 468 679	—
85258013	非特种用途的其他类型电视摄像机	台	460 471 503	5 997 371
		千克	83 937 532	—
87082990	车身（包括驾驶室）的未列名零件、附件	千克	564 992 020	5 989 112
27101922	5~7 号燃料油，不含有生物柴油	千克	15 466 481 578	5 879 142
		升	15 698 030 364	—
85395000	发光二极管（LED）灯泡（管）	只	7 361 999 206	5 809 626
		千克	361 549 679	—
42021290	以塑料或纺织材料作面的提箱、小手袋、公文箱、公文包、书包及类似容器	千克	696 489 503	5 756 104
		个	1 433 777 363	—
85081100	电动真空吸尘器功率≤1 500 瓦，集尘器容积≤20 升	台	147 775 843	5 737 390
		千克	556 317 964	—

续表3

商品编号	商品名称	计量单位	数　量	金　额
73239300	不锈钢制餐桌、厨房或其他家用器具及其零件	千克	711 529 413	5 691 324
94016190	其他带软垫的木框架坐具	个	71 354 888	5 619 263
		千克	1 364 483 619	—
84818040	其他阀门	套	1 754 669 675	5 572 672
		千克	720 571 117	—
39181090	氯乙烯聚合物制铺地制品	千克	4 925 120 628	5 553 233
85098090	其他家用电动器具	台	433 389 068	5 497 634
		千克	391 076 013	—
54075200	聚酯变形长丝≥85%染色布	米	5 769 398 632	5 436 025
		千克	1 103 950 358	—
95045019	与电视接收机配套使用的视频游戏控制器及设备	台	18 901 612	5 309 495
		千克	62 314 584	—
84439990	品目 84.43 所列设备用其他零件及附件	千克	347 177 728	5 268 284
95069119	其他健身及康复器械	千克	1 947 504 501	5 178 078
69111019	其他瓷制餐具	千克	1 565 332 394	5 170 050
85369011	工作电压不超过 36 伏的接插件	千克	63 826 442	5 096 039
84818090	龙头、旋塞及类似装置	套	817 569 758	5 029 940
		千克	437 111 288	—
64039900	其他橡、塑或再生皮革外底，皮革鞋面的鞋靴	千克	258 895 010	4 995 178
		双	394 470 269	—
39249000	塑料制其他家庭用具及卫生或盥洗用具	千克	951 185 792	4 920 445
94039000	家具的零件	千克	1 374 962 009	4 896 362
40111000	机动小客车用新的充气橡胶轮胎	千克	1 956 075 287	4 867 198
		条	204 275 802	—
27101911	航空煤油，不含有生物柴油	千克	9 974 672 300	4 759 883
		升	12 428 097 850	—
94049040	化纤棉填充的其他寝具及类似用品	千克	918 055 524	4 723 320
62046200	棉制女裤	条	785 440 991	4 699 186
		千克	320 265 096	—
85412900	耗散功率≥1 瓦的晶体管	个	40 841 051 024	4 612 796
		千克	23 543 427	—
85285910	其他彩色监视器	台	27 375 312	4 543 796
		千克	139 640 783	—
85444219	其他有接头电导体，额定电压≤80 伏	千克	200 452 851	4 374 912

续表4

商品编号	商品名称	计量单位	数　量	金　额
90191010	按摩器具	台	324 844 276	4 348 286
		千克	496 879 486	—
94052000	电气的台灯、床头灯或落地灯	台	206 675 585	4 310 385
		千克	304 326 455	—
85183000	耳机、耳塞（无线耳机、耳塞除外），不论是否装有传声器，由传声器及一个或多个扬声器组成的组合机	个	1 810 981 273	4 289 416
		千克	125 590 941	—
84151021	制冷量≤4 000 大卡/时的分体窗式、壁式、置于天花板或地板上的空气调节器	台	27 379 223	4 277 092
		千克	906 319 580	—
85044014	其他功率<1 千瓦直流稳压电源，精度<1/10 000	个	937 050 354	4 261 926
		千克	159 174 914	—
85166090	其他电炉；电锅、电热板、加热环、烧烤炉等	个	192 877 349	4 226 178
		千克	816 355 542	—
84798999	未列名具有独立功能的机器及机械器具	台	369 370 209	4 206 715
		千克	448 012 239	—
95030083	带动力装置的其他玩具及模型	个	476 400 293	4 201 282
		千克	238 851 204	—
84716071	键盘	个	248 723 981	4 168 326
		千克	138 806 024	—
84714940	系统形式的微型机	台	4 961 568	4 097 953
		千克	47 615 491	—
87089999	品目 87.01 至 87.04 所列其他车辆用未列名零、附件	千克	636 688 921	4 081 929
42022200	以塑料片或纺织材料作面的手提包	千克	374 856 804	4 081 667
		个	1 562 223 330	—
89019041	载重量≤15 万吨的机动散货船	艘	178	4 079 154
		千克	3 119 041 764	—
94013000	可调高度的转动坐具	个	83 399 427	4 013 263
		千克	1 069 399 784	—
84314999	品目 84.26、84.29 及 84.30 所列机械的未列名零件	千克	1 701 496 724	4 001 443
85439090	品目 85.43 所列其他设备及装置的零件	千克	105 323 168	3 996 739
89052000	浮动或潜水式钻探或生产平台	座	213	3 966 576
		千克	461 936 540	—

续表5

商品编号	商品名称	计量单位	数　量	金　额
87141000	摩托车（包括机器脚踏两用车）用零件、附件	千克	868 289 798	3 945 043
95030060	智力玩具	套	1 566 990 222	3 930 864
		千克	524 030 479	—
39262011	聚氯乙烯制手套（分指手套、连指手套等）	千克	612 164 290	3 908 056
		双	64 843 867 074	—
83024200	家具用其他贱金属制附件及架座	千克	888 698 288	3 879 940
85322410	片式多层瓷介电容器	千克	12 589 952	3 873 780
		千个	1 630 577 496	—
72104900	其他镀或涂锌普通钢铁板材	千克	6 362 266 580	3 869 392
84433110	有打复印及传真两种及以上功能静电感光机器	台	7 189 398	3 845 593
		千克	230 521 475	—
85299042	非特种用途的取像模块	千克	824 200	3 838 280

2020 年进口商品排序表（前 100 位）

单位：千美元

商品编号	商品名称	计量单位	数　量	金　额
	总　值		—	2 065 961 554
27090000	石油原油及从沥青矿物提取的原油	千克	542 006 694 298	178 452 855
85423190	其他用作处理器及控制器的集成电路	个	137 369 224 601	153 058 714
		千克	23 818 010	—
85423290	其他用作存储器的集成电路	个	41 333 237 226	92 882 423
		千克	8 769 162	—
26011120	0.8 毫米≤平均粒度<6.3 毫米未烧结铁矿砂及精矿	千克	800 749 703 801	81 532 680
85423990	其他集成电路	个	313 317 842 738	66 702 432
		千克	24 542 066	—
12019010	黄大豆，种用除外	千克	100 314 304 725	39 545 495
26030000	铜矿砂及其精矿	千克	21 757 455 648	36 472 871
85177030	手持式无线电话机的零件（天线除外）	千克	32 133 668	27 952 759
84717010	硬盘驱动器	台	331 550 636	25 031 105
		千克	64 201 849	—
74031111	未锻轧铜含量>99.993 5%的精炼铜阴极	千克	3 964 792 040	24 779 179
27111100	液化天然气	千克	66 697 269 994	23 241 951
26011190	平均粒度≥6.3 毫米未烧结铁矿砂及其精矿	千克	200 534 524 468	21 788 674
90138030	液晶显示板	个	1 883 300 599	19 089 174
		千克	264 112 666	—
85423119	其他用作处理器及控制器的多元件集成电路	个	2 490 611 790	17 393 339
		千克	646 623	—
84733090	品目 84.71 所列其他机器的零件、附件	千克	56 312 436	16 656 925
33049900	其他美容品或化妆品及护肤品	千克	230 702 078	15 887 165
		件	4 917 910 337	—
26011110	平均粒度<0.8 毫米未烧结铁矿砂及其精矿	千克	123 288 028 198	14 611 874
30049090	未列名混合或非混合产品构成的药品，已配定剂量或制成零售包装	千克	54 513 162	14 056 045
71081200	其他未锻造金，非货币用	克	202 804 292	10 917 274

续表1

商品编号	商品名称	计量单位	数　量	金　额
87032362	仅装有点燃往复式活塞内燃发动机的越野车（四轮驱动），2 500 毫升<排量≤3 000 毫升	辆	142 610	10 259 730
		千克	338 597 132	—
27112100	天然气	千克	34 531 074 889	10 061 286
85299042	非特种用途的取像模块	千克	1 104 473	9 395 606
02032900	其他冻猪肉	千克	3 238 489 878	9 377 326
02023000	冻去骨牛肉	千克	1 773 183 703	9 003 220
85423390	其他用作放大器的集成电路	个	37 150 749 615	8 778 986
		千克	2 764 466	—
27011210	炼焦煤	千克	72 268 745 842	8 432 535
85322410	片式多层瓷介电容器	千克	22 150 571	8 158 933
		千个	3 083 237 290	—
29024300	对二甲苯	千克	13 860 781 875	8 145 931
39012000	初级形状的聚乙烯，比重≥0.94	千克	9 097 825 810	7 952 463
98040000	低值简易通关商品	千克	47 734 417 383	7 158 185
85369011	工作电压不超过 36 伏的接插件	千克	66 550 277	7 078 928
30021500	免疫制品，已配定剂量或制成零售包装	千克	3 179 601	7 037 014
72026000	镍铁	千克	3 410 750 403	7 002 524
85412900	耗散功率≥1 瓦的晶体管	个	46 222 624 654	6 650 136
		千克	20 392 415	—
27079990	其他蒸馏高温煤焦油所得油类等产品及类似品	千克	15 730 289 766	6 598 211
74020000	未精炼铜；电解精炼用的铜阳极	千克	1 031 495 325	6 596 121
27111200	液化丙烷	千克	15 083 875 643	6 556 170
38249999	未列名化学工业及其相关工业的化学产品及配制品	千克	1 585 322 585	6 517 846
47032900	半漂白或漂白非针叶木烧碱木浆或硫酸盐木浆	千克	13 750 120 279	6 337 852
87032361	仅装有点燃往复式活塞内燃发动机的小轿车，2 500 毫升<排量≤3 000 毫升	辆	82 394	6 291 131
		千克	170 169 554	—
85177090	品目 85.17 所列设备用其他零件	千克	20 758 393	6 019 239
84869099	品目 84.86 所列设备用未列名零件及附件	千克	29 081 978	5 934 387
85340010	四层以上的印刷电路	块	5 748 959 939	5 807 990
		千克	26 874 875	—
26011200	已烧结的铁矿砂及其精矿	千克	44 932 666 972	5 799 131
87084091	小轿车用自动换挡变速箱及其零件	个	371 136 562	5 696 397
		千克	277 512 604	—

续表2

商品编号	商品名称	计量单位	数　量	金　额
87032341	仅装有点燃往复式活塞内燃发动机的小轿车，1 500 毫升<排量≤2 000 毫升	辆	172 685	5 660 487
		千克	286 269 205	—
84798999	未列名具有独立功能的机器及机械器具	台	58 583 222	5 640 044
		千克	102 048 048	—
71023900	其他非工业用钻石	克拉	5 926 777	5 626 818
27011290	其他烟煤	千克	87 149 827 500	5 447 429
90318090	未列名测量或检验仪器、器具及机器	台	1 383 492 733	5 315 425
		千克	24 883 488	—
85414010	发光二极管	个	141 958 895 926	5 304 754
		千克	4 408 624	—
39014020	初级形状的线型低密度聚乙烯，比重<0. 94	千克	6 044 940 693	5 260 975
87032342	仅装有点燃往复式活塞内燃发动机的越野车（四轮驱动），1 500 毫升<排量≤2 000 毫升	辆	114 554	5 136 303
		千克	229 609 428	—
47032100	半漂白或漂白的针叶木烧碱木浆或硫酸盐木浆	千克	8 862 300 792	5 111 571
85340090	四层及以下的印刷电路	块	40 720 743 588	5 069 178
		千克	40 596 493	—
19011010	供婴幼儿食用的零售包装配方奶粉 全脱脂可可含量低于 5%的乳品制	千克	335 760 098	5 067 105
26060000	铝矿砂及其精矿	千克	111 593 500 392	5 023 764
29053100	1，2-乙二醇	千克	10 547 930 487	4 890 935
26020000	锰矿砂及其精矿	千克	31 555 444 976	4 884 318
40028000	品目 40. 01 所列产品与本编号所列产品的混合物	千克	3 537 316 339	4 780 420
87082990	车身（包括驾驶室）的未列名零件、附件	千克	365 765 441	4 729 828
85371090	其他电气控制或电力分配盘板台等，电压≤1 000 伏	个	103 430 633	4 675 672
		千克	34 668 293	—
74040000	铜废碎料	千克	943 488 037	4 568 402
39021000	初级形状的聚丙烯	千克	4 504 608 417	4 544 632
90012000	偏振材料制的片及板	千克	74 296 209	4 376 053
27101922	5~7 号燃料油，不含有生物柴油	千克	12 518 465 971	4 351 596
		升	12 706 242 964	—
85423910	其他多元件集成电路	个	8 767 862 143	4 278 456
		千克	2 082 178	—
87084099	未列名机动车辆用变速箱及其零件	个	257 723 903	4 253 398
		千克	207 210 014	—

续表3

商品编号	商品名称	计量单位	数　量	金　额
90328990	其他自动调节或控制仪器及装置	台	42 329 567	4 163 407
		千克	38 355 471	—
27150000	以天然沥青等为基本成分的沥青混合物	千克	16 401 099 280	4 104 632
84718000	自动数据处理设备的其他部件	台	18 363 057	4 014 511
		千克	6 793 006	—
87032343	仅装有点燃往复式活塞内燃发动机的小客车（9座及以下），1 500 毫升<排量≤2 000 毫升	辆	108 807	4 006 996
		千克	209 619 911	—
72071100	矩形截面半制普通钢铁，宽<两倍厚，含碳量<0. 25%	千克	9 856 650 416	3 946 035
85389000	品目 85. 35、85. 36 或 85. 37 所列装置的其他零件	千克	76 026 385	3 926 779
27021000	褐煤，不论是否粉化，但未制成型	千克	98 935 897 362	3 874 754
21069090	未列名食品	千克	283 009 862	3 761 208
98050000	个人跨境电商商品	千克	115 493 338	3 738 155
		件	112 036 512	—
85437099	未列名具有独立功能的电气设备及装置	台	550 233 641	3 662 916
		千克	17 603 514	—
90132000	激光器，激光二极管除外	个	174 283 144	3 644 339
		千克	3 162 252	—
39074000	初级形状的聚碳酸酯	千克	1 630 027 066	3 637 424
85423310	用作放大器的多元件集成电路	个	2 197 098 995	3 569 293
		千克	200 200	—
52010000	未梳的棉花	千克	2 158 144 619	3 562 738
85076000	锂离子蓄电池	个	1 421 815 146	3 536 497
		千克	75 634 799	—
85411000	二极管，但光敏二极管或发光二极管除外	个	186 810 102 445	3 495 531
		千克	13 280 935	—
90314990	其他测量或检验用光学仪器及器具	台	103 092 824	3 419 294
		千克	22 543 548	—
74031119	未锻轧其他精炼铜阴极	千克	554 288 001	3 411 168
85416000	已装配的压电晶体	个	38 921 194 861	3 397 606
		千克	1 417 666	—
39011000	初级形状的聚乙烯，比重<0. 94	千克	3 394 496 015	3 374 645

续表4

商品编号	商品名称	计量单位	数　量	金　额
88024020	空载重量>45 000 千克的飞机等航空器	架	42	3 369 957
		千克	2 889 876	—
88024010	15 000 千克<空载重量≤45 000 千克的飞机等航空器	架	79	3 361 089
		千克	3 060 804	—
85419000	品目 85.41 所列货品的零件	千克	5 043 417	3 273 463
85176299	其他接收、转换并且发送或再生声音、图像或其他数据用的设备	台	403 879 164	3 214 664
		千克	5 645 493	—
84439990	品目 84.43 所列设备用其他零件及附件	千克	96 375 981	3 158 278
84111210	涡轮风扇喷气发动机，推力>25 千牛	台	363	3 128 239
		千克	1 281 352	—
27101220	石脑油，不含有生物柴油	千克	7 886 952 327	3 080 390
		升	10 923 428 968	—
70031900	其他铸制或轧制的非夹丝的玻璃板、片	千克	258 655 941	3 062 837
		平方米	153 133 712	—
26040000	镍矿砂及其精矿	千克	39 257 299 176	2 928 071
15119010	棕榈液油（熔点 19℃～24℃）	千克	4 606 675 812	2 872 784
84733010	大、中、小型计算机及其部件的零件、附件	千克	17 941 898	2 854 391
71102100	未锻造钯，钯粉	克	41 065 542	2 830 615

第七篇

附　录

全国对外开放口岸分地区一览表

截至 2020 年 12 月 31 日

序号	省级行政区	数量	水运口岸	航空口岸		铁路	公路口岸	
				对中外飞机全开放	限制性	口岸	(国际)	(双边)
1	北京	2		北京		北京		
2	天津	3	天津、渤中	天津				
3	河北	4	秦皇岛、唐山、黄骅	石家庄				
4	山西	3		太原、大同、运城*				
5	内蒙古	19		呼和浩特、海拉尔、满洲里、鄂尔多斯、包头		二连浩特、满洲里	珠恩嘎达布其、满洲里、二连浩特、阿尔山	阿日哈沙特、额布都格、甘其毛都、满都拉、策克、黑山头、室韦、乌力吉
6	辽宁	13	大连、营口、丹东、庄河、葫芦岛、旅顺新港、锦州、长兴岛、盘锦	沈阳、大连		丹东	丹东	
7	吉林	16		长春、延吉		集安、图们、珲春	珲春、集安、圈河	临江、开山屯、三合、南坪、长白、古城里、沙坨子、双目峰
8	黑龙江	27	(哈尔滨、富锦、佳木斯、同江、黑河、漠河、呼玛、逊克、抚远、孙吴、萝北、嘉荫、饶河)	哈尔滨、佳木斯、齐齐哈尔、牡丹江		绥芬河、哈尔滨、同江	绥芬河、黑瞎子岛、黑河(索道*)、黑河*	东宁、密山、虎林
9	上海	3	上海	上海		上海		
10	江苏	26	连云港、(张家港、南通、南京、镇江、江阴、扬州、泰州、常熟、太仓、常州、如皋、靖江)、大丰、如东、启东、盐城	南京、盐城、徐州、常州、淮安、无锡、扬泰、南通	连云港#			
11	浙江	10	温州、宁波、舟山、台州*、嘉兴	杭州、宁波、温州、义乌、舟山				

续表1

序号	省级行政区	数量	水运口岸	航空口岸		铁路	公路口岸	
				对中外飞机全开放	限制性	口岸	（国际）	（双边）
12	安徽	7	（芜湖、铜陵、安庆、池州、马鞍山）	合肥、黄山				
13	福建	11	福州、厦门、泉州、漳州、宁德、莆田、平潭	厦门、福州、泉州	武夷山#			
14	江西	2	（九江）	南昌				
15	山东	18	青岛、烟台、威海、龙口、石岛、日照、东营、蓬莱、莱州、龙眼、潍坊、董家口、滨州	青岛、济南、烟台、威海、临沂				
16	河南	3		郑州	洛阳#	郑州		
17	湖北	4	（武汉、黄石）	武汉、宜昌				
18	湖南	3	（城陵矶）	长沙、张家界				
19	广东	58	广州、湛江、汕头、汕尾、九洲、广海、蛇口、莲花山、赤湾、惠州、妈湾、盐田、茂名、阳江*、大亚湾、珠海、潮州、万山、南沙、潮阳、（虎门、新会）、深圳大铲、揭阳、湾仔#、（三埠#、江门#、肇庆#、南海#、斗门#、鹤山#、中山、容奇#、高明#、新塘#）	广州、深圳、揭阳、湛江	梅州#	深圳、广州、佛山、肇庆、东莞、广深港	文锦渡、拱北、沙头角、皇岗、罗湖、横琴、深圳湾、珠澳工业区*、福田、港珠澳、莲塘	青茂
20	海南	8	海口、三亚、八所、洋浦、清澜	三亚、海口、博鳌*				
21	广西	18	防城港、北海、钦州、（梧州#、柳州#、贵港#）	南宁、桂林	北海#	凭祥	友谊关、东兴、水口	龙邦、平孟、爱店、峒中、硕龙
22	四川	1		成都				
23	重庆	2	（重庆#）	重庆				
24	贵州	2		贵阳	遵义#			
25	云南	20	（思茅、景洪、关累*）	昆明、西双版纳、丽江、芒市		河口	瑞丽、磨憨、打洛、河口、天保、都龙、勐康	金水河、畹町、腾冲猴桥、孟定、田蓬
26	西藏	5		拉萨			吉隆	普兰、樟木、里孜

续表2

序号	省级行政区	数量	水运口岸	航空口岸		铁路	公路口岸	
				对中外飞机全开放	限制性	口岸	（国际）	（双边）
27	陕西	1		西安				
28	甘肃	3		兰州、敦煌				马鬃山
29	新疆	19		乌鲁木齐、喀什、伊宁		阿拉山口、霍尔果斯	红其拉甫、霍尔果斯、巴克图、伊尔克什坦、吉木乃、卡拉苏、都拉塔、吐尔尕特、塔克什肯、老爷庙	红山嘴、乌拉斯台、木扎尔特、阿黑土别克
30	宁夏	1		银川				
31	青海	1		西宁				
合计		313	129（其中内河 53）	74	6	22	44	38

表注：1. 口岸名称后带“#”的为限中国籍（飞机、船舶）出入境口岸；

2. 水运口岸中带（）的为内河口岸；

3. 口岸名称后带“＊”的为当年度批准开放或整合口岸；

4. 2018 年以来退出 7 个口岸（大安、南澳、东角头、桦川、绥滨、梅沙、西冲）；

5. 2019 年 11 月整合石臼和岚山为日照港，江山、企沙并入防城港口岸。